Klassiker des soziologischen Denkens
Erster Band

KLASSIKER DES SOZIOLOGISCHEN DENKENS

ERSTER BAND

VON COMTE BIS DURKHEIM

Herausgegeben von
Dirk Käsler

VERLAG C.H.BECK MÜNCHEN

CIP-Kurztitelaufnahme der Deutschen Bibliothek

Klassiker des soziologischen Denkens / hrsg.
von Dirk Käsler. – München: Beck.
NE: Käsler, Dirk [Hrsg.]
Bd. 1. Von Comte bis Durkheim. – 1. Aufl. –
1976.
ISBN 3 406 06456 6

ISBN 3 406 06456 6

Umschlagentwurf: Bruno Schachtner, Dachau

Satz und Druck: C. H. Beck'sche Buchdruckerei, Nördlingen
Printed in Germany

INHALT

EINLEITUNG

I. Zum Verhältnis von Soziologie und Geschichte

Eine Sammlung „Klassiker des soziologischen Denkens" muß als ein Unternehmen verstanden werden, das im Überschneidungsbereich zweier etablierter Wissenschaftsdisziplinen angesiedelt werden kann. Sieht man dabei von den institutionalisierten, organisatorischen Unterschieden ab, so erweist sich, daß „Historisches Verstehen" für beide Wissenschaften auf einer gemeinsamen Grundlage ruht: das Interesse gilt einer Vergangenheit als einer „Dienerin" für praktische Unternehmungen und Vorhaben in der *Gegenwart*. „Die" Vergangenheit soll mithelfen, soziale und individuelle Identität zu konstruieren.

Dabei stellt die Formation jener Disziplinen, die man Ideengeschichte, Wissenschaftsgeschichte, Philosophiegeschichte, Geschichte des Denkens und Literaturgeschichte nennt, und in deren weiten Bereich auch das vorliegende Projekt eingeordnet werden kann, eine eigenständige Entwicklung dar: hier stehen nicht so sehr die Taten und Leiden der Menschen im Zentrum des historischen Forschens, sondern ihre Glaubensinhalte und Ideen. Eine Geschichte des Denkens befaßt sich mit einer spezifischen Aktivität des Menschen, und ihre Forschung stellt besondere Aufgaben, bei deren Lösungsversuch die permanente Gefahr der *Mythenkonstruktion* besteht.

Erst mit der Entwicklung jenes wissenschaftlichen Unternehmens, das mit dem Etikett „Historismus" belegt wurde, begann der Versuch, eine Menschheitsgeschichte des Denkens zu schreiben, die verschieden war von der der vorangegangenen Mythenkonstruktionen. Wissenschaftler wie Troeltsch und Meinecke, mit ihrer Betonung der Verschiedenheit und Individualität historischer Phänomene, stellten sich, zumindest in ihrem Programm, bewußt in Gegensatz zu den hegelianischen Bemühungen, in der Geschichte einen einheitlichen logischen Prozeß zu suchen. Mit dieser Absicht, zusätzlich verstärkt durch das Postulat der Kulturabhängigkeit der Werte, stellten sie sich nicht nur gegen Hegel sondern gegen die Grundideen der Aufklärung.

Das praktische Interesse an der Geschichte des menschlichen Denkens hatte in der Aufklärung einen intellektuellen Mythos geschaffen, der in einem großzügigen Schwung die gesamten intellektuellen Erfolge der Menschheit umfaßte. Das Thema dieser Mythen war der „Gang des Geistes", die „Erziehung der Menschheit". Da gab es Helden und Bösewichter in dieser Geschichte, Momente der Größe und solche der Entsagungen, Passagen des Stagnierens und der Beschleunigung – aber, wie in allen Mythen, gab es eine Bewegung in eine Richtung: es war die Geschichte der „Wahrheit", die aus dem Irrtum hervorkam, es war die Geschichte des intellektuellen Fortschritts.

Das erwachende *professionell-historische* Interesse an der intellektuellen Vergangenheit verlangte jedoch nach etwas Spezifischerem als diesem: sein Ziel war es, die *Vermittlungsstationen* dieses intellektuellen Wandlungsprozesses genauer zu bestimmen. Der Historismus konnte von seinem gegen die Aufklärung gerichteten Programm her nichts anfangen mit einem „Gang des Geistes", und ein wichtiges Symptom für das Auftauchen eines historischen Interesses an der intellektuellen Vergangenheit war das Auftauchen von Forschern, die sich mit bestimmten Passagen des intellektuellen Wandlungsprozesses beschäftigten. Dabei war diese Ideengeschichte primär organisiert als Sammlung geistiger Biographien großer historischer Persönlichkeiten, weitgehend unter Ignorierung der gesellschaftlichen Bedingtheit, gemäß einem Leitmotiv des Historismus „Männer machen Geschichte", in dem Georg Lukács nur die historisch-methodologische Kehrseite des preußisch-bürokratischen Absolutismus sah.

Damit stehen wir jedoch bereits in der „Krise des Historismus" (Georg G. Iggers), aus der eine Erkenntnis hervorging, die von zentraler Bedeutung werden sollte. Eine „Ideengeschichte", die losgelöst von einer „Gesellschaftsgeschichte" versucht würde, konnte kein *historisch* sinnvolles Unternehmen sein. Die Einsicht in die historische und gesellschaftliche Bedingtheit, *auch* von Ideen, machten jene Bemühungen zunichte, die diese Einsicht nicht zu ihrer zentralen Prämisse gemacht hatten.

Neben diese Einsicht der *historischen Bedingtheit* gesellschaftlicher Wirklichkeit trat die Erkenntnis der *gesellschaftlichen Bedingtheit* historischer „Wahrheiten". Insbesondere Max Weber verdanken wir die Erkenntnis, daß gerade den „historischen Disziplinen" eine „ewige Jugendlichkeit" beschieden ist, d.h. daß „die" Geschichte immer nur auf der Grundlage des jeweils gegenwärtigen Bewußtseins umgeschrieben werden wird und muß. Die Erforschung der geschichtlichen Dimension gesellschaftlicher Wirklichkeit, die zur wichtigsten Aufgabe aller „Kultur-" und Gesellschaftswissenschaften wurde, beschränkt sich dabei nicht nur auf dieses stetige Umschreiben von Geschichte, sondern umfaßt ebenso ein ständiges und kritisches Überprüfen der methodologischen und theoretischen Grundlagen dieses Umschreibens.

Trotz dieser fast durchgängig als verbindlich erkannten Forderungen geriet der spätere Historismus in Gefahr, durch seine individualisierende Heuristik, die gestützt wurde durch die idealistische Annahme einer selbstverantwortlichen, autonomen Persönlichkeit, die komplexen gesellschaftlichen Strukturen nicht hinreichend genug erklären zu können. Auch jene „Hilfskonstruktion", gesellschaftliche Institutionen, insbesondere die modernen Staatsgebilde, als kollektive Individualitäten zu begreifen, konnte auf Dauer nicht aus diesem Dilemma führen.

In jener Phase, als der Historismus sich bereits gegenüber den sich formierenden Sozialwissenschaften defensiv verhalten mußte, waren es insbesondere Wilhelm Dilthey und Ernst Troeltsch, die, wenn auch mit unterschiedlichen Ansätzen und Mitteln, die erkannten Schwächen des theoretisch steril gewordenen Historismus zu überwinden suchten. Beide Versuche, sowohl der einer Vitalisierung und Psychologisierung der Kategorie des ,,Verstehens", als auch der Versuch, zu einer neuen ,,Kultursynthese" zu gelangen, können zugleich als Höhe- und Endpunkt des Historismus betrachtet werden.

Wolfgang J. Mommsen hat darauf hingewiesen, daß es in besonderem Maß das Verdienst Max Webers war, als einer der ersten den Historismus einer Fundamentalkritik ,,konstruktiven Zuschnitts" unterzogen zu haben. Nach Weber entscheidet erst die ,,wertende" Stellungnahme des Wissenschaftlers, hier also insbesondere des Historikers, darüber, welcher ,,endliche Ausschnitt aus der sinnlosen Unendlichkeit des Weltgeschehens" zum Gegenstand historischer Betrachtungen wird. Weber ging jedoch bei dem von ihm verfochtenen methodologischen Ansatz keineswegs von einem bloß individualisierenden ,,Verstehen" aus, sondern er bemühte sich mit Hilfe seiner idealtypischen Konstrukte um die möglichst randscharfe Erfassung gesellschaftlicher Zusammenhänge, – also: ,,Strukturen", in denen einzelne, sozial handelnde Individuen und Gruppen verflochten sind.

Diese ,,Aufhebung" des Historismus durch Weber, der damit das historische Bewußtsein mit einer sozialstrukturellen Betrachtungsweise zu verbinden wußte, wurde, im Zuge der allgemeinen Diskontinuität der Wissenschaftsentwicklung, auf jeden Fall in Deutschland, weitgehend vergessen. Insbesondere durch die Skepsis der eigenen, nationalen Geschichte gegenüber, kam es zu der häufig genannten ,,Geschichtsmüdigkeit", ja zu einem ,,Verlust der Geschichte".

Diesen Entwicklungen folgte, wenn auch mit einigem zeitlichen Abstand, die Forderung nach einer ,,Erneuerung des Geschichtsbewußtseins" (Theodor Schieder). Diese Forderung, die ganz allgemein als Appell an ,,die Gesellschaft" wie auch an ,,die Wissenschaft" gerichtet wurde, interessiert uns für unseren Zusammenhang ausschließlich in ihren besonderen Konsequenzen für die Sozialwissenschaften im allgemeinen und für die Soziologie im besonderen.

Diese Konsequenzen lassen sich analytisch in zwei voneinander verschiedene Richtungen verfolgen, die uns als zusammengehörig erscheinen: Die Soziologie der ,,Väter"-Generation, insbesondere geprägt von funktional-strukturalistischen Ansätzen und im wesentlichen programmatisch entwickelt in den Vereinigten Staaten der 40er Jahre, glaubte auf weite Strecken auf die historische Dimension gesellschaftlicher Wirklichkeit und ihrer Probleme verzichten zu können. Der Schwerpunkt der soziologischen Forschung wurde weg von gesamtgesellschaftlichen Erklärungsansätzen, die noch von der ,,klassischen" Frage bestimmt waren ,,Wie ist Gesellschaft möglich?", hin zu mikrosoziologischen Fragestellungen verlagert, da diese von methodologischen Gesichtspunkten aus erfolgversprechender erschienen. Der Siegeszug empirischer, vermeintlich ,,exakter" Detailforschung nach naturwissenschaftlichem Vorbild begann, Kleingruppen- und Feldforschung beherrschten die Forschungswirklichkeit. Das Konzept ,,Theorien mittlerer Reichweite" zu produzieren, verdeutlicht die gehegte Hoffnung und das geplante Ziel: durch die systematische Verfeinerung der empirischen Forschungstechniken und deren Anwendung auf zunehmend mehr Forschungsprobleme zu einem endlich zu vervollkommnenden Aussagesystem über ,,die Gesellschaft" zu gelangen, das in bezug auf seine Verläßlichkeit, Überprüfbarkeit und seinen Prognosewert dem Vergleich mit naturwissenschaftlichen Erklärungen standhalten würde.

Diese Hoffnung wich relativ bald einer gewissen Ernüchterung. Insbesondere von mehr politisch-ideologisch bestimmten Positionen aus wurde dieser Art von Soziologie der Vorwurf gemacht, durch die Erstellung dominant systemimmanenter Analysen mehr zur Stabilisierung bestehender Gesellschafts- und Herrschaftsverhältnisse beizutragen als zur *wissenschaftlichen* Erklärung gesellschaftlicher Wirklichkeit. Die Forderung nach der (Wieder-) Entdeckung des emanzipatorischen ,,Erkenntnisinteresses" für die als ,,Oppositionswissenschaft" begründete bzw. zu begründende Soziologie bewirkte eine sich verbreitende Skepsis jener Entwicklung gegenüber, die dazu führen würde, daß die Soziologie nur noch immer verfeinerte Herrschaftstechniken und Manipulationsverfahren bereitstellen werden.

Diese mögliche Entwicklung zu einer ,,Sozialtechnologie" sei, so wurde argumentiert, eine der gefährlichen Konsequenzen einer sich weitgehend ,,ahistorisch" verstehenden Soziologie. Um aus diesem sich abzeichnenden Dilemma herauszukommen, wurden im wesentlichen zwei Strategien erwogen: zum einen wurde die Forderung nach einer verstärkten Kooperation mit der Geschichtswissenschaft erhoben, zum anderen wurde gefordert, in die Soziologie selbst die historische Dimension stärker (wieder) miteinzubeziehen. Sowohl die arbeitsteilige Programmatik, z. B. von Seymour M. Lipset, als auch die integrative, z. B. bei Hans Peter Dreitzel, waren nur verschiedene Lösungsvorschläge für die gleiche Absicht: auch im Bereich der Sozialwissenschaften bedarf gerade kritische, gesellschaftsbezogene Forschung des historischen Denkens; erst durch kritische, wissenschaftliche Rekonstruktion vergangener, historischer Formationen und Konstellationen erwächst ein notwendiger Maßstab und ein wertvolles Korrektiv für aktuelle Sozialforschung.

Diese Entwicklung gibt jedoch nur *eine* Richtung der Auswirkungen wieder, die sich aus der Forderung nach einer ,,Erneuerung des Geschichtsbewußtseins" ergeben; eine andere, notwendige Konsequenz stellt mit den entscheidenden Impuls für die Projektion der vorliegenden Publikation dar. – Ebenso wie für die Erforschung der *Untersuchungsobjekte* der Soziologie die Miteinbeziehung der historischen Dimension als unverzichtbar erkannt wird, – von ebenso großer Bedeutung scheint dem Herausgeber die (Wieder-)Entdeckung der historischen Dimension *der eigenen Wissenschaft* zu sein.

Diese Forderung nun stellt *keinen* Widerspruch zu jener Sicht dar, nach der gerade die Soziologie eine an der Erfahrung orientierte und der Zukunft zugewandte Wissenschaft sei (Friedrich Jonas). Sicherlich darf die Geschichte der Soziologie kein Mausoleum werden, in dem Namen und Denkfiguren ,,um ihrer selbst" willen bewundert und gehegt werden. So richtig es ist, daß der Fortschritt einer Wissenschaft *auch* darin liegen kann, das Vergangene auf sich beruhen zu lassen und das Tote durch die Toten begraben zu lassen, ebenso richtig ist die

Erkenntnis, daß es jene Gefahr gibt, nach der die Toten die Lebendigen begraben können.

Der einfachste Grund, warum wir uns mit der Geschichte der Soziologie zu beschäftigen haben, liegt darin, daß wir unsere Identität als Wissenschaftler und Wissenschaft nicht finden können, ohne den historischen „Grund" zu kennen, auf dem wir stehen, wir haben also ein „praktisches" Interesse an der Geschichte unserer Disziplin. – Der „große Sprung" aus der Geschichte heraus wird sonst leicht zum Sturz in das Alltagsdenken, die Welt des common sense. Gerade die besondere Sensibilität und Komplexität des Objektbereichs der Soziologie läßt die Gefahr dieses „Rückfalls" besonders problematisch erscheinen, da er zur Begriffs- und damit „Bewußtseinslosigkeit" führen kann.

Jedes wissenschaftliche Denken und Arbeiten ähnelt dem Versuch, in einem „Sumpf" Halt zu finden, indem Pfähle und Bretter zur Plattform gemacht werden sollen (Karl R. Popper). Diese „Pfeiler" unseres „Wissens" sind vergänglich und müssen unablässig ausgebessert und ersetzt werden. *Eine* Möglichkeit, solchen „Halt" zu finden, besteht sicherlich darin, sich des historischen „Bodens", auf dem unsere Begriffe, Fragen und „Kenntnisse" entstanden sind, zu erinnern und bewußt zu machen.

Dieser „Halt" erweist sich jedoch in seiner Bedeutung als ambivalent, als doppelgesichtig. Die „Unfähigkeit, *vergessen* zu können", kann zur Unfähigkeit führen, kreativ und innovativ auf neue Situationen und Probleme zu reagieren. So wie die Erinnerung sowohl konstitutiv für das menschliche Bewußtsein ist als auch zur Lähmung gegenüber neuen Bewußtseinsinhalten und -formen führen kann, ist auch für eine Wissenschaft ihre Geschichte „Halt" im doppelten Sinn: als Möglichkeit des „Gehaltenseins" wie auch als „Festgehaltensein".

II. Geschichte der Soziologie als Diskurs

Um der Notwendigkeit einer Darstellung und Kenntnis der historischen Entwicklung einer Disziplin Rechnung tragen zu können und dennoch den angedeuteten Schwierigkeiten Herr zu werden, bietet sich ein Konzept an, das zugleich einen neuen Denkstil charakterisiert: das *Konzept des Diskurses.* – Dabei stützen wir uns auf zwei, einander zwar ähnliche, in ihrer „Reichweite" jedoch unterschiedliche Ausformulierungen dieses Gedankens.

Sheldon S. Wolin legt, bei der Darstellung der historischen Entwicklung der politischen Philosophie, seinen Diskurs-Gedanken zugrunde: Politische Philosophie, d.h. das Denken über Politik, wird bei ihm zur kontinuierlichen Form eines Diskurses über die Frage des Politischen, wobei betont wird, daß die bisher gebrauchten Ideen, Konzepte und Begriffe, die zu einem spezialisierten Vokabular führten, nicht in „der Natur" des Objektbereiches liegen, sondern ausschließlich „geschaffen" wurden. Bei der *Rekonstruktion* dieses Diskurses kann es nicht um die Begründung eines Fundus absoluter politischer Weisheit gehen, sondern um das Aufdecken einer sich unaufhörlich entwickelnden „Grammatik" und eines Vokabulars, das die *heutige* Kommunikation und das Verstehen *heutiger* politischer Realität erleichtern bzw. erst ermöglichen soll.

Bei der von Michel Foucault und Paul Ricoeur entwickelten Sicht des Diskurs-Gedankens als wissenschaftsstrategischen Prinzips für eine Ideengeschichte geht es ebenfalls nicht um die Geschichte von „Gruppen", „Schulen", „Generationen", „Bewegungen", sondern um die einem Werk, einem Buch, einem Text eigene Struktur, die als Einheit gesehen wird und die „entziffert" werden soll. Diese „Dokumente" werden in einer „Archäologie des Wissens" nicht mehr interpretiert oder memoriert, sondern „von innen" bearbeitet, d.h. organisiert, zerlegt, geordnet, nach Schichten aufgeteilt. Für diese „Neue Geschichte", die vor allem eine „Geschichte des Denkens" ist, geht es wesentlich um eine Beschreibung und Analyse der aus einem Dokument entzifferbaren *diskursiven Praktiken*. Sie will etwa zeigen, wie Probleme, Begriffe und Themen von dem philosophischen Feld, in dem sie formuliert worden sind, zu wissenschaftlichen oder politischen Diskursen übergehen können. Um diese Absicht einlösen zu können, bemüht sie sich, Werke mit Institutionen, Gebräuchen oder sozialem Verhalten, Techniken, Bedürfnissen in Beziehung zu setzen.

Es sind also nicht die „Ereignisse", die hier untersucht werden, sondern ihr sprachlicher Niederschlag, nicht die geschichtliche „Wahrheit", sondern der „historische Diskurs", den die Menschheit sich selbst gehalten hat und der in den Archiven dokumentiert ist. Foucault definiert als sein Untersuchungsobjekt: „Mein Objekt ist nicht die Sprache, sondern das Archiv, das heißt die angehäufte Existenz der Abhandlungen (discours). Die Archäologie, wie ich sie verstehe, ist weder verwandt mit der Geologie (als Analyse des Untergrundes) noch mit der Genealogie (als Beschreibung der Anfänge und der Folgen), sie ist die Analyse der Diskurse in ihrer Archiveigenschaft." (1967) Die Wörter werden hier untersucht als Elemente gelehrter Abhandlungen. Die Strukturen der Sprache werden zum Schlüssel aller Dinge, sie eröffnen oder schließen den Zugang zur Welt.

Für die Darstellung der historischen Entwicklung einer Wissenschaft, eines *bestimmten* Diskurses also, bedeutet dieser Ansatz einer „archäologischen" Geschichte, die diskursiven Praktiken freizulegen, insoweit sie einem Wissen Raum geben und dieses Wissen das Statut und die Rolle von Wissenschaft annimmt. Bei Foucault wird das folgendermaßen beschrieben: „Es handelt sich also für eine solche Analyse darum, die Wissenschaftsgeschichte ausgehend von einer Beschreibung der diskursiven Praktiken zu profilieren; zu definieren, wie, gemäß welcher Regelmäßigkeit und dank welcher Modifizierungen sie den Epistemologisierungsprozessen Platz machen, die Normen der Wissenschaftlichkeit erreichen und vielleicht bis an die Schwelle der Formalisierung gelangen konnte. Wenn man in der historischen Dichte der Wissenschaften das Niveau der diskursiven Praxis erforscht, will man sie nicht auf ein tiefes und ursprüngliches Niveau zurückführen, will man sie nicht auf den Boden gelebter Erfahrung zurückführen (...); will man zwischen Positivitäten, Wissen, epistemologischen Figuren und Wissenschaften das ganze Spiel der Unterschiede, der Beziehungen, der Abstände, der Verschiebungen, der Unabhängigkeiten und der Autonomien und die

Weise erscheinen lassen, wie ihre eigenen Historizitäten sich nacheinander artikulieren." (1969)

Dieser Ansatz ist insofern eine „Preisgabe der Ideengeschichte" (Foucault), zumindest im traditionellen Verständnis, als er konstitutiv von einem „Doppelcharakter der Geschichte" (Ricoeur) ausgeht. Dieser Doppelcharakter besteht darin, daß Geschichte zugleich strukturell als auch ereignishaft gesehen wird, daß Geschichte zugleich Einheit wie auch Vielfalt der Ereignisse, Werke und Menschen ist.

Von den angeführten beiden Konzepten des Diskurs-Gedankens ausgehend, könnten wir Wissenschaft wie ganz allgemein Geschichte als einen Diskurs interpretieren, der nicht nur die lebenden, sondern auch die toten „Teilnehmer" umgreift. Die scientific community in diesem Sinn umfaßt historische und gegenwärtige Teilnehmer und richtet sich zugleich an zukünftige.

Von einer derartigen Perspektive aus ließe sich die Geschichte der Soziologie als im wesentlichen zwei Diskurse interpretieren: einerseits als einen *Diskurs über den Sinn gesellschaftlichen Lebens,* andererseits als einen *Diskurs über die Möglichkeiten und Grenzen wissenschaftlicher Erkenntnis im Objektbereich der Sozialwissenschaften.* Diese Diskurse, die prinzipiell nicht abschließbar sind, schlagen sich nieder in Ereignissen, Handlungen und historischen Dokumenten, den „Werken" ihrer Teilnehmer.

Gerade für eine Geschichte der Soziologie wäre es unverzichtbar, den sozialen Charakter des Diskurses „Wissenschaft" aufzudecken; zudem könnte bei einer *soziologischen* Geschichte der Soziologie nicht verzichtet werden auf eine Aufarbeitung des strukturellen Zusammenhanges von Ereignissen, Handlungen und „Werken".

Die oben angesprochene, ambivalente und konsequenzenreiche Doppelbedeutung von „Halt" bei einer Besinnung auf die eigene Wissenschaftsgeschichte stellt sich, nicht nur für die Soziologie, als die Gefahr der Etablierung eines Mausoleums dar. Der Gefahr der Konstruktion einer Heroen-, bzw. einer Monumental-Geschichte kann dadurch begegnet werden, daß man einen konkreten Bezug zu den *heute* relevanten Problemstellungen, Theoriekonstruktionen und Methodologien herstellt. Es kann demnach *nicht* darum gehen, einem historischen Vorläufer im wissenschaftlich-soziologischen Diskurs „gerecht" zu werden, was ein ohnehin zum Scheitern verurteiltes Unterfangen bleiben müßte. Die Geschichte unserer Wissenschaft, als Diskurs thematisiert, wird *von uns heute „gemacht"* und dient zumeist der Legitimation unserer eigenen Arbeit: sie ist somit „praktische" Geschichte. Die „Werke" der historischen Vorläufer definieren unsere Wissenschaftssituation ebenso mit, wie es unsere eigenen gegenwärtigen Arbeiten und Bemühungen tun.

Die Annahme des Diskurs-Gedankens beim Versuch der Rekonstruktion der Entwicklung des soziologischen Denkens schränkt das weitere Vorgehen entscheidend ein. Um sowohl der Gefahr einer zu schematisch vorgehenden „Systemgeschichte" als auch der Gefahr einer zu aufgesplitterten „Ereignisgeschichte" zu entgehen, eröffnet sich, von dem Diskurs-Gedanken ausgehend, als

,,Kompromiß" die Sichtweise einer ,,Typengeschichte". In einer solchen kann es also weder um eine Abfolge von ,,-ismen" gehen, etwa Naturalismus, Mechanismus, Darwinismus, Marxismus, Positivismus, Empirizismus, Funktionalismus, Strukturalismus, etc. noch um eine detaillierte Wiedergabe aller ,,einzigartigen" Ereignisse, d.h. einer Anhäufung von Biographien. Um dem Erkenntnisziel, Geschichte als Interaktions-, Kommunikations- und Interpretationsprozeß, als Diskurs sehen zu wollen, gerecht zu werden, können wir uns auf die Bildung von Typologien stützen.

Gerade wenn man die Soziologiegeschichte als einen Diskurs ansieht, wird es zentral wichtig sein, Autor, Werk und Interpretationsgemeinschaft in einen komplexen Ursachen- und Wirkungszusammenhang zu stellen. Die Soziologie und ihre Entwicklung *bezieht* sich auf gesellschaftliche Situationen, ohne darauf *reduziert* werden zu können. Gerade weil Soziologie die jeweilige gesellschaftliche Situation *mit*definiert, wird hier eine komplexe Sichtweise vonnöten sein. Dabei ist es von entscheidender Bedeutung, daß bestimmte Fragestellungen und Antworten der Soziologie in ihrer Zeit nicht ,,aufgehen", sondern über diese hinausweisen. Insbesondere die Werke der ,,Klassiker" lassen sich in einer ersten, vorläufigen Bestimmung dadurch charakterisieren, daß sie diese doppelte Eigenschaft des auf ihre Zeit Bezogenseins *und* über sie Hinausweisens besitzen, wodurch sich auch ihre beunruhigende Kraft erklären ließe. Gerade dadurch ergibt sich, daß diese ,,Werke" im Grunde ,,unausschöpfbar" sind und einer permanenten, niemals ,,definitiven" Interpretation zugänglich sind. Das soziologische Werk eines ,,Klassikers" steht damit in einem doppelten Diskurs, jenem zwischen dem Autor und seiner Zeit und jenem zwischen dem ,,Werk" und dessen Interpretation, die verschiedenen Interpretationsgemeinschaften angehören. Ein ,,Werk" hat viele erklärungsrelevante ,,Bezüge", und eine *direkte* Inbeziehungsetzung – im Sinne einer simplen ,,Abbildtheorie" – zwischen Werk und gesellschaftlicher Situation würde eine folgenschwere und unnötige Verkürzung dieser komplexen Zusammenhänge darstellen.

III. ,,Klassiker" des soziologischen Diskurses

Auch noch im Rahmen eines typengeschichtlichen Vorgehens bieten sich zumindest vier verschiedene Strategien an, die jeweils zu sehr unterschiedlichen ,,Geschichten" führen: eine Begriffsgeschichte, eine Problemgeschichte, eine Schulgeschichte, eine Klassikergeschichte.

Bei der für dieses Projekt getroffenen Entscheidung für eine ,,Klassikergeschichte" sind einerseits ,,negative" Gründe maßgebend gewesen, die sich als Nachteile aus den genannten Alternativen aufzeigen lassen: Trotz des großen Verdienstes von ,,Begriffsgeschichten", die die vielfältigen Konnotationen und Bedeutungsverschiebungen von Begriffen aufzeigen, stehen derartige Darstellungen in der Gefahr einer ,,Verselbständigung" dieser Begriffe. Ähnliches gilt auch für ,,Problemgeschichten", in denen es dann bestimmte Fragen und Antworten sind, die ein von den konkreten historischen Entstehungs- und Wirkungszusammenhängen relativ abgelöstes Eigenleben zu führen beginnen. Bei einer, gerade soziologisch ungleich wichtigeren Aufgabe einer „Geschichte der Schulen" ergeben sich nicht nur prinzipielle Probleme, etwa die Frage, ob es gerechtfertigt ist, überhaupt von „Schulen" in der bisherigen Soziologie zu sprechen, sondern insbesondere große methodologische Schwierigkeiten: eine präzise Darstellung der sozialen und institutionellen Interaktionen, etwa wer mit wem diskutiert hat, wer wessen Bücher in welcher Fassung wann gelesen hat, wer wessen „Lehrer"/„Schüler" war etc., liegt bis heute nicht vor. Die Aufgabe einer tatsächlichen „Soziologie der Soziologie" ist bis heute noch nicht gelöst worden.

So sind es einerseits die sich aus diesen Hinweisen ergebenden „negativen" Gründe, die für das vorliegende Projekt einer „Klassikergeschichte" bestimmend waren: zwar soll von Begriffen, Problemen und „Schulen" die Rede sein und von deren historischen Entwicklungen, ohne jedoch eine Verselbständigung jeweils einer dieser Betrachtungsebenen in Kauf nehmen zu müssen. Zudem sollte schon von der Konzeption her vermieden werden, in ein zu „kurzschlüssiges" abbildhaftes Verhältnis von Soziologie- und Sozialgeschichte zu verfallen.

Der entscheidende *Vorteil* einer „Klassikergeschichte" ist zweifellos der, daß sie eine „werknahe" Darstellungsweise eröffnet. Eine „Klassikergeschichte" zwingt zum Werk, zur eigenen Auseinandersetzung mit den überlieferten Texten der „Klassiker". Nicht die „ewig-gültigen" Weisheiten und Lösungen sind hier gemeint, sondern *„Standards"* einer wissenschaftlichen Disziplin, die historisch entstanden sind und die nicht unterschritten werden sollten, zum eigenen *heutigen* Nutzen.

Gerade der Gedanke, daß es keinen „geborenen" Klassiker, sondern nur einen „gemachten" geben kann, erinnert an die Tatsache, daß es nicht das „Verdienst" der damaligen, sondern das *Bedürfnis der heutigen* Soziologen ist, das die „Klassizität" eines historischen Vorgängers begründet. Die Idee einer, wodurch auch immer begründeten, „Zeitlosigkeit" wird ersetzt durch die Vorstellung eines lebendigen, permanenten Diskurses.

Mit diesem entscheidenden Kriterium verbinden sich in der Regel noch einige der Kriterien, die traditionellerweise mit der Bestimmung „Klassiker" verbunden sind: die „Probe auf Zeit", ein gutes literarisches Niveau sowie ein besonderes Verhältnis zur Gesellschaft: Gerade für einen „Klassiker" des soziologischen Denkens muß gelten, was Hans Maier für den „Klassiker" des politischen Denkens formulierte, daß sein Werk in einem besonderen, „repräsentativen" und wirkungsvollen Verhältnis *zu der Gesellschaft* stehen muß, in der es und für die es geschrieben wurde. Wir wollen deshalb nur dann von einem Klassiker des soziologischen Denkens sprechen, wenn dessen Werk einmal, und sei es nur für kurze Zeit, im Mittelpunkt der soziologischen Ideen und Vorstellungen einer Epoche, d. h. im Zentrum des soziologischen Diskurses, stand.

Für das soziologische Denken nimmt die Kategorie der „Epoche" eine spezifische Bedeutung an, eher im Sinne von „Phase" oder „étape" (Raymond Aron), und ,,Repräsentativität" gilt eingeschränkt für die Gesellschaft der wissenschaftlichen Soziologen, oft sogar nur für einzelne Gruppen von Soziologen.

Kriterium für einen ,,Klassiker" des soziologischen Denkens ist demnach seine Relevanz für die (Weiter-)Entwicklung soziologischer *Theorie* und/oder für die (Wieder-)Entdeckung eines wichtigen *Problembereichs* und/oder die Entdeckung einer neuen *Methode* zu dessen Erforschung. Und diese Relevanz muß glaubhaft gemacht werden für die *damalige,* für die *heutige* und für die (vorstellbare) *zukünftige* wissenschaftliche Soziologie.

In einer pragmatischeren Formulierung heißt das, daß die Bezeichnung ,,Klassiker" für jene historischen Vorläufer unserer Disziplin gelten soll, von denen gesagt werden kann, daß ihre Arbeiten auch heute noch der Lektüre *wert* sind, daß man ohne diese Arbeiten nicht ,,auskommen" kann, wenn man *heute* Soziologie betreiben will (C. Wright Mills). Nicht so sehr einzelne, noch so wichtige ,,Ergebnisse" machen einen Soziologen zum ,,Klassiker", sondern die Einführung neuer Sehweisen, durch die neue Perspektiven und damit auch neue Begriffe und Methoden geschaffen werden.

Und mit dieser Einführung neuer ,,Betrachtungsweisen" (Georg Simmel) könnte, in einem rigorosen Verständnis, der ,,Klassiker" *überflüssig* werden. Seine ,,Erfindung" wird Bestandteil des allgemeinen Wissenschaftsverständnisses und ihrer Methode: die Erinnerung an den ,,Klassiker" hat dann nur mehr antiquarischen Wert. – Die Gefahr eines *solchen* Umgangs mit den ,,Klassikern" wird an der Übernahme und ständigen Reproduktion erstarrter Interpretationen deutlich: die Etikettierung durch gängige Klischees nach dem Muster ,,Simmel, der Begründer der formalen Soziologie", ,,Weber, der Begründer der verstehenden Soziologie" vertieft einzig die Kluft zwischen einem mangelnden Verständnis, ja mangelnder Kenntnis der eigenen Wissenschaftsgeschichte bei gleichzeitiger sachlicher Abhängigkeit von ihr.

Bei einer *soziologisch* tragfähigen ,,Klassikergeschichte" der Soziologie, die von dem Diskurs-Gedanken ausgeht, wird es darauf ankommen, die ,,Lebendigkeit" des Klassikers durch immer neue Lesarten und Interpretationen seines Werkes in den verschiedenen Stadien der Wissenschaftsentwicklung aufzuzeigen.

Aus der Tatsache, daß die heutigen soziologischen Theoretiker der Vergangenheit des soziologischen Denkens stärker verpflichtet sind, als sie das zumeist angeben oder wissen, wollen wir nochmals jenen Gedanken des ,,gemachten" Klassikers aufgreifen: es läßt sich unschwer zeigen, daß gerade die zentralen ,,deutschen" Klassiker wie Weber, Simmel, Mannheim und Schütz erst durch die amerikanische Rezeption zu internationalen Klassikern wurden. In diesem Sinn sind die ,,gemachten" Klassiker die Symbolfiguren, die aufgerichtet werden, um sich selbst und anderen zu demonstrieren: ,,Hier wird Soziologie betrieben." Gerade in jenen wissenschaftlichen Disziplinen, in denen eine unbestrittene methodologische und/oder inhaltliche Identität fehlt, erfüllen die ,,Klassiker" die zentrale Funktion der Stiftung und Begründung von Identität. In diesem Sinne haben wir mit einer Sammlung der ,,Klassiker des soziologischen Denkens" eine soziologische ,,Stammesgeschichte" vor uns.

IV. Zum vorliegenden Projekt

Für dieses Projekt gilt im wesentlichen das Kriterium des ,,Klassikers", wie es oben präzisiert wurde. Dazu kommen zwei eher formale Kriterien: Sich an jenen Strang soziologischen Denkens zu halten, der heute und international ,,wissenschaftlich" genannt wird, d. h. es wurden nur jene *Wissenschaftler* aufgenommen, die sich als *Soziologen* verstanden, bzw. ihre wissenschaftlichen Aktivitäten, zumindest einen Teil davon, ,,Soziologie" nannten. Erst mit Auguste Comte (1798–1857) beginnt das, was für dieses Projekt ,,soziologisches Denken" bedeuten soll.

Da es zumindest problematisch erscheint, für die ,,Probe auf Zeit" einen starren Maßstab zu finden, wurde aus rein pragmatischen Gründen vorgeschlagen, nur solche Autoren aufzunehmen, deren Leben und Werk abgeschlossen sind, so daß ein vollständiges Werkverzeichnis und eine distanziertere Darstellung des Gesamtwerkes möglich sind.

Die getroffene Auswahl sollte schließlich noch zwei weitere Kriterien erfüllen: Zum einen sollte kein ,,Klassiker" fehlen, der *international,* d. h. nach dem bisherigen wissenschaftlichen Diskurs der Soziologie, als solcher angesehen wird, und zum zweiten sollte die Auswahl eine gewisse Überrepräsentation *deutscher* ,,Klassiker" erzielen, um der Zielgruppe der deutschen Leser entgegenzukommen. So ergab sich eine Klassikerreihe, die international unbestritten ist (Comte, Marx, Spencer, Pareto, Durkheim, Mead, Weber, Mannheim) mit einem spezifisch deutschen Schwerpunkt (Tönnies, Simmel, Scheler, Michels, Schütz).

Die Konzeption des Herausgebers sah vor, daß jeder Beitrag nach Möglichkeit nach dem gleichen Schema gegliedert sein sollte: I. Biographie, II. Das Werk, III. Die Methode, IV. Die wissenschaftliche Bedeutung zu Lebzeiten, V. Die Bedeutung für die heutige und zukünftige Soziologie, VI. Bibliographie (1. Vollständiges Werkverzeichnis, 2. Exemplarische Sekundärliteratur, 3. Bericht über die Quellenlage). – Soweit sich einzelne Mitarbeiter nicht für diesen Gliederungsvorschlag entscheiden konnten, galt es, die genannten Punkte *inhaltlich* zu bearbeiten.

Als von wesentlicher Bedeutung wurden vom Herausgeber drei Fragestellungen angesehen: In allen Beiträgen sollte das spezifisch *Soziologische* im Werk des jeweiligen ,,Klassikers" herausgearbeitet werden. Ferner sollte die Frage reflektiert werden, mit welcher Berechtigung das *Prädikat ,,klassisch"* im oben dargestellten Sinn dem jeweiligen Soziologen zukommt. Das gesamte Projekt sollte schließlich auch wie eine *,,Geschichte der Soziologie"* gelesen werden können, d. h. es sollten die ,,Verbindungslinien" in beiden Zeitrichtungen angezeigt werden. Gerade für eine Geschichte des *soziologischen* Denkens sollte dabei im Vordergrund eine mehr wissenschaftshistorische und wissenschaftssoziologische Reflexion über die Bedingtheit/Originalität einiger ,,klassischer" Soziologen stehen, woran sich die Frage nach der *aktuellen Relevanz* anschließen sollte.

Zu diesen drei Fragestellungen kam noch die Erwartung auf ein wirklich *vollständiges* Verzeichnis der *publizierten* Arbeiten des jeweiligen Autors, denn das Projekt soll *kein Ersatz* für die Lektüre der Originalwerke, sondern eine *Hinführung* zum Werk des jeweiligen ,,Klassikers" sein. Dabei erscheint der ,,Bericht über die Quellenlage" als besonders wichtig, als ein möglicher Ausgangspunkt für intensive, weiterführende wissenschaftliche Forschung.

Gerade die bibliographischen Hinweise könnten Ansatzpunkt sein für das, was als Absicht hinter dem gesamten Projekt steht: den Diskurs der wissenschaftlichen Disziplin Soziologie, möglicherweise ausgehend von veränderten Einstellungen der eigenen Wissenschaftsgeschichte gegenüber, weiterzuführen. Wenn man Leben und Werk der ,,Klassiker" sieht als Ausdruck und partielle Überwindung der Widersprüche *ihrer* Zeit, so ergibt sich zumindest die Möglichkeit eines neuen Sehens der Widersprüche in unserer Zeit.

München und Großillenberg, im Januar 1976 *Dirk Käsler*

Otwin Massing

AUGUSTE COMTE

I. Angaben zur Biographie

1798 Am 19. Januar wird Isidore-Auguste-Marie-François-Xavier Comte in Montpellier geboren. Sein Vater ist ein mittlerer Beamter der Steuerkasse in Montpellier. Seine Mutter ist von streng katholischer und monarchisch-legitimistischer Gesinnung.

1807–1814 Im Internat des Lyzeums seiner Heimatstadt wird Comte erzogen. Der aufgeweckte Junge löst sich früh schon von seinem anerzogenen katholischen Glauben und begeistert sich für die liberalen und revolutionären Ideen von 1789.

1814 Comte besteht als erster auf der Liste des Midi die Aufnahmeprüfung für die *Ecole Polytechnique,* an der er sich als hochbegabter Schüler auszeichnet.

1816 Im April wird die *Ecole Polytechnique,* die der Regierung der Restauration wegen des an ihr vorherrschenden „jakobinischen Geistes" suspekt geworden war, vorläufig geschlossen. Comte geht nach Montpellier zurück. An der Fakultät der Stadt hört er einige medizinische und physiologische Vorlesungen.

Erneute Rückkehr nach Paris. Da er nie eine andere Laufbahn als die des akademischen Lehrers an der *Ecole Polytechnique* oder einer anderen Hochschule des Landes ins Auge gefaßt hatte, muß er sich seinen Lebensunterhalt durch Privatunterricht in Mathematik verdienen.

1817 Im August wird Comte Sekretär von Saint-Simon, dessen Freund und Mitarbeiter er bis 1824 bleibt. Während dieser Zeit arbeitet er an den verschiedenen Zeitschriften des utopischen Sozialreformers und Philosophen mit: *L'Industrie, L'Organisateur, Du Système industriel, Catéchisme des industriels.*

Saint-Simon verkörpert für ihn die „révolution vivante". Über ihn gerät Comte unmittelbar in Kontakt mit der Welt der Politik, Industrie und Hochfinanz.

1819 *Séparation générale entre les opinions et les désirs.* Ferner Mitarbeit an dem von Charles Comte und Charles Dynoyer herausgegebenen *Censeur.*

1820 Im April wird im *Organisateur* die Abhandlung *Sommaire appréciation sur l'ensemble du passé moderne* veröffentlicht.

1822 Es erscheint der *Prospectus des travaux scientifiques nécessaires pour réorganiser la Société,* zum erstenmal veröffentlicht in einem Buch von

Saint-Simon mit dem Titel *Suite des travaux ayant pour objet de fonder le Système industriel.* Comte nennt die Abhandlung später, und zwar im Vorwort zum *Système de politique positive,* sein „opuscule fondamental". Der *Prospectus* wird gelegentlich auch als *Premier système de politique positive* zitiert. Im vierten Band des *Système de politique positive* wird die Abhandlung unter dem Titel *Plan des travaux scientifiques nécessaires pour réorganiser la Société* erneut veröffentlicht.

1824 Im April verkauft Comte den I. Band (1. Teil) des *Système de politique positive* an Saint-Simon, der den Text ohne Verfasserangabe im *Catéchisme des industriels* veröffentlicht. Dagegen protestiert Comte. Es kommt zum endgültigen Bruch mit seinem „Lehrmeister" (H. Gouhier) Saint-Simon, den er einen „verderbten Jongleur" nennt und dessen „unseligen Einfluß" er jetzt beklagt.

1825 *Considérations philosophiques sur les sciences et les savants* und *Considérations sur le pouvoir spirituel.* Die beiden Werke werden noch von Saint-Simon im *Producteur* veröffentlicht.

Comte heiratet gegen den Widerstand seiner Familie Caroline Massin, eine ehemalige Prostituierte. Später bezeichnet er diese Ehe als den „einzigen schweren Fehler" in seinem Leben.

1826 Im April beginnt Comte in seiner Wohnung eine Reihe von öffentlichen Vorlesungen über *Philosophie positive.* Unter seinen Hörern befinden sich u. a. Alexander v. Humboldt, H. Carnot, der Physiologe Blainville und der Mathematiker Poinsot.

1826–1827 Schon nach der zweiten Stunde muß Comte seine Vorlesungen aufgeben, weil ihn ein schweres Nerven- und Gemütsleiden heimsucht. Fast ein Jahr lang ist er arbeitsunfähig. Comte, der an geistiger Überanstrengung leidet, wird im Verlauf der Krankheit von seiner Frau zum erstenmal verlassen und in einer Nervenheilanstalt untergebracht, aber acht Monate später als nicht geheilt entlassen. Kurz darauf begeht er einen Selbstmordversuch. Danach Abklingen der Nervenkrise. In der Folge sucht Comte durch strenge Arbeits- und Lebensdisziplin („hygiène cérébrale") einem Rückfall in die Krise vorzubeugen.

1829 Comte nimmt die unterbrochene Vorlesungstätigkeit wieder auf.

1830 Er veröffentlicht den ersten Band seines *Cours de philosophie positive.* Die folgenden fünf Bände erscheinen in den Jahren 1835, 1838, 1839, 1841 und 1842. Sie enthalten die insgesamt 60 Vorlesungen über *„philosophie positive".*

1831 Im Bürgermeisteramt des 3. Arrondissements beginnt er eine unentgeltliche populärwissenschaftliche Vorlesungsreihe über Astronomie. Sie erstreckt sich bis zur Jahreswende 1847/48.

Seine Bewerbung um einen Lehrstuhl für Analysis an der *Ecole Polytechnique* bleibt ohne Erfolg.

1832 Comte erhält lediglich den Posten eines Repetitors für Analysis und Mechanik an der *Ecole Polytechnique.*

1833 Auch seine Bewerbung um einen Lehrstuhl für Analysis am *Collège de France* wird von Guizot abschlägig beschieden. Wegen seiner republikanischen Gesinnung verweigert man ihm auch den Lehrstuhl für Geometrie an der *Ecole Polytechnique.*

1837 Comte erhält eine Stelle als Examinator für die Aufnahmeprüfungen an der *Ecole Polytechnique.* Die Stelle ist besser bezahlt als der Repetitorposten.

1842 Endgültige Trennung von seiner Frau.

1843 *Traité élémentaire de géométrie analytique.*

1844 Comte veröffentlicht seinen *Discours sur l 'esprit positif* als Einleitung zum *Traité philosophique d'astronomie populaire.* Er verliert seine Stelle als Examinator an der *Ecole Polytechnique.* Von nun an ist er im wesentlichen auf die ihm gespendeten ,,freiwilligen positivistischen Subsidien" angewiesen. Materiell wird er seit 1845 vor allem von J. St. Mill und einigen reichen Engländern, seit 1848 auch von etwa hundert französischen Schülern und Gönnern, u.a. von E. Littré unterstützt.

Im Oktober lernt Comte die Schwester eines seiner Schüler, die um 17 Jahre jüngere Clotilde de Vaux kennen. Sie lebt von ihrem Mann getrennt und ist von einer schweren Tuberkulose bereits unheilbar gezeichnet.

1845 Das ,,Jahr ohnegleichen". Comte gesteht Clotilde de Vaux seine Liebe. Sie bleibt unerhört. Clotilde de Vaux bringt ihm nicht mehr als eine ,,affection" entgegen. Täglich schickt Comte ihr zwei Briefe, zweimal in der Woche darf er sie sehen.

1846 Am Palmsonntag stirbt Clotilde de Vaux im Beisein von Comte, der sie von nun an zum Gegenstand eines wahrhaften Kultes macht.

1847 Comte verkündet die Religion der Menschheit.

1848 Gründung der Positivistischen Gesellschaft. *Discours sur l'ensemble du positivisme.*

1851 Veröffentlichung des ersten Bandes seines zweiten Hauptwerkes, des *Système de politique positive ou Traité de sociologie, instituant la religion de l'humanité.* Die folgenden Bände erscheinen in den Jahren 1852, 1853 und 1854.

Comte verliert jetzt auch seine Stellung als Repetitor an der *Ecole Polytechnique.* Wegen des religiösen Mystizismus, dem er zunehmend huldigt, aber auch weil er den Staatsstreich Louis-Napoleons gutgeheißen hat, ziehen sich Littré und eine Reihe seiner Schüler aus der Positivistischen Gesellschaft zurück.

1852 Es erscheint der *Catéchismus positiviste ou sommaire exposition de la religion universelle.*

1855 Der *Appel aux conservateurs* wird veröffentlicht,

1856 *Synthèse subjective, ou système universel des conceptions propres à l'état normal de l'humanité.*
Comte schlägt dem Ordensgeneral der Jesuiten ein Bündnis gegen „den anarchischen Einbruch des westlichen Deliriums" vor.

1857 Am 5. September stirbt Comte in Paris, Rue Monsieur-le-Prince, Nr. 10, von seinen Schülern wie ein Heiliger verehrt.

II. Der Orientierungsrahmen: Die Revolution als Krise – die Evolution als Ideal

Kaum etwas hat Comtes Vorstellungswelt und Denken so sehr beeinflußt wie die Auseinandersetzung mit der Großen Revolution als dem Prototyp einer krisenhaften Veränderung der sozialen Verhältnisse. Je verzweifelter er sich des Revolutionstraumas zu erwehren sucht, desto hypochondrischer fühlt er die Gesellschaft von ihren Schocks bedroht. Comte kommt von der Befürchtung, daß die Revolution sich zyklisch wiederhole, nicht los.

In der Tat schienen die Ereignisse seit der Großen Revolution – vom Ausbruch der französischen Februarrevolution von 1848 über ein Stadium radikaler sozialistischer Entwicklungen bis zum Staatsstreich des Dritten Napoleon (1852) – nur zu bestätigen, was die Zyklentheorie mit der absoluten Freiheit beginnen und im Despotismus enden läßt. War noch die Revolution von 1789 ein ökonomisch-sozialer Protestakt – analog zu den voraufgegangenen religiösen – des „tiers état" gegen Adel, Feudalordnung und den Verfall der absolutistischen Staatsmaschinerie seit den rühmlichen Tagen der Arrondierungspolitik des Roi Soleil sowie gegen die wirtschaftliche Malaise im Gefolge des kurpfuscherischen Aderlasses von 1685 – insgesamt also Auflehnung gegen das herrschende System der beiden Hauptstände –, so sind bereits die drei kleinen Revolutionen des folgenden Säkulums das keineswegs harmlose Geplänkel zwischen den mehr und mehr polarisierten Kräften der Gesellschaft. Das fortschrittliche und erfolgreiche Bürgertum, das sich die Kulturgewohnheiten, das Prestige und die Macht des überrundeten Adels amalgamierte, hat sich nun seines eigenen Vasallen zu erwehren: des Proletariats, das bei der Konsolidierung der Machtverhältnisse um seinen Anteil geprellt worden war. Kaum mehr als die Namen seiner Ausbeuter und Ausbeutung hatten gewechselt.

Die große Masse, die pauperisierte „roture", blieb weiterhin in den niederen Regionen der Gesellschaft oder sank in sie hinab. Die Bauern und Arbeiter kaum weniger als die Kleinbürger, die fortan zwischen reaktionärer und revolutionärer Orientierung hin- und herschwankten: je nach Situation und Machtkonstellation die Widersprüche, aus denen die Umbrüche der beiden Jahrhunderte erfolgt waren, weitervererbend.

So entwickelt sich aus der Angst vor jenem „cauchemar des révolutions" das Programm der elastischen Anpassung an die historisch-gesellschaftliche Entwicklung: *die Evolution als Ideal.* Ein Bruch in der Spontaneität hat die Epigonen der Freiheitsbewegung gezeichnet. Erheben sie nicht gerade die gesellschaftliche Anarchie, wie später Bakunin vor allen, zur politischen Maxime, dann sind sie noch in ihren kühnsten Pamphleten, Programmen und Entwürfen Sozialrevolutionäre wider Willen. Das Bewußtsein, das höchste Maß an Freiheit stehe auf der Kippe zu ihrem äußersten Mißbrauch, läßt sie allemal mißtrauisch zweifeln und um so eher bei Reaktion und allen Arten von staatlichen Freiheitsgarantien ihre Zuflucht suchen, als sich in diesem „Revolutionspessimismus" der bürgerlichen, möchte-gern-liberalen- Intelligenz des 19. Jahrhunderts gleichzeitig „die Furcht vor der Bedrohung von ‚Besitz und Bildung' ankündigt".[1]

Diese apokalyptische Gewißheit der Regression in Barbarei verdichtete sich besonders nach der Revolution von 1830 zur Vorstellung von der „révolution toujours la même", deren Bewegung nie zur Ruhe komme, sondern in ihre immer neuen Metamorphosen am Ende die ganze Welt einbeziehe. Die Vorstellung der russischen sozialrevolutionären Intelligentsia von der (Welt-)Revolution als Selbstzweck ist unter diesem Aspekt Vermächtnis des frühen 19. Jahrhunderts.

Aus diesen nie zu Ende gehenden sozial-revolutionären Umwälzungen, deren Reflex bei allen politischen Schriftstellern gleich welcher Provenienz zutage tritt, geht jedoch der Begriff der Revolution selber gewandelt hervor. War darunter ursprünglich die singuläre politische Aktion verstanden, die ein neues Geschehen in Gang bringt, wird schließlich der Prozeß als solcher zum revolutionären Ereignis schlechthin erklärt. Das Marx'sche Schlagwort von der „Revolution in Permanenz", im März 1850 in einer Ansprache an den Kommunistenbund gebraucht und schon früher von Proudhon (1848) geprägt,[2] enthält bereits die Wandlung vom aktivistischen Sinn des Wortes zum Schema der Mehr-Phasen-Revolution, die sich, mehr oder minder sozial-ökonomisch determiniert, naturgesetzlich abspult. Sicher ist, daß die zunehmende Verdüsterung in der Beurteilung von Revolution und revolutionärer Tat aus dieser allgemeinen Kehrtwendung resultiert.

Auch für Comte wird die französische Revolution zum Terminus a quo. Weil die politische Freiheit die intellektuelle Anarchie und die revolutionäre Gleichheit die Tyrannei der Massen herbeigeführt hatten, war freilich *jede* gesellschaftliche Ordnung unterminiert. Am Ende des Comteschen Rationalismus steht die Einsicht, daß, wenn Politik und Moral wirklich einmal wissenschaftlich sind, es wie in der Astronomie keine Gewissensfreiheit mehr geben könne. Vom revolutionären Treiben der Republikaner, deren Partei er einst unterstützt hatte, abgestoßen, ist für ihn die wahre Revolution am Ende die der Herzen. Da der „Geist" aber primär Ordnung erheischt, so ist eine geistig-moralische Revolution um so weniger revolutionär, je spiritueller sie ist. Sowohl den Retrogarden wie den Revolutionären erteilt er daher eine Abfuhr. Ausdrücklich distanziert er sich von jener „... gegenwärtig verbreiteten Utopie, die, besessen von Fortschrittseifer, ... dem Menschen vorschreibt, sich von seiner primitiven Persönlichkeit übergangslos zu universellem Wohlwollen zu erheben, das seither zu einer vagen, sterilen und nur zu oft anstößigen Philanthropie ausgeartet ist."[3]

Dennoch bezieht Comte von der französischen Revolution auch seine progressiven Impulse. Daß der Begriff des Fortschritts für seine Soziologie konstitutiv wurde, hat nicht zuletzt seine Ursache darin, daß das ,,Lebensgefühl" des heraufkommenden Industriezeitalters vom gleichen optimistischen Fortschrittsgedanken erfüllt war. Die Ablösung mittelalterlicher Herrschafts- und überkommener Autoritätsformen durch die französische Revolution erschütterte überhaupt die fraglos-fragwürdige Hinnahme von Denkinhalten, die sich durch nichts anderes als Tradition und nicht durch Einsicht in ihre Notwendigkeit zu legitimieren vermochten. Das 19. Jahrhundert konnte Comte daher bezeichnen ,,als notwendige Epoche der endgültigen Entwicklung der Sozialwissenschaft". In der Tat korrespondiert die Positivität der frühen Soziologie mit der Rationalität des Jahrhunderts, vorab seiner entwickelten Wissenschaft, der entfalteten Ökonomie und des technischen Verstandes.[4]

III. Wissenschaft als Methode

Die Reflexion über die Gesellschaft hebt bei Comte an mit dem Interesse an jener Frage, die Lévy-Bruhl in die Worte kleidete: ,,Können die moralischen und sozialen Tatsachen ebenso Gegenstand wissenschaftlicher Forschung sein wie die anderen Naturerscheinungen?"[5]

Bereits im frühen ,,Entwurf" von 1822 wird die gesellschaftswissenschaftliche Fragestellung ausdrücklich thematisiert. Im philosophischen Bemühen selber hat sich eine Verlagerung vollzogen: das Interesse, das bislang der abstrakten Erörterung metaphysischer Wesenheiten galt, wird jetzt umfunktioniert in explizite realsoziologische Fragestellungen.

Comtes wissenschaftliches Pathos resultiert nicht zuletzt aus der Gewißheit, kraft der synthetischen, organischen Funktion seiner Soziologie die ,,versteinerten Antithesen"[6] der bestehenden Ideologien aufzubrechen, der Gesellschaft zur Realisierung ihrer objektiven Möglichkeiten und deren Menschen zum Bentham'schen Glück zu verhelfen. ,,Die Bestimmung der zur Reife gelangten Gesellschaft . . . besteht darin, daß die Gesellschaft sich auf Grund der erworbenen Erfahrungen mit all den angesammelten Materialien das Gebäude errichtet, welches am besten ihren Bedürfnissen und ihren Freuden angepaßt ist. Dies ist die große und edle Aufgabe, deren Lösung der gegenwärtigen Generation [sc. primär der Soziologie] vorbehalten blieb."[7] Er selbst fühlt sich missionarisch als ihr erster Protagonist.[8]

Soziologie hat diesem Programm zufolge eine zweifache Funktion zu erfüllen: der von dauernden Krisen geschüttelten Gesellschaft ihrer Zeit hält sie den Spiegel vor. Gleichzeitig entwirft sie (alternative) Handlungsstrategien zu deren systematischer Veränderung.

Progressiv ist diese gleichwohl gegenrevolutionär inspirierte Soziologie, insofern sie die Philosophie der bürgerlichen Gesellschaft noch als ,,Metaphysik" im herkömmlichen Sinne zu kritisieren vermag. Die Philosophie selber wird ihr zum

Problem, nicht irgendeines ihrer Teilprobleme. Ehedem als Gegensatz zur doxa verstanden, sinkt Philosophie in den Augen Comtes selber zur doxa herab. Comtes Abneigung gegen das „Wesen", sein Verdikt über Fragen nach der Natur der gesellschaftlichen Zusammenhänge legen freilich die Soziologie auf bloße Phänomene fest. Die unkritische Reproduktion von beobachtbaren Fakten, das wissenschaftliche Duplikat der Wirklichkeit, verfälscht die Fakten zum Wesentlichen. Damit aber wird die Frage nach dem Wesen als Illusion, als ein mit der Methode nicht Einzulösendes tabuiert, so daß die Wesenszusammenhänge, „das, worauf es in der Gesellschaft eigentlich ankommt – a priori vor der Erkenntnis geschützt (sind)".[9]

Indes, ihre tatsächliche Bestimmtheit erhält sie nicht abstrakt – vom philosophierenden Vermögen etwa –, sondern dadurch, daß sie sich die naturwissenschaftliche Methode der exakten Beobachtung und Beweisführung zu eigen macht und so zur Erkenntnis der Verlaufs- und Strukturprofile ihres Erkenntnisgegenstandes vordringt. „Gott" wird gegen die Naturgesetze der menschlichen Gesellschaft und ihrer Geschichte ausgewechselt.

Das scheinbar progressive Element des Comteschen Positivismus nimmt an dieser Stelle jedoch eine reaktionäre Wendung: sollten die „Gesetze" bei Marx erkannt werden, um als geschichtliche überwunden zu werden, so führen sie bei Comte in die Nichtumkehrbarkeit der gesellschaftlichen Bindung. Am Ende legt der Comtesche Positivismus jeden Einzelnen auf die Identifikation mit der als „Großes Wesen" symbolisierten Menschheit ein für allemal fest.

Gleichwohl verdient die Soziologie Comtes rationalistisch genannt zu werden. Nicht nur, daß er von der Überlegenheit der „Moral, die bewiesen werden kann, im Verhältnis zur geoffenbarten Moral"[10] spricht, er definiert auch sonst „Geist" instrumentell. Salomon-Delatour meinte gar, aus dieser Differenz zur deutschen, speziell Hegelschen Geistauffassung eine spezifische Variante romanischer Mentalität ableiten zu können. „Die Auffassung der Franzosen vom menschlichen Geist (esprit) ist eine ganz andere: Der Geist kommt von unten ... er ist im Menschen zu sich selbst gekommen und dient ihm als Werkzeug. Als Organ einer pragmatisch bestimmten Aktivität orientiert er sich nicht am Jenseits."[11] Den Unterschied zwischen Hegel und Comte spezifizierte er darüber hinaus als den zwischen Wissenschaft und Metaphysik, zwischen universaler, romanischer Katholizität und deutschem Bildungsprotestantismus.

Der universalgeschichtliche Prozeß, wie er sich Comte darstellt, bietet in der Tat „im Ganzen ein Bild der Verselbständigung, Konzentration und steigenden Organisationskraft des Intellekts und seiner Wirkung auf wechselnde Naturgrundlagen und Gesamtlagen".[12] Von Comte wird der menschliche Geist und sein Produkt, die Wissenschaft, in direkte Beziehung zur menschlichen Arbeit gesetzt. Die künstliche Trennung zwischen Theorie und Praxis, wie sie infolge der gesellschaftlichen Arbeitsteilung als naturhaft-notwendig erscheint, wird rückgängig gemacht. Geisttätigkeit und Wissenschaft werden aus Naturbedürfnissen abgeleitet. Der Reflexion stellen sie sich als Organverlängerung und -verstärkung dar, als ein Stück menschlicher Technik im Kampf gegen die „Natur":

gegen die Überlegenheit der bloß äußeren wie zur humaneren Einrichtung der gesellschaftlichen.

Aus dieser Auffassung resultiert Comtes Wissenschaftsgläubigkeit. Das Mängelwesen Mensch kommt der eigenen instinktschwachen biologischen Ausstattung mit seinen wissenschaftlichen Methoden gleichsam zuvor, um in Kenntnis der Gesetze der Natur schließlich über diese zu triumphieren. Der pragmatische Zug an der Comteschen Soziologie weist zwar der Theorie ihre bestimmte Arbeit zu,[13] erhofft sich jedoch das Heil von der *vita activa:* ,,Kurz: Wissenschaft, folglich Voraussicht; Voraussicht, folglich Handeln: so lautet die einfache Formel, die die allgemeine Beziehung zwischen Wissenschaft und praktischem Tun (l'art) in ihrer allgemeinsten Bedeutung exakt wiedergibt, diese beiden Begriffe in ihrer allgemeinsten Bedeutung verstanden."[14]

Theorie ist von Anfang an auf Praxis bezogen, dem Comteschen Selbstverständnis zufolge allerdings ausschließlich auf die Reorganisation der Gesellschaft nach positivistischer Bedienungsanweisung. ,,Sie kann als die einzige solide Basis der sozialen Reorganisation gelten, welche die Krise beenden soll, in der sich die zivilisiertesten Nationen seit langem befinden."[15]

Die ,,positive" Politik soll zuerst die geistige Elite der Menschheit, die Gelehrten, in ein Umkehr-Stadium zwingen, woraus mehr oder minder zwangsläufig die Veränderung im institutionellen Bereich der Gesellschaft erfolgen müßte, die eigentliche soziale Reorganisation. Als Ziel schwebt ihm die Beendigung der Krise vor Augen, die Überführung des gesellschaftlichen Zustandes in einen des Friedens, der Harmonie, der ,,gerechten" Verteilung und krisenfesten Mobilität, kurz: der Ordnung.

Soziologie, im Namen des ,,bien humain", setzt mit einem solchen Programm auch den Naturwissenschaften Zweck und Grenzen. In ihr als der ,,Endwissenschaft" gelänge schließlich die Synthese menschlichen Wissens. ,,Werden sie (sc. die wissenschaftlichen Theorien) so nicht auf das Universum, sondern auf den Menschen oder vielmehr auf die Menschheit bezogen, so streben unsere wirklichen Erkenntnisse im Gegenteil offensichtlich von selbst nach einer vollständigen ebenso wissenschaftlichen wie logischen Systematisierung. Man darf sich dann im Grunde nur noch eine einzige Wissenschaft denken, die Wissenschaft vom Menschen oder genauer gesagt die Sozialwissenschaft, deren Ziel und Prinzip unser Dasein bildet und in der naturgemäß die rationale Erforschung der Außenwelt und ihrer doppelten Eigenschaft als notwendiges Element und als grundlegende Einführung (préambule) aufgeht ..."[16] Jede Wissenschaft hat sich vor der Instanz dieses *homo-mensura-Denkens* zu legitimieren. Noch die scheinbar entlegenste Theorie vermöchte sich zu rechtfertigen, wofern sie nur spezifischen menschlichen Bedürfnissen dient, ,,sei's um unsere Kräfte zu entwickeln, sei's um unsere Natur und Lage besser zu beurteilen".[17]

Im Hinblick auf diesen ,,subjektiven" Standpunkt erhofft sich Comte vom positiven Geist in den Beobachtungswissenschaften vor allem die ,,große intellektuelle Übereinstimmung", die er rundherum vermißt.[18] Von dieser sollte jede ,,wahrhafte menschliche Vereinigung" ihren Ausgang nehmen. Freilich müßte hinzukommen – so realistisch ist er doch – eine „hinlängliche gefühlsmäßige Übereinstimmung" („conformité") – im Freudschen Sinne Identifikation – und eine „gewisse Interessenkonvergenz", die die Marxsche Konzeption des revolutionären Klassenkampfes später dann eindeutig formulierte.

Immerhin soll die „rationale Positivität" sich nicht nur der Technik bemächtigen, vielmehr soll die Technik selber „in erster Linie politisch und moralisch (sein), denn die von der Menschheit ausgeübte Haupttätigkeit muß in jeder Hinsicht in der ständigen Verbesserung ihrer eigenen individuellen wie kollektiven Natur bestehen ..."[19]

Der abstrakte Positivismus Comtes erfüllt sich am Ende in konkreter politischer Praxis; daher noch das *Système*. Der weltimmanente Blick, einmal darauf angesetzt, auf „die praktische Verbesserung der menschlichen Lage"[20] zu starren, setzt sich infolgedessen zum Glauben an die Vorsehung doppelt in Opposition: einmal, weil er im Gegensatz zu jenem die Unvollkommenheit der natürlichen und sozialen Ordnung unvoreingenommen konstatieren kann, zum anderen, weil er begreifen lernt, daß diesem Zustand abgeholfen werden kann, auch ohne daß das Zorngericht Gottes über den systemverändernden (revolutionären oder staatsinterventionistischen) Eingriff vom Himmel fiele. Diese Gewißheit stärkt das Selbstbewußtsein aller frühsozialistischen Projektemacher wie ihrer späteren Adepten. Auch die Comtesche Soziologie nicht zuletzt ist von solch quasi-imperialistischer Unwiderstehlichkeit.

Ausgangspunkt seines Positivismus ist die Ablehnung der „inneren Erfahrung" („expérience intérieure"), folglich die Ablehnung von Psychologie, Logik und jeder Art Bewußtseinsphilosophie. Wer erfahren wolle, was menschliches Bewußtsein zu leisten imstande sei, müsse es betrachten „im Vollzug seiner Verstandesfunktion"[21], die eben darin bestünde, die Natur zu erklären und die Vielfalt der beobachtbaren endlichen Phänomene zu vereinheitlichen, d.h. zu systematisieren. Die zu diesem Zweck entwickelten Kategorien (schon seit 1819) heißen „philosophie d'une science" und „philosophie de toutes les sciences".

Philosophie wird von ihm also nicht abgeschrieben, vorausgesetzt, sie ist dazu bereit, erst einmal „wissenschaftlich" zu werden. Nicht das vom menschlichen Verstand zu erklärende Universum als ihm gegenüberstehende Objektwelt steht künftig im Mittelpunkt des philosophischen Interesses, sondern die wissenschaftlich-methodische Erklärung als solche, da in ihr der menschliche Geist unmittelbar als Agens in Erscheinung tritt. Comte verficht insoweit eine Theorie bzw. Philosophie des „objektiven Geistes", die als naturalistische Kulturphilosophie notwendig zur Geschichtsphilosophie werden muß. Einzig als Reflexion auf wissenschaftliche Methoden und Verfahren läßt sich „Geist" vermessen, weil nur über deren Entwicklung sein Fortschritt sich bestimmen läßt. „Geist" wird im Nachvollzug seiner Tätigkeit via Wissenschaftsgeschichte begriffen als „Biographie der Vernunft". „Eine Philosophie der Geschichte des menschlichen Geistes, wie er sich in den Wissenschaften manifestiert, ersetzt die auf innere Erfahrung sich gründende Metaphysik."[22]

Für die introspektive Methode der ,,Ideologen" genannten Philosophen seiner Zeit konnte er infolgedessen nicht mehr als Verachtung übrig haben. Seinem Wissenschaftsbegriff zufolge sollte nicht das individuelle, sondern das Kollektivsubjekt (,,sujet universel") den Gegenstand der ,,sozialen Physik" abgeben.

,,Die einzige unerläßliche Einheitlichkeit, die es geben kann und muß, ist die der Methode. Die Theorie (doctrine) muß nicht notwendigerweise eine einheitliche sein, es genügt, wenn sie homogen ist. Daher betrachten wir in diesem ,Cours' die verschiedenen Klassen positiver Lehrsätze unter dem doppelten Gesichtspunkt der Methodeneinheit und der Theoriehomogenität."[23]

Indem Comte obstinat auf Beobachtungen Wert legt, die aus der Erfahrung am konkreten Material gewonnen werden, und keine a-priori-Philosopheme gelten läßt, kommt ein objektivistisch-konkreter Zug in sein Denken, womit er besonders auf Durkheim eingewirkt hat. Und nicht nur auf diesen; auch die empirische Sozialforschung verdankt ihm, wenn auch indirekt, entscheidende Impulse.

Formuliert unterm Zwang der wissenschaftlichen Erfolge, die die Naturwissenschaften seiner Zeit zu verzeichnen hatten, steckt auch in seiner Soziologie ein unmittelbar *praktisches* Interesse. So ist dem Fanatiker des Realitätsprinzips die unvoreingenommene Beobachtung des Wirklichen beispielsweise ein Reinigungsakt höchst subjektiv-sublimer Natur: das Subjekt soll gleichzeitig einer nie zu Ende gehenden Offenheit ausgesetzt bleiben, die in der Vorläufigkeit (,,préalabilité") aller Ergebnisse die Relativität des geschichtlichen Augenblickes miteinbezieht, d.h. die Vermittlung von Wahrheit durchs Subjekt. Das aber setzt sowohl die Notwendigkeit als auch die Möglichkeit voraus, die Welt vernünftig zu ordnen durch die Ordnung des Menschen. ,,. . . je mehr unser Leben auf dieser Erde nicht von den Wechselfällen der Natur abhängt, sondern von der seelischen Verfassung der Menschheit . . ., desto unmittelbarer hängt unser Schicksal von unserem eigenen Verhalten ab."[24]

Daß er die Methode der exakten Beobachtung als die entscheidende Grundlage jeder soziologischen Erkenntnis herausstreicht, ist philosophiehistorisch zu rechtfertigen als Abwehr der realitätsblinden Spekulation der Metaphysiker. Gleichzeitig aber muß er Front machen gegen die empiristische Depravierung seiner Theorie, dagegen, ,,daß eine fehlerhafte Interpretation oft dazu geführt (hat), dieses große Denkprinzip zu mißbrauchen, um die wirkliche Wissenschaft zu einer Art unfruchtbaren Anhäufung zusammenhangloser Fakten entarten zu lassen, die kein anderes Verdienst haben konnte als das der Genauigkeit im Detail. Es ist also wichtig, recht zu verstehen, daß der echte positive Geist im Grund vom Empirismus ebensoweit entfernt ist wie vom Mystizismus; zwischen diesen beiden gleich verhängnisvollen Abirrungen muß er stets einen Weg suchen . . ."[25]. Der wahre Positivist, ausgestattet mit der Fähigkeit, Fakten einander systematisch zuzuordnen statt sie bloß anzuhäufen, wird aus den konstanten Relationen innerhalb der Erscheinungswelt sogar prognostizieren können, was dereinst sein wird.

Daß jedoch die Einsicht in gesellschaftliche Tendenzen keine aktivistische Wendung nimmt, sondern fatalistisch ausfällt, ist bei Comte vom Glauben an den

„allgemeinen Lehrsatz von der Unwandelbarkeit der Naturgesetze“[26] bedingt. Den Gedanken an „Statik“ und „Dynamik“, den er sich dabei zu eigen macht (und weiterführt), hatte er bereits bei de Blainville in dessen Einführung zu den *Principes généraux d'anatomie comparée* vorgefunden. Demgemäß faßt er die Begriffe „statisch“ und „dynamisch“ als „Handlungsfähigkeit und als tatsächliches, effektives Tun“.[27]

Die statischen Momente sind, als Bedingungen der Möglichkeit menschlicher Existenz, als solche scheinbar außerhalb der Geschichte. Erst im Vollzug, in der Realisierung durch Raum und Zeit hindurch, die als Bewegung auf Dauer drängt, werden sie in die historische Dynamik einbezogen, d. h. geschichtliches Potential. Demgegenüber ist Gegenstand der „Dynamik“ der faktische Aufweis der Identität von sozialer Entwicklung und sozialem Fortschritt, wobei die Etappen der Intelligenz-Evolution gleichzeitig Phasen des Fortschritts darstellen. Dieser repräsentiert, als Abfolge der einzelnen geschichtlichen Stadien, die nach unveränderlichen Gesetzen sich entfaltende Kontinuität des einen Wesens; aber auch die Entwicklung auf eine Verbesserung („perfectionnement“; „amélioration“) der gesellschaftlichen Verhältnisse. Daher wird diese soziale „Bewegung“ auch als einlinig („unilinéaire“) und einstimmig („univoque“) hypostasiert, was freilich zur Folge hat, daß alle gesellschaftlichen Widersprüche und Antinomien von vornherein tabuiert bleiben.

Gleichwohl steht der Begriff der gesellschaftlichen Dynamik im Widerspruch zu den unveränderlichen Gesetzen gesellschaftlicher Entwicklung, die Comte glaubt entdecken zu können. Dynamik, wodurch Geschichte sich auszeichnet und die im Verlust an unwiederbringlicher Zeit besteht, ist schließlich das genaue Gegenteil zur Hypostase strukturell bedingter gesellschaftlicher Invarianzen. Jene drängt über die Wiederkehr des Immergleichen, eines bruchlos mit sich Identischen, Stagnierenden emphatisch hinaus. Diese kumuliert die Last der Statik in einer Weise, daß Geschichte zur puren Repetition zu degenerieren scheint.

Da unterm statischen Aspekt einer gegebenen Gesellschaft vor allem deren „consensus social“ analysiert werden soll, ist dazu eine Analyse der anatomischen Struktur des vorgängigen Ganzen erforderlich. „Statik“ ist daher wesentlich Strukturanalyse; „Dynamik“ Funktionsanalyse und historischer Vergleich.

Daß der Fortschritt die Entfaltung der Ordnung sei, zielt auf die Entsprechung von Unterbau und Überbau. Comte ist der Ansicht, daß sozialen Formen „Sinn“ nur in bezug auf das Ganze der ihnen zugrunde liegenden Gesellschaftsformation zukommt. Verändert sich der Unterbau, dann büßt auch der Überbau seine notwendige Legitimation ein. Im gesellschaftlichen Interdependenzverhältnis ist kein Bereich ganz autonom. Als Fließgleichgewichtssystem ist Gesellschaft statisch und dynamisch in einem. Dem verleihen die Formeln von „Fortschritt“ und „Ordnung“ lediglich Ausdruck.

Sind also „Statik“ und „Dynamik“ zunächst verschiedene Methoden, sich mit den Gesetzen und Beziehungen der Koexistenz und Sukzession zu befassen, so verändern sie im Verlauf ihrer Anwendung freilich auch ihre Funktionen: aus dem interesselosen Studium sozialer Gesetzmäßigkeiten, aus (natur-)wissenschaftlicher Vorbehaltlosigkeit entfaltet sich unversehens engagierte politische Philosophie.[28] Hatte Comte anfänglich noch geglaubt, in den naturwissenschaftlich exakten, eventuell in quantifizierenden Methoden einen Patentschlüssel zur Erkenntnis gesellschaftlicher Zusammenhänge parat zu haben, ohne den Unterschied von Natur und Gesellschaft länger zu bedenken, so sind seine späteren Kategorien ,,Ordnung" und ,,Fortschritt", die an die Stelle von ,,Statik" und ,,Dynamik" treten, selber gesellschaftlich-historisch eindeutige Bezugsgrößen. Am Ende gewinnen normative Vorstellungen über die methodologischen um so mehr die Oberhand, als seine Soziologie sich zunehmend mit gesellschaftlich stationären Gruppen assoziiert.

IV. Soziologie als strukturell-funktionale Analyse historischer Vergesellschaftungsprozesse

In der Hinwendung Comtes zur Gesellschaft als einem eigenständigen sozialen Bereich wird deren objektiver, zwanghafter Charakter sichtbar, der für Durkheim später zum Angelpunkt seiner Soziologie als ,,chosisme" wird. Bei Comte setzt bereits die Realitätsprüfung als Prozeß der Desillusionierung ein: einmal, indem die Beobachtung über die Phantasie und ,,Konjekturalpolitik" als Methode die Oberhand gewinnt, zum anderen darin, daß auf Grund der Anwendung solcher Realitätsprüfung dem Menschen zur Einsicht verholfen werden soll, entgegen metaphysisch-illusionären Beteuerungen, daß er nicht ,,in jeder Beziehung den Mittelpunkt der Natur bilde und daher mit der Fähigkeit unbegrenzten Einflusses auf die Erscheinungen ausgestattet sei, (vielmehr) zu dem Rang verwiesen (würde), den er tatsächlich einnimmt".[29]

Vorab hätte sich jede Staatsphilosophie der Kategorie eines Absoluten zu entledigen. Daher kritisiert Comte die theokratischen Ordnungsvorstellungen ebenso wie die naturrechtlichen Fiktionen Rousseaus. Glauben die einen, das Rezept gegen alle politischen Übel gefunden zu haben, versteigt sich der andere gar so weit, im Hinblick auf die chimärische Fiktion vom besseren Naturzustand den sozialen als dessen Degeneration in Bausch und Bogen zu verwerfen, was jedoch nichts anderes sei, und darin gipfelt Comtes Kritik, als ,,nur das metaphysische Analogon der theologischen Idee über das Herunterkommen des menschlichen Geschlechts durch die Erbsünde . . .".[30]

Ihnen gegenüber zeichnet sich Comtes Soziologie durch ihren Hang zur Konkretion aus, indem sie die *soziale Organisation als abhängige Variable des Kulturzustandes* betrachtet.

Die augenblickliche Verfaßtheit einer Gesellschaft wird betrachtet als Funktion jenes Begriffs von Kultur, die ,,einerseits in der Entwicklung des menschlichen Geistes (besteht) und andererseits in der Entwicklung der Einwirkungen des Menschen auf die Natur, welche die Folge der ersten ist".[31] Mit anderen Worten: für Comte ist Kultur jene Totalität, die sich als Spannungseinheit ihrer Elemente: der technisch-produktiven Arbeit und deren theoretischer Bewältigung in Wissenschaft und Künsten, kurz: als die Dialektik einer arbeitsteilig organisierten Gesellschaft konstituiert.

Möglichkeiten einer effektiven Einflußnahme auf die Entfaltung dieser Totalität gesteht Comte den Philosophen-Königen und Gesetzgebern nur unter der Voraussetzung zu, daß sie mit ihren Lehren und Maßnahmen manifest machen, was die verborgene Tendenz der Gesellschaft selber aus sich hervortreibt, von der sie wiederum stimuliert werden. „Jede politische Tat bringt eine wirkliche und dauerhafte Wirkung hervor, wenn sie sich in gleichem Sinne betätigt, wie die Kraft der Kultur, d.h. wenn sie Vorgänge hervorzurufen strebt, welche durch diese Kraft zur Zeit verlangt werden. Die Wirkung ist Null oder mindestens vorübergehend, wenn diese Bedingung nicht erfüllt ist."[32] Notfalls übernimmt die natürliche Entwicklung von sich aus die Korrektur der falschen menschlichen Eingriffe, indem sie selbsttätig – als feedback-System gewissermaßen – das Fließgleichgewicht des sozialen Systems reguliert und die Stabilität des dynamischen Regelkreises wiederherstellt.

Comte entdämonisiert die Geschichte, indem er die Historiographie der Genie-, Hof- und Staatsaktionen der Lächerlichkeit preisgibt. Konkret zielt seine Position gegen den Napoleonkult. Bewußt schreibt er eine *„histoire sans noms"* (Geschichte ohne Namen). Jener gegenüber verficht er die Notwendigkeit einer minuziösen Sozialgeschichte, die nichts anderes wäre als Soziologie in der Rolle der Geschichtsschreibung. Ohnehin könnte Soziologie ohne historische Dimension nicht vor ihm bestehen, denn unsoziologisch war bislang, „... daß man bei diesen großen Ereignissen immer nur die Menschen betrachtet hat und niemals die Verhältnisse, welche mit unwiderstehlicher Kraft jene vorwärtstrieben. Statt den entscheidenden Einfluß der Kultur anzuerkennen, sieht man die Bemühungen dieser vorausschauenden Männer als die wahren Ursachen der Fortschritte an, welche doch auch ohne ihr Eingreifen eingetreten wären, wenn auch später ... Man hält sich an das, was äußerlich erscheint, und man vernachlässigt das wirkliche, was dahintersteht. Mit einem Wort, man nimmt nach dem geistreichen Ausdruck der Frau von Staël die Schauspieler für das Stück."[33] Politik darf sich nicht länger mehr normativ die Ziele selber setzen, denn in Bewegung sind die historischen Gesellschaften allemal, und zwar geradlinig auf Fortschritt und Vervollkommnung hin.

Die Teleologie der in der Geschichte sich offenbarenden Weltvernunft ist freilich nichts anderes als das ins Überdimensionale gesteigerte und generalisierte Telos der individuellen Geistorganisation, die zu ihrer teleoklinen Entfaltung bloß der historischen, d.h. der Zeit-Dimension bedarf. Die Quantität der summierten individuellen Vernunftprozesse schlägt um in die Qualität eines neuen, historischen, nicht minder vernünftigen Entwicklungsprozesses, nur daß dessen Allgemeinheitsgrad ungleich größer ist, da er sowohl alle Einzelnen unter sich subsumiert, wie er immer schon vor ihnen war und noch nach ihnen sein wird, sie alle transzendierend. Das ist Comtes neue Metaphysik der gesellschaftlichen Naturgottheit, die er inthronisiert, weil er die Menschen von der alten erlösen wollte.

Zwar geht im großen und ganzen der Gang der Entwicklung linear vor sich, dennoch räumt Comte den möglichen Rückfall in historische Atavismen ein. Der jedoch ist immer nur individuell, affiziert niemals die allgemeine Tendenz. Abhilfe schaffen könne ohnehin nur die unaufhörliche Anstrengung der Individuen, schrittweise ihre Intelligenz ins „endgültige Stadium rationaler Positivität“[34] zu überführen. Wichtig vor allem ist, daß sich positives Wissen seinerseits nicht absolut setzt, sondern „stets auf unsere Organisation und auf unsere Lage relativ bleiben muß.“[35]

An dieser Stelle rührt Comte an den Nerv der wissenssoziologischen Problematik. Das hat der Positivismus seiner Soziologie mit dem frühen Sozialismus und Materialismus gemein, daß er die Transformation von Philosophie in Wissenschaft fordert, darüber hinaus die Kategorien der Metaphysik auf ihren historisch-gesellschaftlichen Stellenwert hin funktionalisiert.

Dennoch führt Comtes Position nicht in Skeptizismus. Nahe genug an den Phänomenen, ist objektive Wissenschaft trotz alledem möglich, selbst wenn sie auf das Bezugssystem einer zwar nicht ewig gleichbleibenden, doch relativ geschlossenen Totalität: des Kulturzustandes einer historischen Epoche, aus deren Rahmen sie nicht herauszufallen vermag, zu relativieren ist. „Die Institutionen und Lehren müssen bedacht werden, als wären sie zu jeder Zeit so vollkommen gewesen, als es der jeweilige Zustand der Kultur bedingt hatte . . . Weiter haben sie alle in der Zeit ihrer kräftigsten Betätigung einen progressiven Charakter gehabt und haben in keinem einzelnen Fall einen rückschrittlichen aufgewiesen, denn sie hätten sich sonst nicht gegen den Gang der Kultur aufrechterhalten können, aus dem sie alle ihre Kräfte entnahmen. Nur in den Epochen des Verfalls haben sie gewöhnlich einen stationären Charakter . . .“.[36]

Comtes Relationismus gerät materialistisch. „Der Kulturzustand bestimmt notwendig den Zustand der sozialen Organisation, sowohl der geistigen wie der weltlichen, nach diesen beiden wichtigsten Beziehungen. Zuerst bestimmt er deren Natur dadurch, daß er den Zweck der Betätigung der Gesellschaft festlegt. Weiter bestimmt er deren wesentliche Form, da er die weltlichen wie geistigen sozialen Kräfte schafft und entwickelt, welche zur Leitung dieser allgemeinen Tätigkeit dienen sollen.“[37] Freilich tut er die Rückwirkung der sozialen Organisation auf den Kulturzustand als minder relevant wieder ab. Immerhin kann er aufgrund dieser Perspektive für die praktische Politik folgern, daß sie, „wenn sie nicht zur Wirkungslosigkeit verdammt sein will“,[38] nicht an der Struktur und „Verfassungswirklichkeit“ der Gesellschaft vorbeiphilosophieren und -handeln darf. Comte warnt vor den Gefahren eines „lags“ in der politischen Theorie. „Denn es ist eine regelmäßige Erfahrung, daß, wenn die soziale Organisation in einem Sinne errichtet ist, welcher der Kultur nicht entspricht, diese letztere schließlich immer das Übergewicht über die erste gewinnt.“[39]

Dieser Relativismus, der sich bewußt von den „chimärischen“ Theorien der Theokraten und Metaphysiker mit ihren utopischen Idealkonstruktionen, deren Absolutheitscharakter „notwendig zur Willkür in der Praxis (führt)“,[40] distanziert, ist zweifellos ein Element, das Comte der Romantik verdankt. Von vergleichenden Rechtsstudien lange vorbereitet, kommt es in der Lehre vom ,,Volksgeist" zur vollen geschichtsphilosophischen Entfaltung. So wie für Ranke etwa die Nationen unnachahmliche und unwiederholbare Individualitäten sind, gewachsene Organismen in definierbaren Räumen und Epochen, so schreibt auch Comte der Gesellschaft und ihren Institutionen einen je zeitgemäß-bestimmten Charakter zu. ,,Es gibt deshalb keine politische Form und kann keine geben, welche allen anderen absolut vorzuziehen wäre; es gibt nur verschiedene Kulturzustände, welche verschiedene Grade des Fortschrittes darstellen. Die Institutionen, welche für eine Zeit gut sind, können für eine andere schlecht sein und sind es sogar in den meisten Fällen und umgekehrt."[41] Der Geschichtlichkeit der gesellschaftlichen Formen entspricht die der philosophischen Begriffe.

Nicht unerheblich ist es daher zu betonen, daß im Zusammenhang mit Vorstellungen vom je individuellen Charakter von Gesellschaften, Institutionen, Verfassungen usw. bei Comte auch voluntaristische Momente zum Durchbruch kommen, die auf Bergsons ,,élan vital" verweisen und Sorels soziale Mythengalerie zu antizipieren scheinen. Ausdrücklich spricht er vom ,,eigenen Trieb des Menschengeschlechts", von dem es innerviert werde, sich seinem immanenten Telos zufolge zu entfalten und zu vervollkommnen. Zwar sind es keine geistigen Substanzen, die es beleben, kein Real-Geistiges, nicht Gedanken Gottes wie etwa im ,,Politischen Gespräch", sondern schlicht die gesellschaftlichen Naturgesetze, die bei Comte mit anthropomorphen Zügen ausgestattet und biologistisch umgebogen werden zum blinden Zwang eines artimmanent vorgezeichneten Entwicklungsganges.

Die sozialistische Utopie, daß ,,die Verwaltung der Dinge an die Stelle der Regierung der Menschen (tritt)",[42] wie es wörtlich so früh schon bei Comte heißt, wird vor diesem Hintergrund zu einem makabren Paradox: zwar wird die Herrschaft der Menschen über Menschen abgelöst werden können durch die Verwaltung von Sachen, doch so, daß nunmehr die Menschen selber nur noch wie Dinge verwaltet werden. Das ist die notwendige Konsequenz daraus, daß Naturgesetze blind sollen walten dürfen und daß zu ihren Vollstreckern Menschen sich machen müssen, deren gesellschaftliche Nützlichkeit eben darin besteht, daß sie einer solch stoischen Einsicht zur sozialen Relevanz verhelfen sollen. Ohnehin wird nicht mehr nach der Qualität eines sozialen Systems gefragt, vielmehr wird die Frage danach, ob es sich vor der kritischen Instanz der Vernunft auch zu legitimieren vermöge, reduziert zur funktionalen Betrachtung, darauf, ob es wenigstens dem jeweiligen Kulturzustand adäquat sei.[43]

Das hat zur Folge, daß die eigene Funktion der Soziologie im sozialen Lebensprozeß unreflektiert bleibt. Bedacht werden müßte jedoch, daß die Tatsachen, mit denen Soziologie es zu tun hat, doppelt präformiert sind: durch den geschichtlichen Charakter des wahrgenommenen Gegenstandes wie des wahrnehmenden Organs. Beide aber sind durch das gesellschaftliche Agens der Geschichte, menschliche Aktivität, geprägt.

Daß der Mensch ein Stück Natur sei und seine Geschichte infolgedessen Bestandteil der Naturgeschichte, ist dabei ebenso trivial wie von unabsehbarer

Konsequenz. In der Tat ist die wesentlichste Voraussetzung zum Menschsein die primäre Bedürfnisbefriedigung – allerdings auf dem jeweiligen kulturellen Niveau. Deren reale Möglichkeit wird von Comte angesichts der frühen Industrieentwicklung, die er über Saint-Simon kennengelernt hatte, bereits geahnt.

Ebenso wie das Individuum, in der Rangfolge des enzyklopädischen Tableaus zumindest, als bloße Natur erscheint, so wird auch die Gattung Mensch zunächst unter Kategorien, die auf die *natura magna* zugeschnitten sind, subsumiert, wie es nicht zuletzt aus der Kennzeichnung der Soziologie als einer ,,physique sociale" hervorgeht.

Der Bereich des Sozialen, schließlich die Gesellschaft, ist freilich mehr als bloße Verlängerung einer nach fortschreitender Komplizierung und abnehmender Allgemeinheit aufsteigenden systematischen Reihe, mehr als die äußersten Metastasen organischen Lebens.[44] Zwar spielen die physiologischen Bedingungen, denen das Individuum unterworfen ist, beeinflussend in sie ein, doch wird deren Wirkung entscheidend modifiziert durchs Soziale schlechthin: durch die Interaktionen der Individuen untereinander, und zwar im Rahmen ihrer spezifischen sozialen Organisation. In der Tat geht Comte über den engen naturalistischen Ansatz hinaus. Er denkt zugleich in historischen Kategorien. Jede Gesellschaft ist ihm Produkt ihrer eigenen Geschichte, oder anders und nur scheinbar paradox ausgedrückt: der Widerspruch des Menschen zur Geschichte seiner eigenen Vergesellschaftung, der all jene Verfestigungen, Institutionalisierungen usw. entstammen, die später Durkheim als das Entscheidende an ihr hervorheben wird. Geschichte, wie die Comtesche Soziologie sie konzipiert, ist als gesellschaftliche Dynamik die Spiegelung der Wahrheit vom Menschen als *zoon politikon*. Kultur und Tradition sind folglich mehr als bloß Überkommenes, das, vergänglich, auch schon vergangen ist, sie sind zugleich die Präsenz des Vergangenen, Malraux's ,,imaginäres Museum", Spiegel der Erinnerung wie der gegenwärtigen Wahrheit vom Menschen: die Solidarität aller Generationen.

Daß die Geschichte nur ,,die Entwicklung der menschlichen Natur in den Formen ihrer Vergesellschaftung"[45] sei, ist gleichwohl eine fragwürdige Anthropologie. Um sie plausibel zu machen, muß Comte auf ,,natürliche" und ,,unabänderliche" Gesetze rekurrieren, die ihrerseits aus den Bedingungen der menschlichen Leib-Seele-Organisation den Kulturfortschritt innervieren. Dieses Substrat des Allgemein-Menschlichen erzwingt schließlich die (wenn auch zeitlich versetzte) Identität in der Entwicklung der verschiedenen Nationalkulturen, ohne daß ihr durch eine noch so verfehlte Politik beispielsweise entgegengearbeitet werden könnte. Im Gegenteil, Comte ist der Überzeugung, daß, sollte die praktische Politik mit ihren Mitteln an der gesellschaftlichen Wirklichkeit und ihrem ,,Gesetz" vorbeizielen, der soziale Körper im Wege der Selbstheilung sozusagen deren Maßnahmen wieder korrigiere, ja daß durch begangene Fehler die Kulturentwicklung ,,eher begünstigt als verzögert worden ist",[46] wie er glaubt historisch nachweisen zu können. Gleich macht er ein allgemeines Gesetz daraus. ,,Dieses Gesetz besagt, daß bis zu einem gewissen Grade Widerstände notwendig sind zur vollkommensten Entwicklung aller Kräfte".[47]

Die Lehre von der gesetzmäßigen historisch-gesellschaftlichen Entwicklung läßt Comte auch den Zufall in der Geschichte zurückweisen. Nicht einmal das Genie kann eine einzige Stufe der drei notwendig zu durchlaufenden Stadien der Entwicklung einfach überspringen. Alles innerhalb einer Gesellschaft ist voneinander abhängig. Individuelles Zutun ist folglich nur möglich nach Maßgabe dessen, was die Gesellschaft zuläßt. „Der natürliche Entwicklungsgang der Kultur bestimmt somit für jede Zeit und unabhängig von jeder Annahme die Art der Verbesserung, welche der gesellschaftliche Zustand erfahren kann, sowohl bezüglich seiner Elemente, wie bezüglich der Gesamtheit. Nur solche Fortschritte können durchgeführt werden und werden notwendig durchgeführt ..."[48] „... Mit einem Wort, der menschliche Geist folgt bei der Entwicklung der Wissenschaften und Künste einer bestimmten Linie, welche stärker ist als die größten intellektuellen Kräfte, die ihrerseits sozusagen nur als vorbestimmte Instrumente erscheinen, um zu der gegebenen Zeit nacheinander die erforderlichen Entdeckungen zu machen."[49]

Die Wahrheit dieser Theorie der Gesellschaft gewinnt ihre bestimmende Kraft aus der gesellschaftlichen Verfassung des frühen Industriezeitalters, da Anpassungsschwierigkeiten und Absatzkrisen auf Teilmärkten bereits die Gesamtökonomie in den Strudel struktureller, permanenter Krisen einbeziehen und niemanden mehr ungeschoren lassen, wenngleich die Ideologie des Liberalismus noch eine private Sphäre von der bewegten Öffentlichkeit künstlich abzusondern trachtet. Die totale Vergesellschaftung ist das Stigma der Zeit, und von ihm gezeichnet, tritt die Comtesche Soziologie in die Welt.

Dennoch sind deren anthropologische Voraussetzungen *au fond* die der katholischen Theologie, deren säkularisiertes Erbe sie antritt. Der Mensch reicht in alle Seinsschichten hinein, ohne doch in einer ganz aufzugehen. Er krönt die Stufen des Seins und verkörpert sie gleichzeitig alle in sich. Unmittelbar erlebt er sich als Ganzheit, die er besser kennt als die Teile, und von diesen wird ihm Kenntnis, insofern jene sie vermittelt. „In der Physik der organisierten Körper ... ist der Mensch selbst der vollendetste Typus der Gesamtheit der Erscheinungen, und daher beginnen seine positiven Entdeckungen notwendig mit den allgemeinsten Tatsachen, denen er hernach das notwendige Licht entnimmt, um damit in das Studium der Einzelheiten einzutreten ... Mit einem Worte, ... der menschliche Geist (geht) vom Bekannten zum Unbekannten ... er beginnt (damit), vom Allgemeinen zum Besonderen vorzuschreiten, weil er die Gesamtheit unmittelbarer kennt als die Teile."[50]

Noch Comtes wissenschaftstheoretische Entscheidung fürs historisierend-deduktive Verfahren ist anthropomorph gestimmt. Das Einheitliche, das der Gesamtheit der Erscheinungen hypostasiert wird, nimmt seinen Ausgang vom Energiebegriff des Individuums. Insofern beginnt seine Soziologie scheinbar ganz konkret. Freilich geht diese „Konkretion" nach und nach und in einem Maße verloren, wie die subjektive Bemühung Comtes um sie zunimmt. Die Menschen nur als Menschheit zu lieben, zeigt, wie abstrakt der Begriff von ihr geworden ist. Daß das *Système* das allgemein Menschliche nicht mehr in der

Konkretion besonderer Menschen und Verhältnisse zu denken wagt, kommt gleich der Resignation seiner Soziologie vor dem Bestehenden, die, ehedem an sozialer Praxis und ihrer Veränderung interessiert, nun durch eine ,,organische Doktrin" ersetzt werden soll.

Comtes Begriff der Menschheit ist deswegen ideologisch, weil er mit der Geste des harmonisierenden Ausgleichs die gesellschaftlichen Gegensätze und Spannungen verharmlost: schon durchs ,,Gesetz" des auf Rationalität hin tendierenden menschlichen Geistes. Reale gesellschaftliche Widersprüche werden reduziert auf die Unzulänglichkeit des Begriffsapparates und zu bloßen Momenten einer fetischisierten Methode nivelliert. Erst recht werden im Kult der Menschheit die bestehenden Klassenunterschiede überspielt. Was stört, ist biologischer, allenfalls moralischer Natur und allemal leicht zu reformieren.

Ohnehin werden Veränderungen konkret gedacht nur als Umschichtungen in der Moralität der Menschen. Nicht die institutionellen ,,Schranken", wie bei Marx, verhindern die Entfaltung einer menschenwürdigeren Gesellschaft, sondern ideologische Verfestigungen und Barrieren, im wesentlichen der individualistische Egoismus des Christentums und der asoziale liberaler Provenienz.[51] Sittlicher als diese nennt Comte die positivistische Denkart deshalb, weil sie, ,,unmittelbar sozial", mit der Idee der Menschheit das Bewußtsein von einer Totalität vermittle, die unmittelbar das Gefühl einer unabdingbaren Solidarität einflößt. Nicht daß das Individuum der ,,ärgerlichen Tatsache der Gesellschaft"[52] seinen Tribut zu zollen hätte, macht ihm Kummer, sondern daß es an der Fiktion des isolierten Einzelnen glaubt festhalten zu müssen und noch nicht die ,,große Verschmelzung" (,,la grande identification") mit dem noch größeren ,,Großen Wesen" (,,Grand-Etre") vollzogen hat. ,,Da das Individuum seine Entwicklung nur der Gesellschaft zu verdanken hat und sein Leben nur durch die Gattung zu verlängern vermag, wird es so dazu geführt, sich möglichst vollständig in sie einzugliedern, indem es sich zutiefst mit deren nicht allein gegenwärtiger, sondern auch vergangener und zukünftiger kollektiver Existenz verbindet, um so die volle Lebensintensität zu erlangen . . "[53]

Doch wider die absolute Schranke des Todes rennt selbst Comtes Weltoptimismus vergebens an. Das Bedürfnis zu überleben – sämtliche positivistischen Veranstaltungen dienen im Endeffekt nur der ,,immortalité subjective" – führt in die Solidarität der lebendigen Menschen. Die Kritik an der Religion hat bei Comte die ausgesprochene Funktion, an Stelle fiktiver, ins Jenseits projizierter Ziele weltimmanente zu setzen, hoffend, an diese würden sich all die Energien verschwenden, die vordem das Diesseits von revolutionären Impulsen entlasteten. Insofern ist Comtes ,,subjektive Synthese", jene ,,immortalité subjective", die im Bewußtsein der Gegenwart die Taten der Vergangenheit erinnert, mehr als nur die absurde Veranstaltung eines hintersinnigen Spintisierers, wie sie immer wieder von seinen Kritikern abgetan wird. Einzig in ihrer Gestalt scheint der Versuch noch möglich, Historizität zu retten in einer auf höchste Rationalität der Begriffe getrimmten verwissenschaftlichten Welt. Für diesen Versuch steht das Comtesche *Système* ein. Indem er in ihm die Erinnerung wieder zu ihrem Recht bringt, restauriert er, was er selber durch die Trennung der beiden Kategorien „Statik" und „Dynamik" eskamotiert hatte: das Bewußtsein von Historizität. In der Harmonie der Menschheit sollte die Rationalität nicht bloß partikular sich entfalten; die „Vergötterung des Gewordenen"[54] vertrüge sich mit der Fetischisierung des Werdens. Fortschritt, der der Ordnung immanent ist – wie Comte ihr Verhältnis denkt – erzeugte nicht länger mehr seine eigene Negation, die unaufhörliche Regression.

Und doch ist die Idee der Menschheit, wie Comte sie versteht, aus totalitärem Geist geboren. Ein Wesen gigantischen Ausmaßes entstünde, nicht durch Kommunikation der Glieder zusammengebracht, sondern durchs Funktionieren der Elemente auf Gedeih und Verderb notwendig als Automatismus konstituiert. Über die Diskrepanz von Anspruch und Wirklichkeit jedoch soll schließlich das rechte Erziehungssystem hinweghelfen, so wie er es sich vorstellt.

Eben diese Wendung, den Menschen in das Verhältnis zur äußeren Natur und gesellschaftlichen Organisation wieder aufgehen zu lassen, macht den reaktionären Zug seiner Sozialphilosophie aus. Die in der Neuzeit bereits vollzogene Emanzipation des Individuums vom Druck illegitimer „sekundärer Systeme" glaubt Comte dadurch rückgängig machen zu können, daß er die Individuation des Menschen als historischen Sündenfall der Neuzeit verketzert und dem emphatischen Begriff von Freiheit den der wohlgeordneten organisierten Welt nicht minder emphatisch entgegenhält.

Daß er eine gesonderte geistliche Macht („pouvoir spirituel") einsetzen will, der die Leitung und Erziehung anvertraut sein soll, daß er ein ständiges positivistisches Konzil nach Paris einzuberufen gedenkt und ein System von Gewohnheiten – „à la judicieuse imitation du catholicisme" – zur Belebung des Gefühls gesellschaftlicher Solidarität auszubilden fordert, zeigt überdeutlich die Richtung seiner Phantasmagorien an. Anpassung und Konformismus gegenüber dem Bestehenden sind demnach die letzten Konsequenzen dieses Positivismus, der das Gegebene nicht kritisch mehr in Frage stellt und kaum noch über die Kraft verfügt, es in der Negation seiner begrifflich-analytischen Entschlüsselung aufzusprengen.

V. Fortschritt als Entzauberung und das Modell der „sozialen Physik"

Bereits im frühen *Entwurf* von 1822 hat Comte, ohne es später wesentlich zu modifizieren, die Grundzüge des sogenannten Dreistadiengesetzes entwickelt.[55] Wie er es dort versteht, ist es systematischer Abhub des historischen Geschehens; nicht metaphysisches Prinzip, sondern ableitbares Faktum.

Diesem „Gesetz" zufolge muß der menschliche Geist drei aufeinanderfolgende theoretische Stadien durchlaufen: das theologische oder fiktive, das metaphysische oder abstrakte und schließlich das wissenschaftliche oder positive Stadium. Entsprechend dieser Abfolge teilt Comte den Entwicklungsgang der europäischen Geschichte in drei Epochen auf: in eine theologisch-militärische, eine metaphysisch-juristische und in die wissenschaftlich-industrielle. In seiner ersten Entwicklungsphase erklärt der Mensch die beobachtbaren Naturerscheinungen in Analogie zu anthropomorph-animistischen Vorstellungen. Er schreibt sie Wesen und Kräften zu, die ihm selbst vergleichbar sind. Im zweiten Stadium behilft er sich bei seinen Versuchen der Naturerklärung mit abstrakten Wesenheiten. Es ist die Phase, in der er mit Hilfe fiktiver Entitäten wie Natur, Gott, Welt usw. den Ursachen der Erscheinungen auf den Grund zu gehen versucht. Im dritten Stadium schließlich beschränkt er sich nur noch darauf, zwischen den Erscheinungen aufgrund von intersubjektiv nachvollziehbaren Beobachtungen die Regelmäßigkeiten bzw. Konstanz ihrer Beziehung, kurz: die zwischen ihnen waltenden ,,Gesetze" zur Grundlage aller Erklärungen zu machen.

Entscheidend freilich ist, daß sich der Übergang vom theologischen zum metaphysischen und schließlich zum wissenschaftlich-positiven Stadium in den einzelnen Wissenschaftsdisziplinen nicht gleichzeitig vollzieht, sondern phasenverschoben-ungleichzeitig, und zwar dem ,,Gesetz" der Klassifikation bzw. ,,Hierarchie" der Wissenschaften zufolge in dem Maße verschieden, wie der Komplexitätsgrad des jeweiligen Gegenstandes einer Wissenschaft sich steigert, so daß in der Reihenfolge Mathematik, Astronomie, Physik, Chemie und Biologie diese Wissenschaften nacheinander ,,positiv" werden, bis als letzte von allen die Wissenschaft von der Gesellschaft, die Soziologie, ebenfalls wissenschaftlich geworden ist.[56]

Interessanter freilich als die genaue Formulierung des Dreistadiengesetzes sind Comtes Zusatzbemerkungen dazu, weil von größerer soziologischer und geschichtsphilosophischer Bedeutung. Andeutungsweise hatte er es schon im Condorcetschen *Esquisse* vorgefunden.[57] Nachdem er die drei Stufen der menschlichen Geistesentwicklung und der damit zusammenhängenden gesellschaftlichen Verfassung dargestellt hat,[58] erörtert er die Frage, ,,warum die Politik [sc. die Wissenschaft von der Gesellschaft] nicht früher eine positive Wissenschaft hat werden können und weshalb sie gegenwärtig dazu berufen ist".[59]

Comtes historisch-dialektische Argumentation ist vor dem Hintergrund der Marxschen Geschichtsphilosophie, aber auch der wissenssoziologischen Problematik höchst aktuell. Erforderlich nämlich war, fährt er fort, ,,daß das vorbereitende soziale System, in welchem die Wirkung auf die Natur nur in indirekter Weise der Zweck der Gesellschaft war, bis zu seiner letzten Phase durchgeführt wurde. – Tatsächlich hat sich einerseits die Theorie nicht früher entwickeln können, weil sie sonst der Praxis zu weit vorangeschritten wäre ... Andererseits bestand früher nicht eine ausreichende experimentelle Grundlage. Es war die Begründung eines Systems der sozialen Ordnung erforderlich, welche von einer sehr zahlreichen Bevölkerung angenommen wurde ... und ebenso mußte diese Ordnung ihre ganze mögliche Dauer durchleben, damit eine Theorie auf diese umfassende Erfahrung gegründet werden konnte."[60]

Die historische Reflexion scheint Comte an dieser Stelle unbewußt zur mechanistischen Argumentation anzuhalten. Im Prinzip ist Marx von der Comteschen

Geschichtsdialektik bereits antizipiert. Ob die gesellschaftlichen Systeme wollen oder nicht, sie müssen bis zu ihrer letzten Konsequenz sich weiterentwickeln und unweigerlich alle Phasen durchmachen, bis sie überhaupt in ein neues Stadium eintreten können.

Wann ein System obsolet geworden ist und von der historischen Bühne abtreten muß, wird – wie unvollkommen auch immer – aus der *funktionalen Obsoleszenz* dieses Systems selbst erklärt, wenn er auch noch nicht die Dynamik des Klassenkampfes thematisiert, wie dies später etwa im *Kommunistischen Manifest* geschieht. Zwei Kriterien erlauben ein Urteil darüber: der Entwicklungsstand der Praxis (wofür der Marxsche Terminus von den Produktionsverhältnissen ebensogut stehen könnte), entsprechend dazu die Theorie als „Überbau", die der Praxis weder vorauseilen noch hinter ihr herhinken darf; zum zweiten, als wesentliches Ingrediens der gesellschaftlichen Organisationsweise deren funktionelle Bewährung angesichts einer steigenden Bevölkerung, kurz: ihre Funktionstüchtigkeit und Rentabilität. Ein gesellschaftliches System erfüllt so lange seinen Zweck, wie es, selbst unter veränderten Bedingungen, zureichend für die Menschen, die es zu integrieren vorgibt, sorgt, das heißt ihnen genügend Güter zur Bedarfsdeckung zur Verfügung stellt und relativ menschenwürdige Verhältnisse garantiert. Insoweit ist Comte berechtigt, von jeder Gesellschaft wie von einer experimentellen Anordnung zu sprechen, die nur im Hinblick auf bestimmte, gesetzte Zwecke gilt.

Seine Soziologie argumentiert bereits, wennschon nicht dem Begriffe nach, mit gesellschaftlichen „lags". Daß es Disproportionalitäten in der Entwicklung der einzelnen Disziplinen gibt, ein Nacheinander der verschiedenen Stadien, das zugleich ein Ineinander ist, so daß das positive Stadium der einen koinzidiert mit dem metaphysischen oder theologischen der anderen, bedeutet der Sache nach das gleiche Phänomen. Comte leitet sie ab als inadäquate Interpretation gesellschaftlicher Verhältnisse. Schon bei ihm resultieren Ideologien als notwendig falsches Bewußtsein aus dem spezifischen Zustand des gesellschaftlichen Reproduktionsniveaus: der Arbeitsteilung und dem Stand ihrer gesellschaftlichen Produktivkräfte.

Dennoch hält er seinen frühen ideologiekritischen Ansatz nicht durch. Weil ihm zunehmend das Bewußtsein einer antagonistischen Klassengesellschaft verloren geht, wandelt sich in seiner Theorie die profane Geschichte als Daseinskampf des Menschen mit der Natur und seinen eigenen historischen Verhältnissen in eine Geschichte von Ideologien. Die Konzeption der Gesellschaft als des *Großen Wesens (Grand Etre)* schließlich ist selber abstrakte Ideologie.

Zwar übt er in der Konzeption des Dreistadiengesetzes ebenso unüberhörbar Kritik an den Theokraten der eklektizistischen Schule wie am liberalen Kompromiß der sogenannten Doktrinäre, dennoch setzt seine Ideologiekritik an den anderen die eigene Position absolut.

Wissenschaftsgläubigkeit und die Intention, „das Soziale als solches zu fassen"[61], sind von Anfang an ihre Attribute. Der Wissenschaftsfetischismus der Comteschen Soziologie ist nicht zu lösen von der gesellschaftlichen Entwicklung im ganzen. „Je mehr sich Gesellschaften modernisieren und je stärker sie industrialisiert werden, desto eher entwickeln sie die Tendenz zur Ausprägung eines wissenschaftlichen Bewußtseins, einer wissenschaftlich inspirierten Soziologie."[62]

In der Kategorie des gesellschaftlichen Fortschritts selber ist ein Marschtempo angeschlagen, das selbstgesetzlich, dès maintenant, verläuft. Das Gefälle, das der Fortschrittsgedanke eigentlich immer voraussetzte, produziert er selbsttätig aus sich. Solange die Zeit eilt, ist Beschleunigung ihre historische Kategorie. Das erklärt sowohl die Ungeduld, schlimmstenfalls den Terrorwillen der Sozialrevolutionäre, als auch den speziellen Elan Comtes. Die Differenz zum positiven Stadium, in das er hinüberführen will wie ins Gelobte Land, ist gleich der Winkelneigung aufs Zukünftige schlechthin.

So rekonstruiert er die Geschichte nach Einteilungskriterien, die die Entwicklung der menschlichen Gesellschaft als den Vernunftprozeß hypostasieren, wie er sich dem aufgeklärten bürgerlichen Bewußtsein darstellen mußte: es selber am Ende der Entwicklung, und keine mehr, die noch darüber hinauszuführen vermöchte.[63] Fortschritt ist schließlich Progreß als zunehmende „Entzauberung der Welt". Comte zufolge verläuft die Entwicklung der Menschheit von der Theologie über die Metaphysik zur Rationalität des aufgeklärten neunzehnten Jahrhunderts eindeutig progressiv. Vom Vergangenen ist nichts zu beklagen.

Zwar vollzieht sich für den liberalen Condorcet der gesellschaftliche Fortschritt noch im Medium der Physik, als Emanzipation des Geistes, die sich vollende im Positivwerden der Politik. Doch schon bei Comte befördert er unaufhaltsam die mythische Verstrickung in die Zwänge irreduziber Abläufe. Statt diese aufzulösen, werden sie nur um so nachdrücklicher sanktioniert, je mehr die Einsicht in sie zur Norm des positiven Verstandes wie des positivistischen Menschen erhoben wird. Die statistische Allgemeinheit „gesellschaftlicher Gesetze" schließlich liefert den Ersatz für die lebendigen Beziehungen der Menschen untereinander. Davor scheint die Frage nach der Freiheit des Menschen absurd. Mit dem Bild der neuen Comteschen Natur-Gottheit verdüstert sich auch das des Menschen. Comtes Auskunft über ihn ist resigniert-fatalistisch und entschlossen zugleich. „Die gesunde Politik kann nicht zum Zweck haben, das Menschengeschlecht erst in Bewegung zu setzen ... Sie hat vielmehr den Zweck, diesen Gang zu *erleichtern*, indem sie ihn *erleuchtet*."[64]

Es scheint die geheime Hoffnung des rationalistischen Comte zu sein, daß vor dem unerschütterlichen Beweis solch „aufklärerischer" Politik die gesellschaftlichen Interessen- und Klassengegensätze verstummen und schließlich auch zu existieren aufhören. Im Vertrauen auf den Sieg der Vernunft über alle individuellen und gesellschaftlichen Sonderinteressen, soweit sie als partikulare den Tendenzen des Ganzen zuwiderlaufen, kann er infolgedessen proklamieren: „Niemand ist so unvernünftig, sich wissentlich gegen die Natur der Dinge empören zu wollen. Niemand würde sich entschließen, eine Handlung zu verrichten, von der er mit Klarheit voraussieht, daß sie vergeblich ist."[65]

Er selbst vertraut auf die durchschlagende Kraft – eine des Beweises und der Einsicht – jener gesellschaftlichen Gruppen, die für sich beanspruchen können, den immanenten Reorganisations-Tendenzen einer Gesellschaft Vorschub zu leisten. ,,Die aufsteigenden Klassen würden ... klar den Zweck erkennen, den sie zu erreichen berufen sind und sich nunmehr ihrem Ziel auf geradem Wege nähern, statt sich mit Tasten und Irren zu ermüden. Sie würden mit Sicherheit die Mittel organisieren, um von vornherein alle Widerstände aufzuheben und ihren Gegnern den Übergang auf die neue Ordnung der Dinge zu erleichtern. Mit einem Wort, der Sieg der Kultur würde sich so schnell und gleichzeitig so ruhig vollziehen, als die Natur der Sache es nur gestattet."[66]

Allerdings ist die Differenz zwischen solchen Überlegungen zur Inszenierung revolutionärer ,,Schübe" und dem *Kommunistischen Manifest* beispielsweise mindestens ebenso groß, wie die gesellschaftliche Lage der Restaurationszeit, da Comtes *Prospectus* entsteht, im Verhältnis zu der von 1848 noch ,,unterentwikkelt" ist.

Comtes ,,physique sociale" bleibt unabdingbar an das Modell der klassischen Naturwissenschaft fixiert. Wie es deren Ziel ist, mit Hilfe des Kalküls als eines Mittels universaler Deduktion Qualitatives in quantitativen Größen auszudrükken, so soll auch die Sozialwissenschaft ihren Erkenntnisgegenstand mit einem Netz quantitativer Größen: ,,Gesetzen" (,,des lois"), und Raum-Zeit-Koordinaten: Statik-Dynamik, Struktur-Wandel usw., einfangen. Gleichzeitig setzt Comte ihr das Ziel, das ,,System der Beobachtungswissenschaften"[67] zu beschließen und zu vollenden. Damit das geschehen kann, muß die soziale Physik sich auch die Ergebnisse der bereits etablierten Disziplinen zu eigen machen. Mit ihr, die sich auf Phänomene bezieht, ,,die ganz besondere sind, weil sie die kompliziertesten und am meisten von allen anderen Phänomenen abhängigen umfassen"[68], soll schließlich das System der Wissenschaften von der Natur gekrönt werden. ,,Der Positivismus ist ein Versuch, der umfassendste und gründlichste, der je unternommen wurde, die durch das Studium der physikalischen Phänomene gemachten Fortschritte auf das Studium der gesellschaftlichen Tatsachen auszudehnen."[69]

Dennoch ist Comte noch nicht, trotz seiner Wissenschaftsgläubigkeit, von jenem Exaktheitsfanatismus besessen, der da glaubt, jede Wissenschaft samt ihrer Methode müsse erst einmal aufs ,,Niveau" der ,,objektiven" Naturwissenschaften gehoben werden. So hat die bisherige Unzulänglichkeit der Sozialwissenschaften ihren tieferen Grund zwar unter anderem in der Struktur ihres Gegenstandes [vor allem hinsichtlich complication, spécialité, intérêt]; aber auch ihre künftige Vervollkommnung wird nur eine relative sein können, weil nicht sämtliche qualitativen Momente, unabdingbare Konstituentien jedweder Wissenschaft vom Menschen, quantifiziert, d. h. in abstrakte Kalküle umgesetzt werden können.

Um so erstaunlicher, daß sich, ebenso hartnäckig wie der vom Positivismus Comtes als bloßer Materialhuberei, der Aberglaube hält, seit ihm datiere der Einbruch der Mathematik in die Soziologie oder diese bestehe vornehmlich in der

Anwendung spezieller mathematischer Verfahren, der Wahrscheinlichkeitsrechnung etwa. Ausdrücklich jedoch weist Comte schon in den ersten Lektionen des *Cours* die Zwangsvorstellung zurück, sämtliche Wissenschaften, vor allem die Soziologie, auf Mathematik zu reduzieren. ,,Diese [mathematische] Betrachtungsweise der Sozialwissenschaft ist durchaus phantastisch und infolgedessen durchaus irrtümlich ...“[70] Scharf kritisiert er die Mathematikgläubigkeit der ,,Geometer“-Schule, als lieferten die quantifizierenden Verfahrensweisen die Kriterien für theoretische Relevanz. ,,Die Idee, die Sozialwissenschaft als ein Anwendungsgebiet der Mathematik zu behandeln, um sie positiv zu machen, hat ihre Quelle in dem metaphysischen Vorurteil, daß es außerhalb der Mathematik keine wirkliche Gewißheit gibt.“[71] Über den Sach- und Verstandesaufwand von Rechenoperationen, der in keinem Verhältnis zu ihren Ergebnissen steht und doch einen gewissen ,,flair“ von Wissenschaftlichkeit vortäuscht, urteilt Comte vernichtend. Würde man nämlich solche Versuche einer konsequenten Analyse unterziehen, ,,so würde man bald konstatieren, daß sie tatsächlich den vorhandenen Ideen keinen einzigen Begriff von irgendwelcher Bedeutung hinzugefügt haben. Man würde beispielsweise erkennen, daß die Anstrengungen der Geometer, die Wahrscheinlichkeitsrechnung über ihre natürlichen Anwendungen hinaus zu erstrecken, ... zu nichts mehr geführt haben, als daß sie bezüglich der Theorie der Sicherheit als Abschluß einer langen und mühsamen algebraischen Arbeit einige beinahe triviale Sätze ergeben haben, deren Richtigkeit beim ersten Blick mit vollständiger Evidenz von jedem verständigen Menschen begriffen wird.“[72] Gewonnene numerische Genauigkeit stehe also in keinem Verhältnis zur theoretischen Relevanz mathematischer Operationen, die bloß exakt verifizierten, was in vorwissenschaftlicher Anschauung ohnehin von jedermann, d. h. vom gesunden Menschenverstand gewußt werde.

Dennoch ist sein Rückgriff auf den *sensus communis* prätentiös und trügerisch, weil in der Tat weit mehr gesellschaftliche Phänomene quantifizierbar sind, als sich der bemühte ,,gesunde Menschenverstand“ je träumen ließe, prätentiös, weil verhindert würde, daß Gesellschaftliches überhaupt quantifiziert werde.

Zwar lehnt er nachdrücklich die Vorstellung ab, die Sozialwissenschaft ,,als eine einfache und unmittelbare Konsequenz der Physiologie“[73] zu betrachten, weil beim Menschen zu differenzieren sei nach Kollektiv-[74] und Individualerscheinungen.[75] Nichtsdestoweniger besteht ein, wenngleich noch so vermittelter Zusammenhang. Comte seinerseits untermauert den Gedanken mit Argumenten aus der Biologie, wie sie die junge Wissenschaft ihm damals an die Hand gab. ,,Da die Überlegenheit des Menschen über die anderen Tiere tatsächlich keine andere Ursache hat und haben kann, als die relative Vollkommenheit seiner Organisation, so muß offenbar alles das, was das Menschengeschlecht tut und tun kann, in letzter Analyse als eine notwendige Konsequenz seiner Organisation angesehen werden, die in ihren Wirkungen durch die äußeren sozialen Verhältnisse modifiziert wird. In solchem Sinne ist die soziale Physik, das heißt das Studium der kollektiven Entwicklung des Menschengeschlechtes tatsächlich ein Zweig der Physiologie, das heißt des Studiums des Menschen in seiner ganzen Ausdehnung.

Mit anderen Worten, die *Kultur*geschichte ist nichts anderes, als die Folge und die notwendige Ergänzung der *Natur*geschichte des Menschen."[76]

Mit der Kulturgeschichte aber bringt sich eine neue Qualität zur Geltung: die Soziabilität des Menschen konstituiert Geschichte. Zwar verläuft diese nach Comte linear und kontinuierlich,[77] als Kulturgeschichte der Gattung Mensch ist sie jedoch nicht unmittelbar mehr physiologisch zu interpretieren. Am Ende ist der Zusammenhang nur noch lose, formal in dem Maße, wie Comte ihn braucht, um sein *tableau cérébral* hinreichend plausibel aufstellen zu können.

Fragen nach der Physiologie und Anatomie sind allenfalls im Vorfeld des Gesellschaftlichen am Platze. Mit der Bildung der ersten menschlichen Gruppen, vor allem aber der Sprache, hört „naturgemäß die Rolle der direkten physiologischen Betrachtung in der sozialen Physik auf, da diese von dort ab ausschließlich auf die Beobachtung der Fortschritte des Menschengeschlechtes begründet sein muß."[78] In jedem Gesellschaftszustand hat sich nämlich das bisherige Potential der Geschichte kumuliert. Der Kulturfortschritt verläuft ungleich schneller als die Artentwicklung. Gleichwohl wäre zu erwarten, daß Comte der Mathematik in der Sozialwissenschaft größere Chancen einräumte, zumal deren Gegenstand sich durch außerordentliche Komplexität und Veränderbarkeit auszeichnet.[79] Sein diesbezüglicher Pessimismus muß um so mehr überraschen, als er in bemerkenswertem Gegensatz zu seiner sonst geübten Zuversicht in Sachen Szientismus steht. Comte disqualifiziert die Mathematik geradezu, nennt sie abschätzig „ein reines Hilfsmittel oder eine Methode,"[80] die niemals die direkte Beobachtung sozialer Phänomene und ihre theoretische Bewältigung zu ersetzen imstande sei. „An und für sich lehrt sie nichts Wirkliches."[81] Im voraus bereits zieht er den Wert quantifizierender Verfahren in Zweifel. Auf keinen Fall könnten sie die direkte Methode der Beschreibung, die qualitative Analyse, überflüssig machen, vielmehr sei gerade sie vorauszusetzen. „Sich vorstellen, daß es eines Tages möglich sein würde, quantitative Gesetze zwischen den Phänomenen dieser Wissenschaft [sc. der sozialen Physik] zu entdecken, würde die Voraussetzung bedeuten, daß sie bis zu einem solchen Grade vervollkommnet ist, daß selbst bevor dieser Punkt erreicht wäre, alles das, was wirklich interessant zu finden wäre, bereits vollständig erlangt sein müßte ... Somit kann die Mathematik keine Anwendung auf dieses Gebiet finden, außer zu einer Zeit, wo diese Anwendung keinerlei wirkliche Bedeutung mehr haben würde."[82]

Als soziologische Methoden installiert er infolgedessen vorab den „zeitlichen" (historischen) und „örtlichen" (simultanen) Vergleich der verschiedenen Kulturgrade. Comtes Soziologie ist ebenso historisch wie ethnologisch orientiert. Tendenziell vollendet sie sich in einer sozialen Kulturmorphologie. Vorbild ist ihm die Biologie seiner Zeit, deren organizistische Nomenklatur er bedenkenlos für die Sozialwissenschaften übernimmt. Ebenso wie in Tierexperimenten, so führt er aus, „die pathologischen Fälle tatsächlich ein Äquivalent der direkten Versuche am Menschen (sind), weil sie die gewöhnliche Ordnung der Tatsachen ändern, ebenso und aus einem ähnlichen Grunde müssen die vielfachen Epochen, wo die politischen Kombinationen mehr oder weniger die Tendenz gehabt haben, die

Entwicklung der Kultur zu unterbrechen, als Mittel angesehen werden, der sozialen Physik wirkliche Experimente zu liefern, die zum Teil noch geeigneter sind, als die einfache Beobachtung ...".[83]

Ausdrücklich spricht er von einer methodologischen Neuorientierung, die auf drei verschiedenen Ebenen zu erfolgen habe.[84] Vorab ist Soziologie nicht isoliert zu betreiben, sondern in Koordination mit den anderen Grundwissenschaften.[85] Dort erwerbe die menschliche Intelligenz Denkgewohnheiten bzw. eigne sie sich Denkstile und Begriffe an, ohne die über Gesellschaft sinnvollerweise nicht reflektiert werden könne. Infolgedessen sind für Comte die Begriffe „Ordnung" und „Fortschritt" weniger autonome soziologische Kategorien als vielmehr Abbreviaturen,[86] methodologische Anweisungen zu einer expliziten strukturell-funktionalen Analyse. „Ordnung" bedeutet in dieser Perspektive vorwiegend eine (Struktur-)Morphologie des Sozialen, jene Konstanz, die von der wissenschaftlichen Begriffsbildung zu thematisieren ist. Unter „Fortschritt" wiederum sind in erster Linie die gesellschaftlich-dynamischen Momente zu verstehen, Feldkräfte bzw. funktionale Größen, die jenen sozialen Wandel ermöglichen, dem auf der methodologischen Ebene die wissenschaftliche Gesetzesbildung gilt.

Auf diese Weise erhält Soziologie vorab die Gewißheit, daß „unsere künstliche Ordnung [sc. Gesellschaft als zweite Natur] stets eine ... Prolongation der *natürlichen Ordnung* sein muß."[87] Nicht zuletzt auf Grund dieser Verfestigung der Gesellschaft zur zweiten Natur des Menschen wird Comte legitimiert, Soziologie als Naturwissenschaft zu betreiben, die mit ihren Methoden des Zählens und Messens einer Gesellschaft in dem Maße adäquat wird, wie deren Qualitäten quantifizierbar werden. Sogar den Grund dieser Entsprechung reflektiert er. Er gibt ihn an in der Auseinandersetzung des Menschen mit der Natur, dem Überlebenswillen als dem „besoin de vivre"[88] und im Trieb, dieser naturgegebenen Determiniertheit in kollektiver Anstrengung via materieller und immaterieller gesellschaftlicher Arbeit zu entrinnen.

Comtes Soziologie ist insofern kritische Theorie der Gesellschaft – zumindest im Frühwerk –, als sie die Mittel, mit denen die Gesellschaft sich reproduziert, auf die Möglichkeit ihrer menschenwürdigen Einrichtung hin sichtet und sich nicht der Anstrengung entzieht, das soziale Leben auf seinen von Menschen gesetzten Sinn zu untersuchen. Der aber besteht, sowohl beim Individuum wie bei der Gattung, in jener Vervollkommnung, die „mehr und mehr die hervorragenden Eigenschaften vorwalten (läßt), die unsere Menschheit von der einfachen Tierheit unterscheiden, das heißt einerseits die Intelligenz, andererseits die Soziabilität, Eigenschaften, die von Natur aus solidarisch und einander wechselseitig Mittel und Zweck sind."[89] In der theoretischen Durchdringung der historischen Fakten geht Comte freilich über Montesquieus „bloße" Materialsammlung ebenso hinaus wie über Condorcets „literarischen" Entwurf einer Geschichtsphilosophie, zumal er in der Lage ist, mit einem bestimmten Strukturprinzip, dem Dreistadiengesetz nämlich, die verschiedenen Kulturzeitalter analytisch aufzuschlüsseln.

Um so erstaunlicher muß die Tatsache anmuten, wie hartnäckig in der Literatur über Comte die Meinung sich hält, sein Positivismus sei unbesehen mit bloßer Materialhuberei gleichzusetzen, zumal er ausdrücklich den Faktenfetischismus, die theorielose Tatsachensammlung, scharf kritisiert. Die Kenntnis von Tatsachen allein um der Tatsachen willen verurteilt er, wenn nicht hinzutritt die theoretische Interpretation auf ein bestimmtes, nach Möglichkeit aufs positivistische Geschichtsmodell. Das aber ist das der drei Stadien. ,,... wenn eine gute Ordnung der Tatsachen in jeder Wissenschaft sehr wichtig ist, so ist sie ganz unbedingt wichtig in der politischen Wissenschaft, welche ohne diese Voraussetzung völlig ihren praktischen Zweck verfehlen würde. Dieser Zweck ist, ... auf der Beobachtung der Vergangenheit das soziale System zu bestimmen, welches der Gang der Kultur gegenwärtig hervorzurufen bestrebt ist ... Es ist klar, daß ... die politischen Tatsachen, so wichtig sie im einzelnen sein mögen, nur durch ihre Anordnung einen wirklichen praktischen Wert gewinnen, während in den anderen Wissenschaften die Kenntnis der Tatsachen in sehr vielen Fällen an sich selbst von großem Werte ist, auch unabhängig von der Art ihres Zusammenhanges.“[90]

Allerdings hätte die Kritik nicht nur am Modell und Konstruktionsprinzip des Drei-Stadien-Gesetzes anzusetzen. Nicht daß die Fakten nicht theoretisch belangvoll interpretiert, sondern bloß angehäuft würden, ist der wunde Punkt seines Systems, sondern das Interpretationsprinzip als solches: die positive Methode. Daß Comte die Verwendung einer bestimmten Methode als Kriterium für die Wissenschaftlichkeit soziologischer Analysen betrachtet und nicht umgekehrt die Angemessenheit einer Methode mißt an ihrer Brauchbarkeit für die Zwecke der Wissenschaft von der Gesellschaft, das macht die Verdinglichung des Bewußtseins im ,,positiven“ Endstadium aus.

Am Ende freilich müßte seine Soziologie, ihrer eigenen Tendenz nach zur Rechtfertigung tendierend, nicht mehr so sehr dem Ganzen dienen, als vielmehr auf Verbesserungen und Reformen im Detail drängen. Ehedem global orientiert und historisch, würde sie, vom positiven Stadium ab, sich an die Durchleuchtung der Mikrostruktur machen müssen und Veränderungen nur noch am Rande zulassen können. Geschichte wäre auf einen Punkt reduziert und höchstens noch zu begreifen als immanente Modifikation der positiven Methode, als in sich variierende Abfolge soziologischer Recherchen schließlich. Die Gesellschaft als Ganzes aber bliebe ungeschoren; wichtig wäre nur das Funktionieren ihres Wissenschaftsbetriebes, nicht dessen gesellschaftliche Funktion. Insoweit daher die Comtesche Soziologie mittels des intellektuellen Systems die realen gesellschaftlichen Antagonismen in Wissenschaft transferiert und dort zu Problemen ihrer angemessensten Klassifikation zu neutralisieren sucht, wird von ihr die Utopie einer klassenlosen, befriedeten Gesellschaft zum Programm einer alles umfassenden, integrativen Einheitswissenschaft verniedlicht.

Gleichwohl stehen sich, nach Comte, Wissenschaft qua theoretische Disziplin und Praxis qua angewandte Wissenschaft (als Produktionssphäre) keineswegs unvermittelt einander gegenüber. Zusammengebracht werden beide ,,ordres d'idées"[91] durch einen ,,ordre moyen". In soziologischen Kategorien ausgedrückt, handelt es sich um die besondere ,,classe sociale" (so Comte) der Ingenieure, die zwischen den Wissenschaftlern (savants) als den Exponenten der Theorie und dem Management als der Spitze der Produktionshierarchie (so etwa müßte man es in zeitgemäßer Formulierung ausdrücken)[92] vermittelnd tätig werden.

Ausdrücklich werden sie eine ,,classe intermédiaire" geheißen, die eben erst im Entstehen sei; sogar eine Mittelstandsideologie sei ihnen eigen. Schon sieht Comte in ihnen Mitarbeiter des Weltgeistes, genauer: in apologetischer Verbrämung die Stützen seines eigenen Systems. Zugleich wird deutlich, was er bisher, ohne genauer darauf einzugehen, unter Praxis oder ,,applications pratiques" verstanden wissen wollte: gesellschaftlich produktive Arbeit, näherhin industrielle Fertigung (,,pratique directe"), im Gegensatz zur ,, théorie pure".

Indes, Theorie und Empirie sind nicht allein über gesellschaftliche Gruppen aufeinander verwiesen, ihr Verhältnis zueinander ist unmittelbar dialektisch. Gegenüber dem naiven Empirismus, der mit allem ,,Vorwissen" tabula rasa machte und Theoriebildung, d.h. Erkenntnis, nur auf Grund von Erfahrungen und Beobachtungen für möglich erklärte, unterstreicht Comte die Notwendigkeit des Vorhandenseins einer Theorie, damit überhaupt Beobachtung in Gang komme und Erfahrung, ,,wahre" Theoriebildung sich realisiere. So spricht er vom natürlichen Bedürfnis des Menschen nach einer ,,théorie quelconque pour lier les faits".[93]

Infolgedessen vermag er auch die theologischen und metaphysischen Theoreme in ihrer Funktion als zwar unzureichende, weil primitive, dennoch ebenso notwendige wie effektive Welterklärungsversuche anzuerkennen. Als solche induzierten sie den Prozeß der Entzauberung als Rationalisierungsprozeß, um schließlich – ihren immanenten Widersprüchen zufolge – realitätsgerechteren Theorien und Hypothesen Platz zu machen, die an ihre Stelle treten, um nun ihrerseits durch positivere Erkenntnis ersetzt zu werden: *progressus ad infinitum*. Der impliziert die fortschreitende Weltbewältigung ebenso wie die Humanisierung des Menschengeschlechtes durch die Bewegung des Begriffs zu einem System erklärender, sich selbst induzierender und wieder auflösender Wissenschaften. Nicht nur, daß ohne theoretisches ,,Vorfragen" die Fakten überhaupt nicht ins Wahrnehmungsfeld rückten, ja, wissenschaftlich-systematische Erkenntnis überhaupt nicht möglich wäre, Theoriebildung hat auch ihre Grenzen. Auf zweifache Art muß sie sich beschränken: einmal darf sie keine größere Präzision, als den Phänomenen selbst zu eigen ist, erreichen wollen; zum anderen müssen ihre Hypothesen verifizierbar, dürfen sie nicht willkürlich sein, dem Hypokeimenon inadäquat.[94] Hypothesen sind demnach heuristische, vorläufige, gleichwohl empirisch gehaltvolle thetische Setzungen, die den Erkenntnisprozeß insoweit weiterzutreiben vermögen, als sie auf Verifizierung bzw. Falsifizierung angewiesen sind und bleiben. Darin erfüllen sie ihre eigentliche dynamische Funktion. Fortschritt in wissenschaftlicher Theoriebildung kann infolgedessen nur relativ sein. Ablesen läßt er sich am größeren Schwierigkeitsgrad der Probleme, mit denen es die Wissenschaftler zu tun bekommen, aber auch an der vervielfachten Potenz, sie zu meistern.

Die Bedeutung, die Comte dem Vorrang der Theorie vor der Praxis, dem Plan vor der Ausführung beimißt, worin die arbeitsteilige Trennung der Wissenschaften von ihrem Stoff, über den sie heteronom verfügen, systematisch ratifiziert wird, spiegelt dabei zwei Tendenzen. Einmal, wie sehr das Prinzip der Rationalität zum beherrschenden des menschlichen Vergesellschaftungsprozesses überhaupt wird, der Entzauberungsprozeß schon in die Zukunft vorausgreift, indem er sich deren Stellwerker gleichsam bemächtigt. Zum anderen, daß die Präferenz, die er der Theorie zukommen läßt, daraus folgernd die Verselbständigung der arbeitsteilig und professionell mit ihr Befaßten, die Praxis denen überläßt, die sich am ehesten auf sie verstehen, realiter also den Mächtigen. In der Comteschen Terminologie heißt das: den „Chefs der industriellen Arbeiten".[95]

Zwar übernimmt er diesen Gedanken im Prinzip von Saint-Simon, ändert ihn aber in typischer Weise ab. Saint-Simon hatte unter „Industriellen" die Produzenten, den „Nährstand" im weitesten Sinn, verstanden, die Arbeiter und Handwerker, die Kaufleute und Bauern ebenso wie die Fabrikanten und Bankiers, jene Klasse also, die arbeitet, „um für alle Glieder der Gesellschaft alle materiellen Mittel zur Befriedigung ihrer physischen Bedürfnisse und Wünsche zu produzieren und sie für sie erreichbar zu machen", und die deshalb die wichtigste ist, „weil sie all die anderen [sc. Klassen] entbehren kann, während keine andere sie entbehren kann, weil sie aus eigener Kraft, durch ihre eigene Arbeit besteht".[96]

Comte nun unterschlägt an diesem Gedanken den weiterreichenden soziologischen Aspekt und nimmt die Wirklichkeit positivistisch, wie sie sich darstellt: die exponiertesten Positionen für die bare Münze des ganzen Systems, ein Epiphänomen für die Substanz des widersprüchlich Ganzen, das Management für die Quintessenz der industriellen Gesellschaft.

Darüber hinaus wird durch die strikte Trennung von Theorie und Praxis die Ohnmacht des Gedankens um so bedenkenloser besiegelt und legitimiert, je mehr er zum Prärogativ einer einzigen Klasse werden soll. Die vernünftige Einrichtung der Welt, die Bewältigung ihrer Zukunft ist nicht mehr den „Merkern" (E. Kuby), sondern den „Organisateurs" Saint-Simonscher Prägung überlassen und anheimgestellt.

Das reine Wunschdenken später, die Illusion von der freischwebenden Intelligenz über der Gesellschaft, wird hier, in der systematischen Trennung von Theorie und gesellschaftlicher Praxis bereits antizipiert. Von der systematisierten Gestalt bei Comte wandelt sich dieser Positivismus zur sublimen, spiritualisierten Figur in der Wissenssoziologie: in ihr assoziiert sich mit dem Traum von der Wertfreiheit noch einmal der Wunsch nach Macht, wie Comte sie seinen Soziologen real zugedacht hatte, und wird konkret im totalen Ideologieverdacht. Daß keine Aussage mehr als wahr und verbindlich hingenommen wird, es sei denn, sie passiere die Kontrolle mit der Approbation der Soziologen, die bloß ihres eigenen Standortes, keinen zu haben, sich bewußt werden müßten, löst seinen Spruch von der relativistischen Wahrheit ebenso ein, wie sie die Ohnmacht des Geistes und seiner offiziellen Vertreter besiegelt, der Comte noch all seine Energien entgegenzustemmen suchte. Paradox ist freilich, daß er die Notwendigkeit ihrer strikten Funktionsteilung mit der funktionalen Differenzierung menschlicher Arbeitsprozesse pseudowissenschaftlich glaubte legitimieren zu müssen, obwohl er im *Cours* ausdrücklich die Künstlichkeit („la nature artificielle") wissenschaftlicher Arbeitsteilung hervorgehoben und vor der Hypostasierung gesellschaftlich-arbeitsteiliger Verhältnisse zur quasi „zweiten Natur" der Menschen in der Gesellschaft gewarnt hatte.

VI. Soziologie als „positive" Politik

Zweifellos hat Comte die Bedeutung der Produktionssphäre für eine Gesellschaft, die um jeden Preis aus dem Chaos ständiger Unruhen und Bürgerkriege heraus will und die, um überhaupt in Frieden leben zu können, zuallererst die ökonomischen Voraussetzungen zu ihrer inneren Befriedung schaffen muß, richtig eingeschätzt. Daß er die Hebung des Existenzminimums verlangt, die Ankurbelung der Güterproduktion fordert und in der materiellen Bedürfnisbefriedigung die erste und notwendige Garantie für die gedeihliche Entfaltung der Völker erkennt, ist zugleich Postulat der Epoche. Überholt ist die „feudal-militärische Ordnung" des Mittelalters, seit die technisch-urbane Entwicklung mit wissenschaftlichen Methoden sich an die Eroberung der Welt machte, wie es das Dreistadiengesetz ausdrückt.

Schon Saint-Simon hatte der „égalité turque" die „égalité industrielle" gegenübergestellt als Prinzip der neuen, wenngleich ebenfalls hierarchisch gestuften Gesellschaft. Seine „égalité" ist die einer Wettbewerbs- und Leistungsgesellschaft und besteht „darin, daß jeder aus der Gesellschaft den Nutzen zieht, der seinem sozialen Einsatz, d.h. seinem positiven Leistungsvermögen entspricht, und der proportional ist zum Nutzen des Gebrauchs, den er von seinen Fähigkeiten macht."[97]

Das säkularisierte Denken prüft auch die menschlichen Jenseitshoffnungen auf ihren konkreten Gehalt; die Kritik der gesellschaftlichen Zustände schließt die Kritik an ihrem Himmel ein. Viel unbekümmerter als etwa die deutschen Materialisten, Feuerbach vorweg und Marx, für die noch „die Kritik der Religion die Voraussetzung aller Kritik"[98] ist, geht Comte gleich ad fontes: müßig die Kritik am Überbau, wenn einzig mit der Veränderung des Unterbaues jener sich wandelt. Die Differenz freilich ist die, daß der Überbau keineswegs radikal abgeschafft werden soll, sondern von seiner Soziologie *funktional* als gesellschaftlicher Kitt gleichsam verstanden wird, als das notwendige *value system* einer jeden Gesellschaft, wofern es nur in seiner Zusammensetzung der gesellschaftlichen Substantialität, wie er es nennt, entspricht.

Zweierlei klingt darin an: daß die Gesellschaft eine sich wandelnde historische Variable ist, zum andern aber, daß es Aufgabe des Menschen sei, diesen Prozeß nicht einfach über sich ergehen zu lassen, sondern sich seiner zu bemächtigen und seinen Gang zu ordnen.

Zweifellos ist die Gesellschaft des Comteschen Entwurfs eine des Friedens und der Vernunft. Im Begriff von ihr schlagen sich die Integrationstendenzen und der Internationalismus der industriellen Frühzeit nieder. ,,Jedes soziale System, sei es für eine Handvoll Menschen oder für viele Millionen bestimmt, hat den ausgesprochenen Zweck, die Betätigung aller einzelnen Kräfte nach einem allgemeinen Ziel zu richten. Denn eine *Gesellschaft* besteht nur dort, wo eine allgemeine und verbundene Tätigkeit vorhanden ist. Unter jeder anderen Voraussetzung besteht nur eine Ansammlung einer gewissen Zahl von Individuen auf dem gleichen Boden. Hierin liegt der Unterschied der menschlichen Gesellschaft von den Gesellschaften der anderen Tiere, welche in Herden leben. – Aus dieser Betrachtung ergibt sich, daß die klare und genaue Bestimmung des *Zweckes der Betätigung* die erste und wichtigste Bedingung für eine wirkliche soziale Ordnung ist, da sie den *Sinn* bestimmt, in welchem das ganze System gestaltet werden soll."[99]

Aber nicht nur spiegeln sich die gesellschaftlichen Tendenzen in dieser wie immer fragmentarischen Definition, Comtes Soziologie webt ebenso unweigerlich am ideologischen Schleier mit, als sie den Zweck, dessen das industrielle System bedarf, zum schlechthin notwendigen erklärt und der Gesamtgesellschaft als eigenen suggeriert. Und sollte einer dem Desiderat nicht genügen, verfällt er unbarmherzig der Ächtung des Systems und seiner Apologeten.

In diesem circulus vitiosus bleibt Comte gefangen. Um noch der harmlosesten Abweichung des spekulativen Gedankens sich zu vergewissern, bedarf er schließlich des Dekrets. ,,Andererseits gibt es nur zwei mögliche Zwecke der Betätigung für eine Gesellschaft, wie zahlreich sie auch sei, ebenso wie das isolierte Individuum nur diese zwei Zwecke hat. Es handelt sich entweder um eine gewaltsame Einwirkung auf den übrigen Teil des Menschengeschlechtes, das heißt die *Eroberung,* oder um eine Wirkung auf die Natur, um sie zum Vorteil des Menschen abzuändern, das heißt die *Produktion*. Jede Gesellschaft, welche nicht klar für den einen oder anderen Zweck organisiert ist, wäre nur ein Zwitterding ohne Charakter. Der militärische Zweck war der des alten Systems, der industrielle Zweck ist der des neuen. – Der erste Schritt zur sozialen Reorganisation ist daher die Proklamation dieses neuen Zweckes . . ."[100]

So human auch immer seine Entscheidung hinsichtlich der Alternative ,,Krieg – Frieden" ausfällt, so stilisiert er doch die industrielle Produktion zum gesellschaftlichen Selbstzweck. Zweifellos bedurfte das frühe und noch das späte 19. Jahrhundert solcher Motive, wie sie für den ,,Pioniergeist" und die Gründerjahre charakteristisch sind, um sich aus dem Schwerefeld veralteter Wirtschaftsstrukturen herausheben zu können.

Sein Denken gerät, wie das aller Aufklärer, der Zukunft wegen, die zu verbessern ist nach Auskunft der in ihr noch verborgenen objektiven Tendenzen, in Bewegung. Bereits im Verzicht auf philosophische Spekulation, dergestalt, daß der Verzicht selber zur Metaphysik der Metaphysiklosigkeit wird, und unmittelbar in der Hinwendung auf politische Praxis wird die Tendenz der Comteschen Soziologie offenkundig, den Widersprüchen und Krisen des gesellschaftlichen Systems seiner Zeit, wie die Theorie sie im Rückgriff auf den waltenden Konkurrenzmechanismus und die *invisible hand* verharmlosend aus der Welt zu diskutieren suchte, planend entgegenzutreten. Soziologie, ausgestattet mit dem Werkzeug der historischen Methode, die mit dem Gesetz der ablaufenden Serie arbeitet, hofft auf die Möglichkeit von Voraussagen über die künftige Entwicklung. Die Utopie einer rational geplanten Gesellschaft zeichnet sich darin als reale Möglichkeit ab.

Daß sich die rationalisierten Formen der maschinellen Produktion und des technisierten Verkehrs über die ganze Erde ausbreiten werden bis zur *One World,* deren Weltmarkt die logische Konsequenz des expandierenden industriellen Systems ist, ist die ungebrochene Überzeugung des 19. Jahrhunderts. Dennoch ist es gelegentlich blind im Hinblick auf den Machtaspekt wirtschaftlicher Verfügung über Rohstoffquellen, Produktionseinheiten und Absatzmärkte. Auch Comte verdrängt die Frage danach mit Fortschrittsoptimismus und Wissenschaftsgläubigkeit.

Gleichwohl sind der praktischen Politik und ihren „Kombinationen der sozialen Ordnung“[101] Grenzen gesetzt durch die „Natur der Dinge“. Selbst die richtige Planung kann allenfalls die Geschwindigkeit beschleunigen, mit der die Gesellschaft ihrem endgültigen Ziel entgegeneilt, weil deren Gang „notwendig stets im Grunde derselbe bleibt, indem er auf der permanenten Natur der menschlichen Beschaffenheit beruht ...“.[102] Zusehends erlahmt der sozialrevolutionäre Elan Comtes, der sich in seinen wissenschaftlichen Ambitionen zu Beginn noch herrschsüchtig geltend machte. Daß selbst Modifikationen der gesellschaftlichen Entwicklung, die allein noch zugestanden werden, nichts Wesentliches ändern, ist der Ersatz der Geschichte durch die Wiederkehr des Immergleichen.

Dem entspricht, daß Comte den „positiven Geist“ im Endeffekt nur als eine spezifische Modalität des gesunden Menschenverstandes ansieht, als dessen abstrakte, allgemeine und systematische Form. Selbst „die eigentliche Wissenschaft [sei nur] als eine bloße methodische Fortsetzung der allgemeinen Weisheit“[103] zu begreifen. Zwar kommt der *bon sens* der Comteschen Soziologie weitgehend bloß der Ordnungstätigkeit von Wahrnehmungsinhalten gleich, dennoch vermag er zu Zeiten auch von historisch bedeutsamen Gruppen Besitz zu ergreifen. Für den bürgerlichen Republikaner Comte manifestiert er sich vor allem in der „aktiven Masse der Bevölkerung“[104], im Proletariat. Die revolutionäre Funktion, die nach Marx dem Klassenbewußtsein der Proletarier zukommt, gesteht Comte ihm gleichfalls zu. Nur ist es nicht das Bewußtsein seiner bestimmten, d. h. durch den Produktionsprozeß determinierten Interessenlage. Comte bedarf des Proletariats nur, um seinen Positivismus sozialrelevant durchsetzen zu können, als Vehikel allein für die noch ausstehende moralische Erneuerung, als eine der „conditions d'avènement de l'Ecole Positive“, wie der 3. Teil des *Discours* betitelt ist. An ihr sind die Philosophen als Schrittmacher beteiligt. Die „alliance des prolétaires et philosophes“[105] indes ist durchaus friedlich. Sie bedarf lediglich der Freiheit und der demokratischen Duldung, um ihre subversive Tätigkeit, die friedfertige Transformation der Gesellschaft, am Ende jedoch die Abschaffung der Demokratien, bei Licht ausführen zu können. Auf beide Initiativgruppen setzt Comte seine

Hoffnungen. Nicht inständig genug kann er den Regierungen versichern, die positivistische Schule tue alles, um ,,alle gegenwärtige Gewalt bei ihren augenblicklichen Machthabern, wer diese auch sein mögen, zu befestigen".[106]

Dem Zweck, die neue ,,positive" Philosophie zu etablieren, dient schließlich die pädagogische Großveranstaltung. Bei Comte wie beim viel späteren Mannheim ist das Vehikel, auf dem man den Exzessen einer kopflos hastenden Arbeitsteilung glaubt zuvorkommen zu können, die geeignete Erziehung. So wie später der Sozialismus zum humanitären Impuls verflacht, so ist schon bei Comte alle ,,revolutionäre" Energie in den Bereich einer womöglich staatlich zentral gelenkten Kulturpolitik abgedrängt.

Die Elitentheorie eines Pareto oder Mannheim wird von seiner Soziologie im Kern vorweggenommen. ,,Eine neue Klasse entsprechend ausgebildeter Gelehrter soll, ohne sich einem besonderen Zweig der Naturphilosophie in besonderer Weise zu widmen, ausschließlich den gegenwärtigen Zustand der verschiedenen positiven Wissenschaften in Betracht ziehen, um so den Geist einer jeden genau bestimmen und ihre Beziehungen und Verbindungen untereinander aufdecken zu können. Und sie sollen, wenn möglich, deren sämtliche Besonderheiten in wenigen gemeinsamen Prinzipien zusammenfassen, indem sie sich fortwährend an die Grundsätze der positiven Methode halten."[107] Darin weiß er sich einig mit den Reformgeistern ganz Europas, ein erstarrtes System zu ersetzen ,,durch eine *positive* Erziehung, die dem Geist unserer Epoche entspricht und den Bedürfnissen der modernen Zivilisation angepaßt ist".[108] Nicht anders will es die ,,Ecole Polytechnique".

Der jugendbewegte Rausch der Wissenschaftsgläubigkeit, mit Comtes fundamentaler Kritik an den Metaphysikern der Justemilieupolitik, der Unterrichtsorganisation à la Guizot, Cousin und Villemain paukend eingeleitet, bringt kulturpolitisch auch die Spannung zwischen Natur- und Geisteswissenschaften ins Spiel und überstrapaziert das Verhältnis ihrer Methoden. Comte selbst spielt die ,,polytechniciens" gegen die ,,normaliens" aus. Der missionarische Eifer, mit dem er dabei zu Werke geht und mit dem er die vermeintliche Überlegenheit seiner ,,Ingenieurphilosophie" ausschlachtet, will seinerseits selber ein Partikulares für das ganze gesellschaftliche Bewußtsein ausgeben, wie alle anderen Ideologen auch, gegen die er sich wendet.

Unmittelbar macht Comtes Positivismus Front gegen den eklektizistischen Idealismus Victor Cousins. Schon als Philosophie auf den Ausgleich der Extreme bedacht, wurde dieser zur offiziellen Ersatzreligion des Staates, nachdem das französische Unterrichtswesen in seinem ,,Geiste" organisiert worden war. Unterdrückung der freien philosophischen Forschung war die Folge. Es konnte nicht ausbleiben, daß das funktionierende System in Konflikt mit anderen philosophischen Tendenzen und mit der Spontaneität des weiterfragenden Gedankens geriet, genauso wie die politisch-gesellschaftliche Verfassung der auf dem Zensuswahlrecht beruhenden bürgerlichen Monarchie von ihr immanenten Bewegungen aufgebrochen und schließlich gesprengt wurde: vorab von ökonomisch-technischen Veränderungen und von der sprunghaften Expansion des vierten Standes. Daher noch das Desiderat einer Allianz von Positivismus und Proletariat.

Noch wo sie nur dazu bestimmt scheint, zweckgebunden „seinem“ Positivismus zum Durchbruch zu verhelfen, reflektiert Comtes Soziologie die Klassen- und Industriegesellschaft des frühen 19. Jahrhunderts und, nicht anders als Marx, erhebt sie die Verfügung bzw. Nichtverfügung über die Produktionsmittel zum objektiven Kriterium ihrer Analyse. „Seit die reale Einwirkung der Menschheit auf die Außenwelt in der Neuzeit sich spontan zu organisieren begann, verlangt sie das ständige Zusammenarbeiten (combinaison) von zwei unterschiedlichen, an Zahl höchst ungleichen, aber in gleicher Weise unentbehrlichen Klassen: einerseits die der eigentlichen Unternehmer (entrepreneurs), die stets wenig zahlreich sind, die verschiedenen notwendigen Materialien, einschließlich des Geldes und des Kredites besitzen, und das Ganze jedes Arbeitsprozesses leiten, indem sie daher auch die Hauptverantwortung für alle möglichen Ereignisse übernehmen;[109] andererseits die der unmittelbar Ausführenden (opérateurs directs), die von einem periodischen Lohne leben und die ungeheuere Mehrheit der Arbeiter bilden, von denen in einer Art abstrakter Zielsetzung jeder elementare Handlungen verrichtet, ohne sich besonders um deren schließliches Zusammenwirken zu kümmern.[110] – Allein diese letzteren werden unmittelbar handgemein mit der Natur, während es die ersten vor allem mit der Gesellschaft zu tun haben.“[111]

Anders jedoch als Marx muntert Comte die arbeitende Klasse auf, deren qualitative wie quantitative Differenz zur „classe loisive“ unsoziologisch außerachtlassend, nicht nur der „geistigen Harmonie“, sondern auch der „sittlichen Verwandtschaft“ mit dieser innezuwerden, und zwar „auf Grund jener gemeinsamen materiellen Unbekümmertheit, die von allein unsere Proletarier der wahrhaft kontemplativen Klasse annähert . . .“[112]

Wie eine Verhöhnung derer, die bloß ihre Arbeitskraft zu verkaufen haben, um gerade noch die Reproduktion ihres Lebens sicherstellen zu können, muten jene Passagen an, wo Comte sie glücklich preist, nicht in derselben unglücklichen Lage zu sein wie die Unternehmer, die zwar Muße hätten, diese aber in der Sorge, wie sie ihr Kapital besser verwenden sollten, nicht recht zu nützen verstünden. „Wenn in einigen Ausnahmefällen äußerster Überlastung . . . [das Fehlen von Muße und Freizeit] in der Tat jeden geistigen Aufschwung verhindern zu müssen scheint, wird es gewöhnlich durch jenen Zug einer weisen Unbekümmertheit [sc. um die Zukunft] ausgeglichen, die während jeder natürlichen Unterbrechung der notwendigen Arbeiten dem Geiste seine volle Verfügungsfreiheit zurückgibt. Die wahre Muße muß gewöhnlich nur in der Klasse fehlen, die sich besonders mit ihr versehen glaubt; denn gerade auf Grund ihres Reichtums und ihrer Stellung ist sie gewöhnlich in lebhaften Sorgen befangen, die fast niemals wirkliche geistige und sittliche Ruhe gestatten. Dieser Zustand muß dagegen für Denker wie für Arbeiter, infolge ihrer gemeinsamen ursprünglichen Freiheit von Sorgen, die sich auf die Verwendung von Kapitalien beziehen, und unabhängig vom natürlichen Rhythmus ihres täglichen Lebens, leicht zu erreichen sein.“[113]

Dennoch verrät sich Comte im Verlaufe seiner Argumentation selber. Dienen soll der Positivismus nicht dem Glück derer, die für ihn am geeignetsten sind, den Proletariern, sondern ausschließlich den Interessen der herrschenden Klasse. Die scheinbare Erleichterung, die er verspricht, ist nur die prolongierte Unterdrükkung. Daß er mit realen Vorteilen für die Unterdrückten: mit wissenschaftlicher Bildung und ästhetischer „Zerstreuung", aufzuwarten vermag, dichtet die gesellschaftliche Wirklichkeit ideologisch nur um so stärker ab. Indem die arbeitenden Klassen mit „Bildungsgütern" abgespeist werden („zerstreut werden", sagt Comte), bleibt das System der mühseligen Arbeit und ungerechten Güterverteilung unangetastet.

Wie konservativ und anachronistisch stationär Comte dabei denkt, das System der strukturellen Gewalt in der Gesellschaft rechtfertigend und ohne in deren Begriff das Moment ihrer historischen Konstituierung herauszuarbeiten, das sie als vorläufige ausweisen müßte, wird vor allem daran deutlich, wie er den soziologischen Befund psychologisierend bagatellisiert und auf den unzerstörbaren Fundus „des" Menschen rekurriert. Ein ständisches Element, das gut katholisch ist, schwingt in der Comteschen Gesellschaftslehre mit und läßt ihn den Menschen auffordern, auszuharren an dem Platz, wo Gott oder die Gesellschaft (beide Begriffe sind ja gegenseitig austauschbar geworden) ihn nun einmal hingestellt hat. Nicht zu verwundern braucht, daß er an die materiell Benachteiligten sich wendet. Allein sie bedürfen der Aufmunterung. Ohnehin ist eine gerechtere Verteilung der Besitzverhältnisse nicht seine Absicht. Dafür bietet er den schlechter Weggekommenen moralische Kompensationen an: inneres Glück und intellektuelle Befriedigung. Dem entspricht, daß die Ungleichheit nicht angetastet, nur ihr Mißbrauch angeprangert wird. Gleiches gilt hinsichtlich des privatkapitalistischen Eigentums, das lediglich an seine Sozialpflichtigkeit „erinnert" wird.

Das fällt dem Comteschen Positivismus um so leichter, als er gleichsam als Korrektiv zum tatsächlich bestehenden System der Ungleichheit, der „hiérarchie temporelle", ein Gegensystem der Wahrheit, der gerechten Wertschätzung moralischer Verdienste aufmacht: den „ordre spirituel" als seine besondere Form gesellschaftlicher „Meritokratie". Mit der Dichotomie freilich zwischen dem „pouvoir temporel" und dem „pouvoir spirituel" läßt sich einerseits ebensogut die Kapitalkonzentration in den Händen weniger, damit verbunden die Autorität und Machtstellung der Industriellen rechtfertigen, wie andererseits die Mehrzahl der Menschen über ihre Ohnmacht in der gesellschaftlichen Realität hinwegtrösten.

Von gleich ständischer und reaktionärer Provenienz ist das Desiderat, daß „die stets soziale volkstümliche Politik vor allem sittlich werden muß".[114] Im *Système* ist schließlich die Moral die krönende siebente Wissenschaft, die die Reflexion verbannt. Hand in Hand damit geht die Verurteilung von Demokratie und Parlament als „Quasselbude". Der Ruf nach der starken Autorität, die klipp und klar die Pflichten des Proletariats, des Volkes, absteckt und definiert, ertönt. Sie sollen an die Stelle von Rechten treten. „Das Wort ‚Recht' muß ebenso aus dem politischen Sprachgebrauch getilgt werden wie das Wort ‚Ursache' aus dem philosophischen ... Im positiven Stadium verschwindet die Idee des Rechts unwiderruflich. Jeder hat Pflichten, und zwar allen gegenüber, aber keiner hat irgendein Recht im eigentlichen Sinne. Die individuellen Rechtsgarantien erwachsen ausschließlich aus dieser allgemeinen gegenseitigen Verpflichtung, die das moralische Äquivalent zu ehedem gewährten Rechten darstellt, jedoch ohne deren schwerwiegende politische Gefahren. Mit anderen Worten, niemandem steht ein anderes Recht zu als das, immer seine Pflicht zu tun."[115]

Mit der realistischen Einschätzung des „Volkes" für die Zwecke und Belange des Positivismus verträgt sich die Verachtung, daß es an nichts anderem interessiert sei als an materieller Bedürfnisbefriedigung. „Allen zunächst eine normale Erziehung und sodann regelmäßige Arbeit zu verschaffen, [so laute] im Grunde das wahre Sozialprogramm der Arbeiter."[116]

Ins wissenschaftliche System gebracht und als Wahrheit ausgegeben wird schließlich die schlechte Faktizität. In Comtes „Religion der Menschheit" verdüstern Freiheit und Vernunft zum glücklichen Gefühl, „gehorchen zu dürfen". Die Proletarier vorab sollen musterhaft erzogen werden und weiterhin arbeiten dürfen. Ihre Trägheit und Charakterlosigkeit seien aus der „Natur des Volkes" direkt abzuleiten. „Das Volk vermag sich wesentlich nur für den tatsächlichen Gebrauch der Macht, in welchen Händen sie auch ruhe, und nicht prinzipiell für ihre Erringung zu interessieren ... [es] neigt von Natur aus zu dem Wunsche, die inhaltlose und stürmische Diskussion der Rechte möchte endlich durch eine fruchtbare und heilsame Einschätzung der verschiedenen allgemeinen oder besonderen Grundpflichten ersetzt werden ... [es verlange] nach einer allgemeinen wirksamen Moral ..., die jedem individuell oder kollektiv Handelnden die der Grundharmonie angemessensten Verhaltensregeln vorschreibt."[117]

Auch die Kunst wird von Comte in die Rolle des propagandistischen Apologeten gedrängt, am Ende verwandt als Mittel der totalen Integration mit den Zwecken der Herrschaft. An Stelle der Religion soll sie zudem Erbauung bieten. Indem sie „veridealisiert", sanktioniert sie im ästhetischen Schein die Wirklichkeit, schwingt sie sich angesichts der herrschenden Unmoral zur Betrachtung moralischer Schönheit auf. Der „Industrialismus" werde ihr das lohnen, indem er ihr sichere und behagliche Verhältnisse schaffe. Daß die Unterwerfung unter diesen normierten Kunststil, der nur der Propaganda fürs herrschende System dient, von Comte als Bereicherung, als Form besonderer Lebendigkeit der einzelnen ausgegeben werden kann, offenbart handgreiflich die inhumanen Tendenzen des humanitär sich gebärdenden „positiven" Systems der Politik.

Der Umschlag kann um so eher erfolgen, als die elitären Gruppen, nach denen Comte ruft, das Potential des Totalitarismus am reinsten in sich tragen. Sie auch werden, die Wissenschaftler als Planer, die Künstler als Propagandisten und die Industriellen als Ausführende, so hofft er fest, das endgültige System den übrigen Menschen aufoktroyieren. „Diese drei großen Kräfte werden sich untereinander alsdann verbinden, um das neue System zu bilden, ebenso wie sie sich verbinden werden, nachdem es eingeführt ist, um es zur täglichen Anwendung zu bringen."[118]

Im allgemeinen jedoch sind Comtes unsystematische Vorstellungen von Gesellschaft verschlüsselt in Gedanken zur Wissenschaftsgeschichte. ,,Die verschiedenen Zweige einer Wissenschaft haben in Wirklichkeit nicht nur eine gleichzeitige und unter gegenseitiger Beeinflussung stattfindende Entwicklung durchgemacht. Betrachtet man die Entwicklung des menschlichen Geistes als Ganzes, so kann man der Sache nach sogar eine gleichzeitige und wechselseitige Vervollkommnung der verschiedenen Wissenschaften erkennen. Darüber hinaus läßt sich feststellen, daß auch die Fortschritte in Wissenschaften und Künsten von zahllosen gegenseitigen Einflüssen abhängig waren und eng mit der allgemeinen Entwicklung der menschlichen Gesellschaft zusammenhängen . . . Hieraus ergibt sich, daß man die Geschichte einer Wissenschaft, d. h. die tatsächliche Entwicklung ihrer Entdeckungen, nur kennenlernen kann mittels eines allgemeinen und direkten Studiums der Geschichte der Menschheit."[119]

Verblüffend ist die Nähe zu Hegel. Nimmt man einmal den Text nicht *à la lettre,* dann ist frappierend der Begriff von Gesellschaft als einer *zur Einheit vermittelten dynamischen Totalität.*[120] Das kritisiert er denn auch als ,,bloße Materialien" an der bisherigen Wissenschaftsgeschichte: daß ohne Theorie des Ganzen, ohne Wissen um die Einheit noch der isoliertesten Momente deren Detailanalyse zu kurz greifen müßte. ,,Selbst wenn die angeblich *historische* Ordnung der Darstellung in der Detailanalyse einer Wissenschaft eingehalten werden könnte, wäre sie doch rein hypothetisch und abstrakt unter dem wichtigsten Gesichtspunkt, daß sie nämlich die Entwicklung dieser Wissenschaft isoliert betrachten würde. Statt deren wirkliche Geschichte klar hervorzuheben, würde sie sich tendenziell eine falsche Meinung darüber bilden."[121] Er meint es in der Tat ernst: die angenommene Verknüpfung ist keineswegs abstrakt oder gar eine nachträglich konstruierte, sondern beweist sich real daran, daß scheinbar noch so isolierte gesellschaftliche Bereiche insgeheim miteinander zusammenhängen.

Vorgängig ist das Ganze allemal. Nicht von ungefähr ist neben dem ,,consensus social" der Gedanke von der Spontaneität der sozialen Ordnung ein wesentlicher Bestandteil seiner statischen Gesellungslehre. Mit einer Soziologie, die bereits den Gedanken des ,,phénomène social total" (Marcel Mauss) ausdrücklich thematisiert, steht Comte daher in Opposition zur individualistischen Vertragstheorie, die rationalistisch-aufklärerisch Gesellschaft aus Interessenkonflikten und ihrem institutionalisierten Ausgleich hatte hervorgehen lassen. Ihr hält er die Idee der Vergesellschaftung (,,sociabilité") des Menschen einzig auf Grund der ihm naturgegebenen, instinktiven Anlagen entgegen.

Jedem radikal dualistischen Ansatz, dem Hobbes'schen beispielsweise, sucht Comte zu entgehen, indem er in die konstant gedachte ,,Natur" des Menschen beides verlegt: den Ursprung der Gesellschaft aus sozialem Trieb wie ihren Egoismus als nicht minder triebhafte Komponente. Vermittelt sind beide durch die Instanz der *Familie.*

Deren Begriff innerhalb der Comteschen Soziologie ist ambivalent: präzis analytisch und affirmativ zugleich. Familie wird zunächst funktional beschrieben als soziales Gebilde, in dem der Einzelne seine gesellschaftlichen und sozialen

Verhaltensweisen als ein Rollenschema erlernt und auf diese Weise das gesellschaftliche Normensystem in sich integriert. Zugleich wird sie als erste und unauflösliche Zelle des sozialen Organismus überhaupt gerechtfertigt. In ihr lerne das Individuum, die egoistischen zugunsten seiner ,,sympathetischen" Instinkte zu unterdrücken. Dem Gedanken jedoch, daß auch die Familienstruktur gesellschaftlichen Wandlungen unterliege, fährt Comtes Dogmatik in die Parade: die Unterordnung der Geschlechter und der Lebensalter müsse immer konstant bleiben.

Daß sich in dieser dogmatischen Verfestigung die patriarchalischen Strukturen des *Ancien régime,* die ohnehin in der Privatsphäre die revolutionären Erschütterungen ungebrochener überlebt hatten, niederschlagen, dürfte unmittelbar einleuchten. Dennoch ist Comte bereits auf der Höhe einer viel späteren Soziologie, wenn er die Familie als ,,l'école paternelle de la vie sociale", als Vorschule zur Gesellschaft bezeichnet. Die ,,perpétuité sociale" geht in der Tat von der Familie aus, insofern sie es ist, die die Zukunft an die Vergangenheit knüpft. Beinahe ungebrochen verlängern sich ihre Strukturen, insbesondere die in ihr verinnerlichten Autoritäts- und Herrschaftsbeziehungen, in die Gesamtgesellschaft, so daß deren Schicksal, vemittelt über Familie, von ihrer eigenen Sozialisationsagentur vorweg entschieden wird.

Gesellschaft ist bei Comte nicht weniger als ein System verbundener Familien, die, ohne Wissen und Vereinbarung, im Glauben, nur ihren persönlichen Trieben zu gehorchen, dennoch das Ganze produzieren. Genau im Sinne Hegels. Der Unterschied ist freilich der, daß für diesen der Einzelne trotz seiner Besonderung immer schon unter der ,,Macht" der Allgemeinheit steht, der er mit seinen eigenen Zwecken bloß ,,dient",[122] während Comte das Allgemeine, die Gesellschaft, erst postulieren muß. Ihre Realität ist eine ex post, erzeugt durch gemeinsamen Glauben und Wir-Gefühl.

Dennoch ist das abstrakte Postulat nicht ohne realen Bezug: im Prozeß der gesellschaftlichen Arbeitsteilung und Kooperation vollzieht sich das die Kräfte aller Einzelnen vereinigende Zusammenwirken. Kommt – so Comte – durch die Familie die Moralität in die Gesellschaft, kraft des Überwiegens der intimen, solidarischen Instinkte in ihr, so bringt die Arbeitsteilung, die nach und nach die familiären Einflüsse ausschaltet, die sozialen Desintegrationstendenzen stärker zur Geltung, und zwar um so mehr, je komplizierter eine Gesellschaft wird. Je spezifischer die Arbeitsteilung, desto beschränkter die Einzelinteressen gegenüber den allgemeinen.

Nicht erst das 20. Jahrhundert rief infolgedessen nach der Interventionsmacht des Staates. Comtes Denken selber treibt in die gleiche Richtung. Weil für die Arbeitsteilung mit geistiger und moralischer Auflösung zu zahlen sei, verlange dieser Prozeß die starke Regierung als Regulativ und Interventionsagentur. Schon hat die industrielle Arbeitsteilung ihr den Boden bereitet. Indem sie den Einzelnen den Bedingungen der ökonomisch erzwungenen Arbeitszerlegung unterordnete, hat sie ihn auch zur politischen Subordination zugerichtet. Zur wachsenden Entmachtung der Mehrheit der gesellschaftlichen Individuen in der abnehmenden Verfügung über die von ihnen zu betreuenden Produkt-Teilmengen vollzieht sich korrelativ die wachsende Machtkonzentration in den Händen weniger, tendenziell des Managements des Unternehmens „Staat".

Dennoch ist, nicht anders als Saint-Simon, auch Comte davon überzeugt, daß das parlamentarisch-politische System ein anachronistischer Zwitter sei, insofern es – dem Schema des Dreistadiengesetzes zufolge – das Bestehen antiwissenschaftlicher und antiindustrieller Tendenzen verlängere. Vornehmlich die konstitutionelle Monarchie lasse die Konkurrenz verschiedener Zwecke und damit gesellschaftlicher Gruppen zu. Stehen die Versuche der Restauration zur irreversiblen historischen Entwicklung in Widerspruch, so sind die der Völker, ihre Gesellschaft politisch vernünftig, d. h. demokratisch zu organisieren, bereits im Prinzip falsch. Sie müssen „kritisch" ausfallen, negativ, wie Comte es nennt, weil sie das Ergebnis des Kampfes gegen das alte Regime, infolgedessen für die soziale Reorganisation der Gesellschaft untauglich sind. Er kritisiert an ihnen, daß „man bloße Abänderungen des alten Systems als die Grundlagen des neuen, künftigen (betrachtet)".[123]

An dieser Stelle tritt Comtes prinzipielle Abneigung gegen Doktrin und Praxis des politischen Liberalismus in aller Schärfe zutage. Zugestanden wird der „metaphysischen Schule" zwar die historische Leistung, das alte System kritisch unterwandert zu haben, „aber als Mittel, die soziale Reorganisation zu leiten, ist sie [jene Lehre] voll absoluter Unzulänglichkeit. Sie versetzt notwendig die Gesellschaft in einen Zustand von grundsätzlicher Anarchie sowohl in weltlicher wie in geistiger Beziehung".[124]

Prinzipiell weigert er sich, den Staat, speziell die Exekutive, in die Rolle des Nachtwächters zu versetzen. „Die Regierung, welche bei jedem regelmäßigen Zustand der Dinge das Haupt der Gesellschaft, der Führer und Aktor der allgemeinen Betätigung ist, wird in diesen Lehren systematisch jeder Betätigungsmöglichkeit beraubt. Entfernt von jeder erheblichen Teilnahme an dem Gesamtleben des sozialen Körpers wird sie auf eine absolut negative Tätigkeit beschränkt ... [Die Regierung] wird nicht mehr als das Oberhaupt der Gesellschaft betrachtet, dessen Zweck ist, alle individuellen Betätigungen zu harmonisieren und auf ein allgemeines Ziel zu richten. Sie wird als ein natürlicher Feind der Gesellschaft angesehen, der sich in ihrer Mitte eingenistet hat und gegen dessen Eingriffe die Gesellschaft sich durch die Garantien schützen muß, die sie sich gesichert hat. Sie beobachtet ihr gegenüber einen dauernden Zustand des Mißtrauens und der Feindseligkeit, die in jedem Augenblick auf das erste Anzeichen eines Angriffes sich zu entladen bereit sind."[125]

Zwar teilt der antiliberale Comte die liberale Ansicht von der Harmonie der Interessen, dennoch steht er ganz auf der Seite der Etatisten. Speziell wendet er sich gegen zwei typische Errungenschaften der bürgerlichen Revolution, die er zu Recht als die eigentliche Leistung des *tiers état* bewertet: Einmal gegen die persönliche Gewissensfreiheit, zum anderen gegen die Lehre von der Volkssouveränität.[126] Das erste „Dogma", wie Comte beide Doktrinen abschätzig betitelt, ist seiner Meinung nach nichts anderes als das Resultat des Verfalls des Glaubens, gegen den jenes Prinzip kritisch Stellung genommen hatte. „Das Prinzip [der Gewissensfreiheit] liegt in der Linie des Fortschritts des menschlichen Geistes, solange man es als ein Hilfsmittel zum Kampfe gegen das theologische System ansieht. Es verliert seinen ganzen Wert in dieser Beziehung, sobald man darin die Grundlage der großen sozialen Reorganisation finden will ... Es wird dort sogar ebenso schädlich wie es nützlich gewesen war, da es sich zu einem Hindernis dieser Reorganisation ausgestaltet."[127]

Nicht minder zimperlich springt er mit dem Prinzip der Volkssouveränität um. Zwar ist seine Analyse trotz aller Kürze in diesem Punkt voller Einsicht in die obwaltenden Zusammenhänge. Dennoch verkennt er die nicht demonstrierbare Wahrheit eines Prinzips, das ursprünglich kritisch gefaßt war, und das auch dann noch Geltung beansprucht, wenn sein Widerpart, an dem es sich entzündete, hinfällig würde. Insofern bewegt er sich bereits in den relationistischen Gedankengängen der Mannheimschen Wissenssoziologie, die noch den stringentesten Wahrheitsanspruch des Gedankens auf den geschichtlichen Standort des Menschen zu funktionalisieren trachtet.

„Das Dogma von der Souveränität des Volkes entspricht bezüglich der weltlichen Verwaltung dem ... Dogma von der Freiheit des Gewissens und ist nur seine politische Anwendungsform. Es ist geschaffen worden, um das Prinzip des göttlichen Rechtes zu bekämpfen, welches die allgemeine politische Grundlage des alten Systems gewesen war, und man hat es aufgestellt bald nachdem das Dogma von der Freiheit des Gewissens ausgesprochen worden war, welches seinerseits die theologischen Ideen zerstören sollte, auf welche jenes Prinzip begründet war. – Was von dem einen gesagt worden ist, gilt für das andere ebenso. Das antifeudale Dogma hat ebenso wie das antitheologische Dogma seine kritische Aufgabe erfüllt und damit seine Laufbahn naturgemäß abgeschlossen. Das erste kann ebensowenig die politische Basis der sozialen Reorganisation sein wie das zweite ihre moralische Basis sein kann. Sie sind beide nur aufgestellt worden, um zu *zerstören,* denn sie sind beide gleich unfähig zu *begründen.* – Wie das eine, wenn man es als ein organisches Prinzip auffaßt, nichts anderes darstellt als die *individuelle Infallibilität* an Stelle der päpstlichen Infallibilität, so ersetzt das andere die Willkür der Könige durch die Willkür der Völker oder vielmehr durch die der einzelnen. Es bewirkt die vollständige Zerstörung des politischen Körpers und führt dazu, daß die Macht im Staate seinen wenigst kultivierten Klassen übergeben wird. Ebenso strebt das erste Prinzip die völlige Isolierung der Geister an, indem es die wenigst gebildeten Menschen mit dem Recht einer absoluten Kontrolle über das System der Gedanken ausstattet, welche von den höheren Geistern entwickelt worden sind, um der Gesellschaft als Führung zu dienen."[128]

Überflüssig zu betonen, wie elitär, reaktionär, antidemokratisch und unliberal Comte seine Analyse beschließt. „Der Parlamentarismus der Restauration stellt in den Augen Comtes sogar eine weitaus schädlichere Abirrung dar als der Cäsarismus Napoleons."[129] Indes wird seine Argumentation verständlich, wenn man sich das Bild der gesellschaftlichen Zerrüttung, die Comte vor sich sah, vor

Augen hält. Die Kehrtwendung Comtes wie des Jahrhunderts brachte infolgedessen den Gedanken der kontinuierlichen, ,,organischen" Entwicklung zur Geltung, um ,,dadurch die Zukunft von der Wiederkehr der Stürme zu befreien, welche bisher die große Krise unserer Zeit beständig begleitet hatte".[130]

In der Tat ist Comtes Soziologie konzipiert aus dem Widerstand gegen die der bürgerlichen Gesellschaftsentwicklung inhärenten destruktiven Tendenzen. Vorab wendet er sich gegen Rousseau, gegen eine fundamentale Theorie der Aufklärung überhaupt: die vom besten Staat und der besten Regierung in ihm. Ihnen gegenüber bringt Comte den Gedanken der Irreversibilität geschichtlicher Prozesse und der Relativität historischer Gesellschaftsformationen zur Geltung. Dies erlaubt ihm beispielsweise, das theologisch-feudale System nicht in der Weise negativ darzustellen, ,,als wäre es von jeher nur ein Hindernis für die Kultur gewesen, während es doch im Gegenteil der größte provisorische Fortschritt der Gesellschaft war, die unter seinem Einfluß einen so erheblichen Aufstieg erfahren hat".[131] Comte braucht die *relative Fortschrittlichkeit* vergangener Zeiten schon deshalb, um nicht, wie er Condorcet vorwirft, die Überlegenheit des Kulturzustandes seiner Zeit ständig als ,,perpetuierliches Wunder" glaubhaft machen und als Wirkung ohne Ursache hinstellen zu müssen.

Die Krise, die er analytisch aufdeckt und zu beenden gewillt ist, ist dadurch verursacht, daß zwar die Formen der alten Gesellschaft noch bestehen, zumindest deren Instanzen und Agenten, die Könige, Kabinette und Regierungen, daß es aber ihren Widersachern, den souveränen Völkern und Individuen, bisher noch nicht gelungen ist, das theologisch-feudale System, wie Comte das *Ancien régime* in der Regel betitelt, endgültig abzulösen. Obwohl beide das Bedürfnis der notwendigen Reorganisation dringend verspüren und jeder auf seine Weise sie auch in die Wege zu leiten versucht, müssen sie sich, ihrer nicht bloß graduellen, sondern kategorialen Differenz wegen, jedesmal gegenseitig hemmen.

So wird die Entstehung der ,,wahren Gesellschaft", der objektiv, d.h. historisch bereits möglichen, verhindert. Von der ,,organischen Sterilität" der konstitutionellen Monarchien, die einen faulen Kompromiß eingegangen sind und eine Politik betreiben, ,,welche die Inkonsequenz zum System erhebt ... (und in sich) einfach provisorisch ist",[132] denkt Comte ohnehin geringschätzig genug; im übrigen ganz im Gegensatz zur großen politikwissenschaftlichen Tradition Frankreichs.

Die Krise der Zeit ist allerdings, so Comte, eine ausschließlich geistige Krise. Uneinheitlichkeit in den moralischen und philosophischen Überzeugungen, das Fehlen einer großen, konsensfähigen Idee – heute würde man sagen: der Mangel an Ideologie – bedingen das Spaltungsirresein des gesellschaftlichen Lebens. Der soziale Pluralismus ist die Folge ideeller Zerrissenheit. Zwar soll die Welt des Mittelalters nicht wieder restauriert werden, gleichwohl gibt ihr Vorbild die Idee ab für die zu errichtende Universalität auch des positiven Zustandes. Unter der Leitung einer ,,authentischen" geistigen Autorität (das Modell liefert das Papsttum) soll vor allem wieder in den fundamentalen Glaubenswahrheiten (,,croyances") Übereinstimmung erzielt werden.

Weil Comte durchglüht ist von der Überzeugung, ,,daß Ideen die Welt regieren und umwälzen ...",[133] deswegen wird seine Kritik an den objektiven Zuständen der Gesellschaft immer zugleich zur Kritik am Einzelnen. Darin schlägt das individualistische Zeitalter zu Buche. Und doch ist die These, die Comtesche Soziologie repräsentiere das Selbstbewußtsein der industriellen Gesellschaft des 19. Jahrhunderts, nur bedingt richtig. Sie verhilft ihr auch wieder zu einem mythischen Komplex: der eigenständig sich entfaltenden Kultur als Ganzes. ,,Der Untergang des feudal-theologischen Systems rührt nicht, wie sie [die Aristokraten und Regierenden] glauben, von neuerlichen, isolierten und einigermaßen zufälligen Ursachen her. Statt die Wirkung der Krisis zu sein, so ist er vielmehr deren Ursache. Der Verfall des alten Systems hat in stetiger Weise während der vergangenen Jahrhunderte stattgefunden, und zwar durch eine Reihe von Vorgängen, welche unabhängig sind von allem menschlichen Wollen, an denen alle Klassen der Gesellschaft beteiligt sind und deren erste Agenten und eifrigste Beförderer häufig die Könige selbst gewesen waren. Jener Untergang ist mit einem Wort die notwendige Konsequenz der Entwicklung der Kultur gewesen."[134] Auf Grund solcher Entwicklung ist Geschichte irreversibel. Gesellschaftliche Entwicklungsprozesse tendieren dazu, die je bessere, vollkommenere Gestalt, die nicht mehr auf eine minder prägnante zu reduzieren ist, auszuformen. Die Schlußfolgerung Comtes trägt dem Rechnung: solchen ,,Prägnanztendenzen" der Gesellschaft habe die Soziologie allemal Vorschub zu leisten.[135] Entfernt hätte sie aus sich, was sich zu dieser kritisch, ,,negativ" verhielte. Zunehmend verdüstert sie zum apologetischen Herrschaftsinstrument. Man wird infolgedessen immer wieder daran zu erinnern haben, in welcher Weise Comte sich zu prostituieren gezwungen war, als es darum ging, seiner ,,positiven" Soziologie die ihr von der Gesellschaft geschuldete Anerkennung, wie er wähnte, zu verschaffen.

Daß er bis zuletzt die Ursache der gesellschaftlichen Krise in der geistigen Anarchie glaubt suchen zu müssen, beweist nur, wie verständnislos er, trotz des ,,Industriel" eines Saint-Simon, den tatsächlichen sozialen Verhältnissen seiner Zeit gegenübersteht. Noch ist nicht die Wendung zum Soziologismus Durkheimscher Prägung vollzogen. Daß er so wenig soziologische Materialanalysen liefert, ist ein Beweis dafür, wie sehr er hinter das Desiderat seiner doch als empirische Wissenschaft verstandenen ,,physique sociale" zurückfällt, auf die konkrete soziale Realität zu reflektieren. So büßt sie, im Namen ihrer positivistischen Zweckrationalität, an Dimensionen, schließlich an Rationalität selber ein. Unter dem Primat einer strengen *analysis of facts* verblassen Kategorien wie Freiheit, Mysterium, Sinn usw., verblaßt jede Reflexion auf mehr als bloße Tatsächlichkeit.

Mit dem klassischen Dogma: *natura non facit saltus,* wird Ernst gemacht: nicht ist erlaubt, nach der Mehrdimensionalität der Phänomene zu fragen. Widersprüchen und Diskontinuitäten trägt Comte nicht Rechnung. Stattdessen wird konkretistisch rekurriert aufs Naheliegende, auf den Kompromiß als einzig noch mögliches Gelingen, in dem man sich einrichtet und weltimmanent der bürgerlichen Illusion von der besten aller möglichen Welten Sozialrelevanz verschafft. Nicht von ungefähr eignet speziell der französischen Soziologie von Anfang an der Charakter eines aufgeklärten Herrschaftsinstruments, mit dessen Hilfe die Bürger zur „raison" gebracht und der aufgeklärt-konstitutionellen Monarchie das Regieren im Sinne eines Ausgleichs von Ordnung und Fortschritt erleichtert werden sollte.

Am Ende steht sich Comte mit seinem eigenen System im Weg. Als 1853 der „Stifter der Religion der Menschheit" „dringliche Ratschläge an alle wahren französischen Republikaner"[136] ergehen läßt, fordert er darin die Franzosen auf, aus ihrer Devise „Freiheit, Gleichheit, Brüderlichkeit" die „Gleichheit" auszumerzen, da sie der Reorganisation der Gesellschaft im Weg stehe, für die Abschaffung des Parlamentarismus zu sorgen und als Regierungsform eine energische Diktatur zu installieren.

Helmut Dahmer/Helmut Fleischer ★

KARL MARX

I. Biographische Skizze

Karl Marx wurde am 5. Mai 1818 als Kind eines liberalen Trierer Rechtsanwalts (gest. 1838) geboren. Er studierte zunächst Jura in Bonn, ging dann an die Berliner Universität und wandte sich mehr und mehr der Philosophie zu. 1841 promovierte er in dieser Disziplin über Demokrit und Epikur in Jena. Marx wollte Hochschullehrer werden, doch ein politischer Klimawechsel machte das zunichte. So trat er 1842 in die Redaktion der liberal-oppositionellen „Rheinischen Zeitung" in Köln ein, wurde bald Chefredakteur, schied aber schon im Frühjahr 1843 aus Protest gegen die Zensur aus und emigrierte nach Paris, um dort eine kritische Zeitschrift, die „Deutsch-Französischen Jahrbücher", ins Leben zu rufen; nur ein Band ist 1844 erschienen. 1845 wurde Marx aus Frankreich ausgewiesen und übersiedelte nach Brüssel, wieder mit publizistischen Unternehmungen befaßt. Hier knüpfte er engere Beziehungen zu sozialistischen Vereinen, schloß sich einem von ihnen, dem späteren „Bund der Kommunisten", an und verfaßte für ihn zusammen mit Friedrich Engels, mit dem er sich eine gemeinsame theoretische Basis erarbeitet hatte, 1847 das „Manifest der Kommunistischen Partei". Mit der Märzrevolution 1848 konnte Marx nach Deutschland zurückkehren und in Köln die „Neue Rheinische Zeitung" als Organ der revolutionären Demokratie herausgeben, bis ihn der Sieg der Reaktion 1849 endgültig zur Emigration, nun nach England, nötigte. Dort betrieb er, finanziell von Engels unterstützt, ausgedehnte Studien zur Zeitgeschichte (besonders wichtig sind die zu den französischen Klassenkämpfen jener Jahre) und vertiefte sich mehr und mehr in die systematische Erforschung der kapitalistischen Produktionsweise – 1867 erschien der erste Band des ökonomiekritischen Hauptwerks „Das Kapital"; die beiden folgenden Bände und umfangreiche Entwürfe wurden aus dem Nachlaß veröffentlicht. Gleichzeitig entfaltete Marx eine rege Wirksamkeit in den sich herausbildenden politischen Arbeiterorganisationen, namentlich als führendes Mitglied der „Internationalen Arbeiter-Assoziation", und verfaßte Schriften zur theoretischen Orientierung des Emanzipationskampfes der arbeitenden Klassen. Marx starb am 14. März 1883.

★ Der Beitrag wurde von Helmut Dahmer und Helmut Fleischer gemeinsam konzipiert; die Teile I, II, IV und V wurden von Helmut Fleischer, Teil III wurde von Helmut Dahmer geschrieben.

II. Praktisch-werdende Philosophie: Marx' Annäherung an die Problematik der Gesellschaft

Karl Marx ist ein europäischer Intellektueller aus der Welt der bürgerlichen Bildung, Knotenpunkt einer überaus intensiven Denk- und Suchbewegung, in der die Intellektuellen des Zeitalters der Französischen Revolution den Rahmen ihrer gesellschaftlichen Identität und Wirksamkeit zu bestimmen trachteten. Bei ihm nimmt diese Suchbewegung indes eine sehr eigentümliche Wendung. Die Anforderung, die Marx an den gesellschaftlichen Rahmen und an die gesellschaftliche Reichweite seiner eigenen Wirksamkeit stellte, waren außerordentlich hoch, in einem entscheidenden Punkt unvergleichlich höher als die Ansprüche der vorausgegangenen idealistischen Philosophen. Wie diese hegte Marx – zuerst noch unter dem von ihnen ausgeprägten Titelbegriff der „Vernunft" – die Idee einer humanen Daseinsform, die sich gleichermaßen durch souveräne Selbsttätigkeit vielseitig gebildeter Individuen erhält wie durch intensivste Gattungsgemeinschaft zwischen ihnen, in „weltbürgerlicher Absicht" auf die gesamte Menschheit ausgeweitet.

Einen höheren Anspruch hat Marx insofern geltend gemacht, als er sich nicht damit begnügte, ein Weltreich der Vernunft in der Sphäre des Gedankens zu errichten. Von einer Akkomodation an die irdisch herrschende Macht gar nicht zu reden, war es ihm auch nicht genug, durch sein frei verkündetes Wort, durch „Kritik" geistig wirken zu wollen. Er war sichtlich nicht bereit, das gesellschaftliche Organisieren praktischer Energien irgendwelchen anderen zu überlassen. Was in seinem philosophischen Kopf als Idee und Theorie lebte, sollte dadurch „materielle Gewalt" werden, daß es „die Massen ergreift", und er selbst wollte von sich sagen können, auch unmittelbar dabeigewesen zu sein.

Nun war allerdings „materielle Gewalt" dem nach gesellschaftlich wirksamer Selbstverwirklichung strebenden Philosophen zunächst vor allem als die herrschende Gewalt drastisch fühlbar, die er über und gegen sich hatte, und gegen die er sich den Raum für sein öffentliches Wirken erst zu öffnen hatte. Als angestellter Publizist geriet er mit seiner freien und unbotmäßigen Rede in zunehmenden Konflikt nicht nur mit der Zensurbehörde der monarchisch-bürokratischen Obrigkeit, sondern bald auch mit den Eigentümern der Zeitung, Repräsentanten der kapitalistischen Geschäftswelt. Seinem Autonomieanspruch widerstritt es nicht nur, daß die Zensur das „Wesen der freien Presse", das „charaktervolle, vernünftige, sittliche Wesen der Freiheit" in ein „zivilisiertes Ungeheuer", eine „parfümierte Mißgeburt", in das „charakterlose Unwesen der Unfreiheit" pervertierte.[1] Die erste Freiheit der Presse bestand für ihn darin, daß sie *kein Gewerbe* ist, und die Autonomie des Publizisten darin, daß er wohl erwerben muß, um leben und schreiben zu können, nicht aber existieren und schreiben muß, um zu erwerben.[2] So fand es Marx nach kurzer Zeit nicht mehr erträglich, „Knechtsdienste, selbst für die Freiheit zu verrichten und mit Nadeln statt mit Kolben" gegen eine „rohe Autorität" zu fechten.[3]

Nachdem ihn also die „materielle Gewalt" der Regierung auf ihre Weise „in Freiheit gesetzt" hatte und in Deutschland für ihn augenblicklich nichts mehr zu bestellen war, mußte er sich für seine weitere Wirksamkeit selbst eine neue, erweiterte Plattform schaffen, außerhalb aller schon bestehenden institutionellen Bahnen. Noch erblickte er als Theoretiker und Schriftsteller seinen Beruf in der „Kritik", und es mußte für ihn jetzt darauf ankommen, die „Waffe der Kritik" so mit einer materiell-praktischen Energie oder „Gewalt" zu bestücken, daß man gegen die bestehende Gewalt die „Kritik der Waffen" ansetzen kann. Hier aber bedarf es eines Vermittlungsgliedes, das der Philosoph nicht vermittels seines demiurgischen Geistes selbst produzieren kann. Es setzte bei Marx eine Überlegung ein, die zum Ausgangspunkt alles dessen wurde, was im weiteren Fortgang an soziologischer Theorie für ihn Bedeutsamkeit erlangte. Er machte sich klar, daß die Theorien des Philosophen, seine Ideen und Imperative des „wahren" menschlichen Wesens – „Menschen, das wären geistige Wesen, freie Männer Republikaner"[4] – in einem Volke nur so weit zu verwirklichen sind, als sie die Verwirklichung seiner, des Volkes eigener Bedürfnisse sind. Eine Sondierung der praktischen Energien in den verschiedenen Ständen und Klassen des Volkes war damit fällig. Wo in der Masse des Volkes tut sich ein Stand hervor, der dazu disponiert ist, gegen den *status quo* eine überwältigende praktische Energie aufzubieten? Wo schlägt dem „Kopf" des Philosophen ein „Herz" entgegen, wo zeigt sich dem Auge des ungeduldig Ausschauenden inmitten der trägen Massen von „Philistern" und Bewohnern einer „geistigen Tierwelt"[5] *der Emanzipator?* Wo artikulieren sich die „radikalen Bedürfnisse", aus denen allein eine radikale Revolution erwachsen könnte? – Der Befund, zu dem Marx bei seiner Inspektion der deutschen Gesellschaft gelangte, war fürs erste noch ziemlich defizitär. So bot er alle Anstrengung des antizipatorischen Begriffs auf, um das neue emanzipatorische Potential auszumachen: Das Proletariat, den radikal negativen Repräsentanten der jetzigen Gesellschaft. Die Klasse mit den „radikalen Ketten", die durch ihre universellen Leiden einen universellen Charakter besitzt, die gar keine Klasse dieser Gesellschaft, ja der „völlige Verlust des Menschen ist" – das sind die negativen Prämissen des projektiven Schlusses, den Marx daraus folgen läßt: der völlige Verlust, *also* nur durch die *völlige Wiedergewinnung* zu beheben.[6]

Auf diese angestrengte Deduktion war nun allerdings noch keine bestimmtere Strategie zu gründen, die über den Grundgedanken einer Vereinigung von Philosophie und Proletariat, von Kopf und Herz einer anstehenden „menschlichen Emanzipation" (zugleich Emanzipation der Deutschen zu Menschen) hinausgeführt hätte. An Gesellschaftstheorie stand Marx bis dahin vor allem die Hegelsche Rechtsphilosophie vor Augen, ergänzt durch eine eigene Vertiefung in die Problematik der bürgerlichen Revolution, nach der desiderativen Seite hin pointiert durch den bei Feuerbach ausgebildeten Normbegriff des „menschlichen Wesens". Mit diesem Instrumentarium machte sich Marx 1844 an eine erste kritische Analyse der kapitalistischen Produktionsweise, von Privateigentum und Lohnarbeit. Friedrich Engels war ihm hierin bereits einige Schritte vorausgegangen.[7] Aus einigen Texten der klassischen Ökonomie gewann Marx die wichtigsten deskriptiven und analytischen Theorien, deren impliziten kritischen Sinn, letztlich in anthropologischen Begriffen darzustellen, er herauszuarbeiten unternahm. Zum Zentralbegriff wurde die Kategorie der *Entfremdung:* Trennung des Arbeiters vom Produkt und von den Produktionsvoraussetzungen seiner Arbeit, Fremdheit gegenüber dem Sinn der Arbeit und gegenüber der Totalität des Arbeitsproduktes, Trennung des Menschen vom anderen Menschen und vom menschlichen Gattungswesen, Unterwerfung unter eine ganz und gar ,,unmenschliche Macht", die über Arbeiter und Kapitalisten gleichermaßen herrscht.[8] Deskriptiv faßbare Charaktere gesellschaftlicher Beziehungen und Objektbezüge sind hier ineins gedacht mit essentiell-normativen Bestimmungen; daß etwas getrennt und entfremdet dasteht, erhält seinen Sinn von daher, daß es eigentlich eins sein müßte. Das wird exemplarisch deutlich dort, wo Marx die soziale Beziehung des Warentauschs mit derjenigen Beziehungsform konfrontiert, die ihm als die schlechthin ,,menschliche" gilt. In einer Gesellschaft von Warenproduzenten sieht jeder in seinem Produkt ,,nur seinen *eigenen* vergegenständlichten Eigennutz" (und im Produkt des anderen dessen Eigennutz). Das aber ist ,,keine Produktion des Menschen für den Menschen als Menschen", und Marx fügt hinzu: ,,d. h. keine *gesellschaftliche* Produktion".[9]

Gesellschaftlichkeit und Eigennutz sind damit in ein antithetisches Verhältnis gesetzt, und die Gesellschaftlichkeit ist mit Menschlichkeit gleichgesetzt, sofern der Eigennutz nicht nur eine Bornierung des Menschen auf sich selbst und seine Trennung vom Gattungswesen bedeutet, sondern überdies eher die Herrschaft des Gegenstandes über den eigennützigen Menschen als die Herrschaft des eigennützigen Menschen über den Gegenstand: ,,Unser eignes Produkt hat sich auf die Hinterfüße gegen uns gestellt, es schien unser Eigentum, in Wahrheit aber sind wir sein Eigentum. Wir selbst sind von dem *wahren* Eigentum ausgeschlossen, weil unser *Eigentum* den anderen Menschen ausschließt."[10] Was die Bestimmung des ,,wahren" Eigentums, der wahren Gesellschaftlichkeit und Menschlichkeit ausmachte, bezeichnet Marx in dialogischer Anrede an den Anderen so: ,,In deinem Genuß oder deinem Gebrauch meines Produkts hätte ich unmittelbar den Genuß, ... dem Bedürfnis eines andren *menschlichen* Wesens seinen entsprechenden Gegenstand verschafft zu haben, ... für dich der *Mittler* zwischen dir und der Gattung gewesen zu sein, also von dir selbst als eine Ergänzung deines eignen Wesens und als ein notwendiger Teil deiner selbst gewußt und empfunden zu werden, also sowohl in deinem Denken wie in deiner Liebe mich bestätigt zu wissen ...". Das wäre eine vollständige Durchdringung von ,,individueller Tätigkeit" und Bestätigung des ,,menschlichen Gemeinwesens".[11] Marx bewegt sich mit dieser programmatischen Affirmation des gesellschaftlichen Menschen noch ganz im Bannkreis von Ludwig Feuerbachs normativer Anthropologie: durch die entfremdeten, unwahren Realisationen hindurch das wahre Wesen des Menschen sichtbar werden zu lassen, dessen Verwirklichung zur Aufgabe wird.

In solcher Unmittelbarkeit erwies sich indessen eine normative Idee von der ,,Bestimmung des Menschen" nicht als tragfähige Grundlage einer kritischen Theorie der Gesellschaft. Marx hatte bereits in der Auseinandersetzung mit Hegel und als praktizierender Publizist im thematischen Medium einer *Analytik der gesellschaftlichen Ordnungen und Institutionen* gearbeitet. Beim Übertritt in das für ihn neue Terrain einer Analytik der ökonomischen Produktionsverhältnisse kam es bei ihm zugleich zu einer Radikalisierung der *Axiomatik menschlicher Daseinsbestimmungen und -verfehlungen*. Das tiefere Eindringen in die Dynamik sozialökonomischer Prozesse hatte nun aber den Effekt, die Bestimmungen jener anthropologischen Axiomatik selbst in entscheidender Weise zu transformieren, sie in einen anderen Modus zu übersetzen. Als Marx dazu überging, in den Koordinaten des neu erschlossenen Gebiets eine gesellschaftliche Aktivität zu entfalten, d. h. an der Selbstorganisierung des zunächst postulatorisch ins eigene Bezugssystem eingeholten Proletariats mitzuwirken, kam bei ihm erneut eine Einstellung zum Zug, die er schon als Student sich zu eigen gemacht hatte: das Unbehagen am Ausspielen des Idealen gegen das Wirkliche, oder positiv das Bestreben, ,,im Wirklichen selbst die Idee zu suchen".[12] Was sich in der idealistischen Denktradition als eine vorgegebene Wesensbestimmung des Menschen dargestellt hatte, muß sich nunmehr als Komponente einer historisch modifizierten Menschennatur, als Index einer geschichtlich ausgebildeten Einheit von Produktivkräften und Produktionsverhältnissen ausweisen: ,,In der Wirklichkeit trug sich die Sache . . . so zu, daß die Menschen sich jedesmal so weit befreiten, als nicht ihr Ideal vom Menschen, sondern die existierenden Produktivkräfte ihnen vorschrieben und erlaubten."[13]

Es war für einen philosophierenden deutschen Intellektuellen des Vormärz durchaus keine geläufige und einfache Sache, sich und sein Umfeld in den Termini der sozialen Klassen- und Schichtstruktur sowie eines sozialgeschichtlichen Prozesses zu denken und dabei auch noch die sozialen Grundverhältnisse des materiellen Reproduktionsprozesses als determinatives Zentrum aller menschlichen Daseinsbezüge zu würdigen. Marx' Weg von der philosophischen Apotheose des Intellektuellen zu einer entfalteten Theorie der Gesellschaft ist markiert durch eine Kette von Disputen mit näheren oder ferneren Weggefährten, immer auch rückbezogen auf gemeinsame Vorläufer.

Den Generalnenner all dieser Dispute bildet die Frage, mittels welcher Begriffe die Intellektuellen *ihre Zeit in Gedanken erfassen* können, insbesondere auch ihre eigene Teilhabe an der geschichtlichen Zeitbewegung. Es war bei den Junghegelianern ein ,,feierliches Bewußtsein der weltumstürzenden Gefährlichkeit und verbrecherischen Rücksichtslosigkeit" des eigenen Tuns und Redens im Schwange, das Marx mit diesen Worten ironisierend umschrieb: ,,Die Menschen haben sich bisher stets falsche Vorstellungen über sich selbst gemacht, von dem, was sie sind oder sein sollen. Nach ihren Vorstellungen von Gott, von dem Normalmenschen usw. haben sie ihre Verhältnisse eingerichtet. Die Ausgeburten ihre Kopfes sind ihnen über den Kopf gewachsen. Vor ihren Geschöpfen haben sie, die Schöpfer, sich gebeugt. Befreien wir sie von den Hirngespinsten , den Ideen, den Dogmen, den eingebildeten Wesen, unter deren Joch sie verkümmern. Lehren wir sie, diese Einbildungen mit Gedanken zu vertauschen, die dem Wesen des Menschen entsprechen, sagt der Eine, sich kritisch zu ihnen verhalten, sagt der Andere, sie sich aus dem Kopf schlagen, sagt der Dritte, und – die bestehende Wirklichkeit wird zusammenbrechen."[14] Diese Denkweise qualifiziert Marx als die „ideologische", in dem ganz buchstäblichen Sinn, daß hier die wirkliche Bewegung aus einem Logos von Ideen begriffen werden soll: Gedanken, Ideen beherrschen den Lauf der Welt, und darum messen die Ideologen auch dem eigenen Denken und Reden eine demiurgische Bedeutung bei. Eben das aber wollte Marx als *Illusion* destruieren und damit Raum schaffen für ein realistisches Welt- und Selbstbewußtsein von Leuten, die einen ernsthaften Anteil an wirklichen geschichtlichen Bewegungen nehmen wollen und können. Den theoretisch-systematischen Rahmen eines solchen sich selbst kritisch auf Wirklichkeitsgehalte hin relativierenden Bewußtseins bildet die *„materialistische Geschichtsauffassung"*, die sich aus der Destruktion der ideologischen ergibt.

Die Genesis der materialistischen Geschichtsauffassung vollzieht sich somit auf einer praktisch-existenziellen Grundlage; ihre begriffliche Artikulation war indessen nicht möglich, ohne daß Marx seine Erbschafts- und Nachbarschaftsverhältnisse zu *Hegel* und zu dem als Überwinder des Hegelschen Idealismus begrüßten *Feuerbach* geklärt hätte. Die Doppelbeziehung zu Hegel und Feuerbach läßt sich kaum zureichend in den traditionell-philosophischen Richtungsdifferenzen von „Materialismus" und „Idealismus" bezeichnen. In der Tat, für Hegel ist (wie es Marx später resümiert hat) ein Vernunftwesen, die „Idee", der „Demiurg des Wirklichen", und Feuerbach tritt dagegen als der Wiederentdecker der Natürlichkeit und Leiblichkeit („Sinnlichkeit") des menschlichen Daseins auf. So weit macht Marx die Feuerbachsche Bewegung gegen den Spiritualismus mit. Es ist für ihn aber nicht minder bedeutsam, daß Hegel (wie die vorausgegangenen idealistischen Philosophen) der „tätigen Seite" der menschlichen Wirklichkeit in höherem Maße (wenngleich in idealistischer Reduktion) gerecht geworden ist als der Materialismus, der die Wirklichkeit nur als Objekt der Anschauung, die Sinnlichkeit als sinnliche Wahrnehmung faßt, nicht als „sinnlich menschliche Tätigkeit, Praxis".[15] Eben das empfand Marx, sozusagen an Feuerbach vorbei, als das Große an Hegel, daß er die „Selbsterzeugung des Menschen als einen Prozeß", den Menschen als „Resultat seiner *eigenen Arbeit*" begreift, „die Arbeit als das Wesen, das sich bewährende Wesen des Menschen" erfaßt, und dies in der Dimension der *Geschichte* und in der Konkretheit des Hervorbringens und Durchlaufens geschichtlicher Daseinsstufen.[16] Während Feuerbach der Hegelschen Denkfigur der „Negation der Negation" nicht mehr abgewinnen kann, als daß sie eine umwegige Art der Wiederherstellung von Religion und Theologie sei, vermag Marx sie als die abstrakt-spekulative Form zu dechiffrieren, in der sich die bisherige Bildungsgeschichte des noch nicht voll verwirklichten Menschen denken läßt.[17] Das alles stellt ein gewichtiges thematisches Plus von Hegel dar, das bei Feuerbach in einer ungeschichtlich und nicht konkret-gesellschaftlichen Auffassung vom „menschlichen Wesen" wieder verlorengegangen ist. Dagegen setzt Marx die sechste seiner elf Thesen über Feuerbach: „Feuerbach löst das religiöse Wesen in das *menschliche* Wesen auf. Aber das menschliche Wesen ist kein dem einzelnen Individuum innewohnendes Abstraktum. In seiner Wirklichkeit ist es das Ensemble der gesellschaftlichen Verhältnisse." Bei Feuerbach besteht darum ein doppeltes Defizit: er muß einerseits „von dem geschichtlichen Verlauf abstrahieren", und er sieht zum anderen nicht, „daß das ‚religiöse Gemüt' selbst ein gesellschaftliches Produkt ist und daß das abstrakte Individuum, das er analysiert, einer bestimmten Gesellschaftsform angehört."[18] Feuerbach hat einen äußerst reduzierten Begriff von der Gesellschaftlichkeit des Menschen: „Feuerbachs ganze Deduktion in Beziehung auf das Verhältnis der Menschen zueinander geht nur dahin, zu beweisen, daß die Menschen einander nötig haben und immer gehabt haben."[19]

So ist Feuerbach bei allem Insistieren auf dem „wirklichen" und „leibhaftigen" Menschen im Grunde doch nicht über einen *Idealismus der menschlichen Wesensbestimmung* hinausgelangt. Es bedeutet eine recht diffizile Operation, an die Stelle des *Abstraktum „der Mensch"* einen konkreten Begriff der „wirklich existierenden, tätigen Menschen"[20] zu installieren, der von den natürlichen Existenzvoraussetzungen aus eine geschichtliche Rekonstruktion der früheren, jetzigen und künftigen Daseinsweisen von Menschen leistet, einschließlich einer Aufklärung darüber, wie „die Philosophen" dazu kommen, sich unter dem Namen „der Mensch" ein übergeschichtliches Ideal zu bilden.[21] Das materialistische Konzept des anthropogenetischen Prozesses ist für Marx nicht zuletzt auch eine Selbstkritik an seinen eigenen Ausgangspositionen, die er bis in die Schriften des Jahres 1844 hinein durchgehalten hatte. Zusammen mit der Prämisse einer absoluten Wesensbestimmung des Menschen wird dann auch die Vorstellung von der *Geschichte* als einem zielstrebigen Entstehungs- und Verwirklichungsprozeß hinfällig.

Wie stellt sich nun jenes „Ensemble der gesellschaftlichen Verhältnisse" dar, das die konkrete Wirklichkeit des „menschlichen Wesens" ausmacht? In einer zwar nur skizzenhaft ausgeführten, aber breit angelegten Exposition zeichnen sich die Grundlinien einer mehrdimensionalen Analytik des gesellschaftlichen Seins und Bewußtseins ab. Das Feuerbach-Kapitel der „Deutschen Ideologie" präsentiert formell ein Konzept der Sozialgeschichte, das von den elementaren Voraussetzungen und Grundverhältnissen der menschlichen Daseinsweise bis zu den Perspektiven für eine künftige soziale Organisation jenseits des Kapitalismus reicht und sowohl die am wesentlichsten erscheinenden strukturellen Sachverhalte als auch die prozessualen Modalitäten im Aufbau der menschlich-gesellschaftlich-geschichtlichen Welt benennt. Wir finden hier Sätze über die Koordination menschlicher Lebenstätigkeiten wie Arbeit zur materiellen Reproduktion, Artikulation von Bedürfnissen, Ausbildung und Umbildung gesellschaftlicher Beziehungen, politische Aktivitäten, Institutionen und Kollisionen, Hervorbringen von Ideen und Ideologien; Sätze über Arbeitsteilung, Grundformen der Arbeit, Klassen- und Ständegliederung, nationale Partikularität und internationale Integration; narrative und erklärende Ausführungen zur Sozialgeschichte; Sätze zur Logik des Begreifens von Geschichte und über Konstellationen geschichtlicher Progression; Sätze über die Kollisionen der bürgerlichen Gesellschaft und die anstehende kommunistische Revolution.

Der Leitgedanke ist an einer Stelle so zusammengefaßt: ,,Diese Geschichtsauffassung beruht ... darauf, den wirklichen Produktionsprozeß, und zwar von der materiellen Produktion des unmittelbaren Lebens ausgehend, zu entwickeln und die mit dieser Produktionsweise zusammenhängende und von ihr erzeugte Verkehrsform, also die bürgerliche Gesellschaft in ihren verschiedenen Stufen, als Grundlage der ganzen Geschichte aufzufassen und sie sowohl in ihrer Aktion als Staat darzustellen, wie die sämtlichen verschiedenen theoretischen Erzeugnisse und Formen des Bewußtseins, Religion, Philosophie, Moral etc. etc., aus ihr zu erklären und ihren Entstehungsprozeß aus ihnen zu verfolgen, wo dann natürlich auch die Sache in ihrer Totalität (und darum auch die Wechselwirkung dieser verschiedenen Seiten aufeinander) dargestellt werden kann." Diese Geschichtsauffassung ,,bleibt fortwährend auf dem wirklichen Geschichts*boden* stehen, erklärt nicht die Praxis aus der Idee, erklärt die Ideenformationen aus der materiellen Praxis".[22]

Da es letztlich darum geht, die Denkformen zu revidieren, in denen die Intellektuellen an der Sozialgeschichte partizipieren, spielt naturgemäß die Einordnung des ,,Bewußtseins", der Ideen und der ideativen Stilisierungen des Wirklichen, eine zentrale Rolle. Unter dem Namen ,,Ideologie" wird die professionelle Illusion und ,,Einbildung" jener Intellektuellen demontiert, die von der Autarkie und Dominanz geistiger Prinzipien überzeugt sind, und dagegen die scharf restriktive These gesetzt: ,,Die Moral, Religion, Metaphysik und sonstige Ideologie und die ihnen entsprechenden Bewußtseinsformen behalten hiermit nicht länger den Schein der Selbständigkeit. Sie haben keine Geschichte, sie haben keine Entwicklung, sondern die ihre materielle Produktion und ihren materiellen Verkehr entwickelnden Menschen ändern mit dieser ihrer Wirklichkeit auch ihr Denken und die Produkte ihres Denkens. Nicht das Bewußtsein bestimmt das Leben, sondern das Leben bestimmt das Bewußtsein."[23] Die Idee bedeutet und bewirkt nicht aus sich selbst heraus etwas, sondern nur ineins mit einem wirklichen *Interesse*.[24] Indessen, auch ein illusorisches Selbst- und Gesellschaftsbewußtsein ist nicht bloß Irrtum und Irrsinn, sondern hat Methode, ist Korrelat einer bestimmten Wirklichkeitsverfassung: ,,Auch die Nebelbildungen im Gehirn der Menschen sind notwendige Sublimate ihres materiellen, empirisch konstatierbaren und an materielle Voraussetzungen geknüpften Lebensprozesses."[25] So meinte Marx, die Einbildungen und Prahlereien der Junghegelianer widerspiegelten die ,,Erbärmlichkeit der wirklichen deutschen Zustände" und sagten dem ,,träumerischen und duseligen deutschen Volk" durchaus zu.[26]

Der Übergang zur materialistischen Geschichtsauffassung bedeutet den Abschied von diversen manieristischen und stilisierenden Denkfiguren, in denen die junghegelianischen Intellektuellen, Marx selbst nicht ausgenommen, bis dahin die gesellschaftliche Wirklichkeit für sich, von sich her und auf sich hin gedeutet hatten. Ob sie sich an einer normativen Idee des ,,menschlichen Wesens" festgemacht hatten (Feuerbach, Marx), sich als ,,Geist" gegenüber der ,,Masse" aufgebaut und für den Sieg des ,,Selbstbewußtseins" über die ,,Substanz" gefochten hatten (Bauer), sich als die Einzelnen und ,,Einzigen" durch die ,,fremden

Mächte" um ihr Eigentum gebracht sahen (Stirner) oder die Sphäre der anspruchslosen und fügsamen „Philister" als die „politische Tierwelt" denunzierten (Marx 1843), – in all diesen Kategorien geschieht es, daß sich der Philosoph der „entfremdeten Welt" als Maßstab anlegt, ohne zu bedenken, wie sehr er selbst eine Gestalt dieser Welt ist.[27]

Ist so die materialistische Betrachtungsweise nach der Objekt-Seite hin eine entschiedene Wendung zum Realismus und ein Kategoriensystem zur Erfassung einer vieldimensionalen gesellschaftlichen Realität, so bedeutet sie nach der Subjekt-Seite hin eine Wendung gegen den aus der Intellektuellen-Egozentrik erwachsenen *Doktrinarismus* als Denkform, gegen das Aufstellen von Prinzipien, das Proklamieren von Idealen, gar das Predigen von Moral, das Ausmalen von Utopien oder das Ausdenken von Rezepten. An die Stelle von alledem tritt ein nüchternes Rechnen mit der Eigenbewegung gesellschaftlicher Kräfte in ihren jeweiligen Verhältnissen. Und wenn die interessierte Erwartung des Kommenden oft kühne Vorgriffe macht, so erhält doch alsbald wieder die Erfahrung das entscheidende Wort. Diese innere Kontrapunktik von Geltendmachen des praktisch-gesetzgebenden, auf Selbstverwirklichung prätendierenden Ich und Anerkennung dessen, was von den vielen Anderen her gilt, bewegt Marx seit seinen frühesten theoretischen Versuchen und zieht sich durch alle Phasen seines weiteren Schaffens.[28] Politisch bestimmtere Form nahm das Sich-Einlassen auf die „wirkliche Bewegung" im gesellschaftlichen Großraum an, als er aus der „Rheinischen Zeitung" ausgeschieden war und seinen Wirkungsrahmen neu zu definieren hatte. In der Korresprondenz mit A. Ruge (1843) haben wir zuerst die expressive Kundgabe des eigenen Lebensgesetzes: „Menschen, das wären geistige Wesen, freie Männer Republikaner." Die Denunziation der „politischen Tierwelt" folgt auf dem Fuß. Doch die eigentliche Operationsebene erreicht Marx mit solchen Erklärungen: „Ich bin ... nicht dafür, daß wir eine dogmatische Fahne aufpflanzen", vielmehr kann der Kritiker „an jede Form des theoretischen und praktischen Bewußtseins anknüpfen und aus den *eigenen* Formen der existierenden Wirklichkeit die wahre Wirklichkeit als ihr Sollen und ihren Endzweck entwickeln." „Wir treten dann nicht der Welt doktrinär mit einem neuen Prinzip entgegen: hier ist die Wahrheit, hier kniee nieder! Wir entwickeln der Welt aus den Prinzipien der Welt neue Prinzipien. Wir sagen ihr nicht: laß ab von deinen Kämpfen, sie sind dummes Zeug; wir wollen dir die wahre Parole des Kampfes zuschreien. Wir zeigen ihr nur, warum sie eigentlich kämpft ..."[29] Nach der bewegten Rede über die Unfähigkeit der Herren und die Indolenz der Untertanen macht Marx seinen Partner „darauf aufmerksam, daß die Feinde des Philistertums, mit einem Wort alle denkenden und alle leidenden Menschen zu einer Verständigung gelangt sind, wozu ihnen früher durchaus die Mittel fehlten, und daß selbst das passive Fortpflanzungssystem der alten Untertanen jeden Tag Rekruten für den Dienst der neuen Menschheit wirbt. Das System des Erwerbs und Handels, des Besitzes und der Ausbeutung der Menschen führt aber noch viel schneller als die Vermehrung der Bevölkerung zu einem Bruch innerhalb der jetzigen Gesellschaft, den das alte System nicht zu heilen vermag ..."[30]

Wie vorläufig hier auch die inhaltliche Erfüllung noch sein mag, es ist damit eine Denkform für das Erfassen einer immanenten Programmatik gesellschaftlicher Bewegungen etabliert, die Marx künftig immer wieder in Ansatz bringt, vom ,,Kommunistischen Manifest" bis zum Nachruf auf die Pariser Kommune. In der Auseinandersetzung mit P. J. Proudhon (1847) unterzieht er zudem noch die Möglichkeitsbedingungen eines solchen Denkform-Wechsels einer historisch-soziologischen Interpretation: Bei einer noch unentwickelten Klassenbewegung der Arbeiter sind ihre Theoretiker nur Utopisten und Systemerfinder; sowie sich die Klasse politisch konstituiert und ihr Kampf voranschreitet, haben es die Theoretiker nicht mehr nötig, ,,die Wissenschaft in ihrem Kopfe zu suchen", sondern brauchen sich nur ,,Rechenschaft abzulegen von dem, was sich vor ihren Augen abspielt, und sich zum Organ desselben zu machen". Die Wissenschaft ist dann nicht mehr *doktrinär,* sondern *revolutionär,* sie ist integrales Moment der historischen Bewegung.[31]

Es entsteht damit eine Wissenschaft von ganz eigenem Typus. Sie ist in ihrem Kern eine praktische Veranstaltung, Verständigung über Inhalte von Aktivitäten und eine gesellschaftliche Ordnung (Distribution und Koordination) dieser Aktivitäten, spielt sich also in einem Medium der Subjektivität und Intersubjektivität ab. Sofern die in Bildung begriffene Verständigungsgemeinschaft jedoch noch begrenzt ist und selbst die Verständigung innerhalb ihrer nicht durchweg in direkter Kommunikation erfolgen kann, gewinnt das Moment der forschenden Wissenschaft beträchtlichen Raum. Nicht nur das Wirken und Funktionieren derer, die als die Repräsentanten des bestehenden Systems den Widerpart der revolutionären Subjekte bilden, ist nur aus der umfassenden Information über die Wirkungen und ihren Systemzusammenhang, also wissenschaftlich zu erschließen. Auch innerhalb der revolutionären Subjekt-Formation bildet sich das praktische Wissen nicht in direkter Verständigung, sondern weithin durch Erhebung und Verarbeitung objektivierter Daten heraus, komplettiert sich das kommunikativ gewonnene Erfahrungswissen durch verhaltenswissenschaftliche und statistische Befunde, auch durch historische Studien. Die Masse dessen, was solcherart durch wissenschaftlich-soziologische Verfahren eingeholt wird, steht dabei im umgekehrten Verhältnis zur Dichte und Reichweite der kommunikativen Beziehungen innerhalb der sich konstituierenden Verständigungsgemeinschaft.

III. Soziale Evolution und Revolution

1. *,,Vorgeschichte" und Klassenkampf*

Marx' Theorie der Revolution ist ineins Theorie eines objektiven, ,,naturwüchsig" ablaufenden sozialen Entwicklungsprozesses und Theorie der Aktion in bestimmter Weise vergesellschafteter Subjekte. Die Kritik der klassischen Philosophie und Nationalökonomie der bürgerlichen Epoche, der notwendig falschen Bewußtseinsformen, in denen sich die eigentümliche Form der Vergesellschaftung dieses Zeitalters darstellt und verhüllt, führte auf die anti-ideologischen

Abstraktionen einer allgemeinen materialistischen Geschichtstheorie[32]: Die Menschen müssen, um die Differenz zwischen ihren (luxurierenden) Bedürfnissen und der noch ungastlichen, weil unerschlossenen Natur zu mildern, arbeiten, Naturgegebenheiten transformieren. Ihre Beziehungen zur äußeren Natur, zu den anderen Menschen als Mitarbeitern und zur inneren Natur, zu sich selbst, ist eine gebrochen-vermittelte; sie stehen zur Welt, zu Genossen, Fremden und Gegnern, zum eigenen Leib in mehr oder weniger bewußten, symbolisch gefaßten Verhältnissen. Das Grundverhältnis des „einfachen Arbeitsprozesses" ist das werkzeugvermittelte „des" Menschen als Produzenten zum Naturmaterial, dem er arbeitend eine dem spezifischen Bedürfnis gemäße Form gibt. Die treibende Kraft der Entwicklung dieses einfachen Arbeitsprozesses, worin der Mensch als Naturkraft dem Naturstoff gegenübertritt, ist das expansive, luxurierende Bedürfnis, das über jede erreichte Teilbefriedigung und ihr Werkzeug hinausdrängt. Es ist die Triebfeder der Produktivkraftentwicklung, die sich in (tradierten) Werkzeugen sedimentiert.

Mit der Zunahme der Arbeitsergiebigkeit gewann die Arbeitsteilung, die Marx und Engels in der natürlichen der Geschlechter beim Zeugungsakt vorgebildet sehen, an Bedeutung; sie fixierte sich in einer sozialen Gliederung, die allmählich zu der frühesten sozialen Differenzierung, die sich aus der progressiven Einschränkung promiscuer Sexualbeziehungen ergab und in durch Exogamieregeln segmentierten Verwandtschaftssystemen resultierte, in Konkurrenz trat. Die „neolithische Revolution"[33], der Übergang zu Viehzucht und Hackbau, führte zu einem sprunghaften Ansteigen der Kontrolle der „barbarischen" Populationen über ihre Lebensbedingungen. Gestiegene Arbeitsproduktivität resultierte in einem gesellschaftlichen Mehrprodukt, machte den Einsatz von Arbeitssklaven lukrativ. Die Existenz eines Mehrprodukts eröffnete auch die Chance seiner Privatisierung. Das neue Institut des Privat- oder Sondereigentums bezeichnete das Ende der Urgesellschaft, der Vorgeschichte der ökonomisch strukturierten Gesellschaft. Im Übergang vom urkommunistischen Mutter- zum an Sondereigentum gebundenen Vaterrecht, vom Gemein- zum Privateigentum, von der mehr oder weniger eingeschränkten Promiskuität zur (den Frauen, die von da an eine unterworfene Geschlechtsklasse bildeten, aufoktroyierten) Monogamie, zur Klassengesellschaft und zum Staat, dem Verband der Privateigentümer zur Niederhaltung der Nicht-Eigentümer, beginnt die Geschichte der Klassengesellschaften, die „Vorgeschichte"[34] der klassenlosen Gesellschaft. Die Geschichte der Klassengesellschaften – bis hin zur letzten, der kapitalistischen – wird bestimmt als Abfolge historisch-spezifischer Formen, die das geschichtskonstitutive Grundverhältnis der (unmittelbaren) Produzenten zu ihren Produktionsmitteln auf verschiedenen Niveaus von Arbeitsproduktivität annimmt, – als Geschichte des materiellen Lebensprozesses der vergesellschafteten Menschen. Diese Geschichte ist eine der fortschreitenden Naturbeherrschung, fortschreitender Selbstveränderung und Naturtransformation; ihr Motor ist die Ausbeutung, die Klassenherrschaft. Die Geschichte ist darum wesentlich Formwandel von Ausbeutungsverhältnissen[35]; der Fortschritt der Arbeitstechniken indiziert diesen

Formwandel. Die Erschließung der außermenschlichen und menschlichen Natur, die Steigerung der Arbeitsproduktivität, die Selbstveränderung durch Arbeit (und Praxis im weiteren Sinne) vollzieht sich – im Wechsel der Produktionsweisen – als ein diskontinuierlicher und multilinearer Bildungsprozeß.

Seit der „neolithischen Revolution", erst recht seit dem Übergang zur „Zivilisation" (zur geschriebenen Geschichte) wurde die Übermacht der Natur, die Naturverfallenheit der Menschen abgelöst durch naturwüchsige Formen gesellschaftlicher Herrschaft, wurde Gesellschaft ihr Schicksal. Die Teilung der Arbeit begründete zwischen verschiedenen wie innerhalb einzelner Stämme („Gemeinwesen") besondere Produktionsweisen. Die „progressiven", d. h. zur kapitalistischen Gesellschaft fortleitenden „Epochen", „Formationen", sind Ensembles unterschiedlicher Produktionsweisen (Klassenverhältnisse), von denen jeweils *eine* als herrschende, alle anderen sich unterordnende erscheint. Die Gesellschaftsformationen lassen sich als Ausbeutungsordnungen, spezifische Konfigurationen von herrschenden und beherrschten Klassen, von Produzenten, Produktionsmitteln und Produktionsweisen begreifen.

Während der Jahrhunderttausende der „Urgesellschaft" – ihrer prägentilen wie der gentilen Stadien – gab es keine sozialstrukturell wirksame Ungleichheit der Distribution von Material, Instrumenten und Resultaten der kollektiven Produktion (als einfacher Kooperation). Erst das auf der Grundlage bestimmter Naturgegebenheiten und auf sie hin zugeschnittener Produktionstechniken erwirtschaftete Mehrprodukt gab die Chance für die Ausbildung von Verteilungsprivilegien und die Ausnutzung fremder Arbeitskraft; gleichzeitig ermöglichten die gestiegene Arbeitsproduktivität und der mit der Arbeitsteilung zwischen, dann in den Gemeinwesen Hand in Hand gehende Tausch – der Übergang zur (einfachen Warenproduktion – die Auflösung der verwandtschaftsgebundenen ökonomischen Kollektiveinheiten (Haushaltungen) in kleinere Wirtschaftseinheiten (Familien; einzelne Handwerker). Mit Mehrprodukt und Tausch entstanden die Klassengesellschaft und der Staat, der die politische Bindung des Gemeinwesens und das Territorialprinzip an die Stelle der verwandtschaftlichen Bindungen setzte, sowie die an die Chance privater Aneignung und Produktion gebundene monogame (arrangierte) Ehe mit vaterrechtlicher Erbfolge, die erste Form der Regelung sexueller Beziehungen, die unter den ökonomischen Imperativ der Erhaltung und Mehrung von Sondereigentum gestellt war.

Die Geschichte der letzten 5000 Jahre, die Epoche der „Zivilisation" (Morgan), bestimmten Marx und Engels als Geschichte von Klassenkämpfen.[36] Wichtigstes Resultat dieser Geschichte ist die unter Bedingungen der Klassenherrschaft zustandekommende Steigerung der Arbeitsproduktivität. Die Stellung der sozialen Klassen im Produktions- und Distributionsprozeß der jeweiligen Gesellschaft definiert ihre Interessen; ihr politischer Kampf geht um die Verfügung über das Mehrprodukt, um die – dem wachsenden gesellschaftlichen Reichtum entsprechend möglich und fällig werdenden – Änderungen der Eigentumsverhältnisse, der Arbeits- und Lebensweise. Die Geschichtstheorie des „Kommunistischen Manifests" nennt die klassenmäßig vergesellschafteten und einander konfrontierten Individuen als Subjekte des historischen Prozesses. Die ein Jahrzehnt später im „Vorwort" zur Kritik der politischen Ökonomie formulierte Version[37] spart die Klassen-Subjekte scheinbar aus. In ihr ist von „Produktivkräften" die Rede, die sich im Rahmen von „Produktionsverhältnissen" „entwickeln", bis sie diesen Rahmen sprengen und sich in einer Epoche sozialer Revolution neue, angemessenere Produktionsverhältnisse schaffen. Diese nicht-subjektive, strukturelle Formel empfängt ihren Sinn von der subjektiven des Manifests, die sie realistisch einschränkt.[38] Die Produktionsverhältnisse sind eben die Klassenverhältnisse auf bestimmter Stufe der gesellschaftlichen Naturbeherrschung; von den „Produktivkräften" aber, sagt Marx, die bedeutendste unter ihnen sei die ausgebeutete Klasse selbst.[39] Und die Entwicklung des gesellschaftlichen Reichtums, der jeweilige Grad der Naturerschlossenheit ist identisch mit der aktuellen oder potentiellen Entwicklung der (Klassen-)Individuen. „Die theoretischen Sätze der Kommunisten", hieß es in anti-ideologischer Absicht im Kommunistischen Manifest[40], „sind nur allgemeine Ausdrücke tatsächlicher Verhältnisse eines existierenden Klassenkampfes, einer unter unsern Augen vor sich gehenden geschichtlichen Bewegung." Es gibt keine geschichtliche Bewegung außerhalb, hinter, über dem Klassenkampf: die „Bewegung" *ist* der Klassenkampf. Die Dialektik von Produktivkräften und Produktionsverhältnissen ist die theoretische Formulierung einer Praxis: des Bildungsprozesses und Emanzipationskampfes der bürgerlichen und des Bildungsprozesses und beginnenden Emanzipationskampfes der proletarischen Klasse. Im Lichte dieser aktuellen Theorie der sozialen Evolution als Revolution erscheint die vorbürgerliche „Zivilisation" als das, was sie eigentlich war: Geschichte der Ausbeutung (und der Aufstände) unterdrückter sozialer Klassen, die zur revolutionären Umgestaltung der Gesellschaftsformationen, denen sie angehörten, *nicht* fähig waren.

Die Aussparung der Klassenkampf-These aus dem Marxschen Resümee des allgemeinen Resultats seiner kritischen Studien zur politischen Ökonomie bedarf gleichwohl einer Erklärung. Karl Korsch hat Marx' objektivistische Wendung – „die charakteristische Verlegung des Akzentes von der subjektiven Rebellion der Arbeiter auf die objektive ‚Rebellion der Produktivkräfte'"[41] – als den Ausdruck der zweiten, nach 48'er Phase der Arbeiterbewegung in einer „praktisch durchaus unrevolutionären" Epoche gedeutet.[42] Es gibt aber noch andere sachliche Gründe für die 1859 vorgenommene Reformulierung der allgemeinen Gesellschafts- und Geschichtstheorie:

In Marx' vergleichenden Analysen der vorkapitalistischen Klassengesellschaften (asiatische, klassisch-antike, feudale Produktionsweise) ist von Klassenkämpfen nicht die Rede; ihr Zweck war es, die kapitalistische Wirtschaftsweise im Kontrast zu ihren Vorgängern in ihrer Eigenart prägnanter sehen zu lernen bzw. zu lehren; der Vergleich bewegt sich in den Dimensionen Arbeitsteilung, Eigentum, Gesellschaft, Staat und Produktionszweck. Als Epochencharakteristik werden also die soziostrukturellen Positionen der Klassen, die für die Produktionsverhältnisse entscheidenden Konstellationen angegeben: die ökonomischen Matrizes der Klassenkämpfe.

Die ausgeführte Kritik der politischen Ökonomie, die Marxsche Arbeitswert- und Mehrwerttheorie, die Akkumulations- und Krisentheorie, ist zunächst eine theoretische Darlegung der Bedingungen der Möglichkeit der proletarischen Revolution. Der Klassenkampf erscheint intermittierend in den illustrativ-konkretisierenden historischen Kapiteln und – unvermittelt – am Ende der Darstellung des kapitalistischen Produktionsprozesses. Die Marxsche Kritik bewegt sich voran als immanente Textkritik, die sich an den theoretischen Kategorien der ökonomischen Klassiker abarbeitet, weil diese Kategorien notwendige Erscheinungsformen des realen Vergesellschaftungs- und Ausbeutungsprozesses sind. Archimedischer Punkt dieser Kritik ist die wirkliche – bald defensive, bald offensive – Klassenkampfbewegung des in Bildung begriffenen Proletariats; sie lebt von dem sich anbahnenden ,,Subjektwechsel" der Geschichte.[43] Die immanente Kritik erweitert sich zur Metatheorie der politischen Ökonomie. Als solche durchschaut sie den notwendigen Zusammenhang der vom Standpunkt der individuellen Warenbesitzer her entworfenen ökonomischen Theorie des Bürgertums mit dem realen Produktionsprozeß des Kapitals, den die klassische Theorie von der Distributions- und Zirkulationsphäre her begreiflich zu machen suchte und unvermeidlich ideologisch verhüllte. Die ausgeführte immanente und ,,transzendentale" Kritik[44] mündet – aus dem theoretischen Zusammenhang herausspringend – in die transzendente (vgl. den Schluß des 24. Kapitels des 1. Bandes des ,,Kapital"). Am Ende der kritischen Darstellung der Funktionsweise kapitalistischer Wirtschaft, ihrer Entwicklungstendenzen und ihrer Aporien, wird ihr Schicksal dem Ausgang des Klassenkampfes überantwortet. Die Krise der kapitalistischen Produktion kann nur praktisch, durch die gezielte politische Intervention der von ihr selbst hervorgebrachten, mobilisierten und organisierten Totengräber-Klasse überwunden werden. Marx' kritische Darlegungen ,,dienen dazu, die ökonomischen Begriffe und Sätze an die Grenze heranzuführen, an der die dahinter verborgene geschichtlich gesellschaftlich praktische Realität sichtbar und angreifbar gemacht werden kann."[45] Das letzte, 52. Kapitel des von Engels herausgegebenen III. Bandes des ,,Kapital" bricht, nach einem Resümee der Revenuequellen-Klassentheorie der ökonomischen Klassiker, ab. So sehr die Klassentheorie in den drei Bänden des ,,Kapital", den ,,Grundrissen", den ,,Mehrwerttheorien" vorausgesetzt und in Anspruch genommen wird (so erfolgreich sie sich darum auch systematisch rekonstruieren läßt), so sehr verweist sie die Anlage von Marx' Hauptwerk, das zunächst, um dem Wesen der Sache näher zu kommen, das Modell eines vereinfachten, totalisierten Kapitalismus entwirft und sich in einer Folge von nachträglichen Konkretisierungsschritten der Wirklichkeit, der begriffenen Oberfläche der Erscheinungen des kapitalistischen Gesamtprozesses, nähert[46], in eine marginale Position, eben an das Ende der Darstellung.

Aus der Perspektive der allgemeinen materialistischen Geschichtstheorie erscheint die Politische Ökonomie der bürgerlichen Klassiker und erscheint das Alltagsbewußtsein der Produzenten, an das jene anknüpfte, als eine *verkehrte Welt.* Marx' Kritik dieser Ökonomie und der sozialen Wirklichkeit, die sich in ihr ausdrückt, ist bestimmte Negation. Als solche tritt sie selbst noch als kritische Ökonomie auf, denn die Bewußtseinsformen der bürgerlichen Gesellschaft verlieren ihre Geltung erst mit der praktischen Überwindung dieser Form der Vergesellschaftung. Marx' Kritik der politischen Ökonomie resultiert nicht in einer direkt gesellschaftlichen Theorie der Aktion der ihre materiellen Produktionsmittel handhabenden Produzenten, sondern partizipiert am allgemeinen Fetischismus der Ökonomie im gleichen Maße, wie sie nichtutopistische, wissenschaftliche Theorie des gegenwärtigen Gesellschaftszustandes ist, worin den Vergesellschafteten ihre sozialen Klassen-Beziehungen als solche von außer ihnen existierenden Sachen erscheinen. Die empirische Erforschung der kapitalistischen Gesellschaftformation, die von den bürgerlichen Ökonomen begonnen und von Marx kritisch vollendet wurde, führt dazu, die lebenden Menschen als von ihren eigenen Verhältnissen beherrscht dazustellen. Als ,,Subjekte" der kapitalistischen Produktion können weder Kapitalisten noch Lohnarbeiter gelten; anstelle eines Subjekts erscheint vielmehr der sich selbst verwertende Wert. Die Menschen treten lediglich als Personifikationen ökonomischer Kräfte und Kategorien auf. Die Produzenten figurieren als ,,Ware Arbeitskraft", ihre sachlichen Produktionsmittel als ,,Kapital", ihre Austauschrelationen sind beherrscht vom ,,Wertgesetz" und ihr Schicksal wird bestimmt vom ,,tendenziellen Fall der Profitrate".

Mit dem Übergang zur allgemeinen Warenproduktion verlieren die isolierten Produzenten die Kontrolle über ihre Produkte. In Konnex treten diese Privatproduzenten erst beim Austausch ihrer Produkte – auf dem Markt. Sie sind also nicht direkt – durch Arbeit – vergesellschaftet, sondern indirekt – durch den Austausch ihrer Produkte. Als Produzenten persönlich voneinander unabhängig, wird die Abhängigkeit von der zahlungsfähigen Nachfrage anderer auf dem Markt primär als eine von Dingen, Waren erfahren. Den Produzenten ,,erscheinen daher die gesellschaftlichen Beziehungen ihrer Privatarbeiten als das, was sie sind, d.h. nicht als unmittelbare gesellschaftliche Verhältnisse der Personen in ihren Arbeiten selbst, sondern vielmehr als sachliche Verhältnisse der Personen und gesellschaftliche Verhältnisse der Sachen."[47] ,,Das Geheimnisvolle der Warenform besteht also einfach darin, daß sie den Menschen die gesellschaftlichen Charaktere ihrer eignen Arbeit als gegenständliche Charaktere der Arbeitsprodukte selbst, als gesellschaftliche Natureigenschaften dieser Dinge zurückspiegelt, daher auch das gesellschaftliche Verhältnis der Produzenten zur Gesamtarbeit als ein außer ihnen existierendes gesellschaftliches Verhältnis von Gegenständen."[48] Im Lichte der anti-ideologischen allgemeinen materialistischen Geschichtstheorie wird die verkehrte Welt der bürgerlichen Ökonomie als eine scheinhafte kenntlich, aber dieser Schein ist für die vergesellschafteten Klassenindividuen *realer Schein,* gültige, objektive Bewußtseinsform des bürgerlichen Zeitalters, weil Ausdruck der kapitalistischen Vergesellschaftung, – Daseinsform, Existenzbestimmung dieser Gesellschaft selbst.

Im Kapitalverwertungsprozeß handeln nicht die vereinigten Klassenindividuen, sie werden zu bestimmten Handlungen genötigt; sie tun nur, was sie müssen, wissen das oft nicht, tun es aber. Die Herrschaft der Verhältnisse über die Klassen-Individuen, die Herrschaft der Real-Abstraktionen, des Wertgesetzes, der aufgehäuft toten über die lebendige Arbeit, begründet die Affinität der politischen Ökonomie und ihrer Kritik zum begriffsrealistischen System der Hegelschen Dialektik. Darum auch gleicht die Marxsche Darstellung des kapitalistischen Systems, die dieses aus dem Verhältnis der Verhältnisse, aus dem Doppelcharakter der Ware als der „ökonomischen Zellenform" der bürgerlichen Gesellschaft[50] entwickelt, einer „Konstruktion a priori"[51].

Im Alltag der bürgerlichen Gesellschaft existieren die Klassen, auch die beiden für die kapitalistische Produktionsweise entscheidenden Klassen, als Klassen „an sich". Ihre Stellung und ihre Funktion im Verwertungsprozeß zeichnet die Möglichkeit ihrer politischen Aktion vor. Marx faßt das Verhältnis von Kapitalisten und Arbeiterklasse gelegentlich als das zweier Heerhaufen, von denen derjenige obsiegt, der der inneren Streitigkeiten besser Herr wird.[52] Der konkurrenzvermittelten Einheit der Aktionäre, die durch das gemeinsame Interesse an der Aufrechterhaltung der Durchschnittsprofitrate zusammengehalten werden, steht die konkurrenzvermittelte Einheit der Arbeitskraftbesitzer gegenüber, deren kollektives Interesse (je nach Konjunkturlage und Kräfteverhältnis) die Verteidigung der Reallöhne bzw. der Kampf gegen die Senkung des relativen Lohnanteils ist. Der Schein, daß sich auf dem Markt freie Privateigentümer, Eigentümer von Produktionsmitteln bzw. von Arbeitskraft gegenüberstehen, die Arbeitszeit-Äquivalente austauschen, ist die Basis-Illusion, das Fundament aller Formen falschen Bewußtseins der bürgerlichen Gesellschaft. Diesem Schein der Zirkulationssphäre liegt als geschichtliche Voraussetzung die Trennung der Produzenten von ihren Produktionsmitteln zugrunde, deren Monopolbesitz die Herrschaft der Kapitalisten über die Besitzer puren Arbeitsvermögens, die als Äquivalententausch verhüllte Ausbeutung ermöglicht. Getauscht wird die Arbeit zu ihren Reproduktionskosten, zum Gegenwert eines Quantums von Lebensmitteln, das die physische Reproduktion des Arbeiters und seiner Familie auf dem jeweils erreichten, sozial definierten Lebensniveau ermöglicht. Diese Reproduktionskosten werden als „variables Kapital" angelegt, um dem „konstanten" Kapital, aufgehäuft toter Arbeit, das belebende Feuer lebendiger Arbeit zuzusetzen, es zu verwerten. Die Form des „Arbeits-Lohns" läßt alle Arbeit als „bezahlt" erscheinen, die notwendige, die zur Reproduktion des Lohnarbeiters erheischt ist und einzig bezahlt wird, wie die Mehrarbeit. Die Aneignung der letzteren ist Motiv des Tauschs und Ziel des kapitalistischen Produktionsprozesses als Verwertungsprozesses. Wegen des Monopols der Kapitalistenklasse an sachlichen Produktionsmitteln ist die Lohnarbeiterklasse deren Kollektiveigentum; die Kapitalisten bedürfen der lebenden Produktionsmittel zur Verwertung ihres Kapitals. Im Maße, wie das Ausbeutungsverhältnis den Beteiligten durch ihr Tauschverhältnis verdeckt bleibt, geht zwar die Ausbeutung vonstatten, findet aber der Klassenkampf als politischer Kampf (um die Staatsmacht) nicht statt. Freilich rüttelt jeder Streik am Ausbeutungsverhältnis, ist die Revolution in nuce. Als solche präsentiert er sich den revolutionären Minoritäten, internationalistischen „Kommunisten", die – wie das Kommunistische Manifest sagt[53] – „in den verschiedenen Entwicklungsstufen, welche der Kampf zwischen Proletariat und Bourgeoisie durchläuft, stets das Interesse der Gesamtbewegung vertreten", und Theoretikern der Arbeiterbewegung, zum Proletariat übergelaufenen „Bourgeoisideologen, welche zum theoretischen Verständnis der ganzen geschichtlichen Bewegung sich hinaufgearbeitet haben."[54] Die ökonomischen Defensivkämpfe des Proletariats sind potentielle politische Kämpfe, seine politischen Aktionen zielen auf die Veränderung des ökonomischen Klassenverhältnisses, auf die Aufhebung des Privateigentums, die Abschaffung des Salariats durch Eroberung der Staatsmacht und Errichtung der proletarischen Diktatur. Der Umschlagspunkt der Lohnkämpfe in politische bezeichnet den Übergang in eine revolutionäre Situation. Mit fortschreitender Konzentration und Zentralisation des Kapitals werden die traditionellen kleinbürgerlichen Zwischenklassen (Bauern, Handwerker, Händler, freie Berufe) zu einer quantité négligeable. Der schrumpfenden Minorität der fungierenden Kapitalisten, Manager und Kapitalrentner steht das „Lager" der freien Lohnarbeiter als überwältigende Bevölkerungsmehrheit gegenüber, ein Lager, in dem freilich die mehrwert-produktiven Industrie- und Transportarbeiter des Kapitals im Vergleich zur Masse der unproduktiven Lohnarbeiter, die von den Original-Revenuen (Profit und Lohn) zehren, selbst nur eine starke Minderheit darstellen. Soziale Differenzierungen nach Qualifikationsgraden, entsprechenden Lohn- und Gehaltsunterschieden und damit Lebensniveau-Unterschieden sowie arbeitsrechtlichem Status (Arbeiter, Angestellte, Beamte), der wiederum unterschiedliche Grade von Arbeitsplatz- und Lebenssicherheit fixiert, blockieren vor allem in Phasen ökonomischer Prosperität die Entwicklung der Solidarität *aller* Lohnarbeiter gegenüber der Kapitalistenklasse mehr oder weniger wirkungsvoll, tragen zur Privatisierung und Entpolitisierung beträchtlicher Teile der nicht-organisierten Lohnarbeiterschaft bei, stärken in den Arbeiterorganisationen reformistische Tendenzen. Der Verfall erworbener Qualifikationen, das Hin- und Hergeworfenwerden von Arbeitsplatz zu Arbeitsplatz, alles, was zur Gleichgültigkeit des Arbeiters gegenüber seiner Arbeit beiträgt, vor allem aber die periodisch in der kapitalistischen Entwicklung wiederkehrenden Krisen kleineren und größeren Ausmaßes, die einen Teil der Klasse in die industrielle Reservearmee zurückwerfen, dem anderen Teil die Weiterarbeit nur unter verschlechterten Bedingungen ermöglichen, – die Konfrontation also mit der grundlegenden Abhängigkeit und Lebensunsicherheit der „vogelfreien" Lohnarbeiter wirkt den antisolidarischen Tendenzen entgegen. Der widersprüchliche und diskontinuierliche Bildungsprozeß des Proletariats von einer bloßen Klasse der objektiven Stellung nach (einer Klasse „an sich") zur mehr oder weniger dem Klassengegner gegenüber vereinheitlichten und politisch kämpfenden Klasse (einer Klasse auch „für sich" selbst) fällt zusammen mit dem Wachstum der Produktivkräfte, die den Rahmen bürgerlicher Vergesellschaftung schließlich sprengen.[55] Neue Energien und Techniken indizieren, sofern ihre Entwicklung und Anwendung mit der Aufrechterhaltung der Profitrate unvereinbar ist, gerade diese soziale Entwicklung. Entstehung, Wachstum, Differenzierung und Vereinheitlichung des Proletariats sind Prozesse, die ohne zureichendes Bewußtsein der Masse der Beteiligten, also „naturwüchsig“ ablaufen. An den kritischen Wendepunkten, bei qualitativen Umschlägen dieser Entwicklungsprozesse, kommt die historische Situation einem Teil der Klasse, ihrer „Avantgarde“, zu Bewußtsein. Jeder der proletarischen Aufstände und jede der großen Massenbewegungen hat, auch wenn sie geschlagen wurden, sich in Sackgassen verliefen, isoliert blieben und unter das Joch von Usurpatoren fielen, einen vorläufigen Höhepunkt der Bewußtwerdung der Klasse bezeichnet. Nach dem Rückfluten solcher Bewegungen wird deren revolutionäre Erfahrung von Minderheiten (Sekten) tradiert. Die überlebenden Anhänger von Babeuf und Blanqui vom „Bund der Kommunisten“ (und später: von Luxemburg oder Trotzki, Tschen Tu-hsiu oder Che Guevara), die in den finsteren Zeiten der Gegenrevolution und Apathie der Klasse den Programmen und Organisationsformen von gestern, die vielleicht morgen wieder Gebot der Stunde werden, die Treue halten, bilden das Gedächtnis der Klasse. Im Bewußtwerdungsprozeß der jeweils nächsten Phase sozialer Kollisionen sind die aus früheren Kämpfen überlebenden illegalen Gruppen und Sekten, Quasi-Parteien und Verschwörerzirkel unentbehrliche „Umwälzungsfermente“[56]. Ob solche Minoritäten dann als einflußreiche Mahner oder Führer der neuen Massenbewegung die Wiederholung vermeidbarer politischer Fehler verhindern können oder unfähig geworden sind, sich von gestern und vorgestern zu lösen, in sektenhafter Inkrustation verharren, ohne an die lebendige Bewegung Anschluß zu finden, und dementsprechend als untaugliche Monumente einer überholten Etappe der Arbeiterbewegung beiseite geworfen werden, ist eine praktische Frage.

Das empirisch gegebene Arbeiterbewußtsein ist jederzeit widersprüchlich: die Erfahrung des Untenseins, der Unsicherheit, des Mangels, der gleichgültigen Arbeit unter fremdem Kommando wird konterkariert durch das herrschende falsche Bewußtsein, das dem realen Schein des Äquivalententauschs entstammt. Ist das Bewußtsein, das die revolutionären Sekten und Minoritäten als den Inbegriff der Erfahrung revolutionärer Kämpfe kultivieren – als Bewußtsein der Fähigkeit des organisierten Proletariats zum Kampf, zum Sieg und zur Reorganisation der Gesellschaft in seinem Interesse –, tradiertes und zugleich antizipiertes Klassenbewußtsein, so wird es in Phasen der Prosperität und Apathie dem empirischen Arbeiterklassen-Mehrheits-Alltagsbewußtsein mehr oder weniger inkongruent. Von den ihre Produkte auf dem Markt austauschenden Privatproduzenten, die ihre verschiedenen Arbeiten als Werte, d. h. als abstrakte menschliche Arbeit gleichsetzen, heißt es im „Kapital“: „Sie wissen das nicht, aber sie tun es.“[57] Die Klassengesellschaften entwickeln sich „naturwüchsig“, aus der *bewußtlosen Praxis* der in ihnen Vergesellschafteten, die nicht wissen, wie ihnen geschieht, und deren Nicht-Wissen ihnen zum Schicksal wird. Die vorkapitalistischen Gesellschaften waren in ihrer Struktur einfacher zu durchschauen (sind es wenigstens jetzt, post festum) als die kapitalistische, insofern sie keine Verdinglichung der sozialen Verhältnisse, keine universalisierte Warenproduktion kannten. Andererseits waren sie „bedingt durch eine niedrige Entwicklungsstufe der

Produktionskräfte der Arbeit und entsprechend befangene Verhältnisse der Menschen ... zueinander und zur Natur."[58] Zwar waren notwendige Arbeit und Mehrarbeit in den vorbürgerlichen Zivilisationen deutlich voneinander abgesetzt, aber die Klassen sahen einander nicht als ,,Klassen". Die gesellschaftliche Arbeits- und Klassenteilung war umwoben von politisch-rechtlich-ethischen Differenzierungen; das bodenvermittelte Herrschaftsverhältnis wurde vor allem als ein persönliches Gewalt- und Schutzverhältnis erfahren. Daß Menschen über Menschen herrschen, galt als natürlicher Sachverhalt, nicht als gesellschaftlicher; ebenso die Basis solcher Herrschaft: das Grundeigentum, die Aneignung des Mehrprodukts (als Grundrente). Erst die Bourgeoisie ,,hat die buntscheckigen Feudalbande, die den Menschen an seinen natürlichen Vorgesetzten knüpften, unbarmherzig zerrissen und kein anderes Band zwischen Mensch und Mensch übriggelassen als das nackte Interesse, als die gefühllose ,bare Zahlung' ... Sie hat, mit einem Wort, an die Stelle der mit religiösen und politischen Illusionen verhüllten Ausbeutung die offene, unverschämte, direkte, dürre Ausbeutung gesetzt ... Alles Ständische und Stehende verdampft, alles Heilige wird entweiht, und die Menschen sind endlich gezwungen, ihre Lebensstellung, ihre gegenseitigen Beziehungen mit nüchternen Augen anzusehen."[59]

So steht es mit dem Begriff der ,,Klasse" wie mit dem der ,,Arbeit": er erscheint als uralte, einfachste Form dichotomisch-hierarchischer Kategorisierung von Menschengruppen. Revolutions- und Klassenbegriff wurden aber erst im Zeitalter der bürgerlichen Umwälzung in England und Frankreich, die die ständische Verfassung der Feudalgesellschaft zerstörte, als Kampfbegriffe aus der neuen Naturwissenschaft in die Sozialwissenschaft übertragen. Erst die politische Machteroberung der Klasse der Privateigentümer in Stadt und Land lenkte die Aufmerksamkeit nicht allein auf das politische Geschichtemachen, sondern auf das selbst in Bewegung geratene Substrat der politischen Geschichte, die ökonomische Struktur, deren Wandlung den politischen Sieg der neuen Klasse, der ersten, die kein Stand mehr war und sein wollte, ermöglichte und ihre Herrschaft schon im frühen 19. Jahrhundert wieder in Frage stellte. Seit Machiavelli und Hobbes wurde Geschichte als Geschichte von Klassenkämpfen geschrieben. Erst als die revolutionäre Volkseinheit der Revolutionszeit sich auflöste, der ,,dritte Stand" in Bourgeoisie und Proletariat auseinanderbrach, wie es in den Proklamationen von Marat und Babeuf sich ankündigte, noch von Saint-Simon ignoriert wurde und in der ,,Junischlacht" des Pariser Proletariats 1848 sich manifestierte, wurde der Begriff auch ,,praktisch wahr"[60]. Er mußte in der Geschichte der ständisch verkleideten Klassen erst durchdekliniert werden, ehe sein ökonomisch-politischer Kern heraus war: daß es in der Geschichte der Klassengesellschaften wesentlich um die Kämpfe zwischen Mehrprodukt-Produzenten und Mehrprodukt-Aneignern geht und daß erst in diesen Kämpfen die materiellen Produktivkräfte sich entfalten bzw. fruktifiziert werden, deren bedeutendste die jeweils revolutionäre Klasse selbst ist. Erst mit dem Durchbruch einer tendenziell *nur noch* klassenmäßig strukturierten Gesellschaft, mit dem Klassenkampf des Bürgertums, dann des Proletariats, wird der Klassenbegriff ,,praktisch wahr". Er gilt für alle Epochen der Zivilisation, alle Klassengesellschafts-Formationen, und doch *vollgültig* nur für die bürgerliche Gesellschaft.[61] Auch im Hinblick auf die Klassengliederungen aller Gesellschaften, die in der Epoche der Zivilisation ihr vorausgingen und deren ungleichzeitige (deformierte) Relikte sie noch in sich trägt, ist die bürgerliche Gesellschaft der „Schlüssel"[62] zu den vergangenen. Doch ist die historische Differenz zwischen den Quasi-Klassen der vorkapitalistischen Formationen und den Klassen der bürgerlichen festzuhalten; die vom Standpunkt der Gegenwart aus mögliche Einsicht kann nicht auf die Klassen-Individuen jener älteren Produktionsorganismen zurückprojiziert werden. Nur wenn es darum geht, die Invariante aller Klassengesellschaften, Ausbeutung, als anti-ideologische Abstraktion der Ideologie entgegenzuhalten, läßt sich sagen: „Freier und Sklave, Patrizier und Plebejer, Baron und Leibeigener, Zunftbürger und Gesell, kurz, Unterdrücker und Unterdrückte standen in stetem Gegensatz zueinander, führten einen ununterbrochenen, bald versteckten, bald offenen Kampf, einen Kampf, der jedesmal mit einer revolutionären Umgestaltung der ganzen Gesellschaft endete oder mit dem gemeinsamen Untergang der kämpfenden Klassen."[63]

Auch die entfaltete bürgerlich-kapitalistische Gesellschaft kennt eine strukturelle Verhüllung des Klassenantagonismus, abgesehen davon, daß gerade in Phasen der Prosperität die Statusdifferenzierung (Schichtung) der sozialen Klassen ihren fortdauernden Antagonismus für das Bewußtsein der Beteiligten verdeckt.[64] Resultat der verallgemeinerten Warenproduktion ist, daß ihre sozialen Verhältnisse den Klassen-Individuen „über den Kopf wachsen"[65], ihr Klassen-Handeln determinieren, statt von ihnen bewußt kontrolliert zu werden; daß sie sich Illusionen über diese Verhältnisse machen, sie als bloß sachliche imaginieren, statt in ihnen den verdinglichten Ausdruck ihrer sozialen Beziehungen selbst zu erkennen. Die „Antinomien des bürgerlichen Denkens" sind durch die Praxis der bürgerlichen Wirtschaftssubjekte präformiert[66]: individuelle Autonomie, Ich und Sollen stehen zur heteronomen Herrschaft des Markts, zum Nicht-Ich, zum Sein in unauflöslichem Gegensatz. Der heroische Versuch, die Welt, Natur wie Gesellschaft, durch instrumentelle Vernunft[67], den „Rationalismus als Universalmethode"[68], zu beherrschen, das An-sich *restlos* in ein Für-uns umzuwandeln, scheitert in der bürgerlichen Praxis ebenso wie in den klassischen idealistischen Systemen. Die im bürgerlichen Zeitalter eingetretene Subjektivierung der Vernunft ist gebunden an die Praxis rationeller ökonomischer Gewinn- und Verlustrechnung, die den Äquivalententausch (und die Arbeitskraft als Ware) voraussetzt.[69] Die Kalkulation beruht auf der Reduktion aller dinglichen und menschlichen Qualitäten auf eine, ihren Wert, auf der Möglichkeit, ungleiche Qualitäten als gleiche Wert-Quanten auszudrücken und auszutauschen. Der universalisierte Warentausch, die Warenproduktion ist, wie Sohn-Rethel gezeigt hat[70], die Basis des „mechanistischen Weltbildes"[71], jener gesellschaftlichen Definition von Natur, in deren Rahmen sich die mathematische Naturwissenschaft entfaltet hat. Die dem Aneignungs-Tauschverkehr entsprungenen Kategorien taugen wohl zur Naturerklärung, erweisen sich aber als untauglich, wenn es um das Begreifen der

Vergesellschaftung geht: „Für die gesellschaftliche Welt der Menschen als Subjekte sind diese Begriffe blind."[72]

In der Geschichte der sozialen Revolutionen bis hin zur bürgerlichen kannten weder die führenden noch die in den Kampf geführten sozialen Klassen das jeweils erreichbare Ziel ihrer Aktionen: die Ersetzung einer Form von Eigentum, einer Minderheitsherrschaft durch eine andere. Die jeweils ökonomisch zur Herrschaft berufenen Klassen gaben ihrem partikularen Interesse notwendigerweise eine allgemeine Form, verbrämten es ideologisch, um die mit dem jeweiligen ancien régime unzufriedenen Volksmassen um ihr Banner scharen zu können.[73] Deren Interessen machten sich in den utopischen Zügen der offiziellen Ideologie geltend. Die neue Ausbeuterklasse siegte über die alte nur mit Unterstützung der übrigen unterdrückten Klassen. Diese aber, die zweifellos Geschichte machten, waren ebensowohl Subjekte der Aktion wie Objekte eines Prozesses, den andere Klassen zwar ebenfalls nicht durchschauten, aber für ihr partikulares Interesse sich zunutze machten.

Marx' Revolutionstheorie liegt in zwei Versionen vor, als Theorie objektiver Strukturveränderungen und als Theorie praktischen Klassenhandelns. Objektive Klassenstruktur und empirisches Bewußtsein der Klassenindividuen klaffen wie in vorkapitalistischen Gesellschaften so noch in der bürgerlichen auseinander. Darum schreibt Marx:

„In der Betrachtung solcher Umwälzungen muß man stets unterscheiden zwischen der materiellen, naturwissenschaftlich treu zu konstatierenden Umwälzung in den ökonomischen Produktionsbedingungen und den ... ideologischen Formen, worin sich die Menschen dieses Konflikts bewußt werden und ihn ausfechten."[74] In der „Heiligen Familie" wird diese Maxime auch auf das Proletariat angewandt: „Es handelt sich nicht darum, was dieser oder jener Proletarier oder selbst das ganze Proletariat als Ziel sich einstweilen *vorstellt*. Es handelt sich darum, *was* es *ist* und was es diesem *Sein* gemäß geschichtlich zu tun gezwungen sein wird. Sein Ziel und seine geschichtliche Aktion ist in seiner eignen Lebenssituation wie in der ganzen Organisation der heutigen bürgerlichen Gesellschaft sinnfällig, unwiderruflich vorgezeichnet."[75]

Wird die Lehre von der Gesellschaftsänderung als einem objektiven Prozeß von der Klassenkampftheorie losgelöst, so erscheint der historische Materialismus als ein nur technologischer. Dazu geben Passagen, in denen Marx von der *Produktion* gesellschaftlicher Verhältnisse durch Produktionsmittel spricht,[76] ebenso wie die Transformationstheorie der „Grundrisse", wo unter Ausklammerung der Klassenkampfpraxis der organische Entwicklungsprozeß der produktiven Arbeit über die kapitalistische Formation hinaus verfolgt wird,[77] Anlaß.

Marx' und Engels' Theorie der Urgesellschaft (und der Herausbildung der Klassenteilung) zeichnet das prähistorische Jenseits der Klassenkämpfe. Die Theorie der Gesellschaftsformationen, die zur bürgerlichen in Kontrast stehen, hat es mit institutionalisierten Eigentumsverhältnissen, strukturellen Bedingungen des Klassen-Handelns zu tun; dieses selbst bleibt im Rahmen des Strukturvergleichs ausgespart. Die Akkumulations- und Krisentheorie schließlich demonstriert Funktionsweise und Grenzen der kapitalistischen Steigerung der Arbeitsproduktivität mit Hilfe jener ökonomischen Kategorien, die die Marxsche Kritik selbst als fetischisierte Formen der eigentlichen Klassen(kampf)verhältnisse dechiffriert.

Der Klassenkampf ist eine Wesens- und Tendenzbestimmung zugleich; die Herrschaftsstruktur einer Gesellschaft birgt das Potential zu Klassenkämpfen; jene Struktur enthüllt sich erst den um ihre Änderung (Abschaffung) Kämpfenden; der manifeste Klassenkampf ist das Praktischwerden der Kritik der politischen Ökonomie. Die Bildung des Proletariats zur kämpfenden Klasse, die imstande ist, sich zum Herrn der stagnierenden bürgerlichen Gesellschaft zu machen und sie dem Mehrheitsinteresse entsprechend zu reorganisieren, ist keine evolutionäre Progression, sondern ein von Krisen, Stagnationen, Sprüngen, Antizipationen und Regressionen durchzogener dialektischer Prozeß. Politische Apathie des Proletariats nach Niederlagen (wie Marx sie im Prosperitäts- und Vollbeschäftigungsjahr 1850 konstatierte)[78] und unvorhergesehene, „himmelstürmende" Aktionen (wie die der Pariser Kommunarden des Jahres 1871)[79] lösen einander in der Geschichte der Arbeiterklasse ab. Die Krisen- und Klassenkampfgeschichte der bürgerlichen Gesellschaft ist ein grausamer Lernprozeß; ihre Überwindung vollzieht sich in einer ganzen Epoche von Kriegen und Bürgerkriegen, in deren Verlauf sich die letzte ausgebeutete Klasse zur letzten herrschenden qualifiziert[89] und sich – als deren wichtigste – der materiellen Produktivkräfte, die im Schoße der alten Gesellschaft entwickelt wurden, bemächtigt.

2. Rekonstruktion der Frühgeschichte

In den Jahren 1880–1882 studierte Marx aufs genaueste eine Reihe von im Jahrzehnt 1870–80 erschienenen ethnologischen Studien[81], darunter, auf Anraten seines Freundes M. M. Kowalewsky, auch Lewis H. Morgans „Ancient Society" (1877)[82]. Morgan deutete die Institutionen der nordamerikanischen Irokesen, vor allem ihr Verwandtschaftssystem, als „soziale Fossile" frühgeschichtlicher Formen der Vergesellschaftung. Die bei den Irokesen noch anzutreffende *gentile* Organisation faßte er als eine einst universell verbreitete, vor Etablierung der Klassengesellschaft und des Staates bei Griechen, Römern und Germanen nachweisbare Lebensform auf. Morgan, „keineswegs revolutionärer Tendenzen verdächtig ... und in seinen Arbeiten durch die Regierung in Washington unterstützt"[83], sagte die Selbstauflösung der um das Privateigentum, „die bloße Jagd nach Reichtum" zentrierten „Zivilisation" – d. h. der Klassengesellschaft – voraus und träumte utopistisch von der „Wiederbelebung ... in höherer Form ... der Freiheit, Gleichheit und Brüderlichkeit der alten Gentes".[84] Das Motiv, in der frühen Menschheitsgeschichte nach einer Antithese zur Geschichte der Klassengesellschaften zu suchen, der fernsten Vergangenheit und ihren Reminiszenzen in der Gegenwart einen Hinweis auf eine mögliche zukünftige Gesellschaft abzugewinnen, vereinte Morgan mit Johann Jakob Bachofen,[85] dessen „Mutterrecht" (1861)[86], Engels zufolge, den Beginn der Erforschung der Sozialgeschichte der Familie überhaupt bezeichnet.[87] Morgans „Ancient Society" gilt als der bedeutendste im 19. Jahrhundert entstandene Entwurf einer ethnologisch fundierten, vorwiegend materialistisch konzipierten Geschichte der sozialen Evolution.[88] Seine Einteilung der Menschheitsgeschichte in die Epochen der „Wildheit", „Barbarei" und „Zivilisation" folgt Adam Ferguson[89] (bzw. Giambattista Vico und Charles Fourier). Die beiden vorzivilisatorischen Epochen unterteilt Morgan noch einmal in je drei Stufen.[90] Er nimmt sich vor, den jeweiligen Modus des Lebensunterhaltserwerbs, den Wandel von Gesellschaftsverfassung, Sprache, Familie, Religion, häuslichem Leben, Baukunst, Eigentumsform und die Geschichte der Erfindungen und Entdeckungen zunächst getrennt voneinander zu verfolgen, um dann die Verflechtung dieser Entwicklungsreihen im einzelnen zu untersuchen.[91] Während Bachofen die Entwicklung der religiösen Ideen für die entscheidende Triebkraft des kulturellen Fortschritts hielt, nahm Morgan in „Ancient Society" eine Epochen-Charakteristik anhand technologischer Kriterien vor, die er durch den Hinweis auf epochenspezifische Verwandtschafts- und Familienformen ergänzte.[92] Wirklich ausgearbeitet wurde in „Ancient Society" nur die Verwandtschaftssystem- und Familiengeschichte in Verbindung mit der Variation der Eigentumsverhältnisse.

Die evolutionstheoretische Soziologie des 19. Jahrhunderts entstand im Gegenzug zu den vertragstheoretisch konzipierten Naturrechtslehren. Sie knüpfte an die Naturgesellschaftslehren der „Schottischen Schule" (Adam Ferguson, John Millar) an, aus der die klassische Politische Ökonomie (Adam Smith) hervorgegangen war. Zu ihren charakteristischen Zügen gehörten das Postulat immanenter Entwicklungsprinzipien der Menschheitsgeschichte, eine unilineare Entwicklungskonzeption, die Verwendung naturwissenschaftlicher Untersuchungsmethoden und Metaphern, die Verwechslung der bürgerlichen mit *der* Gesellschaft (und d.h. mit Natur), die Konzeption nur quantitativer, nicht qualitativer Veränderungen. Ihr evolutionistischer Optimismus stand im Gegensatz zu zeitgenössischen Dekadenztheorien. Marx' (und Engels') Stellung zu diesen bürgerlichen Evolutionstheorien war kritisch. Daß es eine soziale (Höher-)Entwicklung gegeben *habe,* galt ihren Zeitgenossen als eine Art Axiom; daß es eine qualitative Veränderung der bestehenden Gesellschaft, eine Weiterentwicklung über sie hinaus geben könne, schien ihnen fraglich. Marx und Engels problematisierten die abstrakte Fortschrittskonzeption; sie brachten den Preis aller zivilisatorischen Fortschritte, den Rückschritt im Fortschritt zu Bewußtsein, die Disproportionalität in der Entwicklung der verschiedenen Praxisdimensionen.[93] An Darwins Theorie faszinierte sie das an der Konkurrenzgesellschaft abgelesene, erfolgreich auf die biologische Evolution projizierte[94], nicht-entelechetische Entwicklungsprinzip (die Entstehung der Arten durch Mutationen und Selektion), das Konzept einer inmitten von Zufällen zutagetretenden, durch sie hindurch sich realisierenden Entwicklungslogik. „Mit dem Zerbrechen des apriorischen Entwicklungsaxioms ist der *empirischen* Forschung freies Feld eröffnet ... Wie der falsche, metaphysische Entwicklungsbegriff der bürgerlichen Gesellschaftstheoretiker nach beiden Seiten *geschlossen* ist und in allen vergangenen und künftigen Gesellschaftsformen im Grund nur sich selber wiederfindet, so ist der neue, kritische und materialistische Entwicklungsbegriff von Marx nach beiden Seiten *offen*."[95]

Für die (interkulturell) gleichförmige Gestaltung bestimmter Stufen der Entwicklung macht Morgan (unter ähnlichen Bedingungen) gleichartige menschliche Bedürfnisse und die „Übereinstimmung des Gehirns aller Menschenrassen" verantwortlich.[96] Infolge der „ungleichen Naturbegabung der beiden Hemisphären"[97] lief die Kulturentwicklung jedoch in rascherem oder langsamerem Tempo ab. Diese Asynchronie führte zur Koexistenz fortgeschrittener und zurückgebliebener, unter Umständen geographisch wie kulturell isoliert gebliebener, darum „reiner" Formationen. Morgans Erklärung der Asynchronie der menschlichen Entwicklung ist eine geographisch-materialistische oder ökologische, wie sie auch Marx im Hinblick auf die Naturabhängigkeit der frühgeschichtlichen Populationen vertreten hat: „Die äußeren Naturbedingungen zerfallen ökonomisch in zwei große Klassen, natürlichen Reichtum an Lebensmitteln .. und natürlichen Reichtum an Arbeitsmitteln ... Nicht das tropische Klima mit seiner überwuchernden Vegetation, sondern die gemäßigte Zone ist das Mutterland des Kapitals ... In demselben Maß, worin die Industrie vortritt, weicht die(se) Naturschranke zurück."[98]

Die Naturschranke der vorgefundenen ökologischen Bedingungen ist während der Frühgeschichte der Menschheit (und für das Tempo der sozialen Evolution) von ausschlaggebender Bedeutung; bei der Rekonstruktion der Frühgeschichte ist die Archäologie im Unterschied zur Ethnologie ausschließlich auf technologische Kriterien angewiesen. Geographischer und technologischer Determinismus sind als wesentliche Momente in die *allgemeine* Geschichtstheorie von Marx und Engels eingegangen[99] und in ihr aufgehoben.[100] Sie verlieren an Erklärungskraft im gleichen Maße, wie die historische Entwicklung von Arbeitsteilung und -produktivität fortschreitet, die Naturschranke zurückweicht, unterschiedliche Produktionsweisen einander durchdringen und überlagern, Austausch zwischen verschiedenen Sozietäten und kulturelle Diffusion möglich werden. Zur Erklärung der im Übergang zur „Zivilisation" konstituierten Differenz zwischen orientalischer Stagnation (asiatischer Produktionsweise) und okzidentaler Entwicklung zum Kapitalismus hat Marx wie andere Autoren auf die unterschiedliche Naturbegabung der Kontinente hingewiesen. Die Notwendigkeit kollektiver, zentral organisierter Wasserbauarbeiten zur Fruchtbarmachung des Bodens war für die Ausbildung der orientalischen Produktionsorganismen konstitutiv; aber zur Erklärung von deren Entwicklungsfähigkeit bedarf es einer über die geographisch-materialistische hinausgehenden soziologischen Erklärung.[101] Das natürliche Milieu, das als Naturschranke zeitweilig den Rahmen einer gesellschaftlichen Entwicklung abgibt, wird, sofern eine Steigerung der Arbeitsproduktivität zustande kommt, zu *einem* mehr oder weniger relevanten Faktor der sozialen Entwicklung relativiert. (Diese Relativierung ihrer natürlichen Voraussetzungen wird vor allem deutlich, sobald rückständige Gesellschaften dem kapitalistischen Weltmarkt katastrophisch integriert bzw. politisch und ökonomisch an Übergangsgesellschaften vom Typus der Sowjetunion oder der Chinesischen Volksrepublik angeschlossen werden.)

Morgan hatte versuchsweise die Epoche der „Wildheit", in die die der Anthropogenese mündet, durch Fischfang und Zähmung des Feuers einerseits, die Erfindung von Pfeil und Bogen andererseits abgegrenzt. Den Übergang zur „Barbarei" bezeichnete – nach Morgan – die Entstehung der Töpferkunst. In der Mittelstufe der Barbarei lokalisierte er die erste große gesellschaftliche Arbeitsteilung (Viehzucht und Gartenbau) der sog. „neolithischen Revolution". Die Eisenverarbeitung markierte die Schwelle zur Oberstufe der Barbarei, auf der – Morgan zufolge – „die griechischen Stämme des Homerischen Zeitalters, die italischen Stämme kurz vor der Gründung Roms und die germanischen Stämme zur Zeit des Cäsar"[102] standen. In dieser Phase eröffnete der Pflug eine unbegrenzte Nahrungsproduktion durch Feldbau. Die Schwelle zur Zivilisation schließlich wurde mit der Erfindung des phonetischen Alphabets und schriftlicher Aufzeichnungen (Hieroglyphen etc.) überschritten. Die Zivilisation selbst „zerfällt in antike und moderne Zivilisation".[103] Morgan selbst sprach den von ihm zur Charakterisierung und Abgrenzung der wichtigsten Phasen der Menschheitsentwicklung gewählten technologischen Kriterien eine nur provisorische Geltung zu:[104] „Es ist schwer, wenn nicht unmöglich, zur Kennzeichnung des Beginns dieser einzelnen Perioden solche Merkmale des Fortschritts aufzufinden, daß dieselben als unbedingt gültig in ihrer Anwendung und für alle Kontinente ohne Ausnahme gelten könnten. Für den vorliegenden Zweck ist es aber auch gar nicht notwendig, daß Ausnahmen nicht sollten existieren dürfen. Es wird genügen, wenn die hauptsächlichsten Stämme der Menschheit in Klassen eingeteilt werden können, die dem Grade ihres relativen Fortschritts entsprechen und Zustände aufweisen, die als grundverschieden anerkannt werden müssen."[105]

Hundert Jahre archäologischer und ethnologischer Forschung haben zu einer enormen Erweiterung der verfügbaren prähistorischen und kulturanthropologischen Informationen geführt, die zu erheblichen Differenzierungen und Modifikationen der von Morgan vorgeschlagenen Periodisierung nötigen bzw. – vor allem im Felde der Ethnologie – zu einer weitgehenden Relativierung der Bedeutung technischer Indikatoren überhaupt geführt haben[106]: Die „gleichen Produktivkräfte können, je nach den Umständen, sehr verschiedene Auswirkungen haben". Aus der archäologischen Not läßt sich somit keine geschichtsmaterialistische Tugend machen. „Ein zuverlässiger Maßstab für die Höhe der Arbeitsproduktivität ist ‚nur' der ganze Komplex der sozialökonomischen Beziehungen."[107]

Marx pointierte in seinen Exzerpten und Glossen, von denen Engels als von einem „Vermächtnis" ausging, die materialistischen Motive der Morganschen Theorie; bei aller Zustimmung verhielt er sich dem Amerikaner gegenüber doch kritischer als Engels,[108] eingedenk seiner Maxime: „Beim Lesen der von Bourgeois geschriebenen Geschichten der Urgemeinschaften muß man auf der Hut sein."[109] Engels' „im Anschluß an L. H. Morgans Forschungen" entwickelte Skizze der „Urgesellschaft" dient – wie die Marxsche Typologie vorkapitalistischer Gesellschaftsformationen – der Kritik der kapitalistischen Gegenwartsgesellschaft. Engels' relativ stärkere Anlehnung an Morgan führte u. a. dazu, daß die Entwicklung von gemeinschaftlichen zu privaten Lebensformen hier „in abstracto unilinear" gefaßt wurde, während Marx' Formationstheorie (die auf die Morgansche „Zivilisationsepoche" beschränkt ist) der Multilinearität der konkreten geschichtlichen Entwicklung eher gerecht wird.[110] Darum fehlt in Engels' Darstellung der Epochenabfolge die „asiatische Produktionsweise".[111]

Engels gibt ein gerafftes Morgan-Referat, erweitert dessen sozialhistorische Ausführungen über die antike und germanische Gens und Staatsbildung und spitzt Morgans Zivilisationskritik, inspiriert von Fourier,[112] zu. Bestimmendes Motiv seiner Darstellung ist nicht die Beantwortung der historistischen Frage, wie es denn eigentlich gewesen sei, sondern die Intention, die systematische Kritik der Gegenwartsgesellschaft durch eine historische zu ergänzen. Erst am Ende der „Vorgeschichte" der Klassengesellschaften wird die Menschheit ihrer verdrängt-vergessenen hoffnungsvollen Frühzeit wieder gewahr. Der historische Materialist nimmt die Chance einer solchen aktuellen Rekonstruktion wahr und sprengt „eine mit Jetztzeit geladene Vergangenheit . . . aus dem Kontinuum der Geschichte heraus".[113] Die Gesellschaft der Freien und Gleichen, vor sozialer Arbeitsteilung und Tauschverkehr, vor Unterdrückung der Frau und Lohnsklaverei, die „naturwüchsige Demokratie" des bewaffneten Volks, die ohne Heer, Gefängnis und Bürokratie auskam, diese ursprüngliche, vorgesellschaftliche Lebensform ist – auch am Ende der zivilisatorischen Vorgeschichte – das historische Ziel.

Engels' Darstellung ist auf die Wende von „Barbarei" zu „Zivilisation" zentriert, auf die Entstehung der (zivilisatorischen) Klassengesellschaft (Kap. IX). Die aktuelle historische Kritik gilt der Institution des Staates und der bürgerlich-monogamen Familie (Kap. II). Einleitend greift er auf Formulierungen aus der „Deutschen Ideologie" zurück, wo im Zusammenhang der allgemeinen materialistischen Geschichtstheorie schon von zweierlei materieller Produktion, der von Lebens- und Arbeitsmitteln und der von anderen Menschen (Fortpflanzung) – einem doppelten natürlich-gesellschaftlichen Verhältnis –, die Rede war: Die Familie, „die im Anfange das einzige soziale Verhältnis ist, wird späterhin, wo die vermehrten Bedürfnisse neue gesellschaftliche Verhältnisse . . . erzeugen, zu einem untergeordneten . . .[114] Während der Anthropogenesis und im Beginn der Epoche der „Wildheit" gab es wahrscheinlich keinerlei Regelung der sexuellen Beziehungen zwischen den Menschen. Die Menschengemeinschaften auf den späteren Stufen von „Wildheit" und „Barbarei" hingegen erhielten ihre innere Struktur durch Verwandtschaftsdefinitionen und Einschränkung der Promiskuität (Sexualtabus). Engels bezeichnet die Geschichte von Wildheit und Barbarei als Vorgeschichte, die verwandtschaftlich strukturierte Gentilgesellschaft als Vorgesellschaft; deren Wirtschaftsweise, von der noch keine die Gemeinschaft strukturierenden Wirkungen ausgingen, könnte man analog eine präökonomische nennen. Von „Ökonomie" im engeren Sinne ist bei Engels erst im Zusammenhang mit gesellschaftlicher Arbeitsteilung, Mehrprodukt, Tauschverkehr und Klassenteilung, also erst im Zusammenhang mit den Konstituentien einer auch politisch organisierten ,,Gesellschaft" die Rede.[115]

Morgan war bei seiner Rekonstruktion der Abfolge der Familienformen von dem Widerspruch zwischen der bei den Irokesen vorfindlichen Familienorganisation und ihrem Verwandtschaftssystem ausgegangen. Er faßte die jeweilige Familienform als historisch aktives Prinzip, die Verwandtschaftsordnung hingegen als cultural lag-Institution auf, und rekonstruierte aus den ungleichzeitig-gleichzeitigen Verwandtschaftsklassifikationen nicht mehr existente, sie ehemals fundierende Familienformen. Als älteste unregulierte ,,Ehe"-Form postulierte er so die ,,Gruppenehe". Fortschreitende Einschränkung der Promiskuität führte zu der aus dem hawaiischen Verwandtschaftssystem erschlossenen ,,Blutsverwandtschaftsfamilie", die ,,inzestuöse" Beziehungen zwischen verschiedenen *Generationen* ausschloß. Die ,,Punalua-Familie" schließlich brachte eine weitere Einschränkung zulässiger Sexualbeziehungen: sie komplettierte das Inzesttabu auf der *Geschwister*ebene. Die auf Gemeinbesitz basierende ,,kommunistische Haushaltung" mußte sich periodisch, ihrem Wachstum entsprechend, spalten. Mit der Aufrichtung der Sexualschranken zwischen Generationen und Geschwistern gliederten sich die frühen Gemeinschaften in *Heiratsklassen*. Bei allen Formen der Gruppen-,,Ehe" blieb die Vaterschaft ungewiß, konnte die Abstammung darum nur von der Mutter hergeleitet, Verwandtschaft nur ,,mutterrechtlich" definiert werden. Die exogame, mit einer ebenfalls exogamen anderen Heiratsklasse in ,,Austausch" stehende Heiratsklasse war die *Gens*. Die beiden Heiratsklassen gehörten übergreifenden ,,Phratrien" und ,,Stämmen" an, die demnach als ganze endogam organisiert waren. Obwohl Engels die Eifersucht und die ,,Vorstellung der Blutschande" als ,,relativ spät entwickelte Empfindung(en)" charakterisiert, die ,,Blutschande" ausdrücklich als *,,Erfindung,* und zwar eine höchst wertvolle" definiert,[116] macht er doch – im Anschluß an Darwin – für die Einschränkung der Promiskuität ein *biologisches* Prinzip verantwortlich: ,,Die Naturzüchtung hatte in der immer weitergeführten Ausschließung von der Ehegemeinschaft ihr Werk vollbracht . . ."[117] ,,Der durch die Gens gegebene Anstoß der Verhinderung der Heirat zwischen Blutsverwandten trieb noch weiter. So finden wir, daß bei den Irokesen und den meisten andern auf der Unterstufe der Barbarei stehenden Indianern die Ehe verboten ist zwischen *allen* Verwandten, die ihr System aufzählt, und das sind mehrere hundert Arten . . . Auch in dieser immer weiter getriebnen Ausschließung der Blutsverwandten vom Eheband wirkt die natürliche Zuchtwahl fort."[118] Engels beruft sich hier auf Morgan, der die Nicht-Inzucht, die Vermischung fremder Stämme, für die Erzeugung einer kräftigeren, überlegenen Rasse verantwortlich machte.[119]

Die prägentile Form der Vorgesellschaft wurde durch die gentile abgelöst, die in ihrer Entstehungszeit (auf der Mittelstufe der ,,Wildheit") wie in ihrer Blütezeit (auf der Unterstufe der ,,Barbarei") mutterrechtlich, dann – etwa seit der Mittelstufe der ,,Barbarei" – vaterrechtlich verfaßt war. Eine Gens ist ,,eine Gesamtheit von Blutsverwandten, die alle von einem gemeinsamen Urahnen abstammen, durch einen Gentilnamen bezeichnet sind und durch Bande des

Blutes zusammengehalten werden. Sie umfaßt nur die Hälfte solcher Deszendenten", definierte Morgan.[120] Eine dem ethnologisch-archäologischen Material entsprechende, befriedigende Definition der ,,Gens" ist damit nicht gegeben,[121] zumal ergänzende Merkmale wie ein gemeinsamer Begräbnisplatz, das Vorhandensein besonderer Kriegsführer, organisierte Versammlungen aller männlichen und weiblichen Mitglieder der Gens sich nicht in allen Gentilgesellschaften finden.[122] Irmgard Sellnow hat folgende Bestimmung gegeben: ,,Die Beziehungen der Menschen wurden systematisiert auf der Grundlage der unilinearen Blutsverwandtschaft. Die damit verbundenen Regelungen betrafen aber nicht nur die Heiratsbeziehungen. Sie schlossen den ganzen Komplex der sozial-ökonomischen Beziehungen ein, und erst diese Tatsache rechtfertigt es, von einer Gentil-,gesellschaft' zu sprechen." Die gentile Blutsverwandtschaft, die negativ durch das Exogamiegebot definiert war, drückte sich positiv aus ,,in einem ganzen Kodex von Verhaltensnormen, der auch die Verteilungsprinzipien und Verpflichtungen zur gegenseitigen Hilfeleistung mit einschloß und der verschiedentlich bestimmte Blutsverwandte wechselseitig besonders verpflichtete." ,,Man könnte die Gens definieren als demokratische Institution einer auf unilinearer Blutsverwandtschaft begründeten, ökonomisch unentwickelten, klassenlosen Gemeinschaft von Menschen mit einheitlicher Kultur, die nach innen und außen als eine auf gegenseitiger Hilfe beruhende Einheit in Erscheinung trat."[123]

Engels hielt die Entdeckung der Gentilorganisation durch Morgan für ebenso bedeutsam wie die Rekonstruktion der Urfamilienformen aus den Verwandtschaftssystemen: ,,Der Nachweis, ... daß die Gens eine allen Barbaren bis zu ihrem Eintritt in die Zivilisation, und selbst noch nachher, gemeinsame Einrichtung ist (soweit unsere Quellen bis jetzt reichen) – dieser Nachweis hat mit einem Schlage die schwierigsten Partien der ältesten griechischen und römischen Geschichte aufgeklärt und uns gleichzeitig über die Grundzüge der Gesellschaftsverfassung der Urzeit – vor Einführung des *Staats* – ungeahnte Aufschlüsse gegeben."[124]

Im Rahmen der Gentilverfassung war die sog. ,,Raubehe" eine Vorform der befristeten Einzelehe, der ,,Paarungsehe". Engels nimmt an, daß die zunehmend komplizierteren Exogamieregeln bei wachsender Population zu einer fortschreitenden Zergliederung der Heiratsklassen führten, bis schließlich als deren molekulare Form das einzelne Paar übrig blieb: ,,Die Gruppe war in der Paarung bereits auf ihre letzte Einheit, ihr zweiatomiges Molekül, herabgebracht: auf einen Mann und eine Frau."[125] Engels macht sich Bachofens Auffassung[126] zu eigen, daß die Institution der Einzelehe im Interesse der Frauen lag, auch von ihnen durchgesetzt wurde, und daß sie für dieses neue Privileg in der Folgezeit mit periodischer Preisgabe bei ,,Saturnalienfesten" zu zahlen hatten.[127]

Die ,,Paarungsfamilie" war weder Organisationseinheit (da sie von der Grenzlinie zweier Gentes durchschnitten wurde) noch Wirtschaftseinheit; sie blieb eingebettet in den kommunistischen Großhaushalt, der als Produktions- und Konsumgemeinschaft die Basis des frühgeschichtlichen Matriarchats abgab.[128] Die ,,Paarungsehe" war noch kein Produkt individualisierter Geschlechtsliebe, sondern eine Form der *arrangierten* Ehe. Die enorme Steigerung der Produktivkraft der menschlichen Arbeit, die der Übergang zu Viehzucht und (in deren Gefolge) Getreideanbau, Weberei und Metallbearbeitung mit sich brachte, machte die Sklavenhaltung (anstelle der Tötung bzw. des Verzehrs von Kriegsgefangenen) lukrativ. Die erste große *gesellschaftliche* Arbeitsteilung zwischen Hirten- und Ackerbau-Stämmen führte zwischen den Stämmen zum Austausch, in ihnen zur Klassenteilung und zum Kampf um die Aneignung des erwirtschafteten Mehrprodukts. Der neue Reichtum – Vieh – war teilbar. Der Besitz, dann das Sondereigentum an Vieh, Sklaven und Boden machten die Einzelfamilie existenzfähig, führten zur allmählichen Auflösung der kommunistischen Haushaltung und der Gentes. Die Paarungsehe hatte „neben die leibliche Mutter ... den beglaubigten Vater gestellt",[129] die Familialisierung des Mannes eingeleitet. „Nach der damaligen Arbeitsteilung in der Familie fiel dem Mann die Beschaffung der Nahrung und der hierzu nötigen Arbeitsmittel, also auch das Eigentum an diesen letzteren zu; er nahm sie mit, im Fall der Scheidung, wie die Frau ihren Hausrat behielt. Nach dem Brauch der damaligen Gesellschaft also war der Mann auch Eigentümer der neuen Nahrungsquelle, des Viehs, und später des neuen Arbeitsmittels, der Sklaven."[130] Er konnte aber seine leiblichen Kinder im Rahmen der noch mutterrechtlich organisierten Gentilverfassung, die vorsah, daß das Eigentum in der Gens verblieb, nicht zu Erben machen. „In dem Verhältnis also, wie die Reichtümer sich mehrten, gaben sie einerseits dem Mann eine wichtigere Stellung in der Familie als der Frau und erzeugten andrerseits den Antrieb, diese verstärkte Stellung zu benutzen, um die hergebrachte Erbfolge zugunsten der Kinder umzustoßen."[131] Der Übergang zum Vaterrecht war „eine der einschneidendsten (Revolutionen), die die Menschen erlebt haben": „Der Umsturz des Mutterrechts war die weltgeschichtliche Niederlage des weiblichen Geschlechts. Der Mann ergriff das Steuer auch im Hause, die Frau wurde entwürdigt, geknechtet, Sklavin seiner Lust und bloßes Werkzeug der Kindererzeugung."[132]

Die Übergangsform zur Monogamie bildete die bereits der „Zivilisation" angehörige *römisch-patriarchalische Familie.* Ihre Konstituentien waren die „Einverleibung von Unfreien und väterliche Gewalt"; „familia ist die Gesamtheit der einem Mann gehörenden Sklaven".[133] Wirtschaftseinheit war auch in Rom noch die „Hausgenossenschaft", die aus mehreren Generationen, Einzelfamilien und Unfreien sich zusammensetzte. In der Einführung der *Monogamie,* d.h. der dem Prinzip der Erhaltung und Mehrung des privaten Reichtums unterworfenen Eheform, findet die Unterordnung der präzivilisatorisch-gentilen Struktur unter die neue, ökonomisch-politische Struktur der Gesellschaft ihren institutionellen Ausdruck. „Sie war die erste Familienform, die nicht auf natürliche, sondern auf gesellschaftliche (ökonomische) Bedingungen gegründet war (nämlich auf den Sieg des Privateigentums über das ursprüngliche naturwüchsige Gemeineigentum)."[134] Die monogame Familie war die patriarchalisch-zivilisatorische Deformation der Paarungsfamilie, der typischen Familienform der Barbarei; um des Legitimitätsprinzips willen wurde der Frau die monogame Lebensweise aufgedrängt, während die Männer nie „auf die Annehmlichkeiten der tatsächlichen

Gruppenehe" verzichtet haben.[135] Der Sklavenkauf fand sein Pendant in der Kauf-Ehe; monogame Ehe, Ehebruch und Hetärismus freier Frauen (neben erzwungener Preisgabe von Sklavinnen) entwickelten sich als komplementäre Institutionen, besser: bildeten drei Aspekte ein und derselben Institution. Die Prostitution ist das „Korrelat" der freien Lohnarbeit in der Dimension der Geschlechtsbeziehungen.[136] „Der erste Klassengegensatz, der in der Geschichte auftritt, fällt zusammen mit der Entwicklung des Antagonismus von Mann und Weib in der Einzelehe, und die erste Klassenunterdrückung mit der des weiblichen Geschlechts durch das männliche. Die Einzelehe war ein großer geschichtlicher Fortschritt, aber zugleich eröffnet sie neben der Sklaverei und dem Privatreichtum jene bis heute dauernde Epoche, in der jeder Fortschritt zugleich ein relativer Rückschritt, in dem das Wohl und die Entwicklung der einen sich durchsetzt durch das Wehe und die Zurückdrängung der andern. Sie ist die Zellenform der zivilisierten Gesellschaft ..."[137]

Der „Eintritt der Deutschen in die Geschichte", die Eroberung der römisch-spätantiken Gesellschaft durch die noch auf *barbarischer* Stufe stehenden Germanen, jener Zusammenstoß zweier Kulturen, der die Voraussetzung zur Ausbildung der *feudalen* Gesellschaftsformation schuf, führte auch zu einer Milderung des Patriarchats und eröffnete so die *Möglichkeit* der „moderne(n) individuelle(n) Geschlechtsliebe, die der ganzen früheren Welt unbekannt war".[138] Blieb die monogame Ehe bei allen herrschenden Klassen arrangierte Ehe, so kann sich die individuelle Geschlechtsliebe nur dort durchsetzen, wo das Privateigentum, das Motiv für Konvenienzehe und Legitimitätsprinzip, keine Rolle mehr spielt – bei den unterdrückten Klassen: „... seitdem die große Industrie die Frau aus dem Hause auf den Arbeitsmarkt und in die Fabrik versetzt hat und sie oft genug zur Ernährerin der Familie macht, ist dem letzten Rest der Männerherrschaft in der Proletarierwohnung aller Boden entzogen – es sei denn", setzt Engels ahnungsvoll hinzu, „etwa noch ein Stück der seit Einführung der Monogamie eingerissenen Brutalität gegen Frauen".[139] Das spezifische Elend der an die Hausarbeit geketteten Frauen ist, daß die Haushaltsführung mit der Aufrichtung des Patriarchats und der (späteren) Ausgliederung der Produktion aus den Einzelfamilien zu einem „Privatdienst" wurde. In den Einzelfamilien der durch die moderne Knechtschaftsform des Salariats geprägten bürgerlichen Gesellschaft dauert die Sklaverei als ein nicht marktvermitteltes Knechtschaftsverhältnis fort.[140] Die bürgerliche Ehe ist zwar – wie die Lohnarbeit – formell ein von Freien und Gleichberechtigten eingegangenes Vertragsverhältnis. Informell aber, ihrer materiellen Grundlage nach, hat der Familienernährer eine „Herrscherstellung" inne, die keiner juristischen Privilegierung bedarf: „Er ist in der Familie der Bourgeois, die Frau repräsentiert das Proletariat."[141] Vorbedingung der Frauenemanzipation ist darum für Engels neben der Beseitigung des Privateigentums an Produktionsmitteln die Beseitigung der einzelfamilialen Hauswirtschaft, die Re-Sozialisierung der Hausarbeit und der Kinderaufzucht und die „Wiedereinführung des ganzen weiblichen Geschlechts in die öffentliche Industrie".[142] Die befristete Paarungsehe, die ihr Zustandekommen nicht mehr „Rücksichten auf neue Verwandtschaftsbande, die dem jungen Paar eine stärkere Stellung in Gens und Stamm verschaffen sollen", verdankt, sondern nur mehr der individuellen Zuneigung, und deren Dauer mit dieser endet,[143] wird die Eheform der nachkapitalistischen, nachzivilisatorischen Gesellschaft sein. „Die Prostitution verschwindet, die Monogamie, statt unterzugehn, wird endlich eine Wirklichkeit – auch für die Männer."[144]

In Parallele zur Entstehung der patriarchalisch-monogamen Familie skizziert Engels die Entstehung des Staates in der Verfallszeit der Gentilordnung. Die öffentliche Gewalt der gentilen Stammesgemeinschaft der Freien und Gleichen war gegen keine Menschengruppe in dieser Gemeinschaft gerichtet, lediglich gegen Fremde (im Kriegsfall); sie bildete keine abgesonderte Instanz „über" der Gemeinschaft, sondern war identisch mit dieser selbst, mit der Versammlung der bewaffneten Freien. Morgan wie Engels beschreiben die Selbstverwaltung der irokesischen wie der griechisch-römisch-germanischen Gentes mit ihren Wahlämtern, der Abberufbarkeit der Gewählten, der Einstimmigkeit der Beschlüsse, der unverzüglichen Umsetzung dieser Beschlüsse in die Tat, der schwachen Stellung des „Oberhäuptlings" so, daß der Leser in ihr die Prinzipien der Pariser Kommune, der Rätedemokratie gespiegelt sieht: „Und es ist eine wunderbare Verfassung in all ihrer Kindlichkeit und Einfachheit, diese Gentilverfassung! Ohne Soldaten, Gendarmen und Polizisten, ohne Adel, Könige, Statthalter, Präfekten oder Richter, ohne Gefängnisse, ohne Prozesse geht alles seinen geregelten Gang ... Obwohl viel mehr gemeinsame Angelegenheiten vorhanden sind als jetzt" – Gens bzw. Stamm sind kollektiver Grundbesitzer und Wirtschaftseinheit –, „so braucht man doch nicht eine Spur unsres weitläufigen und verwickelten Verwaltungsapparats."[145]

An die Stelle der *persönlichen* Beziehungen der Gentilgemeinschaft, des verwandtschaftlichen Bandes zwischen den Individuen, tritt in der Klassengesellschaft ihre *politische* Einbindung auf der Grundlage des Territorialprinzips. Der Staat entsteht in dem Augenblick, da die erste gesellschaftliche Arbeitsteilung (die Ausgliederung der Hirtenstämme) in die erste Klassenspaltung umschlägt. Die Majorität der Sklaven mußte mit Hilfe eines speziellen Repressionsinstruments der Minorität der kollektiv oder auch schon privat grundbesitzenden Freien niedergehalten werden; die wachsenden Besitzunterschiede unter ihnen selbst bedurften ebenso staatlicher Absicherung; der Reichtum der privilegierten Klasse insgesamt mußte gegen äußere Feinde geschützt und konnte durch Raubzüge vermehrt werden. Ist der Staat, die „öffentliche Gewalt", die „nicht bloß aus bewaffneten Menschen, sondern auch aus sachlichen Anhängseln, Gefängnissen und Zwangsanstalten aller Art (besteht)", wesentlich ein über Steuern und Staatsschulden aus dem Mehrprodukt finanziertes Unterdrückungs- und Ausbeutungsinstrument der ökonomisch herrschenden Klasse, die mit seiner Hilfe auch zur politisch herrschenden Klasse wird,[146] so erscheint er doch von vornherein auch als pazifierende Instanz, die den offenen (politischen) Klassenkampf unterdrückt und ihn nur als gewaltlos-ökonomischen (in gesetzlich regulierter Form) zuläßt, – als „scheinbar über den widerstreitenden Klassen stehend".[147] Diese

„Scheinselbständigkeit“ kommt in Phasen des relativen Gleichgewichts der Klassenkräfte zu voller Geltung, in denen die Staatsgewalt als Vermittler und Schiedsrichter auftreten kann: in den absoluten Monarchien des 17. und 18. Jahrhunderts, „die Adel und Bürgertum gegeneinander balancierte(n)“, oder in den bonapartistischen Regimen Napoleons III. oder Bismarcks, die im 19. Jahrhundert Bourgeoisie und Proletariat gegeneinander ausspielten.[148] Der Staat ist in allen seinen Formen „ein Produkt der Gesellschaft“; „er ist das Eingeständnis, daß diese Gesellschaft sich in einen unlösbaren Widerspruch mit sich selbst verwickelt, sich in unversöhnliche Gegensätze gespalten hat, die zu bannen sie ohnmächtig ist.“[149]

Drei große gesellschaftliche Arbeitsteilungen begründeten die Zivilisation: die zwischen Hirten- und Ackerbaustämmen, die zwischen Stadt und Land, Handwerk und Agrikultur (die eigentliche Grundlage der zivilisatorisch fortschreitenden Arbeitsteilung), schließlich die zwischen Produzenten und nichtproduzierenden, außerhalb der Produktion stehenden Austausch-Spezialisten, der parasitären Kaufmannsklasse, die „die Leitung der Produktion im ganzen und großen sich erobert und die Produzenten sich ökonomisch unterwirft; die sich zum unumgänglichen Vermittler zwischen je zwei Produzenten macht und sie beide ausbeutet.“[150] Mit der Arbeitsteilung entstand der Tausch, das Bedürfnis nach einem speziellen Tauschmittel, einer allgemeinen Ware, nach geprägter Münze. Im Maße wie die Produzenten ihre Produkte im Tausch veräußerten, verloren sie die Kontrolle über sie und gerieten ihrerseits unter die Kontrolle ihrer Produkte, die ihnen (in Gestalt des Geldes als der Ware der Waren) „über den Kopf“ wuchsen,[151] „man wußte nicht wie“. Die Irokesen, schreibt Engels, beherrschten innerhalb der für sie geltenden Naturgrenzen die eigene Produktion. Aus ihr konnten nicht „unbeabsichtigte gesellschaftliche Umwälzungen“ entstehen. „Das war der ungeheure Vorzug der barbarischen Produktion, der mit dem Eintritt in die Zivilisation verlorenging und den wiederzuerobern, aber auf Grundlage der jetzt errungenen gewaltigen Naturbeherrschung durch den Menschen und der jetzt möglichen freien Assoziation, die Aufgabe der nächsten Generation sein wird.“ Der Austausch zwischen Einzelnen schließt die Kontrolle über die gesellschaftlichen Wirkungen ihres Produktionsprozesses aus:[152] „. . . die Produzenten haben die Herrschaft über die Gesamtproduktion ihres Lebenskreises verloren, und die Kaufleute haben sie nicht überkommen, Produkte und Produktion verfallen dem Zufall ... Kaum hatten die Menschen angefangen auszutauschen, so wurden sie auch schon selbst ausgetauscht. Das Aktivum wurde zum Passivum, die Menschen mochten wollen oder nicht.“[153]

Quellen der Klassenbildung waren die „Verselbständigung der gesellschaftlichen Funktion gegenüber der Gesellschaft“ (die erbliche Fixierung von „Beamtungen“) und die Einfügung fremder Arbeitskräfte (Sklaven) in die „naturwüchsige Arbeitsteilung innerhalb der ackerbauenden Familie“.[154] „Die Klassengesellschaft wurde nicht von Unterdrückten, sondern von Privilegierten herbeigeführt.“[155] Die Sklaven der Antike vermochten nicht, sich als kämpfende Klasse zu organisieren und die stagnierende Sklavenhaltergesellschaft zu überwinden.[156] Der Übergang zu einer neuen, der feudalen Gesellschaftsformation wurde ermöglicht durch den Zusammenprall der sich auflösenden Gentilgemeinschaft der Germanen mit der stagnierenden Sklavenwirtschaft Roms.[157] Die Gentilverfassung war mit Herrschaft und Knechtschaft unverträglich. An die Stelle der Gens trat zunächst die Markgenossenschaft. Über das Zwischenglied des *freien* fränkischen Bauern entstand dann das feudale ,,Verhältnis von mächtigen Grundherren und dienenden Bauern".[158] Die feudal zur Leibeigenschaft gemilderte Form der Knechtschaft wie die relative Besserstellung der Frau schreibt Engels dem fortwirkenden Einfluß der gemanischen Gentilverfassung zu. ,,In der Tat sind nur Barbaren fähig, eine an verendender Zivilisation laborierende Welt zu verjüngen".[159] Revolutionstheoretisch von Bedeutung ist in diesem Zusammenhang vor allem, daß – im Unterschied zu den antiken Sklaven – die Leibeigenen des Mittelalters infolge der spezifischen Form ihrer Knechtschaft imstande waren, sich allmählich *als Klasse* zu befreien (wie Engels im Anschluß an Fourier hervorhebt)[160] und die Gesellschaft *von innen* zu verändern. Auch die Fähigkeit ausgebeuteter Klassen, als Produktivkraft die sie fesselnden Herrschaftsverhältnisse zu sprengen, ist ein historisches Produkt, was die allgemeine Formel von der Zivilisations-Geschichte als einer Geschichte der Klassenkämpfe (und erst recht die strukturelle Fassung dieser Formel als Dialektik von Produktivkräften und Produktionsverhältnissen) leicht vergessen macht.

3. Historische Typen von Klassengesellschaften

Marx' Theorie der ,,Formen, die der kapitalistischen Produktion vorhergehn"[161] (und ihr folgen), ist Komplement seiner Theorie der kapitalistischen Gesellschaft. Die letzte antagonistische Formation baut auf jenen Vorläufern auf, deren im Medium des neuen Produktionsorganismus modifizierte Relikte noch in ihr fortexistieren. Die kapitalistische Gesellschaft ist als ,,Schlüssel" zu den früheren Formen der Vergesellschaftung ausgezeichnet, doch im historischen Vergleich der verschiedenen vorkapitalistischen Sozietäten und Vor-Gesellschaften untereinander und mit der kapitalistischen Produktionsweise tragen auch umgekehrt diese früheren Formen der Vergesellschaftung zur Erhellung der gegenwärtigen bei. Marx' Verfahren der Erarbeitung ,,reiner", ,,klassischer" Typen von Gesellschaftsformationen dient deren wechselseitiger Spezifizierung.[162] Solche ,,Idealtypen" haben für Marx und Engels selbstredend nicht den Status subjektiv-beliebiger Konstrukte; die am historischen Material orientierte Abstraktion führt vielmehr zur Aufdeckung der wesentlichen Strukturen der vergangenen und gegenwärtigen ,,Produktionsorganismen", zu ihrem ,,Begriff". Zur realen historischen Entwicklung, die die widerspruchsvolle Vermischung jener ,,Typen" und ihr Ineinander-Übergehen zeigt, stehen die Idealformen und die Typologie der Übergangsformen gleichwohl in problematischem Verhältnis. Engels hat das am Beispiel des ,,Feudalismus" (bei Gelegenheit einer Erörterung über den Status des Wertgesetzes und *aller* Begriffe" – ,,vom Standpunkt der Wirklichkeit aus betrachtet")[163] erörtert: ,,Die Einheit von Begriff und Erscheinung stellt sich dar als wesentlich unendlicher Prozeß . . . Ist denn die Feudalität jemals ihrem Begriff entsprechend gewesen? Im Westfrankenreich gegründet, in der Normandie durch die norwegischen Eroberer weiterentwickelt, durch die französischen Normannen in England und Süditalien fortgebildet, kam sie ihrem Begriff am nächsten – im ephemeren Königreich Jerusalem, das in den Assises de Jérusalem den klassischsten Ausdruck der feudalen Ordnung hinterlassen hat. War diese Ordnung deswegen eine Fiktion, weil sie nur in Palästina eine kurzlebige Existenz in voller Klassizität zustande brachte, und auch das nur – größtenteils – auf dem Papier?"[164]

Bezugspunkt der Bildung solcher sozialstrukturellen Idealtypen – die „primäre" Formation der Urgesellschaft; ihre Auflösung auf verschiedenen Entwicklungswegen und deren Resultate: die „asiatische", griechisch-römisch antike, germanische und schließlich feudale Produktionsweise (Eigentumsform), allesamt Formen der „sekundären", durch persönliche Herrschaftsverhältnisse und „außerökonomischen Zwang" gekennzeichneten (ersten Klassengesellschafts-)Formation; die bürgerlich-kapitalistische Modifikation der Klassengesellschaft, charakterisiert durch das Kapitalverhältnis „als *Zwangsverhältnis,* das auf keinen persönlichen Herrschafts- und Abhängigkeitsverhältnissen beruht, sondern einfach aus verschiedenen ökonomischen Funktionen entspringt";[165] der Übergang von der kapitalistischen zur kommunistischen Gesellschaft, deren erste Phase als „sozialistische" bezeichnet wird, – ist die Gegenwartsgesellschaft. Deren historischer Relativierung und begrifflicher Bestimmung dient primär das pädagogisch-kritische Verfahren der Kontrastierung mit nichtkapitalistischen Formen der Vergesellschaftung.

Was die Konfrontation der historisch-realen vorkapitalistischen und der aus der Analyse der Entwicklungstendenzen der kapitalistischen Gesellschaft – vermittelt durch deren bestimmte Negation – in den allgemeinsten Zügen antizipierbaren nachkapitalistischen Gesellschaft mit der bestehenden Gesellschaft vor allem leistet, ist die Entzauberung des realen Scheins der „verkehrten Welt", des „Mystizismus" der universalisierten Warenproduktion, der „verrückten Form", in der in der kapitalistischen Gesellschaft den Individuen ihr gesellschaftlicher Zusammenhang erscheint: „Aller Mystizismus der Warenwelt, all der Zauber und Spuk, welcher Arbeitsprodukte auf der Grundlage der Warenproduktion umnebelt, verschwindet ... sofort, sobald wir zu andren Produktionsformen flüchten."[166] Die größere Transparenz der gesellschaftlichen Verhältnisse in vorkapitalistischen Formationen, in denen die Ausbeutung der unmittelbaren Produzenten noch im Rahmen persönlicher Herrschafts- und Knechtschaftsverhältnisse gewaltsam realisiert wurde, nicht durch einen schwer durchschaubaren, tauschvermittelten ökonomischen Aneignungsprozeß auf der Basis rein sachlicher Abhängigkeit, wirft ein Schlaglicht auf die Verhältnisse zwischen Produzenten, Produktionsmitteln und Mehrproduktaneignern, die der kapitalistischen widersprüchlichen Einheit von Arbeits- und Verwertungsprozeß zugrunde liegen, und verweist auf die reale gesellschaftliche Bewegung, die in der Scheinbewegung des Kapitals, des sich verwertenden Werts, ihren epochenspezifischen Ausdruck findet.[167]

Zwischen der ersten Skizze einer Theorie der Gesellschaftsformationen in der ,,Deutschen Ideologie"[168] und ihrer spätesten Marxschen Version in den Entwürfen zum Antwortschreiben an Vera I. Sassulitsch[169] haben sich Quantität und Qualität der verfügbaren historischen Informationen geändert; die Autoren selbst variierten mehrfach die Dimensionen des Vergleichs – die Kriterien der Unterscheidung, Abgrenzung und Gruppierung der Gesellschaftstypen.[170] Es gibt drei-, vier-, fünf- und mehrgliedrige ,,universalhistorische" Schemata; einmal steht das strukturell-logische Verhältnis der Typen im Vordergrund und bestimmt ihre Konfiguration, dann wieder ist das Interesse an realhistorischen Mischungs- und Übergangsverhältnissen dominant. Die Formationstheorie in ihren verschiedenen, einander überlagernden und korrigierenden, auch präzisierenden Gestalten erscheint als ein konkret-historische Forschung orientierendes Netz von Entwicklungslinien, deren Kreuzungen oder Knotenpunkte die großen historischen Gesellschaftstypen definieren. Die von Marx und Engels im Lauf ihrer literarischen Produktion entwickelten Typologien und Typen-Konstellationen lassen sich nicht aufeinander reduzieren; sie widerstehen erfolgreich jeder lehrbuchmäßigen Schematisierung.[171] Darin macht sich der materialistische Zug der Theorie geltend: die reale Geschichte entspricht nicht ihrem Begriff. Die Einheit der Weltgeschichte selbst ist wie ihre Dynamik nach Jahrtausenden und Jahrhunderten der Diskontinuität, der Stagnation, Regression, Isolation, Progression und Diffusion noch immer im Werden begriffen. Nur in West-Europa kam – infolge der Synthese von germanischer Barbarei und spätantik-römischer Stagnation – der ,,klassische" Feudalismus zustande, nur hier bildeten sich *revolutionäre* Gesellschaftsklassen,[172] nur hier gelang der Sprung zum Industriekapitalismus. Von den kapitalistischen Zentren aus begann der widersprüchliche Unifikationsprozeß *aller* Gesellschaften, dessen Schranke die im Rahmen des kapitalistischen Weltmarkts unaufhebbare Stagnation der unterentwickelt gehaltenen Länder bezeichnet.

Unter der Perspektive der im Geschichtsverlauf in Epochenschüben realisierten Emanzipation der Individuen von Naturverfallenheit und sozialem Zwang charakterisiert Marx die Gesellschaftsformen in den ,,Grundrissen" wie folgt: ,,Je weniger gesellschaftliche Kraft das Tauschmittel besitzt, je zusammenhängender es noch mit der Natur des unmittelbaren Arbeitsprodukts und den unmittelbaren Bedürfnissen der Austauschenden ist, um so größer muß noch die Kraft des Gemeinwesens sein, das die Individuen zusammenbindet, patriarchalisches Verhältnis, antikes Gemeinwesen, Feudalismus und Zunftwesen . . . Jedes Individuum besitzt die gesellschaftliche Macht unter der Form einer Sache. Raubt der Sache diese gesellschaftliche Macht und ihr müßt sie Personen über die Personen geben. Persönliche Abhängigkeitsverhältnisse (zuerst ganz naturwüchsig) sind die ersten Gesellschaftsformen, in denen sich die menschliche Produktivität nur in geringem Umfang und auf isolierten Punkten entwickelt. Persönliche Unabhängigkeit auf *sachlicher* Abhängigkeit gegründet ist die zweite große Form, worin sich erst ein System des allgemeinen gesellschaftlichen Stoffwechsels, der universalen Beziehungen, allseitiger Bedürfnisse, und universeller Vermögen bildet.

Freie Individualität, gegründet auf die universelle Entwicklung der Individuen und die Unterordnung ihrer gemeinschaftlichen, gesellschaftlichen Produktivität, als ihres gesellschaftlichen Vermögens, ist die dritte Stufe. Die zweite schafft die Bedingungen der dritten. Patriarchalische, wie antike Zustände (ebenso feudale), verfallen daher ebensosehr mit der Entwicklung des Handels, des Luxus, des *Geldes*, des *Tauschwerts*, wie die moderne Gesellschaft in gleichem Schritt mit ihnen emporwächst.“[173]

„Die universal entwickelten Individuen ... sind kein Produkt der Natur, sondern der Geschichte“[174]; kapitalistisch vergesellschaftet sind sie von Gemeinwesen und Boden abgelöst, gegeneinander isoliert, vereinzelt, scheinbar voneinander unabhängig, zugleich aber „unter die gesellschaftliche Produktion subsumiert, die als ein Verhängnis außer ihnen existiert.“[175] „Ausgangspunkt“ der kapitalistischen (wie aller früheren) Gesellschaftsformation(en) ist noch „nicht das Freie gesellschaftliche Individuum“[176], sondern – in den Gestalten des „vogelfreien“, weil doppelt freien Nur-Arbeiters und des ihn ausbeutenden Produktionsmittelbesitzers (Mehrwertaneigners) – das Klassenindividuum, sein prähistorisches Substitut.[177]

Die von Morgan und Engels in Epochen unterteilte frühgeschichtlich-gentile Lebensordnung bestimmt Marx als naturwüchsige, durch Kollektiveigentum am Boden ausgezeichnete Form des Stamm- oder *Gemeinwesens*. Der „Stamm“, das urtümliche Gemeinwesen, okkupiert den Boden, von dessen Produkten er zehrt, befristet oder dauernd, friedlich oder im Kampf gegen ein anderes Gemeinwesen. Kollektive Aneignung des Bodens und seiner Produkte, kollektive Arbeit (mit selbstverfertigten, eigenen Werkzeugen) und bedürfnisorientierte Verteilung des gemeinsamen Produkts ist die primäre Lebensform, aus deren Auflösung alle anderen hervorgingen. „Welches immer die gesellschaftlichen Formen der Produktion, Arbeiter und Produktionsmittel bleiben stets ihre Faktoren. Aber die einen und die andern sind dies nur der Möglichkeit nach im Zustand ihrer Trennung voneinander. Damit überhaupt produziert werde, müssen sie sich verbinden. Die besondere Art und Weise, worin diese Verbindung bewerkstelligt wird, unterscheidet die verschiedenen ökonomischen Epochen der Gesellschaftsstruktur.“[178]

Die Verbindung der unmittelbaren Produzenten mit den Produktionsmitteln (den Instrumenten und Materialien der Produktion, in vorkapitalistischen Gesellschaften in erster Linie ihr Verhältnis zum Boden), näher: der durch das Verhältnis der Individuen (Familien) zum Kollektiv (dem Gemeinwesen) einerseits, zum Boden andererseits bestimmte Modus des Besitzes (die Nutzungs-, Eigentumsform) und die darauf basierende Arbeitsproduktivität und Ausbeutungsform[179] differenzieren die Formationen und ihre Entwicklungsstufen. Die Ausgangsstufe („primäre Formation“) ist die universell verbreitete (gentile) nomadische Hirten- bzw. *Dorfgemeinde*, die den Boden in Gemeinbesitz hält und kollektiv bearbeitet, gemeinsam wohnt, kommunistisch haushaltet. Das Gemeinwesen ist hier *Voraussetzung* der kollektiven Aneignung der Erde. Die individuellen Besitzer (später Eigentümer) verhalten sich zur Erde als ihrer Lebensbasis als Mitglieder des

Gemeinwesens. (In Gestalt der indischen Dorfgemeinschaften hat sich ein Relikt jener ältesten Vor-Gesellschaft – eingefügt in die Klassengesellschaftsform der „orientalischen Despotie" – bis ins 19. Jahrhundert erhalten.) Grund ihres Zusammenhalts ist auf dieser Stufe die Schwäche der assoziierten Individuen, ihre gering entwickelte, stagnierende Produktivkraft, ihre Unfähigkeit, sich (ökonomisch) zu verselbständigen. Die kollektive Wirtschaftsweise ist hier noch jeder individuellen überlegen. In der (Marxschen) Gegenwart findet sich in Gestalt der sog. *„Ackerbaugemeinde"* ein Übergangstypus zur „sekundären Formation" der Klassengesellschaften, aus dem sich auf den *„allerjüngste(n) Typus,* sozusagen das letzte Wort der *archaischen Formation* der Gesellschaften"[180], rückschließen läßt.[181] Die russische Ackerbaugemeinde, die sich – von der staatlich geförderten kapitalistischen Entwicklung bedrängt – noch nach 1861 neben dem großen Grundeigentum erhalten hatte, und deren historisches Pendant die germanische Ackerbaugemeinde war, zeigt eine charakteristisch dualistische Struktur: Der zu individueller Nutzung periodisch neu verteilte Boden war noch immer Gemeineigentum, abgesehen von „Haus und Hof" (inkl. Gartenland), die bereits festes Privateigentum der Familien als relativ selbständiger Wirtschaftseinheiten waren. Das Ackerland war, ebenso wie das Brachland und das umgebende Weide- und Waldland, nicht Privateigentum. Diese gemischte Eigentumsform, die bereits eine Entfaltung privater Interessen, also ein Erstarken der Persönlichkeit ermöglichte, machte einerseits die Stärke der Ackerbaugemeinde aus, führte mit der Zunahme des beweglichen Reichtums der Familien aber zu einem Interessenkonflikt. Die Privatisierung der *„Gemeindeanhängsel* des Privateigentums",[182] zunächst des Ackerlandes, dann auch der Weiden, Wälder und Brachen, bezeichnet das Ende der Ackerbaugemeinde, an die späterhin nur noch genossenschaftliche Gemeindeunternehmungen wie Heuernte oder Bewässerungsarbeiten erinnern. Mit den genossenschaftlichen Eigentums- und Arbeitsformen weist die Ackerbaugemeinde zurück auf die „primäre Formation", mit ihren privateigentümlichen Zügen vorwärts auf die „sekundäre Formation" der auf persönlicher Herrschaft (Aneignung der Grundrente durch außerökonomischen Zwang) basierenden ersten Stufe der Klassengesellschaften (Sklaverei; Leibeigenschaft).[183] Die Auflösung der urkommunistischen Dorfgemeinden vollzieht sich – Marx/Engels zufolge – auf zwei Wegen, die beide an eine Zunahme der Arbeitsproduktivität gebunden sind: durch Akkumulation von beweglichem Reichtum (Vieh, Sklaven, Leibeigene) und durch die Institutionalisierung von zunächst ad hoc und durch Wahl besetzten Leitungsfunktionen (z. B. Heerführer), deren Inhaber auf Dauer und in der Generationenfolge das Amt usurpieren.[184] Offene Sklaverei entsteht, sobald ein Stamm das von einem anderen okkupierte Territorium erobert, die ansässige Population ihres Eigentums (am Boden) beraubt, sie selbst als Eigentum aneignet und unter die sachlichen Produktionsmittel wirft. Sie wird sich nur stabilisieren, wenn die Arbeitsproduktivität bereits ständigen Tauschhandel erlaubt.[185] Im Falle der Leibeigenschaft, der typischen Knechtschaftsform der feudalen Gesellschaftsformation, werden die Produzenten nicht vom Boden losgerissen, sondern bleiben mit ihm verwachsen, besitzen ihn, ihn bearbeitend.

Aber die Grundherren (Feudaladligen) erpressen – wie der orientalische Despot und seine Steuerbürokratie – von den leibeigenen Produzenten kraft des von ihnen beanspruchten Ober-Eigentums am Boden das Mehrprodukt in Gestalt der Grundrente (als Fronarbeit, Natural- oder Geldrente).

Asiatische Produktionsweise (orientalische Despotie), klassisch-antike (griechisch-römische) und germanische Eigentumsform (die Mark-Verfassung nach dem Verzicht auf periodische Umverteilung des Ackerlandes, also das aus zerstreuten Einzelhöfen (Familien) bestehende Dorf[186] vor dem Aufkommen des großen Grundeigentums (bzw. neben diesem fortexistierend) bezeichnen drei Konstellationen von Individuum, Gemeinwesen und Boden, die *logisch* aufeinanderfolgen.[187]

Die *„asiatische Produktionsweise“* konservierte in Indien bis ins 19. Jahrhundert hinein Dorfgemeinden, die kein Privateigentum am Boden, sondern nur private Nutzung (erblichen Privat*besitz*) des Bodens kannten, die auf der Einheit von Agrikultur und Hausgewerbe beruhten („Handweberei, Handspinnerei und handbetriebenem Ackerbau“), damit ökonomisch autark, voneinander isoliert und nahezu unzerstörbar waren, gleichgültig gegenüber jeder Eroberung, Fremdherrrschaft, jedem Wechsel der Tributnehmer. Diese Kommunen bildeten die dauerhafte Grundlage der sie überbauenden und ausbeutenden orientalischen Despotie, deren lokale Repräsentanten der Steuereinnehmer und Buchhalter waren, die als Beamte der fernen Zentralverwaltung das einfache (bedarfsorientierte) System der dörflichen Arbeitsteilung ergänzten.[189] Das Gemeineigentum am Boden, das, wie Marx und Engels schon in der „Deutschen Ideologie“ schreiben, „höchstens ... Ackerbau“[190] (auf „barbarischer“ Entwicklungsstufe) zuläßt, bildete – im Verein mit der übermächtigen Staatsgewalt, die jede Weiterentwicklung im Keim erstickte – die Bedingung der Stagnation der orientalischen Gesellschaften, der sie erst durch die kapitalistische Kolonialisierung entrissen wurden.[191] Die „asiatische Produktionsweise“ ist zum einen Monument einer Fixierung der sozialen Evolution auf der Stufe der Barbarei.[192] Der Steuer- und Beamtenstaat, personalisiert im Despoten als „dem Vater der vielen Gemeinwesen“[193], ist hingegen diejenige Komponente der asiatischen Produktionsweise, die sie – trotz der Konservierung des dörflichen Gemeineigentums – als der Epoche der Zivilisation zugehörig erweist. Dieses Staatswesen kam ohne Übergang zum Privateigentum (ohne Parzellierung des Bodens) zustande, auf dem Wege des Umschlags sozialer Amtsfunktionen in Herrschaft (Ausbeutung). Auf niedriger Stufe der Naturbeherrschung nötigten in den orientalischen Ländern spezifische geographisch-klimatische Naturgegebenheiten zur Errichtung einer zentralistischen Staatsmacht, deren Aufgabe in der Sicherung der allgemeinen Produktionsbedingungen, vor allem in der Planung, Kontrolle und Organisation von Wasserbauarbeiten bestand: „Seit undenklichen Zeiten gab es in Asien nur drei Regierungsdepartements: das der Finanzen oder für die Ausplünderung des eigenen Volkes; das des Krieges oder für die Ausplünderung anderer Völker; und schließlich das der öffentlichen Arbeiten. Klimatische und territoriale Verhältnisse, besonders die weiten Wüstenstriche, die sich von der Sahara quer durch

Arabien, Persien, Indien und die Tatarei bis an das höchste asiatische Hochland ziehen, bedingten künstliche Berieselung durch Kanäle und Wasserwerke, die Grundlage der orientalischen Landwirtschaft. Wie in Ägypten und Indien, werden Überschwemmungen auch in Mesopotamien, Persien und anderen Ländern nutzbar gemacht, um die Fruchtbarkeit des Bodens zu steigern; hoher Wasserstand wird zur Speisung von Bewässerungskanälen ausgenutzt. Die unbedingte Notwendigkeit einer sparsamen und gemeinschaftlichen Verwendung des Wassers, die im Okzident, z. B. in Flandern und Italien, zu freiwilligem Zusammenschluß privater Unternehmungen führte, machte im Orient, wo die Zivilisation zu niedrig und die territoriale Ausdehnung zu groß war, um freiwillige Assoziationen ins Leben zu rufen, das Eingreifen einer zentralisierenden Staatsgewalt erforderlich. Hierdurch wurde allen asiatischen Regierungen eine ökonomische Funktion zugewiesen, die Funktion, für öffentliche Arbeiten zu sorgen. Diese künstliche Fruchtbarmachung des Bodens, die vom Eingreifen einer Zentralregierung abhängt und sofort in Verfall gerät, wenn diese Regierung Bewässerung und Dränierung vernachlässigt, erklärt die sonst verwunderliche Tatsache, daß wir heute ganz große Gebiete wüst und öde finden, die einstmals glänzend kultiviert waren ..."[194] Der die Landwirtschaft der vielen Dorfgemeinden durch zentrale Organisation der Wasserbauarbeiten, die als *sein* Werk erscheinen, erst ermöglichende despotische Staat hat ökonomische Funktion, ist selbst Voraussetzung der Produktion. Er ist „die zusammenfassende Einheit" der isolierten Kommunen,[195] die *über ihnen* steht, nicht von ihnen, d. h. den in ihnen lebenden Produzenten selbst, gebildet wird. Der Despot ist der eigentliche, „einzige Eigentümer"[196] des Bodens und beansprucht das Surplusprodukt, jene Arbeit, die die unmittelbaren Produzenten verrichten, um ihre Einheit, das Gemeinwesen, zu unterhalten und das gedachte Gemeinwesen, den Gott, zu feiern, [197] d. h. die Vorbedingung ihrer Reproduktion zu erhalten. Dies kommunenübergreifende Gemeinwesen ist von den realen Gemeinden abgehoben, stellt sich in Nicht-Produzenten, dem Despoten und der sozialen Schicht der Staatsfunktionäre (der Beamtenaristokratie) dar, die von den bäuerlichen Tributleistungen zehren. Es ist ein künstliches, aus dem realen Kollektiv der Produzenten herausverlegtes, von oben her organisiertes Gemeinwesen. Dem Despoten und seinen Beamten gegenüber herrscht – wenigstens mit europäischen Augen gesehen[198] – *allgemeine* Sklaverei, denn die Gemeindemitglieder gehören zu den Produktionsinstrumenten des Bodenmonopolisten, der Zentralregierung. Dies allgemeine Verhältnis verdoppelt sich in den Kommunen selbst, wo jedes Familienmitglied dem jeweiligen Familienoberhaupt in prinzipiell gleicher Weise unterworfen ist wie noch der hohe Staatsfunktionär dem Despoten.[199]

Die antike Form des Grundeigentums weist gegenüber der orientalischen als bedeutendste Neuerung die Institution des Privateigentums *neben* dem Gemeineigentum auf, also eine Spaltung des Grundeigentums in einen gemeinsamen (öffentlichen) und viele private Anteile. Das Gemeinwesen, lokalisiert im städtischen Zentrum, besteht aus den stadtansässigen Parzellenbauern und Handwerkern, den Staats- als Stadtbürgern (Grundeigentümern). Der Boden ist Territorium der Stadt (nicht ist die Siedlung Zubehör des kollektiv angeeigneten Bodens), und diese ist mehr als bloßes Verwaltungszentrum der Nicht-Produzenten (wie in der asiatischen Produktionsweise): Wohnsitz der Landarbeiter, Zentrum des Landlebens und der Kriegführung. Das antike Gemeinwesen hat in der antiken Stadt und den Stadtbeamten seine reale Existenz, unabhängig von den einzelnen Mitgliedern. Nur vermöge seiner Zugehörigkeit zum *,,Verein'',* zur Gemeinde der selbstarbeitenden Parzellenbauern, die das Privateigentum schützt, ist der einzelne Stadtbürger Privateigentümer. Als *Gemeindebürger* reproduziert er sich durch Surplusarbeit für gemeinsame Zwecke, vor allem in der ,,Arbeit'' des Krieges.

Die germanische Form des Grundeigentums und der Vergesellschaftung schließlich ist gekennzeichnet durch den Vorrang des Privateigentums. Das Gemeinwesen existiert hier zwar als Voraussetzung (Stammeszugehörigkeit, gemeinsame Sprache und Kultur) und Garant des Privateigentums, realisiert sich aber nur in der jeweiligen *Versammlung* (Ratsversammlung, Kultus, Kriegszug) der Mitglieder, ist nicht ständig realisiert als zentraler gemeinsamer Wohnsitz (Stadtstaat), als ,,Verein'', sondern nur zeitweilig als ,,Vereinigung'', aktuelles In-Beziehung-Treten der Stammesangehörigen. Die auf dem Stammes-Territorium zerstreut lebenden und selbständig wirtschaftenden Familien bilden die Zentren der Produktion: ,,... das Mittelalter (germanische Zeit) geht vom Land als Sitz der Geschichte aus, deren Fortentwicklung dann im Gegensatz von Stadt und Land vor sich geht; die moderne (Geschichte) ist Verstädtischung des Landes, nicht wie bei den Antiken Verländlichung der Stadt.''[200] Die Gemeinde büßt ihre reale Existenz – als unabhängig von den sie konstituierenden Individuen (Familien) – ein. Die Privateigentümer benutzen das Gemeindeland (Wald, Weide), die Ergänzung des individuell angeeigneten, nicht als Repräsentanten des Gemeinwesens, sondern als Individuen.

Marx' Darstellung in den ,,Grundrissen'' ist auf die Konfrontation und Entwicklung der Eigentumsformen zentriert, ,,die Momente der Sklaverei und der Leibeigenschaft betrachtet er im Vergleich zu ihnen als sekundär.''[201] Die Nichtexistenz von Privateigentum sondert die asiatische Form von den beiden anderen; ihr Gegenstück ist die germanische; die antike erscheint als Zwischen- und Übergangsform.[202]

Der westeuropäische Feudalismus war Resultat einer Synthese von spätantik-römischen und germanisch-barbarischen Strukturelementen. Die Krise der spätrömischen Wirtschaft (sinkende Rentabilität der mit Sklaven bewirtschafteten Latifundien, fehlende Möglichkeit eines Übergangs zur kleinen Agrarproduktion infolge der Ächtung der Freien-Arbeit, Verfall der Städte) fand zwar in Aufstandsbewegungen einen politischen Ausdruck, aber die eigentlich unterdrückte Klasse, die Sklaven, waren nicht Träger einer im Schoße der bestehenden Gesellschaft sich bildenden neuen Produktionsweise, keine revolutionäre Produktivkraft – prädestiniert für die Herrschaft in der nachantiken Gesellschaft. Die quasi-feudale Institution des Kolonats war nicht verallgemeinerungsfähig. Die Krise der Sklavenhalter-Gesellschaft konnte nicht durch innere Kräfte dieser

Gesellschaft überwunden werden, sondern nur von außen, durch den Einfall der Germanen bzw. Slawen. Der „Übergang" von der Sklavenhalter- zur Feudalgesellschaft wurde nicht durch eine revolutionäre Klasse vollzogen, sondern durch Modifikation der herrschenden.

Die weitere Entwicklung der germanischen Eigentumsform zum Feudalismus (vorbereitet durch die Entlassung von Hofsklaven aus dem Hausverband und ihre Ausstattung mit Produktionsmitteln gegen Abgaben und sonstige Leistungsverpflichtungen), der etwa um die Jahrtausendwende (in Gestalt der sog. Villikations- oder Fronhofsverfassung; später: Rentengrundherrschaft) vollendet war, geht auf den prägenden Einfluß von Strukturen der eroberten spätantiken Gesellschaft zurück. Das freie bäuerliche Kleineigentum und die Hofsklaverei wurden ausgeschaltet bzw. waren für die Weiterentwicklung nicht mehr relevant.

Die außerordentliche Vielfalt feudaler Sozialverhältnisse läßt nur eine höchst allgemeine Epochencharakteristik zu:[203] Der Feudalismus ist wesentlich ein durch Herreneigentum am Boden vermitteltes Ausbeutungsverhältnis (im Unterschied zur Sklaverei, dem direkten Herreneigentum an Menschen); das Eigentum am Boden ist dezentralisiert: Obereigentümer sind weitgehend unabhängige große Grundbesitzer; im Unterschied zum „Patrimonialsystem" der orientalischen Despotie ist das nur formelle Obereigentum der schwachen Zentralgewalt durch Feudalherren mediatisiert (das gilt für den Lehnsstaat, die ständische Monarchie und sogar noch für den absolutistischen Staat). Innerhalb der herrschenden Klasse bestehen hierarchische Lehens-(Vasallen-)Verhältnisse. Das Besitz- und Nutzungsrecht der selbständig wirtschaftenden bäuerlichen Betriebe wird durch Dienste und Abgaben (Arbeits-, Produkten-, Geldrenten) entgolten; das Mehrprodukt wird durch außerökonomischen Zwang – institutionalisiert als feudale Gerichtsbarkeit über die unmittelbaren Produzenten – angeeignet; die Produzenten selbst sind nicht frei, sondern hörig oder leibeigen, von ihren Produktionsmitteln nicht getrennt, mit dem Boden „verwachsen".[204]

Zu Ausgangspunkten der *Auflösung der feudalen Produktionsweise* wurden die feudalen Städte,[205] Handwerks- und Handelszentren, in denen sich in einem Jahrhunderte währenden Prozeß erstmals eine nicht nur ausgebeutete,[206] sondern auch revolutionsfähige Klasse, die bürgerliche, bildete.[207] Die siegreiche ideologische Revolution der Reformationszeit, die in der Proklamation der kalvinistischen Edikte der Genfer Stadtrepublik ihren prägnantesten Ausdruck fand; die geschlagene soziale Revolution des Bauernkrieges (der radikalen Müntzerischen „Volksreformation"), deren Niederlage die Regressionsphase der Re-Feudalisierung und antikalvinistischen Gegenreformation einleitete, von der nur England verschont blieb; schließlich der niederländisch-antispanische Unabhängigkeitskrieg unter Führung der holländischen Handelsbourgeoisie lassen sich als „frühbürgerliche" Formen der allgemeinen bürgerlichen Freiheitsbewegung charakterisieren, die in den beiden großen Revolutionen in England (1642–1649) und Frankreich (1789–1794) ihren klassischen Ausdruck fand. Die bürgerliche Klasse, in deren Führung allmählich die manufakturelle Fraktion die der Kaufmannskapitalisten ablöste, koalierte auf allen Etappen dieses Kampfes mit den plebejisch-frühproletarischen Volksmassen, deren Sprecher für die damaligen Verhältnisse „utopische", egalitäre Forderungen vertraten. Ziel der bürgerlichen Emanzipation war die Beseitigung der feudalen Hemmnisse, die der Kapitalakkumulation durch die Manufaktur- und Handelsbourgeoisie im Wege standen, die Herstellung eines zureichenden inneren Marktes und des ihn sichernden bürgerlichen Nationalstaats, die Schaffung von Privateigentum (Parzellenwirtschaften) anstelle des feudalen Grundeigentums, die Beseitigung aller persönlichen Knechtschaftsverhältnisse, die Universalisierung des Salariats.

Die sich ausbreitende Geldwirtschaft erscheint als wesentliches auflösendes Moment der feudalen Naturalwirtschaft. Die Zersetzung der feudalen Knechtschaftsverhältnisse führte – parallel zum Erstarken der bürgerlichen Klasse, die sich in ihrer frühkapitalistisch-manufakturellen Entwicklungsphase der merkantilistischen Förderung des absolutistischen Staats erfreute – zur Bildung einer neuen Klasse: der freien Lohnarbeiterschaft. Die von Marx[208] am englischen Beispiel, also in klassischer Form geschilderte, mehrere Jahrhunderte umfassende „ursprüngliche" Akkumulation war ein epochaler Enteignungsprozeß, der welthistorisch zum ersten Male in großem Maßstab die Trennung der Produzenten von ihren Produktionsmitteln, in erster Linie vom Boden, zugleich aber auch von den Materialien und Instrumenten des ländlichen Nebengewerbes und städtischen Handwerks bewirkte. Die neue soziale Klasse, die so entstand, war in doppeltem Sinne frei: befreit von feudaler, persönlicher Herrschaft und d.h., nach einer Übergangsphase staatlicher Intervention, von „außerökonomischem Zwang", und entblößt von allen Subsistenz- und Arbeitsmitteln. Sie repräsentiert *reines* Arbeitsvermögen. Die zerstreuten, kleinen Produktionsmittel konnten nun, im Monopolbesitz des Bürgertums als Klasse, in neuartiger Weise konzentriert werden, bedurften aber der Kombination mit der reinen Arbeitskraft der unmittelbaren Produzenten. Das Handelskapital zwang der Manufaktur- und schließlich der Industrieproduktion sein ökonomisches Prinzip (Gewinnorientierung anstelle von Bedarfsdeckung als Ziel des Wirtschaftshandelns: G(eld)-W(are)-G'(ewinn) statt W-G-W) auf. Dies bedeutete den Bruch mit der Naturalwirtschaft. Der Produktionsprozeß wurde nun wesentlich Verwertungsprozeß, Akkumulationsprozeß. Diese Umwandlung setzt die Existenz einer Klasse von Nur-Arbeitern, die unter der Form des Salariats ausgebeutet werden, voraus. Die neuartige Abhängigkeit, die sie a priori zum Kollektiveigentum der Kapitalistenklasse macht, ist die Abhängigkeit von den in Händen der ökonomisch herrschenden neuen Klasse befindlichen Arbeits- und Existenzmitteln. Sie können ihr Arbeitsvermögen nur gegen Lohn, der ihnen und ihren Familien die Reproduktion ermöglicht, verkaufen, sofern sie bereit sind, Mehrarbeit zu leisten; und der Kapitalist kauft nur Arbeitskraft, wenn er die Chance sieht, den im Mehrprodukt materialisierten Mehrwert auch zu „realisieren", um unter Konkurrenzbedingungen die erweiterte Reproduktion seines Kapitals fortsetzen zu können. Die wichtigste Stufe der Generalisierung der Warenproduktion war die (fortschreitende) Verwandlung der kleinen Produzenten in freie Lohnarbeiter, in Ware Arbeitskraft. Damit wurde die Ausbeutung der Form des Äquivalententauschs subsumiert, ließen Produktionsprozesse sich einer kontinuierlichen Gewinn- und Verlustrechnung unterwerfen. Gegenüber der Sklaverei zeigt die „Lohn-Sklaverei" die Differenz, daß die Trennung von den Produktionsmitteln radikalisiert, der Lohnarbeiter individuell an möglicher Lohnsteigerung interessiert ist und insofern auch qualifizierte Arbeit verrichten kann. Ziel der Produktion ist nunmehr die Steigerung des Gewinns durch Minimierung der gesellschaftlich durchschnittlich notwendigen reproduktiven Arbeit, die Maximierung der Mehrarbeit auf dem Wege der Steigerung des „relativen Mehrwerts", d. h. durch unaufhörliche technisch-organisatorische Innovationen, die die Arbeitsergiebigkeit erhöhen und den Wert der Arbeitskraft senken. Die Produktion von Mehrwert, die „Selbstverwertung des Werts" wird zum Motor der kapitalistischen Produktion und Expansion; sie stößt indessen auf systemimmanente Schranken, die schließlich die allgemeine Krise der kapitalistischen Produktionsweise (die Stagnation) herbeiführen. Die Sphäre der Zirkulation, des Marktes, auf dem die Warenbesitzer (Eigentümer von Produktionsmitteln bzw. reiner Arbeitskraft) einander als formell gleichberechtigte Vertragspartner zum Austausch ihrer Waren gegenübertreten, verdeckt ihre reale, vor-kontraktuelle Ungleichheit, die im mehrwertextraktiven Produktionsprozeß zu Buch schlägt. Die Individuen (Kapitalisten wie Arbeiter) stehen einander formell selbständig , als „vereinzelte Einzelne" gegenüber. Ihre vorweg gesetzte Abhängigkeit voneinander erscheint ihnen notwendigerweise als eine rein sachliche, als Abhängigkeit von Dingen, als ökonomischer Zwang, der die profitable Kombination von lebendiger und aufgehäuft toter Arbeit zuwegebringt. Was die Individuen verbindet, ist zunächst der Austausch ihrer Waren zu Wertrelationen, der Geld-Nexus. Sie stehen unter der Herrschaft nicht von Personen, sondern von verdinglichten Verhältnissen, also Abstraktionen.[209] Das Geld ist die abstrakte Gestalt, die das Gemeinwesen in der kapitalistischen Gesellschaft angenommen hat.[210] „Die wechselseitige und allseitige Abhängigkeit der gegeneinander gleichgültigen Individuen bildet ihren gesellschaftlichen Zusammenhang ... jedes Individuum ... trägt seine gesellschaftliche Macht, wie seinen Zusammenhang mit der Gesellschaft, in der Tasche mit sich ... Der gesellschaftliche Charakter der Tätigkeit ... erscheint hier als den Individuen gegenüber Fremdes, Sachliches; nicht als das Verhalten ihrer gegeneinander, sondern als ihr Unterordnen unter Verhältnisse, die unabhängig von ihnen bestehn und aus dem Anstoß der gleichgültigen Individuen miteinander entstehn."[211] „Die Individuen sind unter die gesellschaftliche Produktion subsumiert, die als ein Verhängnis außer ihnen existiert ..."[212]

Die pseudoautonomen Individuen werden von einem ihnen gegenüber scheinbar gänzlich verselbständigten Verwertungsprozeß als Funktionäre der Mehrwerterzeugung bzw. -aneignung mitgeschleift; sie erscheinen als bloße Personifikationen selbständiger ökonomischer Verhältnisse (Kategorien).[213]

Die *Differenz der kapitalistischen zu den ihr vorangehenden Gesellschaftsformationen* läßt sich demnach wie folgt formulieren: Die Handels- und Industriestadt herrscht über das Land, ist Sitz der Geschichte; das Land wird verstädtischt; die unmittelbaren Produzenten sind von den Produktionsmitteln getrennt; ihr Zusammenhang, das Gemeinwesen, ist durch das Geldverhältnis gegeben, erscheint ihnen aber als sachliche Abhängigkeit, als ein Naturverhältnis; die Ausbeutung wird verhüllt durch das Tauschverhältnis, notwendige Arbeit und Mehrarbeit sind in der Erfahrung der Produzenten nicht mehr unterscheidbar; an die Stelle der bedarfsorientierten Naturalwirtschaft ist die (Wert-)Produktion um der Produktion willen getreten; die Produktion ist vergesellschaftet, die private Aneignung wird zu ihrer Fessel; ihre Stellung im Produktionsprozeß befähigt die ausgebeutete Klasse, die Krise der kapitalistischen Gesellschaft nötigt sie zu deren revolutionärer Transformation.

4. Die Klassen der bürgerlichen Gesellschaft

Marx hat den Klassenbegriff – wie andere tragende Begriffe seiner Gesellschaftstheorie – von seinen Vorgängern, den bürgerlichen Historikern und Ökonomen, übernommen. Die in den modernen Klassenbegriff eingegangenen, in ihm aufgehobenen Haupttypen der Deutung sozialer Ungleichheit (dichotomische, gradative und funktionelle Ungleichheit im Sinne von Ossowski[214]) sind so alt wie die Klassengesellschaft selbst. Gleichwohl läßt sich sagen: „Die Lebensbahn des *Begriffs* Klasse umfaßt nur etwa fünf Jahrhunderte. Sie beginnt im 16. Jahrhundert und endet, nehmen wir an, im 21. Jahrhundert ... Der Begriff Klasse entstand aus der Überwindung des Begriffs Stand ...[215] Marx sah seine eigene Leistung im Felde der Klassentheorie darin, daß er sie historisierte, den Klassenbegriff in seiner Geltung relativierte,[216] indem er einmal auf die historische Genesis der Klassengesellschaft überhaupt aufmerksam machte, zum anderen die allmähliche Entwicklung der ständischen Quasi-Klassen zu historisch agierenden Kollektivsubjekten darstellte und schließlich die historischen Wandlungen der sozialen Aggregate, die seine Vorgänger als Haupt- und Zwischenklassen des Frühkapitalismus bestimmt hatten, im Prozeß der kapitalistischen Entwicklung verfolgte.[217] Den Bildungs-, Wandlungs- und Auflösungsgeschichten der schon von seinen Vorgängern und Zeitgenossen beschriebenen und ökonomisch bestimmten sozialen Klassen und Klassenfraktionen fügt er die der letzten (unterdrückten und herrschenden) Klasse, des Proletariats, hinzu, dessen potentielle gesellschaftliche Macht sich am Ende der kapitalistischen Entwicklung aktualisiert. Die Diktatur des Proletariats,[218] die Mehrheitsherrschaft der rätedemokratisch organisierten, bewaffneten Produzenten, expropriiert dann die kapitalistischen Expropriateure und nimmt die kapitalistisch entwickelten Produktionsmittel in gemeinschaftliche Kontrolle. Die indirekte Vergesellschaftung (durch den Aneignungstausch) wird durch die direkte Vergesellschaftung durch Arbeit – die freie Assoziation der Produzenten – ersetzt. Das Diktatur-Regime weicht im Maße seiner internationalen Ausbreitung („Weltrevolution") und der Steigerung der Produktivität der sozialistischen Arbeit einer bloßen „Verwaltung von Sachen", der Staat „stirbt ab". Solange noch Mangel herrscht, die gesellschaftlich notwendige Arbeitszeit nicht wirklich minimiert werden kann, bleibt auch die ungleiche Güterverteilung (sozialistische Phase). Die kommunistische klassenlose Gesellschaft setzt Überflußproduktion auf der Basis einer demokratisch kontrollierten Weltplanwirtschaft voraus.

Die Historisierung des vorgefundenen Klassenbegriffs im Zeichen des zu Marx' Lebenszeit sich abzeichnenden geschichtlichen Subjektwechsels schloß die Neubestimmung der ökonomischen Anatomie der Haupt- und Zwischenklassen (wie ihrer Fraktionen) im Rahmen der Mehrwerttheorie ein. Die Kritik der politischen Ökonomie impliziert die vollständige werttheoretische Erfassung der kapitalistischen Sozialstruktur.[219]

Ossowskis Untersuchung des Marxschen klassentheoretischen Sprachgebrauchs und der in seinen Arbeiten vorfindlichen Gliederungsschemata[220] führt zu dem Resultat, daß Marx sowohl die traditionellen Schemata – Dichotomie (Ausbeuter und Ausgebeutete), Gradation (Klein-, Mittel und Großbürgertum), und die funktionelle Gliederung nach den Einkommensquellen – verwendet, als auch ,,eine vierte eigenartige Auffassungsweise" der Klassenstruktur einführt: ,,die Kreuzung zweier oder dreier dichotomische(r) Teilungen",[221] eben das ,,klassische Marxsche Schema". Es läßt sich als ,,Interferenz der dichotomischen Sicht und des Gradationsschemas" auffassen[222] und definiert die Stellung der Zwischenklassen zu den beiden Hauptklassen. Insgesamt gibt es danach ,,in den Werken von Marx und Engels mindestens sechs verschiedene Darstellungsweisen der Struktur der kapitalistischen Gesellschaft ihrer Zeit . . ."[223]; in den historisch-politischen Analysen von Marx und Engels zählt Ossowski 7 bis 9 Klassen bzw. Fraktionen (Schichten).[224] Die Logik, die diese Vielfalt von Bestimmungen und Gliederungsschemata organisiert, ist die der kapitalistischen Entwicklung selbst: ,,Der dichotomische Aspekt in der Marxschen Klassentheorie zeigt die Entwickung der kapitalistischen Gesellschaften auf und in dieser Perspektive sollen die vielgliedrigen Schemata für die Übergangserscheinungen gelten"; ,,indem sie sich solcher Dichotomie nähert, nähert sich die soziale Struktur der kapitalistischen Welt ihrem Ende."[225] Die ,,Klassen" der vorbürgerlichen Gesellschaftsformationen – gerade auch die ausgebeuteten[226] – waren Klassen nur gemäß ihrem objektiven Verhältnis zu den entscheidenden Produktionsmitteln (und damit zu den übrigen Klassen der jeweiligen Gesellschaft). Die Vielfalt ständischer Berufsklassen wurde durch je besondere Arbeits- und Lebensbedingungen bestimmt. Unter den Bedingungen kapitalistischer Arbeitsteilung werden diese Spezifitäten verschiedener Arbeitsweisen ökonomisch vereinheitlicht; die kapitalistische Herrschaft der Abstrakta über die Konkreta subsumiert fortschreitend die besonderen Arbeits- und Lebensbedingungen ständischer Klassen dem allgemeinen Verhältnis von Lohnarbeit und Kapital; die vorkapitalistischen wie die Klassen des Manufakturzeitalters werden zu bloßen Fraktionen der kapitalistischen Hauptklassen oder zu ,,Zwischenklassen" relativiert. Marx hat seinen Begriff der modernen sozialen Klasse im Hinblick auf die Handlungsohnmacht und politische Vertretungsbedürftigkeit der an den Tauschverkehr nur unzureichend angeschlossenen Vor- oder Quasi-Klasse der französischen Parzellenbauern (in der Mitte des 19. Jahrhunderts) definiert: ,,Insofern Millionen von Familien unter ökonomischen Existenzbedingungen leben, die ihre Lebensweise, ihre

Interessen und ihre Bildung von denen der andern Klassen trennen und ihnen feindlich gegenüberstellen, bilden sie eine Klasse."[227]

Die Interessenidentität der Klassenangehörigen muß, um aus der objektiv, für andere bestehenden Klasse ,,an sich"[228] eine handlungsfähige, auch ,,für sich" selbst bestehende Klasse zu machen, eine praktische Solidarität erzeugen, in überlokalem (nationalem) Zusammenhang sich geltend machen, in einer politischen Organisation sich niederschlagen.[229] Bei den voneinander isolierten Parzellenbauern ist nur die abstrakte ,,Dieselbigkeit ihrer Interessen" gegeben, darum ,,bilden sie keine Klasse" im eigentlichen Sinn.[230] Klassen im eigentlichen Sinn sind national oder international organisierte, kampffähige und politisch kämpfende Klassen. ,,Die einzelnen Individuen bilden nur insofern eine Klasse, als sie einen gemeinsamen Kampf gegen eine andre Klasse zu führen haben; im übrigen stehen sie einander selbst in der Konkurrenz wieder feindlich gegenüber" (schreiben Marx und Engels im Hinblick auf Bourgeoisie und Proletariat).[231] Als zur Transformation von Gesellschaftssystemen befähigte Klassen lösen Bourgeoisie und Proletariat einander ab. Ist die Bourgeois-Herrschaft einmal revolutionär etabliert, gibt es der Bourgeoisie gegenüber nur noch *eine* revolutionäre Klasse, die in den Klassenkämpfen, die die fortschreitende Kapitalakkumulation artikulieren, sich bildende proletarische.[232] Im Lichte der Kämpfe dieser beiden antagonistischen Klassen erscheinen retrospektiv auch die ständischen Quasi-Klassen, auf deren Humus die beiden modernen erwuchsen, als Klassen, erscheint die Geschichte der Zivilisation insgesamt als eine von Klassenkämpfen. Die in der Analyse der kapitalistischen Gesellschaft gewonnenen Begriffe haben einen Zeitkern: sie weisen voraus auf das Ende der Klassengesellschaft, an dem ihr Gehalt voll entwickelt zutage tritt, und weisen zurück auf die Geschichte der zivilisatorischen Formationen, in denen sich die heutige Entwicklung verhüllt vorbereitete.[233] In der entfalteten kapitalistischen Formation wird Ausbeutung als Invariante der ,,Zivilisation" kenntlich.[234] Die ,,letzte" Klasse ist durch den naturwüchsigen Gang der Klassenbildung und des Klassenkampfes prädisponiert, mit ihrer Aktion nicht nur ihre Herrschaft als Mehrheitsherrschaft durchzusetzen, sondern im Akt ihrer Selbstbehauptung, als kämpfende Klasse, zugleich das Interesse aller unterdrückten zivilisatorischen Klassen zu realisieren: die Klassengesellschaft selbst zu überwinden, die invariante Struktur der ,,Vorgeschichte" aufzubrechen, den ,,bisherigen bedingten Verkehr in den Verkehr der Individuen als solcher" umzuwandeln.[235]

Marx faßt das Verhältnis der beiden Hauptklassen der kapitalistischen Gesellschaft als eines der dreifältigen (asymmetrischen) Konkurrenz auf dem Arbeitsmarkt: Die Konkurrenz der Verkäufer der Ware Arbeitskraft untereinander drückt deren Preis; die der Käufer steigert ihn; die zwischen den beiden Klassen – der Klassenkampf um den jeweiligen tatsächlichen Preis – wird also durch klasseninterne Konkurrenzen vermittelt. ,,Die Industrie führt zwei Heeresmassen gegeneinander ins Feld, wovon eine jede in ihren eignen Reihen zwischen ihren eignen Truppen wieder eine Schlacht liefert. Die Heeresmasse, unter deren Truppen die geringste Prügelei stattfindet, trägt den Sieg über die entgegenstehende davon."[236] Die relative Einheit der beiden Hauptklassen, die unifizierende Tendenz, die sich der Vielfalt der in ihnen aggregierten Produktionsweisen, den historisch bedingten wie den sich immer wieder neu bildenden Differenzierungen („Fraktionen") gegenüber nivellierend und integrierend durchsetzt, entstammt wesentlich der Inter-Klassen-Konkurrenz.[237] Ihr werden im Laufe der kapitalistischen Entwicklung auch die alten und neuen Zwischenklassen subsumiert. Dem großen „Lager"[238] der Lohnarbeiter, das sich um die Kernfraktion der mehrwerterzeugenden, „produktiven" Fabrik-Arbeiter schart, die ihre Ausbeutung am wenigsten verhüllt erfährt und von deren Arbeit die erweiterte Reproduktion der Gesellschaft tatsächlich abhängt, steht das „Lager" der um die Kernfraktion der mehrwertextrahierenden, fungierenden Kapitalisten (der Fabrikanten bzw. im heutigen Kapitalismus: der Finanzkapitalisten) gescharten Kapital- und Grundrentner, bestimmter kleinbürgerlicher Gruppen und aller privilegierten Interessenten und Verteidiger der kapitalistischen Ausbeutung gegenüber. Die Existenzweise beider Hauptklassen läßt sich – mit Mauke[239] – als die von *vermittelten* Korporationen bestimmen. Das innere Band, das die Kapitalisten verschiedener Fraktionen aneinander bindet, ist die Durchschnittsprofitrate.[240] Deren Aufrechterhaltung ist ihr gemeinsames, konkurrenzvermitteltes Interesse. In ähnlicher Weise stiftet der Kampf gegen den Fall des relativen Lohnanteils das innere Band der arbeitenden Gesamtklasse. Sichtbar werden die beiden Lager erst als gegeneinander kämpfende, als politisch (bzw. militärisch) organisierte. Im Alltag der bürgerlichen Gesellschaft existieren sie als informelle Zwangskorporationen unter der Herrschaft der ökonomischen Verhältnisse der Kapitalverwertung, und nur ein kleiner Teil der beiden Klassen ist auch formell zu Parteien und Verbänden zusammengeschlossen.

Die Bourgeois-Klasse entstand, indem städtische Produzenten zu Kaufleuten bzw. Kaufleute selbst auch zu Produzenten wurden.[241] Die Geld- und Handelskapitalisten stellten die erste dominante Fraktion der sich bildenden Klasse; sie wurden in ihrer Stellung von den gewerblichen (industriellen) Kapitalisten abgelöst. Die fungierenden Kapitalisten gliedern sich in die Fraktionen der industriellen und kommerziellen Kapitalisten sowie der kapitalistischen Großpächter im agrarwirtschaftlichen Bereich. Die kommerziellen (Waren- und Geldhandlungs-)Kapitalisten erhalten einen Anteil am Mehrwert auf Grund der von ihnen arbeitsteilig besorgten Minderung der Realisierungskosten (Verkürzung der Zirkulationszeit), vermittelt durch die unbezahlte Mehrarbeit der von ihnen ausgebeuteten unproduktiven Lohnarbeiter. Neben den fungierenden Kapitalisten und außerhalb der Produktion stehen als Nutznießer, nicht Agenten der Kapitalverwertung die Grundeigentümer, die auf Grund ihres Bodenmonopols einen Mehrwert-Anteil unter der allgemeinen Form des Kapitalzinses erhalten (die Grundrente). Die nicht-fungierenden reinen Geldkapitalisten (Kapitalrentner) stellen den fungierenden Fraktionen Leihkapital zur Verfügung. Im Zeitalter der Aktiengesellschaften und Monopole hat sich eine Fusion von Bank- und Industriekapital vollzogen; als neue Kernklasse entstand das monopolistische, Superprofite einheimsende, von Rudolf Hilferding so benannte „Finanzkapital".[242] Die Bourgeois-Klasse dezimiert sich beständig selbst durch Konkurrenz: „Je ein Kapitalist schlägt viele tot."[243] Vor allem die Gruppe der fungierenden Kapitalisten schrumpft; an ihre Stelle treten „lohntätige Dirigenten", industrielle, kommerzielle und Finanz-Manager bzw. Arbeitsaufseher, auf deren Lohn Mehrwertanteile (Prämien) aufgeschlagen werden oder die auch selbst in die Klasse der kleinen Leihkapitalisten aufrücken. Wie in der Sphäre der Produktion durch Generaldirektoren, so läßt sich die ökonomisch herrschende Klasse auch in der Sphäre der politischen Herrschaft durch fiktiv Herrschende – Parlamentarier, Parteiführer, Verbandspräsidenten, Minister etc. – vertreten.[244] Im Maße, wie die Kapitaleigner sich aus dem Geschäft der direkten Mehrwertextraktion, des direkten Kommandos über produktive Arbeiter, zurückziehen, aufhören, als Agenten der Produktion und Zirkulation zu fungieren, wird die Bourgeoisklasse zur überflüssigen, parasitären Klasse.[245] Was ihre Fraktionen eint, ist die Ausgleichsbewegung der Profitraten der Einzelkapitale (bzw. Branchen) zur Durchschnittsprofitrate. Alle Einzelkapitale sind wie ein System kommunizierender Röhren miteinander verbunden. Je nach Einsatz erhalten die Mitglieder der Kapitalistenklasse, die eine informelle Aktiengesellschaft bilden,[246] ihren Anteil am Gesamtmehrwert. Gehen die gemeinsamen Ausbeutungsgeschäfte gut, so überwiegen die solidarischen Züge der „praktischen Brüderschaft" der Ausbeuter, gehen sie schlecht, versucht jeder der feindlichen Brüder das Seine zu retten, die Verluste auf die anderen abzuwälzen.

Die ersten *freien Lohnarbeiter* waren Söldner. Auch städtische Handwerksgesellen und Lehrlinge, denen die Zunftverfassung keine Chance auf selbständige Existenz mehr gab, Tagelöhner und Bergknappen entsprachen bereits dem sozialen Typus des modernen Proletariers. Aber erst die Auflösung der feudalen Gefolgschaften und die fortschreitende Dezimierung der „kleinen Warenproduzenten" (Bauern, Handwerker, Händler) schuf eine pauperisierte Masse von jederlei Arbeits- und Lebensmitteln entblößter Menschen, die reine Arbeitskraft repräsentierten und die barbarischen frühkapitalistischen Arbeitsbedingungen akzeptieren mußten, um zu überleben. Infolge der Monopolisierung der Produktions- und Lebensmittel durch die Kapitalistenklasse bildete die neue proletarische Klasse von vornherein das lebende Zubehör zu den sachlichen Produktionsmitteln, war Kollektiveigentum der besitzenden Klasse (Lohn-„Sklaverei").

Die Lohnarbeiter des Frühkapitalismus waren aggregierte Spezialarbeiter, die ohne eigene Produktionsmittel handwerkliche Teilverrichtungen ausübten. Ihr Klassenverhältnis blieb durch eine Vielzahl von Sonderbedingungen (Spezialqualifikationen und entsprechende Lohnunterschiede) parzelliert; die Klasse wurde noch nicht mittels der Dominanz der abstrakten, der einfachen Durchschnitts-Arbeit synthetisiert. Für Zusammensetzung und Unifizierung der Klasse ausschlaggebend sind die Entwicklungstendenzen der Arbeit unter dem Kapitalismus: 1. Mit dem Übergang zum Hochkapitalismus realisierte sich die Herrschaft der abstrakten Arbeit über die konkrete, die Reduktion von *jederlei* Arbeit auf unterschiedliche Quanten einfacher Durchschnittsarbeit, die als generelles Wertmaß gilt. Die kapitalistische Produktionsweise revolutioniert permanent ihre technische Basis zwecks Steigerung der Ausbeutungsrate (durch Steigerung des relativen Mehrwerts).[247] Fortschreitende Arbeitsteilung (bzw. -zerlegung) und die Übertragung immer weiterer Spezialleistungen auf Maschinen erzeugen für immer neue Arbeiterschichten Existenzunsicherheit durch Entwertung ihrer Spezialqualifikationen. Gleichzeitig entstehen neuartige Spezialqualifikationen bei kleinen Gruppen der Gesamtklasse (Kontrolleure und Reparateure der Maschinerie, „außerhalb des Kreises der Fabrikarbeiter und ihnen nur aggregiert"[248]). Langfristig aber wird das Niveau der einfachen Durchschnittsarbeit durch Verbesserung der allgemeinen Ausbildung angehoben; die Entwicklung des Produktions- und Verwertungsprozesses erheischt universell ausgebildete, disponible Arbeitskräfte und tendiert insofern zur Aufhebung der Arbeitsteilung. 2. Mit steigender Konzentration und Zentralisation des Kapitals wird eine Vielzahl von Verwaltungs- und Vermittlungstätigkeiten notwendig. Aus dem Widerspruch von gesellschaftlicher Produktion und fortbestehender privater Aneignung erwächst die Notwendigkeit für den Staat – den gemeinsamen Ausschuß der Bourgeois-Klasse –, zwecks (nichtprofitabler) Sicherung und Verbesserung der „allgemeinen Produktionsbedingungen" selbst ökonomisch tätig zu werden und damit die Profitabilität des privaten Sektors zu stützen. Infolge dieser Entwicklung gerät die Kernfraktion der Lohnarbeiterklasse, geraten die mehrwertproduktiven Industrie- und Transportarbeiter gegenüber den unproduktiven Lohnarbeitern (Dienstleistern, Staatsagenten) in die Minderheit. 3. Die Verwissenschaftlichung der Produktion[249] führt zu Veränderungen in der Zusammensetzung des produktiven „Gesamtarbeiters"; die unmittelbare körperliche Arbeit verliert an Bedeutung, der Begriff „produktive Arbeit" selbst wandelt sich.[250] Diese Entwicklung zielt auf vollendete Automation hin; deren Realisierung wäre gleichbedeutend mit dem Ende der Wert- und Warenproduktion, mit der Aufhebung der Lohnarbeit.

Das Proletariat erhält ständig Zuzug aus allen Klassen, besonders infolge des Ruins der (alten) Mittelklassen. Die abstrakte Allgemeinheit des Salariats, die durch die Mehrwertrate gestiftet wird, umfaßt ein noch immer vielfältig gegliedertes Ensemble von Produktionsweisen und Lebenslagen. Die Lohnarbeiterschaft insgesamt gliedert sich zunächst nach Produktionszweigen und Branchen (extraktive und Agrikulturarbeiter; Manufaktur- und Gewerbearbeiter; Transportarbeiter; Luxusarbeiter etc.) oder Betriebstypen (Handwerksbetrieb, Manufaktur- oder mechanisierter Betrieb), ferner nach fachlichen und Lohnunterschieden. Extremlagen bilden die sog. „Arbeiteraristokratie" und die pauperisierte „Lazarusschicht" der zeitweilig oder auf Dauer Arbeitslosen, aus der sich das deklassierte, parasitäre, potentiell konterrevolutionär aktive „Lumpenproletariat" rekrutiert, in dem sich der historische Typus des „Plebejers", des freien, eigentumslosen Nichtarbeiters, reproduziert. Die arbeitslose Reservearmee ist das Komplement der aktiven Arbeiterarmee; sie gliedert sich in einen „flüssigen" (zeitweilig nicht arbeitenden), einen latenten (relative Übervölkerung auf dem Lande) und einen „stockenden" Teil (eben das Lumpenproletariat). Relevanter noch ist die Unterscheidung der mehrwertproduktiven Kernklasse von der unproduktiven Arbeiterklassen-Mehrheit, die der unmittelbar produktiven Fraktion die mittelbar produktive sowie die öffentlich und privat dienende Fraktion gegenüberstellt. Die letztgenannte Gruppe ist von den übrigen dadurch abgehoben, daß sie ihre Arbeit nicht gegen variables Kapital austauscht, sondern von den Originalrevenuen abgeleitete Revenuen in Lohn*form* bezieht.[251]

Unmittelbare Produzenten sind mehrwertproduktive Arbeiter in Landwirtschaft, Industrie und Transport, die ihre Arbeitskraft gegen (variables) Kapital austauschen. Mittelbare Produzenten sind mehrwertrealisierende, selbst nicht mehrwertproduktive, insofern „unproduktive", wenngleich notwendige Arbeit verrichtende Arbeiter in der Zirkulationssphäre („kommerzielle Lohnarbeiter" in Waren- und Geldhandlungsunternehmen, im Bereich des Handels, der Banken und Versicherungen). Ob eine Arbeit „produktiv" oder „unproduktiv" ist, hat prinzipiell nichts mit ihrem sachlichen Charakter als materielle, immaterielle oder Luxusproduktion, nichts mit ihrem Gebrauchswert zu tun, sondern mit dem Produktionsverhältnis, innerhalb dessen sie geleistet wird.[252] Entscheidend für den Charakter der unmittelbar produktiven Arbeit ist der Austausch gegen Kapital und die Vergegenständlichung der Mehrarbeit in einer Produktenmasse von Produktions- oder Konsumgütern. Dienste hingegen schaffen einen Gebrauchswert (nicht notwendig ein Produkt) und tauschen sich gegen Geld als Geld (nicht als Kapital) aus. Schon in der Zirkulationssphäre lassen sich produktive und unproduktive Arbeit nur mehr idealtypisch voneinander trennen, da auch in dieser Sphäre „nachträgliche Produktionsprozesse" (Transport, Aufbewahrung etc.)[253] erforderlich sind. Ein und derselbe Arbeitsvorgang kann – je nach dem Produktions- und Austauschverhältnis – „produktiv" oder „unproduktiv" sein; ein und derselbe Lohnarbeiter kann „produktive" und „unproduktive" Arbeit nebeneinander leisten.

Die spezifische Form der Ausbeutung unter kapitalistischen Verhältnissen ist dazu angetan, ihre „ökonomische Hörigkeit"[254] dem Alltagsbewußtsein der Ausgebeuteten zu entziehen: „Im Fortgang der kapitalistischen Produktion entwickelt sich eine Arbeiterklasse, die aus Erziehung, Tradition, Gewohnheit, die Anforderungen jener Produktionsweise als selbstverständliche Naturgesetze anerkennt. Die Organisation des ausgebildeten kapitalistischen Produktionsprozesses bricht jeden Widerstand ... der stumme Zwang der ökonomischen Verhältnisse besiegelt die Herrschaft des Kapitalisten über den Arbeiter."[255]

Obgleich das Kapital wesentlich Kapitalist ist,[256] erscheint die Klassenherrschaft primär als rein sachliche Abhängigkeit. Dieser Schein muß sich verstärken mit dem Rückzug der Bourgeois-Klasse aus den Sphären der Produktion und Regierung. Im Tauschverkehr auf dem Arbeitsmarkt bleibt die Hörigkeit versteckt unter der periodischen Erneuerung des Selbstverkaufs und dem Wechsel von Lohnherrn und Preisen;[257] „das Verhältnis von Lohnarbeit und Kapital findet hier nicht statt."[258] Dem Schein symmetrischer Austauschbeziehungen und individueller Freiheit wirkt im Arbeitsprozeß die Erfahrung der Fabrik-Despotie, der Kommandogewalt der Vertreter der besitzenden Klasse entgegen, in der Marktsphäre die Erfahrung der beschränkten Konsumkraft. Die allgemeine Kapitalmystifikation, die Verdinglichung gesellschaftlicher Verhältnisse, wird ergänzt durch das Überleben bzw. die Neubildung von Spezialqualifikationen, von Arbeitsprozessen, die nicht auf einfache Durchschnittsarbeit, abstrakte Arbeit reduziert sind. Im Maße wie der individuellen Arbeit der Charakter der Besonderheit (Konkretheit) anhaftet, die beliebige Auswechselbarkeit des Arbeiters ausgeschlossen ist, befindet er sich – im Vergleich mit seinen Klassengenossen – in einer relativ privilegierten Situation, verhält sich zu seiner Arbeit nicht gleichgültig, sondern interessiert, ist affektiv an sie gebunden, verfügt im Arbeitsprozeß über einen relativ größeren individuellen Spielraum, erzielt einen höheren Lohn und genießt eine relative Arbeitsplatzsicherheit. Diese Sonderstellung wirkt der Wahrnehmung der Ausbeutungssituation wie der Solidarisierung mit den Klassengenossen entgegen. Die Entwertung von Qualifikationen im Zuge der beständigen Revolutionierung der technischen Basis der Kapitalverwertung und die periodischen Krisen lassen jedoch auf Dauer keine Verfestigung derartiger Sonderbedingungen und der an sie geknüpften „professionellen Vorurteile“[259] zu.

Der Arbeiterdurchschnittslohn unterliegt dem ökonomischen Zyklus und ist in diesem Rahmen von Organisationsgrad, Kampfkraft und -bereitschaft der Klasse abhängig.[260] Die industrielle Reservearmee läßt eine relative Prosperität der Klasse nur bei hohem Beschäftigungsgrad – und dann nur als „Sturmvogel der Krise“[261] – zu. Steigende Produktivkraft der Arbeit bedingt die allgemeine Tendenz zur Senkung des Wertes der Arbeitskraft (durch Verbilligung der Lebensmittel etc.). Diese Tendenz wird paralysiert durch die Beschränkung der Produktivitätssteigerung auf bestimmte Produktionssphären und durch den Kampf der organisierten Arbeiter für die Sicherung eines kulturell definierten, historisch variablen Mindestlohnes.[262] Allgemein läßt sich darum sagen: „Der Wert der Arbeitskraft hat die Tendenz zu sinken; aber die Reallöhne haben die Tendenz zu steigen.“[263] Freilich gilt: „Ist das Kapital rasch anwachsend, so mag der Arbeitslohn steigen; unverhältnismäßig schneller steigt der Profit des Kapitals. Die materielle Lage des Arbeiters hat sich verbessert, aber auf Kosten seiner gesellschaftlichen Lage. Die gesellschaftliche Kluft, die ihn vom Kapitalisten trennt, hat sich erweitert.“[264] Dies Zurückbleiben der Löhne hinter dem Wachstum der Profite hat Rosa Luxemburg als den „tendenziellen Fall des relativen Lohnes“ bezeichnet.[265]

Der gemeinsame Charakter der heterogen zusammengesetzten *„Zwischenklassen“* besteht darin, daß die ihnen Zugehörigen außerhalb der Kapitalverwertung stehen, außerhalb des Verhältnisses von Lohnarbeit und Kapital. Diesen „Dritten Personenrubriken“ gehören an: a) der schrumpfende „alte Mittelstand“ der „kleinen Warenproduzenten“ – das traditionelle Kleinbürgertum der kleinen Industriellen, Kaufleute, Rentiers und Parzellenbauern, ergänzt durch die „Kleinproduzenten der immateriellen Produktion“, Ärzte, Juristen etc.[266]; b) die wachsende „neue Mittelschicht“ der von abgeleiteter Revenue lebenden, formell dem Lohnverhältnis subsumierten Dienstleister.[267] Die kleinen Warenproduzenten sind noch Eigentümer ihrer Produktionsmittel und selbst Arbeiter; erst wenn sie so viele Lohnarbeiter beschäftigen können, daß sie von Mitarbeit freigestellt sind, wozu eine historisch variable Mindestgröße des Kapitals erforderlich ist, werden sie zu wirklichen Kapitalisten. (Übergangsformen zur Lohnarbeit bilden das nur nominelle Eigentum oder das Honorareinkommen „freier" Journalisten, Schriftsteller, Künstler etc.[268])

Heute kommt in den höchstentwickelten kapitalistischen Gesellschaften den neuen Mittelschichten größere politisch-soziale Bedeutung zu als der traditionellen kleinbürgerlichen Klasse. Sie leisten unproduktive Arbeit, bieten im Austausch gegen Revenue Dienste an, sei es als persönliche Bedienstete oder im Rahmen von Dienstleistungsbetrieben. Aus Kapitalisten-Revenue bezahlte Lohnarbeiter sind neben persönlichen Dienern (Hausangestellten etc.) Lohnabhängige in Parteien, Verbänden und Publikationsorganen der herrschenden Klasse.[269] Aus Arbeiterrevenue bezahlte Lohnarbeiter sind die angestellten Funktionäre der Organisationen der Arbeiterbewegung, die, indem sie das proletarische Klasseninteresse professionell vertreten, zugleich ihr Sonderinteresse (als privilegierte Angehörige dieser Klasse) wahrnehmen, womit die Möglichkeit zur Verselbständigung der „Arbeiterbürokratie" gegeben ist.[270] Gemeinsam mit den öffentlichen Bediensteten, den Lohnarbeitern (Arbeitern, Angestellten und Beamten) im Staatsdienst, bilden diese Lohnarbeitergruppen den wachsenden Teil der Zwischenschichten, „die als eine Last auf der working Unterlage lasten und die soziale Sicherung und Macht der upper ten thousand vermehren."[271] Wie bei den Lohnarbeitern, die in Klassenorganisationen der herrschenden Klasse tätig sind, erschwert auch bei den Staatsagenten die Identifizierung mit den repressiven und technischen Funktionen des Staates als der Agentur eines fiktiven Gemeinwohls das Durchschauen der Ausbeutung und die Solidarisierung mit ihrer Klasse. Besondere Zahlungsformen, besondere rechtliche Stellung, höhere Arbeitsplatzsicherung und sonstige Privilegien wirken im gleichen Sinne.

Die jeweilige Haltung der traditionell-kleinbürgerlichen Mittelklasse und der neuen, formell der Lohnarbeiterklasse zugehörigen Mittelschichten ist für den Ausgang der Kämpfe zwischen den beiden Hauptklassen von entscheidender Bedeutung.[272]

Die sozialen Klassen erscheinen im Kontext der Ökonomie als bloße Allegorien ökonomischer Kategorien; die reale Scheinbewegung des Akkumulationsprozesses steht hier anstelle des Klassenkampfes. Damit ist die klassische politische Ökonomie getreuer Ausdruck der verkehrten bürgerlichen Welt selbst, der „Personifizierung der Sache und Versachlichung der Person",[273] die die agierenden Klassen-Individuen ausklammert und der Formation den Charakter geschichtsloser Pseudonatur verleiht. Marx' Kritik der politischen Ökonomie knüpft an die von seinen Vorgängern entwickelten „Theorien über den Mehrwert" wegen ihres Realismus an: die Fetisch-Kategorien der bürgerlichen Ökonomen sind „Daseinsformen, Existenzbestimmungen"[274] des Lebensprozesses der bürgerlichen Gesellschaft selbst, zwar an die Existenz dieser Gesellschaft, der real verkehrten Welt gebundene, aber für sie objektiv geltende Bewußtseinsformen. Als Anti-Utopist macht Marx es sich zur Aufgabe, den (Klassen-)Gegner in Gestalt der bedeutendsten Bourgeois-Ideologen auf seinem eigenen Boden zu stellen,[275] die in der klassischen Theorie manifesten und verborgenen Widersprüche als solche der Wirklichkeit, die in jenen Theorien angemessenen Ausdruck fand, ans Licht zu ziehen, im Medium der Ökonomie-Kritik die bürgerliche Gesellschaft der in ihr selbst wirkenden, über sie hinaustreibenden Bewegung zu überführen, den praktisch-kritischen Ausweg aus der Pseudonatur der bürgerlichen Gesellschaft zu zeigen.[276] Die ,,Ökonomie" ist die fetischisierte Gestalt des Kampfes der sozialen Klassen. Sie ,,handelt nicht von Dingen, sondern von Verhältnissen zwischen Personen und in letzter Instanz zwischen Klassen; diese Verhältnisse sind aber stets *an Dinge gebunden* und *erscheinen*" (im Rahmen kapitalistischer Warenproduktion) ,,*als* Dinge."[277]

Die Konstruktion des Marxschen ,,Kapital" wird durch die in der ,,Einleitung" zur Kritik der politischen Ökonomie (1857) skizzierten methodologischen Bemerkungen verständlich: Ausgehend vom Konkreten als einer mehr oder weniger ,,chaotischen Vorstellung des Ganzen", führt nähere analytische Bestimmung der pseudokonkreten Abstraktionen, mit deren Hilfe dies Ganze vorgestellt wird (z. B. ,,Bevölkerung") auf einfachste Wesensbestimmungen (wie ,,Ware" und ,,Wert").[278] Von jenen allgemeinen Wesensbestimmungen ausgehend, läßt sich dann die konkretisierende Rückreise ihrer dialektischen Entfaltung antreten: die Aneignung des real Konkreten auf dem Wege seiner Reproduktion als ,,Gedankentotalität".[279]

Wie Marx an ,,einfachen" Kategorien wie ,,Besitz" und ,,Geld" zeigt, kann ,,die einfachre Kategorie herrschende Verhältnisse eines unentwickeltern Ganzen ... ausdrücken ..., die historisch schon Existenz hatten, eh das Ganze sich nach dieser Seite entwickelte, die in einer konkretern Kategorie ausgedrückt ist. Insofern entspräche der Gang des abstrakten Denkens, das vom Einfachsten zum Kombinierten aufsteigt, dem wirklichen historischen Prozeß."[280] Hegels ,,Illusion" war es, wie Marx sagt, die reale Entwicklung selbst als eine solche Entwicklung von Gedanken aufzufassen; er verwechselte die gedankliche Rekonstruktion des Wirklichen mit dem ,,Entstehungsprozeß des Konkreten selbst".[281] Dieser ,,Illusion" hofft Marx durch Korrekturen der ,,idealistischen Manier der Darstellung"[282] entgegenzuwirken, die die Differenzen zwischen logischer und historischer Entwicklung markieren. Im 1. Band des ,,Kapital" wird ein vereinfachtes *Modell* der kapitalistischen Produktionsweise (ohne Außenhandel, ,,Dritte Personen", Kredit; mit Gleichsetzung von Werten und Preisen, etc.) entwickelt, ,,der Bau des Ganzen in seiner reinen Wesenheit aufgestellt".[283] Dies Modell der wesentlichen Struktur der Produktionsweise wird in den Folgebänden dann durch stufenweise Korrektur der fiktiven Vereinfachungen der Realität angenähert.[284]

5. Kapitalakkumulation und Krise[285]

Die von Marx in der Kritik seiner Vorgänger, der klassischen Ökonomen, entwickelte Mehrwerttheorie erscheint zunächst als eine Lehre von der proportionellen Dynamik bestimmter Wertgrößen im kapitalistischen Akkumulationsprozeß. An dem allgemeinen, auf die wesentlichen Verhältnisse reduzierten Modell der kapitalistischen Wertproduktion lassen sich Tendenzen und Gegentendenzen ablesen, deren verborgene Dynamik den empirisch konstatierbaren Marktphänomenen jeweils zugrunde liegt. Sobald in die von Marx im 3. Abschnitt des 2. Bandes des „Kapital" entwickelten Schemata der einfachen und erweiterten Reproduktion der technische Fortschritt einbezogen wird, der seinen wertmäßigen Ausdruck in der steigenden „organischen" Zusammensetzung des jeweils eingesetzten Kapitals findet, tritt zutage, daß die kapitalistische Produktion auf prinzipieller Disproportion von Produktion und Konsum, Produktionsmittel- und Konsumgüterindustrie beruht, prinzipiell also kein „Gleichgewicht", sondern nur die Entwicklung von Ungleichgewichten innerhalb gewisser Grenzen kennt. Diese für die kapitalistische Produktionsweise konstitutiven, in ihrem Rahmen nicht eliminierbaren Disproportionen konstellieren die Möglichkeit der Krise. Ist der Zweck der Produktion nicht die Befriedigung von Konsumbedürfnissen, ist vielmehr die Erzeugung von Gebrauchswerten nur Mittel der Erzeugung von Wert und Mehrwert, so gehört die Disproportion zwischen Produktionsgüter- und Konsumgüterproduktion ebenso wie die zwischen der erzeugten Gütermenge (Mehrwertmasse) und der eingeschränkten Massenkaufkraft zu den nur mit dieser Gesellschaftsform selbst aufhebbaren Funktionsbedingungen kapitalistischer Akkumulation. „Unterkonsumtion" und durch Produktionsanarchie konstituierte „Disproportionalität" können daher nicht als *spezifische* Krisen-Ursachen gelten: weder wird die akute Krise durch sie ausgelöst, noch werden sie durch die Krise aufgehoben. Die Krise verändert vielmehr – durch die Entwertung von konstantem und die Verbilligung von variablem Kapital (infolge des Anschwellens der Reservearmee) – nur die Verwertungsbedingungen; sie stellt „das richtige Verhältnis zwischen notwendiger und Surplusarbeit, worauf alles in letzter Instanz beruht, wieder her",[286] d. h. sie schafft eine profitablere Variante der Disproportionalität. Die im Produktionsprozeß auftretenden Wertgrößen (das Verhältnis von notwendiger und überschüssiger Arbeit) erscheinen empirisch faßbar nur in transformierter, mystifizierter Form.[287] Der für die Krise typische Überfluß an brachliegendem Kapital (unverkäuflichen Produktions- und Konsumgütern) und brachliegender Arbeitskraft ist der Ausdruck eines relativen Mangels an Mehrarbeit im Produktionsprozeß. Zuviel wurde nicht für den Konsum, sondern für das richtige Verhältnis zwischen Konsum und Verwertung produziert; also wurde mehr, als aktuell *verwertet* werden kann, produziert.[288] „Die relative Knappheit an Mehrarbeit im Produktionsprozeß erscheint als absoluter Überschuß von Waren im Zirkulationsprozeß und als Überproduktion von Kapital. Dies wird durch die Tatsache bewiesen, daß Perioden der Überproduktion nicht durch eine Abnahme, sondern durch eine Zunahme von Produktion und Produktionsmitteln beendet werden, die durch verbesserte Ausbeutungsbedingungen ermöglicht wird. Wenn die Kapitalexpansion von der Realisierung des Mehrwerts in der Zirkulationssphäre abhängt und durch Marktbeschränkungen gelegentlich zu einem Stillstand kommt, bedeutet das nicht, daß die Kapitalakkumulation ein Realisierungsproblem ist. Natürlich ist sie das auch, aber das Realisierungsproblem leitet sich aus der Kapitalproduktion als einem Prozeß der Wertexpansion her."[289]

Marx relativiert die Markt-Ökonomie seiner Vorgänger (und der späteren bürgerlichen Ökonomen) durch den analytischen Rückgang auf die die Marktsphäre dominierende, freilich nur in ihr, und zwar in systematisch verzerrter Form, zutagetretende Produktionsstruktur. Produktion und Zirkulation bilden eine widersprüchliche, prozessierende Einheit; die Marktsphäre hat innerhalb dieser sie übergreifenden Einheit eine relative Selbständigkeit erlangt und verhüllt, was ihr zugrunde liegt. Eben weil Produktion und Austausch nicht unmittelbar identisch sind, eine Differenz zwischen „innerer Organisation" und äußerer Erscheinung besteht, bedarf es der kritisch-ökonomischen Wissenschaft.[290] „Das Resultat, wozu wir gelangen, ist nicht, daß Produktion, Distribution, Austausch, Konsumtion identisch sind, sondern daß sie alle Glieder einer Totalität bilden, Unterschiede innerhalb einer Einheit. Die Produktion greift über, sowohl über sich in der gegensätzlichen Bestimmung der Produktion, als über die anderen Momente. Von ihr beginnt der Prozeß immer wieder von neuem."[291]

Die Analyse der wesentlichen Struktur des kapitalistischen Produktionsprozesses beginnt mit der Untersuchung des Doppelcharakters der Ware (als der prozessierenden Einheit von Gebrauchs- und Tauschwert), die zur Analyse der Ware Arbeitskraft weiterführt. Nach der Regel des Äquivalententauschs wird die Arbeitskraft zu ihren – durch die jeweilige Stufe der Arbeitsproduktivität und des kulturellen Lebensniveaus definierten – Gestehungs-(Reproduktions-)Kosten vom Kapitalisten auf dem Markt gekauft. Stillschweigende Bedingung dieses Tauschs ist, daß der Gebrauchswert der Ware Arbeitskraft im Rahmen der durch Klassenkampf bestimmten und gesetzlich fixierten Grenzen des Normalarbeitstags vom Kapitalisten länger genutzt werden kann, als es zur bloßen Reproduktion der Lohnkosten, des variablen Teils des vorgeschossenen Kapitals, der dem Wert der zur Wiederherstellung der ausgegebenen Arbeits- und Lebenskraft erforderlichen Konsumgüter entspricht, nötig ist. Das relative Verhältnis zwischen der so bestimmten *notwendigen* und der über dies Maß hinausgehenden Surplus- oder *Mehrarbeit* ergibt die sog. Mehrwert- oder Ausbeutungsrate. Die Modifikationen dieses Verhältnisses bedingen die krisenhafte Entwicklung der Kapitalakkumulation und deren schließlichen „Zusammenbruch". Die Ausbeutungsrate gibt an, in welcher Durchschnittsproportion notwendige und überflüssige Arbeit einander im Rahmen des Arbeitstags gegenüberstehen. Die für die Kapitalistenklasse[292] relevante, ihr Wirtschaftshandeln leitende Orientierungsgröße ist freilich nicht die Ausbeutungsrate (m'), sondern ein ebenso anschaulicher wie mystifizierter anderer Ausdruck derselben Sache: die Profitrate (p').[293] Die Komponenten c (konstantes Kapital) und v (variables Kapital) des Gesamtwerts der erzeugten Waren erscheinen dem Kapitalisten als Kapitalvorschuß für im Produktionsprozeß eingesetzte, kombinierte tote und lebende Produktionsmittel, als „Kostpreis", d.h. in Waren vergegenständlichter Ersatzwertteil des Gesamtprodukts. Der Kostpreis verdeckt die Differenz zwischen toter und (mehrwertschaffender) lebendiger Arbeit. Das eingesetzte variable Kapital erscheint als „Arbeitslohn“, der Mehrwert (m) als Überschuß über das insgesamt vorgeschossene Kapital, als Profit. In die Profitrate gehen – im Unterschied zur Mehrwertrate – auch die organische Zusammensetzung und die Umschlagszeit des Kapitals ein; das bedingt die Möglichkeit des qualitativen wie quantitativen Auseinanderfallens beider Raten, beider Wertgrößen.[294] Die von den Einzelkapitalen oder bestimmten Sektoren erzeugten Profitraten sind – je nach organischer Zusammensetzung – different, während die Mehrwertrate eine gesellschaftlich allgemeine ist. Der Ausgleich der unterschiedlichen Profitraten zur Durchschnittsprofitrate kommt zustande, indem die Sphären mit höherer Profitrate (unterdurchschnittlicher organischer Zusammensetzung) ihre Waren unter dem Wert und die Sphären mit niedrigerer Profitrate (überdurchschnittlicher organischer Zusammensetzung) ihre Waren über Wert verkaufen. Auf die branchenspezifischen Kostpreise wird also ein dem Anteil des jeweiligen Kapitals am Gesamtkapital entsprechend gewichteter Durchschnittsprofit aufgeschlagen; die derart modifizierten Preise sind „Produktionspreise“.[295] Produktionspreise sind also durch die Durchschnittsprofitrate modifizierte Werte;[296] sie vermitteln durch Umverteilung des erzeugten Mehrwerts eine Ausgleichung der individuellen Profitraten. Durch Konkurrenz bildet sich auf dem Markt ein allgemeiner Marktwert heraus, um den herum die Angebotspreise verschiedener Einzelkapitale oszillieren.[297] Liegen die Produktionspreise eines Einzelkapitals unterhalb des allgemeinen Marktpreises, so realisiert es einen Surplusprofit, andernfalls kann nur ein Teil des in den Waren vergegenständlichten Mehrwerts realisiert werden.

Der Gesamtwert der einzelnen Ware wie der des Sozialprodukts setzt sich aus den Komponenten c, v und m zusammen. Das variable Kapital bildet die (Original-)Revenue der produktiven Lohnarbeiter. Der durch ihre Mehrarbeit geschaffene Neuwert (m) bildet – abzüglich der Reproduktionskosten für vernutztes konstantes Kapital – die (Original-) Revenue der Kapitalistenklasse. Aus diesem Gesamtmehrwertfonds sind die Auslagen für sämtliche notwendigen, aber unproduktiven Arbeiten (der Zirkulationssphäre und des staatlichen Sektors, jeweils sowohl c wie v) sowie der unproduktive Konsum der Kapitalistenklasse zu bestreiten. Der „Rest“ steht zur Erweiterung der (Mehrwert-)Produktion zur Verfügung, wird in neues konstantes und variables Kapital – Surpluskapital – umgesetzt, akkumuliert. „Die Verwertung besteht in der *realen Möglichkeit* größrer Verwertung – Produktion neuer und größrer Werte.“[298] Die Realisierung des geschaffenen Mehrwerts vollzieht sich wesentlich im Austausch der Kapitalien untereinander:[299] „Die Realisierung des Mehrwerts hat mit den Arbeitern überhaupt nichts zu tun, da diese beides, ihren eigenen Wert und den Mehrwert, produzieren und ihren eigenen Wert in ihrer Konsumtion realisieren. Der Mehrwert realisiert sich in der Akkumulation und der kapitalistischen Konsumtion, zu der auch die unproduktiven Kosten der Gesellschaft zu rechnen sind.“[300]

Die Tendenz zur Überakkumulation besteht permanent,[301] bleibt aber in Phasen expansiver Entwicklung unproblematisch.[302] Stockt die Kapitalzufuhr, so tritt zutage, daß die Konsumnachfrage allein generell nicht zur Mehrwertrealisierung auslangt. Die Produktionsmittelindustrie, deren Investitionen in der Aufschwungphase den Bedürfnissen der Konsumgütererzeugung vorauseilen, ohne sich doch gänzlich von ihr emanzipieren, d. h. einen wachsenden Teil des erzeugten konstanten Kapitals selbst produktiv konsumieren zu können, reißt auch die Konsumgüterindustrie in die Überproduktion hinein; eine Absatzblockierung in der einen Abteilung zieht dann die Absatzstockung in der anderen nach sich.[303]

Der spezifische Modus kapitalistischer Mehrwert-Produktion ist die Steigerung des relativen Mehrwerts durch technisch-organisatorische Innovationen: die Senkung der notwendigen, die Vermehrung der überschüssigen Arbeitszeit. Steigende Arbeitsergiebigkeit führt dazu, daß mit immer weniger notwendiger Arbeit immer mehr Lebensmittel (Produkte) erzeugt werden können, daß der Tauschwert der Ware Arbeitskraft wie der aller Waren sinkt, daß die unbezahlte Mehrarbeit, die sich durchschnittlich aus den billiger werdenden Arbeitskräften herausholen läßt, und damit die Ausbeutungsrate steigt. Mit wachsender Kapitalakkumulation stehen also – langfristig gesehen – immer weniger produktive Arbeiter einer wachsenden Masse von konstantem Kapital (aufgehäufter ,,toter Arbeit") gegenüber. Das disproportionale Anwachsen des konstanten Kapitals (c) im Vergleich zu dem zu seiner Verwertung aufgebotenen variablen Kapital (v), das sich im Produktionsprozeß selbst reproduziert und darüber hinaus einen Mehrwert (m) erzeugt, führt, wie ein Blick auf deren Formel $\frac{m}{c+v}$ lehrt, unvermeidlich zu einer schrumpfenden Profitrate. Je weniger Arbeiter mit dem zu verwertenden Kapital im Produktionsprozeß kombiniert werden, je höher also die ,,organische" Zusammensetzung des Gesamtkapitals ist, desto geringer ist das Quantum der überhaupt zur Verfügung stehenden Gesamtarbeitszeit, die sich – gemäß der jeweils erreichten Arbeitsproduktivität – in notwendige Arbeit und Mehrarbeit teilt. Die Mehrarbeit kann sich nie auf die Gesamtarbeitszeit ausdehnen, so sehr ihr Anteil an dieser auch zunehmen mag. Das heißt, daß langfristig die Verminderung der überhaupt beschäftigten produktiven Arbeiter zur Verminderung der zur Verwertung des akkumulierten Kapitals erforderlichen Mehrarbeit führt. Mit steigender organischer Zusammensetzung des Kapitals wächst die Ausbeutungs-, sinkt die allgemeine Profitrate, von der der Fortgang der Akkumulation abhängt. Logisches Resultat dieses Falls der Profitrate, der unvermeidlich durch die der Akkumulation dienende Mehrwertproduktion hervorgebracht wird, ist eine Mehrwertproduktion, die hinter den Bedürfnissen der Kapitalverwertung zurückbleibt. Diese aus dem Funktionsmodell der kapitalistischen Wirtschaft abgeleitete Entwicklungstendenz – das säkulare Absinken, Fallen der Profitrate – macht sich nicht unmittelbar geltend, solange sie durch ihr entgegenwirkende Tendenzen kompensiert wird. Die wichtigste, den Fall der Profitrate zeitweilig aufhaltende Tendenz ist die Krise selbst. Das Aussetzen der Akkumulation führt zur Wiederherstellung einer Disproportion von Akkumulation und Mehrwertproduktion, die unter der Bedingung der bestehenden Ausbeutungsrate eine profitable Verwertung gewährleistet. Die Krise ermöglicht durch massenhafte Vernichtung bereits vergegenständlichter Werte die Rückkehr auf eine frühere Phase der Akkumulation und damit zu einer höheren Durchschnittsprofitrate. Alle Tendenzen, die den säkularen Fall der Profitrate verlangsamen, wirken im gleichen Sinne wie eine Krise, indem sie den Wert des konstanten Kapitals vermindern (die Produktionsmittel verbilligen) oder die Mehrwertmasse (die Ausbeutungsrate) steigern und so die Profitrate verbessern. Abgesehen von dem Krisensubstitut Krieg sind die wichtigsten dieser reaktiven Tendenzen die folgenden: Extraprofite, die sich aus der Einführung neuer Produktionsmethoden (vor deren Generalisierung) ergeben, wirken dem Absinken der Profitrate ebenso entgegen wie Steigerungen der Mehrwertrate (ohne sie kompensierende Steigerung der organischen Zusammensetzung des Kapitals); eine relative Überbevölkerung erlaubt es, den Einsatz neuer Techniken durch konkurrenzbedingt billige Arbeitskräfte zu substituieren; entsprechend wirkt die Etablierung neuer Produktionszweige mit unterdurchschnittlicher organischer Zusammensetzung des Kapitals; die Zufuhr billiger Rohstoffe und Lebensmittel über den Außenhandel und die Zunahme des Aktienkapitals wirken ebenfalls einem Absinken der Profitrate entgegen. „Und so hat sich denn im allgemeinen gezeigt, daß dieselben Ursachen, die das Fallen der allgemeinen Profitrate hervorbringen, Gegenwirkungen hervorrufen, die diesen Fall hemmen, verlangsamen und teilweise paralysieren. Sie heben das Gesetz nicht auf, schwächen aber seine Wirkung ab. Ohne das wäre nicht das Fallen der allgemeinen Profitrate unbegreiflich, sondern umgekehrt die relative Langsamkeit dieses Falls. So wirkt das Gesetz nur als Tendenz, dessen Wirkung nur unter bestimmten Umständen und im Verlauf langer Perioden schlagend hervortritt."[304]

Die Tendenz der Profitrate ist eine Entwicklungstendenz des Kapitals im allgemeinen, die durch Konkurrenz nur realisiert, „exequiert" wird.[305] Bei steigender organischer Zusammensetzung ist eine stets wachsende Kapitalmenge erforderlich, um trotz produktiverer Anwendung eine gleichbleibende Arbeiterzahl beschäftigen zu können. Das Kapital muß schneller akkumulieren als seine organische Zusammensetzung steigt, will es mehr Arbeiter beschäftigen, sich verwerten. Es muß schneller wachsen, als sein variabler Anteil bzw. die Profitrate fällt, um eine größere Profitmasse aneignen zu können. Die Steigerung der organischen Zusammensetzung eilt der Akkumulation des Kapitals voraus; sie muß von der letzteren überboten werden, soll sich das Kapital verwerten. Steigende organische Zusammensetzung des Kapitals impliziert eine fallende Profitrate, was nur durch rasches Wachstum der Mehrwertrate kompensiert werden kann.[306] „Da die Masse der angewandten lebendigen Arbeit stets abnimmt im Verhältnis zu der Masse der von ihr in Bewegung gesetzten vergegenständlichten Arbeit, der produktiv konsumierten Produktionsmittel, so muß auch der Teil dieser lebendigen Arbeit, der unbezahlt ist und sich in Mehrwert vergegenständlicht, in einem stets abnehmenden Verhältnis stehn zum Wertumfang des angewandten Gesamtkapitals."[307]

Das Gesamtquantum der relativ zur aufgehäuft toten Arbeit angewandten zusätzlichen lebendigen sinkt, zugleich aber steigt innerhalb dieses Gesamtquantums der unbezahlte Teil, „denn dieselbe Produktionsweise, die die Gesamtmasse der zusätzlichen lebendigen Arbeit in einer Ware vermindert, ist begleitet vom

Steigen des absoluten und relativen Mehrwerts. Das tendenzielle Sinken der Profitrate ist verbunden mit einem tendenziellen Steigen in der Rate des Mehrwerts, also im Exploitationsgrad der Arbeit."[308]

Die kapitalistische Krise ist Verwertungskrise; ihre letzte Ursache ist defizitäre Mehrwertproduktion. Sie ist ineins Manifestation und Korrektiv des tendenziellen Falls der Profitrate. Die unter Konkurrenzdruck stets gesteigerte Mehrwertproduktion arbeitet der Krise entgegen und muß die der Produktionsweise immanente Verwertungsschranke doch immer reproduzieren. Wird der tendenzielle Fall der Profitrate durch reaktive Gegentendenzen aktuell nicht in Schach gehalten, so wird die Tendenz im Abbrechen der Akkumulation manifest. Die Krise tritt als Überproduktion von Arbeits- und Lebensmitteln, begleitet vom Anwachsen der überschüssigen Bevölkerung, die sich mit den ersteren nicht mehr profitabel kombinieren läßt, auf. Die Verwertungskrise erscheint als Überproduktionskrise. Sie resultiert in der jedesmaligen gewaltsamen Anpassung der mangelnden Konsumkraft und der Proportionen der Produktionszweige an die gegebenen Verwertungsbedürfnisse. Sie macht die Diskrepanz zwischen brachliegenden gesellschaftlichen Produktionspotentialen (Menschen und Produktionsmitteln) und (nicht zahlungsfähigen) Bedürfnissen sichtbar, steigert die Disproportion zwischen der Konsumkraft der Massen und dem erzeugten gegenständlichen Reichtum aufs höchste, stürzt große Teile der Lohnarbeiterklasse in das – auch durch die aus dem Lohnfonds bestrittenen Arbeitslosengelder nur gemilderte – Elend der Reservearmee-Existenz und treibt Teile der Klasse zur Rebellion.

Marx verweist auf die jeweils gegebene Umschlagszeit des fixen Kapitals als auf die materielle Grundlage der jeweiligen Dauer des Krisenzyklus;[309] Zeitpunkt und Dauer der Krise lassen sich indessen nicht präzis prognostizieren.[310] Im Verlauf der kapitalistischen Entwicklung folgen die Krisen einander häufiger und werden in ihrem Ausschlag heftiger.[311] Die Zusammenbruchs- (oder Stagnations-)Tendenz setzt sich als langfristiger Durchschnitt vieler Krisenzyklen durch, die Miniaturen der durch den tendenziellen Fall der Profitrate charakterisierten kapitalistischen Gesamtentwicklung darstellen, wenngleich jene Tendenz in den Teilkrisen auch immer wieder partiell zurückgenommen wird.[312] Die Funktion des einzelnen Krisenzyklus läßt sich als Gewinn und Verlust einer der Kapitalverwertung angemessenen Mehrwertrate bestimmen.[313]

Unter Krisenbedingungen kann die Arbeits- und Reservearmee für das Kapital zur Revolutionsarmee für sich selbst werden. Die Krise mündet in den Klassenkampf. Der Klassenkampf kann praktisch das Ende der kapitalistischen Gesellschaft herbeiführen, dessen theoretische Möglichkeit der tendenzielle Fall der Profitrate, das „Zusammenbruchsgesetz" anzeigt.

Der 3. Band des „Kapital" führt den Leser im Marxschen Annäherungsverfahren schließlich zu den „*Erscheinungsformen,* die dem Vulgär als *Ausgangspunkt* dienen", wie Marx in einem Prospekt des Buches für Engels schreibt. „Von unsrem Standpunkt nimmt sich die Sache aber jetzt anders aus. Die scheinbare Bewegung erklärt sich ... der *Klassenkampf* als Schluß, worin sich die Bewegung und Auflösung der ganzen Scheiße auflöst."[314] „Es kommt nach meiner Einsicht, welche sich nur durch die Darstellung des Systems selbst rechtfertigen muß, alles darauf an, das Wahre nicht als *Substanz*, sondern ebensosehr als *Subjekt* aufzufassen und auszudrücken."[315] Ist dies der Kerngedanke Hegels, so ist es auch – in bezug auf das Verhältnis von Ökonomie und Klassenkampf – der von Marx und Engels.[316] Die *Kritik* der politischen Ökonomie ist der systematische Versuch, die Kategorien der fetischisierten Sphäre selbst auf die unter jenen Kategorien vergesellschafteten Menschen („Klassenindividuen") hin transparent zu machen,[317] die reale Scheinbewegung des sich selbst verwertenden Werts als Resultat des latenten Klassenkampfes zu dechiffrieren und den krisenhaften Verwertungsprozeß des Kapitals als die Bedingung der Möglichkeit der revolutionären Klassenaktion der ausgebeuteten Klasse selbst zu erweisen.

Marx und Engels haben gegenüber allen Konzeptionen einer substitutionalistischen Befreiung des Proletariats „von oben" darauf insistiert, die Befreiung müsse „das Werk der Arbeiterklasse selbst sein".[318] Sie vertrauten darauf, der naturwüchsige Prozeß der kapitalistischen Entwicklung werde die unterdrückte Klasse schließlich instand setzen, entweder aus Not oder schon aus Freiheit, eben in notwendiger Selbstbefreiung aus der „Vorgeschichte" auszubrechen. An sich (und der allgemeinen materialistischen Geschichtstheorie zufolge) ist die gesellschaftliche Entwicklung mit der der Individuen identisch.[319] In der Geschichte der Klassengesellschaften aber kommt es zu einer Fortschrittsdialektik: jede Weiter- und Höherentwicklung ist zugleich ein Rückschritt; der soziale Fortschritt, die Entwicklung der Gattung kommt nur mehr den herrschenden Minoritäten zugute, findet auf Kosten der ausgebeuteten Mehrheit statt. Unter kapitalistischen Bedingungen verschärft sich diese Dialektik: aller gesellschaftliche Reichtum, den die unter das Joch der Kapitalakkumulation gebeugten Arbeiterheere schaffen, vermehrt die Macht des Kapitals, das sie ausbeutet; es ist potentieller Reichtum, der den ihn schaffenden Individuen unzugänglich bleibt. Die „höhere Entwicklung der Individualität (wird) nur durch einen historischen Prozeß erkauft ..., worin die Individuen geopfert werden."[320] Wie in der politischen Ökonomie ist auch in deren Kritik von „Individuen" nur als von Klassenindividuen, „Durchschnittsindividuen"[331] die Rede, von Personen als Personifikationen, Trägern ökonomischer Verhältnisse (Kategorien), als von „Charaktermasken".[322] Der Antipsychologe Marx geht (wie alle klassischen Theoretiker der bürgerlichen Gesellschaft) davon aus, daß es unter der Herrschaft der Verhältnisse auf die Psychologie der vergesellschafteten Individuen noch nicht ankommt. Erst in der kapitalistischen Gesellschaft existieren sie *vereinzelt,*[323] sind sie als soziale Atome existenzfähig geworden, formell frei, material unfrei, weil sachlich abhängig. Eine Unterscheidung zwischen dem persönlichen Leben des Individuums und seiner sozialen Funktion wurde erst möglich infolge fortschreitender Arbeitsteilung. „Der Unterschied des persönlichen Individuums gegen das Klassenindividuum, die Zufälligkeit der Lebensbedingungen für das In(dividuum) tritt erst mit dem Auftreten der Klasse (ein), die selbst ein Produkt der Bourgeoisie ist."[324] Die proletarischen Individuen sind mit ihrer Funktion nicht mehr gänzlich verwachsen; ihre Existenzbedingungen sind außerhalb ihrer Kontrolle, zufällig, ihre Arbeit ist ihnen gleichgültig.[325] Solche Lockerung der Charaktermaske aber gibt ihnen die Chance, gegen ihre Reduktion auf den Status auswechselbarer Repräsentanten purer Arbeitskraft (selbstbewußter Waren) zu rebellieren. Allgemein sagt Marx von den Klassenindividuen, daß sie Geschöpfe der herrschenden Verhältnisse bleiben, „so sehr (sie) sich auch subjektiv über sie erheben" mögen.[326] Von den Arbeitern speziell heißt es, daß mit der „freien" Arbeit „der Arbeiter formell als Person gesetzt ist, der noch etwas *außer seiner* Arbeit für sich ist . . .",[327] und, an anderer Stelle, daß „der größere Spielraum, den der Stücklohn der Individualität bietet", „die Individualität und damit Freiheitsgefühl, Selbständigkeit und Selbstkontrolle der Arbeiter" (wie ihre Konkurrenz untereinander) entwickelt.[328] Während vom Kapitalisten gesagt wird, daß ihm seine ökonomische Funktion, die der Mehrwertextraktion und Akkumulation, durch die Konkurrenz als äußeres Zwangsgesetz aufgenötigt wird,[329] dieser äußere Zwang sich aber auch verinnerlicht, eine „historische Modifikation" der Menschennatur,[330] den Bereicherungstrieb,[331] hervorbringt, wird bei den Proletariern die durch die ihnen aufgeprägte Charaktermaske modifizierte, in solcher Modifikation aber nicht aufgehende Menschennatur für die Konstitution eines Rebellions-Potentials von Marx unsystematisch in Anspruch genommen: Die Maschinerie „wird an und für sich ein industrielles Perpetuum mobile, das ununterbrochen fortproduzieren würde, stieße es nicht auf gewisse Naturschranken in seinen menschlichen Gehilfen: ihre Körperschwäche und ihren Eigenwillen. Als Kapital, und als solches besitzt der Automat im Kapitalisten Bewußtsein und Willen, ist es daher mit dem Trieb begeistet, die widerstrebende, aber elastische menschliche Naturschranke auf den Minimalwiderstand einzuzwängen."[332]

Überzeugt von der Vormacht des naturwüchsigen Evolutionsprozesses über Willen und Bewußtsein der Individuen, hat Marx keine Psychologie (als von Ökonomie, „Industrie" abgehobene) entwickelt; aber der Materialist, der gegenüber der idealistischen Konzeption der Verfasser des „Gothaer Programms" der vereinigten deutschen Sozialdemoktatie, die die menschliche Arbeit zur alleinigen Quelle alles Reichtums promovierten, auf den Naturbedingungen insistierte, die alle Arbeit voraussetzt,[333] ignorierte die menschliche Natur, die wir freilich nur als historisch modifizierte kennen, nicht. Die in der sozialen Charaktermaske nicht aufgehende erste Natur des Kapitalisten bleibt für die soziale Entwicklung folgenlos, die des Proletariers hingegen ist für sie unentbehrlich:[334]

„Insofern steht hier der Arbeiter von vornherein höher als der Kapitalist, als der letztere in jenem Entfremdungsprozeß wurzelt und in ihm seine *absolute* Befriedigung findet, während der Arbeiter als sein Opfer von vorn herein dagegen in einem *rebellischen Verhältnis* steht und ihn als Knechtungsprozeß empfindet."[335]

Das „rebellische Verhältnis" ist durch die Klassenlage konstelliert; es entfaltet sich mit der Entwicklung der Arbeitsformen[336] und Klassenkämpfe.[337] Das „Klassenbewußtsein" – „die Erkennung der Produkte als seiner eignen und die

Beurteilung der Trennung von den Bedingungen seiner Verwirklichung als einer ungehörigen, zwangsweisen – ist ein enormes Bewußtsein, selbst das Produkt der auf dem Kapital ruhenden Produktionsweise, ... das knell to its doom ...“[338] Es ist nicht nur Erinnerung an vergangene und Antizipation zukünftiger Kämpfe („zurechenbares“ Bewußtsein), existiert nicht nur als Bewußtsein revolutionärer Minoritäten und Theoretiker der Klasse, sondern muß in der aktuellen Alltagspraxis der arbeitenden und kämpfenden Klassenindividuen selbst sich bilden, soll es ihre revolutionäre Praxis bestimmen.[339] Die Lösung (der Aufgabe des Arbeiters) „beginnt erst in dem Augenblick, wo durch den Weltkrieg das Proletariat an die Spitze des Volks getrieben wird, das den Weltmarkt beherrscht ... Die Revolution, die hier nicht ihr Ende, sondern ihren organisatorischen Anfang findet, ist keine kurzatmige Revolution. Das jetzige Geschlecht gleicht den Juden, die Moses durch die Wüste führt. Es hat nicht nur eine neue Welt zu erobern, es muß untergehen, um den Menschen Platz zu machen, die einer neuen Welt gewachsen sind.“[340]

IV. Analytik der gesellschaftlichen Verhältnisse

Mit dem Übergang zu einer betont materialistischen Rechenschaft von den wirklichen Lebensverhältnissen und Lebensprozessen der Menschen gewinnt das Marxsche Gesellschaftsdenken einen unverkennbar systematischen Zug. Schon die erste skizzenhafte Darlegung der neuen „Geschichtsauffassung“ in den Manuskripten zur Kritik der „Deutschen Ideologie“versucht sich in Schritten zu einer axiomatischen Konstruktion des Systems gesellschaftlicher Grundverhältnisse aus den Grundvoraussetzungen der menschlichen Natur und Daseinsweise. Einen umfassend systematischen Anspruch scheint auch die zusammenfassende Formel zu erheben, die wir dann im Vorwort der Schrift von 1859 „Zur Kritik der politischen Ökonomie“ finden. Sie hat sich nicht wenigen Marx-Epigonen dazu angeboten, als thematische Disposition eines kompletten und universalen Systems der Soziologie und Geschichtstheorie zu dienen. Marx erscheint darin als Vollender der Wissenschaft von der Gesellschaft.[341]

Demgegenüber ist daran zu erinnern, daß der Marxsche Gesellschaftsbegriff nicht so sehr ein Fazit der ganzen Geschichte als vielmehr selbst ein Stück Geschichte ist. Die Marxsche Theoriebildung bewegt sich in einem historischen Aktualitätsraum, Marx selbst begreift sich mit seinen theoretischen Aufklärungen als Teilnehmer einer Epoche in der Sozialgeschichte, und sein Denken konzentriert sich – bei aller Weite und Ausweitungsfähigkeit – auf Schwerpunkte, die für ihn und für andere Teilnehmer der sozialen Bewegung von praktischer Relevanz sind.

Die Entfaltung einer materialistischen Analytik des gesellschaftlichen Lebensprozesses erhielt ihre besondere Problemaktualität innerhalb einer Formation von Intellektuellen, denen es um ihre eigene soziale Wirksamkeit zu tun war und denen sich die Frage nach der thematischen Ebene und dem gesellschaftlichen Bezugsrahmen dieser Wirksamkeit stellte. Die Marxsche Theorie vollzieht und reflektiert einen Scheidungsprozeß innerhalb dieser Intellektuellenformation, die Sezession derer, die kein Genügen mehr daran fanden, mit imperialem Gestus im Reich der Ideen und Prinzipien zu agieren, sondern stattdessen den schwierigeren Part wählten, aus dem Ideenhimmel auf den Kampfplatz der gesellschaftlichen Klassen und Institutionen herabzusteigen. Es ist in dieser Sezession offenbar ein Veränderungsimpuls wirksam, der energischer ansetzt und weiterreicht als das vormalige Tun der Gebildeten, der darum auch reeller kalkulieren, sich über die Kräfte- und Gewichtsverhältnisse der sozialen Realität orientieren, die eigene Wirkungsmöglichkeit selbstkritisch relativieren und sich eine Arbeitsdisziplin auferlegen mußte. Für Intellektuelle, Leute des geschriebenen und gesprochenen Wortes, mußte es vor allem darum zu tun sein, den Bewegungsanteil kritisch zu bestimmen, der dem Formulieren und Mitteilen von Ideen innerhalb der gesellschaftlichen Gesamtaktivität zukommt, der Gesamtheit von Arbeit und Genuß, Kampf und Herrschaft, Versklavung und Befreiung. Die materialistische Geschichtsauffassung bedeutet eine äußerste kritische Restriktion jenes Bewegungsanteils: Ideenproduktion ist nicht, wie es im kompensatorischen Überschwang vieler Junghegelianer herauskam, das demiurgische Schaffen eines autarken Geistes oder einer das Geisterreich durchwaltenden Vernunft, sondern sie ist nur die Bewußtseinsform, in der die Energien des ,,wirklichen Lebensprozesses" einen eigentümlich bedingten, oft mehr indirekten und ,,verdrehten" als einen direktkongruenten Ausdruck finden. Ideen sind Moment von Produktivkräften und Produktionsverhältnissen gesellschaftlicher Klassen. Und Marx zögerte auch nicht, den sozial-praktischen Ort seiner eigenen Theoriebildung zu identifizieren.

Die materialistische Gesellschaftsanalyse fördert, von der Selbstprüfung des Ideenproduzenten ausgehend, namentlich zwei ineinander verschränkte Strukturen zutage: Zunächst einen Zusammenhang der ihrer Thematik nach unterscheidbaren ,,Sphären" des gesellschaftlichen Gesamtlebensprozesses, also der Beziehungen zwischen Ökonomie, Politik und Ideologie und ihren diversen Unteraspekten, und ferner im Substantiellen dieser Aktivitätsfelder die praktischen Verhältnisse innerhalb der Formationen vergesellschafteter Menschen, die Beziehungsqualitäten sozialer Klassen, Schichten, Nationen. Mit den besonderen Anlässen zur Herausbildung der materialistischen Gesellschaftstheorie dürfte es zusammenhängen, daß in der systematischen Explikation des allgemeinen Gesellschaftsbegriffs, anders übrigens als in der konkret-historischen Explikation, der Zusammenhang der ,,Sphären" und ihrer strukturellen Komponenten weit mehr Beachtung fand als die Analytik der sozialen Positionsbestimmungen und Wechselbeziehungen von Klassen. Aus jedesmal wohl recht spezifischen Gründen ist es auch in der Nachgeschichte der Marxschen Theorie dabei geblieben, daß ,,Basis und Überbau" zum Thema weitläufiger Erörterungen geworden sind, die qualitative Analyse der Herrschaftsverhältnisse und ihrer Möglichkeitsbedingungen jedoch nicht zu einer vergleichbaren Systematik und Intensität gediehen ist.

Wir wollen im folgenden die zentralen analytischen Kategorien besprechen, in denen sich der allgemeine Begriff der Gesellschaft bei Marx darstellt. Im Mittelpunkt steht die mehrgliedrige Analytik des Zusammenhangs der ,,Sphären", und abschließend ist noch die kategoriale Problematik des Marxschen Geschichtsbegriffs aufzunehmen.

1. Die „Sphären" des gesellschaftlichen Lebensprozesses und ihr Zusammenhang

Aus Gründen, die wir bereits erörtert haben, ist bei Marx in der Arbeitsphase, in der er seine allgemeine Theorie der Gesellschaft konzipierte, das Augenmerk sehr stark auf die Dependenzen und Interdependenzen gerichtet, die zwischen den unterschiedlichen Tätigkeitsfeldern einer hochgradig arbeitsteilig gewordenen Gesellschaft bestehen: zwischen dem Ausfechten der politischen „Haupt- und Staatsaktionen", dem Herausbilden, Festhalten und Anfechten sozialer Funktions- und Rangordnungen, dem Produzieren materieller Existenzmittel und dem Organisieren dieses Produktionsprozesses, und nicht zuletzt – in Marx' eigener Arbeitsperspektive sogar ganz vordringlich aufzuklären – dem Gewinnen und Propagieren von Ideen, von Ansichten und Einsichten, von Dogmen und Doktrinen, dem Predigen von Moral, dem Beten zu Göttern u. a. m. Sofern alle diese Aktivitäten nicht beziehungslos nebeneinander herlaufen, stellt sich die Frage, wo hier die Schwergewichte und Bewegungszentren und worin ein verbindender Sinnbezug zu finden seien. Damit weitet sich eine Ausgangsfrage, worin die geschichtliche Bestimmung philosophierender Intellektueller bestehe, zu einer systematischen Funktionsbestimmung aller gesellschaftlichen Aktivitäten aus.

Den Weg von dieser Ausgangsfrage zu einer Totalansicht des gesellschaftlichen Lebensprozesses der Menschen können wir in den von Marx und Engels gemeinsam verfaßten Schriften der Jahre 1845/46, besonders im nachgelassenen Manuskript zur Kritik der „Deutschen Ideologie" verfolgen. Spätere Interpretationen und Systematisierungen hielten sich vorwiegend an das Resümee, das Marx beim Eintritt in die abschließenden Arbeiten zur Theorie der bürgerlichen Gesellschaft, im Vorwort der „Kapital"-Vorstudie „Zur Kritik der politischen Ökonomie" (1859), gegeben hat. Diese zwei Textseiten haben sich indessen für Generationen von Interpreten, Kritikern und Fortsetzern als äußerst verfänglich erwiesen und einen verwirrenden, oft geradezu abenteuerlichen Jahrhundert-Disput ausgelöst, der bis heute nicht abgeschlossen ist.

In drei Gedankenschritten legt Marx zunächst die elementaren strukturellen Daten des gesellschaftlichen Lebensprozesses auseinander, beschreibt sodann in diesen Koordinaten die Konstellation, aus der Veränderungsschritte resultieren, und die Koordination, in der sie ablaufen; schließlich gibt er noch eine Grobskizze der geschichtlichen Epochenfolge mit einem Ausblick auf das jetzt anstehende weltgeschichtliche Ereignis, die Konstituierung „der menschlichen Gesellschaft".

Wir haben uns fürs erste auf die Analytik der Grundverhältnisse zu konzentrieren. Marx entfaltet sie auf verschiedenen begrifflichen Ebenen mit jeweils eigenen kategorialen Prägungen:

1. Den weitesten Rahmen steckt die Aussage ab, daß die ,,Produktionsweise des materiellen Lebens ... den sozialen, politischen und geistigen Lebensprozeß überhaupt" *bedinge.*

2. Innerhalb jener Produktionsweise erweist sich die Korrelation von Produktivkräften und Produktionsverhältnissen als das dynamische Kernstück.

3. Die Produktionsverhältnisse insbesondere stellen, als die ,,ökonomische Struktur der Gesellschaft", eine ,,reale Basis" dar, ,,worauf sich ein juristischer und politischer Überbau erhebt", und auch die ,,gesellschaftlichen Bewußtseinsformen" stehen in einem Entsprechungsverhältnis zu den Produktionsverhältnissen, auch sie bilden als die ,,ideologischen Formen" einen Überbau der Basis.

4. In ihrer Zweigliedrigkeit und Disjunktivität noch umfassender, dem Ausdruck nach allerdings abstrakter gefaßt ist schließlich die kategorisch-ausschließliche Feststellung, das ,,gesellschaftliche Sein" bestimme das (gesellschaftliche) ,,Bewußtsein der Menschen", nicht umgekehrt.

In der Dimension geschichtlicher Bewegung und Veränderung stellt es sich so dar, daß die Expansion der Produktivkräfte die Bedingungen und Anstöße für Transformationen der Produktionsverhältnisse schafft. Gegebene Produktionsverhältnisse fungieren als ,,Entwicklungsformen der Produktionskräfte", können im weiteren aber in ,,Widerspruch" zu ihnen geraten und ,,Fesseln" für sie werden, und es tritt dann eine ,,Epoche sozialer Revolution" ein. Mit der ,,Veränderung der ökonomischen Grundlage" wälzt sich auch der ganze Überbau von Institutionen und Ideen um, indem die Menschen sich des Konflikts der Produktivkräfte und Produktionsverhältnisse in ideologischen (religiösen, künstlerischen, philosophischen) Formen bewußt werden und ihn in politischen und rechtlichen Formen ausfechten.

Die Verständnisschwierigkeiten, auf welche die Marxsche Analytik gerade in dieser ,,zweiten" Formulierung von 1859 traf, ist sicher nicht vorwiegend in der logischen Qualität des Textes begründet, sondern vor allem in den Spannungssituationen, in denen sich nachmals die Marxrezeption und Marxkritik abspielten. Immerhin bietet jene logische Qualität einige Anknüpfungspunkte und Handhaben für eine selektive Interpretation, welche in charakteristischer Weise den Sinn der Marxschen Sätze zu verschieben vermochte. Die soziologische Analytik des Marxschen Vorworts von 1859 bewegt sich auf der kategorialen Ebene einer bestimmten qualitativ-strukturellen Datenkorrelation, bei der die handelnden Menschen (wie K. Korsch bemerkt hat), ziemlich ausgeklammert bleiben.[342] Nur zu Beginn ist kurz davon die Rede, daß die Menschen in der gesellschaftlichen Produktion *ihres Lebens* bestimmte Verhältnisse *eingehen,* also eine sinnhafte Tätigkeit vollführen. Doch schon im selben Atemzug heißt es, diese Verhältnisse seien in ihrer Bestimmtheit *notwendig* und *unabhängig vom Willen* der Menschen. Alles weitere, so scheint es, spielt sich automatisch zwischen jenen objektiven Bestimmtheiten ab, deren ,,Agenten" die handelnden Menschen sind. Das Grundgeschehen ist gleichsam ein Naturprozeß, die ,,materielle naturwissenschaftlich treu zu konstatierende Umwälzung in den ökonomischen Produktionsbedingungen", und als eine Art Epiphänomen das ,,Ausfechten" des Konflikts in bewußten (und oft genug phantastisch-verzerrt bewußten) Handlungen der Menschen. Diese Suggestion, die vom gedrängten Text des Vorworts ausgeht, löst sich indessen auf, wenn man an den zahllosen Beispielen materialer Darstellung geschichtlicher Lebensprozesse bei Marx sieht, wie die bestimmten und die bestimmenden Qualitäten letztlich eben doch nur Momente aktiver Lebensvollzüge sind. Zu bedenken ist auch, daß es Marx in der Kritik der politischen Ökonomie mit einer gesellschaftlichen Formation zu tun hat, in der sich die Menschen selbst kraft der Produktionsverhältnisse, die sie hier eingegangen sind, vermittels der von ihnen selbst produzierten Dinge im höchsten Grade *bedingen.*

Verständnisschwierigkeiten erwachsen ferner aus der räumlichen und architektonischen Metaphorik, in der Marx seine strukturell-funktionalen Befunde darlegt, namentlich aus dem Bild von einem Fundament, das diverse Aufbauten trägt.

Bei der Dichte, mit der im Vorwort die Sätze aufeinander folgen, konnte leicht der Eindruck entstehen, es seien nur Umschreibungen ein und desselben Grundverhältnisses, während es in der Tat um verschiedene Korrelationen zwischen verschiedenen Instanzen geht: die *Produktionsweise bedingt* den gesellschaftlichen Lebensprozeß überhaupt; das *Sein bestimmt* das Bewußtsein; die *Überbauten erheben sich über* der Basis-Struktur; die Bewußtseinsformen *entsprechen den Produktionsverhältnissen.*

Vollends zum gordischen Knoten geraten die Marxschen Gedankenlinien, wenn ihnen auch noch auf höchster ontologischer Abstraktionsstufe das Grundverhältnis von Materiellem und Ideellem unterschoben wird, womöglich noch in der Fassung, die es in Lenins erkenntnistheoretischen Reflexionen erfahren hat: das Materielle ist demnach das, was vom Bewußtsein unabhängig, objektiv-real existiert und vom Bewußtsein abgebildet (widergespiegelt) wird.

Wenden wir uns nach diesen Hinweisen auf Verständnisschwierigkeiten, die in den Disputen der Epigonen zutage getreten sind, den wichtigsten Aspekten des historisch-materialistischen Korrelationsschemas zu.

Den weitesten Rahmen steckt die Generalthese ab, daß die „Produktionsweise des materiellen Lebens", die ihrerseits eine geschichtlich bestimmte Konfiguration von Produktivkräften und Produktionsverhältnissen ist, den sozialen, politischen und geistigen Lebensprozeß der Menschen überhaupt bedingt. Damit ist ein vielfältiger Komplex von Möglichkeitsbedingungen genannt, die den unterschiedlichen Momenten der Produktionsweise inhärent sind: den Indikatoren der Produktions*tätigkeit* (ihrem motivierenden Bedürfnis, ihren Qualifikations- und Energiemaßen, ihrer zeitlichen Extension u. a.), den *Produkten* einschließlich der produzierten Produktionsinstrumente (namentlich der Leistungsfähigkeit solcher materiellen Instrumentarien, aber auch ihrer sonstigen Prägekraft als ein Umfeld von Objektivationen, in und an dem sich die Handlungsprofile der Menschen ausbilden), und endlich den Produktions*verhältnissen,* den sozialen Beziehungen zwischen den am Produktionsprozeß beteiligten Menschen und ihren Beziehungen zu den materiellen Produktionsbedingungen.

Den Parametern der Produktionsweise kann somit je nach dem eine motivationale, eine instrumentelle oder eine anderswie zu qualifizierende Bedeutung im Kontext sozialer, politischer und geistiger Formbildung zukommen.

Wie weit im Marxschen Materialismus eine motivationale Priorität der Produktion *um ihrer Produkte* (als Bedingungen für die physische Existenzmöglichkeit von Menschen) *willen* behauptet ist, läßt sich nicht ganz leicht entscheiden, wie überhaupt die Möglichkeit einer isolierenden Gewichtung von „Faktoren" hier zweifelhaft erscheinen muß. Wohl heißt es, daß die Menschen „zuerst essen" u.a.m. müßten, ehe sie Politik, Religion und anderes machen könnten; das liefe auf eine absolute existenzielle Priorität der Existenzmittel-Produktion hinaus, oder wenigstens des Interesses an ihren Produkten, materiellen Gütern. Indes wie stark diese Determinante in allen gesellschaftlichen Aktivitäten präsent sein und wie weit sie in scheinbar ganz abgelegene Lebensäußerungen hineinwirken mag – so hat Marx doch auch Tatbestände in seinem Blickfeld gehabt, die ihm eine solche Generalisierung nicht erlaubt hätten. Der materiell-gegenständliche Bezug ist in der Totalität menschlicher Lebenstätigkeit so sehr mit der bestimmten gesellschaftlichen Lebensform verflochten, daß ein schlechthin selbständig vorgeordnetes Interesse an physischer Subsistenz nicht vorauszusetzen ist; ebenso können Interessen dominant werden, die der bestimmten gesellschaftlichen Form gelten. In motivationstheoretischer Blickrichtung wird der Satz über die materielle Produktion als „Grundlage" darum nur eine begrenzt heuristische Bedeutung haben. Ökonomische Bedingtheit, darauf hat K. Kautsky hingewiesen, ist nicht gleichbedeutend mit ökonomischer Interessen-Motivation.[343]

Weiter reicht der Satz von der ökonomischen Bedingtheit unter anderem auch in der Weise, daß fundierende und instrumentell fungierende Elemente des Produktionskomplexes anderweitige gesellschaftliche Formbildungen, politische Aktivitäten und geistig-kulturelle Leistungen materiell ermöglichen und zugleich limitieren, welcher Art auch immer das Interesse sein mag, in dem solche Aktivitäten unternommen werden. Das verweist vor allem auf den geschichtlich bestimmten Entwicklungsstand der materiellen *Produktivkräfte* als Möglichkeitsbedingung für jene anderen gesellschaftlichen Lebensfunktionen, deren dimensionale Eigenständigkeit durch solche Rückbindung nicht tangiert ist.

Was in dieser Weise in die „außerökonomischen" Tätigkeitsdimensionen eingeht, sind nicht nur die Vergegenständlichungen der materiellen Produktivkraft. Auch die im Produktionsprozeß zur Entfaltung gelangenden Qualifikationen der lebenden Produktivkraft wirken sich ebenso in den sozialen, politischen und geistig-kulturellen Aktivitäten aus.

Andere Bedingtheitsmomente gehen von den *Produktionsverhältnissen* aus. Um das spezifischer zu kennzeichnen, hat Marx die Begriffe „Basis" und „Überbau" angesetzt. Auf dieser Linie gilt es zu erfassen, wie die sozialen Beziehungen der Menschen im Produktionsprozeß den Kernbestand ihrer Sozialbeziehungen überhaupt, ihrer Klassen-, Schichten- und Standesgliederungen darstellen und ebenso das energetische Zentrum ihrer gesellschaftlichen und politischen Machtverhältnisse. Hier haben wir es wieder mit einem Komplex von *Interessen* zu tun, jedoch nicht nur mit dem elementar-ökonomischen Interesse an materiellen Gütern, sondern auch mit Interessenfixierungen, die mit der Qualität der Produktionsverhältnisse, also mit dem Positions- und Funktionsbestimmungen der Menschen in Arbeit, Arbeitsorganisation und zu den materiellen Arbeitsbedingungen verbunden sind. Daß die Produktionsverhältnisse die gesellschaftlichen Beziehungen überhaupt „bedingen", ist womöglich ein noch zu schwacher Ausdruck für das, was Marx im Sinne hat: daß die Produktionsverhältnisse ganz unmittelbar das zentrale Feld der Sozialstruktur, das determinative Zentrum der politischen Institutionalisierungen und selbst noch eines wichtigen Teils der sozialen Ideenbildungen sind.

Wenn Marx die „Produktionsweise" mit den Gestaltungen des sozialen, politischen und geistigen Lebenprozesses in Beziehung setzt, bewegt er sich auf einer Stufe der kategorialen Abstraktion, der begrifflichen Fixierung von Positions-, Struktur- und Prozeßqualitäten, ihren energetischen Quantitäten, mitunter der Aussage über Relationen zwischen Relationen. So jedenfalls stellt es sich im Wortlaut des Vorworts von 1859 dar. In der nachfolgenden langen Interpretationsgeschichte machte sich indessen immer wieder, mit den Erläuterungen in den späten Engels-Briefen beginnend, das Bestreben geltend, die hier in Rede stehenden Instanzen anschaulicher faßbar zu machen, also sie direkt als soziale Funktionsgruppen zu benennen. Marx hatte dagegen einmal notiert, daß Verhältnisse überhaupt nur *gedacht* und gedanklich fixiert werden können „im Unterschied von den Subjekten, die sich verhalten",[344] und er hatte demgemäß auch Raum für einen abstraktiven Begriff von Gesellschaft, die nicht „aus Individuen besteht", sondern die Summe der Beziehungen, Verhältnisse ausdrückt, worin diese Individuen zueinander stehen.[345] Auf dieser Abstraktionsstufe bewegen sich auch die Korrelationsformeln des Vorworts von 1859. Die darin fixierten und korrelierten Bestimmtheiten des gesellschaftlichen Lebensprozesses begegnen uns nun aber sozusagen in zweifacher Gestalt: einmal als Funktionsbestimmungen, die in der Praxis *eines jeden Individuums* zusammenbestehen – sofern jeder seinen Anteil an Produktionsprozessen, seinen Platz in einer sozialen Gliederung, im Raum der Politik hat und alle seine Tätigkeiten in irgendeiner Weise bewußt (in einem Horizont von Vorstellungen) verrichtet. Zum anderen hat es sich im Zuge der geschichtlichen Arbeitsteilungen ergeben, daß mehrere der thematisch unterscheidbaren sozialen Lebensfunktionen noch einmal gesondert von eigenen Funktionären ausgeübt werden: Produzenten, Politiker, Militärs, Wissenschaftler, Priester, Künstler. Es bilden sich so organisierte Korporationen von Leuten, die jeweils eine der „Sphären" des gesellschaftlichen Gesamt-Lebensprozesses professionell repräsentieren. Die Beziehungen zwischen Ökonomie, Recht, Politik und Ideologie erscheinen als Gruppenbeziehungen und „Wechselwirkungen" zwischen jenen Korporationen, mit Prozeduren der Beauftragung oder Beeinflussung, der korporativen Verselbständigung, des Konflikts und der Durchsetzung. Es entstehen daraufhin Fragen wie die, was sich die Agenten der Staatsmacht gegenüber einer besitzenden Klasse und angesichts der bestimmten Produktivkraft-Ausstattung der betreffenden Gesellschaft erlauben können. Das mögen relevante Probleme der Gesellschaftsanalyse sein, aber nicht darauf zielen die Marxschen Begriffsbildungen von Basis und Überbau etc., wie wir weiter unten noch genauer sehen werden.

Kein Platz ist in dieser Analytik auch für die (durch Engels eingeführte) Vorstellung von einer autarken „ökonomischen Bewegung", die sich als Basisprozeß oder als „letzte Instanz" gegen alle konkurrierenden Energien des sozialen Kräfteparallelogramms durchsetzt. Dazu ist vor allem zu sagen, daß die Marxsche Analyse überhaupt nicht auf die Isolierung irgendwelcher Faktoren aus ist, sondern umgekehrt einen integrativen Sinn hat. Die Frage nach etwas absolut Ursprünglichem ist darin gegenstandslos, allenfalls geht es an, so etwas wie eine funktionale Mitte kenntlich zu machen, und diese besteht in der unauflöslichen Einheit von *gegenständlichem* und *gesellschaftlichem* Lebensvollzug, welchem materiell-reproduktive, sozial-interaktive, politische und ideell-kommunikative Funktionen eingegliedert sind. Es ist darum unangebracht, die Marxsche Position als einen „ökonomischen Determinismus" zu titulieren.

2. Produktivkräfte und Produktionsverhältnisse

Immer wieder findet man die soziologische Analytik von Marx unter die Titelbegriffe „Basis und Überbau" gestellt. Doch mit einigem Recht läßt sich behaupten, daß viel eher „Produktivkräfte und Produktionsverhältnisse" als die Zentralkategorien der materialistischen Gesellschaftsanalyse gelten dürfen. „In der gesellschaftlichen Produktion ihres Lebens", so hatte Marx erklärt, „gehen die Menschen bestimmte, notwendige, von ihrem Willen unabhängige Verhältnisse ein, Produktionsverhältnisse, die einer bestimmten Entwicklungsstufe ihrer materiellen Produktivkräfte entsprechen ... Auf einer bestimmten Entwicklungsstufe geraten die materiellen Produktivkräfte der Gesellschaft in Widerspruch mit den vorhandenen Produktionsverhältnissen oder, was nur ein juristischer Ausdruck dafür ist, mit den Eigentumsverhältnissen, innerhalb deren sie sich bisher bewegt hatten. Aus Entwicklungsformen der Produktivkräfte schlagen diese Verhältnisse in Fesseln derselben um. Es tritt dann eine Epoche sozialer Revolution ein".[346] Es ist ersichtlich, daß damit ein dynamisches Kernstück der gesellschaftlichen Bewegung auf den Begriff gebracht werden soll, während die Basis-Überbau-Korrelation nur deutlich machen soll, wie anderweitige Wandlungsprozesse mit denjenigen der Produktionsverhältnisse verbunden sind. In Frage steht hier, wie die produktiven Kräfte der Menschen in der materiellen Reproduktion ihres Lebens gleichermaßen als Energien und Qualifikationen beim „Eingehen" und Herstellen von sozialen Beziehungen, zunächst von Produktionsverhältnissen, bestimmend sind.

Schon bei Marx gibt es einzelne Formulierungen, die vor allem die *vergegenständlichte* Produktivkraft, das Arsenal an Produktions*mitteln,* als das Bestimmende erscheinen lassen: „Die Handmühle ergibt eine Gesellschaft mit Feudalherren, die Dampfmühle eine Gesellschaft mit industriellen Kapitalisten."[347] In späteren Kompendien des historischen Materialismus hat man immer wieder die Produktivkräfte an erster Stelle durch die maschinellen Produktionsmittel charakterisiert. Vom ursprünglichen Entwurf der Theorie her dürfte es indessen unzweifelhaft sein, daß die Produktivkraft „in letzter Instanz" eben die produktiven Kräfte und Qualifikationen der Menschen, ihre Fertigkeiten und Kenntnisse sind. „Das Verhältnis der Produktionskräfte zur Verkehrsform (dies ist der Terminus, für den später „Produktionsverhältnisse" steht. D. Vf.) ist das Verhältnis der Verkehrsform zur Tätigkeit oder Betätigung der Individuen."[348] Die „Verkehrsform", ihrerseits von der „Selbstbetätigung" produziert, ist ein Komplex von „Bedingungen der Selbstbetätigung", bis sie zu deren Fessel wird.[349]

Was hier besonders interessieren muß, ist die „Produktion der Verkehrsform selbst", die Produktion von Produktionsverhältnissen, oder, wie sich materielle Produktivkraft in soziale Formativkraft umsetzt. Marx hält Proudhon vor, er habe nicht begriffen, daß die „sozialen Verhältnisse ebensogut Produkte der Menschen sind wie Tuch, Leinen etc.", damit soll jedoch weder gesagt sein, daß das Produzieren von Produktionsverhältnissen bereits im Produzieren von Produkten impliziert sei, noch auch, daß das eine Produzieren im selben Modus vonstatten gehe wie das andere.[350] Er behauptet nur ein Zusammengehen beider Produktionsakte, Produktion von Arbeitsprodukten und von sozialen Verhältnisformen: „Mit der Erwerbung neuer Produktivkräfte verändern die Menschen ihre Produktionsweise, und mit der Veränderung der Produktionsweise, der Art, ihren Lebensunterhalt zu gewinnen, verändern sie alle ihre gesellschaftlichen Verhältnisse".[351] Produktionsverhältnisse sind die gesellschaftlichen Beziehungen, in denen die Menschen am Produktions- und Aneignungsprozeß teilnehmen. Marx entwickelt nirgends eine Systematik der Produktionsverhältnisse. Doch aus seinen verschiedenen Erörterungen lassen sich manche Gliederungsgesichtspunkte gewinnen. a) Wir haben es zum einen mit Beziehungen zwischen den Produzenten (Produktionsagenten im weitesten Sinn) und den sachlichen Produktionsvoraussetzungen zu tun, namentlich den Modalitäten von Eigentum oder Nichtbesitz von Produktionsmitteln. Die Marxsche Zusammenfassung hat diese Seite nachdrücklich hervorgehoben und geradezu den Eindruck entstehen lassen, Produktionsverhältnisse seien im wesentlichen solche *„Eigentumsverhältnisse"*, Verhältnisse der ausschließenden Aneignung jener sachlichen Produktionsbedingungen. Doch sofern „Kommando über fremde Arbeit" dem privilegierenden Besitz sachlicher Produktionsbedingungen erst seinen Sinn verleiht, muß das direkte *Verhältnis zwischen den Personen* das Kernstück von Produktionsverhältnissen ausmachen. b) Was die Qualität von Produktionsverhältnissen angeht, richtet sich das Augenmerk bei Marx naturgemäß sehr auf solche der *hierarchischen Subordination* in ihrem Unterschied von solchen der *Kooperation zwischen Gleichgestellten*. Diese letzteren unterscheiden sich noch einmal in solche der *solidarischen Kooperation* und solche, in denen Menschen nicht als Menschen aneinander Anteil nehmen, sondern nur wechselseitig an einzelnen Leistungen und Nutzeffekten interessiert sind; das unterscheidet assoziierte Produzenten von austauschenden Warenproduzenten.[352] So lassen sich außer den Unterordnungsverhältnissen zwischen besitzenden und arbeitenden Klassen auch die Zuordnungsverhältnisse innerhalb besitzender und arbeitender Klassen (z. B. Konkurrenz) als Charakteristik von Produktionsverhältnissen fassen. c) Schließlich ist der Begriff der Produktionsverhältnisse darum einer beliebig weit getriebenen Differenzierung fähig, weil innerhalb gegebener Grund-Produktionsverhältnisse alle funktionalen Unterschiede zwischen Produktionsagenten – bis hin zu den feinsten Abstufungen des Qualifikationsspektrums und der funktionellen Bedeutsamkeit von Betätigungen innerhalb des Gesamt-Produktionsprozesses – einen Produktionsverhältnis-Status haben.

Wo Marx davon spricht, daß die Menschen bestimmte Produktionsverhältnisse „eingehen", da setzt er hinzu, es seien *notwendige, von ihrem Willen unabhängige* Verhältnisse. Marx will damit (wie schon 1846 im Brief an P. W. Annenkow) unterstreichen, daß die Menschen ihre Gesellschaftsform nicht „frei wählen", sondern nach Maßgabe ihrer Produktivkräfte hervorbringen, die sie ebenfalls nicht frei wählen, sondern zu einem sehr großen Teil bereits vorfinden und übernehmen.[353]

Daß hier keine freie Setzung stattfindet, schließt indessen nicht aus, daß wir es beim „Eingehen" von Produktionsverhältnissen sehr wohl mit „Tathandlungen" zu tun haben, bei denen – innerhalb der Maßbestimmungen der erworbenen Produktivkräfte – bestimmte *Interessen* der beteiligten Gruppen maßgebend sind. In nachmaligen Entwicklungen der marxistischen Theorie haben sich mancherlei Unklarheiten eingestellt, durch die gerade der Handlungssinn jener Produktion von Produktionsverhältnissen ziemlich verdeckt worden ist. Soweit sich die Darlegung nicht überhaupt in irgendwelchen „Sachzwang"-Kategorien bewegt, erscheint als das Maßgebende beim Eingehen neuer Produktionsverhältnisse oft ein „Erfordernis", die Produktivkräfte zu entwickeln und Produktionsverhältnisse zu schaffen, die als Entwicklungsformen fungieren können; Entwicklung der Produktivkräfte ist dabei weithin gleichgesetzt mit globaler Ausweitung der Produktionskapazität, vorrangig durch Einführung neuer Maschinerie. Die ganze „Dialektik" der Produktivkräfte und Produktionsverhältnisse gewinnt damit einen recht äußerlichen, geradezu verdinglichten Charakter. Man darf jedoch annehmen, daß Marx weit mehr an eine innere Motivverknüpfung gedacht hat, sowohl was das Interesse an bestimmten Produktionsverhältnissen als auch was die Maßbestimmung von den Produktivkräften her angeht. Eine frühe Formulierung aus dem Jahre 1846 verdeutlicht, wie sich alles in eine Finalität von Lebenstätigkeit und Lebensgenuß einfügt: „Die Menschen verzichten nie auf das, was sie gewonnen haben, aber das bedeutet nicht, daß sie nie auf die Gesellschaftsform verzichten, in der sie bestimmte Produktivkräfte erworben haben. Ganz im Gegenteil. Um des erzielten Resultats nicht verlustig zu gehen, um die Früchte der Zivilisation nicht zu verlieren, sind die Menschen gezwungen, sobald die Art und Weise ihres Verkehrs den erworbenen Produktivkräften nicht mehr entspricht, alle ihre überkommenen Gesellschaftsformen zu ändern".[354]

Die Produktivkräfte, die zu neuen Produktionsverhältnissen drängen, sind die jeweils neu erschlossenen Kräfte menschlicher „Selbstbetätigung", die in den bestehenden sozialen Subordinationsformen eingeengt sind und kraft ihrer höheren produktiven Potenz auch die Qualität haben, sich auf einer höheren sozialen Stufe kooperativer Selbstbetätigung zu organisieren. Die Produktionsverhältnisse sind in diesem Sinne immer auch Produktivkraft-Verhältnisse, Proportionen zwischen Produktivkraft-Anteilen und Kräfteverhältnisse zwischen den unterschiedlich plazierten Produktions-Kontrahenten.

Das Herstellen neuer Produktionsverhältnisse ist danach nicht geschichts-teleologisch als eine Leistung im Dienst an einem übergreifenden „Fortschritt der Produktivkräfte" zu verstehen, sondern im Sinne einer immanenten Handlungsfinalität als Durchsetzen teils neuer, teils auch alter sozialer Status- und Betätigungsinteressen dank dem Einsatz neu erworbener produktiver Energien und Qualifikationen einer sozialen Gruppe oder Klasse.

Wir sahen bereits, daß der Begriff der „Produktivkräfte" letztlich auf produktive Potenzen der Arbeitenden und Arbeitsorganisatoren zurückführt. Die Maßskala niederer und höherer Produktivkraft ist wesentlich bestimmt durch den Gegensatz von einseitiger, bornierter und subordinativer Tätigkeit und vielseitiger, weit ausgreifender und selbstbestimmter auf der anderen Seite. Exemplarisch deutlich wird das dort, wo Marx die Perspektiven einer künftigen Reorganisation der menschlichen Arbeit als ein Problem der „Aneignung" von Produktivkräften und Produktionsinstrumenten erörtert. Alle früheren Aneignungen, auch die revolutionären, waren borniert: „Bei allen bisherigen Aneignungen blieb eine Masse von Individuen unter ein einziges Produktionsinstrument subsumiert", in der anstehenden Revolution dagegen „müssen eine Masse von Produktionsinstrumenten unter jedes Individuum und das Eigentum unter alle subsumiert werden". Die „Aneignung einer Totalität von Produktionsinstrumenten" – und die modernen Produktivkräfte sind eine planetarische Totalität geworden – ist so zugleich auch die „Entwicklung einer Totalität von Fähigkeiten in den Individuen selbst", sie bedeutet die „Entwicklung der Individuen zu totalen Individuen", die „Verwandlung der Arbeit in Selbständigkeit" und die „Verwandlung des bisherigen bedingten Verkehrs in den Verkehr der Individuen als solcher".[355] Das Produktivkräfte-Problem ist also in seinem Kern ein Problem der *Fähigkeiten,* und die materiell-produktiven Fähigkeiten der Produzenten bilden eine Einheit mit den organisatorisch-planenden und mit den sozial-kommunikativen. – Im „Kapital" und namentlich in den Vorarbeiten dazu diskutiert Marx mit mehr technologischer Sachkenntnis als in den frühen Entwürfen die Produktivkraft-Seite der kapitalistischen Produktion, die Arbeit an Maschinen und Maschinensystemen. „Die Tätigkeit des Arbeiters, auf eine bloße Abstraktion der Tätigkeit beschränkt, ist nach allen Seiten hin bestimmt und geregelt durch die Bewegung der Maschine, nicht umgekehrt. Die Wissenschaft, die die unbelebten Glieder der Maschine zwingt, durch ihre Konstruktion zweckgemäß als Automat zu wirken, existiert nicht im Bewußtsein des Arbeiters, sondern wirkt durch die Maschine als fremde Macht auf ihn, als Macht der Maschine selbst."[356] Es vollzieht sich im System der Maschinerie eine Gewichtsverschiebung weg von der eigentlichen ausführenden Arbeit, die mehr und mehr „überwachende und regulierende Tätigkeit" wird.[357] Die Maschine stellt sich dar als „vergegenständlichte Wissenskraft": ,,Die Entwicklung des capital fixe zeigt an, bis zu welchem Grade das allgemeine gesellschaftliche Wissen, knowledge, zur *unmittelbaren Produktivkraft* geworden ist, und daher die Bedingungen des gesellschaftlichen Lebensprozesses selbst unter die Kontrolle des general intellect gekommen und ihm gemäß umgeschaffen sind. Bis zu welchem Grade die gesellschaftlichen Produktivkräfte produziert sind, nicht nur in der Form des Wissens, sondern als unmittelbare Organe der gesellschaftlichen Praxis; des realen Lebensprozesses."[358] Hier setzt das Interesse an einer Emanzipation der Arbeit auf mehrfache Weise an: als Kalkül der ,,social disposable time", als Kultivierung von technischem und gesellschaftlich-praktischem Wissen. ,,Die Arbeit kann nicht Spiel werden, wie Fourier will ... Die freie Zeit – die sowohl Mußezeit als Zeit für höhre Tätigkeit ist – hat ihren Besitzer natürlich in ein anderes Subjekt verwandelt, und als dies andere Subjekt tritt er dann auch in den unmittelbaren Produktionsprozeß. Es ist dieser zugleich Disziplin, mit Bezug auf den werdenden Menschen betrachtet, wie Ausübung, Experimentalwissenschaft, materiell schöpferische und sich vergegenständlichende Wissenschaft mit Bezug auf den gewordenen Menschen, in dessen Kopf das akkumulierte Wissen der Gesellschaft existiert. Für beide, soweit die Arbeit praktisches Handanlegen erfordert und freie Bewegung, wie in der Agrikultur, zugleich exercise"[359]

Von den verschiedenen Marxschen Beschreibungen ausgehend ließe sich eine Analytik der Produktivkraft-Momente entwickeln, die für jede gegebene Produktionsweise den Gesamtbestand an produktiv bedeutsamen Qualifikationen, ihre gesellschaftliche Distribution (somit auch die Produktivkraft-Anteile der einzelnen Sozialgruppen) und den Modus ihrer gesellschaftlichen Verknüpfung feststellen könnte. Davon ausgehend wäre zu erkunden, wie sich die verschiedenen Produktivkraft-Momente und ihre Kombinationen sozusagen produktionsverhältnis-bildend, sozial-formativ auswirken – auch im Medium politischer Aktivitäten. Die Schlüsselqualifikation dürfte dabei in der Fähigkeit liegen, über die Routine ausführender Arbeiten hinausgehend Innovationen zu erschließen und Kooperation zu organisieren.

3. Basis und Überbau

Kaum eine andere Begriffsbildung der Marxschen Analytik ist so viel beachtet, ja geradezu populär geworden wie die Titel ,,Basis und Überbau", die manchmal sogar als Signatur der ganzen materialistischen Gesellschaftsauffassung zu figurieren haben. Sie haben indessen, wenn man sich strikt an die Marxschen Formulierungen hält, einen ziemlich eng definierten Aussagesinn. Den Fußpunkt von Basis-Überbau-Korrelationen bilden die *Produktionsverhältnisse* und nichts anderes, also die gesellschaftlichen, durch Gegenstände vermittelten Beziehungen zwischen unterschiedlich profilierten und plazierten Funktionsträgern des Produktionsprozesses. Die Produktionsverhältnisse, so heißt es, sind die ,,ökonomische Struktur", die als die ,,reale Basis" des ,,Überbaus" von politisch-rechtlichen Institutionen sowie von gesellschaftlichen Bewußtseinsformen fungiert.

Die Korrelation, die hier aufgewiesen wird, besteht zwischen abstraktiv gefaßten Bestimmungen der Produktionsverhältnisse und solchen der „außerökonomischen" Funktionsbereiche, oder genauer, sie führt auf etwas in diesen Funktionsbereichen hin, was eben *Funktion der Produktionsverhältnisse* ist. Wir haben es mit einer funktionalen Entsprechung zu tun, die sich an recht unterschiedlichen Instanzen, Strukturen und Daten aufweisen läßt; den zentralen Punkt dürfte man treffen, wenn man innerhalb der strukturellen Qualität der Produktionsverhältnisse die sozialen Profile, Potenzen und zumal *Interessen* der unterschiedlich plazierten Produktions-Akteure als dasjenige erfaßt, was sich in den politischen und ideologischen Aktivitäten fortsetzt. Die Basis-Überbau-These besagt also, daß ein *identischer sozialer Handlungssinn* in sonst voneinander abgehobenen Betätigungen unterschiedlicher Thematik wirksam ist, wobei der Handlungssinn bestimmt ist gemäß der Stellung, in der sich der betreffende Akteur den anderen gegenüber befindet; der Handlungssinn des Produktionsverhaltens ist zugleich politischer Handlungssinn und sozialer Sinngehalt ideeller Orientierungen.

In der späteren Ausformulierung historisch-materialistischer Theorie machte sich immer wieder das Bestreben geltend, das Basis-Überbau-Verhältnis konkreter und substantiell faßbar zu machen. Statt einer Relation von Relationsqualitäten hat man es dann mit Institutionen und Korporationen zu tun – Agenten von Produktionsprozessen, politischen Funktionsträgern, Ideenproduzenten –, und die Korrelationsthese besagt dann, die einen übten eine abhängige Dienstfunktion für die anderen aus, die Überbauten dienen der Basis, im Sinne von deren Erhaltung oder auch Veränderung. Allerdings, so heißt es, wirkt der Überbau, nachdem er von der Basis „hervorgebracht" ist, wiederum auf diese zurück. Die „relative Selbständigkeit der Überbauten" mit der Hauptthese von der „bestimmenden Rolle der Basis" in Einklang zu bringen, ist mit Schwierigkeiten verbunden und beraubt die theoretische Aussage ihrer Prägnanz.

Marx selbst hatte zwar etwas anderes im Sinn, doch er hat selbst schon das Signal zu einer solchen „substantialistischen" oder korporativen Ausdeutung gegeben, indem er den unanschaulichen funktionalen Sachverhalt in die Bildersprache der Gebäude-Architektonik übertrug.

Im korporativen Verständnis der Basis-Überbau-Beziehung überlagert ein sekundäres Verhältnis den primären Sinn der Kategorien. Marx ist es darum zu tun, in den sichtbar verschiedenen „Sphären" einen identischen Gehalt aufzudekken, dessen konstitutiver Ort die Produktionsverhältnisse sind. Produzenten und Produktionsmittelbesitzer haben entsprechend ihrem Positionsunterschied ihre je spezifische Politik, in der sich die Maßbestimmungen ihrer Selbstbetätigung, Kooperation, Subordination, Konkurrenz (wie auch die Verschiebungen in diesen Maßbestimmungen) manifestieren, und sie manifestieren ebendasselbe in ihren sozialen Ideenbildungen. Das sekundäre Verhältnis kommt dadurch hinzu, daß in einer komplex-arbeitsteiligen Großgesellschaft die politischen und ideologischen Aktivitäten der Produktionsagenten ergänzt werden durch die Aktivitäten eigens dafür herausgehobener Personen und Organe. Die Politik professioneller Politiker, die Ideologie professioneller Denker und das Schaffen professioneller Künstler etc. treten neben die Politik, das soziale Denken und die ästhetische Wahrnehmung der Leute, deren professionelle Tätigkeit in der materiellen Reproduktion geschieht. Fraglos spielen sich zwischen solchen Funktionsgruppen diverse Wechselwirkungen ab, stellen sich ambivalente Beziehungen von Abhängigkeit und Selbständigkeit her. Doch nicht dies bildet den Inhalt der Marxschen Basis-Überbau-Theoreme. Die hier aufgewiesene Korrespondenz und Identität gesellschaftlicher Aktivitäten mit der Qualität der Produktionsverhältnisse findet, bevor sie in gesonderten Funktionsgruppen eine zusätzliche Inkorporation erhält, in jedem Individuum selbst als innere Verknüpfung seiner thematisch differierenden und einander zeitlich ablösenden Betätigungen statt. Das aber hat nichts von der Art einer „Wechselwirkung" zwischen „Bereichen" oder „Faktoren" an sich. Es gibt da weder eine „Aktivität der Basis" (worin könnte auch eine Aktivität der Produktionsverhältnisse bestehen!), noch eine darauf „zurückwirkende" Aktivität der Überbauten. Sondern es gibt politische Aktivitätsdimensionen von Produktionsagenten verschiedener Klassen- und Schichtenposition, Aktivitäten immer in bestimmten Bewußtseinsformen, und die Aktivitäten sind ebenso wie ihr Vorstellungshorizont nach Richtung, Stärke, Differenzierung, Mobilität, Klarheit u. a. dadurch bestimmt, wie sich die betreffenden Kontrahenten bei gegebener (und immer wieder veränderter) Entfaltung ihrer Produktivität zueinander verhalten, mit welchem Verhalten die einen das Verhalten der anderen beantworten. Produktionsverhalten, politische Potenz und ideelle Reflexivität der Produzentenklassen stimulieren oder limitieren die Wirkungsmöglichkeiten der besonderen politischen und ideologischen Korporationen. Aus dieser „Sphäre" der professionellen Politik wirkt nichts auf die Produktionsverhältnisse, die Qualität des Produktionsverhaltens „zurück", was nicht in den sozial-energetischen Kapazitäten der Produzenten selbst beschlossen wäre.

Versteht man auf dieser radikal-analytischen Linie unter „Überbau" weder bestimmte soziale Korporationen noch auch den „Bereich" ihrer Wirksamkeit, sondern strikt eine *funktionale Qualität,* so ist damit auch gesagt, daß nicht kurzerhand die gesamte öffentliche Organisation, Regierung und Verwaltung, das Erziehungswesen, Wissenschaft, Kunst usw. den „Überbau-Bereich" der Gesellschaft bilden, in dem sich Angehörige von „Überbau-Berufen" betätigen. Der Überbau-Charakter ist nur ein partieller, er haftet genau denjenigen Inhalts-, Form- und Funktionsmomenten der genannten Bereiche an, die ihre funktionale Bestimmtheit von den Produktionsverhältnissen her erlangen, Ausdruck sozialer Beziehungsqualitäten sind. Es ist das, was die öffentliche Organisation zum Staat (Organ von Klasseninteressen) macht, das Gesellschaftsdenken zur sozialen Ideologie, und das bis weit in die auf objektive Erkenntnis prätendierende Sozialwissenschaft hinein. Irgendwo findet jedoch die Überbau-Funktionalität eine Grenze.

Am Rande sei noch vermerkt, daß die institutionalistisch-korporative Lesart der Marxschen Basis-Überbau-Theoreme wohl selbst eine Überbau-Funktion im Kontext einer gesellschaftlichen Formation hat, in der sich diverse Arbeitsteilungen und Kompetenz-Abgrenzungen aufs neue fest institutionalisiert haben, während die Theoreme bei Marx selbst zur Denkform einer politischen Praxis gehören, die darauf zielt, hergebrachte Formen von Arbeitsteilung zu überwinden.

Nach der Exposition der Grundverhältnisse kommt Marx im Vorwort-Text darauf zu sprechen, wie Basis und Überbau einander in Prozessen geschichtlicher Veränderung und sozialer Revolution zugeordnet sind: „Mit der Veränderung der ökonomischen Grundlage wälzt sich der ganze ungeheuere Überbau langsamer oder rascher um. In der Betrachtung solcher Umwälzungen muß man stets unterscheiden zwischen der materiellen, naturwissenschaftlich treu zu konstatierenden Umwälzung in den ökonomischen Produktionsbedingungen und den juristischen, politischen, religiösen, künstlerischen oder philosophischen, kurz ideologischen Formen, worin sich die Menschen dieses Konflikts (die Rede ist von der Diskrepanz zwischen Produktivkräften und Produktionsverhältnissen; d. Vf.) bewußt werden und ihn ausfechten."

An diesen Satz schlossen sich bei den Nachfolgern mancherlei Versuche an, das Ineinandergreifen von Basis- und Überbauveränderungen und die Struktur sozialer Revolutionen auf bestimmtere Formeln zu bringen, namentlich eine zeitliche Sequenz der einzelnen Veränderungsebenen zu statuieren – bis hin zu N. Bucharins Konzept einer „Phaseologie" sozialistischer Revolutionen, in der ideologische, politische, ökonomische und technische Revolution als dominante Phasen aufeinander folgen.[360] Es kam in der Nachgeschichte der russischen Revolution zu Überlegungen darüber, wie mitunter eine Überbau-Initiative vorangeht und der Überbau die ihm entsprechende Basis schafft. Dieses Räsonnement beruht indessen auf einer unscharfen Verwendung der Marxschen Kategorien im Verein mit einer ungenügend differenzierten Erfassung der gemeinten Tatbestände. Auf der Operationsebene der Marxschen Analytik wird es sich so darstellen, daß jede Änderung im Komplex der Produktionsverhältnisse, und sei es eine unterschwellige Potentialverschiebung weit diesseits einer sozialen Revolution, immer auch eine politische und eine ideelle Manifestation haben wird, oder umgekehrt betrachtet jede solche Manifestation auf eine Linienverschiebung in den Produktionsverhältnissen rückverweist. Dafür bestimmte Abfolge-Rhythmen zu ermitteln, war nicht die Absicht von Marx, vielmehr verweist es auf eine korrelative Simultaneität, wenn er erklärt, „mit" (nicht vor oder nach) der Basisverschiebung gehe eine im Überbau einher.

4. Gesellschaftliches Sein und Bewußtsein. Die Funktion der Ideologie

Klarheit über die Wirksamkeit der Ideenproduktion zu gewinnen, war die Ausgangsproblematik der materialistischen Theorie, an dieser Problematik hat die Theorie am schärfsten ihren Gegensatz zur idealistischen oder ideologischen Denkweise herausgearbeitet. Die Sätze des Marxschen Vorworts, zumal das kategorische „Es ist nicht das Bewußtsein der Menschen, das ihr Sein, sondern umgekehrt ihr gesellschaftliches Sein das ihr Bewußtsein bestimmt", nehmen analoge (und dort besser erläuterte) Formulierungen aus der frühen Kritik der ,,Deutschen Ideologie" wieder auf. Dort hatte es geheißen: ,,Nicht das Bewußtsein bestimmt das Leben, sondern das Leben bestimmt das Bewußtsein." ,,Das Bewußtsein kann nie etwas anderes sein als das bewußte Sein, und das Sein der Menschen ist ihr wirklicher Lebensprozeß."[361]

Der besondere Fall, an dem diese Ausgangsproblematik sich entsponnen hat, war die Wirksamkeit professioneller Ideenproduzenten, deren soziale Wechselwirkung mit den anderen Gesellschaftsgruppen zu erkunden war. Doch die Produktion von Ideen war nicht nur historisch-ursprünglich ,,unmittelbar verflochten in die materielle Tätigkeit und den materiellen Verkehr der Menschen, Sprache des wirklichen Lebens,"[362] auch nach der arbeitsteiligen Aussonderung professioneller Ideenproduzenten können eigentlich nur sie sich ,,einbilden", ihre Gedanken stellten etwas ,,Wirkliches" dar, bei den anderen hingegen sind Denkakte weiterhin in die gegenständlichen Betätigungen einbezogen.

Die materialistische Theorie des gesellschaftlichen Bewußtseins zielt darauf, den gesellschaftlich-praktischen Funktionszusammenhang der Produktion und Rezeption von Ideen aufzuklären, in denen die Menschen ihre Aktivitäten denken und ihre Konflikte ausfechten. Ohne daß damit andere Aspekte ausgeschlossen sein müßten, ist es das besondere Interesse der Marxschen Theorie, die *gesellschaftlichen Bedeutungen* von Ideen herauszuarbeiten, also eine Soziologie der Ideen (und des Wissens) und eine Soziologie der Ideenproduktion zu installieren. Die kritische Pointe des Theorems über die Seinsbestimmtheit des gesellschaftlichen Bewußtseins liegt in der Dechiffrierung des *Interessengehalts* sozialer Ideenbildungen. Die herrschenden Ideen einer Zeit sind immer die Ideen der herrschenden Klassen; und wenn revolutionäre, diese Herrschaft anfechtende Ideen sich verbreiten, dann heißt das, es haben sich interessierte Kräfte ausgebildet, die eine Änderung in den Herrschaftsverhältnissen herbeiführen.[363]

Es kommen dabei naturgemäß alle Probleme einer fundamentalphilosophischen Reflexion von Sein und Bewußtsein, Materie und Geist ins Spiel, und Marx hat es denn auch nicht unterlassen, die Grundverhältnisse auf philosophisch radikalisierte Nenner zu bringen. Eine dieser Formulierungen ist der schon angeführte Satz, das (gesellschaftliche) Sein bestimme das Bewußtsein, nicht umgekehrt. In einer anderen Formulierung wird das ,,Sein" in seiner Materialität benannt: ,,Für Hegel ist der Denkprozeß, den er sogar unter dem Namen Idee in ein selbständiges Subjekt verwandelt, der Demiurg des Wirklichen, das nur seine äußere Erscheinung bildet. Bei mir ist umgekehrt das Ideelle nichts anderes als das im Menschenkopf umgesetzte und übersetzte Materielle."[364]

Die Tendenz dieser materialistischen Theorie des Bewußtseins und der Ideen ist es indessen nicht, innerhalb der vom Idealismus angesetzten Abstraktion der Instanzen verbleibend nur deren Prioritätsverhältnis umzukehren, das Materielle zum ,,Primären" zu erheben und das Ideelle als das ,,Abgeleitete" zu erweisen. Marx will eigentlich gar kein Ursprungsproblem lösen, sondern die idealistische Abstraktion aufheben und eine Integration des ideellen Seinsmodus, der Denkakte wie der Gedankeninhalte, in das Ganze der gegenständlichen (auf Gegenstände außerhalb der Menschen bezogenen) und gesellschaftlich vermittelten Lebenstätigkeit wirklicher, ,,leibhaftiger" Menschen erreichen.[365] Wenn es angesichts der gedanklich-abstraktiv auseinandergelegten Momente von ,,Sein" und ,,Bewußtsein" gilt, daß das erste das zweite ,,bestimmt", so ist an ein äußerliches Einwirken des einen auf das andere (und eventuell auch noch umgekehrt) hier nicht zu denken. Deutlicher kommt die angestrebte konzeptionelle Integration in der anderen Formel zum Ausdruck, daß das Bewußtsein nichts anderes sein könne als das bewußte Sein; das Sein der Menschen ist selbst ein bewußtes, wahrnehmend-vorstellend-denkend vollzogenes, und das überall involvierte Wissen des Menschen von sich selbst, der bewußte Ausdruck seiner Bestrebungen und Zustände, verbindet sich ebenso durchgängig mit dem Bewußtsein von Objekten und Mitmenschen. Bewußt-sein ist eine Weise dieser Objekte und Mitmenschen, für das gegebene Subjekt da zu sein. Marx macht sich sichtlich keine Sorgen darum, wie man sich im Medium dieses ,,bewußten Seins" von Subjekten wie Objekten vergewissern könne, daß das Dasein in diesem Bewußtsein nicht aufgeht. Sein Hauptaugenmerk war darauf gerichtet, daß das Bewußtsein als gedanklicher Aktvollzug immer nur Moment von Handlungsvollzügen gegenständlich-wirklicher Natur ist.

In gesellschaftsanalytischer Betrachtung kommt es wesentlich auf die spezifischen Differenzen innerhalb dieser ontologischen Statusbestimmung des Bewußtseins an. Es geht zum einen darum, wie das Bewußtsein von den Naturgegenständen ein Moment des geschichtlich bestimmten Entwicklungsstandes der gegenständlich-produktiven Kräfte der Menschen ist, und zum anderen darum, wie die Selbsterkenntnis der Menschen, die Rechenschaft von ihren eigenen Handlungsinhalten, in den geschichtlich hervorgebrachten gesellschaftlichen Funktionsbestimmungen und -unterschieden beschlossen liegt; das Bewußtsein ist, wie es abgekürzt heißt, ein ,,gesellschaftliches Produkt".[366] Das gesellschaftliche Bewußtsein, die Vorstellungen der Menschen von sich selbst in ihren gesellschaftlichen Zuordnungen, stehen unter dem doppelten Aspekt, daß sie zum einen als kognitive Akte etwas über die Beschaffenheit ihrer Gegenstände zum Ausdruck bringen, zum Ausdruck bringen sie aber immer auch – ob wissentlich oder nicht – etwas vom Zustand und der sozialen Verfassung des betreffenden Subjekts; und zwischen beiden kann es zu erheblicher Divergenz kommen.

Marx knüpft an die elementare Einsicht des ,,shopkeepers" an, der zwischen dem zu unterscheiden weiß, als was ein Mensch sich selbst dünkt, und dem, was er wirklich ist. Ohne eine systematische Theorie über die Möglichkeit einer objektiven oder wenigstens relativ überlegenen Erkenntnis sozialer Tatbestände zu entwickeln, macht er vor allem kritische Ausführungen über das vielfach beschränkte Selbstbewußtsein der bisher in der Geschichte agierenden Gesellschaftsklassen. Dieses Selbstbewußtsein ist namentlich in diversen Täuschungen, in ,,Illusionen" befangen: Da ist einmal die allgemeine *ideologische* Illusion, die Meinung, Gedanken oder Prinzipien leiteten den Gang der gesellschaftlichen Dinge. Hinter dieser Illusion der Prinzipiendominanz steckt die Illusion der

Interessenallgemeinheit, die Täuschung über die soziale Partikularität der je eigenen Aktivitäten. Jede neue Klasse ,,ist genötigt, ... ihr Interesse als das gemeinschaftliche Interesse aller Mitglieder der Gesellschaft darzustellen, d.h. ideell ausgedrückt: ihren Gedanken die Form der Allgemeinheit zu geben, sie als die einzig vernünftigen, allgemein gültigen darzustellen."[367]

Von daher erhält der Begriff der Ideologie eine zweifach negative Wertigkeit: Ideologie liegt vor, wenn dem wirklich maßgebenden Interesse eine Idee substituiert und wenn die Partikularität des Interesses durch die Allgemeinheit eines vermeintlich schlechthin Guten und Richtigen überhöht wird. Insofern ist ideologisches Bewußtsein, unter (ihrerseits noch zu legitimierenden) epistemologischen Kriterien betrachtet *falsches Bewußtsein.* Marx nimmt für sich nicht in Anspruch, von einem archimedischen Punkt außerhalb der Interessenpartikularität aus die bornierten Ideologisierungen von Klasseninteressen aufbrechen zu können. Er reklamiert für sich nicht eine reine Erkenntnis. Wohl hat er gelegentlich einem Absolutismus des ,,konsequenten Festhaltens des rein theoretischen Standpunkts" [368] gehuldigt und die ,,uneigennützige", ,,unbefangene" oder ,,freie wissenschaftliche Forschung" der an ,,Privatinteressen" gebundenen Apologetik entgegengesetzt (so in Vor- und Nachwort zum ,,Kapital"), doch Marx kann den ,,Standpunkt" seiner eigenen theoretischen Arbeit eigentlich doch nur im Horizont eines sozialen Interesses festmachen, eines solchen, das die Grenzlinien des bisherigen Klassenpartikularismus ebenso wie die des nationalen überschreitet. Die kognitive Offenheit und ,,Unbefangenheit" ist nur Moment einer erweitert-integrativen Vergesellschaftung der Menschen, mit der ,,menschlichen Gesellschaft oder gesellschaftlichen Menschheit" als der Grenzmöglichkeit. So erwiese sich auch ein in höherem bis höchstem Maße wahrheitsfähiges Gesellschaftsbewußtsein als bestimmt innerhalb einer Daseinsweise der Menschen.

Welches bestimmte Bewußtsein nun einer bestimmten sozialen Daseinsweise zugehört, ihr als ihre spezifische Bewußtseinsform ,,entspricht", dafür bietet Marx keinen patenten hermeneutischen Schlüssel an. Zumal leitet er nicht dazu an, Bewußtseinsbestimmtheit jeweils an einigen wenigen Grundcharakteren der ,,gesellschaftlichen Verhältnisse" festzumachen, etwa an den Hauptkoordinaten der Produktionsverhältnisse; vielmehr ist die ,,Seinsbestimmtheit" selbst eine äußerst vielschichtige Sache – der historische Bewegungsmoment, seine dynamische Perspektive sind ebenso von Belang wie die Gegebenheiten des regionalen Wirkungsfeldes. Dazu kommt, daß die Produktionen des Bewußtseins immer einen Formungsüberschuß an sich haben, für den es kein direktes soziales Realitätsäquivalent gibt – wo ,,Illusionen" sind, da blüht auch die Phantastik, und sie blüht um so reicher, je defizitärer die Bilanz der real-produktiven Kräfte ist. ,,Alle Mythologie überwindet und beherrscht und gestaltet die Naturkräfte in der Einbildung und durch die Einbildung; verschwindet also mit der wirklichen Herrschaft über dieselben."[369] Immer wieder findet man, wie diese oder jene Elemente ihres Lebenszusammenhangs für die Menschen eine ,,phantasmagorische Form" annehmen, und das nicht nur in den ,,Nebelregionen der religiösen Welt".[370] Marx reflektiert einmal darüber, daß es nicht schwer sei, in den ,,Nebelbildungen" der religiösen Vorstellungswelt den ,,irdischen Kern", eine bestimmte soziale Erfahrung aufzufinden; mit erheblichen Schwierigkeiten jedoch sei es verbunden, in umgekehrter Richtung (wie es eigentlich dem Erfordernis wissenschaftlichen Vorgehens entspreche) aus der Verfassung der gesellschaftlichen Praxis die zugehörige Vorstellungswelt ,,abzuleiten". Man kommt auf diesem Ableitungsweg allerdings kaum weiter als bis zu einigen recht vagen Grundformbestimmungen – so deutet er einmal an, für eine Gesellschaft von Warenproduzenten sei das Christentum mit seinem Kultus des abstrakten Menschen die ,,entsprechende Religionsform", namentlich in der protestantischen oder deistischen Ausformung.[371] Doch in die Feinheiten etwa der religiösen Dogmenbildung dringt man damit nicht ein, und Engels hat in seinen Briefen über die materialistische Geschichtsauffassung die prinzipielle Grenze aller Deduktion von Bewußtseinsformen deutlich gemacht.

Die Marx-Engelsschen Formulierungen des ,,Verhältnisses" zwischen gesellschaftlichem Sein und Bewußtsein sind nicht frei von Ambivalenz. Wir haben uns bis jetzt auf der Linie einer ,,integrativen" Konzeption bewegt, wie sie in der Formel zum Ausdruck gebracht ist: das Bewußtsein ist das bewußte Sein. Das Bewußt-werden hat hier wohl auch einen Spielraum gegenüber der Formbestimmtheit des Seins, einen Inhalts- und Formenüberschuß, nicht jedoch einen Überschuß an Wirkungsmöglichkeit. Gerade wo es um Wirken geht, um praktische Energie, kommt als Träger-Instanz nicht etwas Ideelles für sich in Betracht – das ,,Bewußtsein alleene", wie es in der ,,Deutschen Ideologie" sarkastisch heißt –,[372] sondern das materielle Concretum der ,,wirklichen Menschen" und ihres ,,wirklichen Lebensprozesses". Daß das Sein das Bewußtsein ,,bestimmt", ist dann kein irgendwie faßbarer Vorgang des Wirkens, des Einwirkens des einen auf das andere, sondern es ist nur die Einheit einer Bestimmtheit in ihrem doppelten Aspekt zur Aussage gebracht. In der idealistisch-ideologischen Betrachtungsweise ,,geht man von dem Bewußtsein als dem lebendigen Individuum aus, in der zweiten, dem wirklichen Leben entsprechenden, von den wirklichen lebendigen Individuen selbst und betrachtet das Bewußtsein nur als *ihr* Bewußtsein".[373] Um die volle Integration der Gedanken (Vorstellungen, Ideen) in den ,,wirklichen Lebensprozeß" zu unterstreichen, sprechen Marx-Engels metaphorisch von den ,,ideologischen Reflexen und Echos" dieses Prozesses.[374]

In den nachmaligen Systematisierungen des historischen Materialismus, die mit einem Modell der ,,Wechselwirkung" arbeiten – Andeutungen in dieser Richtung sind ja schon bei Marx zu finden – wurde es zu einem weit ausladenden Problem, wie die ,,aktive Rolle der Ideen im gesellschaftlichen Leben" zu begreifen sei. Diese Ausrichtung der Theorie steht im historischen Kontext einer sozialen Formation, in der die Aktivierung des ,,sozialistischen Bewußtseins" vermittels ganzer Heerscharen ideologischer Aktivisten zu einer wichtigen gesellschaftlichen Veranstaltung geworden ist.

Der Satz, daß das gesellschaftliche Sein das Bewußtsein, die Ideologie in ihren verschiedenen theoretischen, doktrinalen, religiösen und künstlerischen Formen, bestimme, wird hier in der Weise verstanden, daß diese Bewußtseinsformen eine

„Widerspiegelung" des Seins, insbesondere auch der ökonomischen Basis, seien. Das gesellschaftliche Bewußtsein kommt dabei vor allem in seinen objektivierten und institutionalisierten Gestalten zur Sprache: „Es ist ein qualitativ besonderes ideelles System, das, letzten Endes durch das gesellschaftliche Sein erzeugt und bedingt, ein relativ selbständiges Leben führt und einen bedeutenden Einfluß auf jeden einzelnen Menschen ausübt. Es nötigt ihn, die historisch entstandenen Normen des gesellschaftlichen Bewußtseins als reale, wenn auch nicht materielle Gegebenheiten zu berücksichtigen."[375] Die „relative Selbständigkeit" des gesellschaftlichen Bewußtseins bedeutet zunächst, daß es überhaupt gesellschaftliche Wirkungen von Ideen, Theorien, Ideologien gibt. Es bedeutet, daß diese Ideen im Rahmen ihres Bestimmtseins durch das Sein eine eigene Beweglichkeit besitzen; vormals pflegte man ein Theorem daraus zu machen, daß das gesellschaftliche Bewußtsein üblicherweise hinter der Entwicklung des Seins (und der Basis) „zurückbleibt", jetzt verweist man stärker darauf, daß es umgekehrt auch eine antizipative Funktion der Ideen gibt: „Eine progressive Ideologie wirft die herangereiften Fragen der gesellschaftlichen Entwicklung auf und eilt in diesem Sinne dem objektiven Ablauf voraus. Das ist jedoch nicht so zu verstehen, daß das Bewußtsein etwa nicht mehr vom Sein bestimmt wäre. Vielmehr deckt das Bewußtsein bestimmte Tendenzen in der Entwicklung des gesellschaftlichen Seins auf und spiegelt sie mehr oder weniger richtig wider. Die Voraussicht der Prozesse und Tendenzen der Entwicklung gibt die Möglichkeit, die umgestaltende Kraft fortschrittlicher gesellschaftlicher Ideen zu nutzen, und zeugt von ihrer aktiven Rolle in der gesellschaftlichen Entwicklung."[376]

In dieser Ansicht von der Wirksamkeit der Ideen im gesellschaftlichen Leben sind sichtlich die Institutionen und Personen, die mit der Erarbeitung und Verbreitung von Gedanken befaßt sind, das eigentliche Thema. Das Marxsche Theorem von der Seinsbestimmtheit des Bewußtseins dürfte indessen nicht die soziale Wirksamkeit der Ideologen, sondern die soziale Qualität der ideellen Inhalte betreffen. Ein Begriff von „Wechselwirkung" ist hier fehl am Platze. Man hat immer wieder einen *point d'honneur* daraus gemacht, daß der Materialismus nicht die Vulgarität haben solle, die Eigenbedeutung des Geistigen zu leugnen. Diese *Eigenbedeutung* braucht indessen nicht in einer *eigenen Wirksamkeit* zu bestehen. Daß lebensrelevante Aktivitäten der Menschen überhaupt nur als bewußte vonstatten gehen, daß „Ideen" (Gedanken, Vorstellungen) weithin die Art sind, in der Gegenstände und andere Menschen für Menschen präsent und bedeutsam sind – das alles bleibt auch dann unangefochten, wenn man dem „Bewußtsein" keine eigene Wirksamkeit zuspricht, sondern es als ein Medium ansieht, in dem und durch das hindurch anderes seine Wirksamkeit entfaltet. Das vermeintliche Wirken einer Idee wäre materialistisch zu dechiffrieren als das Wirken des vorgestellten Tatbestandes auf die ihn sich vorstellende Person, im Falle einer Mitteilung durch andere zudem noch als das Wirken der mitteilenden, vorstellig-machenden Person und womöglich noch als die Wirksamkeit von manchem, was zu den sozio-dynamischen Umfeldern des Kommunikationsvorgangs gehört. Die Wirkung einer Information liegt in der Sache, über die informiert wird, im

Informanten und in der durch die informative Vergegenwärtigung ausgelösten Eigenwirksamkeit des Informierten. So ist es nicht unangemessen, wenn Marx in der Antithese zu Hegel erklärt, das Ideelle *ist das* (übersetzte-umgesetzte) *Materielle,* wie es in der frühen Formulierung schon geheißen hatte, das Bewußtsein ist das bewußte Sein. Eben dies ist die Tendenz der Marxschen Thesen: wegzuführen von der Fetischisierung der Gedankeninhalte und ihrer Übermittlungsakte, des Redens und Hörens, hin zu einem konkreten Begriff der ,,Materialität" als der lebenswirklich-gegenständlich-gesellschaftlich bestimmten Handlungsinhaltlichkeit.

Durch die Marx-Rezeption Lenins ist eine Begriffsbildung an die Nachwelt gelangt, die dem Verständnis der Einheit und Differenz von Sein und Bewußtsein wiederum eine besondere Wendung gegeben hat: Die Gesamtheit der gesellschaftlichen Verhältnisse, so führt er in seiner ersten theoretischen Abhandlung (1894) aus, zerfällt in materielle und in ideologische Verhältnisse, und die materiellen Verhältnisse zeichnen sich dadurch aus, daß sie sich unabhängig von Willen und Bewußtsein der Menschen gestalten.[377] Die kategoriale Verschiebung, die darin liegt, daß nach zweierlei *Verhältnissen* gefragt wird, führt zu manchen Komplikationen, ebenso wie die andere Aussage, daß beim Eingehen materieller Verhältnisse kein Bewußtsein beteiligt ist. Der Text ist zu kurz und summarisch, als daß sich eine ins einzelne gehende Ausdeutung und Kritik vornehmen ließe. Er sei nur am Rande erwähnt, um die Ambivalenz der Diskussionslage zu signalisieren.

5. Zur Logik des Marxschen Geschichtsbegriffs

In welcher geschichtlichen Perspektive Marx die Gesellschaft und das Dasein der Menschen überhaupt gesehen hat, ist eine äußerst kontroverse Frage. Im Begriff von der Geschichte sind die wesentlichsten Charakteristika des Marxschen Gesellschaftsdenkens zusammengeschlossen, zugleich drängt sich darin auch die Problematik zusammen, die sich aus der eigenen Geschichtlichkeit dieses Denkens ergibt, beginnend mit den sukzessiven Umbildungen, denen Marx seine Begrifflichkeit unterzogen hat.

In seinen Anfängen dachte er die Geschichte als einen ziemlich eindeutig bestimmten, geradezu programmierten Realisationsprozeß, als Entstehungs- und Bildungsprozeß des Menschen durch seine eigene Arbeit; Geschichte ist Selbsterzeugung des Menschen, des ,,totalen", universal produktiven und universal gesellschaftlichen Menschen; zudem ein ,,dialektischer", sich im Gegensatz von Vergegenständlichung und Entfremdung vollziehender, durch Entfremdung und Wiedergewinnung vollendender Prozeß. In dieses Rahmenkonzept fügt sich sowohl die Ortsbestimmung der Gegenwart als auch eine Aufgabenbestimmung für die Zukunft ein: der Kommunismus ist die Bewegung, welche die menschliche Entfremdung zunächst negativ aufhebt und dadurch die Voraussetzung für ihre positive Aufhebung schafft.

Diese frühe anthropogenetische Idee der Geschichte, die sich an die Tradition der vorangegangenen idealistischen Philosophie (mehr Fichte und Feuerbach als Hegel) anschließt, erwies sich indessen für Marx bald nicht mehr als tragfähige Operationsbasis. Die 1845/46 vorgetragene Kritik an den Junghegelianern war für Marx wesentlich auch eine Selbstkritik an den eigenen Ausgangspositionen, Abrechnung mit dem „ehemaligen philosophischen Gewissen".[378] Im Gegenzug gegen das Konstruktive und Spekulative jener Positionen verordnet sich Marx zunächst einen rigiden Empirismus. Die zentralen Partien der „Deutschen Ideologie" bestehen weithin aus Skizzen zur Sozialgeschichte. Es erscheint als ganz unmöglich, die Geschichte aus irgendeinem anthropologischen Prinzip a priori zu konstruieren. Aus der Betrachtung der wirklichen Geschichte lassen sich allenfalls einige „allgemeine Resultate" gewinnen, die uns die Vorstellung von einer Reihenfolge verschiedener Schichten geben, doch sie ergeben nicht („wie die Philosophie") so etwas wie „ein Rezept oder Schema, wonach die geschichtlichen Epochen zurechtgestutzt werden können".[379] Eine scharfe Absage ergeht an jede Geschichts-Teleologie, die „spekulativ-idealistisch, d. h. phantastisch" die Idee einer „Selbsterzeugung der Gattung" durchführte und der geschichtlichen Reihe aufeinanderfolgender Generationen von Individuen ein „einziges Individuum" (der Mensch als Gattung) unterschob, welches „das Mysterium vollzieht, sich selbst zu erzeugen".[380]

Ein inhaltlich bestimmter Gesamtbegriff der Geschichte scheint nun überhaupt nicht mehr möglich zu sein. Lediglich einige mehr formale Charakterisierungen des Produktionsmodus historischer Formationen lassen sich angeben. Eingelagert in die Abfolge der Generationen ist ein Mechanismus der Modifikation: „Die Geschichte ist nichts als die Aufeinanderfolge der einzelnen Generationen, von denen Jede die ihr von allen vorhergegangenen übermachten Materiale, Kapitalien, Produktionskräfte exploitiert, daher also einerseits unter ganz veränderten Umständen die überkommene Tätigkeit fortsetzt und andrerseits mit einer ganz veränderten Tätigkeit die alten Umstände modifiziert" – ohne daß dabei das Spätere als der Zweck fungierte, um dessentwillen das Frühere geschieht.[381]

Vor die Begriffe, mittels derer eine Hermeneutik geschichtlicher Epochen zu leisten sein könnte, treten betont analytische Kategorien, in denen sich die Anatomie der Formationen und der Duktus von Veränderungsschritten darstellen lassen. Ins Zentrum rücken Kategorien wie „Produktivkräfte" und „Verkehrsverhältnisse" (später: Produktionsverhältnisse), an denen die geschichtlichen Veränderungseffekte faßbar werden. Darauf beziehen sich die wichtigsten geschichtstheoretischen Sätze: „Alle Kollisionen der Geschichte haben ... ihren Ursprung in dem Widerspruch zwischen den Produktivkräften und der Verkehrsform." Das hat sich „schon mehreremal in der bisherigen Geschichte" abgespielt, so daß wir auf eine „zusammenhängende Reihe von Verkehrsformen" zurückblicken können.[382] Marx hat zunächst gar keine Aussagen über diese Reihe gemacht; später hat er gemeint, man könne „in großen Umrissen" die antike, die asiatische, die feudale und die modern bürgerliche Gesellschaft als eine solche Abfolge progressiver Stufen der ökonomischen Gesellschaftsformation ansehen – es ist sichtlich eine lose komponierte und in sich recht heterogene Reihe.[383]

Es fehlt bei dieser kühl-distanzierten Bestandsaufnahme durchaus nicht das praktische Interesse, das Marx als Mitwirkender seiner gegenwärtigen Geschichte an den Gestaltungen vergangener Geschichte nimmt: das Interesse an Selbstbetätigung im Gegensatz zu fremdbestimmter, an universeller im Gegensatz zu bornierter Tätigkeit, an Herrschafts- und Abhängigkeitsverhältnissen sowie an der Befreiung aus solchen Verhältnissen, an der Existenz der Individuen als „persönlicher Individuen" im Unterschied von der klassenbestimmten Durchschnittlichkeit und Subordination, das Interesse an sozialer Bewußtheit und Koordination im Gegensatz zu blinder Naturwüchsigkeit im geschichtlichen Werden u. a. m. In der Blickrichtung eines solchen Interesses suchte Marx gelegentlich auch etwas von der wesentlichen inneren Geschichte herauszuarbeiten, wie etwa in dieser Formel aus dem Rohentwurf zum „Kapital": „Persönliche Abhängigkeitsverhältnisse (zuerst ganz naturwüchsig) sind die ersten Gesellschaftsformen, in denen sich die menschliche Produktivität nur in geringem Umfang und auf isolierten Punkten entwickelt. Persönliche Unabhängigkeit auf *sachlicher* Abhängigkeit gegründet ist die zweite große Form, worin sich erst ein System des allgemeinen gesellschaftlichen Stoffwechsels, der universalen Beziehungen, allseitiger Bedürfnisse und universeller Vermögen bildet. Freie Individualität, gegründet auf die universelle Entwicklung der Individuen und die Unterordnung ihrer gemeinschaftlichen, gesellschaftlichen Produktivität, als ihres gesellschaftlichen Vermögens, ist die dritte Stufe. Die zweite schafft die Bedingungen der dritten."[384]

Programmatische Antizipationen dieser Art haben seit der materialistischen Wendung von Marx einen geschichtstheoretisch prekären Status, weniger einen geschlossen-demonstrativen als vielmehr einen offen-heuristischen Sinn. Alles in allem stellt die materialistische Geschichtsauffassung eine ziemlich negative Geschichtsphilosophie dar, eine kritische Instanz gegenüber allen Versuchungen, gegenwärtig-zukünftige Erwartungen aus einer übergeordneten Totalität von Geschichte legitimieren zu wollen. Innerhalb des Geschichtsdenkens vollzieht sich damit überhaupt eine gewisse Akzentverlagerung. Es interessiert jetzt nicht mehr so sehr, was die Geschichte insgesamt für „den Menschen" bedeutet, sondern mehr, wie es in ihr zugeht, unter welchen Antrieben, Bedingtheiten und Einschränkungen, in welcher Querverbindung der einzelnen Aktionslinien und in welchen typischen Konstellationen die kleinen und größeren Veränderungsschritte stattfinden. Große durchlaufende Linien kann man danach nur mit großer Vorsicht ziehen, und es gibt für sie im Grunde wenig an allgemeiner Theorie. Schon der Basisprozeß der Ausweitung und Vervielfältigung der Produktivkräfte stellt eine durchaus bedingte Resultantenbildung dar. Welchen Charakter innerhalb eines geschichtlich bestimmten Produktivkraft-Arsenals die gesellschaftlichen Beziehungen zwischen den Menschen ihren Grundformen und ihren äußersten Möglichkeiten nach annehmen, ist erst recht nicht Sache einer einsinnigen oder dialektisch verwickelten Reihenbildung, sondern Sache singulärer Synthesen innerhalb eines konkreten und kontingenten Situationshorizonts, in komplexen interregionalen Sequenzen und Querverbindungen.

Was könnte demnach die Kurzformel für den allgemeinen Begriff der Geschichte bei Marx sein? Es ist wohl der Begriff eines *offenen Prozesses* innerhalb eines weiten Möglichkeitshorizonts, doch ohne einheitlich-durchgängiges Gesamtprogramm. Es gibt keine übergreifende Teleologie der Geschichte, sondern nur die partikulare, jeweils situationsspezifische Finalität menschlichen Intendierens und Reagierens, unter wechselnden und oft extremen Bedingungen doch immer irgendwie einen *modus vivendi* herauszufinden, herauszuarbeiten oder herauszuschlagen. Der Grundcharakter menschlicher Lebenstätigkeit, daß sie sich in ihren Produkten vergegenständlicht, akkumuliert und an die Nachgeborenen tradiert, macht zwar nicht für sich schon eine stationäre Daseinsweise menschlicher Gesellschaften unmöglich, bedeutet aber eine nicht geringe Wahrscheinlichkeit dafür, daß unter fortwirkenden Stimulationen eine geschichtliche Reihenbildung in Gang kommt und daß eine abbrechende Reihe wieder eine Fortführung findet.

Zu den großen Geschichtslinien, die zu verfolgen das praktische Interesse Marx aufgibt, gehört diejenige, die den Weg sozialer Herrschafts- und Abhängigkeitsverhältnisse markiert, die Wachstums- und Abnahmekurve im Komplex der Möglichkeitsbedingungen sozialen Antagonismus. Im Vorwort von 1859 spricht Marx die Erwartung aus, die bürgerliche Gesellschaft sei die geschichtlich letzte antagonistische Formation, und die in ihr sich entwickelnden Produktivkräfte schafften die materielle Bedingung für das Verschwinden des Antagonismus in den gesellschaftlichen Lebensbedingungen der Menschen. Im Rohentwurf zum „Kapital“ heißt es, die *Surplusarbeit der Masse* habe aufgehört, die Bedingung für die Entwicklung des allgemeinen Reichtums zu sein, wie andererseits die *Nichtarbeit der Wenigen* nicht mehr Bedingung ist für die Entwicklung der „allgemeinen Kräfte des menschlichen Kopfes“. Möglich sei nunmehr die Reduktion der notwendigen Arbeitszeit der Gesellschaft auf ein Minimum, so daß Zeit und Mittel genug vorhanden sind, um die Individuen durch vielseitige (künstlerische, wissenschaftliche u. a.) Ausbildung aus der alten Arbeitsteilung heraustreten zu lassen.[385] Engels war von Anfang an bemüht, diesen Kalkül noch faßbarer zu machen – Marx ist darin immer etwas unbestimmter geblieben. Wie immer es um den Realitätsgrad solcher Erwartungen bestellt sein mag, es ist nicht eine allgemeine geschichtstheoretische Prämisse, nicht Sache einer Deduktion aus übergeordneten Bestimmungen geschichtlichen Fortschritts, sondern ganz und gar eine Kombination aus gegenwärtigen, geschichtlich kontingent entstandenen Möglichkeitsbedingungen. Dasselbe wäre wohl auch von dem Nachsatz zu sagen, mit dem Marx das Aufhören des sozialen Antagonismus in seiner weitesten Bedeutung charakterisiert: er erklärt, mit der bürgerlichen Gesellschaftsformation finde die „Vorgeschichte der menschlichen Gesellschaft“ ihren Abschluß. Das hört sich an wie eine Reprise der anfänglichen Idee der Geschichte als Menschwerdung; doch „menschliche Gesellschaft“ ist vielleicht nur der nominale Titel für eine Vereinigung, an der die Menschen nicht mit unterschiedlichen sozialen oder nationalen Rechtstiteln, sondern nur unter dem für alle gleichen menschlichen Rechtstitel teilhaben, und auch das ordnet sich als ein kontingentes Resultat in das Geschichtsverständnis ein.

Die Praxisdimensionen, in denen – in exemplarischer Weise auch bei Marx selbst – das gegenwärtige geschichtliche Zukunftsinteresse lokalisiert ist, sind zugleich Dimensionen möglichen geschichtlichen Fortschritts. Es ist indessen sehr fraglich, ob Marx sich auf einen integralen Begriff von Fortschritt festlegen läßt. Ein teleologisches Fortschrittskonzept scheidet völlig aus. Offen bliebe dann noch immer die Frage, wie man in der Retrospektive von den kontingenten Resultaten her deren Werden als Fortschritt würdigen könnte und was für eine „Dialektik" sich dem denkenden Begreifen dieses Fortschritts aufdrängen würde. Bis jetzt, so befand Marx, glich der menschliche Fortschritt „jenem scheußlichen heidnischen Götzen ..., der den Nektar nur aus den Schädeln Erschlagener trinken wollte", und er hegte die Zuversicht, daß die soziale Revolution der arbeitenden Klassen die Ambivalenz der bisherigen Fortschrittsrechnung beheben werde.[386] Von welchen Opfern an menschlichem Leben und Lebensglück der Weg der modernen bürgerlichen Gesellschaft begleitet war, davon gibt Marx eine denkbar deutliche Rechenschaft. Gleichwohl gibt er gelegentlich (in den „Theorien über den Mehrwert", also einem nachgelassenen Manuskript) der Reflexion Raum, wie auch solche Opfer das Moment eines über sie hinwegschreitenden Fortschritts sein könnten. Er dekretiert nicht, wie Hegel in seiner Geschichtsphilosophie, daß die Individuen für den Weltgeist als Mittel fungieren, sondern sucht nur eine Position angesichts des Disputs zwischen rationalistischen Gegnern des Kapitalismus (Ricardo) und sentimentalen Kritikern (Sismondi) zu gewinnen, und die Überlegung bleibt im Tentativen. Daß Ricardo die „Produktion der Produktion halber" will, kann er akzeptieren – in einer Deutung, die er selbst dem gibt: „Entwicklung des Reichtums der menschlichen Natur als Selbstzweck". Dann aber, an Sismondi gewandt: „Stellt man ... das Wohl der einzelnen diesem Zweck gegenüber, so behauptet man, daß die Entwicklung der Gattung *aufgehalten* werden muß, um das Wohl der einzelnen zu sichern, daß also zum Beispiel kein Krieg geführt werden dürfe, worin einzelne jedenfalls kaputtgehn." Marx steigert die Sache sodann noch weiter ins Prinzipielle: „Daß diese Entwicklung der Fähigkeiten der Gattung *Mensch,* obgleich sie sich zunächst auf Kosten der Mehrzahl der Menschenindividuen und gar Menschenklassen macht, schließlich diesen Antagonismus durchbricht und zusammenfällt mit der Entwicklung des einzelnen Individuums, daß also die höhere Entwicklung der Individualität durch einen historischen Prozeß erkauft wird, worin die Individuen geopfert werden, wird nicht verstanden ..." Marx zieht damit eine Konsequenz aus der „wissenschaftlichen Ehrlichkeit" von Ricardo, ohne daß man klar erkennen kann, ob er selbst die Sache vollständig durchreflektiert hat. Er fügt dann noch hinzu: „... abgesehn von der Unfruchtbarkeit solcher erbaulichen Betrachtungen" – was den praktischen Sinn sowohl der sentimentalen Kritik als auch der rationalistischen Apologetik gleichermaßen anficht. Und schließlich enthält das Marxsche Argumentationsfragment noch die

Feststellung, daß die „Vorteile der Gattung" sich auf Kosten von Individuen durchsetzen, weil und indem sie mit den Vorteilen jeweils *anderer* Individuen zusammenfallen und „die Kraft dieser Bevorzugten bilden".[387]

Die dramatische Zuspitzung wäre auf der Position von Marx wohl vermeidbar, wenn nicht nur (1) die praktische Sinnlosigkeit des Für und des Wider geltend gemacht, sondern ein Veto dagegen erhoben würde, daß man Errungenschaften und Opfer auf einen gemeinsamen Wertnenner hin zu bilanzieren habe; wenn (2) an den Fakten selbst geprüft würde, ob denn wirklich genau die Opfer die Möglichkeitsbedingung für die Errungenschaften gewesen sind; und wenn (3) die retrospektive Würdigung und Kritik sich schlicht darauf beschränkte, jedesmal die Errungenschaften und Gewinner ebenso wie die Verluste und Opfer deutlich zu benennen.

Das Geschichtsbewußtsein ist bei Marx Moment einer Praxis, die in einen Horizont des Zukünftigen hinein betrieben wird. In welchen logischen Modalitäten von der *Zukunft* die Rede sein kann, ist in der nachfolgenden Interpretations- und Wirkungsgeschichte zu einem delikaten Streitpunkt geworden, zumal da Marx selbst sich nur sehr zurückhaltend über den Zukunftshorizont geäußert hat, so daß man meinen kann, er figurierte bei ihm überhaupt nur im Modus der „bestimmten Negation" des Bestehenden (was die Sache wohl zu sehr restringiert: auch jedes „Positive" menschlicher Daseinsmöglichkeit ist in einer prototypischen, exemplarischen Realisation gegeben). Doch es ist nicht nur die Frage, wie das Zukünftige denkbar und vorstellbar ist, sondern auch, welchen praktisch-funktionellen Sinn solches Vorstelligmachen der einen oder der anderen Art haben kann, welche handlungs-determinative Bedeutung ihm zukommt.

Die Marxsche Zurückhaltung hat ganz prinzipielle Gründe. Er billigt dem Zukünftigen als solchem, das ja nur in einem Modus des Bewußtseins präsent sein könnte, keine konstitutive Bedeutung für gegenwärtiges Handeln zu – nicht die Gegenwart ist Funktion der Zukunft, sondern die Zukunft ist Funktion der Gegenwart. Das vermittelnde Glied sind die im jeweils Gegenwärtigen wirksamen praktischen Energien, die „Produktivkräfte" im weitesten Sinn. Nur abgeleiteterweise kann von einem zukünftigen Realisationspotential der gegenwärtigen Produktivkräfte die Rede sein.

Marx redet, seit er auf dem Boden seiner materialistischen Geschichtsauffassung operiert, vom Zukünftigen zumal nicht in einem Modus des *„Sollens"*. Kein Imperativ der menschlichen Emanzipation, sondern allenfalls noch das sozusagen formale „Vereinigt euch!", an die arbeitenden Klassen gerichtet, bleibt als auffordernde Anrede bestehen. Alles Bestimmtere ist einem praktischen Prozeß überantwortet, für den es wohl einige Erwartungen, aber keine allgemein verbindlichen Direktiven gibt. „Der Kommunismus", heißt es in der „Deutschen Ideologie", „ist für uns nicht ein *Zustand,* der hergestellt werden soll, ein *Ideal,* wonach die Wirklichkeit sich zu richten haben (wird). Wir nennen Kommunismus die *wirkliche* Bewegung, welche den jetzigen Zustand aufhebt. Die Bedingungen dieser Bewegung ergeben sich aus der jetzt bestehenden Voraussetzung."[388] Das Denken in den Termini der „wirklichen Bewegung" ist die Grundform des materialistisch aufgeklärten Praxisbewußtseins, das die Denkform des Ideals etc. hinter sich gelassen hat.

Gleichwohl schrumpft bei Marx das, was an Möglichkeit des Redens über Zukünftiges und zu Erringendes verbleibt, nicht einfach auf eine sozialwissenschaftliche *Prognose* zusammen. Es kommt mitunter bei ihm zu schwach heraus, wenn es heißt, man habe nur eine ,,unter unsern Augen vor sich gehende geschichtliche Bewegung"[389] zu Kenntnis zu nehmen. An prägnanterer Stelle ist dem hinzugefügt: ,,und sich zum Organ derselben zu machen".[390] Damit ist eine eigene praktische Mitwirkung des Theorie-Subjekts ausgesprochen. Der rationelle Nenner dürfte darin bestehen, daß das Theorie-Subjekt, auch sofern es nicht nur Theorie-Subjekt, sondern interessierter Teilnehmer ist, den praktischen Sinngehalt einer gemeinsam mit den vielen Anderen betriebenen Bewegung ausspricht.[391]

V. Methodologische Aspekte der Marxschen Theorie

Bahnbrechende Denker, Entdecker neuer theoretischer Kontinente machen sich während ihrer Arbeit, wie Nicolai Hartmann einmal bemerkt hat, sehr wenig Kopfzerbrechen über ihre Methode und können auch danach immer nur recht unvollkommen darüber Rechenschaft geben, wie sie dabei vorgegangen sind. Erst die Epigonen legen das dann bloß. So verhält es sich auch mit Karl Marx. Unter der Suggestion eigener Marxscher Erklärungen haben zahlreiche Interpreten sich daran gewöhnt, oft ohne viel Federlesen eine aus der Umbildung (oder ,,Umstülpung") der Hegelschen hervorgegangene *Dialektik* als die Methoden-Quintessenz von Marx zu registrieren. Aus der heutigen Sicht ist es nicht ohne Delikatesse, daß Marx nicht nur ,,meine dialektische Methode" sagte,[392] sondern auch ,,meine *analytische* Methode".[393] Er hat sich übrigens auch ein wenig über die diversen einander ausschließenden Methoden-Zuschreibungen amüsiert, in denen sich die Rezensenten des ,,Kapital" ergingen: der eine sieht in ihm die ,,deduktive Methode" der englischen Schule am Werk, der andere reiht ihn unter die bedeutendsten analytischen Geister ein, wieder ein anderer sieht eine Differenz zwischen der ,,realistischen" Forschungsmethode und der ,,deutsch-dialektischen" Darstellungsmethode. Sehr ausführlich zitiert Marx einen russischen Interpreten, der ihm nachsagt, für ihn sei nur eins wichtig, das *Gesetz* der untersuchten Phänomene zu finden, das Naturgesetz, das die gesellschaftlichen Bewegungen ,,beherrscht", ob die Menschen es wissen und wollen oder nicht. ,,Marx betrachtet die gesellschaftliche Bewegung als einen naturgeschichtlichen Prozeß, den Gesetze lenken, die nicht nur von dem Willen, dem Bewußtsein und der Absicht der Menschen unabhängig sind, sondern vielmehr umgekehrt deren Wollen, Bewußtsein und Absichten bestimmen."[394] Dies und das weitere, was Marx von diesem Autor anführt, erscheint darum als sehr gewichtig, weil er es als eine treffende Schilderung seiner ,,dialektischen Methode" bestätigt hat.

Die Diskussionen über die Marxsche Methode geraten allerdings nur zu leicht in das enge Fahrwasser von Überlegungen zur Methode der politischen Ökonomie und ihrer Kritik, also zur Methode des „Kapital". Dabei kommt nicht selten so etwas wie ein positivistisch halbierter Marx heraus, und die weiter gefaßte Frage verschwindet aus dem Blick, wie in dem umfassenden Theorie-Praxis-Konzept des Marxschen Gesellschaftsdenkens die Instanzen und Evidenzen beschaffen sind und wie Vermittlungswege zwischen ihnen verlaufen. Das „Kapital" erfaßt in der kategorialen Form des „naturgeschichtlichen Prozesses", einer am Kapital als dem sich selbst verwertenden Wert sich „hinter dem Rükken" der Menschen vollführenden Bewegung, wesentlich einen Aktivitätenkomplex im Systemzusammenhang der kapitalistischen Produktionsverhältnisse, nicht jedoch (oder nur stellenweise andeutend, in skizzenhafter Verkürzung) die systemüberschreitende, revolutionäre Aktivität der sich selbst organisierenden und ihre soziale Emanzipation betreibenden arbeitenden Klassen. Es ist stets die am meisten kontroverse Frage der ganzen Marxdiskussion gewesen, von welcher wissenslogischen Komposition das „Verändern" sei, welche über das bloße „Interpretieren" hinausgeht, die „Praxis und das Begreifen dieser Praxis".[395] Mit anderen Worten: wie konstituiert sich die Marxsche Theorie als *Kritik* und als *Reflexion der revolutionären Praxis?*

Schon im Umkreis von Marx selbst bildete sich eine Tendenz heraus, das Marxsche Lebenswerk in der Sphäre der *wissenschaftlichen Entdeckungen* anzusiedeln. Der erwähnte russische Kommentator, den Marx nicht ohne Genugtuung zitiert, geht mit einigen Sätzen auf den Zusammenhang zwischen wissenschaftlicher Sozialforschung und Gesellschaftskritik ein. „Die Kritik", so gibt er die Marxsche Position wieder, „wird sich beschränken auf die Vergleichung und Konfrontierung einer Tatsache, nicht mit der Idee, sondern mit der anderen Tatsache. Für sie ist es nur wichtig, daß beide Tatsachen möglichst genau untersucht werden und wirklich die eine gegenüber der anderen verschiedene Entwicklungsmomente bilden, vor allem aber wichtig, daß nicht minder genau die Serie der Ordnungen erforscht wird, die Aufeinanderfolge und Verbindung, worin die Entwicklungsstufen erscheinen."[396] Solche Funktionsbestimmungen der Theorie scheinen sich gut einzufügen in die leitende Absicht, aus dem Wolkenreich der Utopien und Patentrezepte heraus zu einem *„wissenschaftlichen Sozialismus"* zu gelangen. Auf den ersten Blick lesen sich auch die Aussagen über den Gang der Arbeiter-Emanzipationsbewegung wie sozialwissenschaftliche Prognosen einer Bewegung, die ebenso „naturgeschichtlich" ihren Verlauf nimmt wie die Kapitalbewegung.

Es ist allerdings frühzeitig bemerkt worden, daß da noch eine andere Komponente im Spiel sein muß, wo immer Sinn- und Zielbestimmungen eines eigenen Strebens und Handelns in die Theorie eingehen. Zunächst versuchte man, dieses Andere neben der wissenschaftlichen Tatsachenanalyse und -prognose als ein Ensemble von *sittlichen Legitimationen* zu fassen, wie es durch die einflußreiche philosophische Zeitströmung des Neukantianismus nahegelegt war.[397] Der Versuch, diesen Dualismus der Begründungen erneut zu überwinden, geschah vielfach im Rückgriff auf die Denkweise von Hegel (bei Lukács, Korsch, Bloch). Seither hat sich der Disput um den Begründungszusammenhang der Marxschen und überhaupt sozialistischen Gesellschaftstheorie um weitere Positionen angereichert – neue Artikulationen von Ethik, Axiologie, Anthropologie, Praxis-Hermeneutik, Bedürfnistheorie.

Am nächsten dürfte der Marxschen Intention, das gesellschaftliche Leben als *Praxis* zu denken und den Vollzug der eigenen Praxis mit einem von Mystifikationen freien *Begreifen der Praxis* zu verbinden,[398] vielleicht die kategoriale Form kommen, die praktisch-prospektiven Intentions- und Sinngehalte in den Termini sowohl der Theorie als auch der unmittelbar praktischen *Aktualität wirklicher Interessen,* sozial synthetisierter Bedürfnisse und Handlungsbereitschaften, -energien und -qualifikationen benennbarer gesellschaftlicher Gruppen zum Ausdruck zu bringen.

Das ergäbe eine Theorie von sehr eigenem Typus, die sich – wo immer nötig und soweit möglich – durch Verfahren und Resultate *objektiver wissenschaftlicher Erkenntnis* fundiert, gleichwohl aber in solcher objektiven Wissenschaftlichkeit nicht aufgeht, sich aber auch wiederum nicht mit Gehalten aus einer Sphäre des Normativen kombinieren muß, sondern lediglich die Integration der gegenständlichen Wissensmomente in den Vollzug einer interessierten Lebenspraxis vornimmt und umgekehrt auch diesen Vollzug in einer maximal wissenschaftlichen, sozialwissenschaftlich aufgeklärten Weise reflektiert.

Innerhalb dieser eigentümlichen Synthese einer Theorie in praktischer Absicht lassen sich mehrere Legitimitätsquellen und ihnen entsprechende Vergewisserungsmodi namhaft machen.

(1) Es ist insofern eine Synthesis *a priori,* als primär konstitutiv für sie die *Axiomatik der praktischen Absicht* ist, ein Ensemble von Intentionsgehalten, und zwar vorab solche des jeweiligen Subjekts der Theoriebildung selbst. Der methodische Materialismus macht sich darin geltend, daß diese Intentionsgehalte als ein Ensemble von *Interessen,* wirklichen Lebens- und Selbstverwirklichungsantrieben, zu denken sind. Die Synthese ist wenigstens eine dreifache: innerhalb des seine Praxis konstituierenden Subjekts ist eine Pluralität von Impulsen zur Einheit eines strukturierten Handlungsvorsatzes zusammenzuschließen; dieser Handlungsvorsatz ist mit den sich ebenso strukturierenden Handlungspotentialen der Mitsubjekte teils negativ-ausschließend, teils positiv-integrierend zu einer gesellschaftlichen, intersubjektiven Einheit zu synthetisieren; und in beide Synthesen geht jeweils ein Komplex von gegenständlichen, materiellen Realisationsbedingungen ein, die zugleich Möglichkeitsbedingungen für die Artikulation von Interessen sind.

Nach diesen drei Seiten – Eigensubjektivität, Mitsubjektivität, Objektbezug – ist das primär konstitutive Interesse im Marxschen Praxisdenken, das praktische Prius ihrer Synthese, als das Interesse an gegenständlichem *Reichtum,* an dimensionenreicher und personal-autonomer *Selbsttätigkeit* und an universaler gesellschaftlicher Gegenseitigkeit, an egalitärer *Kooperativität* bestimmt; seine inhaltliche Ausformung stellt sich als ein kontinuierend historischer Arbeitsprozeß dar, die Axiomatik der praktischen Absicht ist somit keine fixe Vorgegebenheit, weder in ihrer inhaltlichen Komposition noch im Modus ihres Geltendmachens.

(2) Bei der Erkundung des Praxisfeldes in der Intentionsrichtung der konstitutiven Interessen ergibt sich ein mehrschichtiger Komplex von Methodenproblemen, die aus den qualitativ und ihrer Extension nach verschiedenen Kommunikationsbeziehungen erwachsen. Das Gesamtfeld teilt sich zunächst grob in soziale Bezugsgruppen, zu denen das Theorie-Subjekt in einem antagonistischen Verhältnis steht, und in die anderen, mit denen positive Kooperation als möglich erscheint und in Ansätzen schon erreicht ist – für Marx also die beiden Ensembles der herrschenden (aneignenden) und der arbeitenden Klassen. Zu beiden hin eröffnen sich recht verschiedene Erkenntniszugänge, und ebenso haben die daraufhin formulierten Sätze eine verschiedene Funktion.

Theorie-Subjekt, Kooperationspartner und Widersacher erscheinen einander zunächst in einem aus Anfangserfahrungen erwachsenen Vorverständnis zugeordnet, und die Theoriebildung vollzieht sich im Verlaufe zunehmend ausgeweiteter Kooperations- und Konflikterfahrung. Von der Ausgangserfahrung her, im Horizont des von ihr produzierten Vorverständnisses, begründen sich diverse praktisch-hypothetische Vorgriffe, die im weiteren Fortgang des Erfahrungsprozesses zu berichtigen sind.

Aus der Betroffenheit von den restriktiven Wirkungen des herrschenden Systems (der herrschenden Klasse) entwirft sich der dagegen opponierende Intellektuelle einen Handlungsraum der Weltveränderung, in dem sich seine eigenen Bestrebungen mit den zu erwartenden Handlungsbereitschaften anderer zusammenschließen. Der Vorgriff in diesen Erwartungshorizont hat zunächst stark postulatorischen Charakter und gewinnt nach und nach ein breiteres empirisches Fundament; anfänglich dürfte es sich so verhalten haben, daß Marx seine eigene Reaktionsweise auf die Proletarier übertrug, die unter ungleich drückenderen Existenzbedingungen leben und arbeiten mußten: „eine Empörung, zu der sie notwendig durch den Widerspruch ihrer menschlichen *Natur* mit ihrer Lebenssituation, welche die offenherzige, entschiedene, umfassende Verneinung dieser Natur ist, getrieben wird".[399] Dieser Kalkül aus der „menschlichen Natur" macht das innere Leben solcher Sätze aus, die, oft als Ausdruck eines physikalistischen Naturdeterminismus mißdeutet, den Verlauf einer geschichtlichen Gesamtbewegung antizipieren: „Es handelt sich nicht darum, was dieser oder jener Proletarier oder selbst das ganze Proletariat als Ziel sich einstweilen *vorstellt*. Es handelt sich darum, *was* es *ist* und was es diesem *Sein* gemäß geschichtlich zu tun gezwungen sein wird. Sein Ziel und seine geschichtliche Aktion ist in seiner eignen Lebenssituation wie in der ganzen Organisation der heutigen bürgerlichen Gesellschaft sinnfällig, unwiderruflich vorgezeichnet." Die Verfasser bemühen sich dann noch um den empirischen Beleg, daß sich ein großer Teil des englischen und des französischen Proletariats seiner „geschichtlichen Aufgabe" auch bereits bewußt sei.[400]

(3) Wir haben es hier mit einem Hypothesen-Verbund zu tun, der ein prognostizierbares Antwortverhalten der Arbeiterklasse aus den Systembedingungen

ableitet, die sich in den Aktivitäten der Kapitalistenklasse darstellen und reproduzieren. Dieses Ableiten aus den Systembedingungen, die dialektische Deduktion der Arbeiterbewegung aus der Kapitalbewegung, nimmt im Denken von Marx sichtlich einen zunehmend großen Raum, verglichen mit dem Räsonnement aus der unmittelbaren Selbstgegebenheit der Arbeiterbewegung, ein, seit er 1850 von der Nah-Erwartung der proletarischen Revolution zu einer langfristigen Perspektive gelangt ist. Die vieljährige Arbeit am „Kapital" ist Konsequenz aus der Nichtaktualität der Revolution. Die Arbeit im Medium der Arbeiterorganisation und die Äußerungen über den Gang der Arbeiterbewegung – auch über Höhepunkte wie die „Pariser Kommune" – stehen im Zeichen eines gewissen Stoizismus.

Die ungeheuere Anstrengung des Sammelns und der theoretischen Durchdringung eines „Montblanc von Tatsachen" führte gleichwohl nicht zu einer *more geometrico* ausgeführten Systemprognose für die Totalität der kapitalistischen Produktionsweise. Die prognostischen Linien, die sich aus diversen Bewegungscharakteren ablesen lassen, bleiben partiell, und jedes formulierbare Bewegungsgesetz trifft auf „gegenwirkende Ursachen". Ergibt sich so schon eine unvollständige Ableitung des kapitalistischen Akkumulations- und Konkurrenzprozesses, dann erst recht eine unvollständige Deduktion der Arbeiterbewegung. Eine Prognose über die ständig sich neu reproduzierende System-Labilität der kapitalistischen Produktionsweise muß genügen.

(4) Daß das Studium der Eigenbewegung des Kapitals und ebenso von Regierungs-Aktivitäten in aller Welt so viel mehr an theoretischer Energie absorbiert als die Reflexion der Selbsttätigkeit der arbeitenden Klassen, dürfte seinen Grund in einer noch schwach entwickelten historischen Potenz dieser Bewegung haben. Dem entspricht es auch, daß die Marxsche Theorie über die Arbeiterbewegung aus einer beträchtlichen Objekt-Distanz heraus konzipiert ist. Nur in kleinen exemplarischen Ausschnitten gewann Marx seine Kenntnis über Arbeit und Leben der Arbeiter „vor Ort" als Teilnehmer an der Arbeiter-Selbstorganisation; weit mehr davon kam aus zweiter Hand, aus einer weitläufigen Berichte-Literatur. Er selbst entwarf in der Manier eines empirischen Soziologen einen Fragebogen, mittels dessen man Einblick in die Welt der Arbeiter gewinnen wollte. Ein solches Vorgehen ist indes negativ dadurch bedingt, daß die betroffene Klasse nicht selbst ihre Erfahrung in kollektiv-organisierter Weise ausspricht.

Nun hat Marx zwar immer wieder mit merklichem *understatement* gemeint, er habe als Theoretiker des Kommunismus nur sich Rechenschaft abzulegen von etwas, was sich unter seinen Augen abspielt. Es heißt dann aber auch: „... und sich zum Organ desselben zu machen".[401] Diese Verknüpfung wirft gewichtige methodologische Fragen auf. Betrachtet man die Sachlage auf einer Ebene der Selbstinterpretation des revolutionären Theoretikers aus der Intellektuellenschicht, so setzt sich eine materialistische Interpretationsmethode gegen anderweitige (rationalistische, moralistische o. a.) ab, und „materialistisch" hieße hier, die Sache als eine Verbindung von Interessen zu deuten. Andere Methodenprobleme betreffen die spezifische Wirksamkeit des revolutionären Theoretikers: wie er sich nicht nur als „Organ" der Bewegung, als Mitwirkender in ihr, *begreift,* sondern *sich zum Organ macht,* welche spezifische Wirksamkeit er darin entfaltet, *was* er *wem wie* zu sagen hat.

Sowie wir die Marxsche Theorie als Komponente des sich herausbildenden Selbst- und Situationsbewußtseins der Arbeiter-Emanzipationsbewegung betrachten, eröffnet sich uns eine Methodenebene sehr eigener Art, auf der man sich jedenfalls nicht bloß in deskriptiven Sätzen bewegt, diese aber auch nicht durch präskriptive Gehalte überhöht, sondern eine Modalität des praktischen Diskurses herstellt, deren logische Infrastruktur ihrerseits eine Variantenskala aufweist, eine historische Skala von geringerer zu höherer kommunikativer Dichte und Gegenseitigkeit des Lernens und Mitteilens. Marx hat selbst keine methodologische Analyse dieses praktischen Diskurses unternommen, sondern nur einige Linien gezogen, die in diese Sphäre hineinreichen oder hineinweisen. Man wird den methodologischen Sinn seiner Aufstellungen jedoch kaum angemessen bestimmen, ohne diesen innersten Bereich des praktischen Wissens offenzuhalten. Was der intellektuelle Theoretiker „der übrigen Masse voraus" und ihr zu übermitteln hat, das ist wohl nicht nur theoretisch verarbeitete Information über das Funktionieren des bestehenden sozialen Systems, sondern zudem auch etwas von der Praxis, die über dieses System hinausdrängt. In welchen Bewußtseinsformen solche Entschiedenheit sich artikuliert und ausspricht, das hat Marx immerhin negativ recht eindeutig bestimmt: nicht in der Form von Imperativen, zumal nicht von moralischen. Die materialistische Reflexion wird überdies auf den Punkt führen, daß sich wesentliche soziale Wirkungen überhaupt nicht primär vermittels einer sprachlich ausgeprägten Bewußtseinsform übermitteln.

(5) Die Marxsche Theorie präsentiert sich in der Kantischen Tradition ausdrücklich als *Kritik.* Ihr engstes Operationsgebiet ist die Kritik der politischen Ökonomie und sonstiger Ideologie der herrschenden Klasse, und durch das Prisma dieser Ideologiekritik formuliert sich die Kritik an der Realität der bestehenden Gesellschaftsformation. Die Kritik erstreckt sich weiter auf den Zustand, in dem auch die Massen abhängig-arbeitender Menschen praktisch und ideell der herrschenden Klasse unterworfen sind, nicht zuletzt auch Angehörige der eigenen Intellektuellenschicht und Organisatoren der beginnenden Arbeiterbewegung.

Marx hat frühzeitig eine Grundform für jegliche soziale Kritik etabliert: sie ist auf der materialistischen Operationsbasis nicht mehr Aufdecken eines Widerstreits zwischen der Faktizität und einer als Idee gefaßten Wahrheit und wahren Bestimmung (Existenz versus Essenz), sondern Aufdecken eines Widerstreits zwischen Wirklichem und Wirklichem, Aufweis einer praktisch-energischen Differenz innerhalb der sozialen Realität selbst.[402] Es steht jedesmal Macht gegen Macht, Interesse gegen Interesse, Klasse gegen Klasse, und hierin hat jede ideelle Kritik ihr Wirklichkeitssubstrat. Materialismus bedeutet den Abschied von der Denkform des Normativismus.

Die Kritik bewegt sich auf einer Basis sozialwissenschaftlicher Aufklärung. Im Vorwort zum „Kapital" bemerkt Marx, daß die Gestalten von Kapitalist und

Grundeigentümer im Buch nicht „in rosigem Licht" dargestellt seien, er macht aber deutlich, wie wenig das als moralische Denunziation zu verstehen sei: „Weniger als jeder andere kann mein Standpunkt, der die *Entwicklung der ökonomischen Gesellschaftsformation* als einen *naturgeschichtlichen Prozeß* auffaßt, den einzelnen verantwortlich machen für Verhältnisse, deren Geschöpf er sozial bleibt, so sehr er sich auch subjektiv über sie erheben mag."[403]

Wo die Ideologiekritik es mit Manifestationen eines „falschen Bewußtseins" (Illusionen, Motivbeschönigungen u. a.) zu tun hat, erschöpft sie sich nicht im Bloßstellen der Täuschung, sondern deckt auch die Gründe für den „notwendigen Schein" in der praktischen Realität des jeweiligen Ideologieträgers auf. Auch für ihren eigenen Teil reklamiert sie nicht den Besitz reiner Wahrheit, sondern einen anderen sozial-praktischen Ort, an welchem sich der nämliche Schein nicht einblendet und der Blick für Realitäten öffnet, die von anderen Orten aus unsichtbar bleiben.

Ein besonders delikates Anwendungsfeld von Kritik bilden der Zustand und die Bewegungsschritte der arbeitenden Klassen, ihrer Organisationen, Organisatoren und Propagandisten. Marx und Engels haben dieses Potential zeitlebens aus einer kritischen Distanz betrachtet und taxiert – zwar nicht aus der Distanz von Erzieher zu Zögling,[404] aber aus der Distanz eines Partners, der dem anderen einiges voraus hat und anderes nicht. Die Marxsche Theorie ist bemüht, bei aller praktischen Anteilnahme an den Aktivitäten und den Passionen der Arbeiterbewegung doch auch ihr gegenüber den Standpunkt sozialwissenschaftlicher Aufklärung durchzuhalten – was Marx selbst bei weitem nicht in allen Äußerungen gelungen, wozu er aber doch immer wieder zurückgekehrt ist. Was er in Momenten der größten Klarheit und Selbstsicherheit als Maßstab für ein rationelles Begreifen der Praxis erarbeitet hatte, das Denken in Begriffen der Produktivkraftentfaltung und -begrenzung, kann uns auch als heuristisches Mittel dienen, um zu verstehen, wie derselbe Theoretiker sich in diversen Konstellationen oft mehr gemäß den alten Konventionen als gemäß den neuen, höheren Lebensformen verhalten hat, deren Geburt sich als so äußerst langwierig erweist. Theoriesprache und Aktionssprache gehen unter solchen Bedingungen oft verschiedene Wege, und die Marxsche Aktionssprache ist voll von Alltagspsychologie, Moralistik und Affektivität, denunziert Torheiten und Gemeinheiten, ergeht sich in Belehrungen und Beschwörungen. Die eigentliche Theorie ist demgegenüber die Rechenschaft davon, daß die Bewegung von Millionen ihre eigenen Bewegungsmaße hat, ihre Führungsgruppen wenigstens ebensosehr formt wie von ihnen geformt wird, nur mit erheblichen Anstrengungen immer wieder einmal einen größeren Aufschwung nimmt und danach oft für lange Zeit in die alte Subalternität zurückfällt, daß dauerhafte avantgardistische Aktivität nur auf recht schmaler Basis zustande kommt und die organisierten Gruppen allerlei komplementäre Schwächen zeigen. Das Feststellen der jeweils erreichten Kräfte und der noch nicht überschrittenen historischen Schranke ist die Form, in der sich die Theorie als Kritik auf die eigene Praxis bezieht. Kritik ist auch hier nicht das Konfrontieren von Ideal und Wirklichkeit, nicht ein Vorrechnen dessen, was die Leute eigentlich hätten tun müssen und können. Sie ist Vergleichung dessen, was die einen gemacht haben, mit den Handlungen anderer.

(6) Daß die Lehre von Marx eine ,,Anleitung zum Handeln" sei, nicht ein Dogma, ist seit Engels zum geflügelten Wort geworden. Doch es dürfte zu den schwierigsten Interpretationsaufgaben gehören, den handlungsleitenden Anteil des ,,Marxismus" zu bestimmen. Ein Signum der Marxschen Theorie ist, daß sie eigentlich nur sehr wenig programmatisch auftritt. Nicht von ungefähr sind im ,,Kommunistischen Manifest" die Passagen, die das Aktionsprogramm enthalten, in der Redeform des Indikativ Futur gehalten, als handle es sich in der Tat um eine sozialwissenschaftliche Prognose. Die Vorstellung und das Vorstelligmachen von Zielen hat auf dem Boden der materialistischen Theorie keinerlei ursprünglich-konstitutive Bedeutung; Ziele sind eher abgeleitete Projektionspunkte aus den Aktionsrichtungen gegenwärtig wirksamer Energien, nicht Leuchtfeuer einer Zukunft, welche das Gegenwärtige zu sich hinzuziehen vermöchten. So ist es ein Satz von sehr strenger theoretischer Bedeutung, wenn Marx nach der Erfahrung der Pariser Kommune schreibt: ,,Die Arbeiterklasse ... hat keine Ideale zu verwirklichen; sie hat nur die Elemente der neuen Gesellschaft in Freiheit zu setzen, die sich bereits im Schoß der zusammenbrechenden Bourgeoisgesellschaft entwickelt haben."[405]

Überhaupt hat im Verständnis von Marx die Theorie dem Volk keine Prinzipien und Imperative zu übermitteln. Schon frühzeitig hatte er seine eigene Funktion bescheidener angesetzt: die kritischen Philosophen zeigen der Welt, dem Volk nur, warum es eigentlich kämpft;[406] sie erklären ihm seine eigenen Aktionen. Diesem Bewußtmachen und Erklären maß Marx weiterhin einige Bedeutung bei, doch es ist schwer auszumachen, worin sie genau besteht, von welcher spezifischen Kausalität ein ,,Bewußtsein" ist, das von einem ursprünglichen Besitzer auf andere übergeht.

Was Marx selbst an Bewußtmachung geleistet hat, war ganz überwiegend Information, über die Bewegung der kapitalistischen Produktion, über Aktivitäten in der Sphäre der herrschenden Klassen, also das Aufzeigen dessen, was auf die arbeitenden Klassen einwirkt und worauf sie zu reagieren hatten. Und zum anderen Teil war es – in den Schriften über zeitgenössische Klassenkämpfe – eben jenes Nachzeichnen und Erklären der ,,eigenen Aktionen" der arbeitenden Klassen in ihrem bestimmten geschichtlichen Verlauf. Soweit hat man es nur indirekt mit ,,Anleitung zum Handeln" zu tun, und sie noch mehr direkt, systematisch und prospektiv zu erteilen, war offenbar nicht die Absicht von Marx. Mochte die Enthüllung des Bewegungsgesetzes der bürgerlichen Gesellschaft im ,,Kapital" eine ausgeprägt systematische Form annehmen, es gibt bei Marx keinen theoretisch-praktischen Ort für eine ebenso systematische Doktrin der revolutionären Politik. Es akkumuliert sich nur eine Reihe von Konsequenzen aus gemachten Erfahrungen, auf ein axiomatisches Zentrum bezogen, das in dem eingangs benannten konstitutiven Interesse beschlossen liegt.

(7) Wo Marx selbst über seine Methode spricht, geht es ihm weniger um die Generallinie der von ihm realisierten Theorie-Praxis-Synthese, sondern vorwie-

gend um Fragen von mehr begriffstechnischer Ordnung, namentlich in dem am meisten systematisch elaborierten Feld der Ökonomiekritik. Thema einer Methodenreflexion ist hier, wie die Fülle des empirisch gewonnenen Datenmaterials in einer Art Reduktionsverfahren auf äußerst abstrakte kategoriale Bestimmungen (Ware, Wert etc.) gebracht und wie sich dann aus diesen Abstraktionen das anfänglich in der Anschauung als chaotisches Konglomerat gegebene Konkrete als ,,geistig Konkretes" in einem Duktus der gedanklichen Aneignung reproduziert.[407] In diesem Umkreis kommt es auch erneut zu einer kritischen Rezeption Hegelscher dialektischer Denkformen. Im Nachwort zur zweiten Auflage des ,,Kapital" gibt Marx diesem Rückgriff auf Hegel eine äußerst weitreichende Bedeutung, indem die ,,dialektische Methode" als ein Schlüssel zum allgemeinen Charakter der gesellschaftlich-geschichtlichen Wirklichkeit erscheint: ,,In ihrer mystifizierten Form ward die Dialektik deutsche Tagesmode, weil sie das Bestehende zu verklären schien. In ihrer rationellen Gestalt ist sie dem Bürgertum und seinen doktrinären Wortführern ein Ärgernis und ein Greuel, weil sie in dem positiven Verständnis des Bestehenden zugleich das Verständnis seiner Negation, seines notwendigen Untergangs einschließt, jede gewordene Form im Flusse der Bewegung, also auch nach ihrer vergänglichen Seite auffaßt, sich durch nichts imponieren läßt, ihrem Wesen nach kritisch und revolutionär ist." Daß gerade wieder eine Wirtschaftskrise im Anrücken war, schien Marx dazu angetan, den Glücksrittern des preußisch-deutschen Reiches Dialektik einzupauken.[408] Solche Deklarationen konnten die Nachfolger dazu verleiten, die geistig-praktische Quintessenz der Marxschen Theorie überhaupt in der Dialektik als einer universalen Großen Methode zu erblicken. Andeutungen dieser Art wurden zum Ausgangspunkt einer systematischen Entwicklung, in der Dialektik – weit über jede ,,Methode" hinaus – zur allgemeinen Formenlehre von Veränderungsprozessen, zur Kodifikation allgemeinster Gesetze der Entwicklung in Natur, Gesellschaft und Denken (Engels) arriviert ist.

Vieles spricht indessen dafür, daß das ,,dialektische" Methodenmoment bei Marx mehr im Subtilen seinen Sitz haben muß, nicht einfach schon in der Antagonistik und Widersprüchlichkeit des gesellschaftlichen Lebens. Bei der Abfassung des ,,Kapital" hatte es Marx mit einem Methodenproblem besonderer Art, mit einem Problem der systematischen Darstellung und Anordnung von Kategorien, Theoremen und Kapiteln zu tun. Hier konnte die Hegelsche ,,Logik" als ein Modell dafür dienen, wie sich aus der abstrakten Einheit einer Ausgangskategorie (hier ,,Sein", dort ,,Ware") die konkrete Mannigfaltigkeit der kategorialen Bestimmungen eines Systemganzen *dialektisch entwickeln* läßt – nicht wie bei Hegel als die Selbstgebärung des Begriffs, sondern als die Verarbeitung von Anschauungen zu Begriffen, das Begreifen als Genesis einer Gedankentotalität, eines Gedankenkonkretum.[409] Daß es bei dieser Dialektik der Kategorienentwicklung zu einem wesentlichen Teil um ein Problem der *,,Darstellungsmethode"* geht, wird auch im Nachwort zur zweiten Auflage deutlich. Die Forschung, erklärt Marx, hat sich den Stoff im Detail anzueignen und das innere Band der einzelnen Entwicklungsformen aufzuspüren. ,,Gelingt dies und spiegelt sich nun das innere Leben des Stoffs ideell wider, so mag es aussehn, als habe man es mit einer Konstruktion a priori zu tun."[410] Es ist jedoch nur begriffliche Rekonstruktion dessen, was zuvor in seiner Materialität empirisch erfaßt worden ist. Das Dialektische fungiert dabei als eine besondere Form der erweiternden Ableitung – wenn etwa die Genesis der Geldform, die der Warenwert annimmt, in ihren Stufen darzustellen ist.[411] Marx war sich sehr wohl der Schwierigkeit bewußt, darüber zu befinden, welche Entwicklungen einer dialektischen Ableitung fähig sind und welche nicht.[412] Immer ist es die offene Frage, ob und wo ein Erfahrungsgehalt sich logisch an eine erweiterungsfähige Kategorie anschließt und als ihre Entwicklung darstellbar wird.

Gelegentlich hat Marx auch auf die Probe gestellt, ob nicht auch der geschichtliche Gesamtprozeß der kapitalistischen Akkumulation einem dialektischen, negations-logischen Duktus folgt: bestätigt sich nicht in der geschichtlich anstehenden „Expropriation der Expropriateure" die dialektische Zentralfigur der „Negation der Negation"?[413] Als er von einem Kritiker deswegen attackiert wurde, wehrte Engels dies mit der durchaus zutreffenden Versicherung ab, Marx habe nur eine material-empirische Ableitung nachträglich als kongruent mit einem dialektischen Gesetz bezeichnet.

Es besteht so hinsichtlich dessen, was Dialektik bei Marx ist, bis auf den heutigen Tag eine erhebliche Unsicherheit. Seine eigenen Hinweise sind dabei nicht sonderlich hilfreich. Wenn es, wie der Satz aus dem Nachwort anzeigt, um eine Theorie geht, die „kritisch und revolutionär" ist, dann kann das Kernstück ihres kritisch-revolutionären Impetus nicht gut ein allgemeiner Formcharakter des Wirklichen überhaupt sein, sondern nur eine spezifische Subjekt-Objekt-Wechselbeziehung und eine ursprünglich-konstitutive Theorie-Praxis-Einheit, genauer das Durchdrungensein der theoretischen Arbeit von einem unmittelbar praktischen Interesse. Wenn man schon den Anschluß an die Tradition des dialektischen Denkens bewußt herstellen und damit den Grundcharakter der Marxschen Theorie in Beziehung setzen will, dann wird man G. Lukács darin zustimmen, daß außerhalb jener Subjekt-Objekt- und Theorie-Praxis-Einheit keine Dialektik sein kann. Dialektisch wäre dann die ständige Verflüssigung aller objekthaften Vorgegebenheiten aus dem Logos der Praxis.

Paul Kellermann

HERBERT SPENCER

I. Biographie

Herbert Spencer wurde am 27. April 1820 – im selben Jahr wie Friedrich Engels – in Derby/England geboren; am 8. Dezember 1903 starb er in Brighton. – Daß Spencer nicht nur als Philosoph, sondern auch als Soziologe bekannt wurde, lag wohl eher am damaligen Entwicklungsstand der Soziologie als an Spencers soziologischer Theorie. Entsprechend bezeichnet die Encyclopaedia Britannica von 1973 Spencer auch nur als „philosopher". Jedenfalls war es sicherlich nicht Spencers primäre Intention, gerade und nur Soziologe zu sein. Vielmehr dürfte er – und dies hätte seinem Selbstverständnis wohl nicht widersprochen – als ein besonderer Sozialphilosoph zu bezeichnen sein, nämlich in dem Sinne, daß er vom Schreibtisch aus die bürgerliche Moral seines Zeitalters philosophierend festzuhalten suchte. Demgegenüber nannte Jay Rumney Spencers Soziologie „mostly ethnology". Wären die politische Wissenschaft nicht vor ihm und gerade in England schon zu Ehren gekommen oder die Psychologie später nicht ganz andere Wege erfolgreicher gegangen, hätte man Spencer mit gleichem Recht auch einen Politologen oder Psychologen nennen können. Gemessen an der weiten Verbreitung seiner Schriften, die hohe Auflagen und rasche Übersetzungen erlebten, und beurteilt nach dem durchgehend puritanisch-messianischen Zug seines Werks, wäre Spencer nicht zu Unrecht auch als viktorianischer Evangelist zu bezeichnen. In seiner Biographie spielte die Religion jedenfalls eine gewisse Rolle. Und angesichts der gerade in London beginnenden internationalen Arbeiterorganisation – 1840 „Bund der Gerechten", 1847 „Bund der Kommunisten" – bedurfte sozusagen der bedrohte politische Liberalismus, der das ökonomische Manchestertum deckte, einer ideologischen Stützung. Hierzu lieferte Spencer Beiträge aus tiefster weltanschaulicher Überzeugung.

Herbert Spencers Vater, William George Spencer, war Lehrer. Beide Eltern gehörten einer religiösen Sekte an, während Spencer selbst dem christlichen Glauben später abschwor. Entsprechend schlug er auch das Angebot seines Onkels, des Geistlichen Thomas Spencer, aus, ihn in Cambridge studieren zu lassen. Was er an Wissen erwarb, erlas sich Herbert Spencer weitgehend ohne Anleitung, wobei er sich insbesondere mit den Naturwissenschaften beschäftigte. Bereits als Siebzehnjähriger unterrichtete er wenige Monate an einer Schule, bevor er 1837 als Eisenbahningenieur an der Linie Birmingham/Gloucester bis zu deren Vollendung im Jahre 1841 mitarbeitete.

1842 begann seine Laufbahn als Schriftsteller damit, daß Spencer einige pamphlethafte Beiträge in der Zeitschrift „Nonconformist" veröffentlichte; diese „letters" erschienen 1843 gesondert unter dem Titel *On the Proper Sphere of Government.* Bereits in dieser Publikation proklamierte er einen seiner wesentlichen Glaubenssätze, der die weltanschauliche Grundlage des fälschlich so genannten Sozialdarwinismus abgab:[1] die Glaubensregel, daß eine Regierung nichts anderes zu tun habe, als das „natürliche" Geschehen des sozialen Lebens zu unterstützen; tue eine Regierung mehr, so erzeuge sie eher Unheil als Heil. – Bevor Spencer 1848 dann Hilfsredakteur bei der Zeitschrift „Economist" wurde, hatte er Verbindungen zu naturwissenschaftlich und politisch orientierten Zeitungen. Als Spencer 1853 seinen Onkel beerbte, gab er seine Redaktionsposition wieder auf.

1851 publizierte er sein erstes Hauptwerk *Social Statics: Or, the Conditions Essential to Human Happiness Specified and the First of them Developed,*[2] das im wesentlichen bereits seine später entwickelten Anschauungen zumindest im Keim enthielt. Das Hauptinteresse dieser Arbeit lag bei der Propagierung einer Beibehaltung des ökonomischen und sozialen Laissez-faire; ihm ging es – angesichts der wachsenden Arbeiterschutzgesetzgebung in England[3] – darum, die seiner Ansicht nach kurzsichtige Hintanhaltung des zwingend vorgegebenen Fortschritts aus sozial-politischen Erwägungen zu verhindern.

Nachdem Spencer 1855 den ersten Band der *Principles of Psychology* veröffentlicht hatte, kündigte er unter dem Titel *A System of Synthetic Philosophy* die laufende Publikation eines zehnbändigen Werks an. Diese sollte neben grundsätzlichen erkenntnisphilosophischen Abhandlungen vor allem Schriften zur Psychologie, Biologie, Soziologie und Moral enthalten.[4] Unter Einbeziehung des bereits publizierten psychologischen Bandes erfüllte Spencer mit der Vorlage seiner *First Principles* im Jahre 1862 bis zum Erscheinen des vollständigen dritten Bandes der *Principles of Sociology* im Jahre 1896 jenes Programm. Neben diesem Lebenswerk veröffentlichte Spencer vielbeachtete Schriften, wie *The Study of Sociology* (1873), *The Man Versus the State* (1884) oder *The Nature and Reality of Religion* (1885) sowie – posthum (1904) – seine *Autobiography.* Spencer hielt in allen diesen Schriften – obwohl gerade auf dem Gebiet der erstarkenden Sozialwissenschaften seiner Lehre entgegengesetzte Theorien entwickelt wurden[5] – in einer Periode von über 50 Jahren seine Grundanschauungen und seine eher beschreibenden denn erklärenden Konzepte mit geradezu erstaunlicher Rigidität[6] durch.[7]

Die von Spencer in Zusammenarbeit mit David Duncan, Scheppig und Collier 1867 begonnene Serie *Descriptive Sociology,* die das Grundmaterial zu den *Principles of Sociology* sowie Hilfen für ein vertieftes Studium der Soziologie enthalten sollte,[8] mußte aus Mangel an öffentlichem Interesse nach acht Teillieferungen 1881 zunächst wieder eingestellt werden. Spencers Letzter Wille war, daß diese Serie fortgesetzt werde. So schrieben nach Spencers Tod beispielsweise Sir W. Flinders Petrie und J. P. Mahaffy einige Fortsetzungsbände; Neubearbeitungen der ersten Bände und weitere zehn Fortsetzungen erschienen zwischen 1910 und 1934. Jay Rumneys Buch *Herbert Spencer's Sociology,* das 1937 erschien, bezeichnen die Nachlaßverwalter Spencers als den Abschlußband der *Descriptive Sociology*.[9]

Herbert Spencer war nicht verheiratet; eine intensive Freundschaft und Bewunderung empfand er nach eigenen Angaben für Mary Ann Evans, die als Schriftstellerin unter dem Namen „George Eliot" bekannt geworden ist. Von seinen nächsten Bekannten sind insbesondere noch Thomas Henry Huxley (1825–1895) und John Stuart Mill (1806–1873) sowie die spätere Beatrice Webb, die sich um den alten und kranken Philosophen kümmerte, zu nennen.

II. Das Werk

1. Einleitung

„Freiheit" und „Entwicklung" sind die beiden Schlüsselbegriffe des Werks von Herbert Spencer. Ihre gemeinsame Grundlage – oder besser: ihre gemeinsame Richtung – liegt in dem Begriff „Fortschritt". „Freiheit" – sowohl als „liberty" wie auch als „freedom" – ist die Zentralkategorie der Staatslehre Spencers beziehungsweise seiner Staatsmoral, die ebenso das Verhalten der einzelnen wie das der Regierungen normieren will. „Entwicklung", die Spencer mit „evolution", häufig aber auch mit „development" begreift, bezeichnet das Basiskonzept seiner Philosophie, die zugleich Natur- und Sozialphilosophie ist. Mit dem Evolutionskonzept will er die Wissenschaften von den „anorganischen" (Astronomie, Geologie) und den „organischen" (Biologie, Psychologie) wie die von den „überorganischen" (Soziologie, Morallehre) Phänomenen zu einer vereinheitlichten Theorie aller Wissenschaftsbereiche zusammenführen. Prinzipiell – sofern nicht „willkürliche" Eingriffe den Lauf von Freiheit und Entwicklung verlangsamen oder gar zerstören – schreitet organische und überorganische Natur fort zu jeweils höher entfalteten, „positiven" Formen, wobei weniger entwickelte auf der Strecke bleiben.

In Spencers Schriften vermengen sich häufig die zentralen Begriffe und ihre Inhalte im selben Maße, wie Wissenschaft und politisierende Moral sich vermischen. Hierdurch finden sich in der Mehrzahl seiner Veröffentlichungen sozialwissenschaftliche Erkenntnisse neben staatsphilosophischen Postulaten, die bei ihm regelmäßig die Verwirklichung liberal-bürgerlicher Ideologie als die von Natur aus aktuelle Form menschlicher Lebenseinrichtung reklamieren. – Aus primär soziologischer Perspektive lassen sich daher in Spencers Werk folgende Linien erkennen: Seine gesamten Anschauungen begründet philosophisch das 1862 erschienene Buch *First Principles;* sodann können drei Hauptrichtungen unterschieden werden, die allerdings – da es sich ja um die Schriften eines Autors handelt – nicht als unabhängig voneinander anzusehen sind: seine Schriften zu den organischen Wissenschaften Biologie und Psychologie, seine Arbeiten zur Soziologie sowie seine Publikationen zur Staatsmoral, genauer: zur Ideologie des politischen Liberalismus.

Am längsten und am ausführlichsten beschäftigte sich Spencer mit dieser zuletzt genannten Richtung: ihr sind die Schriften *The Proper Sphere of Government* aus dem Jahre 1843 und *Social Statics* von 1851 ebenso zuzurechnen wie die Publikation *The Man Versus the State* von 1884 oder die beiden Bände *Principles of Ethics* (1879–1893). Gerade diese Schriften sind in dem Sinne ungemein wertvoll, als sie das wohl ausführlichste theoretische System des polit-ökonomischen Liberalismus darstellen; sie sind von nicht zu überschätzendem Wert insbesondere für die Wissenssoziologie.

Die eigentlichen Schriften zur Soziologie sind einerseits das 1873 erschienene (etwa 450 Seiten starke) Werk *The Study of Sociology*, andererseits die drei Bände *Principles of Sociology* (über 2200 Seiten), die zwischen 1876 und 1896 innerhalb des umfassenden Vorhabens der „Synthetischen Philosophie" erschienen. – Da die Psychologie, aber insbesondere auch die Biologie vor allem für Spencers soziologische Anschauungen von großer Bedeutung sind, müßten für eine intensive soziologische Auseinandersetzung mit Spencers Gesellschaftslehre auch seine in diesen Bereichen vorgelegten Schriften analysiert werden. Aus naheliegenden Gründen soll sich allerdings die folgende Darstellung von Spencers Soziologie auf die genannten soziologischen Schriften im engeren Sinn beschränken. Dabei bietet sich für den vorliegenden Zweck pragmatisch an, in erster Linie das *Study* für die Darstellung zu verwenden und die anderen soziologischen Schriften bisweilen zur Verdeutlichung und zur Ergänzung heranzuziehen.[10] Weil aber die von Spencer entwickelten philosophischen Grundanschauungen – zumal sein „Entwicklungsgesetz" – von entscheidender Bedeutung sowohl für das gesamte Werk als auch für seine Soziologie sind, ist es notwendig, zuerst die Basiskonzepte aus der Schrift *First Principles* kurz zu referieren.

2. System der synthetischen Philosophie

Der formale Ausgang des Spencerschen Philosophierens findet sich in der Problematisierung der menschlichen Erkenntnis, welcher – nach Spencer und nach dem zu seiner Zeit in England verbreiteten Agnostizismus – weite Bereiche des Naturgeschehens grundsätzlich verschlossen bleiben. Um zu zeigen, was Spencer meint, zwei Zitate aus der Fülle der Beispiele: „Der Stoff ist entweder unendlich teilbar, oder er ist es nicht: Eine dritte Möglichkeit kann nicht gegeben werden. Welche von den beiden Alternativen sollen wir annehmen? Wenn wir sagen, daß der Stoff unendlich teilbar sei, so bekennen wir uns zu einer Annahme, welche in Gedanken nicht zu realisieren ist. Wir können einen Körper in zwei Teile teilen und wieder in zwei Teile teilen und fortgesetzt den Akt wiederholen, bis wir seine Teile zu Größen gebracht haben, welche physisch nicht länger teilbar sind, können aber dann den Prozeß im Geist weiter fortsetzen. Wenn wir dies nun tun, stellen wir uns aber nicht wirklich die unendliche Teilbarkeit der Substanz vor, sondern bilden eine symbolische Vorstellung, welche sich nicht in eine wirkliche erweitern läßt und welche keine andere Verifikation gestattet. In Wirklichkeit die unendliche Teilbarkeit des Stoffes vorstellen, heißt die Teilungen bis in die

Unendlichkeit verfolgen; und um dies zu tun, würde unendliche Zeit erforderlich sein. Wollte man andererseits behaupten, daß der Stoff nicht unendlich teilbar wäre, so hieße das behaupten, daß er in Teile zerlegbar wäre, welche keine Macht weiterteilen könnte; und diese verbale Voraussetzung kann im Denken ebenso wenig repräsentiert werden wie die andere ... Es ist daher für den menschlichen Verstand die eine Hypothese nicht annehmbarer als die andere; und doch scheint die Schlußfolgerung, daß die eine oder die andere mit den Tatsachen übereinstimmen muß, für den menschlichen Verstand unvermeidlich zu sein."[11]

Und in einem anderen Bezug grübelt Spencer weiter: „Eine weitere unüberwindliche Schwierigkeit bietet sich uns dar, wenn wir die Übertragung von Bewegung in Betracht nehmen. Die Gewohnheit macht uns blind gegen das Wunderbare dieser Erscheinung. Mit der Tatsache von Kindheit an vertraut, sehen wir in der Fähigkeit eines in Bewegung befindlichen Dings, in einem sich im stationären Zustand befindenden Dinge Bewegung hervorzubringen, nichts Merkwürdiges. Es ist indessen unmöglich, es zu verstehen. In welcher Beziehung ist ein Körper nach einem Anstoße von sich selbst vor dem Anstoße verschieden? Was ist das, was zu ihm hinzugefügt wird, was nicht merkbar irgendeine seiner Eigenschaften berührt und ihn doch instandsetzt, durch den Raum zu drängen? ... Du sagst: Die Bewegung ist mitgeteilt worden. Aber wie? – Was ist mitgeteilt worden? Der anstoßende Körper hat kein Ding auf den angestoßenen Körper übertragen; und es ist gleicherweise außer Frage, daß er kein Attribut übertragen hat. Was hat er denn nun übertragen?"[12]

Spencers nächster Schritt besteht in der Zweiteilung des Geschehens in das Nichterkennbare und in das Erkennbare, wobei er gleichzeitig beabsichtigt, die Auseinandersetzung zwischen den Welten der Religion und der Wissenschaft „auszusöhnen": „Wenn Religion und Wissenschaft miteinander zu versöhnen sind, so muß die Grundlage der Versöhnung diese tiefste, umfassendste und gewisseste aller Tatsachen sein, – daß die Kraft, welche das Universum offenbart, unerforschbar ist."[13] Das Nichterkennbare ist das Reich der Religion, das Erkennbare Gegenstand der Wissenschaft. Die Wissenschaft hat es immer mit Phänomenen zu tun, und ihr Ziel ist die Konstruktion einer Philosophie, welche alles Erkannte zu umfassen und zu integrieren vermag.[14] Als von allgemeiner Gültigkeit und somit als erste grundlegende Schritte in die Richtung jener „vereinheitlichten" Philosophie referiert Spencer die bekannten „Naturgesetze" von der Unzerstörbarkeit des Stoffs,[15] der Kontinuität der Bewegung,[16] des Beharrens der Kraft,[17] der Stetigkeit von Beziehungen zwischen Kräften,[18] der Umwandlung und der Gleichwertigkeit der Kräfte[19] sowie von Richtung und Rhythmus der Bewegung,[20] die er alle bis ins einzelne nach dem Stand des damaligen Wissens erörtert, um schließlich zu fragen: „Die synthetischen Erklärungen, welche die Wissenschaft selbst bis zu den allgemeinsten gibt, sind mehr oder weniger unabhängig voneinander. – Muß es nicht noch eine tiefere, sie umfassende Erklärung geben? Ist anzunehmen, daß in der brennenden Kerze, in der berstenden Erdkruste und in dem wachsenden Organismus die dabei ablaufenden Prozesse ganz ohne Beziehung zueinander sind? ... Die zu beantwortende

Frage ist: Was ist das gemeinsame Element in der Geschichte aller konkreten Prozesse? ... Absolute Ruhe und Beständigkeit existieren nicht. Ein jedes Objekt, nicht weniger als das Aggregat aller Objekte, erleidet von Augenblick zu Augenblick irgendeine Änderung des Zustands ... Und die Frage ist: Welches dynamische Prinzip, für die Metamorphose als Ganzes und für ihre Einzelheiten gültig, drückt diese fortwährend sich ändernden Beziehungen aus?"[21] – Der Weg, der sich Spencer zu öffnen scheint, um „die" Formel zu finden, ist – nach seinem Ansatz konsequent – die genaue Untersuchung der „Metamorphosen" von dem Moment des „In-die-Erscheinung-Tretens aus dem Nicht-Wahrnehmbaren" bis zu dem Moment des „Verschwindens in das Nicht-Wahrnehmbare"[22].

Die Erwartung, Spencer habe die Methode einer historischen Analyse in dem Sinn propagiert, daß jeder Vorgang und jede Struktur – insbesondere in der Sozialwissenschaft – als geschichtlich einzigartig zu analysieren sei, ist falsch: Spencer geht es bei der Erforschung der Entwicklung aller Phänomene – seien es die der anorganischen, organischen oder „überorganischen" Welt – um die Erkenntnis der regelhaften Gemeinsamkeiten. Sein Ziel sind universale „Gesetze" beziehungsweise die Entdeckung des einen, allumfassenden Gesetzes, das jene synthetische Philosophie zu begründen vermag.

Als ersten Hinweis auf jenes Gesetz erkennt er, daß der Beginn jeder Entwicklung eine Bindung von Energien beziehungsweise eine Integration von „Stoffen" ist, während das Ende jeder Entwicklung durch einen Abbau von Stoffen und durch die Freisetzung von Energien gekennzeichnet ist: „Die Veränderung von einem zerstreuten, nicht wahrnehmbaren Zustand in einen konzentrierten, wahrnehmbaren Zustand ist eine Integration des Stoffes und eine in Begleitung derselben auftretende Zerstreuung von Bewegung; und die Veränderung eines konzentrierten, wahrnehmbaren Zustands in einen zerstreuten, nicht wahrnehmbaren Zustand ist eine Absorption von Bewegung und eine in Begleitung derselben auftretende Desintegration von Stoff."[23] Selbstkritisch bemerkt er: „Das sind Tautologien", beharrt aber dennoch: „Zusammengenommen, stellen die zwei entgegengesetzten hier formulierten Prozesse die Geschichte einer jeden sinnlich merkbaren Existenz unter ihrer einfachsten Form dar. Verlust innerer Bewegung und daraus folgende Integration, welcher schließlich Gewinn an innerer Bewegung und daraus folgende Desintegration folgt: – dies ist eine zusammenfassende Darstellung der ganzen Reihe der durchlaufenen Prozesse ..."[24]

Die Kuriosität dieser Formel liegt nicht in ihrer sprachlichen Konstruktion, sondern vor allem in ihrer definitorischen Beliebigkeit: Was im gegebenen, historischen Fall jeweils eine Integration, was eine Desintegration ist, kann je nach Erkenntnisabsicht so oder so definiert werden. Damit ist diese Formel streng genommen erkenntnisleer oder – weniger hart ausgedrückt – bloß formal. Zur soziologischen Erklärung von gesellschaftlichen Verhältnissen oder Vorgängen kann sie nichts beitragen; sie liefert lediglich ein Muster für rhetorische Interpretationen, das Hilfen für jeden Fall bereithält: Ist etwas vom eigenen Gesichtswinkel aus nicht als Integration zu bezeichnen, so verwendet man den zweiten Teil der Formel und stellt die ganze Sache als „Desintegration" dar. – Obwohl diese

Möglichkeit in Spencers eigenen Worten liegt, versteht er sie nicht im Sinne der interpretierenden Beliebigkeit, vielmehr sieht er sie als Vorzug der Formel, die eben zu erfassen vermag, was den objektiven Entwicklungsstand der Sache ausmacht: „Aber trotz dieser Komplikation der beiden Prozesse und der ungeheuren Verschärfung des Konflikts zwischen ihnen bleibt es doch richtig, daß immer ein differentieller Fortschritt entweder nach Integration oder Desintegration hin stattfindet ... Und wenn sie sich nicht die Waage halten, erfährt das Aggregat als Ganzes entweder Integration oder Desintegration."[25]

Spencer diskutiert nun diese Formel sehr weitschweifend, problematisiert deren ersten Teil, indem er einige – für ihn nur scheinbare – Widersprüche präsentiert, meint dann doch die Richtigkeit des Integrationstheorems belegen zu können und verliert dabei das Moment der Desintegration oder „Dissolution", also des Zerfalls, fast völlig aus den Augen, weil sie „nichts von jenen verschiedenartigen und interessanten Erscheinungen hat, welche die Evolution darbietet."[26] Im folgenden geht es ihm in erster Linie nur noch um „Evolution" im Sinne der Integration. Schließlich meint er, die deduktiven Beweise geliefert zu haben, „daß alle wahrnehmbaren Existenzen auf eine oder die andere Weise und zu einer Zeit oder der anderen ihre konkreten Gestalten durch Prozesse der Konzentration erlangt haben müssen ..."[27] Jetzt ständen nur noch die „induktiven" Beweise aus. – Als Beispiel für einen solchen „Beweis" im Bereich der Soziologie folgendes Zitat: „So sehen wir Integrationen auftreten als Folgen des Wachstums benachbarter, gleiche Funktionen ausführender Teile; wie beispielsweise die Vereinigung Manchesters mit seinen baumwollwebenden Vorstädten. Es finden sich noch andere Integrationen, welche entstehen, wenn unter verschiedenen, eine besondere Gattung von Waren produzierenden Orten der eine einen immer größeren Teil des Geschäfts erhält, Meister und Arbeiter zu sich heranzieht und die anderen Orte verkümmern läßt; ein Beweis hierfür ist das Wachstum der Tuchbezirke von Yorkshire auf Kosten derer von West-England oder die Absorption der Töpfermanufaktur durch Staffordshire und der darauffolgende Niedergang der Geschäfte in Derby und anderen Orten."[28]

In den folgenden Kapiteln entwickelt Spencer schließlich seine amputierte Integrations/Desintegrationsformel insbesondere dadurch weiter, daß er neben den Vorgang der „Aufnahme von Materie" (Integration) den der „Andersverteilung von Materie" (Differenzierung) setzt und Integration nunmehr als notwendig von Differenzierung begleiteten Prozeß ansieht. Schließlich präsentiert er die bekannte Formel für Evolution, die er nach seiner Erkenntnisabsicht für optimal hält: „Evolution ist eine Integration von Materie und damit verbundene Zerstreuung von Bewegung, während welcher die Materie von einer relativ unbestimmten, inkohärenten Homogenität zu einer relativ bestimmten, kohärenten Heterogenität übergeht und während welcher die zurückbleibende Bewegung eine entsprechende Umwandlung erfährt."[29]

Sein Programm für die Fortsetzung der „Synthetischen Philosophie" in ihren Aspekten von Biologie, Psychologie, Soziologie und Moral lautet daraufhin: „Die vor uns liegende Aufgabe ist .., die Erscheinungen der Entwicklung in synthetischer Reihenfolge darzustellen. Von einem feststehenden letzten Grundsatz ausgehend, muß gezeigt werden, daß der Verlauf der Umwandlung bei allen Arten von Existenzen kein anderer sein kann als der, den wir gefunden haben. Es muß gezeigt werden, daß die Wiederverteilung von Materie und von Bewegung überall in der Weise stattfinden und jene Eigentümlichkeiten darbieten muß, welche die Himmelskörper, Organismen, Gesellschaften gleichmäßig darbieten."[30] – Gleich an dieses Zitat anschließend soll festgehalten werden, daß Spencer nur beschreiben, „darstellen" will und keinen Anspruch auf Kausalanalyse von Strukturen und Prozessen erhebt. Gerade aber die Erklärung von ursächlichen Zusammenhängen des sozialen Wandels ist das primäre Ziel „moderner" Soziologie.

3. Soziologie

Herbert Spencer und seiner Soziologie gerecht zu werden, ist verhältnismäßig schwierig. Leicht scheint es dagegen, Spencers Werk abzuqualifizieren, wenn man es einerseits mit dem Marxschen System, das mindestens ebenso alt ist, andererseits mit heutiger, insbesondere ideologiekritischer Theorie vergleicht. Versucht man dagegen, sich die historische Situation Spencers, vor allem seine soziale Herkunft, seine Umwelt, die Ideenwelt, in der er lebte, zu vergegenwärtigen, versucht man weiterhin, seine Intention und das in vielem naive Niederschreiben all seines Wissens und Denkens zu gewichten, so muß ein soziologisches Urteil über Herbert Spencer differenzierter ausfallen. Jedenfalls macht man es sich zu einfach, wenn man ihn als bloßen Apologeten des Manchestertums abtut oder wenn man ihn nur als Evolutionisten und Organizisten überliefert.

Im Gegensatz zu Karl Marx hatte sich Spencer nämlich eine ausgesprochen akademische Aufgabe vorgenommen, die er auch akademisch zu lösen versucht, wobei lediglich des öfteren und für den Leser bisweilen überraschend seine politisch-sozialen Grundanschauungen in seinen Erkenntnissen und beschreibenden Abhandlungen durchschlagen. Typisch für seine akademisch-trockene Art des Schreibens ist auf der einen Seite, daß er 1860 ein Programm für zehn wissenschaftliche Bücher veröffentlicht und dieses Programm während 35 Jahren zu erfüllen sucht, um dann in dem zuletzt (vollständig) vorgelegten dritten Band seiner *Principles of Sociology* die Bilanz von versprochenem und eingehaltenem Programm auf Seitenzahlen genau vorzuführen.[31] Auf der anderen Seite ist es für seine Arbeitsweise ebenso typisch, akademisch genau möglichst alle Aspekte eines Problems aufzuzeigen, diese im einzelnen bis in das langweilige Detail zu besprechen und mit vielen Beispielen zu illustrieren – ein Verfahren, das als „komparative Methode" mißverstanden wurde.

Falsch wäre es ebenso, Herbert Spencers Soziologie als kritiklose Darstellung des gesellschaftlichen Status quo aufzufassen. Vielmehr findet sich bei ihm häufig Kritik an einzelnen sozialen Erscheinungen, deren Mängel er aus der Sicht des aufgeklärten, liberalen Bürgers in dem für ihn charakteristischen Amalgam von Moral und sozialwissenschaftlich geschultem Bewußtsein aufweist. Wie es aber jeder Form konservativ-affirmativer Soziologie eigen ist, bleibt auch Spencers Gesellschaftskritik ,,systemimmanent", ist also lediglich an der ,,Heilung ungesunder Auswüchse" interessiert, vermag daher nicht, soziale Problembereiche als strukturell bedingt und systematisch miteinander verknüpft zu erkennen. Entsprechend sucht Spencers Ansatz ,,Fehlentwicklungen" in erster Linie im ,,Fehlverhalten" von einzelnen. Doch die falsche Anamnese entwertet nicht in jedem Fall die Diagnose. Bisweilen erscheinen seine Bemerkungen auch heute noch ungemein treffend, weshalb hier einige von ihnen referiert werden sollen.

Beispielsweise übt Spencer Kritik an der in unseren Schulen immer noch gültigen historischen ,,Theorie der großen Männer".[32] Spencer kritisiert den Lehrer der klassischen Geschichte, ohne dessen Lehre im Zusammenhang mit der Ideologie des Individualismus zu sehen, welche doch die Grundlage des von Spencer so positiv beurteilten gesellschaftlichen Systems des Liberalismus abgab: ,,. . . der Wert dieser (biographischen) Kenntnisse nimmt einen solchen Rang ein, daß es für eine Schande gilt, über die Liebschaften des Zeus falsch zu antworten, und für entehrend, den Namen des Feldherrn bei Marathon nicht zu kennen, dagegen aber für entschuldbar, nichts von dem sozialen Zustande zu wissen, welcher der Gesetzgebung Lykurgs vorherging, oder von dem Ursprung und den Funktionen des Areopags."[33]

Immer noch aktuell erscheint auch Spencers – soziologisch gemeinte, aber doch an der einzelnen Person orientierte – Kritik am Prüfungszeremoniell der Gymnasien und Universitäten, das bis heute trotz gegenteiliger didaktischer Einsichten weithin sozialwissenschaftlich unreflektiert vollzogen wird: Untersucht man die Misere, ,,so findet man, daß der wirklich beachtenswerte Umstand der ist, daß die Examinatoren statt für Studenten passende Fragen solche Fragen vorlegen, welche ihre eigene ausgedehnte Gelehrsamkeit begründen."[34]

In vergleichbarer Weise kritisiert Spencer das Versagen der öffentlichen Verwaltung und Gesetzgebung,[35] den pleonastischen Stil der französischen (,,Qu'est ce que c'est?")[36] und den häufig falschen Gebrauch der englischen Sprache,[37] die Faulheit der Reichen (,,Man wird später staunen, daß es je Menschen sollte gegeben haben, welche es für bewunderungswürdig hielten, zu genießen, ohne zu arbeiten, auf Kosten anderer, welche arbeiteten, ohne zu genießen.")[38], die partikularistischen Interessen der Politiker, die bloß vorgeblich das öffentliche Interesse vertreten,[39] oder die für den täglichen Gebrauch falsche Form eines Fläschchens ,,mit einem tonischen Mittel, von welchem uns ein wenig verordnet ist . . . Aber nachdem die ersten paar Tropfen gezählt worden, laufen die folgenden Tropfen seitwärts am Fläschchen hinab, weil die Mündung desselben ohne Rücksicht auf den Gebrauch geformt ist. Dennoch werden jährlich Millionen solcher Fläschchen von Glashüttenarbeitern gemacht und von Tausenden von Apothekern abgegeben; so gering ist die dem Geschäft zugewandte Summe von Überlegung."[40]

Spencers wesentliche Absichten aber sind, mit seiner Publikation *The Study of Sociology* auf die Notwendigkeit der Soziologie, auf die seiner Ansicht nach typischen Erkenntnisschwierigkeiten und Vorurteile gegenüber dem Objektbereich der Soziologie sowie auf die methodischen Vorgehensweisen und Erkenntnisse dieser „neuen“ Wissenschaft aufmerksam zu machen.

3. 1. Notwendigkeit des Soziologiestudiums. Weder für Auguste Comte noch für Herbert Spencer, die je auf besondere Weise dem soziologischen Positivismus Pate standen, gilt die für den heutigen soziologischen Positivismus so bezeichnende Maxime der Trennung von wissenschaftlichem und politischem Interesse.[41] Etwas vereinfacht ließe sich der Unterschied in den politischen Interessen beider Autoren damit charakterisieren, daß Comte mit Hilfe der Soziologie den „positiv“ erkannten Fortschritt durch bewußte politische Eingriffe in das Geschehen zu dessen rascheren Entfaltung fördern, Spencer dagegen mit seiner Wissenschaft Eingriffe – besonders sozial-politischer Art – in den „natürlichen“ Entwicklungsprozeß verhindern wollte. Für Spencer stellt sich dementsprechend die Aufgabe der Soziologie[42] darin, das Gesetz der natürlichen Entfaltung von gesellschaftlichen Systemen zu entdecken und dieses allgemein zur Geltung zu bringen, damit die von ihm als dysfunktional angesehenen Streitigkeiten der politischen Parteien auch allgemein als sinnlos und unverantwortlich angesehen werden. Angesichts der Möglichkeiten, die die Soziologie an Erkenntnissen bietet, hält er es für anachronistisch, „mit welcher (Haltung) die geschultesten Geister an andere Ordnungen natürlicher Erscheinungen herantreten, und derjenigen, mit welcher sie sich den sozialen und politischen Lebenserscheinungen nähern“.[43] Was wahr und richtig ist, ließe sich grundsätzlich objektiv erkennen: „Ohne zuviel zu beanspruchen, darf man jedenfalls erwarten, daß, wenn in jenen strukturalen und funktionalen Veränderungen, welche Gemeinwesen durchmachen, ein Gesetz waltet, die Erkenntnis dieser Gesetze unser Urteil in Bezug auf das, was progressiv und was retrograd, was wünschenswert, was tunlich, was utopistisch ist, mitbestimmen muß.“[44]

Weil Spencer es für Zeitverschwendung hält, nur „durch den Prozeß von Versuch und Irrtum“[45] dem natürlichen Entwicklungsgesetz zu folgen, empfiehlt er, von jeder Form unwissenschaftlichen – also beispielsweise mitleidsvollen[46] – Handelns zu lassen und soziologisch-wissenschaftlich jenes Strukturgeschehen – in Helmut Schelskys Worten – „sichtbar zu machen, was sowieso geschieht und was gar nicht zu ändern ist“.[47]

3. 2. Schwierigkeiten und Vorurteile. Zur Konstituierung seiner Soziologie als Wissenschaft hält es Spencer für nötig – was sicherlich zu seiner Zeit auch in England angemessen war –, sozusagen aus didaktischen Gründen nach dem Aufweis der Notwendigkeit von Soziologie zunächst die besondere Erkenntnisproblematik dieser Wissenschaft darzulegen. Eine solche Problematik sieht er auf drei Ebenen: auf der Ebene des Erkenntnisobjekts, auf der des erkennenden Subjekts sowie auf derjenigen der Interaktion von Objekt und Subjekt: „Aus der inneren Natur ihrer Tatsachen, aus unserer eigenen Natur als Beobachter ihrer Tatsachen, und aus dem besonderen Verhältnis, in welchem wir zu den beobachteten Tatsachen stehen, entspringen Hindernisse für die Soziologie, größer als diejenigen in irgendeiner anderen Wissenschaft."[48]

Die besonderen Schwierigkeiten der Soziologie entspringen für Spencer freilich nicht nur aus den allgemeinen sozialen Vorurteilen, denen er bis ins einzelne nachgeht, oder aus der Komplexität des Gesellschaftlichen sowie der Interdependenz von Erkennen und Handeln, sondern auch aus der speziellen Unverfrorenheit, der die Soziologie begegnen muß: Während in den übrigen Wissenschaften der Mangel an Wissen sozusagen aus sich heraus einen „natürlichen" Riegel vor das inkompetente Urteil setzt, ist ein vergleichbarer Mangel an Wissen über die sozialen Phänomene üblicherweise von dem sicheren Gefühl begleitet, kompetent über Gesellschaft und ihre Vorgänge urteilen zu können.[49] Spencers Intention ist es daher, insbesondere das fehlende Sozialbewußtsein und die Auffassung zu brandmarken, daß die Sache der Soziologie eine leichte Sache sei,[50] um sodann seine Behauptung zu belegen, daß „die Vorstellungen, mit denen die soziologische Wissenschaft zu tun hat, ... komplizierter (sind) als alle anderen".[51]

Zur Klassifikation der soziologischen Erkenntnisschwierigkeiten verwendet Spencer das Kategorienpaar subjektiv/objektiv, obwohl er an einer Stelle[52] die scheinbare Exaktheit dieser Begriffe für die Zuordnung von gesellschaftlichen Strukturen und Prozessen etwas relativiert. Das, was Spencer im wesentlichen mit den „objektiven" Schwierigkeiten meint, also die verwirrende genetische und strukturelle Komplexität des Sozialen, drückt das folgende Zitat recht komprimiert aus; es muß auf dem Hintergrund des oben referierten Entwicklungsgesetzes gesehen werden, das Natur als mechanischen Prozeß versteht: „In einer lebenden, wachsenden und sich verändernden Gesellschaft wird jeder neue Faktor eine dauernde Kraft, die mehr oder weniger die Richtung der durch das Aggregat der Kräfte bestimmten Bewegung modifiziert. Nie einfach und direkt, sondern durch das Zusammenwirken so vieler Ursachen unregelmäßig, verwickelt und stets rhythmisch gestaltet, kann der Lauf sozialer Veränderung in seiner allgemeinen Richtung nicht durch Untersuchung eines kleinen Teils desselben beurteilt werden. Jeder Aktion wird nach einer Weile unvermeidlich irgendeine direkte oder indirekte Reaktion und dieser wieder eine abermalige Reaktion folgen, und bis die sich aneinanderreihenden Wirkungen sich gezeigt haben, kann niemand sagen, wie die Gesamtbewegung verändert werden wird."[53]

Gegenüber der sozialen Komplexität, welche Spencer objektiv dünkt, sieht er auch solche Schwierigkeiten der soziologischen Erkenntnis, die im Erkennenden liegen und seinen Blick trüben oder gar irreleiten. Hierzu gehört die Tendenz des Menschen, nur das wahrzunehmen, was seinen persönlichen Interessen entgegenkommt, und das zu übersehen, was ihnen widerspricht;[54] wenn man so will, hat Spencer hiermit bereits den Grundgedanken von Leon Festingers Theorem der kognitiven Dissonanz vorweggenommen. Auf ältere Theorien (u.a. von Giambattista Vico, Auguste Comte) der Erkenntnisproblematik greift er freilich zurück, wenn er den Automorphismus als zwar unvermeidlichen, aber doch eben falschen Schritt des Erkennens bezeichnet: „Die Vorstellung, welche sich jemand vom Geiste eines anderen bildet, ist unvermeidlich mehr oder weniger nach dem Muster unseres eigenen Geistes, ist automorphisch, und im Verhältnis, als der Geist, von dem er sich eine Vorstellung zu bilden hat, von seinem eigenen abweicht, wird seine automorphische Erklärung wahrscheinlich die Wahrheit weit verfehlen."[55]

Weitere Probleme lägen „in der sozialen Natur des Menschen", nämlich zum einen, „daß die durch die Beschäftigung mit relativ einfachen Erscheinungen erzeugten Gewohnheiten des Denkens" es verhinderten, sich „mit diesen hochkomplizierten Erscheinungen" zu beschäftigen;[56] zum anderen, daß die Auffassungsfähigkeit des Menschen weder genügend differenziert noch genügend beweglich sei,[57] um die Vielfältigkeit des Sozialen adäquat erfassen zu können. Vorurteile der Erziehung,[58] des Patriotismus[59] und der Klassenzugehörigkeit,[60] politische[61] und religiöse Überzeugungen[62] behinderten ein soziologisches Denken, förderten eher Vorstellungen jeweils fixierter Richtungen.

Mehr als die Hälfte seines Buchs *The Study of Sociology* verwendet Spencer darauf, die Barrieren darzustellen, die vor der richtigen soziologischen Erkenntnis, also vor der Soziologie als Wissenschaft, aufgebaut sind, um sodann den Weg zu weisen, der zu den – seiner Ansicht nach – unanfechtbaren „Tatsachen" der Soziologie führt.

3. 3. Vorgehensweisen. Aus seiner Einsicht, daß die Wissenschaft von der Gesellschaft, also vom „Überorganischen", die schwierigste aller Wissenschaften ist, leitet Spencer einen Modus des methodischen Vorgehens ab, der zu zwei Empfehlungen führt; diese wurden häufig als einander widersprechend verstanden. – Der methodische Modus besteht darin, sich der Soziologie durch das Studium der der überorganischen Wissenschaft vorgelagerten anorganischen beziehungsweise organischen Wissenschaften zu nähern. Hierbei sei insbesondere das Studium der Biologie vor dem soziologischen Studium notwendig (Paul von Lilienfeld: „sociologicus nemo nisi biologicus"). Die scheinbar widersprüchlichen Empfehlungen sind, einerseits Gesellschaft aus ihren Elementen, also den Individuen zu erklären, andererseits Gesellschaft als eine Ganzheit in Analogie zum biologischen Organismus zu sehen.

Da Spencer wie vor ihm schon Comte die Soziologie als die Krone der Wissenschaften ansah, die nur durch die Komplexität ihres Ansatzes der Komplexität ihres Gegenstandes gerecht zu werden vermag, fordert Spencer für alle Soziologen ein obligatorisches Erststudium der „abstrakten", „abstrakt-konkreten" und „konkreten" Wissenschaften: „... die Soziologie ist eine Wissenschaft, welche die Erscheinungen aller anderen Wissenschaften umfaßt. Sie führt jene Notwendigkeiten des Verhältnisses vor Augen, welche die abstrakten Wissenschaften behandeln, ebenso aber auch jenen Zusammenhang von Ursache und Wirkung, mit welchem die abstrakt-konkreten Wissenschaften den Forscher vertraut machen, und sie bietet jenes Zusammenwirken vieler Ursachen und die Erzeugung nebenhergehender Resultate dar, welche die konkreten, besonders aber die organischen Wissenschaften uns zeigen."[63] „Zum wirksamen Studium der Soziologie bedarf es einer Gewohnheit des Denkens, welche durch das Studium aller dieser Wissenschaften erzeugt wird ..."[64]

Selbstverständlich fordert Spencer nicht jeweils vollständige Studien der genannten Wissenschaftsbereiche, sondern die Aneignung der entsprechenden Grundvorstellungen. Auf dem Gebiet der abstrakten Wissenschaften nennt er als eine solche Grundvorstellung den „Sinn für die Notwendigkeit der Verhältnisse", wie sie die Arithmetik, die Logik oder die Mathematik vermitteln können, nämlich, daß „aus gegebenen Daten ein unvermeidlicher Schluß" folge[65]: „Jeder Schritt zeigt irgendeine Verbindung von Lagen oder Größen als eine solche, die nicht anders sein kann, und daher macht die Gewohnheit, solche Schritte zu tun, uns das Bewußtsein von solchen Verbindungen vertraut und lebendig."[66]

Aus dem Bereich der abstrakt-konkreten Wissenschaften, der Physik und der Chemie, hebt Spencer das „Bewußtsein von Ursache und Wirkung" als eine für die Soziologie notwendige Denkweise hervor. Diese verhindere die bloße Wahrnehmung von Wirkungen, die nicht nach den Ursachen frage; sie fördere dagegen analytisches, wissenschaftliches Arbeiten, das Ursache und Wirkung immer in einem notwendigen Zusammenhang sehe.

Spencer ist es aber auch daran gelegen aufzuzeigen, daß die methodischen Vorgangsweisen der abstrakten und der abstrakt-konkreten Wissenschaften für die Wissenschaft von der Gesellschaft keineswegs hinreichend seien, weil sie in ihrer eindimensionalen Richtung zu kurzschlüssigen Folgerungen führten. Beispielsweise rufe die Mathematik „unvermeidlich eine besondere Richtung des Geistes hervor ..., die Dinge, die außer dem Bereich der Mathematik liegen, in mathematischer Weise zu betrachten."[67] Dies führe dazu, daß abstrakt arbeitende Wissenschaftler den Phänomenen eine Bestimmtheit in der ursächlichen Entstehung und in ihren Wirkungen zuschrieben, die der Kompliziertheit ihrer Genese und ihrer Erscheinungsweise nicht angemessen sei. Ebenso sei die „Denkgewohnheit" in den abstrakt-konkreten Wissenschaften nicht für die Erfassung der konkreten Vorgänge und Verhältnisse in der organischen oder gar in der überorganischen Welt hinreichend, weil ihre Gewohnheit darin bestehe, „Faktoren zu identifizieren, zu teilen und zu schätzen, und, nachdem dies vollständig geschehen, innezuhalten ... (und) sich mit den nächstliegenden Resultaten zu begnügen."[68]

Der besondere Beitrag der konkreten Wissenschaften, also nach Spencers Klassifikation der Wissenschaften der Beitrag der „einfachsten konkreten Wissenschaften, Astronomie und Geologie"[69] sowie der „Wissenschaft des Lebens", der Biologie, zum methodologisch richtigen Bewußtsein der Soziologie bestehe darin, die Grundvorstellungen der Kontinuität, Komplexität und Kontingenz zu vermitteln. Es ist offensichtlich, daß Spencer hiermit an seine bereits referierte Erkenntnislehre anschließt, die im wesentlichen auf der Annahme einer Bewegung aufbaut, welche er mystifizierte. Diese Bewegung offenbare sich ebenso in dem Gesetz von der Erhaltung der Energie wie in den Vererbungsgesetzen; im Bereich der organischen konkreten Wissenschaften freilich erweitert Spencer jene Bewegung, die er in seinem Konzept der Evolution zu fassen suchte, durch eine neue Qualität, welche er wie einen deus ex machina einführt: die „Fructifying causation", die „fruchtbringende Ursächlichkeit".[70] Spencer möchte damit das biologische Phänomen begreifen, daß eine kaum sichtbare belebte Materie sich zu großen Wirkungen auswachsen könne: „Ein nur mikroskopisch wahrnehmbarer Samenstoff kann von einem Erzeuger irgendeine konstitutionelle Eigentümlichkeit übertragen, welche selbst im Verhältnis zu seinem winzigen Umfang unendlich klein ist; und daraus können 50 Jahre später Gicht oder Irrsinn in dem erzeugten Menschen entspringen."[71]

Spencers Quintessenz aus der Betrachtung der spezifischen Beitragsmöglichkeiten der verschiedenen Wissenschaften zu einem der gesellschaftlichen Komplexität adäquaten soziologischen Bewußtsein ist: „Nur wenn erkannt wird, daß die während des Wachstums, der Reife und des Verfalls einer Nation erlittenen Umwandlungen sich in Übereinstimmung mit denselben Prinzipien wie die von Aggregaten aller Ordnungen, unorganischen wie organischen, erlittenen befinden –, nur wenn erkannt wird, daß der Prozeß in allen Fällen ähnlich durch Kräfte bestimmt und wissenschaftlich nicht eher erklärt wird, als bis derselbe in den technischen Benennungen jener Kräfte ausgedrückt wird, nur dann wird die Auffassung der Soziologie als einer Wissenschaft im vollständigen Sinne des Wortes erreicht."[72]

In einem besonderen Verhältnis sieht Spencer allerdings die Biologie zur Soziologie. Für ihn ist der Mensch Endproblem der Biologie und zugleich Anfang der Soziologie.[73] Aus diesem besonderen Verhältnis leitet er auch die bereits genannten speziellen Empfehlungen zur Erfassung der funktionalen und strukturellen Aspekte sozialer Vorgänge und Verhältnisse ab: „Erstens setzt, da alle gesellschaftlichen Handlungen durch die Handlungen von Individuen bestimmt werden, und alle Handlungen von Individuen vitale Handlungen sind, welche mit den Gesetzen des Lebens im allgemeinen im Einklang stehen, eine rationale Erklärung gesellschaftlicher Handlungen Kenntnisse der Lebensgesetze voraus. Zweitens bietet eine Gesellschaft als ein ganzes, ohne Rücksicht auf die lebenden Einheiten derselben betrachtet, Erscheinungen des Wachstums, der Struktur und Funktion gleich denen des Wachstums, der Struktur und Funktion in einem individuellen Körper dar, und letztere sind notwendige Schlüssel zu ersteren."[74]

An dieser Stelle scheint ganz deutlich zu sein, daß der Vorwurf von Werner Stark, Spencer widerspreche sich in seinen wissenschaftstheoretischen Anschauungen, falsch ist: Spencer ist nicht „einmal" Nominalist – nämlich nach Starks Meinung in den *Principles of Sociology,* wo Spencer Gesellschaft als „unity" behandle –, das „andere Mal" Realist, weil er Gesellschaft in der Schrift *The Man Versus the State* als „multiplicity" betrachte.[75] Vielmehr versucht Spencer, aus beiden Perspektiven, also sowohl aus der vom Individuum als auch aus der von der Gesellschaft, „soziologische Wahrheiten" zu finden. Bilanziert man die Engagements zur Einhaltung beider Perspektiven, so läßt sich deutlich Spencers Überbetonung des individualistischen Gesichtspunktes erkennen. Im Vorgriff auf die Ergebnisse der folgenden Darstellung kann deshalb bereits gesagt werden, daß Spencer wegen seiner politisch-weltanschaulichen Überzeugung primär das

Individuum und nicht die Gesellschaft zum Ausgangspunkt seiner sozialwissenschaftlichen Erklärungen machte;[76] zweitens läßt sich sagen, daß Spencer damit – was noch zu zeigen sein wird – eher psychologisierend als soziologisch verfährt und daß er nicht wegen der Verwendung des biologischen Organismus in struktureller Analogie zur Gesellschaft Organizist genannt werden kann, wohl aber wegen seiner evolutionistischen Gleichsetzung der ontogenetischen Entfaltung des Organismus mit der phylogenetischen Entfaltung von Gesellschaften. – Doch zunächst zurück zu jenen beiden Empfehlungen Spencers, sich den Gegenstand der Soziologie zu erschließen.

Spencers erkenntnismethodische Grundannahme zur Analyse komplexer Aggregate, die er in verschiedenen Wendungen wiederholt, ist, „daß der Charakter des Aggregats durch den Charakter seiner Einheiten bestimmt wird".[77] Bezogen auf die Soziologie ist die aus dieser Annahme folgende Maxime, Gesellschaft aus ihren Mitgliedern, aus den Individuen zu erklären. Was an ihnen nicht zu beobachten ist, kann auch an der Gesellschaft nicht wahrgenommen werden. – Nach den Kategorien der historischen erkenntnistheoretischen Auseinandersetzung zwischen Realismus und Nominalismus wäre Spencer mit dieser Auffassung als „Realist" zu bezeichnen, für den „Gesellschaft" nur ein Name, ein nomen, ist. Abgesehen davon, daß generell für Spencer „die rationale Erfassung der Wahrheiten der Soziologie ... eine rationale Erfassung der Wahrheiten der Biologie"[78] voraussetzt, sieht er es im speziellen für geboten an – was der wesentliche Hinweis auf Spencers polit-ideologische Basis ist –, die Handlungen einer Gesellschaft aus den Bewußtseinsinhalten der Individuen zu erklären. So als wenn nicht bei Geburt des einzelnen bereits objektive gesellschaftliche Bedingungen gegeben wären, die das erst entstehende Bewußtsein jedes einzelnen prägen. Spencer verfällt also – wohl gegen seine soziologische Intention,[79] die in der Kritik an Comte durchaus dem historischen Materialismus nahesteht[80] – einem Psychologismus, der ihm von seiner Weltanschauung nahegelegt wird: „... solange der Charakter der Bürger wesentlich unverändert bleibt, (kann) keine wesentliche Veränderung in der ... politischen Organisation stattfinden ..."[81] An diesem Punkt hängt Spencer seine Kritik insbesondere an der Sozialpolitik und an der sozialen Gesetzgebung auf, die von der Vorstellung geleitet seien, Vernunft und Gerechtigkeit durch staatliche Initiativen gegen die unvernünftigen und ungerechten Charaktere durchsetzen zu können: „Die Meinung, daß eine wahrhaft gute Gesetzgebung und Verwaltung mit einer nicht wahrhaft guten Menschheit einherzugehen vermöge, ist eine chronische Täuschung."[82] – Die von ihm bereits erkannte Interdependenz von sozialer Organisation und menschlichem Charakter sowie die Einsicht, daß der Mensch zu einem variabeln Verhalten fähig sei, vergißt Spencer besonders da, wo er gegen den Sozialismus polemisiert.[83]

Den zweiten wichtigen Grund für das besondere Verhältnis von Biologie und Soziologie sieht Spencer darin, daß die Biologie als organische Wissenschaft es mit einem strukturell analogen und ähnlich komplizierten Erkenntnisgegenstand zu tun hat wie die Soziologie. Trotz der provokativen Überschrift „Society is an Organism",[84] die ihm allgemein das Etikett „Organizist" eintrug,[85] geht es

Spencer nur um den Aufweis eines eher formalen Parallelismus in der Organisationsform: ,,. . . wechselseitige Abhängigkeit der Teile ist wesentlich für den Beginn und Fortschritt der gesellschaftlichen Organisation, wie sie es für den Beginn und Fortschritt des individuellen Organismus ist.“[86]

Entsprechend seinem Evolutionsgesetz ist diese Abhängigkeit sowohl innerhalb des biologischen Organismus als auch innerhalb der Gesellschaft durch Differenzierung entstanden, was im Falle des sozialen Aggregats auf die Arbeitsteilung zielt[87] (vgl. hierzu Abschnitt V. 3 unten).

Freilich gab Spencer selbst genügend Anlaß, seinen Vergleich von Organismus und Gesellschaft mißzuverstehen, wie dies vor allem Paul von Lilienfeld widerfuhr[88]: Besonders in seinem Essay *The Social Organism,* den er im Januar 1860 in der Westminster Review publizierte, gibt er sich ,,organizistisch“. Hier findet sich der strapazierte Vergleich der Ganglien mit den Telegraphendrähten entlang den Eisenbahnlinien, die Analogie von Blutkörperchen und Geldmünzen, die behauptete funktionale Identität der Ernährungssysteme innerhalb des ,,individual body or in the body-politic“[89] und so weiter. Was er aber mehr oder weniger ausgeprägt beziehungsweise verfeinert noch im *Study* und in den *Principles of Sociology* beibehielt, waren folgende Behauptungen, die den Vergleich von Gesellschaft mit einem lebenden Organismus rechtfertigen sollten: Beide Aggregatformen zeigten ein deutliches Wachstum; beide begännen ihre Entwicklung mit einer nur geringen inneren Strukturierung, die zu einer feinen Differenzierung sich ausweitete; in beiden seien bei Evolutionsbeginn die Aggregatteile nur wenig, in ausgewachsenem Zustand aber völlig voneinander abhängig; und das Leben des entwickelten Aggregats sei zwar in höherem Maße von seinen Komponenten abhängig, überlebe aber als Ganzheit, während die Elemente abstürben und sich erneuerten. Je differenzierter die Gesellschaft oder der Organismus werde, desto deutlicher träten diese gemeinsamen Eigenheiten hervor.[90] Wie das ,,nichtdifferenzierte Aggregat des Protoplasmas“ primitiver Vorläufer des entfalteten Organismus ist, sind ,,primitive Stämme“ undifferenzierte Vorläufer der entfalteten Gesellschaft[91]: ,,Von den so beschaffenen kleinen gestaltungslosen gesellschaftlichen Aggregaten findet der Fortschritt zu gesellschaftlichen Aggregaten von vermehrtem Umfange statt, deren Teile Ungleichheiten annehmen, welche stets größer, bestimmter und mannigfaltiger werden.“[92]

Von dieser Position aus mag es auch verständlich werden, wenn Spencer ,,evolution“ und ,,progress“ nicht zu trennen versteht, wenn er also ,,Entwicklungen“ langfristig immer nur als Entfaltung des Fortschritts sieht.[93] ,,Fortschritt“ ist dabei für ihn nicht eine zufällige, sondern eine notwendige Entwicklung; Zivilisation ist nicht artifiziell, sondern ein Stück Natur,[94] die mechanistisch gesehen wird: ,,Gleich anderen entgegengesetzten Kräften bringen diejenigen, welche die Bürger einer auf den anderen ausüben, abwechselnde Bewegungen hervor, welche, anfangs extrem, allmählich eine Abminderung auf dem Wege zum schließlichen Gleichgewicht erfahren . . . Und unsere endliche Schlußfolgerung war, daß das vorletzte Stadium bei Herstellung des Gleichgewichts in der organischen Welt, auf welchem die extremste Vielgestaltigkeit und das komplizierteste bewegliche Gleichgewicht hergestellt werden, eines sein muß, welches den höchsten Zustand der Menschheit in sich faßt."[95]

Verständlich wird damit auch die Kennzeichnung Jay Rumneys, Spencer habe zwar mit der Biologie argumentiert, dennoch aber sei letztlich seine Soziologie noch eine „physikalische Philosophie der Gesellschaft".[96] Evolution und Fortschritt erscheinen Spencer nämlich als ablaufende Mechanik eines programmierten Naturgeschehens, in das der Mensch nur zu seinem eigenen Schaden eingreift.[97]

3. 4. Erkenntnisse. Zu dem Versuch, Spencer als soziologischem Schriftsteller gerecht zu werden, gehört auch die Referierung einiger soziologischer Lehrstücke und Theoreme, die teils mit seinem Namen in Zusammenhang gebracht werden, die teilweise aber so sehr in das soziologische Denken eingegangen zu sein scheinen, daß bei ihrer Verwendung nicht mehr auf Spencer verwiesen wird. Auf der anderen Seite gibt es kuriose „Erkenntnisse" und Behauptungen, über die heute kaum mehr gesprochen wird, die aber doch wohl auch zur Charakterisierung des Spencerschen Werks dazugehören.

3. 4. 1. Kuriose Theoreme. Zur Gruppe von kuriosen Erkenntnissen kann sicherlich Spencers „Theorie der Frau" gezählt werden. Sie ist deshalb interessant, weil in ihr – sozusagen sine ira et studio, also rein wissenschaftlich – von einem Autor, der sich durch besondere „Ritterlichkeit" den Frauen gegenüber auszeichnete, die Richtigkeit der im Vergleich zum Mann niederen sozialen Stellung[98] der Frau „bewiesen" wird. Der Ansatz dieses „Beweises" ist bei Spencer selbstverständlich bei der Biologie: Es liege in der physiologischen Konstitution der Frau, früher mit dem körperlichen und entsprechend auch mit dem geistigen Wachstum aufzuhören als der Mann, um entsprechende Energien für die Erfüllung ihrer Funktion der Kindergebärung „sparen" zu können.[99] Die daraus resultierende körperliche Schwäche – so, als ob die größeren Menschen die stärkeren seien – habe sie zur „leichteren" Hausarbeit prädestiniert, während der große, starke Mann zur Jagd, zur schwereren Arbeit außerhalb des Hauses berufen sei. Analog begründe die wirkungsvollere geistige Fähigkeit des Mannes, die ganz biologistisch von seinem größeren Hirn bedingt gesehen wird,[100] den „natürlichen" Führungsanspruch des Mannes. Aus ihrer körperlichen und geistigen Schwäche folgten „Instinkte" der Frau, die sie mitleidsvoller, partikularistischer (auf die eigenen Kinder bezogen, während der Mann universeller denke), weniger gerecht und konservativer handeln lasse, die sie veranlaßten, die Stärke blind zu verehren und die Freiheit weniger intensiv zu lieben.[101] Die Implikationen dieser Anschauungen – Frauen politisch unmündig zu halten – sind selbstverständlich nicht sozialrevolutionär, obwohl Spencer sie so verstanden wissen will. Er vermeint hiermit nämlich, beispielsweise die Aufrechterhaltung überholter feudaler – kirchlicher und staatlicher – Ordnungen „erklären" zu können, weil eben gerade die Frauen, also die Hälfte der Bevölkerung, an diesen traditionellen Strukturen borniert hingen.

Ein anderes, politisch weniger interessantes Beispiel für diesen Typ der ,,kuriosen" Anschauungen liefert Spencers ,,Theorie der verheirateten Männer". Bei dieser ,,Theorie" ging es Spencer darum, der seiner Meinung nach irrigen Vorstellung, die Ehe habe lebensverlängernde Wirkung auf Männer, soziologisch zu widersprechen. Nicht die Institution der Ehe an sich, sondern die Bedingungen, unter denen Ehen geschlossen würden, seien für die durchschnittlich längere Lebenszeit der Ehemänner verantwortlich. Insbesondere die Bedingung des Besitzes angemessener Mittel spiele hier eine Rolle, wobei Wenigerbesitzende die geringeren Chancen hätten, von Frauen geheiratet zu werden. Und nach dieser Argumentation fragt Spencer, wer diejenigen wohl sind, welche die größeren Besitztümer haben, um zu antworten: ,,Die in physischer und geistiger Beziehung Besten, die Starken, geistig Fähigen, moralisch gut Balancierten."[102] Rhetorisch fragt er weiter: ,,Was aber sind die Wirkungen von Körperkraft, Intelligenz und Klugheit in bezug auf hohes Alter, verglichen mit den Wirkungen der Schwäche, der Beschränktheit und mangelnder Selbstbeherrschung?"[103] und zieht dann den Schluß, den der intelligente Leser schon antizipieren und somit Spencers Beweiskette akzeptieren sollte: ,,... die Eigenschaften, welche im Durchschnitt der Fälle einem Manne einen Vorteil in Erlangung der Mittel zum Heiraten verschaffen, sind auch diejenigen Eigenschaften, welche ihn wahrscheinlich ein hohes Alter erreichen lassen, und umgekehrt."[104]

Bei dieser Argumentation übersieht Spencer – der unverheiratet ein hohes Alter erreichte – den kleinen Umstand, daß es nach der Bevölkerungsstatistik etwa ebenso viele Frauen wie Männer gibt. Die Grundvoraussetzung für seine ,,Theorie der verheirateten Männer" wäre aber die, daß entweder wegen der geringeren Zahl an Frauen ein Konkurrenzkampf bestehe, in dem ,,die Frauen zu Männern von physischer, empfindender, geistiger Kraft hingezogen"[105] werden, oder die schwächeren und weniger klugen Frauen keine Ehe eingingen und in beiden Fällen die ,,minderen" Männer leer ausgehen. Keineswegs aber – so Spencer – sterben diese unverheirateten Männer aus Gram über ihr eheloses Schicksal früher als die verheirateten, sondern wegen ihrer schwächeren Konstitution ...

Auch von den Lehren Spencers, die allgemein mit seinem Namen direkt oder indirekt verbunden werden, sollen zwei Beispiele berichtet werden. Das erste Beispiel ist die Lehre von den zwei Religionen und das zweite findet sich in seiner Theorie des ,,survival of the fittest", des Überlebens der Tauglichsten.

3. 4. 2. Die Lehre von den zwei Religionen. Wie vor ihm Comte[106] sieht auch Spencer eine Entwicklung im Sinne des sozialen Fortschritts von einem negativ bewerteten zu einem positiven, glücklichen, zivilisierten Zustand. Was bei Comte als Zeitalter der Theologie der unbefriedigende Anfang war, von dem die Menschheit zum Zeitalter des Positivismus sich entfaltete, ist bei Spencer die kriegerische Epoche, in der die Konfession der Feindschaft vorherrsche, die in die Epoche des Friedens mit der Religion der Freundschaft übergehe. Doch wenn Comte die Bewegung im Positivismus bereits den Kulminationspunkt, der sich gerade in seiner Person inkarnierte, erreichen sah, sieht Spencer die zeitgenössische Gesellschaft noch weit vom glücklichen Endzustand der Verwirklichung der Freundschaft entfernt: „Es würde unsere Vorstellungen von vielen Dingen aufklären, wenn wir deutlich die Wahrheit erkennten, daß wir zwei Religionen haben. Die primitive Menschheit hat nur eine. Die Menschheit der fernen Zukunft wird nur eine haben. Die beiden sind entgegengesetzt und wir, die wir in der Mitte der Laufbahn der Zivilisation leben, müssen an beide glauben."[107]

Beide Glaubenssysteme sieht er als funktional für jeweils ihre Zeit: Krieg und Feindschaft waren ehemals notwendig, um im Lebenskampf der primitiven Gesellschaft überstehen zu können; Frieden und Liebe werden einstmals, wenn die gesellschaftliche Evolution ihr Ende erreicht hat, die adäquaten Verhaltensweisen sein. Zu Beginn der Entwicklung habe der permanente Kriegszustand große Vorteile und Impulse für den Fortschritt gebracht; ehemals habe er die Funktion erfüllt, „beständig Rassen auszurotten, welche aus dem einen oder anderen Grunde am wenigsten tauglich waren, es mit den Existenzbedingungen, denen sie unterworfen waren, aufzunehmen", die industrielle Technik voranzutreiben, „durch Gewalt ... kleine Nomandenstämme zu großen Stämmen, und große Stämme zu kleinen Nationen, kleine Nationen zu großen Nationen" zusammenzuschweißen und damit einerseits die differenzierende Arbeitsteilung hervorzurufen und andererseits ihr Bestehen zu garantieren.[108] Nunmehr jedoch, wo das fortgeschrittene gesellschaftliche System komplizierter geworden sei, seien aus kriegerischen Auseinandersetzungen zwei besonders wichtige Nachteile zu erwarten: einerseits eine negative Selektion der Menschheit dadurch, daß sich als Folge der verbesserten Kriegstechnologie die militärische Praxis ergeben habe, „die Bestgewachsenen und Gesündesten auszusuchen und dem Gemetzel auszusetzen, die physisch Geringeren dagegen daheimzulassen, um die Rasse fortzupflanzen";[109] andererseits eine hemmende Wirkung des Krieges, „weil er die komplizierten Wechselbeziehungen zwischen den vielen produktiven und distributiven Kräften stört, weil er viele für Verwaltung und Bildung wertvolle Kräfte an sich rafft, welche sonst dazu beigetragen haben würden, die Industrie und ihre Organisation zu verbessern".[110]

Entsprechend kritisiert Spencer seine Zeitgenossen, welche die Funktionalität der jeweiligen Glaubenssysteme noch nicht erkannt hätten; sie hingen in Wahrheit der Konfession der Feindschaft an, führten aber im Widerspruch dazu den Glauben der Liebe ständig im Munde.[111] Dabei meint Spencer den Nachweis liefern zu können, daß selbstloses Handeln, das Gebot Christi, wenigstens in der Gesellschaft seiner Zeit dysfunktional ist und vor dieser geradezu sinnlos war. Er sieht die angemessene Lösung im Kompromiß, in der bewußten Anwendung beider Prinzipien, da weder permanenter Krieg aller gegen alle wie ehemals herrschen, noch ein industrieller Frieden wie in der Zukunft sein könne. Die Religion der Liebe im Neuen Testament ist für ihn lediglich eine Reaktion auf die Religion des Hasses im Alten Testament. Sein historisch-funktionaler Kompromiß ist der Egoismus des einzelnen, der – ohne Gewalt anzuwenden – durch die Verfolgung seiner Interessen das größtmögliche Allgemeinwohl verwirkliche. – Spencer sieht sich damit in völliger Übereinstimmung mit der Doktrin des

Wirtschaftsliberalismus, wie er zuvor von Adam Ferguson, Adam Smith und anderen Klassikern der Nationalökonomie vertreten wurde.

Doch über die bloß ideologische Orientierung hinaus mißt Spencer den Glaubenssystemen generellere Bedeutung bei, indem sie entgegengesetzte Gesellschaftstypen konstituierten: Die militärisch und die industriell organisierte Gesellschaft[112]. Charakteristisch für den militärischen Typus ist, ,,daß das Heer nichts anderes ist als das mobilisierte Volk, während das Volk eine auf dem Friedensfuß befindliche Armee darstellt; es entsteht daher ein Aufbau, welcher dem Heer und dem Volk gemeinsam ist."[113] Und dieser Aufbau sei rigide hierarchisch: Die jeweils Rangniederen fungierten gegenüber den Vorgesetzten gleich Sklaven. Spencer verhehlt nicht, daß er diese Gesellschaftsformation für überholt hält, angemessen nur den ,,primitiven" Sozialsystemen auf den Fidjiinseln, auf Madagaskar, in Dahome, im alten Mexiko oder Peru.[114]

Die industrielle Gesellschaft – und hier macht Spencer offensichtlich Anleihen bei Henri de Saint-Simon – konstruiert er als Gegentyp. Dieser Typ ist friedlich und besteht aus freien, gleichberechtigten Bürgern; es herrscht ein Zustand, ,,in welchem alle, die arbeiten oder andere anstellen, alle, die kaufen und verkaufen, vollständig unabhängig sind und in welchem niemand daran gehindert wird, Vereinigungen zu bilden, die sich selbst nach demokratischen Grundsätzen regieren."[115] Entsprechend frei sei der Gesellschaftsaufbau, der sich von selbst durch die Entstehung von spezifischen Institutionen für je besondere Zwecke immer differenzierter entwickle, ohne daß eine Zentralgewalt dies zu planen oder gar anzuordnen habe.[116] Statt tradiertem, hierarchischem Status, der einst durch Erfolge in Krieg und Konflikt erworben sowie durch Religion und Mythos erhalten wurde, herrsche der Vertrag von prinzipiell gleichen, freien Bürgern[117], statt Gehorsam als Handlungsprinzip habe sich der Wille der Bürger als oberste Doktrin selbst innerhalb der staatlichen Tätigkeit durchgesetzt: Die Mitglieder der Gesellschaft sind – so Spencer – nicht mehr für den Staat beziehungsweise die jeweiligen Machthaber da, sondern der Staat existiert nur zum Wohle der Bürger.[118] – In noch fernerer Zukunft könne sich überdies ein dritter Gesellschaftstyp entfalten, den ein Wandel in der Vorstellung über die Arbeit charakterisiere: Die Arbeit werde dann nicht mehr als Sinn, sondern als Mittel des Lebens angesehen werden.[119]

Auf die Ähnlichkeit dichotomischer Gesellschaftskonstruktionen insbesondere bei Durkheim (Systeme mit ,,mechanischer" beziehungsweise ,,organischer" Solidarität) und auf die Kritik Durkheims an Spencers Konzept kann hier nur verwiesen werden. Evident ist aber, daß Spencers Annahme der notwendigen, selbständigen Entwicklung von militärischen zu industriellen Gesellschaftsformen naiv war: Keineswegs ist nur für eine Übergangsphase eine Mischform von ,,kriegerischen" und ,,friedlichen" Konfessionen anzusetzen; vielmehr zeigte sich, daß gerade die industriell am weitesten entfalteten Gesellschaften im militärischen Bereich jene Technologie entwickelten, die die größte Effektivität des Menschenmords erreichte. Darüber hinaus erwies sich historisch, daß die Regierungen generell sich immer stärker mit den Interessen der Finanz- und Kapitalmächtigen koalierten und daß von „freien" Vereinigungen der Bürger weder auf den Gebieten der Wirtschaft noch auf denen der Politik die Rede sein konnte. Ganz abgesehen davon, daß die realen Diskriminierungen und Privilegierungen innerhalb des Bildungssystems den Glauben an „freiwillige" Zusammenarbeit als Ideologie erweisen, stützt besonders das herrschende Rechtssystem die Zentralisierungsbestrebungen öffentlicher Verwaltung und kapitalintensiver Produktion. Diese fortwährend sich durchsetzende Zentralisierung – nach Spencer Charakterzug des militärisch-hierarchischen Gesellschaftstyps – beseitigt Mitwirkungsmöglichkeiten der „Bürger" selbst in dem Bereich, in dem bürgerliches Leben entstand: auf dem Gebiet kommunaler Organisation. Handel und Verkehr, Presse und Rundfunk, Erziehung und Unterricht, Erzeugung und Verbrauch, Gesetz und Recht sind allesamt heute zumindest national, häufig bereits multinational orientiert.[120] Bürgerlicher Individualismus des friedlich-demokratischen Gesellschaftstyps im Sinne Spencers kann sich nur partiell noch verwirklichen lassen. Tendenzen dieser Entwicklung ließen sich bereits im 19. Jahrhundert feststellen; fraglich ist aber, ob Spencer diese erkennen wollte. Jedenfalls verbreitete er noch Ende des 19. Jahrhunderts seinen Glauben, es sei „ganz undenkbar, daß Staatsbürger ... als geordnete Körperschaft gedacht, dahin übereinkommen würden, daß sie sich selbst gegenseitig irgendwelche weitere Schranken auferlegten, als sie vermöge der Rücksicht eines jeden auf die Tätigkeitsgebiete der anderen als notwendig sich herausstellen. In jedem ist durch die Zucht des täglichen Lebens, das ganz aufgrund wechselseitiger Verträge geregelt ist, ein Gefühl großgezogen worden, das ihn antreibt, seine Ansprüche auf freie Tätigkeit innerhalb der durch die Umstände bedingten Grenzen geltend zu machen; es kann also auch in einem Verbande solcher Bürger unmöglich eine Anschauungsweise herrschend werden, der noch engere Schranken als erträglich oder gar wünschenswert erscheinen würden."[121] Und diesen Wunschglauben hält Spencer durch, obwohl er in richtiger Anwendung seiner Evolutionslehre bereits deutlich sah, wie das Recht als formale Organisation der Gesellschaft sich auswuchs.[122] Spencer verkannte freilich infolge seines ungebrochenen Vertrauens in die grundsätzliche Gerechtigkeit liberal-demokratischen Rechts die Gefahr, die in der gesetzlichen Formalisierung der gerade herrschenden, ungerechten gesellschaftlichen Verhältnisse und deren Entfaltung lag: „Status", der doch nach wie vor die reale Basis für die Aushandlung eines Vertrags abgab, wurde durch Gesetz faktisch nicht aufgehoben, sondern lediglich in einigen Bereichen formal egalisiert. Was dies bedeutete in der entfalteten industriell-kapitalistischen Gesellschaft, in der die Mehrheit der Bevölkerung nicht mehr als ihre Arbeitskraft – auf deren Verkauf sie unabdingbar angewiesen ist – in den Vertrag einbringen kann, vermochte wohl Spencer mit seinem Bild der zukünftigen friedlich-industriellen Gesellschaft nicht zu vereinbaren. Gleichwohl hatte Spencer dieses Faktum für seine Zeit nicht übersehen: Er kritisierte durchaus, daß der Arbeiter seine Beschäftigung weder frei wählen noch die Höhe seines Lohnes mitbestimmen konnte; er glaubte aber fest, daß diese negativen Erscheinungen in der Gesellschaft der Zukunft überwunden würden. Getreu dem Liberalismus lehnte er aber gesellschaftliche Organisationen ebenso entschieden ab wie den Sozialismus oder Kommunismus, die er nur als Strukturformen des kriegerischen Gesellschaftstyps sehen konnte.[123] Gerade aber diese Blindheit, diese Unfähigkeit, jene Formierungsprozesse, die er doch mit seiner Generalformel fassen wollte, richtig zu deuten, nämlich als faktische Entmündigung des ,,bürgerlichen Subjekts", scheint Spencers Voraussetzung dafür gewesen zu sein, die sozialphilosophische Doktrin des Liberalismus,[124] die politische Ideologie des Individualismus weiterentwickeln zu können. Falsch mußte daher auch seine Prognose sein, daß Zentralisation bloß Charakterzug des anachronistischen Gesellschaftstyps, Dezentralisation aber wesentliches Merkmal des industriellen sei;[125] historisch richtig wäre sie nur in der Umkehrung (vgl. Abschnitt V. 3 unten).

3.4.3. ,,Survival of the Fittest". Jenes Lehrstück, das Spencer um die Formel ,,Survival of the Fittest" entwickelte, kann sowohl nach der Überzeugung seines Autors als auch nach der Aufwendigkeit der Argumentation als bedeutsamstes Theorem der Spencerschen Polit-Soziologie angesehen werden; zugleich ist es das Charakteristikum der weltanschaulichen Ausrichtung des Gesamtwerks. In ihm sind Ideologie des Liberalismus vom Typ des ,,Jeder ist seines Glückes Schmied" und biologistische Gesellschaftslehre mit den Thesen von Adam Smith, Thomas Robert Malthus, Jean Lamarck und Charles Darwin aufs engste verwoben.

Was Spencers eigene Einschätzung jenes Lehrstücks betrifft, so verweist er an einigen Stellen seiner Schriften mit gewissem Stolz auf seine Urheberschaft. Beispielsweise gibt er im *Study of Sociology* von 1873 eine Erklärung, in der er die bereits zu seinen Lebzeiten verbreitete Auffassung zurückweist, er, Spencer, habe lediglich die Ansichten Darwins auf die sozialen Verhältnisse und Prozesse übertragen. In Wahrheit enthalte bereits sein Buch *Social Statics,* das mehrere Jahre vor Darwins epochalem Werk *On the Origin of Species by Means of Natural Selection* (1859 veröffentlicht) erschien, jene grundlegenden Meinungen, was auch Darwin anerkannt habe.[126]

Was aber Spencer tatsächlich von Darwin teilweise übernahm, ist das, was als die evolutionäre Konsequenz des ,,struggle for existence" angesehen werden kann, nämlich die sogenannte ,,Zuchtwahl". Darwin hatte damit die These vertreten, daß ,,zufällige" Abweichungen von dem Typus einer biologischen Gattung sich dann – und nur dann – durchsetzten, wenn diese einen Vorteil für das weitere Überlegen jener Gattung erbrachten; und gerade diese sich behauptenden, ,,lebenstauglichen" Typusabweichungen stellten die natürliche Entwicklung der Arten dar.[127]

Mit der Anerkennung dieser These ergänzte Spencer sein Theorem, in dem Entwicklungen zuvor monokausal – nämlich bloß mit der Vererbungslehre Lamarcks[128] – erklärt wurden. Jene Vererbungslehre hatte behauptet, daß während des Lebens erworbene Eigenschaften in die Erbmasse eingingen und damit ein ,,Lernprozeß" der Natur statthabe. – Grundsätzlich hätte diese These, sofern sie eben auf das Moment ,,soziale Erblichkeit", also auf die Determination sozialer Faktoren – beispielsweise bei Bildungskarrieren – bezogen worden wäre, durchaus Spencers Soziologie ,,soziologischer" gemacht. Spencer freilich nahm Lamarck zu wörtlich und damit biologistisch, weil er selbst nämlich von einer eher starren Grundannahme ausgegangen war – und dies im Gegensatz zu der zentralen Hypothese seines Gesamtwerks, dem ,,Evolutionsgesetz". Ja, man könnte sagen: daß Spencer sein polit-ideologisches Lehrstück *Survival of the Fittest* unter sein geschichtsphilosophisches Evolutionsgesetz subsumieren konnte, verdankt er in gewisser Hinsicht zugleich Lamarck und Darwin. Daß er die Ideen dieser beiden Biologen übernahm, die jeweils gerade die Lehren des anderen negierten, zeigt Spencers theoretische Notlage, aus der er sich eklektisch zu befreien suchte.

Ursprünglich, das heißt in *Social Statics* und in einem von Spencer zum Beweis seiner Urheberschaft angeführten kurzen Westminster-Review-Artikel von 1852, war er von der Bevölkerungslehre jenes Malthus ausgegangen, der als Pfarrer den Armen sexuelle Enthaltsamkeit gepredigt hatte, um durch Verknappung der Ware Arbeitskraft höhere Löhne erzielen zu können. Malthus wie Spencer waren dabei von einer – auch heute noch aktuellen – mechanistischen Gleichgewichtsbetrachtung ausgegangen, nach der ,,natürliche" Faktoren die Anpassung an ebenso ,,natürliche" Bedingungen erzwingen[129]: ,,. . . eine . . . unvermeidliche Folgerung ist, daß durch keine andere Schulung, als Unterwerfung unter diese Bedingungen, eine Anpassung für den gesellschaftlichen Zustand erzeugt werden kann."[130] So als wenn der Mensch nicht auch die Fertigkeit erlernt hätte, die Natur seinen Bedürfnissen anzupassen. Gleichgewicht und Anpassung erscheinen in jener Lehre als natürlich-positive Werte, deren Erkenntnis, Akzeptierung und eventuelle Förderung das unter den gegebenen Möglichkeiten optimale gesellschaftliche Leben analog zu den Regelsystemen von Flora und Fauna garantierten. Das ist Spencers Ethik: Akzeptierung einer angeblich natürlichen Entwicklung, die sich immer gerade auf dem höchstmöglichen Stand befinde.[131]

Mitleid mit denen, die dem Gleichgewicht und der Anpassung zum Opfer fallen, wird als gänzlich unwissenschaftlich und darüber hinaus als kurzsichtig angesehen, weil Mitleid und daraus folgende soziale Politik keine grundsätzlichen Verbesserungen, sondern genau das Gegenteil erreichten: ,,Es ist zu bedenken, ob nicht die weinerliche Philanthropie, welche nur unmittelbare Milderungen betrachtet und beharrlich mittelbare Übel verkennt, eine größere Summe von Elend verhängt, als die äußerste Selbstsucht es tut."[132] Die ,,biologische Wahrheit" ist für Spencer: ,,Jede Art von Geschöpfen vermehrt sich fort und fort, bis sie die Grenze erreicht, bei welcher ihre aus allen Ursachen herrührende Sterblichkeit ihre Fruchtbarkeit aufwiegt."[133]

Technische Verbesserungen der Lebensumstände auf den Gebieten der Gesundheit, der Gütererzeugung, des Verkehrs und auf anderen Gebieten vermag Spencer in diesem Zusammenhang nicht als Momente des menschlichen Fortschritts zu sehen: Solche Verbesserungen sind ,,nur Einschränkungen einer unvermeidlichen Wirkung und Gegenwirkung".[134] De facto geht es Spencer freilich nicht um eine Negation des technischen Fortschritts, soweit er ein ökonomischer ist.[135] Ihm dient hier die Argumentation lediglich als Appell, die biologische Plausibilität des ,,Survival of the Fittest" zu erkennen, um daraufhin – im Dienste des Fortschritts – alles zu unterlassen, was diesen ,,natural selective process" störe: ,,Wird es schwieriger, die Ansammlung von Einflüssen zu besiegen, so verschwindet eine größere Zahl der Schwächeren früh, wird die Ansammlung von Einflüssen günstiger durch Entfernung oder Abminderung irgendeines ungünstigen Einflusses, so findet eine Zunahme in der Zahl der Schwächeren, welche überleben und Nachkommenschaft hinterlassen, statt."[136] – Spencer ist zutiefst überzeugt von der Richtigkeit seines Lehrstücks; ihn bedrängt die Angst vor der Gefährdung des optimalen, also ,,gleichgewichtigen", also von menschlicher Steuerung ungestörten Gesellschaftsprozesses als Naturablauf: ,,Jedes weitere Hilfsmittel zur Abwendung eines Übels, jede vermehrte Kraftanstrengung, jede neue Steuer, um die Kosten der Beaufsichtigung zu decken, wird ein neues Hindernis zum Leben."[137]

Von dieser Einsicht her führt Spencer den Kampf gegen soziale Aufklärung[138] und soziale Politik; deren Vertreter charakterisiert er: ,,Sie verhindern die Anpassung der menschlichen Natur an den gesellschaftlichen Zustand, sowohl durch das, was sie tun, als auch durch das, was sie ungetan lassen."[139] Im Eifer gegen den ,,Wahnsinn"[140] sozialer Einsicht verliert er seine Kontenance und schreibt von ,,liederlichen Dirnen, (die) Zahlung für ihre unehelichen Kinder empfangen"[141] sowie davon, daß ,,wir jahrhundertelang die Rasse ... durch die Lumpenbrut (auf Kosten einer) Vermehrung der Spar- und Arbeitsamen ... gezüchtet" haben.[142]

Und schließlich zeigt sich auch die Moral in diesem Lehrstück, das heißt: Spencer transferiert arglos das ,,biologische Gesetz", das zunächst auf den physischen Lebensbereich bezogen war, auf den Bereich von Ideologie und ,,Charakter": ,,Außer der so häufigen Vernachlässigung des Umstands, daß die Qualität einer Gesellschaft physisch durch die künstliche Bewahrung ihrer schwächsten Glieder herabgesetzt wird, findet ebenso häufig Vernachlässigung des Umstands statt, daß die Qualität einer Gesellschaft moralisch und intellektuell durch die künstliche Bewahrung derjenigen herabgesetzt wird, welche am wenigsten fähig sind, sich selbst in acht zu nehmen."[143] Hier schlägt die Ethik durch, die Spencer als Amalgam aus Smithschem (Adam Smith hatte einen Lehrstuhl für Moralphilosophie inne) und Malthusschem, aus Lamarckischem und Darwinschem Gedankengut seiner Epoche dozierte, deren rücksichtsloser Liberalismus durch erste soziale Gesetzgebung beschränkt wurde: ,,... wenn den Unwürdigen geholfen wird, sich zu vermehren, indem man sie vor jener Sterblichkeit bewahrt, welche ihre Unwürdigkeit ihnen im natürlichen Lauf der Dinge zuziehen würde, so ist die Wirkung davon die, von Generation zu Generation eine größere Unwürdigkeit zu erzeugen."[144]

Spencers Lehre vom ,,Survival of the Fittest" ist ein Kampfkonzept gegen aufkommende Sozialstaatlichkeit und im Interesse des Manchestertums: ,,Den Taugenichts auf Kosten des Guten zu hegen, ist die äußerste Grausamkeit. Es ist ein vorsätzliches Aufspeichern von Elend für künftige Generationen. Es gibt keinen größeren Fluch für die Nachwelt als den, ihr eine wachsende Bevölkerung von Einfältigen, Müßiggängern und Verbrechern zu vermachen."[145] Und folgerichtig entwirft Spencer die Basis einer nationalen Erziehung, in der er biologistische Anschauung und liberalistische Doktrin zusammenführt: „Wenn man erkennt, daß die Zukunft einer Nation von der Natur ihrer Individuen abhängt, daß die Natur derselben unvermeidlich in Anpassung an die Bedingungen, in welche sie versetzt sind, verändert wird, daß die durch diese Bedingungen hervorgerufenen Gefühle sich kräftigen, während diejenigen, an welche verminderte Ansprüche erhoben werden, verkümmern, – so wird man erkennen, daß die Besserung des Verhaltens nicht durch Einschärfung von Maximen guten Verhaltens, noch weniger durch bloße geistige Bildung, sondern nur durch jene tägliche Übung der höheren Empfindungen und Unterdrückung der niederen bewirkt werden kann, welche aus der Erhaltung der Menschen in Unterordnung unter die Erfordernisse eines geregelten gesellschaftlichen Lebens entspringen, indem man sie die unvermeidlichen Strafen für den Bruch dieser Erfordernisse erleiden und die Vorteile des (adäquaten) Nachlebens derselben ernten läßt. Das allein ist nationale Erziehung."[146]

Herbert Spencer nach den sozialpolitischen Implikationen seiner Lehre vom „Survival of the Fittest" vorzuhalten, er habe bewußt oder gar böswillig der ökonomischen Ausbeutung einer Bevölkerungsmehrheit durch die wirtschaftlich Mächtigeren Vorschub geleistet, ist sicherlich unrichtig: Subjektiv war Spencer der festen und ehrlichen Überzeugung, durch seine langfristig orientierten Überlegungen sich für das Wohl der gesamten Nation eingesetzt zu haben. Da Spencers Ansichten aber faktisch doch der sozialen, insbesondere der wirtschaftlichen Realität, wie sie sich in der zweiten Hälfte des 19. Jahrhunderts in ihren negativen Prinzipien zu erkennen gab, abgeschaut sind – eine Realität der blanken liberalen Marktwirtschaft, die ohne Skrupel dem Gesetz der Profitmaximierung folgte –, trugen sie ideologisch zum Erfolg des sozial ausbeutenden Manchestertums bei. Sie unterlegten dem rücksichtslosen Machtstreben einen Sinn, der soziologisch verbrämt war. So gesehen läßt sich sagen, daß Spencer der damals herrschenden liberalistischen Ideologie die angeblich wissenschaftliche Theorie und damit den Schein des Legitimen lieferte.

III. Die Methode

Spencers Arbeitsweise kann unter drei Aspekten beschrieben werden. Der eine Aspekt bezieht sich auf die Erfüllung seines einmal konzipierten Programms, der zweite auf die Art seiner Schreib- und Zitierweise und der dritte auf wiederkehrende Strukturelemente seiner Schriften. Diesen drei Aspekten, die im einzelnen kurz aufgewiesen werden sollen, liegt zugrunde, was als die „komparative Methode" bezeichnet wurde.

Mit ,,komparativer Methode" ist damit Spencers Verwertung umfangreicher Materialsammlungen wie vor allem die der *descriptive sociology* gemeint. Nach seiner Grundkonzeption hatte Spencer für dieses mehrbändige Werk Reiseberichte und ähnliches vor allem über sogenannte primitive Gesellschaften auswerten lassen. Auf diese Weise verfügte er über ein reiches beschreibendes Material, das mehr oder weniger durch Zufälle und nicht durch systematisch-wissenschaftliche Arbeit gewonnen wurde. So entstanden mehrere Bände über ,,Sitten und Gebräuche" von Engländern, Mexikanern und Peruanern, über negride und malaiische Rassen bis hin zu ,,Hebräern" und Phöniziern (vgl. Werkverzeichnis S. 374ff.). Spencer selbst pflegte diesen Fundus an ethnologisch interessanten Stoffen nur als Schatzkammer für Illustrationen und Beispiele zu verwenden und ihn keineswegs soziologisch zu analysieren. Zu Recht kritisiert daher Morris Ginsberg (nach früherer ähnlicher Kritik), daß Spencers Gebrauch der ,,komparativen Methode" dazu verführe, vorgefaßte Anschauungen zu bestätigen:[147] Spencer wählte aus, was er zur Stützung seiner Hypothesen brauchte,[148] wobei er bereits damals einem ethnologischen Funktionalismus huldigte.[149] Jay Rummey schließt hieran seine grundsätzliche Kritik an Spencer an: Spencer habe sich zu sehr auf Kulturanthropologie konzentriert, die ja nur ein Teilgebiet der Soziologie sei, und er habe sich zu sehr mit ,,primitiven" Sitten und dem Überleben uralter Bräuche befaßt statt mit den aktuellen Institutionen und dem funktionalen Charakter der modernen Gesellschaft.[150]

1. Erfüllung eines Programms

Es lassen sich mehrere ,,rote Fäden" in Spencers Werk erkennen. Eine erste solche Entwicklungslinie kann in dem beständigen Versuch Spencers gesehen werden, die Bedingungen aufzuweisen, die für das menschliche Glück wesentlich sind. Dieses Programm sucht er in Erkenntnistheorie, Psychologie, Biologie, Soziologie und in der Morallehre in über 50jähriger Arbeit wissenschaftlich zu erfüllen.[151] Entsprechend lautete der Untertitel bereits seiner ersten größeren Schrift *Social Statics: Or, the Conditions Essential to Human Happiness.* Und in den 1892/93 vorliegenden Publikationen *Principles of Ethics* macht er jenes Programm nochmals zu seinem Generalthema, das er prinzipiell gleich abhandelt: als politisch-moralisches Programm.

Wie er selbst im Vorwort zum ersten Band der *Ethik* angibt, war er bereits seit dem im Jahre 1842 – Spencer war damals 22 Jahre alt – geschriebenen Essay *The Proper Sphere of Government* sein ,,letztes Ziel gewesen, das allen näherliegenden Bestrebungen zugrunde lag, eine wissenschaftliche Basis für die Grundsätze von Gut und Böse im Handeln überhaupt zu finden", ,,für die allgemeinen Grundsätze von Recht und Unrecht im politischen Handeln".[152] Und diese Grundsätze konzentrieren sich auf die Konzepte von Gerechtigkeit und Freiheit, wie sie bereits vor Spencer von der englischen Moralphilosophie im Sinne eines naturrechtlich verstandenen polit-ökonomischen Liberalismus entwickelt worden waren. So ziehen sich Wendungen wie die folgenden als ständig wiederkehrende

Denkfiguren, als Topoi durch sein gesamtes Werk: „... der Zweck ist die Erhaltung jener Bedingungen, unter denen jeder Bürger sein Leben ohne andere Hindernisse von seiten der anderen Bürger zu führen vermag, als die durch ihre beiderseitigen gleichen Ansprüche gegeben sind ..."[153] Oder in einem interdependenten Bezug auf Leistungsethik, kollektive Verpflichtung und liberale Lebensweise: „Jeder Bürger hat seine Tätigkeit in solcher Weise zu üben, daß er seine Mitbürger in der Leistung ihrer Tätigkeit nicht mehr hindert, als er von ihnen gehindert wird. Damit jeder Bürger sich so benehme, daß er der Aggregatwohlfahrt keinen Eintrag tut, ist erforderlich, daß er eine solche Verrichtung oder Teil einer Verrichtung erfülle, welche mindestens von gleichem Wert ist, wie das, was er verbraucht; und weiter ist erforderlich, daß er sowohl bei Erfüllung seiner Aufgabe als auch in Verfolgung seines Vergnügens die anderen ebenso frei in Erfüllung ihrer Verrichtungen und in Verfolgung ihres Vergnügens walten lasse."[154]

Eine zweite Entwicklungslinie des Spencerschen Programms, die der Autor ebenso starr über eine lange Periode durchzuhalten sucht, liegt in der fixen Idee, eine allen Wissenschaften zugrundeliegende, „vereinheitlichte Philosophie" zu inaugurieren und in verschiedenen Wissensbereichen durchzuspielen.[155] Hierfür entwarf Spencer 1860[156] einen Prospekt, mit dessen Hilfe er Subskribenten seiner Abhandlungen gewinnen wollte. Das hierin enthaltene Programm, ausführlich nach Wissenschaftsgebiet in einzelne Bände, nach Schwerpunkten in jeweils einzelne Teile gegliedert und in Stichworten bereits präzisiert, erledigt Spencer wie ein Buchhalter über Jahre hinweg:[157] Er wird quasi sein eigener Testamentsvollstrecker oder Erfüllungsgehilfe seiner Ideen.[158] Anders ausgedrückt: Er führt auf etwa 5000 Seiten aus, was ihm sein Genius eingibt; er konturiert und illustriert in einer Art populärwissenschaftlichen Erzählweise so, als wenn er nur niederzuschreiben brauchte, was ihm an Assoziationen reichlich zukommt.[159]

Beispielsweise sind bereits im März 1860 die *Principles of Sociology* auf drei Bände mit insgesamt 11 Teilen geplant; 1876 erscheint der erste Band, der – dem Entwurf entsprechend – die Teile „Die Tatsachen der Soziologie" und „Die Induktionen der Soziologie" sowie – als Erweiterung – einen Teil „Häusliche Einrichtungen" enthält. Weitere Teilstücke veröffentlicht Spencer gesondert sowie im zweiten Band der *Soziologie,* wodurch er nicht nur den Programmpunkt „Politische Organisationen" erfüllt, sondern auch – und dies schien ihm wichtig gewesen zu sein – quantitativ und formal seiner Ankündigung gerecht wird. Als letzter Band eines auf zehn Bände geplanten und verwirklichten Programms erscheint 1896 das dritte Buch der *Principles of Sociology.*

Im Vorwort zu diesem Buch läßt Spencer erkennen, welche Last ihm die Erfüllung des einmal gesetzten Zieles bedeutete; er rechnet seinen Subskribenten vor, was er versprach und was er lieferte: Inhaltlich sei zwar noch ein Teil seiner *Soziologie* ungeschrieben, dafür habe er aber in der *Psychologie* und in der *Soziologie*[160] Teile eingeschoben, die nicht versprochen waren, „die insgesamt 430 zusätzliche Seiten ergeben".[161] Er konstatiert formal – und dabei scheint es so, als wenn er sich selbst von seiner Verpflichtung freizusprechen sucht –: „Es sollten zehn Bände (der „Synthetischen Philosophie") sein und es sind zehn Bände."[162] Er bemühte sogar sein hohes Alter (76 Jahre) und seine Krankheit – auf die er immer wieder in diversen Vorworten zu seinen Schriften verwies –, um sich moralisch loszukaufen, weil sein Gewissen ihn von einem mehrere Jahrzehnte alten Versprechen, das nicht hundertprozentig erfüllt war, noch nicht ganz freizugeben schien. Gerade seine genaue Dokumentation über Art und Länge seiner Krankheiten, die er auch noch durch geistige Überbeanspruchung erlitten haben will, und seine Mitteilung, daß seine Arbeitsleistung infolge der körperlichen Schwäche auf drei Stunden täglich beschränkt gewesen war, zeigen überdeutlich, wie zwanghaft Spencer gearbeitet haben mußte, um sein einmal formuliertes Programm schreibend und diktierend zu erledigen.

2. Schreib- und Zitierweise

Ein zweiter Aspekt von Spencers Arbeitsweise liegt in der Form, wie er zu schreiben und zu zitieren pflegte. Beides erfolgte verhältnismäßig aufwendig, das heißt mit Unterstützung von Schreibkräften und Assistenten. Da Spencer beispielsweise nicht des Deutschen mächtig war, aber dennoch die Werke deutscher Philosophen verwendete, mußten ihm auch Übersetzer zuarbeiten.[163] Ein Hinweis auf die Hilfe von Stenographen findet sich unter anderem im Anhang zum zweiten Band der *Ethik;* hier schreibt Spencer: „ ‚Die Tatsachen der Ethik' waren . . . auf ein Manuskript gegründet, welches einem Stenographen diktiert und von ihm in eine Reihe von Kopierbüchern, eines für jedes Kapitel, abgeschrieben worden war . . ."[164]

Im Zitieren benutzte Spencer eine etwas merkwürdige Technik, wofür er sich ebenso merkwürdig entschuldigt: „Wahrscheinlich werden viele ein gewisses Erstaunen darüber äußern, daß sich in diesem Werke, welches so zahlreiche Zitate aus verschiedenen Autoren enthält, keine genauen Nachweise am Fuße der Seiten finden. Hierüber bin ich einige Worte der Aufklärung schuldig. Wenn man auf Anmerkungen am Fuß der Seite hingewiesen wird, so ist damit der Faden der Darstellung vollständig unterbrochen, und selbst wenn sie ohne Hinweis dastehen, so wird doch die Aufmerksamkeit schon durch das Bewußtsein gestört, daß sie überhaupt da sind und nachgelesen werden sollen. Daraus entspringt ein Verlust an Wirkung und an Zeit."[165]

Spencer, der sich bei der Wahl seiner Belegstellen im wesentlichen auf das von seinen Helfern[166] zusammengestellte und systematisch geordnete Kompendium *Descriptive Sociology* stützte, zog dagegen folgendes Verfahren, das – wie bereits gesagt – fälschlich die „komparative Methode" genannt wurde, vor: Er illustrierte seine Gedanken mit ausführlichen Schilderungen von entsprechenden sozialen Vorgangsweisen oder Strukturen, wie sie in der Literatur vorwiegend über – von Spencer so genannte – „unzivilisierte Rassen" berichtet und in der *Descriptive Sociology* erfaßt worden waren. In den Text selbst setzte er keinen Quellenhinweis, sondern fügte am Schluß der jeweiligen Bände eine Aufzählung von Stichworten nach einzelnen Paragraphen seiner Schriften an. Neben die Stichworte schrieb er abgekürzte Autorennamen sowie eine Zahl, die auf die Seite eines entsprechenden Werks verwies.

Beispielsweise befindet sich im Band I der *Prinzipien der Soziologie* der Teil I: „Die Tatsachen der Soziologie". Dieser erste Teil ist in 27 Kapitel sowie nach 211 Paragraphen gegliedert. Das erste Kapitel, „Überorganische Entwicklung", besteht aus fünf Paragraphen. Im dritten Paragraph bemüht sich Spencer, Arbeitsteilung und gesellschaftliche Komplexität mit Hilfe von Beispielen aus der Tierwelt zu illustrieren. Hierzu führt er einige Tierarten wie Bienen, Wespen, Ameisen und Termiten sowie die Namen einiger Autoren wie Lubbock, Tuckey oder Schweinfurth an. Im § 4 spricht er, seinen Faden fortspinnend, von Saatkrähen und nordamerikanischen Büffeln sowie von einem Berichterstatter namens Ross. Im Text, wie gesagt, findet sich kein weiterer Hinweis. Schlägt man nun den Anhang mit der Überschrift „Literaturnachweise" auf, so sieht man unter dem § 3 folgende Stichworte und Abkürzungen: „Kongo (Tuck. 178) – Termiten (Schweinf. I, 350)". Der nächste erwähnte Paragraph ist der sechzehnte. Von den Saatkrähen und Herrn Ross des § 4 findet sich hier nichts. Auch der im § 3 erwähnte Sir John Lubbock ist an dieser Stelle nicht aufgeführt, wohl aber im Verzeichnis der zitierten Werke, wo sich auch die Übersetzungen der Kürzel für die Autorennamen befinden: „Tuck." für Tuckey (capt. J.K.), Narrative of an Expedition to the River Zaire, London 1818". – Mit Geduld dürfte sich der zeitgenössische Leser der *Principles of Sociology* schließlich in den Quellenhinweisen zurechtgefunden haben, nachdem verschiedene Assistenten nachträglich für die dritte Auflage des ersten Bands mühevoll die Literaturnachweise und Buchtitel zusammengestellt hatten.[167]

3. Wiederholung als Strukturelement

Der dritte Aspekt, der zur Charakterisierung von Spencers Arbeitsweise wichtig ist, findet sich in der Verwendung von Wiederholungen. Hierbei sind ebenfalls drei Typen zu unterscheiden: Wiederholungen von Schemata und Theoremen, „didaktische" Wiederholungen im Sinne der Redundanz und mehrfache Illustrationen als eine Art quantitativer Beweisführung durch Beispiele. Gerade unter dieser Art der „Beweisführung" verstand Spencer zu Unrecht die „komparative Methode". – Aber seine grundsätzliche Auffassung von dem Moment der häufigen Wiederholungen verrät Spencer im Vorwort zur *Ethik*: „Daher die mannigfachen Wiederholungen, die wahrscheinlich vielen langweilig vorkommen werden. Ich kann jedoch diesen beinahe unvermeidlichen Umstand nicht sehr bedauern, denn nur durch vielfache Wiederholung können ungewohnte Vorstellungen dem widerstrebenden Geiste der Menschen aufgenötigt werden."[168]

Die Kennzeichnung von Spencers Methode durch den Aufweis der häufigen Verwendung von Schemata und Theoremen soll sich nicht auf die Wiederholung von Denkfiguren beziehen, wie sie – für Spencers Soziologie charakteristisch – sowohl im *Study* als auch in den *Principles of Sociology* sich finden. Hierzu zählt beispielsweise die Organismusanalogie oder die „Theorie" von den zwei Glaubenssystemen des Kriegs beziehungsweise des Friedens.[169] Daß Spencer diese Art von Konzeptionen in seinen soziologischen Werken wiederholt, liegt sozusagen in der Natur der Sache. Gemeint sind in diesem Zusammenhang vielmehr Schemata, die in der Regel in den *First Principles* entwickelt wurden und dann in den einzelnen Schriften mehrfach auftauchen. In erster Linie ist hier selbstverständlich das ,,Evolutionsgesetz" des zitierten Paragraphen 145 zu nennen. Seine Struktur ist an mancherlei Stellen wieder zu finden. So beispielsweise im folgenden Zitat aus dem *Study*: ,,Von den so beschaffenen kleinen gestaltungslosen gesellschaftlichen Aggregaten findet der Fortschritt zu gesellschaftlichen Aggregaten von vermehrtem Umfange statt, deren Teile Ungleichheiten annehmen, welche stets größer, bestimmter und mannigfaltiger werden."[170] Oder in einem anderen soziologischen Zusammenhang im ersten Band der *Sociology*: ,,Der sprachliche Fortschritt ist in erster Linie zu betrachten, sofern er sich in der Sprache selbst kundgibt. Während sie aus einem verhältnismäßig unzusammenhängenden, unbestimmten und gleichartigen Zustand in höhere Zustände übergeht, die immer zusammenhängender, bestimmter und ungleichartiger sind."[171]

Aber ebenso ist hier das Schema zu nennen, nach dem Spencer alle Naturphänomene abstrakten, abstrakt-konkreten und konkreten beziehungsweise anorganischen, organischen und überorganischen Wissenschaften zuordnet und dieser Reihenfolge entsprechend auch die Hierarchie der Wissensgebiete nach Umfang und Komplexität begründet. Es findet sich in den *First Principles*[172] ebenso wie im *Study*[173] oder in der 1861 erschienenen Schrift *Education: Intellectual, Moral and Physical.*[174] – Als Beispiel für diese Art von Wiederholungen ließe sich auch jene aus der Naturrechtsphilosophie übernommene Argumentation vom umfassenden Recht des einzelnen, das nur durch das gleiche Recht aller anderen einzelnen beschränkt ist, hier nochmals anführen. Es kann dabei auf entsprechende Passagen in *Social Statics*[175], in der *Einführung in das Studium der Soziologie*[176] oder – und dies ist selbstverständlich – in der *Ethik*[177] verwiesen werden. Der zweite Typ von Wiederholung in methodischer Absicht ist die Redundanz von Spencers Sprache. Für den, der sich schon in die Gedanken des Autors eingelesen hat und sozusagen soziologisch weiterkommen möchte, für den ist dieser Typ von Wiederholung ebenso ermüdend wie der dritte, mit dem die Art – oder Unart – Spencers gemeint ist, zur Verdeutlichung oder zur Illustration eines Gedankens mehrere Geschichtchen verschiedener Reiseschriftsteller wiederzugeben. – Der Aspekt der Redundanz kann im Rahmen dieser Darstellung an nur einem Beispiel verdeutlicht werden.

Im *Study* geht Spencer auf Seite 59 noch von der Behauptung aus, ,,daß der Charakter des Aggregats durch den Charakter seiner Einheiten bestimmt wird".[178] Zum Beleg und zur Illustration – oder böser: zum Erschlagen der Denkfähigkeit des Lesers – bringt er nun Beispiele aus der anorganischen Welt – wie Ziegelmauern, Steinhaufen, Kristalle, Moleküle –, aus der organischen – Polypen und Begonien – sowie aus der überorganischen: Versammlungen, Arbeitsgemeinschaften und dergleichen. Zwischendurch – auf Seite 61 – wiederholt er: ,,Ist also die Natur der Einheiten gegeben, so ist auch die Natur des Aggregats, welche sie bilden, vorherbestimmt."[179] Schon auf der folgenden Seite wieder: „Und doch gilt von menschlichen Gesellschaften wie von anderen Dingen, daß die Eigenschaften der Einheiten die Eigenschaften des Ganzen, welches sie bilden, bestimmen."[180] Den gleichen Gedanken faßt Spencer auf Seite 33 das vierte Mal in andere Worte, auf Seite 64 folgt der Gedanke das fünfte und sechste, auf der folgenden Seite das siebente Mal. Ebenso finden sich vergleichbare Passagen auf den Seiten 73, 78 und 153 sowie an mehreren Stellen in der zweiten Hälfte des *Study,* wo davon die Rede ist, daß die einzuschlagende Politik an der „Volksnatur", also am „Charakter" des einzelnen sich zu orientieren habe.[181] – In vergleichbarer Weise hämmert Spencer in dem Buch *Erziehung* dem Leser seine Antwort auf die rhetorische Frage „Welches Wissen ist das wertvollste?" ein.[182] Dabei ist sein Schema etwa der Dreischritt: Problematisieren/Vorbereiten – Höhepunkt – „Nachbereiten", wobei er jeden dieser drei Schritte mit neuen Beispielen belegt.

Solche langatmige Darstellung kennzeichnet auch den dritten Typ von Wiederholung, die überhäufige Illustration einer Idee. Dieser Typ ist in Band I und II der Soziologie zur schlechten Perfektion getrieben, was sicherlich nicht zu der gewünschten Wirkung, nämlich der vollen Überzeugung, sondern zum Überblättern ganzer Kapitel führt. Spencers Vorgangsweise ist dabei von folgender Struktur: In der systematischen Behandlung eines Problems fehlt beispielsweise noch ein Aspekt, den er dann etwa mit der Floskel einführt: „Endlich ist noch der Fauna der bewohnten Gegenden mit einigen Worten zu gedenken." Dann kommen zwei Sätze allgemein-theoretischer Information, die in langen Absätzen ihre Fortsetzung finden, wobei von Nordamerika, polynesischen Völkern, Lappländern und Tartaren, von südamerikanischen Völkern, von Sumatra, England und Europa die Rede ist.[183] – Es sei dabei überhaupt nicht geleugnet, daß dem Leser so manche ethnologische Anekdote oder so manches soziologische Histörchen Spaß machen, auch wenn diese bisweilen wirken, als wären sie an den Haaren herbeigezogen ... („ ‚Ein Mann kann heute reich sein und morgen arm werden durch die Verwüstungen der weißen Ameisen', sagt ein portugiesischer Kaufmann zu Livingstone. Allein dies sind noch keineswegs die einzigen Übel, die sie verursachen; denn ganz richtig bemerkt Humboldt: ‚Wo die Termiten alle Dokumente zerstören, da ist auch keine vorgeschrittene Zivilisation möglich'."[184]) Keineswegs aber kann diese Art der Wiederholungen überzeugen und die Bezeichnung „komparative Methode" zu Recht führen.

IV. Die wissenschaftliche Bedeutung zu Lebzeiten

Spencers wissenschaftliche Bedeutung in der zweiten Hälfte des 19. Jahrhunderts läßt sich schon rein äußerlich an der weiten Verbreitung seiner Werke erkennen; aber ebensowenig können sein Einfluß auf die Entwicklung der Soziologie noch sein Beitrag zur Verbindung von Wissenschaft und politischer Moral übersehen werden.

1. Die Verbreitung der Schriften Spencers

Beschaut man sich die verschiedenen Ausgaben des Spencerschen Werks, so kann man bei der einen oder anderen wegen der Auflagenangabe durchaus in Erstaunen geraten: Abgesehen davon, daß einige der Publikationen von Spencer jahrelang umgearbeitet wurden und dann neu erschienen – dies trifft beispielsweise für *Social Statics* zu, die er erstmals 1851, dann in veränderter Form 1892 vorlegte –, haben einige Bände mehrere Auflagen erlebt: Die 1862 erstveröffentlichten *First Principles* erschienen 1900 in der sechsten Ausgabe; die *Principles of Biology* erreichten die fünfte Auflage 1898 – ebenso wie Teile der *Principles of Psychology* 1890 und der *Principles of Ethics* 1888. Die einzelnen Bände der *Principles of Sociology* blieben dagegen mit bis zu drei Auflagen vergleichsweise zurück.

Teilweise waren Spencers kleinere Schriften noch erfolgreicher: Die höchste Auflage erreichte das Bändchen *Education,* das 1861 in der ersten und 1890 in der 23. Auflage veröffentlicht wurde; selbst die deutsche Übersetzung erlebte 1905 die fünfte Auflage. Das *Study of Sociology,* erstmals 1873 publiziert, stand 1894 bereits in der 21. Auflage[185] und Ralf Dahrendorf berichtet, daß zwischen 1860 und 1903 allein in den USA über 368000 Exemplare der Bücher Spencers verkauft wurden.[186]

Doch neben der Auflagenhöhe ist auch die Verbreitung des Spencerschen Werks durch Übersetzung in fremde Sprachen ein Kriterium seiner Bedeutung: Nahezu alle Schriften erschienen auch auf Deutsch, wobei vor allem die mitunter sehr rasche Erscheinungsfolge von Übersetzungen erstaunt: Beispielsweise veröffentlichte Spencer 1873 das *Study,* und 1875 erschien schon die deutsche Übersetzung nach der zweiten englischen Auflage; der erste Band der *Principles of Sociology* wurde in Buchform im Original 1876 veröffentlicht und auf deutsch bereits 1877 vorgelegt. Ähnlich verhielt es sich mit anderen Schriften und mit anderen Übersetzungen. Es erschienen Übersetzungen in das Russische, Italienische, Spanische, Französische, ja teilweise sogar in das Holländische, Griechische, Rumänische und in das Jiddische.

Ebenso bezeichnend für die damalige Wertschätzung der Spencerschen Schriften ist, daß ihnen schon als Torsos die Verlagshäuser offenstanden: Beispielsweise ließ Spencer 1882 den zweiten Band der *Principles of Sociology* erscheinen, nachdem er nicht nur die beiden Teile, die dieser Band enthält, als gesonderte Schriften, sondern davor schon mehr als die Hälfte ihrer 31 Kapitel einzeln in englischen, amerikanischen, französischen, deutschen, italienischen, ungarischen und russischen Fachblättern veröffentlichen konnte.[186a]

2. Erklärungsversuche für den Erfolg Spencers

Diesen großen Erfolg von Spencers Schriften ganz verständlich zu machen, ist von heute aus gesehen nicht leicht. Als wesentlicher Grund dürfte anzusehen sein, daß Spencer in der Lage war, dem damaligen Bedürfnis der bildungsbürgerlichen

Schichten nach verständlicher Vermittlung wissenschaftlicher Behauptungen und Erkenntnisse besonders zu entsprechen. Hierbei dienten ihm sein redundanter, aber anschaulicher Sprachstil ebenso wie die scheinbare Plausibilität und die ideologische Aktualität seiner Lehren: Wer Spencer las – so könnte man durchaus behaupten – fühlte sich nicht unangenehm provoziert, sondern intellektuell angesprochen, wobei die angebotene ganzheitliche Welterklärung insgesamt den beruhigenden Eindruck zu erwecken vermochte, daß sich die Entwicklung der Menschheit letztlich schon auf dem richtigen Weg befinde.

Den Einfluß und Erfolg von Spencers Denken auf die nordamerikanische Gesellschaft der Jahrhundertwende versucht Richard Hofstadter damit zu erklären, „daß seine (Spencers) Lehre in die Republik importiert wurde, lange nachdem der Individualismus zur nationalen Tradition geworden war ... (In) der expansiven Zeit unserer industriellen Kultur wurde er zum Sprecher dieser Tradition, und sein Beitrag ließ den Strom des Individualismus erheblich anschwellen, wenn er ihn nicht schon in eine andere Richtung lenkte: Wenn Spencers durchgängiger Einfluß auf das amerikanische Denken späteren Generationen unverständlich scheint, dann vielleicht nur darum, weil er so gründlich absorbiert worden ist. Seine Sprache ist ein Standard-Merkmal der Folklore des Individualismus geworden“.[187]

Daneben aber dienten sicherlich auch Spencers gute Verbindungen zu Zeitschriften und Verlagen sowie seine außerordentliche schriftstellerische Produktivität (die aus seinen Lebensumständen erklärt werden kann) der raschen und weiten Verbreitung seiner Werke. Vielleicht spielte dabei aber auch eine gewisse Rolle, daß Spencers Londoner Verlag – Williams und Norgate – seine Bücher in repräsentativer und doch erschwinglicher Aufmachung vorlegte, wodurch er auch der besitzbürgerlichen Nachfrage nach Möglichkeiten zu demonstrativem Konsum (Veblen) nachzukommen vermochte.[188]

3. Der Einfluß auf die wissenschaftliche Umwelt

Zu der Frage, welchen Einfluß Spencer auf seine mittelbare und unmittelbare wissenschaftliche Umwelt hatte, lassen sich einige Aussagen zeitgenössischer Schriftsteller und Wissenschaftler zitieren. So beginnt Ludwig Stein seine Einführung in die deutschsprachige Ausgabe von Spencers Autobiographie 1905: „Am 8. Dezember 1903 schied der führende Philosoph des Viktorianischen Zeitalters, Herbert Spencer, als 82jähriger Greis aus dem Leben. Der Name: Herbert Spencer bedeutet ein Programm. Eine Weltanschauung, die noch bei Lebzeiten des Philosophen herrschend geworden ist – der Evolutionismus –, war in dieser einzigartigen Persönlichkeit verkörpert. In Gemeinschaft mit Darwin hat Spencer der zweiten Hälfte des 19. Jahrhunderts das geistige Gepräge gegeben, und kommende Geschlechter werden, um die Signatur der hinter uns liegenden Generation auf den knappsten Ausdruck zu bringen, vom Darwin-Spencerschen Zeitalter sprechen, wie wir heute vom Jahrhundert Voltaires oder der Epoche Newtons.“[189] – Immerhin nannte auch Charles Darwin selbst Spencer „den größten lebenden Philosophen Englands, vielleicht jedem der früheren ebenbürtig".[190] Und über seine Bedeutung für die politisch-moralisierende Wissenschaft schrieb George Henry Lewes bereits 1871 in seiner *Geschichte der Philosophie*: „Spencers Werke erringen täglich einen größeren Einfluß. Trotz der offen eingestandenen tödlichen Feindschaft seiner Prinzipien mit denen der Theologie und Metaphysik, müssen selbst Gegner die Kraft und die Klarheit seines Geistes und die Ausbreitung und Tiefe seiner wissenschaftlichen Kenntnisse anerkennen. Es ist zweifelhaft, ob je ein Denker von schöneren Anlagen unter unserem Volke aufgetreten ist ..."[191]

Und ebenso bezeugte Leopold von Wiese, der sich häufiger mit Spencer befaßt hatte: „Spencer galt einer älteren Generation schlechthin als der Soziologe, und es schien gegen Ende des 19. Jahrhunderts, als ob es kaum eine andere Gesellschaftslehre als eine Spencersche geben könnte."[192]

Man darf also ruhig davon ausgehen, daß Herbert Spencer zumindest literarisch zu seiner Zeit großen Einfluß ausgeübt hat. Demgegenüber berichtet allerdings Rumney, daß Spencer zwar eine ungeheure Wirkung in Deutschland, Frankreich, Rußland, Japan und den USA erleben konnte und seine Werke in nahezu alle Weltsprachen übersetzt wurden, daß er aber zur Lebzeit in England noch nicht recht geschätzt war. Rumney vermutet, dies habe daran gelegen, daß Spencer kein Mann der Universität, also der etablierten Wissenschaft war. Im Gegenteil: Die Universitäten lehnten Spencer gar ab.[193] Erst im späten Alter boten ihm die Hohen Schulen Ehrentitel an, die er aber in der Regel ebenso ablehnte wie ihm angetragene öffentliche Ämter.[194] Seine Abneigung Titeln und Ehrenbezeichnungen gegenüber wurde mit seinen Ausführungen in den *Ceremonial Institutions* in Zusammenhang gebracht.[195] Jedenfalls boten ihm verschiedene wissenschaftliche Akademien Italiens (Rom, Turin, Neapel, Bologna, Mailand) Mitgliedschaften, Ehrendoktorate oder Honorarprofessuren an. Vergleichbare Angebote erhielt Spencer unter anderem auch aus Frankreich, Deutschland, den USA, Belgien, Dänemark, Österreich, Griechenland und Rußland.[196] Gemessen an diesen Auszeichnungen mußte Spencer – zumindest gegen Ende des 19. Jahrhunderts auch in England – eine Art Idol gewesen sein, jedenfalls ein Mann, dessen eigene Lebensbeschreibung von der „literarischen Welt" mit Spannung erwartet wurde und infolgedessen bereits wenige Monate nach seinem Tod zum „Book of the Season" avancierte.[197] Jedenfalls resümiert die Encyclopaedia Britannica: „Spencer was one of the most argumentative and most discussed English thinkers of the late Victorian period."[198]

Aber auch noch im beginnenden 20. Jahrhundert und von jüngeren Zeitgenossen wurde Spencer und seinem Werk große Achtung gezollt. Sein außerordentlicher Einfluß auf die frühe amerikanische Soziologie ist beispielsweise daran abzulesen, daß drei der vier Grundsätze soziologischen Arbeitens, auf welche sich die Mitglieder der „American Sociological Society" 1906 einigten, deutlich auf Spencer verweisen, der übrige (Punkt 3) auf Comte:

„1. Es ist die Aufgabe der Soziologie, wissenschaftliche Gesetze über das menschliche Verhalten aufzustellen, die den unveränderlichen Naturgesetzen in der physikalischen und organischen Welt entsprechen. 2. Sozialer Wandel ist gleichzusetzen der ,sozialen Evolution' und ist als Fortschritt aufzufassen, der zu einer besseren Gesellschaftsordnung führt. 3. Diese Aufwärtsentwicklung kann durch ständiger Besserung dienende Eingriffe im Sinne des Meliorismus, durch Kenntnis der soziologischen Gesetze (sic!) beschleunigt werden. 4. Das soziale Verhalten und die Gesellschaft beruhen auf dem individuellen Verhalten und sind aus diesem abzuleiten."[199]

Der Londoner Philosoph G. Dawes-Hicks schrieb 1928 für Friedrich Ueberwegs *Grundriß der Geschichte der Philosophie* sogar: ,,Die ,Synthetische Philosophie' wurde in dem nächsten Jahrzehnt zur populären Philosophie in den Kreisen der Gebildeten."[200] Und 1959 urteilte Ralf Dahrendorf in seinem Artikel über Herbert Spencer: ,,Die unmittelbare Wirkung des Werkes von Spencer war außerordentlich. Obwohl er im akademischen Sinn ,eine einsame und isolierte Gestalt in der britischen Sozialwissenschaft blieb' (Becker/Barnes), ist doch der Rückgriff auf ethnologisches Material und die vergleichende Methode seiner Analyse ebenso ein charakteristisches Merkmal englischer Soziologie von Hobhouse bis Ginsberg geblieben wie die Beschäftigung mit den Problemen von ,Entwicklung' und ,Fortschritt' in der Geschichte. In Amerika haben Ward, Giddings, Small und Sumner sich ausdrücklich zu Spencer als Lehrer und Anreger bekannt. Oppenheimer, Schmoller und von Wiese in Deutschland ist ein ähnlicher Bezug nachgesagt worden."[201] – Zusammenfassend läßt sich sicherlich generell behaupten: ,,Die Entwicklung der soziologischen Theorie – bis hin zu T. Parsons strukturell-funktionaler Analyse – ist durch das Werk Spencers entscheidend beeinflußt."[202]

V. Die Bedeutung für die gegenwärtige Soziologie

Versucht man, die Bedeutung von Spencers Werken, welche offenbar großen Einfluß auf das sozialwissenschaftliche und ebenso auf das politisch-liberale Denken seiner Epoche ausgeübt hatten, in der weiteren Entfaltung der Soziologie aufzuspüren, so findet man zweierlei: entweder skeptische Einschätzung und schroffe Ablehnung oder stillschweigende Verwendung seiner Konzepte; daneben besteht ein weit verbreitetes negatives Vorurteil, das sich allein aus Tertiärliteratur nährt. Zu fehlen[203] scheint aber eine aktuelle, also auf die heutigen gesellschaftlichen Verhältnisse bezogene Auseinandersetzung mit Spencers zentralen oder auch weniger zentralen Theoremen.

1. Die soziologische Rezeption

Im selben Jahr 1937, in dem Talcott Parsons rhetorisch fragte: ,,Spencer ist tot – aber wer tötete ihn und wie?",[204] erschien Jay Rumneys Buch *Herbert Spencer's Sociology,* das ziemlich deutlich nachwies, wie ,,lebendig" Spencer doch noch war, das heißt wie stark sich Spencers Denken in der Soziologie allgemein durchgesetzt hatte. Statt also Spencer für tot zu erklären, wäre es berechtigter gewesen zu behaupten, daß Spencer „aufgesogen“ worden war: Seine Konzepte waren so landläufige „Münzen“ oder Vorstellungen der Soziologie geworden, daß sie mit ihm gar nicht mehr in Zusammenhang gebracht wurden. Welcher heutige Student, der sich von der „strukturell-funktionalen Theorie“ begeistern läßt, weiß, daß „Struktur“ und „Funktion“ bei Spencer ebenso zentrale Begriffe wie „Integration“, „Adaption“, „Differentiation“ oder „Gleichgewicht“ waren?[205] Begriffe, mit denen heute vor allem Parsons assoziiert wird – und zu Recht: Gerade Talcott Parsons, der das gegenwärtig wohl umfassendste Begriffssystem der Soziologie entwickelte, fußt in seinen tragenden Lehrstücken auf Herbert Spencer. Ob es sich da um wissenschaftstheoretische Ansichten, um die Art des formal-soziologischen Denkens, um die besondere Rolle der Biologie und Mechanik, ja um den Ansatz beim Individuum (also um das anthropologisch-psychologisierende Moment) handelt oder eben um jene zentralen Konzepte, von denen auch „Evolution“ noch von Parsons letztlich übernommen wurde:[206] Gerade in Parsons ist Spencer aufgehoben.

Freilich verschüttete die Tertiärliteratur auch den indirekten Zugang zu Spencer, indem sie Klischees reproduzierte und produzierte, die Spencer „tot“ in dem Sinn sein ließen, daß seine Lehren insgesamt als lächerlich galten, als überholt. Man meinte, Spencers Soziologie auf Sozialdarwinismus oder auf die Formel „society is an organism“ reduzieren und damit übergehen zu können. So schrieb beispielsweise 1965 Joseph Maier, Soziologie-Professor der Rutgers-University (Newark) gegen Spencer: „No one today considers society a biological organism“ und verriet damit, daß er Spencer – der Gesellschaft eben gerade nicht als biologischen Organismus angesehen hatte – nicht original gelesen hatte; und dies schrieb er ausgerechnet im Vorwort zur Wiederauflage einer der besten Einführungen in Spencers Soziologie.[207]

Diese „mörderische“ Rezeption von Spencers Werk zeigen etwa auch das weitverbreitete Buch *Geschichte der Soziologie* von Schoeck, das zwar Franz von Bader, Le Bon und Tarde eigene Abschnitte widmet, aber Spencer nur am Rande erwähnt, oder großzügige Bemerkungen von folgendem Typ: „Parsons und Luhmann verarbeiten vor allem die umfangreichen Forschungen Max Webers und Emile Durkheims. Das bewahrt sie vor vereinfachenden Perspektiven, ein Fehler, dem die frühen Evolutionisten, wie z. B. Aug. (sic!) Comte und Herbert Spencer noch verfallen mußten.“[208] Und dies in einem Aufsatz, in dem fortwährend Konzepte, die auf Spencers Denken aufbauen, verwendet werden. – Es fällt nicht schwer, weitere Belege sowohl dafür anzuführen, daß Spencers Begriffe ohne entsprechende Verweise in heutigen soziologischen Arbeiten verwendet, als auch dafür, daß ungeprüft undifferenzierte Urteile anderer – die selbst nicht Spencer lasen – übernommen werden.

2. Spencers Werk als Forschungsgegenstand

Die eigentliche Bedeutung von Spencers Schriften für die gegenwärtige Soziologie scheint aber nicht nur in dieser merkwürdigen Rezeption zu liegen; vielmehr dürfte sein Gesamtwerk von außerordentlichem Wert für den Versuch einer soziologischen Rekonstruktion des Geistes einer für den Kapitalismus entscheidenden Epoche sein: der Epoche des politischen Liberalismus, die wir mit dem Kürzel „Manchestertum" zu bezeichnen pflegen. Für die Bearbeitung dieser Aufgabe, deren Lösung zumindest für die historisch-soziale Bewältigung des gegenwärtig in der Welt dominierenden Gesellschafts- und Wirtschaftssystems von großer Wichtigkeit wäre, steht mit Spencers Schriften ein Material zur Verfügung, das hinsichtlich seines Umfanges sowie seiner für jene Epoche typischen und notwendigen Widersprüchlichkeiten kaum geeigneter sein könnte. Es müßte möglich sein, mit der zeitgeschichtlichen Analyse von Spencers Lebenssituation, die fortwährend auf seine Arbeit zu beziehen wäre, eine anschauliche und doch auch sozialwissenschaftlich adäquate Darstellung gesellschaftlicher Strukturen und Prozesse des Victorianischen Zeitalters und seiner Politökonomie zu liefern.

Neben dieser sozialgeschichtlichen Bedeutung der Figur Herbert Spencers sind einige seiner Theoreme auch insoweit für die gegenwärtige Soziologie von besonderem Interesse, wie sie in ihrer denkbaren Aktualität für heutige soziale Verhältnisse und Vorgänge problematisiert werden können. Von größerer Bedeutung scheint dabei vor allem sein „Entwicklungsgesetz"[209] zu sein, weshalb hier abschließend versucht werden soll, nochmals einige Aspekte von diesem zentralen Theorem Spencers hinsichtlich seiner möglichen Beziehungen zum gegenwärtigen Entfaltungsstand unseres Gesellschaftssystems in der hier gebotenen Kürze anzudiskutieren.

Von Spencers Philosophie aus gesehen liegt die Relevanz einer solchen Erörterung darin, daß Spencer die universale Gültigkeit des Inhalts seiner Definition von Entwicklung behauptet[210]. Vom gegenwärtigen Gesellschaftssystem her dürften dagegen an dieser Diskussion zwei Momente von besonderem Interesse sein: zum einen, daß sich der Evolutionsprozeß nach Spencer in den beiden Teilprozessen Integration und Differenzierung äußert; zum anderen, daß sich das „Entwicklungsgesetz" als formaler Teil der Spencerschen Soziologie ansehen läßt, der mit der Lehre von den beiden entgegengesetzten Gesellschaftstypen insoweit inhaltlich ergänzt wird, als Spencer die Gesellschaft seiner Zeit zum industriell-friedlichen Typ hintendieren sieht und dies grundsätzlich positiv beurteilt.

An Spencers Evolutionsformel interessiert vor allem die behauptete und durch viele Beispiele illustrierte Interdependenz von Entwicklung, Integration und Differenzierung: Evolution bestehe darin, daß ursprünglich vereinzelt auftretende Einheiten derselben Struktur und mit denselben Funktionen sich zusammenschließen, wodurch neuartige Einheiten komplizierterer Strukturen und mit differenzierteren Funktionen entstehen. – Man könnte Spencers Gedanken freilich noch kürzer ausdrücken: Evolution ist Integration. Diese Verkürzung scheint deshalb berechtigt zu sein, weil „Integration" für Spencer nicht nur verschiedene Bedeutungen hat (die auch den Differenzierungsaspekt umfassen), sondern auch deutlichstes Kennzeichen für fortschreitende Entwicklung ist.

3. Spencers Integrationsbegriff und seine Bedeutung für heutige soziologische Analyse

Unter Integration versteht Spencer einmal „direkte Integration" im Sinne der Expansion von Aggregaten, also beispielsweise von Gemeinden, die sich zu Städten auswachsen, indem sie sowohl an Einwohnerzahl zunehmen als auch umliegende Orte eingemeinden; das andere Mal als „indirekte Integration"[211], indem die größere Zahl an Elementen eines Aggregats stärker aufeinander bezogen ist, was sowohl die Ausbildung differenzierterer Funktionen im Sinne der Arbeitsteilung als auch die dadurch wachsende gegenseitige Abhängigkeit und den notwendigen Zusammenhalt meint.

Zur leichteren soziologischen Verständigung müßten freilich zunächst die verschiedenen Momente von Spencers Integrationsbegriff analytisch unterschieden werden: *Wachstum* im Sinne einer (autochthonen) Vermehrung der Population eines sozialen Aggregats oder Systems; *Expansion* als Vereinnahmung von Teilen der Umwelt des entsprechenden Systems; *Interdependenz* verstanden als gegenseitige Abhängigkeit aller Mitglieder und Organe voneinander; *Strukturierung* gemeint als Ausbau der „inneren" Ordnung, welche Ungleichheit unter den Mitgliedern schafft – Spencer spricht in diesem Zusammenhang von „wachsender Heterogenität"; *Differenzierung* im Sinne der Arbeitsteilung, also der jeweils immer stärker voneinander abweichenden Funktionsleistungen der Organe eines Systems sowie *Loyalität* als notwendiger Zusammenhalt (cohesion) auf der Grundlage des eingegangenen oder bestehenden Verhältnisses, was die Probleme von „internal regulation" und „social control"[212] tangiert.[213] Entscheidend ist, daß Evolution, also Entwicklung der Gesellschaft, bei Spencer die quasi-automatische und interdependente Verstärkung all dieser sechs Teiltendenzen bedeutet, wobei er konsequent – wie Auguste Comte – letztlich die eine, durch und durch strukturierte Weltgesellschaft erwartet, die sich zudem noch in vollständiger Entsprechung zum übrigen anorganischen und organischen Kosmos befindet.[214]

Interessant nun für die Soziologie der gegenwärtigen Gesellschaft ist, inwieweit jene sechs Integrations- oder Evolutionsmomente die dominierenden aktuellen Prozesse angemessen zu beschreiben erlauben. Grundsätzlich ist freilich bei der folgenden Problematisierung im Auge zu behalten, daß für Spencer – wie bereits gesagt – jede der Evolutionstendenzen als Aspekte eines natürlichen Geschehens gelten, deren Bewertung oder gar Kritik ihm – gerade wegen der „Natürlichkeit" des Ablaufs – unsinnig erscheint.

Das Bevölkerungswachstum, was für Spencer ein Hauptfaktor für positiv bewertete gesellschaftliche Entwicklungen war, muß heute differenzierter beurteilt werden. Zum einen zeigt sich, daß die Population einiger Länder Westeuropas nicht mehr im gleichen Maß wächst wie durch verbesserte Medizin, Ernährung und Hygiene seit Jahrhunderten davor, sondern stagniert oder gar rückläufig ist. Zum anderen existiert aber in den Ländern der sogenannten Vierten Welt, denen keine machtverleihenden Rohstoffe zur Verfügung stehen, die alte Sorge einer wachsenden Diskrepanz zwischen Bevölkerungs- und Nahrungsmittelzunahme. Während auf der einen Seite aus der Sicht vollmechanisierter Produktion, deren notwendige Begleiterscheinung technologische Arbeitslosigkeit ist, Stagnation einer Population mit hohem Lebensstandard durchaus erwünscht ist, scheint auf der Seite der Armut die Einschränkung der Bevölkerungszunahme die einzige Möglichkeit zur Verhinderung von Hungerkatastrophen im Weltausmaß zu sein. Sozusagen dazwischen liegt jene Epoche in der wirtschaftlichen und sozialen Entwicklung von Völkern, welche wir die der Industrialisierung nennen. Genau aber diese Epoche, in der die menschliche Arbeitskraft zumindest ebenso dringend benötigt wird wie Rohstoffe, hatte Spencer verabsolutiert, weil er gerade diese im England des 19. Jahrhunderts miterlebte; seine ,,komparative Methode" hatte ihn nicht davor bewahrt, zeithistorische Prozesse für universal-gültige zu halten. – Heute hat Bevölkerungswachstum realpolitisch überwiegend strategische Bedeutung und führt nicht quasi-automatisch zu einer höheren Stufe gesellschaftlicher Entwicklung; soll diese dennoch erreicht werden, muß vielfältig planend in den Wachstumsprozeß eingegriffen werden.

Daß das dominierende Kennzeichen für die Entwicklung unserer Gesellschaftsform, welche Effektivität um des ökonomischen Gewinns zum alleinigen Ziel aller Anstrengungen erkor, Expansion oder ,,direkte Integration" (Spencer) ist, hatte Spencer richtig erkannt: Die Ausbreitung des kapitalistischen Systems über die Welt hat bis heute noch kein Ende und keine ernstzunehmenden Gegner gefunden – welches Land auch immer bisher sich diesem System gegenüber zur Wehr setzte, verfiel ihm. Das scheint ebenso für die Sowjet-Union zu gelten, die aus ideologischen und militärischen Gründen kapitalistische – also ausschließlich auf profitable Investition gerichtete – Produktionsweisen einzuführen gezwungen war, wie für die erdölexportierenden Länder, welche gerade durch ihr Engagement in den kapitalintensiven Wirtschaftsgebieten sich dem System unterwarfen. Andere Gesellschaftsformen scheinen entweder – beabsichtigt oder nicht – nur Zwischenstufen zum Anschluß an die herrschende polit-ökonomische Ordnung zu sein oder Provokationen, welche den jeweils näherliegenden Machtblock zum militärischen Eingriff und zur Herstellung ,,angemessener" Verhältnisse anregen. – Ob dabei diese Arten der Expansion in der früheren Weise regional-politischer Vereinnahmungen beziehungsweise Zusammenschlüsse erfolgen oder in der Form imperialistischer Wirtschaftsmacht, ist offenbar heute nur mehr von untergeordneter Bedeutung, weil die Markt- und damit systembeherrschenden Zentren die noch bestehenden Ländergrenzen faktisch längst überwunden haben. – Wollte Spencer heute von Expansion reden, müßte er den Inhalt seines Konzepts ändern: Es geht nicht mehr darum, eine unilineare Ausdehnung geographisch zu erfassen, sondern darum, die militärisch-ökonomische Auseinandersetzung in der Welt von heute als einen Prozeß zu begreifen, der vielschichtig und weit zwingender als Ländergrenzen die geschichtlich verschiedenen Völker auf der Grundlage des Kapitalismus zu einem totalen, in sich notwendig widersprüchlichen System vereinigt.

Auch die wachsende gegenseitige Abhängigkeit als Begleiterscheinung von ,,Evolution" hatte Spencer grundsätzlich richtig erkannt. Während er aber auch diese Tendenz positiv in dem Sinne beurteilte[215], daß die Interdependenz die

Entwicklung begleite, dann fördere und letztlich sogar hervorrufe, scheinen heute eher negative Aspekte der allumfassenden Abhängigkeit vorzuherrschen. Spencer selbst wäre wohl mit am heftigsten gegen das Medium zu Felde gezogen, das unsere Interdependenz zugleich verwaltet und verstärkt: gegen die sogenannte öffentliche Administration. Gerade aber diese scheint der notwendige Residualfaktor des Systems zu sein, der überall dort zum Tragen kommt, wo die traditionellen Kräfte versagen: Vermag der Arbeitsmarkt nicht mehr das Angebot und die Nachfrage nach Arbeitskraft zu regeln, zeigt die sogenannte Infrastruktur der allgemeingesellschaftlichen Versorgung mit Energie, Kommunikation, Verkehr, Bildung, Gesundheit, Kultur und anderen Bedürfnisbefriedigungsmitteln Schwächen oder bedrohen vorgebliche oder wirkliche äußere und innere Feinde das gesellschaftliche System – in jedem dieser Fälle wächst der Verwaltung eine neue Aufgabe zu, die (so lehrt die Praxis) kaum jemals wieder zurückgenommen werden kann. Diese Administration aber, welche das Leben jedes einzelnen angenehmer machen sollte, hat die unvermeidbare Tendenz, die einzelnen Menschen zu Verwaltungsdingen zu machen, welche sowohl wegen der Menge an Personen als auch wegen der Fülle an erfaßten Aspekten nur bis zu einem bestimmten Grad quantitativ bewältigt werden können; hiernach aber scheint diese spezifische ,,Evolution" ihrem Ende entgegenzugehen: Noch vor der Erreichung einer perfekten administrativen Interdependenz aller Mitglieder eines Systems stellt sich der Moment ein, wo die Verwaltung der Verwaltung an Mitteln und Kosten die Verwaltung einholt, was Stagnation[216] bewirkt, weil Neuerungen – die durch die allumfassende Verwaltung gebracht werden müssen – nur mehr verspätet oder gar nicht mehr realisiert werden können.

,,Wachsende Heterogenität" als Begleiterscheinung der Evolution hatte Spencer auf Grund seiner metaphysischen Perspektive einer von der Natur geregelten Entwicklung nicht als originären sozialen Konflikt begreifen können – ,,struggle for existence", der Lebenskampf, war ihm die Kategorie einer Natur, die über den Köpfen der Leidenden hinweg die bessere, das meint die differenziertere, Ordnung durchsetze. Soziale Ungleichheit hat es nach Spencer immer gegeben und immer ,,müssen Grade bestehen, und die Angehörigen des unteren Grades müssen denen des oberen unbedingte Subordination schuldig sein"[217]. Er sah den Gegensatz von Herrschern und Beherrschten[218] sich auflösen durch die immer feiner werdende Struktur der sich in der Arbeitsteilung weiter differenzierenden Berufe. Demgegenüber ist aber dem äußeren Anschein nach unsere Gesellschaftsordnung eher auf ein mittleres Maß ,,nivelliert" (Schelsky) als weiter differenziert. Diesem Eindruck entsprechen die formal-demokratischen Regeln des Rechts, die Hebung der Löhne und Sozialrenten, die Standards des Konsums sowie Inhalt und Sprache der Massenkultur. Real aber dürfte in dem Maße, in dem quantitativ der gesellschaftliche Bedarf an ,,lebendiger" Arbeitskraft durch die wachsenden Kapitalaggregate zurückgeht, die scheinbare Differenzierung der sozialen Ordnung nach der beruflichen Vielfalt jene Dichotomie wieder deutlich werden lassen, welche unserem Gesellschaftssystem eigen ist: eine Zweiteilung der Gesellschaftsmitglieder danach, ob man über die Verwendung des Gewinns aus der sozialen Kooperation (die häufig genug schon durch die Kapitalakkumulation Geschichte ist) entscheidet oder eben Objekt der Entscheidung ist. – Dieser grundsätzlichen Struktur gegenüber, die de facto eben aus bloß zwei „homogenen Klassen" besteht, würde Spencer die Vielfalt der Abstufungen unserer Gesellschaftsordnung nach Kriterien wie Einkommen, Ansehen, Bildung oder auch Einfluß betonen und sicherlich behaupten, daß es nie zuvor eine differenziertere Sozialgliederung gegeben habe.

Auch die Differenzierung, die Spencer als Konsequenz der immer stärkeren Spezialisierung funktionaler Fertigkeiten sah, läßt sich wenigstens heute problematischer sehen: Wohl stimmt es, daß die Entwicklung von Wissenschaft und Technologie qualitativ von den Leistungen sehr spezialisierten Könnens abhängig ist, wobei diese Leistungen heute weniger als je zuvor von einzelnen, sondern nur in kooperativen Gruppen erbracht werden können. Dem steht aber quantitativ die weitgehende gegenseitige Austauschbarkeit der überwiegenden Mehrheit der Arbeitskräfte gegenüber; dabei beschränkt sich diese Substitution der Arbeitskraft nicht auf vergleichbare Ebenen der Qualifikation, sondern umfaßt – wie gerade die jüngste Beschäftigungskrise zeigte – zumindest die jeweils geringeren Qualifikationsniveaus: bei Nachfrage nach Arbeitspositionen ist die Zahl der Beschäftigungslosen für höher geschulte Arbeitskraft relativ niedriger. – Der soziologisch interessante Nebeneffekt der Austauschbarkeit von Arbeitskraft liegt in der Bloßlegung des wahren Charakters, den der einzelne im Bereich der Arbeit, welche seine soziale Situation entscheidend prägt, besitzt, nämlich primär als Mittel, das für einen bestimmten Preis eine bestimmte Leistung erbringt, von Bedeutung zu sein. Die vorgebliche Differenzierung der Gesellschaftsmitglieder, welche in der Aura des Liberalismus den Wert individueller Freiheit suggeriert, reduziert sich faktisch also auf die Standardisierung jedes einzelnen nach der funktionalen Verwertbarkeit seiner Arbeitskraft.

Schließlich bleibt als sechster Aspekt wachsender Integration im Prozeß der sozialen Evolution die Kohäsion, der Zusammenhalt aller Gesellschaftsmitglieder in ihrer Loyalität dem herrschenden System gegenüber. „Pattern maintenance", Aufrechterhaltung der Werte- und Ordnungsmuster nannte Talcott Parsons diesen Bereich. Im Gegensatz zu Spencer, der den Zusammenhalt als natürlich sich ergebendes Produkt der allgemeinen Entwicklung zum „industriellen Gesellschaftstyp" sah, verstand Parsons Loyalität (die bei ihm eher passivisch als eine Art unreflektierten Gehorsams zu begreifen ist) als ein Problem, das in jedem dauerhaften sozialen System positiv gelöst sein muß. Und gerade aus dieser Perspektive des Loyalitätserfordernisses scheint heute eine der wesentlichsten Bruchstellen erkennbar zu sein: Keineswegs schreitet die gesellschaftliche Integration unter dem Aspekt des sozialen Zusammenhalts fort; vielmehr signalisieren aktuelle Ereignisse wie Studentenunruhen, internationale Guerillas, aber auch lang anhaltende Streiks gegen den Willen der offiziellen Arbeitervertreter, planvolle Wirtschafts„delikte" und die bewußte Zerstörung von Produktionsmitteln oder nationalen Symbolen einen Zerfall der unreflektierten Loyalität gegenüber der herrschenden Gesellschaftsordnung. Gerade dem

Staat – was Spencer wohl zutiefst bedauert hätte – fiel dabei die ,,Aufrechterhaltung der Ordnung" zu, da in der Regel gegenwärtig nur er die Mittel zur Organisation und Sozialisation von Loyalität durch den Einsatz von Polizei und Gerichten, von Schule und Massenkommunikation einzusetzen vermag. Spencer hätte sich deswegen wohl gezwungen gesehen, unsere ,,industrielle Gesellschaft" als militärische zu bezeichnen . . .

Als Resümee ergibt sich: Zwar hatte Spencer recht, wenn er Wachstum, Expansion, Interdependenz, Strukturierung, Differenzierung und Loyalität als sich gegenseitig beeinflussende Prozesse der Integration innerhalb der gesellschaftlichen Evolution begriff; falsch sah er diesen Zusammenhang aber als totale Entwicklung in nur eine Richtung, nämlich in die Richtung des sozialen Fortschritts (oder zeitweilig auch in die Richtung des gleichschrittigen Rückfalls). Wie die historisch-empirische Analyse unseres Gesellschaftssystems, dessen polit-ökonomische Regeln sich immer rascher auf alle Länder und in allen sozialen Beziehungen ausbreiten, erweisen kann, entwickeln sich aber die verschiedenen Integrationstendenzen gegenläufig, heben sich teils auf, teils gehen sie aneinander vorbei. Dominieren freilich wird eine Tendenz, die Spencer bewußt nicht unter seinen Begriff von Integration und Evolution der industriellen Gesellschaft aufnehmen wollte, aber auch aus ideologischen Gründen nicht aufnehmen konnte: die Tendenz zur Vereinheitlichung durch Zentralisation. Die Zentralisierung von ökonomischen, politischen, administrativen, militärischen, kulturellen und anderen Einrichtungen ist heute die unübersehbare reale Entwicklung, welche zumindest tendenziell den Grad individueller oder auch regionaler Freiheit immer weiter herabsetzt; die unmittelbare, notwendige Folge davon ist die Standardisierung und Formalisierung der sozialen Beziehungen. So zeigt sich, daß Spencers Lehre von der natürlichen Entwicklung zur ,,industriellen Gesellschaft", welche friedlich, produktiv, zwanglos, differenziert und auf das Glück des einzelnen hin organisiert sei, bloßer Wunschtraum ist oder ideologischer Schein, der die wahre Entwicklung verdecken soll.

Piet Tommissen

VILFREDO PARETO[0]

I. Biographie

1. Vorbemerkung

Eine objektive Deutung des wissenschaftlichen Werkes eines Gelehrten wie Vilfredo Pareto wird in hohem Maße von der Zuverlässigkeit der entsprechenden Vita bedingt. Deswegen berücksichtigt der nachfolgende Kurzversuch im Rahmen des Möglichen die jüngsten Ergebnisse der Pareto-Forschung und berichtigt manche Ungenauigkeit in der bisher vorliegenden Literatur. Tatsächlich sind im Laufe des letzten Dezenniums viele Lücken ausgefüllt und Rätsel gelöst worden. So unterliegt es beispielsweise keinem Zweifel mehr, daß der Gelehrte deutsche Vornamen hatte[1] und passive Kenntnisse der deutschen Sprache besaß.[2] Demgegenüber blieben Anstrengungen, Näheres über seine Mutter ausfindig zu machen, völlig ergebnislos,[3] und auch die etwaigen Beziehungen zwischen Pareto und Max Weber sind nach wie vor ungeklärt.[4] Obzwar andere Einteilungsvorschläge gemacht worden sind[5] bin ich der Meinung, daß es kraft der Evidenz dreier biographischer Zäsuren im Leben Paretos, am einfachsten ist, es in vier Abschnitte zu zerlegen: die Jugend- und Bildungsjahre (1848–1870), die Beschäftigungsjahre bis zur Ernennung in Lausanne (1870–1893), die Professurjahre (1893–1911) und die Zeit der Emeritierung (1911–1923). Die wichtigsten biographischen Einzelheiten werden nunmehr an Hand dieses Schemas mitgeteilt. Nur aus Raummangel muß darauf verzichtet werden, das Leben Paretos gleichzeitig in das Koordinatensystem der italienischen Geschichte einzupassen, wie ich es an anderer Stelle schon versucht habe.[6]

2. Die Jugend- und Bildungsjahre (1848–1870)

Der einer kleinadeligen ligurischen Familie entstammende, hochgebildete Raffaele Pareto (1812–1882), dessen Vater Giovanni Benedetto Pareto (1768–1831) von Napoléon I. 1811 zum *Marchese di Parigi* ernannt worden war, sah sich auf Grund seiner mazzinistischen Sympathien gezwungen, frühzeitig ins Ausland zu gehen. Er ging nach Paris, wo er 1835 Marie Metenier (1816–1889) heiratete, eine Französin über die wir, wie bereits gesagt, fast gar nichts wissen. Dieser Ehe entstammten drei Kinder, zwei Mädchen und ein Sohn. Letzterer wurde am 15. Juli 1848 in Paris geboren und bekam aus unbekannten Gründen von seinem Vater den deutschen Vornamen Fritz-Wilfrid.[7] Ob er getauft wurde, wird wahrscheinlich nie festgestellt werden können, weil die offiziellen Unterlagen während der Pariser Kommune von 1871 verbrannten. Über das genaue Datum der, aus Anlaß einer vom befreundeten Minister Quintino Sella dekretierten Amnestie, erfolgten Remigration der Familie Pareto haben stark divergierende Gerüchte zirkuliert,[8] aber 1854 dürfte wohl die wahrscheinlichste Annahme sein.

Jedenfalls erhielt der Vater die Stelle eines Lehrers der französischen Sprache an der Genueser *Scuola di Marina,* so daß Vilfredo Pareto dort den ersten Schulunterricht genoß. 1859 wurde er in das *Istituto Leardi di Casale Monferrato* versetzt, wo sein Vater inzwischen einen neuen Aufgabenbereich gefunden hatte. Raffaele Pareto konnte 1862 den Lehrerberuf aufgeben, weil er ins Agrarministerium berufen wurde. So konnte es geschehen, daß Vilfredo Pareto 1864 am *Regio Istituto tecnico* in Turin mit großem Erfolg die Reifeprüfung bestand.[9] Einer besonderen Erwähnung bedarf die Tatsache, daß er bereits in jenen Jahren für die klassischen Sprachen schwärmte.[10] Auch las er ohne innere Anteilnahme Schriften des katholischen Kanzelredners und Apologeten Jacques Bénigne Bossuet und mit Enthusiasmus Bücher des Nationalökonomen Frédéric Bastiat.[11]

Nach dreijährigem Studium (1864–67) an der Turiner Universität erwarb Pareto die *licenza in scienza matematiche e fisiche.* Schon 1866 veröffentlichte er seine erste wissenschaftliche Arbeit (über ein mathematisches Thema) im damals von seinem Vater herausgegebenen *Giornale dell' Ingegnere, Architetto ed Agronomo.*[12] Ungeachtet der Tatsache, daß die Familie um 1865 herum nach Florenz umgezogen war,[13] und nur vom Wehrdienst unterbrochen (1868), hat er an der Turiner *Scuola di applicazione per ingegneri* (1906 in *Politecnico* umgetauft) weiterstudiert. Der spätere Physiker Galileo Ferraris war sein Duzfreund, während er die Professoren Angelo Genocchi und Ferdinando Pio Rosellini wohl als seine Mentoren betrachtet hat. Mit noch nicht ganz 22 Jahren promovierte er schließlich am 14. Januar 1870 zum Ingenieur mit einer Dissertation über die Elastizität der festen Körper.[14] Einer Selbstaussage zufolge las Pareto inzwischen mit großem Gewinn die Hauptwerke des englichen Historikers Henry Thomas Buckle und des englischen Logikers Alexander Bain.[15]

Es muß hier unbedingt hervorgehoben werden, daß Pareto in einem positivistischen Klima aufgewachsen ist, denn die zweite Hälfte des vergangenen Jahrhunderts erbrachte den eklatanten Durchbruch der exakten Wissenschaften in Gestalt mehrerer sensationeller Entdeckungen. Bernard Riemann und Nikolaj Ivanovič Lobatčevskij entwickelten nichteuklidische Geometriesysteme. Unabhängig voneinander stellten Lothar Meyer und Dimitrij Ivanovič Mendeleev 1869 das periodische System der chemischen Elemente auf. 1867 formulierte Rudolf Clausius den zweiten Hauptsatz der Thermodynamik. Und der französische Physiologe Claude Bernard befürwortete in seinen berühmten Vorlesungen den Primat des Experiments. Von der Wucht dieser Ergebnisse und des daraus resultierenden Optimismus stark beeindruckt, wollten Vertreter der nichtexakten Wissenschaft den Anschluß nicht verfehlen. Auguste Comte hatte sich schon früh für den Auf- und Ausbau einer Sozialphysik eingesetzt. Seinerseits beabsichtigte Léon Donnat künftighin politische „Wahrheiten" genauso wie wissenschaftliche Wahrheiten zu beweisen. Zwei Franzosen, Charles Seignobos und Victor Langlois, trugen sich mit ähnlichen Gedanken für die historischen Wissenschaften. 1902 hielt Friedrich Delitzsch vor der Berliner Orient-Gesellschaft in Anwesenheit des Kaisers Wilhelm II. seine Babel-Bibel-Vorträge und zog solchergestalt sogar die Religion in den großen Strudel des wissenschaftlichen Fortschrittdenkens hinein.[16]

Nicht weniger wichtig für den Werdegang des jungen Pareto war die rapide Entfaltung sozialdarwinistischer Ideen. Die von Charles Darwin in seinem *opus magnum* (1859) gezogenen, aber nur rein naturwissenschaftlich gedachten Schlüsse wurden unmittelbar auf den Menschen übertragen. Außerdem trug eine zugkräftige Terminologie – Deszendenztheorie, natürliche Auslese, Evolution, Entartung und bald auch Rassenhygiene – zur Verbreitung einer neuen Säkularisierungswelle bei.[17] Was Wunder, daß fast gleichzeitig die Suche nach dem *missing link* und der Siegeszug der neuen Lehren einsetzten? Nur der zweite Aspekt des Phänomens braucht uns hier zu interessieren. Seit etwa 1870 hat in Deutschland vor allem der Zoologe Ernst Haeckel mit seinem *Monismus* eine ungeheuere Wirkung ausgeübt.[18] In Italien hingegen hat der Arzt Michele Lessona ein zweibändiges Werk von Darwin übersetzt, aber wies sich Filippo de Filippi letzten Endes als der eigentliche Popularisator des attraktiven Credos aus. Und Turin, wo Pareto das Universitätsstudium absolvierte, war das aktivste Zentrum der sozialdarwinistischen Bewegung.[19] Wie hätte sich der spätere Gelehrte diesem Einfluß entziehen können?

3. Die Beschäftigungsjahre bis zur Ernennung in Lausanne (1870–1893)

3.1. Weil dieser Abschnitt im Leben Paretos abwechslungsreich war und verschiedene, teils vermischte, teils sich nebeneinander abspielende Tätigkeiten umfaßt, scheint eine didaktisch bedingte Darstellung angebracht. Ich möchte also das Wichtigste über vier Interessengebiete mitteilen, die Pareto während dieser zweiten Lebensphase entweder dauernd oder nur vorübergehend gepflegt hat: seine berufliche Betätigung, seine politischen Erfahrungen, sein wirtschaftspolitischer Einsatz und seine wissenschaftlichen Interessen. Bei der Lektüre der entsprechenden Abschnitte sollte der Leser sich jedoch der Interdependenz dieser Aktivitätsstränge deutlich bewußt sein. – Hinsichtlich des Privatlebens sind zwei Fakten erwähnenswert: einerseits der Tod der geliebten Eltern[20] sowie einer Schwester, und andererseits seine wahrscheinlich kirchlich eingesegnete Ehe (östlicher Ritus)[21] mit der bedeutend jüngeren Alessandra Bakounine (1860–1940), die übrigens keine Verwandte des bekannten russischen Anarchistenführers Michael Bakunin war, wie oft irrtümlich behauptet worden ist.

3.2 Paretos berufliche Betätigung. Auf Vorschlag des Direktors seiner Hochschule Prospero Richelmy wurde Pareto nach der bestandenen Ingenieursprüfung sofort bei der sich in Florenz befindenden Nationalabteilung der *Società Anonima delle Strade ferrate Romane* eingestellt. Die ersten acht Monate des Jahres 1873 verlebte er zugleich der Geschäfte wegen und studienhalber in Deutschland und Österreich. Kurz nach seiner Rückkehr reichte er den Abschied ein und erhielt von seinem unmittelbaren Vorgesetzten ein schmeichelhaftes Zeugnis ausgestellt.[22] Dank der Intervention einflußreicher Familienfreunde fand er bei der *Società dell'Industria del Ferro* ohne weiteres eine neue Stelle. Wir wissen, daß er dann öfters ins Ausland fuhr, nach Frankreich, England, Österreich, Belgien und in die Schweiz. Als die Firma vom Bankier Carlo Fenzi aus Sicherheitsüberlegungen abgestoßen, von Antonio Allievi im Namen der *Banca Generale* aufgekauft wurde und forthin *Società delle Ferriere Italiane* hieß (1880), avancierte Pareto zum Generaldirektor mit Standort Florenz.

Wegen sachlicher Divergenzen mit dem Mitglied des Vorstands Giovanni Favero trug sich Pareto 1884 mit dem Gedanken, sein Entlassungsgesuch einzureichen. Kurz vorher hatte er beim Londoner Bankgeschäft John Batt & Co zweimal vergeblich mit der Bitte angeklopft, neue industrielle Projekte in Italien (eine Fabrik für Spezialstahl und eine andere für die Herstellung von Dynamit) zu finanzieren. Eine geplante, aber von ihm nicht gebilligte Verlegung der Geschäftsführung nach Rom diente ihm als lang ersehnter Vorwand, sich unwiderruflich zurückzuziehen. Nach einigem Hin und Her kam es am 6. Juni 1890 zu einem Vergleich: Pareto wurde seines Amtes entbunden, blieb aber für die Dauer von 18 Monaten (mit Verlängerungsmöglichkeit) besoldeter technischer Berater.[23] Angesichts dieses Arrangements dürfte die beispielsweise von Georges-Henri Bousquet und Gottfried Eisermann[24] erörterte Frage, wovon Pareto zwischen 1890 und 1893 gelebt hat, hinfällig werden,[25] zumal wir außerdem wissen, daß er bei einem Zementgeschäft beteiligt war und dort finanzielle Verluste erlitt, weil die zuständigen Pionieroffiziere den teureren Zement minderer Qualität der Konkurrenz vorzogen.[26]

3.3 Paretos politische Erfahrungen. In den sechziger Jahren des vorigen Jahrhunderts fand zwischen John Stuart Mill und Walter Bagehot jene fesselnde Kontroverse über die Verhältniswahl statt, die nicht nur in England, sondern auch auf dem Kontinent Interesse fand. Pareto entschied sich für die neue Formel, wobei die Niederlage der „Historischen Rechten“ im Jahre 1876 eine Rolle gespielt haben mag.[27] Bereits 1872 ergriff er das Wort in der ehrwürdigen *Accademia dei Georgofili*[28] und setzte sich für die Verhältniswahl ein.[29] Im darauffolgenden Jahr widmete er diesem Thema eine in Genua gehaltene Rede.[30] 1884 wiederholte er im Florentiner *Circolo filologico* seine Apologie des Proporzsystems.[31] Es ist wohl kaum ein Zufall, daß er sich während einer Schweizer Reise (1876) in Genf mit dem Philosophen Ernest Naville traf, der damals ein hochgeschätzter Exponent der europäischen Bewegung für das neue Wahlverfahren war.[32]

Pareto hat sich aber auch aktiv in die Politik einschalten wollen. 1877 wurde er Mitglied des Gemeinderates seines Wohnortes San Giovanni Valdarno und übte diese Funktion bis Ende 1881 aus. Als er 1882 im Wahlkreis Pistoia-Prato-San Marcello kandidierte, erntete er verhältnismäßig viele Erststimmen, fiel aber trotzdem durch. Später hat man ihn noch dreimal (1886, 1896 und 1900) für die parlamentarische Laufbahn zu begeistern versucht, 1896 sogar als etwaigen Nachfolger von Felice Cavalotti: „Seine (sc. Paretos) rhetorische Begabung und sein Wissen würden für die radikale Partei eine kolossale Kraft darstellen."[33] Pareto hat jedesmal abgelehnt, weil er einfach kein zweites Scheitern erleben wollte. – Von weit größerer Bedeutung war indes seine Auseinandersetzung mit dem italienischen politischen System als solchem. Sie erreichte einen Höhepunkt, als 1891 von ihm angesetzte Vorträge von der Mailänder Polizei gesprengt wurden[34] und der gekränkte Marquis seinen Text in der Pariser *Revue des Deux Mondes* veröffentlichte.[35] Die Affäre erregte Aufsehen;[36] Pareto erhielt sogar ein wohlwollendes Schreiben vom englischen Politiker William Ewald Gladstone,[37] aber sein neuer Freund Maffeo Pantaleoni bekam Schwierigkeiten.[38]

3.4. Paretos wirtschaftspolitischer Einsatz. Die hier skizzierte politische Einstellung Paretos wurde von seinen damaligen ökonomischen Ansichten bedingt, denn er war Freihändler strengster Observanz. In Florenz, der provisorischen Hauptstadt des jungen Staates von 1864 bis 1870, gehörte er zu den vielen interessanten Leuten,[39] die sich regelmäßig in der *Villa dell'Antella* des Ehepaares Ubaldino und Emilia Peruzzi trafen. Der Einfluß dieser Prominenten war dermaßen groß, daß der Salon der Peruzzi bald als die Filiale des italienischen Parlamentes bezeichnet wurde.[40] Obendrein war Pareto Mitglied der *Società Adamo Smith*. Dieser 1874 von einer Gruppe von Liberalen[41] in Florenz gegründete Verein unterschrieb die Leitsätze der englischen *Cobden Club* (sc. Manchesterianismus) und bekämpfte leidenschaftlich die Thesen der interventionistisch eingestellten lombardisch-venetischen Schule von Luigi Luzzatti u. a., die sich seit dem Sieg der Linken (1876) der theoretischen Untermauerung der protektionistischen Handelspolitik der italienischen Regierungen befleißigte.[42]

Bei Lichte besehen lassen sich ungefähr alle damaligen Stellungnahmen des nachmaligen Gelehrten aus seiner ultraliberalen Präferenzen heraus erklären:

- seine buchstäbliche Verehrung des inzwischen längst vergessenen belgischen Theoretikers Gustave de Molinari;[43]
- seine Interventionen im Rahmen pazifistischer Großkundgebungen und Kongresse;[44]
- seine Verurteilung der kolonialen Abenteuer im allgemeinen und des bekannten Ministers Francesco Crispi im besonderen;
- sein Ekel vor vermeintlicher Fahnenflucht früherer Gesinnungsgenossen wie Francesco Genala und Sidney Sonnino;[45]
- seine zahlreichen Berichte zur italienischen (meistens wirtschaftlichen) Lage, die in ausländischen Zeitschriften erschienen;
- seine Warnungen gegen die wachsende marxistische Welle;[46]
- (obzwar er ungläubig war) sein Eintreten für Toleranz in religiöser Hinsicht.[47]

Allmählich sah Pareto die Zwecklosigkeit seiner Attacken und Beteuerungen ein: „Um in diesem Lande gut leben zu können, muß man entweder Dieb oder

Komplice der Diebe sein."[48] Er trug sich mit Auswanderungsplänen und zog sich langsam in die Gefilde der Wissenschaft zurück.[49]

3.5. Paretos wissenschaftliche Interessen. Bousquet zufolge soll Pareto in seiner Florentiner Zeit Opfer einer chronischen Schlaflosigkeit gewesen sein und diese Zeit mit Lektüre und Studium ausgefüllt haben.[50] Beim Durchblättern der an Emilia Peruzzi geschriebenen Briefe wird die Nachwirkung wichtiger Bücher aus vielen Wissensbereichen offensichtlich. Wenn wir uns völlig willkürlich auf das Jahr 1875 beschränken, finden wir dort interessante Hinweise auf Herbert Spencer, Thomas Thornton, Stuart Mill, Adolphe Quételet und Karl Marx.[51] Die Begegnung mit gelehrten Spezialisten war für Pareto ebenfalls von Nutzen: im Peruzzi-Kreis machte er z. B. die Bekanntschaft dreier Altphilologen, Domenico Comparetti, Augusto Franchetti und Arturo Linaker; hieraus wuchsen feste Freundschaften. Andererseits führte er fruchtbare Gespräche mit dem Gründer der *Società Italiana di Antropologia* Paolo Mantegazza;[52] unterhielt sich öfters mit Pasquale Villari, dem vorzüglichen Kenner Niccolo Machiavellis, über Probleme des Mezzogiorno;[53] lernte Nationalökonomen persönlich kennen, u. a. Gerolamo Boccardo;[54] korrespondierte mit dem Strafrechtler (Gegner der Todesstrafe) Francesco Carrara. Die Liste ist bei weitem nicht vollständig.

Von einer systematischen Beschäftigung mit der Wissenschaft kann aber erst nach Paretos freiwilliger Loslösung vom industriellen Milieu die Rede sein. Allerdings kam ihm das in den beiden vorherigen Jahrzehnten angesammelte stupende Wissen zustatten. Als er sich dazu entschloß, wirtschaftswissenschaftliche Studien zu treiben, war er schon vertraut mit dem Werk der großen Meister Antoine-Auguste Cournot, Francesco Ferrara und Léon Walras.[55] Der führende Nationalökonom Pantaleoni war deswegen sofort bereit, sich mit ihm einzulassen. Pareto wurde 1890 wissenschaftlicher Mitarbeiter des *Giornale degli Economisti;* seit September 1891 lieferte er für diese Fachzeitschrift auch noch kritische Kurzreferate zur wirtschaftspolitischen Gegenwart.[56] Ende 1892 hielt er in Paris Vorträge, in der *Société d'études économiques* und in der *Société d'économie politique;* so begegnete er noch Léon Say. Er bewarb sich in Italien um einen Lehrstuhl, aber das Vorhaben wurde von der Regierung verhindert.[57] Inzwischen hatte sich Pantaleoni diskret eingeschaltet und seinen Freund als Nachfolger von Walras in Lausanne empfohlen. Pareto stand gerade im Begriff, in Fiesole eine Villa zu kaufen,[58] als eine Delegation aus dem schweizerischen Universitätsstädtchen eintraf. Er hat den Ruf angenommen, ohne, wie vorgeschrieben, in Rom das Agrément zu beantragen.

4. Die Professur (1893–1911)

4.1. Von Anfang an hat sich Pareto in Lausanne durchgesetzt. Seine Hörerschaft wuchs schnell,[59] und von der Behörde des Kantons Waadt bekam er immer wieder alles, was er wünschte: statistische Zeitschriften für die hoffnungslos veraltete Bibliothek,[60] Gehaltsaufbesserungen, und mit der Unterstützung seines

Kollegen Karl Heinrich Erman die Einstellung von Assistenten zur Erleichterung des Lehrauftrags. Von 1896 bis 1898 war er Dekan der Rechtsfakultät, 1907 wurde er ordentlicher Professor *ad personam* mit außerordentlichen Begünstigungen, und 1910 führten seine Anregungen zur Reorganisation des Studiums der Sozialwissenschaften, indem die existierende Ausbildungsinstitution in eine *Ecole des sciences sociales et politiques* und eine *Ecole des Hautes études commerciales* aufgespalten wurde.[61] Der Gelehrte war übrigens keineswegs undankbar: 1908 hat er seine Privatbibliothek, etwa 4000 Bände, der Universität vermacht.[62] Er hat auch gelegentlich Professoren empfohlen: in Genf z. B. Pantaleoni[63] und den späteren Präsidenten der italienischen Republik, Luigi Einaudi.[64]

Übrigens hat sich Pareto sofort in der Schweiz eingelebt. Schon 1897 sprach er sich öffentlich gegen die in Aussicht genommene Errichtung einer Emissionsbank aus. Ab 1902 schrieb er öfters im *Journal de Genève.*[65] Im Auftrag der Versicherungsgesellschaft *La Fraternité* erstattete er 1895 ein Gutachten über die Zweckmäßigkeit des von diesem Verein angewandten und an sich ausgezeichneten Basisprinzips.[66] Mit seinem Genfer Kollegen J. H. Graf machte er 1905 einen technisch perfekten Vorschlag zur Einführung einer Pensionskasse für die Angestellten der Schweizer Bundesbahn.[67] Pareto war Mitglied gelehrter Gesellschaften: der Lausanner Sektion der im Jahre 1889 von Giacomo Venezian begründeten *Società Nazionale Dante Alighieri,*[68] des *Cercle littéraire*[69] usw. Mit vielen Kollegen stand er im Briefverkehr, lud sie in seine Wohnung ein, traf sie unterwegs; ich teile nur mit, daß er Georges Sorel zum ersten Male im November 1897 getroffen hat, Adrien Naville sich gerne mit ihm unterhielt, Joseph Aloys Schumpeter ihm 1908 einen Besuch abstattete und Jakow Novikow dasselbe tat.

Dennoch blieb Pareto als Emigrant an dem innenpolitischen Geschehen seines Vaterlandes interessiert. Diese ,,desperate Liebe zu Italien", wie sie von Tommaso Giacalone-Monaco genannt wurde[70] machte sich 1898 besonders deutlich bemerkbar. In mehreren Städten der italienischen Halbinsel kam es zu Ausschreitungen, als Ministerpräsident Antonio Starraba di Rudini den Mordanschlag auf König Umberto I. auszunutzen beabsichtigte, um Gegner, besonders Marxisten, kaltzustellen. Als er versuchte, die Ruhe militärisch wiederherzustellen, richtete der General Fiorenzo Bava-Beccaris ein wahres Blutbad an. Dutzendweise zogen die Italiener ins Ausland, und Pareto hat vielen Obdach gewährt, darunter Nobelpreisträger Ernesto Teodoro Moneta, Professor Ettore Ciccotti – mit dem er ab 1903 die Bücherreihe *Biblioteca di storia economica* herausgeben sollte – und Antonio Labriola, der sich später undankbar gezeigt hat,[71] auch Virgilio Panella, der im zweiten Weltkrieg mit der Exilregierung Charles de Gaulles zusammenarbeitete.[72] Darüber hinaus veröffentlichte Pareto eine aufsehenerregende Broschüre über *La liberté économique et les événements en Italie.*[73] Symptomatisch für die Einstellung Paretos seiner Heimat gegenüber ist eine ,,Feststellung" vom 9. Juli 1901: ,,Ich bin Professor in der *Schweiz,* und nach *Paris* gerufen worden (. . .), um Vorlesungen über reine Volkswirtschaftslehre zu halten, der *Deutsche* Meyer erbat von mir den Beitrag über mathematische Ökonomie. Aber *Italien* rührt sich nicht. Das schert mich im Moment nicht sonderlich, aber Tatsachen sind eben Tatsachen."[74]

4.2 Wenden wir uns jetzt der schriftstellerischen Produktion Paretos während dieser entscheidenden Lebensphase zu. Vorerst eine tabellarische Zusammenfassung:[75]

Jahr	Bücher	Zeitschriftenaufsätze					
		wissenschaftliche				ökon.-finanz. Chroniken	polemische
		ökon.	demogr.	soziol.	andere		
1893		1	1			10	27
1894		6				13	10
1895		2				13	12 (1)
1896	Cours (I) } = POC 1	4	1			13	10 (2)
1897	Cours (II) }	5	2	1	1	8	18 (1)
1898						1	10 (1)
1899				1	2	1	15 (4)
1900		3		1		1	5 (2)
1901	Syst. Soc. (I) } = POC 5	3					8
1902	Syst. Soc. (II) }	1			1		10 (2)
1903		1			1		16 (4)
1904							18 (2)
1905					1		12 (1)
1906	Manuale	1		4			6 (1)
1907		1		1	1		4
1908							1
1909	Manuel = POC 7						1
1910		1		1	1		8
1911	Mythe vert. = POC 15	1					2

Zunächst belehrt uns diese Aufstellung über Paretos langfristige Auseinandersetzung mit dem Sozialismus und den Marxisten, denn in Klammern wird die Anzahl der polemischen Texte mitgeteilt, die schon im Titel die Art des eigentlichen Argumentes verraten. Jedoch sind es keine Philippiken, weil Pareto diese Gegner nicht als catilinarische Existenzen, im Sinne des von ihm geschätzten Otto von Bismarck verachtete, d. h. als Leute, die vor nichts zurückschrecken, weil sie gar nichts zu verlieren und alles zu gewinnen haben. Die Behauptung Alessandro Galante Garrones, Pareto hätte im *Novecento,* sagen wir zwischen 1900 und 1910, ,,seine Jugendsympathien verleugnet und die Radikalen weit heftiger angegriffen als die Marxisten",[76] dürfte dementsprechend überspitzt sein. Meiner Überzeugung nach war Pareto angeekelt von der kriecherischen Haltung zahlloser ehemaliger Gefährten: ,,Ich gestehe, daß ich nur schwerlich Achtung haben kann für diese schwachen, willenlosen, dämlich sentimentalischen Leute, die es nicht verstehen, sich zur Wehr zu setzen."[77] Gleichzeitig beabsichtigte er, wenigstens nach meinem Verständnis, die marxistischen Lehren als reine Utopie zu entlarven. Freilich bleibt es rätselhaft, weswegen ausgerechnet er dazu auserkoren wurde, die Einführung für eine von Paul Lafargue angefertigte Marx-Auswahl zu schreiben.[78] Dem steht gegenüber, daß Inhalt und Zielsetzung der beiden sich mit den sozialistischen Systemen befassenden Bände[79] meine These schlagend beweisen. Weniger des Umstandes wegen, daß hier die spätere Elitentheorie schon *in nuce* vorliegt; vielmehr weil eine genaue Lektüre des von Wissen strotzenden Werkes zeigt, wie sehr Pareto bestrebt war, die eschatologischen Erwartungen der Sozialistenführer als Trugschlüsse hinzustellen.[80] An anderer Stelle habe ich zu zeigen versucht, daß auch die Entdeckung des berühmten Einkommensgesetzes, ,,in gewisser Hinsicht dem Kepler'schen Gesetz in der Astronomie vergleichbar", wie unser Autor sich ausgedrückt hat,[81] in diese Widerlegung hineinpaßt.[82]

Sofort nach Erscheinen des *Cours d'économie politique* (1896–97) meldete Adrien Naville gewisse Bedenken an, die Pareto dazu zwangen, seine Positionen und Begriffe genauestens zu überprüfen,[83] und die zur Formulierung einer Lehre vom menschlichen Handeln geführt haben. Eine erste noch sehr vorsichtige Skizze legte er im Jahre 1898 in dem Studentenklub *Stella* vor.[84] Sie wurde im *Programme et sommaire du Cours de sociologie* von 1905 sozusagen kanonisiert.[85] Die Einführungskapitel des *Manuale,* in Übersetzung übernommen im *Manuel,* stellen eine weitere Etappe dar.[86] Am 13. Oktober 1907 teilte er seinem Freunde Pantaleoni mit, daß es nunmehr darauf ankäme, Soziologie zu treiben.[87] Zwei Wochen später, am 26. Oktober 1907, heißt es in einem anderen Brief an den gleichen Adressaten: ,,Soll ich mich eher mit Soziologie anstatt mit Nationalökonomie befassen? Ich glaube ja, und zwar auf Grund folgender Überlegung. Damit die Nationalökonomie Fortschritte erziele, genügen Intelligenz und Wissen, und viele Kollegen (ich sage es ohne falsche Bescheidenheit) sind mir darin überlegen. Für das Studium der Soziologie muß man aber – jedenfalls in der gegenwärtigen historischen Konjunktur (ich sage nicht: immer) – außerhalb der aktiven Welt leben, als Eremit, wie ich es jetzt in Céligny tue."[88] Diese chronologische Rekonstruktion ist wichtig, zumal unüberprüft das Märchen eines Pareto, der, beeindruckt von den dürftigen und unzureichenden Ergebnissen der Nationalökonomie, zur Soziologie *hinüberwechselte,* noch immer herumgeistert. Guy Perrin ist der zeitgenössische Gewährsmann dieser *terribles simplificateurs.*[89]

4.3. Auch in diesem Abschnitt seines Lebens fuhr Pareto gelegentlich ins Ausland. Nur zweimal hielt er Gastvorlesungen: 1901 auf Einladung Sorels in Paris über die reine Wirtschaftstheorie,[90] und 1906 auf Betreiben von Federigo Enriques – Begründer mit Eugenio Rignano der internationalen *Rivista di Scienza* – in Bologna über die soziologische Methode.[91] Italienische Kolloquien hat er grundsätzlich gemieden.[92] Aber sonst hat er sich an drei Kongressen beteiligt:

- 1894 fungierte er in Caen als Untervorsitzender der von Alfred de Foville einberufenen 25. Tagung der *Association pour l'avancement des sciences* und hielt ein wirtschaftspolitisches Referat;[93]
- 1904 erörterte er auf dem Genfer 2. Internationalen Philosophenkongress in Anwesenheit von Leuchten der Wissenschaft wie Wilhelm Windelband und Henri Bergson seine Meinung über das Individuelle und das Kollektive,[94] die eine lebhafte Diskussion heraufbeschwor;[95]
- 1909 präsentierte er mit dem jüngeren Louis Vladimir Furlan auf dem *Congrès international de psychologie* (Tagungsort: Genf) eine neue Interpolationsmethode.[96]

4.4. Zum Schluß noch ein Wort über das Privatleben des Gelehrten, das während seiner Professurjahre von zwei einschneidenden Ereignissen bestimmt wurde. Erstens hat Pareto 1898, zusammen mit seinem Neffen Massimiliano Pareto, von seinem steinreichen Onkel Domenico Pareto ein sehr ansehnliches Vermögen geerbt. Er kaufte sich in Céligny, zwischen Genf und Lausanne, die Villa *Angora* (1900)[97] und legte den Rest des Geldes in Wertpapieren an, die vom Genfer Bankier Arthur Chenevière betreut werden sollten.[98] Einige Zeit lang trug er sich mit der Idee einer eigenen wissenschaftlichen Zeitschrift, die, wäre alles geglückt, eine Vorwegnahme unserer ökonometrischen Publikationen gewesen wäre.[99] – Zweitens hat sich seine Frau während der erwähnten Pariser Vorlesung (1901) mit seinem Koch davongemacht. Im Dezember 1903 erklärte die zuständige Florentiner Justizbehörde sie des Ehebruchs schuldig und sprach die Trennung von Tisch und Bett aus.[100] Durch eine Zeitungsanzeige machte Pareto die Bekanntschaft einer jungen Französin, Jeanne Régis (1879–1948). Aber erst vier Jahre später, im Dezember 1906, entschloß er sich dazu, mit ihr in Céligny zusammen zu leben.[101] Aus dieser Liaison wurde ein Kind geboren, Marguerita Antoinette Prada (1905–1963). Im Mai 1911 hat Pareto seine Villa Jeanne Régis notariell vermacht, wobei er sich nur das lebenslange Wohnrecht vorbehielt.[102]

5. Die Zeit nach der Emeritierung (1911–1923)

5.1. Daß Pareto zeitlebens italienischer Patriot blieb, wurde im ersten Weltkrieg evident. Seine wiederholte Beteuerung, er stehe den turbulenten Geschehnissen völlig indifferent gegenüber, wird von Augenzeugenberichten dementiert: Robert Michels erzählt, wie er sich über den italienischen Mentalitätswechel nach der Niederlage von Caporetto (Oktober 1917) gefreut hat,[103] und von Carlo Placci wissen wir, daß er die Nachricht vom Waffenstillstand mit Sekt gefeiert hat.[104] – Eine zweite Konstante seines Lebens, sein Argwohn fiskalischen Maßnahmen gegenüber,[105] machte sich nochmals am Ende seines Lebens bemerkbar. Die Sozialisten versuchten in der Schweiz eine Steuerreform durchzuführen, woraufhin Pareto sich sofort nach Divonne in Frankreich zurückzog und erst zurückkehrte, als die gefürchteten Pläne von der Bevölkerung abgelehnt worden waren. Allerdings hatte Pareto schon infolge des Krieges schwere finanzielle Verluste hinnehmen müssen.[106] Am 27. Februar 1922 schrieb er seinem Freunde Pantaleoni: „Zukünftig habe ich nur noch wenig Geld zum Leben."[107]

Robert Michels organisierte 1917 im Lausanner Palast Rumini die Jubiläumsfeier für Pareto. Frankreich entsandte die Professoren Emile Bouvier und Charles Gide. Aus Italien traf u. a. Pantaleoni ein. Die Frankfurter Universität schickte eine Grußadresse. Sogar George Davis Herron, Berater des amerikanischen Präsidenten Thomas Woodrow Wilson, war anwesend. Der Initiative Michels' verdanken wir eine Dankrede Paretos, die als sein wissenschaftliches Testament betrachtet werden darf.[108] – Sofort nach der Kapitulation der Regierung von Luigi Facta und der von König Viktor-Emmanuel III. gutgeheißenen Einsetzung von Benito Mussolini versuchte das faschistische Regime Pareto für sich in Anspruch zu nehmen. Er wurde als Nachfolger Rodolfo Beninis zum italienischen Vertreter in der Entwaffnungskommission des Völkerbundes bestellt. Pareto erklärte sich erst einverstanden, lehnte dann wieder ab, indem er sich auf Krankheit – er hatte ein schweres Herzleiden – und Altersschwäche berief.[109] Mit anderen Prominenten wurde er zum Senator des Königsreiches ernannt; weil er die erforderlichen Unterlagen nie zur Verfügung stellte, konnte die Quästur diese Ernennung aber nie vollziehen. Eine Reihe von ihm gemachter konstitutioneller Vorschläge zirkulierten bald als sein politisches Testament.[110]

Zwei Monate vor seinem Tode gelang es Pareto mit der Hilfe seines Freundes Pantaleoni, die Ehescheidung zu erzwingen, indem er Bürger des von Gabriele d'Annunzio gegründeten Freistaates Fiume wurde. Er heiratete daraufhin am 19. Juni 1923 Jeanne Régis. Er starb am 19. August 1923; das Begräbnis fand in aller Stille statt, und der Grabstein meldete schlicht: „Vilfredo Pareto, 1848–1923." Leider verhielt sich die Witwe sonderbar: die Mehrzahl der Handschriften und Briefschaften wurde dem Feuer preisgegeben,[111] kostbare Bücher und Erinnerungen wahllos verteilt, die Villa *Angora* verkauft, mit den Autorenrechten gefeilscht, um den Titel Marquise mit der Bakounine prozessiert, usw. Heute gibt es keine Villa *Angora* mehr, aber 1964 wurde die Büste des Gelehrten in der Aula der Lausanner Universität feierlich aufgestellt. Inzwischen begann eine Pareto-Renaissance, die noch immer nicht abflaut.

Noch nach seiner Emeritierung war Pareto außerordentlich aktiv. Es zeugt von seiner ebenso umfassenden wie ungetrübten wissenschaftlichen Neugierde, daß ihn sogar Fragen der Kriminologie zu fesseln vermochten.[112] Mit Juristen stand er ohnehin schon in stetem Gedankenaustausch; ich erwähne nur seine Diskussionen mit seinem Lausanner Kollegen Ernest Roguin.[113] Die von Giuseppe Zanardelli erfundene Strafprozessordnung zog er ins Lächerliche: „Überlegen Sie sich mal: Verbrecher die mit 17 Jahren, 4 Monaten, 6 Tagen Freiheitsberaubung bestraft werden! Die Stunden und Minuten erspart man uns! Was soll man davon halten?"[114] Seiner Überzeugung nach war die von Enrico Ferri und seinen Mitarbeitern in der im September 1919 eingesetzten Kommission erarbeitete Reform die einzig realistische Lösung. Allerdings war sein ehemaliger Schüler und damaliger Kollege André Mercier, ungeachtet der wissenschaftlichen Grundlage dieser Leistung der positiven Schule, nicht von ihrer praktischen Überlegenheit überzeugt.[115] In diesem Zusammenhang soll noch hinzugefügt werden, daß sich Pareto früher mit der Lehre Cesare Lombrosos vom kriminellen Menschen auseinandergesetzt[116] und die Ernennung von Alfredo Niceforo zum Privatdozenten für Strafrecht in Lausanne gefördert hatte.

5.2. Die eigentliche wissenschaftliche Großleistung Paretos in diesem Jahrzehnt war ohne Zweifel die Fertigstellung und Veröffentlichung seines soziologischen *opus magnum*. Die italienische Fassung kam 1916 heraus, die französische 1917–19.[117] Nachher hat der Gelehrte noch viele Pläne geschmiedet. Am 27. September 1922 faßte er die Lage folgendermaßen zusammen: ,,Siehe hier was ich alles in Angriff genommen habe:

1. Eine mathematische Arbeit (Interpolation);
2. Die Revision des *Manuel,* wovon eine neue Ausgabe vorbereitet wird;
3. Eine mathematische Arbeit über Tauschprobleme;
4. Ein Handbuch der Soziologie, das Giard (Paris) herausbringen wird;
5. Beiträge für Zeitschriften, Zeitungen usw.

Ich glaube, daß mein Leben beendet sein wird, bevor das alles fertig ist.“[118] Im Februar 1923 ist sogar die Rede von einer Neuausgabe der *Systèmes Socialistes,* falls Zeit übrig bleibt, um eine neue Einleitung zu schreiben.[119] Konkret kamen nur noch zwei Sammlungen zustande: 1920 *Fatti e Teorie,*[120] einem Vorschlag von Giovanni Papini entsprechend,[121] und 1921 *Trasformazione della democrazia*[122] als Buchausgabe von vier in Mailand gehaltenen Vorträgen. Und eine Lawine von Artikeln: ,,Ich veröffentliche Beiträge in Zeitungen und Zeitschriften weil ich so die Möglichkeit habe, die großen Thesen meiner Soziologie anzuwenden und zu überprüfen.“[123] Tatsächlich hat Pareto nach Kriegsende nur noch im Zeichen der Verifizierung des *Traité* gelebt, d.h. als Soziologe, der durch Beobachtung und Distanz Materialien sammelte, um seine theoretischen Überzeugungen zu erhärten.

II. Das Werk

1. Genesis, Wachstum und Vollendung

1.1. Die Anfänge. Wenn man berücksichtigt, daß die Soziologie mindestens bis zum ersten Weltkrieg einen besonders schweren Stand hatte, d.h. verpönt war und erst langsam salonfähig wurde und noch langsamer bei den Fachgelehrten als autonome Disziplin Anerkennung fand,[125] müssen wir eingestehen, daß die Lausanner Universität frühzeitig die Zeichen der Zeit verstanden hat. Am 27. Juni 1896 reichte Pareto den Abschied als ordentlicher Professor der *Nationalökonomie* ein, weil die Inangriffnahme eines Lehrbuches der *Soziologie* mehr und mehr seine Zeit erforderte,[126] aber im Sommersemester 1897 hielt er seine ersten soziologischen Vorlesungen, ohne deswegen aufzuhören als Ordinarius für Nationalökonomie tätig zu sein.[127] Das kann doch nur heißen, daß die kantonale Behörde und die akademische Obrigkeit die Pläne Paretos und die Interessen der Universität verständnisvoll zu verbinden wußten. Aber auch in der Perspektive Paretos schließen sich beide Fakten keineswegs gegenseitig aus. In seinem Brief an Naville vom 3. Februar 1897 lesen wir: ,,Im Moment erziele ich beim Studium dieser Wissenschaft (sc. der Soziologie) nur negative Resultate. Allmählich entdecke ich die Schwächen der verschiedenen Theorien, aber es fehlen mir neue Theorien, um die alten zu ersetzen.''[128] Pareto hat andererseits seine Professurzeit nie bereut – ,,Als Dozent habe ich viel hinzugelernt'', bekannte er in der Jubiläumsansprache von 1917[129] –, und er mag die Vorlesung als ein geeignetes Medium betrachtet haben, um auch in soziologischer Hinsicht Fortschritte zu erzwingen. Es war übrigens keine Sinekure: ,,Die einzige wöchentliche soziologische Vorlesung'' – so teilte er seinem Freunde Pantaleoni am 10. April 1898 mit – ,,erfordert soviel Arbeit als die Vorbereitung von drei Stunden Nationalökonomie.''[130]

Einem Brief an Pantaleoni vom 17. März 1897 können wir entnehmen, daß Pareto seine ersten Gehversuche im soziologischen Brachland als Fortsetzung und Weiterentwicklung des *Principes généraux de l'évolution sociale* überschriebenen[131] ersten Kapitels von Band 2 seines *Cours d'économie politique* aufgefaßt hat.[132] Allerdings verdankte er der bereits erwähnten Kritik Navilles[133] die Lösung seines Problems. Diesem neuen Korrespondenten teilte er am 11. Mai 1897 mit: ,,. . . Neben diesem Teil der sozialen Wissenschaft, die sich stützt auf, und sich stützen muß auf die Ethik, gibt es einen andern Teil, der Fragen folgender Art untersucht: 1. Die Beschreibung der Manifestationen des sozialen Handelns der Menschen; 2. Welche sozialen Änderungen stimmen mit Änderungen der moralischen, religiösen, kurzum psychologischen Zustände der Individuen überein? Diesen zweiten Teil studierte ich im Lausanner *Cours de sociologie*.''[134] Es dauerte nicht lange, bis er mit einer rudimentären Handlungslehre vorsprach. Am 17. Mai 1897 hieß es in einem Brief an Pantaleoni: ,,Im Gegenteil, nebenbei gesagt besteht das Prinzip meiner Soziologie gerade darin, daß ich die logischen von den nicht-logischen Handlungen trenne und zeige, daß die zweite Gruppe für die Mehrzahl der Menschen quantitativ bedeutender ist.''[135] Der Vortrag *Comment se pose le problème de l'économie pure?*[136] 1898 im Studentenverein *Stella* gehalten, führte diesen Gedanken näher und systematischer aus. Wichtig war darin die Bemerkung, daß der Mensch Handlungen, die der nicht-logischen Kategorie angehören, oft und gerne als logische Handlungen hinstellt.[137]

Es soll nicht unterschlagen werden, daß Pareto in einem bereits am 25. September 1896 an Pantaleoni gerichteten Brief folgendes bestätigt hatte: ,,Nach Abschluß unserer Diskussion sah ich ein, daß es nützlich wäre, eine allgemeine Theorie dieser (sc. sozialistischen) Systeme zu formulieren.''[138] Tatsächlich hat er im Rahmen der von ihm dozierten, angewandten politischen Ökonomie mehrere Vorträge über sozialistische Systeme angesetzt. Es nimmt nicht wunder, daß er sich so zu einer Fassung seiner berühmten Elitentheorie durchrang. Sie wurde erstmals in einer 1900 in der *Rivista italiana di Sociologia* abgedruckten Studie präsentiert – als Testfall.[139] Nur ganz kurz wird erwähnt, daß die meisten menschlichen Handlungen nicht der Vernunft, sondern dem Gefühl entspringen. Dann greift unser Autor sofort eine im *Cours d'économie politique* vorgebrachte Meinung auf[140] und erhebt dieselbe zum Rang einer empirisch gesicherten Tatsache: es gibt einen Rhythmus der Gefühle, den wir in der Ethik, in der Religion und in der Politik als eine dem ökonomischen Konjunkturzyklus ähnliche Wellenbewegung beobachten können. In der Geschichte macht sich diese Oszillation in der Gestalt einer ununterbrochenen Ablösung der leitenden Eliten bemerkbar. Darum ist Pareto nicht der zuversichtlichen Ansicht Pantaleonis, sondern er glaubt, daß der Sieg des Sozialismus wahrscheinlich unabwendbar geworden ist.

1.2. Die Jahre der Gärung und Reife. Die anfänglichen Forschungsergebnisse sind von Pareto nochmals als Einführung für zwei Bücher zusammengefaßt worden: die Elitentheorie besonders als *Introduction* zu den *Systèmes socialistes,*[141] und die Handlungstheorie hauptsächlich als 2. Kapitel des *Manuale* und später des *Manuel.*[142] Die Bedeutung jenes 2. Kapitels darf unter keinen Umständen unterschätzt werden. Nur – Ökonomen haben sich über den Abdruck dieser Paragraphen und derjenigen des vorangehenden methodologischen Fragen gewidmeten 1. Kapitels gewundert,[143] aber wir können der Auffassung Pierre Bovens getrost beipflichten: ,,Man darf wohl sagen, daß sie (sc. die beiden Kapitel) die Eselsbrücke der Sozialwissenschaft bilden. Wer sie nicht verstanden hat, wird nie ein ernsthafter Soziologe oder Nationalökonom sein.''[144] Pareto steuerte seinerseits am 2. April 1907 folgende Erklärung bei: ,,Der Nutzen der Verbindung von Soziologie und Nationalökonomie in einer Einleitung (sc. im *Manuel*) besteht darin, daß man konkret zeigen kann, daß die zweite (sc. Wissenschaft) nur einen Unterteil der ersten bildet, und die zweite also kein einziges, oder fast kein einziges praktisches Problem zu lösen vermag.''[145] Einen bekannten Ausspruch Immanuel Kants paraphrasierend, hat Gottfried Eisermann diese Aussagen etwas eingeschränkt und die richtige Mitte getroffen: ,,Soziologie ohne Nationalökonomie ist ,blind', aber ebenso gewiß die Nationalökonomie ohne Soziologie ,leer'.''[146] Dieser Interdependenzgedanke erschwert das Studium des Paretoschen Werkes und hat viele falsche Interpretationen hervorgebracht.[147]

Wie dem auch sei, allem Anschein nach hat Pareto nie ernsthaft geglaubt, sein soziologisches Lehrbuch schnell abschließen zu können. Am 14. Juni 1897 hieß es in einem Brief an Pantaleoni: ,,Betreffs der *Sociologia* kann ich nur sagen, daß es noch lange dauern wird, bevor ich sie veröffentliche. Bis dahin muß ich viel nachdenken, arbeiten, Dokumente sammeln und so weiter.''[148] Angesichts der Tatsache, daß er jedoch nahezu 20 Jahre gebraucht hat, bevor die italienische Fassung fertig war, stehen wir einem Dilemma gegenüber. Ohne allen Zweifel haben mehrere Faktoren zu dieser Verzögerung beigetragen:

- allen Beteuerungen zum Trotz, ließ sich Pareto erst recht spät in den Ruhestand versetzen;[149]
- infolgedessen war er gezwungen, seine nationalökonomischen Vorlesungen gründlich vorzubereiten; am 12. April 1898 bekannte er seinem Freunde Panta-

leoni, damals in Fiesole emsig Notizen gemacht zu haben, die sich bei der Abfassung seines *Cours d'économie politique* als sehr brauchbar erwiesen hätten, daß der Vorrat nunmehr erschöpft sei und ,,das für meine Vorlesungen benötigte Quantum Zeit nicht zuläßt, einen neuen anzulegen. Deswegen kann ich mein Lehrbuch der Soziologie nicht schreiben";[150]

- Pareto hatte bei der Wahl seiner unmittelbaren Mitarbeiter keine gute Hand: die Fälle Vittorio Racca[151] und Maurice Millioud[152] beweisen es zur Genüge; Pierre Boven ist wohl die einzige lobenswerte Ausnahme von der Regel gewesen;
- der bewegliche Geist des Gelehrten ließ sich immer wieder ablenken, es sollte einmal eine erschöpfende Liste seiner vielen, meistens nicht ausgeführten oder Torso gebliebenen Pläne zusammengestellt werden.

Entschieden ist in diesem Zusammenhang seine Ablehnung von Vorläufern und Zeitgenossen gewesen. Von ihren Veröffentlichungen sagte er am 9. April 1897: ,,Mein lieber Freund, es sind lauter Romane."[153] Sein Wissenschaftsbegriff zwang ihn dazu, das ganze soziologische Gerüst von neuem und nach seiner Façon aufzubauen. Kurz hintereinander, am 8. und 10. Juni 1898, ist in Briefen an Pantaleoni die Rede von einer bevorstehenden längeren Inkubationszeit; es wird sozusagen als Notbehelf ein kleines Buch über *La sociologie et l'économie* in Aussicht gestellt.[154] Unter diesem Titel erschien aber erst im Jahre 1907 eine Studie in der *Rivista di scienza.*[155] Und so sind wir wieder im Jahre 1907 angelangt, im *annus mirabilis* des Soziologen Pareto:

- wie Norberto Bobbio treffend bemerkt hat, finden sich in Briefen aus der Periode 1900–05 kaum noch Spuren irgendeines Interesses für die Soziologie;[156]
- der *Manuale* stand gedruckt zur Verfügung;
- Pareto empfand plötzlich, wie oben schon gesagt,[157] die Beschäftigung mit der Soziologie weit dringlicher als die Fortsetzung ökonomischer Studien;
- ab 1907 wird im Briefwechsel öfters Bezug genommen auf das im Werden begriffene soziologische Lehrbuch;[158]
- die erstmals im Dezember 1906 erörterte Idee eines neuen, fünfteiligen *Cours d'économie politique* mit einem soziologischen Einführungsband[159] taucht wieder auf.[160]

1.3. Das Endergebnis. Am 28. August 1910 teilte Pareto in einem Brief an Guido Sensini mit, daß die ersten sechs Kapitel fertig seien, es aber noch eine ganze Weile dauern würde, bevor mit der Herausgabe des Lehrbuchs der Soziologie gerechnet werden könne.[161] Einem an Alfonso de Pietri-Tonelli gerichteten Schreiben vom 14. März 1914 entnehmen wir Konkreteres: ,,Ich glaube, daß meine *Sociologie* im Oktober erscheinen wird."[162] Dieser Optimismus wurde von den Fakten Lüge gestraft, denn nur von seinem italienischen Verleger gedrängt, sagte Pareto Anfragen für Mitarbeit ab,[163] stellte die Schlußkapitel fertig,[164] las mit großer Sorgfalt die Fahnen,[165] und so konnte der *Trattato* 1916 endlich erscheinen. Luigi Amoroso hatte dankenswerterweise die Register angefertigt.[166] Einerseits war unser Autor der Meinung, daß der verlegerische Erfolg größer gewesen wäre ohne Krieg,[167] andererseits meinte er am 15. Juli 1917: ,,Propaganda liegt mir fern; ich habe im Gegenteil gesagt, und ich wiederhole es, daß ich es bedauern würde, falls meine *Sociologia* populär werden sollte."[168] Bereits trug er sich mit dem Gedanken eines dritten Teils,[169] aber wir wissen nicht mit absoluter Zuverlässigkeit, ob er daran gearbeitet hat.[170] Mit dem Einverständnis Paretos hat der Ägyptologe Giulio Farina 1920 ein Kompendium des großen Werkes zusammengestellt; kurz nach dem Hinscheiden des Gelehrten hat dieser Adept die noch vom Meister überwachte zweite, vermehrte Ausgabe des dickleibigen Originals veröffentlicht.

Im Einführungswort zu dieser zweiten Ausgabe deutet Farina an, es handle sich um die definitive Fassung des Paretoschen *opus magnum*. Sogar der führende deutsche Paretologe Gottfried Eisermann hat dieser Behauptung zugestimmt[171] und versichert, daß die französische Übersetzung dem italienischen Original gegenüber um etwa sechzig Seiten gekürzt worden sei.[172] Ich habe mich damals dieser Leseart angeschlossen,[173] bin aber auf Grund der Lektüre der inzwischen veröffentlichten Briefe Paretos an Pierre Boven eines Besseren belehrt worden. Nachdem Millioud als mutmaßlicher Übersetzer ausgeschaltet war,[174] kam nur noch Boven in Frage.[175] Es kam eine fruchtbare Zusammenarbeit zustande, denn der Korrespondenz können wir entnehmen, daß:

- die Übersetzung ab November 1912 in Angriff genommen wurde,[176] und zwar mit dem zweiten Fahnenabdruck des ersten italienischen Originals als Grundlage;[177]– Pareto andauernd Ratschläge erteilte, z. B. über die Abkürzungen,[178] über Wörterbücher,[179] über technische Verfahren,[180] über Notizen[181] und über Fußnoten;[182]
- normaliter griechische Zitate von Pareto sofort ins Französische übersetzt wurden und lateinische von Boven;[183] und Auguste Reymond die gedruckten altsprachigen Zitate überprüfte;[184]
- Pareto großen Wert darauf legte, daß auch Boven eigene Notizen einfügte;[185]
- in Céligny oftmals Zusammenkünfte stattfanden, wobei Boven seinen Text vorlas und Pareto sich dazu an Hand der italienischen Korrekturabzüge äußerte;[186]
- Fehler ausgemerzt,[187] Ausgaben verglichen[188] und Statistiken überprüft wurden;[189]
- auf Anordnung Paretos der deutsche Urtext übersetzter Zitate eingesetzt worden ist;[190]
- Pareto, einer Anregung Rougins zufolge, neue lateinische Zitate hinzufügte[191] und mehrere Ergänzungsparagraphen schrieb,[192] sich über die Konsequenz dieses Verfahrens jedoch durchaus im klaren war: ,,Herr Payot (sc. der französische Verleger) freut sich bestimmt über diese Addenda, die seine Ausgabe wertvoller machen. Nur Herr Barbera (sc. der italienische Verleger) hätte Grund sich darüber zu beschweren."[193]

Das alles ist noch von Boven persönlich in einem wichtigen Brief vom 10. Januar 1965 bestätigt worden. Der wichtigste Satz lautet: ,,Wie Sie (sc. Busino) selbst feststellen, handelt es sich bei der französischen Fassung nicht um eine einfache Übersetzung aus dem Italienischen, sondern es liegt eine neue Ausgabe vor."[194] Die von Farina besorgte zweite italienische Ausgabe hat die französische Einschübe (nicht alle!) als Auftakt zum 1. Band[195] übernommen. Zweifelsohne ist also die französische Fassung von 1917–19 die eigentliche und sicherlich die vollständigste Ausgabe letzter Hand.[196] – Noch einige Bemerkungen zur Formalkritik, der das soziologische Hauptwerk Paretos anheimfiel:

- der abstruse Charakter des Ganzen kann nicht geleugnet werden, aber man sollte doch bedenken, daß der Wälzer das Endergebnis einer immerhin zwanzigjährigen Beschäftigung mit dem immensen Thema bildet;[197]
- die ironische Abfertigung mancher Theorie steht irgendwie im Gegensatz zur wiederholten Objektivitätsbeteuerung, aber m. E. wird die Quintessenz der Lehren von dieser Diskrepanz nicht beeinträchtigt;
- die ehedem von Maurice Halbwachs geäußerte Kritik an der Verwertung von Zeitungsausschnitten[198] dürfte durch den seitdem gewonnenen historischen Abstand weitgehend überholt sein.

2. Synthese der Lehren[199]

Da gute deutsche Teilübersetzungen[200] und brauchbare deutsche Zusammenfassungen[201] des *Trattato,* bw. des *Traité,* vorliegen, erübrigt sich m. E. eine minuziöse Analyse. Weit dienlicher dürfte eine Kurzübersicht der Leitmotive sein, mit einigen Hinweisen auf Forschungsprobleme. Vergegenwärtigen wir uns zunächst, daß das Anliegen Paretos die Beschreibung der allgemeinen Form der Gesellschaft ist, so wie diese sich unter dem Einfluß der auf sie einwirkenden Kräfte gestaltet.[202] Prinzipiell kann man drei große Einflußbereiche unterscheiden:

- bestimmte geologische, klimatologische, mineralogische und botanische Variablen;
- Faktoren die, obzwar der beobachteten Gesellschaft an sich völlig fremd, dennoch auf sie einwirken;
- Elemente, die dieser Gesellschaft inhärent sind: die Rasse, intellektuelle und sonstige Fähigkeiten.[203]

Auch wenn es gelingen würde diese Kraftlinien und ihre interdependenten Relationen algebraisch festzulegen, bliebe noch immer die herkulische Aufgabe, dies System simultaner Gleichungen zu lösen.[204] Deswegen nimmt Pareto Vereinfachungen vor: Boden und Klima bleiben unberücksichtigt,[205] und die Untersuchung wird auf die in Europa und in Gegenden der Mittelmeerküste Afrikas und Asiens ansässigen Völker beschränkt.[206] Weiterhin beabsichtigt der Gelehrte das reduzierte System sowohl dia- als synchronisch zu studieren.[207] Außerdem interessiert er sich nur für das Geschehen von einer soziologischen Warte her, d. h. insofern Wirkung, Einwirkung und Nachwirkung nicht-logischer menschlicher Handlungen mitspielen.[208] Er teilt die menschlichen Handlungen in zwei Hauptgruppen ein: *logische,* d. h. solche, die größtenteils das Resultat einer vernünftigen Überlegung sind, und *nicht-logische,* d. h. solche, die hauptsächlich einem psychischen Zustand entstammen.[209] Das Studium der ersten Kategorie wird von der Nationalökonomie betrieben; die zweite quantitativ bei weitem umfangreichere Kategorie ist Gegenstand soziologischer Betrachtung.[210] Konsequenterweise arbeitet Pareto eine Typologie der nicht-logischen menschlichen Handlungen aus,[211] widmet ihnen das 2. Kapitel seines Buches[212] und verifiziert ihre historische Bedeutung im ganzen 3. Kapitel.[213]

Nicht-logische menschliche Handlungen setzen sich aus drei Elementen zusammen: dem *Residuum,* d. h. der Manifestation eines psychischen Zustands (Instinkt, Unterbewußtsein ...); dem *Derivat,* d. h. dem mittels der Sinne wahrnehmbaren Faktum; der *Derivation,* d. h. der vom Individuum *post festum* vorgenommenen Begründung seiner Handlung.[214] Residuen sind also nicht die Gefühle, die von der Psychologie untersucht werden, sondern deren Manifestationen, genauso „wie das Steigen des Quecksilbers in der Röhre eines Thermometers die Manifestation des Temperaturanstiegs ist".[215] Pareto unterscheidet sechs Haupt- und eine Unmenge Unterklassen.[216] Alle werden mit großem Aufwand an Beispielen und Wissen erläutert;[217] sogar die sechste Klasse, die der sexuellen Residuen, wird noch ausführlich belegt, obwohl sie schon separat untersucht worden war.[218] Diese Einteilung ist von vielen Forschern – gelinde gesagt – mit einem gewissen Unbehagen rezipiert worden. Es wurde vorgeschlagen, die Reihenfolge zu ändern, und Raymond Aron hat in dieser Hinsicht einen interessanten Versuch gemacht.[219] Seinerseits soll Abbott Lawrence Lowell noch zwei weitere Residuenklassen hinzugefügt haben: den Wunsch herrschen zu können, und die Residuen, die zur Begrenzung des Risikos anspornen.[220] Viele Autoren[221] weisen daraufhin, daß Pareto fast nur mit seinen beiden ersten Klassen gearbeitet hat; sie lassen aus den Augen, daß der Gelehrte diese scheinbare Anomalie in einem Brief an Georges-Henri Bousquet vom 23. August 1922 begründet: „Die Klassen I und II geben *im ganzen genommen* die allgemeine Form der Gesellschaft an. Deswegen werden hauptsächlich sie in einem Lehrbuch der allgemeinen *Soziologie* studiert. Die anderen Klassen kommen in speziellen Lehrbüchern an die Reihe, ... sobald einer (nicht ich) sie schreiben wird. Zum Beispiel steht die IV. Klasse beim Studium des Sozialismus zentral – für die Literatur sind es die Klassen VI und V, usw."[222] Ob die Residuen jedoch als Invarianten zu betrachten sind, bleibt ein heikles Problem, weil Pareto ja immerhin von einem außerordentlich langsamen Wandel[223] und von einer höchst seltenen gegenseitigen Kompensation[224] gesprochen hat. Eine der sich daraus ergebenden Fragen ist, ob man sich einschlägiger Begriffe bedienen soll, wie beispielsweise Hans Lennart Zetterberg vorgeschlagen hat: Innovierung und Konsolidation, anstatt Instinkt der Kombinationen und Persistenz der Aggregate.[225]

Die Derivationen werden von Pareto in vier Haupt- und wiederum mehrere Unterklassen rubriziert.[226] Alle sind Gegenstand gelehrter Analysen,[227] wobei sich Pareto der Unvollständigkeit seiner Liste bewußt ist.[228] Auch findet sich im *Traité* eine einleuchtende Einschätzung der Bedeutung der Derivationen: „Die

Unzulänglichkeit der *Systèmes socialistes* ... ist vor allem eine Folge der Tatsache, daß der Autor die in diesem Buch entwickelte Theorie der Derivationen damals noch nicht besaß; er hat sie antizipativ angewandt, ohne eine rigorose Konzeption derselben zu haben, so daß sich eine gewisse Unbestimmheit einstellte."[229] Der Gelehrte kannte das Wort Ideologie,[230] hat aber eine eigene Terminologie bevorzugt, vermutlich weil er gerne einen Unterschied machte zwischen individuellen und kollektiven Handlungserklärungen, und dabei den gesellschaftlichen Nutzen dieser Behauptungen und Theorien keineswegs leugnete. Die Schlußfolgerung Heinz Otto Zieglers, der Eremit von Céligny hätte nur einem naiven Machiavellismus Vorschub geleistet,[231] ist von Gottfried Eisermann berichtigt worden im Rahmen einer kenntnisreichen Studie über ,,Vilfredo Pareto als Wissenssoziologe".[232] Persönlich habe ich versucht, dem Paretoschen Ideologiebegriff in einem größeren Zusammenhang seinen gebührenden Platz zu sichern.[233]

Im wichtigen 11. Kapitel des *Traité*[234] werden die Eigenschaften der Residuen und der Derivationen genau untersucht und das wechselseitige Aufeinandereinwirken von beiden unterstrichen, und am Schluß dieses Kapitels wird die Brücke zur Beschäftigung Paretos mit nationalökonomischen Themen geschlagen. Zuerst wird beteuert, daß ökonomische Phänomene nicht als autonome Entitäten, sondern als konstituierende Teile des totalen sozialen Phänomens aufzufassen sind.[235] Damit bestätigt sich zugleich Paretos tiefere Intention: sich mittels soziologischer Forschungen der konkreten Wirklichkeit annähern zu können.[236] Jedenfalls faßt er das oben erwähnte Basisproblem ins Auge, indem er postuliert, daß sich das gesellschaftliche Gleichgewicht aus einer Kombination von vier fundamentalen Faktoren ergibt: ,,In allen dynamischen Situationen bestimmen sie die konkrete Gestalt des jeweiligen sozialen Systems".[237] Es betrifft die Residuen, die Derivationen, die Interessen und die soziale Heterogenität und Zirkulation;[238] die von diesen bedeutsamsten Elementen[239] provozierten interdependenten Zyklen werden sorgfältig untersucht.[240] Die Interessen sind selbstverständlich nur die von der Nationalökonomie studierten, logischen Handlungen des Individuums und der Kollektive,[241] denn sie treten vernunftgemäß oder instinktiv in Erscheinung;[242] ihrer großen Wichtigkeit wegen werden auch sie im Paretoschen Erklärungsmodell verortet und verwertet.[243] Beim vierten Faktor handelt es sich um eine Reprise und Fortsetzung und zugleich Berichtigung wichtiger Begriffe und Ideen des 3. Buches des *Cours d'économie politique;* eine längere Ableitung auf genetischer Ebene ist hier unbedingt vonnöten.

Stark fasziniert von seinem Einkommensgesetz,[244] hat sich Pareto für die Ursache(n) des Phänomens interessiert. Die wirtschaftspolitische Gesamtlage eines Staates kann seines Erachtens eine nur geringfügige Rolle spielen.[245] Vielleicht muß bis zu einem gewissen Maß mit dem Zufall gerechnet werden,[246] aber in letzter Instanz hat die festgestellte Regelmäßigkeit mit dem Wesen des Menschen, mit seiner Natur zu tun.[246a] 1897 fand der Gelehrte sich noch nicht ganz zurecht im Dickicht der dargebotenen und gangbaren Hypothesen, und in seinem Denken ist noch nicht die Spur eines eindeutigen Standpunktes zu entdecken. Die soziale Heterogenität, zwar seit jeher bekannt, wurde erst im letzten Viertel des vorigen Jahrhunderts Objekt wissenschaftlichen Interesses.[247] Mit den eugenetischen Thesen eines Georges Vacher de Lapouge war Pareto teilweise einverstanden.[248] Ungeachtet ihrer Einseitigkeit zollte er der marxistischen Klassenkampfidee Ehrerbietung.[249] Persönlich neigte er zu der Annahme, daß von der Produktion wirtschaftlicher Erzeugnisse Erleichterungen zu erwarten seien.[250] Erwähnenswert ist noch, daß Pareto die Verteilung der menschlichen Beschäftigungen als Quelle der sozialen Heterogenität ins Auge gefaßt hat[251] und elitäre Gedanken formulierte.[252] Diese Probleme haben den Gelehrten bis zum Lebensende gefesselt, wie wir Hinweisen im Briefwechsel[253] entnehmen und mit Texten belegen können. Noch 1922 heißt es vielsagend: ,,... Die sich in verschiedenen Abschattierungen manifestierende Ungleichheit scheint ein unzerrütterliches Charakteristikum der menschlichen Natur zu sein. Sogar in Rußland, wo neuerdings der Kommunismus wenigstens nominell eingeführt wurde, gibt es eine sehr ansehnliche Ungleichheit des Einkommens und der Lebensbedingungen."[254]

Allerdings lag der *Traité* schon vor, d. h. Pareto hatte sich zu einer kohärenten Theorie durchgerungen. Besonders ein Aufsatz von 1909 über *Richesse stable et richesse instable*[255] und einer von 1911 über *Rentiers et spéculateurs*[256] sind wichtige Etappen beim Zustandekommen der endgültigen Doktrin.[257] Der Elitebegriff hat ihm dabei als Hebel gedient. Die angedeuteten elitären Gedanken des *Cours* werden hier präzisiert: ,,Jedes Volk wird von einer *élite,* d. h. von einem ausgewählten Teil, regiert, ... Eine Elite kann sich durch den Wechsel der sie zusammensetzenden Menschen oder auch durch das Eindringen fremder Elemente verändern, die aus derselben oder einer anderen Nation stammen können."[258]

Pareto geht einen Schritt weiter: ,,Die Einteilung der Gesellschaft in zwei Schichten, in der wir die eine die ,niedrigere' und die andere die ,höhere' nennen, bringt uns dem Konkreten etwas näher als die Betrachtung der Gesellschaft als einer homogenen Einheit."[259] Dabei stützt er sich auf eine Beobachtung: ,,Ob es gewissen Theoretikern gefällt oder nicht, so ist es dennoch eine Tatsache, daß die Menschen physisch, moralisch und intellektuell verschieden sind, daß die menschliche Gesellschaft nicht homogen ist."[260] So darf er getrost versichern, daß seine Zweiteilung eine so offensichtliche Tatsache sei, ,,daß sie sich zu allen Zeiten sogar dem wenig erfahrenen Beobachter aufgedrängt hat".[261] Der reellen Dynamik entsprechend, braucht nur noch eine letzte Verfeinerung vorgenommen zu werden: ,,Wir erhalten also zwei Bevölkerungsschichten, d. h. 1. die Unterschicht, die ,nicht ausgewählte' Klasse, deren mögliche Einwirkung auf die Regierung wir jetzt nicht untersuchen; 2. die Oberschicht, die ,ausgewählte Klasse' oder Elite, die in zwei Teile zerfällt, nämlich a) die herrschende Elite; b) die nicht herrschende Elite."[262]

Die Zusammensetzung dieser Eliten wird in hohem Maße von den zwei ersten Residuenklassen bedingt, so daß Pareto zwei Menschentypen unterscheidet:[263]

- die *Füchse,* gekennzeichnet durch die Prädominanz der ersten Residuenklasse, progressiv eingestellt und sich vorzugsweise der List, des Betrugs und der Korruption bedienend;

- die *Löwen,* prädestiniert durch das Schwergewicht der zweiten Residuenklasse, sich konservativ verhaltend und nicht vor Drohung mit und Anwendung von Gewalt zurückschreckend.[226]

Außerdem gibt es zwei Menschentypen, die sich in ökonomischer Hinsicht fast gleichartig verhalten:[265]

- die *Spekulanten* oder *S-Typen* ,,deren Einkommen wesentlich variabel ist und von ihrer umsichtigen Gewandtheit im Auffinden von Verdienstquellen abhängt";[266]
- die *Rentner* oder *R-Typen* ,,deren Einkommen fix oder nahezu fix ist, das deshalb wenig von erfindungsreichen Kombinationen, die man sich einfallen lassen könnte, abhängt".[267]

Von einer Gleichstellung der Füchse mit den Spekulanten, bzw. der Löwen mit den Rentnern, kann nicht die Rede sein: ,,Es kann hier Berührungspunkte geben, aber es herrscht keine Identität."[268] Dennoch hatte Pareto schon früher politische Macht und wirtschaftlichen Einfluß in Einklang gesetzt: ,,Die sogenannten höheren Schichten sind im allgemeinen auch die reichsten."[269] Indem man die Interdependenz der Faktoren berücksichtigt, wird diese These von Pareto im *Traité* keineswegs verleugnet, sondern lediglich als eine Möglichkeit behandelt.

Von seiner Theorie der *Zirkulation der Eliten* hat Pareto in seinem, an Ernesto Rossi gerichteten, Brief vom 14. September 1920 gesagt, es handle sich für ihn um ,,eine einfache beobachtbare Tatsache, die für mich weder ein Dogma noch das *Prinzip* eines Systems usw. darstellt".[270] Gemeint ist nicht die Ablösung der herrschenden durch die nicht-herrschende Elite auf evolutionärem oder auf revolutionärem Wege, sondern die Überlebungsproblematik jeder Elite. ,,Die Eliten sind nicht von Dauer."[27] Gewiß, aber die quantitative Ausdehnung und die qualitative Erneuerung,[272] Einschaltung von Individuen aus den unteren Klassen und Elimination dekadenter Mitglieder halten nicht nur den baldigen Ruin auf, sondern bewirken zugleich einen Wandel in dem Verhältnis der beiden Residuenklassen: ,,Durch die Zirkulation der Eliten befindet sich die herrschende Klasse in einem Zustand fortwährender und langsamer Transformation, die wie ein Strom dahingleitet, der heute anders ist, als er gestern war."[273] Giovanni Busino schreibt, daß Pareto drei Möglichkeiten kennt, die den Untergang einer Elite verursachen: die biologische Ausrottung, sie allein ist gemeint mit dem berühmten Satz: ,,Die Geschichte ist ein Friedhof von Aristokratien";[274] die Änderung psychologischer Verhaltensweisen;[275] und die Dekadenz *qualitate qua* (Pareto bevorzugt andere Ausdrücke: ,,Kristallisation"; ,,geschlossene Elite").[276] Der Schlußteil des *Traité* ist der Überprüfung des theoretischen Gerüstes an Hand historischer Fresken gewidmet.[277] Es wird besonders Wert auf die Frage gelegt, ob und inwiefern Gewalt angewandt wurde zur Erhaltung der Macht,[278] denn ,,wenn man den Sturz von Regierungen beobachten kann, die sich nicht der Gewalt zu bedienen vermögen oder verstehen, kann man ebenfalls feststellen, daß keine Regierung Bestand hat, die ausschließlich von der Gewalt Gebrauch macht".[279] Aber damit bewegen wir uns bereits im Bereich des Politischen, jenseits unseres Aufgabengebietes.[280]

Damit ich nicht falsch verstanden werde, möchte ich zum Schluß dieses Abschnittes wiederholen, daß ich bestrebt war, den Aufbau des schwierigen *Traité* nachzuzeichnen. Nur ausnahmsweise zog ich ältere Schriften des Gelehrten heran. Und zwar aus dem Grunde, daß ich der Synthese eines abgeschlossen vorliegenden Denkens mittels wahllos (oder womöglich: mit größter Sorgfalt?) ausgelesener Zitate aus verschiedenen Schaffensperioden abhold bin. Pareto hat seinen *Traité* als die Summa seiner wissenschaftlichen Laufbahn verstanden, und deshalb jeden interpretativen Versuch von vornherein erleichtert und vereinfacht. Sollte man jedoch an der Entstehungsgeschichte des *opus magnum,* seiner Begriffe und Ideen interessiert sein, so ist das systematische Studium sämtlicher Publikationen in chronologischer Reihenfolge unerläßlich. Das habe ich oben andeutungsweise zu zeigen versucht. Freilich wäre eine Leistung, wie sie Léon Brunschwicg für die *Pensées* Blaise Pascals und Augustin Renaudet für das Oeuvre Niccolo Machiavellis[281] erbrachten, für unseren Autor erwünscht. In seinem Falle ist diese Aufgabe noch nicht in Angriff genommen worden, obwohl es seriöse Vorarbeiten gibt.[282] Dennoch ist eine wissenschaftliche Würdigung seines Werkes, jenseits von Pro und Kontra, fällig. Vielleicht darf sie als Krönung der schon ein Jahrzehnt dauernden Pareto-Renaissance demnächst erwartet werden?[283]

III. Die Methode[284]

Sicher wäre es falsch, einigen aus dem Zusammenhang gerissenen gelegentlichen Aussprüchen Paretos – „Diskussionen über die Methode halte ich für Zeitvergeudung"[285] – entnehmen zu wollen, er hätte für methodologische Fragen kein Verständnis gehabt. Solchen voreiligen Schlußfolgerungen tritt man wohl am besten mit dem Hinweis auf die folgenden Fakten entgegen:

- die Inauguralvorlesung von 1894, obzwar *De l'économique* betitelt,[286] handelt fast ausschließlich über das Problem der Methode in den Sozialwissenschaften;
- die bereits erwähnte Rede *Comment se pose le problème de l'économie pure?*[287] steht streckenweise im Zeichen der Methode;
- das Sachverzeichnis des *Cours d'économie politique* enthält zwei ziemlich lange Verweislisten, darunter eine anderthalbspaltige über die Methode;[288]
- dem *Manuale,* bzw. *Manuel,* wird ein Einführungskapitel über teils epistemologische, teils methodologische Fragen vorausgeschickt;[289]
- sogar die *Systèmes socialistes* überraschen durch interessante methodologische Ausführungen;[290]
- die Anfangsparagraphen des *Trattato,* bzw. *Traité,* sind eine Fundgrube für eine sachgerechte Würdigung der paretianischen Methodologie;[291]
- 1918 veröffentlichte der Gelehrte eine in methodologischer Hinsicht unentbehrliche Studie über *Economia sperimentale.*[292]

Beim Studium der Nationalökonomie und der Soziologie hat sich Pareto derselben Methode bedient. Bereits im Manuel wird ausdrücklich bestätigt: ,,Sowohl in meinen ökonomischen, wie in meinen soziologischen Forschungen werde ich nur die experimentelle Methode anwenden, und nur Probleme behandeln, denen man mit dieser Methode zu einer Lösung verhelfen kann."[293] Auch im *Traité* wird Pareto nicht müde, die von ihm vorgezogene Methode streng einzugrenzen und sich gegen etwaige Kritik im voraus abzusetzen. Dieser Methode legt er das Doppeladjektiv logisch-experimentell bei. Sie stützt sich nur auf Tatsachen, die entweder mittels Erfahrung oder durch Beobachtung gesammelt werden, doch nur dann als gesichert gelten, wenn Erfahrung und Beobachtung das gleiche Resultat ergeben: ,,Deshalb muß man dort, wo wir von einer Sache sagen werden, sie sei durch die Erfahrung belegt, im Geiste hinzufügen: *und durch Beobachtung,* und umgekehrt."[294] Um der Gefahr zu entgehen, vor lauter ,,Tatsachen" die ,,Wirklichkeit" nicht zu sehen, schlägt Pareto vor, schrittweise, vom Einfachen zum Komplexen weiterzuschreiten: ,,Wir werden vermittels *sukzessiver Annäherungen* voranschreiten, d.h. zuerst das Gesamtphänomen betrachten und freiwillig die Einzelheiten vernachlässigen, von denen wir dann bei den sukzessiven Annäherungen Kenntnis nehmen."[295] Das Verfahren hat freilich nichts mit unserem zeitgenössischen Modelldenken zu tun, sondern war von eh und je als brauchbar bekannt: ,,Hipparchos, Kepler, Newton, Laplace, Gauss, Poincaré liefern uns in der Himmelsmechanik sukzessive Annäherungen."[296] Pareto sagte außerdem: ,,In diesem Band begnügen wir uns mit einer sehr allgemeinen Darstellung, etwa wie man die Erde mit der Form eines Sphäroiden vergleicht; darum heißt unser Buch ‚Allgemeine Soziologie'. Die Einzelheiten müssen noch untersucht werden, so wie man Ozeane, Kontinente und Gebirge auf dem irdischen Sphäroid anbringt; das ist die Aufgabe einer Spezialsoziologie."[297]

Bevor wir näheres ausführen, müssen wir einen Augenblick innehalten und uns ganz kurz dem Paretoschen Wissenschaftsbegriff im weiteren Sinn zuwenden. Ich bin mir der Schwierigkeit des Unterfangens voll bewußt und beschränke mich absichtlich auf ein thesenhaftes Resümee der wichtigsten Errungenschaften des Gelehrten auf epistemologischem Gebiet:[298]

- Wissenschaft zu betreiben bedeutet für ihn *grundsätzlich* Kenntnisse, Wissen erwerben ,,und sonst nichts";[299] konkret heißt das für den Soziologen, sich ,,mit der Erforschung der Beziehungen zwischen den sozialen Tatsachen zu beschäftigen",[300] ,,die Gleichförmigkeiten (Gesetze) zwischen diesen Fakten zu entdecken",[301] ,,Theorien zu finden, die die mittels Erfahrung und Beobachtung entdeckten Tatsachen repräsentieren";[302]
- Wissenschaft, so verstanden, braucht sich nicht um das ,,Wesen" der Dinge zu kümmern,[303] und insofern Friedrich Hegel und sein französischer Übersetzer und Interpret Auguste Vera nur die Suche nach dem Absoluten als wissenschaftliche Zielsetzung gelten lassen, ist Pareto gerne bereit, seine logisch-experimentelle Wissenschaft als *Nicht-Wissenschaft* einzustufen;[304]

– die Wahrheit ist eine, vom Gelehrten streng gemiedene Kategorie;[305] sie wird von ihm nicht relativiert, sondern einfach ignoriert;[306]
– es gibt viele Sorten von Theorien,[307] aber die von Pareto einzig anerkannten werden korrekt ausgeklammert;[308] Theorien gelten übrigens nur auf Widerruf, also vorläufig, etwa im Sinne Karl Raimund Poppers: ,,Die Wissenschaft ist in einem ewigen Werden begriffen, d.h. jede Theorie wird durch eine andere ersetzt, die den realen Tatsachen besser entspricht";[309]
– Pareto nennt sich einen rabiaten Nominalisten[310] – ,,Ich bin der schlimmste aller Nominalisten", schrieb er Benedetto Croce 1900[311] –, aber nicht nach der mittelalterlichen Bedeutung des Wortes;[312] dementsprechend meint er, daß die Tatsachen nicht den Gesetzen unterworfen sind, sondern das Gegenteil der Fall sei;[313]
– das Ergebnis der wissenschaftlichen Tätigkeit, d.h. des Versuches, aus den Tatsachen logische Deduktionen zu gewinnen, ist die Formulierung von Gesetzen,[314] wobei zu beachten ist, daß Gesetze *immer* nur Geltung haben ,,innerhalb der uns bekannten *Grenzen von Zeit und Raum*",[315] *immer* Ausnahmen mit in Kauf nehmen müssen[316] und nur provisorischen Charakter besitzen;[317]
– die Sprache ist ein recht unvollkommenes Medium,[318] so daß es nicht befremdet zu lesen, daß die ,,Geschichte der Wissenschaften bis in unsere Tage im wesentlichen die Geschichte der Kämpfe darstellt, welche die erfahrungsmäßig experimentelle Methode gegen die Methoden der Introspektion, der Etymologie und derAnalyse des verbalen Ausdrucks zu kämpfen hatte und hat";[319] dieser Ambiguität wegen verwenden die fortschrittlichsten Wissenschaften Neologismen oder definieren übliche Wörter um.[320]

Pareto befürwortete deutlich eine werturteilsfreie Wissenschaftspraxis: ,,Die soziale Nützlichkeit einer Theorie mit ihrem experimentellen Wahrheitsgehalt in Verbindung setzen, ist ja eines der aprioristischen Prinzipien, die wir ablehnen."[321] In seinem Fall wäre die Formel von der totalen Neutralität gar nicht fehl am Platze,[322] als Versuch und als Ideal; so schreibt er am 18. August 1922 in einem Brief an Georges-Henri Bousquet: ,,Aber angenommen, daß es sich lohnen würde, die *Soziologie* zu durchleuchten, fände man womöglich Überreste des Glaubens und der Metaphysik. Sich vollständig davon zu befreien, ist für den Menschen wohl genau so schwierig, wie sich seines Körpers zu entledigen und dennoch freier Geist zu bleiben."[323] Seinem epistemologischen Kredo gemäß, war Pareto für die Idee des Methodenpluralismus eingenommen. Niemals hat er seiner Methode ausschließliche Gültigkeit zugesprochen: ,,Wir denken gar nicht daran zu behaupten, daß unsere Methode *besser* ist als andere Methoden; das Adverb *besser* hat in diesem Zusammenhang übrigens keinen Sinn."[324] Er geht sogar weiter, indem er ausdrücklich versichert, daß es tatsächlich andere Methoden gibt[325] und daß man nicht mit einer Methode ein Forschungsobjekt voll und ganz in den Griff bekommt.[326] Wichtig dafür ist folgender Abschnitt: ,,Der Weg, der zu den gesuchten Gleichförmigkeiten führen muß, kann manchmal lang sein; aber weil dies in diesem Buche der Fall ist, wird der Leser bemerken, daß ich bis heute der Unmöglichkeit gegenüberstehe, einen kürzeren Weg zu finden; sollte einer einen solchen finden, um so besser; ich würde sofort den alten Weg verlassen und den neuen einschlagen; bis dahin scheint es mir jedoch nützlich, dem einzigen existierenden zu folgen."[327] Mehrere Fragen drängen sich auf, und ich werde versuchen wenigstens zwei zu klären: die erste betrifft einige Aspekte des Inhalts der Paretoschen Methologie; die zweite hat mir seiner *Methodentreue* zu tun.

Die Frage nach dem Verhältnis von Induktion und/oder Deduktion beschäftigt uns als ein erster Aspekt der Methodologie Paretos. Bekanntlich haben sich im vergangenen Jahrhundert viele Sozialwissenschaftler mit den Risiken beider Denkverfahren befaßt.[328] Pareto war mit dieser Literatur vertraut und hat seine persönliche Ansicht wie folgt niedergelegt: „Die sozialen Tatsachen sind die Elemente unseres Studiums. Zuerst werden wir uns bemühen, sie zu klassifizieren, in der Absicht, zu dem einzigen und ausschließlichen Zweck, den wir uns hier vorgenommen haben, zu gelangen, nämlich die Gleichförmigkeit (Gesetze) der Beziehungen zwischen diesen Fakten zu entdecken. Indem wir gleichartige Fakten zusammenraffen, wird die Induktion einige dieser Gleichförmigkeiten hervortreten lassen, und wenn wir weit genug auf diesem, hauptsächlich induktiven, Weg fortgeschritten sind, folgen wir einem anderen, auf dem die Deduktion wichtiger ist. Damit werden wir die mittels der Induktion gesammelten Gleichförmigkeiten verifizieren; wir werden ihnen eine weniger empirische und mehr theoretische Form geben; wir werden die Konsequenzen ziehen und prüfen, wie sie das soziale Phänomen repräsentieren."[329] Der Gelehrte warnt wiederholt vor Denkfehlern im Stile des bekannten *post hoc propter hoc*[330] und vor anderen Sophismen.[331] – Die Quantifizierung stellt einen zweiten wichtigen Aspekt der Paretoschen Methodologie dar. Fortschreitende Quantifizierung deutet, nach Paretos Meinung, auf Vervollkommnung einer wissenschaftlichen Disziplin hin;[332] er verhehlt aber nicht, daß die Soziologie in dieser Hinsicht den Kinderschuhen noch nicht entwachsen ist.[333] In einem von Firmin Oulès[334] und Luc Bourcier de Carbon[335] hervorgehobenen Paragraphen des *Traité* wird von der besten Methode, interdependente Phänomene zu analysieren, gesagt, sie sei kaum einsatzfähig: „In der Tat zwingt sie den Gebrauch der mathematischen Logik auf, die allein mit aller Ausführlichkeit der Interdependenz Rechnung tragen kann. Sie besitzt aber nur für die Phänomene Gültigkeit, die man messen kann, und es bleiben unzählige, darunter fast alle soziologischen, davon ausgeschlossen. Aber sogar bei den Phänomenen, die man messen kann, tauchen große Schwierigkeiten auf, sobald das fragliche Phänomen ein wenig komplexer Natur ist."[336] Trotzdem beabsichtigt er, die Soziologie auf die „Höhe" der reinen Nationalökonomie zu bringen.[337] Gelegentlich blitzt sogar die Fata Morgana der Manipulation durch: „... aber wir können nicht wissen ob sie (sc. die soziologische Forschung) nicht eines Tages ... die Vorhersage der wahrscheinlichen sozialen Entwicklung ermöglichen wird".[338]

Ein dritter Aspekt der Methodologie Paretos ist schließlich das, von dem Gelehrten mit Vorliebe angewandte, *Analogieverfahren*. Der Leser kann sich kaum des Eindrucks erwehren, daß Pareto hierbei von didaktischen Erwägungen geleitet wurde: ,,Diese Analogien wurden von uns nur erwähnt, damit der Leser sich eine klare Vorstellung machen kann über die von uns dargelegten Theorien. Jedoch soll er sich darüber im klaren sein, daß diese Analogien keine Beweiskraft besitzen und daß jeder Beweis exklusiv aus dem Studium der Fakten hervorgehen muß. Die Methode, die Analogien für beweiskräftig hält, ist äußerst schlecht".[339] Er hört nicht auf, zu unterstreichen, daß Analogie und Identität verschiedene Konzepte sind[340] und daß eine Analogie niemals eine Definition ist.[341] Analogiefälle werden mehreren Wissenschaften entnommen:

- der Chemie: Individuen werden als die ,,Moleküle" des sozialen Systems aufgefaßt,[342] soziale Fakten als ,,Elemente";[343]
- der Philologie: die Begriffe ,,Residuum" und ,,Derivation" sind dieser Wissenschaft entnommen,[344] und es wird gesagt, es werde allmählich Zeit, daß die Soziologie sich auf den von der Philologie erreichten Stand emporhebt;[345]
- besonders aus der Mechanik: ,,In diesem Buche werde ich also einige, in der Mechanik beheimatete Termini verwenden, ... Deswegen gebührt es sich, daß ich dem Leser erkläre, in welchem bestimmten Sinn ich das zu tun beabsichtige",[346] so erfahren wir, daß die Rede sein wird von ,,Kräften",[347] virtuellen ,,Bewegungen"[348] und vor allem vom ,,Gleichgewicht",[349] diesem für das Denken Paretos symptomatischen Schlüsselbegriff.[350]

Anknüpfend an den Schlußabsatz des vorigen Paragraphen, muß mit der Interpretation Paretos als einem ,,Sozialmechaniker" aufgeräumt werden, die in Deutschland seit Gottfried Salomon[351] herumgeistert und noch jüngst von Friedrich Jonas vertreten wurde.[352] Ohne Zweifel betrachtet Pareto das von den exakten Wissenschaften gebotene Beispiel als nachahmenswert in den Sozialwissenschaften[353] und schrieb den eklatanten Fortschritt der ersteren der Hinwendung zur experimentellen Methode,[354] sowie dem Fehlen einer unmittelbaren sozialen Relevanz[355] zu. Es muß aber entschieden daran festgehalten werden, daß der Gelehrte niemals Naturwissenschaft auf das Soziale hat ansetzen wollen: ,,Was mich betrifft, ich ... strebe dem Aufbau der Soziologie nach, mit der Himmelsmechanik, der Physik, der Chemie und anderen gleichartigen *Nicht-Wissenschaften* als Modell."[356]

Es gibt außerdem Stellen im *Traité,* die zeigen, wie unser Autor sich gegen jeden Apriorismus verwahrt[357] und Unterschiede zwischen der Natur- und der Geisteswissenschaften herausarbeitet: seines Erachtens ist die Frequenz der Querverbindungen und Wechselwirkungen in der ersten Disziplingruppe geringer als in der zweiten,[358] und die erste kann obendrein leichter Nebeneffekte ausschalten.[359] Besondere Erwähnung verdient die Behauptung Paretos, sein *Traité* sei ein recht unvollkommener Versuch gewesen, die Relativität in die Sozialwissenschaften einzuführen.[360] Seinem Freund Linaker schrieb er am 21. Mai 1921: ,,In Bezug auf das Absolute hat Deine Frau bestimmt die *Relativitätstheorie* Einsteins gelesen. Meine *Sociologia* stellt für die Sozialwissenschaften einen Schritt in diese Richtung dar."[361] Luigi d'Amato weist daraufhin, daß Pareto seinen *Trattato* 1916 vollendet hatte, und fragt, ob er vielleicht den probabilistischen Charakter der neuen Gesetze geahnt hat.[362] Wie dem auch sei, Talcott Parsons kam schon 1937 zu der Überzeugung, daß Pareto kein Reduktionismus angekreidet werden könne,[363] obwohl er, dem Zeitgeist entsprechend, vorübergehend von einer Art „Psychologismus" befangen gewesen zu sein scheint.[364] Im *Cours d'économie politique* hieß es noch: „Die Wissenschaft, deren Studien wir beginnen, ist eine Naturwissenschaft wie die Psychologie, die Physiologie, die Chemie usw."[365] Im *Manuel* klang es ganz anders: „Die Psychologie bildet selbstverständlich die Grundlage der Nationalökonomie und, im allgemeinen, aller Sozialwissenschaften."[366] Solche apodiktische Zuversichtlichkeit ist im *Traité* verschwunden: diejenigen, die die Ökonomie durch die Psychologie ersetzen wollen, werden ironisch abgefertigt,[367] und nur die These, daß letzten Endes jede menschliche Handlung eine psychologische Handlung darstellt, beibehalten.[368]

War und blieb Pareto seiner logisch-experimentellen Methode treu? Die entschiedenste Verneinung dieser Frage verdanken wir Joseph Aloys Schumpeter. Seiner Ansicht nach soll das von unserem Gelehrten herangezogene Material, „das Produkt der Wahrnehmung und nicht des Experiments" sein.[369] Ich befürchte, daß hier eine Täuschung vorliegt. Das italienische Wort *sperimento* hat zwei Bedeutungen: Experiment und Erfahrung. Indem Schumpeter die erste Bedeutung wählt, verkennt er die tatsächliche Lage, die man am besten der im *Traité* vorherrschenden Terminologie entnehmen kann. Dort lesen wir u.a.: „Infolgedessen beabsichtigen wir im folgenden, allein Erfahrung (sc. *l'expérience*) und Beobachtung (sc. *l'observation*) als Führer zu nehmen."[370] Und weiter: „Um Meinungsstreitigkeiten zu schlichten, braucht man einen Richter. In den Sozialwissenschaften ist die objektive Erfahrung (sc. *l'expérience objective*), woraus *Beweise* geholt werden, dieser einzige Richter."[371] In dem wichtigen Aufsatz aus dem Jahre 1918, *Economia sperimentale,* wiederholt Pareto zum Überdruß, daß er sich der logisch-experimentellen Methode bedient, meint er, daß der Terminus *esperienza* einer einseitigen Erläuterung bedarf, und setzt ihn der Beschreibung von Tatsachen gleich.[372] – Das Problem wird umgekehrt zur Karikatur in der Sicht eines Werner Stark. Für den in der Welt heruntergekommenen Aristokraten Pareto „ist der zugrundeliegende Angstzustand lediglich der entfernte Anstoß eines, zur Anpassung an die Lage führenden Denkprozesses, während der Denkprozeß selbst psychologisch ist".[373] Logisch-experimentelles und naturwissenschaftliches Denken sind Synonyme;[374] unser Gelehrter „verwendet naturwissenschaftliche, man könnte fast sagen, zoologische Methoden außerhalb ihrer zulässigen Grenzen".[375] Dieser Zyniker[376] und Panideologe[377] – „ein Rationalist und Enzyklopädist, der sich ins 20. Jahrhundert verirrt hatte"[378] – arbeitete eine *hormische Theorie* aus, d.h. eine Theorie „welche den Schwerpunkt vom menschlichen Körper in den menschlichen Geist verschiebt, aber insofern materialistisch bleibt, als sie den Geist als ein Bündel von Trieben auffaßt".[379] Es ist lehrreich, die Aussagen Starks mit Paretos Äußerungen zu vergleichen, um überhaupt zu verstehen, wie schwierig es bleibt, dem Eremiten von Céligny gerecht zu werden und seinen *Traité* vorurteilsfrei zu lesen:[380]

S. 157: Nur das naturwissenschaftliche (logico-experimentelle) Denken ist sinnvoll und wahrheitsgemäß.	„... Es ist töricht zu sagen, daß man die Freiheit der ‚Wahrheit‘ und nicht diese des ‚Irrtums‘ beibehalten will; denn die zu lösende Frage ist gerade die Trennung von ‚Wahrheit‘ und ‚Irrtum‘ ...“ (POC 12 § 570).
S. 159: Ein Problem der Relativität existiert überhaupt nicht ... (auch: S. 160).	vgl. POC 12 § 540 und außerdem die §§ 553–573 („Die Wahrscheinlichkeit der Schlußfolgerungen“).
S. 159: ... und die Residuen sind physische Attribute des Menschen, Triebe, so etwas wie Quasi-Instinkte (auch: S. 262).	„Man muß sich sehr hüten, die Residuen (a) mit den Gefühlen oder den Instinkten zu verwechseln, denen sie entsprechen“ (POC 12 § 875).
S. 160: Paretos Strategie ist einfach: er reduziert den Menschen, dies komplexe Wesen, zu etwas rein Physischem, zum Tier.	vgl. für Unterschiede POC 12 §§ 157–160; und wie sonst die Zweiteilung in logische und nicht-logische Handlungen begründen?
S. 194: Pareto ist überzeugt, daß die hormische Lehre auf alle Sozialsysteme zutrifft.	in POC 12 der ganze § 2065, oben nur teilweise reproduziert (oben II.2.2).

IV. Die Bedeutung

Schon früh wurde Pareto im Pantheon der Nationalökonomie ein Ehrenplatz eingeräumt. Man ist sich darüber einig, daß er diese Wissenschaft in vielfacher Hinsicht gefördert hat; in jeder aktuellen Geschichte der volkswirtschaftlichen Doktrinen widmet man ihm lobende Paragraphen im Kapitel über den Beitrag der sogenannten „Lausanner Schule“. Die Technik der Indifferenzkurven, das Kriterium des kollektiven ökonomischen Optimums (Basis einer einflußreichen Wohlfahrtstheorie) und das Einkommensgesetz werden zu seinen Glanzleistungen gerechnet.[381] Auch in kommunistischen Staaten werden seine Lehren ernst genommen. Pierre Naville kam in diesem Zusammenhang zur Schlußfolgerung: „Marx oder Pareto, das ist tatsächlich eines der Dilemmata der ökonomischen und sozialen Theorie in der Sowjetunion, heute.“[382]

Demgegenüber ist der Soziologe Pareto nur sehr langsam und zaghaft rezipiert worden. Dafür gibt es vier triftige Gründe:

- der an Unübersichtlichkeit grenzende, ja geradezu „labyrinthische“ Aufbau des *Traité*. Georges-Henri Bousquet bemerkte dazu: „Dieser Band ist ein geniales Durcheinander, und wenn man das Geniale in Frage stellt, so müssen alle die Existenz des Chaotischen anerkennen“;[383]
- die Tatsache, daß Pareto sich für die Soziologie zu interessieren begann, als diese noch dem gezielten Sperrfeuer andersdenkender Forscher zu trotzen hatte: der deutsche Historiker Alfred von Dove nannte sie ein „Wortmaskenverleihinstitut“ und der russische Jurist Lev Petrazickij prägte das Schimpfwort vom „Museum wissenschaftspathologischer Theorien“;

- unzureichende Kenntnisse über Leben und Werk des Gelehrten. Erst heute realisieren wir, mit welcher Ungeniertheit ungenaue Fakten und Daten in die Welt gesetzt und dann von wendigen Wissenschaftlern zweiter Garnitur schadenfroh kolportiert wurden;[384]
- die Einführung Paretos als eines Kronzeugen im antifaschistischen Kreuzzug der dreißiger Jahre.[385]

Faktisch blieb Pareto bis etwa 1950 verfemt. In Italien galt die Parole des vorsichtigen Schweigens, obzwar es unrichtig wäre, zu behaupten, daß der Name des Gelehrten „tabu" war. In Frankreich hat sich nur Georges-Henri Bousquet für ihn eingesetzt: ein Ritter ohne Furcht und Tadel, aber dennoch ein Rufer in der Wüste. In Deutschland wurde der Gelehrte von „links" und von „rechts" gelesen, es dauerte trotzdem bis 1941, bis Arnold Gehlen seine großartige Analyse des *Traité* vorlegte,[386] eine Veröffentlichung, die ohne Nachhall blieb. In den USA hat es, ausgehend von der Initiative des bedeutenden Physiologen Lawrence Joseph Henderson, das berühmt gewordene Harvarder Pareto-Seminar gegeben;[387] außerdem übte die Dissertation des bereits erwähnten Talcott Parsons einen gewissen Einfluß aus. – Erst im letzten Jahrzehnt änderte sich die Situation rapide und von Grund auf. Auch dafür gibt es eine plausible Erklärung:

- die historische Distanz. Das Geständnis eines Raymond Aron illustriert den eingetretenen Gesinnungswandel aufs beste: „In einem vor etwa 30 Jahren geschriebenen Artikel habe ich ihn (sc. Pareto) selber beschuldigt, dem Faschismus eine Ideologie oder eine Legitimation geliefert zu haben. Das war 1937, in einer Zeit als wir von anderen Leidenschaften bewegt wurden als heutzutage";[388]
- die gegenwärtige Lage der Soziologie. Der amerikanische Soziologe Robert King Merton empfiehlt bezeichnenderweise den Ausbau von „Theorien mittlerer Reichweite", denn „Wir sind noch nicht fertig", weil uns noch „Billionen Stunden intensiver, disziplinierter und kumulativer Forschung" vom derzeitigen Stand der exakten Wissenschaften trennen;[389]
- die nunmehr zur Verfügung stehende Primärliteratur. Das verloren gewähnte und zugänglich gemachte Quellenmaterial ermöglicht endlich eine ernsthafte Auseinandersetzung mit dem Paretoschen Oeuvre. Infolgedessen schwillt die Sekundärliteratur dermaßen schnell an, daß Giovanni Busino regelmäßig imposante Sammelbesprechungen herausgeben kann:[390] es gibt eine blühende *Paretologie*.[391] Auch im Ostblock wurde Pareto inzwischen von einigen Soziologen entdeckt: die Namen der Polen Stanislaw Ossowski und Zygmunt Baumann, des Jugoslawen Radomir D. Lukic, des Ungarn Andreas Hegedüs, des Bulgaren G. Fotev, der Slowakin L. Bencovicova seien hier, nur stellvertretend für viele, genannt.[392]

Fortan wird Pareto zu jenen fünf oder sechs Riesen gerechnet, die als „Väter" der modernen Soziologie gelten und, wie es der holländische Altmeister Pieter Jan Bouman plastisch ausgedrückt hat, auf deren Schultern wir jetzt stehen.[393] Dennoch wäre es m. E. verfrüht, die Bilanz des vom Soziologen Pareto ausgeübten Einflusses ziehen zu wollen. Deswegen begnüge ich mich damit, eine zweifache Auswahl zu treffen: einerseits Hinweise globaler und andererseits solche spezieller Art. – Raymond Aron hat 1973 vier divergierende Lesarten des *Traité* beleuchtet[394], und ich selber habe noch eine fünfte hinzugefügt.[395] Das ist nur erklärlich im Lichte des Paretoschen „Globalismus". Dieser Pionierrolle entsprechend, nimmt es nicht wunder, daß Vertreter der drei großen Richtungen, denen man die vielen soziologischen Theorien vereinfachend zuweisen kann, Pareto für sich in Anspruch nehmen. Für die „Aktionalisten" ist dies evident und braucht nicht besonders belegt zu werden. Laut H. P. M. Goddijn unterliegt es keinem Zweifel, daß er auch den Funktionalisten etwas zu bieten hat;[396] Joseph Lopreato geht noch einen Schritt weiter, indem er behauptet, daß der Paretosche Begriff *Nutzen* dem Funktionsbegriff der Varianten dieser Schule entspricht.[397] Neuerdings melden sich auch die Strukturalisten: Vaclav Belohradsky hat darüber ein lesenswertes Buch geschrieben, und Giovanni Busino bezeichnet unseren Gelehrten als „Ahnherrn" des genetischen Strukturalismus, im Sinne der von seinem eigenen großen Lehrer Jean Piaget propagierten Lehren;[398] daß dem Einkommensgesetz bei dieser Einverleibung die Rolle eines „Testfalls" zufällt, ist besonders interessant.

Es gibt auch spezielle Hinweise, was die Bedeutung Paretos betrifft:

- Gelegentlich wird darauf hingewiesen, daß sich bei ihm Gedanken finden, die in einem späteren Stadium mit Überzeugung von einigen Forschern als ihre eigene Entdeckung erfolgreich in die wissenschaftliche Diskussion eingeführt wurden. Das ist z. B. der Fall mit dem erstmals 1920 von Edward Lee Thorndike beschriebenen *„Hallo-Effekt":* „hat ein Individuum einmal, aufgrund von hervorragenden Leistungen oder Eigenschaften, eine Führerstellung inne, wird sein augenblickliches Verhalten im Lichte dieser vergangenen Leistungen bewertet";[399] diese Idee steht aber bereits im *Traité.*[400]
- Die von der politischen Soziologie emsig betriebene Elitenforschung geht auf Pareto zurück; ohne Zweifel gibt es eine Schwierigkeit, da Gaetano Mosca seinen Landsmann des Plagiats beschuldigt hat,[401] aber davon bleiben die hervorragende Leistung unseres Gelehrten und ihre Nachwirkung unberührt: „Weder Mosca noch Michels erreichten etwas auf der breiten, metaphysischen, paretianischen Ebene";[402]– John H. Goldthorpe hat unterstrichen, in welchem Umfang Pareto bei der Deutung der Ergebnisse der sogenannten *Hawthorne-Experimente* von Elton Mayo und Fritz Roethlisberger herangezogen wurde, und generell in der Industrie-Soziologie von großer Bedeutung geblieben ist.[403]
- Werk und Idee bedeutender Forscher und Denker unserer Zeit sind oft weitgehend von der Lektüre des *Traité* beeinflußt worden; ich denke nur an George Caspar Homans, Leon Festinger, Crane Brinton, Harold Lasswell usw.[404]
- Einzelne Autoren, beispielsweise der Schweizer Volkswirtschaftler Albert Masnata[405] und der amerikanische Rechtsprofessor Thurman W. Arnold[406], haben eingestandenermaßen oder wenigstens unverhüllt im streng paretianischen Sinne geschrieben.

Am 15. August 1908 schrieb Maffeo Pantaleoni an Jeanne Régis einen Brief, in dem es u. a. hieß: ,,Der Tag wird kommen, wo Pareto eine erstrangige universelle Reputation haben wird, der eines Pascal, eines d'Alembert oder eines Pasteur vergleichbar".[407] Diese Vorhersage hat sich inzwischen bewahrheitet. So erklärt sich meine Pareto-Untersuchung im Rahmen dieses Sammelbandes. Dabei war es meine Aufgabe und meine Absicht, einen Überblick über den aktuellen Stand der internationalen Pareto-Forschung vorzulegen. Obzwar ich weder hagiographische Hintergedanken hatte noch habe, bleibt es immerhin möglich, daß kritische Leser hie und da ,,Blitze" unverhohlener Sympathie entdecken. Selbstverständlich kam es für mich in erster Linie darauf an, die soziologischen Errungenschaften aus dem Gesamtwerk herauszuschälen; vielleicht ist dieser Versuch nicht vollständig gelungen. Und schließlich erlaubte Raummangel keine erschöpfende Darstellung. So fehlen Abschnitte über Form und Inhalt,[408] über die philosophische Problematik,[409] über die von Pareto benutzten Quellen.[410] Diese Beispiele belegen zugleich meine These, daß Pareto zu jenen Klassikern gehört, denen man nur interdisziplinär gerecht zu werden vermag.

Alfred Bellebaum

FERDINAND TÖNNIES

I. Vorbemerkung

In der Geschichte soziologischer Lehrmeinungen hat Ferdinand Tönnies einen festen Platz, vor allem in Deutschland. Und doch wurde und wird sein Werk unterschiedlich eingeschätzt und gedeutet. Er gilt – um nur zwei Auffassungen wiederzugeben – als ,,Begründer der im prägnanten Sinne wissenschaftlichen Soziologie" ebenso wie als Philosoph, für den ,,die Soziologie nur eine Maske war, sein eigentliches Anliegen aber Ontologie, in dem er Hegel zu Spinoza zurückbog".[1] Obwohl Tönnies sich selbst durchaus als einen Soziologen begriff und er seinem weltweit berühmt gewordenem Buch *Gemeinschaft und Gesellschaft* in der zweiten Auflage von 1912 den Untertitel ,,Grundbegriffe der Reinen Soziologie" beigab, erscheint es mit Blick auf sein Werk nicht unangebracht, auch von Sozialphilosophie und Sozialethik zu sprechen.[2] In diesem Zusammenhang ist jedoch zu beachten, daß das Gesamtwerk von Tönnies überaus vielschichtig ist und in mehrere Wissenschaften hineinreicht, einschließlich der damals ja allererst sich entfaltenden Soziologie als selbständiger Erfahrungswissenschaft. Sodann verdient die Tatsache besondere Aufmerksamkeit, daß das Buch *Gemeinschaft und Gesellschaft* die Diskussion über soziologische Grundbegriffe innerhalb und außerhalb Deutschlands sehr stark angeregt und befruchtet hat. Tönnies gilt deshalb zu Recht als Soziologe, der zu seiner Zeit sehr einflußreich war und dessen Nachwirkung bis in die unmittelbare Gegenwart hinein aufgezeigt werden kann.

Trotzdem ist die Frage berechtigt, warum in diesem Band grundlegende Einsichten und Ansichten von Tönnies vorgetragen und erörtert werden – gelten doch etwa Max Weber und Georg Simmel durchweg als soziologisch fruchtbarer und einflußreicher. In seiner *Geschichte der Soziologie* schreibt Friedrich Jonas: ,,Die Soziologie ist eine an der Erfahrung orientierte und der Zukunft zugewandte Wissenschaft. Sie kann sich nicht durch Autoritäten und Dogmen legitimieren wollen, und ihre Geschichte ist demzufolge kein Mausoleum, in dem Namen und Meinungen um ihrer selbst willen konserviert werden. In einer Zeit, die auf allen Gebieten einen außerordentlichen Zuwachs an Wissensstoff zu verzeichnen hat, gehört zum Fortschritt der Erkenntnis auch die Fähigkeit, das Vergangene auf sich beruhen und das Tote durch die Toten begraben zu lassen. Die Beschäftigung mit der Geschichte einer Wissenschaft kann sich hier nicht durch die Erinnerung eines der Vergangenheit angehörenden Stoffes rechtfertigen, sondern muß zur Erkenntnis der Fragen beitragen, vor denen diese Wissenschaft hier und jetzt steht."[3]

An welcher Erfahrung war Tönnies soziologisch und vielleicht sonstwie orientiert? Welcher Zukunft war er zugewandt? Welches waren die grundlegenden Fragen, vor denen Tönnies stand, und welche Bedeutung kommt ihnen möglicherweise heute noch zu?

II. Biographie[4]

Ferdinand Tönnies wurde am 26. 7. 1855 im Kirchspiel Oldenwort auf der Halbinsel Eiderstedt (Herzogtum Schleswig) geboren. Er entstammt einem alten Bauerngeschlecht. Ausreichender Wohlstand seiner Eltern gestattet es diesen, für die älteren der insgesamt sieben Kinder einen Hauslehrer einzustellen und später ganz nach Husum zu ziehen. Hier verbringt Tönnies die weitere Kindheit und seine Jugend.

Nur kurze Zeit studiert er 1872 in Straßburg; noch im gleichen Jahr wechselt er die Universität und geht zunächst nach Jena, dann nach Leipzig, Bonn, Kiel und Tübingen. Wichtige Studienfächer sind Klassische Philologie, Philosophie, Theologie, Kirchengeschichte, Archäologie und Kunstgeschichte. Ein altertumswissenschaftliches Thema *(De Jove Ammone quaestionum specimen)* ist Gegenstand seiner Dissertation; 1875 wird er in Tübingen zum Dr. phil. promoviert.

In den kommenden Jahren betreibt Tönnies ein privates Studium. Das Interesse an klassischer Philologie tritt zugunsten der Philosophie zurück, was damals die Staatswissenschaften mit einschließt. Auf Anregung von Friedrich Paulsen, mit dem er einen langjährigen Briefwechsel führt, befaßt er sich zunächst ausführlich mit Hobbes. Er entdeckt wichtige Arbeiten von Hobbes und korrigiert die herrschende Ansicht, wonach dieser bloß Schüler Bacons gewesen sei. Mit *Anmerkungen über die Philosophie des Hobbes* wird Tönnies 1881 von der philosophischen Fakultät der Universität Kiel habilitiert; sein Buch über Hobbes erscheint 1896 in erster, 1912 in zweiter und 1925 in dritter Auflage. Schon am Schluß der *Anmerkungen* werden die Worte „Gemeinschaft" und „Gesellschaft" gebraucht – ausführlicher dann in der ebenfalls 1881 verfaßten und der Fakultät gleichfalls vorgelegten Abhandlung *Gemeinschaft und Gesellschaft (Theorem der Cultur-Philosophie)*. Die Beschäftigung mit Hobbes' Staatslehre weckt das Interesse an rechtsgeschichtlichen und rechtsphilosophischen Fragen. Mit alledem ist ein wesentlicher Fragenkomplex angesprochen, der für die Entstehungsgeschichte seines Hauptwerkes *Gemeinschaft und Gesellschaft* entscheidend ist. Es erscheint 1887 in erster, 1912 in zweiter und 1935 in achter Auflage.

Schon früh interessiert Tönnies sich für Statistik. 1878/79 ist er bei Adolf Wagner in Berlin und wird Mitglied des von Ernst Engel geleiteten Seminars im Preußischen Statistischen Büro. Ebenfalls früh befaßt er sich empirisch mit verschiedenen sozialen Problemen. Im Jahre 1893 erscheint der kleine Aufsatz *Jugendliche Kriminalität und Verwahrlosung in Großbritannien,* 1895 die längere Abhandlung *Das Verbrechen als soziale Erscheinung,* 1896–1898 publiziert er mehrere Arbeiten über den Hamburger Streik, 1900 folgt eine Kritik über *Die Krimi-*

nalstatistik und die Vorlage zum Schutz des gewerblichen Arbeitsverhältnisses, und in den folgenden Jahren veröffentlicht er zahlreiche Studien zu den Themen Verbrechen, Selbstmord, Strafrecht, Strafvollzug, Zwangserziehung, Verhütung des Verbrechens u. a. m.

Der Beginn seiner empirischen Arbeiten fällt zeitlich ungefähr zusammen mit der Herausgabe der ersten Auflage von *Gemeinschaft und Gesellschaft.* Von der *Philosophischen Terminologie* abgesehen, die zuerst in englischer Übersetzung schon 1899/1900 in der Zeitschrift ,,Mind" publiziert wurde, erscheinen weitere größere, mit der Theorie Gemeinschaft und Gesellschaft mehr oder weniger eng zusammenhängende theoretische Schriften erst sehr viel später – so *Die Sitte* (1909), *Kritik der öffentlichen Meinung* (1922), *Das Eigentum* und *Fortschritt und soziale Entwicklung* (1926), *Einführung in die Soziologie* (1931) sowie *Geist der Neuzeit* (1935). Hinzu kommen etwa ab 1893 zahlreiche und teils sehr verstreut publizierte Aufsätze, Abhandlungen und Pamphlete, die zum Teil durchaus soziologisch orientiert sind und der Selbstklärung und weiteren Ausgestaltung seines soziologischen Systems dienen.

Ein Blick in die von Else Brenke besorgte (unvollständige) Bibliographie aus dem Jahre 1936 zeigt, wie häufig Tönnies zu politischen, sozialpolitischen, sozialethischen und sozialreformerischen Fragen sich äußert. Daß er dadurch in den Sog weltanschaulicher und parteipolitischer Auseinandersetzungen gerät, ist unvermeidlich. Sein älterer Freund Paulsen schreibt ihm 1898: ,,. . . wenn Dir eine Professur jetzt wirklich erwünscht ist, so wirst Du daraus Folgerungen ziehen müssen. Die erste wird sein, daß Du Dich ein wenig aus dem öffentlichen Leben zurückziehst und nicht durch schroffes Auftreten in den Parteienkämpfen der Gegenwart die Bedenken, die man nun gegen Dich gefaßt hat, herausforderst und verstärkst."[5] Solche Bedenken gibt es seitens des Preußischen Kultusministeriums, dem er als angeblicher Sozialist und Sozialdemokrat verdächtig ist. Den Titel Professor führt er zwar schon seit 1891, o. ö. Professor (für wirtschaftliche Staatswissenschaften) in Kiel wird er aber erst 1913. Schon drei Jahre später läßt er sich freiwillig von seinen Pflichten als Hochschullehrer entbinden. Im Jahre 1920 kehrt er als Lehrbeauftragter für Soziologie an die Universität Kiel zurück.

Einer weiteren Öffentlichkeit wird Tönnies eigentlich erst nach dem Erscheinen der zweiten Auflage seines Hauptwerkes im Jahre 1912 bekannt, wobei politisch bedeutsame Bewegungen eine wichtige Rolle spielen, die sich des Konzepts Gemeinschaft – überhaupt nicht im Sinne des Verfassers – auf ihre Weise bedienen. Aber auch in wissenschaftlichen Kreisen geschieht die Rezeption seines Werkes lange Zeit nur langsam. In Anerkennung seines wissenschaftlichen Werkes verleiht ihm die Universität Hamburg 1921 den Dr. jur. h. c., die Universität Bonn 1927 den Dr. rer. pol. h. c. Er wird Geheimer Regierungsrat und Mitglied zahlreicher ausländischer soziologischer Gesellschaften und Institute. Die Deutsche Gesellschaft begründet er 1910 in Frankfurt mit, und er hält dort die Eröffnungsrede. Zu ihrem Präsidenten wird er 1922 gewählt.

Tönnies setzt sich entschieden für die Weimarer Republik ein und bekämpft den Nationalsozialismus energisch. Als er in einem Zeitungsartikel antisemitische Ausschreitungen an der Universität Breslau im Jahre 1932 als „Gefahr eines Rückfalls in die Barbarei" brandmarkt, heißt es im „Völkischen Beobachter" vom 13. 1. 1933: „Barbaren? Wir sind mit Lust Barbaren, wenn das öde Nachplappern demagogischer Plakatbegriffe unter geistigen Größen, wie Ferdinand Tönnies aus Kiel und Anna Siemsen aus Jena, Anspruch auf Kultur machen sollte." Die Deutsche Gesellschaft für Soziologie bleibt von der gewollten Barbarei nicht verschont. Verschiedene Umstände führen dazu, daß Tönnies 1933 als Präsident der Gesellschaft zurücktritt, an deren Stillegung er beteiligt ist. Eine „Deutsche Soziologie" lehnt er ab und setzt sich bis zuletzt für eine wissenschaftliche Soziologie ein, zu deren Entfaltung, Verselbständigung und Ausbreitung er anerkanntermaßen entscheidend beigetragen hat.

Ferdinand Tönnies stirbt am 11. 4. 1936 in Kiel.

III. Das Werk

1. Gemeinschaft und Gesellschaft: Zur Entstehungsgeschichte

Schon in der Philosophie des deutschen Idealismus spielt das Begriffspaar Gemeinschaft und Gesellschaft eine wichtige Rolle. Während aber beispielsweise Schleiermacher die Zweckgebundenheit von Gemeinschaft betont und von Gesellschaft als Inbegriff zweckfreier Geselligkeit spricht, vollzieht sich später unter dem Einfluß der Romantik ein Bedeutungswandel. Dieser findet in Tönnies' begrifflicher Festlegung einen Höhepunkt, wobei nunmehr Gemeinschaft der Gesellschaft als Zweckverband gegenüber gestellt wird, die sich durch insgesamt stark persönliche Beziehungen der ihr angehörenden Menschen auszeichnet.

Das unter dem Titel *Gemeinschaft und Gesellschaft. Grundbegriffe der Reinen Soziologie* bekannt gewordene Hauptwerk von Tönnies war zunächst in einem ersten Entwurf von 1880/81 als *Gemeinschaft und Gesellschaft (Theorem der Cultur-Philosophie)* deklariert, und es trug in der ersten Auflage von 1887 den Untertitel „Abhandlung des Communismus und des Socialismus als empirische Kulturformen". Solche Bezeichnungen werden verständlich auf dem Hintergrund der Auseinandersetzungen vor allem mit den in der Naturrechtslehre und Historischen Schule erörterten Themen.[6]

1.1. Rationalismus. Die jahrhundertealte Diskussion über Inhalt und Geltung des Naturrechts verschärft sich zu Beginn des 19. Jahrhunderts auf ihre Weise unter dem Einfluß geschichtlichen Denkens. In der Historischen Schule der Nationalökonomie wird in Reaktion auf bestimmte Auffassungen der Klassischen Nationalökonomie die Annahme absolut geltender und zeitlos gültiger Wirtschaftsgesetze als unhaltbar zurückgewiesen und stattdessen die historische Bedingtheit des Wirtschaftsgeschehens behauptet. In der Historischen Rechtsschule erfährt das seit jeher immer wieder erneut versuchte und unter verschiedenerlei Einflüssen konzipierte Naturrechtsdenken eine scharfe Kritik, indem unter Hinweis auf geschichtliche Rechtswirklichkeit die Ansicht zurückgewiesen wird, daß es absolut geltendes und zeitlos gültiges Recht gebe, welches natürlich = dem menschlichen Wesen gemäß sei und das zugleich als legitimes Recht eine konkrete Ordnungsfunktion habe.

Tönnies nimmt an diesen Auseinandersetzungen lebhaften Anteil und ist um einen eigenständigen Beitrag zu diesem Problemkreis bemüht. Die Grenzen der naturrechtlichen Philosophie sieht er darin, daß sie nichts zum Verständnis der historisch gegebenen Rechtssysteme und ihrer Entwicklung beiträgt. Der Historischen Schule gesteht er zwar zu, hinsichtlich der beobachtbaren Wirklichkeit recht zu haben, ihren Hauptmangel sieht er aber darin, daß sie, „wie ihr die Hegelianer vorwarfen, jeder Philosophie ermangele". Die historischen Disziplinen haben bedeutsame Arbeit geleistet, aber ihr Nachteil besteht darin, daß sie auf Begriffsbildung und Theorie mehr oder weniger verzichten und dabei noch meinen, daß eine andere Vorgehensweise unmöglich sei. Dies jedoch ist eine unzulässige Annahme. Was die historischen Schulen bekämpfen, „sind teils historische Meinungen, die sie in dem System enthalten finden – das ist eine Sache für sich – teils die (von ihnen so genannte) *rationalistische* Konstruktion. Hierbei wird nicht unterschieden zwischen dem Rationalismus im Gegenstande, dem objektiven, und dem Rationalismus in der Methode, dem subjektiven Rationalismus. Die Nationalökonomen bezweifeln den Rationalismus in der Gesellschaft, die Juristen kritisieren den Rationalismus des Staates. Ob eine andere (nicht bloß beschreibende) *Wissenschaft* von diesen Gegenständen möglich sei, als eine rationalistisch konstruierende, – diese Frage ist kaum aufgeworfen, geschweige denn gelöst worden."[7]

Für Tönnies versteht es sich von selbst, daß der „Rationalismus in der Methode" für wissenschaftliches Arbeiten unerläßlich ist, denn ohne Begriffe und Theorien gibt es keine Wissenschaft, allenfalls eine Sammlung von Tatsachen ohne Erkenntnis- und Erklärungswert.[8] Ebenso klar ist, daß über den „Rationalismus im Gegenstand" nach Art bloßer Konstruktion von Begriffen, ihrer Entfaltung und Verknüpfung kein Weg zur Erkenntnis der erfahrbaren Wirklichkeit und der geschichtlichen Veränderungen führt. Tönnies jedenfalls ist von Anfang an darum bemüht, „die Verbindung der entgegengesetzten organischen und mechanischen, der historischen und rationalen Theorie[9] herzustellen.

1.2. Organisch und mechanisch. Die Worte organisch und mechanisch – sie spielen in den begrifflichen Erläuterungen von Gemeinschaft und Gesellschaft eine wichtige Rolle – tauchen in diesem Zusammenhang nicht zufällig auf. In rechtsphilosophischen Erörterungen wird, oft in enger Verbindung mit naturrechtlichen Vorstellungen, über organisch und mechanisch, natürlich und künstlich seit jeher diskutiert und durchgängig ein Gegensatz behauptet. Auch unabhängig davon werden teils in bloß vergleichendem, teils in entwicklungsgeschichtlichem Kontext Einrichtungen und Handlungen entweder als naturgegeben-natürlich und organisch-gewachsen oder als bewußt geschaffen und mechanisch-zweckhaft organisiert begriffen. Auf Gesamtgesellschaften abgehoben, ist beispielsweise schon früh unterschieden worden zwischen auf Verwandtschaft und lokaler Verbundenheit beruhender Grundgesellschaft und von einem gemeinsamen Zweck her konstruierter Zweckgesellschaft.[10]

Die enge Verbindung zwischen organischen und historischen sowie zwischen mechanischen und rationalen Theorien ist offenkundig, und sie findet teils im rechtsphilosophischen und teils im nationalökonomischen Denken ihren konkreten Ausdruck. So schätzt der Begründer der Historischen Rechtsschule F. K. v. Savigny (1789–1861) das römische Recht hoch ein und mißt ihm auch für seine Zeit eine große Bedeutung bei. Er wendet sich jedoch entschieden gegen jede Rechtskodifikation, weil sie der erstrebenswerten kontinuierlichen Fortentwicklung des Rechts nicht gemäß sei – eine Auffassung, die auf dem Hintergrund historischer Betrachtung mit Blick auf geschichtliche Rechtswirklichkeit und historisch-organisch gewachsenes Recht der einzelnen Völker durchaus verständlich ist. In noch stärkerem Maße finden sich organische und historische Vorstellungen bei den als Germanisten bezeichneten Anhängern der Historischen Rechtsschule, die in Deutschland jede Rezeption des Römischen Rechts ablehnen. – Im nationalökonomischen Denken dominiert vor allem in Deutschland während des 19. Jahrhunderts zwar die Historische Schule. Sie erfährt aber doch massive Kritik im berühmt gewordenen Methodenstreit insbesondere zwischen G. v. Schmoller (1838–1917) und C. M. Menger (1840–1921), der sich gegen eine zu stark historisierende Betrachtung wendet und stattdessen die Bedeutung der deduktiven Methode und damit des rational-begrifflichen Denkens hervorhebt.

Tönnies versucht, die skizzierte Problematik durch eine begriffliche Unterscheidung des ,,Natürlich-Gewordenen" und des ,,(relativ) Gemachten" zu lösen, wobei ,,dieses als die notwendige Erfüllung jenes, als seine andere Seite sich darstellt – einfach als ein Spiegel oder Schatten der Wirklichkeit".[11] Von hier aus gesehen wird es verständlich, daß Tönnies gelegentlich ziemlich einseitig und mißverständlich zusammen mit der Unterscheidung zwischen Gemeinschaft und Gesellschaft trennt zwischen organischer und mechanischer Einheit. Jedoch gilt für ihn generell – in Ablehnung biologischen Denkens und biologischer Analogien –, daß allein Individuen eine ,,natürliche Realität" aufweisen, weshalb auch die sozialen Verhältnisse nur sind, ,,indem und insofern als sie empfunden, gefühlt, vorgestellt, gedacht und gewollt werden – und zwar zunächst von *Individuen*". Tönnies schreibt den sozialen Gebilden zwar eine Realität zu, nämlich ,,soziale Realität", diese Wirklichkeit ist aber im Unterschied zur alleinigen natürlichen Realität der Individuen ,,insgesamt ideellen Wesens, d.h. in den Seelen der Menschen begründet"; und die ,,hierin enthaltene Wahrheit pflegt wohl so ausgedrückt zu werden, daß man sagt, es handle sich um Fiktionen".[12] So betrachtet sind alle Formen der Verbundenheit von Menschen, ist die gesamte soziale Wirklichkeit, ideeller Natur – sei es die Gemeinschaft, sei es die Gesellschaft.[13] Die Termini natürlich und künstlich, organisch und mechanisch bezeichnen zwar (gleich noch zu verdeutlichende) erhebliche Unterschiede zwischen den als Gemeinschaft und Gesellschaft begriffenen Verhältnissen. Es sind aber eben beide Formen der Gesellung in dem Sinne ,,natürlich", als a) Gesellschaft sich notwendig aus Gemeinschaft entwickelt (entwicklungsgeschichtlicher Aspekt) und als b) Gemeinschaft und Gesellschaft Korrelate sind, die in je verschiedenem Mischungsverhältnis in allen menschlichen Verbindungen auftreten (systematisch-soziologischer Aspekt).

1.3. Gesellschaft und Staat. In dem Zitat über Rationalismus wird ausdrücklich auf Gesellschaft und Staat hingewiesen. Das ist seinerseits ein komplexes Thema, welches im 18. und 19. Jahrhundert ausführlich erörtert wurde und für Gründe, Ausmaß und Folgen der Trennung zwischen Staat und Gesellschaft lange Zeit hochaktuell war – und dies ja heute noch ist. In dem Maße, wie das Bürgertum wirtschaftlich erstarkt und die traditionelle Macht-Rang-Ordnung (Claessens) trotzdem bestehen bleibt, wird eben diese Ordnung mit der Zeit immer stärker kritisch betrachtet. Der feudalistisch-absolutistische Staat erscheint angesichts der Kluft zwischen überlieferter Legitimierung dieser Ordnung und teilweise ja doch erheblich veränderter Machtverhältnisse als fragwürdig. War mittelalterlich-religiösem Denken ein Antagonismus von Staat und Gesellschaft an sich fremd, so wird jetzt dem absolutistischen Staat, als bloßem Machtapparat verstanden, die Idee der „freien Gesellschaft" gegenübergestellt – die Gesellschaft der vorgeblich von Natur aus freien Menschen, die sich ihrer Vernunft bedienen sollen, auf daß es vernünftig in dieser Welt zugehe.

Die Diskussion über das Verhältnis von Gesellschaft und Staat ist insgesamt erheblich differenzierter geführt worden, als diese wenigen Hinweise es ahnen lassen. Hier kommt es aber nur auf den ideengeschichtlichen Zusammenhang an. Am 9. 1. 1881 schreibt Tönnies an Paulsen: „. . . und will nur soviel mitteilen, als ich unter dem Titel ‚Gemeinschaft und Gesellschaft' den Gegensatz behandle, welchen die Neueren (Stein, Gneist usw.) als den von *Staat* und Gesellschaft, wie ich meine liberalistisch falsch, behandelt haben; den man auch allgemein als von Ordnung und Freiheit bezeichnen kann oder als Verkehr durch Pflichten – und Verkehr durch Tausch. Jedoch führe ich das anders aus."[14] Und Tönnies erklärt 1890, daß Paulsen seinen Ansprüchen näher kommen würde, wenn dieser sagen könnte und wollte, „daß in meinen Begriffen und ihrer Darstellung ein wichtiger Fortschritt der wissenschaftlichen Analyse über die bisherige Dualität von ‚Staat' und ‚Gesellschaft', ebenso wie über den berufenen Antagonismus ‚organischer' gegen die rationalistischen, mechanischen, atomistischen Theorie, wirklich angetroffen werde . . ."[15]

Angesichts der Bemühungen, die entgegengesetzten organischen und mechanischen, historischen und rationalen Theorien miteinander zu verbinden, erscheint es nur konsequent, den bislang behaupteten Gegensatz zwischen Staat und Gesellschaft zu überwinden. Bemerkenswert der Hinweis in seiner autobiographischen Skizze: „. . . war meine Meinung, daß schon im ganzen Vertragswesen und besonders in der Assoziation die Keime des Sozialismus enthalten sind, daß es also in dem parallel laufenden Fortschritt von bürgerlicher Gesellschaft und Staat nur um eine sozial gesetzlich bedingte ähnliche Steigerung des Faktors Staat sich handele, wobei ich nicht nur an den Gang der gesellschaftlichen Entwicklung, der diese Steigerung notwendig macht, sondern auch an ... Wagners ‚Gesetz' des Wachstums der Staatstätigkeit dachte".[16] Der Staat wird hier gesehen als (funktional) notwendige und sachnotwendig mehr Einfluß ausübende Einrichtung. Der Staat wird in dem Maße verstärkt unerläßlich, als infolge der globalen gesellschaftlichen Entwicklung, welche zugleich mehr Komplexität und Differenzierung mit sich bringt, überlokale Regelungssysteme erforderlich sind. So gesehen ist der Staat kein Gegensatz mehr zur Gesellschaft, er ist vielmehr integraler Bestandteil von Gesellschaft, ohne den diese gar nicht funktionieren könnte.

1.4. Gemeinschaft und Gesellschaft. Warum aber Gemeinschaft und Gesellschaft als „Theorem der Cultur-Philosophie" und als „Abhandlung des Communismus und des Sozialismus als empirische Kulturformen"? In Tönnies' Selbstdarstellung heißt es dazu: „Ich wollte damit sagen, daß man in diesen vielberufenen Schlagworten nicht bloße Phantasmen, ausgeklügelte Ideale und Utopien, sehen dürfe, sondern Erscheinungen des wirklichen sozialen Lebens begreifen solle. Dies war in bezug auf den Kommunismus gar nichts Neues ... Ich meinte nur darzustellen, daß der ebenfalls schon damals viel berufene und als für die Neuzeit charakteristisch gefundene ‚Individualismus' nichts weiter als ein idealer Grenzpunkt sei in dem großen Prozeß, der vom Kommunismus zum Sozialismus, von Gemeinschaft zu Gesellschaft führe."[17]

Die kritischen Auseinandersetzungen insbesondere mit Naturrechtslehre und historischer Schule, mit mechanisch-rationalen und organisch-historischen Vorstellungen sowie mit überlieferten staatsphilosophischen Ansichten über Staat und Gesellschaft münden also ein in eine zunächst ausgeprägte entwicklungsgeschichtliche Züge enthaltende Theorie, die einen umfassenden Prozeß konstatiert, eben den von Gemeinschaft zu Gesellschaft. Nach Ansicht von Tönnies hat diese Theorie genügend empirische Belege für sich, weshalb es ihm gerechtfertigt erscheint, von wirklichem sozialen Leben zu sprechen.[18]

2. Gemeinschaft und Gesellschaft – Wesenwille und Kürwille

Die entwicklungsgeschichtliche Perspektive – über deren sozialphilosophische, sozialkritische und sozialethische Implikationen unten noch etwas zu sagen sein wird – ist später von Tönnies selbst insofern (teilweise) korrigiert worden, als er Gesellschaft nicht mehr einfach auf Gemeinschaft folgen läßt, sondern das gemeinsame Auftreten gemeinschaftlicher und gesellschaftlicher Elemente im zwischenmenschlichen Geschehen betont. Kurzum: Teils mischen sich teils lassen sich voneinander unterscheiden vergleichende Kulturgeschichte, gesamtgesellschaftliche Betrachtung und Analyse sozialer Gebilde – jeweils unter dem Aspekt der mit den Worten Gemeinschaft und Gesellschaft begriffenen Sachverhalte. Welche sind das?

2.1. Soziologische Kategorien. Tönnies kennt zwei Grundformen menschlicher Verbundenheit. In der Gemeinschaft leben die Menschen verbunden trotz allem was sie trennt – in der Gesellschaft sind sie getrennt trotz allem was sie verbindet. Dort leben die Menschen miteinander auf der Grundlage enger persönlicher und um ihrer selbst willen bejahter Beziehungen – hier gründen ihre Verbindungen in zweckhaften Erwägungen und dadurch bedingter zwischenmenschlicher Distanz. Formen der Gemeinschaft sind vor allem: Verwandtschaft, Nachbarschaft und Freundschaft auf der Basis von Blutsbanden, Gefühlen und Solidarität; solches gemeinschaftliche Leben verwirklicht sich im Raum der Familie, im Bereich des Dorfes und der Stadt durch Eintracht, Sitte und Religion. Formen der Gesellschaft sind beispielsweise: Aktiengesellschaft, Großstadt, Nation und überhaupt die bürgerliche Wirtschaftsgesellschaft und sich entfaltende Industriegesellschaft – auf der Grundlage interessenspezifischer Bindungen vermittels Konvention, Politik und öffentlichem Bewußtsein. Gemeinschaft ist möglich vor allem auf lokaler Basis, Gesellschaft wird Wirklichkeit durch Komplexität und überlokale Verflechtung. Gemeinschaft ist „ihrem Wesen nach begrenzt und tendiert zur Intensität", Gesellschaft ist „ihrem Wesen nach grenzenlos und tendiert zur Extension"[19]. Dort ist die Einheit ein organisches Ganzes, hier ist die Einheit ein mechanisches Artefact.

Schematische Darstellung wichtiger Merkmale und Unterschiede der Kategorien „Gemeinschaft" und „Gesellschaft" bei Ferdinand Tönnies

Formen der Gesellung	Gemeinschaft	Gesellschaft
1. *Arten der Verbundenheit*	Wesenwille-Gefühlsmotive	Kürwille-Zweckmotive
2. *Beziehungsmuster*	Verbundenheit trotz Trennung	Trennung trotz Verbundenheit
3. *Lebenskreise*	Familie, Dorf, Stadt	Großstadt, Nation, Staat, Welt
4. *Normen und Kontrolle*	Eintracht, Sitte, Religion	Konvention, Gesetz, Öffentliche Meinung
5. *Interaktionsrahmen*	Lokale Verflechtung und Intensität	Überlokale Verflechtung und Komplexität
6. *Art der Einheit*	organisch	mechanisch

2.2. Psychologische Korrelate. Begriffliche Entfaltung und beispielhafte Erläuterung von Gemeinschaft und Gesellschaft erfolgen immer schon unter Berücksichtigung psychischer Gegebenheiten, indem von vornherein und ausdrücklich auf Motive, Einstellungen, Gefühle, u. dgl. m. abgehoben wird. Der zentrale Begriff ist Wille. Dabei meint Wesenwille den „Willen, sofern in ihm das Denken" und Kürwille, den „Willen, sofern in ihm der Wille enthalten ist". Dort erfolgt die „gegenseitige Bejahung auf dem Grunde vorwiegender Gefühlsmotive", hier aufgrund „vorwiegender Denkmotive"[20].

Wesenswille in seinen Modifikationen vegetativer, animalischer und mentaler Wille drückt sich aus in Gefallen, Gewohnheit und Gedächtnis – Kürwille als Gestalt des isoliert-autonomen mentalen Willens äußert sich in Bedacht, Belieben und Begriff. Im Wesenwillen ist zweckhaftes Denken nur enthalten, im Kürwillen dominiert es. Dort bilden Mittel und Zweck eine unaufhebbare Einheit, hier orientiert sich die Wahl der Mittel rational mit Blick auf autonome und situationsspezifische Zwecke. Wesenwille ist Ausdruck organischer, Kürwille Ausdruck mechanischer Einheit. Denn: ,,Der soziale Wille ... ist ein Ganzes, dessen Teile die menschlichen Individuen als vernunftbegabte Wesen ausmachen. Auch dieses Ganze besteht aber vor den Teilen oder wird aus ihm zusammengesetzt. Alle Gebilde von der einen Art nenne ich ,Gemeinschaft', alle von der anderen ,Gesellschaft' "[21].

2.3. Wille. Wie schon erwähnt vertritt Tönnies die Auffassung, daß die soziale Realität im Unterschied zur alleinigen natürlichen Realität der Individuen insgesamt ideellen Wesens, d.h. in den Seelen der Menschen begründet ist. Die besondere Qualität sozialer Verhältnisse kommt nur dann in den Blick, wenn die biologischen und organizistischen Vorstellungen überwunden und die psychologischen Dimension berücksichtigt werden. Denn die ,,soziologische Ansicht ... (ist) nur ein entwickelter, selbständig gewordener Ausdruck der psychologischen Ansicht",[22] und ,,die *subjektive Begründung* aller Verbundenheit ... (ist) der Kardinalpunkt meiner Theorie".[23] Scheinbar paßt zu dieser Auffassung nicht die Gliederung des Hauptwerkes, dessen erstem Teil ,,Gemeinschaft und Gesellschaft" der zweite Teil ,,Wesenwille und Kürwille" folgt. Man könnte deshalb annehmen, daß die Sozialformen gegenüber den Willensformen doch primär interessieren. In der Vorrede heißt es jedoch: ,,Im Betreff des Zweiten Buches muß ich anmerken, daß dasselbe im systematischen Gange seine richtigere Stelle vor dem ersten haben würde."[24]

In der Tat ist das Ausmaß psychologischen Denkens und dessen besonderer Stellenwert im Gesamtwerk augenfällig. Welcher Art diese Psychologie ist, läßt sich schon dem von Spinoza entlehnten Vorspruch zum zweiten Teil ,,Wesenwille und Kürwille" entnehmen: ,,Voluntas atque intellectus unum et idem sunt." Jedenfalls ist Wille, und nicht Denken, tragender Grund menschlicher Existenz – ,,denn im letzten Grunde steht all unser Denken im Dienste des Wollens"[25] Und durch sozialen Willen ist auch menschliches Handeln bedingt; Sitte, Gewohnheitsrecht, Religion, Gesetzgebung, Konvention, öffentliche Meinung, u.a.m. sind bloß verschiedene Gestalten des sozialen Willens. Im Wesenwille und in dem durch Wesenwille geprägten sozialen Leben bleibt der Wille als Urgrund menschlichen Seins vorherrschend und ist Denken durch den Willen selbst gebannt. Im Kürwillen und in den durch Kürwillen gesteuerten sozialen Verhältnissen tritt der Wille als Seinsgrund zugunsten des tendenziell selbständigen Denkens zurück, bleibt der Kürwille in extremer Ausprägung bloß noch als Gedachtes vorhanden, obgleich Vernunft als Modifikation des Willens eigentlich nur Wirklichkeit sein kann, wenn dieser als der das Denken tragender und es zugleich begrenzender

Rest verbleibt. Dort sind, bildhaft gesprochen, die „warmen Impulse des ‚Herzens' " angesprochen, hier „was bloß aus dem kalten Verstande, dem ‚Kopfe' hervorgeht".[26] Und weil „das Leben bestimmt (wird) durch Ziele, die dem Herzen entstammen",[27] ist Wille als Wesenswille eigentlich dem Menschen gemäßer und ist die durch Wesenswille ermöglichte Gemeinschaft der dem Menschen an sich eher zukommende Lebensraum – obwohl das Zeitalter der Gemeinschaft ein Zeitalter der Gesellschaft unaufhaltsam aus sich entläßt und Wesenswille in Kürwille sich verwandelt.

Tönnies erwähnt selbst ausdrücklich Spinozas, vor allem aber Schopenhauers Einfluß auf seine psychologische Konzeption, die als Psychologie der Anlage kritisiert und der voluntaristischen Philosophie subsumiert worden ist.[28] Diese Willenslehre gibt den tragenden Grund ab für Tönnies' Soziologie, ohne welche diese eigentlich nicht möglich wäre. Jedenfalls sind die Auswirkungen auf die besondere Art soziologischen Denkens von Tönnies erheblich.

2.4. Sozialstruktur und Person. In der Literatur über Tönnies wird dessen Willenslehre als Fundament seiner Soziologie wenig rezipiert, wohl aber wird gelegentlich doch gesehen, daß er um eine Vermittlung von Soziologie und Psychologie bemüht ist. So haben beispielsweise Barnes und Becker das Werk von Tönnies auch deswegen als bedeutsam charakterisiert, weil dieser Sozialstruktur und Person in engem Zusammenhang gesehen hätte.[29] Diese Deutung ist natürlich nur innerhalb jener Grenzen vertretbar, welche durch die voluntaristische Position von Tönnies gezogen sind. Sieht man davon jedoch einmal ab, dann verdient jene These immerhin Beachtung, wonach es – übrigens in Kritik an M. Weber formuliert – „ohne Wollen auch kein Handeln (gibt)".[30] Eben deshalb folgt die soziologische aus der psychologischen Ansicht, und eben deshalb erscheint es geboten, die subjektive Begründung aller Verbundenheit zu betonen.

Solche psychologische Fundierung von Soziologie folgt zunächst aus der Ablehnung damals üblicher naturwissenschaftlicher, insbesondere biologistischer Analogien. Tönnies kann keinen Sinn in der Auffassung erkennen, wonach beispielsweise der Staat oder die Gemeinde ein Organismus *ist.* Seiner Ansicht nach gehen normal denkende Menschen davon aus, daß nur die Individuen wirklich sind – weil schließlich immer nur Menschen denken, fühlen, wollen und handeln können. Soziale Verhältnisse, Verbindungen, Werte und Normen sind durch den Willen von Menschen geschaffen, gesetzt und eingerichtet – und „eben diese psychologische Bedingheit macht ihr Wesen aus".[31]

Dies zugestanden, drängt sich aber doch die Frage auf, wie Tönnies jenes charakteristische Merkmal der sozialen Tatsachen erfassen kann, daß die Menschen eben nicht nur Ursache, sondern auch Wirkung von Gesellschaft sind; daß hier und heute lebende Menschen Normen befolgen, die durch deren individuelle Willen nicht eingesetzt wurden, sondern überliefert und verinnerlicht sind. Dieser Sachverhalt ist Tönnies sehr wohl bekannt, ja es geht ihm gerade darum, das Soziale als menschliche Produktion zu begreifen und es zusammen zu denken mit seinem normativen Aspekt. So wird G. Tarde (1834–1904) kritisiert, weil er (auf seine Weise) zu stark psychologisch argumentiert und außer acht läßt, daß soziale Tatsachen dem individuellen Bewußtsein äußerlich sein und es zu einem bestimmten Verhalten zwingen können. E. Durkheim (1858–1917) wird gelobt, weil er eben dieses Moment des Sozialen erkannt hat – jedoch im Sinne Tardes zugleich kritisiert, weil seine soziologischen Begriffe von aller Psychologie (angeblich) ausgelöst sind. Was Durkheim soziale Tatsache nennt, meint Tönnies als Formen sozialen Willens begreifen zu dürfen – beispielsweise Recht, Sitte und Konvention. Ihre Wirklichkeit verdanken sie menschlichem Willen, der sie erschafft oder als schon Erschaffenes bejaht. Und Soziologie interessiert sich für miteinander verbundene Menschen, für die Voraussetzungen, Bedingungen und Formen der Verbundenheit. Bloße Mengen von Menschen bleiben außer Betracht, denn diese kennzeichnet allenfalls ein gemeinsames Wollen in bestimmen Situationen. Dagegen sind die auf der Grundlage des sozialen Willens jeweils betroffenen Menschen wirklich miteinander verbunden, indem sie gleichzeitig und gemeinsam fühlen, denken und handeln mit Blick auf das, was ihnen durch sozialen Willen schon vorgegangen ist. Wesentlich an „meiner Theorie (der) Verbundenheiten" ist, daß diese „nämlich von *innen* gesehen und erkannt werden müssen, wovon in der äußeren Gruppierung oder Haufenbildung nichts enthalten ist".[32] Diese mögen zwar soziologisch interessant sein, aber „soziale Wesenheiten ... sind sie nicht".[33] Diese kommen nur dann in den Blick, wenn soziologische Begriffe zugleich psychologisch fundiert werden und also auf das Wollen der miteinander verbundenen Menschen abgehoben wird.

3. Soziologisches System: Überblick

Die Theorie Gemeinschaft und Gesellschaft einschließlich ihrer psychologisch-voluntaristischen Begründung ist von Tönnies später weiter ausgebaut worden, und sie wurde zur Grundlage eines umfassenden soziologischen Systems. Vorallem die Aufteilung in Allgemeine und Spezielle Soziologie verdient hier kurz skizziert zu werden, weil sie zum Verständnis der durchaus eigenwilligen Auffassung von Soziologie beiträgt und die später noch zu erörternden sozialphilosophischen Implikationen der Theorie Gemeinschaft und Gesellschaft schon im Ansatz verdeutlicht.

3.1. Spezielle Soziologie. Diese setzt sich zusammen aus Reiner, Angewandter und Empirischer Soziolgie.

3.1.1. Reine Soziologie. Die 1931 veröffentlichte *Einführung in die Soziologie* ist eine Einführung in die Reine Soziologie, in Analogie zur reinen Mathematik auch als Lehre von Begriffen verstanden. Innerhalb der Reinen Soziologie gibt es fünf Kapitel:

1. Grundbegriffe Gemeinschaft und Gesellschaft.
2. Lehre von den Verbundenheiten oder sozialen Wesenheiten. Durch gemeinsames Wollen sind „besondere Wesenheiten im denkenden Bewußtsein der

solche wollenden Menschen vorhanden ..."[34] Es gibt sie nach Art entweder gemeinschaftlicher oder gesellschaftlicher sozialer Verhältnisse (z. B. Ehe, Volksvertreter, Wähler), sozialer Samtschaften (z. B. Volk, Stand, Nation) und sozialer Körperschaften (z. B. Vereine, Genossenschaften).

3. Lehre von den sozialen Werten als den Gegenständen des Besitzes der sozialen Wesenheiten: ökonomische, politische und geistig-moralische Werte, wobei die Wertbeziehung sich entsprechend dem mehr gemeinschaftlichen oder dem mehr gesellschaftlichen Charakter der sozialen Wesenheiten vollzieht.

4. Lehre von den sozialen Normen als dem Inhalt des Willens der sozialen Wesenheiten: Je nach Gemeinschaft oder Gesellschaft beruht die Ordnung auf Eintracht (Brauch) oder Konvention (Mode), das Recht auf Sitte (Gewohnheit) oder Gesetz und Gesetzgebung, die Moralität auf Religion oder öffentlicher Meinung.

5. Lehre von den sozialen Bezugsgebilden als den Objekten des Handelns sozialer Wesenheiten: Je nach Gemeinschaft oder Gesellschaft im ökonomischen Bereich z. B. Dorf–Stadt, Kleinstadt–Großstadt, Produktion–Handel; im politischen Bereich z. B. Volksleben–Staatsleben, Aristokratie–Demokratie, Gewohnheitsrecht–revolutionäre Gesetzgebung; im geistig-moralischen Bereich z. B. Religion–wissenschaftliche Denkungsart, Kirche–Sekte, Kunst–Wissenschaft.

3.1.2. Angewandte Soziologie. Die Lehre von den sozialen Bezugsgebilden ermöglicht den Übergang von der reinen zur angewandten Soziologie. Während Reine Soziologie sich darauf beschränkt, Begriffe zu entwickeln und dabei auf die Darstellung geschichtlicher Vorgänge ausdrücklich verzichtet, ist gerade dies Aufgabe der Angewandten Soziologie. In ihr wird versucht, „für das Verständnis gegenwärtiger Zustände und großer historischer Wandlungen, endlich für das Verständnis der menschheitlichen Entwicklung überhaupt, die soziologischen Begriffe zu verwerten".[35] Indem die Begriffe der Reinen Soziologie zum Verständnis jedes Kulturgebietes eingesetzt werden, erkennt man – so Tönnies – die Besonderheiten gemeinschaftlicher und gesellschaftlicher Gestaltungen in ihrem Miteinander und Widereinander, in ihren Vermischungen und Gegensätzen sowie in ihren Übergängen von der einen zu der anderen Art. Verbleibt Reine Soziologie statisch, so hat es Angewandte Soziologie mit Dynamik zu tun. Sie zielt in besonderer Weise auf eine geschichtliche Betrachtung ab, ohne deswegen jedoch mit üblicher Geschichtswissenschaft identisch zu sein. Sie bleibt in engem Kontakt mit der Philosophie der Geschichte bzw. Universalgeschichte, ohne sich deswegen mit den üblichen Spekulationen zu begnügen. Als eine Art Kulturgeschichte in soziologischer Absicht geht sie eben streng wissenschaftlich, d. h. empirisch begründet, vor. Angewandte Soziologie soll sich nicht beschränken auf globale historische Entwicklung innerhalb und außerhalb Europas, sondern sie soll, wie Tönnies fordert, einmünden in gründliche, durch die Geschichtsforschung nicht erreichte Analyse des gegenwärtigen, sich fortlaufend ändernden gesellschaftlichen Lebens.[36]

3.1.3. Empirische Soziologie. Die wenigen programmatischen Hinweise auf empirische Soziologie interessieren hier weniger als die bemerkenswerte Tatsache, daß es der dritte Teil der Speziellen Soziologie mit ,,den wirklichen Erscheinungen des sozialen Lebens in seinem ganzen Umfange, auch den sozialbiologischen und sozialpsychologischen Tatsachen zu tun (hat) .... Er ist also spezielle Soziologie insofern, als diese in der Soziographie beruht ...''[37] Diese Formulierung ist deshalb aufschlußreich, weil das soziale Leben in seinem ,,ganzen'' Umfang offensichtlich nicht Gegenstand der anderen beiden Teil der Speziellen Soziologie ist. Tatsächlich beschränkt sich die Theorie Gemeinschaft und Gesellschaft auf positive Beziehungen, gegenseitige Bejahung, friedliches Verhalten – während die negativen Beziehungen und alle sozialpathologischen Erscheinungen in die Sozialpsychologie verwiesen werden. So bleibt Tönnies auch in seinem erst später konzipierten soziologischen System dem schon im Hauptwerk Gemeinschaft und Gesellschaft formulierten Grundgedanken treu: ,,Auf die Verhältnisse gegenseitiger Bejahung wird diese Theorie als auf die Gegenstände ihrer Untersuchung ausschließlich gerichtet sein.''[38]

3.2. Allgemeine Soziologie. Die gerade vorhin erwähnten sozialbiologischen und sozialpsychologischen Tatsachen sind Forschungsobjekt der Allgemeinen Soziologie. Sie greift erheblich weiter und befaßt sich als ,,Lehre vom menschlichen Zusammenleben überhaupt'' mit menschlichen Vorgängen in Raum und Zeit unabhängig davon, ob die Menschen sich kennen oder nicht, ob sie in Beziehungen zueinander stehen oder nicht, ob sie sich bejahen oder verneinen. Als *Sozialbiologie* (bzw. Sozialanthropologie) geht es der Allgemeinen Soziologie um menschliches Zusammenleben als Naturerscheinung; hier interessieren u. a. die Reproduktion der Bevölkerung, Gliederung nach Rassen, Ernährungsgrundlage, Kampf ums Dasein. Als *Sozialpsychologie* geht es der Allgemeinen Soziologie um die Betrachtung ,,aller Gegenstände der biologischen Ansicht von der inneren, psychischen oder subjektiven Seite''.[39] Es handelt sich um Lehre vom Seelenleben des einzelnen Menschen ebenso wie um Lehre vom Seelenleben überhaupt. Individualpsychologische Gegebenheiten interessieren in gleicher Weise wie die Tatsachen kollektiven Seelenlebens, das als Gesamtgeist oder Volksgeist sich beispielsweise in Sprachen, Religion und Sitte darstellt.

In zweifacher Hinsicht unterscheidet sich die Sozialpsychologie von der, wie Tönnies es ausdrückt, eigentlich soziologischen Ansicht innerhalb der Reinen Soziologie. Untersuchungsgegenstand ist dort bloß das gemeinsame Wollen mehrerer Menschen, hier dagegen das einheitliche Wollen von Menschen als Folge ihrer Verbundenheit in sozialen Wesenheiten. Der zweite, für das Verständnis von Tönnies besonders wichtige, Unterschied besteht darin, daß für die Sozialpsychologie alles gemeinsame Denken, Fühlen und Wollen ebenso wichtig ist wie das Gegenteil. Eintracht und Zwietracht, Frieden und Krieg, gegenseitige Bejahung und Verneinung, verdienen Beachtung. Jedoch: ,,... insofern als gegenseitige Bejahung immer auf die Soziologie hinweist, wenngleich in dieser neue Elemente hinzukommen, so ist die gegenseitige Verneinung, Zank und

Zwietracht, Krieg und Hader, sogar das besondere und abgeschlossene Gebiet der Sozial-Psychologie, ein Gebiet, daß die Soziologie als ihren dialektischen Mutterschoß betrachten darf, durch dessen Verneinung sie zu ihrem eigenen Leben gelangt".[40]

4. Soziologie und Sozialpsychologie – Positive und negative Beziehungen

Schon zu Lebzeiten von Tönnies ist immer wieder verwundert und kritisch registriert worden, daß die Theorie Gemeinschaft und Gesellschaft – und mit ihr auf jeden Fall die Reine Soziologie – auf positive Beziehungen = friedliches Verhalten sich beschränkt. Was er schon in seinem Hauptwerk klar zum Ausdruck gebracht hat, wiederholt er später in teils gleichen, teils anderen Formulierungen: Die „eigentlich soziologische Ansicht" der Tatsachen des menschlichen Zusammenlebens befaßt sich „ausschließlich mit den im strengeren und engeren Sinne sozialen Tatsachen, nämlich denen eines ‚sozialen', d. h. zum mindesten friedlichen Verhaltens der Menschen zueinander".[41]

4.1. Soziale und sozialpsychologische Erscheinungen. Tönnies seinerseits hat seinen Kritikern immer wieder entgegengehalten, daß er Feindseligkeiten, Streit, Krieg und dergleichen mehr als Realität ja gar nicht leugnet. In seinen soziographischen Untersuchungen über Selbstmord und Verbrechen befaßt er sich sogar ausdrücklich mit negativen bzw. sozialpathologischen Erscheinungen. Diese sind insgesamt sogar für die Angewandte Soziologie beachtenswert, da in ihr u. a. die Wirkungen der Feindseligkeit aller Art interessieren. Und doch wird das Widereinander-Wollen aus der eigentlichen Soziologie ausgeklammert und in die Sozialpsychologie als deren dialektischen Mutterschoß verwiesen.

Diese Position wird, zumindest teilweise, verständlich auf dem Hintergrund der erwähnten Ablehnung biologischen Denkens zusammen mit der Betonung des normativen Aspektes (2.4) sowie der Hinweise auf den Unterschied zwischen Soziologie und Sozialpsychologie (3.2). Diesbezügliche Erörterungen münden ja ein in eine Theorie der Verbundenheit, die es mit dem gemeinsamen Wollen der in sozialen Wesenheiten integrierten Menschen zu tun hat. Durch Werte und Normen verschiedenster Art wird der individuelle Wille gebunden, die Freiheit des Wollens eingeschränkt. Es ist das soziale Verhältnis als soziale Wesenheit selbst, „d. h. der darin enthaltene gemeinsame Wille, der eine solche ‚Pflicht' oder ‚Obliegenheit' erzeugt, die entsprechende Forderung erhebt. Also erwächst aus jedem Verhältnis ein Sollen, eine Schuldigkeit, und wird dem Sollenden bewußt, insofern als er des Verhältnisses selber bewußt ist."[42]

Wegen der so verstandenen Normativität des Sozialen lehnt Tönnies für die Soziologie im eigentlichen Sinne den Gruppenbegriff ab. Dieser ist ihm zu vieldeutig und zu weit, lassen sich doch darunter bloße Menschenmengen und bloß gemeinsames Wollen sonst nicht weiter verbundener Personen ebenso subsumieren wie die als soziale Wesenheit bezeichnete Verbindung und der dieser gemäße einheitliche Wille. So begriffene Verbundenheit muß eben von innen gesehen werden. Nur dann erkennt man, ob Gruppe als solche oder nur als Menge einen Willen hat. Um als solche einen Willen zu haben, ,,... muß sie ‚organisiert', d. h. sie muß gemeinschaftlich oder gesellschaftlich eine zusammenhängende Einheit darstellen". Es besteht ein erheblicher Unterschied zwischen Massen, psychischen(!) Gesamtheiten und dergleichen mehr auf der einen Seite und wirklichen sozialen Verbindungen auf der anderen Seite. Dort sind die Bezeichnungen individualistisch und psychisch angebracht, hier dagegen paßt das Wort sozial. Denn hier ist man tatsächlich und nachhaltig miteinander verbunden und auf gemeinsames Wollen und Handeln verpflichtet, dort gibt es mehr individuell bedingten Willen, in der Masse sogar ausgesprochen individualistisch.[43]

Die generelle Kennzeichnung der negativen Beziehungen als sozial*psychologischer* Erscheinungen läßt sich ansatzweise begreifen von dieser Theorie der Verbundenheit und ihren Implikationen her. Sozialer Wille, wie er sich etwa in Werten, Religion und Recht darstellt, verpflichtet die individuellen Willen normativ, indem er sie bindet und die gemeinsame Anerkennung der sozialen Wesenheiten fordert. Entfällt der bejahende Wille, indem die sozialen Wesenheiten von vornherein oder nachträglich negiert werden, dann ist der einzelne Mensch – so wird man Tönnies wohl (auch) interpretieren dürfen – ,,frei" und handelt er ,,individualistisch". Es können natürlich mehrere Menschen in diesem Sinne gemeinsam handeln, beispielsweise Verbrecher. Deren Handeln ist aber kein von sozialen Wesenheiten gefordertes Tun – beinhaltet doch dieser Begriff in Verbindung mit Gemeinschaft und Gesellschaft als je verschiedenen Typen friedlichen Verhaltens immer schon das Gegenteil von Verbrechen. Sicherlich kann eine Räuberbande ,,sozial" stark verbunden sein, aber sie ist, so Tönnies, unsozial, ja sogar antisozial durch ihre Tätigkeit, weil sie im Krieg mit der Gesellschaft steht.[44]

4.2. Selbstgesetzgebung des Willens. Bedenkt man die angegebenen Gründe für die Verweisung zahlreicher Erscheinungen des sozialen Lebens in die Sozialpsychologie sowie vor allem das, was über den Anspruch der sozialen Wesenheiten auf das Verhalten der Menschen gesagt wird, dann läßt sich durchaus von zur damaligen Zeit beachtenswerten Ansätzen einer soziologischen Theorie der Gruppe sprechen. Diese hätte sogar eine besondere Bedeutung gewinnen können, wenn man die verschiedenen Typisierungen in Verbindung mit Gemeinschaft und Gesellschaft bedenkt (3.1.1) und dabei berücksichtigt, daß die mit diesen beiden Worten gemeinten Sachverhalte in gruppensoziologischen Unterscheidungen noch heute aktuell sind. Aber dieser Teil des Tönnies'schen Werkes hat ebenfalls wenig Anklang gefunden. Ein wesentlicher Grund dafür dürfte – außer der damals schon eigenwilligen Terminologie – die immer zugleich einbezogene Willenstheorie sein, die weithin sowohl unverständlich blieb als auch viele Mißverständnisse hervorrief.

Schon früh hat L. v. Wiese (1876–1969) vermerkt: ,,Viele Menschen leben in sozialen Verhältnissen ..., ohne sie als ‚seiende und dauernde' zu bejahen (‚der

Bien muß')".[45] Tönnies hat erwidert, daß er den Tatbestand nicht leugnet, daß es jedoch Verhältnisse in der Wirklichkeit gibt, die er nicht mehr mit dem Wort sozial bezeichnet. Diese Einstellung hat ihm schon früh den Vorwurf eingetragen, primär Sozialethiker zu sein.[46] Es erscheint dennoch die Frage berechtigt, ob nicht gerade hier soziologische Einsichten zu verzeichnen sind.

Bedeutsam in diesem Zusammenhang ist zunächst der Satz: „Und dies ist der für die soziologische Betrachtung wichtigste Fall: daß Menschen sich selber befehlen und sich selber gehorchen – als Befehlende sozial, als Gehorchende individuell agierend."[47] Und andernorts heißt es: „Wenn ich jemandem das Recht gebe, mir zu befehlen und dies mehr heißen solle als: ich gebe ihm das Recht, wirkungslose Worte zu sprechen, so heißt dies zugleich: ich will auch das Befohlene selber, und sofern das Gefühl ‚ich muß' und ‚ich soll' durch den Befehl ausgelöst wird, so schließt dies Gefühl selber ein ‚ich will' ein ... Wenn ich meinem eigenen Befehl gehorche, so ist das Gefühl des Sollens unmittelbar ein Pflichtgefühl, denn es ist dem des ‚ich will' nicht verschieden. In dem Maße also, als der andere das Recht hat, mir zu befehlen, und ich die Pflicht fühle, zu gehorchen, ist das Befehlen des anderen dasselbe, als ob ich mir selber befehle. Es ist ein Verhältnis zwischen uns zur Voraussetzung, das der Identität mehr oder weniger nahekommt, indem wir einig sind in bezug auf das Wollen und Sollen. Umgekehrt erwächst aus solchen positiven Verhältnissen, die eben darum soziale Verhältnisse heißen, das einseitige oder gegenseitige Recht des Ver- und Gebietens, die einseitige oder gegenseitige Pflicht des Gehorchens."[48]

Es versteht sich, daß von hier aus die durch Befehl und Zwang bewirkten einseitigen Verhältnisse nicht faßbar sind. Darüber hinaus wird man auch nicht alle bejahten Verhältnisse in dem Sinne als gewollte Verhältnisse bezeichnen können, daß soziale Wesenheiten ihre Existenz sozusagen einer bloßen Anhäufung gleichgerichteter Willensakte verdanken. Denn die Bejahung sozialer Verhältnisse und der mit ihnen verknüpften Normen, Gebote und Handlungsmaximen muß nicht bedeuten und bedeutet vielfach auch nicht, daß die hier und jetzt lebenden Menschen bloß Ursache des Sozialen sind. Das zugestanden, ist dies doch ein für die soziologische und (hier jetzt: modern verstandene) sozialpsychologische Betrachtung sehr wichtiger Fall: daß sich Menschen selber befehlen und sich selber gehorchen – als Befehlende sozial, als Gehorchende individuell handelnd. Denn es ist inzwischen gesicherte Erkenntnis, daß im Sozialisationsprozeß positionsgebundene Rollen erlernt und manche der mit diesen verwobenen Verhaltenserwartungen der Art in die Motivationsstruktur eingehen, daß der Mensch sich mit eben diesen Erwartungen sehr stark identifiziert und daß als Folge dessen das den Erwartungen entsprechende Handeln nicht als Zwang und unangenehme Pflicht empfunden wird. Das „ich soll" und „ich muß" schließt zugleich ein „ich will" ein – wobei es, wie Tönnies ausdrücklich vermerkt – unerheblich ist, ob die Handelnden sich ihres Gehorsams gegenüber dem gemeinsamen Willen bewußt sind und ihn als solchen erkennen oder nicht.[49] Hier ist zwar, recht besehen, nur von vollständig verinnerlichten Verhaltenserwartungen die Rede, eine Beschränkung, die dem Insgesamt menschlicher Handlungsweisen hinsichtlich möglicher Motive nicht gerecht wird. Es wird aber dennoch ein wesentlicher, nicht zuletzt für die Erlangung ausreichender Ich-Identität bedeutsamer, Aspekt angesprochen.

4.3. Funktion und Dysfunktion. Der Beschränkung des eigentlich soziologischen Denkens liegt die Annahme zugrunde, daß innerliches Verbundensein von Menschen überhaupt der Grund ist, welcher soziales, d. h. geregeltes und dauerhaftes Zusammenleben ermöglicht. Wenn soziale Wesenheiten ganz und gar bedingt sind durch das sie bejahende Wollen ihrer Mitglieder, dann erscheint es nur konsequent, anzunehmen, daß sie „durch jedes Versagen, durch zunehmende Schwäche, vollends durch das ausgesprochene Nichtwollen, gefährdet und unter Umständen verneint, aufgelöst, zersetzt werden".[50] Wegen ihrer so verstandenen negativen Wirkungen verdienen Nichtwollen und Nichtbejahen als negative Erscheinungen aufgefaßt zu werden. Sie sind dysfunktional, weil sie Bestand und Funktionieren sozialer Verhältnisse tendenziell gefährden oder sogar verhindern. Unter diesem Aspekt gesehen, läßt sich die Beschränkung der Soziologie im engeren Sinne auf positive Beziehungen, auf friedliches Verhalten oder wie immer man dies nennen mag, durchaus als der Versuch interpretieren, Grundbedingungen für Funktionieren und Dauer sozialer Gebilde herauszufinden. Daß ein bestimmtes Maß an Bejahung, Übereinstimmung usw. die Bedingung dafür ist, daß soziale Verhältnisse begründet und aufrechterhalten werden können, ist zwar selbstverständlich, es ist aber nichtsdestoweniger soziologisch interessant – und gegenwärtig beispielsweise in der Gruppensoziologie und Konfliktsoziologie immer noch aktuell.

Obwohl Tönnies einmal beiläufig vermerkt, daß es ohne Widerspruch und Streit kein Leben, keine Entwicklung und keinen Fortschritt gibt,[51] er damit also durchaus auch positive Wirkungen negativer Erscheinungen konstatiert, erreicht er jedoch nicht, jedenfalls was diesen Punkt angeht, die einschlägigen Einsichten eines G. Simmel (1858–1918). Vielleicht gibt es für die strikte Ausrichtung soziologischen Denkens auf friedliches Verhalten doch noch andere und wichtigere Gründe als die bislang genannten.

5. Gemeinschaft und Gesellschaft – Kriminalität/Selbstmord

Weder leugnet Tönnies die negativen Beziehungen, noch ist er an ihnen desinteressiert. Zwar beschränkt sich (seine) Soziologie auf friedliches Verhalten, aber dessen Gegenteil findet im soziologischen System doch seinen Platz (II. 3.1.3, II. 3.2). Sein Interesse an negativen Beziehungen ist nicht bloß vorgetäuscht, er hat sich vielmehr ausführlich mit einigen „sozial"-pathologischen Erscheinungen befaßt. Und da keine Veranlassung besteht anzunehmen, daß Theorie und Empirie im Werk von Tönnies beziehungslos sind, liegt es nahe, die empirischen Arbeiten kurz zu berücksichtigen und nach möglichen Zusammenhängen zwischen diesen und der Theorie Ausschau zu halten. Solche Verbindungen interessieren vor allem deshalb, weil die empirische Forschung sich auch mit negativen

Erscheinungen befaßt, welche aber eben nicht Forschungsgegenstand der Theorie sind.

5.1. Soziographische Untersuchungen. In dem umfangreichen Schrifttum über Tönnies sind dessen grundsätzliche Erörterungen über Theorie und Empirie sowie seine zahlreichen empirisch-statistischen bzw. soziographischen Arbeiten, auf die er viel Zeit und Mühe verwandt hat, erstaunlicherweise wenig berücksichtigt worden. Dies hat zunächst einmal dazu geführt, daß die Bedeutung, welche Tönnies aufgrund seiner empirischen Studien in der Geschichte der Sozialforschung in Deutschland zweifellos zukommt, bis heute weithin kaum gesehen wurde. R. Heberle beispielsweise hat völlig zu Recht darauf hingewiesen, daß man Tönnies nicht gerecht wird, wenn man ihn, wie es im allgemeinen geschieht, nur als Verfasser von *Gemeinschaft und Gesellschaft* ansieht und seine anderen sozialwissenschaftlichen Leistungen unberücksichtigt läßt. Seine Methode der Vergleichung statistischer Reihen verdient ebenso Beachtung wie die umfänglichen, durchweg ohne personelle und maschinelle Hilfe durchgeführten Erhebungen vor allem über Kriminalität, Selbstmord, soziale Lage der Arbeiter in den Nord- und Ostseehäfen sowie Bevölkerungswachstum und eheliche Fruchtbarkeit. Schon 1878 schreibt Tönnies an Paulsen, daß er ein beinahe leidenschaftliches Interesse für Statistik habe und es in Berlin hoffentlich Gelegenheit geben werde, Gegenstand und Methode näher kennen zu lernen. Zwei Jahre später heißt es: ,,Was ich nun beabsichtige, sagte ich Dir schon: Ausflug in Physique sociale oder Soziologie, auf Grundlage der Statistik . . .", das meint ,,wissenschaftliche Detailforschung" in der ,,freilich noch so überaus problematischen Sozialwissenschaft (zu) erschließen".[52] – Es ist hier nicht der Ort, die Ergebnisse langjähriger Detailforschung auch nur ansatzweise darzustellen und umfassend zu würdigen. Eine solche Würdigung zielte sicherlich dann daneben, wenn man vom heute erreichten Kenntnisstand hinsichtlich Forschungsmethoden generell und ihrer Anwendung in der konkreten Einzelforschung ausginge. Unter Berücksichtigung dessen, was damals möglich war und was Tönnies tun konnte, verdienen seine einschlägigen Arbeiten jedoch erhebliche Beachtung.[53]

Es wäre nun unangebracht, alle soziographischen und sonstigen nicht eigentlich theoretischen Arbeiten darauf hin zu untersuchen, wie und wie ausgeprägt sie mit der Theorie Gemeinschaft und Gesellschaft zusammenhängen. Das verbietet sich schon deshalb, weil Tönnies selbst zwischen theoretisch orientierter und theorieloser Forschung unterscheidet – obwohl er andererseits grundsätzlich die Einheit von Theorie und Empirie immer wieder betont.[54] Mit ,,theorielos" ist eine Soziographie gemeint, die sich auf Beschreibung und statistische Erhebung bestimmter Bevölkerungsmerkmale beschränkt. Mit ,,theoretisch orientierter" Forschung sind soziographische Untersuchungen sozialer Erscheinungen hinsichtlich ,,ihrer Ursachen und Wirkungen, ihrer soziologischen Notwendigkeit, unter gegebenen Voraussetzungen" angesprochen.[55] Zu den so zu untersuchenden Erscheinungen gehört nicht nur friedliches Verhalten, sondern rechnen auch negative Erscheinungen. Beispiele dafür sind Kriminalität und Selbstmord. Welches sind die Ursachen und Wirkungen unter besonderer Berücksichtigung ihrer soziologischen Notwendigkeit?

5.2. Selbstmord und Verbrechen als soziale Erscheinungen. Im Titel einer zusammenfassenden Darstellung der Ergebnisse seiner Untersuchungen über den Selbstmord in Schleswig-Holstein bezeichnet Tönnies ihn ausdrücklich als eine *soziale* Erscheinung. Dies gilt allerdings „nur in dem Sinne, daß er als ein merkwürdiges Vorkommnis im sozialen Leben aller bekannten Völker auftritt ..."[56] Zusammenhänge zwischen Selbstmord und Konjunktur, Armut, Alter, Geschlecht, Beruf, Familienstand, Konfession, sowie Stadt und Land werden teils detailliert, teils vage beschrieben. Generell wird eine steigende Neigung zum Selbstmord „unter den gegenwärtigen Lebensverhältnissen" behauptet, worauf schon die gesteigerte Quote der Großstädte hinweise. Und für den Großstädter gilt allgemein, daß er „ein *individueller,* ein auf seine Zwecke bedachter, ein berechnender seines Interesses bewußter, ein wesentlich *intellektueller* Mensch (ist). Das Gemütsleben tritt in seiner Seele zurück, weil das Leben, der Wettbewerb, die Abwehr, Anspannung seiner Aufmerksamkeit, seiner Gedanken fordert."[57] Kürwille dominiert.

Auch das Verbrechen wird ausdrücklich als soziale Erscheinung bezeichnet und zusammen gesehen mit Zuständen und Vorgängen, die es begünstigen. Erwähnt werden beispielsweise ökonomische Ungleichheit, Teuerung, Arbeitslosigkeit, individuelle Not durch Krankheit oder Verwaisung, heimatloses und vagierendes Leben, physisch-moralische Entartung. Die feststellbaren Unterschiede in der Verbrechenshäufigkeit zwischen Stadt und Land, Gaunern (Diebe, Betrüge, Räuber) und Frevler (Gewalt- und Sittenverbrecher, Meineidige, Brandstifter), Fremdbürtigen und Heimbürtigen, werden zurückgeführt auf den mit dem Begriff „Mobile Elemente" gemeinten Zustand einer relativen Bindungslosigkeit, die in den Städten stärker ausgeprägt ist als auf dem Land, unter den größtenteils in Städten lebenden Gaunern stärker als unter den mehr ländlich wohnenden Frevlern, unter den Fremdbürtigen stärker als unter den Heimbürtigen. Der Faktor „Mobilität" disponiert von vornherein in besonderem Maße zu abweichendem Verhalten, er wird allerdings durch weitere Faktoren beeinflußt, wie Eigentumslosigkeit, Schichtzugehörigkeit, Obdachlosigkeit, Heimatlosigkeit, schlechte Wohnverhältnisse, niedrige Löhne, Sucht.

5.3. Egoismus. Gemeinschaft *und* Gesellschaft gründen in gemeinsamem Wollen, beide bezeichnen sie einen Zustand (allerdings höchst unterschiedlichen) friedlichen Verhaltens. Friedliches Nebeneinanderleben bedeutet jedoch nicht, daß es nur dieses gibt – weder in Gesellschaft noch in Gemeinschaft. Besteht hierin also kein prinzipieller Unterschied, so doch hinsichtlich Art und Weise sowie Intensität und Häufigkeit negativer Verhältnisse.

Was zunächst Art und Weise angeht, so wird unterschieden zwischen einer aus Zerstörung oder Lockerung natürlicher oder vorhandener Bande hervorgehenden Feindschaft und einer auf Fremdheit, Unverständnis und Mißtrauen beruhenden. Dort ist es Zorn, Haß und Unwille – hier ist es Furcht, Abscheu und Widerwille. Jenes ist akut – dieses chronisch.[58] An dieser Stelle gewinnt die Unterscheidung zwischen Frevlern und Gaunern erneutes Gewicht. Das erstgenannte Verbrechen entspringt unregelmäßigen Leidenschaften, was Eigennutz nicht ausschließt. Das zweite Verbrechen entspringt bewußtem und dauerndem Willen, und es ist kein gelegentliches, sondern ein dauerndes Tun als Lebenszweck. In teils wörtlicher teils sinngemäßer Anwendung soziologischer Begriffe und ihrer psychologischen Korrelate heißt es: die Gauner sind die ,,bewußter (,kürwilliger') Handelnden, sie haben eine offenbare Vorstellung von ihrem Zwecke (fremde Güter sich anzueignen) und der gesetzwidrigen Tätigkeit als dem deutlich davon verschiedenen Mittel zur Erreichung solchen Zweckes . . .: es ist ein raffinierter Egoismus, der zugrunde liegt. Der ,Frevler' indessen handelt aus brutalem, unmittelbarem Egoismus . . . eine gröbere Denkungsart liegt zugrunde."[59] Was sodann unterschiedliche Intensität und Häufigkeit betrifft, so ist zu beachten, daß es auch schon früher Streit, Feindschaft, und dergleichen mehr gab. Im Laufe der Zeit sind die Bande der Blutsverwandtschaft, Nachbarschaft und Genossenschaft jedoch ,,zusehends schwächer geworden, die Motive der Fremdheit, mithin nicht nur der möglichen, sondern wahrscheinlichen *Feindseligkeiten zwischen den Individuen* stärker . . .".[60] Es heißt zunächst, wohlgemerkt: die Motive – nicht die Zahl der Fälle. Bezüglich Kriminalität vermag Tönnies aus seinem Material auch keine augenfällige Zunahme festzustellen (mit Ausnahme Englands). Auffällig sind dagegen gewisse Verschiebungen der Verbrechenshäufigkeit nach Stadt und Land, Heimbürtigkeit und Fremdbürtigkeit sowie Deliktsarten – und zwar zugunsten der vorhin erwähnten mobilen Elemente. – Dagegen ist die Zunahme der Selbstmordfälle ganz offenkundig, jedenfalls in Schleswig-Holstein, nicht jedoch in Preußen.

5.4. Individualisierung. Kennzeichnend für die Entwicklung von Gemeinschaft zu Gesellschaft ist unter anderem eine zunehmende Differenzierung und Individualisierung. Nicht als ob es früher keine Individuen und keinen Individualismus gegeben hätte; wo es ihn gab, diente er jedoch wesentlich zur Erhaltung überlieferter Verhältnisse. Und nicht als ob die Individuen der Neuzeit total isoliert lebten; zunehmende Individualisierung bedeutet keineswegs den Verlust aller sozialen Regelung. Mit Individualismus, genauer: neuzeitlichem Individualismus ist also nicht gemeint, daß das *,,soziale Leben schlechthin"*, sondern daß das *,,gemeinschaftliche Leben sich vermindert . . ."*.[61] Als Folge dessen lockert sich das Verhältnis Gruppe-Individuum. Der Mensch der Neuzeit verfügt über einen vergleichsweise weiten Entscheidungsbereich, er ist dem Anspruch konkurrierender Institutionen und Werte ausgesetzt, und charakteristisch für seine Beziehungen zu den Mitmenschen ist ein Getrenntbleiben trotz aller Verbundenheiten. In dieser gesamtgesellschaftlich bedingten Situation ist die Möglichkeit persönlicher Beziehungen erheblich begrenzt. Und in den im Kürwillen gründenden sozialen Verhältnissen ist das rationale Moment stark ausgeprägt. Nicht als ob deswegen die sozialen Wesenheiten, denen man angehört, nicht grundsätzlich gewollt und bejaht würden. Das ausgeprägt zweckhafte Denken und die miteinander konkurrierenden Verhaltenserwartungen bewirken jedoch, daß eingegangene Bindungen auswechselbar sind und vergleichsweise unverbindlich bleiben. Infolge des (relativen) Verlustes an Verbindlichkeit ist die Gefahr für abweichendes Handeln größer geworden.

Konkret aufzeigen läßt sich das etwa an Veränderungen im Bereich der Kriminalität. Sicherlich, auch in den gemeinschaftlichen Verhältnissen gibt es negative Erscheinungen. Aber aufs Ganze gesehen, im Hinblick auf das Typische gilt doch, daß, „je mehr ein gemeinschaftliches Verhältnis *lebt,* umso mehr die feindlichen Motive bedeckt (bleiben)" und, falls sie hervortreten, die „sozialen Verhältnisse entweder unverändert (lassen) oder erst Etappen auf dem Wege zu ihrer Zerstörung (sind)". In den gesellschaftlichen Verhältnissen dagegen sind die feindlichen Motive zahlenmäßig gewachsen und intensitätsmäßig verändert. An die Stelle des brutalen Egoismus tritt der raffinierte Egoismus – und dieser ist „unbedingt, prinzipiell, definitiv ...".[62]

Was die Zunahme des Selbstmordes angeht, so erscheint sie Tönnies nicht außergewöhnlich angesichts der veränderten Lebensbedingungen. Verschiedentlich spricht er von fehlenden „Hemmungen". Wurde der Individualismus in Gemeinschaft noch gefesselt durch Blutsbande, Sitte, Solidarität, u.a.m., so leben die Menschen in Gesellschaft vergleichsweise frei. Ein gewisses Zuviel an Freiheit bedeutet aber auch tendenziell mehr Unsicherheit. Hemmung durch Religion, Familie, Nachbarschaft, überhaupt durch Gemeinschaft, hat ihren regulierenden Einfluß stark eingebüßt.

5.5. Kritik. Obwohl die empirischen Arbeiten von Tönnies Beachtung verdienen, so sind sie doch kritisierbar. Sicherlich, vor allem die Studien über Verbrechen und Selbstmord sind nicht schlechthin theorielos. Sowohl der allgemeine Bezugsrahmen, innerhalb dessen die Untersuchungen durchgeführt werden, als auch gewisse, den Untersuchungen zumindest implizit zugrundeliegende Fragestellungen sind mit der Theorie Gemeinschaft und Gesellschaft gegeben. Die Frage nach der Zunahme negativer Beziehungen muß zusammen gesehen werden mit der unterstellten Entwicklung von Gemeinschaft zu Gesellschaft als einem Prozeß zunehmender Individualisierung. Der These, wonach es unterschiedliche Arten von Feindseligkeiten in Gemeinschaft und Gesellschaft gibt, entspricht das Interesse für das Verhalten des Frevlers und Gauners.[63] Der Frage nach Verbrechenshäufigkeit in Stadt und Land liegen bestimmte, in der Theorie Gemeinschaft und Gesellschaft explizit formulierte Annahmen über die Wirkungen des städtischen, insbesondere des großstädtischen Lebens zugrunde. Die Fragen nach dem Einfluß von Verwaisung und unehelicher Geburt auf abweichendes Verhalten hängt zusammen mit der These von der großen Bedeutung geordneten Ehe- und Familienlebens, eine Annahme, die insofern zusammen mit der Theorie Gemeinschaft und Gesellschaft gesehen werden kann, als in ihr ja ausdrücklich die für den Menschen als soziales Lebewesen notwendige Abhängigkeit von sozialen Verhältnissen behauptet wird. Die gleiche These liegt sehr deutlich auch der Frage nach den Gründen einer zunehmenden Selbstmordhäufigkeit zugrunde, wobei der Selbsmord als eine Erscheinung des sozialen Lebens begriffen wird, die durch fehlende oder zu geringe Bindungen ermöglicht wird.

Sind diese Zusammenhänge zwischen Theorie und Empirie auch offenkundig, so ist der Erkenntniswert der soziographischen Studien dennoch gering. So erinnern Tönnies' wenige Hinweise auf fehlende „Hemmungen" an Durkheims Auffassung, wonach Selbstmordhäufigkeit und Selbstmordtyp vom Grad der sozialen Integration abhängen. Von der allgemeinen Annahme ausgehend, daß soziales Handeln weitgehend geregeltes Handeln ist, formuliert Durkheim für den Bereich des Selbstmords so etwas wie eine Theorie mittlerer Reichweite, die durch umfangreiches statistisches Material systematisch überprüft wird. So kommt er zu zahlreichen differenzierten und zusammenhängenden Ergebnissen, deren theoretische Bedeutung offenkundig ist. Tönnies behauptet zwar ebenfalls das durchgängige Geregeltsein menschlichen Handelns, und er sieht sehr wohl die Probleme, die sich für den Menschen ergeben, wenn ihm gewissermaßen ein Zuviel an „Freiheit" belassen wird. Dies alles bleibt aber doch sehr allgemein, die Untersuchungen sind – von der soziologischen Theorie her gesehen – nicht allzu ergiebig. Jedenfalls stellt sich das bei einem Vergleich mit Durkheim so dar. Und es ist schon verständlich, daß dessen Theorie des Selbstmordes von Anfang an Aufsehen erregte und heute noch als klassisches soziologisches Werk gilt.

6. *Sozialphilosophie und Sozialethik*

Wenn bei einer Gesamtbewertung der soziographischen Arbeiten von nicht besonders überzeugenden Ergebnissen gesprochen werden muß, dann erklärt sich das zunächst einmal aus der Tatsache, daß die Theorie Gemeinschaft und Gesellschaft eine doch wohl zu weitmaschig konzipierte Theorie ist, mit deren Hilfe die Fülle der beobachtbaren Fakten nicht so leicht erfaßt und die Komplexität der zwischen diesen Fakten bestehenden Zusammenhänge kaum aufgedeckt werden kann. Wichtiger in diesem Zusammenhang ist jedoch die Auffassung von Tönnies über das Verhältnis von Empirie und Theorie. Zahlreiche programmatische Äußerungen über die Bedeutung der Empirie legen den Schluß nahe, daß für ihn Erfahrung die entscheidende Instanz bei der Überprüfung theoretischer Aussagen ist. Sieht man genauer hin, dann erweist sich die Deutung zumindest als nicht ausreichend. Alle Wissenschaft, so Tönnies, zielt letztlich ab auf objektive, allgemeingültige Erkenntnis der Wirklichkeit. In Kritik an Kant und Hume weist er darauf hin, daß beide keinen Weg zeigen, wie dieses Ziel erreicht werden kann. Denn wenn bei jenem Erkenntnis wesentlich Produkt der Tätigkeit des Subjekts, des Verstandes ist und bei diesem wesentlich durch Gewohnheit nach dem psychologischen Gesetz der Assoziation zustande kommt, dann bleibt die Erkenntnis unvermeidbar subjektiv, indem nämlich beispielsweise die Kausalität „aus den Dingen herausgenommen und in den Menschen versetzt wird". Kant – so Tönnies – bietet zwar eine tiefere Erklärung, Humes Auffassung erscheint ihm dennoch als richtig, obgleich sie eine Ergänzung benötigt. Tönnies ergänzt auf seine Weise, indem er eine Identität von Sein und Denken behauptet, wobei Denken zugleich auch Wille ist, der als reiner Wille, als Wesenswille, wirkliches Sein zu erkennen vermag.[64]

6.1. Sein und Sollen. ,,Die Soziologie ist in erster Linie eine philosophische Disziplin."[65] Das gilt in dreifacher Hinsicht: als Begriffslehre, als Synthese verschiedener sozialwissenschaftlicher Disziplinen und als eine Art Grundlagenwissenschaft für Philosophie und Ethik. Sicherlich, das Studium der Soziologie dient zunächst einmal dazu, die Tatsachen des menschlichen Zusammenlebens kennen zu lernen. Dies geschieht jedoch nicht um seiner selbst willen. Wissenschaftliche Forschung als Forschung hat zwar nichts anderes im Sinn als die Erkenntnis der Wahrheit, es wird aber dem Forscher doch ,,um so willkommener sein, wenn sie nützt und daß sie nützt, je mehr er selber von dem Wunsche beseelt ist zu heilen und zu bessern, zu helfen und zu retten".[66] Die Soziologie will als Soziologie nur erkennen, was ist, sie will nicht praktisch sein, will keine Lehren aufstellen. Trotzdem können ihre Ergebnisse praktisch bedeutsam sein. Philosophen beispielsweise wollen das menschliche Leben beurteilen und gestalten, und sie können das umso besser, wenn sie sich an jenen Wissenschaften orientieren, die über Lebensbedingungen und Lebensmöglichkeiten Bescheid wissen. Dazu gehört die Soziologie. Sie kann Wertvorstellungen und Normen zwar wissenschaftlich nicht begründen; so ist zum Beispiel ,,Besserung der sozialen Zustände" kein Ergebnis wissenschaftlicher Forschung. Es verwundert aber nicht, ,,daß auch das soziologische Denken um das natürliche, normale und richtige Recht, um den rationalen und den besten Staat, um ideale Gesetzgebungen als die von der Natur oder von der Vernunft gebotenen immer sich innig bemüht hat; daß also seine Lehren als ein Bestandteil der allgemeinen philosophischen Ethik erschienen . . ." Trotz aller Vorwürfe gegenüber der älteren Soziologie, daß sie nicht deutlich genug zwischen dem, was ist, und dem, was sein soll, getrennt hat, meint Tönnies doch, daß ,,mehr als zufällige Notwendigkeit" in dem vorhin genannten ,,Zusammenhange (liegt), es in der Tat ein wesentlicher Zusammenhang (ist); denn im letzten Grunde steht all unser Denken und Erkennen im Dienste des Willens". Was aber wird gewollt bzw. was sollen Menschen wollen? Nicht das Böse, sondern das Gute, Richtige, Wahre. Soziologie ist hierzu nützlich. ,,Ethik und vollends die Rechtsphilosophie, insbesondere das rationale Naturrecht haben einen objektiven begrifflichen Erkenntnisgehalt", und zwar ,,ist (das) eben ihr soziologischer oder sozialphilosophischer Gehalt, eine Lehre von den möglichen und wirklichen, (daher auch von den notwendigen) *sittlichen* und *rechtlichen* Beziehungen, Verhältnissen und Verbindungen der Menschen".[67] Die negativen Beziehungen, Streit, Zwang, Auseinandersetzungen, Kampf, Verbrechen usw. sind damit auf jeden Fall nicht gemeint.

6.2. Sozialkritik. An dieser Stelle verdient nochmals erwähnt zu werden, daß Tönnies Verneinung, Zwang, Zwietracht und dergleichen mehr in die Sozialpsychologie verweist, welche die Soziologie als ihren dialektischen Mutterschoß betrachten darf, durch dessen Verneinung sie erst zu ihrem eigenen Leben gelangt (II. 3.).

Will man verstehen, was mit diesem Satz (zwar nicht allein, jedoch) wesentlich gemeint ist, dann empfiehlt es sich, von den Problemen beim Übergang von der vorindustriellen Agrargesellschaft zur Industriegesellschaft auszugehen. Erschreckt über die Begleiterscheinungen beginnender Modernität waren viele Denker damals geneigt, die Vergangenheit eher positiv und die Gegenwart eher negativ zu bewerten. Obwohl nicht allein so verfahrend, hat doch nicht zuletzt Tönnies in seiner Theorie Gemeinschaft und Gesellschaft damals einer weit verbreiteten Grundstimmung gültigen Ausdruck verliehen, indem er (unter anderem) als ein historisches Gesetz die Entwicklung von Gemeinschaft zu Gesellschaft behauptete, welche ihm bei aller Einsicht in die Enge gemeinschaftlicher Verhältnisse, bei allem Verständnis für die Vorteile neuzeitlich-gesellschaftlicher Strukturen und bei aller Hoffnung auf eine Symbiose guter gemeinschaftlicher und guter gesellschaftlicher Verhältnisse dennoch problematisch erschien.

Das wird vor allem dort deutlich, wo Tönnies sich mit Paulsen auseinandersetzt, nach dessen Ansicht man für verschiedene Wirklichkeiten auch verschiedene Moralen braucht, ja daß es eine allgemeine und allgemeingültige Moral nicht geben kann. Tönnies wendet ein, daß es zahlreiche ,,wirkliche Moralen" gibt, was jedoch kein Anlaß ist, solche Wirklichkeiten unbesehen-kritiklos hinzunehmen. Sehr richtig spreche Paulsen von verschiedenen Wesensverhältnissen, die er Gemeinschaft und Gesellschaft genannt habe, aber dennoch ,,halte (ich) auch heute an dem Gedanken fest, daß alle sittlichen Gefühle und Beweggründe in ,Gemeinschaft' ihre Wurzel haben". Sicherlich sind auch die gesellschaftlichen Verhältnisse noch friedliche und als solche gute Verhältnisse, sofern nicht Gewalt, Herrschsucht, Hochmut und dergleichen mehr überwiegen. Aber dennoch gilt, daß ,,in ,Gesellschaft' (ihrem reinen Begriffe nach) nur bewußter Rationalismus angetroffen wird, der allerdings wesentlich zu rechtlichen, aber nur sekundärerweise auch zu moralischen Selbstbeschränkungen, aus wohlverstandenen einseitigen, mehr aber noch aus gegenseitigen und kollektiven Interessen gelangen kann und wirklich gelangt". Es ist eine andere, eine nicht nur ,,zufällig, sondern eine prinzipiell andere" Moral, die man als Ethiker dann nicht als ,,echte Moral" gelten lassen kann, ,,wenn man das Kennzeichen der Moral in den ,sozialen', menschenfreundlichen Tendenzen erblickt". Und daran gemessen gilt für Gesellschaft, daß die ,,Tendenz als Mittel für egoistische Zwecke niemals echt, oder wenigstens in dem Maße unecht (ist), als sich das Mittel gegen den Zweck deutlich im Bewußtsein abhebt: das Gegenteil der ,selbstlosen' Liebe. Die Maxime jener sekundären Moral drückt der Satz aus ,Ehrlichkeit ist die beste (d.h. zweckmäßigste) Politik': Die Moral wird politisch ... Jedenfalls ist zunächst und ihrem Wesen nach die Entfaltung des bewußten interessierten Egoismus eine Bewegung von der Moral weg."[68] Gesellschaft ist zwar noch eine Form friedlichen Verhaltens, aber ihr Bestand ist gefährdet durch weitgetriebenen Egoismus und Individualismus, durch eine ,,Moral", die allenfalls noch Objekt rationalen Kalküls ist und die als solche – was das ersehnte friedliche Zusammenleben nach

Art selbstloser Liebe angeht – geradezu dysfunktional ist. Zu alledem paßt, daß sich nicht nur Art und Weise feindseliger Beziehungen verändert haben, sondern daß auch die Motive der Fremdheit und der Feindseligkeiten zwischen den Menschen stärker geworden sind.

Wie die Unterscheidung zwischen ,,wirklichen Moralen" und ,,echter Moral" verdeutlicht, begnügt sich Tönnies in seinem Werk nicht mit der Beschreibung und Erklärung verschiedener Wesensverhältnisse – sprich Gemeinschaft und Gesellschaft – sowie deren Begleiterscheinungen, sondern er bewertet sie. Niemals hat er sein Interesse an ethischen Fragen verhehlt, und in zahlreichen Abhandlungen hat er sich mit speziellen ethischen Problemen auseinandergesetzt. In seiner autobiographischen Skizze vermerkt er, daß sein ,,Absehen damals vorzüglich auf Ethik gerichtet (war), mit deren Begründung und Grundlegung ich mich weidlich geplagt habe, und als solche war auch meine soziologische und die ihr dienende psychologische Begriffsbildung gemeint, (die) aber allmählich durchaus zum Selbstzweck einer streng theoretischen Denkweise (wurde)". Man wird das in gewisser Weise zugestehen müssen, aber doch sagen können, daß große Teile auch des späteren Gesamtwerkes, welches schließlich von der – im Laufe der Zeit freilich teilweise andere Bedeutung annehmenden – Theorie Gemeinschaft und Gesellschaft nicht abgetrennt werden kann, von ethischen Fragestellungen tiefgreifend durchdrungen ist. Bemerkenswert der Hinweis, wonach das, was ,,(mir) als rein theoretisches und soziologisches Problem vorgelegen hat ..., starke ethische Bezüge involviert, wenngleich ich sie methodisch geflissentlich (habe) zurücktreten lassen".

Dieses Problem hat verschiedene, dennoch sachlich eng zusammenhängende Aspekte. Individualismus, Egoismus, feindselige Motive und Aspekte, Verbrechen, Selbstmord, Widereinanderwollen, weit voneinander entfernte Schichten und Klassen – das alles gewinnt Bedeutung in Verbindung mit dem für menschliches Zusammenleben wichtigen Tatbestand, daß soziale Wesenheiten durch Versagen und Nichtwollen verneint, aufgelöst, zersetzt werden. Tönnies lehnt nicht alle Auseinandersetzungen innerhalb von und zwischen Gruppen ab. So sollen etwa Parteienkämpfe und Klassenkampf nicht aufhören, weil es sonst keine Entwicklung gibt – die jedoch unerläßlich ist, um den unter gegebenen Bedingungen fortschreitenden Zerfall (vieler) menschlicher Beziehungen zu überwinden. Die Geschichte ist noch nicht an ihr Ende gelangt, und Anlaß zur Hoffnung bietet vor allem – so Tönnies – die sowohl naturnotwendige als auch politisch und moralisch unerläßliche Tendenz zum Sozialismus. Kants ,,Metaphysik ist nicht dazu angetan, für ein heutiges ethisches Bewußtsein die *Kritik der politischen Ökonomie* überflüssig zu machen, und kann die soziologisch begründete Ethik nicht ersetzen, die nicht nur in ihren Konsequenzen, sondern auch in ihren Prämissen sozialistisch oder wie ich lieber sage ‚kommunistisch' sein muß".[71]

6.3. Soziologisch begründete Ethik. Was damit gemeint ist, ergibt sich aus der Kritik an einer ,,philosophischen Ethik", welche den schlechthin freien, weder in Gemeinschaft noch in Gesellschaft gebundenen Menschen voraussetzt, der, auf die

Autonomie seines Gewissens verwiesen, frei und souverän entscheidet. Anstelle solcher Individualethik fordert Tönnies eine Gesellschaftsethik oder Sozialethik, die den Menschen von vornherein in seinen Beziehungen mit anderen Menschen sieht.

Eine solche Ethik ist einmal erforderlich, um dem Menschen als einem zutiefst sozial geformten Lebewesen in realistischer Einschätzung seiner tatsächlichen (nicht einfach unterstellten) Möglichkeiten entgegenzukommen. Zum anderen soll sie den verschiedenen sozialen Gruppierungen und Institutionen, in welche die Menschen eingebettet sind, eine Art ethisches Rüstzeug vermitteln – notwendig geworden erst in der Neuzeit mit ihren in einem weitgetriebenen Egoismus gründenden Auseinandersetzungen in und zwischen verschiedenen Gruppen. Ganz konkret ist damit (unter anderem) der umfängliche Komplex Soziale Frage gemeint. Jede Lösung erfordert zunächst einmal genaue Kenntnisse über das Leben der Menschen und die Bedingungen ihrer Lebensweise in einer veränderten Wirklichkeit. Das ist in besonderer Weise von der Soziologie zu leisten, und zwar nicht zuletzt hinsichtlich der Voraussetzungen für friedliches Verhalten der Menschen untereinander, was ein Zusammenwollen und ein Bejahen sozialer Gruppierungen voraussetzt, das seinerseits an bestimmte Bedingungen geknüpft ist. Nicht als ob die Soziologie als Soziologie zugleich verbindliche Handlungsanweisungen liefern kann; der Soziologe setzt „nicht voraus, daß irgend etwas wünschenswert sei oder nicht, denn er befaßt sich überhaupt nicht mit dem Wünschenswerten".[72] Dennoch ist die Aufgabe der Soziologie umfassender als der Aufweis des bloß technisch Möglichen, denn sie kann und soll letztlich auch zur Lösung von Sollfragen beitragen. Die Soziologie ist als Soziologie nicht schon Ethik, und es wäre verfehlt, Ethik als bloße Konsequenz von Soziologie zu begreifen. Wissenschaftliches Denken und wissenschaftliche Vernunft sind nämlich als solche nicht in der Lage, das sittlich Gute, das gemeine Beste zu erkennen. Den Zugang dazu vermittelt nur der reine Wille bzw. wissenschaftliches Denken auch dann, wenn es sich diesem Willen verpflichtet weiß – als einem mit „bestimmten Anlagen als Kräften und Tendenzen ausgestatteten Geist", mit „ehemaligen, ja ewigen Funktionen, welche in die Struktur unseres Verstandes hineingewachsen sind".[73]

Ethik soll nicht bloße Konsequenz der Soziologie sein – wie aber, wenn „Soziologie" vorwiegend Konsequenz von Ethik wäre? All unser Denken und Erkennen steht im Dienste des Wollens. In der beobachtbaren und wissenschaftlich erklärbaren Wirklichkeit stimmt menschliches Wollen zwar nicht immer überein, es ist sogar oft gegeneinander gerichtet. Ethisches Wollen ist aber immer Zusammenwollen, im strengen Sinne des Wortes Zusammenwollen am Wesenswillen orientiert, ausgerichtet auf Gemeinschaft als der sittlichen Grundidee. Das sittlich Gute ist friedliches Zusammenleben, in reiner und echter Form nur in und durch Gemeinschaft möglich. Der Mensch ist ein soziales Lebewesen und als solches auf Zusammenleben angelegt, aber ebenso gilt, wie die (sozial-) „psychologische Ansicht" erkennen läßt, daß die Menschen auch durch „Haß, Rachsucht, Eifersucht und natürliche Antipathien entzweit, auseinandergerissen, verfeindet werden ..." Mithin ist das tatsächliche Vorkommen von negativen Beziehungen nicht erstaunlich. Diese sind in gleicher Weise „natürlich" wie die Formen friedlichen Zusammenlebens. Gemessen am friedlichen Zusammenleben als dem sittlich Guten, sind die Feindseligkeiten jedoch sozialpathologische Erscheinungen. Sie sind wirklich und doch unwirklich zugleich. Über den „gerechten Richter" heißt es, daß er „unerbittlich nur das bloß Scheinbare verwerfen (wird), das Unechte, das Gleißnerische, Lügenhafte, als ein im Grunde Nicht-Seiendes, denn in der geistigen Welt ist alles Lebendige einer gewissen Ehre teilhaftig, und tief ist die längst gefundene, immer wieder verlorengehende Wahrheit, daß das Wirkliche gut und schön und das Schlechte ein Mangel sei, nämlich an Wahrheit".[75]

6.4. Metaphysik. Solche und ähnliche Bemerkungen erinnern an Spinoza, dem Tönnies sich sehr verbunden fühlt und über den er gearbeitet hat – obwohl die Auffassung vom Bösen als einem *deficiens boni* seit Augustinus in der gesamten abendländischen Geistesgeschichte diskutiert wurde und in diesem Zusammenhang nicht nur Spinoza, sondern etwa auch Leibniz zu erwähnen ist. Hier kommt es aber nur auf den ideengeschichtlichen Zusammenhang an – und der ist eindeutig. Wenn Spinoza vom Bösen als Naturwidrigem spricht, das mit den Affekten und Leidenschaften zu tun hat, die dem Menschen schaden und ihn unglücklich machen, dann findet sich eine ähnliche Gleichsetzung von Gutem und Nützlichem einerseits und von Bösem und Schädlichem andererseits auch bei Tönnies in seiner (globalen) These von der positiven/negativen Wirkung friedlichen/feindseligen Verhaltens. Böses und Schlechtes als ein Mangel an Sein, so Spinoza, zugehörig den Affekten als seelisch-körperlichen Zuständen – so lehrt eigentlich auch Tönnies, wenn er die negativen Beziehungen insgesamt in den (sozial-)psychologischen Bereich verweist, jenen dialektischen Mutterschoß, durch dessen Verneinung die Soziologie erst zu ihrem eigentlichen Leben gelangt, durch dessen Verneinung ihr in Ausrichtung auf ethisches Denken allererst Einsichten vom richtigen, sittlich guten und schönen Leben der Menschen möglich sind. Für Spinoza ist die Grundeinsicht möglich wegen des angenommenen Parallelismus von Denken und Sein, Geist und Natur – denn, wie es im 7. Lehrsatz der Ethik heißt, die „Ordnung und Verknüpfung der Ideen ist dieselbe wie die Ordnung und Verknüpfung der Dinge". Tönnies geht ebenfalls aus von einer Identität des Seins und der Erkenntnis, wobei Denken und Geist eingebettet sind in den Willen, der als reiner Wille, als Wesenwille, Denken und Geist involvierend, den Bereich des Unnatürlichen, Unwahren transzendiert und das Sein, die Natur, und damit das sittlich Gute, erkennt. „Ein vernünftiges Zusammenleben, aus dem Unrecht, Lüge, Habsucht so sehr als möglich verbannt werden, ist das wohlverstandene Interesse jedes denkenden Menschen."[76] Dabei gibt es keinen Grund, sich in dem Bemühen um Erkenntnis des wirklichen Seins dadurch irre machen zu lassen, daß es in der wirklichen und wissenschaftlich erklärbaren Welt anders zugeht; „denn das gehört ja wohl zum Wesen des Guten und Schönen, daß es sich nie und nirgends verwirklicht findet".[77] Trotzdem ist der Mensch dazu da, sich um die Verwirklichung des Guten und Schönen zu bemühen, nach „diesem Ideal sich zu bilden und zu gestalten, er ‚soll' es nach der Idee, die der Ethik innewohnt, d. h. aber, wenn und insofern als er sich selbst erkennt, so wird er sich selbst in diesem Sinne gebieten".[78]

Tönnies vertritt offenkundig (auch) eine gegen philosophischen Rationalismus, Szientismus, Nominalismus und Subjektivismus gerichtete Lehre, wonach es eine die unmittelbar wissenschaftlich erfahrbaren und erklärbaren Erscheinungen transzendierende Wirklichkeit und einen Zugang dazu vermittels Wesensschau gibt.[79] Ein die empirische Wirklichkeit transzendierendes, für diese zugleich aber auch konstitutives Sein, welches als die eigentliche Natur der empirischen Erscheinungswelt zugrunde liegt. Seinem Wesen, seiner Natur nach ist der Mensch auf das Gute ausgerichtet. Allein indem er das Gute tut, sind soziale, d. h. auch intensive und dauerhafte Verbindungen der Menschen untereinander möglich. Das Schlechte ist zwar – aus welchen Gründen auch immer – in der empirischen Realität existent und erfahrbar, aber es widerspricht dem Wesen des Menschen und des menschlichen Zusammenlebens, es ist naturwidrig, unsozial, die sozialen Verbindungen gefährdend, unter Umständen sie auflösend. Indem solcherlei als dem Wesen des Sozialen zukommend behauptet wird, bietet die Begründung der Verbindlichkeit von Werten und Normen kein grundsätzliches Problem: denn was die Natur des Sozialen ausmacht, ist schließlich immer auch ethisch verpflichtend, was ethische Norm ist, entspricht dann auch der Natur.

Das gilt es sehr wohl zu bedenken, wenn man im Zusammenhang mit der Charakterisierung des sozialen Handelns als friedlichem Handeln, der Auffassung vom Wollen und Bejahen als den konstitutiven Elementen sozialer Verbindungen sowie der These von der mehr oder weniger ausschließlich dysfunktionalen Wirkung des Nichtwollens und Nichtbejahens von im Kern sachlich richtiger soziologischer Erkenntnis spricht. Man darf dabei nicht übersehen, daß sich diese – in Grenzen – sachlich richtige Erkenntnis von einer Ontologie oder Metaphysik des Sozialen herleitet, wobei das eigentlich Soziale als einer höheren Seinsschicht zugehörig spekulativ und eingrenzend erfaßt und ein großer Teil der beobachtbaren Wirklichkeit menschlichen Zusammenlebens zugleich wertend als naturwidrig, als unsozial angesehen wird. Verständlich also, daß im Zusammenhang mit dem Werk von Tönnies immer wieder von Philosophie, Ontologie, Metaphysik und Ethik gesprochen worden ist, wird doch auch ein Bild von der „richtigen" Form menschlichen Zusammenlebens gezeichnet, wozu eine bis weit in die Geschichte der Philosophie reichende Tradition sozialphilosophischen und sozialethischen Denkens beigetragen hat. Tönnies' Anliegen war zu Beginn seiner wissenschaftlichen Tätigkeit „‚Philosophie des menschlichen Gemeinschaftslebens' oder ‚Soziologie'", wie es in einem Brief aus dem Jahre 1879 an Paulsen als gewünschtes Thema für die erste Vorlesung genannt wird. Dieses Interesse hat ihn nie verlassen, obwohl er nicht Zeit seines Lebens in jeder Hinsicht das Gleiche gedacht hat; dies gilt nicht zuletzt für *Gemeinschaft und Gesellschaft*.[80]

6.5. Dimensionen. Diese Deutung beinhaltet keinen Vorwurf. Es soll auch nicht gesagt werden, daß Tönnies kein Soziologe gewesen ist – eine ja nach wie vor schwer exakt zu definierende Disziplin. Die Theorie Gemeinschaft und Gesellschaft und viele andere Teile des Gesamtwerks enthalten schließlich eine Fülle bemerkenswerter soziologischer Erkenntnisse. Und daß insbesondere durch *Gemeinschaft und Gesellschaft* die Grundbegriffsdiskussion entscheidend vorangetrieben werden konnte, kommt schließlich nicht von ungefähr. Dennoch ist ein starker sozialphilosophischer und sozialethischer Einschlag unverkennbar. Es hängt unter anderem vom Standpunkt des Interpreten ab, von seiner Auffassung über Möglichkeiten und Grenzen der Soziologie, von seinem Erkenntnisinteresse, ob dieser sozialphilosophisch-sozialethische Aspekt eher positiv oder eher negativ bewertet wird. Auf keinen Fall aber sollte man ihn übergehen. Schließlich bleiben die vorhin als sozalphilosophisch-sozialethisch charakterisierten Grundannahmen auch bei Tönnies nicht ohne Einfluß auf sein Verständnis von Soziologie als „reiner" Wissenschaft und ihrer Aufgabe, auf die Art und Weise empirisch-soziologischer Forschung, auf die Interpretation der Forschungsergebnisse, auf die Deutung des Verhältnisses von Theorie und Empirie, von Theorie und Praxis u. a. m.

Problematisch könnte allerdings die Unterscheidung zwischen Soziologie auf der einen und Sozialphilosophie/Sozialethik auf der anderen Seite sein – jedenfalls wenn man die enge Verbindung bei Vorläufern und Begründern der Soziologie berücksichtigt. Diese Trennung erscheint jedoch nötig, und sie war eine wesentliche Voraussetzung für die Entstehung der Soziologie. Tönnies hat zu dieser Trennung bewußt und gewollt beigetragen. An die akademische Philosophie seiner Zeit richtet er seine kritische Bemerkung, „daß dem Philosophen zuviel zugemutet wird, wenn er zugleich Logiker, Metaphysiker und Naturphilosoph, Psychologe, Historiker der Philosophie, Ethiker und Ästhetiker und obendrein auch Soziologe sein soll".[81] *Was* einer alles zugleich sein kann, ist eine Frage – *ob* jemand als Soziologe nur dies sein sollte, ist eine andere Frage. Tönnies jedenfalls war mehreres zugleich – und das erbrachte Nachteile und Vorteile.

IV. Wissenschaftliche Bedeutung

Mit Recht ist von R. Aron schon 1934 darauf hingewiesen worden, daß es im Grunde zu weit führt und letztlich auch uninteressant ist, dem Einfluß von Tönnies innerhalb und außerhalb Deutschlands im Detail nachzuspüren; das gilt ebenfalls für heute. Im folgenden deshalb nur einige Hinweise auf die Situation zu Lebzeiten von Tönnies, auf die Rezeption in einem Teil des Auslands sowie auf die erkennbaren direkten und indirekten Nachwirkungen in der Gegenwart.

1. Zu Lebzeiten

Erst mit der zweiten Auflage von *Gemeinschaft und Gesellschaft. Grundbegriffe der Reinen Soziologie* im Jahre 1912 wird Tönnies in einer weiteren Öffentlichkeit bekannt. Politisches ist dafür mitverantwortlich. Es wirkt, so H. Plessner, ,,wie eine tragische Ironie, daß ausgerechnet das Werk eines so unromantischen und an der Klassik der Frühaufklärung geschulten Denkers wie Tönnies zu der Ideologisierung der Gemeinschaft herhalten oder wenigstens mit beitragen konnte".[82] Dieser hat den ideologischen Mißbrauch, nicht zuletzt durch den Nationalsozialismus, immer entscheidend abgelehnt.

Für die sich entfaltende und verselbständigende Soziologie in Deutschland steht Tönnies sozusagen an deren Anfang. Es erscheint nicht übertrieben, wie L. v. Wiese, ,,die neue Epoche" der Soziologie in Deutschland mit der ersten Auflage von *Gemeinschaft und Gesellschaft* aus dem Jahre 1887 beginnen zu lassen. Sein großer Einfluß ist jedenfalls in der Grundbegriffsdiskussion unverkennbar; damals bedeutende sowie heute noch anerkannte Wissenschaftler beziehen sich, teils ihm zustimmend, teils ihn kritisierend ausdrücklich auf ihn. Beispielsweise: H. Schmalenbach führt 1922 in der Abhandlung *Die soziologische Kategorie des Bundes* zusätzlich den Begriff ,,Bund" ein: Gemeinschaft ist ihm eine in Blutsbanden wurzelnde natürliche Verbindung als alltäglichem Phänomen, Bund dagegen bezeichnet eine gefühlsmäßig-enthusiastische, eher plötzlich zustandekommende Vereinigung. G. Colms hält 1924 in seiner Abhandlung *Die Masse. Ein Beitrag zur Systematik der Gruppen* den Begriff ,,Masse" zusätzlich für nötig, die ihm als eine eigenständige soziale Form erscheint. M. Weber verweist 1919 in *Soziologische Grundbegriffe* (leicht distanziert) ,,sachlich vor allem auf das schöne Werk von F. Tönnies, ,Gemeinschaft und Gesellschaft'", und er führt neu die weniger substantialisierenden Begriffe ,,Vergemeinschaftung" und ,,Vergesellschaftung" ein. A. Vierkandt behält in der ersten Auflage seiner *Gesellschaftslehre* aus dem Jahre 1923 die Tönnies'sche Gegenüberstellung im wesentlichen bei, trennt dann aber in der zweiten Auflage 1928 zwischen ,,Gemeinschaft", ,,gemeinschaftsnahen" und ,,gemeinschaftsfernen" Verhältnissen, die allesamt dem Oberbegriff ,,Sozialverhältnis" subsumiert werden. Th. Geiger setzt sich in den zwanziger Jahren in mehreren Abhandlungen mit dem Begriffspaar auseinander; seiner Ansicht nach ist eine Analyse von Gruppen erforderlich unter dem Innenaspekt (Strukturelement Gemeinschaft = ,,Verschmolzensein von Menschen im Wesen") und dem Außenaspekt (Strukturelement Gesellschaft = ,,Verbundensein durch eine soziale Ordnung"). J. Plenge verwendet 1930 unter ausdrücklichem Bezug auf Tönnies den Begriff ,,Hafttiefe", und er klassifiziert soziale Verhältnisse nach dem Grad der Intensität sozialer Beziehungen. M. Graf zu Solms unterscheidet in seinem Werk *Bau und Gliederung der Menschengruppen* aus dem Jahre 1928 zwischen traditionaler und emotionaler Verbundenheit (= Gemeinschaft) sowie rationaler Verbundenheit (= Gesellschaft). F. Oppenheimer verweist 1923 im *System der Soziologie* auf ,,Wir-Interesse" und ,,Ich-Interesse" als einem je verschiedenen Grund menschlichen Zusammenlebens. – Auch außerhalb der Soziologie ist das Begriffspaar Gemeinschaft und Gesellschaft häufig angewendet worden.[83]

2. Ausland

In seinem Gedenkartikel aus dem Jahre 1955 weist R. König darauf hin, daß man sich in Deutschland zwar gern auf Tönnies berufe, daß aber seit Anfang der dreißiger Jahre und nach seinem Tod die bedeutsame Grundbegriffsdiskussion nicht mehr weiter geführt worden sei. Dieser Interessenlosigkeit – sicherlich mitbedingt durch Nationalsozialismus und Emigration vieler Wissenschaftler – stehe ein wachsendes Interesse in der gesamten Welt gegenüber.[84]

Das trifft auf jeden Fall zu für die in soziologischer Hinsicht inzwischen führenden USA. Tönnies kennt sich in der älteren amerikanischen Soziologie gut aus. Er rezensiert Arbeiten von Small, Ward, Giddings und Baldwin. 1904 nimmt Tönnies an einem Kongreß in St. Louis/Missouri teil und spricht über *The Present Problems of Social Structure,* veröffentlicht 1905 im AJS. Persönlich lernt er damals u. a. Ch. A. Ellwood, W. I. Thomas und E. A. Ross kennen. Der einflußreiche R. E. Park kennt Tönnies' Arbeiten; er wird zitiert in dem weit verbreiteten Buch von Park/Burgess *Introduction to Sociology* von 1921. Parks Unterscheidung zwischen ,,family" und ,,market-place" ist ebenso von Tönnies' Dichotomie beeinflußt wie Redfields Gegenüberstellung von ,,Folk" und ,,Urban Societies" und Beckers Aufteilung in ,,Sacred" und ,,Secular Societies". Auch Cooleys 1909 eingeführte und heute noch wichtige Trennung zwischen ,,Primary" und ,,Secondary Groups" verrät eine enge Verwandtschaft mit Tönnies. Nicht unerwähnt bleiben darf schließlich die bei McIver feststellbare Beziehung zu Tönnies in seinen Begriffen ,,Community" (Gemeinde, Gemeinschaft) und ,,Society" (Vereinigung, Vergesellschaftung). L. Wirth schreibt 1927 kenntnisreich über Tönnies im AJS; seine Abhandlung *Urbanism as a Way of Life* wurde durch Tönnies' Begriffsbildung angeregt. Als Gedenkartikel zu seinem Tode erscheint 1937 ein Artikel von R. Heberle im AJS. Von erheblicher Bedeutung ist sodann T. Parsons, der in *The Structure of Social Action* 1937 zwar kritisch und nur in einer längeren Fußnote auf Tönnies zu sprechen kommt, der aber durch seinen Hinweis darauf, daß sein von ihm entwickeltes ,,pattern-variable-scheme" aus den Grundbegriffen ,,Gemeinschaft" und ,,Gesellschaft" abgeleitet worden ist, wesentlich zu dessen ,,Popularisierung" beiträgt. Im Jahre 1940 besorgt Loomis die Übersetzung des Hauptwerks (neu 1963); sie erscheint 1955 auch in England. Im viel gelesenen, von Barnes/Becker 1938 herausgegebenen Übersichtsband *Social Thought from Lore to Science* hat sich H. Becker ausführlich über Tönnies geäußert. Im Jahre 1944 erscheinen die deutschen Worte ,,Gemeinschaft" und ,,Gesellschaft" in Fairchilds *Dictionary of Sociology*. Enthielt die 1930–1935 herausgegebene *Encyclopedia of the Social Sciences* den Namen Tönnies noch nicht, so wird dieser in der Neuauflage von 1968 ausführlich gewürdigt. In jüngster Zeit werden verstärkt auch andere Arbeiten von Tönnies übersetzt. Ein Band Gesammelte soziologische Schriften erscheint 1971 unter dem Titel *Ferdinand Toennies. On Sociology: Pure, Applied, and Empirical.*

Gemeinschaft und Gesellschaft wird 1944 ins Französische und 1963 ins Italienische übersetzt. Schon 1933 erscheint in Paris eine erste, 1946 eine zweite Arbeit über Tönnies. Durkheim kannte Tönnies Hauptwerk, aber weder er noch die Durkheim-Schule sind davon merklich beeinflußt worden. G. Richard dagegen orientiert sich in *La sociologie générale et les lois sociologiques* von 1912 an dessen Begriffspaar. Durch R. Arons *La sociologie allemande contemporaine* von 1934 werden bedeutende deutsche Soziologen einschließlich Tönnies einem weiteren Publikum bekannt. Im *Manuel de Sociologie* von A. Cuvillier aus dem Jahre 1946 kommt Tönnies ebenso zur Sprache wie bei G. Gurvitch, der zwischen verschiedenen Graden der Soziabilität unterscheidet: „Masse" (= geringe Verbindung im Wir-Bewußtsein), „Communité" (Gemeinschaft = mittler Grad von Verbundenheit) und „Communion" (= engste Verbindung).

3. Die Bedeutung für die gegenwärtige Soziologie

Was die Frage nach der – durch die vorherigen Bemerkungen ansatzweise schon sichtbar gewordenen – gegenwärtigen Bedeutung angeht, so wird eine Antwort sicherlich nicht befriedigen, wenn man bloß aufzeigt, wie häufig Tönnies innerhalb und außerhalb Deutschlands in Lehrbüchern und sonstigen Abhandlungen zitiert wird. Daß er häufig zitiert wird, ist offenkundig – selbstredend ein wichtiges Indiz für seinen nachhaltigen Einfluß. Es erscheint vielmehr sinnvoll, von verschiedenen Verwendungsarten des Konzepts „Gemeinschaft" und „Gesellschaft" auszugehen und zu fragen, welcher Erkenntniswert ihnen heute noch zugeschrieben wird.

3.1. Die – von Tönnies selbst korrigierte – entwicklungsgeschichtliche Perspektive gilt kaum noch als fruchtbar, jedenfalls sofern eine unausweichliche Gesetzmäßigkeit unterstellt werden sollte. Nicht zu übersehen sind dagegen die Begleiterscheinungen und Folgen des geschichtlich gesehen früh beginnenden Prozesses zunehmender Differenzierung. Man muß die Vergangenheit – als „Gemeinschaft" verstanden – nicht allzu vereinfacht, bar jeder Probleme sehen und also idealisieren, um zu erkennen, daß menschliches Leben und Zusammenleben unter den Bedingungen moderner Gesellschaft erheblich anders aussieht (was irgendwelche überdauernden Gemeinsamkeiten nicht ausschließt). Soziologie, soweit sie sich nicht auf die Gegenwart beschränkt, lebt von den gemeinten Unterschieden. Und so gesehen, hat es dieser Teil soziologischer Betrachtung immer noch mit dem gleichen Tatbestand zu tun, mit dem sich damals Tönnies befaßte. Seine Termini werden zwar nur noch selten benutzt – was allein schon wegen des heutzutage generell weitgefaßten Begriffs „Gesellschaft" sinnvoll erscheint –, allenfalls zur beispielhaften Verdeutlichung eher beiläufig erwähnt; das aber ist kein Unterschied in der Sache.

Beim Kulturvergleich und in gesellschaftstypologischer Betrachtung gewinnt dieser Aspekt zusätzlich Gewicht. Sicherlich ist es im allgemeinen nicht üblich, alle bekannten Gesellschaften entweder als Gemeinschaft oder als Gesellschaft zu begreifen. Es gab und gibt differenziertere Typologien. Selbst die „einfachste" trennt zwischen Primitiver Gesellschaft, Hochkultur und Moderner Gesellschaft.

Schaut man näher hin, dann zeigt sich, daß entsprechende Strukturanalysen auch, ja sogar wesentlich auf jene Unterschiede stoßen, die Tönnies in seiner Dichotomie angesprochen hat. Durch geringe soziale Differenzierung, zentrale Bedeutung der Primärgruppen, auffällige Kontinuität, Macht der Tradition, Überschaubarkeit der Lebensverhältnisse u. ä. m. unterscheidet sich die Einfache Gesellschaft von der Modernen Gesellschaft ebenso wie von dieser sich die Hochkultur und dabei insbesondere deren als Volkskultur bezeichnete Einsprengsel. Wenn die avisierten strukturellen und kulturellen Differenzen beispielsweise mit den fruchtbaren Begriffen Lokalität/lokale Verflechtung und Überlokalität/überlokale Verflechtung differenziert untersucht und verdeutlicht werden, dann kommt immer exakt auch jener Sachverhalt in den Blick, den Tönnies mit der Gegenüberstellung von ,,Gemeinschaft" und ,,Gesellschaft" gemeint hat.[85]

3.2. Als strenge Dichotomie spielt das Begriffspaar keine Rolle; Tönnies selbst hat die Auffassung zurückgewiesen, als wären soziale Gruppen entweder nur Gemeinschaft oder nur Gesellschaft. In gruppensoziologischer Sicht ist es heute gängige Auffassung, daß die mit den beiden Worten gemeinten Sachverhalte gemischt auftreten, wobei die einen Gruppen mehr von diesem, die anderen Gruppen mehr von jenem Element beeinflußt sind. Auf den sachlichen Zusammenhang von Gemeinschaft und Gesellschaft mit dem von Parsons entwickelten ,,pattern-variables-scheme" wurde schon hingewiesen. Ob von primären und sekundären, informellen und formellen/organisierten Gruppen, Kleingruppen und Großgruppen gesprochen wird – ein entscheidender Unterschied liegt im Interaktionsmuster und der Intensität sozialer Beziehungen. Vergleichsweise enge Bindungen auf der einen Seite – ,,sorgfältig gepflegte Distanz" (H. P. Bahrdt) auf der anderen Seite. Wie immer auch soziale Gruppen klassifiziert und untersucht werden, man stößt jedes Mal auf die mit ,,Gemeinschaft" und ,,Gesellschaft" angesprochene Differenz. Was nach Tönnies geboten wird, bedeutet zwar einen ganz erheblichen Fortschritt hinsichtlich differenzierter Begrifflichkeit und damit auch soziologischer Erkenntnis, aber es ist innerhalb gewisser Grenzen doch gerechtfertigt, von ,,Variationen über das Thema ,Gemeinschaft und Gesellschaft'" zu sprechen.[86]

3.3. Noch an einem anderen Punkt läßt sich die anhaltende Bedeutung grundlegender Fragen von Tönnies aufzeigen. Wie früher dagestellt, war ihm die soziologische Analyse nicht Selbstzweck. Auf dem Hintergrund des sich entfaltenden Industrialismus und seiner Folgen war schon die Fragestellung nach Bedingungen von Gemeinschaft, nach den Ursachen von streckenweise ja doch eindeutig negativ bewerteter ,,Gesellschaft" und nach den Möglichkeiten neuer Gemeinschaft Ausfluß eines bestimmten Interesses, welches die völlige Beschränkung auf reine, letztlich durchaus wissenschaftlich intendierte und schließlich auch weithin wissenschaftlich durchgeführte Analyse im Ansatz verbot. Ähnlich hält auch Durkheim etwa in seiner Gegenüberstellung von mechanischer und organischer Solidarität nach Möglichkeit von Solidarität in der Gegenwart Ausschau und glaubt er, den Berufsgruppen eine besondere Rolle für die als notwendig erachtete Festigung der Solidarität zuschreiben zu können. Wie das Werk von Tönnies und Durkheim, so läßt sich auch dasjenige von M. Weber nicht einfach auf einen Nenner bringen. Unverkennbar interessieren ihn aber vor allem Gang und Umstände der gesellschaftlichen Entwicklung in Europa mit besonderer Berücksichtigung des Kapitalismus, der umfassenden Rationalisierung der Lebensbereiche, der Entzauberung der Welt.

Diese Wirklichkeit, mit der sich Tönnies und andere Klassiker der Soziologie auf gleiche oder verschiedene Weise befaßt haben, gibt es nach wie vor – und insofern sind die einleitend erwähnten grundlegenden Fragen immer noch aktuell und ist ein Rückgriff in die Geschichte soziologischer Lehrmeinungen sinnvoll. Man muß nicht Kulturkritiker und Sozialromantiker sein, um zu erkennen, wie die moderne Gesellschaft im Ganzen und in ihren Teilen menschliche Lebensführung auf ihre Weise beeinflußt. Vergleichsweise erfolgreiche Sozialisierung ist ebenso erschwert wie Kontaktaufnahme und Kontaktbewahrung. Viele Indizien sprechen dafür, daß die Komplexität der modernen Welt zu umfassend ist, um von allen Menschen erlebnis- und gefühlsmäßig bewältigt werden zu können. Aufbau und Bewahrung von Identität erscheinen nicht mehr als ein bloß individuelles, sondern schon als ein soziales Problem. In der Diagnose, daß die strukturellen und kulturellen Bedingungen moderner Gesellschaft sich erschwerend auf Selbstvergewisserung und Standortbestimmung auswirken, treffen sich Wissenschaftler unterschiedlicher Herkunft, stimmen vergangene (angeblich grundsätzlich) bessere Zustände beschwörende und optimistisch zukunftsorientierte Denker im Prinzip mit jenen überein, die Vergangenes kritisch betrachten und Zukünftiges kritisch ins Auge fassen.

Das Buch *Gemeinschaft und Gesellschaft,* mit dem Tönnies weltweit berühmt geworden ist, liest sich auf weiten Stecken auch wie ein Traktat über das traditionsreiche Thema Entfremdung. Soziologisch gesehen bringt es sicherlich wenig ein, die moderne Gesellschaft im Ganzen als einen den Menschen von sich entfremdenden Lebensraum zu deuten (was Tönnies nicht getan hat). Dennoch handelt es sich um ein wichtiges soziologisches Thema, und es sieht nicht so aus, als ob es in naher Zukunft weniger aktuell sein würde – falls es überhaupt jemals nicht aktuell gewesen ist. Es besteht deshalb auch kein Anlaß, mit Blick auf das Werk von Tönnies „das Tote durch die Toten begraben zu lassen". Die „Erinnerung [dieses] der Vergangenheit angehörenden Stoffes" führt nämlich zugleich in die unmittelbare Gegenwart und die voraussehbare Zukunft.

Peter-Ernst Schnabel

GEORG SIMMEL

I. Georg Simmels Soziologie im Urteil der Wissenschaftsgeschichte

Trotz einer über sechzigjährigen Rezeptions- und Interpretationsgeschichte gehört die Soziologie Georg Simmels auch heute noch zu den am wenigsten entdeckten und in ihrer Bedeutung unterschätzten Werken der klassischen Literatur. Eine bisher kaum registrierte Ursache dafür ist neben der unbestreitbaren Individualität und Originalität des Autors und seiner Beiträge in einer wissenschaftsgeschichtlichen Berichterstattung zu sehen, die den nachfolgenden Soziologengenerationen ein nicht eben falsches, am tatsächlichen Umfang seiner Konzeption gemessen aber in wesentlichen Punkten reduziertes Bild dessen vermittelte, was Simmel selbst unter einer Soziologie als Gesellschafts-Wissenschaft verstanden wissen wollte[1].

Der Versuch, im einzelnen zu klären, warum die Kategorie ,,formale Soziologie", die die Wissenschaftsgeschichte in der Regel zur Charakterisierung des Simmelschen Ansatzes bereit hält, den Zugang zu seiner Soziologie eher verschüttete, während andere klassische Größen die Reduktion ihres Anliegens auf ein paar einprägsame Schlagworte ‹vgl. Max Webers Werturteilspostulat oder die ,,faits socieaux" Emil Durkheims› ohne nennenswerten Schaden für Ansehen und Lehre überstanden, würde sicherlich den Rahmen des vorliegenden Beitrages sprengen. Dies muß einer längst fälligen Methodologie der Wissenschaftsgeschichte überlassen bleiben.[2] Solange sie fehlt, werden diejenigen, die aus archivarischen Interessen oder der Kontinuität des soziologischen Problembewußtseins wegen an der Aufarbeitung klassischen Gedankengutes interessiert sind, neben der Originallektüre auf Bücher wie dieses über die ,,Klassiker des soziologischen Denkens " angewiesen sein. Solange wird es aber auch notwendig und legitim bleiben, Beiträge wie den vorliegenden mit dem Hinweis auf die immanenten Gefahren dieser und anderer Arten der Vergangenheitsbewältigung einzuleiten.

Innerhalb eines grob schematisierenden Überblicks lassen sich verschiedene Darstellungstypen der Soziologiegeschichte unterscheiden, die jeweils auf ihre Art eine umfassende Rezeption der soziologischen Gesamtkonzeption Georg Simmels verhinderten und damit nicht nur dem Ansehen des Klassikers schadeten, sondern die Wissenschaft als ganze um wichtige Erkenntniswerte brachten. Um Erkenntniswerte, die ihr möglicherweise, wären sie nur rechtzeitig gesehen und zur Sprache gebracht worden, so manche energieaufwendige Kontroverse um Scheinprobleme erspart hätten.[3] Aufgabe dieses Beitrages wird es daher sein, der gegenwärtigen Soziologie zu einer umfassenden, die Mängel der meisten vorliegenden Darstellungsversuche überwindenden Sichtweise des Simmelschen Ansatzes zu verhelfen. Die dazu nötigen Kriterien sollen an Hand einer Kritik seiner Rezeptionsgeschichte und nicht aus der subjektiven, wissenschaftlicher Kontrolle weitgehend unzugänglichen Überzeugung gewonnen werden, im Vollbesitz der einzig wahren Auffassung von der Soziologie Georg Simmels zu sein.

Um den gegen die Wissenschaftsgeschichte erhobenen Vorwurf nicht im Raum stehen zu lassen, sollen drei der oben erwähnten Darstellungstypen kurz besprochen werden. Sie geben sicherlich nicht die gesamte Bandbreite existierender Einordnungsversuche wieder, haben jedoch, wie sich an Hand neuerer Quellen nachweisen läßt, den innerdisziplinären Urteilsbildungsprozeß nachhaltig beeinflußt.[4]

Die ,,Gesellschaftslehre" O. Spanns (1914), P. Sorokins ,,Contemporary Sociological Theories" (1928), H. Freyers ,,Soziologie als Wirklichkeitswissenschaft" (1930) können als ältere, R. Arons ,,Deutsche Soziologie der Gegenwart" (1953) als jüngeres Beispiel eines Typs wissenschaftshistorischer Untersuchungen aus ,,formalhistorischer Sicht" angeführt werden.[5] Ihr offensichtliches Ziel ist es, den jeweiligen Ausflug in die Geschichte der Soziologie möglichst nahtlos in den Stand der zeitgenössischen Diskussion, oft auch in die Synthese des eigenen Standpunktes einmünden zu lassen. Als analytisches Grundmuster liegt ihren Darstellungen die Vorstellung vom Wissenschaftsbetrieb als einem Stammbaum exklusiver Gelehrtenzirkel und als einem relativ problemlosen und abstrakten Gegen-, Neben- und Nacheinander bestimmter Richtungen und Schulen zugrunde.

Ihr fragwürdiges Verdienst liegt darin, Georg Simmel auf das kaum hinterfragte Stereotyp eines Begründers der formalen Soziologie festgelegt und jene Interpretationsversuche, in denen die Simmelsche Wissenschaftsbegründung auf ein wenn auch wichtiges Teilstück ihrer selbst, die Untersuchungen über die Formen der Vergesellschaftung reduziert wird, grundsätzlich gerechtfertigt zu haben.[6] Seit dem Erscheinen dieser Bücher muß der Autor so wichtiger Werke wie ,,Probleme der Geschichtsphilosophie " (1892), ,,Philosophie des Geldes" (1900) oder ,,Grundfragen der Soziologie" (1917) gegen den Vorwurf des psychologischen Reduktionismus,[7] der subjektiven Spielerei mit abstrakten Formen,[8] gegen die Kritik, einem ahistorischen, gegenstandsinadäquaten Reflektionsstil zu frönen[9] oder die Soziologie als ,,Geometrie der sozialen Welt"[10] etabliert zu haben, in Schutz genommen werden. Seitdem auch haftet Georg Simmel das Odium eines Feuilletonisten, Gelegenheitssoziologen und akademischen Außenseiters an, der, einer Begründung Arons zufolge, nicht ins System passe und von daher nur am Rande behandelt werden könne.[11]

Ein ,,kritisch-emanzipatorisches" Erkenntnisinteresse und eine materialistische Geschichts- und Wissenschaftsauffassung kennzeichnet den zweiten in diesem Zusammenhang erwähnenswerten Typ wissenschaftshistorischer Analysen.[12] Ihm kommt es vor allem auf den Zusammenhang von Wissenschaftsentwicklung und gesellschaftlichem Fortschritt an. Der Stellenwert jeweils besprochener Ansätze wird vom theoretischen und praktischen Beitrag her bestimmt, den dieser zur Emanzipation der Menschheit geleistet hat. Zu den Autoren, die sich dieses Argumentationsrasters bedienen und dabei zu übereinstimmenden Urteilen kommen, gehören neben G. Lukàcs auf den hier stellvertretend hingewiesen werden soll, auch M. Horkheimer, H.J. Lieber, P. Furth, K. Lenk, Th.W. Adorno und andere.[13]

Für Lukàcs, der in seinem bekannten Buch ,,Die Zerstörung der Vernunft. Der Weg des Irrationalismus von Schelling bis Hitler" (1948) die deutsche (Sozial-)Philosophie seit Schelling anklagt, keine geistigen Abwehrstoffe gegen den Faschismus entwickelt und sich damit, wenn auch ungewollt, zu dessen Wegbereiter gemacht zu haben, kommt in der Simmelschen Lebensphilosophie und Soziologie die gesellschaftspolitische Ignoranz und das Weltuntergangsdenken zum Ausdruck, die das ohnmächtige Bürgertum in kompensatorischer Absicht gegen den aufkommenden Sozialismus entwickelte. Von ihm stammt das ominöse Wort von Simmel als dem Philosophen des ,,imperialistischen Rentnerparasitismus", der in der Tradition Schopenhauers und Nietzsches die bestehende Gesellschaftsordnung durch Scheinrationalisierung und Apologie der immanenten Widersprüche zu erhalten trachte.[14] Intelligent genug, um die Widersprüche klar zu erkennen, sei er um den Preis einer ungewissen gesellschaftspolitischen Zukunft nicht bereit gewesen, die Privilegien seiner eigenen Klasse aufs Spiel zu setzen.

Als Auslese- und Akkumulationsprozeß überprüfter und gültig gesprochener Erkenntnisinhalte mit dem Fernziel einer umfassenden Theorie gesellschaftlicher Strukturen und Prozesse stellt sich die Wissenschaftsgeschichte schließlich einer Gruppe überwiegend in den Vereinigten Staaten lebender und schreibender Autoren dar.[15] Von den Chronisten, die besonderen Einfluß auf die Entstehung eines amerikanischen Simmelbildes und auf den nach 1945 einsetzenden Rezeptionsprozeß in Deutschland hatten, sind vor allem A. W. Small, R. E. Park und W. E. Burgess, H. S. Becker und A. Boskoff, L. A. Coser und A. Rosenberg, H. E. Barnes, G. Gurvitch und W. E. Moore zu nennen.[16]

Obgleich die einzelnen Darstellungsversuche – in der Regel erschienen sie in sogenannten ,,Textbooks", die durch eine systematische Darbietung klassischer Originaltexte, vergleichende Analysen historischer und zeitgenössischer Forschungsergebnisse oder monographische Einzelbeiträge die Kommunikation zwischen Tradition und Moderne herzustellen und aufrecht zu erhalten suchen – sehr unterschiedlich ausfallen, lassen sie sich bezüglich der Simmelschen Soziologie auf einen gemeinsamen interpretatorischen Nenner bringen. Ihr Interesse gilt überwiegend einem Teilaspekt seiner Gesamtkonzeption, der von Simmel selbst so genannten ,,reinen Soziologie", die sich dem amerikanischen Wissenschaftsverständnis offenbar leichter subsumieren ließ als seine erkenntnis- und wissenschaftstheoretischen Überlegungen, welche kaum übersetzt wurden und deshalb nur wenigen Wissenschaftlern zugänglich waren.

So entstand die Version von Georg Simmel als dem Klassiker einer Reihe spezieller, von ihren methodologischen Voraussetzungen weitgehend losgelöster Soziologien (vor allem im konflikt-, rollen- und gruppensoziologischen Bereich),[17] als einem gesellschaftswissenschaftlich interessierten Philosophen der vorsoziologischen Epoche[18] oder dem Lebensphilosophen im positivistischen Tarnmantel.[19] Das Bild eines exotisch schillernden Gelehrtenexemplars also, das der Soziologie quasi im Vorübergehen interessante Forschungsgegenstände erschloß, es dabei aber nie zu der die Wissenschaft überhaupt erst konstituierenden Systematik brachte.

Der Vollständigkeit halber muß darauf hingewiesen werden, daß der an Vorurteilen wie „abstrakte Formenlehre", „akademischer Außenseiter", „bürgerlicher Konservativer" usw. orientierte Verdrängungsprozeß entscheidender Teile der Simmelschen Soziologie – deutliche Spuren lassen sich in den relativ zufällig ausgewählten neueren Arbeiten P. L. Bergers (1969), F. Jonas' (1969), E. M. Wallners (1970), H. Klages' (1969) u. a.nachweisen[20] – nur einen wenn auch gewichtigen Teil der Simmelforschung ausmacht. Es hat demgegenüber eine Vielzahl von Einzelrezeptionen gegeben, die sich um eine differenziertere Sichtweise der Gesellschaftslehre Georg Simmels bemühten. Auf sie soll, nachdem die Wechselwirkung von Leben und Werk dargestellt worden ist, in den Kapiteln III und IV des Beitrages eingegangen werden. Aufgabe eines fünften Teiles wird es schließlich sein, Gesamtkonzeption und Arbeitsweise der Simmelschen Soziologie zu beschreiben.

II. Die Wechselwirkung von Leben und Werk

Auf die Wechselwirkung von Leben und Werk als einem wichtigen Ansatzpunkt zum Verständnis der Lehre G. Simmels hat besonders L. A. Coser hingewiesen.[21] Diese Anregung ist kürzlich von H. J. Becher aufgegriffen worden, der die Biographie, vor allem die Daten der Karriere Simmels, dazu verwendet, den Schlüsselbegriff seines soziologischen Denkens, den der „Wechselbeziehung," nicht nur als wissenschaftliche, sondern auch persönliche Antwort auf private Schwierigkeiten und die Probleme seiner Zeit zu erklären.[22] Indem Becher jedoch die „Soziologie des Soziologen" in den Vordergrund seiner Interpretation stellt, läuft er einerseits – wie Coser, auf den er sich bezieht – Gefahr, vermeintliche sowie echte Ungereimtheiten des besprochenen Werkes auf die kaum zu überprüfende Halbwahrheit vom spezifisch „Jüdischen" im Denken Simmels, von dessen gestörtem Verhältnis zu der Gesellschaft, in der er lebte und arbeitete und in der er sich nur als Außenseiter zu etablieren vermochte, zurückzuführen.[23] Andererseits kann er damit die Tatsache, daß andere, sicherlich ebenso versierte Kenner der wissenschaftlich-kulturellen Szene Deutschlands wie die oben bereits erwähnten Lukàcs, Lieber, Lenk, Adorno u. a. Simmel in so enge Verbindung zum bürgerlich-konservativen Denken seiner Zeit bringen, daß sie auf eine differenzierte Darstellung seiner Konzeption glauben verzichten zu können, kaum sinnvoll begründen.

Es gibt Interpreten, die einen Widerspruch zwischen der Originalität seiner Lehre und der persönlichen Ergebenheit Simmels gegenüber jenen akademischen Organen meinen feststellen zu können, die die Krönung seiner Laufbahn durch eine ordentliche Professur an einer bedeutenden deutschen Universität lange Zeit verhinderten.[24] Andere haben in seinem privaten und gesellschaftlichen Lebensstil ein vordergründiges Indiz für die restaurativen Unterströmungen seines Denkens gesehen[25] oder ihn als Kompensationshaltung gegenüber der vorenthaltenen Anerkennung durch die akademische Gemeinschaft zu deuten versucht.[26] Bei Licht betrachtet läßt sich die Vermutung, die verhinderte Karriere Georg Simmels habe sich in seinem Werk in Gestalt besonders konservativer oder besonders eigenwilliger Stile, Methoden und Inhalte niedergeschlagen, kaum und wenn, dann nur in der Konfrontation mit dem Original überprüfen. Bei einem solchen Test muß sorgfältiger als bisher darauf geachtet werden, daß nicht schon durch die Auswahl der zur Diskussion gestellten Inhalte und Lebensdaten das Urteil selbst präjudiziert wird.

Georg Simmel wurde am 1. März 1858 in Berlin als Sohn wohlhabender jüdischer Eltern geboren. Wie seine sechs älteren Geschwister wird er evangelisch getauft und von seiner Mutter in christlichem Sinn erzogen. Als sein Vater, Begründer und zeitweiliger Mitbesitzer der Firma „Felix und Sarotti" relativ früh stirbt, wird ein Freund des Hauses, der Musikverleger Julius Friedländer, zu seinem Vormund bestellt. Er fördert den jungen Simmel vor allem auf musikalischem Gebiet, macht mehrere Reisen mit ihm und überschreibt schließlich dem angehenden Studenten ein kleines Vermögen, welches diesem erlaubt, die akademische Laufbahn einzuschlagen und trotz langer Erfolglosigkeit durchzuhalten.

1890 heiratet Simmel die Tochter eines Eisenbahningenieurs und Ministerialbeamten, Gertrud Kinel, die er im Hause eines Studienfreundes kennen gelernt hatte. Gertrud Simmel überlebt ihren Mann um zwanzig Jahre und tritt als Autorin populärwissenschaftlich-philosophischer Abhandlungen und als Herausgeberin kunstphilosophischer Aufsätze und ausgewählter Schriften aus der von Simmel nachgelassenen Mappe „Metaphysik" hervor. Das Ehepaar hat einen Sohn, der es bis zum außerordentlichen Professor der Medizin in Jena bringt, bevor er von den Nationalsozialisten zur Auswanderung in die USA gezwungen wird und dort Ende der dreißiger Jahre an den Folgen eines Aufenthaltes im Konzentrationslager Dachau stirbt. Georg Simmel selbst stirbt, unheilbar an Leberkrebs erkrankt, 1918 in Straßburg, nur vier Jahre, nachdem er seine erste ordentliche Professur an der dortigen Universität angetreten hatte. In Straßburg liegt er begraben.[27]

Aus den gesammelten, sich zum Teil widersprechenden Zeugnissen von Familienmitgliedern, Bekannten, Studenten, Kollegen und Zeitgenossen[28] – er wird z. B. als lange, schlanke, aber auch kleine und schmächtige Erscheinung, als Mann von unschönem, typisch jüdischem, aber auch durchgeistigtem, edlem Äußeren, als schwer arbeitender, aber auch spielerisch und flüssig formulierender Wissenschaftler und Dozent, schließlich als geistig brillianter, freundlicher, gütiger, aber auch als Mensch mit einer „irrationalen, dunklen und wilden Innenseite" geschildert – wissen wir einiges über seine Lebensgewohnheiten. Etwa, daß er vormittags und abends zu arbeiten und nachmittags Gäste zu empfangen pflegte. Sein Haus gehörte zeitweilig zu den geistig-kulturellen Zentren Berlins. Wenige Kollegen, um so mehr Literaten, Künstler und Nachwuchswissenschaftler, unter ihnen P. Ernst, F. Gundolf, E. Bloch, M. Dessoir, St. George, R. M. Rilke, H. Kantorowicz, H. Rickert, E. Husserl, Reinhold und Sabine Lepsius und Max und Marianne Weber gehörten zu seinen Freunden, trafen sich zum monatlichen jour fix im Hause Simmels oder hörten seine Vorträge, die er dort in Privatkolloquien vor einem Kreis ausgewählter Studenten zu halten pflegte.

Simmels Vorlesungen über Probleme der Logik, Ethik, Ästhetik, Religionssoziologie, Sozialpsychologie und Soziologie wurden zum Teil wie kulturelle Ereignisse gefeiert, in den Tageszeitungen angekündigt und bisweilen sogar rezensiert[29]. Sein Auditorium setzte sich, von vielen Kollegen spöttisch vermerkt, aus vielen Ausländern, geistig interessierten Nichtakademikern, Studenten aller Fakultäten und vor allem zahlreichen Frauen zusammen. Übereinstimmend berichten ehemalige Hörer von der faszinierenden Vortragsweise Simmels, von seiner Fähigkeit, den Gedankengängen beinahe physische Substanz zu verleihen und die behandelten Gegenstände vor dem geistigen Auge der Anwesenden entstehen zu lassen, statt, wie viele seiner Kollegen, fertige, scheinbar unwiderlegbare Ergebnisse aneinanderzureihen. Er war, wie E. Landmann, eine seiner Studentinnen berichtet, ,,die Figur an der Universität, die alles Zopfige und Zünftige überragte und allen revolutionär angehauchten Studenten wegen der deutlich bekundeten Unabhängigkeit seines Geistes bestens empfohlen war".[30] Eine Unabhängigkeit, von der die Autorin selbst nicht zu sagen weiß, ob sie der Zurücksetzung Simmels als Jude oder seiner freien, der eigenen wissenschaftlichen Überzeugung korrespondierenden Entscheidung entsprang.

Im Gegensatz zu den Erfolgen, die Simmel mit seinen Vorlesungen hatte, war seine berufliche Karriere von großen Schwierigkeiten und Rückschlägen überschattet. Zu keiner Zeit ist es ihm gelungen, die gegen seine Person und sein Werk gerichteten Vorurteile jener akademischen Gemeinschaft zu erschüttern, die dem über die Grenzen Deutschlands bekannten Wissenschaftler die gebührende Anerkennung schuldig blieb. Die bekannten Schlüsseldaten der tragischen Karriere Simmels legen vielmehr Zeugnis von der Willkür ab, mit der man sich gegen die Anerkennung begabter Kollegen zur Wehr setzte, wenn es diese an der nötigen Ehrfurcht vor den Repräsentanten des Standes, vor dessen Normen, Wertvorstellungen und Initiationsriten fehlen ließen.

Georg Simmel besteht sein Abitur mit achtzehn Jahren, immatrikuliert sich im Sommersemester 1867 an der Universität Berlin und absolviert dort, ohne den Hochschulort zu wechseln, ein fünfjähriges Studium. Während dieser Zeit gehören Droysen, Mommsen, v. Sybel, v. Treitschke und Grimm zu seinen wichtigsten Lehrern in Geschichte. Völkerpsychologie und Ethnologie hört er bei Lazarus und Bastian und läßt sich von Zeller und Harms in die klassische Philosophie sowie in die Schriften Kants, Hegels, Schopenhauers und Nietzsches einführen. Von diesen Philosophen hat Kant, wie das Thema seiner Dissertation, seine

Habilitationsschrift und zahlreiche spätere Abhandlungen zeigen, das Denken Simmels am stärksten beeinflußt. Die wenigen Zitate, Fußnoten und Hinweise, die er seinen Schriften beifügt, weisen auf die Beschäftigung mit Ch. Darwin, A. Smith, A. Ferguson und mit den Soziologen A. Comte, H. Spencer, A. Schäffle und L. Gumplovicz hin. Außerdem hat die intensive Auseinandersetzung mit dem historischen Materialismus, vor allem mit der Entfremdungstheorie von K. Marx, deutliche Spuren in seiner Kulturphilosophie hinterlassen.[31] Die meisten Arbeiten Simmels, der es deshalb auch ablehnte zu zitieren, tragen originäre, eigenschöpferische Züge. Nichts dokumentiert dies besser als der Erlebnisbericht K. Bergers, eines Studenten und Freundes, den er einmal auf die Frage, wo denn eigentlich seine Bibliothek sei, vor ein relativ unbedeutendes Bücherregal mit der liebenswürdigen, etwas koketten Bemerkung führte: „Hier, ich lese nicht mehr."[32]

1881 meldet sich Simmel zum Promotionsverfahren an. Das Thema seiner Dissertation, die von den Professoren Zeller und Helmholtz nur unter Vorbehalten akzeptiert bzw. abgelehnt wird, lautet: „Psychologisch-ethnologische Studien über die Anfänge der Musik". Als Gründe für die Ablehnung werden u.a. die Thesenhaftigkeit der Aussagen und mangelhafte Beweisführung genannt, die allerdings mehr dem ungewöhnlichen Gegenstand als dem Autor angelastet werden. Außerdem die flüchtige Abfassung der Arbeit, Schreibfehler und unleserliche Zitate.[33] Der Psychologe Helmholtz macht schließlich den Vorschlag, die von Simmel zusätzlich eingereichte Preisarbeit „Darstellung und Beurteilung von Kants verschiedenen Ansichten über das Wesen der Materie" als Dissertation anzunehmen. Dem Vorschlag wird stattgegeben, so daß Simmel das Rigorosum in den Fächern Philosophie, Kunstgeschichte und Altitalienisch ablegen kann. Bereits zwei Jahre später bewirbt sich Simmel bei der philosophischen Fakultät um die Zulassung zur Habilitation. Seine Habilitationsschrift über Kants Raum- und Zeitlehre wird von den Professoren Laas, Wundt und Heinze mit dem Kommentar: „wissenschaftlich gut, aber Thema verfehlt", zunächst abgelehnt, schließlich aber auf Betreiben Diltheys und Zellers zugelassen.[34] Die Probevorlesung allerdings endet mit einem Eklat, als sich Simmel zu forsch gegen eine seiner Meinung nach unhaltbare These Zellers verwahrt. Ein halbes Jahr später darf er die Probevorlesung wiederholen und wird schließlich 1884 als Habilitand angenommen.

Trotz seiner großen Lehrerfolge zögert die Fakultät ungewöhnlich lange mit einer Beförderung. Dies ist, wie M. Landmann vermutet, auf den Antisemitismus Professor Roethes, eines der mächtigsten Männer der Fakultät, auch darauf, daß er W. Dilthey, seinem angesehensten Fachkollegen, persönlich nicht lag, aber auch auf den Kollegenneid wegen der großen Höhrerzahlen, ferner auf das verbreitete Mißtrauen gegenüber dem neuen Fach „Soziologie" sowie auf die unkonventionellen Arbeitsformen des Privatdozenten Simmel zurückzuführen.[35] 1898 endlich stellt man den Antrag, ihn zum Extraordinarius für Sozial- und Geschichtsphilosophie zu ernennen, der zwei Jahre später, auf mehrfaches Drängen vom zuständigen Ministerium positiv beschieden wird. Auch weiterhin ist

Simmel auf Hörergelder angewiesen, bleibt von allen wichtigen Entscheidungen der Fakultät ausgeschlossen und kann keine Doktoranden annehmen.

Bei Berufungsverfahren in Berlin mehrfach übergangen,[36] wird Georg Simmel 1908 von E. Gothein und M. Weber zusammen mit H. Rickert u.a. für die Neubesetzung des zweiten Lehrstuhles für Philosophie an der Universität Heidelberg vorgeschlagen. Aber obwohl Rickert verzichtet, gelingt es einflußreichen Kreisen im Kultusministerium, die Berufung unter Hinweis auf Simmels jüdische Abstammung, seine relativistische Einstellung zur christlichen Religion und seine unorthodoxe Denk- und Vortragsweise zu hintertreiben.[37] Das Verfahren wird schließlich eingestellt, der Lehrstuhl bleibt vakant und wird in einem zweiten Anlauf mit dem unbedeutenden H. Schwarz besetzt. Als 1915, nach dem Tode W. Windelbands, abermals zwei Lehrstühle zu besetzen sind, wird ihm E. Husserl und anderen potenteren Bewerbern trotz der Fürsprache Rickerts der bis dahin völlig unbekannte H. Maier vorgezogen.

1911 wird Simmel der Ehrendoktor der Staatswissenschaften der Universiät Freiburg auf das Verdienst hin verliehen, als ,,Begründer der Wissenschaft der Soziologie“ die Nationalökonomie durch neue und wichtige Erkenntnisse bereichert zu haben. Ein Ruf in die USA, wo seine von A. W. Small u.a. seit 1896 veröffentlichten soziologischen Essays mit großem Interesse gelesen werden, zerschlägt sich aus unbekannten Gründen. Mit sechsundfünfzig Jahren endlich (1914) erhält er den Ruf auf ein Ordinariat nach Straßburg. Simmel akzeptiert, obwohl ihm, wie seine Frau Gertrud berichtet, der Abschied von Berlin und seiner Hörerschaft sehr schwer fällt und er sich in der vergleichsweise provinziellen Atmosphäre der Straßburger Universität nicht wohl fühlt.[38] Er hat auch dort Feinde, kann aber seiner Arbeit bis zu seinem Tode unangefochten nachgehen.

In seiner Untersuchung mit dem bezeichnenden Titel ,,Stranger in the Academy“ versucht L. A. Coser die formale und die inhaltliche Entwicklung des Simmelschen Denkens als Ergebnis einer permanenten Auseinandersetzung mit den Verhaltenserwartungen der Kollegenschaft und als allmählichen Distanzierungsprozeß vom akademischen Betrieb und dessen Gepflogenheiten zu beschreiben.[39] Nicht bereit, sich den oktroyierten Formen intellektueller Disziplin, bestimmten Ritualen im Verhältnis von Lehrenden und Lernenden, überholten Grenzziehungen zwischen den verschiedenen Wissenschaften zu unterwerfen und weit stärker als die Mehrzahl seiner Kollegen um Kontakt mit seinen Studenten bemüht, habe sich Simmel auf der ständigen Suche nach einem ,,Ersatzrollenset“ befunden und dieses schließlich in der Hinwendung auf ein mehr an geistiger Erbauung als an wissenschaftlicher Detailforschung interessiertes intellektuelles Laienpublikum gefunden. Als Beleg führt Coser die bemerkenswerte Tatsache an, daß Simmel von seinen insgesamt 180 Aufsätzen nur 64 in ,,wissenschaftlichen“, dagegen 116 in – wie Coser es nennt – ,,nichtwissenschaftlichen“ (nonscholarly) Zeitschriften veröffentlicht habe und daß der Prozentsatz der sogenannten wissenschaftlichen Beiträge im Verlauf des oben skizzierten beruflichen Werdeganges von 50% auf 28% zurückgegangen sei.[40] Davon ausgehend, daß für Simmel der mühsamere Weg durch die akademischen Institutionen zeitlebens offen gestanden habe, glaubt Coser in diesen Zahlen ein Indiz dafür entdecken zu können, daß es dem Klassiker in zunehmendem Maße nur noch auf die Zustimmung eines bestimmten Auditoriums und immer weniger auf die Weihen des akademischen Establishments angekommen sei.

Diese für die Erkenntnismotivation Simmels nicht besonders schmeichelhafte Folgerung ist nur schwer zu widerlegen. Ein Blick in die von E. Rosenthal und K. Oberländer herausgegebene Bibliographie scheint sie zu rechtfertigen.[41] Jedoch ist Skepsis gegenüber der Interpretation solcher formalen Tatbestände angebracht, zumal Coser eine genauere Bestimmung dessen, was er nichtwissenschaftliche Zeitschriften nennt, ebenso schuldig bleibt, wie eine differenzierte Würdigung der Simmelschen Beiträge unter dem Gesichtspunkt ihrer wissenschaftlichen Bedeutsamkeit. Skepsis vor allem, wenn er seiner Interpretation der Wechselwirkung von Leben und Werk ein Rollenmodell zugrunde legt, welches die immerhin mögliche Deutung des Simmelschen Verhaltens als einer bewußt in Kauf genommenen, wissenschaftlich begründeten Konfliktstrategie von vornherein ausschließt.

Bei genauerem Hinsehen zeigt sich außerdem, daß sich die These Cosers, dem Rückzug Simmels aus dem akademischen Betrieb habe eine Abnahme des wissenschaftlichen Erkenntnisinteresses entsprochen, zumindest für den in diesem Zusammenhang wichtigen Bereich der soziologischen Forschung nicht halten läßt. Das Erscheinen so bedeutsamer Schriften wie „Über soziale Differenzierung. Soziologische und psychologische Untersuchungen", Leipzig 1890; „Die Probleme der Geschichtsphilosophie. Eine Erkenntnistheoretische Studie", Leipzig 1892, in der Simmel seine Theorie des Verstehens entwickelt; „Philosophie des Geldes", Leipzig 1900, die in weiten Bereichen der Auseinandersetzung mit der Marxschen Wert- und Entfremdungstheorie gewidmet ist; „Soziologie. Untersuchungen über die Formen der Vergesellschaftung", Leipzig 1908, eine überarbeitete Sammlung soziologischer Essays, die Simmel zwischen 1892 und 1908 verfaßt hat; „Hauptprobleme der Philosophie", Leipzig 1910 und „Grundfragen der Soziologie. Individuum und Gesellschaft", Berlin/Leipzig 1917, in der sich Simmel zu grundsätzlichen methodologischen Fragen äußert, zeigt, daß er zeitlebens an der Lösung gesellschaftswissenschaftlicher Problemstellungen interessiert geblieben, dabei aber von einer umfassenden, die traditionellen einzelwissenschaftlichen Grenzen sprengenden methodischen und theoretischen Konzeption ausgegangen ist.[42]

Auch die zwischenzeitlich erscheinenden Abhandlungen zur Logik, Ethik, Ästhetik und Religionsphilosophie legen Zeugnis von dem immerwährenden Bemühen Georg Simmels ab, sich auf wissenschaftlicher Ebene mit den geistigen Fragen seiner Zeit auseinanderzusetzen. Allerdings hat er sich – das mag einen beträchtlichen Teil seiner von Coser und anderen Autoren hervorgehobenen Schwierigkeiten erklären – den für ihn verbindlichen Begriff von Wissenschaft zu keiner Zeit aufzwingen lassen.[43] Daran vermag auch die Tatsache, daß zahlreiche Rezensionen von und über Simmel nicht ausschließlich in wissenschaftlich renommierten Zeitschriften, sondern auch in Tageszeitungen oder Periodika mit so seltsamen Titeln wie ,,Die Hilfe", ,,Der Lotse", ,,Die Welt des Kaufmanns", ,,Die Güldenkammer", ,,Das freie Wort" usw. erschienen oder er selbst eine Vielzahl von Gelegenheitsarktikeln, u. a. ,,Moltke als Stilist", ,,Etwas vom Spiritismus", ,,Der Militarismus und die Stellung der Frau" , ,,Alpenreise" oder ,,Herbst am Rhein", verfaßte, nichts zu ändern.[44]

Viele seiner verstreuten Arbeiten sind nachträglich in Sammelbänden veröffentlicht worden und wären – entsprechend einem von H. Müller bereits 1958 unterbreiteten, leider aber bisher nur in Ansätzen verwirklichten Vorschlag – ohne größere Anstrengungen zu einer durchaus konsistenten Gesamtausgabe zusammenzufassen.[45] Die Existenz solcher Gelegenheitsarbeiten zu verschweigen, wäre sicherlich ebenso verfehlt wie der Versuch, sie als Beweisstücke eines latent vorhandenen, sich zum Ende der Karriere hin steigernden Desinteresses an der Wissenschaft und ihren Normen zu verwenden. Schlüsse dieser Art sind in der Regel tautologisch, weil sie das Denken Simmels mit einem Wissenschaftsbegriff konfrontieren, den dieser aus Gründen, die noch untersucht werden sollen, nicht akzeptieren konnte und wollte. Für sie mag gelten, was ein ehemaliger Student unter dem Eindruck ähnlich gelagerter Kritik formulierte: ,,Unter den toten Philosophen der letzten Jahre besaß nur Scheler die gleiche Leidenschaft. Aber bei Scheler hatte man häufig das Empfinden, er könne trotz heftiger Erregung über Erkenntnisprobleme eine halbe Stunde später mit Damen beim Tee über Erotika plaudern. Bei Simmel wäre ein solcher Verdacht unmöglich gewesen. Er war ernst, vielleicht zu ernst; obgleich er auf seiner Jagd nach Erkenntnissen manchmal auf Zehenspitzen dahinschlich, konnte er nicht tanzen. Seine Wissenschaft war nichts weniger als fröhlich."[46]

III. Hauptaspekte der amerikanischen Simmelrezeption

Wäre die Anzahl der in einem anderssprachigen Land erschienenen Übersetzungen und Rezensionen ein sicheres Indiz für den Einfluß eines Autors, es bedürfte keines weiteren Beweises für die bedeutsame Rolle, welche die Gesellschaftslehre G. Simmels innerhalb der amerikanischen Diskussion gespielt hat. Mit ihr sowie mit den zahlreichen Publikationen von Männern, die sich um die Entwicklung der amerikanischen Soziologie und die Soziologie Simmels in Amerika gleichermaßen verdient machten, läßt sich jedoch die Entscheidung rechtfertigen, den mit der internationalen Bedeutung des Simmelschen Werkes befaßten Teil des vorliegenden Beitrages auf den amerikanischen Sprachraum zu beschränken. Wie die Wissenschaft keines anderen Landes hat überdies die amerikanische Soziologie die im Nachkriegsdeutschland einsetzende theoretisch-methodische Rekonstruktion der Gesellschaftswissenschaften und im Zusammenhang damit auch die neuerliche Rezeption der Soziologie Georg Simmels geprägt.[47]

K. Gassen und M. Landmann haben in ihrer umfangreichen Bibliographie auch eine ganze Reihe russischer, polnischer, dänischer, niederländischer, französischer, italienischer, spanischer und südamerikanischer Übersetzungen und Rezensionen erfaßt,[48] und L. A. Coser läßt in seinem 1965 erschienenen Buch ,,Georg Simmel" drei wichtige französische Zeitgenossen Simmels, E. Durkheim, C. Bouglé und A. Mamelet zu Wort kommen.[49] An Hand der vorliegenden Informationen ist es jedoch – mit Ausnahme der französischen Soziologie vielleicht, auf die Simmel als Mitherausgeber der von Durkheim redigierten ,,L'année sociologique" einigen Einfluß nehmen konnte – kaum möglich, gesicherte Feststellungen über die Bedeutung Simmels für die Gesellschaftswissenschaften in diesen Ländern zu treffen. Noch weniger läßt sich über den Beitrag sagen, den diese zur Förderung und zum besseren Verständnis des Klassikers und seines soziologischen Denkens leisteten.[50]

Dank der frühen Übersetzertätigkeit A. W. Smalls, W. Briggs', W. W. Ellwangs u. a. zählte man Georg Simmel in Amerika bereits zu einer Zeit zu den international anerkannten Soziologen, als seine Eignung zum Universitätslehrer unter den deutschen Kollegen noch strittig war. Vor allem Small kamen die Simmelschen Essays über die Aufrechterhaltung der sozialen Gruppe, den sozialen Konflikt, das Geheimnis und die geheime Gesellschaft, zum Problem der Soziologie und zur Frage nach dem Wie der Möglichkeit von Gesellschaft[51] bei seinem anspruchsvollen Plan sehr entgegen, die amerikanische Soziologie auf einen einheitlichen theoretischen und methodischen Nenner zu bringen. Er ist zwar mit den Ergebnissen und Schlußfolgerungen Simmels keineswegs immer einverstanden, hofft aber mit deren Veröffentlichung den Anstoß zu der seiner Meinung nach notwendigen Vereinheitlichungsdiskussion unter den Fachkollegen geben zu können.[52]

Obgleich ihm dies, wie er später eingesteht, nicht zur völligen Zufriedenheit gelingt,[53] ist Small in einer anderen, möglicherweise ungewollten Hinsicht erfolgreich gewesen. Seine Publikationen trugen maßgeblich dazu bei, die Aufmerksamkeit der amerikanischen Forschung langfristig auf die gruppen-, rollen- und konfliktsoziologischen Aspekte des Simmelschen Werkes festzulegen. Auch die in der Nachfolge von Smalls ,,Introduction to the Study of Society" (Chicago 1894) erschienen Textbooks, die, einstmals zur besseren Kommunikation und Information der Wissenschaftler und Studenten konzipiert, schon bald zu Standardwerken der amerikanischen Literatur avancierten,[54] haben ihren Teil zur Vereinseitigung der Simmelrezeption in Amerika beigetragen.

Als die ersten Versuche einer Gesamtdarstellung erscheinen, ist die Gründerzeit der amerikanischen Soziologie (bis ca. 1918)[55] bereits abgeschlossen. Mehrere, vor allem jüngere Wissenschaftler bemühen sich, ihrer Kritik am vorherrschenden Empirismus der Folgezeit durch den Hinweis auf konzeptionelle Leistungen kontinentaler Theoretiker besonderen Nachdruck zu verleihen. Die unmittelbare Bedeutung ihrer Beiträge für die Weiterentwicklung des Wissenschaftsbetriebes ist nur schwer auszumachen. Sicher ist jedoch, daß die Simmelforschung von ihnen profitierte, auch wenn die darin artikulierte Grundhaltung gegenüber dem Werk Simmels nicht wesentlich über die von Small gesetzten Orientierungsmarken hinausgelangt.

So führt N. Spykman, auf der Suche nach der soziologischen Theorie G.

Simmels, den vielversprechenden Terminus ,,funktionaler Relativismus" ein und bemüht sich, die von diesem beschriebenen ,,Formen der Vergesellschaftung" nicht als ontische, sondern als heuristische Prinzipien relativer Wahrheitsfindung zu verstehen.[56] Während seiner Interpretation reichert er jedoch den Funktionsbegriff mit eigenen, auf die konkrete Überlebenspraxis bezogenen Verständnismomenten derartig an, daß Simmels auf die Dialektik von Form und Inhalt, Erkennen und Wirklichkeit abzielende Methode gar nicht zur Entfaltung kommt. Selbst Simmels transzendentaler, die Möglichkeiten sozialer Veränderungen implizierender Gesellschaftsbegriff wird von Spykman auf den schmalen Bereich unmittelbarer Daseinsbewältigung reduziert und zum Kriterium für den Wert bzw. Unwert soziologischer Erkenntnisse erhoben.[57]

Dieser perspektivischen Verengung entspricht es auch, wenn Spykman einerseits versucht, die von Simmel zur Analyse des Vergesellschaftungsphänomens bereitgestellten und ansatzweise operationalisierten Grundbegriffe der ,,sozialen Gruppe", der ,,Über- und Unterordnung", des ,,Streits", des ,,Individuums als Schnittpunkt sozialer Kreise" usw. zu einem sozialtechnisch verbindlichen System von Überlebensregeln auszuweiten, andererseits aber die von Simmel zur methodologischen Absicherung[58] entwickelten erkenntnistheoretischen und kulturphilosophischen Gedankengänge unter Metaphysikverdacht stellt und es dem Belieben des jeweiligen Lesers anheim stellt, sich mit dieser Komponente des Simmelschen Werkes auseinanderzusetzen.[59] Seiner Meinung nach wurde die ,,Philosophie des Geldes" – eines der wichtigsten Bücher Simmels – vornehmlich geschrieben, um die soziokulturellen Determinanten des Geldes in ihrer Symbolfunktion für die Entfremdungserscheinungen des Geistes bei der Interpretation der modernen Zivilisation zu beschreiben. Mit ihrer Hilfe lasse sich lediglich demonstrieren, daß die Verquickung von formaler Soziologie, Metaphysik und Relativismus die Rückanwendung der Simmelschen Erkenntnisse auf die gesellschaftliche Praxis unmöglich mache.[60]

Auch Th. Abel, der in seiner ,,Systematic Sociology in Germany" (New York 1919) die Ansätze M. Webers, G. Simmels, A. Vierkandts und L. v. Wieses miteinander vergleicht, will unter den Formen der Vergesellschaftung, viel konkreter als Simmel, Kategorien verstanden wissen, die eine systematische Beziehung zwischen den realen Elementen des sozialen Lebens beschreiben. Deshalb moniert er die fehlende Systematik und wirft Simmel mangelnde Konsequenz, bisweilen sogar Unredlichkeit beim Umgang mit der von ihm selbst entwickelten Maxime, der analytischen Trennung von Form und Inhalt gesellschaftlicher Phänomene, vor.[61] Simmel untersuche – so meint Abel und zeigt damit, daß er dessen methodischen Kunstgriff ebenso mißversteht wie Spykman – die Formen der Vergesellschaftung, ohne klar zu stellen, daß diese immer nur unter bestimmten inhaltlichen Voraussetzungen, d. h. nur im Zusammenhang mit den jeweiligen gesellschaftlichen Verhältnissen gültig sein könnten. Ebenso wie Spykman empfiehlt er deshalb, die soziologische Methode Simmels von ihrem erkenntnistheoretischen und philosophischen Ballast zu befreien und zu einem systematischen Katalog sozialer Strukturen und Prozesse auszubauen.

In der folgenden Konsolidierungsphase der amerikanischen Soziologie (bis ca. 1950) kommt es zu einer „Amerikanisierung“[62] der Simmelschen Soziologie, die von einigen Wissenschaftshistorikern irrtümlich als Niedergang seines Einflusses und des durch ihn repräsentierten Denkens interpretiert worden ist. Tatsächlich findet der Leser innerhalb dieses Zeitraumes immer weniger Literatur, die sich mit den Schriften des Klassikers direkt auseinandersetzte. Auf der anderen Seite läßt sich gerade an Hand von Beiträgen der sogenannten „Chicagoschule“, einer Richtung, die das Gesicht der amerikanischen Soziologie in den zwanziger und dreißiger Jahren entscheidend prägte,[63] ein langanhaltender, indirekter Einfluß Simmels nachweisen. Mit der Integration seines Werkes scheint sich auch dessen Funktion innerhalb des Wissenschaftsbetriebes grundsätzlich zu wandeln. Statt im Sinne Smalls, Spykmans oder Abels als Katalysator und Klärungsinstanz eigenen und fremden Denkens zu dienen, wird es, trotz intensiver Bemühungen H. S. Beckers, das Simmelsche Erbe über die Einführung der Beziehungs- und Gebildelehre L. v. Wieses wieder bewußt zu machen,[64] und mehrfacher Versuche, seine Großstadt- und Religionssoziologie zu reaktivieren,[65] zum wissenschaftlichen Allgemeingut und sein Verfasser zum anerkannten Thesenlieferanten der die amerikanische Soziologie mehr und mehr beherrschenden empirischen Sozialforschung.

Die Veröffentlichungen des Chicagoer Instituts zwischen den Weltkriegen lassen diese Tendenz besonders deutlich werden. Während A. W. Small, R. E. Park und W. E. Burgess die Wertschätzung für ihren deutschen Kollegen und zeitweiligen Lehrer nicht verhehlen, wird der Name Simmels in den Arbeiten der nachfolgenden Wissenschaftlergeneration kaum noch erwähnt. Lediglich Fragestellung und theoretischer Bezugsrahmen ihrer überwiegend empirischen Analysen lassen forschungsstrategische und inhaltliche Präferenzen erkennen, die Park in Anlehnung an Smalls Übersetzungen und an die von Simmel 1903 veröffentlichten stadtsoziologischen Überlegungen[66] entwickelt.

In seinem 1916 erschienenen Aufsatz „The City. Suggestions for the Investigation of Human Behavior“ setzt Park die Schwerpunkte einer auf mehrere Jahrzehnte angelegten Großstadtforschung, deren erste Ergebnisse er neun Jahre später unter Mitarbeit von W. E. Burgess, R. D. McKenzie und L. Wirth in dem Sammelband „The City“ (Chicago 1925) vorlegt. Dieser enthält neben weiteren programmatischen Schriften eine Reihe von Studien, die sich ähnlich wie W. I. Thomas' und F. Znanieckis Standardwerk „The Polish Peasant in Europe and America“ (1918) durch die Kombination sozialstatistischer und geographischer Daten mit psychologisch-soziologischen Analysen verschiedener Rassen-, Berufs- und Herkunftsgruppen auszeichnet. Auch so bekannte Einzeluntersuchungen wie N. Andersons „The Hobo“ (1921), F. M. Thrashers „The Gang“ (1927), L. Wirths „The Ghetto“ (1928), auch H. Zorboughs vergleichende Untersuchung von Wohlstandviertel und Slum („Gold coast and the Slum“, 1929), N. S. Hayners Studie über das Hotelleben („Hotellife“, 1936) und E. V. Stonequists klassische Untersuchung „Marginal Man“ (1937) betonen die Interdependenz von formalen und sozialpsychologischen Elementen, die die amerikanische Soziologie als eines der wichtigsten Merkmale des Simmelschen Denkens ausgemacht zu haben glaubte.

Ein Blick auf das weitere Schicksal der Soziologie Georg Simmels in Amerika zeigt, daß sie von der doch recht einseitigen Bindung an die Chicagoschule keineswegs nur profitierte. Kritiker haben letzterer, wohl mit Recht, vorgeworfen, trotz intensiver fünfundzwanzigjähriger Detailforschung kein überzeugendes theoretisches Konzept entwickelt zu haben. Auch entsprechende Überlegungen der Simmelschen Soziologie – zusammen mit derjenigen Ch. H. Cooleys von Park noch als Ausgangspunkt eines theoretisch fundierten Forschungsprogrammes verwendet – gingen im Methodenperfektionismus mikrosoziologischer Analysen verloren. Unfruchtbarer Pluralismus der Forschungsgegenstände statt einheitlicher Programmatik, ein beziehungsloses Nebeneinander statistisch abgesicherter, jedoch bedeutungsloser Aussagen an Stelle umfassender, ordnender Theorien kennzeichnet die Situation der amerikanischen Soziologie Ende der dreißiger Jahre.[67]

Diesem von J. L. Horowitz in polemischer Absicht als „Selbstliquidation" der Wissenschaft[68] bezeichneten Prozeß sind bis ca. 1950 eine Vielzahl kontinentaler Theoretiker, unter ihnen auch Simmel, zum Opfer gefallen. Seinem frühzeitig entstandenen und bis dahin nicht revidierten Image des Formalisten ist es wahrscheinlich anzulasten, daß seine wissenschafts- und gesellschaftstheoretischen Überlegungen von der kleinen Gruppe Systemtheoretiker, die unter der Führung T. Parsons einen ordnenden Bezugsrahmen für die vorliegenden empirischen Befunde zu entwickeln beginnen, kaum zur Kenntnis genommen wird. Und das, obwohl ihr strukturell-funktionales Einheitsprinzip gar nicht so weit von jenen Grundgedanken entfernt ist, die Simmel in seiner Schrift „Über soziale Differenzierung" und später in seiner Gruppensoziologie[69] entwickelt hat.

Gerade Parsons, der auf der Suche nach einer funktionalen Theorie sozialen Handelns die Werke europäischer Denker, unter ihnen V. Pareto, E. Durkheim und M. Weber durchforstet, vernachlässigt Simmel in auffälliger Weise. In seinem Frühwerk „Structure of Social Action" (Glencoe/Ill. 1937) wird er nur am Rande behandelt, obschon er wie Weber über seine strukturanalytischen Untersuchungen hinaus an der Analyse wichtiger Erscheinungsformen der kapitalistischen Wirtschafts- und Gesellschaftsordnung interessiert gewesen ist[70] und damit neben Marshall, Pareto, Durkheim und Weber zu den von Parsons zitierten Vorläufern der Handlungstheorie hätte gerechnet werden müssen.[71]

Seit dem Ende der vierziger Jahre kann jedoch von einer neuen Rezeptionsphase der Simmelschen Soziologie gesprochen werden. Kennzeichnend für sie ist, daß der Klassiker innerhalb der gleichzeitig einsetzenden Kontroverse zwischen Verfechtern und Kritikern des amerikanischen „way of science" auf beiden Seiten zitiert wird. Nicht nur die Kleingruppenforschung und ihre Theoretiker[72] erinnern sich an ihn, auch die mit der Mystifizierung von Funktionalismus und Empirismus unzufriedenen C. W. Mills, H. Gerth, I. L. Horowitz u. a.[73] sowie der um Leerstellen in der zeitgenössischen Theorienbildung besorgte L. A. Coser[74] machen ausgewählte Beiträge Simmels zu Ausgangspunkten ihrer Überlegungen.

Hauptereignis dieser neuen Rezeptionsphase ist zweifellos die Veröffentlichung des Bandes „The Sociology of G. Simmel" (Glencoe/Ill. 1950), in dem der Autor K. H. Wolff einen weiteren Versuch unternimmt, die relevantesten soziologischen Beiträge Simmels nach einem eigens entwickelten „systematischen" Konzept zu ordnen. Kritischer Kommentar und Essaysammlung wenden sich erstmals gegen den Vorwurf des Widerspruchs zwischen Simmels Soziologie und Philosophie, zeigen unter Bezugnahme auf die Spätschrift „Grundfragen der Soziologie" Veränderungen im Argumentationszusammenhang auf und machen auf die bis dahin vernachlässigten Ansätze zu einer Erkenntnistheorie der Sozialwissenschaften aufmerksam.

Dennoch befremdet die vergleichsweise harte Kritik, die Wolff an das Ende seiner informativen Einführung setzt und die doch wieder in der Feststellung einer formanalytischen und erkenntnistheoretischen Zweigleisigkeit der Simmelschen Wissenschaftsbegründung gipfelt.[75] Sie kommt zu unvermittelt, um wirklich überzeugen zu können und läßt angesichts späterer Versuche Wolffs,[76] Weber und Durkheim als „scharfsinnige Analytiker" dem „phantasievollen Feingeist" Simmel gegenüberzustellen, angesichts von Hinweisen auf den besonderen Stellenwert der formalen Soziologie in der modernen Theorienbildung und angesichts seiner Aufforderung, die „reine" Soziologie aus der von Simmel selbst betonten Bindung zur „generellen" bzw. „philosophischen " Soziologie zu lösen, die Frage aufkommen, ob er (Wolff) sich bei seiner Interpretation nicht zu sehr vom eigenen Wissenschaftsbegriff und den nachwirkenden Stereotypen der Simmelforschung leiten ließ.

Trotz der von K. H. Wolff geäußerten Zweifel an der unverminderten Aktualität des Simmelschen Ansatzes gelingt es fast zur gleichen Zeit einer anderen Gruppe von Wissenschaftlern, eine Brücke von Simmels Gruppen- und Konflikttheorie zu verwandten Gebieten der modernen Forschung zu schlagen. In einer Linie mit dem von Horowitz kritisierten Trend zur Mikrosoziologie liegen die Kleingruppenstudien H. S. Beckers, R. H. Useems, F. L. Strodtbecks, W. E. Vinackes, A. Arkoffs, J. Spiegels, R. K. Mertons und P. Lazarsfelds.[77] I. L. Horowitz ist es aber auch, der im Zusammenhang mit seiner Forderung nach der Internationalisierung soziologischer Problemstellungen die Anregung gibt, die in der Nachfolge G. Simmels weiterentwickelten Thesen zur Kleingruppenforschung in Verbindung mit seinen Überlegungen zur Konfliktbewältigung[78] zu Grundsteinen einer Theorie internationaler Bündnisbeziehungen und einer internationalen Friedensforschung zu machen.[79]

Th. Caplow hat diese Anregung vier Jahre später in einem Beitrag zur Erforschung sozialer Dreiecksbeziehungen aufgegriffen.[80] Er gibt sich aber nicht nur mit einer Übernahme bzw. Differenzierung der von Simmel beschriebenen analytischen Grundtypen des Unparteiischen und Vermittlers, des lachenden Dritten oder desjenigen zufrieden, der Zwietracht unter den Parteien sät, um diese besser beherrschen zu können,[81] sondern meint, in einem Einleitungsteil auf die besondere Bedeutung und die spezifischen Eigenarten der Simmelschen Soziologie eingehen zu müssen.

Im Unterschied zur modernen Soziologie, der es in der Hauptsache um die verborgenen Regelmäßigkeiten des menschlichen Verhaltens und um die Vervollkommnung der Umweltkontrolle geht, betrieb Simmel nach der Meinung Caplows Soziologie als ,,Metaphysik", d. h. als Erkenntnismittel auf der Suche nach der Wirklichkeit.[82] Auch könne niemand behaupten, sein Werk adäquat verstanden zu haben, der sich nicht über die landläufig bekannten Spezialsoziologien (Gruppe, Rolle, Konflikt, Herrschaft usf.) hinaus mit den erkenntnis- und wissenschaftstheoretischen Leistungen Simmels auseinandersetze, die ihm von verschiedenen Seiten den Titel eines ,,Dialektikers" eingebracht hätten. Als Pole dieser dialektischen Denkbewegung macht Caplow Individuum und Gesellschaft aus, die einander mit totalen Ansprüchen gegenüberstehen, in ihren existenziellen Voraussetzungen und Bedingungen aber aufeinander angewiesen sind. Von diesem, alle Lebensbereiche durchdringenden Wechselverhältnis habe sich Simmel im Gegensatz zu einer ganzen Reihe amerikanischer Theoretiker eher den Fortschritt als die Gefährdung sozialer Systeme versprochen. Eben deshalb habe sein Interesse neben strukturanalytischen und moralischen auch den organisatorischen Fragen der Konfliktbewältigung gegolten.[83]

Zwölf Jahre zuvor hatte bereits L. A. Coser in seiner Studie ,,The Functions of Social Conflict" (Glencoe/Ill. 1956) die Konflikttheorie und die dialektische Methode Simmels gegen eine Tradition einzuspannen versucht, die er einmal an anderer Stelle als ,,over-socialized conception of man" bezeichnete. Um der Soziologie eine Komponente wiederzuerschließen, auf die vor allem die strukturell-funktionale Theorie unter Inkaufnahme eines gehörigen Realitätsverlustes verzichtete, entwickelt er eine Theorie des ,,funktionalen" Konfliktes, die von der revidierten Streit-Soziologie Georg Simmels ausgeht. Hauptaspekt dieser Revision ist Cosers vom funktionalen Denken her beeinflußte Forderung, in die Analyse des Zusammenhanges von Gruppenstruktur, Gruppenerhalt und sozialem Konflikt die grundsätzliche Unterscheidung von integrierbaren und systembedrohenden Konflikten miteinzubeziehen.[84] Inwieweit eine Gesellschaft durch letztere an der Wurzel getroffen werden kann, hängt seiner Meinung nach weniger von der Beschaffenheit des Konfliktes als von der Fähigkeit der betreffenden Gesellschaft ab, ihn mittels entsprechender Instanzen und Spielregeln auffangen, kanalisieren und konstruktiv austragen zu lassen. Rechtzeitiger sozialer Wandel wird so zur zwangsläufigen Strategie eines über seine Toleranzgrenzen hinaus kompromittierten sozialen Systems.

Veröffentlichungen zum einhundertsten Geburtstag Georg Simmels leiten eine vorläufig letzte, auf die Würdigung des Gesamtwerkes gerichtete Rezeptionsphase ein. Doch die Vorstöße, die P. Rossi, K. H. Wolff und später L. A. Coser in der von Spykman und Abel bereits angedeuteten Richtung unternehmen, bleiben im Stadium einer wenn auch sehr profunden inhaltlichen Analyse stecken, da sich keiner der Herausgeber und Autoren zu einer synthetischen, der Komplexität des Simmelschen Ansatzes entsprechenden Interpretationsweise entschließen kann.[85]

Von den drei angesprochenen Publikationen scheint diejenige Rossis im „American Journal of Sociology" (1958) noch am meisten in der Tradition der oben monierten Simmelauffassung zu stehen. K. D. Naegele beispielweise geht in seinem Beitrag von einer beinah idealtypischen Unterscheidung zwischen dem auf wissenschaftlich kontrollierende Veränderung der gesellschaftlichen Verhältnisse gerichteten Werk E. Durkheims und dem mit Ideologiekritik und permanenten Relativierungen operierenden Ansatz G. Simmels aus.[86] Doch ehe man verstehen könne, daß beide Aspekte die unabdingbaren Kehrseiten ein- und derselben wissenschaftlichen Medaille seien, müsse man begreifen lernen, daß die scheinbaren Paradoxien und Widersprüche im Simmelschen Denken nicht Ausfluß spekulativer Philosophie, sondern Ergebnis eines konsequent durchgehaltenen dialektischen Erkenntnisprinzips seien.

Auch K. H. Wolff hält zwar die Kontroverse über das Trennungsprinzip von Form und Inhalt und über den Realitätsgehalt der formalen Kategorien im Sinne ihres Autors für lösbar, verschafft aber selbst der Formalismusdiskussion durch die Hervorhebung der philosophischen Attitüde Simmels neue Nahrung.[87] Lediglich Coser versucht durch den Hinweis auf mögliche Zusammenhänge zwischen den beruflichen Schwierigkeiten des Klassikers und der individualistischen Gestalt seines Werkes neue Wege in der Simmelforschung zu gehen.[88] Leider versäumt er es, die sich aus diesem interessanten Gesichtspunkt ergebenden interpretatorischen Konsequenzen zu ziehen.

Vornehmlich um die inhaltliche Analyse geht es dem von K. H. Wolff edierten Sammelband „Georg Simmel, 1858–1918" (Ohio State University Press, 1959). Eine Fülle von Aufsätzen, die hier nicht im einzelnen besprochen werden können, haben u. a. Simmels Gesellschaftsbegriff, seine Vorstellung vom Individuum, die antropologischen Grundkonstanten seines Denkens, seine Theorie der Herrschaft und endlich auch seine Philosophie des Geldes zum Thema.[89] Die wohl weitreichendsten Beiträge jedoch werden von K. H. Levin, F. H. Tenbruck und G. Weingartner geliefert.

Während sich Levin in seiner Untersuchung über die Grenzen und Möglichkeiten einer Modelltheorie der Gesellschaft darum bemüht, das hinter der Gegenstandbestimmung, den Methoden, dem moralischen Anspruch und der regelmäßigen Wiederkehr zentraler Einsichten stehende theoretische Grundkonzept zu beschreiben,[90] geht es Tenbruck um eine an den Maßstäben moderner Rollentheorie orientierte Revision des Formalismusklischees. Seiner Meinung nach hat Simmel seine formale Soziologie als eine auf bestimmte Sachkomplexe gerichtete und die Wechselwirkung als universales Medium implizierende Betrachtungsweise immer schon als Methode bezeichnet. Formen sozialen Handelns seien von ihm – vermutlich gegen die geisteswissenschaftlichen Fundierungsversuche der zeitgenössischen Soziologie – in eben jener strukturanalytischen Absicht entwikkelt worden, in der die moderne Soziologie den Begriff der „Rolle" prägte.[91]

G. Weingartner gelingt es schließlich, die These von der unüberbrückten Diskrepanz zwischen der soziologischen Methode und der Philosophie Georg Simmels durch den Hinweis auf deren wechselseitige Korrektivfunktion zu widerlegen.[92] Er erinnert in diesem Zusammenhang an das aus der Einsicht in die Unmöglichkeit absoluter Erkenntnis entwickelte Konzept „approximativer" Wahrheitsfindung und das Prinzip historischen „Verstehens", welches Simmel auch und gerade in der Soziologie zur konsequenten Anwendung gebracht habe. Auch konzeptionelle Ansätze unterliegen nach Simmels Meinung dem Wandel, und zwar dem Fortschritt derjenigen Wissenschaft entsprechend, der sie entstammen. Folglich kann ihr Verallgemeinerungsanspruch immer nur in der Relation zum Entwicklungsstand der Wissenschaft als adäquat und d. h. als relativ wahr angesehen werden.[93]

Der Herausgeber des vorläufig letzten Buches „Georg Simmel" (Englewood Cliffs/N.J. 1965), L. A. Coser, steht noch mehr als K. H. Wolff vor dem Dilemma, den Mangel an synthetischen Interpretationsversuchen durch ein geordnetes Nebeneinander von Einzelbeiträgen zu ersetzen. Doch die Kriterien, nach denen er vor allem die historischen Zeugnisse auswählt, bleiben unklar. Neben französischen und deutschen findet sich keine Meinung der frühen amerikanischen Soziologie zum Thema, die einen so maßgeblichen Anteil an der Verbreitung der Simmelschen Lehre hatte. Offenbar kam es Coser mehr darauf an, über die Differenziertheit und Vielschichtigkeit der Simmelforschung zu informieren, statt dieselbe kritisch voranzutreiben.

Zusammenfassend bleibt zu sagen, daß der Einfluß der Simmelschen Soziologie vor allem in Amerika nur als ein ständiges Nebeneinander von Verdrängungs- und Wiederentdeckungsprozessen zu beschreiben ist. Die Schwerpunkte liegen zweifelsohne in der Gründerzeit der amerikanischen Soziologie und in den Jahren, in denen die Forschungsprogramme der Chicagoer Schule die gesellschaftswissenschaftliche Szenerie beherrschten. In dem Maße, in dem Simmels gruppen-, rollen-, konflikt- und herrschaftssoziologische Erkenntnisse in den vorhandenen Wissensfundus integriert wurden, wuchs hauptsächlich bei den engagierten Kritikern des amerikanischen Wissenschaftsbetriebes das Interesse an seinen wissenschaftstheoretischen und kulturkritischen Schriften. Beide Aspekte als wichtige Komponenten des Simmelschen Denkens ins Bewußtsein zu heben, ist den zuletzt erwähnten Publikationen durchweg gelungen. Doch fehlt, wie L. A. Coser völlig richtig bemerkt, noch der Versuch, die als „Kulturphilosophie", „Geschichtstheorie", „formale Soziologie" und „Metaphysik der Gesellschaft" immer isoliert beschriebenen und deshalb mißverstandenen Teilbereiche des Simmelschen Werkes auf einen gemeinsamen Nenner zu bringen.[94]

IV. Die Stellung Simmels in der deutschen Soziologie

Deutschland und die deutsche Wissenschaftsgeschichte verdienen nicht nur als Ursprungsland und Entstehungsort erster Simmelinterpretationen besondere Aufmerksamkeit. Ohne die intensive Auseinandersetzung deutscher Philosophen, Historiker und Soziologen mit der Simmelschen Lehre wären die zuletzt beschriebenen Tendenzen innerhalb der amerikanischen Forschung wohl kaum zu verzeichnen gewesen.[95] Andererseits zeigt eine Übersicht über die wichtigsten deutschen Beiträge, daß sich hier der Verständigungsprozeß bezüglich der Simmelschen Soziologie quasi in umgekehrter Richtung vollzogen hat. Das Hauptinteresse früher Rezensenten galt überwiegend den geschichtstheoretischen und kulturphilosophischen Schriften des Klassikers, während gerade in neuerer Zeit Bemühungen festzustellen sind, die in Amerika schon sehr früh entdeckten methodischen Anregungen – und zwar auch hier mit dem Wunsch nach einheitlicher Verstehens- und Darstellungsweise gekoppelt – neu zu überdenken.[96]

Was sich dieser Tendenzanalyse aber so reibungslos zu fügen scheint, gibt sich in Wirklichkeit als komplizierte, keineswegs widerspruchsfreie Entwicklung zu erkennen. Untersuchungen über den Kulturkritiker und Philosophen einerseits und den Soziologen andererseits laufen phasenweise nebeneinander her. Zeitweilig gerät die Soziologie Simmels sogar in Vergessenheit, um dann als Bezugsquelle unterschiedlicher, dem Original bisweilen widersprechenden Ansätzen wiederaufzutauchen. Eine wirkliche Synthese des über weite Strecken zweigleisig verlaufenden Rezeptionsprozesses bahnt sich erst in den fünfziger Jahren an, als Soziologen und Philosophen die unter den Beschuß der kritischen Theorie geratene gesellschaftswissenschaftliche Lehre Simmels zu rehabilitieren und unter dem Gesichtspunkt aktueller Fragestellungen neu zu thematisieren versuchen.

Um die inhaltlichen Präferenzen der ersten Diskussionsbeiträge zu verstehen, muß man in Rechnung stellen, daß die Grenzen zwischen Kultur- und Geschichtsphilosophie sowie Psychologie einerseits und Soziologie andererseits für den Bereich der Sozialwissenschaften noch nicht so klar definiert waren wie vielleicht heute. Daher geraten durch sie noch manche Aspekte in die Auseinandersetzung hinein, die spätere Interpreten, welche sich auf die von Simmel als „reine" bezeichnete Soziologie beschränken zu können glaubten, vernachlässigt haben. Ihrem „Abteilungsdenken" hat Simmel mit seinem frühen Austritt aus der „Deutschen Gesellschaft für Soziologie (1912) und der Begründung, er wolle sich nun ganz anderen Forschungsinteressen widmen,[97] ein scheinbar unwiderlegbares Argument geliefert. Einige anschließend erscheinende Aufsätze, vor allem aber die für das Verständnis seiner soziologischen Konzeption besonders wichtige Veröffentlichung „Grundfragen der Soziologie. Individuum und Gesellschaft" (Leipzig/Berlin 1917) zeigen, daß er auch nach diesem formalen Austrittsakt an sozialen und soziologischen Problemstellungen, allerdings nicht mehr aus einzelwissenschaftlicher Sicht, interessiert geblieben ist.

Zum ersten Prüfstein seiner Soziologie wird ein Buch, dessen Verfasser H. Barth es um den Nachweis geht, daß sich eine gegenstandsadäquate, umfassende Gesellschaftslehre nicht auf die Analyse konkreter sozialer Erscheinungen beschränken dürfe, sondern sich mit einer Anthropologie und Psychologie implizierenden Geschichtsphilosophie decken müsse.[98] In seiner Kritik bezieht er sich hauptsächlich auf die Analogie zwischen formaler Soziologie und Geometrie,[99] die Simmel im Einleitungsteil seiner „Soziologie. Untersuchungen über die Formen der Vergesellschaftung" (Berlin 1908) verwendet, um das methodische Prinzip der von ihm projektierten Gesellschaftswissenschaft zu verdeutlichen. Da er Simmels Ansatz als einen seiner eigenen Konzeption diametral entgegengesetzten, naiven Reproduktionsversuch gesellschaftlicher Realität entlarven möchte, ignoriert Barth alle Feststellungen, in denen dieser auf die ,,Künstlichkeit" des Abstraktionsprozesses selber, auf die Vermittlungsproblematik von Wissenschaft und Wirklichkeit und damit auf das Hauptproblem einer neu zu begründenden eigenständigen Soziologie verweist.

Auch die in der Folgezeit erscheinenden positiveren Kommentare bringen Skepsis gegenüber bestimmten Aspekten des Simmelschen Entwurfes zum Ausdruck. So glaubt etwa F. Eulenburg, das dialektische Modell Hegels zur Beschreibung des Verhältnisses von Individuum und Umwelt gegen Simmels angeblichen ,,psychologischen Reduktionismus" in Anspruch nehmen zu müssen.[100] E. Gothein, der Simmel als bedeutendsten deutschen Soziologen bezeichnet, warnt gleichzeitig vor einer zu krassen Beschneidung des soziologischen Gegenstandbereiches.[101] F. Tönnies moniert, daß sich dem sonst so intelligenten Werk Simmels bei aller subtilen Logik der revolutionäre und zerstörerische Charakter des Zeitalters, der ganze Inhalt der sozialen Frage aus direkter Anschauung offenbar nicht mitgeteilt habe.[102] W. Dilthey, der den von ihm selbst betriebenen, umfassenden Emanzipationsprozeß der Geisteswissenschaften durch das Entstehen einer eigenständigen Gesellschaftswissenschaft gefährdet sieht, möchte der Soziologie Simmels nur die Funktion einer ,,Unterwissenschaft" zugestehen.[103] Über alle trennenden Gegensätze hinweg scheinen sich Befürworter und Gegner Simmels einig in dem Unbehagen gegenüber einem Wissenschaftsverständnis, das erst später, nicht zuletzt als Folge ihrer interpretatorischen Vorarbeit, das irreführende und vereinseitigende Formalismusprädikat verliehen bekam.

Relativ unabhängig von der Auseinandersetzung über die Bedeutung des formalen Ansatzes spielt sich die Diskussion über Simmels ,,Philosophie des Geldes" (Berlin 1900) ab. Sie gehört zu den vernachlässigten, gleichwohl zentralen Abhandlungen seines Werkes, in der er, wie später noch zu zeigen sein wird, den Übergang von den methodologischen Abgrenzungsversuchen der Anfangsperiode zu einer erkenntnis- und gesellschaftstheoretisch fundierten Soziologie vollzieht.[104] An Hand zweier Publikationen[105] soll hier in der gebotenen Kürze verdeutlicht werden, wie kontrovers diese von der bisherigen Simmelforschung weitgehend übersehene Diskussion geführt worden ist.

Von den nennenswerten Rezensenten hat C. Schmidt die vernichtendste Kritik geübt.[106] Er vermag in dem ganzen Buch keinen inhaltlichen Gedanken zu finden, den K. Marx nicht schon auf wenigen Seiten seines ,,Kapitals" präziser und grundlegender formuliert hätte. Deshalb könne die als Bauwerk morscher Analogien durchschaute ,,Philosophie des Geldes" gegenüber der Marxschen Fähigkeit, Analogien als geistreiche Waffe gegen bestehende Ideologien oder zur Entlarvung objektiver sozialer Zusammenhänge einzusetzen, kaum bestehen. Vielmehr lege der verwirrende ,,Sprachaufputz", mit dem Simmel selbst so banale Erkenntnisse wie diejenige über den Symbolcharakter der Geldwirtschaft für die Relativität des Lebens zu kaschieren wisse, die Vermutung nahe, als habe er auf so wichtige Fragen wie die nach der Kapitalfunktion des Geldes oder den sozialen Voraussetzungen und Folgen geldwirtschaftlicher Prozesse keine Antwort gewußt oder geben wollen.

Demgegenüber hält A. Koppel die „Philosophie des Geldes" für eine jener wichtigen Arbeiten, die den Emanzipationsprozeß der deutschen Soziologie von der Philosophie einer- und der Nationalökonomie andererseits in Gang zu setzen halfen.[107] Er betrachtet Simmel keineswegs nur als Repräsentanten einer letzten, selbstzerstörerischen Möglichkeit bürgerlich-wissenschaftlichen Denkens, sondern erkennt in seinen Beiträgen Ansätze zu einer problemorientierten Wissenschaftskonzeption. Diesen Aspekt glaubt er Marx, der als erster eine politisch engagierte Wissenschaft gefordert, sich letztlich aber für den unwissenschaftlichen Weg der Ideologie entschieden haben, kritisch gegenüberstellen zu können.

Nach Koppels Meinung muß sich die Marxsche Ideologiekritik den Vorwurf, die Ergebnisse bürgerlicher Philosophie und die eigene Gesellschaftstheorie mit zweierlei Maß zu messen, gefallen lassen. Sie bleibe zwar wissenschaftlich, solange sie den subjektiven Idealismus und Konservativismus ihrer geistigen Vorläufer kritisiere, gerate selbst aber unter Ideologieverdacht, wenn sie den Glauben an die Objektivität der eigenen positiven Erkenntnisse fordere. Offenbar sei Marx so sehr Schüler Hegels gewesen, daß er dessen Dogma der Identität von Begriff und Wirklichkeit, Denken und Sein bedenkenlos akzeptiere.[108]

Eben diesen Aspekt habe Simmel, dem die Entfremdungsproblematik im Bereich wissenschaftlicher Produktion nicht verborgen blieb, niemals aus den Augen verloren.[109]. Denn seine Erkenntnistheorie gehe davon aus, daß Voraussagen über den Verlauf von Geschichte beispielsweise niemals auf Grund einer faktischen oder angenommenen Identität sondern immer nur auf Grund eines aus einer bestimmten gesellschaftshistorischen Interessenlage heraus getroffenen Arrangements zwischen Begriff und Wirklichkeit formuliert werden können.

Gleichwohl brauche die Soziologie – so Koppel – um ihres eigenen und um des Fortschritts der Gesellschaft willen den theoretischen Vorgriff auf eine immer nur in Teilaspekten erfahrbare und dadurch nur sukzessive aufholbare gesellschaftliche Totalität.[110] Ihre Bestimmung setze entschlossene Gesellschaftsanalyse, wie sie Marx geliefert habe, ebenso voraus, wie die von Simmel höchst umständlich begründete methodologische Einsicht, daß die Resultate soziologischer Untersuchungen (empirischer sowie theoretischer) zum immer neuen Material der Lebensbewältigung und damit zum permanenten Gegenstand wissenschaftlicher Selbstkritik gemacht werden müßten. So könne eine Wiederholung des Marxschen Fehlers, das Ideal der klassenlosen Gesellschaft zum absoluten Prinzip gesellschaftshistorischer Entwicklung statt zum Regulativ eines auf sozialen Wandel drängenden Erkenntnis- und Handlungsprozesses zu erheben, verhindert werden.[111]

Zu den Versäumnissen der deutschen Forschung gehört es, die Beziehungen zwischen M. Weber und G. Simmel nicht gründlicher untersucht zu haben.[112] Tatsächlich hat zwischen diesen beiden Klassikern des soziologischen Denkens ein geistiger Austausch stattgefunden, der intensiver und folgenreicher gewesen ist, als es die Soziologiegeschichte bis in die Gegenwart hinein zum Nachteil der

Simmelschen Lehre wahrhaben möchte. Eine Gegenüberstellung bestimmter erkenntnistheoretischer, methodischer und gesellschaftsanalytischer Komponenten beider Werke macht sogar deutlich, daß wesentliche Grundgedanken der ,,verstehenden Soziologie", der ,,Idealtypenlehre" sowie der Kapitalismus- und Kulturkritik der Weberschen Urheberschaft nur deshalb zugeschrieben wurden, weil dieser sie mit der ihm eigenen Energie und Systematik aufgegriffen und weiterentwickelt hat.

Bei seiner in der Kritik der historischen Methode Roschers und Knies' entwikkelten ,,Theorie der Deutung" beschränkt sich Weber weitgehend auf eine Auseinandersetzung mit der Simmelschen Geschichtsphilosophie,[113] in der er wie in der Wissenschaftstheorie H. Rickerts einen der logisch entwickeltsten Ansätze für eine Lehre vom historischen Verstehen zu erkennen meint.[114] Wie er begreift Simmel die Wissenschaft als eine der positiven Vielfalt realer Erscheinungen entgegenzusetzende negative Instanz, die ihre Berechtigung nicht aus den Faktizitäten des bestehenden Wissenschaftsbetriebes, sondern aus den Gestaltungsmöglichkeiten der Erkenntnismittel und -zwecke herleitet. Zwar stellt Weber die psychologische Analyse von Erkenntnisinteressen und Wertentscheidungen hintan und kritisiert Simmel, weil er diesen Aspekt auf Kosten der Entwicklung methodisch brauchbarer Kategorien übertrieben habe.[115] Trotz dieses Einwandes aber, den er zum Gegenstand einer leider niemals geschriebenen Abhandlung zu machen verspricht, bescheinigt er Simmel das Verdinst, durch die Unterscheidung zwischen dem ,,objektiven Verstehen" einer Äußerung oder Handlung und der ,,subjektiven Deutung" von Handlungsmotiven den entscheidenden Anstoß zu der von ihm (Weber) selbst entwickelten ,,verstehenden Soziologie" gegeben zu haben.

Wie Webers wesentlich differenziertere ,,Soziologische Grundbegriffe"[116] stellen Simmels ,,Historische Kategorien typischer Gültigkeit"[117] das notwendige Bindeglied zwischen der Erkenntnistheorie einerseits und den Erfordernissen soziologischer Forschung andererseits dar. Mit ersterer verbindet sie das Bewußtsein von deren negativer, die Komplexität sozialer Wirklichkeit reduzierender Qualität, mit letzterer die in ihrer Grundstruktur angelegte Absicht, die erkenntnislogischen Bedingungen jedes Foschungsansatzes zum Gegenstand permanenter wissenschaftlicher Kontrolle zu machen. So erfüllen die von ihren historischen Inhalten getrennnten ,,Formen" Simmels und die ,,Idealtypen" Webers die Funktion von Grenzbegriffen, an welchen die Wirklichkeit zur Verdeutlichung der relevanten Bestandteile ihres empirischen Gehaltes gemessen und verglichen wird.[118]

In Simmels ,,Philosophie des Geldes" schließlich fand Weber jene Methoden vorformuliert und zum Teil auch praktiziert, die er in seiner späteren Kapitalismusanalyse ,,Die protestantische Ethik und der Geist des Kapitalismus"[119] zur Anwendung gebracht hat. Er findet dort, freilich ohne dies offiziell zu vermerken, eine Vorgehensweise beschrieben, die sich nicht mit der Ableitung und Verwendung bloßer Idealtypen begnügt, sondern diese zu Inbegriffen ganzer, die historischen Entwicklungsstufen in ihrer Besonderheit erfassenden Sinnkomplexen ausweitet und dadurch erst zum brauchbaren Instrument einer Kultur- und Gesellschaftswissenschaft entwickelt.

Weder Simmel noch Weber kommt es außerdem darauf an, den historischen Materialismus durch eine andere, nicht weniger schwer zu rechtfertigende idealistische Theorie zu widerlegen. Ihr erkenntnistheoretischer Skeptizismus richtet sich gegen die Überzeugung, daß allein Ideen die Welt regieren. Der Marxsche Ansatz stellt sich ihnen deshalb als ein Arbeitsinstrument unter anderen dar, mit dessen Hilfe sich die gesellschaftlichen Folgen bestimmter ökonomischer Verhältnisse analysieren lassen, sofern man sich dabei der zwangsläufig vorgenommenen Vereinseitigung ständig bewußt bleibt.[120]

Natürlich läßt sich auf Grund des durch Weber und Simmel vertretenen Methodenpluralismus nicht die gleiche gesellschaftspolitische Überzeugungskraft entfalten, wie an Hand einer auf die soziale Lage einer unterdrückten Klasse und deren Veränderung gerichteten Gesellschaftstheorie. Dennoch hat ihre analytische Haltung weder die Apologie des Bestehenden zum Ziel, noch versucht sie den Sozialwissenschaftler von der Auseinandersetzung mit den wirtschaftlichen Verhältnissen und deren politischen Konsequenzen frei zu sprechen. Allerdings dient ihr beispielweise das Wissen um die Lage des Proletariats nicht als alleiniger Hebelpunkt für gesellschaftlichen Wandel, sondern auch als Demonstrationsobjekt für einen noch allgemeineren, aller kulturellen Entwicklung innewohnenden Widerspruch. Er wird auf einer nächst höheren Ebene, der der Dialektik von Individuum und Gesellschaft, zum Problem, dem sich die Soziologie mit der gleichen Intensität widmen muß wie den Auswirkungen seiner jeweils konkreten Erscheinungsformen.[121]

Leider scheint sich diejenige Spielart der „formalen" Soziologie, die L. v. Wiese in den dreißiger Jahren mit dem Anspruch verbreitete, den Ansatz Simmels im Dienste einer allgemein verbindlichen sozialwissenschaftlichen Methodik fortsetzen zu wollen,[122] der Fachwelt nachhaltiger eingeprägt zu haben, als die oben erwähnten Parallelen zur Weberschen Lehre. Dies ist um so bedauerlicher, als dasjenige, was v. Wiese unter dem Vorwand der Präzisierung und Systematisierung seinen Lesern als Kerngedanken des Simmelschen Denkens präsentiert, bis auf die Forderung nach einer autonomen Soziologie und einer spezifischen, mit keiner anderen Wissenschaft geteilten Optik, nur wenig mit dem Original gemeinsam hat. Bei näherem Hinsehen treten so fundamentale Unterschiede hinsichtlich des Wissenschaftsverständnisses – bei v. Wiese nachweislich am Gesetzesbegriff und den Wahrheitskriterien naturwissenschaftlicher Logik orientiert[123] – und hinsichtlich des methodischen Vorgehens zu Tage, daß kaum noch von einer geistigen Verwandtschaft, mit Sicherheit aber nicht von dem in vielen wissenschaftsgeschichtlichen Abhandlungen behaupteten Lehrer–Schüler-Verhältnis die Rede sein kann.[124]

Von Wiese gelingt es nur deshalb so gut, Simmels methodische Überlegungen für die eigenen Zwecke einzuspannen, weil er dessen Werk in zwei verschiedene Schaffensperioden, eine positivistisch-soziologische der Jugendzeit und eine das Alterswerk bestimmende lebensphilosophische Phase auseinanderdividiert.[125] So kann er kurzer Hand die metaphysikverdächtigen erkenntnistheoretischen und kulturkritischen Schriften ignorieren und Simmels Hauptleistung auf den Entwurf einer entwicklungsbedürftigen einzelwissenschaftlichen Methodik reduzieren. Ununtersucht bleiben fast alle Beiträge Simmels, in denen dieser den Gegenstand, die Methode und das Problembewußtsein der Soziologie über den Rekurs auf die Erkenntnisfähigkeit und das Erkenntnisinteresse des Individuums, Wissenschaft selbst aber als soziales Handeln zu bestimmen versucht. Gerade sie hat v. Wiese an anderer Stelle als ,,systemfeindlich" und gegen den von ihm vertretenen ,,wissenschaftlichen" Weg der Soziologie gerichtet bezeichnet.[126]

In seiner Sorge um die Selbstbehauptung der Soziologie als eigenständiger Wissenschaft hatte L. v. Wiese die Simmelsche Maxime, daß die Soziologie wie jede andere exakte, auf das unmittelbare Verständnis der Gesellschaft gerichtete Wissenschaft von zwei philosophischen Gebieten (,,Erkenntnistheorie" und ,,Metaphysik") eingegrenzt sein müsse,[127] äußerst eng interpretiert. Die Folge war, daß das von Simmel als dialektische Wechselbeziehung beschriebene Verhältnis von Erkenntnistheorie, Soziologie und Kulturphilosophie sich zur Frontstellung zwischen der eigenen ,,Beziehungs- und Gebildelehre" auf der einen und den als ,,metaphysisch" deklarierten Schriften des Klassikers auf der anderen Seite verhärtete. Um so mehr ist es zu begrüßen, daß sich etwa zur gleichen Zeit eine andere, von den Vertretern der Beziehungslehre kaum bemerkte Gruppe von Erkenntnistheoretikern und Soziologen vor allem mit diesem Aspekt des Simmelschen Begründungsversuches auseinandersetzen.

Ihnen geht es wie J. Cohn darum, den Produzenten monistischer Denksysteme gegenüber an die Unlösbarkeit des Widerspruches von ,,Denkfremdem" (Inhalt) und ,,Denkerzeugtem" (Form) zu erinnern und als Konsequenz daraus an Stelle der Identität die Dialektik von Form und Inhalt zum grundlegenden Prinzip einer auf die spezielle Analyse geistig-kultureller Phänomene gerichteten Wissenschaftstheorie zu etablieren.[128] Der Relativierung metaphysisch oder historisch legitimierter Vernunftpostulate gilt deshalb Cohns Konstruktionsversuch eines der faktischen Beschaffenheit des Erkenntnisprozesses entsprechenden Stufensystems ,,schlichtlogischer", ,,unwesentlich dialektischer" und ,,dialektischer" Denkverfahren, welches dem Einheitsbedürfnis des menschlichen Geistes und damit den Voraussetzungen praktischen Denkens und Handelns gerecht wird, ohne dabei zum Dogma zu erstarren.[129] In ihm sollen die schlichtlogischen Verfahren des Alltagsdenkens, die auf wechselseitige Kontrolle von Theorie und Empirie basierenden einzelwissenschaftlichen Methoden sowie die höchste an der regulativen Idee absoluter Erkenntnis orientierte Erfahrungsebene als gleichberechtigte Phasen einer zu immer vollkommenerer Erkenntnis aufsteigenden Denkbewegung aufgehoben werden. Angesichts ständig komplexer werdender Umweltbedingungen erweisen sich mehrdimensional operierende Kultur- und Gesellschaftswissenschaften als unabdingbare Instanzen kollektiver Lebensbewältigung.[130]

Für Th. Litt, der dieses Konzept in einzelwissenschaftlicher Absicht übernimmt, stellt sich Gesellschaft niemals komplex, sondern stets nur im Strukturzusammenhang überschaubarer Einzelphänomene („geschlossener Kreise") dar.[131] Um ihrer habhaft zu werden, müsse sich der Wissenschaftler, der sich nur über die sukzessive Identifikation solcher geschlossenen Kreise und die Analyse ihrer Wechselwirkungen an die Erkenntnis des gesellschaftlichen Ganzen herantasten könne, des Verfahrens der „ideierenden Abstraktion" bedienen. Dieses trage der phänomenologischen Einsicht Rechnung, daß bereits die Beobachtung einzelner, aus dem Gesamtgeschehen herausgelöster Erfahrungskomplexe Rückschlüsse auf die wesenhaften Strukturen einer ganzen Klasse von Erkenntnissen sowie auf die zweckmäßigste Art ihrer Analyse zuläßt. So gesehen erscheint Litt die Abstraktion bestimmter „Formen" des gesellschaftlichen Lebens, wie Georg Simmel sie in seinen soziologischen Essays vorgenommen hat, zwar als Vergewaltigung des Gegenstandes, nichtsdestoweniger aber auch als unabdingbares methodisches Hilfsmittel, um die Strukturen der gesellschaftlichen Totalität sukzessive in den Griff zu bekommen.[132]

Für die Rezeption und damit für den Einfluß der Simmelschen Lehre im Nachkriegsdeutschland sind zwei Gruppen von Wissenschaftlern entscheidend gewesen. Die eine, die ihre wichtigsten Impulse zwischen 1933 und 1945 erhielt und/oder die moralische Zielrichtung eigener Theorien weitgehend in der Auseinandersetzung mit der Hitlerdiktatur entwickelte, wirft Simmel und seinen Zeitgenossen vor, ein ungenügendes analytisches Instrumentarium zur Diagnose der gesellschaftlichen Verhältnisse bereitgestellt und von daher wenig bzw. gar nichts gegen die unheilvolle gesellschaftspolitische Entwicklung in Deutschland unternommen zu haben. Auf zwei Repräsentanten dieser Argumentationsrichtung soll zunächst eingegangen werden, bevor von jener anderen, überwiegend nach 1945 ausgebildeten Generation die Rede sein wird. Sie versucht, die methodischen und theoretischen Vorleistungen des Klassikers als Denkanstöße in ihre Überlegungen zu einer eigenständigen deutschen Soziologie einzubeziehen.[133]

H. J. Lieber und P. Furth gehen in ihrem kritischen, aber konstruktiven Beitrag davon aus, daß Simmel seine soziologische Konzeption (die sogenannte „formale Soziologie") in defensiver Absicht einer Abstraktionsebene zugewiesen habe, auf der er sie vor den Einflüssen spekulativer Theorien und der politischen Praxis gleichermaßen sicher wähnte.[134] Dieser Schwebezustand komme in den Formen der Vergesellschaftung zum Ausdruck, die er in zweifacher, widersprüchlicher Ausführung zum alleinigen Gegenstand der Wissenschaft und damit nolens-volens zum „Substanziellen" der Gesellschaft erhebe. Die eine, vordergründig am Kantschen Apriori orientiert, führe in praktischer Konsequenz dazu, daß die Soziologie nur noch dasjenige als existent und untersuchenswert erachtet, was sich ihrer naiv generalisierenden Abstraktion füge. Darüber hinaus trage der zweite, offenbar auf den Realbefund unterscheidbarer Regelmäßigkeiten im zwischenmenschlichen Verkehr bezogene Formbegriff dazu bei, über der bloßen Quantität interagierender Individuen das Wesentliche der Wechselwirkungsformen, die Gesellschaft in einer inhaltlich bestimmten historischen Situation, in den Hintergrund treten zu lassen.[135] Vom Standpunkt einer dermaßen fundierten Soziologie her erstarre das historische Geschehen zu ruhenden Strukturen, werde der Gedanke an die Geschichtlichkeit sozialer Phänomen im Interesse einer problemfreien, die bestehenden gesellschaftlichen Verhältnisse sanktionierenden Analyse verdrängt.

In einem zweiten mit dem wissenschaftlichen Vorgehen Georg Simmels befaßten Teil ihres Beitrages kommen Lieber und Furth allerdings zu einem anderen Urteil.[136] In seinem Exkurs über die Überstimmung[137] beispielsweise werde deutlich, daß die dort skizzierten und gleichzeitig verwendeten Grundbegriffe, entgegen dem wissenschaftstheoretischen Begründungsversuch, dem historischen Wandel Rechnung tragen. In dem Exkurs über das Erbamt[138] zeige sich sogar, daß sich Simmel mit der prinzipiellen Offenheit des historischen Prozesses keineswegs zufrieden gebe, sondern bestimmte Vorstellungen über dessen Beschaffenheit und Richtung antizipiere. Aus der Qualität dieser Formbegriffe gehe hervor, daß diese nicht nur als Raster zur Beschreibung konkreter Wechselbeziehungen verstanden werden dürfen, sondern selbst dem Einfluß einer geschichtlichen Instanz unterworfen seien, an der man bei näherem Hinsehen Merkmale des Hegelschen objektiven Geistes wiederentdecken könne. Das zwingt Lieber und Furth, die anfangs geäußerte These von der Geschichtsfeindlichkeit der Simmelschen Soziologie teilweise zurückzunehmen.[139]

Zu den Charakteristika der deutschen Simmelforschung gehört es, daß Simmel trotz der einlenkenden Beobachtungen Liebers und Furths für einige Interpreten auch weiterhin der ,,arglose Liberale" blieb, der sich selbst und andere durch Begriffsspielereien von den ,,Schrecken" der Gesellschaft und ihrer Unterdrükkungsmechanismen abzulenken versuchte.[140] Demgegenüber hat R. Tartler nachgewiesen, daß Simmel mit seiner Soziologie des Streits[141] eine den konflikttheoretischen Ansätzen von Th. Hobbes, K. Marx, T. Parsons oder R. Dahrendorf überlegene Konzeption vorlegte. Ihrer grundsätzlich einseitigen, d. h. entweder negativen (Hobbes, Marx, Parsons) oder positiven (Dahrendorf) Einschätzung des Konfliktphänomens gegenüber sei Simmel von der Ambivalenz sozialer Konflikte ausgegangen.[142] In einer Vielzahl von Beispielen gelinge ihm der Beweis der Hypothese, daß sozialer Konflikt niemals nur integrierende oder desintegrierende, stets aber vergesellschaftende Funktion ausübe.

Damit – so Tartler – überwindet Simmel die moderne Konflikttheorie Cosers[143] und Dahrendorfs[144] in mindestens zweifacher Hinsicht. Einmal, indem er mit dem Vorurteil breche, daß Konflikte in jedem Fall dazu da wären, um gelöst zu werden. Von der Struktur eines konfliktträchtigen sozialen Systems und der in ihm widerstreitenden Interessen mache er es abhängig, inwieweit Konflikt systemimmanent geregelt und inwieweit er aus sich heraus die Veränderung sozialer Strukturen erzwinge. Zum anderen gehe Simmel in seiner Entfremdungstheorie von der Annahme aus, daß bei zunehmender Differenzierung und Rationalisierung des gesellschaftlichen Lebens sich die Entstehungsbedingungen für Interessenkonflikte tendenziell intensivieren werden, und verweise damit alle Hoffnungen, soziale Konflikte im Sinne Dahrendorfs auffangen und in ihren gesellschaftlichen Konsequenzen neutralisieren zu können, in den Bereich der Utopie.[145]

Mit seinem Beitrag[146] macht Tartler außerdem deutlich, daß Simmel in seiner bereits 1904 veröffentlichten Streit-Soziologie eine analytische Position vertrat, die man in der Diskussion um die Grundprinzipien soziologischen Denkens erst sechzig Jahre später erneut vertreten hat. N.Luhmanns Kritik am kausalwissenschaftlichen Funktionalismus nämlich zielt auf die Umkehrung des Fundierungsverhältnisses von kausalen und funktionalen Beziehungen.[147] Die Funktion ist nicht länger Sonderart der Kausalbeziehungen, wie in der strukturell-funktionalen Theorie anglo-amerikanischer Provenienz, vielmehr handelt es sich bei den Kausalbeziehungen um einen Sonderfall funktionaler Ordnungszusammenhänge.

Diesen kritisch gewendeten Funktionalismusbegriff hat neuerdings auch R. Mayntz mit dem soziologischen Ansatz G. Simmels in Verbindung gebracht[148] und damit an F. H. Tenbrucks Bemühungen erinnert, den Rollenbegriff als zentrale Kategorie der strukturell-funktionalen Theorie zum Ausgangspunkt einer eigenen Interpretation der Simmelschen Lehre zu machen.[149] Tenbruck, der in Anlehnung an die Systemtheorie und in Übereinstimmung mit Simmel Gesellschaft nur in den Koordinaten ,,Struktur", ,,Kultur" und ,,Persönlichkeit" bestimmen zu können meint, denkt unvoreingenommen genug, um das formal-soziologische Konzept nicht als simplen Rekonstruktionsversuch der gesellschaftlichen Wirklichkeit mißzuverstehen.

Für ihn scheint Simmels frühe, von der Dialektik zwischen individuellem Dispositionsvermögen und den soziokulturell vorgeformten Verhaltenserwartungen ausgehende Theorie sozialen Handelns außerdem gerade jene Abstraktionsebene abzugeben, auf die Tenbruck die rollentheoretische Diskussion innerhalb der deutschen Soziologie zurückholen möchte.[150] Dabei entwirft er ein Bild von der sozialen Realität, das dem von Dahrendorf[151] in Anlehnung an E. Durkheim entwickelten Feindschaftsverhältnis von Individuum und Gesellschaft kaum noch, wohl aber der Simmelschen Metapher von der Gesellschaft als einem ,,Gebilde aus Wesen, die zugleich innerhalb und außerhalb ihrer stehen"[152] entspricht. Nach Tenbruck vollzieht sich Rollenhandeln in der permanenten Auseinandersetzung zwischen der ,,inneren Kontrolle" und einem Kern spezifischer, vom Individuum nicht geteilter Fremderwartungen. Die Rolle wird zu einer für den Träger disponiblen Bestimmung und läßt diesen selbst als einen zwischen mehreren Alternativen Auswählenden erscheinen.[153] Die Wahl findet, anders als von Dahrendorf beschrieben, nicht nur unter rationalen Gesichtspunkten statt, sondern bleibt von Emotionen, Identitätsproblemen, Bereitschaft zum Engagement u. a. abhängig, ohne deren motivierende Kraft kein Rollenhandeln zustande käme.

An Hand des im letzten Teil gegebenen Überblicks lassen sich noch keine sicheren Aussagen über den Einfluß des Simmelschen Werkes auf die Entwicklung der deutschen Soziologie machen. Zu unsystematisch und z. T. auch verdeckt verlief dessen Rezeptionsprozeß. Andererseits ist kaum zu bestreiten, daß Simmels Denken in vielen Auseinandersetzungen um Grundfragen der Wissenschaft eine wichtige Rolle gespielt hat. Darüberhinaus könnte – falls die etwas überspitzte Feststellung Tenbrucks, daß das Verständnis des Simmelschen Programms immer schon die Anwendung seiner eigenen Betrachtungsweise voraussetze,[154] einen wahren Kern enthält – das zunehmend bessere Verhältnis deutscher Interpreten zur soziologischen Konzeption Georg Simmels als Anzeichen eines weiterhin wirksamen Einflusses gewertet werden.

Viel wäre schon erreicht, wenn mit dem Hinweis auf die Gemeinsamkeiten zwischen Simmel und Weber, auf die Unterschiede zwischen der Beziehungs- und Gebildelehre v. Wieses und dem Simmelschen Wissenschaftsentwurf, auf seine Pionierleistungen hinsichtlich des von Cohn und Litt weiterverfolgten formal-dialektischen Ansatzes,[155] auf die Darstellungsversuche Lieber/Furths, Tartlers, Mayntzs und Tenbrucks die Möglichkeiten einer Revision des landläufigen Simmelbildes[156] aufgezeigt und die dazu notwendigen Kriterien deutlich geworden wären. Wieviel interpretatorischer Mut bei einem solchen Unternehmen außerdem noch aufgebracht werden muß, hat K. Schrader-Klebert bei ihren Bemühungen bewiesen, Simmels Erkenntnistheorie, Wissenschaftslehre und Methode auf ihren Aktualitätsgehalt hin zu überprüfen.[157]

Mit der begründeten Feststellung, daß alle analytische Soziologie im phänomenologischen Sinne formal vorgehen müsse, gibt sie die längst fällige Antwort auf alle Fehlversuche, den Ansatz Simmels ontologisch zu interpretieren. Außerdem glaubt sie, mit dem in seinem Essay über „Das Problem der Soziologie"[158] entwickelten Gesellschaftsbegriff einen Schlußstrich unter die noch andauernde Kontroverse zwischen Nominalisten und Realisten ziehen zu können. Indem sie die unter dem Verdacht der bloßen Reifikation stehende Konzeption Simmels und diesen selbst vor allem gegen den Vorwurf in Schutz nimmt, das Objekt der Soziologie, die Gesellschaft, aus einer politisch-ideologischen Attitüde heraus entstellt und manipuliert zu haben, eröffnet sie einen neuen, umfassenden Weg zum soziologischen Denken des Klassikers.

V. Die soziologische Konzeption Georg Simmels

Simmel, der seinerzeit um wissenschaftstheoretische Positionen kämpfen mußte, die man heute für selbstverständlich hält, stand vor der Aufgabe, gegenüber den bereits etablierten Gesellschaftswissenschaften (Nationalökonomie, Psychologie, Anthropologie, Geschichte, Jura usw.) den Anspruch der Soziologie als einheitlicher und eigenständiger Wissenschaft rechtfertigen zu müssen.[159] Er hoffte dies durch den Nachweis eines eigenen, von keiner anderen Wissenschaft beanspruchten Objekts und einer auf die Bestimmung und Analyse dieses Objektes ausgerichteten spezifischen Methode zu ereichen.

Mit dem Vorgang der Objektbestimmung ist der von Simmel als „reine" oder „formale" Soziologie bezeichnete Bereich der Wissenschaft exakt umschrieben. Ihm kommt die Aufgabe zu, aus den Erscheinungen das Moment der Vergesellschaftung herauszuziehen, „wie die Grammatik die reinen Formen der Sprache von den Inhalten sondert, an denen die Formen lebendig sind".[160] Indem die

Formen der Vergesellschaftung festgestellt, systematisch geordnet, psychologisch begründet und in ihrer historischen Entwicklung beschrieben werden, erhält Soziologie einen kategorialen Bezugsrahmen, der sie bei der Auswahl und Artikulation ihrer Forschungsprobleme unterstützt.

Die formale Soziologie Simmels wird auf der einen Seite von einer speziellen Erkenntnis- und Wissenschaftstheorie begrenzt, die sich mit den Bedingungen, Grundbegriffen und Voraussetzungen der Einzelforschung auseinandersetzt, die von dieser selbst nicht thematisiert werden können.[161] Auf der anderen Seite sorgt ein Bereich der erweiterten Theorienbildung - Simmel nennt ihn irreführender Weise „Metaphysik" - dafür, daß die einzelwissenschaftlichen Erkenntnisse in Zusammenhänge gestellt und mit Fragen in Beziehung gesetzt werden, die sich aus der unmittelbaren Erfahrung heraus nicht von selbst ergeben. Beide Bereiche dürfen nicht als marginale Attribute einer sich selbst genügenden Formenlehre mißverstanden werden. Simmel betrachtet sie vielmehr als notwendige Korrektive einer nur begrenzt erkenntnis- und aussagefähigen Erfahrungswissenschaft und damit als integrale Bestandteile einer Gesamtkonzeption soziologischen Forschens. In den folgenden Teilen soll diese kurz entwickelt werden.[162]

1. Erkenntnistheoretische Prämissen einer Soziologie als Erfahrungswissenschaft

Das Interesse an Erkenntnistheorie seit Kant steht für Simmel in kritisch-funktionalem Zusammenhang mit der Entwicklung des menschlichen Geistes. Es dient als Indikator für den Emanzipationsgrad der wissenschaftlichen Erfahrung gegenüber der Alltagserfahrung. Letztere erweist sich angesichts ständig steigender Umweltkomplexität und der damit zunehmenden Lebensprobleme als immer ungenügenderes Mittel der Daseinsbewältigung von Individuen und Kollektiven. Als notwendige Ergänzung entstehen umfassendere und tiefgreifendere Formen des Erkennens. Wissenschaft wird zur notwendigen Strategie des um die Überwindung objektiver Widersprüche ringenden Denkens.[163]

Dieses wissenschaftliche Erkennen muß notwendig abstrakt sein, weil es auf die Untersuchung und Prognose umfassender, den Geltungsbereich singulärer Erfahrung transzendierende Zusammenhänge zielt. Es gehorcht deshalb einer spezifischeren Logik als die auf die Bewältigung von Einzelproblemen gerichtete Primärerfahrung und läuft ständig Gefahr, sich von dieser zu entfremden. Die eine wichtige Funktion der von Simmel vorangestellten Erkenntniskritik ist es deshalb, zu überprüfen, inwieweit sich die ihr zugeordnete Wissenschaft ausschließlich in der Analyse und der Verwirklichung abstrakter Willensziele erschöpft und ob sie ihr Bedürfnis nach theoretischer Einsicht an den vorfindbaren gesellschaftlichen Bedingungen orientiert.[164] So kann sie verhindern helfen, daß die Beziehung zwischen wissenschaftlicher und praktischer Erfahrung jemals völlig unterbrochen wird.

Die zweite wichtige Aufgabe der Erkenntnistheorie im sozialwissenschaftlichen Erfahrungszusammenhang sieht Simmel in der Entwicklung und Überwachung allgemein verbindlicher Gültigkeitskriterien.[165] Erfahrung wird von ihm als gesetzmäßige Anordnung singulärer Sinneseindrücke definiert. Charakteristisch für sie ist der Umstand, daß aus der subjektiven Wahrnehmung heraus laufend verallgemeinernde Aussagen über die objektive Beschaffenheit der Dinge einzig und allein auf die ,,Garantie" hin gewagt werden, daß sich ein beobachteter Sinnesvorgang für ein Subjekt wie für jedes andere unter den gleichen Bedingungen jederzeit wiederholen wird. Erkenntnistheorie stellt fest, ob diese Voraussetzung für die Transformation vom Sinnes- zum Erfahrungsurteil gegeben ist.[166]

Als Transformations- bzw. Vereinheitlichungsinstanz bestimmt Simmel das Individuum (damit sind auch umfassende mit der Lösung ganzer Problemfelder beschäftigte Gruppen oder Geistesepochen gemeint), welches aus den Materialien das sogenannte ,,objektive Gebilde" arrangiert.[167] Das geschieht weder durch dezisionistische Willensakte, noch in der Absicht absolut identischer Realitätswiedergabe. Vielmehr kristallisieren sich einzelne Sinnesempfindungen zu Sinneseinheiten, die das Individuum dann in einem weiteren, die Begrenztheit eigenen Erkenntnisvermögens ignorierenden Schritt zur ,,Eigenschaft der Dinge" erhebt. Dabei stehen Subjekt und Objekt des Erkennens in einer derartig intensiven Wechselbeziehung zueinander, daß Simmel von zwei Seiten ein- und desselben Aktes spricht, die lediglich in analytischer Absicht unterschieden werden müßten. Als dialektische Pole des Erkennens werden sie so miteinander vermittelt, daß die Ableitung handlungsrelevanter Teilwahrheiten möglich und gerechtfertigt erscheint.[168]

Die daraus notwendig folgende Kritik an der Konstatierung höchster, absoluter Gültigkeitskriterien veranlaßt Simmel, das ,,Objektive" als Verhältnisbegriff zu definieren.[169] An die Stelle des naturwissenschaftlichen Wahrheitsbegriffes setzt er das Kriterium der Orientierungs- und Handlungsrelevanz, welches den Erfahrungswissenschaftler vom Identitätspostulat entbindet und auf das Prinzip ,,approximativer Wahrheitsfindung" verpflichtet. Die Überzeugung etwa, ein Gesetz des moralischen Fortschritts in der Geschichte entdeckt zu haben, rechtfertigt es nach Simmels Meinung nicht nur, diesem in scheinbar davon unberührten Perioden historischer Entwicklung nachzuspüren. Sie erzwingt auch die Formulierung eines gegenteiligen Gesetzes, das jeden moralischen Fortschritt negiert. Und indem beide Aussagen so behandelt werden, als wäre jede von ihnen absolut richtig, dringt jede innerhalb der analytischen Konfrontation bis an die Grenzen ihrer Anwendbarkeit vor und bestimmt so das relative Maß ihrer Berechtigung.[170]

Damit sich Erkennen aber nicht in der Möglichkeit jedweder Setzung verliert, sondern sich folgerichtig und dynamisch entfalten kann, muß jedoch ein weiterer Aspekt hinzutreten, dem Simmel Richtlinienkompetenz überträgt: das Interesse am Sinn und an der Beschaffenheit des Weltverlaufes.[171] Erst die Einbeziehung sinngebender, das konkrete Wissen transzendierender Voraussetzungen macht es dem Bewußtsein möglich, im Chaos der singulären Ereignisse bedeutungsvolle und beschreibbare Zusammenhänge aufzufinden. Als Hilfsmittel, als ,,Regulativ" in den Erkenntnisprozeß eingeschaltet, offenbaren sich in diesen ,,Ideen der Vernunft", wie Simmel an den Beispielen des bürgerlichen Idealismus und des historischen Materialismus nachzuweisen sucht, handlungsrelevante Auffassungen vom Wesen und der Bedeutung historischer Tatsachen, deren unmittelbarer Gehalt von den historisch konkreten Einzelereignissen kaum ausgefüllt, bestenfalls aber tangiert wird.[172]

Erkennen im Bereich der Erfahrungswissenschaft stellt sich also für Simmel als offener Prozeß dar, dessen Inhalte auf der analytischen Ebene als Typen, Kategorien, Hypothesen und in der Handlungsebene als Erfahrungssätze und Prognosen konkrete Bedeutung erlangen und dessen Vorgehensweise sich allgemein verbindlich festlegen läßt. Ausgangsstadium ist die Wahrnehmung und begriffliche Umschreibung bestimmter Tatbestände, die durch ihr regelmäßiges Vorkommen die Aufmerksamkeit des Wissenschaftlers erregen. Der mit der Erkenntnis isolierter Tatsachenreihen prinzipiell unzufriedene und auf allgemeinere Zusammenhänge angewiesene Geist erhebt dann einen Teil der mehr oder weniger zufälligen Beobachtungen zu allgemeinen, von der Realität und den sie beherrschenden Widersprüchen abstrahierenden Erfahrungssätzen und beginnt, diese an Hand eigener systematischer Erfahrung auf die Probe zu stellen.[173] Damit ist nach Simmel der erste Schritt von der Primärerfahrung zur Einzelwissenschaft vollzogen.

Auf dieser Ebene werden die fachliche relevanten Inhalte in bewußter Vereinseitigung der realen Zusammenhänge so zu Kausalhypothesen umformuliert, daß sie nach allgemein anerkannten Verfahrensregeln auf ihre Stichhaltigkeit hin überprüft werden können. Durch die Zwischenschaltung formaler Prüfungsmethoden, die Anwendung einer spezialwissenschaftlichen Optik und das Interesse an Urteilen umfassender Gültigkeit kann es hier zwar zu einer größeren Distanz zwischen Begriff und Wirklichkeit kommen als auf der Ebene der Primärerfahrung. Doch läßt sie sich dadurch, daß der Wissenschaftler ja immer auch als spontan Erlebender in den Erkenntnisprozeß eingespannt ist und angehalten bleibt, diesem Umstand methodisch und theoretisch Rechnung zu tragen, auf ein vertretbares Maß reduzieren. Der Dialektik von Subjekt und Objekt innerhalb der Primärerfahrung entspricht auf der einzelwissenschaftlichen Ebene die Dialektik von hypothetisch antizipierter und wissenschaftlich kontrollierter Erfahrung mit dem Ziel, Theorien mittlerer Reichweite formulieren zu können, die einen umfassenderen Personen- und Sachkreis betreffen.[174]

Diese Theorien läßt Simmel unter dem Hinweis auf die pragmatischen Ursachen ihres Zustandekommens aber nur als Vorstufe einer dritten Ebene totaler Erkenntnis gelten. Solange sie nicht erreicht ist – die Strenge der Simmelschen Gültigkeitskriterien läßt vermuten, daß dies immer nur ansatzweise möglich sein wird – stellt sie das immer vollkommenere Verfahren anmahnende und gleichzeitig erkenntnisleitende Korrektiv der primären und der einzelwissenschaftlichen Erfahrungsebene dar.[175] Ihr Kontrollmedium ist der Methoden- und Ergebnispluralismus aller beteiligten Gesellschaftswissenschaften. Letztes Erkenntnisziel bleibt die Formulierung einer „reinen Theorie", die jenseits aller einzelwissenschaftlichen Egoismen den Kriterien einer von Simmel immer nur angedeuteten, nirgends aber präzisierten einheitswissenschaftlichen Konzeption entspricht.

2. „Das Problem der Soziologie“ als Ansatzpunkt einer speziellen Wissenschaftslehre

Losgelöst von den oben erwähnten erkenntnistheoretischen Prämissen ist der von Simmel als Skizze einer speziellen Wissenschaftslehre gemeinte Einleitungsessay seiner „Soziologie“ von zahlreichen Interpreten mit dem wissenschaftlichen Vorgehen überhaupt, die Reflexion über die Möglichkeiten einer eigenständigen Soziologie mit der wissenschaftlichen Praxis selbst verwechselt worden. Tatsächlich stellt sich der Versuch, das Problem der Soziologie zu lösen, als Entwurf einer Wissenschaft dar, die ihren Gegenstand „transzendental“ zu begründen hatte.[176] Gesellschaft als Determinationsinstanz individuellen Denkens und Handelns zwar evident geworden, als konkretes Objekt mit den Erkenntnismitteln der etablierten Wissenschaften aber nicht begreifbar, mußte als regulative Idee vorausgesetzt werden, um sich im Verlaufe des gesellschaftswissenschaftlichen Forschungsprozesses sukzessive als Gegenstand der Soziologie legitimieren zu können.

Dem von Simmel beschriebenen, produktiven Unbehagen des menschlichen Geistes gegenüber den Möglichkeiten der Primärerfahrung entspricht es, wenn er das Entstehen erster soziologischer Fragestellungen als Bewältigungsversuch jener praktischen Macht beschreibt, die das Kollektiv am Übergang vom 18. zum 19. Jahrhundert gegenüber den Lebensinteressen des Einzelnen erlangte. Effektiver als Kulturgeschichte, Nationalökonomie, Politik, Ethnologie u.a. konnte sich damit nur eine Soziologie auseinandersetzen, deren Ergebnisse sich zur „Waffe im Kampf ums Dasein“ schmieden ließen. Als erkenntnisleitender Begriff dieser neuen Wissenschaft bot sich der der Gesellschaft an, weil er es gewesen war, unter dem die ersten Erfahrungen über die von der Eigen- zur Fremdbestimmtheit sich wandelnde Lebenswelt zusammengetragen wurden.[177]

In der folgenden Analyse des Gesellschaftsbegriffes macht Simmel deutlich, wie sehr eine sich durch den Vorgriff auf Gesellschaft konstituierende Soziologie auf das mittels der Primärerfahrung erste Erkenntniseinheiten stiftende Subjekt und damit auf den problematisierbaren Wissenschaftler angewiesen ist.[178] In dem Maße, in dem er das Erlebnis der Entfremdung zur allgemeinen Bedingung menschlicher Existenz hypostasiert, muß auch der Reflex darauf, das Autonomiestreben des Individuums, in dem Begriff, den sich Soziologie von der Gesellschaft macht, aufgehoben werden. Mit dem Rekurs auf die Primärerfahrung und ihren Träger, das vergesellschaftete Individuum, ist Sorge dafür getragen, daß das Erkenntnisinteresse der Soziologie niemals nur ein deskriptives, sondern immer auch ein emanzipatorisches ist.

Am Anfang des soziologischen Erkenntnisprozesses steht für Simmel die Begriffsbildung. Vor den beliebigen Zufällen, denen diese ausgesetzt wäre, schützt sie die Forderung des Klassikers, daß die Grundbegriffe der Soziologie in einer „funktionalen Beziehung zur Tatsächlichkeit“ stehen, d. h. in der Struktur des Objektiven irgendwie vorfindbar sein müssen.[179] Daran gemessen ist seine Anregung an die Vertreter der noch jungen Wissenschaft nur konsequent, zwecks Vermeidung unfruchtbarer Fragestellungen zunächst jene Vergesellschaftungsformen zu untersuchen, die innerhalb des allgemeinen historischen Wandels eine relative Konstanz bewiesen haben. Mit ihrer Hilfe soll dann das Aufgreifen konkreter Phänomene unter gesellschaftswissenschaftlicher Perspektive möglich werden. Empirischen Techniken, zu denen Simmel nicht nur die von ihm vornehmlich verwendete historische Methode, sondern auch Tatsachenforschung zählt, bleibt es überlassen, die Erfahrung des Faktischen als das in den Grundbegriffen aufgehobene Material wiederzuentdecken.[180]

Die ,,Erkenntnistheorie der Gesellschaft" , die Simmel an den Schluß seines Einleitungsaufsatzes stellt, ist der Versuch, die Gesellschaftsidee als hypothetischen Vorgriff auf das Totalphänomen wissenschaftsfähig zu machen. Sie soll die Vermittlung zwischen der problemgeladenen Erfahrung des Vergesellschaftetseins und den Resultaten einzelwissenschaftlicher Analyse leisten. Um dieses Dilemma zu verdeutlichen, verweist Simmel auf Kants Frage nach den Realisierungsmöglichkeiten der Natur, macht aber zugleich auf die Grenzen dieser Analogie aufmerksam.[181] Während sich bei Kant die Einheit der Natur im Geist des Beobachters vollzieht, verwirkliche sich die Einheit der Gesellschaft durch die bewußtseintragenden Elemente, die interagierenden Individuen selber. Daß der Interaktionspartner zum Gegenstand der eigenen Vorstellung, zur ,,Tatsache des Du" werden könne, sei die erkenntnispsychologische Voraussetzung der Möglichkeit von Gesellschaft. Ihre Idee kommt erst innerhalb der Erfahrung des Vergesellschaftetseins zur Geltung und sei als Resultat der historischen Existenz des Menschen allgegenwärtig.

Deshalb läuft auch dasjenige, was Simmel unter dem Stichwort soziologischer ,,Aprioritäten" beschreibt, weniger auf eine Transzendentalphilosophie der Gesellschaft als auf den Grundriß einer sozialpsychologischen Handlungstheorie hinaus: Im Apriori Nr. 1 etwa nimmt er eine Zentralkategorie der Meadschen Sozialpsychologie, die Formel vom ,,generalized other",[182] voraus. Die Praxis des Zusammenlebens macht es notwendig, das Bild vom Anderen aus denjenigen Informationsfragmenten, die er durch sein Handeln liefert, und den unter dem Aspekt ihrer Rollenhaftigkeit vorhersagbaren Verhaltensweisen zusammenzusetzen.[183] Das spezifisch Gesellschaftliche ergibt sich demnach aus der Differenz zwischen der Selbstbestimmung der Persönlichkeit und den Hindernissen, die sich dieser im Verlaufe des sozialen Integrationsprozesses entgegen stellen.

Daß die Vorstellung vom total vergesellschafteten wie vom völlig freien Individuum lediglich heuristische Erkenntnisprinzipien darstellen, macht Simmel im zweiten Apriori deutlich, wo er die der Gesellschaft abgekehrte Seite des Menschen zur positiven Bedingung seiner Vergesellschaftung erhebt.[184] Seiner Meinung nach darf die Versuchung, den Mitmenschen nur noch nach den Rollen, die er spielt, zu beurteilen – eine Erscheinung die der von D. Riesman als ,,otherdirectedness" beschriebenen entspricht[185] – nicht zur analytischen Vernachlässigung der sozialen Gesamtpersönlichkeit führen. Denn weder das abstrakte Individuum noch das von seinen Trägern losgelöste Phänomen der sozialen Rolle wären, für sich genommen, soziologisch thematisierbar.

Mit Hilfe des Aprioris Nr. 3 schließlich holt Simmel den emanzipatorischen Anspruch der Soziologie in den Begründungszusammenhang hinein, indem er über die Kategorie des ,,Berufes" die Identitätsfindung des Individuums zu einer Voraussetzung gesellschaftlicher Entwicklung erklärt.[186] Ihre praktische Einlösung würde den die Geschichte vorantreibenden Widerstreit zwischen der Selbstverwirklichungsforderung des Individuums und den Subordinationszwängen gesellschaftlicher Instanzen beenden. Solange aber Herrschaft als praktische Negation der Möglichkeit besteht, Freiheit und Gleichheit durch Arbeit zu erwerben, bleibt Emanzipation die durch die historische Erfahrung erzeugte und von der Soziologie aufgegriffene Triebkraft wissenschaftlich-sozialen Handelns.

Dem Einwand, diese Entscheidung willkürlich getroffen zu haben, begegnet Simmel mit dem Hinweis auf das gesellschaftshistorische Entstehen jenes Entfremdungsbewußtseins, dem die Soziologie ihre ersten Impulse verdankt. Deshalb kann sich seiner Meinung nach auch kein Sozialwissenschaftler mit der Begründung, er fühle sich noch nicht im Besitz der vollen Wahrheit, der Verantwortung, gesellschaftliche Zusammenhänge beurteilen und in ihren Entwicklungstendenzen einschätzen zu müssen, auf Dauer entziehen.[187] Jede Epoche verfüge über ein bestimmtes Reservoir anerkannter Wertvorstellungen und Kategorien, von denen einige zum Bezugssystem verallgemeinernder Denk- und Verhaltensweisen nur deshalb avancierten, weil von ihnen eine stärkere Überzeugungskraft ausgehe. Dieser Tatsache eingedenk, tue jeder Wissenschaftler gut daran, bestimmte Theorien – wie etwa die von einer ,,vollendeten Gesellschaft vollendeter Menschen", die Simmel seinen religionssoziologischen Überlegungen zugrunde legt [188] – solange als Orientierungsrahmen des eigenen analytischen Vorgehens zu akzeptieren, bis widersprechende Tatsachen eine Revision erforderlich machen.

Konsequenterweise sieht Simmel die wichtigsten innerdisziplinären Probleme der Zukunft auch weniger im Anwendungsbereich empirischer Methoden als im Zusammenhang mit der Legitimation der jeweils antizipierten theoretischen Konzeption entstehen.[189] Berechtigungsnachweise dieser Art sind – seinem erkenntnistheoretischen Standpunkt entsprechend – nicht in der unmittelbaren Gegenüberstellung von Theorie und Praxis, sondern nur im Rekurs auf die oben erwähnten Erkenntnisstufen, der ihnen gemäßen Urteilsformen und die methodischen Bedingungen ihres Zustandekommmens zu führen.[190] Erst nach dem Durchlaufen aller Erkenntnisstufen und -formen kann die Garantie dafür, daß die einzelnen Abstraktionsschritte korrekt, d. h. den erfahrungswissenschaftlichen Gültigkeitskriterien entsprechend vollzogen wurden, und damit die Gewähr für die relative Wahrheit der vorliegenden Ergebnisse übernommen werden.

Seiner Lehre von den verschiedenen, in den Forschungszusammenhang integrierten Ebenen des Erkennens entspricht es vollkommen, wenn Simmel z. B. seinen konfliktsoziologischen Essay ,,Der Streit"[191] mit einer Typologie dissoziierender (Eifersucht, sozialer Haß, Krieg) und vergemeinschaftender (Opposition, Parteienbildung, Konkurrenz) Auseinandersetzungsformen beginnt, sich in einem zweiten Teil über den Zusammenhang von Gruppenstruktur und Streit, hauptsächlich unter dem Gesichtspunkt des Ingroup-Outgroup-Effektes und der Minoritätenproblematik Gedanken macht und seine Überlegungen mit einer Betrachtung über den Konflikt als gesellschaftsveränderndes, sozialen Wandel bedingendes Phänomen abschließt.[192]

,,Kampf", ,,Streit" und ,,Konflikt" werden hier in analytischer Trennung voneinander als positive Momente der Vergesellschaftung hervorgehoben, obwohl sie sich mit den im Kapitel ,,Die Selbsterhaltung der sozialen Gruppe"[193] abgehandelten Vergemeinschaftungsprozessen zu einer faktisch untrennbaren Einheit verflechten. Der intendierte Wortsinn und die Reihenfolge der verwendeten Begriffe machen deutlich, wie von den verschiedenen Abstraktionsstufen her das gleiche Phänomen – quasi als notwendiger Tribut des Soziologen an die historisch-dialektische Beschaffenheit der Gesellschaft – untersucht werden muß.

3. Die Arbeitsweise der Simmelschen Soziologie (ein Beispiel)

Mit einem Seitenblick auf das ,,Erklären" in den Naturwissenschaften hat Simmel den sozialwissenschaftlichen Erkenntnisprozeß ,,Verstehen" genannt und als dessen wesentlichste Funktion die von jedem Wissenschaftler zu leistende Vermittlung zwischen Begriff und Wirklichkeit einerseits und der Vereinheitlichung zeitlich und örtlich getrennt auftretender geschichtlich-sozialer Zusammenhänge andererseits beschrieben.[194] Seiner Theorie des Verstehens, die er für den Bereich geschichtlichen Forschens entwickelte, gleichwohl aber auch in der Soziologie zur Anwendung brachte, wird das scheinbar Selbstverständliche zum Problem: die Arglosigkeit, mit der etwa Analytiker gesellschaftshistorischer Zusammenhänge von der Existenz eines Gruppengeistes oder einer Sozialseele ausgehen, ohne zuzugeben, daß sie dabei im Namen bekannter Erkenntnisfragmente über die Beschaffenheit anderer, möglicherweise involvierter, zufällig aber unbekannt gebliebener Geschehnisse mitbestimmen lassen.[195] Unkritischem Denken, welches glaubt, die Ereignisse so abbilden zu können, wie sie wirklich gewesen seien, tritt Simmel mit dem Hinweis auf den grundsätzlich hypothetischen Charakter derartiger Ereignisreihen entgegen. Nur dadurch, daß sich die Wissenschaft der logischen Bedingungen ihres Erkenntniszusammenhanges ständig bewußt bleibt, könne sie die Offenheit des Forschungsprozesses garantieren.

Erst vor dem Hintergrund dieses Offenheitspostulates wird die von Simmel beschriebene Doppelfunktion des Verstehens deutlich. Als Ansatzpunkt für die Vermittlung von Begriff und Wirklichkeit (Form und Inhalt) dient ihm die Beobachtung, daß die Diskrepanz zwischen den hypothetischen und den tatsächlichen Ereignisreihen in der Regel nicht groß genug ist, als daß damit willkürliche, keiner wissenschaftlichen Kontrolle zugängliche Vereinheitlichungsakte gerechtfertigt werden könnten.[196] Vielmehr hat gerade der Sozialwissenschaftler die Möglichkeit, seine Forschungsgegenstände in der Halbdistanz, d. h. so zu bestimmen, daß er in der Realität häufig mit einem Gegenbild seiner Kategorien rechnen könne. In der Mehrzahl der Fälle – Simmels Untersuchungen über die Formen der Vergesellschaftung bieten zahlreiche Beispiele dafür – sei von ihnen nur eine Steigerung, Systematisierung und logische Vollendung dessen gefordert, was der unbearbeitete Objektbereich auch ohne seinen Zugriff enthalte.

Entscheidend für die Bedeutung eines untersuchten Zusammenhanges und damit für seinen Stellenwert innerhalb einer bestimmten Untersuchungseinheit ist es zwar, inwieweit dieser das Interesse eines Analytikers zu erregen vermag. Zum sozialwissenschaftlichen Problem wird er nach Simmel aber nur dann, wenn er sich nicht nur als möglich im Sinne der Vereinbarkeit mit dem nomologischen Wissen des jeweiligen Analytikers erweist, sondern sich darüberhinaus auch in eine sinnvolle Beziehung zu den problematischen Aspekten der eigenen und der Lebensbewältigung seiner Mitmenschen setzen läßt.[197] Dadurch, daß der Wissenschaftler den Zusammenhang „versteht", kann er ihn den Sinnkriterien einer bestimmten Öffentlichkeit und damit wissenschaftlicher Kontrolle unterwerfen. Diese Kontrolle soll verhindern, daß zu ein- und demselben Sachverhalt beliebig viele Urteile abgegeben werden können und erhebt damit das Verstehen neben dem Festhalten an einer spezifischen Optik und der Bestimmung objektbezogener Kategorien zur dritten methodologischen Voraussetzung einer Soziologie als Erfahrungswissenschaft.

Wie eine solche Soziologie vorgeht, soll anschließend am Beispiel der Simmelschen Soziologie der Herrschaft[198] demonstriert werden. Im Unterschied zu seinen gruppen-, rollen- und konfliktsoziologischen Beiträgen ist sie relativ unbekannt geblieben, behandelt aber eine Problematik, die interessant und aktuell genug erscheint, um eine Wiederaufnahme unter diesem (Demonstrations-) Aspekt zu rechtfertigen.[199]

Im Titel „Über- und Unterordnung" deutet sich der funktionale Gesichtspunkt an, den Simmel seiner Analyse des Herrschaftsphänomens zugrunde legt. Daß dieses aber nicht auf eine Rechtfertigung systemimmanenter Ungleichheits- und Unfreiheitsverhältnisse hinauslaufen muß, zeigt sich auf den ersten Seiten des Kapitels, wo Simmel den Stellenwert der Herrschaft in einer Gesellschaft zu bestimmen versucht, die er sich, wie oben gezeigt werden konnte, nur im Vorgriff auf ein Zusammenleben mündiger, selbstbestimmter Menschen zu denken vermag. Daran gemessen muß jede Herrschaft zur asozialen Interaktionsform degenerieren, in der der Mächtige aus purem Egoismus das humane Interesse am anderen verliert. In der von Simmel antizipierten Gesellschaft muß deshalb für jeden Verantwortlichen die Maxime gelten: niemals einen Menschen als bloßes Objekt der Machtausübung zu mißbrauchen.[200]

Darüberhinaus verweist Simmel auf die soziale Qualität von Herrschaftsbeziehungen. Wer an ihnen nur das unbedingte Ausgeliefertsein registriere, übersehe den Freiheitsspielraum, den auch der grausamste Tyrann dem Untergebenen gewähren müsse, da er eben nur über einen bestimmten Teil seiner Persönlichkeit verfügen könne. Das darin angelegte emanzipatorische Potential bleibt aber – wie Simmel bemerkt – in der Praxis ungenutzt, weil Regime im Sinne der eigenen Selbsterhaltung danach trachten, den Preis der Freiheit durch negative Sanktionen in eine für den Untergeordneten unzumutbare Höhe zu schrauben.[201] Jede Analyse, die sich mit dem Erscheinungsbild zufriedengibt und dabei die bestehenden Herrschaftsbeziehungen akzeptiert oder unter dem Aspekt ihrer bloßen Gewalt perhorresziert, bringt das Individuum um seine Spontaneität und damit die Gesellschaft als Ganzes um die Chance, sich politisch und organisatorisch zu reformieren.

Die folgende Begriffsbestimmung beginnt Simmel mit der Beschreibung zweier auf das Herrschaftsphänomen bezogener Erfahrungstypen, der „Autorität“ und dem „Prestige“.[202] Beide dienen ihm, wenn auch in fast idealtypischer Unterscheidung voneinander, als Indiz für die innerhalb der Herrschaftsbeziehungen aufgehobene Spontaneität und Mitwirkungsmöglichkeit der untergeordneten Subjekte. Wären sie nicht in das Über- und Unterordnungsverhältnis miteingeschlossen – Simmel hält, wie sein Beispiel des legalen Despoten und die Bezugnahme auf die Staatslehre Th. Hobbes beweist, auch in Extremfällen daran fest[203] – wäre das Herrschaftsphänomen für die Soziologie nicht thematisierbar.

Im Anschluß an diese Vorbemerkungen löst Simmel einzelne historische Erscheinungsformen der Über- und Unterordnung in eine Anzahl charakteristischer, jedoch einseitig-negativer Begriffe auf und versucht sie dem soziologische Erkenntnisinteresse auf einer neuen Abstraktionsebene nutzbar zu machen. Mehr als auf die differenzierte Darstellung historischer Ereignisse kommt es ihm dabei auf die Ableitung und den Nachweis von herrschaftlich strukturierten Verhaltensregelmäßigkeiten an, die sich unter der Prämisse ihrer typischen Bedeutsamkeit konstatieren lassen. Als Ansatzpunkt dabei dienen Simmel diejenigen „Potenzen“, die seiner Meinung nach das geschichtliche Leben erfüllen:[204] die Gesellschaft, das Individuum und die Objektivität. In der Gestalt der Herrschaft eines Einzelnen, einer Gruppe und eines objektiven Prinzips nimmt jede auf ihre Art das „Überordnungsquantum der Gesellschaft“ in sich auf. Im Unterschied zum historischen Entwicklungstypus, mit dem sich Simmel erst im Schlußteil des Kapitels befaßt, läßt sich jede dieser Herrschaftsformen in mehr oder weniger starker Ausprägung bis in die Gegenwart hinein nachweisen. Trotzdem entgeht ihm nicht, in wie starkem Maße der Mensch sich den feudalen Beziehungsstrukturen zu unterwerfen bereit fand, bevor er den Mut aufbrachte, sich unter die Abhängigkeit objektiver Normen zu begeben.[205]

Den ersten Teil seiner Typologie stellt Simmel unter den Gesichtspunkt der Integration durch Herrschaft. Daß dabei die Einzelherrschaft im Vordergrund steht, ist weniger auf deren entwicklungsgeschichtlichen Rang als darauf zurückzuführen, daß sie für ihn den primären Erscheinungstypus der Über- und Unterordnung darstellt, aus dem sich alle anderen Formen ableiten lassen.[206] Simmel nimmt ihn daher zum Anlaß, um in der für ihn typischen Argumentationsweise, der Gegenüberstellung von Hypothese und historischem Tatsachenmaterial, eine Reihe von brauchbaren Unterkategorien, z. B. Konsensus und Opposition,[207] Herrschaft in einer nivellierten oder pyramidal geschichteten Gesellschaft,[208] Fremd- bzw. Eigenherrschaft unter dem Aspekt ihrer Zumutbarkeit für die Untergeordneten[209] usw. zu entwickeln.

Oligarchische Herrschaftsverhältnisse, als Reaktion auf die Einzelherrschaft entstanden, haben nach der Meinung Simmels wesentliche Charakterzüge der letzteren konserviert, statt sie zu überwinden.[210] Allerdings hängt es hier nicht nur von der Struktur der untergeordneten, sondern auch von der der übergeordneten Gruppe und den Legitimationsprinzipien der Überordnung ab, ob deren Machtausübung auf grausame Unterdrückung oder auf eine für beide Seiten profitable Erleichterung der Zwangsverhältnisse hinausläuft. Als ein Beispiel für humanere Herrschaftsregulierung führt Simmel in einem Exkurs[211] den modernen Parlamentarismus an. Dem partiellen Einheitswillen, der sich in jeder Abstimmung neu konstituieren müßte, wird die regulative Idee von einem einheitlichen Willen des Staates, der Gemeinde, eines Zweckverbandes unterlegt, über die keine Abstimmung mehr möglich sei. Indem das Individuum den Sozialvertrag (J. Locke) schließe, werde es Gesellschaftswesen und damit erklärter Teil einer Ganzheit, deren Wille ihren Ausdruck im Willen der Mehrheit finden solle.[212] Durch freiwillige Akzeptierung eines Normenkatalogs, der u. a. die Möglichkeit einer Abstimmungsniederlage für den Beteiligten impliziert, sei aus der Vergewaltigung ein Akt der Überstimmung geworden.

Die Unterordnung unter ein objektives Prinzip schließlich stellt nach Simmels Meinung die ,,würdigere" Gestalt dar, in der sich das Führerprinzip in die rationalisierte und bürokratisierte Industriekultur hinübergerettet hat. Wie relativ dieser Dignitätsbegriff allerdings ist, deutet Simmel dort an, wo er die sozialen Folgen dieser Unterordnung im Zusammenhang mit dem Besitz an materiellen Gütern betrachtet.[213] Während das Gesetz an sich dem Individuum einen gewissen Freiheitsspielraum gegenüber der Willkür und personellen Abhängigkeit der Einzelherrschaft garantieren könne, zeige die Lage des modernen Fabrikarbeiters, wie die Angewiesenheit auf eine bestimmte Befriedigungsart materieller Interessen den Arbeitsvertrag in eine rigide Herrschaftsbeziehung verwandele und den Arbeiter dem Unternehmer gegenüber in besonderer Weise wehrlos mache. Zur Funktionseinheit im Produktionsprozeß degradiert, ausschließlich daraufhin taxiert und unterworfen, sinkt der Mensch auf die Ebene des bloßen Dinges herab und wird damit zum Objekt eines Herrschaftsverhältnisses, das der Simmelschen Eingangsdefinition zufolge als inhuman und unsozial bezeichnet werden muß.

Mit dem Hinweis darauf, daß sich eine qualitative Einschätzung der Herrschaftstypen nur historisch, im Rekurs auf die Lebensbedingungen der Gemeinschaft der Untergeordneten und unter Einbeziehung des in allen Über- und Unterordnungsverhältnissen aufgehobenen emanzipatorischen Potentials vorgenommen werden könne, geht Simmel schließlich zur Ableitung von Entwicklungstypen über, mit deren Hilfe sich komplexe gesellschaftliche Ereignisreihen erfassen lassen sollen. Angesichts einer sozialen Wirklichkeit, in der die Befreiung von Unterordnung fast immer als Gewinn einer neuen Herrschaft erscheint, müsse die ,,Freiheit aller" utopisches Postulat bleiben.[214] Vorerst finde sie nur in der ,,Freiheit als Durchgangspunkt" zu neuen Phasen der Über- und Unterordnung, der Befreiung einzelner Bevölkerungsgruppen auf Kosten anderer, ihre reale Entsprechung. Simmel führt dies darauf zurück, daß der Wunsch nach Gleichheit mit den Höheren – ideelles Korrelat aller Freiheitsforderungen – schon im Augenblick seiner Verwirklichung keinen Endzustand, sondern eine erste

Station auf dem Weg der erfolgreichen Rebellen zur Sicherung der erkämpften Privilegien darstellt.[215]

Angesichts dieser verallgemeinerungsfähigen historischen Erfahrung wagt Simmel die Prognose, daß alle Versuche, soziale Mißstände ohne grundlegende Veränderung etablierter sozialer Strukturen und Institutionen abstellen zu wollen, „Rebellion" also, zwangsläufig neue Formen der Unterdrückung erzeugen müsse. Das gelte aber nicht für die „Revolution", die den Gewinn der angestrebten Werte durch Abschaffung der bestehenden Institutionen zu erreichen sucht.[216] Diesem Maßstab genügen weder die infolge der französischen Revolution noch der Oktoberrevolution entstandenen Gesellschaftsordnungen. Während man in der bürgerlichen Gesellschaft nur die eine Herrenschicht durch eine andere ersetzt habe, nehmen die Theoretiker der sozialistischen Gesellschaft seines Erachtens die prinzipiellen Probleme nicht ernst genug, die einer auf die freie Koordination aller sozialen Elemente abzielenden Ordnung durch die qualitative Verschiedenheit der Individuen einerseits und die Folgen der industriellen Arbeitsteilung andererseits erwachsen.[217]

Für historisch näherliegender und gesellschaftlich machbarer hält Simmel demgegenüber eine „Sozialform", die das Weiterbestehen von Über- und Unterordnung mit jenen Freiheitswerten vereinigen könnte, um derentwillen der Sozialismus für die Beseitigung der bestehenden Herrschaftsverhältnisse eintritt. Die industrielle Produktionsweise hat bereits zu einer spürbaren Distanz zwischen Produkt und Produzenten geführt und damit letzterem die theoretische Möglichkeit gegeben, sich auf sich selbst zu besinnen.[218] Allen Zwängen zum Trotz erlangt der geforderte Gehorsam kaum noch die am „Leiden" beteiligten Bewußtseinschichten. Arbeit und die damit verbundene Über- und Unterordnung sind zur technischen Notwendigkeit, zur gesellschaftlichen Funktionsbedingung restringiert, die dem Individuum ebenso äußerlich bleibt wie die manuelle Arbeit selber.

Doch Simmel begnügt sich nicht mit dem „Objektivwerden der Herrschaft" als einziger Bedingung auf dem Weg zu einer mündigen Gesellschaft. Es muß durch gesellschaftspolitische Organisationsformen, die jedem Mitglied die Chance alternierender Verantwortungsübernahme garantiert, und durch die Entwicklung eines demokratischen Bewußtseins ergänzt und aufgefangen werden.[219] In der Erkenntnis, daß Elitezüchtung, freie Konkurrenz und demokratische Wahl das Leiden der Untergebenen und die Korruption der Macht, der früher oder später auch die Besten erliegen, nicht aus der Welt schaffen konnten, spricht Simmel von einer Gesellschaft, die individuelle Fähigkeiten und produktionsorientierte Funktionshierarchien so miteinander vermittelt, daß jeder Mensch die ihm adäquate Position erreichen kann.[220] Daß er trotz der technisch rationalen Entzauberung des Über- und Unterordnungsverhältnisses nicht auf die Bedingungen freier Konkurrenz und die Gewährung gleicher Aufstiegschancen glaubt verzichten zu können, entspricht der Einsicht, keine absoluten Lösungen für die in einer Soziologie der Herrschaft ohnehin nur sporadisch thematisierbaren, gesamtgesellschaftlichen Probleme anbieten zu können.

4. *Die gesellschaftliche Befreiung des Individuums. Ansatzpunkte einer Entwicklungstheorie der Gesellschaft*

Mit der Erarbeitung und Anwendung der Entwicklungstypen hat Simmel die vorerst allgemeinste Stufe wissenschaftlicher Urteile erreicht, die er, von der Analyse gesellschaftlicher Teilphänomene her kommend, abzugeben bereit ist. Deshalb fällt in diesem Stadium der Konzeptualisierung noch alles, was den Allgemeinheitsgrad solcher Aussagen überschreitet, für ihn unter die Kompetenz der Geschichts- und Sozialphilosophie, auf deren Mitarbeit die junge Wissenschaft gleichwohl nicht verzichten kann.[221] Zwischen ihren Ergebnissen als weitgehend ideeller Vorwegnahme einer sich immer nur in Teilphänomenen andeutenden gesellschaftlichen Entwicklung und den aus der Primärerfahrung abstrahierten und unter dem Vorbehalt ihres affirmativen Charakters formulierten soziologischen Zusammenhängen vermittelt das „Verstehen". Es rekonstruiert den Sinn gesellschaftlicher Einzelerscheinungen an Hand des Stellenwertes, der ihnen im Konnex des sozialen Fortschritts zukommt. Das heißt vor allem, Kollektivhandlungen oder -zustände auf ihre Bedeutung hin abzufragen, die sie als Stadien der Menschheitsentwicklung besitzen. Folgerichtig hat Simmel diese in einer Reihe soziologischer, sozialphilosophischer und kulturkritischer Abhandlungen auf den Begriff zu bringen und zu bestimmen versucht.

Im Zusammenhang mit der Frage nach der Möglichkeit von Gesellschaft hatte Simmel bekanntlich Individuum und Gesellschaft als sich wechselseitig bedingende Pole des sozialen Lebens beschrieben. Im Verlaufe ihrer als Dialektik von Freiheit und Zwang erfahr- und beschreibbaren Auseinandersetzungsgeschichte werden seiner Meinung nach Stadien einer Menschheitsentwicklung sichtbar, die ihre Dynamik aus dem Streben des Individuums nach Differenzierung und Selbstbestimmung bezieht.[222]

Um neben den psychischen auch die sozialhistorischen Bedingungen dieses „Individuationstrends" aufzuzeigen, rekurriert Simmel auf eine Gesetzmäßigkeit, die an das Evolutionstheorem H. Spencers über die gesellschaftliche Entwicklung als Wandlung von unzusammenhängender Gleichheit zu zusammenhängender Verschiedenheit erinnert.[223] In der Entwicklung der Kultur von den primitiven zu den differenzierteren Stadien der Menschheitsentwicklung trägt das Einzelwesen eine ständig variierende Konstellation von kommunistischen und individualistischen Triebelementen in sich, die sein Verhalten gegenüber der Gesellschaft, in ihrer jeweiligen historischen Erscheinungsform prägt. So sind an die Stelle einer passiven Anpassungshaltung des Individuums gegenüber den Verhaltenserwartungen und dem Schicksal seiner Herkunftsgruppe – wie man sie hauptsächlich in archaischen und mittelalterlich-feudalen Gesellschaften beobachtet hat – bei gleichzeitiger quantitativer Ausdehnung der „sozialen Kreise" und der damit entstehenden Fähigkeit der Menschen, in abstrakten, den unmittelbaren Lebens- und Erlebnisbereich transzendierenden Zusammenhängen zu denken, aktive Persönlichkeitsbestimmung, Identitätsfindung durch Rollenübernahme getreten.[224] Das Individuum wird zum „Schnittpunkt" mannigfaltiger Interessen, die es zu einem den eigenen Bedürfnissen entsprechenden und der Aufrechterhaltung seiner Bezugsgruppen dienenden System von Normen und Verhaltensweisen koordinieren muß. Von der geschichtsbildenden, fast naturwüchsigen Kraft des Individuationsprozesses ist Simmel so sehr überzeugt, daß er die Anzahl der sozialen Kreise, an denen der Einzelne zur gleichen Zeit partizipiert, als ein wichtiges Kriterium für die Bestimmung des kulturellen Fortschritts verwenden zu können glaubt.[225]

Die Entwicklung der Geldwirtschaft, die Simmel in seiner „Philosophie des Geldes" zu charakterisieren versucht, dient ihm nicht nur als geschichtliches Demonstrationsfeld von sozialen Differenzierungs- und Individuationsprozessen. Sie stellt außerdem ein historisch-materialistisches Korrelat der oben erwähnten sozialpsychischen Vergesellschaftungstendenzen dar. Im Unterschied zu der auf relativ geschlossene Wirtschaftseinheiten angewiesenen Naturalwirtschaft hat die Akzeptierung des Geldes als Zahlungsmittel die Geschäftsabwicklung und Kommunikation zwischen den örtlich distanziertesten Partnern möglich gemacht. Außerdem trägt der Geldlohn zur Entschärfung der im Stadium naturalwirtschaftlicher Entlohnung vorherrschenden halbsklavischen Abhängigkeitsverhältnisse bei.[226] Als Medium sozioökonomischer Expansion fordert das Geld nur noch die partielle Unterwerfung der Persönlichkeit, läßt dafür aber andere Formen der Unfreiheit entstehen, indem es die am Arbeitsprozeß beteiligten Menschen dazu zwingt, sich innerhalb eines harten Konkurrenzkampfes zu profilieren.

Gerade weil Simmel dieses sieht, kann er die Frage, ob das durch die Geldwirtschaft verkörperte Objektivationsprinzip die Lösung des zentralen Kulturproblems, die optimale, das heißt individuell zumutbare und gesellschaftlich notwendige Vermittlung von Freiheit und Zwang herbeiführen könne, nur historisch und mit dem Blick auf die bestehenden gesellschaftlichen Verhältnisse nur negativ beantworten. Eine solche Gegenwartsanalyse zeigt nämlich, wie die mit der Einführung der Geldwirtschaft verbundene Versachlichung sozialer Herrschaftsbeziehungen sich zum Gegenteil der von Simmel geforderten Befreiung, zur Entfremdung des Individuums gegenüber den eigenen Erzeugnissen und den Produkten seiner Umwelt auswächst.[227]

An dieser Stelle wird das Individuationsprinzip, die Selbstbestimmung des Individuums in und durch Gesellschaft zum kritischen Begriff der Simmelschen Kapitalismusanalyse erhoben. Mit seiner Hilfe kann er zeigen, wie der Geldverkehr das Individuum aus den unmittelbaren Zwängen der vorgeldwirtschaftlichen Kulturen herauslöst, ohne dabei zur faktischen Verbesserung der sozialen (Arbeit) und materiellen (Besitz) Voraussetzungen der Individuation beigetragen zu haben.[228] Frei, weil es alles kaufen und verkaufen kann, aber unausgebildet und unfähig, den sich bietenden Freiheitsspielraum zum Zweck der Selbstbestimmung und -verwirklichung zu nutzen, begebe sich das Individuum in zunehmende Abhängigkeit von den Gegenständen seiner materiellen und geistigen Produktion, die schon Marx mit dem Wort vom „Fetischcharakter" der wirtschaftlichen Objekte beschrieben habe.[229]

Deshalb plädiert Simmel, der so den emanzipatorischen Effekt der Arbeit ins Hintertreffen geraten sieht, für die Entwicklung eines neuen Maßstabes zur Beurteilung von Arbeitsleistungen und damit für einen neuen Schlüssel der Eigentumsverteilung, der die in Widerspruch geratenen Subjekt-Objekt-Welten wieder näher zueinander bringen soll. Als Ausgangspunkt dient ihm die sozialistische Konstruktion einer Wirtschaftsordnung, in der der Nützlichkeitswert der Produkte im Verhältnis zu der darauf verwendeten Arbeitszeit eine Konstante bildet.[230] Zur Überwindung der Schwierigkeiten, die sich aus der adäquaten Bewertung manueller und geistiger Arbeit ergeben, verweist Simmel auf die Relation von Arbeits- und Gebrauchswert bei K. Marx und auf dessen Forderung, auf die Herstellung bestimmter Produkte nur soviel Arbeitszeit zu verwenden, wie ihnen im Verhältnis zu ihrem gesellschaftlichen Nutzwert zukomme.[231] Unter diesen ideellen Bedingungen, die nach Simmels Meinung wahrscheinlich nur in einer rationalisierten, zentral koordinierten und geplanten Wirtschaftsordnung, wie der des Sozialismus, zu verwirklichen sind, könne die Arbeit das getreue Wertmaß der Produkte zum Ausdruck bringen und wäre es andererseits möglich, Arbeitsgeld und Besitz der tatsächlich erbrachten Leistung adäquat zu machen. Damit wäre ein Teil jener Voraussetzungen erfüllt, unter denen Simmel der geforderten gesellschaftlichen Befreiung des Individuums eine größere Realisierungschance einzuräumen bereits ist.

Daß die Individuationsproblematik einer noch umfassenderen Analyse und von daher auch einer komplexeren Lösung bedarf, hat Simmel im Zusammenhang mit seiner Kritik an der modernen Kultur zu zeigen versucht, einer Kultur, deren Entwicklungsstand sich – an den relativ geringen Ansprüchen, die primitive Kulturen an die Assimilationsfähigkeiten des Individuums zu stellen pflegten, gemessen – vom Grad der Entfremdung zwischen ,,objektiver Kulturmöglichkeit" und ,,subjektiver Kulturwirklichkeit" her bestimmen läßt.[232] Weder die automatische Maschine als Resultat einer auf die Spitze getriebenen Spezialisierung materieller und geistiger Energien noch z. B. die Staatsbürokratie in ihrer zunehmend unüberschaubaren Funktions- und Arbeitsteilung erfordern noch zur Erfüllung ihres Zweckes den unmittelbaren Einsatz wesentlicher Teile der menschlichen Persönlichkeit. Wie viele andere kulturelle Erzeugnisse haben sie sich zu autonomen, von der Arbeitsleistung oder Willensäußerung des Einzelnen immer unabhängigeren Mächten entwickelt. Für das Individuum kaum noch assimilierbar wie das primitive Handwerkszeug oder die Sippenordnung, bilden die modernen Produktions- bzw. Verwaltungsmittel Partei gegenüber dem Ich und drohen, wie Simmel mit Hilfe der Extremtypen des ,,Säulenheiligen" und des ,,Fachspezialisten" demonstriert,[233] es sukzessive zu ersetzen. Sich selbst überlassen, könne sich diese Tendenz zu einer ,,Tragödie der Kultur" auswachsen, die nicht mehr mit der Simmelschen Vorstellung von der ,,Kultur als Lebensvollendung" zusammenfällt.

Als Aufgaben einer sinnvollen Kulturpolitik schlägt Simmel deshalb vor, durch Verbesserung der individuellen Aneignungs- und Aufarbeitungstechniken einer Aufhebung der Diskrepanz zwischen subjektiver Kulturwirklichkeit und objektiver Kulturmöglichkeit entgegen zu arbeiten.[234] Kultur als Bildungspolitik wird neben der bereits erwähnten Wirtschaftspolitik als Verteilungspolitik zu einer unabdingbaren Strategie moderner Industriegesellschaften, sofern deren Mitgliedern nicht die Fähigkeit, die Produkte der Kultur in den Dienst der Individuation als Sozialisation stellen zu können, völlig abhanden kommen soll.

Entsprechend hat Simmel an anderer Stelle betont, daß die Lösung soziokultureller Probleme nicht auf singuläre Eingriffe beschränkt bleiben dürfe, bei der Struktur der Gesellschaft ansetzen müsse, entsprechende politische Entscheidungen voraussetze und trotz allem nur begrenzte Geltungsdauer beanspruchen könne, da sich innerhalb der permanenten Dialektik von Gesellschaftsanalyse und Reform auf absehbare Zeit immer neue Problemstellungen ergeben werden.[235] An der Soziologie sei es nun, von den Oberflächenphänomenen wie Diebstahl, Armut usf. zu deren gesellschaftlichen Ursachen vorzustoßen, mit der Folgerung, daß diese nicht durch Strafen oder Almosen, sondern langfristig nur durch die Errichtung eines sozialen Systems bekämpft werden können, in dem es weder Diebstahl noch Armut gibt; ihr Verschwinden würde Zeugnis von einer „fortgeschrittenen Stufe kulturellen Bewußtseins" ablegen.

In Übereinstimmung mit den „Sozialisten" bezeichnet Simmel die ökonomischen Verhältnisse als eine der Hauptursachen sozialer Ungerechtigkeit. Denn jede soziale Wohnungspolitik verfehle ihren Sinn, wenn die Arbeiter nicht über das notwendige Mietgeld verfügen. Proteste gegen die schlechte Qualität der Nahrungsmittel erscheinen zwecklos, wenn der Lohn der Proletarier weder zum Leben noch zum Sterben reiche. Jede Gesundheitspolitik müsse scheitern, wenn die Armen die Arzneikosten nicht aufbringen können. Mit der Frage nach den notwendigen Konsequenzen konfrontiert, schlägt sich Simmel jedoch mit dem Hinweis auf den komplexen Zusammenhang wirtschafts-, bildungs- und sozialpolitischer Faktoren und im Bewußtsein der Erfolglosigkeit einer ausschließlich auf die Veränderung einer dieser Faktoren abzielenden Radikallösung auf die Seite der Reformer.[236] Als solcher gibt er zu bedenken, daß ideelle Forderungen auch dann ihre Praxiswirksamkeit behalten, wenn sie im ersten Reformansatz nur partiell verwirklicht wurden. Je mehr Reformen angeregt werden, um so mehr Probleme werden seiner Meinung nach sichtbar und um so größer seien die Chancen, die Entwicklung der Gesellschaft in der von ihm vorgeschlagenen und sich historisch bereits andeutenden Richtung voranzutreiben.

VI. Schlußbetrachtung

Zu einem allgemein anerkannten Klassiker des soziologischen Denkens ist Georg Simmel in zweifacher Hinsicht geworden; einmal dadurch, daß er die amerikanische und deutsche Soziologie in ihren Anfängen entscheidend prägte, zum anderen aber auch durch das Interesse, das man seinem Werk unter den verschiedensten Gesichtspunkten bis in die Gegenwart hinein entgegengebracht hat. Uneinig ist man sich offenbar in der Frage, mit welchen seiner Erkenntnisse er die

Wissenschaft am stärksten beeinflußte und ob dies zu deren Vor- oder Nachteil geschehen sei. Diese für die Simmelforschung, aber sicher nicht nur für diese, charakteristische Unklarheit war der Anlaß, den hier beschriebenen, an der herkömmlichen wissenschaftsgeschichtlichen Darstellungspraxis gemessen relativ unkonventionellen Weg zur Simmelschen Soziologie zu gehen.

Daß sich das Betreiben von Wissenschaftsgeschichte und auch die Rezeption eines Klassikers unter ähnlichen wissenschaftlich-gesellschaftlichen Bedingungen vollzieht wie die Bestimmung eines soziologischen Forschungsgegenstandes oder die Rechtfertigung eines bestimmten theoretischen Standpunktes und von daher der gleichen ideologiekritischen Kontrolle unterworfen werden müßte, konnte am Anfang des Beitrages gezeigt werden. Der Rekurs auf die amerikanische und deutsche Forschung machte außerdem deutlich, daß das Bemühen um eine ,,voraussetzungsfreie" Interpretation allein noch nicht den adäquaten Zugang zur Simmelschen Wissenschaftsbegründung erschließt. Zu oft wurde unter dem Deckmantel der Objektivität das Original mit den durch den Wissenschaftsprozeß tradierten Vorstellungen über die Lehre Simmels verwechselt. Redlicher erschien demgegenüber ein Vorgehen, welches die zahlreichen Anregungen innerhalb der existierenden Darstellungs- und Interpretationsversuche zu sammeln, gegeneinander abzuwägen, im Vergleich mit dem Original auf ihre Stichhaltigkeit hin zu überprüfen und schließlich in eine umfassende, die vorhandenen Einseitigkeiten und Auslassungen kompensierende Neuinterpretation miteinzubeziehen. Als Ergebnis dieser Bemühungen wurde die Skizze einer soziologischen Konzeption sichtbar, die über die Grenzen des formalen Ansatzes hinaus eben jene erkenntnistheoretischen, geschichtsphilosophischen und kulturkritischen Überlegungen einschließt, die Simmel als wissenschaftsimmanente, kritische Instanzen gegenüber dem Versuch einführte, Soziologie mittels der Bestimmung eines eigenen Gegenstandes, einer eigenen Methode und eines spezifischen Erkenntniszieles auf die Ebene einer autonomen Erfahrungswissenschaft zu heben.

Mit größerer Unbefangenheit als die im sogenannten Funktionalismus- oder Positivismusstreit der letzten Jahre engagierten Wissenschaftler ist Simmel bei seinem Begründungsversuch vom fragmentarischen Charakter der Erkenntnis ausgegangen und hat ihm wissenschaftstheoretisch und methodisch Rechnung zu tragen versucht. Die analytischen Beispiele, die er in seinem wohl bekanntesten Buch ,,Soziologie. Untersuchungen über die Formen der Vergesellschaftung" zusammengetragen hat und mit denen er erst zum Klassiker und dann zum Kritiker der Konflikt-, Gruppen-, Rollen- und Herrschaftssoziologie avancierte, dürfen nicht mit der soziologischen Gesamtkonzeption Simmels verwechselt und als Darstellungsversuche gesellschaftlicher Realbefunde mißverstanden werden. Vielmehr stellen die beschriebenen Phänomene, ihrer methodischen Bedeutung entsprechend, inhaltlich und zeitlich limitierte Ausschnittvergrößerungen der Gesellschaft dar, die ihrer Komplexität und Geschichtlichkeit wegen von der schmalen Erfahrungsbasis einer ,,reinen" bzw. ,,formalen" Soziologie her nicht vollständig zu erfassen war.[237]

Aus dieser fundamentalen Einsicht zieht Simmel die pragmatische Konsequenz, wenn er eine Theorie soziologischen Erkennens konzipiert, die das an der Gesellschaft Greifbare, d.h. die auf den Begriff gebrachten und historisch oder empirisch belegten Strukturen sozialen Handelns, in einen – mittels Vorgriff auf das historische Ganze beschriebenen und durch konkrete Analyse aufzuholenden – Sinnzusammenhang gesellschaftshistorischer Entwicklung einspannt. Dem Wissen um die Differenz zwischen der bestehenden und einer möglichen Verfassung menschlichen Zusammenlebens erkennt er dabei die gleiche normative Rolle zu, welche die mit dem Anspruch identischer Wahrheitsfindung formulierten Prognosen oder die Totalitätskonzeptionen in den Wissenschaftsauffassungen der kritischen Rationalisten und Dialektiker spielen.

Der Vorteil seiner Position besteht darin, daß er von ihr aus den Widerspruch zwischen dem Einheitsbedürfnis des Erkennens und Handelns und der Unmöglichkeit, dieses Bedürfnis im Rahmen einer Erfahrungswissenschaft restlos befriedigen zu können, aufzulösen vermag, ohne dabei der Gefahr Vorschub zu leisten, daß die bestehenden sozialen Verhältnisse auf dem Umweg ihrer empirischen Explikation hypostasiert werden oder daß die Theorie von der gesellschaftlichen Verwirklichung der Vernunft zum geschlossenen, die Erkenntnis- und Handlungsprozesse vorherbestimmenden System erstarrt. Weil Simmel der darin angelegten ideologisch-dogmatischen Verengung der analytischen Perspektive entgegenwirken möchte, besteht er darauf, die Klärung des Verhältnisses von Begriff und Wirklichkeit, Theorie und Praxis als einem wechselseitig kritischen, offenen Bestimmungszusammenhang der Dialektik des Wissenschaftsprozesses und seiner Erkenntnisstufen selbst zu überantworten. Soziologie, die das Entfremdungsphänomen und seine Objektivationen bekämpft, weil es der Selbstbestimmung des Menschen in und durch Gesellschaft immer unzumutbarere Hindernisse in den Weg stellt, darf seiner Meinung nach die Rechtfertigung ihrer regulativen Ideen nicht dem Zufall subjektiver, vor- oder außerwissenschaftlicher Wertentscheidung überlassen.

Mit dieser Darstellung dürfte die Hinfälligkeit des hartnäckigen Klischees von Simmel als dem Begründer der formalen Soziologie deutlich geworden sein. Einer Wissenschaftsgeschichte, die dieses selbstkritisch erkennt, stünde es wohl an, Georg Simmel statt dessen zum Klassiker jener Richtung in der Soziologie zu erheben, die die Notwendigkeit eines Zusammengehens von strukturanalytischem und gesellschaftskritischem Ansatz frühzeitig erkannt und die entsprechenden methodologischen Vorleistungen erbracht hat; eine Richtung, die zu einer Zeit, in der sich die Wogen des Positivismusstreites zu glätten beginnen, neue Bedeutung erlangen könnte.

René König

EMILE DURKHEIM

Der Soziologe als Moralist

Für Alphons Silbermann in alter Freundschaft

I. Vorwort

Bei der Darstellung eines „Klassikers“ der Soziologie erheben sich noch vor Beginn gleich mehrere Alternativen, die man sich gegenwärtig halten muß, wenn man klarmachen will, was man eigentlich vorhat. Dabei schalten wir einfache „Inhaltsangaben“ ad usum delphini aus, weil sie im Grunde mit mehr oder weniger adäquaten Mitteln nur das wiederholen, was es sowieso schon gibt, und die Gefahr beschwören, daß die Interessenten niemals mit den Originalen in Kontakt kommen, sondern einzig mit Sekundäraufgüssen. Da es aber zum Bild des „Klassikers“ gehört, daß er nicht nur eine eigene Weltsicht, sondern auch eine eigene Stilfigur entwickelt, würde eine Beschränkung auf solche Darstellungen einzig bedeuten, daß ihrem Gegenstand jenes Leben genommen wird, auf Grund dessen man ihn einzig als Klassiker bezeichnen darf. So müssen wir schon höhere Ansprüche stellen, wie auch im Untertitel der vorliegenden Abhandlung ausgesagt wird, um vor allem zu vermeiden, daß eine etwaige Kritik kontextlos an einzelnen Punkten ansetzt, als ob es in der Soziologie solche „Wahrheiten“ gäbe, die man unabhängig vom jeweiligen Schaffenszusammenhang für sich isoliert betrachten und kritisieren könnte.

Eine *erste,* ernstzunehmende *Alternative* ist dagegen die Darstellung des betreffenden Oeuvres *auf dem historischen Hintergrund seiner Zeit mit Hinweisen auf Anreize und Auswirkungen,* wie es im Falle von Emile Durkheim etwa Harry Alpert (1939)[1] und Steven Lukes (1973)[2] getan haben; eine solche Darstellung wäre als befriedigend zu bezeichnen, wenn es ihr gelingt, neben allem biographischen Detail, in einer wissenschaftssoziologischen Weise Standort und Funktion des behandelten Autors in der wissenschaftlichen Öffentlichkeit seiner Zeit zu zeigen. Obwohl häufig geübt, wäre „Kritik“ in einem solchen Zusammenhang eigentlich fehl am Platze, weil ein Maßstab dafür fehlt.

Mit der Einführung eines solchen eröffnet sich bereits *die zweite Alternative,* nämlich das Werk eines Klassikers in bezug auf die Frage darzustellen, *welches eigentlich sein Beitrag zu einer als existierend vorauszusetzenden „sociologia perennis“ gewesen ist.* Hier müßten die bleibenden Errungenschaften analysiert werden, wie es etwa für Durkheim von Charles E. Gehlke (1915)[3] und Talcott Parsons (1937)[4] durchgeführt worden ist, um nur die wichtigsten Fälle zu nennen. Wir haben uns selber in einer Reihe von Arbeiten um die gleiche Frage bemüht.[5] Hier müßte die Entstehung bestimmter „Grundbegriffe" wie soziales Handeln, Normen, Sozialisierung, Internalisierung usw. nachgezeichnet und in ihrer Bedeutung für das Begriffsarsenal der heutigen Soziologie ausgemessen werden; hier ist auch „Kritik" sehr wohl am Platze, denn es wird von entscheidender Bedeutung sein, zu zeigen, wie und warum gewisse Konzeptionen gelungen, teilweise gelungen oder auch ganz mißlungen sind, wobei dazu selbstverständlich Bestandteile aus der zuerst angeführten Quelle übernommen werden können.

Die *dritte Alternative* müßte schließlich die Darstellung der immanenten oder auch expliziten Philosophie eines soziologischen Klassikers herausarbeiten, was im Falle Durkheim bisher nur sehr unvollkommen geschehen ist. Hierher gehörten etwa Auseinandersetzungen mit der Philosophie seines letzten größeren Werkes über *Les formes élémentaires de la vie religieuse* (1912), die ihn in die Nähe eines Denkers wie Ludwig Wittgenstein[6] und seiner Vorstellung eines metaphysischen Isomorphismus zwischen Sein und Denken führt. Das genannte Werk ist bisher zumeist nur von Ethnologen diskutiert worden in bezug auf die vorgetragenen einzelwissenschaftlichen Erkenntnisse; die philosophische Substanz ist aber noch lange nicht gehoben worden, trotz einiger interessanter Bemerkungen von Claude Lévi-Strauss.[7] Ein zweites einschlägiges Problem wäre Durkheims Stellung zu Pragmatismus und Rationalismus, wie er sie in einer Vorlesungsreihe des Jahres 1913/14 entwickelt hatte und deren Beurteilung erst nach Publikation einer Vorlesungsnachschrift durch Armand Cuvillier (1955)[8] möglich geworden ist.

In der vorliegenden Abhandlung soll vor allem die zweite Alternative verfolgt werden, wenn sich auch Abschweifungen in Richtung der ersten und der dritten nicht vermeiden lassen werden. Darüber hinaus ergeben sich aber noch einige Fragen, die wenigstens eine kurze Beleuchtung erfordern, um die Einstellung deutlich zu machen, mit der die vorliegende Darstellung unternommen worden ist. Obwohl der Ausgangspunkt Durkheims „kritisch" ist, also gleich weit entfernt von Dogmatismus und Skepsis, ist nicht von der Hand zu weisen, daß er zumindestens in seiner Ausdrucksweise zu Zeiten einen recht dogmatischen Eindruck macht. Das hatte schon Georges Gurvitch[9] dazu gebracht, in der Bewertung Durkheims „den lebendigen Dynamismus, den er in den gestellten Problemen entwickelt habe, der Statik der Lösungen entgegenzusetzen", die ihm häufig zu dogmatisch geraten seien. Und Gurvitch fährt fort: „Die Ursachen für diesen recht überraschenden Umstand liegen, so glaube ich, in den einander diametral entgegengesetzten, aber dem Einfluß seines Werkes gleichermaßen schädlichen Einstellungen: entweder einer rückhaltlosen Annahme seiner Lehre dem Buchstaben nach oder einer globalen Ablehnung, einer als Glaubenssatz verkündeten Zurückweisung." Wir möchten hier noch einen Schritt weitergehen als Gurvitch und betonen, daß nicht nur die Fragestellungen Durkheims, unangesehen seiner Antworten, einen Dynamismus enthalten, sondern auch deren Inhalte. Zu den meisten Fragestellungen hat Durkheim selber nämlich *nicht nur eine, sondern mehrere Antworten* gegeben, die er jeweils mit der gleichen Überzeugungskraft vertritt, was den Eindruck des Dogmatismus erzeugt hat. In Wahrheit aber *wandelt er seine Positionen unentwegt,* vor allem auch in seinen sprachlichen Formulierungen, mehr noch jedoch der grundsätzlichen Ausrichtung nach, so daß wir haben von einer *„erstaunlichen Wandelbarkeit"* seiner Grundpositionen bei einer grundsätzlich durchgehaltenen einheitlichen Linie sprechen können. Das wird im folgenden zu zeigen sein. Hier müssen wir aber gewissermaßen die Konklusion vorausnehmen, *daß nämlich der Dogmatismus der sprachlichen Formulierung infolge der kritischen Grundeinstellung weder bei ihm selber noch später bei seinen Schülern und Freunden eine grundsätzliche „Durchlässigkeit" vieler seiner Schlüsselbegriffe für Modifikationen und Umgestaltungen verhindert hat.* Damit scheint mir der von Gurvitch postulierte „Dynamismus" eine wesentliche Vertiefung erfahren zu haben, die im übrigen in den folgenden Ausführungen plausibel gemacht werden soll.

II. Leben und Charakter

Es gibt wie Philosophen so auch Soziologen, deren Lebenslauf einen wesentlichen Teil des Werkes darstellt, und andere, bei denen nur das Werk zählt. Zur ersten Gattung gehört Henri–Claude de Saint–Simon, von dem ein Biograph sagen konnte: „Es gibt eine erste Philosophie von Saint–Simon, die aus dem Grunde unbekannt ist, weil sie nicht so sehr eine Form der Reflexion als vielmehr eine Art des Lebens ist."[11] Von Durkheim kann man, wie von vielen anderen nur sagen, daß sein Leben sein Werk ist. Wie etwa bei Immanuel Kant oder Max Weber gibt es kaum wesentliche Einschnitte, die nicht mit der Ausbildung oder der konsequenten Produktion ihres Oeuvre zusammenhinge. Damit entscheidet sich auch, daß Durkheims Lebenslauf für den Biographen auf lange Strecken hin fast als ereignislos erscheint.[12]

David Emile Durkheim wurde am 15. April 1858 in Epinal (Dép. Vosges) in Lothringen geboren. Man mag dabei den Tatbestand als symptomatisch ansehen, daß es rund sieben Monate nach dem Tode Auguste Comtes war, dessen Leben übrigens ebenso ereignislos verlief wie seines; aber man darf diesem Zufall keine übermäßige Bedeutung zusprechen, denn es wird zu zeigen sein, daß Durkheim trotz vieler Charakterparallelen zu Comte im Grunde sachlich Saint–Simon viel näher stand als jenem.

Durkheims Vater Moïse Durkheim war Rabbiner in Epinal, ebenso wie sein Großvater in Mutzig (Elsaß) und sein Urgroßvater. Er wuchs in einer orthodoxen und stark puritanisch orientierten jüdischen Familie auf, aus der er die Anregung gewonnen haben mag, der er später in seinem Selbstmordwerk ein Denkmal setzte.[12] Ähnlich wie Comte beschloß er schon früh, die Familientradition, für die er ursprünglich ausgebildet worden war, nicht fortzusetzen, aber es blieb ihm das Pflichtbewußtsein und die Abneigung gegen alle Frivolität, wie sie oft bei orthodoxen Juden zu finden sind. Seine Studienjahre an der *Ecole Normale Supérieure* in Paris, die er nur unter äußersten finanziellen Einschränkungen durchstehen konnte, mögen diesen puritanischen Zug in ihm noch verstärkt haben.

Als er nach mehreren vergeblichen Versuchen 1879 endlich in die Ecole aufgenommen wurde, fand er sich dort mit einer Reihe von Studenten, deren Namen in der späteren Geistesgeschichte Frankreichs einen guten Klang bekommen sollten; sie blieben teils Freunde, teils Gegner. Dazu gehörte zunächst Henri Bergson, der eine eigentliche Gegenfigur zu Durkheim darstellt, obwohl wir später sehen werden, daß von heute aus gesehen ihre innere Verwandtschaft vielleicht größer ist als die äußere Gegnerschaft; denn Durkheim vertrat eine Theorie des Gedächtnisses, die der von Bergson außerordentlich nahesteht. Ein Freund der ersten Stunde war der spätere Sozialistenführer Jean Jaurès, vielleicht der einzige, der einen solchen Einfluß auf die sozialistischen Parteien hatte, daß er den ersten Weltkrieg hätte verhindern können und darum auch am 31. Juli 1914 von einem fanatischen Nationalisten ermordet wurde. Es scheint, daß Durkheim Jaurès auf die ,,soziale Frage" gestoßen hat, wie dieser ihn seinerseits veranlaßte, den jüdischen Glauben definitiv abzulegen. Während der drei Jahre, die er in der Ecole verbrachte, kam er noch mit anderen zukünftigen akademischen Größen zusammen: es war wirklich eine einzigartige Generation. Dazu gehörten der Philosoph Gustave Belot, der Logiker Edmond Goblot, der nicht nur später ein höchst geistvolles Bändchen über die Soziologie der Mode[13] verfaßte, sondern in seiner logischen Lehre von der ,,Geltung" deutliche Einflüsse Durkheims erkennen läßt;[14] dann aber auch der Psychologe Pierre Janet, der Linguist Ferdinand Brunot, an dem sich sicher Durkheims spätere sprachsoziologische Interessen entzündet haben, die so weit gingen, daß er seinen Sohn André Linguistik studieren ließ. Wichtig waren aber auch die Historiker Henri Berr, der später mit seiner Gruppe der Synthèse historique mehr und mehr in den Bann Durkheims geriet und dessen Einfluß in den ,,Annales" entscheidend bis heute nachwirkt, sowie Camille Jullian, was alles einer gängigen Kritik an Durkheim widerspricht, er sei für das Problem der Geschichte nicht ansprechbar gewesen. Dagegen muß schon von seinen frühen Anfängen her darauf hingewiesen werden, daß er direkt stärkste Wirkungen auf die moderne Sozialgeschichte ausgeübt hat.

Aber die Ecole, die alte Dame der Rue d'Ulm, war noch in einer anderen Hinsicht für seinen Charakter und seine Denkweise entscheidend. Ich selber nahm dort nach 1928 an einem Seminar von Célestin Bouglé, einem politisch sehr aktiven Angehörigen der Durkheimschule, teil und hatte Gelegenheit, vierzehntägig durch die alten Gänge zu wandeln, die wohl damals nicht anders waren als zu Zeiten Durkheims: nüchtern, prosaisch, klösterlich, von der Phantasielosigkeit eines preußischen Amtsgerichts, mehr einem Gefängnis als einer hohen Schule der Humaniora ähnlich. Der Geist des Hauses war eine Mischung aus kartesianischem, jansenistischem und jesuitischem Puritanismus, in die einzig die Akrobatik des Geistes eine Abwechslung bringen konnte, wie ich sie fast fünfzig Jahre später an meinem Freunde, dem Normalien Albert Lautmann, studieren konnte, der im Zweiten Weltkrieg von den Deutschen füsiliert wurde (gleichzeitig mit dem unvergeßlichen Geographen Henri Cavaillès). Die *Ecole Normale Supérieure* war in der Tat eine ausgesprochene Elitenschule, wie andere der *Grandes Ecoles* Frankreichs, in der die Studenten einer für uns heute kaum mehr vorstellbaren Disziplin unterworfen wurden. Diese löste alles und jedes auf in diskutorische Syllogistik, die die einen begeisterte, die anderen abstieß wie z. B. Henri Bergson, der aber doch mit seinem kalten und bei aller ästhetischen Gefälligkeit vor Präzision fast gefrorenen Stil lebenslang ein echter Normalien blieb. Von Bergson stammt das Wort über Durkheim, der – wenn man ihn auf Tatsachen hinwies, die seinen Theorien widersprachen – wie einstmals Hegel geantwortet haben soll: „Die Tatsachen haben Unrecht." Sein Spitzname in der Ecole war der „Metaphysiker", was sich auch in einer starken Distanzierung von praktischer Politik ausdrückte; obwohl die Reform Frankreichs nach dem Zusammenbruch von 1870/71 sein eigentlichstes Anliegen wurde, hielt er sich lebenslänglich von der „cuisine politique" zurück wie ein anderer großer Gegenspieler von ihm, Georges Sorel.[15]

Unter seinen Lehrern beeinflußten ihn insbesondere die zwei Neukantianer Charles Renouvier und Emile Boutroux. An Renouvier schulte er sein Denken, speziell seinen Rationalismus. Das zeigt unter anderem, daß er ähnlich wie Max Weber viel eher Rationalist als Positivist war; auch in bezug auf seine Bewertung der menschlichen Würde war er Renouvierist, ein Zug, der sich später in Bordeaux unter dem Einfluß von Octave Hamelin noch verstärkte (dessen Werk man in deutscher Terminologie am besten als Philosophie des reinen Bewußtseins bezeichnen könnte). Von Boutroux übernahm er die Vorstellung von der Vielfalt der Lebensordnungen, die jede einem autonomen Gesetz unterliegen, das zu den anderen Dimensionen durchaus „kontingent" ist. Mit dieser Kritik des monistischen Determinismus beeinflußte er übrigens auch Bergson, dessen erstes Hauptwerk *Les données immédiates de la conscience* (1889) eine konsequente Fortführung der Kontingenzphilosophie von Boutroux darstellt. Es scheint nicht unwichtig zu erkennen, daß auch hier die beiden einander so entgegengesetzten Geister Durkheim und Bergson in einer weiteren Wurzel vereint sind. Der wichtigste Einfluß an der Ecole stammte aber von dem genialen Historiker Numa Fustel de Coulanges, der übrigens auch einen wesentlichen Einfluß auf den Begriff der „Gemeinschaft" bei Ferdinand Tönnies ausgeübt hat.[16] Das ist ein weiterer Schlag gegen jene Auffassung, Durkheim sei seiner ganzen Einstellung nach unhistorisch, ja eigentlich a-historisch gewesen: die starken historischen Akzente in seiner lateinischen Dissertation über Montesquieu kommen auch in der Widmung dieses Werkes an Fustel de Coulanges zum Ausdruck, was jüngstens zu einer Kontroverse führte, ob Durkheim nicht von Fustel mehr beeinflußt worden sei als selbst von Saint–Simon und Comte.[17] Wenn man etwa heute die Ausführungen von Fustel in der *Cité Antique* (zuerst 1865) über die Entwicklung der Familie liest oder die über die Entwicklung magischer Vorstellungen von unpersönlichen (anonymen) Kräften zu personifizierten Geistern oder Göttern, dann sieht man deutlich die Fortwirkung auf Durkheim, und zwar nicht nur in der Familiensoziologie, sondern speziell auch in der Religionssoziologie seiner späteren Jahre.

1882 bestand Durkheim die „Agrégation" und begann – wie in Frankreich üblich – seine Laufbahn als Gymnasiallehrer, zunächst in Sens, dann in Saint-Quentin. Diese Tätigkeit unterbrach er im Schuljahr 1885/6, um, durch das

Ministerium veranlaßt, eine Studienreise nach Deutschland zu unternehmen, wo er bei den ,,Kathedersozialisten" ebenfalls starke historische Interessen vorfand, die bis in sein Werk über die Arbeitsteilung nachwirkten (speziell Gustav Schmoller und Karl Bücher). Daneben entdeckte er auch Wilhelm Wundt, dessen Ablehnung der alten Assoziationspsychologie und ihre Ersetzung durch die Vorstellung ,,schöpferischer Synthesen" im psychischen Prozeß sich später folgerichtig in eine ,,Völkerpsychologie' auswachsen sollten (seit 1900). Merkwürdigerweise scheint ihm Wilhelm Dilthey völlig entgangen zu sein, in dessen Einleitung in die Geisteswissenschaften (1883)[18] er viele verwandte Seiten hätte finden können, speziell in bezug auf die ,,Moralwissenschaften" und in der Betonung der Pädagogik für die Gestaltung der ,,Praxis". Andererseits bewahrte er aber auch Distanz zu den deutschen Sozialwissenschaftlern, die es nicht – wie die Franzosen – vermocht hätten, ihren Einfluß auf die Entwicklung einer demokratischen Verfassung in Deutschland geltend zu machen. Das löst wohl auch die Frage nach der Gesamtbewertung des deutschen Einflusses auf Durkheim, der oft – auch von französischer Seite – in polemischer Absicht hervorgehoben worden ist.[19] Bei Durkheims starker Ausrichtung auf eine neue Moral mußte ihn die praktische Apathie der Deutschen zurückstoßen. Er sah, was von ihnen schon *vorgedacht* worden war (wenn auch manchmal in hoch abstrakter Weise), aber er vermißte *die praktische Ausrichtung.*

Bei seiner Rückkehr nach Frankreich veröffentlichte er zwei Abhandlungen über die Philosophie, die Moralwissenschaften und die Sozialwissenschaften in Deutschland,[20] die immerhin so viel Aufsehen erregten, daß er vom Lycée in Troyes, wo er Philosophie gelehrt hatte, nach Bordeaux versetzt wurde, und zwar auf eine Stelle, die speziell für ihn geschaffen worden war. Von diesem Augenblick an ist sein Leben identisch mit seiner Arbeit. Er ist getrieben von einem geradezu unheimlichen Fleiß, indem er in seinen Vorlesungen gleichzeitig die Soziologie und die Pädagogik entwickelte; außerdem veröffentlichte er in der gleichen Periode von 1887 bis 1902 die meisten seiner Hauptwerke, begründete die *Année Sociologique* (1898), zu der er nicht nur Abhandlungen, sondern auch zahlreiche Bücherbesprechungen beitrug, von denen viele als selbständige Artikel angesehen werden können.[21] Gleichzeitig vollzog sich hier sein Übergang in die Religionssoziologie und Ethnologie, womit seine zweite Werkperiode vorbereitet wurde, die im wesentlichen in seiner Pariser Zeit (1902–1917) gipfelt. Aber auch in Paris ist sein Leben nichts wie rastlose Arbeit, nur gelegentlich unterbrochen von politischen Kontroversen, in denen er allerdings eine Stellung einnahm, ähnlich wie Max Weber, der zwar auch radikal kritisierte, sich aber aller Kathederprophetie enthielt.[22] Durkheim war mehr daran interessiert, einen Einfluß auf die Ausbildung der zukünftigen Lehrer als auf die politische Öffentlichkeit zu nehmen. Einzig in der Zeit der Dreyfus–Affäre trat er wie die meisten anderen Soziologen hervor, aber auch hier sah er primär das moralische und nicht das politische Problem. Während des ersten Weltkrieges lag seine Tätigkeit in der gleichen Richtung: er veröffentlichte zwei Schriften zur Bekämpfung der deutschen Propaganda über die Kriegsursachen und über die ,,deutsche Mentalität", worin er heftig mit Heinrich von Treitschke abrechnete, in dem er nicht nur den Gegner der Soziologie sah, sondern gleichzeitig den Vertreter einer Moral, die zutiefst von jenen Werten unterschieden war, zu deren Sicherung die Soziologie einst aufgebrochen war.[23] Man könnte seine Aktivität in zahllosen Komitees am besten als *„geistige Landesverteidigung"* bezeichnen, die vielleicht auch durch den Umstand intensiviert wurde, daß man ihn gelegentlich deutscher Abstammung verdächtigte.[24] Seine Überaktivität verbunden mit dem Schmerz über den Tod seines Sohnes André, der als Mitglied der alliierten Orientarmee in Saloniki beim Rückzug aus Serbien erst vermißt, dann als gefallen (April 1916) gemeldet worden war, wurden zur Ursache seines verfrühten Todes am 15. November 1917. Sein Werk war unvollendet, einige seiner besten Mitarbeiter waren Opfer des Krieges geworden. Nach 1918 vergingen viele Jahre bis das so plötzlich abgerissene Werk durch seine Schüler wieder aufgenommen wurde, allen voran sein Neffe Marcel Mauss.[25]

Hier erhebt sich die Frage nach der Persönlichkeit Durkheims, nach seinem Charakter. Raymond Aron hat in seinem Vergleich zwischen Durkheim, Max Weber und Vilfredo Pareto hervorgehoben, daß ihnen der Wunsch gemeinsam war, *Gelehrte zu sein.*[26] „Als Soziologen wollten sie daher auch Wissenschaftler sein." Als Berufsmenschen hatten alle drei die akademische Laufbahn eingeschlagen, was vielen Vorläufern versagt war; selbst Auguste Comte mußte seine Vorlesungen als Privatunternehmen abhalten. So lebt zweifellos bei ihnen wie bei vielen anderen danach eine Tendenz zum Expertenwissen (und auch die entsprechende Überschätzung der Wissenschaft für das Leben); sie unterliegen gemeinsam der Gefahr des „Fachidioten", wie man das neuerdings bezeichnet hat, oder der „trainierten Unfähigkeit", um eine nur wenig freundlichere Wendung von Robert K. Merton[27] zu verwenden.

Das hat, insbesondere gegen Durkheim, den Vorwurf des „Szientismus" erheben lassen, der sich für viele mit der Kritik am Positivismus verbindet, wobei allerdings das Argument nicht trifft, wenn man den Schlüsselsatz von Comte bedenkt, daß Positivismus Aktion bedeute.[28] Dieser Satz entspricht dem von Karl Marx, daß es nicht darauf ankomme, die Welt verschieden *zu interpretieren,* sondern sie *zu verändern.* Auch für Durkheim ist das Ziel: Aktion und Veränderung der Welt, die er als in einer tiefen Krise befindlich interpretiert. Es ist übrigens seltsam zu sehen, daß die beiden besten Darstellungen Durkheims aus neuerer Zeit, die von Aron und die von Steven Lukes beide das Krisenmoment herunterspielen, während es ein Leichtes ist, das Gegenteil zu zeigen.[29] So ist Durkheims ganzes Wissenschaftsunternehmen existenziell unterbaut durch ein tiefes Krisenbewußtsein, wie wir selber schon vor Jahrzehnten zu beweisen suchten. Und wenn Durkheim den Existenzstandpunkt (insbesondere den politischen) in seiner Wissenschaftstheorie kritisch einschränkt, so nicht, um ihn zu beseitigen, sondern um ihn zu überwinden. Genau wie Max Weber gehört auch Durkheim nicht zu den „einfachen" Charakteren, und das wirkt sich aus bis in seine Anthropologie. Die Polarisierung der menschlichen Existenz läuft, in einer historisch–psychologischen Weise gesehen, zwischen dem romantischen Streben nach Unendlichkeit und dem Bedürfnis nach Form, die das Ergebnis moralischer Disziplinierung ist. Die Form ist also nicht von selbst da, sondern sie muß dem Leben in immer neuen Anläufen abgerungen werden; das ist ihr dynamisch-kreativer Kern.[30] In anderem Zusammenhang haben wir diesen Tatbestand in folgender Weise zusammenzufassen gesucht: „Durkheims kritischer Geist richtet sich zunächst und vor allem gegen seine eigene Person. Verhält es sich doch keineswegs so, daß er aus gefühlsmäßiger Leere und seelischer Ermattung zur Wissenschaft gelangt wäre, vielmehr war seine Zurückhaltung vor rein gefühlsmäßigen Entscheidungen – ähnlich wie bei Max Weber – unterbaut von einem intensiven Gefühl von dem, was jenseits aller Wissenschaften dem Menschen nottut. Sein Wissenschaftsethos trägt somit niemals den Charakter einer aus Insuffizienzgefühlen erwachsenen ‚Flucht in die Wissenschaft', einer dunklen Resignation, wie sie gerade der Positivismus gelegentlich zur Schau trägt. Vielmehr erwächst dieses Ethos aus einem aufgeschlossenen Gefühl für die buntmannigfaltige Lebendigkeit der sozialen Welt wie aus einer hellhörigen Offenheit für die Leidenschaften, die selbst die theoretische Betrachtung der sozialen Welt entfesselt und die Soziologen in Parteien auseinanderreißt, wie sie in solcher gegenseitigen Unversöhnlichkeit sonst nur die politische Realität kennt. Zugleich mit dieser Lebenserschlossenheit, die sich willig erschüttern läßt, erhebt sich in ihm jedoch ein wahrhaft klassisches Bedürfnis nach Beschränkung, Grenzsetzung, Ordnung, das die Zielsetzung des seinen mächtigen Trieben ausgelieferten Menschenlebens zu bändigen und zu gestalten unternimmt."[31]

Die Frage ist jetzt, wie wird ein solcher Mann zum Soziologen? Und was für ein Soziologe wird er? Soziologie lag damals in der Luft, ähnlich wie heute, ähnlich wie heute war aber auch ihr methodischer Zustand verworrener als jemals zuvor.[32] Zwei Linien waren es, die im wesentlichen die Stellung der Soziologie in der Öffentlichkeit bestimmten: auf der einen Seite stand seit rund vierzig Jahren die Soziologie immer mehr im Vordergrund der Kunst, wo z. B. Victor Hugo 1862 mit seinem Romanepos *Les misérables* endlich, wie er selber meinte, das soziologische Problem der Armut in weiteste Kreise getragen hatte, worin ihm schon Eugène Sue 1842/3 vorangegangen war. Beiden voraus lag Honoré de Balzac, und es folgten ihnen die Vertreter des eigentlichen Naturalismus, insbesondere Emile Zola, dessen Romanzyklus *Les Rougon–Macquart* genau während der Jugend und des Studiums von Durkheim erschien. Wir wissen nicht, ob er sie gelesen hat, wohl aber wissen wir, daß beide, Zola und Durkheim, sehr stark von Claude Bernard[33] beeinflußt wurden; die Spuren davon finden sich ausgerechnet in Durkheims erster Buchbesprechung über Albert Schaeffle. Was Bernard „médecine expérimentale" nannte und was bei Zola den Terminus des „roman expérimental" gezeugt hatte (1880),[34] war zweifellos wirksam bei Durkheim und eröffnete ihm einen unbefangeneren Zugang zu den „choses sociales", als es etwa Comte jemals vermocht hätte. So kann man sagen, daß die Kunst seiner Zeit und Durkheim in der gemeinsamen Bewunderung für Bernard vereinigt waren. Das zeigt, mehr noch als die vielen pseudowissenschaftlichen soziologischen Versuche seiner Zeit, woher unmittelbar Einflüsse auf ihn gewirkt haben mögen. Das mag den ersten Teil der Frage mindestens teilweise beantworten. *Was für ein Soziologe Durkheim wurde,* nämlich ein *Moralist,* speist sich aber aus der gleichen Quelle; denn das zentrale Erlebnis Zolas wie vieler anderer seiner Generation war der Zusammenbruch Frankreichs 1870/71 vor den preußischen Armeen, nur daß Durkheim das nicht politisch, sondern moralistisch als Ausdruck einer weithin reichenden Krise sah, die speziell die Alltagsmoral der Menschen in unübersehbare Konflikte gebracht hatte.[35] Im Gegensatz zu allen anderen Darstellern des Durkheimschen Werkes sehen wir sein Hauptverdienst in der Krisenanalyse, die ihn weit über Karl Marx hinausführte und die ihn die Begründung der Soziologie als Instrument der Krisenbändigung und Krisenüberwindung aufnehmen ließ. Dabei will er nicht Rezepte aus der Wissenschaft entnehmen, um die Krise zu überwinden, sondern Soziologie als eine Moralwissenschaft begründen, womit gleichzeitig die Grundlagen einer neuen Gesellschaft sichtbar werden, worüber später mehr gesagt werden soll.

III. Das Werk

Das Werk Durkheims ist derart reich und vielfältig, wie ein einziger Blick über seine Bibliographie lehrt, daß es vermessen wäre, es auch nur annähernd in einer dem Umfang nach notwendig begrenzten Darstellung nachzeichnen zu wollen. Es kann auch bei der Darstellung eines Klassikers nicht auf alle Einzelheiten, sondern nur auf die großen Linien ankommen, die sowohl zu seinen Lebzeiten wie danach seine Wirksamkeit bestimmt haben. So werden wir eine Auswahl treffen müssen, die aber trotzdem die wichtigsten Etappen seines Werkes berühren soll, wobei wir darauf achten müssen, daß – wenn irgend möglich – Ungleichgewichte vermieden werden.

Allerdings müssen wir diesen Vorsatz schon beim ersten Abschnitt umstoßen, wenn auch aus guten Gründen, die zugleich mit der Darstellung erklärt werden müssen. Das bezieht sich auf seine zweite Dissertation, die der Übung an der Sorbonne nach in lateinischer Sprache abgefaßt sein mußte, ein schmales Büchlein über *Charles Louis de Secondat, Baron de Montesquieu* (1892).[36] Diese Schrift wird uns sogar zweimal beschäftigen, nämlich hier zur Festlegung von Durkheims allgemeinem Standort zu Beginn seiner Laufbahn und im nächsten Kapitel in der Darstellung seiner ,,Methode".

Das Seltsame an dieser Schrift liegt darin, daß sie eigentlich von den Interpreten Durkheims kaum jemals herangezogen worden ist, obwohl sie deutlich zeigt, daß er sich selber im Zusammenhang einer zutiefst französischen Tradition sah.[37] Bei vielen Interpreten wird sie überhaupt nicht erwähnt (z. B. bei T. Parsons und R. Aron), bei anderen, wie zum Beispiel St. Lukes,[38] wird nur ein Teil ihrer Bedeutung erkannt, nämlich als Beitrag Durkheims zur Geschichte der Soziologie. Natürlich ist diese Studie auch das, wichtiger aber ist, was für Gedanken Durkheims bei dieser Gelegenheit zum Ausdruck kommen, worauf eigentlich schon die Widmung an Numa Fustel de Coulanges, wie schon erwähnt, hätte aufmerksam machen müssen. *Denn ein wesentlicher Kritikpunkt Durkheims an Montesquieu geht darauf hinaus, daß er die historischen Kräfte (vis a tergo) zugunsten des jeweils gegenwärtigen sozialen Milieus (circumfusa) vernachlässige.* Das entspricht im Grunde auch der Interpretation Montesquieus durch Friedrich Meinecke, selbst wenn er von einem „Doppelgeist" spricht.[39] In den *Regeln der soziologischen Methode* (1895) tauchen, was bisher übersehen wurde, die beiden Begriffe der „circumfusa" und der „vis a tergo" neuerlich auf (übrigens unter ausdrücklicher Nennung von Montesquieu), was den später zu besprechenden Umstand belegt, daß für Durkheims methodologische Erörterungen die beiden genannten Schriften ganz nahe zusammengerückt werden müssen.[40] In leichter Abweichung von einer von uns selbst früher geäußerten Meinung würden wir Durkheims Stellung zur Geschichte in dem zweiten genannten Werk nicht in dem Sinne interpretieren, als würde er „der Geschichte jetzt eine geringere Bedeutung" zugestehen, vielmehr müssen – in bewußter Vermeidung dessen, was man später als „Historismus" bezeichnet hat – zwischen einem vermeintlich unabgerissenen Strom der Geschichte, der einzig zu der Meinung verleitet, „daß nur ein einziger Typus der sozialen Organisation existiert und existieren kann" (was letztlich einem flagranten Rückfall in naturrechtliche Vorstellungen gleichkommt), und einem begrenzten Gesetz wie dem Dreistadiengesetz von Comte, dessen drittes Stadium völlig willkürlich als das „letzte" angesprochen wird, *eine Reihe von konkomitanten Bedingungskomplexen, alias „soziale Typen" oder „Gattungen" eingeschaltet werden.*[41] Einzig hier sind sinnvolle Kausalbeziehungen aufzustellen. Das hängt aber bereits mit Durkheims Strukturbegriff zusammen. Für uns bleibt entscheidend, daß hier eine Position bezogen wird, die sich als die eigentlich soziologische deutlich von einer historischen wie von einer naturrechtlichen unterscheidet. Damit besteht auch die Widmung an Fustel de Coulanges zu Recht, der letztlich in seiner *Cité antique* einen bestimmten sozialen Typ in seiner historischen Entwicklung meisterlich dargestellt hatte. Außerdem zeigt das Büchlein Durkheims Interesse für Geschichte einerseits und andererseits seine bewußte Distanzierung vom Historismus.

Durkheims erste Dissertation, die zugleich sein erstes Hauptwerk ist, das ihn weithin bekannt machte, ist sein Werk über Arbeitsteilung. Am Ende des Vorworts zur ersten Auflage nennt er die Frage, die dies Buch verursacht hat, *das Verhältnis der individuellen Person zur sozialen Solidarität.*[42] „Wie kommt es, daß das Individuum immer enger von der Gesellschaft abhängt, indem es immer autonomer wird? Wie kann es gleichzeitig persönlicher und solidarischer sein?" Es handelt sich mit einem Wort um die soziale Komponente der Person, und das in einem Zeitalter, in dem der Selbstwert der Person übermächtig geworden ist (worin der Einfluß von Renouvier zum Ausdruck kommt). Durkheim hilft sich hier konsequent mit seinem Postulat, das Typen oder Arten gesellschaftlicher Organisation unterscheidet, indem er zwei entgegengesetzte Systeme einander gegenüberstellt: *die segmentären Gesellschaften und die arbeitsteiligen Gesellschaften.* Er tut damit das gleiche wie ziemlich gleichzeitig Ferdinand Tönnies in Deutschland (1887)[43] mit der Veröffentlichung von *Gemeinschaft und Gesellschaft;* die

Parallelen dieses Werkes zu seinem eigenen hatte Durkheim sehr bald nach Erscheinen schon bemerkt (1889).[44] Nicht so klar war ihm indessen, daß er mit dieser Alternative ein Postulat verletzte, das er an sich schon in seinem Büchlein über Montesquieu erhoben hatte, daß man nämlich soziale Erscheinungen immer nur im Rahmen konkomitanter Bedingungskomplexe resp. sozialer Typen erfassen könne, die naturgemäß nie von allzu großer Allgemeinheit sein dürften. Ferner erscheint der Typ der arbeitsteiligen Gesellschaft – ähnlich wie bei Comte das dritte Stadium – als eine letzte unüberholbare Erscheinung, was ebenfalls untragbar ist. Damit erweist sich Durkheim als noch ganz der alten philosophischen Schule angehörig und geht eigentlich nicht wesentlich über Herbert Spencer hinaus. Daneben finden sich aber trotz vieler Gewaltsamkeiten Einsichten, die bis heute ihre Gültigkeit bewahrt haben.

Dazu gehört vor allem die Umschreibung des Begriffs der *segmentären Gesellschaften,* der nicht nur von Anfang an in der britischen Schule der Anthropologie von Alfred Radcliffe-Brown,[45] sondern auch sonst bis heute weitergewirkt hat.[46] Diese sind das eigentliche Antonym zum Begriff der Arbeitsteilung, wobei die Frage der Herrschaft letztlich von sekundärer Bedeutung ist. Sie sind für Durkheim insofern Repräsentanten der ,,mechanischen Solidarität", als sie – was heute bezweifelt wird – ein relativ konformes Bewußtsein ausbilden. Wichtiger aber ist, daß sich immerfort einzelne Teile absondern und selbständig machen, wie sie andererseits fremde Gruppen oder Banden ,,adoptieren" und in ihre Gemeinschaft aufnehmen. Im übrigen hat Durkheim sehr bald die Notwendigkeit eingesehen, verschiedene Typen dieser segmentären Gesellschaften zu unterscheiden, was er teils in den *Regeln* ziemlich schematisch, aber später in vielen Literaturbesprechungen und den Ausführungen seiner religionssoziologischen Arbeiten mit mehr Realismus betreibt.[47] Damit erst wird er seinem methodologischen Prinzip gerecht, das im Grunde so abstrakten Dichotomien im Wege steht, was er selber gelegentlich sogar im Werk über Arbeitsteilung betont.[48]

Das Gegenstück zu den segmentären Gesellschaften sind die arbeitsteiligen Gesellschaften. Sind in den segmentären Gesellschaften die Menschen vereint aufgrund der Ähnlichkeit, so sind sie es hier aufgrund der Verschiedenheit. Allerdings ist da zu sagen, wie neuerdings mit Recht Georges Friedmann[49] wieder hervorgehoben hat, daß Durkheim unter Arbeitsteilung – weitgehend zeitbedingt – einzig und allein die berufliche Arbeitsteilung und Spezialisierung versteht, während er die Bedeutung der *Arbeitszerlegung,* der die Zukunft gehören sollte, gar nicht erkennt. Diese kommt einzig im dritten Teil seines Werkes unter dem Titel der anomischen Formen der Arbeitsteilung[50] zum Zuge, was natürlich nicht zureichend ist. Damit erliegt er im Grunde ein zweites Mal der Comteschen Beschränkung der Geschichte auf das dritte Stadium, indem unterstellt wird, daß es keine Entwicklung über die genannte Art der Arbeitsteilung hinaus geben könne, was natürlich absurd ist. Damit erweist sich auch die Abhängigkeit der Durkheimschen Theorie von einer bestimmten historischen Konstellation, was uns noch mehrfach begegnen wird. In Wahrheit hat sich die Problematik der Arbeitsteilung ganz entscheidend verändert, indem einmal Formen der ,,Arbeitszerlegung" überhand genommen haben, in denen die vermeintliche organische Solidarität durch funktionale Interdependenz ersetzt worden ist, ferner sich bürokratische Großorganisationen über die arbeitsteiligen Systeme sowohl der Produktions-, als auch der Verwaltungs-, wie noch der Dienstleistungssphäre geschoben und jene vereinnahmt haben, was völlig neue Formen von Abhängigkeit geschaffen hat. Das sind im wesentlichen dann die Probleme von Max Weber geworden.

Wichtig und bleibend sind dagegen andere Einsichten aus diesem Werk, wie z. B. und vor allem Durkheims *Kritik an der Kontrakttheorie des Sozialen,*[52] die vielleicht seine bedeutendste Leistung und gleichzeitig den entscheidenden Punkt darstellt, an dem er sich zutiefst von jener Linie unterscheidet, die durch die Namen Thomas Hobbes, Jean-Jacques Rousseau, Georg Wilhelm Friedrich Hegel, Karl Marx, Herbert Spencer und vor allem von der klassischen Ökonomie unterscheidet. Diese Einsicht liegt in dem *Aufweis der nicht-kontraktuellen Elemente des Kontrakts, der sich damit für die Konstituierung des Gegenstandes der Soziologie insofern als unbrauchbar erweist, als er das voraussetzt, was er begründen will.* Denn wenn keine vorausgesetzte „Gemeinschaft" da ist, die den Vertrag sanktioniert, ist der Vertrag kein Instrument sozialer Vereinigung. Damit wird als oberste Voraussetzung alles sozialen Geschehens eine Einheit sichtbar, die Verhaltensregeln setzt, die berühmt-berüchtigte „conscience collective", die in der Diskussion so viel Wirbel verursacht hat. So heißt es bei Durkheim: „Aber nicht nur außerhalb der vertraglichen Beziehungen, sondern vielmehr auf das Spiel dieser Beziehungen selbst macht sich die Wirkung des Sozialen bemerkbar. Denn nicht alles am Vertrag ist vertraglicher Natur. Die einzigen Verpflichtungen, die diesen Namen verdienen, sind jene, die durch die Individuen gewollt worden sind und die keinen anderen Ursprung haben als diesen freien Willen. Umgekehrt hat eine Beziehung, der nicht gegenseitig zugestimmt worden ist, keinen kontraktuellen Charakter. Wo immer also ein Vertrag existiert, ist er einer Reglementation unterworfen, die das Werk der Gesellschaft und nicht der einzelnen ist und die immer umfangreicher und komplizierter wird."[53] In ähnlicher Weise wird der utilitaristische Individualismus ausgeschaltet, der die Entstehung der Institutionen aus ihrem vermeintlichen Nutzen erklärt, und durch den Begriff der „Funktion" ersetzt, womit der moderne Funktionalismus angebahnt ist.[54] Die Antizipation des Nutzens einer Institution führt einzig dazu, wie Durkheim schon seit seiner ersten Zeit immer wieder betonte, daß die Diskussion in ideologische Spekulationen abgleitet.

Damit wird Durkheims theoretisches Schema beträchtlich vertieft, indem geklärt wird, daß zwar im Zustand der organischen (arbeitsteiligen) Solidarität die mechanische durch Ähnlichkeit zurückgeht, *darum aber das soziale Bewußtsein nicht aufgehoben wird,* das vielmehr – kantisch gesprochen – *als transzendentale Bedingung alles sozialen Seins überhaupt anzusehen ist.*[55] Das ergibt folgendes Schema:

Soziales Bewußtsein
(als transzendentale Bedingung aller sozialen
Typen: Consensus)

Mechanische Solidarität → Organische Solidarität

In Durkheims Ausführungen wird jedoch die Verschiedenheit der Begründungsebenen nicht immer klar. Nur an einem Punkt kann man das wenigstens indirekt erkennen, nämlich im III. Buch über Anomie, wo vom ,,*Consensus*" die Rede ist, der die Solidarität ausmacht; dieser schließt selbstverständlich Konflikte nicht aus, wie so oft mißverständlich gesagt wird, aber er kann doch auch völlig fehlen.[56] Dann ist der Zustand der Anomie erreicht, die als Regellosigkeit definiert wird. In diesem Falle wird Regelung etwa durch bloßen ,,Zwang" erreicht, der also durchaus vom geregelten sozialen Verhalten unterschieden wird, was hier wie andernorts nicht immer verstanden worden ist.[57] Mit dieser Theorie der Anomie ist aber nicht nur etwas Neues in die soziologische Theorie eingeführt worden, das uns noch beschäftigen wird, sondern ein operationalisierbares Instrumentarium aufgebaut, mit dessen Hilfe dann die ,,Krise", die bei Durkheim eine so große Rolle spielt, nach seinen Vorstellungen im Rahmen konkomitanter Bedingungskomplexe empirisch untersucht werden kann. Das geschieht in seinem zweiten Hauptwerk über den Selbstmord, dem wir uns bald zuzuwenden haben werden.

Eine letzte bleibende Errungenschaft des Werkes über die Arbeitsteilung ist in dem Bemühen zu finden, soziale Entwicklungen nur aus sozialen Faktoren zu erklären, das uns methodologisch noch beschäftigen wird, also in diesem Fall insbesondere die Entstehung der Arbeitsteilung aus sozialen Ursachen. Hier wird zunächst bemerkt, daß sich die Arbeitsteilung als unmittelbare Folge der Zunahme von Volumen und Dichte der Gesellschaft entwickelt. ,,Die Arbeitsteilung variiert in direkter Beziehung mit dem Volumen und der Dichte der Gesellschaften, und wenn sie im Laufe der Entwicklung kontinuierliche Fortschritte macht, bedeutet das, daß die Gesellschaften regelmäßig dichter und sehr allgemein auch größer werden."[58] Ein deutscher Ausdruck für Dichte wäre *soziale Verflechtung*. Ein weiterer Grund für die Arbeitsteilung ist die Konkurrenz und der Kampf ums Dasein, den die Arbeitsteilung mildert; sie schafft Solidarität, wo sonst nur Feindschaft herrschen würde. Das setzt nicht nur ein höheres Produktionsniveau mit Freisetzung von immer mehr Individuen für ,,unproduktive" (d. h. geistige) Tätigkeiten voraus, sondern auch eine Vermehrung und Verdichtung der Bevölkerung, die letztlich zur Städtebildung führt. Die Städte sind dann nicht nur als der Vollzugsort der Arbeitsteilung, sondern letztlich auch der Ursprungsort für die höher organisierten Gesellschaften schlechthin anzusehen. Das gilt heute als allgemeine Auffassung von Soziologen und Archäologen.[59]

In der Gesamtrechnung bleibt aber zweifellos, trotz des vorauszusetzenden Begründungshorizontes des allgemeinen (transzendentalen) sozialen Bewußtseins, daß mit dem Fortschritt der Arbeitsteilung das Gemeinbewußtsein der mechanischen Solidarität zurückgeht; das Bewußtsein zieht sich mehr und mehr von konkreten Dingen zurück und wird entsprechend immer abstrakter, womit individuelle Abweichungen immer mehr Spielraum erhalten. Es kommt also darauf hinaus, daß die letzten Reste von Segmentarismus aus diesem Sozialtyp verschwinden,[60] was zweifellos auf die Dauer (wie manche, z. B. Comte, meinen) oder vorübergehend (dies die Meinung Durkheims) die Ursache für soziale Desorganisationserscheinungen sein muß, da gewissermaßen die Gesellschaft in zwei unverbundene Teile auseinanderklafft, von denen der eine hoch abstrakt und fern der Realität ist, während letztere in der Gefahr steht, jeglicher Regelung verlustig zu gehen, so daß der Willkür Tür und Tor geöffnet ist. Das entspricht auch dem Zustand der modernen Moraltheorie, die sich in inhaltslosen Allgemeinheiten ergeht, in Leerformeln, wie man heute sagen würde, ohne den Zugang zur menschlichen Realität der alltäglichen Entscheidungen zu finden.

Zur Überwindung dieser Situation schrieb Durkheim zur zweiten Auflage dieses Werkes (1902) ein neues Vorwort, in dem er sehr eingehend seine *Theorie der Berufsgruppen* als Mittel zur Überwindung dieser Situation vorschlägt.[61] Hier ist nun genau der Punkt gekommen, wo wir lernen müssen, zwischen den Problemstellungen bei Durkheim und seinen Antworten zu unterscheiden. Die Problemstellung ist zweifellos richtig: wenn nicht zwischen den vagen, weil allgemeinen Regelungen und der immer individualisierteren Wirklichkeit *,,intermediäre Gruppen"* angesetzt werden, dann gibt es in einer solchen Gesellschaft keine Chance einer Ordnung, *weil es keine Träger einer konkreten Moral mehr gibt.* Das ist das, was Max Weber als *Alltagsmoral* bezeichnen würde. Für die Gegenwart stehen einander nur noch die Ordnung des Staates einerseits und die individuellen Strebungen der Wirtschaft verbindungslos gegenüber, und das kann schlechterdings kein Dauerzustand sein. Die entscheidende Frage lautet also: *Wie kann ein ,,milieu moral" in dieser Situation gesichert werden? Die Frage ist grundsätzlich richtig;* er erhebt sie übrigens auch am Ende seines Buches über den Selbstmord mit noch viel stärkeren und eindringlicheren moralistischen Akzenten.[62] Aber die Gefahr eines ,,Korporativismus" lauert natürlich in der vorgeschlagenen Antwort, wie von zahllosen Seiten hervorgehoben worden ist, so daß man sagen muß, *daß die Antwort grundsätzlich in Zweifel gezogen werden muß bei ebenso grundsätzlicher Aufrechterhaltung der Frage.* Die Soziologie wird eine Antwort darauf finden *müssen,* wenn sie weiterbestehen soll. Daß die vorgeschlagene Antwort nicht tragbar ist, wird auch durch die bereits weiter oben vorgetragene Einsicht bestärkt, daß das System der beruflichen Arbeitsteilung, wie Durkheim es sah, zweifellos einem vorübergehenden Zustand des Industriesystems entspricht. Wir werden im übrigen bald sehen, daß Durkheim in seinen pädagogischen und eigentlich moralwissenschaftlichen Schriften viel konkretere Aussagen zu machen hat, als sie in seinem Werk über die Arbeitsteilung zu finden sind. Im übrigen ist vorläufig eine Antwort auf die zuerst gestellte Frage nach dem Verhältnis der individuellen Person zur sozialen Solidarität erteilt, die – nach der Meinung Durkheims – zu positiven Erwartungen führt. In seinem nächsten großen Werk über den Selbstmord sind diese positiven Erwartungen ganz verflogen und durch eine äußerst pessimistische Einstellung ersetzt.

Wir haben schon in anderem Zusammenhang bemerkt, daß eine tiefe Differenz zwischen Durkheims beiden Hauptwerken besteht.[63] Seltsamerweise hat bisher niemand darauf hingewiesen. Eine gewisse Ausnahme stellt Raymond Aron dar, der seine Meinung in folgendem Satz zusammenfaßt[64]: „Was ihn vor allem interessiert und zu einer Art Obsession wird, ist in der Tat die Krise der modernen Gesellschaft, die als soziale Desintegration und Schwäche der Bindungen, die das Individuum an die Gruppe binden, definiert wird." Trotz dieser Einsicht geht er aber diesem Problem nicht weiter nach, sondern bemerkt bestenfalls, daß viele Soziologen von einem solchen Krisenbewußtsein beseelt seien.[65] Das reicht aber keineswegs hin, um Durkheims Position adäquat verständlich zu machen, denn für ihn ist die „Krise" nicht eine kontingente Zutat zur Gegenwartsanalyse, sondern der existenzielle Kern, ohne dessen angemessene Gewichtung auch seine „Antworten" unverständlich bleiben müssen.[66]

Das Werk über den Selbstmord setzt unmittelbar an dem letzten Teil der Theorie der Arbeitsteilung an; man kann daher sagen, *daß das Selbstmordwerk die Theorie der Anomie in Einzelheiten ausführt,* die in dem anderen Buch nur angeklungen sind. Gleichzeitig zeigt sich hier ein anderer Zug, auf den wir bereits im „Vorwort" hingewiesen haben, daß sich Durkheims Denken in einer ständigen Bewegung befindet, ohne daß er die vorangegangenen Darstellungen dem neuen Stande seiner Einsichten anpassen würde. Er ist in der Tat ein ungemein dynamischer Denker, was ihn aber nicht daran hindert, den jeweiligen neuen Standpunkt mit der gleichen Überzeugungskraft zu vertreten wie den vergangenen. Das ist also nicht Ausdruck der Inkonsistenz, sondern im Gegenteil eines ständig weitergehenden Reflexionsprozesses, was alle diejenigen beachten sollten, die irgendeinen Satz Durkheims als seine vermeintlich endgültige Meinung ausgeben.[67] Das ist übrigens auch die Ursache dafür, daß nicht nur bei ihm seine jeweiligen Stellungnahmen durchlässig sind für weiterführende Gesichtspunkte, sondern daß das Gleiche gilt für die Weiterentwicklung seiner Theorien durch seine Schule.

Der Sinn der Frontenänderung Durkheims in seinem Werk über den Selbstmord ist leicht anzugeben: während er vorher (im Gegensatz zu Comte) der Meinung war, daß die zunehmende Arbeitsteilung die Integration der Gesellschaft nicht gefährden würde, so daß Anomie also als ein vorübergehender (Ausnahme-)Zustand angesehen werden könne, hat er sich jetzt um einhundertachtzig Grad gedreht. Jetzt spricht er von einer „kollektiven Krankheit, an der wir leiden",[68] die nicht durch eine wirtschaftliche, sondern nur „durch eine alarmierende moralische Armut"[69] bedingt ist. So ist es nicht als Zufall zu betrachten, daß er ausgerechnet in diesem Werke seine *Anthropologie* entwickelt (insbes. Kap. V des 2. Teils), was ebenfalls von den meisten Darstellern übersehen worden ist, obwohl sich hier die sprachlich eindrücklichsten Formulierungen finden. Diese erlauben es auch, Durkheims Position geistesgeschichtlich zu lokalisieren: sie ist zweifellos anti-romantisch. So zitiert er René von Chateaubriand und die Unersättlichkeit seiner Gefühle,[70] wobei er diese deutlich apostrophiert als „le mal de l'infini";[71] sehr bezeichnend ist folgende Wendung: „Welche Freude auch immer der Mensch bei der Handlung, bei der Bewegung, bei der Anstrengung empfindet, so muß er auch spüren, daß seine Anstrengungen nicht umsonst sind und daß er beim Gehen vorankommt. Man kommt aber nicht voran, wenn man auf kein Ziel zugeht oder – was auf dasselbe hinauskommt – wenn das Ziel, auf das man zugeht, im Unendlichen liegt."[72] Dabei wird gleichzeitig klar, daß diese Anthropologie und sein Krisenbewußtsein engstens zusammenhängen. Da wir dies Problem andernorts eingehend verhandelt haben, verweisen wir darauf und beschränken uns hier auf die Analyse des Zusammenhangs zwischen dieser Konzeption und dem Problem des Selbstmords.[73] Dabei ist zu zeigen, mit welchen *Intentionen* Durkheim an das Problem heranging, ohne sich mit den jeweils vorgebrachten Lösungen aufzuhalten. Im übrigen ist die eigentliche Thematik die gleiche, wie sie schon in dem Werk über die Arbeitsteilung hervortrat, nämlich das Verhältnis der individuellen Person zur sozialen Solidarität. Angesichts der immer wieder hervorgehobenen dialektischen Verschränkung der Person und des sozialen Zusammenhangs, worauf weiter unten noch zurückzukommen sein wird, erweist es sich als eine geradezu unerträgliche Versimpelung des Problems, wenn Raymond Aron (und darin ist er genau so primitiv wie so viele andere Darsteller) in diesem Zusammenhang davon spricht, nach Durkheims Meinung würde die Gesellschaft dem Menschen unter gewissen Umständen den Selbstmord „befehlen"; dieser Ausdruck („commander") kommt an der betreffenden Stelle[74] gleich zweimal vor, wobei der deutsche Übersetzer ein Mißbehagen empfunden haben mag, denn er läßt diesen absurden Ausdruck ein Mal fallen[75] und ersetzt ihn – wesentlich richtiger – durch den Ausdruck, daß „der Selbstmord ein *gesellschaftsbezogenes* Faktum" ist. Dazu ist gleich mehreres zu bemerken, vor allem aber daß damit Durkheims ständiges – und gerade im Selbstmordwerk bewunderungswürdig durchgehaltenes – methodologisches Prinzip mit der obigen Bemerkung von Aron gröblich verletzt wird, nach dem sinnvolle Kausalbeziehungen einzig im Rahmen von zugeordneten konkomitanten Bedingungskomplexen und niemals zwischen einer konkreten Handlung und allgemeinen Ursachen aufgestellt werden könnten. Die Bemerkung von Aron kann bei der Bedeutung des letzteren nur als ein schlechter Witz angesehen werden, den er besser gestrichen hätte. Aber er ist bezeichnend für die durchschnittliche Kritik an Durkheim, so daß wir noch etwas dabei verweilen müssen.

Deutlich macht Durkheim, daß man nicht glauben dürfe, „daß ein allgemeiner Zustand (zu ergänzen: der Krise) nur mit Allgemeinheiten erklärt werden könnte. Er kann von bestimmten Tatsachen abhängen, die man nicht ausloten kann, wenn man sie nicht sorgfältig an den nicht minder bestimmten Erscheinungen studiert, an denen sie zum Ausdruck kommen. Nun ist aber gerade der Selbstmord in dem Zustand, in dem er sich heute befindet, eine der Arten, in denen sich die kollektive Krankheit ausdrückt, an der wir leiden; darum wird er uns auch helfen, sie zu verstehen."[76] Damit ist nicht mehr und nicht weniger gesagt, als daß mit dem Selbstmord die Gegenwartskrise *operationalisiert*[77] wird, wie später in dem Abschnitt über die Methode noch zu zeigen sein wird. Da das andere methodische Prinzip gilt, daß nur in zugeordneten konkomitanten Bedingungskomplexen sinnvoll Kausalbeziehungen aufgestellt werden können, erhebt sich die Frage, wo diese Komplexe in unserem Falle zu finden seien. Auch hier können wir an das Werk über Arbeitsteilung anschließen: der entscheidende Punkt ist die Lockerung der Beziehungen zwischen der Person und der Gesellschaft („le relâchement du tissu social").[78] Das ist aber noch immer eine Aussage von sehr hohem Allgemeinheitsgrad; so gibt sie nur die Richtung an, in der gesucht werden muß, aber es fehlt noch der konkrete Strukturtyp. Dieser kann als *die Gruppe* bezeichnet werden, *in der die Person lebt,* – also das gleiche Thema wie im Werk über die Arbeitsteilung. Durkheim bemüht sich demzufolge, den Selbstmord mit der Gruppe der Familie als einem der zugeordneten konkomitanten Bedingungskomplexe in Verbindung zu bringen, wobei die Variablen im Geschlecht, dem Alter, dem Familienstand (unverheiratet, verheiratet, verwitwet, geschieden) und der Zahl der Kinder gesehen werden. Es gibt noch andere Möglichkeiten, aber keine von ihnen ist so ergiebig wie diese. Wegen der anderen, zugeordneten konkomitanten Bedingungskomplexe (Religion, wirtschaftliche Situation usf.) sei noch bemerkt, daß Durkheim als erster die Mehrebenenanalyse praktisch geübt hat, da ihm stets klar blieb, daß im Bereich des Sozialen Ursachen immer nur als gebündelte Ursachenkomplexe angesehen werden können.[79]

Wenn wir nun zusehen, wie Durkheim hier vorgeht, erhalten wir neuerlich ein Beispiel dafür, wie sich bei ihm manchmal die Fragestellungen und die Antworten recht unabhängig voneinander entwickeln, was wir als „Durchlässigkeit" seiner Ideen für weiterführende neue Varianten bezeichnet haben. Was nun die Betrachter am meisten an seiner Auffassung schockiert hat, ist der Umstand, daß er vermeintlich die persönlichen „Motive" beim Selbstmord vor den sozialen „Determinanten" zurückgestellt habe. Es wirkt fast erheiternd zu sehen, daß dies Argument vor allem von marxistischen Theoretikern vorgebracht wird,[80] die doch selber alle Motivationszusammenhänge zugunsten der vermeintlichen Determinationskraft von Produktionsweisen usf. zurückstellen, die sich „hinter dem Rücken" der beteiligten Personen abspielen sollen. Im Grunde tut auch Durkheim nichts anderes, wenn er von sozialer Determination des Selbstmordes spricht. Falls aber eine solche Argumentation sinnvoll sein soll, dann darf sie natürlich nur in einer Weise prozedieren, die die Aufschließung der Motivationskomplexe nicht grundsätzlich ausschließt, falls sie nicht dogmatisch-soziologistisch sein soll, sondern vielmehr alle Möglichkeiten ausschöpfen will, die durch die gebündelten Ursachenkomplexe eröffnet werden. Diese Dimension eröffnet sich aber auch bei Durkheim, wenn er von der „Leere" spricht, die das Bewußtsein des Selbstmörders umgibt, wobei auch eine Leere in ihm selbst entsteht, die ihn einzig noch über sein eigenes Unglück nachdenken läßt.[81] Diese Leere ist identisch mit dem „mal de l'infini", wobei „die Leerräume, die die Bewußtseine trennen und sie einander entfremden, genau aus der Lockerung des sozialen

Gewebes stammen".[82] Das eröffnet dann die subjektive Motivationsebene. Durkheim selber äußert sich folgendermaßen: ,,Wir glauben nicht, daß man uns nach diesen Erklärungen noch vorwerfen wird, daß wir in der Soziologie das Innere durch das Äußere ersetzen wollen. Wir gehen von dem Äußeren aus, weil es als einziges unmittelbar gegeben ist, aber mit der Absicht, zu dem Inneren zu kommen. Dieses Verfahren ist natürlich kompliziert, aber es gibt kein anderes, wenn man sich nicht der Gefahr aussetzen will, die Untersuchung nicht auf die Ordnung der Dinge, die man studieren will, auszurichten, sondern auf den persönlichen Eindruck, den man davon hat."[85] Damit erklärt sich auch, daß im Anschluß an Durkheim Maurice Halbwachs die Motivanalyse in seinem Selbstmordwerk einschließen konnte, ohne der Tradition Durkheims untreu zu werden.[84] Auch hier erwiesen sich Durkheims Begriffe als durchlässig für neue Konzeptionen. In den ,,Regeln der soziologischen Methode" wird das Verhältnis zwischen beiden Perspektiven folgendermaßen beschrieben: ,,Zweifellos kann keine kollektive Erscheinung entstehen, wenn kein Einzelbewußtsein vorhanden ist; doch ist diese *notwendige* Beziehung allein nicht *ausreichend*."[85] Wer weitere Beispiele dafür wünscht, wie Durkheim diesen Weg von außen nach innen nimmt, der sei auf seine Beschreibungen der verschiedenen Formen des anomischen Selbstmordes verwiesen.[86]

Die eigentliche Ausführung der hierher gehörigen Probleme findet sich in Durkheims Werken zur Pädagogik. Wir sprachen schon über die doppelte Ausrichtung seines Lehrstuhls in Bordeaux. Nach der Darstellung von Lukes scheint es so zu liegen, daß der Pädagogikkurs schon seit 1882 gelehrt und seit 1884 vom Staate übernommen wurde. Die Absicht war rein politischer Natur, ein neues System republikanischer und säkularer Erziehung zu schaffen. Alfred Espinas lehrte ihn zuerst. Durkheim wurde seinerseits für diesen Studiengang eingestellt, der dann zu einem soziologischen ausgeweitet wurde.[87] Durkheim hatte zwar seine Last mit dieser doppelten Verpflichtung, aber im Grunde kam sie seinen Interessen entgegen, was auch dadurch belegt wird, daß er diese Vorlesungen sehr häufig vorgetragen hat. Im übrigen fächern sich diese Vorlesungen nach drei Seiten hin auf: 1. Moralische Erziehung, 2. Pädagogik im engeren Sinne und 3. Geschichte der erzieherischen Institutionen.[88] Die Vorlesungen zur moralischen Erziehung sind am intensivsten mit seinem ganzen Lebenswerk verbunden; die Schaffung einer neuen Moral ist sozusagen die Quintessenz seiner Soziologie, weshalb wir ihn auch im Untertitel zu dieser Abhandlung als ,,Moralisten" bezeichnet haben. Die Besonderheit seiner Moral liegt in der Ablösung der religiös bedingten durch eine weltliche Moral. Nicht dieser Aspekt ist jedoch das entscheidende; denn er würde die ganze Problematik eventuell in politische Diskussion auslaufen lassen. Vielmehr kommt es hierbei wesentlich an *auf die soziologischen Kategorien,* die Durkheim bei dieser Gelegenheit entwickelt. Diese sind zweierlei Natur: *Sozialisierung* der ,,Person" und *Internalisierung der sozialen Normen.* Dabei werden selbstverständlich wieder Fragen der Anthropologie aufgerollt. ,,Der Mensch wird in der Tat zum Menschen, einzig weil er in Gesellschaft lebt."[89] Mit anderen Worten: die angeborenen Prädispositionen des Menschen sind so vage, daß sie erst durch den Sozialisierungsprozeß Gestalt annehmen. Diese Anthropologie wird von Durkheim spätestens seit den 90er Jahren vertreten, und sie hat sich von Werk zu Werk bei ihm verfestigt. Damit ist auch eine Definition des Erziehungsprozesses gewonnen: ,,Erziehung ist die durch die Eltern und die Lehrer auf das Kind ausgeübte Tätigkeit. Sie macht sich immerfort bemerkbar und ist allgemein. Es gibt keine Periode im sozialen Leben, es gibt sozusagen keinen Moment des Tages, an dem die jungen Generationen nicht im Kontakt mit älteren Personen sind, von denen sie erzieherische Einflüsse erfahren. Denn dieser Einfluß macht sich nicht nur in den sehr kurzen Momenten bemerkbar, an denen Eltern oder Lehrer bewußt, und zwar durch eigentliche Belehrung die Ergebnisse ihrer Erfahrung an die, die nach ihnen kommen, kommunizieren. Es gibt eine unbewußte Erziehung, die niemals aufhört . . . Ganz anders steht es mit der Pädagogik. Sie besteht nicht in Aktionen, sondern in Theorien. Diese Theorien sind verschiedene Arten, Erziehung zu begreifen, aber keine Formen der Praxis.“[90] Erziehung so begriffen, ist also in der Tat ein rein sozialer Prozeß: ,,Denn damit das Erbe jeder Generation konserviert und dem der anderen hinzugefügt werden kann, muß es eine moralische Persönlichkeit geben, die über den vorübergehenden Generationen andauert und sie miteinander verbindet: das ist die Gesellschaft.“[91] Das heißt natürlich nicht, daß die ,,Gesellschaft“ eine ,,Person“ ist, sondern einzig, wenn auch in metaphorischer Weise, daß aus unserer Umgebung Normen und Regeln auf uns ausstrahlen, uns ,,angesonnen“ werden, was den eigentlichen Zusammenhang in der Geschichte darstellt, der sonst in einer unendlichen Reihe unzusammenhängender Momente zersplittern würde. Ontologisch heißt das, daß der soziale Zusammenhang in sich *gestaltet* ist und nicht unser ,,Denken“ benötigt, um eine ,,Realität“ zu werden. Ontogenetisch heißt das im Sinne der angedeuteten Anthropologie: ,,Zwischen den unentschiedenen Virtualitäten, die den Menschen im Moment seiner Geburt darstellen, und der sehr bestimmten Person, die er werden muß, um in der Gesellschaft eine sinnvolle Rolle zu spielen, gibt es eine erhebliche Distanz. Diese Distanz muß die Erziehung das Kind durchlaufen lassen.“[92] Damit ist ein weiterer soziologischer Grundbegriff aufgetaucht: *die Rolle*. Der Mensch wird als Rollenträger zum sozialen Wesen. *Sozialisation erfolgt also in Rollen, wo der entscheidende Vorgang in der ,,Internalisierung“ der angesonnenen Normen und Verhaltensregeln liegt, die sich im übrigen im Laufe der Geschichte ständig ändern.* Um Mißverständnisse zu vermeiden: Durkheim steht selber an einem ganz bestimmten Moment des sozialen Wandels; seine Funktion, insbesondere während seiner Pariser Zeit, liegt genau darin, den erforderlichen Wandel des Erziehungssystems anzubahnen, der der veränderten Gesellschaft entspricht. Ferner bedeutet der geschilderte Grundprozeß sozialen Daseins auch nicht die Ausschaltung der individuellen Person, die gewissermaßen durch einen vorausgesetzten kollektiven Moloch erdrückt wird, sondern, wie der Ausdruck ,,Internalisierung“ andeutet, einzig die Verwandlung angesonnener Normen in subjektive Maximen des Verhaltens, was immer nur durch ein individuelles Bewußtsein geschehen kann. So heißt es dann: ,,Wenn sich das erzieherische Ideal vor allem in sozialen Notwendigkeiten ausdrückt, so kann es sich einzig in und durch die Individuen realisieren."[93] Im übrigen gibt es eine Institution, die weithin über die Menschheit verbreitet ist und den beschriebenen Vorgang augenfällig macht (symbolisiert), nämlich den *Initiationsritus;*[94] *er ist Ausdruck einer „zweiten Geburt" des Menschen als soziale Person.*

Durkheims Moraltheorie beschränkt sich aber nicht auf Allgemeinheiten, sondern geht auf die Lösung besonderer Probleme aus, wie sie seit dem Selbstmordwerk und den darin enthaltenen Ausführungen über Berufsgruppen und vor allem seit dem Vorwort von 1902 für die zweite Auflage des Werkes über die Arbeitsteilung immer klarer hervorgetreten sind. Im übrigen war auch in diesem Falle seine Theorie in ständiger Bewegung und zwar buchstäblich bis zu seinem Tode; denn noch im Herbst 1917 war er damit beschäftigt, eine „Einführung" in die Moralwissenschaft zu verfassen, die 1920 von Marcel Mauss posthum herausgegeben wurde.[95] Außerdem behandelte Durkheim verschiedene Aspekte der neuen Moralwissenschaft in einzelnen Publikationen. Die wichtigsten befassen sich mit der Familie, worüber weiter unter gehandelt werden soll. Die juristische Fakultät der Universität Istambul veröffentlichte 1950 ein umfangreiches Manuskript, zusammengesetzt aus mehreren (insgesamt 18) Vorlesungen über Berufsmoral, den Staat, die Zivilmoral (über Demokratie) und das Recht, die nicht im einzelnen dargestellt werden können, da das zu viel Raum beanspruchen würde.[96] Auch hier kommen übrigens die nicht-kontraktuellen Elemente des Vertrags zum Vorschein; auf dies wichtige Lehrstück wurde schon oben hingewiesen. Politisch erweist sich seine Position als gleichzeitig sozialistisch, liberal und demokratisch.

Die Ausführungen Durkheims über die logische Struktur der Pädagogik als Wissenschaft sollen aus später zu erörternden Gründen im Abschnitt über Methode behandelt werden; im übrigen bewegen sich diese Arbeiten auf der gleichen Linie wie die oben besprochenen Schriften. Es geht mit anderen Worten immer wieder darum, die Reflexion sozialer Normen im Bewußtsein des zu Erziehenden zu analysieren, wobei eine zunehmende Annäherung an die Psychologie festzustellen ist. Er fordert geradezu eine Annäherung an die Kinderpsychologie.[97] Dagegen bringen die 1938 von Maurice Halbwachs veröffentlichten Vorlesungen über die Entwicklung der erzieherischen Institutionen in Frankreich andere Gesichtspunkte zum Vorschein, allen voran natürlich den historischen.[98] Das hängt selbstverständlich engstens mit seiner selbstgestellten (und vom zuständigen Ministerium unterstützten) Aufgabe zusammen, mit Hilfe des Universitätsunterrichts und der zukünftigen Lehrer eine neue Moral zu entwickeln. Wenn sich zeigen läßt, daß es auch in der Vergangenheit verschiedene Konzeptionen je nach den sozialen und ökonomischen Bedürfnissen in den Erziehungsinstitutionen gegeben hat, kann wohl daraus geschlossen werden, daß auch in Gegenwart und Zukunft solche Wandelerscheinungen möglich sein werden. Da seine Arbeitsweise durchaus multidisziplinär ist, erhält man ein ungemein differenziertes Bild der Entwicklung. Immer wieder betont er die hohe Variabilität der Phänomene; der Schüler soll sehen, „nicht nur was konstant, sondern auch was in der Menschheit unreduzierbar verschieden ist"; er soll ein Bild vom Menschen erhalten:

,,nicht als ein System definiter und zählbarer Elemente, sondern als eine unendlich flexible und bewegliche Kraft, die imstande ist, unter dem Druck unendlich variierter Umstände die verschiedensten Formen anzunehmen."[99] Auch das widerspricht in höchst entscheidender Weise der Stereotype vom vermeintlich ahistorischen Charakter des Denkens von Durkheim. Am deutlichsten spricht er dies historische Interesse in dem programmatischen Vorwort zur *Année Sociologique*[100] an, wo wiederum Numa Fustel de Coulanges angeführt wird. Gleichzeitig warnt er vor dem Historismus, der nicht erklären, sondern nur beschreiben kann, und hebt gleichzeitig den *Nutzen der vergleichenden Methode* hervor. ,,Sowie sie vergleicht, ist die Geschichte von der Soziologie nicht mehr zu unterscheiden."[101] Umgekehrt kann die Soziologie nicht auf Geschichte verzichten, sondern sie benötigt vielmehr Historiker, die gleichzeitig Soziologen sind. Sein andauerndes Interesse wird durch zahlreiche Besprechungen wichtiger historischer Werke in der *Année Sociologique* belegt.

Wenn wir hier nochmals das Durkheimsche Prinzip von den zugeordneten konkomitanten Bedingungskomplexen anwenden, ohne die keine Kausalitätsbeziehungen aufgestellt werden können, werden wir von der Schule und anderen erzieherischen Institutionen als Alternative vor allem auf die *Familie* verwiesen, innerhalb derer sich die erste Phase des Sozialisierungs- und Internalisierungsprozesses mit Internalisierung von Regeln und Normen sowie der Übernahme von Rollen abspielt. Sie ist im Grunde die fundamentalste Sozialisierungsinstanz, auf die darum auch der Begriff der ,,zweiten Geburt" in erhöhtem Maße zutrifft.[102] Wenn wir sie aber trotzdem erst in zweiter Linie behandeln, so insbesondere darum, weil Durkheim selber eher skeptisch war gegenüber ihren Chancen, zum Träger einer neuen Moral zu werden, und gerade darum die Moralwissenschaft und Pädagogik in den Vordergrund schob. Dem steht allerdings der Umstand gegenüber, daß sich Durkheim bereits zu einer Zeit mit Familiensoziologie beschäftigte, die lange vor den besprochenen pädagogischen Arbeiten liegt und in seine ersten Jahre in Bordeaux fällt (ab 1888).[103] Außerdem war ihm seine Vorlesung über Familie immer besonders lieb, selbst wenn das Manuskript nicht entziffert werden konnte und vielleicht unrettbar verloren ist, nachdem die deutschen Okkupanten einen Teil des Nachlasses während des Krieges vernichtet haben. Manche seiner Ideen können indessen aus seinen zahlreichen Buchbesprechungen in der *Année Sociologique,* aus dem Selbstmordwerk und aus der vorzüglichen posthumen Darstellung durch Georges Davy rekonstruiert werden, was allerdings hier nicht in aller Breite geschehen kann, obwohl die Besprechungen jetzt in der Ausgabe von Jean Duvignaud als Sonderpublikation verfügbar sind.[104] Es bleibt aber die Feststellung von Stephen Lukes bestehen, daß in Durkheims publiziertem Werk die Familie ausgesprochen unterrepräsentiert ist.[105]

Zwei Begriffe sind es insbesondere, die in die internationale Literatur eingegangen sind: der Begriff der *,,Kontraktion" der Familie* und der der *,,Gattenfamilie"*. Der Begriff der Kontraktion setzt einzig die Vorstellung voraus, *daß es in der Familie primäre und sekundäre Zonen gibt,* wobei die letzteren in der Gegenwart immer vager werden, während einzig die Ehe als klare und (gesetzlich) genau umschriebene Größe in den Vordergrund tritt. Die Theorie lautet dann, daß die Familie aufgrund der wirtschaftlich-sozialen Entwicklung immer mehr an weiteren Verwandten verliert, um sich am Schluß auf das einzig *zentrale* und einzig *permanente* Element der *Gattenfamilie* zu konzentrieren. Das ist der Kontraktionsprozeß, von dem bei Durkheim nicht klar wird, ob er sich in der Geschichte nur ein einziges Mal oder öfters abgespielt haben soll. Es scheint uns wichtig zu bemerken, daß sich gelegentlich Hinweise auf eine mehrfache Wiederkehr dieses Prozesses finden, aber klar ist das nicht. Aufgrund dieses Kontraktionsprozesses verliert die Familie nicht nur an Personal, sondern auch an Stabilität, insbesondere nach Einführung der Ehescheidung. Im Selbstmordwerk wird ausdrücklich zwischen *société familiale* und *société conjugale* unterschieden,[106] wobei bemerkt wird, daß die erstere stabiler ist als die letztere, weil in der Familie einfach mehr Personen enthalten sind als in der Ehe.

Diese Theorie ist verantwortlich für Durkheims Skepsis gegenüber den Wirkensmöglichkeiten der Familie im Sozialisierungsprozeß, weshalb er sein ganzes Leben lang auf der Suche nach funktionalen Äquivalenten oder Alternativen für die Familie gewesen ist. Am meisten ausgearbeitet wurde bei ihm die Berufsgruppentheorie, die also innerlich mit seiner Familientheorie zusammenhängt. Aber auch hier wäre er vielleicht weniger skeptisch gewesen, wenn er sich vergegenwärtigt hätte, daß auch die Ehescheidung mehrfach als Massenerscheinung in der Geschichte der menschlichen Gesellschaften aufgetreten ist, ohne daß darum die Familie oder die Ehe verschwunden wären, z. B. in den alten jüdischen, griechischen und römischen Gesellschaften.[107]

Entscheidender als diese Punkte, und vor allem wesentlich positiver zu bewerten, ist Durkheims Einsicht, daß soziologisch Abstammung nichts mit Blutsgemeinschaft zu tun hat.[108] Selbst wenn Ehe und Familie älter sind als die Menschheit, liegt ihre Natur nicht in diesem Charakter, sondern in der sozialen Regelung beschlossen. In der Auseinandersetzung mit Edward Westermarck[109] kommt dies denkbar klar zum Ausdruck. Selbst wenn auch bei Tieren oftmals ein Männchen mit einem Weibchen eventuell lebenslänglich zusammenlebt, ist das für die Menschenfamilie bedeutungslos. ,,Denn die soziale Reglementierung, welche die Ehe konstituiert, impliziert ganz etwas anderes als diesen faktischen Zustand.“[110] Alles kommt auf die Regelung an. ,,Man fragt sich nicht, woher es kommt, daß in unserer Spezies die Geschlechter mehr oder weniger lange miteinander leben, sondern wie es kommt, daß ihre Kohabitation zum ersten Male, statt frei zu sein, imperativen Regeln unterworfen ist, deren Verletzung die umgebende Gesellschaft, Clan, Stamm, Polis usw. verbietet.“[111] Damit bahnt sich allmählich anstelle des biologischen *ein soziologischer Begriff der Verwandtschaft* an, der nicht nur in der Soziologie, sondern auch in der Ethnologie eine weitreichende Wirkung bis heute ausgestrahlt hat. Dazu gehört auch die Einsicht, daß z. B. bei einheitlicher biologischer Beziehung die gleichen soziologischen Verwandtschaftsgrade eine sehr verschiedene Form annehmen können. ,,Die Mutterliebe war die gleiche bei den Römern und den Germanen; und doch ist die Mutter im römischen Recht mit ihren Kindern nicht verwandt. Wir haben keinen Grund zur

Annahme, daß die Vaterliebe bei den Irokesen unbekannt gewesen sein soll, und doch war bei ihnen juristisch der Vater seinen Kindern gegenüber ein Fremder."[112] Die wichtigste, auf der gleichen Linie sich bei Durkheim schon sehr früh (1888)[113] entwickelnde Einsicht liegt aber darin, daß die Tatsache, daß in den meisten Gesellschaften zumeist ein Mann mit einer Frau zusammenlebt, keineswegs als Beweis für die Existenz von Monogamie genommen werden darf. *Das könnte erst dann geschehen, wenn erwiesen wäre, daß er bestraft wird, wenn er eine zweite Frau nimmt.*[114] Damit ist eine Unterscheidung zwischen *bloßer Faktizität und Legitimität* getroffen, die ebenfalls bis heute von größter Bedeutung gewesen ist, nicht nur in der Soziologie, sondern auch in der Ethnologie. Das ist übrigens eine Unterscheidung, die sich gelegentlich auf Durkheim selber anwenden läßt, womit wieder einmal gezeigt ist, daß wir sorgfältig zwischen seinen Fragestellungen und den Antworten auf sie zu unterscheiden haben; wo die Frage richtig ist, kann die Antwort falsch sein. Aber eine solche Konstellation enthält in sich einen eigentümlichen Dynamismus, der sich nicht nur bei ihm, sondern bei seiner Schule insgesamt bemerkbar gemacht hat.

Von Durkheims Familiensoziologie läßt sich leicht eine Brücke schlagen zu seinen *religionssoziologischen Untersuchungen,* die – äußerlich gesehen – ihren Anfang nehmen mit der Begründung der *Année Sociologique* im Jahre 1896;[115] vorausgegangen war dem, wie Lukes hervorhebt,[116] eine Vorlesungsreihe im Jahre 1895, von der Durkheim selber sagt, daß sie eine Scheidelinie in seinem Denken darstellt. Es sind keine Unterlagen für diese Vorlesungsreihe mehr erhalten, aber Lukes nimmt wohl mit Recht an, daß er sich in ihr mit W. Robertson-Smith und seiner Theorie vom Clan und vom Totemismus auseinandergesetzt hat. Das wirkt sich entsprechend zunächst aus in seiner Entwicklungsgeschichte der Familie, von der nunmehr gesagt wird, daß sie sich aus dem weitesten Zusammenhang der totemistischen Clans zu ihrer heutigen Form entwickelt habe (so etwa in seiner Auseinandersetzung mit Ernst Grosse).[117] Wir haben selber darauf hingewiesen, daß das religionssoziologische Moment in der *Année Sociologique* eine überragende Rolle spielt.[118] Allerdings ist dabei zu beachten, wie ebenfalls Lukes mit Recht hervorhebt,[119] daß es gewissermaßen zwei *Phasen der religionssoziologischen Forschung bei Durkheim* gibt, eine Vorphase, in der er sich langsam heranmacht an ethnologische Probleme, und eine Phase der Reife, die in seinem Werk von 1912 über *Die Elementarformen des religiösen Lebens* gipfelt. Angesichts der räumlichen Beschränkung wollen wir auf die Darstellung der ersten, eher religionshistorischen Phase verzichten und uns auf die der zweiten beschränken. Marksteine auf dem Wege dazu sind seine Besprechungen in der *Année Sociologique* der in jenen Jahren erscheinenden Werke über die australischen Eingeborenen, die nicht nur die Ethnologie und Soziologie epochal beeinflußt haben, sondern ein eigentliches intellektuelles Ereignis von weltweiter Bedeutung waren, von dem damals kaum ein Sozialwissenschaftler unbeeinflußt geblieben ist. Dazu gehören insbesondere die Besprechungen von Baldwin Spencer und F. J. Gillen (1899),[120] A. W. Howitt (1904),[121] Andrew Lang (1905),[122] James G. Frazer (1905),[123] (1911),[124] C. Strehlow (1907/8),[125] Northcote W. Thomas (1906),[126] E. Sidney

Hartland (1909),[127] die ihn nicht nur beeinflußt, sondern zur Entwicklung eigener Theorien herausgefordert haben. Am Ende dieser Phase steht Durkheim vor uns als ein weltweit anerkannter Ethnologe, dessen Wirkung – trotz aller Kritik – seit damals bis heute anhält, wie man etwa aus älteren Schriften von Claude Lévi-Strauss[128] und aus neueren von Rodney Needham[129] ersehen kann.

Es mag besonders eindrucksvoll erscheinen, daß Raymond Aron, trotz aller eingestandenen Zurückhaltung, in seiner Darstellung der Religionssoziologie von Durkheim bekennt, daß die *Formes élémentaires de la vie religieuse* zweifellos ,,das bedeutsamste, profundeste, originellste und anregendste Werk Durkheims"[130] darstellen. Wenn er aber trotzdem zurückhaltend bleibt,[131] so liegt die Ursache dafür ganz wo anders als in methodologischen Erörterungen und Überlegungen, nämlich in seiner eigenen religiösen Überzeugung, die ihn gegen Durkheims Erklärungsversuch der Religion präjudiziert (ich möchte sogar sagen: gegen alle nicht-theologischen Erklärungsversuche, wenn sie nicht der konventionellen Transzendenzschablone entsprechen). Er sagt es deutlich[132]: ,,Bewahrt sich eine Religionswissenschaft, die die Menschen die Gesellschaft anbeten läßt, ihren Gegenstand, oder bringt nicht auch sie ihn zum Verschwinden? Als tüchtiger Wissenschaftler ist Durkheim der Meinung, die Religionswissenschaft halte im Prinzip das Transzendentale (soll wohl heißen: Transzendente) und Übernatürliche für etwas Irreales. Man kann sich aber fragen, ob wir die Realität unserer Religion noch zu finden vermögen, wenn wir vorher das Transzendentale in ihr eliminiert haben." Ich habe meinen eigenen Standpunkt, den ich auch in der vorliegenden Darstellung einzuhalten gedenke, vor einiger Zeit auf folgende Weise zum Ausdruck gebracht.[133] ,,Nur ein dogmatisch voreingenommener Beobachter wird sich darüber wundern, daß sich ausgerechnet so radikale Vertreter des Laizismus wie Durkheim und seine Mitarbeiter so intensiv mit Religionssoziologie beschäftigt haben. Denn gerade eine methodisch einwandfreie Beschäftigung mit sozialen Phänomenen muß schnell die außerordentliche Bedeutung erkennen lassen, welche die religiösen Verhaltensweisen in der Entwicklung der menschlichen Gesellschaft immer gespielt haben. Das setzt allerdings voraus, daß die religiösen Phänomene zum Gegenstand einer rein wissenschaftlichen Forschungsmethode gemacht werden, die jegliche Teilnahme am Leben der Religion im Erkenntnisakt ausschließt, weil Religionssoziologie eben zunächst und vor allem eine Analyse religiöser Phänomene zum Inhalt hat und weder eine Fortsetzung des Lebens der Religion mit Einmischung anderer Mittel (der Wissenschaft) noch eine soziologische Erweiterung einer notwendig immer dogmatischen Theologie sein kann."

Ferner muß berücksichtigt werden, um Durkheims Standpunkt zu verstehen, daß er wie Auguste Comte auf der Suche nach einer *innerweltlichen Transzendenz* war, um die säkulare Krise nach der französischen Revolution zu überwinden.[134] Die Autorität dieser innerweltlichen Transzendenz ist ganz und gar moralischer Art. Sie liegt in der Fortsetzung der Comteschen Idee von der ursprünglichen Einheit der Menschheit, nur daß Durkheim seiner ganzen Ausrichtung nach auch hier nach konkreten Bedingungskomplexen sucht, die er in der Gruppe findet. In seiner Religionssoziologie steht dafür „Clan". Man kann nun vielleicht das Argument von Raymond Aron akzeptieren (womit er nur wiederholt, was unzählige andere vor ihm schon gesagt haben), daß „Durkheim glaubt, mit seiner Theorie die Wirklichkeit der Religion retten zu können. Wenn der Mensch die verklärte Gesellschaft verehrt, so betet er damit eine echte Realität an. Denn es gibt nichts Realeres als die Kraft der Gemeinschaft. Die Religion ist eine so beständige und so profunde Erfahrung, daß sie einer echten Realität entsprechen muß. Wenn diese nicht von Gott ist, so befindet sie sich doch unmittelbar unter Gott. Das aber ist nur bei der Gesellschaft der Fall."[135] Wie Aron bemerkt, stammt der Ausdruck „unter Gott" nicht von Durkheim, sondern von ihm selber. Aber im Grunde kann man alle diese Fragen ruhig ad acta legen, weil sie *keineswegs den bleibenden Gehalt* seines Werkes darstellen.

Wie Claude Lévi-Strauss mit Recht bemerkt hat, ist der ganze theoretische Zusammenhang zwischen Clanorganisation, Zuordnung von Tieren oder Pflanzen als Namen oder Emblemen und dem Glauben an eine Beziehung zwischen dem Clan und dem Tier (oder der Pflanze) fast im gleichen Moment zerstört worden, wie er mit Durkheim seinen Höhepunkt erreichte.[136] So können wir, um die Sache kurz zu machen, alles streichen, was damit zusammenhängt. Ebenso streichen können wir die zweifellos bei Durkheim vorhandenen entwicklungsgeschichtlichen Vorurteile, als sei der Totemismus die ursprüngliche Religion und der totemistische Clan die ursprüngliche Sozialverfassung der Familie. Davon kann gar keine Rede sein, und Durkheims Werk wäre gar nicht diskussionswürdig, wenn es einzig darin bestünde. Vielmehr kommen ganz andere Momente hierbei zum Zuge, wenn man bedenkt, daß die Funktion der Totems bestenfalls die sein kann, ein *Symbol* dafür darzustellen, daß *zwei Gruppen von Menschen verschiedenen „Blutes"* sind. Dann ist das Totem nur ein Mittel unter anderen, um eine Dualstruktur der menschlichen Gesellschaft sichtbar zu machen, eine Idee, von der Lévi-Strauss zeigt, daß sie auch Henri Bergson schon früh aufgegriffen hatte (*Les deux sources de la morale et de la religion,* 1932), womit der Strukturalismus eingeleitet würde.[137] Wir akzeptieren grundsätzlich die Kritik von Lévi-Strauss, wir möchten sie nur insofern erweitern, *als wir bei Durkheim selber außer den evolutionistischen Elementen auch strukturalistische finden,* wie z. B. in seiner Theorie von den nicht-kontraktuellen Voraussetzungen des Kontrakts, die sehr wohl auf einer solchen Dualstruktur gesellschaftlicher Grundverhältnisse aufruhend gedacht werden kann. Darüber hinaus sind zweifellos strukturalistische Elemente durch Durkheims Neffen Marcel Mauss in dessen Denken eingeflossen, und zwar, wie an anderem Orte gezeigt,[138] ganz ungewöhnlich früh, nämlich schon in den ersten religionssoziologischen Essays aus der *Année Sociologique,* insbesondere dem über das „Opfer" (1899).[139] Mauss gehört bereits einer späteren Generation an und hat vielleicht, von Durkheim unbemerkt, ganz neue Ansätze in sein Denken hineingebracht. Es finden sich nämlich auch bei Durkheim solche Elemente, wie etwa durch die Ausführungen über den Kontrakt in seiner posthum (1950) veröffentlichten Vorlesungsreihe über Moralwissenschaft und Recht belegt wird (was bisher allen Darstellern entgangen ist).[140] Der Vertrag kann kein konstitutives Moment sozialen Zusammenhangs darstellen, da er die Existenz von Sanktionen und von juristischen Personen voraussetzt, wobei eine Sache von der einen Person oder Gruppe zur anderen übergeht. Hier erscheint also schon die erwähnte Dualstruktur. So heißt es[141]: ,,Hier sind z. B. zwei Familien A und B; eine Frau verläßt A, um mit einem Mann von B zu gehen und in gewisser Weise ein integrierter Bestandteil der letzteren Gruppe zu werden. Eine Mutation hat sich im Personenbestand vollzogen. Wenn sich diese Mutation friedlich und mit Zustimmung der beiden interessierten Familien vollzieht, haben wir den Ehevertrag in einer mehr oder weniger rudimentären Art. Daraus folgt, daß die Heirat, die notwendigerweise ein Vertrag ist, eine vorherige Organisation der Familie voraussetzt, die keinen vertraglichen Charakter hat. Dies ist ein Beweis mehr, daß die Ehe auf der Familie beruht und nicht die Familie auf der Ehe. Aber man stelle sich vor, daß der Inzest keinem Verbot unterlegen hätte und daß sich jeder Mann mit einer Frau aus seiner Familie vereinigt hätte, dann hätte die sexuelle Vereinigung weder in den Personen, noch in den Sachen wirkliche Veränderungen bedeutet. Der Ehevertrag wäre nicht entstanden." Dabei kommt es insbesondere auf das Wort *,,friedlich"* an, das verstehen läßt, *daß die Annäherung zweier Gruppen ursprünglich nicht friedlich gewesen sein muß.* Dann bedeutet der Frauentausch die Beilegung eines offenen oder versteckten Kriegszustandes. All das hängt aber mit seiner Vorstellung von der primitiven Religion zusammen, wie der Umstand lehrt, daß er sie sofort nach der oben angeführten Stelle aufgreift. Wenn man statt dessen die Dualstruktur des Sozialen einführt, dann kommt man sehr wohl ohne den Totemismus aus, nicht aber ohne die Begriffe struktureller ,,Entsprechungen", ,,Konkordanzen" und ,,Konstellationen" (worauf etwas später nochmals zurückzukommen sein wird). Damit erweisen sich als wichtigster Teil der Ausführungen Durkheims seit der Abhandlung über das Inzestverbot[142] die Diskussionen der Heiratsklassensysteme. Diese reichen übrigens weit zurück bis zur ersten religionssoziologischen Abhandlung in der *Année Sociologique* über das Inzestverbot (1897), die Abhandlung über den Totemismus (ebda. 1901) und die über die Heiratsorganisation der australischen Gesellschaften (ebda. 1904), abgesehen von den erwähnten verschiedenen Besprechungsartikeln.[143] Hier argumentiert Durkheim in hochspekulativer Weise, mit deren Hilfe es ihm sogar gelingt, eine historische Entwicklung von der Matrilinearität zur Patrilinearität wahrscheinlich zu machen, vom Vier- zum Achtklassensystem. Er faßt es folgendermaßen zusammen[144]: ,,Es ist unmöglich, nicht von der beachtlichen Logik betroffen zu sein, mit der sich die Ideen, die dieser Heiratsorganisation zu Grunde liegen, durch die verschiedenen historischen Umstände entwickeln. Man kann in der Tat das Klassensystem eines Stammes mit Hilfe eines einfachen Kalküls als Funktion der Abstammungsberechnung konstruieren, die dort in Übung ist. Je nachdem, wie sich das Totem durch die Mutter oder den Vater überträgt, variiert die Zahl der Klassen nach einer genauen Beziehung: sie geht vom einfachen zum doppelten, von vier zu acht; je nachdem, wie man die Abstammung in väterlicher Linie auf die Phratrie gleichzeitig anwendet wie auf das Totem, verteilen sich die acht Klassen nach zwei ganz verschiedenen Formen.

Man glaubt der Diskussion eines mathematischen Problems beizuwohnen. Die Äquivalenzen zwischen den Klassen verschiedener Stämme werden mit der gleichen Strenge geregelt. Schwerlich könnte man anderswo ein anderes Beispiel für eine soziale Organisation aufweisen, die sich mit der gleichen Strenge aus gegebenen Prinzipien ableiten läßt. Ist das nicht ein weiterer Beweis dafür, daß diese Klassen und Phratrien nicht einfach soziale, sondern auch logische Zusammenhänge (cadres) darstellen, die zweifellos einer besonderen Logik unterliegen, die von der unseren verschieden ist, aber um nichts weniger präzise Regeln hat?" Lukes[145] hebt mit Recht hervor, daß Sätze dieser Art schon auf Lévi-Strauss verweisen, wie auch das Interesse an den Heiratsystemen bis in die jüngste Gegenwart gleich intensiv geblieben ist.

So tut man insgesamt gut daran, die entwicklungsgeschichtlichen Gesichtspunkte zurückzustellen vor den theoretischen und allgemein-soziologischen Einsichten des Werkes. Dazu gehört das Zugeständnis, daß die Regeln und Normen des Sozialen einen durchaus „prekären" Charakter haben – diesen von Georges Gurvitch später weiter diskutierten Begriff benutzt bereits Durkheim in seiner Religionssoziologie[146] –, so daß es zu ihrer Sicherung besonderer Veranstaltungen bedarf. In einem anderen Zusammenhang hatte Durkheim schon früher bemerkt, daß diese Normen bei „normalem" Vollzug wohl einfach „vergessen" würden; hier betonte er die positive Funktion des abweichenden Verhaltens als eine Art von immerwährender „Aufladung" der prekären Regeln mit Sanktionsgewalt. Im Zusammenhang seiner Religionssoziologie setzt an diesem Ort seine *Theorie von den Symbolen* ein, die man gut und gern von den Problemen des Totemismus *trennen* kann, *da ihr Funktionsbereich weit darüber hinausgeht.* Diese Symbole sind keineswegs künstliche Etiketten, die sich bereits bestehenden Vorstellungen anheften, um sie manipulierbarer zu machen; vielmehr sind sie ein *integrativer Bestandteil des sozialen Bewußtseins* und ebenso unaufgebbar, *um die Kontinuität dieses Bewußtseins zu sichern.* „Selbst der Umstand, daß sich kollektive Gefühle auf diese Weise an Dinge gebunden finden, die ihnen fremd sind, ist keineswegs nur konventionell: er zeigt vielmehr in einer wahrnehmbaren Form einen realen Charakter der sozialen Tatbestände, nämlich ihre Transzendenz im Verhältnis zu den individuellen Bewußtseinen ... So ist das soziale Leben in allen seinen Aspekten und in allen Momenten seiner Geschichte einzig möglich dank einem umfassenden Symbolismus."[147] Die materiellen Embleme und bildlichen Darstellungen, die im religiösen Ritus eine Rolle spielen, stellen nur eine besondere Art von Symbolen dar; es gibt noch viele andere. So können sich kollektive Gefühle in Personen und Sprachformeln niederschlagen. In anderem Zusammenhange geht er noch weiter: Symbole „repräsentieren" die soziale Einheit. Repräsentieren hat aber einen doppelten Sinn, wie Lukes hervorhebt, es bedeutet (a) Repräsentation sozialer Beziehungen im kognitiven Sinne und (b) Repräsentation als Darstellung dieser Beziehungen im Sinne „des Ausdrucks, der Symbolisierung und der Dramatisierung sozialer Beziehungen."[148] „Rituelle Repräsentationen" zeigen das entspannende und ästhetische Element der Religion; sie werden zu dramatischen Darstellungen, die den Menschen die reale Welt vergessen machen. So sind die wichtigsten Spiele und Kunstformen aus religiösen Symbolen entstanden.[149]

Im gleichen Zusammenhang entwickelt sich übrigens auch Durkheims *Soziologie der Erkenntnis,* wie der Umstand beweist, daß das Werk ursprünglich heißen sollte: „Les formes élémentaires de la pensée et de la pratique religieuse";[150] im Band XI der *Année Sociologique* wurde auch eine besondere Rubrik für Erkenntnissoziologie eingeführt (1909), obwohl die grundlegende Abhandlung über primitive Klassifikationssysteme schon viel früher erschien (1902). Wiederum taucht hier der Totemismus auf, indem Durkheim empirisch den Nachweis unternimmt, daß eine Korrespondenz besteht zwischen der Klassifikation der Dinge und der Menschen, daß also die sexuell bestimmte Scheidung der Gesellschaft in zwei Gruppen (Phratrien) auch ein Modell dafür abgibt, wie sich Dinge und Ideen ordnen. Allerdings weist Jean Duvignaud sehr mit Recht darauf hin, daß Durkheim selber in dieser Abhandlung eine Darstellung des chinesischen Klassifikationssystems des Taoismus gibt, von dem nicht feststeht, ob es eine Beziehung zum Totemismus hat.[151] Also scheint es doch keine so starke Beziehung zwischen den beiden Größen zu geben. Daneben erscheinen bei Durkheim sprachliche Ausdrucksweisen, die aufmerken lassen. So heißt es, daß nicht nur die äußere Form der Klassen, sondern auch die „Beziehungen", die sie miteinander verbinden, sozialen Ursprungs sind. „Weil sich die menschlichen Gruppen ineinander verschachteln, der Unter-Clan in den Clan, der Clan in die Phratrie, die Phratrie in den Stamm, verteilen sich die Gruppen von Sachen in der gleichen Ordnung."[152] Wir weisen auf den Ausdruck „verschachteln" („emboîter") hin, da er eine andere Beziehung als eine kausale im üblichen Sinne andeutet, nämlich strukturelle Entsprechungen. Wiederum erweist sich, daß sich die Antwort Durkheims auf eine bestimmte Frage unter Umständen beträchtlich wandeln kann, je nachdem in welche sprachliche Form er sie kleidet. Der Ausdruck „verschachteln" geht deutlich auf das Bild der Korrespondenzen, wobei letztlich ein entscheidendes Argument auftaucht, daß diese Glaubenssysteme ganze Kosmologien enthalten, die sich auch in den jeweiligen Sprachen ausdrücken. Damit ist der kausale Faktor im alten Sinne völlig verdrängt; es beginnt der Strukturalismus. Lukes[153] bezeichnet diese Einsicht als „unendlich fruchtbar", sowohl für die Durkheimtradition als auch außerhalb ihrer. Rodney Needham[154] schreibt in seiner „Einleitung" zur englischen Übersetzung dieses Werkes: „In Systemen vorgeschriebener Allianzen (wie sie für Australien typisch sind) gibt es eine derartige Konkordanz zwischen den symbolischen Formen und der sozialen Organisation, daß diese beiden Ordnungen von Fakten als Aspekte einer begrifflichen Ordnung von Fakten als ein Modus der Klassifikation angesehen werden können. Diese Konkordanz muß keine formelle Korrespondenz sein, wie Durkheim und Mauss annahmen, sondern sie mag in einem strukturellen Sinn bestehen, indem Institutionen verschiedener Art als auf dem gleichen Beziehungsmodus beruhend angesehen werden." Das ist auch genau der Punkt, an dem bei Marcel Mauss der *„Systembegriff"* einsetzt, und zwar durchaus unter dem Einfluß Durkheims.[155] Dieser hatte schon 1901 in Bd. V der *Année Sociologique* eine besondere Rubrik für Sprachsoziologie eingerichtet. Von dieser ausgehend, hatte Mauss, der unter anderem auch Linguist war, den Symbolcharakter der Sprache betont, wobei er Symbole als ,,Verweisungen" auf etwas auffaßte, das im Symbol selber nicht direkt gegeben ist und seinerseits Systemcharakter hat. Letzterer ist, wie wir selber hervorgehoben haben,[156] für das effiziente Funktionieren der Symbole im Kommunikationsprozess verantwortlich. Das zeigt schließlich, daß also bereits bei Durkheim die Überwindung des Funktionalismus angelegt ist, wie es Mauss aus ihm herauslas. Mauss sieht darin nur noch strukturale Beziehungen (,,notwendige Beziehungen")[157] mit Konstanzcharakter zwischen bestimmten Phänomenen, was als eine völlig neuartige Weise des ,,Erklärens" erscheint, die nicht mehr im üblichen Sinne ,,kausal" ist. Damit ist wohl auch der interessanteste Punkt der ,,Durchlässigkeit" des Denkens von Durkheim für neue Ideen erreicht, was notwendigerweise auch eine neue Interpretation herausfordert, die wir in vorliegender Abhandlung zu leisten versuchten. Es stellt sich nämlich letztlich heraus, *daß es einen direkten Übergang gibt von den schon mehrfach hervorgehobenen konkomitanten Beziehungskomplexen zu strukturalistischen Systemvorstellungen und Korrespondenzen.* Damit eröffnet sich in der Tat eine völlig neuartige Ansicht des Werkes von Durkheim, das nun auch in seine Methodologie hinein verfolgt werden soll.

IV. Die Methode

Besonders verworren liegen die Ansichten bezüglich der Rolle der Methode bei Durkheim, und das insbesondere darum, weil man sich bei ihrer Behandlung zumeist auf das Büchlein mit dem Titel *Regeln der soziologischen Methode* (1894, 1895) beschränkt, während Durkheim sowohl früher als auch später auf dieses Problem zu sprechen kommt. Wiederum ist zu sagen, daß seine Stellung auch in dieser Hinsicht keineswegs einheitlich, sondern durchaus wandelbar ist.

Wir haben selber schon früher darauf hingewiesen, daß es die ,,Regeln" gewissermaßen zweimal gibt: nämlich ein paar Jahre früher (1892) in seiner zweiten Dissertation über Montesquieu und dann in den *Regeln.*[158] Das ist den meisten Betrachtern bis heute entgangen, wie überhaupt kaum jemand diese Arbeit behandelt, wie schon oben bemerkt. Von heute aus gesehen würde ich sogar auf zwei noch frühere Abhandlungen Durkheims hinweisen, die sich ebenfalls mit dem ,,Gegenstand" der Soziologie befassen, und zwar ganz ähnlich wie die Abhandlung über Montesquieu: die *Introduction à la sociologie de la famille,* ferner die Eröffnungsvorlesung seines Kurses über Sozialwissenschaft in Bordeaux, beides von 1888.[159] Übrigens wird auch hier Claude Bernard zitiert und die vergleichende Methode als ,,indirektes Experiment" bezeichnet. Wichtiger aber ist, daß er von *Konstanten* spricht im Geschehen: ,,Arten des Handelns, die durch den Brauch konsolidiert sind, und die man Bräuche, Recht, Sitten nennt." Diese Konstanten sind von entscheidender Bedeutung für die wissenschaftliche Erkenntnis: ,,Einige Informationen über die Bräuche beim Erbe . . . lehren uns mehr über die Konstitution einer Familie als viele individuelle Beschreibungen."[160] Einen solchen Brauch erkennt man daran, daß er nicht nur eine Gewohnheit darstellt, sondern für alle Mitglieder der Gesellschaft *obligatorisch* ist. Also nicht die bloß faktische Frequenz ist entscheidend, sondern der imperative Charakter. Was die Konstanz eines Brauches ausmacht im Gegensatz zu einer bloßen Gewohnheit, ist *die Existenz einer Sanktion,* wenn ihm zuwidergehandelt wird.[161] Damit ist der Gegenstand der Soziologie genau so fest umrissen wie der der Physik, was nicht ausschließt, daß es verschiedene Kristallisationsgrade des sozialen Handelns gibt, die entweder ,,diffuser" oder *fixierter* sind wie z. B. im Recht. Durkheim sieht auch deutlich den Nachteil dieser Methode: Recht und Sitte drücken einzig bereits konsolidierte soziale Wandlungen aus und sagen nichts über das, was noch nicht kristallisiert ist, obwohl es unter den fluktuierenden Bezügen sehr wesentliche Erscheinungen geben mag. So mag eine Institution lange ihre Existenzberechtigung überleben, obwohl sich die sozialen Umstände, die sie geschaffen haben, gewandelt haben.[112] Damit wird nicht nur der *Begiff des sozialen Wandels* eingeführt, sondern gleichzeitig der der *sozialkulturellen Verspätung* im Anpassungsprozeß des sozialen Wandels.

Diesen Ausführungen entspricht in der Schrift über Montesquieu der Ausdruck von den *,,choses sociales"*[163], was ein Vorgriff auf die spätere Wendung ist, man müsse ,,die soziologischen Tatbestände wie Dinge" betrachten.[164] Die ,,choses sociales" werden genau wie in der Schrift von 1888 als ,,Gesetze, Sitten, Religionen usw." angegeben. Gleichzeitig wird aber hinzugefügt, daß es nicht darauf ankommen könne, diese Realitäten nur zu ,,beschreiben", sondern auf ,,Typen" zu reduzieren, womit nach der bloßen Beschreibung die ,,Interpretation", also die ,,Erklärung" beginnt. ,,Wenn diese Realitäten untereinander derart differierten, daß sie keine Typen bildeten, könnte auf rationale Weise keinerlei Beschreibung unternommen werden. *Typen oder Gattungen* der menschlichen Gesellschaften müssen also vorab konstituiert werden, weil nur mit ihrer Hilfe erklärt werden kann."[165] Das ist genau das Vorgehen, das Durkheim in den *Regeln*[166] als das der *konkomitanten Variationen* bezeichnet, wovon im vorhergehenden schon oft als dem eigentlichen Prinzip des Strukturalismus gesprochen wurde. Durkheim spricht von ,,Gesetzen". Das ist auch der Grund, warum er Montesquieu als einen der Begründer der Soziologie ansieht. Im übrigen erscheinen in dieser Schrift schon zahllose andere Begriffe, die später in seinem Werk über Arbeitsteilung und in den *Regeln* auftreten. Es scheint mir in der Tat unmöglich, die Schrift über Montesquieu abzutrennen von den anderen, die weitgehend in nuce in ihr enthalten sind. Gleichzeitig finden wir hier die Feststellung, daß die verschiedenen Gesellschaftstypen *keine unilineare Entwicklung* darstellen, sondern eher *einem Baum ähneln, dessen Zweige sich in verschiedene Richtungen ausbreiten,*[167] womit das evolutionistische Schema im Prinzip überwunden ist, das man ihm immer wieder in die Schuhe zu schieben sucht, wie jüngstens noch Raymond Aron.[168] Die vorgehende Darstellung hat aber nicht nur den Sinn zu zeigen, daß Durkheims methodologische Ideen lange vor den *Regeln* ausgebildet waren, sondern gleichzeitig ganz etwas anderes bedeuteten, nämlich *daß der*

Konstanzcharakter der sozialen Phänomene zwar deutlich hervorgehoben, aber nicht mit der Theorie des Kollektivbewußtseins begründet wird. Es heißt: ,,Alles, was Gegenstand der Wissenschaft werden kann, besteht in Dingen, die eine eigene und beständige Natur haben und imstande sind, dem menschlichen Willen zu widerstehen; wenn sie dagegen unendlich flexibel sind, wird uns nichts dazu veranlassen, sie zu beobachten.“[169] In der Schrift von 1888 wird gelegentlich bemerkt, daß diese ,,Dinge“ *der Niederschlag kollektiver Erfahrung* seien,[170] aber von einem kollektiven Bewußtsein ist bei grundsätzlich gleicher Ausgangslage nirgendwo die Rede. Wir haben dazu bemerkt: ,,Die nähere Betrachtung der Schrift über *Montesquieu* lehrt nun aber, *daß hier bereits von ‚choses sociales' die Rede ist, ohne daß irgendwo vom Kollektivbewußtsein gesprochen würde.“*[171] Damit wird eine wesentliche Kritik zumindestens sehr beträchtlich eingeschränkt, die Georges Gurvitch folgendermaßen zusammenfaßte: ,,Die Theorie des Kollektivbewußtseins ist die entscheidende Grundlage der Soziologie Durkheims, ihr entscheidender Punkt, die Wurzel seiner ganzen Konzeption von der Spezifität des Sozialen und seiner Unzurückführbarkeit auf andere Sektoren der Wirklichkeit.“[172] Später bemerkt er,[173] daß Durkheim seine Position von 1893–1897 nicht wesentlich verändert hätte, aber er vergißt zu sagen, *daß sie vorher (bis 1892) ganz anders war,* was bereits eine beträchtliche Relativierung des ersten Satzes bedeutet; denn wenn es vorher anders war, kann man vermuten, daß es später auch wieder anders werden kann, z. B. aufgrund gewisser Kritiken gegen die These des Kollektivbewußtseins, die zweifellos zu jenen Teilen des Denkens von Durkheim gehört, auf die man am leichtesten verzichten kann. Es läßt sich sogar ohne Schwierigkeiten zeigen, *daß er selber sehr wohl darauf verzichten konnte.* Damit fallen nicht nur zahllose zeitgenössische Kritiken dahin, sondern auch die von Talcott Parsons, von Raymond Aron wie die von Georges Gurvitch. Wesentlich kritischer ist dagegen Steven Lukes. Da wir selber diese Probleme sehr eingehend behandelt haben, dürfen wir für Details auf unsere Darstellung im Vorwort zu der deutschen Ausgabe der *Regeln* verweisen.[173] Die größte Schwierigkeit des Verständnisses erhebt sich jedoch angesichts der von uns hervorgehobenen *doppelten Verwendungsweise des Begriffs vom Kollektivbewußtsein,* das eine Mal, um die gemeinsamen Glaubens- und Wertvorstellungen der Gesellschaft zu umschreiben, das andere Mal zur Begründung eines besonderen Typs der Gesellschaft der ,,mechanischen Solidarität“, von der im übrigen gesagt wird, daß sie mit der Entwicklung der Arbeitsteilung zurückgeht und damit konsequenterweise auch das Kollektivbewußtsein, das durch eine zunehmende Individualisierung der einzelnen Bewußtseine abgelöst werde.[174] Es ist nun, wie wir selber bemerkt haben, ein sehr unglückliches Übereintreffen, daß Durkheim seine methodologischen Überlegungen ausgerechnet nach dem Werk über Arbeitsteilung wieder aufgenommen hat, denn das hat wirklich nur zur Verwirrung beigetragen. Aber es fällt nicht schwer, Durkheim mit Durkheim selber zu verteidigen, um die Anklänge an Jean Jacques Rousseaus ,,volonté générale“[175] zu überwinden. Später spricht Durkheim (ab 1897) von *représentations collectives,* also von kollektiven *Vorstellungen,* was ganz etwas anderes ist. So kann auch im Sinne Durkheims die Theorie des Kollektivbewußtseins als völlig aufgegeben angesehen werden, entsprechend auch die Kritik, die hieran angesetzt hat.

Im übrigen gibt es eine Besprechung von Durkheim über den historischen Materialismus von Antonio Labriola von 1897, also dem Jahr des Selbstmordwerkes, in dem beide Begriffe der kollektiven Vorstellungen und des Kollektivbewußtseins auf eine höchst interessante Weise gemeinsam auftreten. Es heißt da: ,,Damit die Kollektivvorstellungen verständlich werden, müssen sie schon von etwas herkommen, und da sie keinen in sich geschlossenen Kreis bilden können, muß sich die Quelle, aus der sie stammen, außerhalb ihrer finden. Entweder schwebt das Kollektivbewußtsein im Leeren als eine Art von unvorstellbarem Absoluten oder es verbindet sich mit dem Rest der Welt durch Vermittlung eines Substrats, von dem es danach abhängig ist.“[176] Dies ,,Substrat“ aber sind die vergesellschafteten Menschen. ,,Wir halten diese Idee für fruchtbar, daß das soziale Leben nicht durch die Konzeption, die sich jene davon machen, die daran teilnehmen, sondern durch tiefe Ursachen erklärt werden muß, die dem Bewußtsein entgehen; und wir denken auch, daß diese Ursachen vor allem in der Art gefunden werden müssen, in der die assoziierten Individuen gruppiert sind.“[177]

Das zwingt natürlich zu einer vorgängigen Entscheidung darüber, in welcher Seinsdimension diese ,,tiefen Ursachen“ angelegt sind. Der wesentliche Beitrag des Selbstmordwerks zur Methode der Soziologie liegt in der systematischen Zurückweisung der außersozialen Faktoren, die hier angeführt werden könnten. Das ist der zentrale Gegenstand des Buches I (Kapitel 1–4), in dem verschiedene Wirklichkeitsbereiche zurückgewiesen werden: das physische Milieu, biopsychische Ursachen, Rasse, Erblichkeit, Klima u. a. m., überhaupt individualpsychologische Ursachen, bis am Schluß (S. 122 der deutschen Ausgabe) nur die spezifisch sozialen Ursachen übrig bleiben. Man hat diesem Verfahren gelegentlich vorgeworfen, daß es die Dimension des Sozialen gewissermaßen als Residualkategorie einführt. Selbst wenn Durkheim mit Recht bemerkt, daß man nach diesem kritischen Ausschaltungsprozeß noch immer nicht wisse, ,,warum sich das Leben in der Gesellschaft so auswirke“, so darf man das nicht verwechseln mit der Vorstellung der Residualkategorie (,,was man nicht deklinieren kann“), unter die grundsätzlich viele inkohärente Faktoren subsumiert werden können. Denn im Begriff der *,,Intensität des sozialen Lebens“*, den Durkheim hier einführt, verfügt er über eine substanzielle Variable, die einzelne Gesetzmäßigkeiten und Abläufe aus sich entläßt, deren Existenz man im Sinne wiederkehrender empirischer Regelmäßigkeiten und Konstanzen im Sinne der vorher erwähnten ,,choses sociales“ nachweisen kann. In Wahrheit ist dieser Ansatz so überzeugend, daß er in vielerlei Formen direkt und indirekt nachgewirkt hat. So kehrt er wieder als Einteilungsprinzip in einer ersten systematisch-kritischen Darstellung der Soziologie durch den Italiener Fausto Squillace (von 1902), die in viele Sprachen übersetzt wurde, und in Pitirim A. Sorokins *Contemporary Sociological Theories* von 1928, die diesen Klassifikationsgesichtspunkt Squillaces übernehmen und bis in die Neubearbeitung dieses Werkes von 1966 (unter dem Titel *Sociological Theories of To-Day)* weiterwirken.

Der entscheidende Ausgangspunkt für Durkheims Methode ist dann die Definition, daß ein soziologischer Tatbestand *„in jeder mehr oder weniger festgelegten Art des Handelns“* beruhe, die „im Rahmen einer gegebenen Gesellschaft allgemein auftritt“. Daß diese Arten des Handelns einen „äußeren Zwang“ ausüben und ein von ihren individuellen Äußerungen unabhängiges Eigenleben besitzen,[178] ist eine von der ersten unabhängige Frage, die man besser von ihr trennt, wie Roger Lacombe schon früh festgestellt hat.[179] Allgemeinheit heißt weder „Durchschnitt“ von Vorstellungsweisen oder Handlungen, noch statistische Allgemeinheit: letztere ist bestenfalls ein *„Indikator“* (der Ausdruck stammt von Durkheim) für objektive soziale Erscheinungen, genau so wie die Rechtsregeln, wie sie im Werk über Arbeitsteilung als Grundlage für die Charakterisierung zweier Sozialtypen benutzt werden. Eine offene Frage bleibt, ob es weitere solche Indikatoren gibt. Wenn es dann heißt, daß diese Allgemeinheit „außerhalb“ des individuellen Bewußtseins liegt, dann darf das, wie wir andernorts gesagt haben,[180] nicht räumlich, sondern bestenfalls *im Sinne einer transzendentalen Ortsbestimmung* verstanden werden. Mit anderen Worten: diese Allgemeinheit ist also nicht bloß faktischer Natur (so wie es für Max Weber auch kein soziales Handeln ist, wenn bei einem plötzlichen Regenguß viele Menschen ihren Regenschirm öffnen),[181] sondern *obligatorisch*. So kann also der Grundsatz der Allgemeinheit sozialer Phänomene sehr wohl dargestellt werden, ohne auf die Frage des äußeren Zwanges zu rekurrieren. Man ist auf dieser Ebene ganz frei, dafür verschiedene Vorstellungen einzusetzen, die vom äußeren Zwang bis zu *Erwartungen*[181a] reichen, wobei das Moment der Äußerlichkeit schließlich völlig verschwunden ist.

Wenn es dann heißt, daß man soziologische Tatbestände wie „Dinge“ behandeln solle, dann ist das jetzt definitiv festgelegt: es soll heißen, daß es sich auf die moralische Wirklichkeit der in einer Gesellschaft vorwaltenden Glaubens- und Wertvorstellungen bezieht, also nicht etwa auf ein „materielles“ Ding. „Ein Ding ist ja alles, was gegeben ist, was sich der Beobachtung anbietet oder vielmehr sich ihr aufdrängt.“[182] Hier liegt aber insofern eine gewisse Schwierigkeit, als das Wort, das für „aufdrängen“ benutzt wird („s'imposer“), das gleiche ist, wie es früher benutzt wurde, um das Verhältnis der moralischen Wirklichkeit zum Handelnden zu bezeichnen. Beide Dimensionen müssen aber sorgsam voneinander geschieden werden;[183] denn die Frage der Exteriorität gewinnt jeweils eine ganz andere Bedeutung, wenn die Sache nicht mehr von einem wissenschaftlichen *Beobachter,* sondern vom jeweils *Handelnden* betrachtet wird. Mit anderen Worten: um mit dem hier vorliegenden Problem fertig zu werden, muß man den wesentlichen Unterschied im Wirklichkeitsbezug des Handelnden in der subjektiven Perspektive von dem des beobachtenden Theoretikers in der objektiven Perspektive so deutlich wie möglich machen. Da wir das Problem bezüglich der kollektiven Vorstellungen schon an anderen Orten eingehend behandelt haben,[184] verzichten wir hier auf eine Wiederholung, wohl aber muß auf einen viel wichtigeren Umstand hingewiesen werden, der mit Durkheims *Soziologie der Erkenntnis* anhebt und den Einstieg in die Analyse anderer Werke eröffnet sowie die Abrundung der Darstellung der strukturell-funktionalen Soziologie.

Das Verhältnis der subjektiven Perspektive zur objektiven wird von Durkheim folgendermaßen umschrieben: „Der Mensch kann nicht inmitten der Dinge leben, ohne sich über sie Gedanken zu machen, nach denen er sein Verhalten einrichtet. Nur weil diese Begriffsbildungen uns näher stehen und unserem Verstande angemessener sind als die Wirklichkeit, denen sie entsprechen, neigen wir naturgemäß dazu, sie an deren Stelle zu setzen und zum Gegenstand unserer Betrachtungen zu machen. Anstatt die Dinge zu beobachten, sie zu beschreiben und zu vergleichen, bescheiden wir uns damit, unserer Ideen bewußt zu werden, sie zu analysieren und zu kombinieren. Anstelle einer Wissenschaft von Realitäten betreiben wir nur ideologische Analyse. Zweifellos schließt diese Analyse nicht notwendig alle Beobachtung aus. Man kann durchaus auf die Wirklichkeit zurückgreifen, um diese Begriffe oder die Schlüsse, die man aus ihnen ableitet, zu rechtfertigen. Aber die Tatsachen sind dann nur sekundär relevant, als Illustrationen oder bestätigende Belege; sie sind aber nicht Gegenstand der Wissenschaft. Diese geht von den Ideen zu den Dingen und nicht von den Dingen zu den Ideen."[185] Das bezieht sich also genau auf die Verwechslung der subjektiven Perspektive des Handelnden mit der objektiven des Analytikers. Nun liegt die Eigenart Durkheims darin, daß er sich nicht damit begnügt, das als theoretisches Postulat anzusprechen, sondern mit den Mitteln einer empirischen Soziologie der Erkenntnis tiefer zu analysieren, und zwar nicht nur in *einem* Paradigma, sondern gleich in *zweien,* die beide gleichermaßen bedeutsam sind und zugleich wichtige Probleme der Wissenschaftslehre darstellen. Das führt uns nochmals zurück auf seine pädagogischen Schriften und darüber hinaus zu einer Konfrontierung dieser mit seiner Theorie des Sozialismus. Damit sind dann die Grundlagen gelegt, um sein letztes methodologisches Werk auszuwerten, die erst vor kurzem veröffentlichten Vorlesungen über *Pragmatismus und Rationalismus* (1955). Wir haben schon vor Jahrzehnten auf die Bedeutung der pädagogischen Schriften in diesem Zusammenhang hingewiesen, wobei seine erkenntnistheoretischen Überlegungen als ein bleibender Gewinn für die Wissenschaftstheorie angesehen werden können.[186] Hier zeigt sich die Differenz zwischen dem subjektiven und dem objektiven Aspekt, von dem bereits gesprochen wurde, in einer erheblich verfeinerten Form. Der Übergang von der unmittelbaren Lebensorientierung und ihrer Vulgärerfahrung zur wissenschaftlichen Analytik vollzieht sich für die Pädagogik im wesentlichen in vier Schritten: 1. die Schicht der kontinuierlich und unreflektiert geübten *Erziehungspraxis* als Transfer der einer Gruppe von Menschen gemeinsamen Normen auf die nächste Generation *(Sozialisierung);* 2. die Schicht, in der die Erziehungspraxis bewußt und ausdrücklich geübt wird: *Erziehungskunst;* 3. die Schicht, in der über die Erziehungskunst weiter reflektiert wird, so daß eine Art von *„praktischer Theorie" der Erziehung* zustande kommt. Diese zeichnet sich dadurch aus, daß sie noch immer ausgerichtet bleibt auf (und eingebunden in) mögliche Handlung. Diese Schicht ist wissenschaftslogisch besonders fragwürdig, weil sie weder Wissenschaft noch Kunst ist, sondern von beiden gleich weit entfernt bleibt, was nicht hindert, daß sich der größte Teil der sogenannten „wissenschaftlichen" Pädagogik in dieser Schicht bewegt. Diese Art der Pädagogik wird dann zu einem hervorragenden (und gefährlichen) Instrument dauernder *ideologischer Indoktrinierung,* um nicht mehr zu sagen. 4. Schließlich müssen wir noch die Schicht der *allgemeinen Erziehungswissenschaft* von allen übrigen abheben, in der der Gesamtbereich erzieherischer Praxis, Reflexion und Kunst zum theoretischen Gegenstand gemacht wird.[187] Die Differenzierungen gehen auf eine Vorlesung von 1902/3 zurück, wo gesagt wird, die Pädagogik sei zwar noch keine Wissenschaft, aber man könne nicht warten, bis es soweit sei, denn es bestehe einfach ein vitales Bedürfnis nach Regelung der Erziehungsfragen jenseits aller Wissenschaft. Die Praxis hat also den unbestrittenen Vorrang. Andererseits darf das aber nicht dazu verleiten, die Begründung einer Erziehungswissenschaft einfach aufzugeben und sich mit der Kunstlehre zu begnügen. Später (1911) gab er dieser ersten Unterscheidung eine präzisere Formulierung, und es trat neben die Pädagogik als ,,théorie pratique" noch eine objektive Erziehungswissenschaft. Die ,,théorie pratique" ist immer eingeschlossen in ein besonderes und damit einseitiges Lebenssystem (Polis, Kastengesellschaft, feudale Gesellschaft, Ständegesellschaft, kapitalistische Gesellschaft usf.), während die Erziehungswissenschaft Auskunft geben will über die gemeinsamen Züge der Erziehungskunst in allen Gesellschaften. Entscheidend für die strukturell-funktionale Analyse ist nun aber, daß sie die drei ersten Schichten nicht fallen läßt zu Gunsten der vierten; *vielmehr ersetzt die ,,théorie pratique" die Erziehungswissenschaft, solange sie nicht ausgebaut ist.* Damit hat sie eine positive Funktion. Dazu kommt aber noch ein zweites, daß nämlich die Analytik der Erziehungswissenschaft die anderen Formen der immediaten Handlung und der verschiedenen Reflexionsebenen als Material und Gegenstand zumal benutzt, um die Grundbegriffe der Erziehung herauszuarbeiten, die den verschiedensten kulturellen Erziehungssystemen gemeinsam sind. Ähnlich verfährt Durkheim in der Moralwissenschaft.[188] Wäre Durkheim, wie so oft behauptet worden ist, Szientist, dann würde er den ersten drei Formen der Pädagogik wie auch den entsprechenden Formen der moralischen Erziehung jede Funktion absprechen.[189] Genau das geschieht aber nicht, wobei die Funktion bestimmt wird durch die jeweilige Reflexionsstruktur. Diese verschiedenen Reflexionsformen erwachsen ebenfalls aus Lebensbedürfnissen der Existenzerhellung, die nicht von der Hand zu weisen sind. Dennoch aber haben sie ihre leicht erkennbaren Grenzen, da sie immer in ein partikuläres Kultursystem eingebunden bleiben. Überwunden kann das erst werden, wenn man diese Situation neutralisiert durch vergleichende Betrachtung, wobei dann jedes einzelne dieser Reflexionssysteme dazu dient, im Rahmen der konkomitanten Bedingungskomplexe die korrespondierenden Erziehungselemente in den verschiedenen Systemen auszumachen und damit eine allgemeine Theorie der Erziehung anzubahnen.

Der hier zutage tretende Universalismus hat aber mit einer Theorie, wie sie in unseren Tagen gelegentlich vertreten wurde und in der kein Raum ist für sozialen Wandel, schon darum nichts gemeinsam, weil ja die unendliche Reflexivität des Lebens und ihre Tendenz zu immer neuen Lebensformen nicht ausgelöscht ist, wie schon in Durkheims Berufung auf Sokrates als moralischem Revolutionär zutage tritt.[190] Und das bleibt keineswegs ein alleinstehendes Beispiel, sondern kehrt gerade in seinen moralwissenschaftlichen Versuchen wieder. Denn die Benutzung der moralistischen (nicht moralwissenschaftlichen) Reflexion als Material der Analytik eröffnet fortlaufend den Zugang zum „Neuen" wie im übrigen jedes einzelne moralische Subjekt mindestens im gleichen Maße konform wie nicht-konform ist und damit den Keim des Neuen in sich trägt. Deutlich äußert er sich darüber in seiner letzten Äußerung kurz vor seinem Tode: „Die Methode der Wissenschaft ist nicht die gleiche wie die der Kunst; es gibt sogar einen radikalen Gegensatz zwischen beiden. Die Wissenschaft findet ihr Gebiet im Vergangenen und in der Gegenwart, die sie so getreu wie möglich auszudrücken sucht; die Kunst ist auf die Zukunft ausgerichtet, die sie zu antizipieren und im voraus zu konstruieren sucht. Aber jedes Mal, wenn sich der Gedanke einer neuen Gattung von Fakten zuwendet, geschieht das, um gewissen mehr oder weniger dringlichen vitalen Notwendigkeiten zu dienen; wenn er sich aber in diesem Sinne in den Dienst der Aktion stellt, entleiht er deren Methoden, die er mit den eigenen verbindet."[191] So anerkennt also Durkheim die Funktionalität existenzieller Moralspekulationen, insofern sie das Neue aufschließen; nur haben sie keinen wissenschaftlichen Charakter.

Das zweite Paradigma, dem wir hier begegnen, ist Durkheims *Analyse des Sozialismus.* Auch diese ist, wie gezeigt werden soll, ein Teil seiner empirischen (in diesem Falle: historischen) Soziologie der Erkenntnis, und ist gerade methodisch von größter Bedeutung. Es wäre also abwegig, wenn man sein Werk mit dem Titel *Le socialisme* als eine „Geschichte" des Sozialismus im engeren Sinne ansehen wollte, genau so wenig wie das Werk von Montesquieu als Beitrag zur „Geschichte der Soziologie". Gegen eine solche Interpretation muß allein der Umstand skeptisch machen, daß er sich genau in der Zeit damit beschäftigte, als er in Bordeaux mit der Publikation seiner ersten Hauptwerke schon über alle Maßen belastet war. Bereits 1893 gab er eine Notiz über die Definition des Sozialismus heraus, hielt 1895/6 eine Vorlesungsreihe über die Geschichte des Sozialismus, die er immer fortsetzen wollte, ohne jedoch dazu die Zeit zu finden, so daß Marcel Mauss dies Werk 1928 als unvollständiges Fragment posthum veröffentlichen muß.[192] Mauss ist sich übrigens sehr klar darüber, daß dies nicht eine bloße „Geschichte" ist als acta relata, sondern die „Erklärung" einer „Ideologie", d. h. mit anderen Worten „ein Modell der Anwendung einer soziologischen und historischen Methode auf die Analyse der Ursachen einer Idee", eben der sozialistischen.[193] Dabei verwendet Durkheim in diesem Zusammenhang fast die gleiche Sprache wie in seinen pädagogischen Schriften; der *„théorie pratique"* entspricht hier die *„doctrine pratique".* Man kann sofort hinzufügen, daß diese Doktrin genau wie die moralische Reflexion und Spekulation ihre Funktion darin findet, das Neue aufzuschließen, eine Bewußtseinserweiterung für Dinge und Probleme anzubahnen, die man bis dahin noch nicht gesehen hatte. So ist der Sozialismus die Lehre von einer kommenden Gesellschaftsordnung: „Der Sozialismus ist ganz und gar auf die Zukunft ausgerichtet." Er befaßt sich nicht mit dem Gewesenen und dem aktuell Gegebenen, sondern mit dem, was sein soll.

„Es ist unbestreitbar, daß er (der Sozialismus) dadurch der Sozialwissenschaft mehr Dienste geleistet als er empfangen hat. Denn er hat das Bewußtsein erweckt, er hat die wissenschaftliche Aktivität stimuliert, er hat Forschungen provoziert, Probleme gestellt, so daß sich in mehr als einem Punkte seine Geschichte mit der der Soziologie vereint."[194] Aber der Sozialismus ist darum noch lange keine Wissenschaft. Und dann folgen die klassischen Worte: „Der Sozialismus ist keine Wissenschaft, auch keine Miniaturausgabe der Soziologie; er ist ein Schrei des Schmerzes und manchmal auch der Wut, der von den Männern ausgestoßen wird, die am intensivsten unser kollektives Unbehagen spüren."[195] Das ist mit anderen Worten die genau gleiche Stimme wie im Vorwort zum Selbstmordwerk: die Gesellschaft insgesamt bewegt sich in einer Krise, die es zu erkennen gilt. Dazu ist der Sozialismus selber aus erkenntniskritischen Gründen nicht imstande, genau so wenig wie die ihn bekämpfenden Doktrinen der Ökonomen, die ebenso wenig über wissenschaftliche Einsichten verfügen. Die Sozialwissenschaften sind noch zu jung, um praktischen Doktrinen dieser Art als Grundlage für ihre weitreichenden Verallgemeinerungen zu dienen. „Aber man kann den Sozialismus noch unter einem ganz anderen Aspekt untersuchen. Wenn er kein wissenschaftlicher Ausdruck der sozialen Tatsachen ist, so ist er selber eine soziale Tatsache, und zwar eine von der größten Bedeutsamkeit. Wenn er kein Werk der Wissenschaft ist, so ist er doch Objekt der Wissenschaft."[196] Damit wird der Sozialismus symptomatologisch relevant, genau wie die Moralreflexionen und Spekulationen das Bewußtwerden neuer Einstellungen ankündigen. Im übrigen ist der Sozialismus ein säkulares und kein vorübergehendes Symptom, das damit zum wichtigsten Problem der Soziologie wird. Auch hier aber müssen wir uns unserer Vorurteile entledigen, bevor die methodische Erkenntnis anheben kann. Das alles beweist wohl hinlänglich, *daß das Sozialismuswerk im Zusammenhang mit der Methode gesehen werden muß.* Es stellt die Analyse einer Ideologie dar, die nach soziologischer Erklärung verlangt.[197]

Das letzte Wort Durkheims zu den Fragen der Erkenntnissoziologie findet sich in seinen Vorlesungen über *Pragmatismus und Soziologie* (als Vorlesung 1913/14, veröffentlicht durch Armand Cuvillier 1955).[198] In diesen Vorlesungen, die Durkheim für seinen Sohn André und einige andere junge Gelehrte unternommen hatte, hat er zunächst eindeutig Elemente aus seinen eben abgeschlossenen religionssoziologischen Studien weitergesponnen, ferner eine Reihe wissenschaftstheoretischer Elemente aufgegriffen, schließlich aber auch einige politische Stellungnahmen beabsichtigt, die nicht uninteressant sind. *Manifest* geht der Kampf gegen Henri Bergson, der in engen Wechselwirkungen mit den Pragmatisten (insbesondere William James) stand; *latent* ging aber der Kampf auch gegen Georges Sorel, der jedoch an keiner Stelle genannt wird. Es mag absurd erscheinen, eine solche Behauptung aufzustellen, ich habe aber einige gute Gründe dafür, die ich schon gleich nach Erscheinen des genannten Werkes vorgetragen habe.[199] Sorel war in jenen Jahren im Begriff, unter Benutzung von irrationalistischen Anregungen von Seiten Bergsons seine Theorie von den *politischen Mythen* und der *Gewalt* aufzubauen.[200] Für ihn war das nur die eine Seite des historischen

Prozesses; auf der anderen Seite griff er ebenfalls das Problem des Pragmatismus in verschiedenen Publikationen auf (zusammengefaßt 1917). Schließlich aber stellte er ein Programm für eine technizistische Planungswirtschaft auf, die als Ergebnis des pluralistischen Pragmatismus ausgegeben wird.[201] Das schließt in gewisser Weise an Saint-Simon an (trotz aller Polemik gegen diesen), wobei ein Argument wieder aktuell wird, das zuerst Durkheim gegen Saint-Simon erhoben hatte, daß nämlich eine Organisation der wirtschaftlichen Wirklichkeit aus sich selber ohne Eingriff „moralischer" Instanzen (Berufsgruppen) unmöglich sei.[202] Diesen Gedanken griff auch Sorel in der Auseinandersetzung mit dem Selbstmordwerk auf,[203] wobei er dem Korporativismus Durkheims die revolutionären Syndikate als Träger einer neuen Moral entgegensetzt: *damit rückt das Moment des politischen Irrationalismus in den Vordergrund.* Also das gleiche Problem von zwei Seiten aus gesehen. Ich bin nun der Meinung, daß das Echo dieser Auseinandersetzung in den Vorlesungen Durkheims nachklingt, also die Auseinandersetzung zwischen dem Sozialismus, wie Durkheim ihn verstand, und dem revolutionären Syndikalismus im Sinne Sorels. Ich sehe dies Echo insbesondere an den Stellen, wo Durkheim an Descartes anschließt.[204] Hier spricht er von einem „Angriff gegen die Vernunft", von „einem wirklichen Kampf mit bewaffneter Hand", der eine Erneuerung des traditionellen Rationalismus herausfordert. Darüber hinaus spricht er sogar von einem „nationalen Interesse": „Unsere ganze französische Kultur ist in den Grundlagen wesentlich rationalistisch. Hier verlängert das XVIII. Jahrhundert den Kartesianismus. Eine totale Negierung des Rationalismus würde also eine Gefahr bedeuten: sie wäre ein Umsturz unserer ganzen nationalen Kultur. Der ganze französische Geist müßte umgeformt werden, wenn diese Art des Irrationalismus, den der Pragmatismus darstellt, zugelassen werden sollte." Man hat nun geglaubt, diese Wendungen auf die Abwehr ausländischer Einflüsse (d.h. anglo-amerikanischer) zurückführen zu müssen; ich sehe aber in diesem Auftauchen der „Gewalt", die für die Pragmatisten nie ein Problem gewesen ist, viel eher eine Anspielung auf Sorel[215] und entsprechend auch auf seine Erkenntnissoziologie, der Durkheim seine eigene entgegensetzt. Natürlich müßte das weiter ausgeführt werden, um wirklich stringent zu sein, andererseits kann man diesen Punkt aber nicht übergehen, da ohne ihn Durkheims besondere Absicht mit dieser Vorlesungsreihe nicht adäquat verstanden werden kann. Vor allem läuft man Gefahr, ihn als reinen „Szientisten" zu sehen,[206] und damit die moralistischen Absichten seiner ganzen Arbeit zu unterschätzen. Die Auseinandersetzung mit dem Pragmatismus ist für Durkheim keine wissenschaftslogische Dissertation, sondern im Sinne von Auguste Comte ein Mittel, „um die intellektuelle Anarchie zu beenden";[181] er tut das in Auseinandersetzung mit einer Theorie, die „den Amorphismus der Wahrheit" postuliert,[207] selbst wenn der Pragmatismus Recht hatte, als er die alte Wahrheitsidee „entsteifte" („déraidir").[208] In der Erkenntnis bildet der Mensch nicht etwa eine vorausexistierende Realität ab (das wäre redundant), sondern er schafft sie mindestens im gleichen Ausmaß. „Dementsprechend ist die Wirklichkeit selber nicht etwas Erstarrtes, zum Stillstand Gekommenes, in unübersteigbaren Grenzen

Eingeschlossenes. Sie schreitet unentwegt voran mit der menschlichen Erfahrung. In dem Ausmaß, wie diese sich ausbreitet, dringt sie vor in das Nichts, sie bereichert sich auch. So tritt eine wesentliche Idee zutage, auf der der ganze Pragmatismus beruht: der Gedanke, der an die Aktion gebunden ist, schafft in einem gewissen Sinne die Realität selber."[209] Durkheim akzeptiert diese Vorstellung und fügt sofort hinzu, daß sich vielleicht in der Natur keine Mutationen mehr ereignen, ,,aber solche Schöpfungen vollziehen sich ständig auf dem Gebiet des Moralischen",[210] wobei Cuvillier in einer Fußnote hinzufügt, daß Durkheim hiermit seine eigenste Meinung wiedergibt und nicht die der Pragmatisten. Und Durkheim fährt fort: ,,Alle menschlichen Gesellschaften sind Kräfte, die sich entwickeln, weit davon entfernt, immer mit sich selbst identisch zu bleiben. Komplexere Gesellschaften kommen zutage, in denen neue Kräfte erscheinen. Diese Kräfte, die wir uns nur statisch vorstellen können, wenn es um die Vergangenheit geht, sehen wir in der Gegenwart in Aktion. Wie dem auch immer sei, es gibt einen ganzen Bereich des Wirklichen, der offensichtlich durch den Gedanken erschaffen worden ist: das ist *die soziale Wirklichkeit,* und dies Beispiel ist sicher das bezeichnendste, das man anführen kann".[211] Damit ist zunächst die These vom schöpferischen Charakter der gesellschaftlichen Wirklichkeit ausgesprochen. ,,Indem wir Wahrheiten schaffen, schaffen wir auch Wirklichkeiten."[212] Die Frage ist aber nun, ob darum nun auch die Wahrheit genau so wandelbar sein müsse wie die Wirklichkeit. ,,Wenn sich z. B. neue Gattungen gebildet haben, folgt dann daraus, daß sich die Gesetze des Lebens geändert hätten? Es ist auch sicher, daß neue soziale Gattungen erschienen sind; aber haben wir das Recht, daraus zu schließen, daß die Gesetze des Lebens in der Gesellschaft nicht mehr die gleichen seien? Wir sollten nicht die Bereicherung der Wahrheit (oder der Wirklichkeit) mit der Flüchtigkeit der Wahrheit verwechseln."[213]

Wichtig wird dagegen die Grundeinsicht, in der der Pragmatismus und die Soziologie sich völlig parallel entwickeln. ,,Die Soziologie wird in der Tat dazu veranlaßt, sich das gleiche Problem durch die Anwendung des *historischen* Gesichtspunktes auf die menschlichen Dinge zu stellen. Der Mensch ist ein Produkt der Geschichte, also eines Werdens: nichts ist in ihm, was im voraus gegeben oder definiert wäre. Die Geschichte beginnt nirgendwo; sie hört auch nirgendwo auf. Alles, was im Menschen ist, ist im Laufe der Zeit durch die Menschheit geschaffen worden. Daher: wenn die Wahrheit menschlich ist, ist sie auch ein menschliches Produkt. Die Soziologie wendet die gleiche Auffassung auf die Vernunft an. Alles, was die Vernunft konstituiert, ihre Prinzipien, ihre Kategorien, alles das ist im Laufe der Geschichte entstanden."[214] Aber die Soziologie ist besser imstande, dies Problem zu lösen, als der Pragmatismus mit seiner Verflüssigung der Wahrheit. ,,Man hat seit jeher in der Wahrheit etwas erkannt, das sich uns in gewisser Weise aufdrängt unabhängig von den Erscheinungen der Empfindungen und der individuellen Impulse. Eine so universelle Konzeption muß wohl etwas Wirklichem entsprechen. Es ist eines, die Korrespondenz zwischen Symbolen und der Wirklichkeit in Frage zu stellen, etwas anderes mit dem Symbol das Symbolisierte zu verwerfen. Dieser anerkannte Druck der Wahrheit auf die Gemüter ist ein

Symbol, das man interpretieren muß, selbst wenn man es ablehnt, aus der Wahrheit etwas Absolutes und Außermenschliches zu machen."[215] *Es gibt also ein soziologisches Formgesetz der Wahrheit, das sich dem Amorphismus entgegensetzt.* „So hat sich die Familie im Laufe der Geschichte entwickelt, aber sie ist trotzdem immer die Familie mit den gleichen Funktionen geblieben: eine jede ihrer verschiedenen Formen war diesen Funktionen angepaßt."[216] Dies Formgesetz der Wahrheit ist auch verantwortlich für eine ihrer Eigenheiten, die von den Pragmatisten vernachlässigt zu werden pflegt: „Die Wahrheit ist oft schmerzhaft: es geschieht, daß sie den Gedanken desorganisiert, daß sie die Heiterkeit des Geistes verwirrt. Wenn der Mensch sie wahrnimmt, ist er oft gezwungen, seine ganze geistige Organisation zu verändern, was eine Krise zur Folge hat, aus der er fassungslos und handlungsunfähig hervorgeht."[217] Das heißt mit anderen Worten, daß sich die Wahrheit „aufzwingt" wie die kollektiven Vorstellungen; daher der Eindruck von Widerstand, den wir der Wahrheit gegenüber empfinden und in dem ihre Objektivität zum Ausdruck kommt.

Es gibt aber nicht nur die wissenschaftliche Wahrheit, sondern noch eine vor-wissenschaftliche, nämlich *die Mythologien.* „Alle Kosmologien, die den mythologischen Systemen immanent sind, sind voneinander unterschieden, und dennoch kann man von diesen Kosmologien sagen, daß sie alle mit gutem Recht gleich wahr sind, weil sie in bezug auf die Völker, die ihnen anhängen, die gleichen Funktionen übten, weil sie die gleiche soziale Rolle gehabt haben."[218] Wenn man an die Bedeutung der Symbole für die Kosmologien und Mythologien zurückdenkt und an die Rolle, die dabei jeweils der Sprache als einem zugeordneten System verbaler Symbole zukommt, so stehen wir hier vor der Unterscheidung von *Objektsprache* (als Träger der Symbole) und der *Metasprache* als eines Mittels der kognitiven Systematik im Dienste der Wahrheit, die also von den einzelnen Mythologien und den sie tragenden Gesellschaften unabhängig ist. Ähnlich steht es bei den wissenschaftlichen Wahrheiten. Diese entstehen erst auf einem gewissen Entwicklungsstand, der durch Arbeitsteilung charakterisiert ist, im Gegensatz zu der Homogenität der segmentären Gesellschaften.[219] Auch hier gibt es, wie vorher schon gesehen, „praktische Doktrinen", da sich die Gesellschaft ohne Bewußtsein nicht entfalten kann; in diesem Zusammenhang nennt Durkheim sie „Populärphilosophien"[220] und hebt wie beim „Sozialismus" oder bei den pädagogischen „Doktrinen" ihre handlungsorientierende Funktion hervor. „In der sozialen Welt ... muß man handeln, muß man leben, und zum Leben braucht man etwas anderes als den Zweifel. Die Gesellschaft kann nicht warten, bis ihre Probleme wissenschaftlich gelöst sind: sie muß sich entscheiden, was sie tun will; und um sich zu entscheiden, muß sie sich eine Idee von dem machen, was sie ist. – Diese Vorstellung von sich selbst, die für die Handlung unaufgebbar ist, wo soll sie sie suchen? Es gibt nur eine einzige Lösung: bei dem Mangel einer objektiven Erkenntnis kann sie sich nur *von innen her* kennen, sie kann sich nur bemühen, das Gefühl, das sie von sich selber hat, zu übersetzen und sich mit seiner Hilfe zu lenken. Anders gesagt, sie muß sich anhand einer Vorstellung verhalten, die der gleichen Natur ist wie jene Vorstellungen, die die mythologischen Wahrheiten ausmachen."[221] Also gibt es auch hier eine Fülle von verschiedenen Objektsprachen, die jeweils den verschiedenen sozialen Konstellationen entsprechen; im übrigen haben sie die gleiche Einstimmigkeit wie die Mythologien, und das gibt ihnen eine Kraft und eine Autorität, die sie der Kontrolle und dem Zweifel entziehen. „So sind in unseren Gesellschaften Formeln im Umlauf, die wir nicht als religiös ansehen, die aber den Charakter von Dogmen haben, die man nicht diskutiert. Dazu gehören die Begriffe *Demokratie, Fortschritt, Klassenkampf* usw. So sehen wir, daß das wissenschaftliche Denken nicht allein herrschen kann. Es gibt, und es wird immer geben, im sozialen Leben Raum für eine Art der Wahrheit, die sich vielleicht in sehr laienhafter Form ausdrücken wird, aber trotz alledem einen mythologischen und religiösen Hintergrund hat."[222] Dieser Umstand verspätet auch die Entwicklung der Soziologie.

In beiden Fällen stehen wir also vor der Unterscheidung von Objektsprachen („doctrine pratique") und Metasprache („vérité scientifique"), wobei letztere über große Sektoren hin noch unterentwickelt ist. Die ersten sind sehr mannigfaltig in primitiven und in entwickelten Gesellschaften, wo sie durch verschiedene *soziale Strömungen* repräsentiert werden, die verschiedenen Bedürfnissen entsprechen. Die Funktion der spekulativen Wahrheit (der Metasprache) liegt dann darin, daß sie das „kollektive Bewußtsein" nährt und bereichert. „Wenn die Wahrheit einzig die Wirklichkeit ausdrücken würde, wäre sie eine bloße Redundanz; sie muß vielmehr dem Wirklichen etwas *hinzufügen;* wenn sie aber etwas hinzufügt, dann ist sie keine getreue Kopie mehr. In der Tat, diese Kopie des Wirklichen, die die Wahrheit darstellt, ist nicht einfache Redundanz, einfacher Pleonasmus. Sie fügt eine neue Welt zur Wirklichkeit hinzu, die komplexer ist als alle anderen: die menschliche Welt, die soziale Welt. Durch sie wird eine neue Ordnung der Dinge ermöglicht: nichts geringeres als die *Zivilisation.*"[223] Diese steht dann nicht mehr auf einem Konformismus irgendwelcher Art, sondern auf einem *intellektuellen Individualismus,* der aber trotzdem soziale Funktionen hat. Der Ausdruck des Wirklichen, der in der Wahrheit hervortritt, ist der Schöpfer der Gesellschaften, wie er aus ihnen resultiert.[224]

Wir haben diese letzten Aspekte der Methodologie von Durkheim etwas eingehender ausgeführt, weil sie im deutschen Sprachraum noch immer völlig unbekannt sind und sicher dazu beitragen können, eine neue Bewertung Durkheims und seines Werkes anzubahnen.

V. Durkheims wissenschaftliche Bedeutung zu Lebzeiten

Durkheim ist nicht nur ein wissenschaftliches, sondern auch ein politisches Problem, wobei Wissenschaft und Politik in engster Interaktion stehen. Darum muß seine Wirkensgeschichte unter einem doppelten Aspekt betrachtet werden. Wir stellen den politischen voraus und kommen damit auf seine Jugend zurück.

Als Durkheim seine Reise nach Deutschland antrat, hatte er ein wichtiges Gespräch mit Louis Liard, der im Kultusministerium für die höhere Bildung verantwortlich war. Er war auch in der Schulreform stark engagiert und arbeitete mit Ferdinand Buisson, der an der Sorbonne den Lehrstuhl für Erziehungswissenschaften innehatte, den später im Jahre 1902 Durkheim übernehmen sollte. Durkheim war mit Liard über Charles Renouvier, der ihr gemeinsamer Lehrer war, eng verbunden. Renouvier war gewissermaßen der offizielle Philosoph der Dritten Republik.[225] Ein wichtiges Problem, das damals zwischen Liard und Durkheim besprochen wurde, war wahrscheinlich die Entwicklung der Schulreform im Frankreich der Dritten Republik, speziell die Reorganisation der Lehrerausbildung im Sinne des Laizismus, was die Entwicklung einer neuen „Bürgermoral" voraussetzte, zu deren Entfaltung auch die Art der Lehre der Sozialwissenschaften in Deutschland herangezogen werden sollte. „Als Durkheim diese Mission annahm und durchführte, überschritt er, ohne es zu wissen, einen Rubikon: er fügte damit seine Arbeit, sein Projekt, in einen faktischen sozialen und politischen Prozess ein und fand das Mittel, seine ursprüngliche und dauernde Berufung als Lehrer mit dem Metier des Soziologen zu verbinden."[226] Damit begann in Frankreich die Einführung des Soziologieunterrichts in den *Ecoles Normales* im Zeichen des Laizismus. Im Jahr von Durkheims Rückkehr aus Deutschland wird am 30. Oktober 1886 das neue Schulgesetz der *Ecole laïque* erlassen, das die französische Öffentlichkeit bis zum Ende des Zweiten Weltkriegs beherrschte und 1946 während der Verfassungsberatungen zur Vierten Republik noch ein zentrales Streitobjekt war. Im Rahmen dieses Gesetzes entwikkelt nun Durkheim „ein massives Programm zur Erziehung der Erzieher",[227] bei dessen Gelegenheit er seine Theorie von der Rolle einer neuen Moral im Rahmen eines solchen Entwicklungsprozesses in Wirklichkeit umsetzen konnte. Damit war sein politischer Erfolg unbestritten, selbst wenn es gelegentlich zu Angriffen kam. So gewinnt seine Eröffnungsvorlesung in Bordeaux einen höchst politischen Charakter, speziell wenn er am Schluß sagt, daß alle seine Ideen erst dann wirksam werden könnten, wenn sie sich über breiteste Schichten der Bevölkerung entfalteten; der Anfang dafür werde an der Universität gemacht, und das sei seine eigenste Aufgabe.[228]

Was damals in Bordeaux seinen Anfang nahm, hat bis in meine eigene Studienzeit überlebt, während der ich nach 1927 (bis 1939) mit den verschiedensten Mitgliedern der zweiten Generation der Durkheim-Schule Kontakt hatte.[229] Zu jener Zeit war der Einfluß Durkheims wirklich überwältigend, wie etwa das vorzügliche Lehrbuch der Soziologie von René Hubert (1925) beweist, das für das offizielle Programm der *Ecoles Normales Primaires* (zweites Jahr) diente, das am 18. September 1920 erlassen worden war. Eine Wandlung deutete sich eigentlich erst kurz vor dem zweiten Weltkrieg an; sie ist gebunden an die Namen Raymond Aron (1935),[230] Georges Friedmann (1936)[231] und Georges Gurvitch (1938),[232] mit denen sich in Frankreich neue Einflüsse ankündigen, und zwar sowohl aus der Richtung von Karl Marx als auch von Max Weber und Max Scheler, die allerdings durch den Weltkrieg jählings unterbrochen und erst nach dem Kriege wieder aufgenommen wurden. 1946 wurde mit der Begründung der Vierten Republik auch ein neues Blatt in der Geschichte Frankreichs aufgeschlagen, in der nun der politische Einfluß Durkheims und der Durkheimianer definitiv erloschen ist.

Genau umgekehrt hat sich dagegen seine wissenschaftliche Bedeutung in Frankreich und in der Welt entwickelt. Sie entfaltet sich gewissermaßen in drei Takten, die im folgenden kurz vorgeführt werden sollen: 1. die Kritiken von seiten reaktionärer Kräfte; 2. die Kritiken von seiten der Fachwissenschaften; 3. die Rückbesinnung auf das dynamische Element in Durkheim. Da die gesamte vorgehende Darstellung aus der dritten Perspektive geschrieben ist, können wir sie hier übergehen und uns auf die beiden ersten Aspekte konzentrieren.

1. Am leichtesten fällt es, mit den reaktionären Kritikern der ersten Stunde fertig zu werden, sind doch ihre Namen zumeist in der Versenkung verschwunden, wie etwa der äußerst unfaire Angriff von katholischer Seite, den Simon Deploige (1913)[233] vortrug; im gleichen Sinne und aus protestantischer Richtung ein ,,abtrünniger" ehemaliger Mitarbeiter Durkheims, Gaston Richard (1912, 1923),[234] der heute ebenfalls mit Recht vergessen ist. Auch die Kritiken von René Worms (1893, 1907, 1917 und 1921)[235] sind heute vergessen, wobei bemerkt werden muß, daß er sich in dem letzten Werk, einer kleinen ,,Einleitung" in die Soziologie, Durkheim beträchtlich angenähert hatte, während die von ihm geleitete Zeitschrift *Revue Internationale de Sociologie* zum Zentrum der Anti-Durkheim-Bewegung wurde.[236] Entscheidend scheint mir aber wiederum, daß ausnahmslos alle Mitarbeiter dieser Zeitschrift heute vergessen sind. So muß man unterscheiden zwischen dem Lärm, den die Kritiker damals machten, und dem Schweigen, das sie heute bedeckt. Die bedeutendste Ausnahme aus jenen Jahren stellt der großartige Gabriel Tarde dar, mit dem Durkheim mehrfach zusammenstieß.[237] Trotzdem obwalteten auch hier sehr häufig Mißverständnisse wie etwa das vom vermeintlich ontologischen Charakter der ,,conscience collective" bei Durkheim, ein Vorwurf, der von zahllosen Seiten erhoben worden ist. Wir haben schon früher darauf hingewiesen, daß sich Durkheim in dieser Hinsicht selbst kritisiert hatte, daß die ,,conscience collective" vielleicht überhaupt kein sehr wesentliches Lehrstück bei ihm darstellt, schließlich daß der Fehler häufig mehr in den sprachlichen Formulierungen als in der Sache liegt.[238] Damit fallen auch alle Kritiken dahin, welche die Rolle der ,,conscience collective" als Vorwand benutzten, um Durkheim des Kollektivismus und der Vernachlässigung der menschlichen Person zu zeihen. Ein noch größeres Mißverständnis ist bei einem Schüler von Renouvier wohl kaum zu denken, ganz abgesehen von dem selbst bezeugten zentralen Gegenstand seines Hauptwerkes über die Arbeitsteilung, den er in folgenden Worten in dem Vorwort zur ersten Auflage zusammenfaßt: ,,Was nun die Frage betrifft, die bei der Entstehung dieser Arbeit Pate gestanden hat, so ist es die nach den Beziehungen der individuellen Persönlichkeit und der sozialen Solidarität."[239] Man kann diesen Satz nicht oft genug wiederholen, dem später in dem Religionswerk eine fast religiöse Überhöhung der Persönlichkeit entspricht, während sich viele Belege dafür finden, daß ihm die Sache schon seit seinen ersten Schriften eine Herzensangelegenheit war.[240] So schrieb er in einer Abhandlung *L'individualisme et les intellectuels* von 1898 mitten in den hitzigen Debatten über

die ,,Affaire" Dreyfus: ,,Die Vereinigung der Geister kann sich nicht mehr über Riten und bestimmte Vorurteile vollziehen, weil Riten und Vorurteile durch den Lauf der Dinge davongetragen worden sind; so gibt es nichts mehr, was die Menschen gemeinsam lieben und verehren könnten als den Menschen selbst. So ist der Mensch für den Menschen ein Gott geworden, und darum kann er sich auch nicht andere Götter machen, ohne sich selbst zu belügen. Und da jeder von uns einen Teil der Menschheit verkörpert, hat jedes individuelle Bewußtsein etwas Göttliches an sich und erhält dadurch einen Charakter, der sie für die anderen heilig und unverletzbar macht. Hier liegt der ganze Sinn des Individualismus; und das macht seine Doktrin zu einer notwendigen."[241] Spricht so ein Kollektivist? Wir finden hier vielmehr einen Ton, der an die Frühschriften von Karl Marx erinnert.

2. Zur hundertsten Wiederkehr von Durkheims Geburtstag schrieb ich über die ,,Wirkung" Durkheims auf seine Zeit folgendes: ,,Es muß allerdings hervorgehoben werden, daß das einfache Wort ,Wirkung' . . . die in Wirklichkeit äußerst verwickelten Verhältnisse nur sehr ungenügend wiedergibt. Das Subjekt Durkheim bleibt identisch, während bald die eine, bald die andere Seite an ihm hervortritt; dagegen verändern sich die Aufnehmenden ganz beträchtlich, so daß das Erbe Durkheims in höchst verschiedenen funktionalen Zusammenhängen jeweils ganz anders erscheinen kann. Entscheidend ist bei alledem nur, daß es sich nicht um eine Wirkung handelt, die mit wachsender historischer Entfernung einfach immer dünner wird. Im Gegenteil: nachdem die mehr historisch rückverbundenen Bestandteile seines Denkens in der zeitlichen Entfernung deutlicher abhebbar geworden sind, tritt plötzlich sein Beitrag zur allgemeinen Systematik der Soziologie, gewissermaßen von Nebengeräuschen gereinigt, mit überraschender Klarheit auf uns zu."[242] Wenn wir das mit der von uns schon mehrfach belegten ,,Durchlässigkeit" seines Denkens für jeweils neue Konzepte, sei es von seiner Seite, von der Seite seiner Schüler oder von der Seite anderer Fachvertreter, zusammenhalten, dann zeigt sich darin eine deutliche Minimalisierung des ursprünglich so sehr im Vordergrund stehenden ,,dogmatischen" Charakters seines Werkes. Es gibt wohl kein besseres Beispiel dafür als das Verhältnis zu Henri Bergson, seinem Alters- und Studiengenossen aus der *Ecole Normale Supérieure.* Symbolisierten sich in der Person Durkheims die Freunde der Dritten Republik, so in der Person Bergsons ihre Feinde; es lag zwischen ihnen auch ein tiefer politischer Zwiespalt, der die Mißverständnisse geradezu befruchten und provozieren mußte. Wenn wir aber heute bei Durkheim unbefangen lesen, z. B. in der Abhandlung über *Individuelle und kollektive Vorstellungen,* also da, wo sie vermeintlich am weitesten voneinander entfernt sind, wie Durkheim analysiert, werden wir höchst intensiv an Bergson erinnert: ,,Was uns lenkt, sind nicht die paar Ideen, die gegenwärtig unsere Aufmerksamkeit beschäftigen; es sind alle die Residuen, die unser früheres Leben hinterlassen hat; es sind die verfestigten Gewohnheiten, die Vorurteile, die Tendenzen, die uns bewegen, ohne daß wir uns dessen Rechenschaft geben, es ist, mit einem Wort, alles was unseren moralischen Charakter ausmacht."[243] Oder noch: ,,Wenn im Augenblick, da ich dieses

Blatt sehe, in meinem Geist nichts mehr von der Vorstellung des Schnees übrigbleibt, den ich früher gesehen habe, so kann das erste Bild nicht auf das zweite und dieses nicht auf jenes wirken, das eine kann also das andere auf Grund des einfachen Umstandes nicht hervorrufen, daß es ihm ähnlich ist. Aber das Phänomen ist nicht mehr unverständlich, wenn es ein innerliches Gedächtnis gibt, wenn die vergangenen Vorstellungen in ihrer Eigenschaft als Vorstellungen persistieren, wenn schließlich die Erinnerung nicht in einer neuen und originalen Schöpfung, sondern nur in einem Neuauftauchen in die Klarheit des Bewußtseins besteht. Wenn unser seelisches Leben im Maße, wie es verfließt, nicht vernichtet wird, dann gibt es keine Lösung der Kontinuität zwischen unseren früheren und unseren jetzigen Umständen . . ."[244]

Im gleichen Sinne erfuhr Durkheim Kritiken, die seine Lehren keineswegs aufhoben, sondern ganz im Gegenteil sie weiterzuverfolgen erlaubten. Der bedeutendste Fall, der hier zu nennen wäre, stammt aus Durkheims persönlichstem Kreis: sein Neffe Marcel Mauss.[245] Er ist sein Mitarbeiter seit dem Selbstmordwerk, zu dem er eine selbständige statistische Auswertung der Selbstmorde in Paris beitrug. Seinen wesentlichsten Beitrag leistete er aber als Ethnologe, indem er Durkheim half, die letzten Reste des Evolutionismus zu überwinden; außerdem entwickelte er seit seiner Abhandlung über das ,,Opfer" (1899)[246] die Betrachtungsweise des Strukturalismus, aus der Claude Lévi-Strauss seine stärksten Anregungen erfuhr.[247] Schließlich aber, und das ist vielleicht das wichtigste, schlug er definitiv die Brücke von der Soziologie zur Psychologie, was so viele mißverständlicherweise als Argument gegen Durkheim gewendet hatten,[248] mißverständlicherweise, weil Durkheim niemals die Psychologie als solche, sondern immer nur die alte Assoziations- und Elementenpsychologie abgelehnt hatte, was ihn aber nicht daran hinderte, selber in seinem Selbstmordwerk ausgezeichnete Real-, respektive Sozialpsychologie zu treiben.[249] Seit den zwanziger Jahren ist es umgekehrt wie vorher: die Durkheimschule dringt stürmisch vor in die traditionelle Psychologie und wird damit zur Schöpferin der empirischen Sozialpsychologie.[250] Roger Lacombe, sonst ein Kritiker Durkheims, hat mit Recht darauf hingewiesen, daß sich diese Entwicklung niemals so schnell hätte vollziehen können, wenn der Ansatz für die Sozialpsychologie bei Durkheim nicht vorbereitet gewesen wäre.[251] Das hatte sich übrigens schon vor dem Ersten Weltkrieg angebahnt, lange vor der Entwicklung der amerikanischen Sozialpsychologie, die sich damals noch in ziemlich abstrakten Erörterungen auslebte.[252]

Eine weitere Entwicklung der gleichen Art bahnt sich an mit der Kritik an Durkheims religionssoziologischem Hauptwerk. Gewiß kritisierte *Arnold van Gennep* (1912, 1920) Durkheims Totemismushypothese in Grund und Boden, ähnlich *Alexander A. Goldenweiser* (1915);[253] es zeigte sich aber, daß die Problematik der Symbole völlig unberührt davon blieb und sehr wohl ohne das Primat des Totemismus, ja ohne Totemismus überhaupt bestehen konnte. Ähnlich steht es mit dem Aufsatz über das Inzestverbot; die von Durkheim gegebene Antwort ist sicher falsch, aber die Frage selbst bleibt. ,,Die These, daß sich das Inzesttabu für alle menschlichen Gesellschaften ausgebildet hat, ist bestätigt; in diesem Sinne ist das Inzesttabu universal. Die Annahme dagegen, daß es sich in allen Gesellschaften erhalten habe, ist widerlegt."[254] Letztlich kam es bei Durkheim überhaupt nicht auf Evolutionismus und auf die Frage nach dem Ursprung der Religionen an; das war einerseits noch ein Rest aus dem 19. Jahrhundert und dann vielfach rein sprachlich bedingt. Viel entscheidender war es, als Bronislaw Malinowski Durkheim als den Vater des Struktur-Funktionalismus ansprach;[255] denn damit war wieder eine über seine Lebenszeit weit hinausweisende Leistung angesprochen, die im übrigen – wie weiter oben gezeigt – bei Durkheim sogar über Malinowski hinausweisend auf den Strukturalismus im Sinne von Claude Lévi-Strauss und im Sinne der jüngsten britischen Ethnologenschule angelegt war (Edmund Leach, Rodney Needham u. a.).[256]

VI. Die Bedeutung für die heutige und zukünftige Soziologie

Durkheim bleibt also sicher ein großer Anreger, auch wenn viele seiner Einsichten sich angesichts der größtenteils von ihm veranlaßten Forschung nicht bewährt haben. In einer vorzüglichen Zusammenfassung von Jean Duvignaud heißt es hierzu: „Durch die Fragen hindurch, die A. L. Kroeber, Lévi-Strauss oder G. Gurvitch stellten, können wir einen Gedanken *erkennen* und *lesen,* der an und für sich häufig ungedacht war, da er nicht immer bestimmte operationale Konzepte zu formulieren wußte, deren Dringlichkeit und sogar Bedeutung indessen empfunden wurden."[257] Das ist genau die Voraussetzung für das, was wir selber als „Durchlässigkeit" des Denkens für innovative Anstöße bezeichnet haben. Trotzdem muß natürlich zugestanden werden, daß diese Durchlässigkeit in verschiedenen Graden besteht.

Dies trifft insbesondere zu für seine *Stellung zur politischen Ökonomie,* speziell auch zum *Historischen Materialismus,* von der immer wieder gesagt worden ist, daß sie ungenügend sei.[258] Das ist sicher teilweise richtig, wenn auch nur teilweise, so daß hier vielleicht eine essentielle Schwäche seines Denkens besteht. Ich möchte aber schon hier darauf hinweisen, daß der Schein trügt: einerseits hatte Durkheim sehr wohl Verständnis für die Probleme des historischen Materialismus, andererseits wurden die ökonomischen Probleme von zwei seiner wichtigsten Schüler behandelt, von François Simiand und Maurice Halbwachs, die übrigens beide immer eine gewisse Selbständigkeit gegenüber Durkheim bewiesen haben. Was Durkheim abstieß, war jede Form von parteipolitischer Inferenz in die Wissenschaft, wie er es sehr deutlich dem Syndikalisten Hubert Lagardelle gegenüber äußerte (1906), worauf ich andernorts hingewiesen habe.[259] Der entscheidende Vorwurf, den er gegen den revolutionären Syndikalismus erhebt, ist sein Rekurs auf die Gewalt: „Sie können nicht auf ihre Vernunft verzichten! Sie können nicht eine gewaltsame Bewegung bejahen, weil sie gewaltsam ist."[260] Es war der gleiche Lagardelle, der später im Vichy-Régime ein williger Kollaborateur der nationalsozialistischen Okkupanten wurde, womit die auch bei Sorel feststellbare Ambiguität zwischen den Gewaltdoktrinen von Rechts und von Links zusammenpaßt.

Darüber hinaus hatte Durkheim, der der Überlieferung nach bei seiner Deutschlandreise durch einen finnischen Freund Neiglick auf Karl Marx hingewiesen worden war,[261] seine eigenen Ideen über den historischen Materialismus, dem er sich selber als verwandt empfand, wenn er auch betonte, daß er von selbst auf die gleichen Ideen gekommen sei. So schreibt er 1897 in seiner Besprechung von Antonio Labriola: ,,Wir halten die Idee für fruchtbar, daß man das soziale Leben nicht durch die Konzeptionen jener, die daran teilnehmen, erklären kann, sondern durch tiefere Ursachen, die sich dem Bewußtsein entziehen; und wir denken auch, daß diese Ursachen hauptsächlich in der Art gesucht werden müssen, wie die assoziierten Individuen gruppiert sind . . . Damit die kollektiven Vorstellungen verständlich sind, müssen sie schon von etwas herrühren, und da sie keinen in sich geschlossenen Kreis bilden können, muß sich die Quelle, aus der sie abgeleitet werden, außerhalb ihrer befinden. Entweder schwebt das Kollektivbewußtsein im Leeren, als eine Art von unvorstellbarem Absoluten, oder es ist mit dem Rest der Welt vermittels eines Substrates verbunden, von dem es dann abhängt."[262] Gleichzeitig drückt er seine Position zum Materialismus folgendermaßen aus: ,,So wahr es uns erscheint, daß die Ursachen für die sozialen Phänomene außerhalb der individuellen Vorstellungen gesucht werden müssen, so falsch erscheint es uns, daß sie sich letztlich auf den Stand der industriellen Technik zurückführen lassen und daß der ökonomische Faktor der Motor des Fortschritts sei." Vor allem prozediert der Marxismus nicht mit Methode, sondern greift nur hier und da Beispiele auf. Zur Stellung des ökonomischen Faktors bemerkt Durkheim, daß er diesen keineswegs als bloßes Epiphänomen betrachtet: sowie er auftritt, hat er seine eigene Wirkung, er kann auch das Substrat verändern, aber er bleibt trotzdem sekundär.[263] Entscheidend bleibt aber auch hier der Rekurs auf die Gewalt in Form des Klassenkampfes, den er ablehnt.[264] Ein paar Jahre später (4. April 1908) kam er in einer Sitzung der *Société d'économie politique* in Paris auf diese Fragen zurück. Selbst wenn er auch hier ein Primat der politischen Ökonomie ablehnt, so sieht er doch die Auswirkungen ökonomischer Strukturen auf das soziale Substrat. So heißt es: ,,Doch in anderer Beziehung übernimmt die politische Ökonomie doch eine Art von Primat. Die menschlichen Meinungen entwickeln sich im Rahmen sozialer Gruppen und hängen teilweise von dem ab, was diese Gruppen sind. Wir wissen, daß die Meinungen verschieden sind bei gehäuften oder verstreuten Bevölkerungen, in der Stadt und auf dem Land, in den großen und den kleinen Städten usw. Die Ideen wandeln sich je nachdem, ob die Gesellschaft dicht ist oder nicht, groß an Zahl oder nicht, je nachdem die Kommunikations- und Transportwege zahlreich und schnell sind. Es scheint also sicher, daß die ökonomischen Faktoren die Art der Bevölkerungsverteilung, ihre Dichte und die Art der menschlichen Gruppenbildung beeinflussen und daß sie dadurch eine häufig tiefe Wirkung auf die verschiedenen Meinungsströmungen ausüben."[265] Die Antworten der Ökonomen auf Durkheims Ausführungen fielen allerdings reichlich primitiv aus, so daß sie zweifellos nicht zu einer Vertiefung der Problematik beitrugen. Wenn man aber davon ausgeht, daß der Historische Materialismus die Abwendung von subjektivistischen Geistphilosophien darstellt, dann gehört selbstverständlich auch Durkheim hierher. Und dem widerspricht auch nicht sein „Hyperspiritualismus", über den noch zu sprechen sein wird, denn dieser hat ja gerade keinen individualistischen Ausgangspunkt wie die alte Philosophie, sondern den eines schöpferischen, sich entfaltenden Sozialbewußtseins.

Wichtiger als das erscheint mir darum der Umstand, daß François Simiand schon im ersten Band der *Année Sociologique* (1896/7) zu diesen Fragen Stellung nimmt bei Gelegenheit der Diskussion der Werttheorie der Grenznutzenschule. Hier taucht das Problem auf, ob gegenüber der Subjektivität der Grenznutzenschule der marxistische Wertbegriff die eigentliche Alternative sei. „Die marxistische Theorie ... bezeichnete ein wesentliches Bemühen zur Objektivation des Wertbegriffs: nicht nur war jene Arbeit, die in den Dingen inkorporiert war und die ihren Wert darstellte, nicht die *tatsächlich* durch die Individuen *aufgebrachte* Arbeit, sondern *die gesellschaftlich notwendige Arbeit in einem gegebenen Entwicklungszustand;* es war auch eine mittlere oder normale Arbeit, auf die die verschiedenen Arbeiten reduziert waren, und die dann nur noch in der Zeit gemessen werden konnte. – Gerade über diese Reduktion der differenzierten Arbeiten auf die einfache Arbeit hat sich Marx nur unvollständig ausgesprochen; und dieser Punkt ist wichtig. Es ist schwer zu behaupten, daß die verschiedenen Arbeiten keine Qualitätsunterschiede einschließen: hier gibt es also einen Übergang von einer qualitativen Differenzierung zu einer quantitativen Differenzierung, die nach Erklärung verlangt. Wenn man hier nicht eine Methode zur quantitativen Einschätzung der Qualität einführt, ist die Bewertung aller Arbeiten in Zeitmaßen einfacher Arbeit nur noch eine willkürliche und relative Schätzung, und damit verschwindet gleichzeitig die gesuchte Objektivität."[266] Dagegen gibt es im Rahmen des Psychischen sehr wohl objektive Faktoren[267] (nämlich die sozialen, die die individualistische Grenznutzenschule nicht erkannt hatte), und das führt genau zurück zu der Feststellung Durkheims in der erwähnten Diskussion, daß die Rolle der Meinungen in der Bewertung ökonomischer Güter keineswegs Gesetzlichkeiten ausschließe: „Zu behaupten, daß diese Tatsachen Meinungssachen sind, bedeutet nicht, daß sie keinen Gesetzen folgten, denn die Meinung selber hat ihre Gesetze, die nicht von der Meinung abhängig sind."[268] Es gibt also einen Ansatz bei Durkheim für eine politische Ökonomie im soziologischen Sinne, nur hat nicht er, sondern Simiand sie durchgeführt.[269] Allerdings können wir sein Oeuvre hier nicht mehr besprechen. Es sollte nur gezeigt werden, daß Durkheim die Ökonomie nicht links liegen läßt, was auch dadurch belegt wird, daß andere Mitglieder seiner Schule, die ihm näher standen als Simiand, auf diese Fragen eingegangen sind wie z. B. Célestin Bouglé.[270] Der wichtigste von allen ist aber sicher Maurice Halbwachs,[271] der sich vor allem mit der Entwicklung der Arbeiterklasse, den „Lebenslagen" („niveaux de vie") und der Entwicklung der Bedürfnisse bei den Arbeitern befaßt hat, eine Forschungsrichtung, die heute am reinsten durch Paul-Henry Chombart de Lauwe[272] vertreten wird. Der Begriff der „Lebenslagen" geht übrigens auf Durkheim selber zurück, der ihn in seinem Selbstmordwerk als „genre de vie" einführt, „dessen Konstanz gegebenenfalls näher erklärt werden muß".[273]

Das leitet unmittelbar über zu dem Vorwurf, daß Durkheim die *Problematik der sozialen Klassen* und insbesondere die des *Klassenkampfes* vernachlässigt habe. Dieser Vorwurf wäre zweifellos berechtigt, falls er in der angeführten Form zutreffen würde. Man muß sich allerdings auch fragen, warum das der Fall war; auf eines ist schon mehrfach hingewiesen worden: seine tiefe Abneigung gegen jede revolutionäre Gewalt.[274] Das ist aber nur ein Teilaspekt der Frage, gewissermaßen der emotional-existenzielle Hintergrund seiner Einstellung. Davon abgesehen sieht er z. B. in seinen pädagogischen Schriften sehr genau den Einfluß der sozialen Klassenlage auf die Ungleichheit der Lebenschancen eines Individuums und fragt sich sogar, wie lange sich ein gegebenes soziales System eine solche Unterprivilegierung eines großen Teils der Bevölkerung leisten könne. „Sehen wir nicht heute noch die Erziehung variieren mit den sozialen Klassen oder mit dem Wohnort? Die Erziehung in der Stadt ist nicht die gleiche wie auf dem Lande, die des Bourgeois ist nicht die des Arbeiters. Man wird sagen, daß diese Organisation moralisch nicht zu rechtfertigen ist und daß man darin nur ein Überbleibsel sehen kann, das zum Verschwinden bestimmt ist? Die These ist leicht zu verteidigen. Es liegt auf der Hand, daß die Erziehung unserer Kinder nicht von dem Zufall abhängen dürfte, der sie hier oder dort geboren sein läßt, von solchen Eltern mehr als von anderen. Aber auch nachdem das moralische Bewußtsein in dieser Hinsicht Satisfaktion erhalten hätte, würde die Erziehung darum keineswegs uniformer. Selbst wenn die Laufbahn eines jeden Kindes nicht mehr großenteils durch eine blinde Erblichkeit prädeterminiert wäre, würde die moralische Diversität der Berufe in ihrem Gefolge eine große erzieherische Diversität haben. In der Tat stellt jeder Beruf ein Milieu sui generis dar, das eigene Fertigkeiten und besondere Kenntnisse verlangt, in dem bestimmte Ideen, bestimmte Bräuche, bestimmte Ansichtsweisen herrschen; und wie das Kind im Hinblick auf Funktionen ausgebildet sein muß, die es eines Tages ausüben wird, kann die Erziehung von einem bestimmten Alter an nicht für alle Individuen die gleiche sein, an die sie sich richtet."[275] Noch wesentlicher aber und auch weiterführend ist ein anderes Argument, nach dem es nicht angeht, die in einer Gesellschaft gegebenen Spannungen und Konflikte ausschließlich in den sozialen Klassen und Klassenkämpfen und in nichts anderem zu sehen. Das bedeutet natürlich eine historische Relativierung der Theorie vom Klassenkampf auf ein früheres Stadium der Entwicklung des Kapitalismus. Darüber hinaus hat Durkheim andere Unterteilungen der Gesellschaft gesehen, wie die Berufsgruppen, die auch dauernd in Konflikten miteinander stehen, ohne daß es darum zu Gewalt käme.[276] Es gibt einen reformerischen Sozialismus, der die Ungleichheit der Chancen in der kapitalistischen Gesellschaft auflösen soll, und die Rolle der Soziologie ist die einer therapeutischen Disziplin in diesem Prozeß.[277]

Damit steht aber auch fest, daß die Soziologie Durkheims keineswegs ein Werkzeug ist, um die Gesellschaft in ihrem jetzigen Zustand festzuhalten. Ganz im Gegenteil. So sagt Jean-Claude Filloux dazu: ,,Er steht viel radikaleren Themen nahe, indem er intuitiv sieht, daß die Gleichheit ein falsch gestelltes Problem ist (Marxismus) und daß sich eine Gesellschaft andauernd vor der Frage sieht, den Nivellierungsprozeß ständig neu zu gestalten in Funktion der Schaffung neuer Bedürfnisse, die sich aus dem Fortschritt und der Vergleichbarkeit der Gratifikationen ergeben. Ebenso sieht er, falls die Klassen die gegebenen Lebensbedingungen nicht akzeptieren, daß die Lösung in der Aufhebung dieses Übermaßes an Macht liegt, die der Zwang im Arbeitsvertrag darstellt, d.h. in der Aufhebung der Gewalt. Leider hat er diesen Punkt nicht verfolgt, indem er sich weiter gefragt hätte über die innerste Natur der wirtschaftlichen Macht. Es scheint ihm, daß die Einrichtung der Regeln, welche die Beziehungen zwischen den antagonistischen Gruppen oder Klassen ordnen, die Aufhebung der Gewalt (im Sinne einer Verminderung oder Mäßigung) erleichtern würde, und er ist überzeugt davon, daß die personalistischen Werte sich von selbst in *diesen* Institutionen, *diesen* Strukturen niederschlagen können, die die Bedingung ihrer Verwirklichung sind."[278]

Selbst wenn die Wissenschaft mit Vorsicht vorangehen muß, ist die aus ihr resultierende Moral dem ,,Neuen" aufgeschlossen; und es gibt Fälle, wo die Reform nicht auf die Wissenschaft warten kann, dann muß man eben ,,riskieren": ,,Ich will keineswegs sagen, daß wir die Moral erst reformieren können, wenn die Wissenschaft hinreichend entwickelt ist, um uns nützliche Reformen zu diktieren. Es ist klar, daß man leben muß und daß wir oftmals der Wissenschaft zuvorkommen müssen. In diesem Falle tun wir, was wir können, wir benutzen die Rudimente wissenschaftlicher Erkenntnis, die wir zur Verfügung haben, und vervollständigen sie durch unsere Eindrücke, unsere Erfahrungen usf. Wir laufen dann ein gewisses Risiko, das ist wahr, aber manchmal muß man riskieren."[278] Etwas vorher wird sogar gesprochen von der ,,Rebellion" gegen die ,,traditionelle Moral"; diese ist aber nicht eine individuelle Revolte, sondern Ergebnis aufgeklärter Handlung.[280] Letztlich greift aber hier seine Vorstellung vom Staat und vom Sozialismus ein, wie er sie in seinen Vorlesungen von 1895/6 formuliert hat: ,,Man nennt jede Doktrin sozialistisch, die den Anschluß aller ökonomischen Funktionen oder wenigstens bestimmter unter ihnen, die heute noch diffus sind, an die leitenden und bewußten Organe der Gesellschaft fordern."[281] Damit ist auch ein politisches Werkzeug für die Aufhebung (oder Minderung resp. immerwährende Umformung) der Chancenungleichheit gegeben.

Das zwingt letztlich dazu, die Frage nach der *Stellung des sozialen Wandels* im Denken von Durkheim aufzurollen. In seiner älteren Darstellung hatte Talcott Parsons behauptet, man könne bei ihm keine klare Konzeption des sozialen Wandels entdecken.[282] Das hat zweifellos die Interpretation beträchtlich eingeschränkt; wir selber haben schon früh auf das Ungenügende dieser Auffassung hingewiesen,[283] ebenso Robert A. Nisbet[284] und andere,[285] bis schließlich Parsons seine Auffassung selber modifiziert hat, als er jüngstens betonte,[286] daß ein wesentlicher Faktor für den sozialen Wandel bei Durkheim die ,,schöpferische Kultur" sei, und daß er überhaupt *eine multifaktorielle Theorie des sozialen Wandels vertreten habe.* Wenn man unter diesen Aspekten Durkheims Vortrag über Werturteile und Seinsurteile auf dem Philosophenkongress in Bologna von 1911 wieder liest, dann findet man seine hochkomplexe Theorie in seiner Analyse der Momente „schöpferischer Gärung" (womit wir das Wort „effervescence" übersetzen möchten). „In der Tat haben sich seit jeher die großen Ideale, auf denen die Zivilisationen beruhen, in jenen Momenten schöpferischer Gärung begründet. Die schöpferischen oder innovativen Perioden sind genau jene, wo unter dem Einfluß verschiedener Umstände die Menschen dazu kommen, sich engstens einander anzunähern, wo die Zusammenkünfte und Versammlungen häufiger werden, die Beziehungen mehr gepflegt und der Ideenaustausch aktiviert wird: hierher gehören die große Krise des Christentums, die enthusiastische Kollektivbewegung, die im 12. und 13. Jahrhundert die studierende Jugend Europas nach Paris zieht und die Scholastik entstehen läßt, die Reformation und Renaissance, die Revolutionsepoche, die großen sozialistischen Bewegungen des 19. Jahrhunderts ... Das Ideal tendiert, mit der Wirklichkeit zu verschmelzen; darum haben die Menschen den Eindruck, daß die Zeiten nahe sind, wo es Wirklichkeit wird und sich das Reich Gottes auf dieser Erde ausbreiten wird. Aber die Illusion ist nicht dauerhaft, weil die Exaltation selber nicht andauern kann: sie ist zu erschöpfend. Wenn der kritische Moment vorbei ist, lockert sich das soziale Gewebe, die intellektuelle und sentimentale Kommunikation vermindert sich, die Individuen fallen auf ihr gewöhnliches Niveau zurück. Alles, was während dieser Periode eines fruchtbaren Sturms gesagt, getan, gedacht, gefühlt worden ist, lebt nur noch weiter in Gestalt der Erinnerung, zweifellos einer zauberhaften Erinnerung, genau wie die Wirklichkeit, an die sie erinnert, mit der sie aber nicht mehr verwechselt werden darf ... Gewiß würden die Ideale schnell verkümmern, wenn sie nicht periodisch wiederbelebt würden. Dazu dienen Feste, öffentliche Zeremonien religiöser oder weltlicher Art, Predigten aller Art, die der Kirchen, der Schulen, dramatische Aufführungen, künstlerische Manifestationen, mit einem Wort: alles, was die Menschen einander annähern und sie im gleichen intellektuellen und moralischen Leben kommunizieren lassen kann. Sie sind wie partielle und schwächere Renaissancen der fruchtbaren Gärung der schöpferischen Epochen. Aber alle diese Mittel haben nur eine temporäre Wirkung. Während kurzer Zeit gewinnt das Ideal an Frische und das Leben an Aktualität, es nähert sich wiederum der Wirklichkeit, aber es dauert nicht lange, bis es sich von ihr wieder entfernt."[287] Das sind also die Zeiten der großen Krisen und Mutationen.[288] Wir weisen nur noch darauf hin, daß sich Durkheim auch in dieser Hinsicht mit Henri Bergson trifft, dem er sogar vorgearbeitet hat; denn das Gesagte fällt völlig in eins mit Bergsons späterer Unterscheidung einer geschlossenen (= alltäglich-kristallisierten) und einer offenen (= im Zustand schöpferischer Gärung befindlichen) Gesellschaft.[289]

Es fällt überhaupt schwer, angesichts dieser Ideen Durkheim als „laudator temporis acti" oder den Rechtfertiger des Existierenden zu sehen, wie es eine billige und uninformierte Durkheim-Kritik noch immer behauptet, insbesondere auch in Anbetracht der letzten Zeilen, die er unmittelbar vor seinem Tode niederschrieb, und in denen er mit der Funktion des Moralisten in der sich entwickelnden Gesellschaft auch seine eigene als Soziologe charakterisiert hat. „Jede Moral, welcher Art sie auch sei, hat ein Ideal: die Moral, die die Menschen in jedem Moment ihrer Geschichte verfolgen, hat also ihr Ideal, das sich in den Institutionen, in den Traditionen und in den Vorschriften inkarniert, die üblicher Weise das Verhalten regeln. Aber jenseits dieses Ideals gibt es immer noch andere, die erst im Werden sind. Denn das moralische Ideal ist nicht unbeweglich und verwandelt sich immerfort, trotz des Respektes, der es umgibt. Das Ideal von Morgen wird nicht das von Heute sein. Neue Ideen und Aspirationen sprudeln hervor, die in der bestehenden Moral Veränderungen und sogar Revolutionen hervorrufen. Die Rolle des Moralisten liegt in der Vorbereitung dieser notwendigen Transformationen. Da er sich durch die bestehende Moral nicht aufhalten läßt, da er für sich in Anspruch nimmt, eine tabula rasa herzustellen, wenn seine Prinzipien es ihm befehlen, kann er ein originales Werk schaffen und im Neuen arbeiten. Strömungen aller Art, welche die Gesellschaft durchziehen und angesichts derer die Geister sich scheiden, erhalten durch ihn das Bewußtsein ihrer selbst und kommen zu einem reflektierten Ausdruck. Diese Störungen provozieren sogar die moralischen Doktrinen, sie entstehen, um sie zufriedenzustellen. Einzig moralisch zerrissene Zeiten sind auf dem Gebiet der Moral kreativ. Wenn die traditionelle Moral nicht bestritten wird, wenn man kein Bedürfnis verspürt, sie zu erneuern, dann siecht die moralische Reflexion dahin."[290] Mit diesen Sätzen erhält das von Durkheim mehrfach herangezogene Paradigma des Sokrates, der als treuer Bürger seiner Stadt ihre Moral verdammte, einen Inhalt, der immerfort aus der Gegenwart in die Zukunft vorstößt.

Wenn man nun bedenkt, daß Durkheim trotz dieser weiteren Ausblicke gleichzeitig unentwegt daran arbeitete, die Soziologie immer differenzierter auszubauen, dann versteht man, daß er Nüchternheit und den schöpferischen Zukunftsappell zu vereinigen wußte. Das Ausmaß der nüchternen Arbeit kann man ermessen, wenn man die immer differenzierteren Einteilungen des Besprechungsteils der *Année Sociologique* betrachtet; es gibt bis heute keine vergleichbare Darstellung der verschiedenen Arbeitsgebiete der Soziologie. Daneben steht der beständige Appell, die Aufmerksamkeit nicht erlahmen zu lassen, wie er es im Jahre 1914 formulierte. „Die willentlich geübte Aufmerksamkeit ist, wie man weiß, eine Fertigkeit, die sich in uns nur durch die Aktion der Gesellschaft entwickelt. Aufmerksamkeit heißt also Anstrengung. Um aufmerksam sein zu können, muß man den spontanen Ablauf unserer Vorstellungen aussetzen lassen, das Bewußtsein daran hindern, sich in der Bewegung der Zerstreuung gehen zu lassen, die ihm natürlich ist, mit einem Wort, gewissen unserer gebieterischen Meinungen Gewalt antun. Und da der Teil des sozialen Wesens in dem totalen Wesen, das wir sind, immer bedeutender wird im Maße, wie wir in der Geschichte voranschreiten, ist es äußerst unwahrscheinlich, daß jemals ein Zeitalter anbrechen könnte, in dem der Mensch weniger davon befreit wäre, sich selbst gegenüber Widerstand zu leisten, und ein weniger gespanntes und bequemeres Leben zu leben. Alles läßt im Gegenteil voraussehen, daß sich der Wirkungsraum für die Anstrengung mit der Zivilisation immer mehr vergrößern wird."[291] Das ist gleichzeitig ein Aufruf für die Soziologie, ihre Anstrengung nicht erlahmen zu lassen, denn noch immer sind die Probleme zahlreicher als die Lösungen.

Die Größe Durkheims liegt darin, daß er unentwegt Fragen stellte, selbst wenn er keine Antworten oder nur ungenügende Antworten für sie wußte. Was zeitgebunden war an ihm, ist heute sicher weitgehend belanglos geworden. Aber der Mut und die Kraft des beständigen Fragens bleiben sein Vermächtnis an die Gegenwart und die Zukunft

BIBLIOGRAPHIEN

AUGUSTE COMTE

1. Der *erste* Teil der Bibliographie zu Auguste Comte enthält – chronologisch geordnet – die Kurztitel-Angabe der von ihm selbst bzw. nach seinem Tode teils von seinen Schülern, teils von der ,,Société Positiviste" herausgegebenen Schriften, Briefkorrespondenzen und Dokumente.

In diesen Angaben wird in Klammern der Verlag angegeben, in dem das Werk zum ersten Mal erschienen ist, gegebenenfalls die von der ,,Société Positiviste" veranstaltete Neuauflage. Es versteht sich, daß jeweils Paris der Verlags- und Erscheinungsort ist. Diese Phase der publizistischen ,,Diffusion" der Werke Comtes bzw. des Comteschen Positivismus wird bis zum Ende des Ersten Weltkrieges berücksichtigt. Vgl. dazu auch die Hinweise in den ,,Angaben zur Biographie".

1824 Système de politique positive, 1 vol., (Dalmont), 1852–1854 (Dalmont), (1895, Société positiviste).

1839–42 Cours de philosophie positive, 6 vol., (Lagrange), (1893–94, Société positiviste).

1843 Traité de géométrie analytique à 2 et à 3 dimensions, (Dalmont).

1844 Traité philosophique d'astronomie populaire, ibid.

1844 Discours sur l'esprit positif, ibid. (1898 Société positiviste).

1848 Ordre et progrès, ibid.

1849 Calendrier positiviste, (Mathias).

1850 Culte systématique de l'humanité, (Dalmont).

1852 Catéchisme positiviste, (Carilian-Goeury).

1855 Appel aux conservateurs, (Dalmont).

1856 Synthèse subjective, ibid.

1868 Principes de philosophie positive, (Baillière).

1870 Lettres à M. Valat, (Dunod).

1877 Lettres d'Auguste Comte à J. St. Mill, (1841–46), (Leroux).

1878 Essai de philosophie mathématique, (Dunod).

1881 La philosophie positive. Résumé, 2 vol.

1883 Opuscules de philosophie sociale (1819–1828), (Leroux).

1884 Testament d'Auguste Comte avec les documents qui s'y rapportent, 10, rue M.-le-Prince.

1892 Cours de philosophie positive, Extraits 1, 2, 3, 10.

1894 La géométrie analytique.

1895 La philosophie positive. Condensée par H. Martineau. Trad. de l'angl., 2 vol.

1897 La sociologie. Résumé, par Rigolage.

1902 Essai sur la religion.

1902 Lettres à divers (1850–57), (Leroux).

1904 Correspondances inédites, 10, rue M.-le-prince.

1907 Discours sur l'ensemble du positivisme (Soc. Pos. Int.).

1911 L'islamisme au point de vue sociologique (Textes choisis par Cherfils).

1912 Choix de Textes, avec l'étude sur le système philosophique, par Hubert.

1912 Pages choisies, notices, études etc. par R. Picard.

1915–19 La religion et l'humanité.

1917 La méthode positive en 16 leçons. Vigot. Condensée par Rigolage.

2. Der *zweite* Teil der Bibliographie enthält Angaben zur Gesamtausgabe der Werke von Auguste Come.

Da im Verlaufe der Zeit mehrere Unternehmen einschlägiger Art unternommen wurden, würde es zu weit führen, sämtliche Angaben aufzunehmen. Ich habe mich infolgedessen darauf beschränkt, eine der neuesten Gesamtausgaben ausführlicher vorzustellen. Sie wurde nach den Kriterien ihrer wissenschaftlichen Zuverlässigkeit und Zugänglichkeit ausgewählt. Es handelt sich um die Ausgabe der „Editions Anthropos", Paris, 1968ff.

Nicht unerwähnt lassen möchte ich jedoch die ungefähr gleichzeitig erschienene Gesamtausgabe der Werke Comtes in der „Editions Cultures et Civilisations", Brüssel, 1969.

Auguste Comte: Oeuvres, Paris: Editions Anthropos 1968ff.

Tome I–IV, 4 vol., 1968. (Répr. de l'édition orig. de 1830, Paris, Bachelier).

Tome I: Cours de philosophie positive, 1e part. Les préliminaires généraux et la philosophie mathématique. Introd. de Sylvain Pérignon, LXIV, XVI, 609p.

Tome II: Cours de philosophie positive, 2e part. La philosophie astronomique et la philosophie de la physique, 566 p.

Tome III: Cours de philosophie positive, 3e part. La philosophie chimique et la philosophie biologique, 673 p.

Tome IV: Cours de philosophie positive, 4e part., 588 p.

Tome V–X, 6 vol., 1969–70.

Tome V: Cours de philosophie positive, 5e part. Philosophie sociale. Partie historique, IV, 625 p.

Tome VI: Cours de philosophie positive, 6e part. Complément de la philosophie sociale et conclusions générales, XL, 855 p. (Repr. de l'éd. orig. de 1892–94, Paris, Société positiviste.).

Tome VII: Système de Politique positive, ou Traité de sociologie, 1er part. Discours préliminaire et introduction fondamentale, 24, XL, 749 p.

Tome VIII: Système de Politique positive, 2e part. Statistique sociale, ou Traité abstrait de l'ordre humain, XXXVI, 475 p.

Tome IX: Système de Politique positive, 3e part. Dynamique sociale, ou Traité général du progrès humain, L, 626 p.

Tome X: Système de Politique positive, 4e part. Tableau synthétique de l'avenir humain. Appendice général contenant tous les opuscules primitifs de l'auteur sur la philosophie sociale, (Reprod. de l'éd. orig., Paris, Mathias, 1851–1854).

Tome XI–XII, 2 vol., 1971.

Tome XI: Catéchisme positiviste – Appel aux conservateurs – Discours sur l'esprit positif, 394, XXXII, 136, X, 110 p. (Reprod. de l'éd. 1822–1894, Paris, Soc. positiviste).

Tome XII: Synthèse subjective, ou Système universel des conceptions propres à l'Etat normal de l'humanité, LXVII, 777 p. (Reprod. de l'éd. orig. Paris, L'auteur 1856).

3. Der *dritte* Teil der Bibliographie enthält ausgewählte Sekundärliteratur, die neben wichtigen Abhandlungen zur Biographie Comtes und zum geistesgeschichtlichen Kontext seiner Sozialphilosophie vor allem Studien berücksichtigt, die seinen Beitrag zur Entwicklung des „soziologischen Denkens" in erster Linie systematisch-analytisch zu bestimmen versuchen. Dabei hat als Bezugssystem und Orientierungsrahmen immer die allmählich erst sich herausbildende Gesellschaft im Frankreich der ersten Hälfte des 19. Jahrhunderts zu gelten.

Alengry, Franck: Essai historique et critique sur la sociologie chez Auguste Comte, Paris 1900.

Arbousse-Bastide P.: La doctrine de l'éducation universelle dans la Philosophie d'Auguste Comte, vol. I: De la foi à l'amour, vol. II: De l'amour à la foi, Paris 1957.

–, Auguste Comte et la sociologie religieuse, in: Archives de sociologie des religions, a. 11, 1966, n. 29, S. 3–57.

–, Comte, Paris: PUF 1968.

Arnaud, Pierre: La pensée d'Auguste Comte, Paris: Bordas 1969.
– Le „nouveau Dieu", préliminaires à la politique positive, Paris: Vrin 1973 (1e: 1956).
Aron, Raymond: Les étapes de la pensée sociologique. Montesquieu, Comte, Marx, Tocqueville, Durkheim, Pareto, Weber, Paris: Gallimard 1967.
Barth, Hans: Auguste Comte und Joseph de Maistre, in: Schweizer Beiträge zur Allgemeinen Geschichte, Bd. 14, 1956.
–, Die Idee der Ordnung, Beiträge zu einer politischen Philosophie, Zürich u. Stuttgart 1958.
Barth, Paul: Die Philosophie der Geschichte als Soziologie, 3. und 4. Aufl., Reisland 1922.
Célébration du centenaire de la mort d'Auguste Comte sous les auspices de l'Université de Paris, de la Société franç. de Philosophie, du Centre d'Etudes Sociologiques du C. N. R. S. et de l'Institut des Hautes études de l'Amérique Latine, le 22 mars 1958. Discours de M. A. Sarraith, Gouhier, Canquilhem, Zea, Berredo, Carneiro, Davy et Saenz, in: Bull. Soc. franç. Philos., 1958 (52), numéro spécial, Paris 1958.
Charlton, D. G.: Positivist thought in France during the Second Empire, 1852–1870 (Auguste Comte, Emile Littré, Claude Bernard, Ernest Renan, Hippolyte Taine, Louise Ackermann, Sully Prudhomme) Oxford: Clarendon 1959.
Cresson, A.: A. Comte, sa vie, son oeuvre, avec un exposé de sa philosophie (4e éd.), Paris: PUF 1957.
Daumard, Adeline: Les élèves de l'Ecole Polytechnique de 1815–1848, in: Revue d'Histoire moderne et contemporaine, t. V., juillet-septembre 1958, S. 226–234.
Ducassé, P.: La méthode positive et l'intuition comtienne (bibliogr.), Paris 1940.
Fisichella, Domenico: Il potere nelle società industriale. St.-Simon e Comte, Napoli: Morano 1965.
Fletcher, Ronald: Auguste Comte and the making of sociology, London: Athlone Press 1966.
Gouhier, Henri: La jeunesse d'Auguste Comte et la formation du positivisme – Bd. I: Sous le signe de la liberté, Paris 1933; Bd. 2: Saint-Simon jusqu'à la Restauration, Paris 1936; Bd. 3: Auguste Comte et Saint-Simon, Paris 1941.
–, La vie d Auguste Comte, 2e édit. revue, Paris: Vrin 1965.
–, La jeunesse d'Auguste Comte et la formation du positivisme, T. II–III, 2e éd., 2 vol., Paris: Vrin 1964/1970.
Gurvitch, Georges: Les Fondateurs de la Sociologie Contemporaine, Pour le Centenaire de la mort d'Auguste Comte (1857–1957), trois chapitres d'Histoire de la Sociologie, A. Comte, Karl Marx et Herbert Spencer, Paris 1957.
Hoan, Nguyen Dinh: Le rôle de l'affectivité dans la philosophie de Comte, thèse 3e cycle, Paris: 1964 (dactylogr.).
Kremer-Marietti, Angèle: Auguste Comte, Paris: Seghers 1970.
Lacroix, Jean: La sociologie d'Auguste Comte, édit. revue et corrigée, Paris: PUF 1973 (1956).
Lantrua, Antonio: La filosofia di Augusto Comte, Padua 1955.
Leroy, Maxime: Histoire des idées sociales en France, T. 3: D'Auguste Comte à Pierre-Joseph Proudhon, Paris: Gallimard 1954.
Lévy-Bruhl, Lucien: La philosophie d'Auguste Comte, 2e éd., 1926 (1900).
Lins, Ivan: L'oeuvre d'Auguste Comte et sa signification scientifique et philosophique au XIXe siècle, in: Cahiers de l'Histoire mondiale 1968–69, vol. II, S. 675–711.
Massing, Otwin: Fortschritt und Gegenrevolution. Die Gesellschaftslehre Comtes in ihrer sozialen Funktion, Stuttgart 1966.
Mauduit, R.: Auguste Comte et la science économique, 1929.
Megyeri, Istvan: Les idées politiques et sociales de Comte, thèse 3e cycle, Strasbourg 1965 (dactylogr.).
Mill, J. St.: Auguste Comte und der Positivismus, in: Gesammelte Werke (übers. von Theod. Gomperz), Leipzig 1874.
Negri, Antimo: Auguste Comte e l'umanesimo positivistico, Rom: Armando 1971.

Negt, Oskar: Strukturbeziehungen der Gesellschaftslehren Comtes und Hegels, Frankfurt/M. 1964.
Ostwald, Wilhelm: August Comte. Der Mann und sein Werk, Leipzig 1914.
Rouvre, Ch. de: Auguste Comte et le catholicisme, 1928.
Rutten, Christian: Essai sur la morale d'Auguste Comte, Paris: Les belles lettres 1972.
Smithner, Eric. W.: The Enlightenment sources of Comtean thought on education, New York 1966/67 (thèse Univ.).
Steinhauer, Margarete: Die politische Soziologie Comtes und ihre Differenz zur liberalen Gesellschaftstheorie Condorcets, Marburg 1964 (phil. Diss.).
Waentig, H.: A. Comte und seine Bedeutung für die Entwicklung der Sozialwissenschaften, Leipzig 1894.

KARL MARX

Einige der angeführten Titel enthalten Bibliographien zur Marx- und Marxismus-Literatur, insbesondere:

Kühne, Karl: Ökonomie und Marxismus, Neuwied-Berlin 1974, Registerband.
Lenk, Kurt: Marx in der Wissenssoziologie, Neuwied-Berlin 1972.
Leonhard, Wolfgang: Die Dreispaltung des Marxismus, Düsseldorf 1970.
Vranicki, Predrag, Geschichte des Marxismus, Frankfurt 1972–74.

1. Schriften von Karl Marx

Werkausgaben

Am vollständigsten ist bis jetzt die ab 1956 erschienene Ausgabe Marx Engels Werke (MEW) des Dietz-Verlages Berlin. Sie besteht aus 26 Textbänden, 13 Briefbänden, 2 Ergänzungsbänden (frühe Schriften) und 2 Registerbänden. Sie enthält nicht den Rohentwurf zum „Kapital", die „Grundrisse der Kritik der politischen Ökonomie" und einige andere Nebenarbeiten.

Die 1927 begonnene und 1935 abgebrochene historisch-kritische Gesamtausgabe der Werke, Schriften und Briefe reicht nur bis 1848.

Eine große Gesamtausgabe der Werke von Marx und Engels (MEGA) hat 1976 im Dietz-Verlag zu erscheinen begonnen.

Die wichtigste Studienausgabe ist die in 6 Bänden von H.J. Lieber und P. Furth 1960–64 herausgegebene Auswahl: Karl Marx. Werke, Schriften, Briefe.

Wichtige Einzelschriften zur Gesellschaftstheorie
(Aus dem Nachlaß herausgegebene Texte sind mit N gekennzeichnet)

Artikel in der Rheinischen Zeitung, Köln 1842–43.
Kritik des hegelschen Staatsrechts, 1843 (N).
Beiträge in den Deutsch-französischen Jahrbüchern, 1844:
Zur Kritik der hegelschen Rechtsphilosophie. Einleitung.
Zur Judenfrage.
Ökonomisch-Philosophische Manuskripte, 1844 (N).
(mit F. Engels) Die Heilige Familie, oder Kritik der kritischen Kritik, gegen Bruno Bauer und Konsorten, Frankfurt 1845.
Thesen über Feuerbach 1845 (N).
(mit F. Engels) Die Deutsche Ideologie, Kritik der neuesten deutschen Philosophie in ihren Repräsentanten, Feuerbach, B. Bauer und Stirner, und des deutschen Sozialismus in seinen verschiedenen Propheten, 1845–46 (N).

Das Elend der Philosophie. Antwort auf Proudhons „Philosophie des Elends", 1847 (Originalausgabe französisch).
(mit F. Engels) Manifest der Kommunistischen Partei, London 1848.
Lohnarbeit und Kapital, 1849.
Die Klassenkämpfe in Frankreich, Artikel in: Neue Rheinische Zeitung, Politisch-Ökonomische Revue, London, New York, Hamburg 1850.
Der Achtzehnte Brumaire des Louis Bonaparte, New York 1852.
Grundrisse der Politischen Ökonomie (Rohentwurf). 1857–58, (N), Berlin 1953, Nachdruck Frankfurt-Wien o.J.
Zur Kritik der Politischen Ökonomie, Berlin 1859.
Lohn, Preis und Profit, Vortrag London 1865 (N).
Das Kapital, Kritik der Politischen Ökonomie, Buch I, Hamburg 1867.
Das Kapital, Buch II und III (N).
Theorien über den Mehrwert, 4 Bände (N).
Der Bürgerkrieg in Frankreich, Leipzig 1871.
Randglossen zum Gothaer Parteiprogramm, 1875 (N).
Randglossen zu Adolph Wagners „Lehrbuch der politischen Ökonomie", 1879–80 (N).

2. *Biographien und Chroniken*

Karl Marx. Chronik seines Lebens in Einzeldaten. Zusammengestellt vom Marx-Engels-Lenin-Institut Moskau. (1934), Frankfurt 1971.
Rubel, Maximilien: Marx-Chronik. Daten zu Leben und Werk. München 1968.
Berlin, Isaiah: Karl Marx. Sein Leben und Werk, München 1959.
Cornu, Auguste: Karl Marx und Friedrich Engels. Leben und Werk. Berlin 1954ff.
Karl Marx. Biographie. Hrsg. Institut für Marxismus-Lenisismus beim ZK der KPdSU, Berlin 1973.
McLellan, David: Karl Marx. Leben und Werk, München 1974.
Mehring, Franz: Karl Marx. Geschichte seines Lebens (1918) Berlin 1960.
Nicolaevsky, B. und *Maenchen-Helfen, O.:* Karl Marx. Eine Biographie. Berlin-Bonn 1963.
Raddatz, Fritz: Karl Marx. Eine politische Biographie, Hamburg 1975.

3. *Würdigungen des Gesamtwerkes*

Adler, Max: Marx als Denker, (1908) Frankfurt 1972.
Bloch, Ernst: Über Karl Marx, Frankfurt 1968.
Calvez, Jean-Yves: Karl Marx. Darstellung und Kritik seines Denkens, Freiburg, Olten 1964.
Fetscher, Iring: Karl Marx und der Marxismus. Von der Philosophie des Proletariats zur proletarischen Weltanschauung, München 1967.
Garaudy, Roger: Die Aktualität des Marxschen Denkens, Frankfurt 1969.
Hartmann, Klaus: Die Marxsche Theorie. Eine philosophische Untersuchung zu den Hauptschriften, Berlin 1970.
Korsch, Karl: Karl Marx, Frankfurt 1959.
Lefèbvre, Henri: Der Marxismus, München 1975.
Marcuse, Herbert: Vernunft und Revolution. Hegel und die Entstehung der Gesellschaftstheorie. Neuwied 1962.
Petrović, Gajo: Philosophie und Revolution. Modelle für eine Marx-Interpretation. Reinbek 1971.

4. *Untersuchungen zu einzelnen Aspekten des Marxschen Gesellschaftsdenkens*

a) Grundlinien der Theoriebildung

Althusser, Louis: Für Marx, Frankfurt 1968.
Barth, Heinrich: Wahrheit und Ideologie, Zürich 1945.
Bekker, Konrad: Marx' philosophische Entwicklung. Sein Verhältnis zu Hegel. Zürich-New York 1940.
Böhler, Dietrich: Metakritik der Marxschen Ideologiekritik. Frankfurt 1971.
Colletti, Lucio: Marxismus als Soziologie. Berlin 1973.
Cunow, Heinrich: Die Marxsche Geschichts-, Gesellschafts- und Staatslehre, 2 Bd., Berlin 1921.
Fleischer, Helmut: Marx und Engels. Die philosophischen Grundlinien ihres Denkens. Freiburg-München 1970.
Gesellschaft. Beiträge zur Marxschen Theorie, Frankfurt 1974ff.
Groh, Dieter: Marx, Engels und Darwin, Naturgesetzliche Entwicklung oder Revolution? Pol. Vierteljahresschrift 8. Jg. H. 4.
Habermas, Jürgen: Zwischen Philosophie und Wissenschaft: Marxismus als Kritik, in: Theorie und Praxis. Sozialphilosophische Studien, Neuwied 1963.
–, Erkenntnis und Interesse, Frankfurt 1968.
–, Zur Rekonstruktion des historischen Materialismus, Frankfurt 1976.
Hahn, Erich: Historischer Materialismus und marxistische Soziologie. Studien zu methodologischen und erkenntnistheoretischen Grundlagen der soziologischen Forschung, Berlin 1968.
Horkheimer, Max: Traditionelle und kritische Theorie (1937), in: M. H., Kritische Theorie Bd. 2, Frankfurt 1968.
Israel, Joachim: Der Begriff Entfremdung, Reinbek 1972.
Jakubowski, Franz: Der ideologische Überbau in der materialistischen Geschichtsauffassung, Frankfurt 1968.
Kaegi, Paul: Genesis des historischen Materialismus, Wien 1963.
Kiss, G.: Gibt es eine marxistische Soziologie? Köln-Opladen 1966.
Kofler, Leo: Die Gesellschaftsauffassung des historischen Materiallismus, in: Handbuch der Soziologie, Hrsg. W. Ziegenfuß, Stuttgart 1956.
Korsch, Karl: Die materialistische Geschichtsauffassung. Eine Auseinandersetzung mit Karl Kautsky, in Archiv f. Geschichte d. Sozialismus u. d. Arbeiterbewegung 14 (1929).
Lefèbvre, Henri: Soziologie nach Marx. Frankfurt 1972.
Lucas, Erhard: Marx' und Engels' Auseinandersetzung mit Darwin. Zur Differenz zwischen Marx und Engels. Int. Rev. of Soc. Hist. IX, 1964.
Morf, Otto: Das Verhältnis v. Wirtschaftstheorie u. Wirtschaftsgeschichte bei Karl Marx, Bern 1951.
Reichelt, Helmut: Zur logischen Struktur des Kapitalbegriffs bei Marx, Frankfurt 1970.
Schmidt, Alfred (Hrsg.): Beiträge zur marxistischen Erkenntnistheorie, Frankfurt 1969.
Sohn-Rethel, Alfred: Geistige und körperliche Arbeit. Frankfurt 1968.
Supek, Rudi: Soziologie und Sozialismus. Probleme und Perspektiven, Freiburg 1970.
Tomberg, Friedrich: Basis und Überbau. Sozialphilosophische Studien, Neuwied-Berlin 1969.
Zelený, Jindřich: Die Wissenschaftslogik bei Marx und „Das Kapital", Frankfurt 1968.

b) Ökonomie

Kautsky, Karl: Karl Marx' ökonomische Lehren. Gemeinverständlich dargestellt und erläutert von K. K. Stuttgart 1887.

v. Böhm-Bawerk, Eugen: Zum Abschluß des Marxschen Systems. (1896) Nachdruck in: *Eberle, Friedrich,* Hrsg., Aspekte der Marxschen Theorie 1. Zur methodischen Bedeutung des 3. Bandes des „Kapital". Frankfurt 1973.
Hilferding, Rudolf: Böhm-Bawerks Marx-Kritik. (1904) Nachdruck in: *Eberle,* Hrsg., a.a.O. 1973.
v. Tugan-Baranowsky , Michail Iwanowitsch: Theoretische Grundlagen des Marxismus. Dt. Leipzig 1905.
v. Bortkiewicz, Ladislaus: Wertrechnung und Preisrechnung im Marxschen System. Archiv für Sozialwissenschaft und Sozialpolitik, Tübingen 1906/07.
–, Zur Berichtigung der grundlegenden theoretischen Konstruktion von Marx im 3. Band des Kapitals. Jahrbuch für Nationalökonomie und Statistik, Jena 1907.
Hilferding, Rudolf: Das Finanzkapital. Eine Studie über die jüngste Entwicklung des Kapitalismus. ([1905] 1910) Berlin 1947.
Luxemburg, Rosa: Die Akkumulation des Kapitals. Ein Beitrag zur ökonomischen Erklärung des Imperialismus. Berlin 1913. In: Luxemburg, Gesammelte Werke Bd. 5 (Ökonomische Schriften). Hrsg. vom Institut für Marxismus-Leninismus beim ZK der SED. Berlin 1975. S. 5–411.
– Die Akkumulation des Kapitals oder Was die Epigonen aus der Marxschen Theorie gemacht haben. Eine Antikritik. Leipzig 1921. A.a.O. 1975. S. 414–523.
Block, Herbert: Die Marxsche Geldtheorie. Jena 1926.
Pollock, Friedrich: Zur Marxschen Geldtheorie. Archiv für die Geschichte des Sozialismus und der Arbeiterbewegung. Leipzig 1928.
Moszkowska, Natalie: Das Marxsche System. Ein Beitrag zu dessen Ausbau. Berlin 1929.
Grossmann, Henryk: Das Akkumulations- und Zusammenbruchsgesetz des kapitalistischen Systems. (Zugleich eine Krisentheorie.) Leipzig 1929.
–, Marx, die klassische Nationalökonomie und das Problem der Dynamik. (1941) Frankfurt 1969.
Sweezy, Paul M.: Theorie der kapitalistischen Entwicklung. Eine analytische Studie über die Prinzipien der Marxschen Natianalökonomie. (1942) Dt. Köln 1959.
Gillmann, Joseph M.: Das Gesetz des tendenziellen Falls der Profitrate. (1957) Dt. Frankfurt 1969.
Rolshausen, C., Hrsg.: Kapitalismus und Krise. Eine Kontroverse um das Gesetz des tendenziellen Falls der Profitrate. Frankfurt 1970.
März, Eduard: Die Marxsche Wirtschaftslehre im Widerstreit der Meinungen. Wien 1959.
Mandel, Ernest: Marxistische Wirtschaftstheorie. (1962) Dt. Frankfurt 1968.
Wygodski, W. S.: Die Geschichte einer großen Entdeckung. Über die Entstehung des Werkes „Das Kapital" von Karl Marx. (1965) Dt. Berlin 1967.
Mandel, Ernest: Entstehung und Entwicklung der ökonomischen Lehre von Karl Marx. Frankfurt 1968.
Rosdolsky, Roman: Zur Entstehungsgeschichte des Marxschen „Kapital". Frankfurt 1968.
Fritsch, Bruno: Die Geld- und Kredittheorie von Karl Marx. Frankfurt 1968.
Tuchscheerer, Walter: Bevor „Das Kapital" entstand. Die Herausbildung und Entwicklung der ökonomischen Theorie von Karl Marx in der Zeit von 1843–1858. Berlin 1968.
Mattick, Paul: Marx und Keynes. Die Grenzen des „gemischten Wirtschaftssystems". (1969) Dt. Frankfurt 1971.
Schmiede, Rudi: Grundprobleme der Marx'schen Akkumulations- und Krisentheorie. Frankfurt 1973.
Kühne, Karl: Ökonomie und Marxismus. Bd. 1 und 2. Neuwied 1972/74.
Mattick, Paul, u. a.: Krisen und Krisentheorien. Frankfurt 1974.
Bader, V.-M., u. a.: Krise und Kapitalismus bei Marx. Bd. 1 und 2. Frankfurt 1975.
„Mehrwert". Beiträge zur Kritik der politischen Ökonomie. Nr. 1–10. Erlangen/Berlin 1974–76.

c) Sozialgeschichte, Klassen- und Staatstheorie

Luxemburg, Rosa.: Sozialreform oder Revolution? Mit einem Anhang: Miliz und Militarismus. Leipzig 1899. (Gesammelte Werke, hrsg. vom Institut für Marxismus-Leninismus beim ZK der SED; Bd. 1/1, S. 367–466; Berlin 1970.)

Lenin, W.I.: Staat und Revolution. Die Lehre des Marxismus vom Staat und die Aufgaben des Proletariats in der Revolution. ([1917] 1918) Werke, hrsg. vom Institut für Marxismus-Leninismus beim ZK der SED; Bd. 25, Berlin 1960, S. 393–507.

Diehl, Karl: Die Diktatur des Proletariats und das Rätesystem. Jena 1920.

Adler, Max: Die Staatsauffassung des Marxismus. (1922) Darmstadt 1964.

Wittfogel, Karl August: Wirtschaft und Gesellschaft Chinas. Versuch der wissenschaftlichen Analyse einer großen asiatischen Agrargesellschaft. (1. Teil) Leipzig 1931.

Gurland, Arkadij: Marxismus und Diktatur. Leipzig 1930.

Geiger, Theodor: Zur Theorie des Klassenbegriffs und der proletarischen Klasse. (1930) In: Geiger, Arbeiten zur Soziologie, hrsg. von P. Trappe, Neuwied 1962. S. 206–259.

–, Die soziale Schichtung des deutschen Volkes. Soziographischer Versuch auf statistischer Grundlage. (1932) Stuttgart 1967.

Grünberg, Emil: Der Mittelstand in der kapitalistischen Gesellschaft. Eine ökonomische und soziologische Untersuchung. Leipzig 1932.

Trotzki, Leo D.: Geschichte der russischen Revolution. Bd. I und II. Berlin 1931/33. Taschenbuchausgabe in 3 Bänden, Frankfurt 1973.

Rosenberg, Arthur: Demokratie und Sozialismus. (1935/37) Frankfurt 1962.

Dobb, Maurice: Entwicklung des Kapitalismus vom Spätfeudalismus bis zur Gegenwart. (1946) Dt. Köln 1970.

Tschudi, Laurent: Kritische Grundlegung der Idee der direkten Rätedemokratie im Marxismus. Basel 1952.

Dahrendorf, Ralf: Class and Class Conflict in Industrial Society. (Erw. Fassung des dt. Originaltexts von 1957.) Stanford 1959.

Ossowski, Stanislaw: Die Klassenstruktur im sozialen Bewußtsein. (1957) Dt. Neuwied 1962.

Rubel, Maximilien: Karl Marx devant le bonapartisme. Paris-Den Haag 1960.

Lucas, Erhard: Die Rezeption Lewis H. Morgans durch Marx und Engels. Saeculum, Jb. f. Universalgeschichte, Bd. 15, Freiburg/München 1964, S. 153–176.

– Marx' Studien zur Frühgeschichte und Ethnologie 1880–1882. Nach unveröffentlichten Exzerpten. A.a.O. 1964, S. 327–343.

Rosdolsky, Roman: Friedrich Engels und das Problem der „Geschichtslosen Völker". Archiv für Sozialgeschichte, Bd. 4, Hannover 1964, S. 87–282.

Godelier, Maurice: La notion de „mode de production asiatique". Les Temps Modernes, Nr. 228, Mai 1965, S. 2002–2027.

Avineri, Shlomo: The Social and Political Thought of Karl Marx. New York – Cambridge 1968.

Tökei, Ferenc: Zur Frage der asiatischen Produktionsweise. (1965) Dt. Neuwied 1969.

Miliband, Ralph: Marx und der Staat. (1965) Dt. Berlin 1971.

Lefèbvre, Henri: Soziologie nach Marx. (1966) Dt. Frankfurt 1966.

Guhr, Günter: Ur- und Frühgeschichte und ökonomische Gesellschaftsformationen. Ein Beitrag zum Karl-Marx-Jahr 1968. Ethnographisch-Archäologische Zs., 10. Jg., 1969, S. 167–212.

Poulantzas, Nicos: Politische Macht und gesellschaftliche Klassen. (1968) Dt. Frankfurt 1974.

Sofri, Gianni: Über asiatische Produktionsweise. (1969) Dt. Frankfurt 1972.

Fleischer, Helmut: Marxismus und Geschichte. Frankfurt 1969.

Miliband, Ralph: Der Staat in der kapitalistischen Gesellschaft. (1969) Dt. Frankfurt 1972.

Mauke, Michael: Die Klassentheorie von Marx und Engels. Hrsg. von K. Heymann u.a. Frankfurt 1970.

Schmidt, Alfred: Geschichte und Struktur. Fragen einer marxistischen Historik. München 1971.
Eifler, Rudolf: Vorkapitalistische Klassengesellschaft und aufsteigende Folge von Gesellschaftsformationen im Werk von Karl Marx. Zs. f. Geschichtswissenschaft, XX. Jg., 1972, S. 577–596.
Lefèbvre, Henri: Die Stadt im marxistischen Denken. (1972) Dt. Ravensburg 1975.
Poulantzas, Nicos: Zum marxistischen Klassenbegriff. (1972) Dt. Berlin 1973.
Altvater, Elmar: Zu einigen Problemen des Staatsinterventionismus. In: Probleme des Klassenkampfs, Nr. 3, Berlin (Mai) 1972, S. 1–53.
Arenz, Horst, u. a. („Projekt Klassenanalyse"): Materialien zur Klassenstruktur der BRD. Teil 1 und 2. Berlin 1973/74.
Krader, Lawrence (1973): Ethnologie und Anthropologie bei Marx. München 1973.
v. Braunmühl, Claudia, u. a.: Probleme einer materialistischen Staatstheorie. Frankfurt 1973.
Godelier, Maurice: Ökonomische Anthropologie. Untersuchungen zum Begriff der sozialen Struktur primitiver Gesellschaften. Reinbek 1973.
Hennig, Eike, u. a., Hrsg.: Karl Marx/Friedrich Engels. Staatstheorie. Materialien zur Rekonstruktion der marxistischen Staatstheorie. Frankfurt 1974.
Arenz, Horst, u. a. („Projekt Klassenanalyse"): Oberfläche und Staat. Kritik neuerer Staatsableitungen. Berlin 1974.
Poulantzas, Nicos: Klassen im Kapitalismus – heute. (1974) Dt. Berlin 1975.
Backhaus, H.-G., u. a., Hrsg.: Gesellschaft. Beiträge zur Marxschen Theorie. Bd. 1–6, Frankfurt 1974/76.
Eder, Klaus: Die Entstehung staatlich organisierter Gesellschaften. Ein Beitrag zu einer Theorie sozialer Evolution. Frankfurt 1976.

5. Zur Wirkungsgeschichte von Marx

a) Fortbildungen der Marxschen Gesellschaftstheorie

Adler, Max: Soziologie des Marxismus (1930f.), 3 Bde. (aus dem Nachlaß ergänzt), Wien 1964.
Bucharin, Nikolaj: Theorie des historischen Materialismus. Gemeinverständliches Lehrbuch der marxistischen Soziologie, Hamburg 1922.
Fetscher, Iring (Hrsg.): Der Marxismus. Seine Geschichte in Dokumenten, 2 Bde., München 1962.
Garaudy, Roger: Marxismus im 20. Jahrhundert, Reinbek 1969.
Grundlagen der marxistisch-leninistischen Philosophie, Hrsg. F. W. Konstantinow, Frankfurt 1971.
Kautsky, Karl: Die materialistische Geschichtsauffassung, 2 Bde., Berlin 1927.
Kofler, Leo: (Pseudonym: Warynski): Die Wissenschaft von der Gesellschaft, Bern 1944, Neudruck Frankfurt 1971.
Korsch, Karl: Marxismus und Philosophie (1923, 2. Ausg. 1930), Frankfurt 1966.
Labriola, Antonio: Über den historischen Materialismus (1896), Frankfurt 1974.
Lenin, Wladimir Iljitsch: Wer sind die „Volksfreunde" und wie kämpfen sie gegen die Sozialdemokratie?, 1894.
– Karl Marx, 1915.
Lukács, Georg: Geschichte und Klassenbewußtsein, Berlin 1923.
– Zur Ontologie des gesellschaftlichen Seins. Die ontologischen Grundprinzipien von Marx, Darmstadt-Berlin 1972.
Plechanow, Georgi Walentinowitsch: Zur Frage der Entwicklung der monistischen Geschichtsauffassung (1894), Berlin 1956.
– Grundprobleme des Marxismus (1908), Berlin 1958.

b) Analysen und Betrachtungen zur Wirkungsgeschichte von Marx

Böckelmann, Frank: Über Marx und Adorno, Frankfurt 1972.
Bosse, H.: Marx-Weber-Troeltsch, Religionssoziologie und marxistische Ideologiekritik, München-Mainz 1970.
Hook, S.: Marx and the Marxists, Princeton 1955.
Folgen einer Theorie, Essays über „Das Kapital" von Karl Marx, Frankfurt 1967.
Lichtheim, George: Marxism – An historical and critical study, London 1961.
Lenk, Kurt: Marx in der Wissenssoziologie. Studien zur Rezeption der Marxschen Ideologiekritik, Neuwied-Berlin 1972.
Leonhard, Wolfgang: Die Dreispaltung des Marxismus, Düsseldorf-Wien 1970.
Leser, Norbert: Zwischen Reformismus und Bolschewismus. Der Austromarxismus als Theorie und Praxis, Wien-Frankfurt-Zürich 1968.
Marcuse, Herbert: Die Gesellschaftslehre des sowjet. Marxismus, Neuwied 1964.
Marxismus-Studien, Tübingen 1954ff.
Merleau-Ponty, Maurice: Die Abenteuer der Dialektik, Frankfurt 1968.
Meyer, Alfred: Marxism: The Unity of Theory and Practice, Cambridge (Mass.) 1954.
Mills, C. Wright: The Marxists, New York 1963.
Rabehl, Bernd: Lenin und Marx, Berlin 1973.
Steinberg, Hans-Josef: Sozialismus und deutsche Sozialdemokratie. Zur Ideologie der Partei vor dem 1. Weltkrieg, Hannover 1967.
Vranicki, Prdrag: Geschichte des Marxismus, 2 Bde., Frankfurt 1972 u. 1974.
Wolfe, Bertrand D.: Marx und die Marxisten, Frankfurt-Berlin 1968.

HERBERT SPENCER

1. *Werkverzeichnis*

1839 Skew Arches; Civil Engineer and Architect's Journal (Mai).
1840 A Geometrical Theorem; Civil Engineer and Architect's Journal (Juli).
1841 A New Form of Viaduct; Civil Engineer and Architect's Journal (Juli).
The Transverse Strain of Beams; Civil Engineer and Architect's Journal (Sept.).
1842 Architectural Precedent; Civil Engineer and Architect's Journal (Jan.).
Zusatz zum obigen Artikel; Civil Engineer and Architect's Journal (März).
Velocimeter; Civil Engineer and Architect's Journal (Juli).
Artikelserie „On the Proper Sphere of Government"; Nonconformist (15. und 22. Juni; 23. und 27. Juli; 10. Aug.; 7. und 21. Sept.; 19. und 26. Okt.; 23. Nov.; 14. Dez.).
1843 Effervescence-Rebecca and her Daughters; Nonconformist (28. Juni).
Mr. Hume and National Education; Nonconformist (2. Aug.).
The Non-Intrusion Riots; Nonconformist (11. Okt.).
Artikel über die Überschwemmung von Derby im April 1842; Architect, Engineer and Surveyor (Okt.).
1844 Imitation and Benevolence; Zoist (Jan.).
Remarks on the Theory of Reciprocal Dependence in the Animal and Vegetable Creations, as regards its bearing on Palaeontology; Philosophical Magazine (Febr.).
Situation of the Organ of Amativeness; Zoist (Juli).
The Organ of Wonder; Zoist (Okt.).
Verschiedene Artikel; Birmingham Pilot (Sept. bis Dez.).
1846 The Form of the Earth no Proof of Original Fluidity; Philosophical Magazine (März).

1848 Artikel über ,,Political Smashers"; Standard of Freedom (Juni/Juli).
1851 Social Statics: Or, the Conditions Essential to Human Happiness Specified, and the First of them Developed.
1852 A Theory of Population; Westminster Review (Apr.).
A Theory of Tears and Laughter; Leader (11. Okt.).
1853 The Value of Physiology; National Temperance Chronicle (Febr.).
The Universal Postulate; Westminster Review (Okt.).
The Use of Anthropomorphism; Leader (5. Nov.).
1854 The Art of Education; North British Review (Mai) (vgl. Education, Kap. 2).
1855 The Principles of Psychology.
1857–74/1891 Essays: Scientific, Political and Speculative (3 Folgen 1857 bis 1874; vollständige Ausgabe in drei Bänden 1891); enthält:
1852 Use and Beauty (Leader, 3. Jan.); Bd. II/S. 370. The Development Hypothesis (Leader, 20. März); Bd. I/S. 1.
The Sources of Architectural Types (Leader, 23. Okt.); Bd. II/S. 375.
The Philosophy of Style (Westminster Review, Okt.); Bd. II/S. 333.
Gracefulness (Leader, 25. Dez.); S. 381.
1853 The Valuation of Evidence (Leader, 25. Juni); Bd. II/S. 161.
Over-Legislation (Westminster Review, Juli); Bd. III/S. 229.
1854 Manners and Fashion (Westminster Review, Apr.); Bd. III/S. 1.
Personal Beauty (Leader, 15. Apr. und 13. Mai); Bd. II/S. 380.
The Genesis of Science (British Quarterly Review, Juli); Bd. II/S. 1.
Railway Morals and Railway Policy (Edinburgh Review, Okt.); Bd. III/S. 52.
1857 Progress: Its Law and Cause (Westminster Review, Apr.); Bd. I/S. 8.
The Ultimate Laws of Physiology (National Review, Okt.); Bd. I/S. 63 (unter dem Titel ,,Transcendental Physiology").
The Origin and Function of Music (Fraser's Magazine, Okt.); Bd. II/S. 400.
Representative Government: What is it good for? (Westminster Review, Okt.); Bd. III/S. 283.
1858 State Tamperings with Money and Banks (Westminster Review, Jan.); Bd. III/S. 326.
Recent Astronomy and the Nebular Hypothesis (Westminster Review, Juli); Bd. I/S. 108 (unter dem Titel ,,The Nebular Hypothesis").
1859 The Morals of Trade (Westminster Review, Apr.); Bd. III/S. 113.
Illogical Geology (Universal Review, Juli); Bd. I/S. 192.
1860 Bain on the Emotions and the Will (British and Foreign Medico-Chirurgical Review, Jan.); Bd. I, S. 241.
The Social Organism (Westminster Review, Jan.); Bd. I/S. 265.
The Physiology of Laughter (Macmillan's Magazine, März); Bd. II/S. 452.
Parliamentary Reform: the Dangers and the Safeguards (Westminster Review, Apr.); Bd. III/S. 358.
Prison Ethics (British Quarterly Review, Juli); Bd. III/S. 152.
1862 On Laws in General and the Order of their Discovery (Teil der ersten Ausgabe von First Principles); Bd. II/S. 145.
1864 The Classification of the Sciences (veröffentlicht als Broschüre im Apr.); Bd. II/S. 74.
Reasons for Dissenting from the Philosophy of M. Comte (Anhang zum vorhergehenden Aufsatz), Bd. II/S. 118.
What is Electricity? (Reader, 19. Nov.); Bd. II/S. 168.
1865 The Constitution of the Sun (Reader, 25. Febr.); Bd. I/S. 182.
The Collective Wisdom (Reader, 15. Apr.); Bd. III/S. 387.
Political Fetichism (Reader, 10. Juni); Bd. III/S. 393.
Mill versus Hamilton – The Test of Truth (Fortnightly Review, Juli); Bd. II/S. 188.

1870 The Origin of Animal Worship (Fortnightly Review, Mai); Bd. I/S. 308.
1871 Morals and Moral Sentiments (Fortnightly Review, Apr.); Bd.I/S. 331.
Specialized Administration (Fortnightly Review, Dez.); Bd. III/S. 401.
1872 Mr. Martineau on Evolution (Contemporary Review, Juni); Bd. I/S. 371.
1873 Replies to Criticisms (Fortnightly Review, Nov. und Dez.); Bd. II/S. 218.
1874 Correspondence relating to ,,Physical Axioms", (Nature, März bis Juni); Bd. II/S. 298–314.
1876 The Comparative Psychology of Man (Mind, Jan.); Bd. I/S. 351.
1881 Professor Green's Explanations (Contemporary Review, Febr.); Bd. II/S. 321.
1883 The Americans (Contemporary Review, Jan.); Bd. III/S. 471.
1886 The Factors of Organic Evolution (Nineteenth Century, Apr. und Mai); Bd. I/S. 389.
1888 A Counter Criticism (Nineteenth Century, Febr.); Bd. I/S. 467).
The Ethics of Kant (Fortnightly Review, Juli); Bd. III/S. 192.
1890 Absolute Political Ethics (Nineteenth Century, Jan.); Bd. III/S. 217.
1891 From Freedom to Bondage; Bd. III/S. 445.

1858 Moral Discipline of Children; British Quarterly Review (Apr.) (vgl. Education, Kap. III).
A Criticism of Professor Owen's Theory of the Vertebrate Skeleton; British and Foreign Medico-Chirurgical Review (Okt.).

1859 The Laws of Organic Form; British and Foreign Medico-Chirurgical Review (Jan.).
Physical Training; British Quarterly Review (Apr.) (vgl. Education, Kap. IV).
What Knowledge is of most Worth; Westminster Review (Juli) (vgl. Education, Kap. I).
Letter on Mr. J. P. Hennessey's Paper read at the meeting of the British Association; Athenaeum (22. Okt.).

1861 Education: Intellectual, Moral and Physical.

1862–1896 A System of Synthetic Philosophy; enthält:
1862 First Principles.
1864 The Principles of Biology; Bd. I.
1867 The Principles of Biology; Bd. II.
1870 The Principles of Psychology; Bd. I (gegenüber der Ausgabe von 1855 völlig überarbeitet).
1872 The Principles of Psychology; Bd. II.
1876 The Principles of Sociology; Bd. I (erweiterte Ausgabe 1885).
1879 The Principles of Ethics; Bd. I, erster Teil (zweiter und dritter Teil 1892).
The Principles of Sociology; Bd. II, erster Teil (zweiter Teil 1882).
1885 The Principles of Sociology; Bd. III, erster Teil (zweiter und dritter Teil 1896).
1891 The Principles of Ethics; Bd. II, erster Teil (zweiter und dritter Teil 1893).

1862 Theological Criticism; Athenaeum (8. und 22. Nov.).

1866 On Circulation and the Formation of Wood in Plants, Transactions of the Linnoean Society; Bd. 25.

1871 A New Fishing Rod; Field (14. Jan.).
Mental Evolution; Contemporary Review (Juni).

1872 Survival of the Fittest; Nature (1. Febr.).

1873 Obituary Notice of J. S. Mill; Examiner (11. Mai). The Study of Sociology.

1877 Mr. Taylor's Review of the Principles of Sociology, Mind (Juli).

1878 Zum Trinkspruch ,,The Fraternity of the two Nations", dargebracht auf einem Dinner in Paris; Standard (30. Mai).
Consciousness under Chloroform; Mind (Okt.).

1879 Brief an M. Alglave über das ,,Lois Ferry"; Revue Scientifique (Juli).

1880 Artikel über die Stimmung in England zur Zeit des Ausbruchs des Bürgerkriegs in den Vereinigten Staaten; New York Tribune (28. Juni; geschrieben bereits 1869).

1880 Dementi eines Einflusses auf die Erziehung von George Elicot; Standard (26. Dez.).

1881 Replies to Criticisms on the Data of Ethics; Mind (Jan.).

1882 Artikel über die ,,Anti-Aggression League", Nonconformist and Independent (2. März).
Professor Goldwin Smith as a Critic; Contemporary Review (März).
Pecuniary liberality of Mr. J. S. Mill; Daily News (27. März).
Concerning the Mis-statements of the Rev. T. Mozley; Athenaeum (22. Juli).

1883 Artikel über die Edinburgh Review und die Landfrage; St. James' Gazette (14. Febr.).

1884 The Man versus the State.
Verschiedene politische Artikel; Contemporary Review (Febr., Apr., Mai, Juni und Juli).
Artikel über eine Fehlinterpretation in ,,Unity of Nature" des Duke of Argyll; Athenaeum (16. Febr.).
Mental Evolution in Animals; Athenaeum (5. Apr.).
Retrogressive Religion; Nineteenth Century (Juli).
Artikel, in dem Spencer die ihm angehängte Auffassung zurückweist, daß die Menschheit ohne Erziehung glücklicher wäre; Standard (8. Aug.).
Mr. Herbert Spencer and the Comtists; The Times (9. Sept.).
Mr. Herbert Spencer and Comte; The Times (15. Sept.). Last words about Agnosticism and the Religion of Humanity; Nineteenth Century (Nov.).

1885 The Nature and Reality of Religion (später zurückgezogen).
Stellungnahmen zu dem (nicht freigegebenen) Buch über Spencer und Harrison; The Times (1., 3., 4. und 6. Juni), Standard (10. und 13. Juni).

1888 Artikel über seine Einstellungen zum Malen; Architect (24. Febr.).

1889 Rev. J. Wilson's Statements about articles on ,,Sociology" in the Birmingham Pilot; Pall Mall Gazette (12. Apr.).
Beiträge zur Landfrage; The Times (7., 11., 15., 19. und 27. Nov.).

1890 Reasoned Savagery so-called; Daily Telegraph (7. Febr.).
The Inheritance of Acquired Characters; Nature (6. März).
Panmixia; Nature (3. Apr.).
Our Space Consciousness; Mind (Juli).
The Moral Motive; Guardian (6. Aug.).
The Origin of Music; Mind (Okt.).

1891 The Society for the Prevention of Cruelty to Children; Pall Mall Gazette (16. und 28. Mai).

1892 Zuschrift an den Figaro über seine Unvertrautheit mit M. Renan; Pall Mall Gazette (20. Okt.).
Erklärung über den Verkauf seiner Bücher; Daily Chronicle (3. Dez.).

1893 The Inadequacy of Natural Selection; Contemporary Review (Febr. und März).
Professor Weismann's Theories; Contemporary Review (Mai).
A Rejoinder to Professor Weismann; Contemporary Review (Dez.).

1894 Obituary Notice of Professor Tyndall; Fortnightly Review (Febr.).
Beiträge zur Kontroverse über die Landfrage; Daily Chronicle (Aug. bis Sept.).
Weismannism Once More; Contemporary Review (Okt.).
Origin of Classes among the ,,Parasol" Ants; Nature (6. Dez.).

1895 The Antiquity of the Medical Profession; Nature (27. Juni).
Mr. Balfour's Dialectics; Fortnightly Review (Juni).
The Nomenclature of Colours; Nature (29. Aug.).
Bemerkung zur ethischen Motivation; Nineteenth Century Review (Sept.).
Heredity Once More; Contemporary Review (Okt.).
Zuschrift über das kanadische Copyright; The Times (21. Okt.).

1895 Lord Salisbury on Evolution; Nineteenth Century Review (Nov.).
On Mr. Howard Collins' letter suggesting a portrait; The Times (14. Dez.).
1896 Dr. Bridget's Criticisms; Positivist Review (Jan.).
Zuschrift zu den Inkonsistenz-Vorwürfen von Herrn Bramwell Booth; The Times (17. Dez.).
1897 Various Fragments (erweiterte Ausgabe 1900); enthält:
1851 A Solution of the Water Question (Economist, 20. Dez.); S. 229.
1852 The Bookselling Question (The Times, 5. Apr.); S. 1.
1855 An Element of Method. Ein Kapitel der ersten Ausgabe von ,,Principles of Psychology"; S. 3.
1875 Professor Cairnes's Criticisms (Fortnightly Review, Febr.); S. 14.
1877 Views concerning Copyright (Gutachten vor der Royal Commission); S. 18.
A Rejoinder to Mr. McLennan (Fortnightly Review, Juni); S. 63.
1880 Professor Tait on the Formula of Evolution (Nature, 2. und 16. Dez.); S. 75.
1881 Views concerning Copyright (Rede vor der Nationalen Vereinigung zur Förderung der Sozialwissenschaft); S. 57.
1882 Ability versus Information; S. 91.
Book Distribution; S. 93.
1885 A Rejoinder to M. de Laveleye (Contemporary Review, Apr.); S. 98.
Government by Minority (The Times, 21. Dez.); S. 110.
1893 Social Evolution and Social Duty; S. 119.
Evolutionary Ethics (Athenaeum, 5. Aug.); S. 111.
1894 Parliamentary Georgites (The Times, 2. Febr.); S. 122.
A Record of Legislation (The Times, 24. Nov.); S. 125.
The Booksellers' Trade Union (The Times, 26. Okt.); S. 161.
The Book Trade (The Times, 30. Okt. und 6. Nov.); S. 163 und 167.
The Bookselling Question (The Times, 21. Nov.); S. 169.
Publishers, Booksellers and the Public (The Times, 24. Okt.); S. 156; (Athenaeum, 24. Nov. und 29. Dez.); S. 171 bzw. S. 174; (The Author, Dez.); S. 177.
1895 Herbert Spencer on the Land Question; S. 196.
American Publishers (The Times, 21. Sept.); S. 236.
The Board of Trade and Railway Station Boards (The Times, 2. Dez.); S. 235.
1896 Anglo-American Arbitration (Beitrag zu einer Konferenz in Queen's Hall, 3. März); S. 128.
Against the Metric System (The Times, 4., 7., 9. und 25. Apr.); S. 130.
1898 A State Burden on Authors (The Times, 9. und 16. Febr.); S. 220.
What is Social Evolution? (Nineteenth Century, Sept.); S. 181.
1899 Publishing on Commission (Literature, 4. Febr.); S. 217.
The Metric System Again (The Times, 28. März und 4., 8. und 13. Apr.); S. 205.
Brief an Herrn Leonard Courtney über den Krieg in Südafrika; S. 223.
1900 Artikel über den Krieg in Südafrika (Speaker, 13. Jan.; Morning Leader, 5. Febr.); S. 224.
An Inhumanity (The Times, 25. Juli); S. 225.
1897 Positive or Negative Defect of Quotation; Fortnightly Review (Jan.).
The Duke of Argyll's Criticisms; Nineteenth Century (Mai).
1898 Beiträge über ,,Primitive Religious Ideas"; Literature (5. und 16. Febr.), Spectator (23. Juli).
Zuschrift zu ,,Mr. Mallock's Representation of his Views"; Literature (2. Apr.).
The Times Art Critic on the Herkomer portrait; The Times (5. Mai).
Cell Life and Cell Multiplication; Natural Science (Mai).
Stereo Chemistry and Vitalism; Nature (20. Okt.).
Asymmetry and Vitalism; Nature (10. Nov.).

1899 The Duke of Argyll and Mr. Herbert Spencer; Nature (12. Jan.).
Prof. Meldola's Explanation; Nature (26. Jan.). Mr. Crozier's Charge of Materialism; Literature (20. Jan. und 11. Febr.).
Prof. Ward on „Naturalism and Agnosticism"; Fortnightly Review (Dez.).
Bemerkung zu einer Fehlinterpretation von Spencers Ethik; Spectator (16. Dez.).
1900 Professor Ward's Rejoinder; Fortnightly Review (Apr.).
Genesis of the Vertebrate Column; Nature (25. Okt.).
1901 Schrift über „Space Consciousness", in Reaktion auf ein Statement von Dr. Tolver Preston; Mind (Jan.).
1902 The Spread of Small Pox; Daily News (18. Jan.) (unterzeichnet mit „Observer").
Ethical Lectureships; Ethics (1. März).
The Education Bill; Daily News (8. Apr.).
Sir Michael Foster as M. P. for London University; The Times (28. Mai).
1904 An Autobiography; zwei Bände (posthum).
1873–1881 zusammen mit James Collier, David Duncan, Richard Scheppig u. a.: Descriptive Sociology; Or Groups of Sociological Facts.
Abteilung I/Unzivilisierte Gesellschaften: Lowest Races, Negrito Races and Malayo-Polynesian Races (1874); African Races (1876); American Races (1878).
Abteilung II/Zivilisierte Gesellschaften, untergegangen oder zerfallen: Mexicans, Central Americans, Chibchas and Peruvians (1874); Hebrews and Phoenicians (1880).
Abteilung III/Zivilisierte Gesellschaften, jung oder noch existierend: English (1873); French (1881).
1910–1933 Nach Spencers Tod von der Nachlaßverwaltung herausgegeben:
Abteilung I/Unzivilisierte Gesellschaften: eine neue Ausgabe, von der ursprünglichen Konzeption auf den neuesten Stand gebracht (1925); African Races, eine neue Auflage, praktisch neu geschrieben und weitgehend ergänzt (1930); the Heritage of Solomon (Ancient Palestine).
Abteilung II/Zivilisierte Gesellschaften, untergegangen oder zerfallen: Ancient Romans; Greeks, Hellenic Period (1910); Ancient Egyptians (1925); Greeks, Hellenistic Period (1928); Mesopotamia (1929); Ancient Rome (unvollständige Ausgabe).
Abteilung III/Zivilisierte Gesellschaften, jung oder noch existierend: Chinese (1910); Islam, zwei Bände (1933).

Die Grundlage für das vorliegende Werkverzeichnis gab die Bibliographie zu den Arbeiten von Herbert Spencer ab, die Jay Rumney in seinem Buch *Herbert Spencer's Sociology* zusammenstellte. Das Werkverzeichnis wurde modifiziert und ergänzt durch Vergleiche mit anderen, weniger umfangreichen Bibliographien sowie durch Korrekturen, die sich nach der Einsichtnahme in Originalwerke von Spencer durchführen ließen.

2. Quellenzugang

Der Zugang zu Spencers Werk muß verschieden beurteilt werden: Durch die von Rumney 1937 vorgelegte Bibliographie der Werke von Spencer (ergänzt durch eine Liste von ausgewählten Übersetzungen) und einer umfassenden Aufstellung der Arbeiten über Spencer mit mehr als 500 Titeln (davon etwa 70 über Spencers Soziologie) ist zunächst das Wissen über die erschienenen Publikationen gut. Etwas weniger gut steht es mit der Verfügbarkeit der Werke: In Londons Bibliotheken, insbesondere in der British Museum Library, sind nahezu alle englischsprachigen Schriften und viele Übersetzungen von Spencers Werk auffindbar; schwieriger ist es – was wegen der ehemals weiten Verbreitung der Spencerschen Arbeiten auch im deutschsprachigen Raum etwas überrascht –, Spencers Bücher in Österreich oder der BRD aufzutreiben. So war es beispielsweise innerhalb mehrerer Monate nicht möglich, das bekannte Buch *The Man versus the State* durch Fernleihe zu besorgen, obwohl zwölf staatliche Bibliotheken angeschrieben wurden. Durch Zufall erhielt ich dann schließlich eine amerikanische Taschenbuchausgabe aus Privatbesitz. Vermutlich befinden sich ohnehin in größerem Umfang noch verschiedene Ausgaben Spencerscher Bücher in Privatbibliotheken ,,bildungsbürgerlicher" Schichten beziehungsweise in halböffentlichen Buchsammlungen. – Sicherlich würde es sich lohnen, im deutschen Sprachraum auch ein Herbert-Spencer-Archiv zur Sammlung verfügbarer Werke zu begründen, weil eine Spencer-Renaissance zu erwarten ist, wenn man sich daran machen wird, den Geist des 19. Jahrhunderts soziologisch zu rekonstruieren.

3. Exemplarische Sekundärliteratur

1893 *Barth, Paul:* Kritik der soziologischen Grundanschauungen Herbert Spencers; Vierteljahresschrift für wissenschaftliche Philosophie, Bd. 17, S. 178–199.

1906 *v. Wiese, Leopold:* Zur Grundlegung der Gesellschaftslehre. Eine kritische Untersuchung von Herbert Spencers System der synthetischen Philosophie; Jena.

1909 *Schwarze, Karl:* Herbert Spencer; Leipzig.

1925 *Tönnies, Ferdinand:* Herbert Spencers soziologisches Werk; Soziologische Studien und Kritiken, Jena; S. 75–104.

1948 *Barnes, Harry E.:* Herbert Spencer and the Evolutionary Defense of Individualism; Barnes, Harry E. (Hg.): An Introduction to the History of Sociology; Chicago.

1955 *Sombart, Nicolaus:* Herbert Spencer; in: Weber, Alfred (Hg.): Einführung in die Soziologie, München; S. 113–119.

1957 *Gurvitch, Georges:* Une source oublieiée des concepts de ,structure sociale', ,fonction sociale' et ,institution': Herbert Spencer; Cahiers Internationaux de Sociologie, 23, S. 111ff.

1959 *Dahrendorf, Ralf:* Herbert Spencer; Bernsdorf, W. (Hg.): Internationales Soziologenlexikon, Stuttgart; S. 528–530.

1960 *v. Wiese, Leopold:* Herbert Spencers Einführung in die Soziologie; Köln/Opladen.

1961 *Stark, Werner:* Herbert Spencer's Three Sociologies; American Sociological Review, 26, S. 515–521.

1963 *Ambros, Dankmar:* Über Wesen und Formen organischer Gesellschaftsauffassung; Soziale Welt 1, 14. Jg., S. 14–32.

1966 *Rumney, Jay:* Herbert Spencer's Sociology; New York.

1966 *Ritsert, Jürgen:* Organismusanalogie und politische Ökonomie. Zum Gesellschaftsbegriff bei Herbert Spencer; Soziale Welt 1, 17. Jg., S. 55–65.

1967 *Kellermann, Paul:* Kritik einer Soziologie der Ordnung. Theorie und System bei Comte, Spencer und Parsons; Freiburg.

1971 *Coser, Lewis A.:* Herbert Spencer; *ders.:* Masters of Sociological Thought; New York/Chicago/San Francisco/Atlanta; S. 88–127.

1972 *Curth, Klaus-Dieter:* Zum Verhältnis von Soziologie und Ökonomie in der Evolutionstheorie Herbert Spencers; Göppingen.

1973 *Encyclopaedia Britannica:* Herbert Spencer (1820–1903), Bd. 21, Chicago/London/Toronto; S. 1–3.

4. Verwendete Literatur

4.1. Primärliteratur Herbert Spencer

O.J. Grundsätze einer synthetischen Auffassung der Dinge; Stuttgart.

1851 Social Statics: Or, the Conditions Essential to Human Happiness Specified, and the First of them Developed; London.

1876/1877 Die Principien der Biologie, Band I/II; Stuttgart.
1877/1887/1889 Die Principien der Sociologie, Band I/II/III; Stuttgart.
1879/1894/1895 Die Principien der Ethik, Band I/II; Stuttgart.
1882/1886 Die Principien der Psychologie, Band I/II; Stuttgart.
1884 The Man Versus the State: Containing ,The New Toryism', ,The Coming Slavery', ,The Sins of Legislators' and ,The Great Political Superstition'; London /Edinburgh.
1885/1882/1897 The Principles of Sociology, Vol. I/II/III, London/Edinburgh/Oxford.
1891 Essays: Scientific, Political & Speculative, Vol. I/II/III; London/Edinburgh.
1891 Von der Freiheit zur Gebundenheit; Berlin.
1896 Einleitung in das Studium der Sociologie, Teil I/II; Leipzig.
1905 Eine Autobiographie, Band I ; Stuttgart.
1910 Die Erziehung in intellektueller, moralischer und physischer Hinsicht; Leipzig.
1969 The Man Versus the State, With four essays on politics and society (The social Organism, Representative Government – What is it Good for? Spezialized Administration, From Freedom to Bondage); Baltimore, Maryland.

4.2. Sonstige Sekundärliteratur (vgl. 3.)

Bowler, Peter J., 1975: The Changing Meaning of ,Evolution'; Journal of the History of Ideas, Vol. XXXVI, Number 1.
Busse, Kurt, 1894: Herbert Spencers Philosophie der Geschichte; Leipzig.
Heinze, Max (Hrsg.), 1906: Friedrich Ueberwegs Grundriß der Geschichte der Philosophie seit Beginn des neunzehnten Jahrhunderts; Berlin (4. Teil hrsg. v. *T. K. Oesterreich*).
Hinkle, Roscoe C./Gisela N. Hinkle, 1960: Die Entwicklung der amerikanischen Soziologie; München.
Dahrendorf, Ralf, 1967: Die Funktionen sozialer Konflikte; Pfade aus Utopia; München.
–, 1968: Die angewandte Aufklärung; Frankfurt/M. / Hamburg.
Durant, Will, 1930: Die großen Denker; Zürich/Leipzig.
Münch, Richard, 1974: Evolutionäre Strukturmerkmale komplexer sozialer Systeme am Beispiel des Wissenschaftssystems; Kölner Zeitschrift für Soziologie und Sozialpsychologie, 26. Jg., Heft 4; S. 681–714.
Parsons, Talcott, 1964: Evolutionary Universals in Society; American Sociological Review (June).
–, 1966: Societies – Evolutionary and Comparative Perspectives; Englewood Cliffs, New Jersey.
–, 1968: The Structure of Social Action; New York.
Schoeck, Helmut, 1974: Geschichte der Soziologie; Freiburg/Basel/Wien.
v. Wiese, Leopold, 1933: System der Allgemeinen Soziologie als Lehre von den sozialen Prozessen und den sozialen Gebilden der Menschen (Beziehungslehre); München/Leipzig.
–, 1971: Geschichte der Soziologie; Berlin.

VILFREDO PARETO

1. Werkverzeichnis

1.1. Giovanni Busino hat 1960 eine kritische Gesamtausgabe der Schriften Paretos vorbereitet. Eine amerikanische Stiftung erklärte sich zwar bereit, einen hohen Kostenzuschuß zu gewähren, aber trotzdem hat sich der Plan zerschlagen (vgl. dazu POC 16, 8–9). Wohl gelang es, im Rahmen der im Genfer Verlag Droz erscheinenden Schriftenreihe *Travaux de*

droit, d'économie, de sociologie et de sciences politiques, eine vorläufige und unvollständige Textausgabe herauszubringen. Busino hat allerdings nicht nur eine, vom Lausanner Verlag François Rouge angeregte, von Pareto im Februar 1923 gebilligte, aber damals nie verwirklichte Neuausgabe der *französischen* Publikationen des Gelehrten zur Verfügung gestellt, sondern dieselbe obendrein erheblich ergänzt. Nach bevorstehendem Abschluß wird diese Ausgabe insgesamt 21, meistens von Kennern eingeleitete, Bände umfassen, und zwar:
- POC 1: Cours d'économie politique, 1964, XXX–XIII–430–II–426 S.
- POC 2: Le marché financier italien (1891–1899), 1965, XXVI–238 S.
- POC 3: Ecrits sur la courbe de la répartition de la richesse, 1965, XXIV–52 S.
- POC 4: Libre-échangisme, protectionnisme et socialisme, 1965, X–349 S.
- POC 5: Les systèmes socialistes, 1965, X–408–492 S.
- POC 6: Mythes et idéologies de la politique, 1966, 344 S.
- POC 7: Manuel d'économie politique, 1966, VI–696 S.
- POC 8: Statistique et économie mathématique, 1966, 372 S.
- POC 9: Marxisme et économie pure, 1966, VIII–184 S.
- POC 10: Lettres d'Italie. Chroniques sociales et économiques, 1967, VII–184 S.
- POC 11: Programme et sommaire du Cours de Sociologie (suivi de: Mon Journal), 1967, LXXVIII–94 S.
- POC 12: Traité de sociologie générale, 1968, XXX–1818 S.
- POC 13: La transformation de la démocratie, 1970, XVI–112 S.
- POC 14: La liberté économique et les événements en Italie, 1970, XXXVI–132 S.
- POC 15: Le mythe vertuiste et la littérature immorale, 1971, 174 S.
- POC 16: Ecrits épars, 1974, 216 S.
- POC 17: Ecrits politiques, I: Lo sviluppo del capitalismo, 1974, 962 S.
- POC 18: Ecrits politiques, II: Reazione, libertà, fascismo, 1974, 923 S.
- POC 19: Correspondance 1890–1923, 1975, 2 Bände zusammen VIII–1291 S. (vgl. infra PBr 11).
- POC 20: Jubilé Pareto 1917, 1975, 266 S.
- POC 21: Faits et théories, 1976 (in Vorbereitung).

Es ist nicht ausgeschlossen, daß noch zwei Ergänzungsbände hinzukommen:
- POC 22: Ecrits sociologiques mineurs.
- POC 23: Correspondance, 1860–1889 (identisch mit PBr 13).

1.2. Es gibt zur Zeit vorzügliche *italienische,* gleichfalls von ,,Paretologen" eingeleitete Neuausgaben der wichtigsten Bücher Paretos:
- I Sistemi socialisti, Turin: Utet 1974, 809 S. (vgl. POC 5).
- Trattato di sociologia generale, Mailand: Comunità, 1964, 2 Bände, XXVIII–878 und X–1056 S. (vgl. POC 12).
- Trasformazioni della democrazia, Bologna: Cappelli 1964, 175 S. (vgl. POC 13).

Außerdem liegen wichtige Aufsatzsammlungen in italienischer Sprache vor:
- PA 1: Scritti teorici (Ed. Giovanni Demaria), Mailand: Malfasi 1952, XXX–654 S.
- PA 2: Cronache italiane (Ed. Carlo Mongardini), Brescia: Morcelliana 1965, 553 S.
- PA 3: Scritti sociologici (Ed. Giovanni Busino), Turin: Utet 1966, 1236 S.
- PA 4: V. Pareto dall'economia alla sociologia (Ed. Carlo Mongardini), Rom: Bulzoni 1972, 306 S.
- PA 5: Battaglie liberiste. Raccolta di articoli e saggi comparsi sulla stampa italiana (Ed. Lucio Avagliano), Salerno: Soc. Ed. Salernitana 1975.

1.3. Bislang ist nur POC 14 vollständig in deutscher Sprache übersetzt worden:
- PD 1: Der Tugend-Mythos und die unmoralische Literatur (übersetzt und glänzend eingeleitet von Gottfried Eisermann), Neuwied: Luchterhand 1968, 189 S.

Sonst gibt es nur noch zwei Teilübersetzungen von POC 12, obzwar vor dem zweiten Weltkrieg zweimal eine Gesamtübersetzung des Paretoschen *opus magnum* angezeigt wurde (vgl. Die Tat, Januar 1932, S. 779; Archiv für Rechts- und Sozialphilosophie, Nov. 1938, S. 144):

- PD 2: Allgemeine Soziologie (übersetzt und eingeleitet von Carl Brinkmann; es wurde die französische Fassung von 1917–19 benutzt), Tübingen: Mohr 1955, VIII–263 S.
- PD 3: Vilfredo Paretos System der allgemeinen Soziologie (übersetzt und ausführlich eingeleitet von Gottfried Eisermann; es lag die italienische Originalfassung von 1916 zu Grunde), Stuttgart: Enke 1962, VI–264 S.

Carlo Mongardini gab eine vorzüglich eingeleitete deutsche Auswahl bedeutender Pareto-Texte heraus:

- PD 4: Ausgewählte Schriften, Frankfurt a. M.: Ullstein 1975, 487 S.

1.4. Erwähnenswerte Übersetzungen in englischer Sprache sind:

- PE 1: Manual of Political Economy (übersetzt von Ann Stranquist Schwier; es wurde die französische Fassung, also POC 7, benutzt), Clifton (N. J.): Kelley 1971, XII–504 S.
- PE 2: The Mind and Society (mustergültig übersetzt und annotiert von Arthur Livingston; es wurde die italienische Originalfassung von 1916 benutzt), New York: Dover ²1963, 2 Bände, XVIII–884 und 1150 S.
- PE 3: The Rise and Fall of the Elites. An Application of Theoretical Sociology (übersetzt und eingeleitet von Hans Lennart Zetterberg; englische Fassung eines bedeutenden Aufsatzes aus dem Jahre 1901), Totowa (N. J.): The Bedminster Press 1968, 120 S.
- PE 4: Sociological Writings (übersetzt von Derick Mirfin mit einer kenntnisreichen Einleitung von Samuel Finer; es handelt sich um eine durchaus nützliche Pareto-Anthologie), London: Pall Mall Press, und New York: Praeger 1966, VIII–335 S.

1.5. Für das Studium des Pareto'schen Werkes ist die intensive Benutzung der reichhaltigen *Briefsammlungen* unerläßlich:

- PBr 1: Alcune lettere di Vilfredo Pareto, pubblicate e commentate da Amenico Antonucci, Rom: Maglione 1938, 43 S.; übernommen in POC 18.
- PBr 2: Corrispondenza di Vilfredo Pareto (Ed. Guido Sensini), Padua: Cedam 1948, I–174 S.; übernommen in POC 19–20.
- PBr 3: Pareto dal carteggio con Carlo Placci (Ed. Tommaso Giacalone-Monaco), Padua: Cedam 1957, 133 S.; übernommen in POC 19–20.
- PBr 4: Pareto-Walras da un carteggio inedito (1891–1901) (Ed. Tommaso Giacalone-Monaco), Padua: Cedam 1960, 149 S.; übernommen in POC 19–20.
- PBr 5: Pareto e Sorel. Riflessioni e ricerche, con 69 lettere inedite di Pareto (Ed. Tommaso Giacalone-Monaco), Padua: Cedam 1960–61, 2 Bände, XII–190 und 262 S.
- PBr 6: Scritti paretiani, con 47 lettere di Vilfredo Pareto ad Alfonso de Pietri-Tonelli (Ed. Pietro de Pietri-Tonelli), Padua: Cedam 1961, 158 S.; übernommen in POC 19–20.
- PBr 7: Lettere a Maffeo Pantaleoni (1890–1923) (Ed. Gabriele de Rosa), Rom: Edizioni di storia e letteratura ²1962, 3 Bände, zusammen XXIV–1572 S.
- PBr 8: Carteggi paretiani (Ed. Gabriele de Rosa), Rom: Edizioni di storia e letteratura ²1964, XXXIC–222 S.
- PBr 9: Lettere ai Peruzzi (1872–1900) (Ed. Tommaso Giacalone-Monaco), Rom: Edizioni di storia e letterature 1968, 2 Bände, CIII–645 und 700 S.
- PBr 10: Lettere ad A. Linaker (1885–1923) (Ed. Marcello Luchetti), Rom: Edizioni di storia e letteratura 1971, LXXV–275 S.; übernommen in POC 19–20.

– PBr 11: Epistolario 1890–1923 (Ed. Giovanni Busino), Rom: Accademia Nazionale Dei Lincei 1974, 2 Bände, zusammen VIII–1291 S.; identisch mit POC 19–20.

Giovanni Busino bereitet z. Z. zwei Bände unveröffentlichter Briefe vor:

– PBr 12: Correspondance III (1890–1923).

– PBr 13: Les lettres de 1860 à 1889 (identisch mit dem geplanten Band POC 23).

1.6. Angesichts der Tatsache, daß eine Gesamtausgabe fehlt, soll daraufhingewiesen werden, daß eine sorgfältig überprüfte Neufassung der in PBr 11, 101–143 in chronologischer Reihenfolge abgedruckten Bibliographie sämtlicher Pareto-Texte (Originaldrucke, Neuauflagen, Übersetzungen, Auszüge, usw.) in POC 20, 71–110 enthalten ist. Dessenungeachtet darf noch immer mit der Entdeckung bislang unbekannter Texte, besonders Briefe, gerechnet werden.

2. Exemplarische Sekundärliteratur

2.1. POC 20 enthält S. 111–266 eine von Piet Tommissen angefertigte Bibliographie der Sekundärliteratur – eine um 33% vermehrte französische Fassung eines Versuches aus dem Jahre 1971 (SP 6, 352–434). Sie umfaßt fünf Sparten: SA = Bücher, die sich ausschließlich oder überwiegend mit Pareto oder mit seinem Werk befassen (etwa 120 Nummern); SB = Aufsätze, die sich ausschließlich oder überwiegend mit Pareto oder mit seinem Werk befassen (etwa 750 Nummern); SC = Bücher, die sich teilweise mit Pareto oder mit seinem Werk befassen (etwa 450 Nummern); SD = Aufsätze, die sich teilweise mit Pareto oder seinem Werk befassen (etwa 300 Nummern); LP = Bücher und Aufsätze, die sich ganz oder teilweise mit dem sogenannten Pareto'schen Gesetz befassen (etwa 230 Nummern).

Giovanni Busino veröffentlicht regelmäßig Literaturberichte und beabsichtigt, diese besonders wertvolle Arbeit auch künftighin fortzusetzen; die wichtigsten seiner bereits erschienenen Sammelbesprechungen wurden neulich als Buch herausgegeben:

– SP 1: *Giovanni Busino,* Gli studi su Vilfredo Pareto oggi. Dall'agiografia alla critica (1923–1973), Rom: Bulzoni 1974, 361 S.

Inzwischen erschien ein Ergänzungsbericht:

– SP 2: L'opera e le interpretazioni. A proposito di studi paretioni recenti, in: Giornale degli Economisti e Annali di Economia, 34. Band Heft 5–6, Mai–Juni 1975, 347–375.

2.2. Biographien. Eine erschöpfende Pareto-Biographie liegt noch immer nicht vor. Besonders Georges-Henri Bousquet, Giovanni Busino und Tommaso Giacalone-Monaco haben sich um die Klärung biographischer Rätsel und Einzelheiten verdient gemacht. Die derzeitigen Versuche berücksichtigen gleichzeitig das wissenschaftliche Oeuvre des Gelehrten, oder wenigstens Teile desselben; alle sind aber überholungsbedürftig:

– SP 3: *Franz Borkenau:* Pareto, London: Chapman and Hall, und New York: Wiley & Sons, 1936, 219 S. (sollte nur mit größter Vorsicht herangezogen werden)

– SP 4: *Georges-Henri Bousquet:* Pareto (1848–1923). Le savant et l'homme, Lausanne und Paris: Payot 1960, 208 S.

– SP 5: *Tommaso Giacalone-Monaco:* Vilfredo Pareto. Riflessioni e ricerche, Padua: Cedam 1966, 245 S.

– SP 6: *Piet Tommissen:* De economische epistemologie van Vilfredo Pareto, Brüssel: Economische Hogeschool Sint-Aloysius 1971, 448 S. (besonders der erste Teil, 25–110).

2.3. Pareto als Soziologe. Jede Geschichte der Soziologie räumt Pareto einen gebührenden Platz ein. Beispielsweise seien zwei neuere Arbeiten erwähnt:

- SP 7: *Ronald Fletcher:* The Making of Society. A Study of Sociological Theory (Band 2: Developments), London: Michael Joseph 1971, XXV–855 S. (besonders 577–635).
- SP 8: *Gabor Kiss:* Einführung in die soziologischen Theorien (Band 2: Vergleichende Analyse soziologischer Hauptrichtungen), Opladen: Westdeutscher Verlag 1973, 304 S. (besonders 105–121).

Brauchbare Analysen des soziologischen Hauptwerkes (POC 12) sind vor allem:

- SP 9: *Georges-Henri Bousquet:* Précis de Sociologie d'après Vilfredo Pareto, Paris: Dalloz ^{2}1971, 207 S. (eine linientreue Synthese).
- SP 10: *Giovanni Busino:* Introduction à une Histoire de la Sociologie de Pareto, Genf: Droz ^{2}1974, 171 S.
- SP 11: *Gottfried Eisermann:* Vilfredo Pareto als Nationalökonom und Soziologe, Tübingen: Mohr 1961, 76 S. (zuverlässige und kurze Einführung).
- SP 12: *Julien Freund:* Vilfredo Pareto. La théorie de l'équilibre, Paris: Seghers 1974, 205 S. (z. Z. wohl die beste französische Darstellung).
- SP 13: *Lawrence Joseph Henderson:* Pareto's General Sociology. A Physiologist's Interpretation, New York: Russel und Russel ^{2}1967, IX–119 S. (bleibt wertvoll).
- SP 14: *Wolfgang Hirsch:* Vilfredo Pareto. Ein Versuch über sein soziologisches Werk, Brüssel: Pantheon, und Zürich: Occident Verlag 1948, 106 S. (eine gute Synthese).
- SP 15: *George Caspar Homans* und *Charles Pelham Curtiss Jr.:* An Introduction to Pareto. His Sociology, New York: Howard Fertig ^{2}1970, XIII–299–VI S.
- SP 16: *Joseph Lopreato:* The Sociology of Vilfredo Pareto, Morristown (N. J.): General Learning Press 1976.
- SP 17: *Guy Perrin:* Sociologie de Pareto, Paris: Presses Universitaires de France 1966, 248 S.
- SP 18: *Günter Zauels:* Paretos Theorie der sozialen Heterogenität und Zirkulation der Eliten, Stuttgart: Enke 1 X–120 S.

Für Aufsätze in Zeitschriften und Sammelbänden, vgl. die unter 2.1 empfohlene Gesamtbibliographie.

2.4. Spezialthemen. Aus der enormen Literatur (vgl. die unter 2.1 angezeigte Gesamtbibliographie) greifen wir nur einige besonders wichtige Buchveröffentlichungen in alphabetischer Reihenfolge heraus:

- SP 19: *Vaclav Belohradsky:* Ragionamento, Azione, Società. Sociologia della conoscenza in Vilfredo Pareto, Mailand: Marzorati 1974, 338 S. (schwierig aber mit vielen anregenden Ideen).
- SP 20: *Norberto Bobbio:* Saggi sulla Scienza politica in Italia, Bari: Laterza ^{2}1971, 257 S. (enthält mehrere unentbehrliche Sonderstudien).
- SP 21: *Norberto Bobbio:* On Pareto and Mosca, Genf: Droz 1971, 78 S.
- SP 22: *Giovanni Busino* und *Sven Stelling-Michand:* Matériaux pour une historie des sciences sociales à Genève (1873–1915), Genf: Droz 1965, 258 S.
- SP 23: *Rudolf Hamann:* Paretos Elitentheorie und ihre Stellung in der neueren Soziologie, Stuttgart: Fischer 1964, VI–75 S. (eine schwache Leistung).
- SP 24: *Peter Huebner:* Herrschende Klasse und Elite. Eine Strukturanalyse der Gesellschaftstheorien Moscas und Paretos, Berlin: Duncker und Humblot 1967, 178 S.
- SP 25: *Woldemar Koch:* Die Bedeutung der theoretischen Ökonomik für die allgemeine Soziologie, Tübingen: Mohr 1955, 21 S.
- SP 26: *Anthony Piepe:* Knowledge and Social Order. The Relationship between Human Knowledge and the Constructions of Social Theory, London: Heinemann 1971, III–81 S.
- SP 27: *Warren J. Samuels:* Pareto on Policy, Amsterdam: Elsevier 1974, 244 S.

- SP 28: *Erwin Schuler:* Paretos Marx-Kritik, Tübingen: Becht 1932, 80 S.
- SP 29: *V.A.:* Actualité de Vilfredo Pareto, Löwen: Centre de recherches sociologiques de l'U.C.L. 1975, VI–147 S.

Eine spezielle Erwähnung verdient die auch soziologisch relevante Anthologie mit eingestreutem Kommentar:

- SP 30: L'Ecole de Lausanne. Textes choisis de L. Walras et V. Pareto (Ed. Firmin Oulès), Paris: Dalloz 1950, 430 S.

Die von Giovanni Busino gegründete Zeitschrift *Cahiers Vilfredo Pareto* (zwischen 1963 und Mitte 1976 erschienen 39 Hefte) bringt laufend in mehreren Sprachen bedeutende Beiträge zur Pareto-Forschung (Genf: Droz).

FERDINAND TÖNNIES

1. Werkverzeichnis

Wie jüngst *Jacoby* (Die moderne Gesellschaft ..., S. V) erneut festgestellt hat, gibt es keine Werkausgabe und keine vollständige Bibliographie; dies trifft auch zu für die erste von *Else Brenke* 1936 besorgte Bibliographie in *Reine und Angewandte Soziologie. Eine Festschrift für Ferdinand Tönnies zu seinem achtzigsten Geburtstag am 26. Juli 1935,* Leipzig 1936. Die folgende Übersicht bleibt deshalb unvollständig; sie enthält auch nicht alle von Brenke aufgeführten Titel. Die in den drei Bänden *Soziologische Studien und Kritiken,* Jena 1925, 1926 und 1929 gesammelten Beiträge werden zudem nicht mehr alle eigens genannt; soweit auf sie in dieser Abhandlung Bezug genommen wurde, sind sie in den Anmerkungen erwähnt.

(1) Anmerkungen über die Philosophie des Hobbes, Vierteljahresschrift für wissenschaftliche Philosophie, 3 (1879), 4 (1880), 5 (1881).

(2) Gemeinschaft und Gesellschaft. Abhandlung des Communismus und des Socialismus als empirische Culturformen, Leipzig 1887.

(3) Leibniz und Hobbes, Philosophische Monatshefte, 23 (1887), S. 557ff.

(4) (Rez.) C. N. Starcke: Die primitive Familie in ihrer Entstehung und Entwicklung dargestellt. Leipzig 1888, a.a.O., 25 (1889), S. 366ff.

(5) (Editor) Thomas Hobbes, The Elements of Law Nature and Politic, Edited with a preface and critical notes, to which are subjoined selected abstracts from unprinted mss. of Thomas Hobbes, London 1889 (reprint 1928 und 1970).

(5a) (Editor) Thomas Hobbes, Behemoth or the long Parliament, Edited for the first time from the original mss., London 1889 (reprint 1969).

(6) Fünfzehn Thesen zur Erneuerung des Familienlebens, Ethische Kultur. Wochenschrift zur Verbreitung ethischer Bestrebungen, 1 (1893), S. 302ff., 311f.

(7) (Rez.) G. Simmel: Einleitung in die Moralwissenschaft, Zeitschrift für Psychologie und Physiologie der Sinnesorgane, 5 (1893), S. 627ff.

(7a) (Rez.) G. Simmel: Das Problem der Geschichtsphilosophie, a.a.O., 6 (1893), S. 77f.

(8) Jugendliche Kriminalität und Verwahrlosung in Groß-Britannien, Zeitschrift für die gesamte Strafrechtswissenschaft, 13 (1893), S. 894ff.

(9) Ethik und Sozialpolitik, Schweizerische Blätter für Wirtschafts- und Sozialpolitik, 2 (1894), S. 241ff.

(10) Der moderne Arbeitsvertrag und die Arbeitslosigkeit, Arbeitslosigkeit und Arbeitsvermittlung in Industrie- und Handelsstätte. Schriften des Freien Deutschen Hochstiftes. Berlin 1894, S. 12ff.

(11) Neuere Philosophie der Geschichte: Hegel, Marx, Comte, Archiv für Geschichte der Philosophie, 7 (1894), S. 486ff.

(12) Ethische Betrachtungen, Ethische Kultur. Wochenschrift zur Verbreitung ethischer Bestrebungen, 3 (1895), S. 212ff., 218ff., 228ff.

(13) Die sittliche Bestimmung der Frau, a.a.O., S. 25f.
(14) Das Verbrechen als soziale Erscheinung, Archiv für soziale Gesetzgebung und Statistik, 8 (1895), S. 329ff.
(15) Zum Hamburger Streik, Ethische Kultur. Wochenschrift zur Verbreitung ethischer Bestrebungen, 4 (1896), S. 409ff.
(16) Hafenarbeiter und Seeleute in Hamburg vor dem Streik 1896/97, Archiv für soziale Gesetzgebung und Statistik, 10 (1897), S. 173ff.
(17) Der Hamburger Streik von 1896/97, ebd., S. 673ff.
(18) Das Ende des Streiks, Ethische Kultur. Wochenschrift zur Verbreitung ethischer Bestrebungen, 5 (1897), S. 49f.
(19) Strafthaten im Hamburger Streik, Archiv für soziale Gesetzgebung und Statistik, 11 (1897), S. 513ff.
(20) Über die Grundtatsachen socialen Lebens, Ethisch-sozialwissenschaftlicher Vortragskurs, Hrsg. Schweizerische Gesellschaft für ethische Kultur, Bd. VII, Bern 1897.
(21) Streik-Terrorismus, Ethische Kultur. Wochenschrift zur Verbreitung ethischer Bestrebungen, 5 (1897), S. 65f.
(22) Der Nietzsche-Kultus. Eine Kritik. Leipzig 1897.
(23) Die Politik des Hobbes. Eine Entgegnung, Die Neue Zeit. Revue des geistigen und öffentlichen Lebens, 15/2 (1897), S. 173ff.
(24) Die Enquête über Zustände der Arbeit im Hamburger Hafen, Archiv für Soziale Gesetzgebung und Statistik, 12 (1898), S. 303ff.
(25) Die Erweiterung der Zwangserziehung, a.a.O., 15 (1900), S. 458ff.
(26) Die Kriminalstatistik und die Vorlage zum Schutze der gewerblichen Arbeitsverhältnisses, Soziale Praxis, 9 (1900), S. 106ff.
(27) (Rez.) P. E. Aschrott: Die Zwangserziehung Minderjähriger und der zur Zeit hierüber vorliegende preußische Gesetzentwurf. Berlin 1910, Archiv für soziale Gesetzgebung und Statistik, 15 (1900), S. 510ff.
(28) Politik und Moral. Eine Betrachtung. (Flugschriften des Neuen Frankfurter Verlages, III.) Frankfurt 1901.
(29) Die Verhütung des Verbrechens, Ethische Kultur. Wochenschrift zur Verbreitung ethischer Bestrebungen, 9 (1901), S. 153ff., 162ff.
(30) Zur Kontroverse über Politik und Moral, Das freie Wort. Frankfurter Halbmonatsschrift für Fortschritte auf allen Gebieten des geistigen Lebens, 1 (1902), S. 42ff.
(31) Probleme des Verbrechens und der Strafe, Deutschland. Monatsschrift für die gesamte Kultur, 1 (1902), S. 54ff., 171ff.
(32) Zur Theorie der Geschichte (Exkurs), Archiv für systematische Philosophie. Neue Folge der Philosophischen Monatshefte, 8 (1902), S. 1ff.
(33) Die Ostseehäfen Flensburg, Kiel, Lübeck, Schriften des Vereins für Sozialpolitik. CIV. 1. Die Lage der in der Seeschiffahrt beschäftigten Arbeiter. Bd. 2, 1. Abteilung. Leipzig 1903, S. 509ff.
(34) Todesursachenstatistik, Soziale Praxis, 13 (1903), S. 260f.
(35) (Rez unter dem Titel) Rückblicke auf Deutsche Volkswirtschaft und Kultur, Deutschland. Monatsschrift für die gesamte Kultur, 2 (1903)/04), S. 598ff., 690ff.
(36) Sociologie et Psychologie, Annales de L'Institut International de Sociologie, 10 (1904), S. 289ff.
(37) Hobbes Analekten I., Archiv für Geschichte der Philosophie, 17 (1904), S. 291ff.
(38) Herbert Spencer, Deutsche Rundschau, CXVIII (1904), S. 368ff.
(39) Strafrechtsreform, Moderne Zeitfragen, 1 (1905).
(40) Ein Rückblick auf den Streik im Ruhrkohlenrevier, Das freie Wort. Frankfurter Halbmonatsschrift für Fortschritte auf allen Gebieten des geistigen Lebens, 4 (1905), S. 893ff.
(41) Schiller und das Verbrecherproblem, Deutschland. Monatsschrift für die gesamte Kultur, 3 (1905), S. 178ff.

(42) Schiller als Zeitbürger und Politiker, Berlin 1905.
(43) Der Zweckgedanke im Strafrecht, Das Freie Wort. Frankfurter Halbmonatsschrift für Fortschritte auf allen Gebieten des geistigen Lebens, 4 (1905), S. 130ff., 259f.
(44) Notions fondamentales de sociologie pure, Annales de l'Institut Internationale de Sociologie, IV (1906), S. 63ff.
(45) Philosophische Terminologie in psychologisch-soziologischer Absicht, Leipzig 1906 (Zuerst unter dem Titel: Philosophical Terminology, Mind. 8 (1899), S. 289ff., 467ff.; 9 (1900), S. 46ff.).
(46) The Present Problems of Social Structure, American Journal of Sociology, 10 (1905), S. 569ff.
(47) Zum Verständnis des politischen Parteiwesens, Das Freie Wort..., 5 (1906), S. 752ff.
(48) Hobbes Analekten II., Archiv für Geschichte der Philosophie, 19 (1906), S. 153ff.
(49) Die Entwicklung der sozialen Frage, Leipzig 1907. (4. Auflage u. d. T.: Die Entwicklung der sozialen Frage bis zum Weltkriege, Berlin 1926).
(50) Aus der Deutschen Moral- und Rechtsentwicklung, Dokumente des Fortschritts, 1 (1907)/08), S. 90ff.
(51) Ethik und Sozialismus, Archiv für Sozialwissenschaft und Sozialpolitik, 25 (1907), S. 573ff.; 26 (1908), S. 56ff.; 29 (1909), S. 895ff.
(52) Soziologie und Politik, Zeitschrift für Politik, 1 (1908), S. 219ff.
(53) Eine neue Methode der Vergleichung statistischer Reihen, Jahrbuch für Gesetzgebung, Verwaltung und Volkswirtschaft im Deutschen Reich, 33 (1909), S. 699ff.
(54) Schülerselbstmorde, Kunstwart, 22, 2, 22, 4 (1909), S. 369ff., 225ff.
(55) Die Sitte. Frankfurt 1909.
(56) (Rez.) Zur naturwissenschaftlichen Gesellschaftslehre, Jahrbuch für Gesetzgebung, Verwaltung und Volkswirtschaft im Deutschen Reich, 33 (1909), S. 879ff.
(57) Studie zur Schleswig-Holsteinschen Agrarstatistik, Archiv für Sozialwissenschaft und Sozialpolitik, 30 (1910), S. 285ff.
(58) Ein deutsches Institut für Rechtsphilosophie und soziologische Forschung? Eine Enquête, Archiv für Rechts- und Wirtschaftsphilosophie, 4 (1910/11), S. 220ff.
(59) Zu welchem Ende studieren wir Philosophie?, Zur Einführung in das akademische Leben. 3. Ausgabe, Kiel 1910/11. S. 13ff.
(60) Hobbes Naturrecht, Archiv für Rechts- und Wirtschaftsphilosophie, V (1911/12), S. 126ff., 283ff.
(61) Gemeinschaft und Gesellschaft. Grundbegriffe der Reinen Soziologie, Berlin 2. A. 1912; 8. A. Leipzig 1935. (Nachdruck Darmstadt 1963.)
(62) Die neuesten Angriffe gegen den Verein für Sozialpolitik. Brief an Gustav Schmoller, Jahrbuch für Gesetzgebung, Verwaltung und Volkswirtschaft im Deutschen Reich, 36 (1912), S. 6ff.
(63) Individuum und Welt in der Neuzeit, Weltwirtschaftliches Archiv. I (1913), S. 37ff.
(64) Geläuterter Sozialismus, Der Staatsbürger. Halbmonatsschrift für politische Bildung, 4 (1913), S. 855ff.
(65) (Rez.) R. M. Davis: Psychological interpretations of Society. New York 1909, Schmollers Jahrbuch, 38 (1914), S. 968ff.
(66) (Rez.) Ch. A. Ellwood: Sociology and its psychological aspects. New York, London 1912, Weltwirtschaftliches Archiv, 4 (1914), S. 447ff.
(67) Rechtsstaat und Wohlfahrtsstaat, Archiv für Rechts- und Wirtschaftsphilosophie, 8 (1914/15), S. 65ff.
(68) Die Gesetzmäßigkeit in der Bewegung der Bevölkerung, Archiv für Sozialwissenschaft und Sozialpolitik, 39 (1915), S. 150ff., 767ff.
(69) Die Sozialpolitik nach dem Kriege, Die Arbeiterschaft im neuen Deutschland. Leipzig 1915, S. 147ff.

(70) Der Wiederbeginn geistiger Gemeinschaftsarbeit zwischen den Völkern. (Ein Briefwechsel), Ethische Kultur. Wochenzeitschrift zur Verbreitung ethischer Bestrebungen, 23 (1915), S. 105f.
(71) Gerechtigkeit in Kriegszeiten, Internationale Rundschau, 2 (1916), S. 177ff.
(72) Naturrecht und Völkerrecht, Die neue Rundschau, 27 (1916), S. 577.
(73) Der englische Staat und der deutsche Staat, Berlin 1917.
(74) Gegenwartsstaat und Zukunftsstaat, Die Neue Zeit. Wochenschrift der Deutschen Sozialdemokraten, 37 (1919), 1. Bd., S. 265ff.
(75) Ethik und Bodenreform, Jahrbuch der Bodenreform, 15 (1919), S. 193ff.
(76) Sozialpolitik im Deutschen Reich und in Dänemark, Soziale Praxis, 28 (1919), S. 783ff.
(77) Hochschulreform und Soziologie. Kritische Anm. über Beckers Gedanken zur Hochschulreform und Belows ‚Soziologie als Lehrfach'. Jena 1920. (Vermehrter Sonder-Abdruck von: Soziologie und Hochschulreform, Weltwirtschaftliches Archiv, 16 (1920), S. 212ff.).
(78) Recht und Unrecht, Das Tagebuch, 1 (1920), S. 198ff.
(79) Marx, Leben und Werk, Sozialistische Bücherei Bd. V, Hrsg. K. Nötzel, Jena 1921.
(80) Zum Gedächtnis an Franz Staudinger, Kölner Vierteljahreshefte für Soziologie, 2 (1922), S. 66ff.
(81) Kritik der öffentlichen Meinung, Berlin 1922.
(82) Ferdinand Tönnies, Die Deutsche Philosophie der Gegenwart in Selbstdarstellungen, Hrsg. R. Schmidt, Bd. 3, Leipzig 1922, S. 198ff. (Selbstdarstellung).
(83) Sozialreform ehedem und heute, Soziale Praxis, 32 (1923), S. 659ff.
(84) Macht und Wert der Oeffentlichen Meinung, Dioskuren. Jahrbuch für Geisteswissenschaften, 2 (1923), S. 79ff.
(85) Hobbes und das Zoon Politikon, Zeitschrift für Völkerrecht, 12 (1923), S. 471ff.
(86) Korrelation der Parteien in Statistik der Kieler Reichstagswahlen, Jahrbücher für Nationalökonomie und Statistik, III. Folge 67 (1924), S. 663ff.
(87) Sozialpolitik und Staatssozialismus, Soziale Praxis, 33 (1924), S. 366f.
(88) Verbrechertum in Schleswig-Holstein (1874)–1898), Archiv für Sozialwissenschaft und Sozialpolitik, 52 (1924), S. 761ff.; 58 (1927), S. 608ff.; 61 (1929), S. 322ff.
(89) (Rez.) H. Plessner: Grenzen der Gemeinschaft. Eine Kritik des sozialen Radikalismus, Kölner Vierteljahreshefte für Soziologie, 5 (25/26), S. 456ff.
(90) Die Arbeitszeitfrage in Deutschland, Soziale Praxis, 34 (1925), S. 92ff., 127ff., 149ff.
(91) Die Gewerkschaften in soziologischer Sicht, Die Arbeit. Zeitschrift für Gewerkschaftspolitik und Wirtschaftskunde, 2 (1925), S. 92ff.
(92) Der Klassengegensatz, Soziale Praxis, 34 (1925), S. 402ff.
(93) Soziologische Studien und Kritiken, 3 Bde., Jena 1925, 1926 und 1929.
(94) Die Tendenzen des heutigen sozialen Lebens, Vierteljahresschrift für Soziologie, Geschichts- und Kulturphilosophie, 1 (1925), S. 54ff., 202ff.
(95) Begriff und Gesetz des menschlichen Fortschritts, Archiv für Sozialwissenschaft und Sozialpolitik, 53 (1925), S. 1ff.
(96) Das Eigentum, Wien/Leipzig 1926.
(97) Formen zwischenmenschlicher Beziehungen und ihre Manifestierung in „sozialen Wesenheiten". (Begriffs- und Inhaltsbestimmung der Soziologie). Schreibmaschinen-Manuskript, 1926, 39 Seiten. Tönnies-Archiv (Kiel): 521.
(98) Fortschritt und soziale Entwicklung. Geschichtsphilosophische Ansichten, Karlsruhe 1926.
(99) Soziologie und ihr Wert, Borsig-Zeitung, 3 (1926), S. 1f.
(100) Wege zum dauernden Frieden? (Erweiterte Umarbeitung der Schrift: Menschheit und Volk), Leipzig 1926.
(101) Die Bewegung der Bevölkerung. Schreibmaschinen-Manuskript, etwa 1927–1929, 7 Seiten. Tönnies-Archiv (Kiel): St 26.

(102) Ethik und Genossenschaft. Schreibmaschinen-Manuskript, 1927, 30 Seiten. Tönnies-Archiv (Kiel): G 10.
(103) (Rez.) H. N. ter Veen „De Haarlemer Meer" u. d. T.: Das Haarlemer Meer. Eine soziographische Studie, Zeitschrift für Völkerpsychologie und Soziologie, 3 (1927), S. 183ff.
(104) Der Selbstmord in Schleswig-Holstein als eine soziale Erscheinung, Kultur und Leben, 4 (1927), S. 305ff.
(105) Der Selbstmord in Schleswig-Holstein. Eine statistisch soziologische Studie. Veröffentlichungen der Schleswig-Holsteinschen Universitätsgesellschaft, Nr. 9. Schriften der Baltischen Kommission zu Kiel, Breslau 1927.
(106) Demokratie, Verhandlungen des 5. Deutschen Soziologentages 1926 in Wien, Tübingen 1927.
(107) (Rez.) W. Lippmann: Public Opinion u. d. T. Amerikanische Soziologie, Weltwirtschaftliches Archiv, 26 (1927), S. 1ff.
(108) Die eheliche Fruchtbarkeit in Deutschland, Schmollers Jahrbuch, 52 (1928), S. 581ff.
(109) Gemeinschaft und Werksgemeinschaft, Soziale Praxis, 37 (1928), S. 151ff.
(110) Statistik und Soziographie, Ebd., S. 751f.
(111) Arbeitslohn und Zwangsschiedsspruch, Ebd., 38 (1929), S. 249ff.
(112) Ortsherkunft von Verbrechern in Schleswig-Holstein, Deutsches Statistisches Zentralblatt, 21 (1929), Sp. 146ff.
(113) Die schwere Kriminalität von Männern in Schleswig-Holstein in den Jahren 1899–1914, Zeitschrift für Völkerpsychologie und Soziologie, 5 (1929), S. 26ff.
(114) Statistik und Soziographie, Allgemeines Statistisches Archiv, 18 (1929), S. 546ff.
(115) Diskussion über ‚Die Konkurrenz', Verhandlungen des 6. Deutschen Soziologentages 1928 in Zürich, Tübingen 1929.
(116) Der Kampf um das Sozialistengesetz 1878, Berlin 1929.
(117) Reichtum und seine Verteilung, Die Arbeit. Zeitschrift für Gewerkschaftspolitik und Wirtschaftskunde, 7 (1930), S. 405ff., 483ff.
(118) Der Selbstmord in Schleswig-Holstein (alten Umfanges), 1885–1914, Nordelbingen. Beiträge zur Heimatforschung in Schleswig-Holstein, Hamburg und Lübeck, 8 (1930/31), S. 447ff.
(119) Leitsätze und Vortrag in der Untergruppe für Soziographie, Verhandlungen des 7. Deutschen Soziologentages 1930 in Berlin, Tübingen 1931.
(120) Soziale Bezugsgebilde in ihren Wechselwirkungen, Forum philosophicum. International Philosophic Society, 1 (1930), S. 143ff.
(121) Uneheliche und verwaiste Verbrecher. Studien über Verbrechertum in Schleswig-Holstein, Kriminalstatistische Abhandlungen, H. 14, Leipzig 1930.
(122) Die Lehre von den Volksversammlungen und die Urversammlung in Hobbes' Leviathan, Zeitschrift für die Gesamte Staatswissenschaft, 89 (1930), S. 1ff.
(123) Sozialwissenschaftliche Forschungsinstitute, Forschungsinstitute. Ihre Geschichte, Organisation und Ziele, Hrsg. E. L. Brauner, Hamburg 1930.
(124) Soziographie und ihre Bedeutung, Deutsche Justiz, 6 (1930), S. 70ff.
(125) Einführung in die Soziologie, Stuttgart 1931.
(126) Die moderne Familie, Handwörterbuch der Soziologie, Hrsg. A. Vierkandt, Stuttgart 1931, S. 122ff. (Neudruck 1959).
(127) Gemeinschaft und Gesellschaft, ebd., S. 180ff.
(128) Stände und Klassen, ebd., S. 617ff.
(129) Das Eigentum, ebd., S. 106ff.
(130) Soziologisches Symposium IX, Zeitschrift für Völkerpsychologie und Soziologie, 7 (1931), S. 129ff.
(131) (Rez.) M. Halbwachs: Les Causes du Suicide. Paris 1930, Archiv für Sozialwissenschaft und Sozialpolitik, 66 (1931), S. 411.
(132) Das soziale Leben der Familie, Soziale Praxis, 41 (1932), S. 822ff.

(133) Mein Verhältnis zur Soziologie, Soziologie von heute, Hrsg. Richard Thurnwald, Leipzig 1932, S. 103ff.
(134) Der Selbstmord von Männern in Preußen (1884–1914), Menschen Maatschappij, 9 (1933), S. 234ff.
(135) Hegels Naturrecht. Zur Erinnerung an Hegels Tod, Schmollers Jahrbuch ..., 56 (1932), S. 71ff.
(136) Sitte und Freiheit, Probleme deutscher Soziologie. Gedächtnisgabe für Karl Dunkmann, Berlin 1933, S. 7ff.
(137) Hobbes und Spinoza, Septimana Spinozana, Den Haag, S. 226ff.
(138) Gemeinwirtschaft und Gemeinschaft, Schmollers Jahrbuch ..., 58 (1934), S. 317ff.
(139) Geist der Neuzeit, Leipzig 1935.
(140) Contributions à l'histoire de la pensée de Hobbes, Archivs de Philosophie, 12 (1936), S. 259ff.
(141) *Posthum:* ‚Die Entstehung meiner Begriffe Gemeinschaft und Gesellschaft' sowie ‚Über die Lehr- und Redefreiheit', Kölner Zeitschrift für Soziologie und Sozialpsychologie, 7 (1955), S. 127ff., 132ff.
(142) *Klose/Jacoby/Fischer* (Hrsg.), Ferdinand Tönnies – Friedrich Paulsen – Briefwechsel 1897–1908, Kiel 1961.

2. Exemplarische Sekundärliteratur

Abel, Theodore: Systematic Sociology in Germany. A critical analysis of some attempts to establish sociology as an independent science, New York 1929.
Aron, Raymond: Deutsche Soziologie der Gegenwart, dt. Stuttgart 1953, S. 16ff.
Barnes, Harry E./Becker, Howard: Social Thought from Lore to Science, 2. Bde., Boston/New York/ ... 1938, S. 8f.
Bellebaum, Alfred: Das soziologische System von Ferdinand Tönnies unter besonderer Berücksichtigung seiner soziographischen Untersuchungen, Meisenheim 1966.
Blüm, Norbert S.: Willenslehre und Soziallehre bei Ferdinand Tönnies. Ein Beitrag zum Verständnis von ‚Gemeinschaft und Gesellschaft', Diss. Bonn 1967.
Boskoff, Alvin: Form Social Thought to Social Theory, in: *Becker, Howard/Boskoff, Alvin* (Ed.), Modern Sociological Theory in Continuity and Change, New York 1957, S. 18ff.
Cuvillier, Armand: Manuel de Sociologie, 2 Bde., Paris 1950, S. 43ff., 144ff.
Cahnman, Werner J.: Tönnies und Durkheim: Eine dokumentarische Gegenüberstellung, Archiv für Rechts- und Sozialphilosophie, LVI/2 (1970), S. 189ff.
Cahnman, Werner J./Heberle, Rudolf (Ed.), Ferdinand Toennies. On Sociology: Pure, Applied, and Empirical, Chicago/London 1971.
Durkheim, Emile: Rez. F. Tönnies ‚Gemeinschaft und Gesellschaft. Abhandlung ... Leipzig 1887', Revue philosophique de la France et de l'Étranger, 27 (1889), S. 416ff.
D. K.: Von sozialer Vernunft und öffentlicher Meinung. (Kritische Glossen zu Ferdinand Tönnies' „Kritik der öffentlichen Meinung".), Ethos. Vierteljahresschrift für Soziologie, Geschichts- und Kulturphilosophie, 1 (1925), S. 165ff.
Freyer, Hans: Ferdinand Tönnies und seine Stellung in der deutschen Soziologie, Weltwirtschaftliches Archiv, 44 (1936), S. 1ff.
Geiger, Theodor: Die Gruppe und die Kategorien Gemeinschaft und Gesellschaft, Archiv für Sozialwissenschaft und Sozialpolitik, 58 (1927), S. 338ff.
Gurvitch, Georges: La Vocation Actuelle de la Sociologie. Paris 1950, insbesondere S. 212ff.
Heberle, Rudolf: Soziographie, Handwörterbuch der Soziologie, Hrsg. A. Vierkandt, Stuttgart 1931 (Nachdruck 1959).
–, The Sociology of Ferdinand Tönnies, American Sociological Review, 2 (1937), S. 9ff.
–, The sociological system of Ferdinand Tönnies: Community and Society, Barnes, Harry E. (Ed.), An Introduction to the History of Sociology, Chicago 1948, S. 227ff.

–, Das soziologische System von Ferdinand Tönnies. Zum 100. Geburtstag des großen deutschen Soziologen, Schmollers Jahrbuch, 75 (1955), S. 385ff.
–, Toennies Ferdinand, International Encyclopedia of the Social Sciences, New York 1968.
Jacoby, Eduard Georg: Ferdinand Tönnies, Sociologist. A Centennial Tribute, Kyklos. Internationale Zeitschrift für Sozialwissenschaften, 8 (1955), S. 144ff.
–, Zur Reinen Soziologie, Kölner Zeitschrift für Soziologie und Sozialpsychologie, 20 (1968), S. 448ff.
–, Die moderne Gesellschaft im sozialwissenschaftlichen Denken von Ferdinand Tönnies. Eine biographische Einführung, Stuttgart 1971.
Jahn, Georg M.: Ferdinand Tönnies, Leipzig 1935.
Jurkat, Ernst (Hrsg.), Reine und Angewandte Soziologie. Eine Festgabe für Ferdinand Tönnies zu seinem 80. Geburtstag am 26. Juli 1935, Leipzig 1936.
König René: Die Begriffe Gemeinschaft und Gesellschaft bei Ferdinand Tönnies, Kölner Zeitschrift für Soziologie und Sozialpsychologie, 7 (1955), S. 348ff.
Leemans, Victor F.: F. Toennies et la Sociologie Contemporaine en Allemange, Paris 1933.
Leif, J.: La Sociologie de Tönnies, Paris 1946.
Litt, Theodor: Individuum und Gemeinschaft; Grundlegung der Kulturphilosophie, Leipzig 1919, 3. A. 1926.
Loomis, Charles P.: Translators Introduction zu ,,Community and Association (Gemeinschaft und Gesellschaft) by Ferdinand Tönnies", London 1955, S. IXff.
Mühlmann, Wilhelm E.: Sociology in Germany: Shift in Alignment, Becker Howard/Boskoff, Alvin (Ed.), Modern Sociological Theory in Continuity and Change, New York 1957, S. 658ff.
Nitta, R.: Die Idealtypen Gemeinschaft und Gesellschaft als Beispiele einer reinen formal-soziologischen Begriffsbildung, Diss. Leipzig 1929.
Oberschall, Anthony: Tönnies' Social Statistics an Sociography, Empirical Social Research in Germany in 1848–1914, Paris/The Haque 1965 (Publications of the International Social Science Council).
Palmer, Paul A.: Ferdinand Tönnies' Theory of Public Opinion, The Public Opinion Quaterly, Oct. 1938, S. 584ff.
Pappenheim, Fritz: The alienation of modern man, an interpretation based on Marx and Tönnies, Monthly Review Press 1959.
Parsons, Talcott: The Structure of Social Action, New York London 1937, insbesondere S. 686ff.
Plessner, Helmut: Die Grenzen der Gemeinschaft. Eine Kritik des sozialen Radikalismus, Bonn 1924.
–, Nachwort zu Ferdinand Tönnies, Kölner Zeitschrift für Soziologie und Sozialpsychologie, 7 (1955), S. 345ff.
Rosenbaum, Eduard: Ferdinand Tönnies' Werk, Schmollers Jahrbuch, 38 (1914), S. 2149ff.
Salomon, Albert: In Memoriam Ferdinand Tönnies (1855–1936), Social Research, 3 (1936), S. 348ff.
–, La Sociologie allemande, G. Gurvitch (Hrsg.), La Sociologie au XXe siècle, Bd. 2, Paris 1947, S. 66ff.
Streißler, Heinrich: Zur Methode der Rangkorrelation nach Tönnies, Deutsches Statistisches Zentralblatt, 23 (1931), S. 130ff., 163ff.
Timasheff, Nicholas S.: Sociological Theory. Its Nature and Growth, Garden City/N. Y. 1955, insbesondere S. 97ff.
Vierkandt, Alfred: Ferdinand Tönnies' Werk und seine Weiterbildung in der Gegenwart. Gedenkworte zu seinem siebenzigsten Geburtstage, Kant-Studien, 30 (1925), S. 299ff.
Weber, R.: Das Konsumgenossenschaftswesen als ‚Synthese von Gemeinschaft und Gesellschaft', Kölner Vierteljahreshefte für Soziologie, 5 (1925/26), S. 134ff.
Wiese, v. Leopold: Tönnies' Einteilung der Soziologie, ebd. S. 445ff.
–, Soziologie, Geschichte und Hauptprobleme, Berlin 1950, insbesondere S. 119ff.

Wirth, Louis: The Sociology of Ferdinand Tönnies, American Journal of Sociology, 32 (1926/27), S. 412ff.

Zum hundertsten Geburtstag von Ferdinand Tönnies. Kölner Zeitschrift für Soziologie und Sozialpsychologie, 7 (1955), H. 3

3. Bericht über die Quellenlage

Einen Tönnies-Nachlaß gibt es in der Schleswig-Holsteinschen Landesbibliothek Kiel. Nach Auskunft der Landesbibliothek wird zur Zeit an der Katalogisierung des Nachlasses nicht gearbeitet. Dies ist die *Vorläufige Übersicht* (Stand Jan. 1975, Kennzahl Cb 54).

1 Autobiographisches
1 Notizkalender
6 Aufzeichnungen

2 Literarisches
2 Gedichte

3 Wissenschaftliche Arbeiten
2 Größere Werke
01 Gemeinschaft und Gesellschaft
02
03
3 Kleinere Werkmanuskripte (kl 4°)
01–24
4 Kleinere Werkmanuskripte (kl 2°)
01–94
5 Vorlesungen
6 Rezensionen
01–
9 Drucke

4 Wissenschaftliche Materialsammlungen (hdschr.)
1 Notizbücher (kl 8°)
01–86, 91–109
2 Notizbücher (kl 4°)
01–26
3 Exzerpte auf losen Blättern
4
9 Sonstiges

5 Briefwechsel
1 Briefausgang, allgemeiner
2
6 Briefeingang, allgemeiner

6 Korporationsakten
1 Deutsche Gesellschaft für Soziologie

7 Über Tönnies
8 Gedruckte Materialien

Größtenteils auf Karteikarten verzettelt und uneingeschränkt nutzbar sind die Untergruppen 3 (Werkmanuskripte), 4 (Materialsammlungen) und 5 (Briefe der über 1000 Korrespondenten).

Der Briefwechsel zwischen Tönnies und Paulsen ist veröffentlicht. Unveröffentlicht lagert der Briefwechsel zwischen Tönnies und Harald Höffding in: Det kgl. Bibliotheks Negativ Kartotek (Kobenhagen), Katalog Nr. n 12 S. 3814/15. Eine Photokopie davon befindet sich in der Schleswig-Holsteinschen Landesbibliothek Kiel (83/1957).

GEORG SIMMEL

1. Werkverzeichnis

1.1. Monographien

Das Wesen der Materie nach Kants physischer Monadologie, (Diss.), Berlin 1881.

Über soziale Differenzierung. Soziologische und psychologische Untersuchungen, Leipzig 1890, 1905^{2}, 1910^{3}.

Einleitung in die Moralwissenschaft. Eine Kritik der ethischen Grundbegriffe, Berlin 1892, 1904^{2}, 1911^{3}.

Probleme der Geschichtsphilosophie. Eine erkenntnistheoretische Studie, München/Leipzig 1892, 1905^{2}, 1907^{3}, 1922^{4}.

Soziologische Vorlesungen, geh. an der Universität Berlin im Wintersemester 1899, ,,Notes", hrsg. von *Robert E. Park,* veröff. von der Society for Social Research, University of Chicago 1931.

Philosophie des Geldes, München/Leipzig 1900, 1907^{2}, 1920^{3}, 1922^{4}, 1930^{5}, 1958^{6}.

Kant. Sechzehn Vorlesungen, gehalten an der Berliner Universität, München/Leipzig 1904, 1905^{2}, 1913^{3}, 1918^{4}, 1921^{5}, 1924^{6}.

Philosophie der Mode, Berlin 1905, 1919^{2}.

Kant und Goethe. Zur Geschichte der modernen Weltanschauung, Berlin 1906, 1907^{2}, 1916^{3}, 1920^{4}.

Die Religion, Frankfurt a. M. 1906, 1912^{2}, 1922^{3}.

Schopenhauer und Nietzsche. Ein Vortragszyklus, Leipzig 1907, 1920^{2}, 1923^{3}.

Soziologie. Untersuchungen über die Formen der Vergesellschaftung, Berlin 1908, 1922^{2}, 1923^{3}, 1958^{4}, 1968^{5}.

Hauptprobleme der Philosophie, Leipzig 1910, 1911^{2}, 1913^{3}, 1917^{4}, 1920^{5}, 1927^{6}, 1950^{7}, Berlin 1964^{8}.

Philosophische Kultur. Gesammelte Essays, Leipzig 1911, 1919^{2}, Potsdam 1923^{3}.

Ethik und Probleme der modernen Kultur. Vorlesungen 1913, Nachschrift von *Kurt Gassen,* Philosophische Studien 1, 1949.

Goethe, Leipzig 1913, 1921^{4}, 1923^{5}.

Das Problem der historischen Zeit, Veröffentlichungen der Kantgesellschaft, Nr. 12, Berlin 1916.

Rembrandt. Ein kunstphilosophischer Versuch, Leipzig 1916, 1919^{2}, 1958.

Grundfragen der Soziologie. Individuum und Gesellschaft, Berlin/Leipzig 1917, 1920^{2}, 1970^{3}.

Lebensanschauungen. Vier metaphysische Kapitel, München/Leipzig 1918, 1922^{2}.

Der Konflikt der modernen Kultur. Abhandlungen und Reden zur Philosophie, Politik und Geistesgeschichte, München 1918, 1921^{2}, 1926^{3}.

Zur Philosophie der Kunst. Philosophische und Kunstphilosophische Aufsätze, hrsg. von *Gertrud Simmel,* Potsdam 1922.

Vom Wesen des historischen Verstehens, Veröffentlichungen des Zentralinstituts für Erziehung und Unterricht, H. 5, Berlin 1918.

Schulpädagogik, Vorlesungen hrsg. von *Karl Hauter,* Osterwieck/Harz 1922.

Fragmente und Aufsätze aus dem Nachlaß und Veröffentlichungen der letzten Jahre, hrsg. von *Gertrud Kantorowicz,* München 1923.

Brücke und Tür. Essays des Philosophen zur Geschichte, Kunst, Religion und Gesellschaft, hrsg. von *Michael Landmann, Margret Susman,* Stuttgart 1957.
Das individuelle Gesetz. Philosophische Exkurse, hrsg. von *Michael Landmann,* Frankfurt a.M. 1968.

1.2. Aufsätze

In der Folge werden nur solche Aufsätze angeführt, die in Verbindung mit der hier behandelten Thematik stehen und in keinen der oben u. anderswo erwähnten Sammelbände aufgenommen wurden. Ausführlichere Angaben finden sich bei *Kurt Gassen, Michael Landmann:* Buch des Dankes an Georg Simmel, Berlin 1958 und *Heribert J. Becher:* Georg Simmel. Grundlagen seiner Soziologie, Stuttgart 1971.

Zur Psychologie des Geldes. Jahrb. f. Gesetzgebung, Verwaltung und Volkswirtschaft im dtsch. Reich, XIII, 1889, S. 1251f.
In Sachen der Moralwissenschaft, Vossische Zeitung v. 27. März 1892, Sonntagsbeilage.
Ein Wort über soziale Freiheit, Sozialpolitisches Zentralblatt, I. 1892/93.
Parerga zur Sozialphilosophie, Jahrb. f. Gesetzgebung ... XVIII, 1894, S. 257f.
Über eine Beziehung der Selektionstheorie zur Erkenntnistheorie, Archiv f. systematische Philosophie, I. 1895, S. 34f.
Zur Psychologie der Mode. Soziologische Studien, Die Zeit, Wien 5., 1895 v. 12. Oktober.
Zur Soziologie der Familie, Vossische Zeitung, 30. Juni, 7. Juli 1895, Sonntagsbeilage.
Soziologische Ästhetik, Die Zukunft 17., 1896
Das Geld in der modernen Kultur, Neue Freie Presse, Wien 1896.
Zur Methodik der Sozialwissenschaft, Jahrb. f. Gesetzgebung ..., XX, 1896, S. 575f.
Was ist uns Kant?, Vossische Zeitung, 2., 9., 16. August 1896, Sonntagsbeilage.
Die Bedeutung des Geldes für das Tempo des Lebens, Neue Deutsche Rundschau, VIII, 1897, S. 111f.
Soziale Medizin, Die Zeit, Wien 10., 1897, 2.
Über den Unterschied der Wahrnehmungs- und der Erfahrungsurteile. Ein Deutungsversuch, Kantstudien I, 1897, S. 416f.
Die Soziologie der Religion, Neue Deutsche Rundschau, IX, 1898, S. 392f.
Zur Philosophie der Arbeit, Neue Deutsche Rundschau, X, 1899, S. 449f.
Einige Bemerkungen zu Schmollers „Grundriß der allgemeinen Volkswirtschaftslehre“, Allgemeine Zeitung, München 28. Oktober 1900, Beilage 222.
Sozialismus und Pessimismus, Die Zeit, Wien 22., 1900, 3. Februar.
Zu einer Theorie des Pessimismus, Die Zeit, Wien 22., 1900, 20. Januar.
Zur Psychologie der Scham, Die Zeit, Wien 29., 1901, 9. November.
Die beiden Formen des Individualismus, Das freie Wort, Frankfurter Halbmonatsschrift f. Fortschritt auf allen Gebieten des geistigen Lebens, I, 1901/1902, S. 397f.
Die Großstädte und das Geistesleben, Die Großstadt – Vorträge und Aufsätze zur Städteausstellung, Jahrb. d. Gehe-Stiftung, IX, 1903, S. 185f.
Kant und die moderne Ästhetik, Berliner Tageblatt, 12., 19. Oktober, Der Zeitgeist 41, 42.
Über ästhetische Quantitäten. Sitzungsbericht über einen Vortrag, geh. am 20. Januar 1903 in der Psychologischen Gesellsch. zu Berlin, Zeitschr. f. pädagogische Psychologie, Pathologie und Hygiene, V, 1903, S. 208f.
Soziologie der Konkurrenz, Neue Deutsche Rundschau, XIV, 1903, S. 1009f.
Die Lehre Kants von Pflicht und Glück, Das Freie Wort, III, 1903/1904, S. 548f.
Das Ende des Streits, Die Neue Rundschau, XVI, Bd. 1, 1905, S. 746f.
Psychologie der Diskretion, Der Tag, Berlin 2., 4. September 1906.
Zur Philosophie der Herrschaft. Bruchstück aus einer Soziologie, Jahrb. f. Gesetzgebung ..., XXXI, 1907, S. 439.
Der Mensch als Feind. Zwei Fragmente aus einer Soziologie, Morgen, 2., 1908, S. 55f.

Zur Philosophie des Schauspielers, Morgen, 2., 1908, S. 1685f.
Soziologie der Geselligkeit. Vortrag, geh. am Begrüßungsabend des 1. dtsch. Soziologentages in Frankf. a. M., 19. Oktober 1910, Frankfurter Zeitung, 21., 22. Oktober 1910.
Vom Wesen der Philosophie. Frankfurter Zeitung, 6. Februar 1910.
Über einige gegenwärtige Probleme der Philosophie (Probleme der Gegenwart), Vossische Zeitung, 17. November 1912.
Über Takt. Soziologie der Geselligkeit, Frankfurter Zeitung, 22. Oktober 1912.
Geld und Nahrung, Der Tag, Berlin 28. März, 1915.
Die Umwertung der Werte. Ein Wort an die Wohlhabenden (anonym), Frankfurter Zeitung, 5. März, 1915.
Der Fragmentcharakter des Lebens. Aus den Vorstudien zu einer Metaphysik, Logos, VI, 1916/1917, S. 29f.
Gedanken aus Georg Simmels Nachlaß. Geisteskultur und Volksbildung 29., 1920, S. 294f.
Über Freiheit. Bruchstücke aus dem Nachlaß von Georg Simmel, Logos, XI, 1922/23, S. 1f.
Gesamteinleitung zu Goethes sämtlichen Werken, hrsg. von *Curt Noch u. Paul Wiegler* (Pandora-Klassiker), Bd. 1, Berlin 1923.

1.3. Amerikanische Übersetzungen

Dem Gesamtbeitrag entsprechend werden hier nur amerikanische Übersetzungen erwähnt. Vollständige Angaben zu russischen, polnischen, dänischen, niederländischen, französischen, italienischen, spanischen und südamerikanische Übersetzungen finden sich bei *Kurt Gassen, Michael Landmann* (eds.): Buch des Dankes an Georg Simmel, Berlin 1958. S. 338f.

Briggs. W. D.: Tendencies in German Life and Thought since 1870, International Monthly, V, 1902.
Ellwang, W. W.: Contribution to the Sociology of Religion, American Journal of Sociology (AJS), XI, 1905, repr. AJS, LX, 1955.
Hughes, Everett O.: The Sociology of Sociability, AJS, LV, 1949.
Gerth, Hans H., Mills, C. Wright: The Metropolis and Mental Life, Department of the University of Wisconsin, u. d. Pp. X, 1949.
Shils, Edward A.: The Metropolis and Mental Life, ‚Syllabus and Selected Readings, Second Year-Course in the Study of Contemporary Society', Chicago 1935.
Small, Albion W.: Superiority and Subordination as a Subject Matter of Sociology, AJS, II, 1896.
–, The Persistance of Social Groups, AJS, III, IV, 1898.
–, The Number of Members as Determining the Social Form of the Group, AJS, VIII, 1902.
–, The Sociology of Conflict, AJS, IX, 1904.
–, The Sociology of Secrecy and Secret Societies, AJS XI, 1906.
–, The Problem of Sociology, AJS, XV, 1909.
–, How is Society Possible?, AJS, XVI, 1910.
Wolff, Kurt H., Bendix, Reinhard: Conflict and the Web of Group-Affiliation, New York 1955.
unbekannte Übersetzer: Moral Deficiencies as Determining Intellectual Functions, International Journal of Ethics, III, 1893.
–, Chapter in the Philosophy of Value, AJS, V, 1900 (Auszüge aus der Philosophie des Geldes).
–, The Attraction of Fashion, International Quarterly, X, 1904.

Weitere Übersetzungen aus der „Soziologie. Untersuchungen über die Formen der Vergesellschaftung", „Grundfragen der Soziologie. Individuum und Gesellschaft", „Philosophie des Geldes" und aus einigen philosophischen Essays sind ferner in *Robert E. Park, Ernest W. Burgess:* Introduction to the Science of Sociology, Chicago 1921; *Kurt H. Wolff:* G.

Simmel, 1858–1918, Ohio State University Press 1959 und *Lewis A. Coser:* Georg Simmel, Englewood Cliffs/N. J. 1965 enthalten.

2. Bibliographien zur Simmelforschung

Becher, Heribert J.: Georg Simmel. Die Grundlagen seiner Soziologie, Stuttgart 1971.

Gassen, Kurt, Landmann, Michael (eds.): Buch des Dankes an Georg Simmel, Berlin 1958.

Landmann, Michael (ed.): Das Individuelle Gesetz. Philosophische Exkurse, Frankfurt a. M. 1968.

Rosenthal, Erich, Oberlaender, Kurt: Books, Papers and Essays by Georg Simmel, AJS, LI, 1945/46, S. 238f.

Schnabel, Peter-E.: Die soziologische Gesamtkonzeption Georg Simmels, Stuttgart 1974.

Wolff, Kurt H.: The Sociology of G. Simmel, Glencoe/Ill. 1950.

3. Sekundärliteratur

In der Folge wird nur die im Zusammenhang mit dem Beitrag stehende Literatur angeführt. Zur Ergänzung des umfangreichen Schrifttums zur Soziologie und Philosophie G. Simmels vgl. die unter Punkt 2. aufgezählten Bibliographien.

Abel, Theodore: Systematic Sociology in Germany. A critical analysis of some attempts to establish Sociology as an independent science, New York 1925, 1965.

Adorno, Theodor W.: Henkel, Krug und frühere Entscheidung, Ernst Bloch zu ehren, Frankfurt a.M. 1965, *S. Unseld* (ed.).

–, *Jaerisch, Ursula:* Anmerkungen zum sozialen Konflikt heute, Gesellschaft, Recht und Politik – W. Abendroth zum 60. Geburtstag, Neuwied-Berlin 1968.

Albert, Hans: Probleme der Wissenschaftslehre in der Sozialforschung, Handbuch der empirischen Sozialforschung, *R. König* (ed.), Stuttgart 1967, S. 38f.

Aron, Raymond: Die deutsche Soziologie der Gegenwart. Eine systematische Einführung, Stuttgart 1953, 1965.

–, Essai sur la théorie de l'histoire dans L'Allemagne contemporaine, Paris 1938, 1950, dort das Kap.: Philosophie de la vie et logique de L'Historie.

–, M. Weber und die Machtpolitik, Max Weber und die Soziologie heute, Verhandlungen des 15. dtsch. Soziologentages, Tübingen 1965.

Barnes, Harry E.: An Introduction to the History of Sociology, Chicago 1948.

Barth, Paul: Philosophie der Geschichte als Soziologie, Leipzig 1897, 1922.

Becher, Heribert J.: Georg Simmel. Grundlagen seiner Soziologie, Stuttgart 1971.

Becker, Howard S.: Systematic Sociology. On the Basis of Beziehungs- und Gebildelehre of L. v. Wiese, New York 1932, 1950.

–, Deutschlands Beitrag zur Soziologie, international gesehen, Soziologie und moderne Gesellschaft, Verhandlungen des 14. dtsch. Soziologentages, Berlin 1959.

–, On Simmel's Philosophy of Money, Georg Simmel, 1858–1918, *K. H. Wolff* (ed.), Ohio State University Press, 1959, S. 216f.

–, *Boskoff, Alvin* (eds.): Modern Sociological Theory in Continuity and Change, New York 1957.

–, *Useem, R.:* Social Analysis of the Dyad, American Sociological Review (ASR), VII, 1942, S. 13f.

Berger, Peter L.: Einladung zur Soziologie, Olten/Freiburg Brsg. 1969.

Bernardi, H.: Der Fall Dessoir, Sozialistischer Student, Beih. d. sozialistischen Monatshefte, Berlin 1897, S. 100f.

Bonner, Helmut: G. Simmel: Fieldtheory and Sociology, Sociology and Social Research, XXXIII, 1949, S. 171f.
Caplow, Theodore: Two Against One. Coalitions in Triads, Englewood Cliffs/N. J. 1968.
Casparis, J., Higgins A.: Georg Simmel on Social Medicine, Social Forces, XLVII, 1968, S. 330f.
Cohn, Jonas: Theorie der Dialektik, Leipzig 1923.
–, G. Simmel, Deutsches Biographisches Jahrbuch, Berlin 1928.
Cooley, Charles H.: Social Organisation, New York 1909, 1927.
Coser, Lewis A.: The Function of Social Conflict, Glencoe/Ill. 1956.
–, G. Simmel's Style of Work. A Contribution to the Sociology of the Sociologist, AJS, LXIII, 1958, 642f.
–, Georg Simmel, Englewood Cliffs, N. J. 1965.
–, *Rosenberg, Bernhard* (eds.): Sociological Theory. A Book of Readings, New York 1958.
Dahrendorf, Ralf: Betrachtungen zu einigen Aspekten der gegenwärtigen deutschen Soziologie, Kölner Zeitschrift für Soziologie und Sozialpsychologie (KZfSS), XI, 1959, S. 139f.
–, Gesellschaft und Freiheit. Zur soziologischen Analyse der Gegenwart, München 1962.
–, Die angewandte Aufklärung. Gesellschaft und Soziologie in Amerika, München 1963.
–, Homo Sociologicus. Ein Versuch zur Geschichte, Bedeutung und Kritik der sozialen Rolle, Köln/Opladen 1964.
–, Pfade aus Utopia. Arbeiten zur Theorie und Methode der Soziologie, München 1967.
Duncan, Hugh D.: Simmel's Image of Society, *K. H. Wolff* (ed.), Georg Simmel, 1959–1918, Ohio State University Press 1959.
Eulenburg, Friedrich: Über die Möglichkeiten und Aufgaben einer Sozialpsychologie, Schmollers Jahrb. f. Gesetzgebung, Verwaltung und Volkswirtschaft (neue Folge), XXIV, 1900, S. 201f.
Faris, Robert E. L.: American Sociology, G. Gurvitch, W. E. Moore (eds.): Twentieth Century Sociology, New York 1945.
–, Chicago Sociology, 1920–1932, San Francisco 1967.
Freyer, Hans: Soziologie als Wirklichkeitswissenschaft, Berlin/Leipzig 1930, 1964.
Gassen, Kurt, Landmann, Michael: (eds.) Buch des Dankes an Georg Simmel, Berlin 1958.
Gothein, Eberhard: Gesellschaft und Gesellschaftswissenschaft, Handbuch d. Staatswissenschaften, IV, 1909, S 680f.
–, Typen und Stufen, Kölner Vierteljahreshefte, II, 1922, S. 5f.
Hare, A. Paul, Borgatta, Edgar F., Bales Robert F. (eds.): Small Groups. Studies in Social Interaction, New York 1955.
Hartmann, Heinz: Moderne amerikanische Soziologie, Stuttgart 1967.
Hawthorn, Harry B.: A Test of Simmel on Secret Society: The Doukhobors of British Columbia, AJS, LXII, 1956, S. 1f.
Hazelrigg, Louis E.: Reexamination of Simmel's Secret Society, Social Forces, XLVII, 1968, S. 323f.
Heberle, Rudolph: The Sociology of Georg Simmel, *H. E. Barnes* (ed.): Introduction to the History of Sociology, Chicago 1948, S. 249f.
Hinkle, Gisela, Roscoe C.: Die Entwicklung der amerikanischen Soziologie, München 1960.
Homans, George C.: The Human Group, New York 1950.
–, Social Behavior as Exchange, AJS, LXIII, 1958, S. 597.
Honigsheim, Paul: A Note on Simmel's Anthropological Interests, *K. H. Wolff* (ed.): Georg Simmel, 1858–1918, Ohio State University Press 1959.
–, The Time and Thought of Young Simmel, ebenda.
Horowitz, Irving L.: The New Soicology, New York 1964.
Hughes, Everet C.: Foreword, *R. Bendix, K. H. Wolff* (eds.): Conflict and the Web of Group Affiliations, Glencoe/Ill. 1955.
Jonas, Friedrich: Geschichte der Soziologie, 4 Bde, Reinbek 1969.

Klages, Helmut: Zum Standort der deutschen Soziologie im ersten Jahrhundertdrittel, Jahrb. f. Sozialwissenschaften, XV, 1964, S. 256f.
–, Geschichte der Soziologie, München 1969.
König, René: Zur Situation der emigrierten deutschen Soziologie in Europa, KZfSS, XI, 1959, S. 113f.
Koppel, Alfred: Für und Wider Karl Marx. Prolegomena zu einer Biographie, Volkswirtschaftliche Abhandlungen der Badischen Hochschulen, VIII, 1905.
Landmann, Michael (ed.): Einleitung des Herausgebers, Das individuelle Gesetz. Philosophische Exkurse, Frankfurt a. M. 1968.
–, *Kurt Gassen* (eds.): Buch des Dankes an Georg Simmel, Berlin 1958.
–, *Margret Susman* (eds.): Brücke und Tür. Essays des Philosophen zur Geschichte, Religion, Kunst und Gesellschaft, Stuttgart 1957.
Lenk, Kurt: Das tragische Bewußtsein in der deutschen Soziologie, KZfSS, XVI, 1964, S. 297f.
Levine, Donald N.: The Structure of Simmel's Thought, *K. H. Wolff* (ed.): Georg Simmel, 1858–1918, Ohio State University Press, 1959, S. 9f.
–, Some Key Problems in Simmel's Work, *L. A. Coser* (ed.): Georg Simmel, Englewood Cliffs/N. J., 1965.
Lieber, Hans J.: Die deutsche Lebensphilosophie und ihre Folgen, Nationalsozialismus und deutsche Universität, Universitätstage in Berlin, 1966, S. 92f.
–, *Furth, Peter:* Zur Dialektik der Simmelschen Konzeption einer formalen Soziologie, *K. Gassen. M. Landmann:* Buch des Dankes an Georg Simmel, Berlin 1958, S. 39f.
Lipman, Matthew: Some Aspects of Simmel's Conception of the Individual, *K. H. Wolff* (ed.): Georg Simmel, 1858–1918, Ohio State University Press 1959.
Litt, Theodor: Individuum und Gesellschaft. Grundlegung der Kulturphilosophie, Leipzig 1926.
Luhmann, Niklas: Funktion und Kausalität, KZfSS, XIV, 1962, S. 617f.
Lukàcs, Georg: Die Zerstörung der Vernunft. Der Weg des Irrationalismus von Schelling bis Hitler, Berlin 1954.
Marck, Siegfried: Die Dialektik in der Philosophie der Gegenwart, Tübingen 1931.
Maus, Heinz, Fürstenberg, Friedrich (eds.): Der Positivismusstreit in der deutschen Soziologie, Neuwied/Berlin 1969.
Maus, Heinz: Simmel in German Sociology, *K. H. Wolff* (ed.): Georg Simmel, 1858–1918, Ohio State University Press 1959.
Mayntz, Renate: Simmel, Georg, International Encyclopedia of Social Science, XIV, 1968, S. 251f.
Mead, George, H.: Mind, Self and Society, Chicago/Ill. 1934.
Merton, Robert K.: Social Theory and Social Structure, Glencoe/Ill. 1949, 1959.
–, Introduction, G. C. Homans: The Human Group, New York 1950.
–, *Lazarsfeld, Paul:* Friendship in Social Process, *Berger, Abel, Page* (eds): Freedom and Control in Modern Society, New York 1959.
Mills, C. Wright: Klassik der Soziologie. Eine polemische Auslese, Frankfurt 1966.
Mills, Theodore M.: Some Hypotheses on Small Groups from Simmel, AJS, LXIII, 1958, S. 642f.
Naegele, Kaspar D.: Attachement and Alienation. Complementary Aspects of the Work of Durkheim and Simmel, AJS, LXIII, 1950, S. 580f.
Newman, K. J.: G. Simmel and Totalitarian Integration, AJS, LVI, 1950 S. 348f.
Park, Robert E.: Human Communities. The City and Human Ecology, Glencoe/Ill. 1952.
–, *Ernest W. Burgess* (eds.): Introduction to the Science of Sociology, Chicago 1921, 1959.
Parsons, Talcott: The Structure of Social Action, Glencoe/Ill. 1937.
Popitz, Heinrich: Der Begriff der sozialen Rolle als Element der soziologischen Analyse, Tübingen 1967.
Rossi, Peter H. (ed.): E. Durkheim und G. Simmel, AJS, LXIII, 1958, S. 579f.

Salomon, Albert: German Sociology, *G. Gurvitch, W. E. Moore* (eds.): Twentieth Century Sociology, New York 1945.
Schmidt, Conrad: Eine Philosophie des Geldes, Sozialistische Monatshefte, VI, 1909, S. 180f.
Schnabel, Peter-E.: Die soziologische Gesamtkonzeption Georg Simmels. Eine wissenschaftshistorische und wissenschaftstheoretische Untersuchung, Stuttgart 1974.
Schrader-Klebert, Karin: Der Begriff der Gesellschaft als regulative Idee. Zur transzendentalen Begründung der Soziologie b. Georg Simmel, Soziale Welt, XIX, 1968, S. 97f.
Shimmei, Masamichi: Simmel's Influence on Japanese Thought, *K. H. Wolff* (ed.): Georg Simmel, 1858–1918, Ohio State University Press 1959.
Small, Albion W.: Introduction to the Study of Society, Chicago 1894.
–, Points of Agreement Among Sociologists, Publications of the American Sociological Society, I. 1907.
–, The Social Theory of G. Simmel by N. Spykman, AJS, XXXI, 1925/1926, S. 84f.
Sorokin, Pitirim: Contemporary Sociological Theories, New York/London 1928.
Spann, Othmar: Gesellschaftslehre, Leipzig 1914, 1923.
Stark, Werner: The Sociology of Knowledge, London 1958.
Spykman, Nicolas: The Social Theory of G. Simmel, Chicago 1925.
Strodtbeck, Fred L.: The Family as a Three-Person-Group, American Sociological Review (ASR), XIX, 1954, S. 23f.
Tartler, Rudolf: G. Simmels Beitrag zur Integrations- und Konflikttheorie der Gesellschaft, Jahrb. f. Sozialwissenschaften, XVI, 1965, S. 1f.
Tenbruck, Friedrich H.: G. Simmel, 1858–1918, KZfSS, X, 1959, S. 587f.
–, Formal Sociology, *K. H. Wolff* (ed.): Georg Simmel, 1858–1918, Ohio State University Press 1959.
–, Zur deutschen Rezeption der Rollentheorie, KZfSS, XIII, 1961, S. 3f.
Tönnies, Ferdinand: Soziologische Studien und Kritiken, Jena 1928.
–, Simmel as Sociologist, *L. A. Coser* (ed.): Georg Simmel, Englewood Cliffs, N. J. 1965.
Vinacke, W. Edgar, Arkoff, Abel: An Experimental Study of Coalitions in the Triad, ASR, XXII, 1957, S. 406f.
Wallmer, Eduard M.: Soziologie. Einführung in Grundbegriffe und Probleme, Heidelberg 1970.
Walter, E. V.: Simmel's Sociology of Power, *K. H. Wolff* (ed.): Georg Simmel, 1858–1918, Ohio State University Press 1959.
Weber, Marianne: Max Weber. Ein Lebensbild, Tübingen 1926.
Weber, Max: Gesammelte Aufsätze zur Wissenschaftslehre, Tübingen 1922, 1968.
–, Gesammelte Aufsätze zur Religionssoziologie, Tübingen 1947.
Weingartner, Rudolph H.: Form and Content in Simmel's Philosophy of Life, *K. H. Wolff* (ed.): Georg Simmel, 1858–1918, Ohio State University Press 1959.
–, Experience and Culture. The Philosophy of G. Simmel, Middletown/Conn. 1960, 1962.
v. Wiese, Leopold: Philosophie und Soziologie, Berlin 1959.
–, Soziologie. Geschichte und Hauptprobleme, Berlin 1960.
Wolff, Kurt H.: Notes Towards a Sociocultural Interpretation of American Sociology, ASR, XI, 1946, S. 545f.
–, The Sociology of Georg Simmel, Glencoe/Ill. 1950.
–, The Challenge of Durkheim and Simmel, AJS, LXIII, 1958, S. 590f.
–, (ed.): Georg Simmel, 1858–1918, Ohio State University Press 1959.

4. Zur Quellenlage

Ein Blick in die Literaturliste zeigt, daß von den 27 registrierten Büchern Georg Simmels lediglich sieben, darunter allerdings die wichtigsten Arbeiten wie die „Philosophie des

Geldes" (letzte Aufl. 1958), „Soziologie. Untersuchungen über die Formen der Vergesellschaftung" (letzte Aufl. 1968), „Hauptprobleme der Philosophie" (letzte Aufl. 1964) und „Grundfragen der Soziologie" (letzte Aufl. 1970) in mehrfachen Auflagen bis in die Gegenwart herausgegeben worden sind. Der Anregung H. Müllers jedoch (vgl. *Gassen, Landmann:* Buch des Dankes, a.a.O.), das Werk Simmels in einer nach Themengebieten systematisch geordneten Gesamtausgabe zusammenzufassen, sind bis heute keine Taten gefolgt.

Von den insgesamt 256 in der Bibliographie Gassens und Landmanns nachgewiesenen Aufsätzen Simmels sind bisher nur 80 in Sammelbänden wie der „Soziologie. Untersuchungen über die Formen der Vergesellschaftung", „Philosophische Kultur", „Lebensanschauungen", „Der Konflikt der modernen Kultur", „Philosophie der Kunst", „Fragmente und Aufsätze aus dem Nachlaß", „Brücke und Tür" und „Das individuelle Gesetz" zusammengetragen worden. Selbst nach Abzug einer Reihe von Gelegenheitsarbeiten läßt sich ermessen, ein wie großer Teil der Simmelschen Schriften nur noch über Privatsammlungen oder über die Archive der entsprechenden, häufig nicht mehr erscheinenden Zeitungen, Zeitschriften und Periodika zu erreichen ist. Eine Sammlung der noch greifbaren Beiträge läge nahe, sollen diese nicht, wie eine Vielzahl von Briefen, Aufzeichnungen und Fragmenten, die den Bomben zum Opfer fielen, gestohlen oder von der Gestapo beschlagnahmt wurden (vgl. *M. Landmann:* Bausteine einer Biographie, *K. Gassen, M. Landmann* [eds.]: Buch des Dankes ..., a.a.O., S. 11f.), auch noch verlorengehen.

EMILE DURKHEIM

1. *Werkverzeichnis*

Die Aufstellung einer allem menschlichen Ermessen nach nahezu vollständigen Bibliographie des Œuvres von Durkheim fällt heute verhältnismäßig leicht nach der großartigen zusammenfassenden Leistung von *Steven M. Lukes* (1973), dem auch wir folgen wollen. Natürlich gab es bereits früher bibliographische Versuche, so der von *Charles Gehlke* (1915), der sogar noch von Durkheim selber durchgesehen worden war, ferner die von *George E. Marica* (1932), *Harry Alpert* (1939), *Armand Cuvillier* (1959), *René König* (1961), *N. Baracani* (1970). Aber keiner von all denen erreichte die Vollständigkeit von Lukes. Das ist außer einer sehr genauen Nachforschung nach vielen zerstreuten Einzelarbeiten auch dem Umstand zu verdanken, daß Lukes grundsätzlich alle Buchbesprechungen Durkheims aus verschiedenen Zeitschriften, natürlich auch aus der *Année Sociologique* aufgenommen hat. Ihm vorgearbeitet in dieser Richtung hatte schon *Jean Duvignaud* (1969), als er nicht nur die Besprechungen, sondern auch die zahlreichen „Notizen" Durkheims aus der *Année Sociologique,* die für das Verständnis seines Werkes von unschätzbarer Bedeutung sind, zu einem „Soziologischen Tagebuch" (Journal Sociologique) zusammenfaßte. Er verfolgte damit das gleiche Ziel wie *Victor Karady* mit seiner Ausgabe der Gesammelten Werke von Marcel Mauss (1968/9), der die eigentlichen „Werke" von Marcel Mauss mit den zahlreichen Notizen und Buchbesprechungen, wozu noch Diskussionsbemerkungen kamen, zusammengruppierte, in denen sich die Entwicklung und Klärung seiner Grundgedanken vollzog. Ich habe selber vor einiger Zeit (R. König 1972, S. 638) darauf hingewiesen, daß sich angesichts der Arbeitsweise der modernen Wissenschaft das Verhältnis der verschiedenen literarischen Gattungen der wissenschaftlichen Produktion insofern verschoben hat, als man heute nicht mehr zwischen primären „Werken" und „sekundären" Arbeiten unterscheiden kann. Das war damals inbezug auf Mauss gesagt, trifft aber genauso zu auf Emile Durkheim. Nichts kann das besser bezeugen als die Tatsache, daß z. B. Durkheims Familiensoziologie überhaupt in keinem geschlossenen Werk verfügbar ist, sondern außer mehr oder weniger wichtigen Bemerkungen in anderen Werken und (wenigen) einzelnen Abhandlungen *insbesondere in Form von Buchbesprechungen vorliegt,* die in der Tat nicht den banalen Typ einer Deskription plus einer mehr oder weniger zufälligen Kritik repräsentieren, sondern jeweils ein enormes Maß an theoretischer Arbeit enthalten, die erst aus dem Gesamtzusammenhang des Œuvres verstanden werden kann, wie sie dieses umgekehrt begründet. Dementsprechend werde auch ich diese *Besprechungen* hier aufführen, wobei ich dem guten Brauche folge, nur jene auszulassen, die sich auf die einfache Erwähnung eines Titels beschränken oder auf einen einzigen charakterisierenden Satz. Das soll allerdings nicht heißen, daß man diese kommentarlosen Auflistungen in jedem Falle übergehen dürfte, vielmehr kann unter Umständen das Wissen von symptomatischer Bedeutung werden, daß Durkheim ein bestimmtes Buch zu einem bestimmten Moment gekannt hat, selbst wenn er es einer Besprechung nicht für würdig hielt. Im übrigen macht der aufmerksame Leser dieser rund 550 Besprechungen interessante Entdeckungen über Durkheims Interessengebiete. Wir haben schon im Text auf die bedeutende Rolle der Ethnologie in diesem Zusammenhang hingewiesen. Aber es gibt noch andere erwähnenswerte Punkte, z. B. sein über die Jahre gleichbleibendes Interesse für Geschichte, insbesondere Rechts- und Wirtschaftsgeschichte, aber auch Stadtgeschichte, Sozialgeographie und Ökologie, das ihn niemals verlassen hat und das gleichzeitig der noch immer gedankenlos wiederholten Auffassung widerspricht, er sei seiner ganzen Einstellung nach unhistorisch gewesen. Genau so wichtig wie die Buchbesprechungen sind aber auch die „*Notizen*", mit denen Durkheim neue Rubriken im Besprechungsteil der *Année Sociologique* einzuführen pflegte; oft genug stellen sie nicht mehr und nicht weniger als die Begründung einer neuen Teildisziplin der Soziologie dar. Wenn man zusätzlich die Daten dieser Notizen bedenkt, dann kann man ermessen, in welchem Ausmaß Durkheim ein Pionier war, der meist Jahrzehnte vor den anderen bestimmte Teilprobleme der Soziologie gesehen und sie zuerst mit souveräner Klarheit umschrieben hat. Zur Klärung einzelner Aspekte seines Werkes tragen zudem auch *Diskussionsbemerkungen* bei, die er bei verschiedenen Gelegenheiten vorgetragen hat.

Bei Abschluß dieses Manuskripts erschien noch *Emile Durkheim,* Textes, présentation de *Victor Karady,* 3 Bde, Paris 1975, dem verdienstvollen Herausgeber der Gesammelten Schriften von Marcel Mauss (1968/9): Bd. 1: Eléments d'une théorie sociale; Bd. 2: Religion, morale, anomie; Bd. 3: Fonctions sociales et institutions. Karady sieht Durkheim vor allem als einen Forscher, der beständig in Neuland vorstößt; darum kann man auch nicht erwarten, daß er immer und überall eine adäquate Form im Sinne des cartesischen „clare et distincte" gefunden hat. Vielmehr zeigen zahlreiche seiner Schriften Züge eines Provisoriums, was einen großartigen Beleg für den von uns hervorgehobenen „Dynamismus" des Denkers Durkheim darstellt. So gelingt es Karady, aus den Miszellen, Besprechungen und anderen Gelegenheitsarbeiten die Systematik eines Denkens herauszudestillieren, das gewissermaßen dauernd unterwegs ist nach sich selbst. Gleichzeitig enthält das Werk insbesondere unveröffentlichte Briefe und eine Bibliographie, die noch etwas reicher ist als die von Steven Lukes. Diese Bibliographie weicht in einigen Hinsichten von der unseren und auch von der von Lukes ab: sie gibt z. B. viele Verweise im Jahr der Entstehung und nicht der Publikation; ferner werden die Besprechungen nicht in der Reihenfolge der *Année sociologique,* sondern in alphabetischer Reihenfolge gegeben. Zur Würdigung dieser neuen Ausgabe siehe *René König,* Nochmals Durkheim, Kölner Zeitschrift für Soziologie und Sozialpsychologie Bd. 28 (1976).

Verzeichnis der benutzten Abkürzungen zur Charakteristik der erwähnten Eintragungen

A	= Abhandlung	D	= Diskussionsbemerkung
AS	= Aufsatzsammlung	M	= Monographie (Buch)
B	= Buchbesprechung	N	= Notiz
Nek.	= Nekrolog	V	= Einzelvorlesung
BS	= Sammelbesprechung	VZ	= Vorlesungszyklus

1885

B (1) Schaeffle, A., Bau und Leben des sozialen Körpers I, in: Revue Philosophique, que, Bd. 19.

B (2) Fouillée, A., La propriété sociale et la démocratie, in: Revue Philosophique, Bd. 19.

B (3) Gumplowicz, L., Grundriß der Soziologie, in: Revue Philosophique, Bd. 20.

1886

BS (4) Les études de science sociale, in: Revue Philosophique, Bd. 22 (H. Spencer, Ecclesiastical Institutions; A. Regnard, L'Etat, ses origines, sa nature, son but; A. Coste, A. Burdeau und L. Arréat, Les questions sociales contemporaines; A. Schaeffle, Die Quintessenz des Sozialismus).

B (5) G. De Greef, Introduction à la sociologie, in: Revue Philosophique, Bd. 22.

1887

A (6) La Philosophie dans les universités Allemandes, in: Revue Internationale de l'Enseignement, Bd. 13.

B (7) Guyau, J.M., L'irreligion de l'avenir, in: Revue Philosophique, Bd. 24.

A (8) La science positive de la morale en Allemagne, in: Revue Philosophique, Bd. 24.

Nek. (9) Nécrologie d'Hommay, in: L'Annuaire de l'Association des anciens élèves de l'Ecole Normale Supérieure, 9. Januar.

1888

V (10) Cours de science sociale: Leçon d'ouverture, in: Revue Internationale de l'Enseignement. Bd. 25.

A (11) Le programme économique de M. Schaeffle, in: Revue d'Economie Politique, Bd. 11.

V (12) Introduction à la sociologie de la famille, in: Annales de la Faculté des Lettres de Bordeaux.

A (13) Suicide et natalité: Etude de statistique morale, in: Revue Philosophique, Bd. 26.

1889

B (14) Lutoslawski, W., Erhaltung und Untergang der Staatsverfassungen nach Platon, Aristoteles und Machiavelli, in: Revue Philosophique, Bd. 27.

B (15) Tönnies, F., Gemeinschaft und Gesellschaft, in: Revue Philosophique, Bd. 27.

1890

B (16) Les principes de 1789 et la sociologie (F. Ferneuil, Les principes de 1789 et la science sociale), in: Revue Internationale de l'Enseignement, Bd. 19.

1892

M (17) *Quid Secundatus Politicae Scientiae Instituendae Contulerit,* Bordeaux (Frz. Übers. von F. Alengry 1937 und von Armand Cuvillier 1953, siehe dort).

1893

B (18) Richard, G., Essai sur l'origine de l'idée de droit, in: Revue Philosophique, Bd. 35.

M (19) *De la division du travail social: Etude sur l'Organisation des sociétés supérieures,* Paris (8. Aufl. 1967).
N (20) Note sur la définition du socialisme, in: Revue Philosophique, Bd. 36.

1894

A (21) Les règles de la méthode sociologique, in: Revue Philosophique, Bd. 38.

1895

M (22) *Les règles de la méthode sociologique,* Paris (leicht verändert gegenüber dem Druck als Abhandlung; 17. Aufl. 1968).
A (23) L'Enseignement philosophique et l'agrégation de philosophie, in: Revue Philosophique, Bd. 39.
A (24) Crime et santé sociale, in: Revue Philosophique, Bd. 39.
B (25) L'origine du mariage dans l'espèce humaine d'après Westermarck, in: Revue Philosophique, Bd. 40.
A (26) Lo stato attuale degli studi sociologici in Francia, in: La Riforma Sociale, Bd. 3.

1896

N (27) Brief an den Herausgeber der Revue de Métaphysique et de Morale, Bd. 4 (Supplément vom 4. Juli).

1897

M (28) *Le Suicide: Etude de sociologie,* Paris (Neuausgabe 1960, 3. Nachdruck 1969).
A (29) Il suicidio dal punto di vista sociologico, in: Rivista Italiana di Sociologia, Bd. 1.
A (30) Il suidicio e l'instabilità economica, Auszug aus 28, in: La Riforma Sociale, Bd. 7.
B (31) Richard, G., Le socialisme et la science sociale, in: Revue Philosophique, Bd. 44.
B (32) Labriola, A., Essais sur la conception matérialiste de l'histoire, in: Revue Philosophique, Bd. 44.
N (33) Contribution à l'Enquête sur l'Œuvre de H. Taine, in: Revue Blanche, Bd. 13.

1898

L'Année Sociologique, Bd. 1

N (34) Vorwort (Préface)
A (35) La prohibition de l'inceste et ses origines.
N (36) Note: L'anthroposociologie.
B (37) Kohler, J., Zur Urgeschichte der Ehe. Totemismus, Gruppenehe, Mutterrecht.
B (38) Grosse, E., Die Formen der Familie und die Formen der Wirtschaft.
B (39) Leist, Altarisches Jus Civile, 2. Abt.
B (40) Moret, A., La Condition des Féaux en Egypte, dans la famille, dans la société etc.
B (41) Acimovic, von I., Übersicht des serbischen Erbrechts.
B (42) Miler, E., Die Hauskommunion der Südslawen.
B (43) Meynial, Hrsg., Le Mariage après les invasions.
B (44) Friederichs, K., Familienstufen und Eheformen.
B (45) Garufi, C.A., Ricerche sugli usi nuziali nel medio evo in Sicilia.

B (47) Schulenburg, E., Die Spuren des Brautraubs.
B (48) Gunther, L., Die Idee der Wiedervergeltung in der Geschichte.
B (49) Kohler, J., Studien aus dem Strafrecht.
B (50) Mauss, M., La religion et les origines du droit pénal.
B (51) Baden-Powell, B. H., The Indian Village Community.
B (52) Jobbé-Duval, La Commune annamite.
B (53) Kovalewsky, M., Le Système du clan dans le pays de Galles.
B (54) Kohler, J., Die Rechte der Urvölker Nordamerikas.
B (55) Tamassia, N., Il ,,Dharna" in Germania ed in Grecia?
B (56) Gusakov, Délits et Contrats, étude d'histoire juridique.
B (57) Ratzel, F., Der Staat und sein Boden geographisch betrachtet.
A (58) Représentations individuelles et représentations collectives, in: Revue de Métaphysique et de Morale, Bd. 6, heute in 663.
A (59) L'Individualisme et les Intellectuels, in: Revue Bleue, 4. Serie, Bd. I0, heute in 683.
N (60) Brief an den Herausgeber des American Journal of Sociology, Bd. 3.

1899

L'Année Sociologique, Bd. 2

N (61) Vorwort
A (62) De la définition des phénomènes religieux.
N (63) Note: Morphologie sociale.
B (64) Smirnov, J., und P. Boyer, Les populations finnoises des bassins de la Volga et de la Kama.
B (65) Meyer, E.H., Deutsche Volkskunde.
B (66) Hagelstange, A., Süddeutsches Bauernleben im Mittelalter.
B (67) Pandian, J.B., Indian Village Folk, Their Works and Ways.
B (68) Becke, L., Wild Life in Southern Seas.
B (69) Rudeck, W., Geschichte der öffentlichen Sittlichkeit in Deutschland.
B (70) Schaible, K.H., Die Frau im Altertum.
B (71) Reibmayr, A., Inzucht und Vermischung beim Menschen.
B (72) Ploss, H., Das Weib in der Natur- und Völkerkunde.
B (73) Cunow, H., Die ökonomischen Grundlagen der Mutterherrschaft.
B (74) Kovalewsky, M., L'Organizzazione dei clan nel Daghestan.
B (75) Smirnov und Boyer, Les populations finnoises de la Volga et de la Kama.
B (76) Ciszewski, St., Künstliche Verwandtschaft bei den Südslaven.
B (77) Marçais, W., Des parents et des alliés successibles en droit Musulman.
B (78) Lefas, A., L'Adoption testamentaire à Rome.
B (79) Cornil, G., Contribution à l'étude de la ,,Patria Potestas".
B (80) Thomas, W.I., The Relation of Sex to Primitive Social Control.
B (81) Fletcher, A.C., Häusliches Leben bei den Indianern.
B (82) Hutchinson, Rev. H.N., Marriage Costums in Many Lands.
B (83) Loebel, D. Theophil, Hochzeitsbräuche in der Türkei.
B (84) Amram, D.W., The Jewish Law of Divorce According to Bible and Talmud.
B (85) Schnitzer, J., Katholisches Eherecht.
B (86) Meynial, E., Le mariage après les invasions.
B (87) Zocco-Rosa, A., Sulle cerimonie nuziali dei Lusitani.
B (88) Bülow, W. von, Die Ehegesetze der Samoaner.
B (89) McNair, Major, und T.L. Barlow, Costums and Ceremonies Observed at Betrothal und Wedding in the Pundjab.
B (90) Simcox, E.J., Primitive Civilization or Outlines of the History of Ownership in Archaic Communities.

B (91) Stefano, G. de, Il diritto penale nel'Hamasen (Eritrea) ed il Fethà Neghest.
B (92) Kohler, J., Studien aus dem Strafrecht.
B (93) Gatschet, A., Die Osage Indianer.
B (94) Melching, K., Die Staatenbildung in Melanesien.
B (95) Steinmetz, S.R., Gli antichi scongiuri Giuridici contro i debitori.
B (96) Ratzel, F., Politische Geographie.
B (97) Vidal de la Blache, P., La géographie politique.
B (98) Mayr, G. von, Statistik und Gesellschaftslehre. II: Bevölkerungsstatistik.
B (99) Rietschel, S., Markt und Stadt in ihrem rechtlichen Verhältnis.
B (100) Hegel, K., Die Entstehung des deutschen Städtewesens.
B (101) Meuriot, P., Des Agglomérations urbaines dans l'Europe contemporaine.
B (102) Kuczynski, R., Der Zug nach der Stadt. Statistische Studien über Vorgänge der Bevölkerungsbewegung im deutschen Reiche.
B (103) Barberis, L., Lo sviluppo della rete ferroviaria degli Stati Uniti.
B (104) Ratzel, F., Der Ursprung und das Wandern der Völker, geographisch betrachtet.
B (105) Lapie, P., Les Civilisations Tunisiennes.
B (106) Bortkiewicz, L. von, Das Gesetz der kleinen Zahlen.
B (107) Bennini, R., Le Combinazioni simpatiche in demografia.
N (108) Beitrag zur Enquête sur la guerre et le militarisme, in: L'Humanité Nouvelle, Mai 1899.
N (109) Beitrag zur ,,Enquête sur l'Introduction de la sociologie dans l'enseignement secondaire", in: Revue Internationale de Sociologie, Bd. 7.
N (110) Beitrag zu H. Dagan, Enquête sur l'antisémitisme, Paris.
B (111) Merlino, S., Formes et essence du socialisme, avec une préface de G. Sorel, in: Revue Philosophique, Bd. 48.

1900

L'Année Sociologique, Bd. 3

B (112) Lindsay, S.M., The Unit of Investigation in Sociology.
B (113) Villa, G., La psichologia e le scienze morali.
B (114) Pareto, V., I problemi della sociologia.
B (115) Giner, F., Estudios y fragmentos sobre la teoria de la persona social.
B (116) Ellwood, A., Prolegomena to Social Psychology.
B (117) Neukamp, E., Das Zwangsmoment im Recht in entwicklungsgeschichtlicher Bedeutung.
B (118) Asturaro, A., La scienza morale e la sociologia generale.
B (119) Spencer, B., und F.J. Gillen, The Native Tribes of Central Australia.
B (120) Boas, F., The Social Organization and the Secret Societies of the Kwakiutl Indians.
B (121) Perkinson, R., Zur Ethnographie der nordwestlichen Salomo Inseln.
B (122) Picard, E., Les Pygmées.
B (123) Schmidt, M., Über das Recht der tropischen Naturvölker Südamerikas.
B (124) Buhl, D. Frants, Die sozialen Verhältnisse der Israeliten.
B (125) Conrady, A., Die Geschichte der Clanverfassung in den schottischen Hochlanden.
B (126) Wilbrandt, M., Die politische und soziale Bedeutung der attischen Geschlechter von Solon.
B (127) Courant, M., Les Associations en Chine.
B (128) Starcke, C.N., La famille dans différentes sociétés.
B (129) Junod, H., Les Ba-Ronga. Etude ethnographique sur les indigènes de la baie de Delagoa.

B (130) Grenard, F., Le Turkestan et le Tibet.
B (131) Ritou, E., De la condition des personnes chez les Basques Français jusqu'en 1789.
B (132) Courant, M., Les Associations en Chine.
B (133) Schmoller, G., Die Urgeschichte der Familie: Mutterrecht und Gentilverfassung.
B (134) Tamassia, N., L'allevamento dei figli nell antico diritto Irlandese.
B (135) Mazzarella, G., La condizione giuridica del marito nella famiglia matriarcale.
B (136) Holt, R.B., Marriage Laws and Costums of the Cymri.
B (137) Gürgens, H., Die Lehre von der ehelichen Gütergemeinschaft nach Livländischem Stadtrecht.
B (138) Klugmann, N., Vergleichende Studien zur Stellung der Frau im Altertum.
B (139) Marx, Victor, Die Stellung der Frauen in Babylonien.
B (140) Friederici, Die Behandlung weiblicher Gefangener durch die Indianer von Nordamerika.
B (141) Lampérière, A., Le Rôle social de la femme.
B (142) Posado, A., Feminismo.
B (143) Marro, Le Rôle de la puberté.
B (144) Des Marez, G., Etude sur la propriété foncière dans les villes du moyen âge.
B (145) Cohn, G., Gemeinderschaft und Hausgenossenschaft.
B (146) Brentano, L., Die Entwicklung des englischen Erbrechts in das Grundeigentum.
B (147) Veblen, Th., The Beginnings of Ownership.
B (148) Sée, H., Le droit d'usage et les biens communaux en France au Moyen-âge.
B (149) Hutter, Der Abschluß von Blutsfreundschaft und Verträgen bei den Negern des Graslandes in Nordkamerun.
B (150) Klemm, K., Ordal und Eid in Hinterindien.
B (151) Castelli, D., Creditori e debitori nell'antica società ebraica.
B (152) Steinmetz, S.R., Das Verhältnis zwischen Eltern und Kindern bei den Naturvölkern.
B (153) Wolf, J., Das Verhältnis von Eltern und Kindern bei dem Landvolk in Deutschland.
B (154) De Marchi, A., La beneficenza in Roma antica.
B (155) Puini, C., Del concetto d'uguaglianza nelle dottrine politiche del confucianesimo.
B (156) Lasch, R., Religiöser Selbstmord und sein Verhältnis zum Menschenopfer.
B (157) Lasch, R., Rache als Selbstmordmotiv.
B (158) Ratzel, F., Anthropogeographie, Erster Teil.
B (159) Dumont, A., Natalité et démocratie.
B (160) Goldstein, J., Die vermeintlichen und die wirklichen Ursachen des Bevölkerungsstillstandes in Frankreich.
B (161) Prinzing, F., Die Sterblichkeit der Ledigen und Verheirateten.
B (162) Wolf, J., Die Fruchtbarkeit der Ehe auf dem Lande im Deutschen Reich.
B (163) Brandt, A. von, L'Origine des villages à banlieue morcelée et des domaines agglomérés.
B (164) Below, G. von, Das ältere deutsche Städtewesen und Bürgertum.
B (165) James, E.J., The Growth of Great Cities in Area und Population.
B (166) Schoenherr, A., Der Einfluß der Eisenbahnen auf die Bevölkerungszunahme im Königreich Sachsen.
B (167) Salvioni, G.B., Zur Statistik der Haushaltungen.
B (168) Conrau, Der Hüttenbau der Völker im nördlichen Kamerungebiet.
A (169) La sociologie en France au XIXe siècle, in: Revue Bleue, 4. Serie, Bd. 12 (neu abgedruckt in 685).

B (170) La sociologia ed il suo dominio scientifico, in: Rivista Italiana di Sociologie, Bd. 4 (franz. Übersetzung bei Armand Cuvillier, Où va la Sociologie Française, Paris 1953; neu abgedruckt in 685).

1901

L'Année Sociologique, Bd. 4

A (171) Deux lois de l'évolution pénale.
N (172) Sociologie criminelle et statistique morale.
N (173) Technologie.
B (174) Vierkandt, A., Das Kulturproblem.
B (175) Tarde, G., L'esprit de groupe.
B (176) Palante, G., L'esprit de corps.
B (177) Schultze, Fritz, Psychologie der Naturvölker.
B (178) Flachs, A., Rumänische Hochzeits- und Totengebräuche.
B (179) Ross, E.A., The Genesis of Ethical Elements.
B (180) Gorst, H.E., China.
B (181) Singer, H., Die Karolinen.
B (182) Reinecke, Zur Kennzeichnung der Verhältnisse auf den Samoainseln.
B (183) Henning, C.L., Die Onondaga Indianer des Staates New York.
B (184) Hutter, Politische und Soziale Verhältnisse bei den Graslandstämmen Nordkameruns.
B (185) Rocca, F. de, Les Zemskié Sobors.
B (186) Commons, J.R., A Sociological View of Sovereignty.
B (187) Liebenam, W., Städteverwaltung im römischen Kaiserreich.
B (188) Stouff, L., Les Comtes de Bourgogne et leurs villes domaniales.
B (189) Bellangé, Ch., Le gouvernement local en France et l'organisation du Canton.
B (190) Steinmetz, S.R., Die neueren Forschungen zur Geschichte der menschlichen Familie.
B (191) Cahuzac, A., Essai sur les institutions et le droit malgaches.
B (192) Escher, A., Der Einfluß des Geschlechtsunterschiedes der Deszendenten im Schweizerischen Erbrecht.
B (193) Auffroy, H., Evolution du testament en France.
B (194) Hough, W., Korean Clan Organization.
B (195) Flach, J., Les Institutions primitives. Les origines de la famille: Le lévirat.
B (196) Puini, C., Il matrimonio nel Tibet.
B (197) Roeder, F., Die Familie bei den Angelsachsen.
B (198) Lefebvre, Ch., Leçons d'introduction générale à l'histoire du droit matrimonial français.
B (199) Winter, A.C., Eine Bauernhochzeit in Russisch-Karelien.
B (200) Esmein, A., Trois documents sur le mariage par vente.
B (201) Lourbet, J., Le Problème des sexes.
B (202) Frazer, J.G., Suggestions as to the Origin of Gender in Language.
B (203) Fuld, L., Die Frauen und das Bürgerliche Gesetzbuch.
B (204) Schurtz, H., Die Anfänge des Landbesitzes.
B (205) Dultzig, E. von, Das deutsche Grunderbrecht in Vergangenheit, Gegenwart und Zukunft.
B (206) Boas, F., Property Marks of Alaskan Eskimo.
B (207) Rakowski, K. von, Entstehung des Großgrundbesitzes im XV. und XVI. Jahrhundert in Polen.
B (208) Glasson, Communautés taisibles et communautés coutumières depuis la rédaction des coutumes.
B (209) Grasshoff, R., Das Wechselrecht der Araber. Eine rechtsvergleichende Studie über die Herkunft des Wechsels.

B (210) Chausse, A., Les singularités de la vente romaine.
B (211) Lattes, A., Il diritto consuetudinario nelle città Lombarde.
B (212) Vierkandt, A., Die primitive Sittlichkeit der Naturvölker.
B (213) Bard, E., Les Chinois chez eux.
B (214) Kollmann, P., Die Soziale Zusammensetzung der Bevölkerung im Deutschen Reich.
B (215) Prinzing, F., Die soziale Lage der Witwe in Deutschland, und: Grundzüge und Kosten eines Gesetzes über die Fürsorge für die Witwen und Waisen der Arbeiter.
B (216) Fahlbeck, E., Contributo allo studio demografico delle famiglie e delle generazioni umane.
B (217) Lindner, F., Die unehelichen Geburten als Sozialphänomen.
B (218) Fouillée, A., La France au point de vue moral.
B (219) Rein, W., Jugendliches Verbrechertum und seine Bekämpfung.
B (220) Kellor, F.A., Psychological and Environmental Study of Women Criminals.
B (221) Marro, A., Influence of the Pubertal Development upon the Moral Character.
B (222) Tarnowski, E., La mendicità in Russia.
B (223) Lasch, R., Die Behandlung der Leiche des Selbstmörders.
B (224) Lasch, R., Der Selbstmord aus erotischen Motiven bei den primitiven Völkern.
B (225) Duprat, G.-L., Les causes sociales de la folie.
B (226) Ratzel, F., Das Meer als Quelle der Völkergröße.
B (227) Ratzel, F., Der Ursprung und die Wanderungen der Völker geographisch betrachtet.
B (228) Cauderlier, G., Les lois de la population et leur application à la Belgique.
B (229) Beloch, J., Die Bevölkerung im Altertum.
B (230) Beloch, J., Die Bevölkerung Europas im Mittelalter.
B (231) Mariotti, A., L'emigrazione italiana.
B (232) Kornemann, E., Zur Stadtentstehung in den ehemals keltischen und germanischen Gebieten des Römerreichs.
B (233) Weber, A.F., The Growth of Cities in the Nineteenth Century.
A (234) De la méthode objective en Sociologie, in: Revue de Synthèse Historique, Bd. 11 (Vorwort zur 2. Aufl. der Règles de la méthode sociologique).
M (235) *Les Règles de la méthode sociologique, revues et augmentées d'une préface nouvelle,* Paris.
N (236) Lettre au directeur de la Revue Philosophique, in: Revue Philosophique, Bd. 52.
B (237) Georg Simmel, Philosophie des Geldes, in: Notes Critiques – sciences sociales, Bd. 2, para. 406.
B (238) E. Demolins, Les grandes routes des peuples: Essai de géographie sociale. Comment la route crée le type social, in: Notes Critiques – sciences sociales, Bd. 2, para. 1009.
B (239) E. Lanbert, La tradition romaine sur la succession, in: Notes Critiques – sciences sociales, Bd. 2 para. 1631.
B (240) Compte-rendu d'une conférence sur ,,Religion et libre Pensée", devant les membres de la Fédération de Jeunesse Laïque (donnée le 22 mai 1901), in: La Petite Gironde, 24 mai 1901.

1902

L'Année Sociologique, Bd. 5

A (241) Sur le totémisme.
N (242) Civilisation en général et types de civilisation.
B (243) Seignobos, C., La Méthode historique appliquée aux sciences sociales.

B (244) Novicow, Les castes et la sociologie biologique.
B (245) Espinas, A., Être ou ne pas être ou du postulat de la sociologie.
B (246) Small, A.W., The Scope of Sociology.
B (247) Ward, L.F., La Mécanique sociale.
B (248) Simmel, G., Philosophie des Geldes.
B (249) Gumplowicz, L., Aperçus sociologiques.
B (250) Cosentini, Studii sociologici.
B (251) Ellwood, Ch. A., The Theory of Imitation in Social Psychology.
B (252) Ammon, O., Der Ursprung der sozialen Triebe.
B (253) Palante, Le Mensonge de groupe.
B (254) Chailley-Bert, J., Java et ses habitants.
B (255) Dumont, A., La morale basée sur la démographie.
B (256) Westermarck, E., L'elemento morale nelle consuetudini e nelle leggi.
B (257) Kohler, J., Rechte der deutschen Schutzgebiete. I. Das Recht der Herrero.
B (258) Kohler, J., Rechte der deutschen Schutzgebiete, II. Das Recht der Papuas.
B (259) Kohler, J., Rechte der deutschen Schutzgebiete. IV. Das Banturecht in Ostafrika.
B (260) Rhys, J., und Brynmor-Jones, D., The Welsh People.
B (261) Doniol, H., Serfs et vilains au moyen-âge.
B (262) Sée, H., Les classes rurales et le régime domanial en France au moyen-âge.
B (263) Fukuda, Tokozu, Die gesellschaftliche und wirtschaftliche Entwicklung in Japan.
B (264) Milioukov, P., Essais sur l'histoire de la civilisation Russe.
B (265) Abou'l-Hassan El-Maverdi, Traité de droit public Musulman.
B (266) Sumner, W.G., The Yakuts.
B (267) Kohler, J., Rechte der deutschen Schutzgebiete. II. Das Recht der Papua.
B (268) Kohler, J., Rechte der deutschen Schutzgebiete. III. Das Rechte der Marschallinsulaner.
B (269) Darinsky, A., Die Familie bei den kaukasischen Völkern.
B (270) Lanbert, E., La tradition romaine sur la succession des formes du testament devant l'histoire comparative.
B (271) Grenédan, J. du Plessis de, Histoire de l'autorité paternelle et de la société familiale avant 1789.
B (272) Dupré la Tour, Félix, De la recherche de la paternité en droit comparé et principalement en Suisse, en Angleterre et en Allemagne.
B (273) Grasserie, Raoul de la, La famille artificielle.
B (274) Kovalewsky, M., La Gens et le clan.
B (275) Rivers, W.H.R., A Genealogical Method of Collecting Social and Vital Statistics.
B (276) Kohler, J., Das Recht der Ba-Ronga.
B (277) Binet, Observations sur les Dahoméens.
B (278) Kaindl, R.F., Bericht über neue anthropologische und volkskundliche Arbeiten in Galizien.
B (279) Muller, O., Untersuchungen zur Geschichte des attischen Bürger- und Eherechts.
B (280) Marcou, E., De l'autorisation maritale au XIIIe siècle comparée à celle du code civil.
B (281) Kaindl, R.F., Ruthenische Hochzeitsgebräuche in der Bukowina.
B (282) Lolek, W., Vermählungsbräuche in Bosnien und der Herzegowina.
B (283) Mazzarella, G., Nuove ricerche sulla condizione del marito nella famiglia primitiva.
B (284) Mazzarella, G., L'esogamia presso i popoli semitici.
B (285) Müller, J., Das sexuelle Leben der Naturvölker.

V (286) Ellis, Havelock, Studies in the Psychology of Sex.
B (287) Beyerle, K., Grundeigentumsverhältnisse und Bürgerrecht im mittelalterlichen Konstanz.
B (288) Van den Berg, L.W.C., Het Inlandsche Gementewezen of Java en Madoera.
B (289) Beauchet, L., De la propriété familiale dans l'ancien droit Suédois.
B (290) Friesen, H. Freiherr von, Die Familienanwartschaften.
B (291) Seidel, H., Pfandwesen und Schuldhaft in Togo.
B (292) Marez, G. des, La Lettre de foire à Ypres au XIIe siècle.
B (293) Hopkins, W., On the Hindu Custom of Dying to Redress a Grievance.
B (294) Bertillon, J., Nombre d'enfants par famille.
B (295) Prinzing, F., Die eheliche Fruchtbarkeit in Deutschland.
B (296) Dumont, A., De l'infécondité chez certaines populations industrielles.
B (297) Work, Monroe N., Crime among the Negroes of Chicago.
B (298) Lasch, R., Die Anfänge des Gewerbestandes.
B (299) Demolins, E., Les grandes routes des peuples.
B (300) Martonne, E. de, Sur la toponymie naturelle des régions de haute montagne, en particulier dans les Karpathes méridionales.
B (301) Goldstein, J., Bevölkerungsprobleme und Berufsgliederung in Frankreich.
B (302) Bertillon, J., Statistique internationale résultant des recensements de la population.
B (303) Cilleuls, A. des, La population Française de 1800 à 1900.
B (304) Sitta, P., La popolazione della repubblica Argentina.
B (305) Piolet, J.B., La France hors la France.
B (306) Pirenne, H., Histoire de la Belgique.
B (307) Buomberger, F., Bevölkerungs- und Vermögensstatistik in der Stadt und Landschaft Freiburg.
B (308) Jullian, C., A propos des ,,Pagi" gaulois avant la conquête romaine.
B (309) Prinzing, F., Die Kindersterblichkeit in Stadt und Land.
B (310) Mazzola, U., Il momento economico nell'Arte.
B (311) Sorel, G., La valeur sociale de l'art.
M (312) *De la division du travail social,* avec une nouvelle préface intitulée ,,Quelques remarques sur les groupements professionels", Paris.
B (313) Palante, G., Précis de sociologie.
N (314) Beitrag zu ,,Enquête sur l'influence Allemande: – Sociologie et économie politique", in: Mercure de France, Bd. 44.
B (315) Demuth, E., Die wechselseitigen Verfügungen von Todes wegen nach alamannisch-züricherischem Recht, in: Notes Critiques – sciences sociales, Bd. 3, para. 444.
B (316) Bauer, A., Les classes sociales, in: Notes Critiques – sciences sociales, Bd. 3, para. 1453.

1903

L'Année Sociologique, Bd. 6

A (317) De quelques formes primitives de classification: contribution à l'étude des représentations collectives.
N (318) Systèmes juridiques (mit Paul Fauconnet).
N (319) Organisation sociale.
B (320) Salvemini, G., La storia considerata come scienza.
B (321) Croce, B., La storia considerata come scienza.
B (322) Sorel, G., Storia e scienze sociali.
B (323) Vierkandt, A., Natur und Kultur im sozialen Individuum.
B (324) Steinmetz, S.R., Der erbliche Rassen- und Volkscharakter.
B (325) Wallis, L., The Capitalization of Social Development.

B (326) Gumplowicz, L., Una legge sociologica della storia.
B (327) Sergi, G., L'evoluzione in biologia e nel uomo.
B (328) Robertis, R. de, La psicologia colletiva della scuola.
B (329) Romano, P., La pedagogia nelle sue relazioni con la sociologia.
B (330) Savigny, L. von, Das Naturrechtsproblem und die Methode seiner Lösung.
B (331) Saleilles, R., Ecole historique et droit naturel.
B (332) Bonfante, P., La progressiva diversificazione del diritto pubblico e privato.
B (333) Kohler, J., Rechte der deutschen Schutzgebiete.
B (334) Conradt, L., Die Ngumba in Südkamerun.
B (335) Koch, T., Die Guaikurustämme.
B (336) Mazzarella, G., Le istituzioni giuridiche di una tribù dell'America settentrionale.
B (337) Bogoras, W., The Chukchi of Northern Asia.
B (338) Gautier, V., La langue, les noms et le droit des anciens Germains.
B (339) Schurtz, H., Altersklassen und Männerbünde.
B (340) McGee, W.J., The Seri Indians.
B (341) Szanto, Emil, Die griechischen Phylen.
B (342) Holzapfel, L., Die drei ältesten römischen Tribus.
B (343) Wittich, W., Die Frage der Freibauern.
B (344) Guilhiermoz, P., Essai sur l'origine de la noblesse en France.
B (345) Viollet, P., Les Communes Françaises au moyen-âge.
B (346) Loncao, E., La genesi sociale dei communi italiani.
B (347) Lavallée, A., Notes ethnographiques sur divers tribus du sud-est de l'Indo-Chine.
B (348) Nicholas, F.C., The Arborigines of the Province of Santa Maria.
B (349) Rundstein, S., Die vergleichende Methode in ihrer Anwendung auf die slavische Rechtsgeschichte.
B (350) Marchand, L., Les Gard'orphènes à Lille.
B (351) Caillemer, R., Origines et développement de l'exécution testamentaire.
B (352) Crawley, E., The Mystic Rose. A Study of Primitive Marriage.
B (353) Thomas, W., Der Ursprung der Exogamie.
B (354) Esmein, A., Les coutumes primitives dans les écrits des mythologues grecs et romains.
B (355) Révész, Géza, Das Trauerjahr der Witwe.
B (356) Weitzecker, G., La donna fra i Basuto.
B (357) Lefebvre, C., Le mariage n'est-il qu'un contrat?
B (358) Rullkoeter, W., The Legal Protection of Women among the Ancient Germans.
B (359) Courant, M., En Chine.
B (360) Vierkandt, A., Die politischen Verhältnisse der Naturvölker.
B (361) Francotte, H., Formation des villes, des états, des confédérations et des ligues dans la Grèce ancienne.
B (362) Iovanovic, M., Die agrarischen Rechtsverhältnisse im türkischen Reiche.
B (363) Huvelin, P., Les Tablettes magiques et le droit Romain.
B (364) Loncao, E., L'inviolabilità del domicilio nell'antico diritto germanico.
B (365) Vecchio, G. del, L'evoluzione dell'ospitalità.
B (366) Pouzol, A., La recherche de la paternité.
B (367) Dépinay, J., Le Régime dotal.
B (368) Griveau, P., Le Régime dotal en France.
B (369) Buomberger, F., Die schweizerische Ehegesetzgebung im Lichte der Statistik.
B (370) Prinzing, F., Die uneheliche Fruchtbarkeit in Deutschland.
B (371) Prinzing, F., Die Ehescheidungen in Berlin und anderwärts.
B (372) Schrader, F., Le facteur planétaire de l'évolution humaine.

B (373) Coste, A., Le facteur population dans l'évolution sociale.
B (374) Verrijn, Stuart C.A., Untersuchungen über die Beziehung zwischen Wohlstand, Natalität und Kindersterblichkeit in den Niederlanden.
B (375) Ottolenghi, C., La popolazione del Piemonte nel secolo XVI.
B (376) Xe Congrès international d'hygiène et de démographie: Paris 1900
B (377) Fournier de Flaix, E., Statistique et consistance des religions à la fin du XIXe siècle.
B (378) Jullian, C., Notes gallo-romaines.
B (379) Allendorf, H., Der Zuzug in die Städte.
B (380) Meuriot, P., La population de Berlin et de Vienne d'après les dénombrements récents.
B (381) Coste, A., De l'influence des agglomérations urbaines sur l'état matériel et moral d'un pays.
V (382) Pédagogie et sociologie, in Revue de Métaphysique et de Morale, Bd. 11 (Eröffnungsvorlesung zum Zyklus über L'Education Morale von 1902/03, heute in 661).
A (383) Sociologie et sciences sociales (mit Paul Fauconnet), in: Revue Philosophique, Bd. 55.
B (384) A. Lang, Social Origins und J.J. Atkinson, Primal Law, in: Folklore, Bd. 14.
B (385) C. Letourneau, La condition de la femme dans les diverses races et civilisations, in: Notes Critiques – sciences sociales, Bd. 4, para. 289.
B (386) M. Markovic, Die serbische Hauskommunion (Zadruga) und ihre Bedeutung in der Vergangenheit und Gegenwart, in: Notes Critiques – sciences sociales, Bd. 4, para. 837.

1904

L'Année Sociologique, Bd. 7

B (387) Ross, E.A., Moot Points in Sociology. I. The Scope and Task of Sociology.
B (388) Steinmetz, S.R., Die Bedeutung der Ethnologie für die Soziologie.
B (389) Allin, A., The Basis of Sociality.
B (390) Lanbert, E., La fonction du droit civil comparé.
B (391) Lévy-Bruhl, L., La morale et la science des mœurs.
B (392) Steinmetz, S.R., Rechtsverhältnisse von eingeborenen Völkern in Afrika und Ozeanien.
B (383) Merker, M., Rechtverhältnisse und Sitten der Wadschagga.
B (394) Lang, A., Social Origins.
B (395) Atkinson, J.J., Primal Law.
B (396) Oberziner, G., Origine della plebe romana.
B (397) Amadori-Virgili, G., L'istituto famigliare nelle società primordiali.
B (398) Wilutzki, P., Vorgeschichte des Rechts.
B (399) Thal, Max, Mutterrecht, Frauenfrage und Weltanschauung.
B (400) Niese, R., Das Personen- und Familienrecht der Suaheli.
B (401) Markovic, M., Die serbische Hauskommunion (Zadruga) und ihre Bedeutung in Vergangenheit und Gegenwart.
B (402) Stokar, H., Über den Entzug der väterlichen Gewalt im römischen Recht.
B (403) Glasson, E., Histoire du droit et des institutions de France.
B (404) Letourneau, C., La Condition de la femme dans les diverses races et civilisations.
B (405) Gaudefroy-Demombynes, Les cérémonies du mariage chez les indigènes d'Algérie.
B (406) Pidoux, P.-A., Histoire du mariage et du droit des gens mariés en Franche-Comté.
B (407) Bauer, M., Das Geschlechtsleben in der deutschen Vergangenheit.

B (408) Khamm, K., Der Verkehr der Geschlechter unter den Slaven in seinen gegensätzlichen Erscheinungen.
B (409) Budanov, V., L'Autorité dans la Russie ancienne.
B (410) Pirenne, H., L'histoire de la Belgique.
B (411) Girault, A., Les Bambaras.
B (412) Duprat, G.-L., Le Mensonge.
B (413) Prinzing, F., Die Wandlungen der Heiratshäufigkeit und des mittleren Heiratsalters.
B (414) Loewenstimm, A., Aberglaube und Verbrechen.
B (415) Simmel, Georg, Über räumliche Projektionen sozialer Formen.
B (416) Simmel, G., The Number of Members as Determining the Sociological Form of the Group.
B (417) Cauderlier, G., Les lois de la population.
B (418) Lang, H., Die Entwicklung der Bevölkerung in Württemberg.
B (419) Turquan, V., Contribution à l'étude de la population et la dépopulation.
B (420) Maurel, E., Causes de notre dépopulation.
B (421) Prinzing, F., Die Kindersterblichkeit in Österreich.
B (422) Reisner, W., Die Einwohnerzahl deutscher Städte in früheren Jahrhunderten.
B (423) Vandervelde, E., L'exode rural et le retour aux champs.
B (424) Meuriot, P., Le Centre mathématique d'une population.
B (425) Schultz, Alwin, Das häusliche Leben der europäischen Kulturvölker.
B (426) Durkheim, E., Pédagogie et sociologie.
B (427) Barth, P., Die Geschichte der Erziehung in soziologischer Beleuchtung.
V (428) La sociologie et les sciences sociales, in: Revue Internationale de sociologie, Bd. 12 (Zusammenfassung eines Vortrags mit nachfolgender Diskussion).
B (428) E. Lanbert, La fonction du droit civil comparé: (1) Les conceptions étroites et unilatérales, in: Notes Critiques – sciences sociales, Bd. 5, para. 43.
N (429) Réponse à Monsieur Lang, Brief in: Folklore, Bd. 15.
N (430) Beitrag zu ,,L'Elite intellectuelle et la démocratie", in: Revue Bleue, 5. Serie, Bd. 1 (4. Juni 1904).

1905

L'Année Sociologique, Bd. 8

A (431) Sur l'organisation matrimoniale des sociétés australiennes.
B (432) Thomas, W., Der Mangel an Generalisationsvermögen bei den Negern.
B (433) Pellission, M., La sécularisation de la morale au XVIIIe siècle.
B (434) Reports of the Cambridge Anthropological Expedition to Torres Straits.
B (435) Köhler, A., Verfassung und soziale Gliederung, Recht und Wirtschaft der Tuareg.
B (436) Cooks, S.A., The Law of Moses and the Code of Hammurabi.
B (437) Daiches, S., Altbabylonische Rechtsurkunden aus der Zeit der Hammurabi-Dynastie.
B (438) Lot, Ferd., Fidèles ou vassaux?
B (439) Kruyt, Alb. S., Beobachtungen an Leben und Tod, Ehe und Familie in Zentralcelebes.
B (440) Tsugaru, Fusamaro, Die Lehre von der japanischen Adoption.
B (441) Engelmann, Jean, Les testaments coutumiers au XVe siècle.
B (442) Penot, L., Evolution du mariage et consanguinité.
B (443) Nietzold, J., Die Ehe in Ägypten zur ptolemäisch-römischen Zeit.
B (444) Ruggiero, R. de, Studi papirologici sul matrimonio e sul divorzio nell'Egitto greco-romano.
B (445) Mielziner, M., The Jewish Law of Marriage and Divorce.
B (446) Twasaky, Kojiro, Das japanische Eherecht.

B (447) Sakamoto, Saburo, Das Ehescheidungsrecht Japans.
B (448) Bartsch, R., Die Rechtsstellung der Frau als Gattin und Mutter.
B (449) Typaldo-Bassia, A., La communauté des biens conjugaux dans l'ancien droit Français.
B (450) Saguez, E., Etude sur le droit des gens mariés dans les coutumes d'Amiens.
B (451) Kulischer, E., Untersuchungen über das primitive Strafrecht.
B (452) Usteri, P., Ächtung und Verbannung im griechischen Recht.
B (453) Glotz, G., La solidarité de la famille dans le droit criminel en Grèce.
B (454) Huvelin, P., La notion de l'Injuria dans le très ancien droit romain.
B (455) Leonard, R., Der Schutz der Ehre im alten Rom.
B (456) Dareste, R., Les anciennes coutumes Albanaises.
B (457) Kwiatkowski, E. von, Die Constitutio Criminalis Theresiana.
B (458) Labriola, Teresa, Ragione e sviluppo della giustizia punitiva.
B (459) Loening, R., Geschichte der strafrechtlichen Zurechnungslehre.
B (460) Kurella, H., Die Grenzen der Zurechnungsfähigkeit und die Kriminal-Anthropologie.
B (461) Glotz, G., L'Ordalie dans la Grèce primitive.
B (462) Grierson, H.P.J., The Silent Trade.
B (463) Prinzing, F., Heiratshäufigkeit und Heiratsalter nach Stand und Beruf.
B (464) Stchoukine, I., Le suicide collectif dans le Raskol Russe.
B (465) Rost, H., Der Selbstmord in den Städten.
B (466) Juglar, C., Tableau des naissances.
B (467) Kiaer, A.N., Statistische Beiträge zur Beleuchtung der ehelichen Fruchtbarkeit.
B (468) Casagrandi, O., La popolazione, le nascite, le morti a Roma negli ultimi due secoli.
B (469) Klatt, M., Die Alters- und Sterblichkeitsverhältnisse der preussischen Richter und Staatsanwälte.
B (470) Wagner, E., Die Bevölkerungsdichte in Südhannover und deren Ursachen.
B (471) Dade, H., Die landwirtschaftliche Bevölkerung des Deutschen Reichs um die Wende des 19. Jahrhunderts.
D (472) Beitrag zu ,,La morale sans Dieu: Essai de solution collective", in: La Revue, Bd. 59.
V (473) On the Relation of Sociology to the Social Sciences and to Philosophy, in: Sociological Papers, Bd. 1 (Vortrag an der Universität London vom 20. Juni 1904 mit Antwort auf kritische Bemerkungen).
A (474) Sociology and the Social Sciences, in: Sociological Papers, Bd. 1 (Übers. der Abhandlung mit Paul Fauconnet Nr. 383, gekürzt).
D (475) Beitrag zur Diskussion ,,Sur la séparation des églises et de l'état", in: Libres Entretiens, 1. Serie, und zur Diskussion ,,Sur l'internationalisme: Définition des termes: Internationalisme économique; patriotisme national et lutte des classes, in: Libres Entretiens, 2. Serie.

1906

L'Année Sociologique, Bd. 9

B (476) Tarde, G., L'Interpsychologie.
B (477) Xenopol, A.D., Sociologia e storia.
B (478) Andreotti, A., L'induzione sociologica nello studio del diritto penale.
B (479) Matteucci, U., Intorno al riconoscimento della Sociologia come scienza autonoma.
B (480) Matteucci, U., L'insegnamento della sociologia.
B (481) Toniolo, G., L'odierno problema sociologico.
B (482) Varini, P., Saggio di una classificazione della società.

B (483) Ribot, T., La Logique des sentiments.
B (484) Robertis, R. de, L'anima delle folle.
B (485) Hoeffding, H., On the Relation between Sociology and Ethics.
B (486) Bayet, A., La morale scientifique.
B (487) Kohler, J., Zum Rechte der Tshinuk.
B (488) Marker, M., Die Masai. Ethnographische Monographie eines ostafrikanischen Semitenvolkes.
B (489) Farjenel, F., Le Peuple chinois. Ses mœurs et ses institutions.
B (490) Grenard, F., Le Tibet, les pays et les habitants.
B (491) Dareste, R., La loi des Homérites.
B (492) Chadwick, H.M., Studies on Anglo-Saxon Institutions.
B (493) Hitier, H., La doctrine de l'absolutisme.
B (494) Howitt, A.W., The Native Tribes of South-East Australia.
B (495) Kohler, J., Aus dem malayischen Recht.
B (496) Kovalewsky, M., Le Clan chez les tribus indigènes de la Russie.
B (497) Doutté, E., L'Organisation domestique et sociale chez les H'âh'a.
B (498) Lévy, L.-G., La famille dans l'Antiquité israélite.
B (499) Duarte, J.C., und Ernst Ruben, Die Hausgemeinschaft im heutigen spanischen Gewohnheitsrecht.
B (500) Platon, G., Du droit de la famille dans ses rapports avec le régime des biens en droit andorran.
B (501) Kohler, J., Zur Urgeschichte der Ehe.
B (502) Westermarck, E., The Position of Women in Early Civilization.
B (503) Hermann, E., Zur Geschichte des Brautkaufs bei den indogermanischen Völkern.
B (504) Behre, E., Die Eigentumsverhältnisse im ehelichen Güterrecht des Sachsenspiegels und des Magdeburger Rechts.
B (505) Howard, G.E., A History of Matrimonial Institutions.
B (506) Kelles-Krauz, C. de, L'origine des interdictions sexuelles.
B (507) Guiraud, P., La propriété primitive à Rome.
B (508) Dereux, G., De l'interprétation des actes juridiques privés.
B (509) Spann, O., Die Stiefvaterfamilie unehelichen Ursprungs.
B (510) Valensi, A., L'application de la loi du divorce en France.
B (511) Frauenstaedt, P., Zwanzig Jahre Kriminalstatistik.
V (512) La détermination du fait moral, in: Bulletin de la Société Française de Philosophie, Bd. 6 (Sitzungen vom 11. Febr. und 22. März 1906, mit Auszügen der Diskussion veröffentlicht in Nr. 663).
V (513) L'Evolution et le rôle de l'enseignement secondaire en France, in: Revue Bleue, 5. Serie (Eröffnungsvorlesung zum Zyklus „Formation et développement de l'enseignement secondaire en France" von 1905/06, wieder abgedruckt in Nr. 661).
A (514) Le Divorce par consentement mutuel, in: Revue Bleue, 5. Serie, Bd. 5.
V (515) Zusammenfassung einer Vorlesung von E. Durkheim durch A. Lalande, in: Philosophical Review, Bd. 15 (Vortrag an der Ecole des Hautes Etudes, Winter 1905/6).

1907

L'Année Sociologique, Bd. 10

B (516) Jankelevitch, S., Nature et société.
B (517) Naville, A., La sociologie abstraite et ses divisions.
B (518) Fouillée, A., Les éléments sociologiques de la morale.
B (519) Belot, G., En quête d'une morale positive.
V (520) Landry, A., Principes de morale rationelle.

B (521) Miceli, V., Il diritto quale fenomeno di credenza collettiva.
B (522) Colozza, M., Le fonti del diritto e la credenza.
B (523) Brugi, R., Il diritto greco classico e la sociologia.
B (524) Richard, G., Les lois de la solidarité sociale.
B (525) Westermarck, E., The Origin and Development of Moral Ideas.
B (526) Meyer, F., Wirtschaft und Recht der Herero.
B (527) Irle, J., Die Herero.
B (528) Kohler, J., Über das Recht der Herero.
B (529) Kohler, J., Zum Rechte der Papuas.
B (530) Farjenel, F., La morale chinoise. Fondement des sociétés d'Extrême-Orient.
B (531) Lang, A., The Secret of the Totem.
B (532) Frazer, J.G., Lectures on the Early History of the Kingship.
B (533) Moore, D., Malabar Law and Custom
B (534) D'Arbois de Jubainville, H., La famille celtique.
B (535) Engert, Thad., Ehe und Familienrecht der Hebräer.
B (536) Lefebvre, Ch., Cours de doctorat sur l'histoire matrimoniale Française.
B (537) Dainville, A. de, Des pactes successoraux dans l'ancien droit Français.
B (538) Guigon, H., La succession des bâtards dans l'ancienne Bourgogne.
B (539) Bryce, J., Marriage and Divorce.
B (540) Rol, Aug., L'Evolution du divorce.
B (541) Mallard, H., Etude sur le droit des gens mariés.
B (542) Blau, B., Die Kriminalität der deutschen Juden.
B (543) Krose, H.A., Der Selbstmord im 19. Jahrhundert nach seiner Verteilung auf Staaten und Verwaltungsbezirke.
N (544) Lettre au Directeur de la Revue Neo-Scolastique, in: Revue Neo-Scolastique, Bd. 14.
N (545) Beitrag zu ,,La Question religieuse: Enquête internationale", in: Mercure de France, Bd. 67 (nochmals erschienen in dem gleichnamigen Bande hrsg. von Fr. Charpin, Paris 1908).
D (546) Beiträge zur Diskussion ,,Sur la réforme des institutions judiciaires: L'enseignement du droit", in: Libre entretiens, 3. Serie.
A (547) Über O. Hamelin, in: Le Temps, 18. Sept. 1907.
N (548) Zusammenfassung einer Vorlesung von E. Durkheim durch P. Fontana (La religion: Les origines), in: Revue de Philosophie, Bd. 7.

1908

D (549) Beiträge zu Diskussionen über 1. ,,Pacifisme et patriotisme" (Sitzung vom 30. Dez. 1907), 2. ,,La Morale positive" (Sitzung vom 26. März 1908) und 3. ,,L'Inconnu et l'inconscient en Histoire" (Sitzung vom 28. Mai 1908), in: Bulletin de la Société Française de Philosophie, Bd. 8.
N (550) Aux lecteurs de l'Année Sociologique, Vorwort zu C. Bouglé, Essais sur le régime des castes, Paris 1908.
D (551) Beiträge zur Diskussion 1. ,,De la position de l'économie politique dans l'ensemble des sciences sociales", in: Bulletin de la Société d'économie politique (Sitzung vom 4. April 1908) und 2. in: Journal des économistes, Bd. 18.
D (552) Beitrag zur Diskussion ,,Sur l'état, les fonctionnaires et le public": ,,Le fonctionnaire citoyen; syndicats de fonctionnaires", in: Libres Entretiens, 4. Serie (heute in 685).
N (553) Beitrag zu ,,Enquête sur l'impuissance parlementaire", in: La Revue, Bd. 63 (heute in 685).
N (554) Beitrag zu ,,Enquête sur la sociologie", in: Les Documents du Progrès, Bd. 2.

1909

D (555) Beitrag zu den Diskussionen 1. ,,Science et Religion" (Sitzung vom 19. Nov. 1908) und 2. ,,L'Efficacité des doctrines morales" (Sitzung vom 30. Mai 1909), in: Bulletin de la Société Française de Philosophie, Bd. 9.

N (556) Note sur la spécialisation des facultés des lettres et l'agrégation de philosophie, in: Revue Internationale de l'Enseignement, Bd. 57.

A (557) Examen critique des systèmes classiques sur les origines de la pensée religieuse, in: Revue Philosophique, Bd. 67 (entspricht den Kap. 2 und 3 von Nr. 600).

A (558) Sociologie religieuse et théorie de la connaisance, in: Revue de Métaphysique et de Morale, Bd. 17 (entspricht der Einleitung von Nr. 600).

A (559) Sociologie et sciences sociales, in: De la Méthode dans les sciences, Paris 1909 (heute in 685).

D (560) Beitrag zur Diskussion ,,Mariage et divorce" in: Libres Entretiens, 5. Serie.

1910

L'Année Sociologique, Bd. 11

N (561) Vorwort

N (562) Les conditions sociologiques de la connaissance (mit C. Bouglé).

N (563) Systèmes religieux des sociétés inférieures (mit M. Mauss).

N (564) Systèmes juridiques et systèmes moraux.

B (565) Meyer, E., Geschichte des Altertums.

B (566) Jerusalem, W., Soziologie des Erkennens.

B (567) Strehlow, C., Die Aranda und Loritja-Stämme in Zentral-Australien.

B (568) Marzan, de, Le Totémisme des îles Fiji.

B (569) Rivers, W.H.R., Totemism in Fiji.

B (570) Seligmann, Note on the Totemism in New Guinea.

B (571) Wundt, W., Die Anfänge der Gesellschaft.

B (572) Reports of the Cambridge Anthropological Expedition to Torres Strait.

B (573) Thomas, N., Kinship Organization and Group Marriage in Australia.

B (574) Stanischitsch, A., Über den Ursprung der Zadruga.

B (575) Launspach, C.W.L., State and Family in Early Rome.

B (576) Obrist, A., Essai sur les origines du testament romain.

B (578) Roberts, R., Das Familien-, Sklaven- und Erbrecht im Qorân.

B (579) Kohler, J., Über Totemismus und Urehe.

B (580) Kohler, J., Eskimo und Gruppenehe.

B (581) Kohler, J., Nochmals über Gruppenehe und Totemismus.

B (582) Crawley, A.E., Exogamy and the Mating of Cousins.

B (583) Lang, A., Australian Problems.

B (584) Weber, Marianne, Ehefrau und Mutter in der Rechtsentwicklung.

B (585) Richard, G., La femme dans l'histoire.

B (586) Stoll, O., Das Geschlechtsleben in der Völkerpsychologie.

B (587) Bouglé, C., Essais sur le régime des castes.

B (588) Cramer, J., Die Verfassungsgeschichte der Germanen und Kelten.

B (589) Schwerin, Claudius von, Die Altgermanische Hundertschaft.

B (590) Preuss, H., Die Entwicklung des deutschen Städtewesens.

B (591) Lasch, R., Der Eid. Seine Entstehung und Beziehung zu Glaube und Brauch der Naturvölker.

B (592) Friederici, G., Der Tränengruß der Indianer.

B (593) Buschan, G., Geschlecht und Verbrechen.

B (594) Krose, H.A., Die Ursachen der Selbstmordhäufigkeit.

D (595) Beitrag zur Diskussion ,,La notion d'égalité sociale"(Sitzung vom 30. Dez. 1909), in: Bulletin de la Société Française de Philosophie, Bd. 11.

1911

D (596) Beitrag zur Diskussion ,,L'éducation sexuelle" (Sitzung vom 28. Febr. 1911), in:Bulletin de la Société Française de Philosophie, Bd. 11.

A (597) Jugements de valeur et jugements de réalité, in: Atti del IV^0 Congresso Internazionale di Filosofia, Bologna 1911; auch in: Revue de Métaphysique et de Morale, Bd. 19, wieder abgedruckt in Nr. 663.

A (598) Artikel: Education, Enfance, Pédagogie in: Nouveau Dictionnaire de pédagogie et d'instruction primaire, Paris; wieder abgedruckt in Nr. 661.

N (599) Préface zu O. Hamelin, Le système de Descartes, Paris 1911.

1912

M (600) *Les formes élémentaires de la vie religieuse: Le système totémique en Australie* (5. Aufl. 1968).

D (601) Beitrag zur Diskussion ,,Sur la culture générale et la réforme de l'enseignement", in: Libres entretiens, 8. Serie.

1913

L'Année Sociologique, Bd. 12

N (602) Sur la notion de civilisation.

N (603) Sur le système religieux des sociétés inférieures.

N (604) Sur les systèmes juridiques.

N (605) Sur les systèmes juridiques tribaux.

B (606) Richard, G., La sociologie générale et les lois sociologiques.

B (607) Belliot, R.P.A., Manuel de sociologie catholique.

B (608) Le premier Congrès Allemand de sociologie.

B (609) Berr, H., La Synthèse en Histoire.

B (610) Boas, F., The Mind of the Primitive Man.

B (611) Lévy-Bruhl, L., Les fonctions mentales dans les sociétés inférieures.

B (612) E. Durkheim, Les formes élémentaires de la vie religieuse.

B (613) Goldenweiser, A.A., Totemism. An Analytical Study.

B (614) Wundt, W., Elemente der Völkerpsychologie.

B (615) Patten, The Social Basis of Religion.

B (616) Visscher, H., Religion und soziales Leben bei den Naturvölkern.

B (617) Frazer, J.G., Totemism and Exogamy.

B (618) Durkheim, E., Les formes élémentaires de la vie religieuse.

B (619) Goldenweiser, A.A., Totemism. An Analytic Study.

B (620) Claus, H., Die Wagogo.

B (621) Deploige, S., Le conflit de la morale et de la sociologie.

B (622) Fletcher, A.C., und F. La Lesche, The Omaha Tribe.

B (623) Endle, S., The Kacharis.

B (624) Hutereau, A., Notes sur la vie familiale et juridique de quelques populations du Congo Belge.

B (625) Calonne- Beaufaict, A. de, Les Ababua.

B (626) Torday und Joyce, Notes ethnographiques sur les peuples communément appelés Bakuba, ainsi que sur les peuplades apparentées, les Bushongo.

B (627) Hilton-Simpson, Land and People of the Kasai.

B (628) Roscoe, J., The Baganda. Their Costums and Beliefs.

B (629) Guttmann, B., Dichten und Denken der Dschagga-Neger.

B (630) Hollis, The Nandi.

B (631) Hobley, C.W., Ethnology of the Akamba and other East African Tribes.

B (632) Seligmann, C.G., und Z. Brenda, The Veddas.

B (633) Bogoras, W., The Chukchee. III: Social Organization.

B (634) Hartland, E.S., Primitive Paternity.
B (635) Gebhard, R., Russisches Familien- und Erbrecht.
B (636) Avebury, Lord, Marriage, Totemism and Exogamy.
B (637) Frazer, J.G., Totemism and Exogamy.
B (638) Opet, O., Brauttradition und Consensgespräche in mittelalterlichen Trauungsritualen.
B (639) Neubecker, F.K., Die Mitgift in rechtsvergleichender Darstellung.
B (640) Aubéry, G., La communauté des biens conjugaux.
B (641) Laborde, L., La dot dans les fors et coutumes du Béarn.
B (642) Bloch, G., La Plèbe romaine.
B (643) Brunhes, J., La Géographie humaine.
D (644) Beitrag zur Diskussion ,,Le problème religieux et la dualité de la nature humaine (Sitzung vom 4. Februar 1913), in: Bulletin de la Société Française de Philosophie, Bd. 13, bezieht sich auf Nr. 600.
A (645) Le Dualisme de la nature humaine et ses conditions sociales, in: Scientia, Bd. 15, wieder abgedruckt in Nr. 683.
D (646) Beitrag zur Diskussion ,,Une nouvelle position du problème moral" (Sitzung vom 2. Januar 1914), in: Bulletin de la Société Française de Philosophie, Bd. 14.

1915

A (647) La Sociologie, in: La Science Française, Bd. 1, Paris.
M (648) *Qui a voulu la guerre? Les Origines de la guerre d'après les documents diplomatiques,* Paris.
M (649) *L'Allemagne au-dessus de tout: La mentalité allemande et la guerre,* Paris.

1916

D (650) *Lettres à tous les Français,* 1. Brief: Patience, effort, confiance; 5. Brief: Les Alliés de l'Allemagne en Orient: Turquie et Bulgarie; 10. Brief: Les forces italiennes – La Belgique, La Serbie, Le Montenegro (letzter Abschnitt von Durkheim); 11. Brief: Les forces Françaises.
Nek (651) Notiz über Robert Hertz, in: L'Annuaire de l'Association des anciens élèves de l'Ecole Normale Supérieure.

1917

Nek (652) Notiz über André-Armand Durkheim, in: L'Annuaire de l'Association des anciens élèves de l'Ecole Normale Supérieure.

Posthume Veröffentlichungen

1917

D (653) Beitrag zur Diskussion ,,Vocabulaire technique et critique de la philosophie", in: Bulletin de la Société Française de Philosophie, Bd. 15 (die Stichworte ,,Sacré" und ,,Société").

1918

N (654) La vie universitaire à Paris (Vorwort, Erster Teil, Kap. 1 und 2; Zweiter Teil, Einleitung).
A (655) Le contrat social de Rousseau, in: Revue de Métaphysique et de Morale, Bd. 25, wieder abgedruckt in Nr. 673.

1919

A (656) La Pédagogie de Rousseau, in: Revue de Métaphysique et de Morale, Bd. 26.

D (657) Beitrag zu F. Abauzit und andere, Le sentiment religieux à l'heure actuelle, Paris. Diskussionen der Union des Libres Penseurs et des Libres Croyants pour la Culture Morale (Winter 1913/14). Durkheims Beitrag Sitzung vom 18. Januar 1914 über ,,La Conception sociale de la religion". Wieder abgedruckt in: Archives de sociologie des religions, Bd. 27 (1969) und Nr. 683.

1920

A (658) Introduction à la morale, in: Revue Philosophique, Bd. 89 (Einleitungsnotiz von Marcel Mauss).

1921

V (659) La famille conjugale: Conclusion du cours sur la famille, in: Revue Philosophique, Bd. 90 (Einleitungsnotiz von Marcel Mauss). Schlußvorlesung des Zyklus von Bordeaux von 1891–92 ,,La Famille (à partir de la famille patriarcale)".

A (660) La définition du socialisme, in: Revue de Métaphysique et de Morale, Bd. 28, wieder abgedruckt in Nr. 667.

1922

AS (661) *Education et sociologie,* hrsg. und bevorwortet von Paul Fauconnet (enthält Nr. 598, 382, 513; Neuausgabe 1966 mit Vorwort von Maurice Debesse).

1923

A (662) Histoire du socialisme: Le socialisme au XVIIIe siécle, in: Revue de Métaphysique et de Morale, Bd. 30, wieder abgedruckt in Nr. 667.

1924

AS (663) *Sociologie et philosophie,* hrsg. und bevorwortet von Célestin Bouglé (enthält Nr. 58, 512, 597), Paris, 3. Aufl. 1967.

1925

M (664) *L'éducation morale,* hrsg. und bevorwortet von Paul Fauconnet, Paris, Neuausgabe 1963.

A (665) Saint-Simon, fondateur du positivisme et de la sociologie, in: Revue Philosophique, Bd. 99, wieder abgedruckt in: 667.

1926

A (666) Critiques de Saint-Simon et du Saint-Simonisme, in: Revue de Métaphysique et de Morale, Bd. 33, wieder abgedruckt in Nr. 667.

1927

VZ (667) *Le Socialisme,* hrsg. und bevorwortet von Marcel Mauss, Paris (enthält Nr. 660, 662, 665, 666); 2. Aufl. mit Vorwort von P. Birnbaum, Paris 1971.

1933

A (668) La sociologie, in: La Science Française, neubearbeitete Auflage, unveränderter Abdruck von Nr. 647 mit anhängender Notiz von M. Mauss: La sociologie en France depuis 1914.

1937

A (669) Morale Professionelle, in: Revue de Métaphysique et de Morale, Bd. 44, mit Notiz von Marcel Mauss, wieder abgedruckt in Nr. 672.

A (670) Montesquieu: Sa part dans la fondation des sciences politiques et de la science des sociétés, aus dem Lateinischen von F. Alengry, in: Revue d'Histoire Politique et Constitutionelle, Bd. 1 (Übers. von Nr. 17, siehe auch die Neuübers. von Armand Cuvillier in Nr. 673).

1938

M (671) *L'Evolution pédagogique en France,* hrsg. und bevorwortet von Maurice Halbwachs, 2 Bde: Bd. 1: *Des Origines à la Renaissance;* Bd. 2: *De la Renaissance à nos jours,* Paris, 2. Aufl. 1969.

1950

M (672) *Leçons de sociologie: Physique des moeurs et du droit,* hrsg. und bevorwortet von H.N.Kubali; Einleitung von Georges Davy, Istambul und Paris, 2. Aufl. 1969.

1953

M (673) *Montesquieu et Rousseau, précurseurs de la sociologie,* hrsg. und bevorwortet von Armand Cuvillier, Einleitung von Georges Davy (Neuübersetzung von Nr. 17 durch Cuvillier und Wiederabdruck von Nr. 655), Paris.

1955

VZ (674) *Pragmatisme et sociologie.* Vorlesung von 1913/14, rekonstruiert nach Vorlesungsnachschriften von Armand Cuvillier und Vorwort von ihm, Paris.

1958

A (675) L'Etat, in: Revue Philosophique, Bd. 148, Einführung von Raymond Lenoir.

1959

A (676) La Démocratie (span. Übers.), in: Revista Mexicana de Sociologia, Bd. 21, Einführung von Raymond Lenoir.

1960

A (677) Les raisons d'être. Morale de la société en général, in: Annales de l'Université de Paris, Bd. 1, Einführung von Raymond Lenoir.

1962

A (678) La Société politique (span. Übers.), in: Revista Mexicana de Sociologie, Bd. 24, Einführung von Raymond Lenoir.

1967

V (679) Discours aux lycéens de Sens (vom 6. August 1883), in: Cahiers Internationaux de Sociologie, Bd. 43, eingeführt und bevorwortet von E.A. Tiryakian.

1969

D (680) Wiederabdruck von Nr. 657 in: Archives de sociologie des religions, Bd. 27 und 30.

N (681) Unveröffentlichter Brief von Durkheim an Lucien Lévy-Bruhl, eingeführt durch Georges Davy, in: Année Sociologique, 3. Serie, 1967; auch in: Revue Philosophique, Bd. 94.

M (682) *Journal Sociologique,* hrsg. und bevorwortet von Jean Duvignaud; Sammlung der wichtigsten Artikel und Buchbesprechungen Durkheims aus der Année Sociologique, Paris.

1970

M (683) *La Science et l'Action,* hrsg. und bevorwortet von Jean-Claude Filloux, Paris (enthält Nr. 10, 169, 559, 1, 4, 16, 20, 31, 32, 59, 430, 475, 549 (1), 657, 645).

N (684) Unveröffentlichter Brief Durkheims an Lucien Lévy-Bruhl, in: Revue Philosophique, Bd. 95.

1975

AS (685) *Textes,* Bd. 1: *Eléments d'une théorie sociale;* Bd. 2: *Religion, morale, anomie;* Bd. 3: *Fonctions sociales et institutions,* herausgegeben, bevorwortet und annotiert durch Victor Karady, Paris (Darstellung der Forschungen Durkheims mit Hilfe mehr „sekundärer" Schriften in systematischer Absicht, mit einer Reihe bisher zumeist unveröffentlichter Briefe (78) und einer Werkbibliographie mit einigen zusätzlichen Referenzen).

2. *Sekundärliteratur über Durkheim*

Während es leicht fällt, die Originalliteratur eines Autors zusammenzustellen (selbst wenn man manchmal von Zufallsfunden abhängt), stellt jede Bibliographie von Sekundärliteratur eigenartige Probleme der Abgrenzung, speziell wenn es sich um einen Autor mit großer Wirkungsbreite handelt. Das gilt in ausnehmendem Maße für Emile Durkheim, weshalb wir einige Bemerkungen dieser Bibliographie vorausschicken müssen, nach welchen Auswahlkriterien ungefähr verfahren wurde, selbst unter der selbstverständlichen Voraussetzung, daß sich diese Kriterien nicht immer genau durchhalten lassen.

Wenn man alle Stellen (resp. alle auch nur einigermaßen längeren Ausführungen) über Durkheim bei den heutigen Soziologen anführen würde, so gäbe es wahrscheinlich nur wenige Werke, die nicht erwähnt werden müßten. Aber wir sind in diesem Falle danach verfahren, ausschließlich solche Werke zu erwähnen, die sich im Ganzen oder in einzelnen Kapiteln zentral mit Durkheim beschäftigen, also etwa das Werk von Talcott Parsons, The Structure of Social Action, nicht aber Bücher oder Abhandlungen, in denen eine kurze Bemerkung über ihn steht, gewissermaßen als Pflichtübung. Dafür sind aber auch relativ kurze Besprechungen eines seiner Werke oder Vorworte der Herausgeber, auch Vorworte bei Übersetzungen, möglichst vollständig angeführt. Ausgelassen sind im Prinzip alle Werke der *Durkheim-Schule,* über die schon früher berichtet wurde (etwa *Paul Fauconnet* 1927, *Eberhard Conze* 1927, *René König* 1931/2 oder *Célestin Bouglé* 1935). Im übrigen steht zu erwarten, daß wir demnächst umfangreichere Bibliographien zu erwarten haben, wie z. B. von *Y. Nandan* 1974/5. Immerhin muß betont werden, daß wir jedesmal dann von diesem Prinzip abgewichen sind, wenn sich ein Mitglied der Durkheim-Schule a) eingehender über Durkheim geäußert oder b) bestimmte Gedanken fortgeführt hat, die Durkheim aus irgendeinem Grunde aufgegriffen und wieder fallen gelassen hat. Einen Sonderfall stellt dabei *Paul Fauconnet* dar, dessen Werk über die „Verantwortung" (1920) nach seinen eigenen Angaben aus der Weiterführung eines Manuskriptes von Durkheim entstanden ist. Schließlich sind auch jene Arbeiten ausgefallen, die sich mit einem von Durkheim bearbeiteten Gegenstand, z. B. dem Selbstmord, befaßt haben und dabei naturgemäß seinen Namen nennen, ohne jedoch eingehender über ihn zu berichten oder sich auch nur mit ihm auseinanderzusetzen. Hier sind natürlich die Grenzen ganz besonders schwer zu ziehen, gibt es doch Werke, die Durkheim unter Umständen nur ein einziges Mal nennen, dann aber völlig nach seinen Direktiven verfahren; das gilt etwa für die vielen Werke über den Selbstmord, die seine Verfahrensweisen auf einzelne Länder anwenden, seit *Ernst Waldsteins* Buch über die Schweiz (1934) bis zu den jüngsten von *Cornelius S. Kruijt* über Holland (1960), *H. P. Weiss* über Dänemark (1964), *Z. P. Nelson* 1969 über Wyoming, *R. L. Geisel* über Missouri 1972 und *W. L. Li* 1973 über Taiwan. Diese sind in unserer Bibliographie nur ausnahmsweise erwähnt, wohl aber das Werk von *Maurice Halbwachs* (1930), das Durkheim in wesentlichen Punkten ergänzt, selbstverständlich auch das kritische Buch von *Jack D. Douglas* (1967) und andere ähnlicher Art bis zu rein methodologischen Erörterungen nach der Art von *Hanan C. Selvin* (1958). Ein ähnliches Abgrenzungsproblem werfen Fragen auf, die von Durkheim nur kurz aufgegriffen, dann aber von anderen im Anschluß an ihn beträchtlich ausgebaut wurden. Das beste Beispiel dafür sind Durkheims Äußerungen über Anomie, abweichendes Verhalten und Kriminalität, die seit *Robert K. Merton* eine ganze Generation von Soziologen, insbesondere in den Vereinigten Staaten angeregt haben. Das gleiche gilt für Durkheims Anregungen für die Erkenntnissoziologie. Hätte man alle diese Werke anführen wollen, dann würde die Sekundärliteratur um ein Vielfaches über den jetzigen Umfang anschwellen.

Die benutzten Quellen, die dieser Bibliographie zu Grunde liegen, sind vielfältiger Natur, allen voran natürlich eigene Notizen, wie ich sie seit 1931/2 veröffentlicht habe (siehe auch *R. König* 1958 und 1961, 1976). Dazu kommt die einschlägige Literatur über Durkheim, die ausnahmslos in dieser Bibliographie angeführt ist, soweit sie mir bekannt geworden ist. Besonders nützlich waren außer den älteren Werken von *Charles E. Gehlke* (1915) und *Harry Alpert* (1939) aus jüngerer Zeit insbesondere zwei Werke, die noch dazu in einem inneren Zusammenhang stehen, nämlich *Steven M. Lukes* (1973) und die sehr interessante Bibliographie über Durkheims Religionssoziologie von *W. F. S. Pickering* (1975); dazu noch die Note d'Information vom 18. Febr. 1976 des Groupe d'études Durkheimiennes. Da meine Bibliographie auch die (nicht sehr zahlreiche) deutschsprachige Literatur über Durkheim sowie noch andere berücksichtigt, ist sie im Moment wohl breiter angelegt und vollständiger als alle die vorher erwähnten. Sie hat sogar nahezu den Punkt erreicht, von dem an eine Bibliographie unübersichtlich wird. Darum möchte ich hier den Wunsch aussprechen, man möchte künftig nicht mehr Gesamtbibliographien der Sekundärliteratur aufstellen, wobei dann wieder Zusammenstellungen produziert würden, die etwas weitergehen als die vorliegende. *Vielmehr sollte man sich von jetzt ab gewissermaßen auf sektorielle Auswahlen konzentrieren,* indem man von bestimmten Problemkomplexen und nicht mehr von der Gesamtgestalt Durkheims ausgeht, wie ich es etwa mit meiner Spezialbibliographie für die Regeln der Soziologischen Methode versucht habe (1961, 1976). Das würde dann nicht mehr nur ein Licht werfen auf die Breitenausdehnung der Wirkung Durkheims, sondern auf ihre *Intensität* und *Spezifität,* was mir nach dem jetzt erreichten Zustand fruchtbarer erscheint.

Abraham, M. F., Suicide: The Durkheimian Dilemma and its Resolution, in: Indian Journal of Social Work, Bd. 34 (1973).

Adams, G. P., The Interpretation of Religion in Royce and Durkheim, in: Philosophical Review, Bd. 25 (1916).

Adorno, Theodor W., Einleitung zu der deutschen Übersetzung von E. Durkheim, Soziologie und Philosophie, Frankfurt 1967.
Aimard, Guy, Durkheim et la science économique, Paris 1962.
Alberoni, Franco, Riflessioni su Durkheim: individuo e società, in: Studi di sociologia, Bd. 2 (1964).
Aldous, Joan, An Exchange between Durkheim and Tönnies on the Nature of Social Relations, in: American Journal of Sociology Bd. 80 (1972).
Aldous, Joan, und *O. C. Cox,* The Problem of Social Transition, in: American Journal of Sociology, Bd. 79 (1974).
Allardt, Erik, Emile Durkheim: Sein Beitrag zur politischen Soziologie, in: Kölner Zeitschrift für Soziologie und Sozialpsychologie, Bd. 20 (1968).
Alpert, Harry, France's First University Course in Sociology, in: American Sociological Review, Bd. 2 (1937).
–, Durkheim's Functional Theory of Ritual, in: Sociology and Research, Bd. 23 (1938).
–, E. Durkheim and Sociologismic Psychology, in: American Journal of Sociology, Bd. 40 (1939).
–, E. Durkheim and his Sociology, 2. Aufl. New York 1961 (zuerst 1939).
–, Explaining the Social Socially, in: Social Forces, Bd. 17 (1939).
–, Emile Durkheim and the Theory of Social Integration, in: Journal of Social Philosophy, Bd. 6 (1941).
–, Emile Durkheim: Ennemy of Fixed Psychological Elements, in: American Journal of Sociology, Bd. 63 (1958).
–, Emile Durkheim: A Perspective and Appreciation, in American Sociological Review, Bd. 24 (1959).
Antonio, R. J., Accounting for Rural-Urban Crime Differentials: A Durkheimian Social Control Model, University of Notre Dame (Dissertation), 1972.
Apchié, M. Quelques remarques critiques sur la sociologie d'Emile Durkheim, in: Archives de Philosophie du droit et de sociologie juridique, Bd. 6 (1936).
Aron, Raymond, Introduction à la philosophie de l'histoire, Paris 1938.
–, Les étapes de la pensée sociologique, Paris 1967 (dt. Übers. 2 Bde., Köln 1971).
–, De la condition historique du sociologue, Paris 1971.
Baracani, N., Bibliographie Durkheimienne, in: Communautés. Archives internationales de sociologie de la coopération et du développement, Bd. 28 (1970).
Barnes, Harry E., Durkheim's Contribution to the Reconstruction of Political Theory, in: Political Science Quarterly, Bd. 35 (1920).
–, Historical Sociology, in: *J. S. Roucek,* Contemporary Sociology, New York 1958.
–, und *Howard Becker,* Social Thought from Lore to Science, 2 Bde., Boston 1938, 3. Aufl. 3 Bde., New York 1961.
Barnes, J. A., Durkheim's Division of Labor in Society, in: Man, Bd. 1, 2 (1966).
Barth, Paul, Die Philosophie der Geschichte als Soziologie, 4. Aufl. Leipzig 1922.
Bastide, Roger, Eléments de sociologie religieuse, Paris 1935.
Bayet, Albert, La philosophie de Durkheim, in: Revue Bleue, Bd. 19 (1903).
–, Sur la distinction du normal et du pathologique, in: Revue Philosophique, Bd. 62 (1907).
–, Le Suicide et la morale, Paris 1923.
–, La science des faits moraux, Paris 1925.
–, Emile Durkheim: L'éducation morale, in: Revue Philosophique, Bd. 63 (1926).
Bellah, Robert N., Durkheim and History, in: American Sociological Review, Bd. 24 (1959), wieder abgedruckt bei *Robert A. Nisbett,* Hrsg., 1965.
–, Religion – II. The Sociology of Religion, in: International Encyclopedia of the Social Sciences, New York 1968.
–, Beyond Belief. Essays on Religion in a Post Traditional World, New York 1970.
–, Hrsg., Emile Durkheim on Morality and Society, Einleitung von R. N. Bellah, Chicago 1973.

Belot, G., L'utilitarisme et ses nouveaux critiques, in: Revue de Métaphysique et de Morale, Bd. 2 (1884).
–, Emile Durkheim: L'Année Sociologique, in: Revue Philisophique, Bd. 45 (1898).
–, La religion comme principe sociologique, in: Revue Philosophique, Bd. 49 (1900).
–, Emile Durkheim, L'Année Sociologique, in: Revue Philosophique, Bd. 55 (1903).
–, En quête d'une morale positive, in: Revue de Métaphysique et de Morale, Bd. 13 (1905/6).
–. Une théorie nouvelle de la religion, in: Revue Philosophique, Bd. 75 (1913).
–, L'Idée de Dieu et l'athéisme, in: Revue de Métaphysique et de Morale, Bd. 21 (1913).
Bendix, Reinhard, und *Guenther Roth,* Two Sociological Traditions, in: R. Bendix und G. Roth, Scholarship and Partisanship, Berkeley-Los Angeles-London 1971.
Benoit-Smullyan, Emile, Sociology in the French Language, in: *Harry E. Barnes* und *Howard Becker,* 3. Aufl. 3 Bde., New York 1961 (zuerst New York 1938).
–, The Sociologism of Emile Durkheim and his School, in: *Harry E. Barnes,* Hrsg., An Introduction to the History of Sociology, zuerst Chicago 1948, paperback edition Chicago-London 1966.
Benrubi, J., Les sources et les courants de la philosophie contemporaine en France, 2 Bde., Paris 1933.
Bentley, A. F., Simmel, Durkheim and Ratzenhofer, in: American Journal of Sociology, Bd. 32 (1926).
Bergmann, Joachim, Die Theorie des sozialen Systems von Talcott Parsons. Eine kritische Analyse, Frankfurt/Main 1967.
Bernès, M., Sur la méthode en sociologie, in: Revue Philosophique, Bd. 39 (1895).
Besnard, Philippe, Durkheim et les femmes ou le suicide inachevé, in: Revue Française de Sociologie, Bd. 14 (1973).
Besse, Dom, Les religions laïques, Paris 1913.
Bierstedt, Robert, Emile Durkheim, New York 1966.
Birnbaum, P., Cadres sociaux et représentations collectives dans l'œuvre de Durkheim; l'exemple du socialisme, in: Revue Française de Sociologie, Bd. 10 (1969).
–, Vorwort zu Emile Durkheim, Le socialisme, 2. Aufl. Paris 1971.
Biron, A., Religion y ideal en el pensamiento de Durkheim, in: Revista Mexicana de Sociologia, Bd. 21 (1959).
–, Sociologie et religion, Paris 1959.
Blondel, Charles, La conscience morbide: Essai de psychopathologie générale, Paris 1913.
–, La psychologie selon Comte, Durkheim et Tarde, in: Journal de Psychologie Normale et Pathologique, Bd. 24 (1927).
–, Introduction à la psychologie collective, Paris 1928.
–, Le Suicide, Paris 1933.
Bohannan, Paul, Conscience Collective and Culture, in: *Kurt H. Wolff,* Hrsg., 1960.
Bonnafous, M., Le Suicide: Thèse psychiatrique et thèse sociologique, in: Revue Philosophique, Bd. 120 (1933).
Boon, James A., From Symbolism to Structuralism. Lévi-Strauss in a Literary Tradition, Oxford 1972.
Borsotti, C. A., Apuntos aproximativos para la formulación del paradigma Durkheimiano, in: Boletin Elas, Bd. 4 (1970).
Bouglé, Célestin, Besprechung von E. Durkheim, Représentations individuelles et représentations collectives, in: L'Année Sociologique, Bd. 2 (1897).
–, Revue générale des théories récentes sur la division du travail, in: L'Année Sociologique, Bd. 6 (1903).
–, Essais sur le régime des Castes, Paris 1908.
–, Marxisme et sociologie, in: *C. Bouglé,* Chez les prophètes socialistes, Paris 1918.
–, Leçons de sociologie sur l'évolution des valeurs, Paris 1922.
–, Le spiritualisme d'Emile Durkheim, in: Revue Bleue, Bd. 62.

–, Die Philosophischen Tendenzen der Soziologie Durkheims, in: Jahrbuch für Soziologie, Bd. 1 (1925).
–, Emile Durkheim, in: Encyclopedia of the Social Sciences, Bd. 5 (1930).
–, Bilan de la sociologie Française contemporaine, Paris 1935.
–, La méthodologie de François Simiand et la sociologie, in: Annales Sociologiques, Série A, fasc. 2, 1936.
Bourdieu, P., und *J. C. Passeron*, Sociology and Philosophy in France since 1945. Death and Ressurection of a Philosophy without Subject, in: Social Research, Bd. 34 (1967).
Bourgin, Hubert, De Jaurès à Léon Blum. L'Ecole Normale et la Politique, Paris 1938.
–, Le socialisme universitaire, Paris 1942.
Bouthoul, Gaston, Histoire de la sociologie, Paris 1950.
Branford, Victor, Durkheim. A Brief Memoir, in: Sociological Review, Bd. 10 (1918).
Braun, Ch., Zur Kritik vorliegender Selbstmordtheorien und ein Vorschlag zu ihrer Verbesserung, in: Kriminologisches Journal, Bd. 1 (1969).
–, Selbstmord, München 1970.
Breed, W., Occupational Mobility and Suicide among White Males, in: American Sociological Review, Bd. 28 (1963).
–, The Negro and Fatalistic Suicide, in: Pacific Sociological Review, Bd. 13 (1970).
Breytspraak, W. A., Toward a Post-Critical Sociology of Knowledge: A Study of Durkheim, Mannheim, Berger, and Polanyi, Duke University (Dissertation), 1974.
Brunschvicg, Léon, L'expérience humaine et la causalité physique, Paris 1922.
–, Le progrès de la conscience dans la philosophie occidentale, Paris 1927.
Budd, S., Sociologists and Religion, London 1973.
Bureau, Paul, La science des moeurs: introduction à la méthode sociologique, Paris 1923.
Bynder, H., Emile Durkheim and the Sociology of the Family, in: Journal of Marriage and the Family, Bd. 31 (1969).
Cahnmann, J., Tönnies und Durkheim: eine dokumentarische Gegenüberstellung, in: Archiv für Rechts- und Sozialphilosophie, Bd. 56 (1970).
–, Comment on Aldous and Cox, in: American Journal of Sociology Bd. 80 (1975); vgl. dazu *Joan Aldous* und *O. C. Cox* 1974.
Cantoni, Remo, La sociologia di Durkheim, in: Quaderni sociologici, Bd. 12 (1963).
Cary-Lundberg, I., On Durkheim, Suicide, and Anomie, in: American Sociological Review Bd. 24 (1959).
Cashion, B. G., Durkheim's Concept of Anomie and its Relationship to Divorce, in: Sociology and Social Research, Bd. 55 (1970).
Case, C. M., Durkheim's Educational Sociology, in: Journal of Applied Sociology, Bd. 9 (1924).
Catlin, G. E. C., Vorwort zu Emile Durkheim, The Rules of Sociological Method, Chicago 1938 (Neuauflage 1950, Glencoe, III.).
Cazeneuve, Jean, Les Zuñis dans l'œuvre de Durkheim, in: Revue Philosophique, Bd. 83 (1958).
–, Sociologie du rite, Paris 1971.
–, Le centenaire de Durkheim, in: Table Ronde, Bd. 145 (1969).
Chambliss, W. J., und *M. F. Steele*, Status Integration and Suicide: An Assessment, in: American Sociological Review, Bd. 31 (1966).
Chanboredon, J. C., Sociologie de la sociologie et intérêts sociaux des sociologues. La sociologie Américaine et l'héritage Français à propos d'un livre de Terry Clark sur l'histoire de la sociologie en France, in: Actes de la Recherche en Sciences Sociales, Bd. 2 (1975).
Chandler, D. B., Capital Punishment and the Canadian Parliament: A Test of Durkheim's Hypothesis on Repressive Law, Cornell University (Dissertation), 1970.
Chatterton-Hill, G., L'étude sociologique des religions, in: Revue d'Histoire et de Littérature Religieuse, Bd. 3 (1912).

Chazel, F., Considérations sur la nature d'anomie, in: Revue Française de Sociologie, Bd. 8 (1967).
–, Durkheim, Les règles de la méthode sociologique, Paris 1975.
Chulliat, C., Le Play et Durkheim: Essai de synthèse, in: Recueil d'études sociales à la mémoire de Fréd. Le Play, Paris 1956.
Clark, Terry N., Prophets and Patrons. The French University and the Emergence of Social Sciences, Cambridge, Mass. 1973.
–, Emile Durkheim and the Institutionalization of Sociology in the French University System, in: European Journal of Sociology, Bd. 9 (1968).
Clifford-Vaughan, M., und *M. Scottford-Morton,* Legal Norms and Social Order: Petrazycki, Pareto, Durkheim, in: British Journal of Sociology, Bd. 18 (1967).
Cohen, Albert K., The Sociology of the Deviant Act: Anomie Theory and Beyond, in: American Sociological Review, Bd. 30 (1965).
Cohen, J., Moral Freedom through Understanding in Durkheim, in: American Sociological Review, Bd. 40 (1975).
Conze, Eberhard, Zur Bibliographie der Durkheim-Schule, in: Kölner Vierteljahreshefte für Soziologie, Bd. 6 (1927).
Cornu, R., Durkheim: La sociologie, la politique et l'action, in: La Pensée, Bd. 154 (1970).
Coser, Lewis A., Masters of Sociological Thought, New York-Chicago-San Francisco-Atlanta 1972.
–, Durkheim's Conservatism and its Implication for His Sociological Theory, in: *K.H. Wolff,* Hrsg., 1960.
Cresswell, P., Interpretations of „Suicide", in: British Journal of Sociology, Bd. 23 (1972).
Crittenden, B. S., Sociology of Knowledge in Durkheim and Mannheim and its Bearing on Educational Theory, University of Illinois (Dissertation), 1964.
Cuvillier, Armand, Introduction à la sociologie, 5. Aufl. Paris 1954 (zuerst 1936).
–, Durkheim et Marx, in: Cahiers Internationaux de sociologie, Bd. 4 (1948).
–, Où va la sociologie Française? Paris 1953.
–, Les Leçons de sociologie d'Emile Durkheim, in: Les Études Philosophiques, Bd. 9 (1954).
–, Vorwort zu Emile Durkheim, Rationalisme et pragmatisme, Paris 1955.
–, Las ideologias a la luz de la Sociologia del Conocimiento, in: Quadernos de Sociologia, Mexico 1957.
–, Sociologie et problèmes actuels, Paris 1958.
–, France, in: *Joseph S. Roucek,* Contemporary Sociology, New York 1958.
–, Emile Durkheim y la concepciòn de sociologia, in: Revista Mexicana de Sociologia, Bd. 21 (1959).
–, Bibliographie der Werke Durkheims in: Revista Mexicana de Sociologia, Bd. 21 (1959).
–, E. Durkheim et le socialisme, in: Revue socialiste, Nr. 122 (1959).
D'Aranjo, Oscar, Durkheim et Comte, in: Revue Occidentale, N. S., Bd. 20 (1899).
Davy, Georges, Emile Durkheim. Choix de textes, Paris 1911.
–, La sociologie de M. Durkheim, in: Revue Philosophique, Bd. 72 (1911).
–, Emile Durkheim: I. L'Homme, in: Revue de Métaphysique et de Morale, Bd. 26 (1919).
–, Emile Durkheim II. L'Œuvre, in Revue de Métaphysique et de Morale, Bd. 27 (1920).
–, Le droit, l'idéalisme et l'expérience, Paris 1922.
–, La foie jurée. Etude sociologique. La formation du lien contractuel, Paris 1922.
–, La sociologie, in: *Georges Dumas,* Hrsg., Traité de psychologie, 2 Bde., Paris 1924.
–, Sociologues d'hier et d'aujourd'hui, 2. Aufl. Paris 1955 (zuerst 1931).
–, Sur les conditions de l'explication sociologique et la part qu'elle peut faire à l'individuel, in: L'Année Sociologique, 3. Serie, Bd. 1 (1948).
–, Montesquieu et la science politique, in: Le Centenaire de l'esprit des lois, Paris 1949.
–, L'explication sociologique et le recours à l'histoire d'après Comte, Mill et Durkheim, in: Revue de Métaphysique et de Morale, Bd. 59 (1949).

–, Einleitung zu Emile Durkheim, Leçons de sociologie. Physique des moeurs et de droit, Paris 1959.
–, Le social et le humain dans la sociologie Durkheimienne, in: Revue Philosophique, Bd. 85 (1952).
–, In Memoriam E. Durkheim, in: L'Année Sociologique, 3. Serie (1957).
–, Emile Durkheim, in: Revue Française de Sociologie, Bd. 1 (1960).
–, L'homme, le fait social et le fait politique, Paris-Den Haag 1973.
Debesse, M., Vorwort zu Emile Durkheim, Education et Sociologie, 2. Aufl. Paris 1968.
Delledalle, G., Durkheim et Dewey: Un double centenaire, in: Les Etudes Philosophiques, N. S., Bd. 4 (1959).
Dennes, William Ray, The Method and Presuppositions of Group Psychology, Berkeley und Los Angeles 1924.
De Plaen, G., L'Anthropologie religieuse chez Freud et Durkheim. Position du problème, in: Cahiers Philosophiques Africains, Bd. 2 (1972).
Deploige, Simon, Le conflit de la morale et de la sociologie, 3. Aufl. Paris 1923 (zuerst Louvain 1911).
Desroche, Henri, Sociologies religieuses, Paris 1968.
–, Retour à Durkheim? D'un texte peu connu à quelques lettres méconnues, in: Archives de Sociologie Religieuse, Bd. 27 (1969).
Dion, M., Sociologie et idéologie dominante dans l'œuvre de F. Le Play et Durkheim, in: Pensée (Bd. 185), 1971.
–, Sur les analyses du suicide de Durkheim et Halbwachs, in: Homme et Société, Bd. 23 (1972).
–, Une analyse Marxiste du ,,suicide" de E. Durkheim, in: Quality and Quantity, Bd. 6 (1972).
Dohrenwend, Bruce P., Egoism, Altruism, Anomie and Fatalism. Conceptual Analysis of Durkheim's Types, in: American Sociological Review, Bd. 24 (1959).
Doroszewski, W., Quelques remarques sur les rapports de la sociologie et de la linguistique, in: *J. Cl. Pariente* (Hrsg.), Essais sur le langage, Paris 1969.
Douglas, Jack D., The Social Meaning of Suicide, Princeton, N. J. 1967.
–, The Sociological Analysis of Social Meanings of Suicide, in: European Journal of Sociology, Bd. 7 (1966).
Douglas, M., Purity and Danger. An Analysis of Concepts of Pollution and Taboo, London 1966.
–, Natural Symbols. Explorations in Cosmology, London 1970.
Drehsen, Volker, Religion, der verborgene Zusammenhalt der Gesellschaft: E. Durkheim und G. Simmel, in: *Karl Wilhelm Dahm, Volker Drehsen* und *Günter Kehrer*, Das Jenseits der Gesellschaft. Religion im Prozeß sozialwissenschaftlicher Kritik, München 1975.
Dubin, R., Deviant Behavior and Social Structure, in: American Sociol. Review, Bd. 24 (1959).
Dublin, L. J., Suicide. A Sociological and Statistical Study, New York 1963.
Dumasy, Annegret, Restloses Erkennen. Die Diskussion über den Strukturalismus des Claude Lévi-Strauss in Frankreich, Berlin 1972.
Duncan, H. D., The Development of Durkheim's Concept of Ritual and the Problem of Social Disrelationships, in: *K. H. Wolff*, Hrsg., 1960.
–, Symbols and Social Theory, New York 1969.
Duprat, Georges L., La contrainte sociale, in: Revue Internationale de Sociologie, Bd. 35 (1926).
–, Auguste Comte und Emile Durkheim. Gründer der Soziologie, hrsg. von Fritz Karl Mann, Jena 1932.
–, La psychosociologie en France, in: Archiv für Geschichte der Philosophie und Soziologie, Bd. 37 (1926).
Duvignaud, Jean, Durkheim. Sa vie, son œuvre, Paris 1965.

–, Hrsg., Emile Durkheim, Journal Sociologique. Mit Vorwort und Annotationen, Paris 1969.
Eisenstein, Z. R., Species Life in Marx and Durkheim: Its Import as an Ideology for Women in Modern Society, University of Massachusetts (Dissertation), 1972.
Eldridge, J. E. T., Sociology and Industrial Life, in: Mens en Maatschappij, Bd. 46 (1971).
Essertier, Daniel, Psychologie et sociologie, Paris 1927.
–, Les formes inférieures de l'explication, Paris 1927.
–, Sociologie, in: Les savants Français du XXe siècle, Bd. 4, Paris 1930.
–, Psychologie, ibidem, Paris 1930.
–, und *Célestin Bouglé,* Sociologie et psychologie: Remarques générales, in: Annales Sociologiques, Sér. A, fasc. 1 (1934).
Evans-Pritchard, E. E., Einleitung zu *Robert Hertz,* Death and the Right Hand, Übers. von R. und C. Needham, London 1960.
–, Theories of Primitive Religion, Oxford 1965.
Faublée, J., Henri Berr et l'Année Sociologique, in Revue de Synthese, 3. Serie, Bd. 35 (1964).
Fauconnet, Paul, Besprechung von E. Durkheim, Le Suicide, in: Revue Philosophique, Bd. 35 (1898).
–, La responsabilité, 2. Aufl. Paris 1928 (zuerst 1920).
–, Hrsg., E. Durkheim, Education et sociologie mit Vorwort, Paris 1922.
–, L'Œuvre pédagogique d'Emile Durkheim, in: Revue Philosophique, Bd. 93 (1922); auch in *E. Durkheim,* Education et sociologie, Paris 1922.
–, The Durkheim School in France, in: Social Research, Bd. 19 (1927).
–, und *Marcel Mauss,* Sociologie, in: La Grande Encyclopédie, Bd. 30 (1901).
Febvre, Lucien, La terre et l'évolution humaine, Paris 1922.
Filloux, Jean Claude, Hrsg., Emile Durkheim, La Science sociale et l'action, mit Vorwort und Annotationen, Paris 1970.
–, Durkheimism and Socialism. in: The Review: A Quarterly Journal of Pluralist Socialism, Bd. 5 (1963).
–, Notes sur Durkheim et la psychologie, in: Bulletin de sociologie, Bd. 244 (1965).
–, Democratie et société socialiste chez Durkheim, in: Cahiers Vilfredo Pareto: Revue Européenne des sciences sociales, Bd. 25 (1971).
–, Individualisme, socialisme et changement social chez Emile Durkheim. La Loi du groupe, Paris 1975.
Floud, Jean, Besprechung von E. Durkheim, L'évolution pédagogique en France, in: Journal for the Scientific Study of Religions, Bd. 4 (1965).
Foskett, John M., E. Durkheim's Contribution to the Problem of Social Order, in: Research Studies of the State College of Washington, Bd. 8 (1940).
–, Emile Durkheim and the Problem of Social Order, Ph. D. Diss. University of California, Berkeley 1939.
Fouillée, Alfred, Les éléments sociologiques de la morale, Paris 1905.
Freund, J., Méthodologie et épistémologie comparées d'Emile Durkheim, Vilfredo Pareto et Max Weber, in: Recherches sociologiques, Bd. 5 (1974).
Friedmann, Georges, Le travail en miettes, Paris 1956; dt. Übers. des Aufsatzes über Durkheim, in: Kölner Zeitschrift für Soziologie und Sozialpsychologie, Bd. 8 (1956).
Gasché, Rodolphe, Die hybride Wissenschaft. Zur Mutation des Wissenschaftsbegriffs bei Emile Durkheim und im Strukturalismus von Claude Lévi-Strauss, Stuttgart 1973.
Gaudemar, P. de, Sur la théorie durkheimienne de la connaissance, in: Annales de la Faculté des Lettres et Sciences humaines de Toulouse, Bd. 4 (1968).
–, E. Durkheim, sociologue de l'éducation, in: Annales de la Faculté des Lettres et Sciences Humaines de Toulouse, Bd. 5 (1969).
–, Les ambiguités de la critique Durkheimienne du pragmatisme, in: La Pensée, Bd. 145 (1969).

Geertz, Clifford, Religion – I. Anthropological Study, in: International Encyclopedia of the Social Sciences, New York 1968.

Gehlke, Charles E., Emile Durkheim's Contributions to Sociological Theory, New York 1915.

Geiger, R. L., The Development of French Sociology, 1871–1905, University of Michigan (Dissertation), 1972.

Geisel, R. L., Suicide in Missouri: An Empirical Test of Durkheim's Social Integration Theory, University of Iowa (Dissertation), 1972.

Gennep, Arnold van, Besprechung von E. Durkheim, Les formes élémentaires de la vie religieuse, in: Mercure de France, Bd. 101 (1913); wieder abgedruckt in engl. Übers. bei *W. F. S. Pickering,* Hrsg., Durkheim on Religion, London und Boston 1975.

–, L'état actuel du problème totémique, Paris 1920.

Gerdy, D. F., Implications of Three Selected Sociological Theories of Emile Durkheim for the Goals of Contemporary American Public Education, Michigan State University (Dissertation), 1969.

Giddens, Anthony, The Suicide Problem in French Sociology, in: British Journal of Sociology, Bd. 16 (1965).

–, A Typology of Sociology, in: European Journal of Sociology, Bd. 7 (1966).

–, Durkheim as a Review Critic, in: Social Research, Bd. 18 (1970).

–, The ‚Individual' in the Writings of Durkheim, in: European Journal of Sociology, Bd. 12 (1971).

–, Durkheim's Political Sociology, in: Social Research N. S., Bd. 18 (1971).

–, Emile Durkheim Selected Writings, Cambridge 1972.

Gibbs, J. P., Suicide, in: *Robert K. Merton,* Hrsg., Contemporary Social Problems, London 1963.

–, und *W. T. Martin,* Urbanization, Technology and the Division of Labor: International Patterns, in: American Sociological Review, Bd. 27 (1962).

–, und *W. T. Martin,* Status Integration and Suicide, Oregon 1964.

–, und *W. T. Martin,* On Assessing the Theory of Status Integration and Suicide, in: American Sociological Review, Bd. 31 (1966).

Ginsberg, Morris, Durkheim's Theory of Religion, in: On the Diversity of Morals, London 1956.

–, Durkheim's Ethical Theory, in: British Journal of Sociology, Bd. 2 (1951).

Gisbert, P., Social Facts and Durkheim's System, in: Anthropos, Bd. 54 (1959).

Goblet d'Alviella, Comte de, La sociologie d'Emile Durkheim et l'histoire des religions, in: Revue de l'Histoire des Religions, Bd. 67 (1913).

Goddijn, H. P. M., De sociologie van Emile Durkheim, Amsterdam 1969.

–, Durkheim's sociale opvatting van de godsdienst, in: Sociale Wetenschappen, Bd. 15 (1972).

–, Durkheim over democratie, in: Mens en Mastschappij, Bd. 48 (1973).

Gold, Martin, Suicide, Homicide and the Socialization of Aggression, in: American Journal of Sociology, Bd. 43 (1958).

Goldenweiser, Alexander A., Besprechung von E. Durkheim, Les formes élémentaires de la vie religieuse, in: American Anthropologist, Bd. 17 (1915); wieder abgedruckt im *W. S. F. Pickering,* Hrsg., 1975.

–, The Views of Andrew Lang, James G. Frazer and Emile Durkheim on Totemism, in: Anthropos, Bd. 10–11 (1916).

–, Religion and Society: A Critique of Emile Durkheim's Theory of the Origins and Nature of Religion, in: Journal of Philosophy, Psychology and Scientific Methods, Bd. 14 (1917).

–, Early Civilization: An Introduction to Anthropology, London 1923.

Goody, J., Religion and Ritual: The Definitional Problem, in: British Journal of Sociology, Bd. 12 (1961).

Gouldner, Alvin, Einleitung zur Übers. von *E. Durkheim,* On Socialism, New York 1962.

Grafton, H. G., Religions' Origins and Sociological Theory, in: American Sociological Review, Bd. 19 (1945).
Granet, Marcel, La sociologie religieuse de Durkheim, in: L'Œuvre sociologique d'Emile Durkheim, Europe, Bd. 22 (1930).
Grazia, S. de, Einleitung zu E. Durkheim, On Suicide, in: University Observer, Bd. 1 (1947).
Gré, G. L. de, Society and Ideology: An Inquiry into the Sociology of Knowledge, New York 1943.
Greenwald, D. E., Emile Durkheim's Contributions to the Sociology of Formal Organizations, University of California, Berkeley (Dissertation), 1970.
–, Durkheim on Society, Thought, and Ritual, in: Sociological Analysis, Bd. 34 (1973).
Guala, G., Jung, Durkheim, Lévi-Strauss: dagli archetipi ai modelli, in: Sociologia, Bd. 4 (1970).
Gugler, Josef, Die neuere französische Soziologie, Neuwied 1961.
Günzel, Kurt, Die gesellschaftliche Wirklichkeit: Eine Studie über E. Durkheims Soziologie, Ohlau in Schlesien 1934 (Berliner Diss.).
Gurvitch, Georges, Essais de sociologie, Paris 1938.
–, Morale théorique et science des moeurs, 2. Aufl. Paris 1948.
–, La vocation actuelle de la sociologie, 2 Bde., 3. Aufl. Paris 1963 (zuerst 1959).
–, Pour le centenaire de la naissance de Durkheim, in: Cahiers internationaux de sociologie, N. S., Bd. 25 (1959).
Halbwachs, Maurice, La classe ouvrière et les niveaux de vie, Paris 1913.
–, La théorie de l'homme moyen, Paris 1913.
–, La doctrine d'Emile Durkheim, in: Revue Philosophique, Bd. 85 (1918).
–, Les origines du sentiment religieux, Paris 1925.
–, Les causes du suicide, Paris 1930.
–, L'évolution des besoins dans la classe ouvrière, Paris 1933.
–, Les cadres sociaux de la mémoire, Paris 1935.
–, Einleitung zu E. Durkheim, L'évolution pédagogique en France, 2 Bde., Paris 1938.
–, La mémoire collective, 2. Aufl. Paris 1968 (zuerst 1950).
Hall, E. E., An Analysis of Major Theoretical Constructs in the Works of Emile Durkheim, New School for Social Research (Dissertation), 1968.
Hamelin, Oscar, Essai sur les éléments principaux de la représentation, Paris 1907.
Hamès, C., Le sentiment religieux à l'heure actuelle. Un texte peu connu de Durkheim, in: Archives de Sociologie Religieuse, Bd. 27 (1969).
Hammond, Philip E., Religious Pluralism and Durkheim's Integration Thesis, in: *A. W. Eister* (Hrsg.), Changing Perspectives in the Scientific Study of Religion, New York 1974.
Harris, M., The Rise of Anthropological Theory, New York 1968.
Hartland, E. Sydney, Besprechung von E. Durkheim, Les formes élémentaires de la vie religieuse, in: Man, Bd. 13 (1913).
–, Ritual and Belief. Studies in the History of Religion, London 1914.
Hauser, H., L'enseignement des sciences sociales. Etat actuel de cet enseignement dans les divers pays du monde, Paris 1903.
Hayward, J. E. S., Solidarist Syndicalism; Durkheim and Duguit, in: Social Research N. S. Bd. 8 (1960).
Heeschen, Claus, Grundfragen der Linguistik, Stuttgart 1972.
Henry, Andrew F., und *James F. Short,* Suicide and Homicide, Glencoe, Ill. 1954.
Herr, Lucien, Besprechung von Emile Durkheim, De la division du travail social, in: Revue Universitaire, Bd. 2(1893).
–, Besprechung von Emile Durkheim, Les règles de la méthode sociologique, in: Revue Universitaire, Bd. 3 (1894).
Hertz, Robert, Mélanges de sociologie religieuse et folklore, Paris 1928.

Hiersche, Rolf, Ferdinand de Saussures langue-parole-Konzeption und sein Verhältnis zu Durkheim und von der Gabelentz, Innsbruck 1972.

Hill, S. C., Professions: Mechanical Solidarity and Process: How I learned to live with a Primitive Society, in: Australian and New Zealand Journal of Sociology, Bd. 9 (1973).

Hinkle, R. C., Jr., Durkheim in American Sociology, in: *Kurt H. Wolff,* Hrsg., 1960.

Hirst, Paul Q., Morphology and Pathology: Biological Analogies and Metaphers in Durkheim's „The Rules of the Sociological Method", in: Economies and Societies, Bd. 2 (1973).

–, Durkheim, Bernard and Epistemology, London 1975.

Hitchcock, J. T., Fatalistic Suicide Resulting from Adaptation to an Asymmetrical Sex Ratio, in: Eastern Anthropologist, Bd. 20 (1967).

Höffding, Harald, Besprechung von Emile Durkheim, Les formes élémentaires de la vie religieuse, in: Revue de Métaphysique et de Morale, Bd. 22 (1914).

Hoefnagels, H., La question sociale dans la sociologie de Durkheim, in: Bulletin de l'Institut de recherches économiques et sociales de l'Université de Louvain, Bd. 24 (1958).

Hofmann, Inge, Bürgerliches Denken. Zur Soziologie Durkheims, Frankfurt-Main 1973.

Holland, R. F., Suicide as a Social Problem: Some Reflections on Durkheim, in: Ratio, Bd. 12 (1970).

Homans, George C., The Human Group, London 1951.

Honigsheim, Paul, The Influence of Durkheim and his School on the Study of Religion, in: *Kurt H. Wolff,* Hrsg., 1960.

–, Reminiscences of the Durkheim-School, in: ebda.

Horton, J., The Dehumanization of Anomie and Alienation, in: British Journal of Sociology, Bd. 15 (1964).

Horton, R., Lévy-Bruhl, Durkheim and the Scientific Revolution, in: *Horton, R.,* und *R. Finnegan,* Hrsg., Modes of Thought, London 1973.

House, J. D., Durkheim and the Realist Philosophy of Social Sciences: Some New Lessons From an Old Master, in: Sociological Analysis and Theory, Bd. 5 (1975).

Hubert, René, Manuel élémentaire de sociologie, 2. Aufl. Paris 1930 (zuerst 1925).

–, Essai sur l'Histoire des origines et des progrès de la sociologie en France, in: Revue de l'Histoire de la Philosophie et d'Histoire Générale de la Civilisation, N. S., Bd. 6 (1938).

Hughes, H. S., Consciousness and Society, New York 1958.

Hummell, Hans Joachim, Probleme der Mehrebenenanalyse, Stuttgart 1973.

Hyman, Herbert, Survey Design and Analysis, Glencoe, Ill. 1955.

Hynes, E., Suicide and Homo Duplex: An Interpretation of Durkheim's Typology of Suicide, in: Sociological Quarterly, Bd. 16 (1975).

Inkeles, Alex, Personality and Social Structure, in: *Robert K. Merton, L. Broom* und *L. S. Cottrell, Jr.,* Sociology To-day. Problems and Prospects, New York 1959.

Isambert, F. A., The Early Days of French Sociology of Religion, in: Social Compass, Bd. 16 (1969).

–, Durkheim et la statistique écologique, in: Une Nouvelle civilisation? Hommage à Georges Friedmann, Paris 1973.

Jerusalem, Wilhelm, Soziologie des Erkennens, in: Die Zukunft (1909).

–, Soziologie des Erkennens, in: Kölner Vierteljahreshefte für Sozialwissenschaften, Bd. 1 (1922).

–, Die soziologische Bedingtheit des Denkens und der Denkformen, in: *Max Scheler* (Hrsg.), Versuche zu einer Soziologie des Wissens, Bonn 1924.

Jones, R. A., Durkheim's Critique of Spencer's Ecclesiastical Institutions, in: Sociological Enquiry, Bd. 44 (1974).

–, Durkheim's Response to Spencer: An Essay Toward Historicism in the Historiography of Sociology, in: Sociological Quarterly, Bd. 15 (1974).

Jones, T. A., und *A. T. Scull,* Durkheim's two Laws of Penal Evolution: An Introduction, in: Economy and Society, Bd. 2 (1973).

Johnson, Barclay D., Durkheim's One Cause of Suicide, in: American Sociological Review, Bd. 30 (1965).
Jonas, Friedrich, Geschichte der Soziologie, 4 Bde. Reinbek 1968/9, bes. Bd. 3.
Jyan, Choy, Etude comparative sur les doctrines pédagogiques de Durkheim et de Dewey, Lyon 1926.
Kagan, G., Durkheim et Marx, in: Revue de l'Histoire Économique et Sociale, Bd. 24 (1938).
Karady, Victor, La morale et la science des moeurs chez Durkheim et ses compagnons, in: Revue Universitaire de science morale, Bd. 12/13 (1970).
Kardiner, Abram, und *E. Peble,* They Studied Man, London 1961.
Kemper, T. D., The Division of Labor: A Post-Durkheimian Analytical View, in: American Sociological Review, Bd. 37 (1972).
–, Emile Durkheim and the Division of Labor, in: Sociological Quarterly, Bd. 16 (1975).
Kienzle, H. J., Epistemology and Sociology, in: British Journal of Sociology, Bd. 21 (1970).
Kirkpatrick, R. G., Collective Consciousness and Mass Hysteria: Collective Behavior and Anti-Pornography Crusades in Durkheimian Perspectives, in: Human Relations, Bd. 28 (1975).
Kiss, Gabor, Einführung in die soziologischen Theorien, 2 Bde., Opladen 1973, bes. Bd. 2.
Kon, I. S., Der Positivismus in der Soziologie, (Ost-)Berlin 1968.
König, René, Die naturalistische Ästhetik in Frankreich und ihre Auflösung, Leipzig 1931.
–, Die neuesten Strömungen in der gegenwärtigen Französischen Soziologie, in: Zeitschrift für Völkerpsychologie und Soziologie (Sociologus), Bd. 7 und 8 (1931, 1932).
–, Besprechung von George Marica, E. Durkheim, in: Deutsche Literaturzeitung, Bd. 37 (1933); dito: Zeitschrift für die gesamte Staatswissenschaft, Bd. 94 (1933).
–, Kritik der historisch-existenzialistischen Soziologie, Habilitationsschrift, Zürich, Manuskript von 1937, München 1975.
–, Drei unbekannte Werke von E. Durkheim, in: Kölner Zeitschrift für Soziologie und Sozialpsychologie, Bd. 8 (1956).
–, Emile Durkheim (1858–1917), in: Kölner Zeitschrift für Soziologie und Sozialpsychologie, Bd. 10 (1958).
–, Vorwort und Einleitung zu E. Durkheim. Die Regeln der soziologischen Methode, 4. umgearbeitete Auflage Neuwied 1976 (zuerst 1961).
–, Die Religionssoziologie bei E. Durkheim, in: *Dieter Goldschmidt* und *Joachim Matthes,* Hrsg., Probleme der Religionssoziologie, Sonderheft 6 der Kölner Zeitschrift für Soziologie und Sozialpsychologie. Köln-Opladen 1962.
–, Zur Gewissensprüfung der Soziologie, in: Der Monat, Bd. 118 (1968).
–, Marcel Mauss (1872–1972), in: Kölner Zeitschrift für Soziologie und Sozialpsychologie, Bd. 23 (1972).
–, Nachwort zu Emile Durkheim, Der Selbstmord, Neuwied 1973.
–, Neues über Durkheim. Sammelbesprechung, in: Kölner Zeitschrift für Soziologie und Sozialpsychologie, Bd. 28 (1976).
–, Nochmals Durkheim, a. a. O. Bd. 28 (1976).
Kruijt, Cornelius S., Zelfmoord: Statistisch-sociologische verkenningen, Assen 1960.
Kruijt, Jan P., Het Sociologisme van E. Durkheim, in: Mens en maatschappij, Bd. 33 (1958).
Kubali, H. N., Vorwort zu E. Durkheim, Leçons de sociologie: Physique des mœurs et du droit, Istambul und Paris 1950.
Kurauchi, K., Durkheim's Influence on Japanese Sociology, in: *Kurt H. Wolff,* Hrsg., 1960.
Lacapra, Dominick, Emile Durkheim: Sociologist and Philosopher, Ithaca-London 1972.
Lacombe, P., Etudes sur la génésique, le totémisme et l'exogamie d'après Durkheim, in: Revue de Synthèse Historique, Bd. 23 (1911).
Lacombe, Roger, L'interprétation des faits matériels dans la méthode de Durkheim, in: Revue Philosophique, Bd. 99 (1925).

–, La méthode sociologique de Durkheim, Paris 1926.
–, La thèse sociologique en psychologie, in: Revue de Métaphysique et de Morale, Bd. 33 (1926).
Lacroix, B., Régulation et anomie selon Durkheim, in: Cahiers Internationaux de sociologie Bd. 20 (1973).
–, und *B. Landerer*, Durkheim, Sismondi et les socialistes de la chaire, in: Année Sociologique, 3. Serie, Bd. 23 (1972).
Lacroze, R., E. Durkheim à Bordeaux, in: Actes de l'Académie Nationale des Sciences, Belles Lettres et Arts de Bordeaux, 4. Serie (1960).
La Fontaine, A. P., La philosophie d'Emile Durkheim (Sociologie générale), Paris 1926.
Lagana, A., Durkheim e la sociologia, in: Nord e Sud, Bd. 19 (1972).
Laguna, Theodore D., The Sociological Method of Durkheim, in: The Philosophical Review, Bd. 29 (1920).
Lang, Andrew, Emile Durkheim on ,,Social Origins'', in: Folklore, Bd. 15 (1914).
Lasserre, P., La doctrine officielle de l'Université, Paris 1913.
Layne, N., Durkheim as a Social Actionist, in: Sociological Inquiry, Bd. 42 (1972).
–, Durkheim as a Pacifist, in: Sociological Inquiry, Bd. 43 (1973).
–, Emile Durkheim's Inaugural Lecture at Bordeaux, in: Sociological Inquiry, Bd. 44 (1974).
Lazarsfeld, Paul F., Interpretation of Statistical Relations as a Research Operation, in: *P. F. Lazarsfeld* und *M. Rosenberg*, Hrsg., The Language of Social Research, Glencoe, Ill. 1955.
Leach, Edmund R., Political Systems of Highland Burma, London 1964.
Lear, E. N., Emile Durkheim as Educator, in: Journal of Educational Sociology, Bd. 34 (1961).
Le Bras, Gabriel, Note sur la sociologie religieuse dans L'Année Sociologique, in: Archives de Sociologie Religieuse, Bd. 21 (1966).
Legnay, P., Emile Durkheim, in: Universitaires d'aujourd'hui, Paris 1912.
Lehmann, Gerhard, Das Kollektivbewußtsein. Systematische und historisch-kritische Vorstudien zur Soziologie, Berlin 1928.
Lenoir, Raymond, Emile Durkheim et la conscience moderne, in: Mercure de France, Bd. 127 (1918).
–, Emile Durkheim, in: Revista Mexicana de Sociologia, Bd. 21 (1959).
Léon, Xavier, Emile Durkheim, in: Revue de Metaphysique et de Morale, Bd. 24 (1917).
Leuba, James H., Sociology and Psychology, in: American Journal of Sociology, Bd. 19 (1913).
Lévi-Strauss, Claude, French Sociology, in: *Georges Gurvitch* und *Wilbert E. Moore*, Twentieth Century Sociology, New York 1945 (frz. Übers. Paris 1947).
–, Les structures élémentaires de la parenté, 2. Aufl. Paris 1967 (zuerst 1949).
–, Ce que l'ethnologie doit à Durkheim, in: Annales de l'Université de Paris, Bd. 1 (1960).
–, Le totémisme aujourd'hui, Paris 1962.
Lévy-Bruhl, Henri, Rapports du droit et de la sociologie, in: Archives de Philosophie du Droit et de Sociologie Juridique, Bd. 7 (1937).
Lévy-Bruhl, Lucien, La morale et la science des mœurs, Paris 1903.
–, Les fonctions mentales dans les sociétés inférieures, Paris 1910.
–, La mentalité primitive, Paris 1922.
–, L'âme primitive, Paris 1927.
–, Le surnaturel et la nature dans la mentalité primitive, Paris 1931.
–, La mythologie primitive, Paris 1935.
–, L'expérience mystique et les symboles chez les primitifs, Paris 1938.
–, Les carnets de L. Lévy-Bruhl, Paris 1949.
Lechnowsky, Leonore, E. Durkheim, in: *A. Weber*, Hrsg., Einführung in die Soziologie, München 1955.
Li, W. L., Durkheim's Typology of Suicide: Some Observations from Taiwanese Data, in: International Review of Modern Sociology, Bd. 3 (1973).

Lienhardt, R. G., Religion, in: *H. L. Shapiro*, Hrsg., Man, Culture, and Society, New York 1956.
Lindemann, Ruth, Der Begriff der conscience im französischen Denken, Wien und Leipzig 1921.
Lindenberg, S., Three Psychological Theories of a Classical Sociologist, in: Mens en Maatschappij, Bd. 50 (1975).
–, Political Ritual and Social Integration, in: Sociology, Bd. 9 (1975).
Loisy, A., Sociologie et religion, Besprechung von E. Durkheim, Les formes élémentaires de la vie religieuse, in: Revue d'Histoire et de Littérature Religieuses, Bd. 4 (1913).
Louran, René, La société institutrice. Durkheim et les origines de la science de l'éducation, in: Les Temps Modernes, Bd. 24 (1969).
Lowie, Robert H., Primitive Religion, London 1925.
–, The History of Ethnological Theory, New York 1937.
Lukes, Steven M., Emile Durkheim. His Life and Work. A Historical and Critical Study, London 1973.
–, On the History of Sociological Theory, in: British Journal of Sociology, Bd. 17 (1966).
–, Alienation and Anomie, in: *P. Laslett* und *W. G. Runciman,* Hrsg., Philosophy, Politics and Society, Series 3, Oxford 1967.
–, Some Problems about Rationality, in: European Journal of Sociology, Bd. 7 (1967).
–, Marcel Mauss, in: International Encyclopedia of the Social Sciences, New York 1968.
–, Einleitung zu Emile Durkheim, Individualism and the Intellectuals, in: Political Studies, Bd. 17 (1969).
–, Prolegomena to the Interpretation of Durkheim, in: European Journal of Sociology, Bd. 11 (1971),
–, On the Social Determination of Truth, in: *R. Horton* und *R. Finnegan,* Hrsg., Modes of Thought, London 1973.
Lupu, I., Grundlagen der Gesellschaft, das Recht und die Religion in der Durkheim-Schule: Ihr besonderer Widerhall in der Jenenser Jerusalemschen Soziologie, Iasi 1931.
McFarland, H. N., Theories of the Social Origin of Religion in the Tradition of Emile Durkheim, unveröffentl. Diss. Columbia University, New York 1954.
Machhausen, Max, Die Problematik des objektiven Geistes und der Begriff des Kollektivbewußtseins bei Emile Durkheim, Kölner Diss. 1937.
MacKensie, J. S., Besprechung von Emile Durkheim, L'éducation morale, in: Litteris (1925).
MacLean, R., The Importance of Emile Durkheim in the History of Sociology, in: Revista Mexicana de Sociologia, Bd. 21 (1959).
Madge, John, The Origins of Scientific Sociology, London 1962.
Malinowski, Bronislaw, Besprechung von E. Durkheim, Les formes élémentaires de la vie religieuse, in: Folklore, Bd. 24 (1913).
–, Magic, Science and Religion, in: *J. D. Needham,* Hrsg., Science, Religion and Reality, London 1926.
–, Crime and Costum in Savage Society, London-New York 1926.
Mann, H. D., Lucien Febvre, La Pensée vivante d'un historien (vor allem Kapitel VII), Paris 1971.
Maranini, P., La società e le cose. Sociologia e ideologia da Durkheim a Goffman, Milano 1972.
Marconi, P., Durkheim: Sociologia e politica, o. O. 1974.
Marica, George, Emile Durkheim, Soziologie und Soziologismus, Jena 1932.
Maris, R. W., Social Forces in Urban Suicide, Homewood, Illinois 1969.
Marjolin, Robert, French Sociology, Comte and Durkheim, in: American Journal of Sociology, Bd. 42 (1937).
Marks, S. R., Society, Anomie, and Social Change: An Interpretation of Emile Durkheim's Sociology, Boston University Graduate School (Dissertation), 1971.
–, Durkheim's Theory of Anomie, in: American Journal of Sociology, Bd. 80 (1974).

–, On Durkheim, Anomie, and The Modern Crisis, in: American Journal of Sociology, Bd. 81 (1976).

Marshall, G., Durkheim and British Social Anthropology: Critique of a Methodological Tradition, in: Sociological Analysis and Theory, Bd. 4 (1974).

Masson-Oursel, P., La sociologie de Durkheim et la psychoanalyse, in: Psychoanalyse (1947).

Maunier, René, Besprechung E. Durkheim, Les formes élémentaires de la vie religieuse, in: Revue Internationale de Sociologie, Bd. 21 (1913).

Maus, Heinz, Geschichte der Soziologie, in: *Werner Ziegenfuß,* Hrsg., Handbuch der Soziologie, Stuttgart 1955.

–, Art. Durkheim in: *W. Bernsdorf,* Internationales Soziologenlexikon, Stuttgart 1959.

Mauss, Marcel, L'Œuvre inédite de Durkheim et ses collaborateurs, in: L'Année Sociologique, N. S., Bd. 1 (1925).

–, Notices biographiques, in : Année Socioloque, N. S., Bd. 2 (1927).

–, Einleitung zu Emile Durkheim, Le socialisme, Paris 1928.

–, Œuvres, hrsg., von *Victor Karady,* 3 Bde., Paris 1968/9.

Mawson, A. R., Durkheim and Contemporary Pathology, in: British Journal of Sociology, Bd. 21 (1970).

Maybury-Lewis, D. H. P., Durkheim on Relationship Systems, in: Journal for the Scientific Study of Religion, Bd. 4 (1965).

Mays, W., Popper, Durkheim and Piaget on Moral Norms, in: Journal of the British Society for Phenomenology, Bd. 5 (1974).

Meillet, A., Linguistique historique et linguistique générale. Bd. 1, 8. Aufl. Paris 1948 (zuerst 1921); Bd. 2, Paris 1936.

Merton, Robert K., Durkheim's Division of Labor in Society, in: American Journal of Sociology, Bd. 40 (1934).

–, Social Theory and Social Structure, rev. ed. Glencoe, Ill. 1957.

Miguel, J. M. de, El otro Durkheim, Trabajos de Sociologia Bd. 2 (1974).

Miley, J. D., und *M. Micklin,* Structural Change and the Durkheimian Legacy: A Makrosociological Analysis of Suicide Rates, in: American Journal of Sociology, Bd. 78 (1972).

Mitchell, M. M., Emile Durkheim and the Philosophy of Nationalism, in: Political Science Quarterly, Bd. 46 (1931).

Monnerot, Jules, Les faits sociaux ne sont pas des choses, Paris 1946.

Morris, H. S., Reflections on Durkheim and Arboriginal Religion, in: *Freedman, M.* (Hrsg.), Social Organization: Essays Presented to Raymond Firth, London 1967.

Moya, Carlos, Durkheim y la contribución functionalista al diagnostico social positivo, in: Revista Española de la Opinión Publica, Bd. 11 (1968).

Murroni, B., La nozione di coscienza collettiva nella sociologia di Don Sturzo con riferimento alla sociologia di Durkheim, in: Sociologia, Bd. 5 (1960).

Naegele, Kaspar D., Attachment and Alienation: Complementary Aspects of the Work of Durkheim and Simmel, in: American Journal of Sociology, Bd. 63 (1958).

Nandan, Y., Le maître, les doctrines, les membres et le magnum opus. Une étude critique et analytique de l'école Durkheimienne et de l'Année sociologique, Paris 1974.

–, L'école Durkheimienne et son opus: Une étude empirique et analytique de l'Année sociologique (1898–1913), Paris 1975.

Needham, Rodney, Vorwort zu Emile Durkheim, Primitive Classification, London-Chicago 1963.

Nelson, Benjamin, Einleitung zu Emile Durkheim, Note on the Notion of Civilization, in: Social Research, Bd. 38 (1971).

Nelson, Z. P., A Study of Suicide in Wyoming: A Durkheimian Analysis, Brigham Young University (Dissertation), 1969.

–, Durkheim on Religion Revisited: Another Look at the Elementary Forms of the Religious Life, in: *Charles Y. Glock* und *Philip E. Hammond,* Hrsg., Beyond the Classics? Essays in the Scientific Study of Religion, New York 1973.

–, "Comment on Parsons' Interpretation of Durkheim" and on "Moral-Freedom through Understanding in Durkheim" (Comment on Pope and Cohen, in: American Sociological Review, Bd. 40 (1975).

Neyer, J., Individualism and Socialism in Durkheim, in: *Kurt H. Wolff*, Hrsg., 1960.

Nisbet, Robert A., Hrsg., E. Durkheim, Englewood Cliffs, N.J. 1965.

–, The Sociology of Emile Durkheim, New York 1974.

–, Conservatism and Sociology, in: American Journal of Sociology, Bd. 58 (1952).

–, The Sociological Tradition, New York 1966.

Norrish, P. J., Unanimist Elements in the Work of Durkheim and Verhaeren, in: French Studies, Bd. 11 (1957).

Nye, D.A., und *C.E. Ashworth*, Emile Durkheim: Was he a Nominalist or a Realist?, in: British Journal of Sociology, Bd. 22 (1971).

Olsen, M.D., Durkheim's Two Concepts of Anomie, in: Sociological Quarterly, Bd. 6 (1965).

Ottaway, A.K.C., The Educational Sociology of E. Durkheim, in: British Journal of Sociology, Bd. 6 (1965).

Ouy, Achille, L'éducation morale, in: Revue Internationale de Sociology, Bd. 34 (1926).

–, La méthode sociologique de Durkheim, in Revue Internationale de Sociologie, Bd. 35 (1927).

–, Les sociologues et la sociologie: Le Sociologisme, E. Durkheim, in: Revue Internationale de Sociologie, Bd. 47 (1939).

Parodi, Daniel, Traditionalisme et démocratie, Paris 1909.

–, Le problème religieux dans la pensée contemporaine, in: Revue de métaphysique et de Morale, Bd. 21 (1913).

–, La philosophie contemporaine en France, Paris 1919.

Parsons, Talcott, The Structure of Social Action, 2. Aufl. New York 1949 (zuerst 1937).

–, The Theoretical Development of the Sociology of Religion, in: Essays in Sociological Theory, Pure and Applied, Chicago 1949.

–, Vorwort zu Emile Durkheim, Education and Sociology, Glencoe, Ill. 1956.

–, Durkheim's Contribution to the Theory of Integration of Social Systems, in: *Kurt H. Wolff*, Hrsg., Essays on Philosophy and Sociology by E. Durkheim and Others, New York 1964.

–, Emile Durkheim, in: International Encyclopedia of the Social Sciences, New York 1968.

–, Comment on Pope and Cohen, in: Amer. Sociological Review, Bd. 40 (1975).

Pécaut, F., Emile Durkheim, in: Revue Pédagogique, N.S., Bd. 72 (1918).

–, Un spiritualisme scientifique: La philosophie d'Emile Durkheim, in: Revue de l'Enseignement Français hors de France, Bd. 2 (1920).

–, Auguste Comte et Emile Durkheim, in: Revue de Métaphysique et de Morale, Bd. 28 (1921).

Péguy, Charles, Pseudonym *Pierre Deloire*, Besprechung Emile Durkheim, Le suicide, in: Revue Socialiste, Bd. 155 (1897).

Peristiany, J.G., Durkheim's letter to Radcliffe-Brown, in: *Kurt H. Wolff*, Hrsg., 1960.

–, Einleitung zu E. Durkheim, Sociology and Philosophy, London und Glencoe, Ill. 1953.

Perry, Ralph Barton, General Theory of Value, New York 1926.

Petersen, Chr., E. Durkheim. En historisk-kritisk studie, Kopenhagen 1944.

Peyre, Henri, Durkheim: The Man, his Time, and his Intellectual Background, in: *Kurt H. Wolff*, Hrsg., 1960.

–, Vorwort zu E. Durkheim, Montesquieu and Rousseau: Forerunners of Sociology, Ann Arbor, Mich. 1960.

Pickering, W.S.F., Hrsg., Durkheim on Religion, London und Boston 1975.

Pierce, A., Durkheim and Functionalism, in: *Kurt H. Wolff*, Hrsg., 1960.

–, The Economic Cycle and the Social Suicide Rate, in: American Sociological Review, Bd. 32 (1967).

Pinto-Ferreira, Luis, Sintesis de la Contribución de Emile Durkheim a la sociologia, in: Revista Mexicana de Sociologia, Bd. 21 (1959).
Pizzorno, Alessandro, Lecture actuelle de Durkheim, in: European Journal of Sociology, Bd. 4 (1963).
–, Einleitung zur it. Übers. von E. Durkheim, De la division du travail social, Milano 1962.
Poggi, Gianfranco, Images of Society. Essays on the Sociological Theories of Tocqueville, Marx, and Durkheim, Stanford-London 1972.
–, The Place of Religion in Durkheim's Theory of Institutions, in: European Journal of Sociology, Bd. 12 (1971).
Pope, Whitney, Durkheim's Theory of Social Integration, University of California, Berkeley (Dissertation) 1970.
–, Classic on Classic: Parsons Interpretation of Durkheim, in: American Sociological Review, Bd. 38 (1973).
–, Parsons on Durkheim, Revisited (Reply to Cohen and Parsons), in: American Sociological Review, Bd. 40 (1975).
–, Durkheim as a Functionalist, in: Sociological Quarterly, Bd. 16 (1975).
–, Concepts and Explanatory Structure in Durkheim's Theory of Suicide, in: British Journal of Sociology, Bd. 26 (1975).
–, *Jane Cohen* und *Lawrence E. Hazelrigg,* On the Divergence of Weber and Durkheim: A Critique of Parsons' Convergence Theory, in: American Sociological Review, Bd. 40 (1975).
Porras, G., Durkheim and Sociology, in: Revista Mexicana de Sociologia, Bd. 24 (1962).
Powell, E.H., Occupation, Status, and Suicide: Toward a Redefinition of Anomie, in: American Sociological Review, Bd. 23 (1958).
Proto, M., Durkheim e Labriola. In Margine ad una recensione, in: Revue Internationale des sciences sociales, Bd. 2 (1971).
Radcliffe-Brown, Alfred R., Structure and Function in Primitive Society, London 1952.
–, Functionalism: A Protest, in: American Anthropologist, Bd. 51 (1949).
Rafie, M., Positivisme chez Emile Durkheim, in: Sociologie et société, Bd. 4 (1972).
–, Les sciences dites humaines. Etude critique de la sociologie de Durkheim, Montreal 1973.
Ranulf, Svend, Scholarly Forerunners of Fascism, in: Ethics, Bd. 50 (1939).
–, Methods of Sociology, With an Essay: Remarks on the Epistemology of Sociology, Kopenhagen 1955.
Ransoy, O., Durkheim og andre on Selvmord og social structur, Oslo 1957.
Recasens-Siches, L., Balance sobre Durkheim, in: Revista Mexicana de Sociologia, Bd. 21 (1959).
Rhodes, R.C., The Revolution in French Historical Thought: Durkheim's Sociologism as a Major Factor in the Transition From Historicist Historiography to the Annales School: 1868–1945, University of California, Los Angeles (Dissertation), 1974.
Richard, Gaston, Le conflit de la morale et de la sociologie, in: Revue Philosophique (1911).
–, La sociologie générale, Paris 1912.
–, L'athéisme dogmatique en sociologie religieuse, in: Revue d'Histoire de la Philosophie Religieuse, Bd. 7 (1923); engl. Übers. in *W.S.F. Pickering,* Hrsg., 1975.
–, Auguste Comte et Emile Durkheim, in: Revue Internationale de Sociologie, Bd. 35 (1928).
–, La pathologie sociale d'Emile Durkheim, in: Revue Internationale de Sociologie, Bd. 38 (1930).
–, Auguste Comte et Emile Durkheim, in: Revue Internationale de Sociologie, Bd. 40 (1932).
Richter, M., Durkheim's Politics and Political Theory, in: *Kurt H. Wolff,* Hrsg., 1960.
Rimet, Michel, Durkheim et son école, in: Vers une sociologie nouvelle, Paris 1952.
Ritsert, J., Die Antinomien des Anomiekonzepts, in: Soziale Welt, Bd. 20 (1969).
Robertson, R., The Sociological Interpretation of Religion, Oxford 1970.

Robinson, L. L., Durkheim's "Two Laws of Penal Evolution", Übersetzung und annotiert, Case Western Reserve University (Dissertation), 1972.

Rodroguez Zuniga, L., Durkheim. Su concepción del estado y la primera guerra mundial, in: Revista Española de la opinión publica, Bd. 16 (1973).

–, Emile Durkheim: La sociologia y la questión social, in: Revista Española de la opinión publica, Bd. 17 (1974).

Ronan, M. J., On the seductive power of paradigms, in: Australian and New Zealand Journal of Sociology, Bd. 10 (1974).

Rossi, Peter H., E. Durkheim and Georg Simmel, in: American Journal of Sociology, Bd. 62 (1958).

Rudolph, Wolfgang, Eine Herausforderung für die Soziologie: J. D. Douglas' The Social Meaning of Suicide, in: Kölner Zeitschrift für Soziologie und Sozialpsychologie, Bd. 21 (1969).

Runciman, W. G., The Sociological Explanation of Religious Beliefs, in: European Journal of Sociology, Bd. 10 (1969).

Rushing, W. A., Income, Unemployment, and Suicide: An Occupational Study, in: Sociological Quarterly, Bd. 9 (1968).

Rustin, M., Structural and Unconscious Implications of the Dyad and Triad: An Essay in Theoretical Integration: Durkheim, Simmel, Freud, in: Sociological Review, N. S. Bd. 19 (1971).

Salomon, Albert, Some Aspects of the Legacy of Durkheim, in: *Kurt H. Wolff*, Hrsg., 1960.

Scharf, B. R., Durkheimian and Freudian Theories of Religion: The Case of Judaism, in: British Journal of Sociology, Bd. 21 (1970).

Schaub, Edward, A Sociological Theory of Knowledge, in: Philosophical Review, Bd. 28 (1920).

Schnore, Leo F., Social Morphology and Human Ecology, in: American Journal of Sociology, Bd. 43 (1958).

Schwägler, Georg, Soziologie der Familie, 2. Aufl. Tübingen 1975.

Seger, Imogen, Durkheim and his Critics of the Sociology of Religion, in: Monograph Series, Bureau of Applied Social Research, New York 1957.

Selvin, Hanan C., Durkheim's Suicide and Problems of Empirical Research, in: American Journal of Sociology, Bd. 62 (1957).

Sheleff, L. S., From Restitutive Law to Repressive Law: Durkheim's „The Division of Labor in Society", Revisited, in: Archives européennes de sociologie, Bd. 16 (1975).

Sholtz, J., Durkheim's Theory of Culture, in: Reflex 1935.

Sicard, Emile, Breve Ensayo Sobre los Marcos Sociales de la Obra de Emile Durkheim, in: Revista Mexicana de Sociologia, Bd. 21 (1959).

Simiand, François, Sociologie économique, in: L'Année Sociologique, Bd. 2 (1898).

–, Méthode historique en science sociale, in: Revue de Synthèse Historique (1903).

–, Besprechung von Adolphe Landry, L'Intérét du capital, in: L'Année Sociologique, Bd. 8 (1904).

–, La causalité en histoire, in: Bulletin de la Société Française de Philosophie (1907).

–, La méthode positive en science économique, Paris 1912.

–, Statistique et expérience. Remarques de méthode, Paris 1922.

–, Le salaire, L'évolution sociale et la monnaie, 3 Bde., Paris 1932.

–, Les fluctuations économiques à longue période et la crise mondiale, Paris 1932.

Simpson, George, Emile Durkheim's Social Realism, in: Sociology and Social Research, Bd. 18 (1933).

–, An Estimate of Durkheim's Work, The Division of Labor in Society, New York 1933.

–, Emile Durkheim. Selections from his Work with an Introduction and Commentaries, New York 1963.

Sinden, P. G., Durkheim's Division of Labor and Political Stability: A Cross-National Investigation, University of Massachusetts (Dissertation), 1975.

Small, Albion W., Besprechung von Durkheim, Education and Sociology, in: American Journal of Sociology, Bd. 29 (1924).
–, Comments on Durkheim, L'Année Sociologique Bd. 1, in: American Journal of Sociology, Bd. 3 (1898).
–, Comments on Durkheim, L'Année Sociologique Bd. 2, in: American Journal of Sociology, Bd. 5 (1899).
–, Comments on Durkheim, L'Année Sociologique, Bd. 3, in: American Journal of Sociology, Bd. 6 (1900).
–, Besprechung von Emile Durkheim, De la Division du travail social, 2. Aufl., in: American Journal of Sociology, Bd. 7 (1902).
–, Comments on Durkheim, L'Année Sociologique, Bd. 5, in: American Journal of Sociology, Bd. 8 (1902).
–, Comments on Durkheim, L'Année Sociologique, Bd. 8, in: American Journal of Sociology, Bd. 11 (1905).
–, Besprechung von Emile Durkheim, Education et sociologie, in: American Journal of Sociology, Bd. 29 (1924).
Sorel, Georges, Les théories de Monsieur Durkheim, in: Le Devenir Social, Bd. 1 (1895).
–, Betrachtungen über die materialistische Geschichtsauffassung in: Sozialistische Monatshefte, Bd. 2 (1898).
–, De l'utilité du pragmatisme, Paris 1917.
Sorokin, Pitirim A., Contemporary Sociological Theories, New York-London 1928, dt. Übers. München 1931.
Spencer, R. F., Culture Process and Intellectual Current; Durkheim and Atatürk, in: American Anthropologist, Bd. 60 (1958).
Spiro, Melford E., Religious Problems of Definition and Explanation, in: *M. Banton,* Hrsg., Anthropological Approaches to the Study of Religion, London 1966.
Stanner, W.E.H., On Arboriginal Religion, Sydney 1964.
–, Reflections on Durkheim and Arboriginal Religion, in: *M. Freedman,* Hrsg., Social Organization. Essays Presented to Raymond Firth, London 1967; auch in *W. S. F. Pickering,* Hrsg. 1975.
–, und *Steeman, T. M.,* Durkheim's Professional Ethics, in: Journal for the Scientific Study of Religion, Bd. 2 (1963).
Stephan, G. E., Variation in Country Size: A Theory of Segmental Growth, in: American Sociological Review, Bd. 36 (1971).
Stone, Gregory P., On the Edge of Rapprochement: Was Durkheim Moving Towards the Perspective of Social Interaction?, in: Sociological Quarterly, Bd. 8 (1967).
Sumpf, J., Durkheim et le problème de l'étude sociologique de la religion, in: Archives de Sociologie des Religions, Bd. 10 (1965).
Swanson, Guy E., The Birth of the Gods: The Origin of Primitive Beliefs, Ann Arbor, Mich. 1960.
Tarde, Gabriel, La sociologie élémentaire, in: Annales de l'Institut International de Sociologie, Bd. 1 (1894).
–, La logique sociale, Paris 1894.
Tatsis, N. C., und *G. V. Zitos,* Marx, Durkheim and Alienation: Toward a Heuristic Typology, in: Social Theory and Practice, Bd. 3 (1974).
Taylor, I., P. Walton, L. Young, The New Criminology: For a Social Deviance, London 1973.
–, Neither Marx nor Durkheim ... Perhaps Weber, in: American Journal of Sociology, Bd. 81 (1975).
Taylor, S., Some Implications of the Contribution of Emile Durkheim to Religious Thought, in: Philosophical and Phenomenological Research, Bd. 24 (1963).
Tiryakian, E. A., Sociologism and Existentialism: Two Perspectives on the Individual and Society, Englewood Cliffs, N. J. 1962.

–, Introduction to a Biographical Focus on Emile Durkheim, in: Journal of the Scientific Study of Religion, Bd. 3 (1964).
–, Durkheim's Two Laws of Penal Evolution, ibid. (1964).
–, A Problem for the Sociology of Knowledge: The Mutual Unawareness of Emile Durkheim and Max Weber, in: European Journal of Sociology, Bd. 7 (1965).
–, *Robert N. Bellah* und *Harry Alpert*, On Durkheim: An Exchange, in: American Sociological Review, Bd. 25 (1960).
Tönnies, Ferdinand, Besprechung von Durkheim, La division du travail social, in: *F. Tönnies,* Soziologische Studien und Kritiken, Bd. 3, Jena 1929.
–, Besprechung von Durkheim, Les règles de la méthode sociologique, in: *F. Tönnies,* Studien und Kritiken, Bd. 3, Jena 1929.
Tosti, Gustavo, Suicide in the Light of Recent Studies, in: American Journal of Sociology, Bd. 3 (1898).
–, The Delusions of Durkheim's Sociological Objectivism, in: American Journal of Sociology, Bd. 4 (1899).
Towler, R., Homo Religiosus: Sociological Problems in the Study of Religion, London 1974.
Travis, R.E., Theoretical and Empirical Implications of Durkheim's Chronic Anomie: A Preliminary Investigation, in: Proceedings of the Southwestern Sociological Association, Bd. 19 (1969).
Udell, J., An Application of Durkheimian Integration Theory to Gambling Patterns in America and Sweden, Ohio State University (Dissertation), 1974.
Urban, S. T., Weber, Durkheim and Freud: A Study of Charismatic Authority, Southern Illinois University (Dissertation), 1973.
Uribe Villegas, Oscar, Repaso de la Metodologia Durkheimiana a través de su aplicación al Estudio del Suicidio, in: Revista Mexicana de Sociologia, Bd. 21 (1959).
Vialatoux, J., De Durkheim à Bergson, Paris 1939.
Viano, C.A., La dimensione normativa nella sociologia di Durkheim, in: Quaderni Sociologici, Bd. 12 (1963).
Villeneuve, S., Durkheim: Réflexions sur la méthode et sur le droit, in: Archives de Philosophie du droit (1967).
Vuille, M., Retour de ou à Durkheim?, in: Cahiers Vilfredo Pareto. Revue europénne de sciences sociales, Bd. 22/3 (1970).
Wallis, W.D., Durkheim's View of Religion, in: Journal of Religious Psychology, Bd. 7 (1914).
Wallwork, E., Durkheim: Morality and Milieu, Cambridge, Mass. 1972.
Weatherly, U.G., Besprechung Les formes élémentaires de la vie religieuse (engl.), in: American Journal of Sociology, Bd. 22 (1916).
Webb, S.D., Crime and the Division of Labor: Testing a Durkheimian Model, in: American Journal of Sociology, Bd. 78 (1972).
Weber, Claudia, Gesellschaft als Symbolismus. Zur Genealogie der strukturalen Anthropologie (Dissertation), Frankfurt 1974.
Webster, H., Besprechung Les formes élémentaires de la vie religieuse, in: American Journal of Sociology, Bd. 19 (1913).
Weiner, E.C., Durkheim and the Family, Columbia University (Dissertation), 1970.
Weiss, H. P., Durkheim, Denmark and Suicide, in: Acta Sociologica, Bd. 7 (1964).
Welz, R., Probleme der Mehrebenenanalyse. Zum Versuch der Verbindung von Individual- und Kollektivdaten, in: Soziale Welt, Bd. 25 (1974).
Wiese, Leopold von, Art. E. Durkheim, in: Handwörterbuch der Sozialwissenschaften, Stuttgart-Tübingen-Göttingen 1960.
Wilson, Ethel M., E. Durkheim's Sociological Method, in: Sociology and Social Research, Bd. 18 (1934).
–, Einleitung zu Durkheim, Moral Education, New York 1925.

–, L'influence de Durkheim aux Etats-Unis: Recherches empiriques sur le suicide, in: Revue Française de Sociologie, Bd. 4 (1963).
Wolff, Kurt H., The Challenge of Durkheim and Simmel, in: American Journal of Sociology, Bd. 63 (1958).
–, Hrsg., E. Durkheim (1858–1917), Columbus, Ohio 1960.
Worms, René, Besprechung von E. Durkheim, De la division du travail social, in: Revue Internationale de Sociologie, Bd. 1 (1893).
–, Philosophie des sciences sociales, 3 Bde., Paris 1907.
–, Emile Durkheim, in: Revue Internationale de Sociologie, Bd. 25 (1917).
–, La sociologie, sa nature, son contenu, ses attaches, Paris 1921.
Worsley, P.M., E. Durkheim's Theory of Knowledge, in: Sociological Review, N.S., Bd. 4 (1956).
Young, L.C., Altruistic Suicide: A Subjective Approach, in: Sociological Bulletin, Bd. 21 (1972).
Zahlmann, Frank, Die Durkheim-Interpretation von Talcott Parsons. Zur Kritik der Konvergenzthese, Frankfurt Diplomarbeit 1969.
Zeitlin, Irving M., Ideology and the Development of Sociological Theory, Englewood Cliffs, N.J., 1968.

3. Der Stand der Quellenfrage

Für die Quellenfrage der hinterlassenen Werke von Emile Durkheim ergeben sich einige höchst dringliche Fragen für die Gegenwart und die Zukunft. Vor genau einem halben Jahrhundert hat *Marcel Mauss* (1925) eine Bilanz gezogen, als nach dem ersten Weltkrieg die *Année Sociologique* unter seiner Leitung neu zu erscheinen begann. Zuerst gab er natürlich eine Übersicht des nachgelassenen Werkes von Durkheim, von dem seit Beginn der Zwanziger Jahre laufend Bücher und Aufsatzsammlungen erschienen (1923, 1924, 1925, 1928, 1938, 1950, 1953, 1955); dazu kamen zahlreiche zum Teil hochbedeutsame Einzelabhandlungen (1918, 1919, 1920, 1921, 1923, 1924, 1937, 1958, 1959 u. a.). Außerdem befaßte sich Marcel Mauss auch mit Mitgliedern der *Durkheim-Schule,* die große Kriegsverluste erlitten hatte (1925, 1927); schrieb Nekrologe und edierte hinterlassene Werke seiner Kollegen oder gab Sammelbände heraus (vgl. dazu *René König* 1972). So geschah vieles in der Zwischenkriegsperiode, bis 1939 bereits der Zweite Weltkrieg ausbrach; unmittelbar vorher war gerade die von *Maurice Halbwachs* betreute zweibändige Ausgabe von Durkheims Geschichte der erzieherischen Institutionen in Frankreich erschienen. Dann mußten fast alle überlebenden Mitglieder der Durkheim-Schule entweder in den Untergrund gehen oder emigrieren, sofern sie Juden waren, oder sich äußerster Zurückhaltung befleißigen. Marcel Mauss, die entscheidende Triebfeder der Zwanziger und Dreißiger Jahre, erkrankte schwer unter dem Eindruck des Krieges und war nicht mehr arbeitsfähig. Der einzige, der sein Lebenswerk hätte fortsetzen können, Maurice Halbwachs, wurde am 16. März 1945 von den Deutschen im Konzentrationslager Buchenwald ermordet.

Nach dem Kriege verblaßte mit dem Ende der Dritten Republik und der Katholischen Reaktion des *Gaullismus* schnell die Erinnerung an Durkheim und seine Schule, obwohl schon seit 1949 die dritte Serie der *Année Sociologique* zu erscheinen begann. Allerdings hatte sie nicht mehr die große Geschlossenheit von einstmals (*Armand Cuvillier* 1958). Andere Probleme und andere Personen traten in den Vordergrund, die sich in relativer Unabhängigkeit von Durkheim entwickelt hatten, wie Georges Friedmann, Raymond Aron und Georges Gurvitch. Wenn trotzdem noch eine Reihe von Werken Durkheims in der Nachkriegsperiode erschien, so waren das teilweise Projekte, die schon vor dem Kriege vorbereitet gewesen waren, oder Neuausgaben (Neuauflagen) oder kleinere Miscellanea geringerer Bedeutung. Die beiden großen Ausnahmen sind die Ausgabe der *Universität Istambul* der Vorlesung über die Physique des Moeurs (1950), und die hochbedeutsame Vorlesung über

Pragmatismus und Rationalismus (1955), die *Armand Cuvillier* aus Vorlesungsnachschriften rekonstruiert hat. Mehr oder weniger garnichts war dagegen zu hören von den anderen hinterlassenen Manuskripten von Durkheim, insbesondere von dem großen Vorlesungszyklus über Familie, aber auch anderes. Es gab zwar Hinweise, daß all das mit anderen Manuskripten von den Deutschen gezielt vernichtet worden war (*A. Cuvillier* 1953; *St. M. Lukes* 1973, S. IX/X). Wie und unter welchen Umständen das geschehen ist, entzieht sich leider noch immer unserer Kenntnis. Aufklärung wäre dringend erfordert. Lukes, der in verschiedenen Archiven gearbeitet hat, vermeldet jedenfalls nichts davon. Nachdem sich am 8. Oktober 1975 in Paris ein *Groupe d'Etudes Durkheimiennes* gebildet hat, steht zu hoffen, daß man diese Frage als eine der ersten auf das Programm setzen wird. Wer Informationen wünscht, sei an den Leiter dieser Forschungsgruppe, Monsieur *Philippe Besnard* verwiesen (Maison des Sciences de l'Homme, 54 Boulevard Raspail, 75006 Paris). Es fehlt vor allem noch immer eine Ausgabe der Gesammelten Werke von Emile Durkheim, während *Victor Karady* eine mustergültige Werkausgabe von Marcel Mauss herausgebracht hat (3 Bde 1968/9; vgl. René König 1972), die für alle, die sich für Durkheim und seine Schule interessieren, ein unerläßliches Arbeitswerkzeug geworden ist; die nach diesem Vorbild organisierte Ausgabe *Emile Durkheim,* Textes, présentation de Victor Karady, 3 Bde, Paris 1975, hat nicht die Ambition, eine Ausgabe der gesammelten Werke zu ersetzen, sondern verfolgt andere Ziele (siehe dazu unsere diesbezüglichen Bemerkungen am Ende des Werkverzeichnisses). Außerdem sei noch auf das vollständige Fehlen einer Sammlung der Korrespondenz Durkheims hingewiesen; was bisher davon veröffentlicht worden ist, ist einmal sehr wenig, ferner aber völlig zufällig ausgewählt, während es verschiedene Hinweise darauf gibt, daß es im Nachlaß verstorbener Freunde, auch im Besitz noch lebender Schüler oder nahestehender Kollegen bzw. deren Familien noch Briefe geben muß. Es wäre an der Zeit, einen internationalen Aufruf zu erlassen, diese Materialien im Original oder in Photokopien zur Verfügung zu stellen. Die Stelle, die das veranlassen könnte, ist wohl das erwähnte Groupe d'Etudes Durkheimiennes in der Maison des Sciences de l'Homme in Paris, das auch als Herausgeber fungieren könnte.

ANMERKUNGEN

Otwin Massing

AUGUSTE COMTE

[1] *Schieder, Theodor,* Das Problem der Revolution im 19. Jahrhundert, Historische Zeitschrift, Bd. 170, 1950, S. 238. Zum gesamten Themenbereich vgl. meine Untersuchung „Fortschritt und Gegenrevolution. Die Gesellschaftslehre Comtes in ihrer sozialen Funktion", Stuttgart 1966

[2] *Ders.,* a.a.O., vgl. Anm. S. 261

[3] „... utopie actuelle qui, rétrogradant vers le type antique par une folle ardeur de progrès, s'accorde à prescrire au coeur humain de s'élever, sans aucune transition, de sa personnalité primitive à une bienveillance directement universelle, dès lors dégénérée en une vague et stérile philanthropie, trop souvent perturbatrice". Système, Dédicace, t.I, p.V., zit. bei *Gouhier, Henri,* Positivisme et Révolution. Actes du 8e Congrès International de Philosophie à Prague, 2.–7. Sept. 1934 (Prague, 1936), S. 662

[4] Im übrigen erzwingt diese janusgesichtige Revolution die Reflexion aller: der Traditionalisten (Joseph de Maistre, Louis de Bonald) ebenso wie der Liberalen (Benjamin Constant, Mme de Staël) und Ideologen (Destutt de Tracy, Cabanis), der Ökonomen (J. B. Say) nicht weniger als der Frühsozialisten und Positivisten. „D'abord, puisque le positivisme est une méditation sur le 19e siècle, il se développe à travers un commentaire continu de l'histoire contemporaine." (Vgl. dazu *Gouhier, Henri,* A. Comte, Oeuvres Choisies, Bibliothèque Philosophique, Aubier, Editions Montaigne, Paris o. J., S. 27)

[5] *Lévy-Bruhl, Lucien,* La philosophie d'A. Comte, Paris 1900 (dt. von Molenaar, 1902), S. 258

[6] *Adorno, Th. W.,* Soziologie und empirische Forschung, in: Wesen und Wirklichkeit des Menschen, Festschrift f. Helmuth Plessner, Göttingen 1957, S. 257

[7] Entwurf, S. 27

[8] l. c., vgl. S. 3

[9] *Adorno, Th. W.,* a.a.O., S. 254f.

[10] „morale démontrée sur la morale révélée". Système, zit. bei *Hayek, F.A.,* Mißbrauch und Verfall der Vernunft, Frankfurt/M. 1959, S. 357, Anm. 52

[11] „La conception française de l'esprit est bien différente: l'esprit vient d'en bas ... devenu conscient dans l'homme, il lui sert d'instrument. C'est pourquoi l'esprit, en tant qu'organe de l'activité pragmatique, ne s'oriente pas vers le ciel." *Salomon-Delatour, Gottfried,* Comte ou Hegel? Revue Positiviste (Paris), 52 (1935) und 53 (1936), S. 222

[12] *Troeltsch, Ernst,* Die Dynamik der Geschichte nach der Geschichtsphilosophie des Positivismus, Philosophische Vorträge, veröffentlicht von der Kant-Gesellschaft, 23, Berlin 1919, S. 42

[13] Diese besteht im Auffinden von allgemeinen Gesetzen, „puisque la connaissance des lois des phénomènes, dont le résultat constant est de nous les faire prévoir (!), peut seule évidemment nous conduire, dans la vie active, à les modifier à notre avantage (!), les uns par les autres." (Cours II, S. 99f.)

[14] „En résumé, science, d'où prévoyance; prévoyance, d'où action: telle est la formule très simple qui exprime, d'une manière exacte, la relation générale de la science et de l'art, en prenant ces deux expressions dans leur acception générale." Cours II, S. 100f.

[15] „C'est qu'elle peut être considérée comme la seule base solide de la réorganisation sociale qui doit terminer l'état de crise dans lequel se trouvent depuis longtemps les nations les plus civilisées." Cours I, S. 81

[16] Discours, S. 51

[17] Discours, S. 53

[18] ,,Die beklagenswerte geistige Lage der Elite der Menschheit ...", Discours, S. 55f.

[19] Discours, S. 61

[20] Discours, S. 67

[21] ,,en train de remplir sa fonction d'esprit", *Gouhier, Henri,* Auguste Comte, Oeuvres choisies, a.a.O., S. 8

[22] ,,Ce qui remplace la métaphysique fondée sur l'expérience intérieure, c'est une philosophie de l'histoire de l'esprit à travers les sciences." *Ders.,* a.a.O., Introduction, S. 9

[23] ,,Il n'y a d'unité indispensable pour cela que l'unité de méthode, laquelle peut et doit exister ... Quant à la doctrine, il n'est pas nécessaire qu'elle soit une, il suffit qu'elle soit homogène. C'est donc sous le double point de vue de l'unite des méthodes et de l'homogénéité des doctrines que nous considérons, dans ce cours, les différentes classes de théories positives." Cours I, S. 88

[24] *Freud, Sigmund,* Das Unbewußte. Schriften zur Psychoanalyse, herausgegeben von *Mitscherlich, Alexander,* mit einem Nachwort des Herausgebers, Frankfurt/M. 1960, Nachwort, S. 448

[25] Discours, S. 33

[26] l. c. S. 35

[27] ,,comme apte à agir et comme agissant effectivement", Cours I, S. 61

[28] Vgl. *Adorno, Th. W.,* Über Statik und Dynamik als soziologische Kategorien, Neue Deutsche Hefte, 81, Mai/Juni 1961; desgleichen *Steinhauer, Margarete,* Die politische Soziologie Auguste Comtes und ihre Differenz zur liberalen Gesellschaftstheorie Condorcets, Meisenheim a. Gl. 1966

[29] Entwurf, S. 77f.

[30] l. c., S. 82

[31] l. c., S. 85

[32] l. c., S. 103f.

[33] l. c., S. 102f.

[34] Discours, S. 25

[35] l. c., S. 29

[36] Entwurf, S. 151

[37] l. c., S. 86

[38] dto

[39] l. c., S. 89f.

[40] l. c., S. 121

[41] l. c., S. 118f.

[42] l. c., S. 122

[43] Vgl. Entwurf, S. 125

[44] Comte selber kritisiert vehement die Auffassung jener ,,physiologistes du premier ordre ... de voir dans la physique sociale un simple appendice de la physiologie" (Cours II, S. 160f.).

[45] ,,le développement de la nature de l'homme dans ses formes sociétaires", *Salomon-Delatour, Gottfried,* a.a.O., S. 221

[46] Entwurf, S. 93

[47] l. c., S. 94

[48] l. c., S. 100.

[49] l. c., S. 97

[50] l. c., S. 188

[51] So nebenher fast leitet Comte, in einem religionssoziologischen Aperçu gleichsam, diesen rücksichtslos um persönliche Prosperität besorgten ,,Geist" aus der dahinterstehenden, ums eigene individuelle Heil allein bang sich sorgenden religiösen Ethik ab. Für Comte ist es freilich die katholische. ,,Es besteht übrigens durchaus Anlaß anzunehmen, daß die Gewöhnung an ständige selbstsüchtige Berechnungen in Hinblick auf die dem Gläubigen teuersten Interessen beim Menschen auf dem Wege wachsender Anpassung auch in jeder anderen Hinsicht (!) ein Übermaß an Umsicht, Voraussicht und schließlich Egoismus entwickelt hat, das seine Grundstruktur nicht forderte und das daher eines Tages unter einer besseren sittlichen Denkweise abnehmen kann" (Discours, S. 153).

[52] *Dahrendorf, Ralf,* Homo sociologicus, Kölner Zeitschrift für Soziologie und Sozialpschologie, Jg. 10, 1958, H. 2 und 3, S. 181

[53] Discours, S. 157

[54] *Adorno, Th.W.,* Über Statik und Dynamik, a.a.O., S. 62

[55] Ausgeführt wird es dann in den letzten Lektionen des *Cours.* Vgl. Soziologie II/III

[56] Vgl. *Aron, Raymond,* Hauptströmungen des soziologischen Denkens, 1. Band, Montesquieu, Auguste Comte, Karl Marx, Alexis de Tocqueville, Köln 1971, S. 71–131

[57] Der vollständige Titel lautet: ,,Esquisse d'un tableau historique des progrès de l'esprit humain" und stammt von 1794. Vgl. auch Alff, Wilh.: Vernunft, Moral, Gesellschaft, ein Text Condorcets, in: Frankfurter Beiträge zur Soziologie, I, 1955, S. 411ff.

[58] Die drei Stufen sind selbst als idealtypische Konstruktionen historisch höchst anfechtbar und empirisch zweifelhaft.

[59] Entwurf, S. 71. Das Argument von der Nähe oder Ferne des jeweiligen Bereiches zum Menschen und der steigenden Komplexität ihrer desto weniger allgemeinen Gegenstände usw., kurz: das Gesetz von der Hierarchie der Wissenschaften ist faktisch leicht zu widerlegen. Es lebt insbesondere von der Fiktion, es gäbe und es könne keine Entwicklung mehr in den Naturwissenschaften geben, nachdem diese einmal positiv geworden sind; es setzt die Newton'schen Gesetze, das Weltbild der Euklidischen Geometrie absolut und als ein für allemal, das heißt unumstößlich formuliert, bedenkt nicht ihren ,,relativen" Charakter usw.

[60] Entwurf, S. 72f.

[61] *Aron, Raymond,* Les grandes doctrines de sociologie historique, Paris 1960, Introduction, S. 9

[62] ,,Plus les sociétés se modernisent, et plus elles s'industrialisent, plus elles ont la tendance à développer une connaissance scientifique, une sociologie d'inspiration scientifique." *Ders.*, a.a.O., S. 11

[63] *Maus, Heinz,* Bemerkungen zu Comte, Kölner Zeitschrift f. Soziologie und Sozialpsychologie, 5 (1952/53), S. 516

[64] Entwurf, S. 105

[65] l. c., S. 107f.

[66] l. c., S. 109f.

[67] Cours I, S. 45

[68] l. c., S. 42

[69] ,,Le positivisme est une tentative, – la plus vaste et la plus profonde qu'on ait jamais vue, – pour étendre à l'étude des faits sociaux les progrès réalisés par l'étude des phénomènes physiques." l. c., Kommentar von *Ch. Verrier,* S. 45

[70] Entwurf, S. 160

[71] l. c., S. 169

[72] l. c., S. 161

[73] l. c., S. 171

[74] Abwechselnd gebraucht er zu ihrer Charakterisierung folgende Begriffe: ,,Gesamtphysiologie" (S. 182), ,,soziale Physik" (S. 176), ,,Physiologie der Gattung" (S. 180), immer in: Entwurf.

[75] Desgleichen hier: ,,Physiologie im engeren Sinne" (S. 177), ,,direkte physiologische Betrachtung" (S. 179), in: Entwurf.

[76] Entwurf, S. 171f.

[77] Entwurf, S. 174: ,,. . . der Kulturzustand der Menschen in jeder Generation hängt unmittelbar nur von dem der vorangegangenen Generation ab und bringt unmittelbar nur den der folgenden hervor."

[78] Entwurf, S. 179

[79] l. c., S. 162

[80] l. c., S. 163

[81] l. c., S. 163f.

[82] l. c., S. 167

[83] l. c., S. 185

[84] Einmal eine Umwälzung in der Natur der vorherrschenden Fragen: daß soziale Schwierigkeiten nicht politischer, sondern sittlich-moralischer Natur sind; dann in der Art und Weise, wie sie gestellt werden, beispielsweise, daß der ,,gegenwärtige Zustand stets . . . ein notwendiges Resultat der gesamten vorangehenden Entwicklung sei", (Discours, S. 119); zuletzt, daß neuartige Vorbedingungen bedacht werden müssen, ehe Soziologie betrieben werden könne, weil diese ihre Ergiebigkit und Relevanz berühren.

[85] Vgl. Discours, S. 119

[86] So wird für ,,Ordnung" und ,,Fortschritt" von Comte synonym gebraucht: Erhaltung – Verbesserung, ,,die beide dem Normalzustand der Menschheit gleich eigentümlich sind" (Discours, S. 113); ferner Ideen des Seins und der Bewegung. Was für den ,,Sozialorganismus" (Discours, S. 177) Ordnung und Fortschritt heißt, heißt in der Physiologie Organisation und Leben. Es ,,stellt die Ordnung stets die Grundvoraussetzung des Fortschritts dar; und umgekehrt wird der Fortschritt das notwendige Ziel der Ordnung: wie in der Mechanik des Tierreiches Gleichgewicht und Fortschreiten wechselseitig als Grundlage und als Ziel unentbehrlich sind" (Discours, S. 117).

[87] Discours, S. 121

[88] l. c., S. XXVII

[89] l. c., S. 125

[90] Entwurf, S. 141

[91] Cours II, S. 110

[92] l. c., dort heißen sie: ,,les directeurs effectifs des travaux productifs" (S. 110)

[93] Cours I, S. 13

[94] ,,La fonction de l'hypothèse est définie par la fonction même de la science: la science

ne devant avoir pour object que les faits et leurs lois, l'hypothèse ne doit pas être autre chose que la construction par l'esprit d'une circonstance non encore perceptible dans le phénomène étudié. Elle doit disparaître aussitôt que se révèle une autre hypothèse concordant mieux avec les faits." (Cours I, Anm. Verriers, S. 14).

[95] Entwurf, S. 55

[96] *Saint-Simon,* Ausgewählte Texte, Berlin (Ost) 1957, S. 159

[97] „... en ce que chacun retire de la société les bénéfices exactement proportionnés à sa mise sociale, c'est-à-dire à sa capacité positive, à l'emploi utile qu'il fait de ses moyens ...". *Saint-Simon,* Du système industriel, zit. bei *Gouhier, Henri,* Saint-Simon et Auguste Comte devant la Révolution française, Revue philosophique de la France et de l'Etranger. Paris 1939, vol. CXXVIII, S. 206

[98] *Marx, Karl:* Einleitung zur Kritik der Hegelschen Rechtsphilosophie, in: *Karl Marx/Friedrich Engels:* Über Religion, Berlin 1958, S. 30

[99] Entwurf, S. 36; die letzte Hervorhebung von mir, O.M.

[100] l. c., S. 36f.

[101] l. c., S. 76

[102] l. c., S. 33

[103] Discours, S. 95

[104] l. c., S. 167

[105] l. c., S. 158

[106] l. c., S. 161

[107] „Qu'une classe nouvelle de savants préparés par une éducation convenable, sans se livrer à la culture spéciale d'aucune branche particulière de la philosophie naturelle, s'occupe uniquement en considérant les diverses sciences positives dans leur état actuel, à déterminer exactement l'esprit de chacune d'elles, à découvrir leurs relations et leurs enchaînements, à résumer, s'il est possible, tous leurs principes propres en un moindre nombre de principes communs, en se conformant sans cesse aux maximes fondamentales de la méthode positive." Cours I, S. 57

[108] „... par une éducation *positive,* conforme à l'esprit de notre époque et adaptée aux besoins de la civilisation moderne", l. c., S. 73

[109] Um so erstaunlicher ist es, daß der Gedanke vom Unternehmerrisiko als Produktionsfaktor neben anderen sehr viel später erst explizit – von Schumpeter wohl – aufgegriffen und systematisch verfolgt wurde. Bei Comte gewinnt er gleich ideologische Bedeutung.

[110] Angedeutet wird bereits die Problematik der Massenfertigung und Fließbandproduktion, zugleich ist darin der Gedanke der Entfremdung involviert.

[111] Discours, S. 179ff.

[112] l. c., S. 181

[113] l. c., S. 183

[114] l. c., S. 187

[115] „Le mot droit doit être autant écarté du vrai langage politique que le mot cause du vrai langage philosophique ... Dans l'état positif l'idée du droit disparaît irrévocablement. Chacun a des devoirs, et envers tous; mais personne n'a aucun droit proprement dit. Les justes garanties individuelles résultent seulement de cette universelle réciprocité d'obligations qui reproduit l'équivalent moral des droits antérieurs sans offrir leurs graves dangers politiques. En d'autres termes, nul ne possède d'autre droit que celui de toujours faire son devoir." *Comte, Auguste,* Discours sur l'ensemble du positivisme, zit. bei *Gurvitch, Georges,* Les Fondateurs de la Sociologie Contemporaine. Pour le centenaire de la mort d'Auguste Comte (1857–1957), Paris 1957, S. 40

[116] Discours, S. 193

[117] l. c., S. 189ff.

[118] Entwurf, S. 129

[119] „En effet, non seulement les diverses parties de chaque science ... se sont, en réalité, développées simultanément et sous l'influence les unes sur les autres ..., mais en considérant, dans son ensemble, le développement effectif de l'esprit humain, on voit de plus que les différentes sciences ont été, dans le fait, perfectionnées en même temps et mutuellement; on voit même que les progrès des sciences et ceux des arts ont dépendu les uns des autres, par d'innombrables influences réciproques, et enfin que tous ont été étroitement liés au développement général de la société humaine. Ce vaste enchaînement est tellement réel que souvent, pour concevoir la génération effective d'une théorie scientifique, l'esprit est conduit à considérer le perfectionnement de

quelque art qui n'a avec lui aucune liaison rationnelle, ou même quelque progrès particulier dans l'organisation sociale, sans lequel cette découverte n'eût pu avoir lieu ... Il résulte donc de là que l'on ne peut connaître la véritable histoire de chaque science, c'est-à-dire la formation réelle des découvertes dont elle se compose, qu'en étudiant, d'une manière générale et directe, l'histoire de l'humanité." Cours II, S. 127

[120] Vgl. dazu *Negt, Oskar,* Strukturbeziehungen zwischen den Gesellschaftslehren Comtes und Hegels, Frankfurt/M. 1964

[121] ,,Le prétendu ordre *historique* d'exposition, même quand il pourrait être suivi rigoureusement pour les détails de chaque science en particulier, serait déjà purement hypothétique et abstrait sous le rapport le plus important, en ce qu'il considérerait le développement de cette science comme isolé. Bien loin de mettre en évidence la véritable histoire de la science, il tendrait à en concevoir une opinion très fausse." Cours II, S. 128

[122] *Hegel,* Rechtsphilosophie, vor allem §§ 181ff., bes. § 184

[123] Entwurf, S. 11

[124] l. c., S. 17

[125] l. c.. S. 12f.

[126] Soziologie I, S. 45ff.

[127] Entwurf, S. 13

[128] l. c., S. 15f.

[129] ,,Le parlementarisme de la restauration fut même, aux yeux de Comte, une aberration plus nuisible que le césarisme de Napoléon." *Aulard, F.-A.,* A. Comte et la Révolution française, Revue bleue (vom 31. 12. 1892), S. 844

[130] Entwurf, S. 18

[131] l. c., S. 150

[132] l. c., Anm. S. 25

[133] Cours I, S. 82

[134] Entwurf, S. 5f.

[135] Hier etwa hätte ein Vergleich anzusetzen zwischen Comte und der Mannheimschen Art, auf die Erkenntnis, die Folgerichtigkeit und den historischen Erfolg solcher objektiven Tendenzen zu vertrauen. Beide postulieren daher auch zu dem gleichen Zweck die fachmännische Elite. Auf die soziale Funktion der Gesellschaftslehre Comtes geht vor allem meine Untersuchung ,,Fortschritt und Gegenrevolution" ein (vgl. Anm. 1).

[136] Zit. bei *Gruber S.J., Hermann,* Auguste Comte, der Begründer des Positivismus. Sein Leben und seine Lehre, Ergänzungshefte zu den ,,Stimmen aus Maria Laach", 45, Freiburg i. Br. 1889, S. 122

Helmut Dahmer/Helmut Fleischer

KARL MARX

Die Abkürzungen beziehen sich auf folgende Ausgaben:

Bandnummer und Seitenzahl (z. B. 1,54) = Marx, Karl, und *Friedrich Engels,* Werke (MEW). Hrsg. vom Institut für Marxismus-Leninismus beim ZK der SED (nach der vom Institut für Marxismus-Leninismus beim ZK der KPdSU besorgten 2. russ. Ausgabe). 39 Bände (Bd. 27–39: Briefe).

E = MEW-Ergänzungsband (,,Schriften, Manuskripte, Briefe bis 1844"; 2 Halbbände, 1967/68). Das Gesamtwerk: Berlin (Dietz-Verlag), 1957–1968.

G = *Marx, Karl,* Grundrisse der Kritik der politischen Ökonomie (Rohentwurf). [1857/58] Berlin (Dietz-Verlag), 1953.

R = *Marx, Karl,* Resultate des unmittelbaren Produktionsprozesses. (Das Kapital, I. Buch, VI. Kapitel: Variante.) Frankfurt (Verlag Neue Kritik) 1969.

[1] 1, 54

[2] 1, 70f.

[3] 27, 415

[4] 1, 338

[5] 1, 339

[6] 1, 390

[7] Vgl. die 1844 in den Deutsch-Französischen Jahrbüchern erschienene Studie „Umrisse einer Kritik der Nationalökonomie" (1, 499ff.)

[8] E I, 510ff.

[9] E I, 459f.

[10] E I, 461

[11] E I, 462

[12] E I, 8

[13] E, 417

[14] 3, 13

[15] 3, 5

[16] E I, 574

[17] E I, 570

[18] 3, 6f.

[19] 3, 42, 44f.

[20] 3, 44

[21] 3, 69

[22] 3, 37f.

[23] 3, 26f.

[24] 2, 85 u. 126

[25] 3, 26

[26] 3, 13

[27] Diese Deutung findet sich bei *Marx* in den „Pariser Manuskripten", E I, 572

[28] Vgl. *G. Hillmann,* Marx und Hegel. Frankfurt 1966

[29] 1, 345

[30] 1, 342f.

[31] 4, 143

[32] Vgl. 3, 20–36

[33] Vgl. dazu *V. Gordon Childe,* Die neolithische Revolution (1942). In: *Klaus Eder,* Hrsg., Seminar: Die Entstehung von Klassengesellschaften, Frankfurt 1973, 176–185

[34] 13, 9

[35] 25, 799f.

[36] 4, 462

[37] 13, 8f.

[38] Gemeinsame Matrix beider „Formeln" ist der Abschnitt (C.) „Kommunismus. – Produktion der Verkehrsform selbst" am Schluß des Feuerbach-Teils der „Deutschen Ideologie". Vgl. 3, 70ff.

[39] „Von allen Produktionsinstrumenten ist die größte Produktivkraft die revolutionäre Klasse selbst. Die Organisation der revolutionären Elemente als Klasse setzt die fertige Existenz aller Produktivkräfte voraus, die sich überhaupt im Schoß der alten Gesellschaft entfalten konnten." 4, 181

[40] 4, 475

[41] *Karl Korsch,* Karl Marx (1938), Frankfurt 1967, 182

[42] Vgl. *Karl Korsch,* Marxismus und Philosophie (1923; 1930), Frankfurt 1966, 97ff.

[43] *Korsch,* Karl Marx, a.a.O., 75

[44] Vgl. dazu *Korsch,* a.a.O., 220ff.

[45] A.a.O., 88.

[46] Vgl. dazu *Henryk Grossmann,* Das Akkumulations- und Zusammenbruchsgesetz des kapitalistischen Systems. (Zugleich eine Krisentheorie.). Leipzig 1929, Einleitung

[47] 23, 87

[48] Ebd., 86

[49] G, 26

[50] 23, 12

[51] 23, 27

[52] 6, 402

[53] 4, 474

[54] Ebd., 472

[55] „Dampf, Elektrizität und Spinnmaschine waren Revolutionäre von viel gefährlicherem Charakter als selbst die Bürger Barbès, Raspail und Blanqui ... Wir wissen, daß die neuen Kräfte der Gesellschaft, um richtig zur Wirkung zu kommen, nur neuer Menschen bedürfen, die ihrer Meister werden – und das sind die Arbeiter. Sie sind so gut die Erfindung der neuen Zeit wie die Maschinerie selbst ... Die englischen Arbeiter sind die erstgeborenen Söhne der modernen Industrie." 12, 3f. Vgl. dazu auch 8, 461

[56] 23, 512

[57] A.a.O., 88

[58] A.a.O. 93

[59] 4, 464f.

[60] G, 25

[61] Ebd.

[62] G, 26

[63] 4, 462

[64] Vgl. dazu *Max Weber:* „Über die allgemeinen ökonomischen Bedingungen des Vorherrschens ‚ständischer' Gliederung läßt sich ... ganz allgemein nur sagen: daß eine gewisse (relative) Stabilität der Grundlagen von Gütererwerb und Güterverteilung sie begünstigt, während jede technisch-ökonomische Erschütterung und Umwälzung sie bedroht und die ‚Klassenlage' in den Vordergrund schiebt. Zeitalter und Länder vorwiegender Bedeutung der nackten Klassenlage sind der Regel nach technisch-ökonomische Umwälzungszei-

ten, während jede Verlangsamung der ökonomischen Umschichtungsprozesse alsbald zum Aufwachsen ‚ständischer' Bildungen führt und die soziale ‚Ehre' wieder in ihrer Bedeutung restituiert." Wirtschaft und Gesellschaft (4. Aufl.), Tübingen 1956, 539

[65] 21, 169

[66] Vgl. *Georg Lukács,* Geschichte und Klassenbewußtsein (1923), Neuwied 1968, 287–331

[67] Vgl. *Max Horkheimer,* Vernunft und Selbsterhaltung (1942), Frankfurt 1970; *ders.,* Zur Kritik der instrumentellen Vernunft (1947), Frankfurt 1967 (Teil I); *ders.,* Zum Begriff der Vernunft (1951), in: Sozialphilosophische Studien, Frankfurt 1972, 47–58

[68] *Lukács,* a.a.O., 294

[69] Vgl. *Max Weber,* Wirtschaftsgeschichte, München 1924, 238ff.

[70] Vgl. *Alfred Sohn-Rethel,* Geistige und körperliche Arbeit. Zur Theorie der gesellschaftlichen Synthesis. Frankfurt 1970, Teil 1 und 2

[71] Vgl. *Otto Bauer,* Das Weltbild des Kapitalismus (1924); in: O. Bauer, Eine Auswahl aus seinem Lebenswerk, Wien 1961, 102–139

[72] *Sohn-Rethel,* a.a.O., 78 (siehe auch 91)

[73] Vgl. 8, 117

[74] 13, 9. Vgl. 8, 139

[75] Der Folgesatz sucht die Kluft zwischen Sein und Bewußtsein zu überbrücken: „Es bedarf hier nicht der Ausführung, daß ein großer Teil des englischen und französischen Proletariats sich seiner geschichtlichen Aufgabe schon *bewußt* ist und beständig daran arbeitet, dies Bewußtsein zur vollständigen Klarheit herauszubilden." 2, 38

[76] „Die Handmühle ergibt eine Gesellschaft mit Feudalherren, die Dampfmühle eine Gesellschaft mit industriellen Kapitalisten." 4, 130

[77] Vgl. G, 592ff. Dazu *Albrecht Wellmer,* Kritische Gesellschaftstheorie und Positivismus; Frankfurt 1969, 113–127

[78] Das Wahlgesetz vom 31. 5. 1850, das sie von aller Teilnahme an der politischen Gewalt ausschloß, „warf die Arbeiter in die Pariastellung zurück, die sie vor der Februarrevolution eingenommen hatten. Indem sie einem solchen Ereignisse gegenüber sich von den Demokraten lenken lassen und das revolutionäre Interesse ihrer Klasse über einem augenblicklichen Wohlbehagen vergessen konnten, verzichteten sie auf die Ehre, eine erobernde Macht zu sein, unterwarfen sich ihrem Schicksale, bewiesen, daß die Niederlage vom Juni 1848 sie für Jahre kampfunfähig gemacht und daß der geschichtliche Prozeß zunächst wieder *über* ihren Köpfen vor sich gehen müsse." 8, 157

[79] Vgl. *Marx'* „Der Bürgerkrieg in Frankreich. Adresse des Generalrats der Internationalen Arbeiterassoziation" (17, 313–365): „Paris, arbeitend, denkend, kämpfend, blutend, über seiner Vorbereitung einer neuen Gesellschaft fast vergessend der Kannibalen vor seinen Toren, strahlend in der Begeisterung seiner geschichtlichen Initiative!" A.a.O., 349

[80] „Ihr habt 15, 20, 50 Jahre Bürgerkrieg durchzumachen, um die Verhältnisse zu ändern, um euch selbst zur Herrschaft zu befähigen . . ." 8, 598. Entsprechend schon Satz 3 oder 3. These über Feuerbach, 3, 6; vgl. auch 17, 343

[81] Seine Exzerpte und kritischen Kommentare wurden vor wenigen Jahren veröffentlicht: „The Ethnological Notebooks of Karl Marx (Studies of Morgan, Phear, Maine, Lubbock)", transcribed and edited, with an introduction by *Lawrence Krader.* (= Quellen und Untersuchungen zur Geschichte der deutschen und österreichischen Arbeiterbewegung, Neue Folge, hrsg. vom Internationaal Instituut voor Sociale Geschiedenis, Amsterdam, Bd. III.) Assen 1972. Vgl. dazu auch *Lawrence Krader,* Ethnologie und Anthropologie bei Marx. München 1973

[82] *Morgan,* Ancient Society or Researches in the Lines of Human Progress from Savagery through Barbarism to Civilization. New York–London 1877. Dt.: Die Urgesellschaft, übers. von Wilhelm Eichhoff und Karl Kautsky, Stuttgart 1891

[83] 19, 386

[84] *Morgan,* Die Urgesellschaft, 2. durchgesehene Aufl. Stuttgart 1908, 474f

[85] Über die Beziehung Bachofens zu Morgan informiert das Nachwort von *Johannes Dörmann* zu *Bachofen* „Antiquarische Briefe" (1880), GW VIII, Basel-Stuttgart 1966, 523–602: „Bachofens ‚Antiquarische

Briefe' und die zweite Bearbeitung des ‚Mutterrechts' ", bes. 551–559. Vgl. dazu ferner den in GW X (Briefe), Basel-Stuttgart 1967, 409–441 abgedruckten Briefwechsel zwischen Morgan und Bachofen, der jetzt auch auszugsweise von *Hans-Jürgen Heinrichs* ins Deutsche übertragen wurde: Heinrichs, Hrsg., Materialien zu Bachofens „Das Mutterrecht", Frankfurt 1975, 271–277

[86] *Bachofen,* Das Mutterrecht. Eine Untersuchung über die Gynaikokratie der alten Welt nach ihrer religiösen und rechtlichen Natur. Stuttgart 1861. Neuausgabe als Bd. 2/3 der von *Karl Meuli* u. a. herausgegebenen (zehnbändigen) Gesammelte Werke-Edition, Basel-Stuttgart 1948

[87] 21, 474

[88] Vgl. *Emmanuel Terray,* „Morgan und die zeitgenössische Anthropologie"; in: *ders.,* Zur politischen Ökonomie der „primitiven" Gesellschaften. Frankfurt 1974, 7–92

[89] *Ferguson,* An Essay on the History of Civil Society (1767); dt.: Abhandlung über die Geschichte der bürgerlichen Gesellschaft, hrsg. von *H. Waentig,* Jena 1923 (= Sammlung sozialwissenschaftlicher Meister, Bd. 2)

[90] Nach heutigem Forschungsstand wären Morgans Epochen der Frühgeschichte etwa folgendermaßen zu datieren:

Anthropogenese: 2–3 Mio. Jahre–600000 v. u. Z.;

„Wildheit" (untere Stufe): 600000–100000 v. u. Z. (Altsteinzeit);

„Wildheit" (mittl. Stufe): 100000–10000 v. u. Z. (Jüngere Altsteinzeit);

„Wildheit" (obere Stufe): 10000–5000 v. u. Z. (Mesolithikum);

Untere und mittlere Stufe der „Barbarei" (Europa): 5000–2000 v. u. Z. (Neolithikum);

Obere Stufe der „Barbarei"–„Zivilisation" (Europa): 2000–. . . (Bronze-, Eisenzeit)

[91] Vgl. *Morgan,* Die Urgesellschaft, a.a.O., XIV und 4

[92] „Während Morgan von der zwingenden Logik in der Entwicklung der Technik fälschlich auf einen analogen gesetzmäßigen Fortschritt der andern Bereiche der Kultur, vor allem auch der gesellschaftlichen Einrichtungen, schließt, geht Bachofen gleichsam von dem entgegengesetzten Pol aus und versucht nachzuweisen, daß die Religion der eherne geistige Grund der gesetzmäßigen kulturellen Entwicklung ist. Treffen sich die beiden Gelehrten später vollständig in der Rekonstruktion der Entwicklungsgeschichte der Familie, so sind sie gleichsam Antipoden in ihrem Ausgangspunkt." *Dörmann,* a.a.O., 553

[93] „*Das unegale Verhältnis der Entwicklung der materiellen Produktion z. B. zur künstlerischen.* Überhaupt der Begriff des Fortschritts nicht in der gewöhnlichen Abstraktion zu fassen. Moderne Kunst etc. Diese Disproportion noch nicht so wichtig und schwierig zu fassen, als innerhalb praktisch-sozialer Verhältnisse selbst ... Also z. B. das Verhältnis des römischen Privatrechts ... zur modernen Produktion."

Anschließend erörtert *Marx* (am Beispiel des Epos) die Gebundenheit bestimmter (klassischer) Kunstformen an (relativ) unentwickelte Formen der materiellen und künstlerischen Produktion und das Problem des Fortgeltens von kulturellen Objektivationen vergangener Gesellschaftsformationen. G, 29ff.

[94] Vgl. 30, 249

[95] *Korsch,* Karl Marx, a.a.O., 27f.

[96] *Morgan,* Die Urgesellschaft, a.a.O., 7

[97] A.a.O., 9 (entspr. 14)

[98] 23, 535ff.

[99] „Dieselbe Wichtigkeit, welche der Bau von Knochenreliquien für die Erkenntnis der Organisation untergegangner Tiergeschlechter, haben Reliquien von Arbeitsmitteln für die Beurteilung untergegangner ökonomischer Gesellschaftsformationen. Nicht was gemacht wird, sondern wie, mit welchen Arbeitsmitteln gemacht wird, unterscheidet die ökonomischen Epochen. Die Arbeitsmittel sind nicht nur Gradmesser der Entwicklung der menschlichen Arbeitskraft, sondern auch Anzeiger der gesellschaftlichen Verhältnisse, worin gearbeitet wird." 23, 194f.; vgl. auch 392f. (Anm. 89)

[100] Eine technologisch verkürzte Version bietet innerhalb der marxistischen Tradition u. a. *Nikolai I. Bucharins* Theorie des historischen Materialismus. Gemeinverständliches Lehrbuch der Marxistischen So-

ziologie, Hamburg 1922; vgl. dazu *Georg Lukács'* kritische Rezension (1925) in Geschichte und Klassenbewußtsein, Neuwied 1968, 598–608. – Im Anschluß an G. W. Plechanow hat *Karl August Wittfogel* das geographisch-materialistische Moment überpointiert; vgl. seine methodologischen Aufsätze aus den Jahren 1929 und 1932 ,,Geopolitik, geographischer Materialismus und Marxismus"; ,,Die natürlichen Ursachen der Wirtschaftsgeschichte" in dem Sammelband Marxismus und Wirtschaftsgeschichte, Frankfurt 1970, sowie sein Buch Die orientalische Despotie (1957), dt. Köln 1962. – *Darcy Ribeiro* vertritt die Auffassung, daß in der Menschheitsgeschichte bestimmte technische Revolutionen, bestimmte Stufen der Naturbeherrschung die Basis *verschiedenartiger* ,,zivilisatorischer Prozesse" abgegeben haben (und abgeben). Das Problem des Verhältnisses von Technologie und Produktionsverhältnissen reduziert er auf eines der Perspektive. Techniken, Produktionsverhältnisse und Weltdeutungen gelten ihm als drei Dimensionen der Analyse von Gesellschaftsformationen. Je nach Reichweite der Analyse erscheint der eine oder andere Faktor als entscheidende Determinante der Entwicklung: ,,auf dem kurzer Reichweite sind es die ideologischen Faktoren, auf dem mittlerer Reichweite die historisch gewachsenen Formen der sozialen Organisation, und auf dem großer Reichweite die technologischen Innovationen und Revolutionen, die das Geschehen bedingen." Der Zivilisatorische Prozeß, hrsg. von *H. R. Sonntag,* Frankfurt 1968, Anhang, 276 und 279f. (Zitat).

[101] Vgl. dazu den Briefwechsel zwischen *Marx* und *Engels* (im Juni 1853) zur Frage des Charakters der asiatischen Produktionsweise: 28, 250–269

[102] *Morgan,* a.a.O., 10

[103] Ebd.

[104] ,,Sehr wahrscheinlich ist es, daß die aufeinanderfolgenden Künste der Gewinnung des Lebensunterhalts, ... infolge des großen Einflusses, den sie auf den Zustand der Menschheit ausgeübt haben müssen, später einmal die geeignetste Grundlage für eine solche Einteilung abgeben werden." A.a.O., 8.

[105] Ebd.

[106] Vgl. dazu *Gordon V. Childe,* Soziale Evolution (1951), dt. Frankfurt 1968, mit dem (1962 geschriebenen) Vorwort von *Mortimer Wheeler.* Ferner *Irmgard Sellnow,* ,,Grundprinzipien einer Periodisierung der Urgeschichte. Ein Beitrag auf der Grundlage ethnographischen Materials", Berlin 1961

[107] *Sellnow,* a.a.O., 51 und 476. Die materialistische Geschichtstheorie läßt sich ebensowenig wie die politische Ökonomie auf Technologie reduzieren (vgl. G, 7). Darum sucht man in Marx' ,,historischen Analysen vergeblich nach einem durchgeführten Vergleich der Technologien in den verschiedenen Epochen." Die ,,entscheidende Tatsache bleibt, daß Marx' vergleichende Analysen gesellschaftliche Verhältnisse und nicht die materielle Technologie behandeln." *R. Stephen Warner,* Die Methode in Karl Marx' vergleichenden Untersuchungen über die Produktionsweisen. Kölner Zs. für Soziologie und Sozialpsychologie, 1968, 223–249, hier 228 (vgl. auch 232)

[108] *Morgans* ,,Wiederentdeckung der ursprünglichen mutterrechtlichen Gens als der Vorstufe der vaterrechtlichen Gens der Kulturvölker hat für die Urgeschichte dieselbe Bedeutung wie Darwins Entwicklungstheorie für die Biologie und Marx' Mehrwerttheorie für die politische Ökonomie." 21, 481

[109] 19, 386

[110] *Krader,* Ethnologie und Anthropologie bei Marx, a.a.O., 103

[111] ,,Der *Ursprung der Familie* handelt nur von einer unilinearen Evolution, ebenso die englische Ausgabe des *Kommunistischen Manifests,* die Engels 1888 bearbeitete. Engels' *Anti-Dühring,* die russische Ausgabe des *Kommunistischen Manifests* (1882) und dessen deutsche Ausgabe von 1890 setzen einen multilinearen Verlauf gesellschaftlicher Entwicklung voraus. Diese Arbeiten sind entweder gemeinsam mit Marx verfaßt worden oder sie reflektieren von beiden gemeinsam erarbeitete frühere Positionen. Der gleiche Zwiespalt zeigt sich in Engels' Bearbeitung des dritten Bandes des *Kapital:* die erste Hälfte des 43. Kapitels wurde von Engels auf der Grundlage von Marxschen Materialien hergestellt: die nordamerikani-

schen Prärien, die argentinischen Pampas und die Ländereien der russischen und indischen kommunistischen Gemeinwesen werden hier von denen der (mittel- und west-) europäischen Pächter und Bauern unterschieden. (MEW 25, S. 735) In den von Engels im Zusammenhang mit dem dritten Band des *Kapital* veröffentlichten Aufsätzen wird dagegen die Entwicklung von der bäuerlich-gemeindlichen zu der kapitalistischen Produktionsweise in gerader Linie, ohne jede Abweichung, entfaltet. (MEW 25, S. 906, 910f.)" *Krader,* a.a.O., 158f.

[112] Vgl. dazu 2, 604–610; *Charles Fourier,* Theorie der vier Bewegungen und der allgemeinen Bestimmungen, Frankfurt 1966; *Thilo Ramm,* Die großen Sozialisten als Rechts- und Sozialphilosophen, Bd. 1, Stuttgart 1955, 2. Buch, Kap. 6 und 7

[113] Vgl. *Walter Benjamin,* Über den Begriff der Geschichte (1940). In: Gesammelte Schriften I/2, 691–704, These VI, XIV und XVII. Zitat 701

[114] 3, 29

[115] Heinrich Cunow hat später Engels gegenüber darauf insistiert, daß auch die matrilinear strukturierte Gentilgesellschaft eine spezifische „ökonomische" Basis habe. (Vgl. *Cunow,* Die ökonomischen Grundlagen der Mutterherrschaft. Die Neue Zeit, Jg. 1898, Bd. 1, 106–118, 133–141, 176–182, 204–209, 237–242; *ders.,* Zur Urgeschichte der Ehe und Familie. (Ergänzungshefte zur Neuen Zeit, Nr. 14, Stuttgart 1912.) *Otto Mänchen-Helfen* bemerkt dazu in seiner Würdigung der ethnologischen Arbeiten Cunows: Cunow „hat die Einheitlichkeit der materialistischen Geschichtsauffassung gegen Engels wiederhergestellt." Seine „Auffassung gründet sich auf einen Evolutionismus, der den Verlauf der Geschichte als einen einheitlichen, *einsträngigen* Prozeß, einen Fortgang von niederen zu höheren Formen betrachtet ..." Cunow hat in der Tat – ungleich Marx und Engels – die Geltung der materialistischen Geschichtstheorie universalisiert, ihre Relativierung auf die Epoche der „Zivilisation" als eine Inkonsequenz negiert, den „Materialismus" als positive statt als kritische Doktrin aufgefaßt. Bei Mänchen-Helfen heißt es: Engels' Inkonsequenz gehe auf von Marx und ihm selbst stammende Formulierungen in der „Deutschen Ideologie" zurück, die mit ihrem damaligen, „unbestimmten Begriff" der Produktivkraft in Zusammenhang stünden. Der Fehler der Autoren, den Engels in den achtziger Jahren wiederholte, habe darin bestanden, daß „sie den Begriff der Produktivkraft noch nicht als rein ökonomischen gefaßt hatten". Heinrich Cunow und die Ethnologie; Die Gesellschaft, 1932, Bd. 1, 445–449; Zitate 447f.

[116] 21, 42 (Unterstreichung H. D.)

[117] A.a.O., 57. Vgl. auch 50: „Man sieht eben, der Drang nach Verhinderung der Inzucht macht sich aber und abermals geltend, aber ganz naturwüchsig-tastend, ohne klares Bewußtsein des Ziels."

[118] A.a.O., 52

[119] „Stämme mit Gentilverfassung mußten so über die Zurückgebliebenen die Oberhand gewinnen oder sie durch ihr Beispiel mit sich ziehen". Ebd. – Das *Inzesttabu* ist, nach Morgan und Engels, beträchtlich älter als die Einzelehe und das Privateigentum. Die theoretische Leerstelle, die die darwinistische Pseudoerklärung verdeckt, wurde später durch eine anthropologisch-soziologische „Erklärung" der nahezu universell verbreiteten Institution ausgefüllt. Emile Durkheim, Marcel Mauss, Claude Lévi-Strauss und Talcott Parsons haben eine Deutung des Exogamiegebots entwickelt, die Freud, die späteren Theorien antizipierend, auf die Formel brachte: „Der Abscheu vor dem Inzest ... beruht darauf, daß infolge der sexuellen Gemeinschaft (auch in der Kinderzeit) die Familienmitglieder dauernd zusammenhalten und des Anschlusses an Fremde unfähig werden. Er ist also antisozial – Kultur besteht in diesem fortschreitenden Verzicht ..." *Sigmund Freud,* Aus den Anfängen der Psychoanalyse. Briefe an Wilhelm Fließ; Abhandlungen und Notizen aus den Jahren 1887–1902. Frankfurt 1962, 182 (Manuskript N, Beilage zu Freuds Brief an Fließ vom 31. 5. 1897). – *Karlheinz Messelken* resümiert die soziologische Theorie, derzufolge das Exogamiegebot für die Binnenstrukturierung der Familie wie für die Außenbindung ihrer Mitglieder unentbehrlich ist, wie folgt: „Die beiden funktionalen Grundwerte, als

deren Träger das Inzesttabu eine historisch invariante Relevanz besitzen soll, sind erstens der von ihm bewirkte Schutz der für die Arterhaltung unersetzlichen Kooperationsgemeinschaft Familie vor disruptiver interner Sexualkonkurrenz und zweitens der mit ihm gesetzte Zwang zu einer ebenfalls von der Arterhaltung geforderten Gemeinschaftsbildung über die Kernfamilie hinaus." Inzesttabu und Heiratschancen. Ein Versuch über archaische Institutionenbildung. Stuttgart 1974, 34

120 *Morgan,* a.a.O., 53. „Die moderne Familie, so wie sie durch ihren Namen bezeichnet wird, ist eine unorganisierte Gens, deren Mitglieder so weit zerstreut sind, als der Familienname sich findet."Ebd.

121 *Sellnow,* a.a.O., 95

122 A.a.O., 96f. – Engels hob besonders die demokratische Vollversammlung der Gentilen als höchste Gewalt, die der Sicherung aller Zugehörigen dienende Blutrache, eine gemeinsame Kultur und die Exogamie als Institutionen der Gentilgesellschaft hervor.

123 *Sellnow,* a.a.O., 96f.

124 21, 85

125 Ebd., 57

126 „Es kann nicht verkannt werden: die Gynaikokratie hat sich überall in bewußtem und fortgesetztem Widerstande der Frau gegen den sie erniedrigenden Hetärismus hervorgebildet, befestigt, erhalten. Dem Mißbrauche des Mannes schutzlos hingegeben, und wie es eine von Strabo erhaltene arabische Tradition bezeichnet, durch dessen Lust zu Tode ermüdet, empfindet sie zuerst und am tiefsten die Sehnsucht nach geregelten Zuständen und einer reinern Gesittung, deren Zwang der Mann im trotzigen Bewußtsein höherer physischer Kraft nur ungern sich bequemt." *Bachofen,* Das Mutterrecht, GW II, a.a.O., 37

127 21, 55 und 57. *Engels* schreibt, mit der Entwicklung *ökonomischer* Lebensverhältnisse und wachsender Bevölkerungsdichte seien die „altherkömmlichen Geschlechtsverhältnisse" für die Frauen „erniedrigend und drückend" geworden. Zur Konkretisierung wäre darauf hinzuweisen, daß das Leben jener Frauen (unter den Bedingungen der Gruppenehe und auf gentiler Kulturstufe) vermutlich eine Folge von ruinösen Schwangerschaften, Geburten, Nährperioden gewesen ist. „Das Fehlen gesellschaftlicher Einrichtungen für Pflege und Aufzucht des Nachwuchses bindet die Frau für längere Zeit an ihre Kinder, behindert sie in der Anteilnahme an den ‚schweifenden' Formen der Nahrungsgewinnung ...", schreibt *Wittfogel* (Wirtschaftsgeschichtliche Grundlagen der Entwicklung der Familienautorität. In: Studien über Autorität und Familie, hrsg. von *Max Horkheimer,* Paris 1936, 480). – Die von Engels erwähnte „Erniedrigung" des weiblichen Geschlechts – *vor* dessen zivilisatorischer Unterdrückung – kontrastiert freilich der Imago der Gentilgesellschaft als einer Gemeinschaft der Freien und Gleichen

128 Engels leitet den gleichberechtigten sozialen Status der Frauen der Gentilgesellschaft negativ von der Nichtexistenz einer sozialen Klassenscheidung, positiv von ihrer Rolle in der kommunistischen Haushaltsführung her. *Wittfogel* hat das (in der jeweiligen Kultur gegebene) relative Gewicht der von den beiden Geschlechtern ausgeübten produktiven Tätigkeiten, deren unterschiedliche Bedeutung für das Überleben des Stammes sowie den Grad der bei diesen Tätigkeiten erheischten Kooperation für die Vormachtstellung des einen oder des anderen Geschlechts verantwortlich gemacht: die (überwiegend von Frauen praktizierte) Sammeltätigkeit war kompetitiv, die (von Männern veranstaltete) Jagd „vielleicht die geschichtlich früheste Form der Kooperation" (a.a.O., 483). Einen „Höhepunkt der ökonomischen und sozialen Stellung der Frau" (496) brachte der Übergang von der bloß aneignenden „Wirtschaft" zur „Indienstnahme der reproduktiven Vorgänge in der Tier- und Pflanzenwelt" (479), zum Ackerbau mit sich, ehe die (durch Jagd vergesellschafteten Männer) auch diesen Produktionszweig usurpierten.

129 21, 59

130 Ebd., vgl. auch 157f.

131 A.a.O., 60

132 A.a.O., 60f.

133 A.a.O., 61

134 A.a.O., 67f. Die in Klammern stehenden Worte sind Zusätze der 4. Aufl. von 1892 (zur Erstfassung von 1884).

135 A.a.O., 57

[136] A.a.O., 69

[137] A.a.O., 68

[138] A.a.O., 70f.

[139] A.a.O., 73f.

[140] ,,Die moderne Einzelfamilie ist gegründet auf die offne oder verhüllte Haussklaverei der Frau, und die moderne Gesellschaft ist eine Masse, die aus lauter Einzelfamilien als ihren Molekülen sich zusammensetzt." A.a.O., 75

[141] Ebd.

[142] A.a.O., 76

[143] ,,Ist nur die auf Liebe gegründete Ehe sittlich, so auch nur die, worin die Liebe fortbesteht." A.a.O., 83

[144] A.a.O., 77

[145] A.a.O., 95f.

[146] A.a.O., 166f.

[147] A.a.O., 164

[148] A.a.O., 169

[149] A.a.O., 165

[150] A.a.O., 161

[151] A.a.O., 169

[152] A.a.O., 110

[153] A.a.O., 169f.

[154] Vgl. 20, 166ff.

[155] *Gottfried Stiehler,* Gesellschaft- und Gedichte. Grundlagen und Triebkräfte des historischen Fortschritts. Köln 1974, 217

[156] ,,Abschaffung der Sklaverei durch siegreiche Rebellion kennt das Altertum nicht." 21, 150

[157] ,,Die auf Sklavenarbeit gegründete Latifundienwirtschaft rentierte sich nicht mehr ... Die Kleinkultur war wieder die allein lohnende Form geworden." Der Boden wurde wieder parzelliert und mehr und mehr durch Kolonen – ,,Vorläufer der mittelalterlichen Leibeigenen" – bewirtschaftet. ,,Die Sklaverei war ökonomisch unmöglich, die Arbeit der Freien war moralisch geächtet." Das war ,,die ausweglose Sackgasse, in der die römische Welt stak." A.a.O., 144f.

[158] A.a.O., 149

[159] A.a.O., 151

[160] A.a.O., 150. Bei *Fourier* heißt es: In ihre zweite Phase ,,trat die Zivilisation durch die Milderung der Sklaverei ein. Wir haben gesehen, daß diese Milderung eine Folge des ritterlichen Feudalismus war, der den Landarbeitern die Möglichkeit gab, sich sowohl kollektiv wie fortschreitend zu befreien. Indem man die Leibeigenen an Grund und Boden und nicht an das Individuum band, wirkte sich die Schwäche jedes einzelnen Herrn zu ihren Gunsten aus ..." Theorie der vier Bewegungen ..., a.a.O., 288

[161] Dies der Titel der theoretisch bedeutendsten Ausarbeitung der sog. ,,Formationstheorie": G, 375–413

[162] Vgl. *R. Stephen Warner,* Die Methodologie in Karl Marx' vergleichenden Untersuchungen über die Produktionsweisen. A.a.O. (Anm. 107), 242 und 245

[163] 39, 431

[164] Ebd., 433

[165] R, 47

[166] 23, 90

[167] Vgl. dazu 3, 70ff.

[168] Vgl. 3, 22ff. und 50ff. Diese Formulierungen bilden die Matrix aller späteren Gestalten der Formationstheorie.

[169] Vgl. 19, 384–406

[170] Übersichten zur Entwicklung der Formationstheorie bei Marx und Engels geben *Günter Guhr* (Ur- und Frühgeschichte und ökonomische Gesellschaftsformationen. Ein Beitrag zum Karl-Marx-Jahr 1968. Ethnographisch-Archäologische Zs., 10. Jg., 1969, 167–212) und *Rudolf Eifler* (Vorkapitalistische Klassengesellschaft und aufsteigende Folge von Gesellschaftsformationen im Werk von Karl Marx. Zs. f. Geschichtswissenschaft, XX. Jg., 1972, 577–596).

[171] Die zu Beginn der dreißiger Jahre in der Sowjetunion und dann wieder (in der Phase der ,,Entstalinisierung") seit den fünfziger Jahren unter marxistischen Historikern und Soziologen geführten Debatten um das richtige Verständnis und eine mögliche Eingliederung der ,,asiatischen Produktionsweise" in das vereinfachte Epochenschema des kanonisierten Marxismus sind dafür aufschlußreich. Die ,,asiatische Produktionsweise", eine despotisch bürokratisch beherrschte Vielheit noch agrarkommunistisch wirtschaftender, autarker Ackerbaugemeinden, die weder Sklaven, noch Leibeigene, noch Lohnarbeiter, wohl aber ,,allgemeine Sklaverei" kennt und nur von außen her der Jahrtausende währenden Stagnation entrissen werden kann, weist eine entfernte, die Thermidorianer der

Oktoberrevolution gleichwohl erschreckende Ähnlichkeit mit dem ,,bürokratischen Kollektivismus" *(Bruno Rizzi)* des deformierten ,,ersten Arbeiterstaats" auf. Vgl. als Literaturübersichten: *Karl August Wittfogel,* Die orientalische Despotie, a.a.O., Kap. 9; *Ernest Mandel,* Entstehung und Entwicklung der ökonomischen Lehre von Karl Marx, Frankfurt 1968, Kap. 8; *Gianni Sofri,* Über asiatische Produktionsweise (1969), dt. Frankfurt 1972; *Ulrich Vogel,* Zur Theorie der chinesischen Revolution. Die asiatische Produktionsweise und ihre Zersetzung durch den Imperialismus. Frankfurt 1974

[172] Vgl. dazu: *Ernst Engelberg,* Fragen der Evolution und Revolution in der Weltgeschichte, Zs. für Geschichtswissenschaft, XIII. Jg., 1965, Sonderheft z. XII. Int. Historikerkongreß in Wien (,,Evolution und Revolution in der Weltgeschichte"), 9–18 (bes. 13). – *Helmut Assing,* Die Bedeutung der Kategorie ,,ökonomische Gesellschaftsformation" für die Erforschung vorkapitalistischer Klassengesellschaften. Ethnographisch-Archäologische Zs., 12. Jg., 1971, 199–214 (bes. 208). – *Bernhard Töpfer,* Zur Frage der gemeinsamen Wesensmerkmale der vorkapitalistischen Klassengesellschaften und der Anwendungsmöglichkeit des Revolutionsbegriffs für die Zeit des Bestehens dieser Gesellschaften. Überlegungen zum Aufsatz von *H. Assing* ... A.a.O., 221–230 (bes. 224ff. und 229)

[173] G, 75f.

[174] A.a.O., 79

[175] A.a.O., 76

[176] A.a.O., 111

[177] ,,Erst Losreissung der Individualität von d. ursprünglich *nicht despotischen Fesseln* (wie blockhead Maine es versteht), *sondern befriedige(n)den u. gemüthlichen Banden der Gruppe,* der primitiven Gemeinwesen, – damit d. einseitige Herausarbeitung der *Individualität.* Was aber die wahre Natur der letzteren zeigt sich erst wenn wir d. Inhalt – d. *Interessen* dieser ,letzteren' analysiren. Wir finden dann, daß diese Interessen selbst wieder gewissen gesellscftlichen Gruppen gemeinsame u. sie charakterisirende Interessen, *Klasseninteressen* etc. sind, also diese Individualität selbst Klassen- etc Individualität ist u. diese in letzter Instanz haben alle *ökonomische Bedingungen* zur Basis." *Marx's* Excerpts from *Henry Sumner Maine,* ,,Lectures on the Early History of Institutions". In: The Ethnological Notebooks of Karl Marx, ed. *Krader,* a.a.O., Part III, 329

[178] 24, 42

[179] ,,Nur die Form, worin (die) Mehrarbeit dem unmittelbaren Produzenten, dem Arbeiter, abgepreßt wird, unterscheidet die ökonomischen Gesellschaftsformationen ..." 23, 231

[180] 19, 403

[181] Dies hat *Georg Ludwig v. Maurer,* auf den Marx und Engels sich in dieser Frage berufen, für die germanische Dorfgemeinde geleistet: Einleitung zur Geschichte der Mark-, Hof-, Dorf- und Stadt-Verfassung und der öffentlichen Gewalt, München 1854; Geschichte der Markenverfassung in Deutschland, Erlangen 1856; Geschichte der Fronhöfe, der Bauernhöfe und der Hofverfassung in Deutschland, Bd. 1–4, Erlangen 1862–63; Geschichte der Dorfverfassung in Deutschland, Bd. 1 und 2, Erlangen 1865–66; Geschichte der Städteverfassung in Deutschland, Bd. 1–4, Erlangen 1869–71

[182] 19, 404

[183] ,,Welches immer die spezifische Form der Rente sei, alle Typen derselben haben das gemein, daß die Aneignung der Rente die ökonomische Form ist, worin sich das Grundeigentum realisiert, und daß ihrerseits die Grundrente ein Grundeigentum, Eigentum bestimmter Individuen an bestimmten Stücken des Erdballs voraussetzt; sei nun der Eigentümer die Person, die das Gemeinwesen repräsentiert, wie in Asien, Ägypten etc., oder sei dies Grundeigentum nur Akzidens des Eigentums bestimmter Personen an den Personen der unmittelbaren Produzenten, wie beim Sklaven- oder Leibeignensystem ..." 25, 647

[184] *Günter Guhr* hat vorgeschlagen, die Formationen, die aus unterschiedlichen Wegen der Bildung des (,,großen" bzw. ,,kleinen") Privateigentums am Boden hervorgegangen sind, der ,,Epoche" der ,,militärischen Demokratie" (vgl. dazu *Engels,* 21, 105–112: homerisches Heroenzeitalter, Endphase der Oberstufe der ,,Barbarei") zu subsumieren: ,,... so bilden sich in dieser Epoche, welthistorisch nacheinander, lokal nebeneinander heraus die asiatische, die an-

tike und die feudale Produktionsweise." Ur- und Frühgeschichte und ökonomische Gesellschaftsformationen. A.a.O., 178. – *Krader* hingegen macht darauf aufmerksam, daß Marx' Bemerkung in den Morgan-Exzerpten – ,,basileia, angewandt v. d. griech. Schriftstellern für d. homerische Königtum ... mit *boule* u. *agora* ist – Sorte *militairischer demokratie.*" (The Ethnological Notebooks ..., a.a.O., 207) – ,,nicht als Grundlage einer bestimmten Stufe oder Unterstufe der Geschichte genommen werden" kann. ,,Daß Engels jedoch auf Morgans Ausdrucksweise zurückgegriffen und das Wort ,Sorte' aus der Formulierung eliminiert hat, mag dazu ermuntert haben ..." Ethnologie und Anthropologie bei Marx, a.a.O., 46 (vgl. auch 149f.)

[185] Die ,,patriarchalische", ,,latente", ,,allgemeine" Sklaverei im Rahmen der ,,asiatischen Produktionsweise" – also auf der Grundlage des Dorf-Gemeineigentums am Boden, für das der Despot lediglich ein Obereigentum beansprucht – ist von der Sklavenwirtschaft griechisch-römischen Typs (auf der Basis von Privateigentum) zu unterscheiden

[186] Vgl. 19, 320

[187] Vgl. dazu *Ferenc Tökei*, Zur Frage der asiatischen Produktionsweise (1965), dt. Neuwied 1969, Kap. II.

[188] 9, 132

[189] Vgl. dazu 28, 267f. Marx' Gewährsmann für die Struktur der indischen Dorfgemeinde war *François Bernier:* Voyages, contenant la description des états du Grand Mogol, de l'Indoustan, du Royaume de Cachemire, etc. Bd. 1 und 2, Paris 1830

[190] 3, 22

[191] ,,Die Frage ist, ob die Menschheit ihre Bestimmung erfüllen kann ohne radikale Revolutionierung der sozialen Verhältnisse in Asien. Wenn nicht, so war England, welche Verbrechen es auch begangen haben mag, doch das unbewußte Werkzeug der Geschichte, indem es diese Revolution zuwege brachte." ,,Das Eingreifen der Engländer, das ... den indischen Spinner wie den indischen Weber, hinwegfegte, führte zur Auflösung dieser kleinen, halb barbarischen, halb zivilisierten Gemeinden, indem es ihre ökonomische Grundlage sprengte und so die größte und, die Wahrheit zu sagen, einzige *soziale* Revolution hervorrief, die Asien je gesehen." 9, 133 und 132

[192] ,,Die indische Gesellschaft hat überhaupt keine Geschichte, zum mindesten keine bekannte Geschichte. Was wir als ihre Geschichte bezeichnen, ist nichts andres als die Geschichte der aufeinanderfolgenden Eindringlinge, die ihre Reiche auf der passiven Grundlage dieser widerstandslosen, sich nicht verändernden Gesellschaft errichteten." 9, 220

[193] G, 377

[194] 9, 129

[195] G, 376

[196] Ebd.

[197] A.a.O., 377

[198] A.a.O., 395

[199] A.a.O., 393

[200] A.a.O., 382

[201] *Tökei,* Zur Frage der asiatischen Produktionsweise, a.a.O., 63

[202] ,, ... diese drei Formen (sind) drei Momente der allgemeinen Entwicklung der Eigentumsverhältnisse ... Das Stammgemeineigentum und das feudale Privatgrundeigentum sind diametral entgegengesetzte Formen ..., um aber diese vollständige Umkehrung der Verhältnisse zustandezubringen, mußte ... erst eine Spaltung des Gemeineigentums, seine dialektische Negation, d. h. die antike Form des Eigentums entstehen." A.a.O., 62

[203] Vgl. hierzu: *Bernhard Töpfer,* Zu einigen Grundfragen des Feudalismus. Ein Diskussionsbeitrag. Zs. f. Geschichtswissenschaft, XIII. Jg., 1965, 785–809 (bes. 792f.)

[204] ,,Die Produktionsarbeit in der Feudalgesellschaft, die der Bauern wie die der Handwerker, blieb wesentlich Privatarbeit von einzelnen, die meist zugleich Produzenten und Eigentümer der Produktionsmittel waren, auf Selbstversorgung gerichtet und nur teilweise für den Verkauf bestimmt." ,,Der ökonomische Hauptwiderspruch im Feudalismus ist der Widerspruch zwischen dem individuellen Charakter des Produktionsprozesses und dem großen Feudaleigentum ..." *Michael Mauke,* Die Klassentheorie von Marx und Engels, Frankfurt 1970, 46

[205] ,,Die Stadtgesellschaft als tendenziell antifeudales Element existierte innerhalb der feudalen Umwelt gleichsam als genos-

senschaftlich organisierter Kollektivfeudalist, als ‚Stand' unter Ständen, als ‚Burg' unter Burgen – soweit nicht direkt Teilhaberin der feudalen Mehrproduktaneignung, so doch jedenfalls indirekte Nutznießerin." A.a.O., 45

[206] *Marx* und *Engels* schreiben über die Ohnmacht der unterdrückten Klassen (und Schichten) der Feudalgesellschaft: „Während ... der Pöbel es wenigstens zu Emeuten gegen die ganze städtische Ordnung brachte, die indes bei seiner Machtlosigkeit ohne alle Wirkung blieben, kamen die Gesellen nur zu kleinen Widersetzlichkeiten innerhalb einzelner Zünfte, wie sie zur Existenz des Zunftwesens selbst gehören. Die großen Aufstände des Mittelalters gingen alle vom Lande aus, blieben aber ebenfalls wegen der Zersplitterung und der daraus folgenden Roheit der Bauern total erfolglos." 3, 52

[207] Vgl. zum Folgenden: *Gerhard Schilfert,* Die Revolutionen beim Übergang vom Feudalismus zum Kapitalismus. Zs. f. Geschichtswissenschaft, XVII. Jg., 1969, 171–193. – *Walter Markov,* Revolutionen beim Übergang vom Feudalismus zum Kapitalismus. Eine vergleichende revolutionsgeschichtliche Betrachtung. A.a.O., 592–595. – *Ernst Engelberg,* Nochmals zur ersten bürgerlichen Revolution und weltgeschichtlichen Periodisierung. A.a.O., XX. Jg., 1972, 1285–1305

[208] Vgl. das 24. Kapitel des 1. Bandes des „Kapital", 23, 741–791

[209] G, 82

[210] A.a.O., 134 und 137

[211] A.a.O., 74f.

[212] A.a.O., 76

[213] 23, 16

[214] *Stanislaw Ossowski,* Die Klassenstruktur im sozialen Bewußtsein (1957), dt. Neuwied 1962

[215] *Rudolf Herrnstadt,* Die Entdeckung der Klassen. Die Geschichte des Begriffs Klasse von den Anfängen bis zum Vorabend der Pariser Julirevolution 1830. Berlin 1965, 6

[216] Vgl. 28, 507f.

[217] Die bisher angemessenste Darstellung der Marxschen Klassentheorie hat *Michael Mauke* vorgelegt: Die Klassentheorie von Marx und Engels. Hrsg. von *Kajo Heymann, Klaus Meschkat* (Nachwort) und *Jürgen Werth.* Frankfurt 1970. Sie wird ergänzt (vor allem in Hinblick auf die „Zwischenklassen") durch die – eher systematisch angelegte – Darstellung des Autorenkollektivs „Projekt Klassenanalyse" (*Horst Arenz* u.a.): „Grundlagen der Klassentheorie", Teil A des 1. Teils (Theoretische Grundlagen und Kritiken) der „Materialien zur Klassenstruktur der BRD", Berlin 1973, 11–305

[218] Vgl. dazu *Wladimir I. Lenin,* Staat und Revolution. Die Lehre des Marxismus vom Staat und die Aufgaben des Proletariats in der Revolution ([1917]1918). Werke Bd. 25, Berlin 1960, 393–507

[219] *Mauke* schreibt mit Recht, daß das Fragment gebliebene 52. Kapitel des III. Bandes des „Kapital" (25, 892f.) nicht eine „Klassensoziologie" enthalten hätte, sondern „eine historische Beschreibung der tatsächlichen Klassenkämpfe, die auf den Untergang des Kapitalismus hinzielen ..." A.a.O., 68, Anm. 46

[220] *Ossowski,* a.a.O., Kap. V („Die Marxsche Synthese")

[221] A.a.O., 107 (vgl. auch 100f.)

[222] A.a.O., 103

[223] A.a.O., 107

[224] A.a.O., 106

[225] A.a.O., 107 und 98 (vgl. auch 108). – Entsprechend heißt es schon bei *Theodor Geiger:* „Die Zweiklassentheorie spricht vom Strukturprinzip der" (kapitalistischen) „Klassengesellschaft, die Dreiklassentheorie vom Durchsetzungsgrad dieses Prinzips im gegenwärtigen Stande." Zur Theorie des Klassenbegriffs und der proletarischen Klasse (1930); wieder abgedruckt in *Geiger,* Arbeiten zur Soziologie, hrsg. von *Paul Trappe,* Neuwied 1962, 206–259. Zitat 241. – *Mauke* schreibt: „Die historisch relativierende und spezifizierende Verwendung des Klassenbegriffs bei Marx, seine scheinbare Ungenauigkeit, entspringt der Manufakturperiode, in welcher dieser Begriff formuliert wurde, und gibt den sozialgeschichtlichen Wandel zum Hochkapitalismus wieder, in dem die fachlich-partikularen ‚Klassen' zu Fraktionen und Abteilungen der ‚Klassen im modernen Sinne' werden." A.a.O., 52f. (vgl. ferner 15, 27, 62, 70 und 119)

[226] Gegen die Gleichsetzung von „Bonapartismus" und „Cäsarismus" argumentiert *Marx* wie folgt: „Bei dieser oberflächlichen geschichtlichen Analogie vergißt man die Hauptsache, daß nämlich im alten Rom der Klassenkampf nur innerhalb einer privilegierten Minorität spielte, zwischen den freien Reichen und den freien Armen, während die große produktive Masse der Bevölkerung, die Sklaven, das bloß passive Piedestal für jene Kämpfer bildete. Man vergißt *Sismondis* bedeutenden Ausspruch: Das römische Proletariat lebte auf Kosten der Gesellschaft, während die moderne Gesellschaft auf Kosten des Proletariats lebt. Bei so gänzlicher Verschiedenheit zwischen den materiellen, ökonomischen Bedingungen des antiken und des modernen Klassenkampfs können auch seine politischen Ausgeburten nicht mehr miteinander gemein haben als der Erzbischof von Canterbury mit dem Hohenpriester Samuel." 16, 259f.

[227] 8, 198

[228] Vgl. 4, 181

[229] Eine interessante Parallele dazu bietet *Max Webers* Klassentheorie: „,*Klassen*' sind keine Gemeinschaften ..., sondern stellen nur mögliche (und häufige) Grundlagen eines Gemeinschaftshandelns dar", heißt es in Wirtschaft und Gesellschaft. Grundriß der verstehenden Soziologie. 4. Aufl., hrsg. von *Johannes Winckelmann;* Tübingen 1956, 531. „Gemeinschaft" (vom Typus der Familiengemeinschaft) wird – in lockerem Anschluß an Ferdinand Tönnies – als „soziale Beziehung" bestimmt, bei der „die Einstellung des sozialen Handelns ... auf subjektiv *gefühlter* (affektueller oder traditionaler) *Zusammengehörigkeit der Beteiligten* beruht." Vergesellschaftung hingegen beruht auf Interessenverbindung bzw. -ausgleich vom Typus des Kontrakts (Tausch, Zweck- oder Gesinnungsverein). A.a.O., 21f. Klassenlagen sind Marktlagen, durch Distributionsverhältnisse (Besitz und Besitzlosigkeit) determinierte unterschiedliche Lebenschancen der Angehörigen verschiedener Klassen. „Klasseninteresse" ist „die aus der Klassenlage mit einer gewissen Wahrscheinlichkeit folgende faktische Interessenrichtung eines gewissen ‚Durchschnitts' der ihr Unterworfenen." „Eine universelle Erscheinung ist das Herauswachsen einer Vergesellschaftung oder selbst eines *Gemeinschafts*handelns aus der gemeinsamen Klassenlage keineswegs." Es ist gebunden „an die *Durchsichtigkeit* des Zusammenhangs zwischen den Gründen und den Folgen der ‚Klassenlage' ..." Nur insofern dieser Zusammenhang deutlich ist, „kann der Kontrast der Lebenschancen als etwas nicht schlechthin Gegebenes und Hinzunehmendes ... empfunden und dagegen nicht nur durch Akte eines intermittierenden und irrationalen Protestes, sondern in Form rationaler Vergesellschaftung reagiert werden." A.a.O., 531ff.

[230] 8, 198. – An die von *Marx* – in „Der achtzehnte Brumaire des Louis Bonaparte" – gegebene Bestimmung knüpft die von *Lenin* 1919 – in seiner Broschüre „Die große Initiative (Über das Heldentum der Arbeiter im Hinterland. Aus Anlaß der ‚kommunistischen Subbotniks')"; Werke Bd. 29, Berlin 1970, 397–424 – versuchte Definition an: „Als Klassen bezeichnet man große Menschengruppen, die sich voneinander unterscheiden nach ihrem Platz in einem geschichtlich bestimmten System der gesellschaftlichen Produktion, nach ihrem (größtenteils in Gesetzen fixierten und formulierten) Verhältnis zu den Produktionsmitteln, nach ihrer Rolle in der gesellschaftlichen Organisation der Arbeit und folglich nach der Art der Erlangung und der Größe des Anteils am gesellschaftlichen Reichtum, über den sie verfügen. Klassen sind Gruppen von Menschen, von denen die eine sich die Arbeit der andern aneignen kann infolge der Verschiedenheit ihres Platzes in einem bestimmten System der gesellschaftlichen Wirtschaft." A.a.O., 410. Der Kontext ist hier der Übergang vom Kapitalismus zum Sozialismus, das „langwierige Werk" der Aufhebung der Klassendifferenzen, die Überwindung des Widerstandes „der zahlreichen Überreste der Kleinproduktion", das Studium der Beziehungen zwischen der herrschenden proletarischen Klasse „und der gesamten nichtproletarischen sowie der halbproletarischen Masse der werktätigen Bevölkerung" in der Revolution und beim Aufbau der neuen „sozialistischen Großproduktion" (vgl. 410–413). Lenin gibt zunächst eine strukturelle Definition von Klassen „an sich" – „großen Menschen-

gruppen" –, die ein vielgliedriges Schema impliziert. Die Stellung im Produktionsprozeß, gefaßt als Verhältnis zu den Produktionsbedingungen, verweist auf Funktion und Revenuequelle bzw. auf die Dichotomie zwischen Eigentümern (Besitzern) und Nicht-Eigentümern (Nicht-Besitzern) der Produktionsmittel. „Rolle in der gesellschaftlichen Organisation der Arbeit" ist sowohl eine nochmalige Umschreibung der bereits gegebenen Bestimmungen als auch ihre Erweiterung durch die Dichotomie von disponierender und an Dispositionen orientierter (fremdbestimmter) Arbeit. Abhängig von der so umschriebenen Klassenposition sind Revenuequelle und Anteil am gesellschaftlichen Reichtum (am Mehrprodukt). Es folgt ein zweiter Satz, der die Vielfalt von Klassenpositionen im Wirtschaftssystem dichotomisch reduziert auf das Ausbeutungsverhältnis (die positionelle Chance der Aneignung fremder Arbeit). Hier wird das ökonomische Herrschaftsverhältnis, das die Klassen antagonistisch einander gegenüberstellt, als Spezifikation eingeführt, infolge deren die zuerst beschriebenen Klassen „an sich" zu miteinander kämpfenden, organisierten Klassen werden.

[231] 3, 54; vgl. entsprechend 4, 181 und 471

[232] Vgl. 4, 472

[233] Vgl. dazu *Mauke,* a.a.O., 19

[234] „Das moderne um den Kommunismus kämpfende Proletariat ist kein Subjekt der Antike, der feudalen Gesellschaft. Es begreift diese Epochen als seine eigene Vergangenheit, als Stufen zu ihm selbst, aber es ist nicht ihr Subjekt." *Josef Révai,* Rezension von Georg Lukács' „Geschichte und Klassenbewußtsein" (Grünberg-Archiv, 1925); Nachdruck in: *Furio Cerutti* u. a., Geschichte und Klassenbewußtsein heute. Diskussionen und Dokumentation. Amsterdam 1971, 181–191. Zitat 190

[235] 3, 68

[236] 6, 402

[237] Vgl. 4, 180

[238] Vgl. dazu 4, 463, und 22, 209

[239] *Mauke,* a.a.O., 74, 82f. und 153

[240] Vgl. 25, 207

[241] Vgl. 25, 347

[242] Vgl. *Rudolf Hilferding,* Das Finanzkapital. Eine Studie über die jüngste Entwicklung des Kapitalismus. ([1905] 1910) Berlin 1947. Bes. Kap. XIV

[243] 23, 790

[244] „Die Form des staatsmonopolistischen Kapitalismus läßt die wahren Herren, das Finanzkapital, ... zunehmend anonym erscheinen und in den Hintergrund treten, während in der Öffentlichkeit ein von ihnen dirigierter und ausgehaltener Apparat von ‚höchsten Angestellten' das wirtschaftliche, politische, gesellschaftliche und kulturelle Leben als fiktive Herren in der Gestalt von Generaldirektoren, Ministern, Parlamentariern, Parteiführern, Chefredakteuren, Intendanten, Verbandspräsidenten usw. leitet." *Helmut Steiner,* Soziale Strukturveränderungen im modernen Kapitalismus. Zur Klassenanalyse der Angestellten in Westdeutschland. Berlin 1967, 134

[245] Vgl. 25, 401; 19, 287–290

[246] Vgl. *Mauke,* a.a.O., 74 und 82f.

[247] 23, 510f.

[248] A.a.O., 443

[249] Vgl. G, 587

[250] Vgl. 23, 531

[251] In den „Materialien zur Klassenstruktur der BRD" des Autorenkollektivs „Projekt Klassenanalyse" (a.a.O.) werden produktive und kommerzielle Lohnarbeiter als „Lohnarbeiter des Kapitals" den – der Kategorie der „Dritten Personen" (also den Zwischen- oder Mittelklassen) subsumierten – übrigen Lohnarbeitern (vgl. 269–301) gegenübergestellt. *Mauke* (a.a.O.) hingegen löst in seiner Darstellung – die *Tendenz* kapitalistischer Vergesellschaftung antizipierend – die „Dritten Personen" in den beiden „Lagern" der Kapitalisten- und Arbeiterklasse auf.

[252] Vgl. dazu R, 70f.

[253] 25, 299

[254] 23, 603

[255] A.a.O., 765

[256] G, 412

[257] Vgl. 23, 603

[258] 26/3, 285

[259] 25, 207

[260] „Das Maximum des Profits ist ... begrenzt durch das physische Minimum des Arbeitslohns und das physische Maximum des Arbeitstags. Es ist klar, daß zwischen den beiden Grenzen dieser *Maximalprofitrate* eine unendliche Stufenleiter von Variatio-

nen möglich ist. Die Fixierung ihres faktischen Grads erfolgt nur durch das unaufhörliche Ringen zwischen Kapital und Arbeit, indem der Kapitalist ständig danach strebt, den Arbeitslohn auf sein physisches Minimum zu reduzieren und den Arbeitstag bis zu seinem physischen Maximum auszudehnen, während der Arbeiter ständig in der entgegengesetzten Richtung drückt." 16, 149

[261] 24, 410

[262] Vgl. 26/3, 306

[263] *Rudi Schmiede,* Grundprobleme der Marx'schen Akkumulations- und Krisentheorie. Frankfurt 1973, 64

[264] 6, 416; vgl. entsprechend 16, 142; 23, 546 und 675. Vgl. ergänzend: *Ernest Mandel,* Entstehung und Entwicklung der ökonomischen Lehre von Karl Marx, a.a.O., Kap. 9

[265] *Rosa Luxemburg,* Die „deutsche Wissenschaft" hinter den Arbeitern (1900); in: Gesammelte Werke, hrsg. vom Institut für Marxismus-Leninismus beim ZK der SED, Bd. 1, 1. Halbbd., Berlin 1970, 771

[266] Vgl. „Projekt Klassenanalyse", Materialien . . ., a.a.O., 301

[267] Vgl. 24, 372

[268] Vgl. „Projekt Klassenanalyse", a.a.O., 302

[269] Vgl. a.a.O., 286–290

[270] Vgl. a.a.O., 291f.

[271] 26/2, 576. Als „*Gang* der Bourgeoisgesellschaft" bezeichnet *Marx* anderwärts, „daß die Masse der classe moyenne wächst und das Proletariat (das arbeitende) einen immer verhältnismäßig kleinren Teil der Gesamtpopulation bildet (wenn es auch absolut wächst)." 26/3, 57

„Das variable Kapital repräsentiert nur die Löhne (allerdings inklusive des staatlich verwalteten Teils des gesellschaftlichen Lohnfonds) der produktiven Arbeiter; der Mehrwert ist der Gesamtprofit der produktiven Sektoren der gesellschaftlichen Produktion (dazu gehört auch der Teil, der über staatliche Vermittlung wieder in die Kapitalverwertung eingeht); das konstante Kapital ist der Teil der Produktionsmittel, der in diesen Sektoren fungiert." „Die Ausdehnung der unproduktiven Produktion beruht also auf einer gesteigerten Mehrwertproduktion des produktiven Sektors. Nur wenn dieser in der Lage ist, das vergrößerte Mehrprodukt herzustellen, um die zunehmenden unproduktiven Schichten der Gesellschaft leben und arbeiten zu lassen, ist diese Ausdehnung möglich." *Schmiede,* a.a.O., 44 und 46. Damit ist die Schranke der Wirtschaftstätigkeit des kapitalistischen Interventionsstaats bezeichnet.

[272] Ich möchte zu dieser Frage dem wohl bedeutendsten Klassen-Historiker nach Marx das Wort geben: „Jede wirkliche Analyse der politischen Lage muß von den Beziehungen zwischen drei Klassen ausgehen: Bourgeoisie, Kleinbürgertum (samt Bauernschaft) und Proletariat. – Die wirtschaftlich mächtige Großbourgeoisie stellt an sich eine verschwindende Minderheit der Nation dar. Um ihre Herrschaft zu befestigen, muß sie bestimmte Beziehungen zum Kleinbürgertum sichern und – durch dessen Vermittlung – mit dem Proletariat. – Zum Verständnis der Dialektik dieser Verhältnisse muß man drei historische Etappen unterscheiden: den Anfang der kapitalistischen Entwicklung, als die Bourgeoisie zur Lösung ihrer Aufgaben revolutionäre Methoden benötigte; die Blüte- und Reifeperiode des kapitalistischen Regimes, wo die Bourgeoisie ihrer Herrschaft geordnete, friedliche, konservative, demokratische Formen verlieh; endlich den Niedergang des Kapitalismus, wo die Bourgeoisie gezwungen ist, zu Bürgerkriegsmethoden gegen das Proletariat zu greifen, um ihr Recht auf Ausbeutung zu wahren. – Die diese drei Etappen charakterisierenden politischen Programme: *Jakobinertum,* reformistische *Demokratie* (darunter auch: Sozialdemokratie) und *Faschismus* sind ihrem Wesen nach Programme kleinbürgerlicher Strömungen . . . In seiner Masse ist das Kleinbürgertum eine ausgebeutete und benachteiligte Klasse. Es steht der Großbourgeoisie mit Neid und oft mit Haß gegenüber. Die Bourgeoisie ihrerseits mißtraut dem Kleinbürgertum, während sie sich seiner Unterstützung bedient, denn sie fürchtet ganz zu Recht, es sei stets geneigt, die ihm von oben gesetzten Schranken zu überschreiten. – Während die Jakobiner der bürgerlichen Entwicklung den Weg bahnten, gerieten sie bei jedem Schritt in heftige Zusammenstöße mit der Bourgeoisie. Sie dienten

ihr in unversöhnlichem Kampfe gegen sie. Nachdem sie ihre begrenzte historische Rolle erfüllt hatten, wurden die Jakobiner gestürzt, denn die Herrschaft des Kapitals war vorherbestimmt. – Über mehrere Etappen hin festigte die Bourgeoisie ihre Macht unter der Form der parlamentarischen Demokratie. Wiederum weder friedlich noch freiwillig. Die Bourgeoisie hatte tödliche Furcht vor dem allgemeinen Wahlrecht. Letzten Endes aber gelang es ihr, sich durch eine Kombination von Gewaltmaßnahmen und Zugeständnissen, von Hungerpeitsche und Reformen, im Rahmen der formalen Demokratie nicht nur das alte Kleinbürgertum unterzuordnen, sondern in bedeutendem Maße auch das Proletariat, mit Hilfe des neuen Kleinbürgertums – der Arbeiterbürokratie. Im August 1914 war die imperialistische Bourgeoisie imstande, mittels der parlamentarischen Demokratie Dutzende von Millionen Arbeiter und Bauern in den Krieg zu führen ... Wie aber die Spitzen der liberalen Bourgeoisie seinerzeit außerstande waren, aus eigener Kraft mit Monarchie, Feudalität und Kirche fertig zu werden, so sind die Magnaten des Finanzkapitals außerstande, aus eigener Kraft mit dem Proletariat fertig zu werden. Sie brauchen die Hilfe des Kleinbürgertums. Zu diesem Zweck muß es aufgepeitscht, auf die Beine gebracht, mobilisiert und bewaffnet werden. Doch diese Methode ist gefährlich. Während die Bourgeoisie sich des Faschismus bedient, fürchtet sie ihn ... Ergibt sich aus der historischen Rolle von Jakobinertum, Demokratie und Faschismus, daß das Kleinbürgertum verdammt ist, bis ans Ende seiner Tage ein Werkzeug in den Händen des Kapitals zu bleiben? Stünden die Dinge so, so wäre die Diktatur des Proletariats in einer Reihe von Ländern, wo das Kleinbürgertum die Mehrheit der Nation bildet, ausgeschlossen und in anderen Ländern, wo das Kleinbürgertum eine bedeutende Minderheit darstellt, äußerst erschwert. Zum Glück stehen die Dinge nicht so ... (Die Kleinbourgeoisie) ist durchaus fähig, ihr Schicksal mit dem des Proletariats zu verknüpfen. Hierzu ist nur eines erforderlich: Das Kleinbürgertum muß die Überzeugung gewinnen, daß das Proletariat fähig ist, die Gesellschaft auf einen neuen Weg zu führen. Ihm diesen Glauben einzuflößen, vermag das Proletariat nur durch seine Kraft, durch die Sicherheit seiner Handlungen, durch geschickten Angriff auf seine Feinde, durch die Erfolge seiner revolutionären Politik." *Leo Trotzki,* Der einzige Weg (1932); in: Schriften über Deutschland (1929–1940), hrsg. von *Helmut Dahmer,* Frankfurt 1971, 356–360

[273] 26/1, 366

[274] G, 26

[275] ,,Die wahrhafte Widerlegung muß in die Kraft des Gegners eingehen und sich in den Umkreis seiner Stärke stellen; ihn außerhalb seiner selbst angreifen und da Recht zu behalten, wo er nicht ist, fördert die Sache nicht. " *G. W. F. Hegel,* Wissenschaft der Logik, Zweiter Teil. (1816) Sämtliche Werke (Jubiläumsausgabe) Bd. 5, ed. Glockner, 4. Aufl. Stuttgart-Bad Cannstatt 1964, 11

[276] Vgl. *Paul Mattick* u.a., Krisen und Krisentheorien, Frankfurt 1974, 10

[277] 13, 476

[278] In diesem Zusammenhang ist es aufschlußreich, daß die drei Bände des ,,Kapital" und der ,,vierte Band", die ,,Theorien über den Mehrwert", etwa in umgekehrter Reihenfolge ihres Erscheinens (und ihrer Zählung) geschrieben wurden (die Mehrwerttheorien 1862/63, der III. Band 1864/65).

[279] G, 21 f.

[280] A.a.O., 23. – Die Darstellung im (ersten Bande des) ,,Kapital", die von der Analyse der Wertform zur Expropriation der Expropriateure führt, erinnert tatsächlich, wie Marx bemerkt, an eine ,,Konstruktion a priori". 23, 27

[281] G, 22

[282] A.a.O., 69

[283] *Hegel,* Phänomenologie des Geistes (1807). Sämtliche Werke, Bd. 2, a.a.O., 45

[284] Vgl. dazu *Henryk Grossmann,* Das Akkumulations- und Zusammenbruchsgesetz des kapitalistischen Systems. (Zugleich eine Krisentheorie.) Leipzig 1929; *Roman Rosdolsky,* Zur Entstehungsgeschichte des Marxschen ,,Kapital", Der Rohentwurf des ,,Kapital" 1857–58. Frankfurt 1968. Ferner die Referate und Diskussionsbeiträge von *Rosdolsky, Alfred Schmidt* u. a. anläßlich des Frankfurter Colloquiums ,,Kritik der poli-

tischen Ökonomie heute, 100 Jahre ,Kapital' ", Frankfurt 1968, 9–80

[285] Vgl. zum Folgenden: *Paul Mattick,* Marx und Keynes. Die Grenzen des „gemischten Wirtschaftssystems" (1969), dt. Frankfurt 1971; *ders.,* Krisen und Krisentheorien (1974), a.a.O., 7–156; *R. Schmiede,* Grundprobleme der Marx'schen Akkumulations- und Krisentheorie, a.a.O. (Schmiede stützt sich vor allem auf Grossmann, Rosdolsky und Mattick.)

[286] Vgl. G, 351

[287] Vgl. G, 489; 25, 46

[288] G, 346f.

[289] *Paul Mattick,* Marx und Keynes, a.a.O., 88

[290] Vgl. 25, 825

[291] G, 20

[292] „Marx untersucht überhaupt nie das Einzelkapital. Das Begriffspaar Gesamt- und Einzelkapital ist nicht identisch mit der Gegenüberstellung Kapital im allgemeinen – viele Kapitalien. Die Untersuchung der verschiedenen Kapitalien stellt nur eine systematische Variation innerhalb des Gesamtkapitals dar, soweit sie notwendig ist, um zu zeigen, wie sich der Begriff des Kapitals, das Kapital im allgemeinen, als Gesetz unter den vielen Kapitalien durchsetzt." *Schmiede,* a.a.O., 128

[293] Vgl. 25, 53

[294] Vgl. 25, 177

[295] Vgl. *Schmiede,* a.a.O., 91

[296] *Rosdolsky,* a.a.O., 483

[297] Vgl. 25, 188ff.

[298] G, 346

[299] G, 347f.

[300] *Mattick,* Krisen und Krisentheorien, a.a.O., 109

[301] Vgl. 26/2, 492ff.

[302] „Die Ausbeutung größerer Arbeitermassen verlangt nach zusätzlichen Produktionsmitteln, die erst produziert werden müssen, ehe sie selbst produktiv angewandt werden können. Ein Teil des in Kapital verwandelten Mehrwerts geht direkt in die Akkumulation ein, durch die beständige Zirkulation zwischen konstantem und variablem Kapital. Während ein konstantes Kapital zur Warenproduktion übergeht, entziehen andere wieder Waren aus der Zirkulation, ohne zur gleichen Zeit selbst Waren herzustellen. Dieser nie abreißende Prozeß und seine Beschleunigung erlauben es, daß selbst die sich vermehrende Warenmenge einen Markt findet, da dieser durch den Akkumulationsprozeß dauernd erweitert wird." *Mattick,* a.a.O., 70

[303] Um das Akkumulationstempo auch bei Mehrwertverknappung halten zu können, ist eine Konsumtionsverminderung erforderlich.

[304] 25, 249

[305] Vgl. G, 637f.

[306] Vgl. *Mattick,* Krisen und Krisentheorien, a.a.O., 100

[307] 25, 223

[308] 25, 250

[309] Vgl. 24, 195

[310] Vgl. Mattick, a.a.O., 74f.

[311] Vgl. 23, 659, 662 und 666

[312] Vgl. *Schmiede,* a.a.O., 196f.

[313] Vgl. a.a.O., 198f.

[314] 32, 74f.

[315] *Hegel,* Phänomenologie des Geistes, a.a.O., 22

[316] *Karl Korsch* sagt darum mit Recht, das Kapitel über den „Fetischcharakter der Ware und sein Geheimnis" (23, 85–98) enthalte „die ausdrücklichste und genaueste Formulierung des theoretischen und geschichtlichen Standpunkts der ganzen materialistischen Gesellschaftslehre." Karl Marx, a.a.O., 101. – Vgl. in diesem Zusammenhang auch: *Theodor W. Adorno,* Negative Dialektik, Frankfurt 1966, III. Teil, 2. Kapitel (bes. 346f.); *ders.,* Zu Subjekt und Objekt (Dialektische Epilegomena), in: Stichworte, Kritische Modelle 2, Frankfurt 1969, 151–168

[317] Vgl. 25, 838f.

[318] 19, 165; 16, 14

[319] Vgl. E I, 538f.; 3, 72

[320] 26/2, 111. „Es ist in der Tat nur durch die ungeheuerste Verschwendung von individueller Entwicklung, daß die Entwicklung der Menschheit überhaupt gesichert und durchgeführt wird in der Geschichtsepoche, die der bewußten Rekonstitution der menschlichen Gesellschaft unmittelbar vorausgeht." 25, 99. Vgl. auch 23, 552 und 674; 21, 97

[321] 3, 74ff.

[322] Vgl. 23, 16, 91 und 100; 25, 887; 26/3, 290

[323] G, 6 und 395

[324] 3, 76
[325] A.a.O., 77
[326] 23, 16
[327] G, 200
[328] 23, 579
[329] A.a.O., 286
[330] A.a.O., 637 (Anm. 63)
[331] Vgl. G, 133f.
[332] 23, 425
[333] Vgl. 19, 15
[334] Damit ist der Problemkreis der psychoanalytischen kritischen Theorie des Subjekts bezeichnet.
[335] R, 18 (Unterstreichung H. D.). Vgl. auch 2, 37; 23, 790f.
[336] Vgl. G, 394
[337] Vgl. 8, 118
[338] G, 366f.
[339] Das hat *Wilhelm Reich (= Ernst Parell)* in „Was ist Klassenbewußtsein? Ein Beitrag zur Diskussion über die Neuformierung der Arbeiterbewegung" (Kopenhagen 1934; Amsterdam 1968) gegenüber antiempirisch-substitutionalistischen Auffassungen, wie sie am prägnantesten *Georg Lukács* („Klassenbewußtsein", in: Geschichte und Klassenbewußtsein (1923), Neuwied 1968, 218–256) entwickelt hat, betont. Vgl. *Helmut Dahmer,* Libido und Gesellschaft. Studien über Freud und die Freudsche Linke. Frankfurt 1973, 111–115, 300–304, 397f., 417
[340] 7, 79
[341] Vgl. *G. W. Plechanow,* Zur Frage der Entwicklung der monistischen Geschichtsauffassung (1894), 235ff.
[342] *K. Korsch,* Karl Marx, Frankfurt/Wien 1967, 136
[343] *K. Kautsky,* Die materialistische Geschichtsauffassung. 2 Bde., Berlin 1927, Bd. 1, 5f.
[344] G, 61
[345] G, 176
[346] 13, 8–9
[347] 4, 130
[348] 3, 71
[349] A.a.O., 72
[350] Vgl. *Habermas,* Erkenntnis und Interesse, Frankfurt 1968, 58ff.
[351] 4, 130
[352] *Marx* macht 1844, noch im Zeichen seiner idealistischen Philosophie des „menschlichen Wesens", eine sehr pointierte Gegenüberstellung dieser Verhältnistypen. E I, 459ff.
[353] 4, 548
[354] 4, 549
[355] 3, 72
[356] G, 584
[357] G, 596f.
[358] G, 594
[359] G, 599f.
[360] Ökonomik, 67f.
[361] 3, 26f.
[362] A.a.O., 26
[363] 3, 46f.
[364] 23, 27
[365] Vgl. 3, 30f.
[366] 3, 31
[367] 3, 47
[368] 23, 24
[369] G, 30
[370] 23, 86
[371] 23, 93
[372] 3, 30
[373] 3, 27
[374] A.a.O., 26
[375] Grundlagen der marxistisch-leninistischen Philosophie, Frankfurt 1971, 434f.
[376] A.a.O., 462f.
[377] Werke 1, 142f.
[378] 13, 10
[379] 3, 27
[380] 3, 37
[381] 3, 45
[382] 3, 72ff.
[383] 13, 9
[384] G, 75f.
[385] G, 593
[386] 9, 226; 12, 3f.
[387] 26/II, 107
[388] 3, 35
[389] 4, 475
[390] 4, 143
[391] Vgl. die ausführlichere Diskussion in *H. Fleischer,* „Marxismus und Geschichte", Frankfurt 1969, 96ff.
[392] 23, 27
[393] 19, 371
[394] 23, 25f.
[395] 3, 7
[396] 23, 26
[397] S. die Dokumentation „Marxismus und Ethik", Hrsg. *J. Sandkühler* u. *R. de la Vega,* Frankfurt 1972
[398] 3, 7

[399] 2, 37
[400] 2, 38
[401] 4, 143
[402] 23, 26
[403] 23, 16
[404] 3, 5f.
[405] 17, 343
[406] 1, 345f.
[407] 13, 631f.
[408] 23, 18
[409] 13, 632f.
[410] 23, 27
[411] Vgl. *J. Zelený,* Die Wissenschaftslogik bei Marx und „Das Kapital", Frankfurt/Wien 1968, 75ff.
[412] G, 945
[413] 23, 791

Paul Kellermann

HERBERT SPENCER

Vorbemerkung: Im Text werden für die häufiger zitierten Originalausgaben beziehungsweise deren deutsche Übersetzungen der Werke Spencers folgende Abkürzungen verwendet (Angaben über Erscheinungsjahr und -ort siehe im Literaturverzeichnis (4. Verwendete Literatur), S. 380f.):

Biologie I/II für „Die Prinzipien der Biologie", Bd. I bzw. II.
Biology I/II für „The Principles of Biology", Bd. I bzw. II.
Descriptive Sociology für „Descriptive Sociology; Or Groups of Sociological Facts".
Erste Grundsätze für „Grundsätze einer synthetischen Auffassung der Dinge".
Essays I/II/III/ für „Essays: Scientific, Political, and Speculative", Bd. I, II bzw. III.
Ethics I/II für „The Principles of Ethics", Bd.I bzw. II.
Psychologie I/II für „Die Prinzipien der Psychologie", Bd.I bzw. II.
Psychology I/II für „The Principles of Psychology", Bd.I bzw.II.
Social Statics für „Social Statics: Or, the Conditions Essential to Human Happiness Specified, and the First of them Developed".
Sociology I/II/III für „The Principles of Sociology", Bd.I, II bzw. III.
Soziologie I/II/III für „Die Prinzipien der Soziologie", Bd.I, II bzw.III, welche nur die Übersetzungen der Bände I und II der „Sociology" enthalten (!).
Studium I/II für „Einleitung in das Studium der Soziologie", Bd.I bzw. II (Übersetzung des einbändigen „Study").
Study für „The Study of Sociology".
Synthetic Philosophy für „A System of Synthetic Philosophy".
Synthetische Philosophie für „System der synthetischen Philosophie".

[1] Doppelt fälschlich: Zum einen, weil Spencer lange vor dem Erscheinen des Werks von Charles Darwin *On the Origin of Species by Means of Natural Selection* im Jahre 1859 jene Lehre begründete (vgl. hierzu Spencers eigene Darstellung im Vorwort zur vierten Auflage von *First Principles,* abgedruckt in *Erste Grundsätze,* S. VIIff.). Falsch zum anderen, weil Darwin selbst sich von der bloßen Übertragung seiner Lehre von der Entwicklungsgeschichte innerhalb der Natur in das Sozialleben distanzierte. Richtiger müßte man also von einem „Sozialspencerismus" sprechen, zumal Spencer es war, der 1864 – im ersten Band der *Principles of Biology* – die für jene Lehre charakteristische Formel „Survival of the Fittest/Das Überleben der Tauglichsten" prägte.

[2] *Social Statics* erschien nicht 1850, wie häufig in der Sekundär- und Tertiärliteratur angegeben wird, freilich auch von Spencer selbst 1891 im Vorwort zum vierten Teil der *Principles of Ethics/Ethik des sozialen Lebens: Gerechtigkeit.* – Insgesamt scheint ohnehin ein etwas großzügiger Umgang mit

Spencers Werken in der Literatur vorzuherrschen; beispielsweise läßt Dahrendorf in seinem Artikel ,,Spencer, Herbert" des Soziologenlexikons *The Principles of Sociology* zwischen 1876 und 1882 erscheinen, was bedeutet, daß er den dritten Band der *Soziologie,* der 1896 veröffentlicht wurde, überhaupt nicht zur Kenntnis nahm. Schlimmer ergeht es Spencers Hauptwerken noch in der Brockhaus-Enzyklopädie von 1973: Abgesehen davon, daß die *Essays* zweimal (einmal mit mehreren Druckfehlern) aufgeführt werden und das Erscheinungsjahr der *Social Statics* – wie übrigens auch bei Dahrendorf – mit 1850 statt mit 1851 angegeben wird, soll das *System of Synthetic Philosophy* aus elf Büchern (dies trifft nur für die deutsche Ausgabe zu) statt aus zehn bestanden haben; falsch ist auch die Angabe, daß das Buch *The Man Versus the State* ein Teil der *Synthetischen Philosophie* sei. – Sieht man von den Arbeiten Leopold v. Wieses ab, welcher sich mehrfach intensiv – aber wohl zu einseitig auf die eigene ,,Beziehungslehre" fixiert – mit Spencer beschäftigte, steht (wofür formale Ungenauigkeiten nur ein Indiz sind) eine zuverlässige Rezeption von Spencers soziologischem Werk und dessen Kontext also noch aus.

[3] Vgl. *Sombart,* S. 116

[4] Das Werk *A System of Synthetic Philosophy* soll den Versuch verwirklichen, alle Erscheinungen auf ein Prinzip zurückzuführen und das menschliche Wissen in einer generellen Hypothese zu intergrieren (vgl. Erste Grundsätze, S. 540). Als ersten Band dieser Enzyklopädie, die seinerzeit zur Subskription auflag, will Spencer die *First Principles* (1862) verstehen, die grundsätzlich noch die gleiche Betrachtungs- und Erklärungsmöglichkeit von anorganischen und organischen Objekten behaupten und begründen sollen. Mit der Angabe, daß die Erklärung der organischen Natur wichtiger sei als die der anorganischen, läßt Spencer seinen philosophischen Grundlagen zwei Bände als *The Principles of Biology* (1864–1867), zwei Bände als *The Principles of Psychology* (1855 bzw. 1870–1872), drei Bände als *The Principles of Sociology* (1874–1896) und weitere zwei Bände als *The Principles of Ethics* (1892–1893) erscheinen. – Die Anwendung der erkenntnistheoretischen ,,Ersten" Grundsätze auf die anorganische Natur ließ Spencer aus, ,,weil der Plan selbst ohne sie schon zu ausgedehnt ist, und ... weil die Erklärung der organischen Natur nach der vorgeschlagenen Methode von mehr unmittelbarer Wichtigkeit ist" (*Erste Grundsätze,* S. XI). Ursprünglich hatte Spencer erwogen, auch je einen Band ,,Astrogenie" und ,,Geogenie" zu verfassen. – Der im März 1860 verteilte Subskriptionsprospekt des *Systems der Synthetischen Philosophie,* der jeden einzelnen der geplanten zehn Bände inhaltlich beschreibt, ist als Vorrede in den *First Principles* abgedruckt (vgl. *Erste Grundsätze,* S. X ff.).

[5] 1867 erschien der erste Band des *Kapitals* von dem in England arbeitenden *Karl Marx.*

[6] ,,Es haben aber mittlerweile weder von anderen erhobene Einwände, noch meine eigenen weiteren Erwägungen mich zum Aufgeben der hier dargelegten allgemeinen Grundsätze veranlaßt. Im Gegenteil haben, während ich die einander folgenden Werke über Biologie, Psychologie, Soziologie und Ethik schrieb, die mannigfaltigen Erläuterungen dieser Grundsätze, welche die behandelten Tatsachen darbieten, und die von jenen beim Aufsuchen von Erklärungen gegebene Führung dazu gedient, beständig die Annahme zu bestärken, daß sie die Tatsachen richtig formulieren." (*Erste Grundsätze,* S. VI)

[7] Vgl. z.B. seine Ausführungen zum Staatsliberalismus in *Social Statics* von 1851 und in dem *Essay From Freedom to Bondage* von 1893.

[8] Vgl. *Sociology I,* Ausgabe 1885, *Mr. Herbert Spencer's Work* im Anhang, S. 12

[9] Vgl. *Rumney,* S. VII

[10] Eingehender Spencers Arbeiten zur Soziologie darzustellen und kritisch zu analysieren – wobei insbesondere auch die Schriften zur Biologie und zur Morallehre herangezogen werden müßten –, ist nach der Bestimmung des vorliegenden Textes nicht möglich. So kann hier auch nicht das ganze, eher bloß deskriptive Material der *Principles of Sociology* referiert werden. Damit aber ein etwas umfassenderer Eindruck über Spencers soziologisches Werk entstehen kann, sollen kurz die geplante Gliederung der auf drei Bände angelegten *Princip-*

les of Sociology sowie deren Verwirklichung wiedergegeben werden. – Ursprünglich – das heißt nach dem 1860 geplanten *System der Philosophie* – sollten die drei Bände *Grundlagen der Soziologie* nach dem ersten Band über grundsätzliche erkenntnistheoretische Probleme und nach je zwei Bänden über die *Grundsätze der Biologie* bzw. die *Grundsätze der Psychologie* folgen; das Programm sollte mit zwei Bänden über die *Prinzipien der Moralität* abgeschlossen werden. – Wie jeder der angeführten Wissensbereiche war auch das Gebiet der Soziologie bereits bei der Veröffentlichung der Konzeption zur *Synthetischen Philosophie* genau untergliedert und in einigen Stichworten näher beschrieben. Die auf drei Bände angelegte Abhandlung der *Soziologie* war nach elf Teilen organisiert: Band I mit Teil I „Die Tatsachen der Soziologie", Teil II „Die Induktionen der Soziologie", Teil III „Politische Organisation"; Band II mit Teil IV „Kirchliche Organisation", Teil V „Zeremonielle Organisation", Teil VI „Industrielle Organisation"; Band III mit Teil VII „Sprachlicher Fortschritt", Teil VIII „Intellektueller Fortschritt", Teil IX „Ästhetischer Fortschritt", Teil X „Moralischer Fortschritt" und Teil XI „Der Konsensus". – 16 Jahre nach dem Subskriptionsangebot erschien 1876 der erste Band der *Principles of Sociology*. Er erlebte bereits ein Jahr später eine Neuauflage, und 1885 legte Spencer eine dritte, wesentlich erweiterte Fassung vor; beispielsweise arbeitete er Zitate aus weiteren 75 Schriften neu ein (vgl. *Soziologie II,* Vorwort). – Dieser Band besteht aus den drei Teilen „The Data of Sociology", „The Inductions of Sociology" und – hierin erweitert – „Domestic Institutions" und hat über 880 Seiten. – Die „Data of Sociology" enthalten mit Ausnahme der ersten vier und des letzten, des 27. Kapitels, vielfältige Auseinandersetzungen über den „primitiven Menschen", über die Entstehung der Welt, der menschlichen Ideen zu Tod und Leben, zu Traum und Ohnmacht, zu Geistern und Dämonen sowie vor allem über ursprüngliche, religiöse Verhaltensweisen wie Zauberei, Ahnenverehrung, Bilderanbetung und Fetischverehrung. – Die ersten vier und das letzte Kapitel dieses Bandes enthalten das Konzept einer theoretischen Soziologie, das Spencer selbst nur ungenügend ausentwickelte. Hervorstechendes Merkmal dieses „spezifisch soziologischen Ansatzes" (vgl. Anmerkung 79 unten) ist der Versuch, die reale Interdependenz allen gesellschaftlichen Geschehens nicht in abstrakter Analyse aus dem Auge zu verlieren: „Sobald ein soziales Verhältnis eine gewisse Festigkeit erlangt hat, beginnen Wirkungen und Rückwirkungen zwischen der Gesellschaft als ganzem und jedem Gliede derselben, so daß die eine auf die Natur des anderen Einfluß gewinnt" (*Soziologie* I, § 10, S. 14). Gleichwohl bemüht sich Spencer, gewisse Grundmuster des sozialen Geschehens nach äußeren (Klima, Bodenbeschaffenheit, Flora, Fauna etc.) und inneren Faktoren (Körperkraft, Aktivität, Ausdauer, Gemüt und Intelligenz) zu strukturieren, wobei ihm wegen seines Interdependenz-Ansatzes manche wichtige Einsicht gelingt; etwa: „Masse ist sowohl eine Bedingung für die Organisation der Gesellschaft als auch das Resultat derselben" (*Soziologie* I, § 9, S. 13). – Im 27. Kapitel dieses ersten Bandes der *Soziologie* formuliert Spencer schließlich ein soziologisches Arbeitsprogramm, welches bei einer entsprechenden Ausführung sicherlich zu den wichtigsten Grundlagen auch der modernen soziologischen Theorie gezählt hätte. – Im zweiten Teil der *Principles of Sociology* – „Die Induktionen der Soziologie" – findet sich vor allem der Versuch, das Erkenntnisobjekt „Gesellschaft" in Parallelität und Analogie zum biologischen Organismus zu begreifen. Spencer spielt diesen Versuch systematisch durch und entwickelt dabei die auch für die heutige struktural-funktionale Terminologie im wesentlichen noch gültigen Konzepte (vgl. hierzu Abschnitt II.3.3 unten). – Unter dem Thema „Domestic Institutions" (nicht ganz treffend mit „Häusliche Einrichtungen" übersetzt; vgl. *Soziologie* II, S. 183) beschäftigt sich Spencer mit der „Erhaltung der Art", mit den Beziehungen der Geschlechter zueinander, mit Exogamie und Endogamie sowie weiteren Formen des geschlechtlichen Zusammenlebens, schließlich mit der sozialen Position der Frau und der Kinder. Ihm geht es hierbei darum, an Hand (willkürlich) ausgewählter Berichte über verschiedene Formen von Ur- und Stammesgesellschaften eine Gesetzmäßigkeit fortschreitender Entwicklung im Sinne seiner generellen Hypothese bis hin zur Familienstruktur seiner Tage „induktiv" zu entdecken beziehungsweise zu belegen. Darüber hinaus riskiert Spencer aber auch Prognosen, die genauer zu diskutieren hier nicht der Ort ist; dennoch sei aber ein Zitat erlaubt, welches zumindest Spencers liberal-aufgeklärte Grundhaltung vielen gesellschaftlichen Mißverhältnissen gegenüber deutlich macht: „Mit der Abnahme des kriegerischen Wesens und dem Aufstreben des Industrialismus ... – mit der Kräftigung des Sinnes für persönliche Rechte und der damit verbundenen mitfühlenden Rücksicht auf persönliche Rechte anderer – muß Hand in Hand eine allmähliche Aufhebung der staatlichen und häuslichen Minderberechtigungen der Frau gehen, bis nur noch diejenigen Unterschiede übrig bleiben, welche in ihrer Konstitution begründet liegen." (*Soziologie* II, S. 375). – Die Ergebnisse des ersten Bandes zusammenfassend läßt sich sagen, daß Spencer hier im wesentlichen die in den zuvor erschienenen Abhandlungen der *Synthetischen Philosophie* erörterten Ableitungen und Schlüsse anzuwenden beziehungsweise zu belegen sucht. Er knüpft dafür nicht nochmals die Gedankenkette, die er in den *First Principles* eingehend dargestellt hatte, sondern verweist in der Regel nur auf diese. – Band II der *Principles of Sociology* erschien erstmals 1882. Er umfaßt die beiden Teile „Ceremonial Institutions" und „Political Institutions", welche bereits zuvor (1879/1882) gesondert veröffentlicht worden waren. – Unter Zeremonien, deren handlungsleitenden Charakter („Control of Conduct") er besonders hervorhebt, versteht Spencer Sitten und Gebräuche wie Trophäen, Geschenke, Besuche, Anredeformen, Abzeichen sowie modische Kleiderordnungen („Fashion") als soziale Institutionen. (Den weiten, aber sicherlich nicht unsoziologischen Gebrauch des Wortes „Institution" kritisiert *v. Wiese* an Spencer; vgl. *v. Wiese* 1906, S. 94). Spencer versteht es hier – wenn auch in der von ihm bevorzugten redundanten, nur beschreibenden Darstellungsform – eine Ebene sozialer Reglementierung so überzeugend bewußt zu machen, daß dieser Teil der *Principles of Sociology* bei soziologisch noch ungeschulten Lesern zumindest ein dauerhaftes Interesse an jenen bestimmten sozialen Erscheinungen, wenn nicht gar einen Widerstand gegen die „Herrschaft des Zeremoniells" wecken kann. Spencer jedenfalls begreift den Abbau der Zeremonien als einen notwendigen Entwicklungsprozeß zur individuellen Freiheit, die in seinen Augen als erstrebenswertes Ziel gesellschaftlicher Entfaltung sich freilich auch schließlich verwirklicht. – Der fünfte Teil der *Principles of Sociology*, „Political Institutions", läßt sich nach drei Hauptgebieten untergliedern: in einen Abschnitt, in dem Spencer die Aspekte Integration und Differenzierung des Entwicklungsgesetzes auf die Beschreibung staatlicher Organisationen bezieht; in einen zweiten, in dem die Herrscherrollen, die öffentlichen Organe der politischen Beratung, des Kriegswesens, des Rechts und der Exekutive sowie das Eigentum und die Staatseinkünfte behandelt werden; und schließlich in einen dritten Abschnitt, welcher der Charakterisierung des kriegerischen und des industriellen Gesellschaftstypus gewidmet ist. Spencer selbst bezeichnet die Erkenntnisobjekte dieses Teils seiner Soziologie als „Entwicklungserscheinung, die mehr als alle anderen dunkel und verwickelt sind" (Soziologie III, S. VI). Umso häufiger greift er hier hilfesuchend – so scheint es – auf die einmal in den *First Principles* formulierten „Gesetze" der allgemeinen Entwicklung zurück (vgl. hierzu auch Abschnitt V unten), was die für Spencers Soziologie so typische fatale Konsequenz hat: Statt historisch konkrete Analysen des gegebenen gesellschaftlichen Geschehens zu liefern, das an „Dynamik" und „Entwicklung" wahrlich genug aufzuweisen hatte, konzentriert sich Spencer darauf, Beispiele aus der zeitgenössischen Reiseliteratur über die weniger „entwickelten" Völker der Erde danach auszuwählen, wie sie seine fixe Idee von der grundsätzlichen natürlichen Evolution auch aller gesellschaftlichen Verhältnisse und Vorgänge zu belegen vermochten. – 1896 legte Spencer den kompletten Band III mit den Teilen VI bis VIII der *Principles of Sociology* vor, von denen zwei wiederum zuvor schon entweder in Buchform (Teil VI 1885) oder in Form von Zeitschriftenartikeln (Teil VII) veröffentlicht worden waren. Es handelt sich hierbei um die Abteilungen ,,Ecclesiastical Institutions", ,, Professional Institutions" und ,, Industrial Institutions". Spencer erachtet damit seine Arbeit am *System der Synthetischen Philosophie* als erledigt: ,,With the publication of them (the three divisions, P.K.) in a united form, the issue of the Synthetic Philosophy comes to a close." (*Sociology III,* S. V). – In den ,,Ecclesiastical Institutions" beschäftigt sich Spencer mit der Idee des Religiösen, mit Medizinmännern und Priestern, mit der kirchlichen Hierarchie, den militärischen und zivilen Funktionen der Priester, mit den Verhältnissen von Staat und Kirche sowie mit Vergangenheit und Zukunft von Kirche und Religion allgemein. Seine Hauptinteressen liegen in diesem Teil bei der Darstellung der Differenzierung religiöser und weltlicher Herrschaft, der Strukturierung der Religion nach verschiedenen Glaubenssystemen sowie des Einflusses der sich ändernden Ideen auf den moralischen Charakter. – Pedantisch handelt Spencer in Abteilung VII ,,Professional Institutions" einzelne Professionen ab: Er beginnt mit den Medizinern, den Künstlern von Theater, Musik und Dichtung, wendet sich dann den Intellektuellen der Schreibkunst, Geschichte, Philosophie und Wissenschaft zu, um schließlich noch auf die Beschreibung der Rechts- und Lehrberufe sowie der Architekten, Bildhauer und Maler seine allgemeinen An- und Einsichten von der Entwicklung allen gesellschaftlichen Geschehens anzuwenden. – Resümierend läßt sich sicher sagen, daß dieser Teil der *Principles of Sociology* ebenso wie der letzte Teil denjenigen enttäuscht, der nach der Konstruktion des soziologischen Systems in den ersten Kapiteln deren ,,Nutzanwendung" im Sinne einer kritischen Analyse der jeweiligen aktuellen sozialen Strukturen und Prozesse erwartet hatte. Statt dessen finden sich auch in Abteilung VIII ,,Industrial Institutions" allgemein-formale Darstellungen beispielweise über die Teilung der Arbeit – welche schon Adam Smith faszinierender zu beschreiben und zu erklären wußte –, über Produktion, ,,Regulation" (Sozialordnungen) und Distribution oder von politischen Vorurteilen belastete Ausführungen über die Gewerkschaftsbewegung und den Sozialismus. – Insgesamt kann man sich kaum des Eindrucks erwehren, daß Spencer insbesondere Teil VIII des dritten Bandes der *Principles of Sociology* im Sinne einer Pflichterfüllung und nach dem scheinbar erfolgreichen Schema der Kompilation modischer Reiseliteratur unter der Perspektive seines Entwicklungsgesetzes im Alter von etwa 75 Jahren herunterzuschreiben sich bemühte.

11 Erste Grundsätze, S. 47 f.

12 Ebd., S. 53

13 Ebd., S. 43

14 Vgl. ebd., S. 130

15 Vgl. ebd., S. 167 ff.

16 Vgl. ebd., S. 174 ff.

17 Vgl. ebd., S. 185 ff.

18 Vgl. ebd., S. 193 ff.

19 Vgl. ebd., S. 197 ff.

20 Vgl. ebd., S. 226 ff.

21 Ebd., S. 274 ff.

22 Ebd., S. 277

23 Ebd., S. 281 f.

24 Ebd., S. 282

25 Ebd., S. 284 f.

26 Ebd., S. 517

27 Ebd., S. 307

28 Ebd., S. 319

29 Ebd., S. 402. – Die Übersetzung von Carus in der deutschen Ausgabe ist falsch; Carus übersetzte ,,Evolution is an integration of matter and concomitant dissipation of motion" mit: ,,Entwicklung ist eine Integration von Substanz und einer (sic!) diese begleitenden (sic!) Zerstörung (sic!) von Bewegung."

30 Ebd., S. 404

31 Vgl. Sociology III, S. V f.

32 Vgl. Studium I, S. 39

33 Ebd., S. 39

34 Ebd., S. 122

35 Vgl. ebd., S. 206

36 Vgl. Studium II, S. 38

37 Vgl. ebd., S. 83

38 Ebd., S. 74

39 Vgl. ebd., S. 94

40 Ebd., S. 129

41 Vgl. *Lundberg,* S. 53

42 Bereits 1880 hatte Spencer die Errichtung eines ersten soziologischen Lehrstuhls

in England gefordert; aber erst 1906 wurde dieser für Hobhouse geschaffen (vgl. *Rumney*, S. 296).

[43] Studium I, S. 14

[44] Ebd., S. 88

[45] Studium II, S. 131

[46] Vgl. hierzu etwa folgende verblüffende Argumentation: ,,Derselbe (der unwissenschaftliche Einwand) ist ein Produkt jenes ‚Man muß etwas tun'-Triebes, welcher der Ursprung von viel individuellem und sozialem Unheil ist. Eine liebenswürdige Besorgtheit, ein Übel ungeschehen zu machen oder zu neutralisieren, treibt oft zu übereiltem Handeln, wie man bei der Eile sehen kann, mit der jemand, der gefallen ist, von denjenigen, welche gerade zur Hand sind, aufgerissen wird, gerade als ob Gefahr dabei wäre, ihn liegen zu lassen ..." (Studium I, S. 25)

[47] *Schelsky*, S. 124ff.

[48] Studium I, S. 88; vgl. Studium II, S. 142

[49] Vgl. Studium I, S. 158

[50] Vgl. ebd., S. 166

[51] Ebd., S. 158

[52] Vgl. ebd., S.182

[53] Ebd., S. 131

[54] Vgl. ebd., S. 103

[55] Ebd., S. 142

[56] Vgl. ebd.,S. 90

[57] Vgl. ebd., S. 166

[58] Vgl. ebd., S. 224ff.

[59] Vgl. Studium II, S. 1ff.

[60] Vgl. ebd., S. 48ff; 75

[61] Vgl. ebd., S. 76ff.

[62] Vgl. ebd., S. 114ff.; 140f.

[63] Ebd., S. 144f.

[64] Ebd., S. 157

[65] Vgl. ebd., S. 145

[66] Ebd., S. 146

[67] Ebd., S. 147

[68] Ebd., S. 151

[69] Ebd., S. 153

[70] Ebd., S. 155

[71] Ebd., S. 155f.

[72] Ebd., S. 161f.

[73] Vgl. ebd., S. 171

[74] Ebd., S. 162f.; v. Marquardsen, der Herausgeber der letzten deutschen Ausgabe des *Study* ließ die völlig irreführende (ältere) Übersetzung von ,,structure" mit ,,Bildung" und ,,function" mit ,,Verrichtung" durchgehen.

[75] Vgl. *Stark*, S. 515ff.

[76] In der *Autobiographie* schreibt er sogar: ,,... die Natur ihrer (der Gesellschaft) Organisation ist bestimmt durch die Natur ihrer Einheiten. Beide agieren und reagieren, aber der primäre (original) Faktor ist der Charakter der Individuen und der abgeleitete Charakter ist der Charakter der Gesellschaft" (übersetzt nach *Rumney*, S. 20).

[77] Studium I. S. 59

[78] Studium II, S. 168

[79] Gegenüber der von ihm überwiegend vertretenen ,,individualpsychologistischen" Perspektive hatte Spencer zu Beginn des ersten Bandes der *Principles of Sociology* auch einen ,,spezifisch soziologischen Ansatz" (Vgl. *Kellermann*, S. 67–70, 94ff.) entwickelt, indem er ein interdependentes Verhältnis von Mensch und Natur, von Person und Gesellschaft konzipierte: ,,Die Grundwahrheit anerkennend, daß soziale Erscheinungen teilweise von der Natur der Individuen abhängen und teilweise von den Kräften, welchen die Individuen unterworfen sind, sehen wir, daß diese beiden von Grund aus verschiedenen Gruppen von Faktoren, welche soziale Veränderungen verursachen, immer mehr und mehr mit anderen Gruppen verwickelt werden, je weiter die sozialen Veränderungen fortschreiten. Die von Anfang an bestehenden Einflüsse der Umgebung unorganischer wie organischer Art, ursprünglich fast unveränderlich, ändern sich mehr und mehr unter dem Einfluß der sich entwickelnden Gesellschaften ... Die Einflüsse, welche die Gesellschaft auf die Natur ihrer Einheiten, und die, welche die Einheiten auf die Natur der Gesellschaft ausüben, wirken unaufhörlich zusammen, um neue Elemente zu schaffen ... Und die stets wachsenden, immer mehr sich komplizierenden überorganischen Erzeugnisse materieller und geistiger Art bilden eine weitere Gruppe von Faktoren, welche immer einflußreichere Ursachen der Veränderungen werden." (Soziologie I, § 13, S. 17f.)

[80] Vgl. Studium II, S. 161; *Rumney*, S. 165

[81] Studium I, S. 153; vgl. Studium II, S. 65

[82] Studium II, S. 111. – Noch 1896 schrieb Spencer nach einem Gewerkschaftskongreß zur Kritik des Sozialismus, dieser sei unfähig einzusehen, ,,daß die Formen der sozialen Organisation von der menschlichen Natur her determiniert sind und daß nur in dem Grade, in dem die Charaktere der Menschen sich besserten, die Verhältnisse gebessert werden können" (Sociology III, S. 579).

[83] Vgl. *Rumney,* S. 158

[84] Sociology I, S. 437

[85] Insbesondere in Soziologie II, §§ 220 und 222 distanziert sich Spencer von einer Gleichsetzung des biologischen Organismus mit Gesellschaft; im § 269 faßt er seine Auffassung zusammen: ,,Hier sei es mir gestattet, noch einmal ausdrücklich zu betonen, daß es keine weitere Analogie zwischen einem Staatskörper und einem lebenden Körper gibt als diejenige, welche durch die wechselseitige Abhängigkeit der Körperteile, die bei beiden gleichermaßen zu beobachten ist, notwendig bedingt wird ... Der soziale Organismus, diskret statt konkret, unsymetrisch statt symetrisch, empfindlich in allen seinen Einheiten, statt nur ein einziges empfindliches Zentrum zu besitzen, läßt sich augenscheinlich nicht mit irgendeinem besonderen Typus von tierischen oder pflanzlichen Einzelorganismen vergleichen ... Dies also sind die hier behaupteten Analogien: Eine Gemeinsamkeit der Grundprinzipien ihrer Organisation ist das einzige, was ihnen als gemeinsam zugesprochen wird." (Soziologie II, § 269, S. 171) In einer an den letzten Satz angefügten Fußnote weist Spencer sogar ausdrücklich die Auffassung eines Kritikers seines Essays *The Social Organism* von 1860 zurück, er habe wie Plato und Hobbes behauptet, daß ,,eine Ähnlichkeit zwischen der sozialen Organisation und der Organisation eines Menschen bestehe" (Soziologie II, S. 171f). Freilich argumentierte Spencer innerhalb jenes Essays so, daß alle seine Einwände gegen die Analogie wie eine Unterstützung der Behauptung einer Ähnlichkeit aufzufassen sind. Insofern ist Spencer sicherlich mitverantwortlich dafür, daß Novicow, Gumplowicz, Lilienfeld und Schäffle, Worms, Le Bon und Sumner teilweise extrem ,,bio-soziologisch" und widersprüchlich argumentierten und den Existenzkampf, anarchistischen Individualismus, politischen Quietismus oder – gar gegen Spencer – Staatsabsolutismus verherrlichten (vgl. *Rumney,* S. 46f., 63f., 274).

[86] Studium II, S. 166; vgl. ebd., S. 163

[87] Vgl. Soziologie I, § 217

[88] Vgl. *Kellermann,* S. 168

[89] The Social Organism, S. 220

[90] Vgl. ebd., S. 232f.; *Rumney,* S. 46f.

[91] Vgl. Studium II, S. 163f.

[92] Studium II, S. 164

[93] Vgl. *Rumney,* S. 101. Eine gewisse Einschränkung scheint hier allerdings angebracht: an einigen Stellen seiner Schriften sieht Spencer die Evolution den Höhepunkt erreichen, um dann eine neue Entwicklung beginnen zu lassen – das Modell des ,,ewigen Kreislaufs"; z.B. Erste Grundsätze, S. 552

[94] Vgl. Social Statics, S. 460

[95] Erste Grundsätze, § 175, S. 513 bzw. § 190, S. 550

[96] *Rumney,* S. 32

[97] Vgl. *Kellermann,* S. 83–88

[98] In den *Principles of Sociology* sieht Spencer den sozialen Status der Frau soziologisch richtiger in einer Abhängigkeit von den gesellschaftlichen Rahmenbedingungen: In ,,militärisch" verfaßten Gesellschaften sei die Position der Frau generell niedrig; in industriell entfalteten dagegen hoch, woraus Spencer einen ,,moralischen Fortschritt des Menschengeschlechts" ableitet (vgl. Soziologie II, § 324, S. 326). Analog sieht Spencer auch den Status der Kinder sich mit dem allgemeinen Fortschritt verbessern (vgl. Soziologie II, § 331 beziehungsweise § 335)

[99] Vgl. Studium II, S. 219

[100] Vgl. ebd., S. 220

[101] Vgl. ebd., S. 227f.

[102] Studium I, S. 117

[103] Ebd.

[104] Ebd.

[105] Ebd., S. 118

[106] Vgl. *Rumney,* S. 91; *Kellermann,* S. 81ff.

[107] Studium I, S. 224

[108] Vgl. Studium I, S. 224ff.

[109] Ebd., S. 249

[110] Ebd., S. 250

[111] Vgl. ebd., S. 226ff.

112 Den Ausbau des Gedankens einer dichotomischen gesellschaftlichen Entwicklung, den er im 1873 erschienenen *Study* zunächst nur ,,konfessionell" bezogen hatte, vollzieht Spencer vor allem in dem 1882 publizierten fünften Teil der *Principles of Sociology* ,,Political Institutions". Er widmet darin der Darstellung des kriegerischen und des industriellen Gesellschaftstyps jeweils etwa 40 Seiten (vgl. Soziologie III, S. 668ff.).

113 Soziologie II, § 259, S. 129

114 Vgl. ebd., S. 130f.

115 Ebd., § 260, S. 141

116 Vgl. ebd.

117 Vgl. Soziologie III, § 562, S. 710ff.

118 Vgl. Soziologie II, § 222, S. 20; § 260, S. 142; *Rumney*, S. 155

119 Vgl. Soziologie II, § 222, S. 20; § 260

120 Rumney verweist darauf, daß es derselbe Industrialismus ist, den Spencer als Friedens- und Wohlstandsbringer preist, der zur ,,wahnsinnigen" Suche nach Kolonien und Märkten, zu Konkurrenz und Imperialismus führt (vgl. *Rumney*, S. 185).

121 Soziologie III, § 579, S. 776f.

122 Vgl. ebd., § 576, S. 762

123 Vgl. *Rumney*, S. 173 bzw.177

124 ,,His social philosophy is in essence a refinement of the economics of the Manchester school." *Rumney*, S. 158

125 Vgl. Soziologie III. § 579, S. 774

126 Vgl. Studium II, S. 263f.; Social Statics, Kap. 25, 28

127 Vgl. Studium II, S. 263f.

128 Vgl. Autobiographie I, S. 246

129 Vgl. Studium II, S. 184ff.

130 Studium II, S. 187

131 Vgl. *Rumney*, S. 101; *Kellermann*, S. 86

132 Studium II, S. 182

133 Studium II, S. 174

134 Ebd.

135 Vgl. ebd., S. 178f.

136 Ebd., S. 175

137 Ebd., S. 177

138 Vgl. ebd., S. 215

139 Ebd., S. 192

140 Ebd., S. 193

141 Ebd., S. 213

142 Vgl. ebd., S. 214

143 Ebd., S. 180

144 Ebd., S. 180f.

145 Ebd., S. 181f.

146 Ebd., S. 218

147 Vgl. *Rumney*, S. 4

148 Vgl. hierzu das Vorwort zu Teil 4 der *Principles of Sociology:* Einerseits hält Spencer die Kritik seiner Freunde an der Überfülle erläuternder Beispiele für gerechtfertigt, andererseits aber meint er: ,, Nur wenn Zeugnisse von den verschiedensten Völkern und Rassen aus allen Teilen der Welt zusammengebracht sind, kann man die Behauptung zurückweisen, daß die hier gewonnenen Schlüsse nicht oder nur teilweise richtig seien. Eben weil die soziologischen Erscheinungen so sehr verwickelt sind, gilt von ihnen mehr als von allen anderen der Satz, daß nur durch Vergleichung zahlreicher Beispiele grundlegende Beziehungen von oberflächlichen und zufälligen Verhältnissen unterschieden werden können." (Soziologie III, S. VI)

149 ,,Wir müssen von der Forderung ausgehen, daß primitive Ideen naturgemäß und unter den Bedingungen, unter welchen sie vorkommen, vernünftig sind." (Soziologie I, § 52, S. 124)

150 Vgl. *Rumney*, S. 22, 125. – Diese Kritik trifft für das Buch *Einleitung in das Studium der Soziologie*, das für diesen Beitrag über Herbert Spencer den ,,roten Faden" abgeben sollte, kaum zu; wohl aber für die drei Bände der *Principles of Sociology*.

151 ,,Nicht weniger als 60 Jahre hintereinander (1842–1902, von *The Proper Sphere of Government* ab bis zur Abhandlung *State-education*) hat Herbert Spencer an seiner Konzeption einer Theorie des politischen Liberalismus unverdrossen gearbeitet." (*Stein*, S. XXXI)

152 Ethik I, S. VII

153 Studium II, S. 94

154 Ebd., S. 185

155 Morris Ginsberg vermutete, Spencer habe – zumindest was die Soziologie anbelangt – jenes deduktive System allgemeiner Gesetze beziehungsweise des generellen ,,Evolutionsgesetzes" auch deshalb entworfen, weil er die Unzulänglichkeit der ,,komparativen Methode" beziehungsweise die Unzulänglichkeit der auf diese Weise gewonnenen ,,Induktionen der Soziologie" erkannt habe (vgl. *Rumney*, S. 6).

156 Vgl. Anmerkung 4

[157] Das „buchhalterische" Moment kommt in folgendem Zitat deutlich zum Ausdruck: „Wenn ich die Bogen durchsehe und nochmals durchsehe, und ich stoße auf eine Seite, auf der weder etwas gestrichen noch Verbesserungen am Rande angebracht sind, so habe ich ein unbestimmtes Gefühl, meine Pflicht hier nicht getan zu haben; und nicht selten kommt es vor, daß ich eine solche Seite dann nochmals aufmerksam durchlese, um zu sehen, ob ich mich hier nicht knapper ausdrücken oder dort ein Wort fortlassen kann." (Autobiographie I, S. 338f.) Angesichts der offensichtlichen Redundanz des Spencerschen Stils wirkt diese Beschreibung wie selbstliebende Täuschung, wie überhaupt – vor allem in der Autobiographie – der ausgeprägte Narzißmus Spencers nicht zu übersehen ist, ja häufig gar peinlich wirkt.

[158] Vgl. hierzu *Rumney,* S. XII f., der die genauen Direktiven Spencers zur Fortsetzung der *Descriptive Sociology* beschreibt. Von diesen Direktiven wichen die Nachlaßverwalter Spencers erst nach Richterspruch ab.

[159] „Ich habe es nie vermocht, mich vor ein Problem zu setzen, um es durch Kopfzerbrechen zu lösen. Wenn ich von Zeit zu Zeit zu Schlüssen gelangte, so waren diese nie eine Antwort auf aufgeworfene Fragen; ich gelangte ganz unversehens dazu – jeder Schluß war das Endergebnis eines Gedankenkörpers, der langsam aus einem Keime aufwuchs." (Autobiographie I, S. 254)

[160] Vgl. Anmerkung 10

[161] Sociology III, S. V

[162] Ebd.

[163] Vgl. z. B. Studium II, S. 261

[164] Ethik II, S. 525

[165] Soziologie I, S. V

[166] Spencer „beschäftigte drei Sekretäre mit dem Sammeln von Material und ließ durch sie die Tatsachen über häusliche, kirchliche, berufliche, politische und wirtschaftliche Einrichtungen aller bedeutenderen Völker in parallele Gruppen ordnen". (*Durant,* S. 360)

[167] Vgl. Vorwort zur 3. Aufl., Soziologie II, S. Vf.

[168] Ethik I, S. XI

[169] Vgl. hierzu auch Ethik I, S. 148ff.

[170] Studium II, S. 164

[171] Soziologie I, S. 256

[172] Vgl. z. B. First Principles, § 111

[173] Vgl. Studium II, S. 145ff.

[174] Vgl. Erziehung, S. 16ff.

[175] Z. B. Social Statics, S. 460ff.

[176] Studium II, S. 94

[177] Ethik I, S. 50ff.

[178] Studium I, S. 59. – Im ersten Band der *Soziologie* differenziert Spencer adäquater: „Jede Gesellschaft, sie mag auf niedrigster Stufe stehen oder weit fortgeschritten sein, bietet Erscheinungen dar, welche sich entweder auf die Eigenschaften ihrer Einheiten oder auf die Bedingungen, unter denen diese existieren, zurückführen lassen." (Soziologie I, 11)

[179] Studium I, S. 61

[180] Ebd., S. 62

[181] Vgl. Studium II, S. 65; 92; 111

[182] Vgl. Erziehung, S. 1ff.

[183] Vgl. Soziologie I, S. 38ff.

[184] Soziologie I, S. 41

[185] Vgl. hierzu *v. Wiese,* 1960, S. 31

[186] Vgl. *Dahrendorf,* 1968, S. 189

[186a] Vgl. Sociology II, S. Vff.

[187] *Hofstadter,* S. 50, übersetzt nach *Dahrendorf,* 1968, S. 192

[188] Ein Hinweis für die Richtigkeit dieser These findet sich z. B. darin, daß alte Spencer-Bücher wie die hier verwendeten Bände I und II der *Principles of Sociology* in den Auflagen von 1885 bzw. 1882, ausgeliehen von einer Universitätsbibliothek, 1975 noch unaufgeschnitten, also ungelesen sein können.

[189] *Stein,* S. III

[190] Zit. nach *Stein,* S. VII

[191] Ebd.

[192] *v. Wiese,* 1971, S. 53

[193] Vgl. *Rumney,* S. 295

[194] Vgl. *Dahrendorf,* 1959, S. 528

[195] Vgl. *Stein,* S. XVI

[196] Vgl. *Rumney,* S. 307f.

[197] Vgl. *Stein,* S. IX

[198] Encyclopaedia Britannica 1973, S. 2

[199] *Hinkle/Hinkle,* S. 36f.

[200] *Oesterreich,* S. 80f.

[201] *Dahrendorf,* 1959, S. 530

[202] Brockhaus 1973, S. 707

[203] Vgl. hierzu auch *Dahrendorf,* 1959, S. 530; *Ritsert,* S. 65

[204] *Parsons,* 1968, S. 3. Auch v. Wiese ließ 1933 ein ähnliches Urteil erkennen: „In ei-

nem einzigen Namen läßt sich der Stand der Entwicklung der Soziologie im Jahre 1900 zusammenfassen, im Namen : Spencer ... Wer damals von Soziologie sprach, meinte fast stets eine Lehre in Spencers Geist und nach seiner Methode. Seltsam und lehrreich wie sich in 30 Jahren die Denk- und Arbeitsweise gewandelt hat! Gerade in Spencers Heimatlande, in England, ist es heute fast ganz still über ihn geworden; spricht man von ihm, so geschieht es (auch in liberalen Kreisen) nicht ohne einen Klang von Feindseligkeit gegen den Philosophen des Victorianischen Zeitalters. Aber auch in Amerika weiß die junge Generation nichts mehr von ihm; man zitiert ihn auch dort nicht." (*v. Wiese,* 1933, S. 14)

[205] Selbst der Begriff der Rolle läßt sich bereits bei Spencer finden; vgl. Studium II, S. 219.

[206] Vgl. *Parsons,* 1966, 1964; *Kellermann,* S. 99ff. – *Dahrendorf,* nach einem kurzen Überblick über den Einfluß Spencers auf die Soziologen nach 1926, nachdem Malinowski in dem Artikel „Anthropology" der Encyclopaedia Britannica den „strukturell-funktionalen Spencer" neu belebte: „Angesichts dieser Entwicklung liegt es nahe, ganz im Gegenteil zu Parsons' verfrühter Todeserklärung zu seufzen: Ach, wäre Spencer doch tot!" (*Dahrendorf,* 1967, S. 264)

[207] Vgl. *Rumney,* S. V

[208] *Münch,* S. 681

[209] Vgl. oben Abschnitt II/2 bzw. Erste Grundsätze, § 145, S. 402

[210] Vgl. Erste Grundsätze, S. 549 et passim. – Damit ist aber auch gleichzeitig die prinzipielle Differenz von Spencers Perspektive und jeder anderen, die sich einer Analyse der jeweils historisch-aktuellen Gesellschaft zuwendet, deutlich: Primär sind Spencer die abstrakten überzeitlichen und überräumlichen Seiten der sozialen Prozesse, sekundär die von konkreter Zeit und konkretem Raum bestimmten sozialen Situationen; das von ihm angestrebte Resultat ist ein Wissen um das naturgesetzliche Geschehen, welches „die Hoffnungen und Befürchtungen extremer Parteien bedeutend mäßigt" (Studium II, S. 253), welches also jegliches Planen und vernünftige Steuern der Prozesse illusorisch erscheinen lassen soll (vgl. *Kellermann,* S. 85ff). Demgegenüber analysiert eine nicht-formale Soziologie die zeitgenössischen gesellschaftlichen Verhältnisse und Vorgänge mit dem Ziel, deren gegebene Komplexität und gegenseitige Abhängigkeit in der konkreten Situation aufzuweisen, um sie ursächlich erklären und entsprechend vernünftig beeinflussen zu können.

[211] Vgl. Erste Grundsätze, S. 545

[212] Vgl. *Coser,* S. 92

[213] Es drängte sich auf, an dieser Stelle die von Parsons benannten vier Systemerfordernisse „pattern maintenance", „integration", „goal attainment" und „adaptation" (vgl. *Parsons,* 1966, S. 28f.) zur Diskussion heranzuziehen, was hier allerdings nicht möglich ist (vgl. hierzu u.a. *Kellermann,* S. 128ff.)

[214] Vgl. Erste Grundsätze, S. 547f.

[215] Dementsprechend sah Spencer auch keinen Widerspruch, sondern eine notwendige Entsprechung zwischen dem Prozeß der Individualisierung und dem der Interdependenz: „... the highest individuation (must) be joined with the greatest mutual dependence" (Social Statics, S. 441).

[216] „Es ist das Gesetz jeder Organisation, daß sie, sobald sie sich vollendet, starr wird." (Spencer zitiert nach *Durant,* S. 365)

[217] Von der Freiheit zur Gebundenheit, S. 13

[218] Vgl. Soziologie III, S. 762

Piet Tommissen

VILFREDO PARETO

[0] Wo keine Übersetzung vorlag, wurden die Zitate von mir *frei* ins Deutsche übertragen. Die Fund- und Belegstellen sind mittels der im bibliographischen Anhang verwendeten Siglen gekennzeichnet. Die Anmerkungen enthalten infolgedessen vielfältige Hinweise auf Spezialliteratur und außerdem Vorschläge für Dissertations- und

Forschungsthemen. Das Manuskript wurde am 1. Juni 1976 abgeschlossen.

[1] Vgl. unten Anm. 7

[2] Vgl. dazu meinen Aufsatz, Un point litigieux: est-ce que Pareto ignorait l'allemand?, Cahiers Vilfredo Pareto, Nr. 27, 1972, 127–134. Leider kannte ich damals eine interessante Äußerung Paretos in seiner französischsprachigen Antwort vom 19. Februar 1894 an den schwedischen Nationalökonomen Knut Wicksell noch nicht: „Ich danke Ihnen für die Zusendung Ihres Buches. Ich werde es mit großen Interesse lesen. Dazu brauche ich etwas Zeit, denn ich habe nur recht dürftige Kenntnisse der deutschen Sprache" (PBr 11, 242)

[3] Vgl. den Bericht von *Georges-Henri Bousquet,* A propos de Marie Metenier, mère de V. Pareto. – Faits et réflexions, Cahiers Vilfredo Pareto, Nr. 15, 1968, 223–229

[4] Wir wissen, daß es eine italienische Übersetzung eines Weber-Buches in einer von Pareto mitherausgegebenen Schriftenreihe gibt. Und weiterhin, daß Robert Michels sowohl mit Weber wie mit Pareto (vgl. jetzt PBr 11, 901) befreundet war. Eine Klärung dieses Problems wäre wünschenswert: sogar das Buch von *Wilfried Röhrich,* Robert Michels. Vom sozialistisch-syndikalistischen zum faschistischen Credo, Berlin: Duncker & Humblot, 1972, 198 S., ist in dieser Hinsicht völlig unergiebig

[5] Vgl. SP 4, und SP 30, 7–13

[6] Vgl. SP 6, 25–110

[7] Am 24. April schrieb Pareto seinem Freunde Arturo Linaker: „Ich sehe, daß Dein Name nunmehr mit *ch* (sc. Linacher anstatt Linaker; vgl. PBR 10, 256) geschrieben wird und das *k* wohl Dante Alighieri zuliebe gestrichen wurde? In meinem Fall hat man auf Grund ähnlicher Überlegungen Wilfrid in Vilfredo umgewandelt" (PBr 10, 177 und PBr 11, 1081)

[8] Vgl. SP 5, 38

[9] Vgl. SP 4, 17

[10] Vgl. in PBr 10, 187–193, den Exkurs: L'eccezionale carriera scolastica di Pareto e il problema della sua conoscenza del mondo classico. Auch PBr 9 Band 1, LI-LX. Und den zweiten Teil meines Aufsatzes, Aspekten von Paretos wetenschappelijk denken en werken, Kwartaalschrift Wetenschappelijk Onderwijs Limburg, Nr. 2, 1974, 149–163. Außerdem von *Paola Maria Arcari,* La cultura classica di Vilfredo Pareto, Cahiers Vilfredo Pareto, Nr. 22–23, 1970, 223–237

[11] Der Einfluß Bastiats auf die Denkentwicklung Paretos ist m. W. nur von *Tommaso Giacalone-Monaco* erwähnt (PBr 4, 43) und von mir unterstrichen worden (SP 6, 42). Eine Spezialuntersuchung wäre nützlich. – Vgl. PBr 11, 613

[12] Jetzt in SP 5, 182–212

[13] Die einzige übersichtliche biographische Skizze des besonders interessanten Vaters Raffaele Pareto findet sich in PBr 9 Band 2, 641–649

[14] Jetzt in PA 1, 591–639

[15] Vgl. PBr 11, 613

[16] Es ist dies natürlich nur eine Auswahl aus einer langen Kette entscheidender Vorgänge

[17] Vgl. *Hannsjoachim W. Koch,* Der Sozialdarwinismus. Seine Genese und sein Einfluß auf das imperialistische Denken, München: Beck 1973, 179 S

[18] *Fritz Bolle,* Darwinismus und Zeitgeist, Zeitschrift für Religions- und Geistesgeschichte, Nr. 2, 1962, 143–178

[19] Vgl. SP 10, 11

[20] Hier muß gewarnt werden vor *Franz Borkenau,* der in seinem Pareto-Buch eine, von den Tatsachen widerlegte psychoanalytisch verbrämte Deutung versucht hat (SP 3, 9), worüber *Bousquet* sich zugleich empört und lustig machte (art. cit., oben Anm. 3, 228), die aber von *H. Stuart Hughes* in seiner bemerkenswerten Arbeit, Consciousness and Society. The Reorientation of European Social Thought 1890–1930 (New York: Knopf 1958, XI–433–XV S.), 260–261 einfach übernommen wurde. Darüber hinaus ist der junge Engländer *James Lane* neuerdings mit den sonstigen Thesen Borkenaus streng ins Gericht gegangen: An Analysis of Some Criticisms of Pareto's Sociology, Sociological Analysis, Nr. 1, 1972–73, 16–37

[21] Vgl. PBr 8, 211 Punkt 1

[22] Jetzt in PBr 9, Band 2, 602–603. – Für nähere Einzelheiten, vgl. die Untersuchung von *Tommaso Giacalone-Monaco,* Vilfredo Pareto nella Società delle Strade ferrate Ro-

mane (1870–1873), Giornale degli Economisti e Annali di Economia, Nr. 7–8, 1963, 537–578 (zusammengefaßt in PBr 9 Band 1, XXVI–XXVIII)

[23] Der Text des Kontraktes in PBr 8, 193–195. Für nähere Einzelheiten, vgl. den Exkurs: Nella Società dell'Industria del Ferro (1873–1890), PBr 9 Band 1, XXVIII–XXXVIII

[24] Vgl. SP 4, 44 und PD 3, 12

[25] Zusammenfassend muß festgestellt werden, daß die von *Bousquet* aufgestellte Behauptung, Pareto sei kein erstklassiger Ingenieur gewesen (SP 4, 45) keineswegs zutrifft. Es ist aber richtig, daß er sich in seiner Lage nie wohlgefühlt hat: „Die Zeit, die ich als Direktor der Eisenwerke verbracht habe, war eine Hölle für mich. Ich hatte vor, den Ingenieur zu spielen und kapierte, daß es im Gegenteil darauf ankam, Intrigant zu sein" (PBr 7 Band 1, 167–168)

[26] Vgl. PBr 7 Band 1, 167

[27] Vgl. *Ferdinand Aloys Hermens,* Demokratie oder Anarchie? Untersuchung über die Verhältniswahl, Frankfurt: Metzner 1951, XX–412 S. Dort über die Kontroverse Mill-Bagehot (IX–XX) und über die parlamentarische Lage in Italien bis 1919 (120–125)

[28] „Die ehrwürdige *Accademia dei Georgofili* ist die älteste wissenschaftliche Akademie Italiens – und vielleicht Europas – und wurde am 4. Juni 1753 zum Studium der agrarischen Probleme gegründet" (PD 3, 9). Pareto wurde 1874 Mitglied auf Vorschlag Giorgio Rosters und hielt zwischen 1877 und 1889 acht wichtige Ansprachen

[29] Vgl. SP 5, 36

[30] PBr 11, 92

[31] PBr 10, LX

[32] Vgl. PBr 11, 92. – Ich streife hier nur die wichtigste Stellungnahme Paretos. In Wirklichkeit kam sie einem Kreuzzug gleich und sollte einmal eingehend untersucht werden. Auch hat sich Pareto noch zu vielen anderen politischen Problemen geäußert

[33] SP 5, 58

[34] SP 4, 42

[35] Unvollständig in POC 14, 32–37

[36] Vgl. PBr 7 Band 1, 134–139

[37] PBr 7 Band 1, 213 Fußnote 2; und POC 14, 49

[38] Vgl. Paretos Darstellung in POC 10, 81

[39] Eine unvollständige Liste in SP 6, 54–55

[40] Vgl. PBr 9 Band 1, XVII

[41] Die Liste in PBr 7 Band 1, 40 Fußnote

[42] Vgl. die etwas verharmlosende Darstellung dieser ideologischen Gegensätze im Buche eines Beteiligten *Luigi Cossa,* Einführung in das Studium der Wirtschaftslehre, Freiburg i. Br.: Herder 1880, XII–240 S., 201

[43] Vgl. die krasse Lobpreisung in SP 6, 59–60. Ich bin der Ansicht Bousquets (SP 4, 39 Fußnote 1), daß diese Affinitätsfrage genauer geprüft werden sollte

[44] Hierher gehört auch seine Beschäftigung mit der damals Furore machenden Dreyfus-Affäre. Darüber schon SP 4, 102–103 und SP 6, 83–84. Ich berücksichtigte jedoch Paretos Exemplifizierung dieses Falles in seinem berühmten Brief an Antonucci vom 7. Dezember 1907 (jetzt in PBr 11, 613–616) leider nicht.

[45] Vgl. POC 4, 235

[46] Vgl. POC 4, 49

[47] Beispiele in SP 4, 32–36. Nebenbei gesagt, hat sich Pareto intensiv mit dem Problem Kirche und Staat befaßt. Vgl. PBr 9 Band 1, 302: Wir wissen also daß er sogar die Thesen David Friedrich Strauss' gekannt hat

[48] PBr 4, 124

[49] PBr 4, 117–118

[50] SP 4, 32

[51] PBr 9 Band 1, 501, 516, 517, 526, 558

[52] PBr 10, LXIV

[53] Vgl. PBr 9 Band 1, LXVIII

[54] PBr 9 Band 1, 554

[55] Nur auf Grund des Briefwechsels mit Pantaleoni 1891–92 habe ich eine Ergänzungsliste zusammengestellt: SP 6, 128

[56] Es erschienen bis 1897 insgesamt 53 Beiträge dieser Art; jetzt gesammelt in PA 2. Dazu SP 5, 98–122 („Proemio alle ‚Cronache' di Vilfredo Pareto")

[57] PBr 4, 123

[58] PBr 4, 121

[59] Vgl. PBr 7 Band 1, 372, 373, 406

[60] Vgl. PBr 7 Band 1, 374

[61] Pareto war manchmal geneigt in gereiztem Ton vorstellig zu werden. Vgl. die gut dokumentierte Abhandlung *Giovanni*

Businos, Pareto e l'autorità di Losanna, Giornale degli Economisti e Annali di Economia, Nr 3–4, 1963, 260–303. Demnächst gibt *Jean-Charles Biaudet* das von ihm aufgefundene, und, wie ich höre, wichtige Aktenheft über die Dekanzeit Paretos heraus (Rom: Accademia Nazionale dei Lincei, 1976, angezeigt). Biaudet verdanken wir eine kluge Studie über Paretos Lausanner Jahre: Pareto à Lausanne, Cahiers Vilfredo Pareto, Nr 5, 1965, 41–49

[62] Erst jetzt wird sie in Lausanne aufgestellt, mit fünfzig Jahren Verspätung. Nur das Verzeichnis der historischen Werke dieser Sammlung liegt vor. Es gehört zu den großen Versäumnissen der Instanzen, sich nicht rechtzeitig um das Schicksal dieser Bibliothek gekümmert zu haben

[63] PBr 11, 1207–1211

[64] Vgl. SP 22, 67–80

[65] Vgl. PBr 11, 1252–1253

[66] Text in POC 8, 118–125; dazu PBr 11, 1173–1174

[67] Text in POC 8, 153–318; dazu PBr 11, 1174–1179

[68] Vgl. PBr 10, XVII

[69] Vgl. die nur als Privatdruck vorliegende Studie von *Charles Gilliard,* Le Cercle littéraire 1819–1919 (Ed. Biaudet), Lausanne: Au Verseau 1966, 117 S.

[70] PBr 3, 22

[71] Vgl. SP 4, 63

[72] Eine gute Beschreibung der Lage in der Wohnung Paretos in jener Episode gibt *Vittorio Racca,* Working with Pareto, The Virginia Quarterly Review, Nr. 3, 1935, 375–382, besonders S. 376

[73] Jetzt in POC 14 mit gescheiter Einleitung

[74] PBr 7 Band 2, 368

[75] Diese Liste faßt nur zusammen, was ich schon früher in detaillierter Weise zusammengestellt habe; vgl. SP 6, 164 und 166

[76] *Alessandro Galante Garrone,* I Radicali in Italia 1849–1925 (Mailand: Garzanti 1973, 428 S.), S. 386

[77] POC 6, 163

[78] Jetzt in POC 9, 33–70. Es handelt sich um den Schwiegersohn von *Marx,* Verfasser der kuriosen Schrift Le droit à la paresse (1883; jetzt Paris: Maspero 1969, 157 S.) und Gegenstand einer interessanten aber unvollständigen Untersuchung von *Ernst Benz,* Das Recht auf Faulheit oder die friedliche Beendigung des Klassenkampfes. Lafargue-Studien, Stuttgart: Klett 1974, 126 S. – Es wird oft übersehen (vgl. SP 4, 45), daß Pareto seine Einführung nie als eine wissenschaftliche Leistung hingestellt hat (vgl. PBr 4, 121); über seine Beweggründe vgl. PBr 7 Band 1, 103

[79] Vgl. POC 5

[80] *Bousquet* ist wohl der Einzige, der sich eingehend mit diesem Buch beschäftigt hat; seine Analysen bleiben wertvoll: SP 4, 105–113, aber wichtiger: Introduction aux Systèmes Socialistes de Vilfredo Pareto, Paris: Giard 1926, VI–L S.

[81] POC 16 S. 144

[82] *Piet Tommissen,* De wet van Pareto, Brüssel: Economische Hogeschool Sint-Aloysius 1971, 68 S.; besonders 5–6

[83] z. B. PBr 7 Band 2, 17

[84] POC 9, 102–109

[85] Vgl. POC 11

[86] POC 7, 1–144

[87] PBr 7 Band 3, 68

[88] PBr 7 Band 3, 70

[89] Vgl. SP 17. – Es seien nur zwei Widerlegungen genannt: *Giuseppe Pietro Torrisi,* En lisant la ‚Sociologie de Pareto' de Monsieur Guy Perrin, Cahiers Vilfredo Pareto, Nr. 33, 1974, 217–234; und *Piet Tommissen,* Evolution ou révolution dans la pensée de Pareto?, in SP 29, 53–68

[90] Vgl. POC 9, 124–136

[91] Text in PA 3, 334–346. Eine deutsche Übersetzung in PD 4, 163–175

[92] Vgl. PBr 7 Band 3, 66 und 130

[93] Text in POC 8, 65–75

[94] Text in POC 6, 259–265. Eine deutsche Übersetzung in PD 4, 153–162

[95] Vgl. PBr 11, 1223–1231. Für die Ideengeschichte ist es bedauerlich, daß Emile Durkheim, obzwar vom Organisator Edouard Claparède eingeladen, nicht erschien. Pareto hatte indirekt mit seiner Anwesenheit gerechnet. Es darf als bekannt vorausgesetzt werden, daß er das Buch seines französischen Kollegen über den Selbstmord 1898 negativ rezensiert hatte (jetzt in POC 6, 122–124)

[96] Vgl. POC 8, 369–376

[97] Pareto besaß immer viele Angorakatzen. Sein Journal ist streckenweise als ein

Gespräch mit seinen Lieblingstieren abgefaßt (jetzt in POC 11). Das Journal ist übrigens bislang nur unvollständig herausgegeben worden: Die Notizen über 156 Tage, insgesamt 348 Seiten des Tagebuchs, harren noch der Veröffentlichung (POC 11, LXXVII)

[98] PBr 11, 215 Fußnote 1

[99] SP 4, 199

[100] Der Briefwechsel, in dem Pareto seinen Rechtsanwalt A. Orsini mit der Wahrnehmung seiner Interessen beauftragt, seitdem die Bakounine in Florenz 1908 Alimentationsansprüche erhoben hatte, wurde von *Tommaso Giacalone-Monaco* herausgegeben: PBr 5 Band 1, 98–181

[101] Vgl. *Giovanni Busino,* Lettere dal Pareto a Jeanne Régis, Cahiers Vilfredo Pareto, Nr. 2, 1963, 271–306

[102] PBr 11, 98

[103] *Robert Michels,* Bedeutende Männer. Charakterologische Studien, Leipzig: Quelle & Meyer 1927, VII–162 S.; dort 119–139: Pareto, besonders 136–137

[104] SP 4, 182

[105] Dieser Grundzug hat selbstverständlich mit seiner freihändlerischen Vergangenheit zu tun. Jedoch auch mit seiner negativen Beurteilung der sogenannten indirekten Steuern (vgl. PBr 4, 109, 111). Der längst überholungsbedürftige Aufsatz von *Otto Weinberger,* Pareto und die Finanzwissenschaft, Finanzarchiv, Nr. 2, 1953–54, 217–229, sollte gelegentlich von einer solideren Analyse ersetzt werden. Die gleiche Hoffnung gilt für die Studien *Mauro Fasianis,* z. B.: Der gegenwärtige Stand der reinen Theorie der Finanzwissenschaft in Italien (II), Zeitschrift für Nationalökonomie, Nr. 1, 1932, 79–107 (besonders 94–107). Ich brauche wohl nicht zu betonen, daß ich sowohl die wirtschaftspolitschen wie die soziologischen Aspekte des Steuerphänomens anvisiere

[106] Vgl. PBr 7 Band 3, 248

[107] PBr 7 Band 3, 304

[108] Vgl. POC 16, 183–188; und POC 20, 65–70. Eine deutsche Übersetzung in PD 4, 247–254

[109] Vgl. PBr 11, 1180–1184

[110] Text in POC 18, 795–800. Zu diesem Problemkomplex vgl. meine Studie: Vilfredo Pareto und der italienische Faschismus, in Festschrift *Arnold Gehlen,* Standorte im Zeitstrom, Frankfurt: Athenäum 1974, VII–428 S., 365–391

[111] Vgl. PBr 7 Band 2, 378

[112] Vgl. PBr 11, 1185–1194

[113] PBr 11, 1232–1251

[114] PBr 11, 1103

[115] PBr 11, 1193

[116] Vgl. PA 3, 163–177

[117] Vgl. POC 12

[118] PBr 11, 1102

[119] PBr 11, 1131

[120] Jetzt in PA 3, 653–929; die erste französische Übersetzung ist als POC 21 angezeigt für 1976

[121] Vgl. PBr 7 Band 3, 247

[122] Jetzt in PA 3, 933–1071; französische Übersetzung: POC 13

[123] PBr 2, 135

[124] Selbstverständlich kommt hier nur das soziologische Werk in Betracht

[125] Vgl. dazu meine Untersuchung: Die Ursachen der gegenwärtigen Krise der Soziologie, 22–47 im Sammelband *G. Eisermann* (Hrsg.), Die Krise der Soziologie, Stuttgart: Enke, 1976, IX–104 S.

[126] *Giovanni Busino,* art. cit. (vgl. oben Anm. 61), 279

[127] Das Vorlesungsverzeichnis Paretos findet sich in PBr 11, 86–87. Pareto zeigt diese soziologischen Vorlesungen erstmals in einem Brief an Pantaleoni vom 10. Februar 1897 an: „Im nächsten Semester halte ich Vorlesungen über die Grundfragen der Soziologie ..." (PBr 7 Band 2, 34)

[128] PBr 11, 332

[129] POC 16, 183

[130] PBr 7 Band 2, 188

[131] Vgl. POC 1, 2. Teil, 1–71

[132] PBr 7 Band 2, 52

[133] Vgl. oben I.4.2 (Schlußabsatz)

[134] PBr 11, 339

[135] PBr 7 Band 2, 73

[136] Vgl. oben Anm. 84

[137] POC 9, 103

[138] PBr 7 Band 1, 467

[139] Vgl. PA 3, 232–293; amerikanische Übersetzung: PE 3, 25–120

[140] POC 1, 2. Teil, 280 und dort Fußnote 927[3]

[141] POC 5, 1–73

[142] POC 7, 40–144

[143] Beispielsweise *Michel Brodsky* und *Pierre Rocher,* L'économie politique mathématique (Paris: Pichon & Durand-Auzias 1949, 365 S.): ,,(Diese Kapitel) sind eine kuriose Einleitung zu einem Lehrbuch der mathematischen Ökonomie" (118)

[144] *Pierre Boven,* Les applications mathématique à l'économie (Lausanne: Pache-Varidel & Bron 1912, II–204 S.), 167. Pareto hat das Buch Bovens gebührend gewürdigt (vgl. POC 16, 181–182)

[145] PBr 7 Band 2, 26–27

[146] *Gottfried Eisermann,* Wirtschaft und Gesellschaft (Stuttgart: F. Enke, 1964, IX–256 S.), 127

[147] Eine gute Übersicht des Schaffens Paretos, die simultan beide Interessengebiete des Gelehrten berücksichtigt, verdanken wir *Gottfried Eisermann* (vgl. SP 11). Wir beschränken uns auf das soziologische Oeuvre (vgl. oben Anm. 124)

[148] PBr 7 Band 2, 83

[149] Vgl. für die Einzelheiten *Giovanni Busino,* art. cit. (oben Anm. 61)

[150] PBr 7 Band 2, 189

[151] *Giovanni Busino,* art. cit. (oben Anm. 61), 286–289

[152] Vgl. PBr 11, 768–770

[153] PBr 7 Band 2, 61

[154] PBr 7 Band 2, 207–208

[155] Vgl. PA 3, 379–398; POC 9, 147–161

[156] SP 21, 40

[157] Vgl. oben I.4.2 (Schlußabsatz)

[158] Vgl. PBr 7 Band 3, z. B. 40, 131

[159] Vgl. PBr 2, 24

[160] Vgl. PBr 7 Band 3, 67, 89

[161] PBr 2, 52

[162] PBr 6, 124

[163] Vgl. PBr 2, 87

[164] Vgl. PBr 6, 127

[165] Vgl. PBr 7 Band 3, 172; PBr 11, 787

[166] PBr 7 Band 3, 177

[167] PBr 6, 133

[168] PBr 8, 124

[169] PBr 7 Band 3, 438; PBr 8, 142; PBr 11, 1031

[170] Vgl. dazu SP 6, 221–222

[171] PD 3, 44

[172] *Gottfried Eisermann,* Vilfredo Pareto als politischer Denker, 140–165 im Sammelband dieses Autors: Bedeutende Soziologen (Stuttgart: F. Enke, 1968, VII–178 S.) 147–148 Fußnote 19

[173] SP 6, 222

[174] PBr 7 Band 3, 163

[175] PBr 11, 779 und 780

[176] PBr 11, 789

[177] PBr 11, 786

[178] PBr 11, 790

[179] PBr 11, 800

[180] PBr 11, 811

[181] PBr 11, 955

[182] PBr 11, 964

[183] PBr 11, 791

[184] PBr 11, 842, 843, 844, 902, 912, 928, 930, 931

[185] PBr 11, 791, 820; die Liste in SP 6, 255 Fußnote 105

[186] PBr 11, 794, 800, 806, 812, 819, 820, 891, 903

[187] PBr 11, 801, 810, 837, 843, 894

[188] PBr 11, 816, 906, 936

[189] PBr 11, 837, 839

[190] PBr 11, 893

[191] PBr 11, 816

[192] PBr 11, 902, 918, 956

[193] PBr 11, 843. Diese Zusammenstellung stellt den ersten Versuch einer Auswertung der wichtigen an Boven gerichteten Pareto-Briefe dar. Man muß aber bedauern, daß sie sich fast ausschließlich mit der Vorbereitung des 1. Bandes des *Traité* befassen. Vielleicht sollte man übrigens die amerikanische Übersetzung vom Jahre 1935 als die endgültige Fassung betrachten, denn sie enthält noch mehrere Notizen des Herausgebers und Mitübersetzers *Arthur Livingston* (The Mind and Society, New York/Dover, ^{2}1963, 2 Bände = XVIII–386–1150 S.); vgl. die unvollständige Aufzählung von *G.-H. Bousquet,* L'édition peu connue de la Sociologie d'Arthur Livingston, ,The Mind and Society', Cahiers Vilfredo Pareto, Nr. 22–23, 1970, 263–266 (dort 265–266)

[194] PBr 11, 34

[195] Dort LIX–CXVII

[196] Vgl. auch PBr 11, 1101

[197] Vgl. PBr 11, 1125. Über das Arbeitsverfahren Paretos, vgl. *Vittorio Racca,* art. cit. (oben Anm. 72), 381

[198] *Maurice Halbwachs,* Le ,Traité de sociologie générale' de M. V. Pareto, *Revue d'économie politique,* Sept.–Dez. 1918, 578–585; bes. 582: ,,Es ist merkwürdig, daß die in einem wissenschaftlichen Lehrbuch

am meisten hervorgehobenen Quellen die (fatalerweise wenig objektiven) Kirchenväter sind und Zeitungen wie *La Liberté* und *Le Matin* aus den Jahren 1912–1913“

[199] Quellenhinweise beziehen sich auf POC 12 mit Erwähnung des jeweiligen Paragraphen. Etwaige deutsche Übersetzungen werden, falls vorhanden, PD 3 entnommen

[200] PD 2 und besonders PD 3

[201] SP 11, SP 14 und SP 18

[202] POC 12 § 1687

[203] POC 12 § 2060

[204] POC 12 § 2062, Fußnote 1

[205] POC 12 § 2064; dazu aber § 1728

[206] POC 12 § 2065

[207] POC 12 § 2066. Bis vor kurzem wurde behauptet, Pareto verdanke diese berühmte Dichotomie seinem Genfer Freunde und Kollegen Ferdinand de Saussure (vgl. SP 10, 39). Auf Grund meiner anderslautenden Vermutung hat *Jean Molino* einen berichtigenden Aufsatz geschrieben: Linquistique et économie. Sur un modèle épistémologique du ‚Cours‘ de Saussure, L'Age de la science, Nr 4, 1969, 335–349. Dieser Prioritätsfrage habe ich einen Sonderabschnitt in einer umfangreicheren Studie gewidmet (vgl. unter Anm. 410)

[208] POC 12 § 153

[209] POC 12 § 161

[210] POC 12 § 153

[211] POC 12 § 151. Diese Typologie wirft Probleme auf. Mindestens zwei Autoren machten Verbesserungsvorschläge: *Filippo Burzio,* Le ‚azioni non logiche‘ di Pareto, Giornale degli Economisti e Annali di Economia, Nr. 5, 1947, 525–539; und *Marion J. Levy jr.,* A Note on Paretos Logical-Nonlogical Categories, The American Sociological Review, Nr. 6, 1948, 756–757. Hinsichtlich der Grundlage und der Kriterien meldeten französische Forscher Bedenken an: *Jean-Claude Casanova,* Essai sur quelques tentatives d'intégration de l'économie et de la sociologie (Paris: Sorbonne 1964, 2 Bände = 1–854, I–CXXX S.; ungedruckte Dissertation), 510–513; und *Raymond Aron,* Les étapes de la pensée sociologique (Paris: Gallimard 1967, 659 S.), 413. Schließlich gibt es noch die Frage etwaiger Einflüsse, und *Carlo Mongardini* erwähnt hier *Gustav Le Bon,* dessen Bestseller La psychologie des foules 1895 herauskam (Vgl. PA 4, 80–81 Fußnote 149); diese Möglichkeit war früher bereits vorsichtig erörtert worden von *Carl Brinkmann* (Soziologische Theorie der Revolution, Göttingen: Vandenhoeck & Ruprecht 1948, 119 S.; dort 82). Ich bin allerdings nicht dieser Meinung

[212] POC 12 §§ 145–248

[213] POC 12 §§ 249–367

[214] POC 12 § 868

[215] POC 12 § 875

[216] POC 12 § 888

[217] POC 12 §§ 889–1396

[218] Pareto hat seine Analyse dieses Residuums als Buch herausgegeben: POC 15 (vorzügliche deutsche Übersetzung mit wichtiger Einleitung: PD 1). Vielleicht darf unterstrichen werden, daß der Band in französischer Sprache abgefaßt wurde und von Nicola Trevisonno ins Italienische übersetzt. Das Gleiche trifft für das wichtige Kapitel über die nichtlogischen Handlungen zu (PBr 11, 693). Beide Fakten sind nicht ohne Bedeutung für das oben behandelte Problem der definitiven Fassung des soziologischen Hauptwerks

[219] *Raymond Aron,* op. cit. (oben Anm. 211), 449–451. Die Begründung lautet: „Nebst dieser unmittelbar an die Texte Paretos anlehnenden Einteilung der Residuen ist es möglich, eine andere aufzubauen, die, ohne im *Traité* enthalten zu sein, dennoch aus dem Text hergeleitet werden kann. Sie zeigt eine ganz andere Interpretation“

[220] *Bernard Barber,* L. J. Henderson on the Social System, London und Chicago: The University of Chicago Press 1970, IX–261 S., 126–127

[221] z. B. *Werner Stark,* The Sociology of Knowledge, London: Routledge and Kegan Paul 1958, 134

[222] PBr 11, 1092

[223] POC 12 § 1719 bis

[224] POC 12 § 1719. Diese Schwierigkeit manifestiert sich u. a. im Buche von *Karl Hermann Tjaden,* Soziales System und sozialer Wandel. Untersuchungen zur Geschichte und Bedeutung zweier Begriffe, Stuttgart: F. Enke [2]1972, VII–288 S., 75–76

[225] PE 3, 7. – Hochwichtig ist der Versuch einer Aktualisierung der Residuen und Derivationen Paretos; vgl. *Vaclav Belohradsky,* Die Soziologie Paretos in der verglei-

chenden Prospektive Benjamin Nelsons, Revue européenne des sciences sociales, Nr. 37, 1976, 195–238 (besonders S. 212–238)

[226] POC 12 § 1419

[227] POC 12 §§ 1420–1686

[228] PBr 11, 1090

[229] POC 12 § 2142 Fußnote 1; auch PBr 11, 1131

[230] POC 12 § 1793; und schon in POC 5 Band 2, 401

[231] *Heinz O. Ziegler,* Ideologienlehre (jetzt 314–360 im Sammelband: Ideologienlehre und Wissenssoziologie, Darmstadt: Wissenschaftliche Buchgesellschaft 1974, VI–621 S., 344). Dieser Aufsatz gehört zu den frühesten deutschen Auseinandersetzungen mit dem Denken Paretos (1927)

[232] Diesen Beitrag findet man jetzt im Sammelband von *Eisermann:* op. cit. (oben Anm. 172), 111–139

[233] *Piet Tommissen,* La notion d'idéologie dans la pensée de Pareto, Rivista internazionale di scienze economiche e commerciali, Nr. 3, 1973, 219–241

[234] POC 12 §§ 1687–2059

[235] POC 12 § 2023

[236] Vgl. POC 12 § 1732

[237] SP 11, 45

[238] POC 12 § 2205

[239] POC 12 § 2203

[240] POC 12 §§ 2203–2236

[241] POC 12 § 2146

[242] POC 12 § 2009

[243] Die einzige brauchbare Analyse dieser Kategorie verdanken wir *Gottfried Eisermann,* Die Interessen im soziologischen System Vilfredo Paretos, Cahiers Vilfredo Pareto, Nr. 5, 1965, 317–331

[244] Vgl. POC 3

[245] POC 1 §§ 960, 1012

[246] POC 1 § 960; dazu PBr 11, 307

[246a] POC 1 §§ 957, 1012

[247] POC 1 § 990. – Inwiefern diese Akzentverschiebung mit der oben skizzierten Lawine exakt-wissenschaftlicher Befunde zu schaffen hat, kann hier nicht näher ausgeführt werden

[248] POC 1 § 1001. – Ich erwähne Vacher de Lapouge absichtlich, weil der französische Pareto-Kenner *Jules Monnerot* es für möglich hält, daß Pareto bei der Konkretisierung seines Elitebegriffs von diesem beeinflußt worden ist (Sociologie du communisme, Paris: Gallimard 1949, 510 S.; dort 35, Fußnote 2)

[249] POC 1 § 1053

[250] POC 1 § 1062

[251] POC 1 § 1032

[252] POC 1 § 1060

[253] PBr 11 SS 677, 704, 1109

[254] POC 6, 320

[255] POC 6, 271–272

[256] POC 6, 273–279. Eine deutsche Übersetzung in PD 4, 220–228

[257] Vgl. mein Buch op. cit. (oben Anm. 82), 20–21

[258] POC 12 § 246

[259] POC 12 § 1724

[260] POC 12 § 2025

[261] POC 12 § 2047

[262] POC 12 § 2034

[263] POC 12 § 2178

[264] Über den Ursprung dieser Terminologie, vgl. PD 3, 235–236, Fußnote 4

[265] POC 12 §§ 2233–2234

[266] POC 12 § 2233

[267] POC 12 § 2234

[268] POC 12 § 2235

[269] POC 5, 8

[270] PBr 11, 1045

[271] POC 12 § 2053

[272] POC 12 § 2054

[273] POC 12 § 2056; dieser an Heraklit erinnernde Vergleich gilt ipso facto für die nicht – herrschende Elite. – Hier müßte Paretos Auffassung von dem bekannten Diktum ,,Die Geschichte wiederholt sich (nie)" herangezogen werden (vgl. POC 12 § 2410)

[274] POC 12 § 2053. In seiner Übersetzung macht Eisermann hier ausnahmsweise einen Fehler, indem er ,,aristocraties" durch ,,Eliten" ersetzt (PD 3, 153). Es ist dies um so erstaunlicher, weil sein Schüler *Günter Zauels* mit Recht Pitirim Sorokin ankreidet, er hätte Paretos Ausspruch zu wörtlich aufgenommen (SP 18, 40). Allerdings gibt Zauels gleichfalls eine unrichtige Version, weil es den Satz nicht aus dem Kontext heraus interpretiert

[275] z. B. POC 12 § 2557

[276] *Giovanni Busino,* Aux origines du structuralisme génétique: V. Pareto, in SP 29, 5–24, dort 21. – Vgl. für den Begriff der Kristallisation: POC 12 §§ 173, 2607

[277] Ich erwähne nur die Analysen griechischer (POC 12 §§ 2345–2352, 2419–2454, 2489–2512) und römischer Geschichtsabschnitte (POC 12 §§ 2353–2365, 2547–2551). Ein guter Leitfaden ist hier SP 14

[278] POC 12 §§ 2170–2202

[279] POC 12 § 2202. – Vgl. *Julien Freund,* Pareto et le pouvoir, Res Publica, Nr 1, 1974, 19–32. Ende 1976 erscheint in Paris in einem Sammelband meine eigene Untersuchung: Pareto et la théorie des élites

[280] Dazu meine Studie: La conception parétienne de la démocratie, Res Publica,Nr. 1, 1975; 5–30

[281] *Blaise Pascal,* Pensées (Hrg. L. Brunschwicg), Paris: Hachette 1904, 3. Bände; *Augustin Renaudet,* Machiavel, Paris: Gallimard ²1955, 304 S

[282] Besonders SP 10

[283] Anstatt eine subjektive Auswahl aus der reichhaltigen kritischen Literatur zur Elitenthorie Paretos vorzunehmen, möchte ich unterstreichen, daß noch manche wichtige Lücke zu schließen bleibt. Pareto hat beispielsweise seine Lehre als einen Sonderfall der von Guido Sensini aufgestellten allgemeineren Theorie aufgefaßt (POC 12 § 2025 Fußnote 3), aber meines Wissens ist diese Einschränkung noch nie verifiziert bzw. erläutert worden. Anderseits hat Pareto die von *Georges Sorel* erarbeitete Theorie des revolutionären Mythos (Réflexions sur la violence, Paris: Rivière ¹¹1950, 458 S.; dort besonders 32–34, 45–50) einen Sonderfall seiner eigenen Residuenlehre genannt (PA 3, 1148), sich aber dagegen gesträubt, daß Sorel als Plagiator seines Werkes hingestellt wurde (PBr 11, 687; er verwahrte sich gegen eine derartige Behauptung im berühmten Lehrbuch der ökonomischen Lehrmeinungen der Franzosen Gide und Rist): die Beziehungen zwischen Pareto und Sorel sollten einmal sehr sorgfältig geprüft werden. Einstweilen findet man die meisten Hinweise im älteren Buch von *Giuseppe La Ferla,* Ritratto di Georges Sorel, Mailand: La Cultura, 1933, 301 S.

[284] Eine dieses Thema zusammenfassende Studie verdanken wir *Gottfried Eisermann,* Vilfredo Paretos wissenschaftliche Methode und erkenntnistheoretische Haltung, 127–143 in Festschrift für *Erwin von Beckerath:* Systeme und Methoden in den Wirtschafts- und Sozialwissenschaften, Tübingen: Mohr 1964, VII–732 S. Mein synthetischer Versuch ist gewissermaßen eine Ergänzung mancher von Eisermann erörterten Idee

[285] PBr 7 Band 3, 55

[286] POC 9, 115–119

[287] POC 9, 102–109

[288] POC 1 Band 1, 423 und Band 2 gleichfalls 423

[289] POC 7, 1–39

[290] Vgl. das diesbezügliche Indexwort in POC 5, 469

[291] POC 12 §§ 1–144; der § 69 ist als Synthese zu bewerten

[292] PA 3, 761–785. Diese Liste findet sich in meinem Buche: SP 6, 271. Die weiteren Ausführungen sind eigens für diese Studie geschrieben worden

[293] POC 7, 36 Fußnote

[294] POC 12 § 6

[295] POC 12 § 69

[296] POC 12 § 69, Fußnote 4

[297] POC 12 § 144; vgl. auch § 15

[298] Ich benutze nur das erste Kapitel des *Traité* (POC 12 §§ 1–144), da nicht alle Paragraphen ganz und andere nur unvollständig, auf deutsch vorliegen

[299] POC 7, 3; übernommen in POC 12 § 87

[300] POC 12 § 2

[301] POC 12 § 144

[302] POC 12 § 71

[303] POC 12 § 19

[304] POC 12 § 20

[305] POC 12 §§ 26–27

[306] POC 12 § 69, Punkt 1 und 4

[307] Eine Klassifizierung findet sich in POC 12 § 12

[308] POC 12 § 55

[309] POC 12 § 106. Oft wird übersehen, daß sich das Sachverzeichnis des *Traité* aus zwei Teilen zusammensetzt: einer Generalskizze (POC 12, 1763–1773) und einem alphabetischen Verzeichnis wichtiger Stichworte (POC 12, 1773–1784). Paretos Ansichten über Theorien werden dort erläutert (POC 12, 1767–1770)

[310] POC 12 § 64

[311] PA 1, 433

[312] POC 12 § 65

[313] POC 12 § 69 Punkt 4

[314] POC 12 §§ 11, 86

[315] POC 12 § 97

[316] POC 12 § 101

[317] POC 12 § 69 Punkt 4. Konsequenterweise vermeidet Pareto das Wort Gesetz und bevorzugt das weniger rigoros anmutende „Gleichförmigkeit". Diese post-comtianische Nuance dehnt er auf naturwissenschaftliche „Gesetze" aus (POC 12 § 97)

[318] POC 12 § 108

[319] POC 12 § 109

[320] Vgl. POC 12 § 115. Für nähere Einzelheiten über Paretos Ansichten über Sprache und Definition, vgl. POC 12, 1771–1773. Ich möchte nur noch kurz hinzufügen, daß der Gelehrte immer wieder beteuert, daß er am liebsten übliche Wörter vermeiden möchte; bezeichnend ist seine Warnung: „... Worte besitzen deshalb keinerlei Bedeutung für uns. Sie sind einfach Zettelchen, um die Dinge zu bezeichnen ..." (POC 12 § 119). Dasselbe wird von den Definitionen gesagt (POC 12 § 97)

[321] POC 12 § 72; vgl. auch § 14

[322] Hier berühren wir von neuem das ungelöste Problem der etwaigen Beziehungen zwischen Pareto und Max Weber. Vielleicht soll man die von *Julien Freund* aufgezählten Berührungspunkte (SP 12, 187–192) einmal einer tiefschürfenden Analyse des Ganzen zu Grunde legen. Freund hat inzwischen das Denken dreier „Väter" der Soziologie einer vergleichenden Untersuchung unterzogen: Méthodologie et épistémologie comparées d' Emile Durkheim, Vilfredo Pareto et Max Weber, in SP 29, 25–52

[323] PBr 11, 1091

[324] POC 12 § 70

[325] POC 12 § 71

[326] POC 12 § 106

[327] POC 12 § 83

[328] Empfehlenswert ist das Buch von *J.-F. Faure-Soulet,* De Malthus à Marx. L'histoire aux mains des logiciens, Paris: Gauthier-Villars 1970, XVII–259 S. Das Buch ist an sich ökonomisch orientiert, aber das Kapitel Le XIXe siècle: faits, idées, idéologies et pensée économique (11–32) ist auch für Soziologen ergiebig

[329] POC 12 § 144

[330] Vgl. POC 12 § 1743

[331] Vgl. POC 12 § 182 Fußnote 1

[332] POC 12 § 144

[333] POC 12 § 144 Fußnote 1

[334] SP 30, 22

[335] *Luc Bourcier de Carbon,* Essai sur l'histoire de la pensée et des doctrines économiques, Paris: Montchrestien 1972, 2. Band = 534 S.; dort 388

[336] *Oulès* ist sogar der Ansicht, daß Pareto im geplanten fünfbändigen neuen Cours d'économie politique (supra II.1.2, Schlußabsatz) die Mathematik noch erheblich reduziert haben würde (SP 30, 22). Nur nebenbei kann ich hier erwähnen, daß Pareto die Mathematik nicht als eine Wissenschaft sensu stricto aufgefaßt hat, sondern – hierin dem englischen Nationalökonomen Alfred Marshall beipflichtend – als eine Sprache und als ein logisches System (vgl. SP 6, 285–286). Vgl. POC 12 § 1732

[337] POC 12 § 144

[338] POC 12 § 140; vgl. auch PA 3, 1119–1142 (deutsche Übersetzung in PD 4, 355–378)

[339] POC 12 § 884

[340] POC 12 §§ 121, 122, 128, 1214 Fußnote 1

[341] POC 12 § 123

[342] POC 12 §§ 2079, 2080

[343] POC 12 §§ 144, 2078

[344] POC 12 § 879

[345] POC 12 §§ 881–883

[346] POC 12 § 120

[347] POC 12 § 121

[348] POC 12 § 130

[349] POC 12 § 122

[350] POC 12 § 1214 Fußnote 1

[351] *Gottfried Salomon,* Einleitung des Herausgebers, 1–11 in der deutschen Übersetzung eines Buches von Georges-Henri Bousquet, Grundriss der Soziologie, nach Vilfredo Pareto, Karlsruhe: Braun 1926, VII–133 S. – Salomon erwähnt typische Vertreter dieser reduktionistischen Schule: Spiru C. Haret, Lester F. Ward und besonders Léon Winiarski. In einer gründlichen Analyse der Paretoschen Haltung diesem Problem gegenüber müßte aber nicht nur Winiarski (vgl. PBr 8, 96–98), sondern ebenso Alessandro Groppali berücksichtigt werden

[352] *Friedrich Jonas,* Geschichte der Soziologie, Reinbek: Rowohlt 1969, 3. Band = 259 S.; besonders 123–127

[353] POC 12 § 110

[354] POC 12 § 2002

[355] POC 12 § 1683

[356] POC 12 § 20

[357] POC 12 § 145

[358] POC 12 § 99

[359] POC 12 § 100

[360] PBr 7 Band 3, 283

[361] PBr 11, 1065

[362] Vgl. POC 12, 540. *Luigi d'Amato,* L'economia del potere, Rom: Esedra, ^{2}1975, 233 S., 89–90. Pareto wird von diesem Forscher als Vorläufer der probabilistischen Theorie gefeiert

[363] *Talcott Parsons,* The Structure of Social Action, New York: The Free Press ^{2}1968, 1. Band = XXIX–470–LXV S., 181

[364] SP 12, 54

[365] POC 1 § 1

[366] POC 7 S. 40

[367] POC 12 § 37

[368] POC 12 § 2078 Fußnote 1. – In diesem Zusammenhang darf die These des italienischen Gelehrten *Giuseppe Palomba* erwähnt werden: aus dem Cours und dem Manuale könne geschlußfolgert werden, daß die Nationalökonomie in der Perspektive Paretos eine streng autonome und unabhängige Logik habe (Marx e Pareto, Giornale degli Economisti e Annali di Economia, Nr 5–6, 1973, 899–920; dort 909). Ich kann das nur für den Cours gelten lassen. Palomba ist ferner der Meinung, daß die Logik Paretos der eines David Hilbert und die Logik Marxens der eines Bertrand Russell entspricht (dort 910): es wäre eine interessante Aufgabe, diese These auf ihre Zuverlässigkeit zu überprüfen. Von diesem wichtigen Aufsatz Palombas gibt es nunmehr eine englische Übersetzung (Marx and Pareto) in: Kwartaalschrift Wetenschappelijk Onderwijs Limburg, Nr. 4, 1975, 451–476

[369] *Joseph Aloys Schumpeter,* Ten Great Economists, London: Allen & Unwin ^{2}1966, XIV–305 S., dort 136

[370] POC 12 § 6

[371] POC 12 S. 1767

[372] PA 3, 761

[373] *Werner Stark,* Die Wissensoziologie, Stuttgart: F. Enke 1960, XV–294 S., dort 44–45. Nebenbei darf erwähnt werden, daß Pareto eingestanden hat, daß die Aristokratie bessere Erziehungsmöglichkeiten besitzt (POC 1 § 1000 Fußnote 3), und daß jede Aristokratie der Degeneration anheimfällt (POC 1 § 1000 Fußnote 1)

[374] W. Stark, op. cit. (vgl. oben Anm. 373), 157

[375] Ebenda 160

[376] Ebenda 160

[377] Ebenda 264

[378] Ebenda 161

[379] Ebenda 181

[380] *Stark* hat seine Meinung später gemildert: In Search of the true Pareto, 45–55 im Sammelband (Hrg. *James H. Meisel*): Pareto & Mosca, Englewood Cliffs: Prentice Hall, 1965, VI–182 S. Aber noch immer ist er das Opfer vorgefaßter Meinungen, von Derivationen. Früher war Pareto der große Übeltäter, jetzt ist er Starks schlechtes Gewissen

[381] *Piet Tommissen,* Paretos bijdrage tot de economische wetenschap, Economisch en sociaal tijdschrift, Nr. 5, 1972, 383–402. Für eine ,,technischere" Behandlung des Themas vgl. das unveröffentlichte Referat von *John S. Chipman,* The Paretian Heritage, Stanford: Center for Advanced Study in Behavioral Sciences, 1973, 89 S. (davon erschien eine stark erweiterte Neufassung in: Revue européenne des sciences sociales, Nr. 37, 1976, 65–173)

[382] *Pierre Naville,* Le nouveau Léviathan. III/2: Sur l'histoire moderne des théories de la valeur et de la plus-value, Paris: Anthropos 1970, 493 S., dort 474. – Es gibt bereits einige Studien, die Marx und Pareto nicht länger als Antipoden, sondern als Ergänzungsmöglichkeiten betrachten. Eventuell könnte man drei Alternativen unterscheiden und (theoretisch) vergleichen: Marx oder Pareto (vgl. den Aufsatz von *François Mortans,* Morale et sociologie: Pareto contre Marx, La pensée et les hommes, Nr. 6 und 7, 1971, 220–227 und 259–267), Marx und Pareto, weder Marx noch Pareto

[383] *Georges-Henri Bousquet,* Quelques remarques sur Pareto et certains défauts de son oeuvre, Cahiers Vilfredo Pareto, Nr. 25, 1971, 11–27., dort 16

[384] Vgl. oben Anm. 20

[385] Vgl. oben meine in Anm. 110 erwähnte Studie

[386] *Arnold Gehlen,* Vilfredo Pareto und seine ,neue Wissenschaft', jetzt gekürzt 149–195 im Sammelband: Studien zur An-

thropologie und Soziologie, Neuwied, Luchterhand, 1963, 355 S. Die Beschäftigung Gehlens mit Pareto ist nicht von ungefähr: sie müßte einmal sorgfältig untersucht werden. Eine französisiche Übersetzung der vollständigen Erstfassung des Gehlenschen Aufsatzes erscheint 1977 im Pareto-Sonderheft der Pariser Zeitschrift Nouvelle Ecole

387 *Barbara S. Heyl,* The Harvard ‚Pareto Circle', The Journal of the History of Behavioral Sciences, Nr. 41, 1968, 316–334. – Über Henderson u. a. die Studie von *John Parascandola,* Organismic and Holistic Concepts in the Thought of L. H. Henderson, Journal of the History of Biology, Nr. 1, 1971, 63–118. Nützlich ist auch das Buch von *Cynthia Eagle Russett,* The Concept of Equilibrium in American Social Thought, New York/London: Yale University Press, 1966, XI–203 S. (besonders 85–124)

388 *Raymond Aron,* op. cit, (oben Anm. 211), 475

389 *Robert King Merton,* Social Theory and Social Structure, New York: The Free Press ²1968, XXIII–702 S., dort 47

390 Vgl. SP 1 und SP 2

391 *Georges-Henri Bousquet,* Vilfredo Pareto en 1923 et en 1973, Revue d'économie politique, Nr. 6, 1973, 1098–1108

392 Die Geschichte dieser Entdeckung und ihrer Folgen ist noch nicht in Angriff genommen, geschweige denn geschrieben worden

393 *Pieter Jan Bouman,* Fundamentele sociologie, Antwerpen: Standaard 1966, 206 S., dort 25

394 *Raymond Aron,* ‚Lectures' de Pareto, Contrepoint, Nr. 13, 1974, 175–191; dort besonders 189–191

395 *Piet Tommissen,* art. cit. (oben Anm. 280), insbesondere 21–26

396 *H. P. M. Goddijn,* Het funktionalisme in de sociologie, Assen (Holland): Van Gorcum ²1968, VIII–313 S; dort 46–51

397 *Joseph Lopreato,* A Functionalist Reappraisal of Pareto's Sociology, The American Journal of Sociology, Nr. 6, 1964, 639–646. Diese Auffassung wurde u. a. von *Giovanni Businoabgelehnt* (SP 1, 91–92)

398 *Giovanni Busino,* art cit. (oben Anm. 276)

399 *Erika Aschauer,* Führung. Eine soziologische Analyse anhand kleiner Gruppen, Stuttgart: F. Enke 1970, XI–120 S., dort 73

400 POC 12 § 1436

401 Die beste Behandlung dieses Problems findet sich in *Eugenio Ripepe,* Le origini della teoria della classe politica, Mailand: Giuffrè 1971, VIII–368., dort 307–359 („Il riconoscimento di paternità"). Nur mit großer Vorsicht darf das Buch von *Francis Vecchini,* La Pensée politique de Gaetano Mosca, Paris: Cujas, 1968, 334 S., herangezogen werden

402 *Malcolm Jack,* Elite Theory: Ideological, Tautological, or Scientific?, 264–278 im Sammelband, *Ivor Crewe* Hrg., Elites in Western Democracy, London: Croom Helm 1974, 360 S., dort 271. Es gibt eine uferlose Literatur über das große Thema, so daß sich spezielle Hinweise in diesem Kontext erübrigen

403 *Andrew Hacker,* The Use and Abuse of Pareto in Industrial Sociology, The American Journal of Economics and Sociology, Nr. 4, 1955, 321–333. Auch *John H. Goldthorpe,* Vilfredo Pareto, 110–118 im Sammelband, *Timothy Raison* Hrg., The Founding Fathers of Social Science, Harmondsworth: Penguin Books 1969, 238 S.; dort 116–118

404 Spezialuntersuchungen über diese Affinitäten und Einflüsse, wären für ein besseres Verständnis dieser und anderer Wissenschaftler erwünscht. Es liegen bislang nur Ansätze vor, z. B. von *John E. Tashjean,* Politics: Lasswell and Pareto, Cahiers Vilfredo Pareto, Nr. 22–23, 1970, 267–272

405 *Albert Masnata,* Nationalités et fédéralisme, Genf: Payot 1933, 272 S., 5: „Von der soziologischen Methode Vilfredo Paretos inspiriert, haben wir versucht, diese Studie abzufassen . . ."; Le système socialiste-soviétique, Neuchâtel : A la Baconnière 1965, 348 S., 8; Le destin des échanges Ouest-Est, Neuchâtel : A la Baconnière, 1972, 173 S., 9; Les échanges internationaux au XXe siècle, Lausanne: Marguerat 1973, XXIII–219 S., 8

406 *Thurman W. Arnold,* The Symbols of Government, New Haven : Yale University Press 1935, VII–278 S.; The Folklore of Capitalism (With a New Preface), New Haven : Yale University Press ²1971, XXVII–400 S.

[407] PBr 7 Band 3, 376

[408] Vgl. *Raymond Aron,* art. cit. (oben Anm. 394), 183–186

[409] Fast gleichzeitig ist das Thema von zwei verschiedenen Forschern angeschnitten worden. Vgl. SP 12, 183–201 („Der Philosoph malgré lui"); und *Wolfgang Hirsch,* Philosophie und Sozialwissenschaften, Stuttgart: F. Enke 1974, XII–199 S., 164: „Paretos Hauptwert, das eine starke, in der wissenschaftlichen Literatur selten behandelte Bedeutung für die Philosophie besitzt, ist eine der größten geistigen Leistungen des zwanzigsten Jahrhunderts"

[410] Der Staat, Nr. 2, 1976, 240–265

Alfred Bellebaum

FERDINAND TÖNNIES

[1] *Jacoby, Eduard Georg:* Die moderne Gesellschaft im sozialwissenschaftlichen Denken von Ferdinand Tönnies, Stuttgart 1971, S. 4; *König, René:* Die Begriffe Gemeinschaft und Gesellschaft bei Ferdinand Tönnies, Kölner Zeitschrift für Soziologie und Sozialpsychologie, 7 (1955), S. 412f.

[2] In diesem Sinne ist schon früher das Werk bzw. ein Teil des Werkes von Tönnies interpretiert worden. In neuerer Zeit vor allem durch *König* a. a. O.; Kritik daran von *Jacoby, Eduard Georg:* Zur Reinen Soziologie, Kölner Zeitschrift ..., 20 (1968), S. 448ff. Von König stark beeinflußt *Bellebaum, Alfred:* Das soziologische System von Ferdinand Tönnies unter besonderer Berücksichtigung seiner soziographischen Untersuchungen, Meisenheim 1966. Daraus sind für den speziellen Zweck dieser Abhandlung wichtige Teile ebenso übernommen worden wie aus *Bellebaum, Alfred:* Soziologie und Philosophie. Dargestellt an Ferdinand Tönnies, in: *Albrecht, Günter/Daheim, Hansjürgen/Sack, Fritz* (Hrsg.), Soziologie ..., René König zum 65. Geburtstag, Opladen 1973, S. 135ff.

[3] *Jonas, Friedrich:* Geschichte der Soziologie, I, rde 302, Reinbek 1968, S. 7

[4] Ausführlicher in dem beachtenwerten Werk von *Jacoby:* Die moderne Gesellschaft ... Vgl. auch *Cahnman, Werner J./Heberle, Rudolf (Ed.),* Ferdinand Toennis. On Sociology: Pure, Applied, and Empirical, Chicago/London 1971, S. XIVff.

[5] *Klose, Olaf/Jacoby, Eduard Georg/Fischer, Irma* (Hrsg.), Ferdinand Tönnies – Friedrich Paulsen – Briefwechsel 1867–1908, Kiel 1961, S. 317f. (Im folgenden ‚Briefwechsel').

[6] Vgl. *Tönnies* selbst: „Ich hatte mich früh philosophischen Studien zugewandt und diese etwa von 1877 an auf Thomas Hobbes, besonders auf dessen rechts- und staatsphilosophische Schriften, konzentriert. Von da aus ging mein Weg allgemein in die englische Literatur über diese Gegenstände und führte mich bald auch zu Herbert Spencer. Von ihm ging ich dann zurück auf Auguste Comte. Hier hatte ich die beiden großen Autoren der damaligen Soziologie, zu denen sich mir, als Deutscher von Gewicht, bald Albert Schäffle gesellte. Schäffles Werk ‚Bau und Leben des socialen Körpers' ist ganz organizistisch gedacht gleich dem Spencerschen, aber noch mehr in die einzelnen Analogien ausgeführt, die mich damals sehr interessierten, indem ich gleichzeitig mich bemühte, meine biologischen Kenntnisse zu erweitern und zu vertiefen. In der Rechtsphilosophie empfing ich eine starke Anregung teils durch R. v. Ihering, teils durch Sir Henry Maine und beschäftigte mich auch mit der vorzugsweise deutschen Literatur des rationalen Naturrechts von Pufendorf an und mit der historischen Rechtsschule wie den Romantikern, die jenes Naturrechts verleugneten und ablösten. So habe ich mit lebhaftem Interesse damals (etwa 1881) auch Adam Müller: ‚Die Elemente der Staatskunst' gelesen. – Ich faßte den Vorsatz, den wahren Sinn des Naturrechts sowohl als den der Kritik, die es vernichten wollte, zu erfassen, gelangte so dahin, mir ein Bild von der ganzen umfassenden Wirkung des Rationalismus, den ich bald als das Prinzip des wissenschaftlichen Denkens überhaupt erkannte, zu gestalten. So gelangte ich zu dem Bemühen,

alle irrationalen und minder rationalen Gedankengebilde psychologisch ‚verstehen' zu wollen, und zwar dahin, daß sie niemals schlechthin unvernünftig seien, sondern ihren eigenen Sinn haben müssen, der zuletzt auf das menschliche Wollen zurückführte. Denn bald gestaltete sich mir die Verallgemeinerung, daß das Soziale schlechthin aus menschlichem Wollen, aus einem Zusammenwollen hervorgehe; und dessen Wesen zu durchdringen, machte ich mir zur Aufgabe. Zur Klärung meiner Gedanken trug dann stark das Studium des wissenschaftlichen, also hauptsächlich des Marxischen Sozialismus bei, dem ich gleichzeitig in diesen Jahren lebhaft ergeben war: schon 1878 habe ich mit Eifer den ersten Band des Kapitals studiert, aber auch Rodbertus und sein Interpret Adolf Wagner regten mich jahrelang an. Zugleich war ich ethnologischer Erkenntnisse beflissen und habe aus meinen gewonnenen Kenntnissen Bachofens Mutterrecht und des Amerikaners Morgan *Ancient Society* als Werke hervorgehoben, die mir einen tiefen Eindruck gemacht hatten; ich hätte auch eine Reihe anderer Werke dieser Art benennen können, besonders englische und französische wirkten auf mich, die in die vermutlich frühesten Phasen des sozialen Lebens der Menschheit einzudringen versuchten, z. B. *Hearn,* The Aryan household, Fustel de Coulanges, La cité antique. Erst später lernte ich die bedeutendsten Werke des deutschen Juristen *Leist* kennen und würdigen

Aus diesen Studien und Gedanken ist die Schrift ‚Gemeinschaft und Gesellschaft' hervorgegangen ..." (‚Mein Verhältnis zur Soziologie', zitiert aus *Thurnwald:* Soziologie von heute, 1932, S. 104)

[7] Vgl. hierzu ‚Soziologie und Rechtsphilosophie', Soziologische Studien und Kritiken, 2. Sammlung, Jena 1926, S. 179ff. (Im Folgenden SSK.) Zitat aus ‚Historismus und Rationalismus', SSK, 1, S. 107ff.

[8] „Es muß Begriffs-Lehren geben ... Darunter, daß man immer meint, der Wirklichkeit sowohl als der Praxis direkt zu Leibe gehen zu müssen, leidet seit langem alles philosophische und damit auch ein gut Teil des wissenschaftlichen Denkens ..." (‚Ethik und Sozialismus', Archiv für Sozialwissenschaft und Sozialpolitik, 29, 1909, S. 897). Deshalb ist ein „System von Begriffen in jeder Wissenschaft ... notwendig" (‚Einführung in die Soziologie, Stuttgart 1931, S. IV'. Im Folgenden ‚Einführung'). Obwohl die Begriffe ihrem Wesen nach von der Erfahrung unabhängig sind, beruhen sie doch gleichzeitig in ihr. Auf jeden Fall bedarf die „Reine Soziologie", d. h. Begriffs-Lehre, „der empirischen Bestätigungen und Berichtigungen, sie muß ihre Begriffe immer wieder neu revidieren, ihre Deduktionen prüfen und verifizieren, sie wird immer der Erfahrung eingedenk sein, daß die kritisch gereinigte Erfahrung *einzige* Quelle aller tatsächlichen Erkenntnis ist" (‚Wege und Ziele der Soziologie', SSK, 2, S. 134)

[9] ‚Zur Einleitung in die Soziologie', SSK, 1, S. 70

[10] Nach *Jonas'* Ansicht – Geschichte der Soziologie II, rde 304/305, S. 118 – ist die von *Ahrens* in ‚Cours de Droit naturel' (1838) getroffene Unterscheidung zwischen Grund- und Zweckgesellschaften „die Wurzel für den späteren bei Tönnies auftretenden Unterschied zwischen Gemeinschaft und Gesellschaft"

[11] Briefwechsel, S. 276, 277

[12] ‚Das Wesen der Soziologie', SSK, 1, S. 364, 361, 363, 361

[13] Obwohl so gesehen die gesamte soziale Wirklichkeit ideeller Natur ist, gibt es doch Verhältnisse und Verbindungen, denen zwar an sich nicht Realität im Sinne des Begriffsrealismus zukommt, die aber nach Art eines Organismus, als eine die einzelnen Teile bedingende Gesamtheit, vorgestellt und gedacht werden. Ein „psychisches Verhältnis (bildet) sich viel leichter und wahrscheinlicher, wenn die so gedachten Verbände mit *natürlichen* Gesamtheiten äußerlich identisch oder ihnen doch so sehr als möglich ähnlich sind, wenn ... z. B. der *Staat* einer Familie – diese als soziales Gebilde begriffen – möglichst ähnlich sieht, die Familie aber als soziales Gebilde einigermaßen an die Familie erinnert, die wir aus der Naturgeschichte kennen", das heißt als einer auf „Blutsverwandtschaft, besonders auf gemeinsamer Abstammung beruhenden sozialen Verbindung". In der „höheren Entwicklung" hört aber die Familie auf, einer „Familie ähnlich zu sein, die ihren

Zweck in sich hat, in ihrer Natürlichkeit und Notwendigkeit, sie wird einem Verein ähnlicher, der seinen Zweck außer sich hat ..." (a.a.O., S. 365)

[14] Briefwechsel, S. 101f.

[15] A.a.O., S. 276

[16] ,Mein Verhältnis zur Soziologie', zitiert aus *Thurnwald:* Soziologie von heute, 1932, S. 105

[17] A.a.O.

[18] *Jacoby,* a.a.O., weist darauf hin, daß Adolph Wagner auf der Tagung des Vereins für Sozialpolitik 1877 sagen konnte: ,,Mehr und mehr wird in der Tat unsere Volkswirtschaft kommunistisch", ohne ausgepfiffen zu werden ... ,,,Sozialismus' war viel gefährlicher und, insoweit in der Richtung auf die Zukunft gelegen, viel leichter verwechselbar mit Utopie und Ideal, als etwas Unempirisches" (S. 70). Tönnies selbst vermerkt in der Vorrede, daß er den Namen Marx ,,umso lieber hervorhebe, da ihm die angeblich utopistische Phantasie, in deren Überwindung er seinen Stolz gesetzt hatte, auch von Tüchtigen nicht verziehen wird" (zitiert a.a.O., S. 70)

[19] Fortschritt und soziale Entwicklung, S. 26

[20] ,Das Wesen der Soziologie', SSK, 1, S. 351

[21] ,Zur Einleitung in die Soziologie', SSK, 1, S. 66

[22] Soziologie und Politik, S. 228

[23] Soziologisches Symposium, S. 133

[24] Gemeinschaft und Gesellschaft, S. XXV

[25] ,Wege und Ziele der Soziologie', SSK, 2, S. 126

[26] Gemeinschaft und Gesellschaft, S. 121

[27] Aus einem Brief von Tönnies an Höffding v. 14. Okt. 1888, zitiert bei *N. S. Blüm:* Willenslehre und Soziallehre bei Ferdinand Tönnies. Ein Beitrag zum Verständnis von ,Gemeinschaft und Gesellschaft', Dissertation Bonn 1967, S. 64

[28] Vgl. hierzu ausführlicher *König, René:* a.a.O., vor allem S. 256f. Über Tönnies' Willenstheorie neuerdings ausführlich und gründlich *Blüm, Norbert:* a.a.O. Es heißt dort: ,,Mit vollem Recht kann die Tönniessche Psychologie der voluntaristischen Philosophie subsumiert werden. Wir glauben, in diesem Kapitel nachgewiesen zu haben, daß seine Willenslehre, welche das Fundament der Soziologie bildet, metaphysischen Anspruch erhebt. Indem wir Tönnies als einen typischen Vertreter des metaphysischen Voluntarismus erklären ...", S. 65). – Tönnies selbst vermerkt: ,,In diesem Sinne lehre ich ... die Einheit und Verschiedenheit von Gefallen, Gewohnheit und Gedächtnis als von elementaren Modifikationen des Willens und geistiger Kraft, in bezug auf *alle* mentale Produktion, und diese Ausführung soll auch auf das Problem des Ursprungs und der Geschichte menschlicher *Erkenntnis* sich erstrecken. Dies ist mithin nur eine Auslegung, teils im Spinozistischen und Schopenhauerschen Sinne, teils mit den Mitteln der diese Philosopheme erläuternden, wie auch durch dieselben verdeutlichten biologischen Deszendenztheorie ..." (,Gemeinschaft und Gesellschaft. Abhandlung des Socialismus und des Communismus als empirische Kulturformen', SSK, 1, S. 36)

[29] *Barnes, Harry Elmer/Becker, Howard* (Ed.), Social Thought from Lore to Science, S. 889. (,,The significant thing about Tönnies' work is the close association, between personality and social structure ..."). Vgl. auch *Boskoff, Alvin:* ,,... the dichotomy of individual and group was lagerly discarded for the concept of reciprocal relationship in which, on the one hand, persons actively form and re-form groups and, on the other hand, group structures thus established serve to promote the development of characteristic behavior patterns in associated individuals. Personality and social milieu are thus inseperably linked, in anticipation of the famous Theories of Cooley, Mead, and others" (aus *Becker, Howard/Boskoff, Alvin:* Modern Sociological Theory in Continuity and Change, New York 1957, S. 19)

[30] Einführung, S. 6

[31] ,Der Begriff der Gemeinschaft', SSK, 2, S. 268

[32] Soziologisches Symposium, S. 133. Hinweise auf *Durkheim* und *Tarde* finden sich in Besprechungen der Bücher von Davis in Schmollers Jahrbuch, 38 (1914), S. 968ff. und Ellwood im Weltwirtschaftlichen Archiv, 4 (1914), S. 447ff. sowie in ,Neuere soziologische Literatur', SSK, 3,

insbesondere 275, 276. Dort abgedruckt auch Tönnies' Besprechungen der Bücher von Durkheim: De la Division du travail social und Les règles de la méthode sociologique. Durkheims Besprechung von Gemeinschaft und Gesellschaft in Revue Philosophique XXVII (1889), pp. 416ff. Siehe auch *Cahnmann, Werner J.*: Tönnies und Durkheim: Eine dokumentarische Gegenüberstellung, Archiv für Rechts- und Sozialphilosophie, 1970, LVI/2, S. 189ff.

33 Soziologisches Symposium, S. 133

34 Einführung, S. 5

35 A.a.O., S. 315

36 Dies ist im wesentlichen ein Programm. Tönnies selbst hat es nicht umfassend und zugleich detailliert ausgeführt. Das 1935 erschienene Buch ‚Geist der Neuzeit' ist aber hier einzuordnen, in welchem die Entwicklung von Gemeinschaft zur Gesellschaft in großen Strichen gezeichnet wird. Auch einige später noch zu besprechende soziographische Arbeiten haben hier ihren Ort. Tönnies unterscheidet zwar zwischen Angewandter und Empirischer Soziologie, er spricht aber doch auch von „angewandter *oder* empirischer Soziologie" (‚Soziologie als Wissenschaft und die Deutsche Soziologische Gesellschaft', SSK, 2, S. 145; Auszeichnung von mir).

37 ‚Einteilung der Soziologie', SSK, 2, S. 442

38 Gemeinschaft und Gesellschaft, S. 3

39 ‚Einteilung der Soziologie', SSK, 2, S. 432

40 ‚Soziologie im System der Wissenschaften', SSK, 2, S. 240. Es heißt weiter: „Doch ist sie eigentlich auch *Fortsetzung* der Sozialpsychologie, insofern als diese selber mit sozialen Trieben und Gründen sich beschäftigt und mit den Einflüssen, die auch trotz Feindseligkeit von einer Seite auf viele, von vielen auf eine, gesetzmäßig wirken ..."

41 ‚Soziologie im System der Wissenschaften', SSK, 2, S. 241

42 ‚Gemeinschaft und Individuum', SSK, 2, S. 200

43 Vgl. dazu: „In diesem Sinne wird der allgemeine Wille zum Verkauf einer ‚Panik' zugeschrieben. Treffend nennt *E. Gothein* diese Art ‚Massenerscheinung' zugleich individualistisch ..." (‚Die große Menge und das Volk', SSK, 2, S. 284)

44 Einführung, S. 9

45 *v. Wiese, Leopold:* Tönnies' Einteilung der Soziologie, S. 452

46 *Jacoby* (a.a.O.) vermerkt, daß schon der Dekan der Philosophischen Fakultät der Universität Kiel den 26jährigen Privatdozenten bei der Habilitationszeremonie als zukünftigen Lehrer der Ethik begrüßt habe. Sicherlich ist der Vorwurf unangebracht, daß ‚Gemeinschaft und Gesellschaft' nichts anderes als ein ethischer Traktat sei. Immerhin gesteht selbst Jacoby zu: „Ganz so leicht läßt sich indessen der sozialethische Gesichtspunkt im gesamten Denken von Tönnies nicht abtun, selbst wenn jener Fehler im begrifflichen Denken vermieden wird, der eine ethische Absicht in ‚Gemeinschaft und Gesellschaft' hineininterpretieren will" (S. 62). Darüber später mehr.

47 ‚Das Wesen der Soziologie', SSK, 1, S. 357

48 Einführung, S. 194. *König, René* vermerkt hierzu: „Es tritt übrigens bei Tönnies gerade in diesem Zusammenhang nochmals seine eigentlich sozialethische Absicht deutlich hervor, wenn er etwa bei der Analyse von Befehl und Gehorsam die Bejahung durchaus im Sinne der Selbstgesetzgebung des Willens deutet (was sicher teilweise durch seinen Freund Friedrich Paulsen beeinflußt worden ist). Daneben wird dann jene Form des Befehls, die bedingslose Unterwerfung verlangt, stillschweigend übergangen" (a.a.O., S. 371)

49 So in Kritik der öffentlichen Meinung, S. 45

50 Einführung in die Soziologie, S. 74

51 Die Sozialpolitik nach dem Kriege, in: Die Arbeiterschaft im neuen Deutschland. Leipzig 1915, S. 147ff.

52 Briefwechsel, S. 70, 86

53 Zustimmend schon früh u.a. *Jurkat, Ernst:* Die Soziologie von Ferdinand Tönnies, S. 8; *Loomis, Charles P.:* Translators Introduction to Community and Association (Gemeinschaft und Gesellschaft) bei Ferdinand Tönnies, S. XXIVf.; *Timasheff, Nicholas S.:* Sociological Theory. Its Nature and Growth, S. 145f.; *Jacoby, Eduard Georg:* Ferdinand Tönnies, Sociologist, S. 145f.; *Mühlmann, Wilhelm Emil:* Sociology in Ger-

many ..., in *Becker, Howard/Boskoff, Alvin* (Ed.), Modern Sociological Theory in Continuity and Change, S. 662. *Jonas* vermerkt: "Der eigentliche Erfolg ist jedoch denen vorbehalten geblieben, die, wie Tönnies, Empirie und Theorie bewußt und wissenschaftstheoretisch mehr oder weniger exakt trennen und damit die selbständige Entwicklung empirischer Forschungsmethoden auf der einen, reiner theoretischer Bezugssysteme auf der anderen Seite ermöglichten" (a.a.O., S. 113)

[54] Vgl. schon Anmerkung 8

[55] Der Selbstmord der Männer in Preußen, S. 234. Im Gegensatz dazu: ist es doch „besonders dringlich für die soziologische Behandlung von Gegenwartsfragen, auch ohne Theorie die Tatsachen empirisch zu beschreiben ..." (Soziologisches Symposium, S. 145). Zum Konzept der Soziographie vgl. *Bellebaum, Alfred:* a.a.O., Kapitel 4: Das soziologische System. Funktion der Soziographie bzw. empirischen Soziologie, S. 73ff.

[56] Der Selbstmord in Schleswig-Holstein als eine soziale Erscheinung, S. 305

[57] Die Tendenzen des heutigen sozialen Lebens, S. 66

[58] Gemeinschaft und Gesellschaft, S. 24

[59] Die schwere Kriminalität von Männern in Schleswig-Holstein in den Jahren 1899–1914, S. 27

[60] Geist der Neuzeit, S. 66

[61] Formen zwischenmenschlicher Beziehungen und ihre Manifestierung im ‚sozialen Wesenheiten', S. 37

[62] Fortschritt und soziale Entwicklung, S. 11, 26

[63] Vgl. dazu auch *Heberle, Rudolf:* „Was diese Untersuchungen auszeichnete, war die soziologische Problemstellung. Die Ortsherkunft von Verbrechern, um das wichtigste Beispiel zu nennen, wurde für Tönnies relevant unter dem Gesichtspunkt, daß der fremdbürtige, gewanderte sowie großstadtbürtige Verbrecher gegenüber dem einheimischen und landbürtigen einen ‚gesellschaftlicheren' Typus repräsentiert und deshalb andersartige kriminelle Tendenzen und in der Regel auch eine höhere Kriminalitätsrate aufweist" (Das soziologische System von Tönnies, S. 387). *Jurkat* vertritt die Ansicht: „In soziologischer Hinsicht sind besonders seine Verbrecherstudien interessant, die den einmal erhobenen Einwand, daß seine theoretische und empirische Soziologie keinen inneren Zusammenhang aufweise, auf das deutlichste widerlegen. Er erkannte die einzelnen Verbrechertypen als von den von ihm abgeleiteten sozialen Willensformen bestimmte ..." (a.a.O., S. 8)

[64] Vgl. das Zitat von Tönnies in Anmerkung 28

[65] ‚Wege und Ziele der Soziologie', SSK, 2, S. 125

[66] Selbstdarstellung, S. 31

[67] ‚Wege und Ziele der Soziologie', SSK, 2, S. 126

[68] ‚Ethik und Sozialismus I', ASS 26 (1908), S. 64f.

[69] Selbstdarstellung, S. 1

[70] ‚Ethik und Sozialismus II', ASS, 29 (1909), S. 904f.

[71] A.a.O., S. 930. Sicherlich war Tönnies nicht bloß wertfreier Analytiker der gegebenen Verhältnisse. Soziale Probleme und Fragen der Sozialpolitik und Sozialreform interessierten ihn sehr. In zahlreichen Schriften hat er sich dazu geäußert. In diesem Zusammenhang verdienen seine wiederholten Hinweise auf den Sozialismus eines Kommentars. In ‚Gemeinschaft und Werksgemeinschaft' vermerkt er, daß er seit seiner Jugend Verständnis und Sympathie für die Arbeiterbewegung und den Sozialismus bekundet habe. Jedoch hat für seine Denkungsart „niemals ... eine arbeiterfreundliche Gesinnung im Vordergrund gestanden", denn „ich bin nicht mehr arbeiterfreundlich als ich menschenfreundlich bin" (Sozialreform ehedem und heute, Sp. 660). Sozialismus bedeutet ihm mehr als parteigebundene Praxis. „Ich galt nun den ‚Viel- und Leichtgebildeten' als Sozialdemokrat; ich bin es niemals gewesen, weder offen noch insgeheim, weil meine Denkungsart von der des Erfurter Programms in einigen Stücken erheblich abwich, und weil ich große Scheu davor hatte, mich in praktischer Politik zu verlieren" (Selbstdarstellung, S. 20). Tönnies ist später Mitglied der Sozialdemokratischen Partei geworden; im Kampf um den Bestand der Weimarer Republik lehnte er die ‚nationale Opposition' eindeutig ab.

72 Die neuesten Angriffe gegen den Verein für Sozialpolitik ... S. 7

73 ‚Gemeinschaft und Gesellschaft ...', SSK, 1, S. 35, 36

74 ‚Das Wesen der Soziologie', SSK, 1, S. 353

75 Politik und Moral, S. 37

76 Ethik und Sozialpolitik, S. 245. Über das Ausmaß des Einflusses von Spinoza gibt es teilweise unterschiedliche Ansichten. Tönnies selbst weist wiederholt auf Spinoza hin; vgl. z. B. Anmerkung 28. *König* betont einen starken Einfluß von Spinoza (a. a. O., S. 361, 375). In einer Rezension des Buches ‚Kritik der öffentlichen Meinung' aus dem Jahre 1925 spricht der Rezensent von einer „sozialen Vernunftlehre", von einem „durch die Soziologie gedämpften Spinozismus", von einer „Soziologie", die „ihrem Lebensgefühl nach ... an jene Philosophie (erinnert), die bekanntlich Herr über alle Übel der Vergangenheit und Zukunft zu werden versprach, bloß die Übel der Gegenwart spielten sich immer zum Herrn über diese Philosophie auf". (Von sozialer Vernunft und öffentlicher Meinung ... S. 172.) Zur Kritik an Königs Hinweis auf den großen Einfluß Spinozas und der Verwendung des Wortes Ontologie vgl. *Jacoby, Eduard Georg:* ‚Zur Reinen Soziologie', Kölner Zeitschrift für Soziologie und Sozialpsychologie, 20 (1968), S. 448. Dagegen, was Spinoza betrifft, *Bellebaum, Alfred:* Ferdinand Tönnies: Analyse und Bewertung sozialer Konflikte, a. a. O. 22 (1970), S. 121 ff., sowie (als teilweise Wiederholung) *Ders.:* Soziologie und Philosophie. Dargestellt an Ferdinand Tönnies, in: *Albrecht, Günter / Daheim, Hansjürgen / Sack, Fritz* (Hrsg.), Soziologie ... René König zum 65. Geburtstag, Opladen 1973, S. 135 ff. *Blüm* ist zwar nicht der Ansicht von König, „daß hier ausschließlich spinozistische Philosophie zugrunde liege", er meint aber doch König zustimmen zu müssen, wenn dieser „den Grund für Tönnies' Einteilung [der Soziologie] in der Ontologie sucht". Blüms Ansicht nach liegt es nahe, „auf jenes klassische metaphysische Schema vom Sein und Nichts hinzuweisen, wonach das Nichts nur als defizienter Zustand des Seins überhaupt bestimmbar ist, das Sein aber, soweit es Sein ist, ein Vollkommenes ist. Das Soziale kann in Analogie zu dieser Scheidung nur bestimmt werden durch positive Verhältnisse; denn es ist Soziales als Soziales nur, insoweit sich diese Menschen bejahen ... Die Schopenhauersche Willensmetaphysik, die wir als Grund der Tönniesschen Willenslehre angaben, fügt sich in ein solches metaphysisches Schema bruchlos ein; denn der Wille selbst als Urmacht und Lebenskraft vermag sich nur zu bejahen, ansonsten er sich zerstören würde ... Die soziale Wirklichkeit ist also, insofern sie wirklich ist, ein bejahendes Verhältnis. Alle aber empirisch verifizierbaren Tatsachen der Feindschaft sind in ihrer metaphysischen Fundierung Tendenzen zum Nichts und darum in ihrem innersten Gehalt nicht Wirklichkeit, sondern Zerstörung der Wirklichkeit" (a. a. O., S. 126)

77 Zur Kontroverse über Politik und Moral, S. 46

78 Ethik und Genossenschaft, S. 8

79 Ob und in welchem Ausmaß bei Tönnies von phänomenologischem Denken gesprochen werden kann, ist strittig; vgl. auch hierzu beispielsweise die Beiträge von *König, Jacoby* und *Blüm*. *Aron* vermerkt 1934 in seinem Buch „La sociologie allemande contemporaine" kurz und bündig: „Die Phänomenologen konnten in ihm bereits Wesensbegriffe finden" (dt. Ausgabe 1953, S. 19). Laut König „weist auch das tatsächliche Vorgehen von Tönnies in diese Richtung, indem er in der Tat jenseits steht von Deduktion und Induktion; die Entfaltung seiner Begriffe geht regelmäßig in der Art vor sich, das gewisse intuitiv erfaßte kompexe Wesenheiten durch Konfrontierung mit neuen Wirklichkeiten immer neue, verwandte Begriffe aus sich hervorbringen" (a. a. O., S. 360).

Gegen Königs These, wonach Gemeinschaft und Gesellschaft weder Normalbegriffe noch idealtypische Konstruktionen sind, sondern „im strengen Sinne ‚Potenzen' eines sozialen Willenskosmos" (a. a. O. S. 376), wendet Blüm ein, daß Normalbegriff und Idealtyp keine Alternativen sind. Tönnies selbst spricht von Normalbegriff bzw. ideellem Typ. Die Webersche Bezeichnung ‚Idealtyp' lehnt er *nur* deswegen ab, weil sie mißverständlich sein könnte, „weil das Wort Idealtypus – das hat die

Erfahrung bewiesen – irrige Vorstellungen und Verwechslungen mit Ideal, im Sinne von vollkommen gedacht, und der gleichen hervorzurufen geeignet ist" (,Diskussion über Die Konkurrenz', Verhandlungen des deutschen Soziologentages vom 17. bis 19. September 1928 in Zürich, Tübingen 1929, S. 87). Nach Ansicht von Blüm „weist die Bedeutung des Normalbegriffs in die Nähe des Weberschen Idealtypus" (a. a. O., S. 117). – Eine andere Frage ist allerdings, ob Gemeinschaft *und* Gesellschaft Normalbegriffe bzw. ideelle Typen sind. Auch das ist kontrovers. Blüm liefert eine interessante Interpretation, indem er ,Gesellschaft' tatsächlich als idealtypischen Begriff versteht, nicht dagegen ,Gemeinschaft'. Er zitiert aus einem Brief von Tönnies an Höffding aus dem Jahre 1888: „Diesem zufolge ist Gemeinschaft und Wesenwille allein lebendig, hingegen Gesellschaft und Willkür im Grund nur Fictionen, deren Elemente zwar wirklich sind, und auch ihre Einheit und mithin ihr Daseyn, insofern als sie gedacht werden, und dieses Gedachtwerden ist es was ich betrachten wollte". Auf dem Hintergrund der früher skizzierten Willenstheorie (2. 3) liegt die Deutung nahe, daß die Gemeinschaft „ein realistischer Typ (ist), in dem die eigentliche Gestalt des Seins hervortritt. Realistisch bedeutet hier nicht eine empirische Seinsebene, sondern das wirkliche Sein, auf dem alles empirische Sein aufbaut. Diese Gestalt wird zerstört durch den Seinszerfall". Hingegen ist ,Gesellschaft' ein Idealtypus; die – so *Weber* – einseitige Steigerung eines oder einiger Gesichtspunkt liegt bei Tönnies vor in der einseitigen Steigerung der „mentalen Modifikation des Willens". Zusammenfassend wird ,Gesellschaft' als ein „sozialwissenschaftlicher Maßbegriff", hingegen ,Gemeinschaft' als „eine spekulativ erfaßte ontologische Einheit" charakterisiert (a. a. O., S. 120, 121, 122)

80 Briefwechsel, S. 58. Mit Recht vermerkt *König,* daß „bis heute die Betrachtung von Tönnies viel zu statisch gewesen ist; man nahm ihn, als habe er von 1887 das Gleiche über Gemeinschaft und Gesellschaft gedacht wie später ..." (a. a. O., S. 351)

81 Hochschulreform und Soziologie ..., S. 29

82 Nachwort zu Ferdinand Tönnies, Kölner Zeitschrift ..., 7 (1955), S. 346

83 Hinweise bei *Blüm* (a. a. O., S. 29), z. B.: *Dunkmanns* Analyse ihrer Bedeutung für die Geisteswissenschaften (Die Bedeutung der Kategorien Gemeinschaft und Gesellschaft für die Geisteswissenschaften, Kölner Vierteljahreshefte für Soziologie 5/1925, Heft 1 und 2), *Wolgasts* Untersuchung eines Teils der Weimarer Verfassung (Die Grundrechte und Grundpflichten der Deutschen im Lichte des Theorems Gemeinschaft und Gesellschaft ..., 1925/26)

84 *König, René:* a. a. O., S. 349

85 Vgl. etwa *F. H. Tenbruck:* Gesellschaft und Gesellschaften – Gesellschaftstypen, Die Moderne Gesellschaft (Reihe Wissen im Überblick), Freiburg 1972, S. 54ff.

86 *E. K. Francis:* Wissenschaftliche Grundlagen soziologischen Denkens, Bern/München 1957, S. 53ff.

Peter-Ernst Schnabel

GEORG SIMMEL

1 Vgl. dazu *P.-E. Schnabel:* Die soziologische Gesamtkonzeption Georg Simmels, Stuttgart 1974, vor allem Teil IV, S. 152f.

2 Vgl. dazu die Ansätze bei *R. Dahrendorf:* Betrachtungen zu einigen Aspekten der deutschen Soziologie, KZfSS, XI, 1959; *H. Klages:* Zum Standort der deutschen Soziologie im ersten Jahrhundertdrittel, Jahrb. f. Sozialwiss., 1964; *ders.:* Geschichte der Soziologie, München 1969; *P.-E. Schnabel:* Die soziologische Gesamtkonzeption ..., a.a.O., S. 10f.

3 Vgl. dazu *K. Schrader-Klebert:* Der Begriff der Gesellschaft als regulative Idee. Zur transzendentalen Begründung der Soziologie bei Georg Simmel, Soz. Welt, XIX, 1968, S. 97f.

[4] Diese Kurzdarstellung erscheint nötig, um die Vorurteile wenigstens andeuten zu können, mit denen sich ein umfassender Rezeptionsversuch auseinandersetzen muß. Ausführlicher bin ich darauf in meiner Arbeit *P.-E. Schnabel:* Die soziologische Gesamtkonzeption ..., a.a.O., S. 10f. eingegangen.

[5] A.a.O., S. 11f.

[6] Vgl. dazu *G. Simmel:* Soziologie. Untersuchungen über die Formen der Vergesellschaftung, Berlin 1908, 1968

[7] Vgl. *O. Spann:* Gesellschaftslehre, erw. 2. Aufl. Leipzig 1914, S. 14f.

[8] Vgl. *P. Sorokin:* Contemporary Sociological Theories, New York/London 1928, S. 496f.

[9] Vgl. *H. Freyer:* Soziologie als Wirklichkeitswissenschaft, Leipzig/Berlin 1930, 1946, S. 55f.

[10] Vgl. *R. Aron:* Deutsche Soziologie der Gegenwart, Stuttgart 1953, 1965 S. 2f.

[11] A.a.O., S. 5

[12] Vgl. *P.-E. Schnabel:* Die soziologische Gesamtkonzeption ..., a.a.O., S. 19f.

[13] Vgl. dazu die weiteren Angaben in der Literaturliste

[14] Vgl. *G. Lukàcs:* Die Zerstörung der Vernunft. Der Weg des Irrationalismus von Schelling bis Hitler, Berlin 1948, 1955, S. 364f.

[15] Vgl. *P.-E. Schnabel:* Die soziologische Gesamtkonzeption ..., a.a.O., S. 26f.

[16] Vgl. alle weiteren Angaben in der Literaturliste

[17] Vgl. *R. E. Park, W. E. Burgess:* Introduction to the Science of Sociology, Chicago 1921, S. 11f.

[18] Vgl. *H. S. Becker, A. Boskoff:* Modern Sociological Theory in Continuity and Change, New York 1957

[19] Vgl. *R. Heberle:* The Sociology of Georg Simmel, *H. E. Barnes* (ed.): Introduction to the History of Sociology, Chicago 1948, S. 249f

[20] Dazu ausführlicher in *P.-E. Schnabel:* Die soziologische Gesamtkonzeption ..., a.a.O., S. 148f.

[21] Vgl. *L. A. Coser:* G. Simmel's Style of Work. A Contribution to the Sociology of the Sociologist, AJS, LXIII, 1958, S. 642f.; *ders.:* The Stranger in the Academy, *ders.* (ed.): Georg Simmel, Englewood Cliffs, N. J. 1965, S. 31f.

[22] Vgl. *H. J. Becher:* Georg Simmel. Grundzüge seiner Soziologie, Stuttgart 1971, S. 26f.

[23] Vielleicht hängt es damit indirekt zusammen, daß *Becher* a.a.O., S. 47f. den von Simmel verwendeten Wechselwirkungsbegriff irrtümlich als Beschreibung eines „Gegensatz"-Verhältnisses interpretiert

[24] Vgl. *L. A. Coser:* The Stranger in the Academy, a.a.O., auch *H. Bernardi:* Der Fall Dessoir, Sozialistischer Student, 1897; *K. Gassen, M. Landmann:* Buch des Dankes an Georg Simmel, Berlin 1958, S. 127f.

[25] Vgl. *H. J. Lieber:* Die deutsche Lebensphilosophie und ihre Folgen, Nationalsozialismus und deutsche Universität, Universitätstage in Berlin 1966, S. 92f.

[26] Vgl. *W. Stark:* The Sociology of Knowledge, London 1958, S. 23f.

[27] Zur Ergänzung dieser und der folgenden biographischen Daten vgl. *R. Heberle:* The Sociology of Georg Simmel, a.a.O., S. 249f.; *K. H. Wolff:* The Sociology of Georg Simmel, Glencoe/Ill. 1950; *K. Gassen, M. Landmann* (eds.): Buch des Dankes an Georg Simmel, Berlin 1958; *L. A. Coser:* Georg Simmel, Englewood Cliffs/N. J. 1965 u. a

[28] Einen umfassenden Überblick geben *K. Gassen, M. Landmann:* Buch des Dankes ..., a.a.O., S. 139f.

[29] Vgl. dazu *E. Ludwig:* Simmel auf dem Katheder, Die Schaubüne, X, 1914, S. 411f.; *T. Tagger:* Georg Simmel, Die Zukunft, LXXXIX, 1914, S. 36f.; *P. Fechter:* Menschen und Zeiten. Gütersloh 1948

[30] Vgl. *E. Landmann:* K. Gassen, M. Landmann: Buch des Dankes ..., a.a.O., S. 208

[31] Vgl. dazu ausführlich *H. J. Becher:* Georg Simmel. Grundlagen ..., a.a.O., S. 5f.

[32] Vgl. *K. Gassen, M. Landmann:* Buch des Dankes ..., a.a.O., S. 248

[33] A.a.O., S. 16f.

[34] A.a.O., S. 19f.

[35] A.a.O., S. 21f.

[36] Vgl. dazu *H. Bernardi:* Der Fall Dessoir, Sozialistischer Student, Beih. der sozialistischen Monatshefte, Berlin 1947, S. 100f.

[37] Ein besonders widerwärtiges Dokument stellt in diesem Zusammenhang das von *K. Gassen, M. Landmann:* Buch des Dankes ..., a.a.O., S. 26/27 veröffentlichte Geheimgutachten des Historikers *D. Schäfer* dar.

[38] Vgl. *Marianne Weber,* a.a.O., S. 216.

[39] Vgl. *L. A. Coser:* The Stranger in the Academy, a.a.O., S. 29f.

[40] A.a.O., S. 34f.

[41] Vgl. *E. Rosenthal, K. Oberländer:* Books, Papers and Essays by Georg Simmel, AJS LI, 1945/46

[42] Die These soll u.a. im Teil 5 dieses Beitrages belegt werden

[43] Aus diesem Grund wird zu allererst die Soziologie sich selbst zum Problem, vgl. *G. Simmel:* Das Problem der Soziologie, *ders.* Soziologie. Untersuchungen ..., a.a.O., S. 5f.

[44] Weitere Informationen in der Bibliographie von *Rosenthal* und *Oberländer;* bei *K. Gassen, M. Landmann:* Buch des Dankes ..., a.a.O., S. 313f. u. bei *H. J. Becher:* Georg Simmel. Grundlagen ..., a.a.O., S. 95f.

[45] Vgl. *H. Müller, K. Gassen, M. Landmann:* Buch des Dankes ..., a.a.O. S. 60f.

[46] Vgl. *L. Mathias* a.a.O., S. 193

[47] In diesem Zusammenhang ist die von R. Dahrendorf am Ende dieser Rekonstruktionsperiode gestellte Frage zu sehen, ob es sich die deutsche Soziologie noch länger leisten könne, ihre Klassiker über den Umweg der amerikanischen Soziologie zu rezipieren, vgl. *R. Dahrendorf:* Betrachtungen zu einigen Aspekten der deutschen Soziologie, KZfSS, XI, 1959, S. 132f.

[48] Vgl. *K. Gassen, M. Landmann:* Buch des Dankes ..., a.a.O., S. 338f.

[49] Vgl. *L. A. Coser* (ed.): Georg Simmel, a.a.O., S. 53f., 58f. u. 64f.

[50] Beide Aspekte bedingen sich gegenseitig und sollten nicht getrennt voneinander betrachtet werden. Aus Platzmangel kann hier die zweite Komponente jedoch nur eine untergeordnete Rolle spielen. Dazu ausführlicher in meiner Arbeit *P.-E. Schnabel:* Die soziologische Gesamtkonzeption ..., a.a.O., S. 39f.

[51] Vgl. dazu die Liste amerikanischer Übersetzungen in *K. Gassen, M. Landmann:* Buch des Dankes ..., a.a.O., S. 342f.

[52] Vgl. *A. W. Small:* Points of Agreement among Sociologists, Publications of the American Sociological Society, I, 1907, S. 55f.

[53] Vgl. *ders.:* The Sociological Theory of Georg Simmel by N. Spykman, AJS, XXXI, 1925/26, S. 84f.

[54] Vgl. u.a. *R. E. Park, W. E. Burgess:* Introduction to the Science of Sociology, Chicago 1921; *H. E. Barnes:* Introduction to the History of Sociology, Chicago 1948; *L. A. Coser, A. Rosenberg:* Sociological Theories. A. Book of Readings, New York 1957; *H. S. Becker, A. Boskoff:* Modern Sociological Theories in Continuity and Change, New York 1957

[55] Zu dem hier vorgenommenen Periodisierungsversuch der am. Wissenschaftsgeschichte vgl. *R. C. u. G. Hinkle:* Die Entwicklung der amerikanischen Soziologie, München 1960, *K. H. Wolff:* Notes towards a sociocultural interpretation of American Sociology, ASR, XI, 1946, S. 345f.; *H. Hartmann:* Moderne amerikanische Soziologie, Stuttgart 1967; *R. Dahrendorf:* Angewandte Aufklärung. Gesellschaft und Soziologie in Amerika, München 1963

[56] Vgl. *N. Spykman:* The Theory of G. Simmel, Chicago 1925, S. 21f.

[57] A.a.O., S. 8

[58] Vgl. *G. Simmel:* Zur Methodik der Sozialwissenschaft, Jahrb. f. Gesetzgebung, Verwaltung, Volkswirtschaft im Deutschen Reich, XX, 1896, S. 277f.; *ders.:* Grundfragen der Soziologie. Individuum und Gesellschaft, Berlin/Leipzig 1917

[59] Vgl. *N. Spykman:* The Theory ..., a.a.O., S. 28f.

[60] A.a.O., S. 252f.

[61] Vgl. *Th. Abel:* Systematic Sociology in Germany, A critical analysis of some attempts to establish sociology as an independent science, New York 1925, 1965, S. 45f.

[62] Ausführlicher zu diesem Vorgang vgl. *P.-E. Schnabel:* Die soziologische Gesamtkonzeption ..., a.a.O., S. 48f.

[63] Vgl. *R. E. Faris:* Chicago Sociology, 1920–1932, San Francisco 1967

[64] Vgl. *H. S. Becker:* Systematic Sociology. On the Basis of Beziehungs- und Gebildelehre of L. v. Wiese, New York 1932, 1950

[65] Vgl. die in der Literaturliste erwähnten Übersetzungen von *W. W. Ellwang, E. C. Hughes, C. W. Mills, H. H. Gerth* u. a.

[66] Vgl. *G. Simmel:* Die Großstädte und das Geistesleben, Vorträge und Aufsätze zur Städteausstellung, Dresden 1903

[67] Vgl. *E. Faris:* Chicago Sociology ..., a.a.O., S. 108f.

[68] Vgl. *I. L. Horowitz:* The New Sociology, New York 1964, S. 17f.

[69] Vgl. *G. Simmel:* Soziologie. Untersuchungen ..., a.a.O., S. 375f.

[70] Vgl. *G. Simmel:* Die Philosophie des Geldes, Berlin 1900, die, wie später noch zu zeigen sein wird, *M. Weber* bei seiner Arbeit über „Die protestantische Ethik und der Geist des Kapitalismus", Gesammelte Aufsätze zur Religionssoziologie, Tübingen 1947 inspiriert hat

[71] Vgl. *T. Parsons:* The Structure of Social Action, Glencoe/Ill. 1937, S. Vf.

[72] Vgl. die in der Literaturliste angegebenen Arbeiten *Th. M. Mills, F. L. Strodtbecks, H. B. Hawthorns, G. C. Homans', R. K. Mertons* u. a.

[73] Vgl. die in der Literaturliste erwähnten Übersetzungen, sowie *I. L. Horowitz:* The New Sociology, a.a.O., S. 33f.

[74] Vgl. *L. A. Coser:* The Structure of Social Conflict, Glencoe/Ill. 1956

[75] Vgl. *K. H. Wolff:* The Sociology of Georg Simmel, a.a.O., S. XVIIf. bzw. S. XXXVIIf.

[76] A.a.O., S. XXIIf. oder *ders.:* The Challenge of Durkheim and Simmel, AJS, 1958 (Sondergabe für E. Durkheim und G. Simmel, P. Rossi ed.)

[77] Vgl. dazu die entsprechenden Beiträge in der Literaturliste; ausführlicher dazu *P.-E. Schnabel:* Die soziologische Gesamtkonzeption ..., a.a.O., S. 62f.

[78] Vgl. *G. Simmel:* Der Streit, Soziologie. Untersuchungen ..., a.a.O., S. 186f.

[79] Vgl. *H. L. Horowitz:* The New Sociology, a.a.O., S. 33

[80] Vgl. *Th. Caplow:* Two Against One – Coalition in Triads, Englewood Cliffs, N. J. 1968

[81] Vgl. *G. Simmel:* Soziologie. Untersuchungen ..., a.a.O., S. 76f.

[82] Vgl. *Th. Caplow:* Two Against One ..., a.a.O., S. 14f.

[83] A.a.O., S. 16

[84] Vgl. *L. A. Coser:* The Function of ..., a.a.O., S. 48f.

[85] Die Notwendigkeit wird zwar oft beteuert, vgl. *K. H. Wolff:* G. Simmel, 1858–1918, Ohio State University Press, 1959, S. XII oder *L. A. Coser: G. Simmel,* a.a.O., S. 12f., ist aber wohl bei der Grundkonzeption der vorliegenden Ausgaben schwer zu verwirklichen

[86] Vgl. *K. D. Naegele:* Attachment and Alienation. Complementary Aspects of the Works of Durkheim and Simmel, AJS, LXIII, 1958, S. 580f.

[87] Vgl. *K. H. Wolff:* The Challenge of ..., a.a.O., S. 595f.

[88] Vgl. *L. A. Coser:* The Style of Work ..., a.a.O., S. 635f.

[89] Vgl. die einzelnen Beiträge in der Literaturliste

[90] Vgl. *K. H. Levin:* The Structure of Simmel's Thought, a.a.O., S. 9f.

[91] Vgl. *F. H. Tenbruck:* Formal Sociology, a.a.O., S. 85f.

[92] Vgl. *G. Weingartner:* Form and Content in Simmel's Philosophy of Life, a.a.O., S. 44f.

[93] *Ders.* auch in seiner umfassenderen Arbeit: Experience and Culture. The Philosophy of G. Simmel, (Phil. Diss.), Columbia University 1959, S. 132f.

[94] Vgl. *L. A. Coser:* Georg Simmel, a.a.O., S. 2f.

[95] Auf das Wechselverhältnis von deutscher und amerikanischer Simmelforschung sowie auf den Zusammenhang zwischen deutscher Simmelforschung und dem Einfluß Simmels auf die Entwicklung der deutschen Soziologie kann hier nur wenig eingegangen werden; ausführlicher dazu *P.-E. Schnabel:* Die soziologische Gesamtkonzeption .., a.a.O., S. 90f.

[96] Vgl. dazu den bibliographischen Überblick am Ende des Beitrages

[97] Einiges über die Hintergründe berichtet *F. Tönnies:* Soziologische Studien und Kritiken, Jena 1926, S. 155f.

[98] Vgl. *H. Barth:* Philosophie der Geschichte als Soziologie, Leipzig 1897, 1922, S. 98f.

[99] Vgl. *G. Simmel:* Das Problem der Soziologie; *ders.* Soziologie, Untersuchungen ..., a.a.O., S. 6f.

[100] Vgl. *F. Eulenburg:* Über Möglichkeiten und Aufgaben einer Sozialpsychologie, Schmollers Jahrbuch, XXIV, 1909, S. 200f.

[101] Vgl. *E. Gothein:* Gesellschaft und Gesellschaftswissenschaft, Handbuch der Staatswissenschaften, IV, 1909, S. 680f.

[102] Vgl. *F. Tönnies:* Zu Barths Philosophie der Geschichte; *ders.:* Soziologische Studien und Kritiken, a.a.O., S. 292f.

[103] Vgl. *W. Dilthey:* Einleitung in die Geisteswissenschaften, Leipzig/Berlin 1922, S. 420f.

[104] Vgl. *G. Simmel:* Zur Methodik der Sozialwissenschaften, a.a.O., S. 575f.

[105] Ausführlicher zu dieser Diskussion *P.-E. Schnabel:* Die soziologische Gesamtkonzeption ..., a.a.O., S. 96f.

[106] Vgl. *C. Schmidt:* Eine Philosophie des Geldes, Sozialistische Monatshefte V, 1901, S. 180f.

[107] Vgl. *A. Koppel:* Für oder Wider Karl Marx. Prolegomena zu einer Biographie, Volkswirtschaftliche Abhandlungen der Badischen Hochschulen, XIII, 1905, S. 15f.

[108] A.a.O., S. 113f.

[109] A.a.O., S. 117

[110] A.a.O., S. 130

[111] A.a.O., S. 110f.

[112] Vgl. dazu ausführlicher *P.-E. Schnabel:* Die Soziologische Gesamtkonzeption ..., a.a.O., S. 102f.

[113] Vgl. *G. Simmel:* Probleme der Geschichtsphilosophie. Eine erkenntnistheoretische Studie, Leipzig 1892, S. 25f.

[114] Vgl. *M. Weber:* Gesammelte Aufsätze zur Wissenschaftslehre, Tübingen 1922, 1968, S. 67f.

[115] A.a.O., S. 92

[116] Vgl. *M. Weber:* Gesammelte Aufsätze zur Wissenschaftslehre, a.a.O., S. 181f.

[117] Vgl. *G. Simmel:* Probleme der ..., a.a.O., S. 54f.

[118] Vgl. dazu den wichtigen Versuch von *E. Gothein:* Typen und Stufen, Kölner Vierteljahreshefte, II, 1922, eine Verbindung zwischen Webers und Simmels Begriffsbildung herzustellen

[119] Vgl. *M. Weber:* Gesammelte Aufsätze zur Religionssoziologie, a.a.O., S. 3f.

[120] Vgl. *G. Simmel:* Philosophie des Geldes, a.a.O., S. VIf. und *M. Weber:* Gesammelte Aufsätze zur Religionssoziologie, a.a.O., S. 3f.

[121] Vgl. *G. Simmel:* ebenda, a.a.O., S. 313 und *M. Weber:* ebenda, a.a.O., S. 303f.

[122] Vgl. *L. v. Wiese:* System der allgemeinen Soziologie, München/Leipzig 1924/1933, S. VIIf.

[123] Vgl. *ders.:* Philosophie und Soziologie, Berlin 1959, S. 75f.

[124] Vgl. dazu *P.-E. Schnabel:* Schnabel: Die soziologische Gesamtkonzeption ..., a.a.O., S. 114f.

[125] Vgl. *L. v. Wiese:* Soziologie, Geschichte und Hauptprobleme, Berlin 1960 S. 137f.

[126] Vgl. *ders.:* Philosophie und Soziologie, a.a.O., S. 36

[127] Vgl. *G. Simmel:* Soziologie. Untersuchungen ..., a.a.O., S. 20f.

[128] Vgl. *J. Cohn:* Theorie der Dialektik, Leipzig 1923, S. 83f.

[129] A.a.O., S. 86

[130] A.a.O., S. 323

[131] Vgl. *Th. Litt:* Individuum und Gesellschaft, Leipzig 1926, S. 8f.

[132] A.a.O., S. 2f.

[133] Zu den erwähnten Generationsunterschieden vgl. *R. Dahrendorf:* Pfade aus Utopia, München 1967, S. 87f.

[134] Vgl. *H.J. Lieber, P. Furth:* Zur Dialektik der Simmelschen Konzeption einer formalen Soziologie, *K. Gassen, M. Landmann* (eds.): Buch des Dankes, a.a.O., S. 39f.

[135] A.a.O., S. 46f.

[136] A.a.O., S. 52f.

[137] Vgl. *G. Simmel:* Soziologie. Untersuchungen ..., a.a.O., S. 142f.

[138] A.a.O., S. 391f.

[139] Vgl. *H. J. Lieber, P. Furth:* Zur Dialektik der ..., a.a.O., S. 57.

[140] Vgl. *Th. W. Adorno, U. Jaerisch:* Anmerkungen zum sozialen Konflikt heute, Festschrift für W. Abendroth, Neuwied/Berlin 1968, S. 1f.

[141] Vgl. *G. Simmel:* Soziologie. Untersuchungen ..., a.a.O., S. 186f.

[142] Vgl. *R. Tartler:* Simmels Beitrag zur Konflikt- und Integrationstheorie der Gesellschaft, Jahrb. f. Sozialwissenschaften, XVI, 1965, S. 1f.

[143] Vgl. *L. A. Coser:* The Function of ..., a.a.O.

[144] Vgl. *R. Dahrendorf:* Die Funktion sozialer Konflikte; *ders.* Gesellschaft und Freiheit, München 1962, S. 112f.

[145] Vgl. *R. Tartler:* Simmels Beitrag ..., a.a.O., S. 7

[146] Simmels Stellenwert in der modernen konflikt- und rollentheoretischen Diskussion kann ebenso wie der Beitrag Liebers und Furths nur kurz gestreift werden, ausführlicher dazu *P.-E. Schnabel:* Die soziologische Gesamtkonzeption ..., a.a.O., S. 129f.

[147] Vgl. *N. Luhmann:* Funktion und Kausalität, KZfSS, XIV, 1962, S. 617f.

[148] Vgl. *R. Mayntz:* Simmel, Georg, International Encyclopedia of Social Science, *E. Shils* (ed.) 1965, S. 254f.

[149] Vgl. *F. H. Tenbruck:* Formal Sociology, *K. H. Wolff* (ed.): Georg Simmel, a.a.O., S. 86f.

[150] *Ders.:* Zur deutschen Rezeption der Rollentheorie, KZfSS, XIII, 1961, S. 3f.

[151] Vgl. *R. Dahrendorf:* Homo Sociologicus. Ein Versuch zur Geschichte, Bedeutung und Kritik der sozialen Rolle, Köln/Opladen 1964

[152] Vgl. *G. Simmel:* Soziologie. Untersuchungen ..., a.a.O., S. 27

[153] Vgl. *F. H. Tenbruck:* Zur deutschen Rezeption ..., a.a.O., S. 13f.

[154] Ders.: *G. Simmel,* 1858–1918, KZfSS, X, 1958, S. 599

[155] Über die Bedeutung Simmels in diesem Zusammenhang vgl. *S. Marck:* Die Dialektik in der Philosophie der Gegenwart, Tübingen 1931, S. 117f.

[156] Vgl. dazu die anfangs erwähnten Beiträge von *Berger, Jonas, Wallmer* und *Klages* in der Literaturliste

[157] Vgl. *K. Schrader-Klebert:* Der Begriff der Gesellschaft als ..., a.a.O., S. 97f.

[158] A.a.O., S. 101f.

[159] Vgl. *G. Simmel:* Grundfragen der Soziologie ..., a.a.O., S. 6

[160] A.a.O., S. 27

[161] A.a.O., S. 29

[162] Eine ausführlichere Darstellung der Simmelschen Konzeption und ihrer Arbeitsweise, als die hier möglich ist, habe ich in meiner Untersuchung *P.-E. Schnabel:* Die soziologische Gesamtkonzeption ..., a.a.O., S. 152f. zu geben versucht

[163] Vgl. *G. Simmel:* Zur Methodik der Sozialwissenschaft, a.a.O., S. 227f.

[164] Vgl. *G. Simmel:* Soziologie. Untersuchungen ..., a.a.O., S. 1: „Dennoch hat das Erkennen, sogar in der selbstherrlichen Form der Wissenschaft, die Beziehungen zu den Interessen der Praxis nicht überall abgebrochen, wenn sie auch jetzt nicht als bloße Erfolge der letzteren auftreten, sondern als Wechselwirkungen zweier zu selbständigem Rechte bestehenden Reiche. Denn das wissenschaftliche Erkennen bietet sich nicht nur in der Technik, der Verwirklichung äußerer Willensziele dar, sondern auch, von der anderen Seite her, setzt sich an die praktischen Zuständlichkeiten, innere wie äußere, das Bedürfnis theoretischer Einsicht an."

[165] Vgl. *ders.:* Kant. Sechzehn Vorlesungen, gehalten an der Berliner Universität, München/Leipzig 1904, 1913, S. 31f.

[166] A.a.O., S. 35: „Indem die sachlichen oder logischen Bedeutungen der Erlebnisse durch die Kausalform untereinander verbunden werden oder sich als verbunden offenbaren, ist die Garantie dafür gegeben, daß sie dieses Verbundensein zeigen müssen, wann auch immer die Erlebnisform sie aufnimmt, die Welterfahrung des Subjektes sie realisiert."

[167] A.a.O., S. 45f.

[168] Vgl. *ders.:* Probleme der Geschichtsphilosophie, a.a.O., S. 74: „Die ‚Subjektivität' der historischen Formung bedeutet also keineswegs eine willkürliche Anwendung ihrer Begriffe, sondern diese ist durch ein ideelles, oder, wenn man so will, teleologisches Verhältnis zu der ihr ganz heterogenen, gelebten Wirklichkeit in eine begrenzte Latitüde festgelegt."

[169] Vgl. *ders.:* Zur Methodik der Sozialwissenschaft, a.a.O., S. 235

[170] Vgl. *ders.:* Probleme der Geschichtsphilosophie, a.a.O., S. 123f.

[171] A.a.O., S. 198

[172] Über den historischen Materialismus z.B. schreibt *Simmel* a.a.O., S. 226/227: „Er sucht den Sinn, den die Geschichte haben muß, um unseren, auf einen Sinn des Daseins gerichteten Kategorien des Erkennens adäquat zu sein; aber mangels einer prästabilierten Harmonie kann sie ihn nur haben, indem jene Kategorien den vor-

historischen Ereignisstoff selbst zur Geschichte formen. Daß aber der historische Materialismus zum Inhalte dieses Sinnes der Geschichte das Materielle, in gewisser Bedeutung das Idealste gewählt hat, und noch dazu verkennt, daß auch dieser nur als psychischer Wert die Geschichte motivieren kann –, dies verhindert ihn, die Idee als Form der Geschichte anzuerkennen; er ist geneigt, auch für diese Form einen Realismus zu proklamieren, den sein eigenes Verfahren dementiert."

[173] A.a.O., S. 149f.

[174] A.a.O., S. 154, hier spricht *Simmel* natürlich nicht von „Theorien mittlerer Reichweite", wohl aber von historischen Gesetzen, die zwingende und unter angebbaren Bedingungen gemachte Beobachtungen zusammenfassen und falsch werden, wenn sie einen beschriebenen Sachverhalt zum Dogma erklären

[175] A.a.O., S. 173f.

[176] Vgl. *K. Schrader-Klebert:* Gesellschaft als regulative Idee . . ., die auf diesen Aspekt und die daraus folgenden Konsequenzen für das adäquate Verständnis der Simmelschen Wissenschaftsbegründung hingewiesen hat

[177] Vgl. *G. Simmel:* Soziologie. Untersuchungen . . ., a.a.O., S. 4: „Soll es nun eine Soziologie als besondere Wissenschaft geben, so muß demnach der Begriff der Gesellschaft als solcher, jenseits der äußeren Zusammenfassung jener Erscheinungen, die gesellschaftlich-geschichtlichen Gegebenheiten einer neuen Abstraktion und Zusammenordnung unterwerfen, derart, daß gewisse, bisher nur in anderen und mannigfaltigen Verbindungen beachtete Bestimmungen derselben als zusammengehörig und deshalb als Objekte einer Wissenschaft erkannt werden."

[178] Ebd.

[179] A.a.O., S. 6

[180] A.a.O., S. 11: „Ich lasse dabei, wie schon angedeutet, die Frage dahingestellt, ob eine absolute Gleichheit der Formen bei Verschiedenheit der Inhalte vorkommt. Die annähernde Gleichheit . . . reicht aus, um dies prinzipiell für möglich zu halten. Auch behalte man im Auge, daß diese Gleichheit der Wechselwirkungsarten zunächst nur ein Hilfsmittel ist, um an den einzelnen Gesamterscheinungen die wissenschaftliche Scheidung von Inhalt und Form zu legitimieren."

[181] A.a.O., S. 22: „Die entscheidende Differenz der Einheit einer Gesellschaft gegen die Natureinheit ist aber diese: daß die letztere – für den hier vorausgesetzten Kantischen Standpunkt – ausschließlich in dem betrachtenden Subjekt zustande kommt . . .; wogegen die gesellschaftliche Einheit von ihren Elementen, da sie bewußt und synthetisch-aktiv sind, ohne weiteres realisiert wird und keines Betrachters bedarf."

[182] Vgl. *G. H. Mead:* Mind, Self and Society, Chicago/Ill. 1934

[183] Vgl. *G. Simmel:* Soziologie. Untersuchungen . . ., a.a.O., S. 25

[184] A.a.O., S. 26

[185] Vgl. *D. Riesman:* The Lonely Crowd, New Haven 1950

[186] Vgl. *G. Simmel:* Soziologie. Untersuchungen . . ., a.a.O., S. 30: „Damit es überhaupt einen ‚Beruf' gäbe, muß jene, wie auch immer entstandene Harmonie zwischen dem Bau und Lebensprozeß der Gesellschaft auf der einen Seite, den individuellen Beschaffenheiten und Impulsen auf der anderen, vorhanden sein. Auf ihr als allgemeiner Voraussetzung ruht schließlich die Vorstellung, daß für jede Persönlichkeit eine Position und Leistung innerhalb der Gesellschaft bestehe, zu der sie ‚berufen' ist, und der Imperativ, so lange zu suchen, bis man sie findet."

[187] Vgl. *ders.:* Zur Methodik der Sozialwissenschaft, a.a.O., S. 234f.

[188] Sie müßte seiner Meinung nach so eingerichtet sein, daß „. . . jenes Sonderleben des Ganzen, das sich über den Einzelnen erhebt und durch diese Trennung den Konflikt zwischen seiner Form und der einzelnen Existenzen veranlaßt, sich wieder zu den letzteren herab (senkt)" (*ders.:* Die Religion, Frankfurt a. M. 1906, S. 55)

[189] Vgl. *ders.:* Die Probleme der Geschichtsphilosophie, a.a.O., S. 113

[190] A.a.O., S. 154

[191] Vgl. *ders.:* Soziologie. Untersuchungen . . ., a.a.O., S. 186f.

[192] A.a.O., S. 189f., 232f. und 245f.

[193] A.a.O., S. 375f.

[194] Vgl. *ders:* Probleme der Geschichtsphilosophie, a.a.O., S. 26f.

[195] A.a.O., S. 24

[196] A.a.O., S. 34f.

[197] A.a.O., S. 35

[198] Vgl. *ders.:* Soziologie. Untersuchungen ..., a.a.O., S. 101f.

[199] Im Ganzen ausführlicher dazu *P.-E. Schnabel:* Die soziologische Gesamtkonzeption ..., a.a.O., S. 190f.

[200] Denn wenn „die Bedeutung der einen Partei auf einen Punkt sinkt, an dem eine von dem Ich als solchem ausgehende Wirkung nicht mehr in die Beziehungen eintritt, kann man von Gesellschaft so wenig reden, wie zwischen dem Tischler und der Hobelbank" (vgl. *G. Simmel:* Soziologie. Untersuchungen ..., a.a.O., S. 101/102).

[201] A.a.O., S. 102

[202] A.a.O., S. 104f.

[203] A.a.O., S. 105

[204] A.a.O., S. 151f.

[205] A.a.O., S. 152/153

[206] A.a.O., S. 123: „Freilich muß bemerkt werden, daß die Einherrschaft der Typus und die primäre Form des Unterordnungsverhältnisses überhaupt ist ... Sie ist so sinnlich anschaulich und eindrucksvoll, daß sie selbst in denjenigen Verfassungen weiterwirkt, die gerade in der Reaktion auf sie und als ihre Aufhebung entstanden sind."

[207] A.a.O., S. 109f.

[208] A.a.O., S. 116f.

[209] A.a.O., S. 125f.

[210] A.a.O., S. 132f.

[211] A.a.O., S. 142f.

[212] A.a.O., S. 144

[213] A.a.O., S. 144f.

[214] A.a.O., S. 165

[215] A.a.O., S. 164

[216] ebenda: „Es ist ein typischer Unterschied, ob der Schutz vor Gefahren, die Abstellung von Mißständen, der Gewinn ersehnter Werte durch Abschaffung der soziologischen Form, die der Träger aller jener Negativitäten war, oder noch innerhalb dieser bewahrten Formen erreicht werden soll. Wo auf Über- und Unterordnung gebaute Gesamtverhältnisse sehr fest sind, wird die Befreiung der Untergeordneten oft gar nicht die generelle Freiheit bedeuten, die eine Veränderung der Sozialform von Grund aus voraussetzt, sondern nur ein Aufsteigen jener in die Schicht der Herrschenden."

[217] A.a.O., S. 170f.

[218] A.a.O., S. 171

[219] Es geht davon aus, „... daß ein jeder in den Dingen Diener ist, in denen er die genaueste Sachkenntnis besitzt, nämlich in den beruflichen, wo er den Wünschen der Konsumenten, den Anweisungen des Unternehmers oder sonstigen Auftraggebern gehorchen muß – während er in allgemeinen bzw. politischen Interessen der Gesamtheit mit Herr ist, von denen er kein spezielles, sondern nur das allen anderen auch eigene Verständnis hat" (a.a.O., S. 170/171)

[220] A.a.O., S. 180f.

[221] Vgl. *ders.:* Grundfragen der Soziologie ..., a.a.O., wo Simmel zum ersten Male explizit auf diesen Zusammenhang verweist. In der Soziologie. Untersuchungen ..., a.a.O., S. 527 hat er den Übergang von der einen zur anderen Form wissenschaftlicher Urteile beschrieben: „Statt eine singulär abstrahierte Form in die Erscheinungen, in denen sie sich finden mag und deren Inhalt durch sie in keiner bestimmten Richtung festgelegt wird, zu verfolgen, soll nun hier eine bestimmte Entwicklung von Formen der Vergesellschaftung dargelegt werden." Sie lassen sich nach Simmel nur noch „in ganzen Sätzen" artikulieren (ebenda)

[222] Vgl. *ders.:* Individuum und Freiheit, Brücke und Tür. Essays des Philosophen zur Geschichte, Religion, Kunst und Gesellschaft, *M. Landmann, M. Susman* (eds.), Stuttgart 1957, S. 260f.

[223] Dem entspricht *Simmels* These: „Kultur ist der Weg von der geschlossenen Einheit durch die entfaltete Vielheit zur entfalteten Einheit" (vgl. *ders.:* Begriff und Tragödie der Kultur", Philosophische Kultur, Leipzig 1919, S. 275)

[224] Vgl. *ders.:* Soziologie. Untersuchungen ..., a.a.O., S. 305f.

[225] A.a.O., S. 612

[226] Vgl. *ders.:* Philosophie des Geldes, a.a.O., S. 307f.

[227] *Simmel* macht dafür hauptsächlich die Arbeitsteilung verantwortlich. Sie „... läßt ebenso die Zahl der Abhängigkeiten wachsen, wie sie die Persönlichkeit hinter ihren Funktionen zum Verschwinden bringt, weil sie eben nur eine Seite derselben wir-

ken läßt, unter Zurücktretung aller anderen, deren Zusammen erst eine ‚Persönlichkeit' ergäbe" (a.a.O., S. 313)

[228] A.a.O., S. 446f.

[229] Vgl. *ders.:* Der Begriff und die Tragödie der Kultur, a.a.O., S. 246

[230] Vgl. *ders.:* Philosophie des Geldes, a.a.O., S. 471f.

[231] A.a.O., S. 477

[232] A.a.O., S. 507

[233] Vgl. *ders.:* Begriff und Tragödie der Kultur, a.a.O., S. 237: „Wer nur nach dem Heil der Seele ... oder nach der rein individuellen Entwicklung, in die kein äußeres Element eingreifen darf, fragt – dessen Wertungen entbehren eben des einen integrierenden (objektiven) Faktors der Kultur, während der andere (subjektive) dem fehlt, der nur nach der reinen Sachvollendung unserer Werke fragt ..."

[234] Vgl. *ders.:* Die Zukunft unserer Kultur, in Brücke und Tür ..., a.a.O., S. 97f.

[235] Vgl. *J. Casparis, A. Higgins:* G. Simmel – On Social Medicine, Social Forces, XLVII, 1968, S. 331

[236] A.a.O., S. 334f.

[237] Vgl. *G. Simmel:* Soziologie. Untersuchungen ..., a.a.O., S. 11, wo er den von ihm vor allem betriebenen „Querschnittanalysen" die Notwendigkeit von „Längsschnittanalysen" gegenüberstellt.

René König

EMILE DURKHEIM

[1] *Harry Alpert,* Emile Durkheim and his Sociology, New York 1961 (zuerst 1939)

[2] *Steven Lukes,* Emile Durkheim. His Life and Work. A Historical and Critical Study, London 1973

[3] *Charles E. Gehlke,* Emile Durkheim's Contributions to Sociological Theory, New York 1915

[4] *Talcott Parsons,* The Structure of Social Action, New York 1949 (zuerst 1937)

[5] *René König,* Kritik der historisch-existenzialistischen Soziologie, München 1975 (Habilitationschrift von 1938); Die neuesten Strömungen in der gegenwärtigen französischen Soziologie, Zeitschrift für Völkerpsychologie und Soziologie Bd. 7 und 8 (1931/32); Drei unbekannte Werke von E. Durkheim, Kölner Zeitschrift für Soziologie und Sozialpsychologie Bd. 8 (1956); E. Durkheim, eodem loco, Bd. 10 (1958); Einleitung zu E. Durkheim, Die Regeln der soziologischen Methode, 4. Aufl. Neuwied 1976 (zuerst 1961); Die Religionssoziologie bei E. Durkheim, Sonderheft 16 der Kölner Zeitschrift für Soziologie und Sozialpsychologie, hrsg. von *Dieter Goldschmidt* und *Joachim Matthes,* Probleme der Religionssoziologie, Opladen 1962; Nachwort zu E. Durkheim, Der Selbstmord, Neuwied 1973; Neues über Durkheim, Kölner Zeitschrift für Soziologie und Sozialpsychologie Bd. 28 (1976); Nochmals Durkheim, eodem loco, Bd. 28 (1976)

[6] *St. Lukes,* a. a. O., S. 437

[7] *Claude Lévi-Strauss,* French Sociology, in: *Georges Gurvitch und Wilbert E. Moore,* Twentieth Century Sociology, New York 1945 (frz. Übers. Paris 1947)

[8] *E. Durkheim,* Pragmatisme et sociologie, herausgegeben und bevorwortet von *Armand Cuvillier,* Paris 1955

[9] *Georges Gurvitch,* Essais de sociologie, Paris 1937, S. 7/8

[10] *R. König,* Nachwort zum Selbstmord, S. 494

[11] *Henri Gouhier,* La jeunesse d'Auguste Comte et la formation du positivisme, 3 Bde, Paris 1933–1941, bes. Bd. 2, Saint-Simon jusqu'à la restauration, Paris 1936, S. 149; vgl. dazu *René König,* Cl. H. de Saint-Simon, Die Großen der Weltgeschichte, Bd. VII, Zürich 1976

[12] Vgl. dazu *E. Durkheim,* Der Selbstmord, S. 180ff.

[13] *Edmond Goblot,* La barrière et le niveau, Paris 1925

[14] *Edmond Goblot,* Traité de logique, Paris 1918, S. 31ff.

[15] *R. König,* Kritik der historisch-existenzialistischen Soziologie, S. 191, 213

[16] Dazu *René König,* Die Begriffe Gemeinschaft und Gesellschaft bei Ferdinand Tönnies, Kölner Zeitschrift für Soziologie und Sozialpsychologie, Bd. 7 (1955), S. 386

[17] *St. Lukes,* a. a. O., S. 58–65. Dort auch andere Hinweise

[18] *Wilhelm Dilthey,* Gesammelte Schriften Bd. 1 (zuerst 1883), Leipzig und Berlin 1953

[19] Siehe dazu *St. Lukes,* a. a. O., S. 92; *E. Durkheim,* Textes, herausgegeben von Victor Karady, 3 Bde., Paris 1975, hier Bd. 1, S. 400–407

[20] *E. Durkheim,* La philosophie dans les universités allemandes, Revue internationale de l'enseignement, Bd. 13 (1887); La science positive de la morale en Allemagne, Revue philosophique, Bd. 24 (1887)

[21] Heute zusammengefaßt in *E. Durkheim,* Journal sociologique, hrsg. mit einer Einleitung und Anmerkungen von *Jean Duvignaud,* Paris 1969

[22] *St. Lukes,* a. a. O., Kap. 17 und 26

[23] *E. Durkheim,* L'Allemagne au-dessus de tout: la mentalité allemande et la guerre, Paris 1915; Qui a voulu la guerre?, Paris 1915

[24] *St. Lukes,* a. a. O., S. 557

[25] Siehe dazu *R. König,* Marcel Mauss. 1872–1972, Kölner Zeitschrift für Soziologie und Sozialpsychologie, Bd. 24 (1972)

[26] *Raymond Aron,* Les étapes de la pensée sociologique, Paris 1967 (dt. Köln 1971), S. 11 (Bd. 2 der dt. Übers.)

[27] *Robert K. Merton,* Bureaucratic Structure and Personality, bes. das Kapitel The Dysfunctions of Bureaucracy, in: *Robert K. Merton,* Social Theory and Social Structure, 2. Aufl. Glencoe, Ill., 1957 (zuerst 1949)

[28] *R. König,* Auguste Comte, International Encyclopedia of the Social Sciences, New York 1968; erweiterte deutsche Version in Die Großen der Weltgeschichte, Bd. VII, Zürich 1976

[29] Vgl. dazu *R. König,* Kritik der historisch-existenzialistischen Soziologie passim; *R. Aron,* a. a. O., S. 338 (frz.), 340 u. ö.; *St. Lukes,* a. a. O.

[30] Vgl. dazu *R. König,* a. a. O., Kap. 11

[31] Ebd., S. 153

[32] Vgl. dazu *E. Durkheim,* La sociologie en France au XIXe siècle, Revue Bleue 4. Serie, Bd. 13 (1900); wieder abgedruckt in *E. Durkheim,* La science sociale et l'action, hrsg. mit einem Vorwort und Anmerkungen von *Jean-Claude Filloux,* Paris 1970, S. 134: „Während vor weniger als fünfzehn Jahren das Wort Soziologie kaum benutzt und die Sache selbst diskreditiert wurde, ist heute das Wort in aller Mund, man benutzt es sogar mißbräuchlich und die Sache ist populär geworden. Man hält die Augen auf die neue Wissenschaft und man erwartet viel von ihr" (S. 134). Schon einige Jahre früher hatte er sich im Vorwort zum Selbstmordwerk ganz gleichlautend geäußert: „Seit einiger Zeit ist die Soziologie in Mode. Vor einem Jahrzehnt noch kaum bekannt und fast verrufen, ist das Wort heute in aller Munde. Immer häufiger beruft man sich auf die neue Wissenschaft, und das Publikum ist ihr offensichtlich gewogen. Man erwartet viel von ihr. Dennoch ist einzuräumen, daß die Ergebnisse, zu denen sie bisher gelangt ist, weder mit der Zahl der Veröffentlichungen noch mit dem Interesse, das ihnen entgegengebracht wird, im Einklang steht" (*E. Durkheim,* Selbstmord, S. 17). Diese Feststellung von 1893 erinnert in fataler Weise an die Gegenwart

[33] *Claude Bernard,* Introduction à l'étude de la médecine expérimentale, Paris 1865; über die Rolle dieses Buches im franz. Naturalismus siehe *R. König,* Die naturalistische Ästhetik in Frankreich, Leipzig 1931. Über den Einfluß Bernards auf Durkheim siehe *St. Lukes,* a. a. O., S. 73, Anm. 41. Dieser wird völlig übersehen von *Paul Q. Hirst* 1975; vgl. dazu *R. König* 1976

[34] *Emile Zola,* Le roman expérimental, Paris 1880

[35] Vgl. dazu *R. König,* Kritik der historisch-existenzialistischen Soziologie

[36] *E. Durkheim,* Quid Secundatus Politicae Scientiae Instituendae Contulerit, Bordeaux 1892; erste frz. Übers. durch F. Alengry, Revue d'Histoire politique et constitutionelle 1937; neuere (und bessere) Übers. von Armand Cuvillier, in: *E. Durkheim,* Montesquieu et Rousseau, précurseurs de la sociologie, Paris 1953

[37] Vgl. *R. König,* Einleitung in: E. Durkheim, Die Regeln ..., S. 23 u. ö.

[38] *St. Lukes,* a. a. O., S. 279–282

[39] *Friedrich Meinecke,* Die Entstehung des Historismus, 2 Bde. München und Berlin 1936, Bd. 1, S. 139ff., 159ff.

[40] Dazu Anm. 37

[41] *E. Durkheim,* Die Regeln ..., Kap. 4. Außerdem *R. König,* Einleitung, S. 69ff.

[42] *E. Durkheim,* De la division du travail social, 2. Aufl. mit neuem Vorwort, Paris 1902 (zuerst 1893), S. XLIII; 8. Aufl. Paris 1967

[43] *Ferdinand Tönnies,* Gemeinschaft und Gesellschaft, 8. Aufl., Leipzig 1935 (zuerst 1887)

[44] Siehe dazu die Besprechung von *E. Durkheim* in Revue philosophique, Bd. 27 (1889)

[45] *Alfred Radcliffe-Brown,* Structure and Function in Primitive Society, London 1952

[46] *E. Evans-Pritchard* und *Meier Fortes,* Hrsg., African Political Systems, London 1940; *Christian Siegrist,* Regulierte Anarchie. Untersuchungen zum Fehlen und zur Entstehung politischer Herrschaft in segmentären Gesellschaften Afrikas, Olten und Freiburg 1967

[47] *E. Durkheim,* Die Regeln ..., S. 170ff. Siehe viele Besprechungen in E. Durkheim, Journal sociologique

[48] Das gilt, selbst wenn ihm *St. Lukes,* a.a.O., S. 16–30, eine Art von Manie der Dichotomie nachsagen zu können glaubt

[49] *Georges Friedmann,* Le travail en miettes, Paris 1956; siehe auch dt. in Kölner Zeitschrift für Soziologie und Sozialpsychologie, Bd. 8 (1956)

[50] *G. Friedmann,* a.a.O

[52] *E. Durkheim,* De la division ..., Buch 1, Kap. 7

[53] Ebd., S. 189

[54] Siehe schon *E. Durkheim,* Die Regeln ..., S. 178ff.

[55] Siehe dazu *R. König,* Kritik der historisch-existenzialistischen Soziologie, S. 237ff.

[56] *E. Durkheim,* De la division ..., Buch 3

[57] Über das Problem des „Zwanges" siehe *E. Durkheim,* Die Regeln ..., S. 40, 42 u.ö.

[58] *E. Durkheim,* De la division ..., S. 237–318, speziell S. 244

[59] Siehe dazu *R. König,* Großstadtsoziologie, in: *R. König* (Hrsg.), Handbuch der empirischen Sozialforschung, 2. Aufl. Bd. 10 (Stuttgart 1977)

[60] *E. Durkheim,* De la division ..., S. 286

[61] *E. Durkheim,* a.a.O., S. I–XXXVI

[62] *E. Durkheim,* Der Selbstmord, Teil 3, Kap. 3

[63] *R. König,* Nachwort zu E. Durkheim, Der Selbstmord, S. 474f.

[64] *R. Aron,* Les étapes ..., S. 338 (dt. Ausg., Bd. 2, S. 36; die Übersetzung läßt interessanterweise die wichtigsten Stellen aus)

[65] Ebd., S. 382, z.B. die Sozialisten

[66] *R. König,* Kritik der historisch-existenzialistischen Soziologie, passim

[67] Siehe unsere Kritik an Theodor W. Adorno, in: *R. König,* Nachwort zu E. Durkheim, Der Selbstmord, S. 486, 494 u.ö.

[68] *E. Durkheim,* Suicide, S. IX (dt. Ausg. S. 20)

[69] Ebd., S. 445 (dt. Ausg. S. 460)

[70] Ebd., S. 323/4 (dt. Ausg. S. 331)

[71] Ebd., S. 287, 304/5 (S. 294, 312/3)

[72] Ebd., S. 274 (280/1)

[73] *R. König,* Kritik der historisch-existenzialistischen Soziologie, passim, speziell S. 160, aber auch Kap. 13 insgesamt

[74] *R. Aron,* Les étapes ..., S. 331

[75] *R. Aron,* dt. Ausg. Bd. 2, S. 30

[76] *E. Durkheim,* a.a.O., S. IX

[77] *R. König,* Nachwort zu E. Durkheim, Der Selbstmord, S. 477

[78] *E. Durkheim,* Suicide, S. 317 (dt. Ausg. S. 324/5)

[79] *R. König,* Nachwort zu E. Durkheim, Selbstmord, S. 478

[80] *Theodor W. Adorno,* Einleitung in E. Durkheim, Soziologie und Philosophie, Frankfurt 1967

[81] *E. Durkheim,* Suicide, S. 314ff. (S. 319ff.)

[82] Ebd., S. 315/6 (dt. Ausg. S. 321/2)

[83] Ebd., S. 356 Anmerkung 1 (dt. Ausg. S. 367, Anmerkung 12)

[84] *Maurice Halbwachs,* Les causes du suicide, Paris 1930

[85] *E. Durkheim,* Die Regeln ..., S. 187 (Unterstreichungen von mir)

[86] *E. Durkheim,* Selbstmord, Zweites Buch, Kap. 5

[87] *St. Lukes,* a.a.O., S. 109

[88] *E. Durkheim,* L'éducation morale, hrsg. von *Paul Fauconnet,* Paris 1925; *E. Durkheim,* Education et sociologie, hrsg. von *Paul Fauconnet,* Paris 1922; *E. Durkheim,* L'évolution pédagogique en France,

hrsg. von *Maurice Halbwachs,* 2 Bde, Paris 1938

[89] *E. Durkheim,* Education et sociologie, S. 55

[90] Ebd., S. 75

[91] Ebd., S. 58

[92] Ebd., S. 67

[93] Ebd., S. 127

[94] Ebd., S. 122f.

[95] *E. Durkheim,* Introduction à la morale, Revue philosophique, Bd. 89 (1920)

[96] *E. Durkheim,* Leçons de sociologie: physique des mœurs et du droit, Paris und Istambul 1950

[97] *E. Durkheim,* La discipline et la psychologie de l'enfant, in: E. Durkheim, L'éducation morale, S. 147ff.

[98] *E. Durkheim,* L'évolution pédagogique en France

[99] Ebd., Bd. 2, S. 198/9

[100] *E. Durkheim,* Préface zur Année sociologique Bd. 1, heute in *E. Durkheim,* Journal sociologique, S. 32ff.

[101] Ebd., S. 32

[102] Ich selber habe diesen Begriff in unmittelbarer Fortführung Durkheims in die Familiensoziologie eingeführt, siehe *R. König,* Materialien zur Soziologie der Familie, 2. Aufl., Köln 1974 (zuerst 1946), S. 102, 109

[103] *E. Durkheim,* Introduction à la sociologie de la famille, Annales de la Faculté des Lettres de Bordeaux 1888; La famille conjugale, conclusion du Cours sur la famille, hrsg. von *Marcel Mauss,* Revue philosophique, Bd. 40 (1921); zusammenfassend *Georges Davy,* La famille et la parenté d'après Durkheim, in: *G. Davy,* Sociologues d'hier et d'aujourd'hui, 2. Aufl. Paris 1955 (zuerst 1931)

[104] *E. Durkheim,* Journal sociologique, passim; siehe auch den vorzüglichen Versuch von Victor Karady in *Emile Durkheim,* Textes, Bd. 3, S. 7–153

[105] *St. Lukes,* a.a.O., S. 179, Anm. 1

[106] *E. Durkheim,* Suicide, S. 191ff. (dt. Ausg. S. 203ff.)

[107] Vgl. dazu *René König,* Die Familie der Gegenwart. Ein interkultureller Vergleich, 2. Aufl. München 1976, §§ 78–91

[108] Siehe dazu *G. Davy,* a.a.O.

[109] *E. Durkheim,* L'origine du mariage dans l'espèce humaine d'après Westermarck, in: Revue philosophique, Bd. 40 (1895)

[110] Ebd., S. 615

[111] Ebd., S. 614/5

[112] Ebd., S. 610

[113] *E. Durkheim,* Introduction à la sociologie de la famille

[114] Ebd., S. 267

[115] Vgl. dazu *R. König,* Die Religionssoziologie bei E. Durkheim

[116] *St. Lukes,* a.a.O., S. 237ff.

[117] *E. Durkheim,* Journal sociologique, S. 113ff.

[118] *R. König,* Die Religionssoziologie ..., S. 36ff.

[119] *St. Lukes,* a.a.O., S. 240

[120] *E. Durkheim,* Journal sociologique, S. 211–216

[121] Ebd., S. 538–550

[122] Ebd., S. 595–603

[123] Ebd., S. 617–621

[124] Ebd., S. 700–709

[125] Ebd., S. 627–632

[126] Ebd., S. 632–639

[127] Ebd., S. 716–720

[128] *Claude Lévi-Strauss,* Les structures élémentaires de la parenté, 2. Aufl. Paris 1967 (zuerst 1949); *Cl. Lévi-Strauss,* Le totémisme aujourd'hui, Paris 1962

[129] Betr. *Rodney Needham* siehe seine Einleitung zur engl. Übers. der Abhandlung über die Klassifikationssysteme, die weiter unten im Text besprochen wird; *E. Durkheim,* Primitive Classification, with an Introduction by *R. Needham,* London-Chicago 1963

[130] *R. Aron,* dt. Ausg. Bd. 2, S. 42

[131] Ebd., S. 55

[132] Ebd., S. 46

[133] *R. König,* Die Religionssoziologie bei E. Durkheim, S. 36/7

[134] *R. König,* Kritik der historisch-existenzialistischen Soziologie, S. 175 u.ö.

[135] *R. Aron,* a.a.O., S. 45, auch 56

[136] *Cl. Lévi-Strauss,* Le totémisme ..., Einleitung

[137] Ebd., a.a.O., Kap. 5

[138] Vgl. dazu *R. König,* M. Mauss

[139] *Marcel Mauss* und *Henri Hubert,* Essai sur la nature et la fonction du sacrifice, Année sociologique, Bd. 2 (1899); heute wieder abgedruckt in *V. Karady,* Hrsg., M. Mauss, Œuvres, 3 Bde, Paris 1968/9

[140] *E. Durkheim,* Leçons de sociologie: physique des mœurs et du droit; dann wäre Mauss in dieser Hinsicht führend gewesen

[141] Ebd., S. 208/9

[142] *E. Durkheim,* La prohibition de l'inceste et ses origines, Année sociologique Bd. 1 (1897); heute in *E. Durkheim,* Journal sociologique

[143] *E. Durkheim,* Sur le totémisme, Année sociologique Bd. 5 (1901); heute in *E. Durkheim,* Journal sociologique; *E. Durkheim,* Sur l'organisation matrimoniale des sociétés australiennes, Année sociologique Bd. 8 (1904); heute in *E. Durkheim,* Journal sociologique

[144] *E. Durkheim,* Sur l'organisation matrimoniale des sociétés australiennes, S. 510

[145] *St. Lukes,* a. a. O., S. 190

[146] *R. König,* E. Durkheim, S. 577/8; *E. Durkheim,* Les formes élémentaires de la religion, S. 330

[147] Ebd., S. 331

[148] Ebd., S. 465

[149] Ebd., S. 542ff.

[150] *St. Lukes,* a. a. O., S. 407, 459

[151] *Jean Duvignaud,* Note zu dem Aufsatz über Klassifikationssysteme, in *E. Durkheim,* Journal sociologique, S. 391–394

[152] *Jean Duvignaud,* a. a. O., S. 457

[153] *St. Lukes,* a. a. O., S. 449

[154] *Rodney Needham,* a. a. O., S. XXXVII

[155] *R. König,* Marcel Mauss, S. 643

[156] Ebd., S. 641

[157] Siehe zu diesem Ausdruck *Michael Oppitz,* Notwendige Beziehungen. Abriß der strukturalen Anthropologie, Frankfurt 1975

[158] Vgl. *R. König,* Einleitung zu E. Durkheim, Die Regeln . . ., S. 23f.

[159] *E. Durkheim,* Cours de science sociale: leçon d'ouverture, Revue Internationale de l'enseignement, Bd. 15 (1888); heute in *E. Durkheim,* La science sociale et l'action, S. 77–110

[160] *E. Durkheim,* Introduction à la sociologie de la famille, S. 262

[161] Ebd., S. 267

[162] Ebd., S. 270

[163] *E. Durkheim,* Montesquieu, S. 29

[164] *E. Durkheim,* Die Regeln . . ., S. 115

[165] *E. Durkheim,* Montesquieu, S. 35ff.

[166] *E. Durkheim,* Die Regeln, S. 209ff.

[167] *E. Durkheim,* Montesquieu, S. 106

[168] *R. Aron,* a. a. O., dt. Ausg. Bd. 2, S. 83

[169] *E. Durkheim,* Montesquieu, S. 41

[170] *E. Durkheim,* Introduction à la sociologie de la famille, S. 267

[171] *E. Durkheim,* Montesquieu, S. 24

[172] *G. Gurvitch,* Essais de sociologie, S. 115

[173] Ebd., S. 127

[174] *E. Durkheim,* Die Regeln, S. 34

[175] Ebd., S. 32

[176] *E. Durkheim,* Besprechung von *Antonio Labriola* in Revue philosophique, Bd. 44 (1897)

[177] Ebd., S. 648

[178] *E. Durkheim,* Die Regeln, S. 114

[179] *Roger Lacombe,* La méthode sociologique de Durkheim, Paris 1926, S. 4–8ff.

[180] *R. König,* Einleitung in: E. Durkheim, Die Regeln, S. 41/2

[181] *Max Weber,* Wirtschaft und Gesellschaft, Studienausgabe, Köln-Berlin 1958, Kap. I Grundbegriffe

[181a] Den Ausdruck ,,Erwartungen" führte *Marcel Mauss* ein. Siehe *R. König,* M. Mauss, S. 646

[182] *E. Durkheim,* Die Regeln, S. 125

[183] Ebd., S. 49b

[184] *R. König,* Einleitung zu E. Durkheim, Die Regeln, Abschnitt IV; *R. König,* Nachwort zu E. Durkheim, Selbstmord

[185] *E. Durkheim,* Die Regeln, S. 115; *R. König,* Kritik der historisch-existenzialistischen Soziologie, Kap. 14

[186] *E. Durkheim,* Die Regeln, S. 62ff.

[187] Ebd., S. 62/3; *E. Durkheim,* Education et sociologie; *R. König,* Kritik der historisch-existenzialistischen Soziologie, Kap. 14

[188] *E. Durkheim,* L'éducation morale

[189] *R. König,* a. a. O., Kap. 14

[190] *E. Durkheim,* Die Regeln, S. 160

[191] *E. Durkheim,* Introduction à la morale, S. 81ff.; hier S. 84/85; Détermination du fait moral, in *E. Durkheim,* Sociologie et philosophie, S. 49–116; *R. König,* a. a. O., S. 253

[192] *E. Durkheim,* a. a. O.

[193] *Marcel Mauss,* Introduction zu E. Durkheim, Le socialisme, S. VII; *E. Durkheim,* Die Regeln, S. 94

[194] *E. Durkheim,* Le socialisme, S. 4

[195] Ebd., S. 6

[196] Ebd., S. 7

[197] *St. Lukes,* a. a. O., S. 247

[198] *R. König,* Drei unbekannte Werke E. Durkheims

[199] Ebd., S. 645

[200] *Georges Sorel,* Réflexions sur la violence, zuerst Paris 1907; frühere Ansätze *G. Sorel,* Matériaux pour une théorie du prolétariat, 3. Aufl. Paris 1929 (zuerst 1918; hier sind Aufsätze vereinigt, die bis zum Anfang des Jahrhunderts zurückgehen)

[201] *G. Sorel,* De l'utilité du pragmatisme, Paris 1917; *R. König,* Kritik der historisch-existenzialistischen Soziologie, S. 190–197 u. ö.

[202] *E. Durkheim,* Le socialisme, Kap. X und XI

[203] *G. Sorel,* Matériaux, S. 124ff.

[204] *E. Durkheim,* Pragmatisme et sociologie, S. 18, 95

[205] *R. König,* Drei unbekannte Werke, S. 645

[206] *R. König,* Kritik der historisch-existenzialistischen Soziologie, passim

[207] *E. Durkheim,* Pragmatisme et sociologie, S. 146

[208] Ebd., S. 136f.

[209] Ebd., S. 65

[210] Ebd., S. 65

[211] Ebd., S. 65/6

[212] Ebd., S. 119

[213] Ebd., S. 66/7

[214] Ebd., S. 142

[215] Ebd., S. 143/4

[216] Ebd., S. 147

[217] Ebd., S. 155

[218] Ebd., S. 178

[219] Ebd., S. 179

[220] Ebd., S. 182

[221] Ebd., S. 184

[222] Ebd., S. 184

[223] Ebd., S. 187

[224] Ebd., S. 196

[225] *St. Lukes,* a. a. O., S. 54f.

[226] *J. Cl. Filloux,* Introduction zu E. Durkheim, La science sociale et l'action, S. 16/7

[227] *St. Lukes,* a. a. O., S. 354/60

[228] *E. Durkheim,* Cours de science sociale in *E. Durkheim,* La science sociale et l'action, S. 110

[229] Vgl. *R. König,* Die neuesten Strömungen; *R. König,* E. Durkheim, *R. König,* M. Mauss; *R. König,* Kritik der historisch-existenzialistischen Soziologie. Das Ende beschreibt *Terry Nichols Clark,* Prophets and Patrons. The French University and the Emergence of the Social Sciences, Cambridge, Mass., 1973

[230] *R. Aron,* La sociologie allemande contemporaine, Paris 1935; *ders.,* Introduction à la philosophie de l'histoire, Paris 1938

[231] *Georges Friedmann,* La crise du progrès, Paris 1936

[232] *Georges Gurvitch,* Essais de sociologie, Paris 1938

[233] *Simon Deploige,* Le conflit de la morale et de la sociologie, Louvain 1911 (3. Aufl. Paris 1923)

[234] *Gaston Richard,* La sociologie générale, Paris 1912; *G. Richard,* L'athéisme dogmatique en sociologie religieuse, Revue d'histoire et de philosophie religieuse Bd. 7 (1923); *G. Richard,* Auguste Comte et Emile Durkheim, Revue internationale de sociologie, Bd. 40 (1932). Über die Abwendung Richards von Durkheim heute *W. S. F. Pickering,* Hrsg., Durkheim on Religion, London und Boston 1975, S. 343–357; dortselbst Wiederabdruck der Abhandlung Richards von 1923 in engl. Übers. (S. 228–276)

[235] *René Worms,* Bespr. von E. Durkheim, De la division du travail social, Revue internationale de sociologie, Bd. 1 (1893); *R. Worms,* Philosophie des sciences sociales, 3 Bde, Paris 1907; *R. Worms,* E. Durkheim, Revue internationale de sociologie, Bd. 25 (1917); *R. Worms,* La sociologie, sa nature, son contenu, ses attaches, Paris 1921

[236] *Emile Benoit-Smullyan,* Sociology in the French Language, in: *Harry E. Barnes* und *Howard Becker,* Social Thought from Lore to Science, New York 1938 (3. Aufl. in 3 Bden, New York 1961; siehe Bd. 3, Kap. 22, S. 861)

[237] *St. Lukes,* a. a. O., S. 302–313

[238] *R. König,* Einleitung zu E. Durkheim, Die Regeln; wenn etwas der Person „äußerlich" ist, kann das sowohl räumlich als auch transzendental verstanden werden

[239] *E. Durkheim,* De la division du travail social, S. XLIII

[240] *J. Cl. Filloux,* Introduction zu E. Durkheim, La science sociale et l'action, S. 18ff.

[241] *E. Durkheim,* L'individualisme et les intellectuels, in: *E. Durkheim,* La science sociale et l'action, S. 272

[242] *R. König,* E. Durkheim, S. 562

[243] *E. Durkheim,* Représentations individuelles et représentations collectives, in: *E. Durkheim,* Sociologie et philosophie, Paris 1924, S. 8

[244] Ebd., S. 20/1

[245] *R. König,* Marcel Mauss

[246] *Marcel Mauss* und *Henri Hubert,* Essai sur la nature et la fonction du sacrifice, Année sociologique, Bd. 2 (1899)

[247] *Claude Lévi-Strauss,* Les structures élémentaires de la parenté, Paris 1949

[248] *R. König,* M. Mauss, S. 633

[249] *R. König,* E. Durkheim, S. 583; vgl. *R. König,* Nachwort zu E. Durkheim, Der Selbstmord, S. 482–500

[250] *R. König,* Die neuesten Strömungen in der gegenwärtigen französischen Soziologie

[251] *R. Lacombe,* a. a. O.; ebenso *R. Lacombe,* La thése sociologique en psychologie, Revue de Métaphysique et de Morale, Bd. 33 (1926)

[252] Etwa bei *John Dewey, Franklin H. Giddings, Charles H. Cooley* u. a.

[253] *Arnold van Gennep,* Bespr. von E. Durkheim, Les formes élémentaires de la vie religieuse, Mercure de France, Bd. 101 (1913); *A. van Gennep,* L'état actuel du problème totémique, Paris 1920. Die Besprechung ist wieder abgedruckt in engl. Übers. bei *W. S. F. Pickering,* Hrsg., S. 205–208. Die Besprechung von *Alexander A. Goldenweiser* ebenfalls (a. a. O., S. 209–227)

[254] *Nikolaus Sidler,* Zur Universalität des Inzesttabu, Stuttgart 1971, S. 154

[255] *Bronislaw Malinowski,* Bespr. von E. Durkheim, Les formes élémentaires de la vie religieuse, Folklore, Bd. 24 (1913)

[256] *Edmund Leach,* Rethinking Anthropology, London1961; *Ders.,* Genesis as Myth, London 1970; *Rodney Needham,* Hrsg., Rethinking Kinship and Marriage, London 1971 u. a.

[257] *Jean Duvignaud,* Introduction zu E. Durkheim, Journal sociologique, S. 7

[258] Jüngstens z. B. *Inge Hofmann,* Bürgerliches Denken. Zur Soziologie E. Durkheim, Frankfurt 1973. Wesentlich besser, weil weniger dogmatisch voreingenommen, *Guy Aimard,* Durkheim et la science économique, Paris 1962

[259] *R. König,* Kritik der historisch-existenzialistischen Soziologie, S. 16

[260] Die Diskussion ist heute abgedruckt als „Internationalisme et lutte des classes" in *E. Durkheim,* La science sociale et l'action, Kap. 12, S. 288

[261] *St. Lukes,* a. a. O., S. 246

[262] *E. Durkheim,* Bespr. von A. Labriola, a. a. O.

[263] Ebd., S. 650/1

[264] Ebd., S. 649

[265] *E. Durkheim,* De la position de l'économie politique dans l'ensemble des sciences sociales, Journal des Economistes (1908), S. 115

[266] *François Simiand,* Sociologie économique, Année sociologique, Bd. 2 (1898), S. 464/5

[267] Ebd., S. 472; ferner *F. Simiand,* La méthode positive en science économique, Paris 1912

[268] *E. Durkheim,* De la position de l'économie politique, S. 120; man kann darin den Anfang der Wirtschaftsanthropologie sehen

[269] Vgl. dazu die hochbedeutenden Werke, deren Bedeutung für die Soziologie bis heute noch nicht erkannt ist, *F. Simiand,* Le salaire, l'évolution sociale et la monnaie, 3 Bde, Paris 1932; *F. Simiand,* Les fluctuations économiques à longue période et la crise mondiale, Paris 1932 u. v. a. m.

[270] *Célestin Bouglé;* Leçons de sociologie sur l'évolution des valeurs, Paris 1922

[271] *Maurice Halbwachs,* La classe ouvrière et les niveaux de vie, Paris 1913; *M. Halbwachs,* L'évolution des besoins dans les classes ouvrières, Paris 1933 u. a.

[272] *Paul-Henry Chombart de Lauwe,* La vie quotidienne des familles ouvrières, Paris 1956 u. a.

[273] *E. Durkheim,* Suicide, S. 357. Siehe dazu auch *R. König,* Nachwort zu E. Durkheim, Selbstmord, S. 498, Anm. 68

[274] *J. Cl. Filloux,* Introduction zu E. Durkheim, La science sociale et l'action, S. 56/66

[275] *E. Durkheim,* Education et sociologie, S. 39

[276] *Alessandro Pizzorno,* Lecture actuelle de Durkheim, European Journal of Sociology, Bd. 4 (1963)

[277] Dazu insbesondere *G. Aimard,* a. a. O., 4. Teil

[278] *J. Cl. Filloux,* a. a. O., S. 26/7

[279] *E. Durkheim,* Détermination du fait moral, in: *E. Durkheim,* Sociologie et philosophie, S. 97/8

[280] Ebd., S. 96

[281] *E. Durkheim,* Le socialisme, S. 25

[282] *Talcott Parsons,* The Structure of Social Action; *T. Parsons,* E. Durkheim, International Encyclopedia of the Social Sciences, New York 1968

[283] *R. König,* Kritik der historisch-existenzialistischen Soziologie (geschrieben 1937)

[284] *Robert A. Nisbet,* Hrsg., Emile Durkheim, Englewood Cliffs, N. J. 1965

[285] *Robert N. Bellah,* Durkheim and History, American Sociological Review, Bd. 24 (1959), wieder abgedruckt bei *R. A. Nisbet*

[286] *T. Parsons,* E. Durkheim, S. 318

[287] *E. Durkheim,* Jugements de valeur et jugements de réalité, in: *E. Durkheim,* Sociologie et philosophie, S. 134/5

[288] *J. Cl. Filloux,* Introduction, S. 46

[289] *Henri Bergson,* Les deux sources de la morale et de la religion, Paris 1932, Kap. 4

[290] *E. Durkheim,* Textes, Bd. 2, S. 316 und 317

[291] *E. Durkheim,* Le dualisme de la nature humaine, in: *E. Durkheim,* La science sociale et l'action, S. 331/2

PERSONENREGISTER

Das Personenregister enthält sämtliche Namen aus Hauptteil und Anhang. Bei den „Klassikern“ verweisen die kursiv gesetzten Zahlen auf die jeweilige Darstellung, die dazugehörige Bibliographie und die Anmerkungen.

Bei der Bearbeitung und Fertigstellung der Register war Herr Helmut Fogt dem Herausgeber behilflich.

SACHREGISTER

Das Sachregister bezieht sich nur auf den Hauptteil. Es enthält die Fachtermini, die zum Standard-Vokabular der wissenschaftlichen Soziologie zählen. Dadurch werden Kontinuitäten und Zusammenhänge in der historischen Entwicklung der Soziologie deutlich.

ÜBER DIE AUTOREN

Alfred Bellebaum, geb. 1931, studierte Wirtschaftswissenschaften und Soziologie in Köln und ist o. Professor für Soziologie an der Erziehungswissenschaftlichen Hochschule Rheinland-Pfalz, Abteilung Koblenz. *Veröffentlichungen u.a.:* Das soziologische System von Ferdinand Tönnies, Meisenheim 1966; Soziologische Grundbegriffe, Stuttgart 1972; Hrsg. (mit H. Braun), Reader Soziale Probleme Bd. I: Empirische Befunde, Bd. II: Initiativen und Maßnahmen, Frankfurt 1974.

Helmut Dahmer, geb. 1937, studierte Soziologie, Philosophie und Politik in Göttingen und Frankfurt a.M. Er lehrt Soziologie an der Technischen Hochschule in Darmstadt und redigiert im Frankfurter Sigmund-Freud-Institut die von A. Mitscherlich herausgegebene psychoanalytische Fachzeitschrift „Psyche". *Veröffentlichungen u.a.:* Libido und Gesellschaft. Studien über Freud und die Freudsche Linke, Frankfurt 1973; Politische Orientierungen (Aufsätze), Frankfurt 1973; Hrsg., Leo Trotzki, Schriften über Deutschland, 1929–1940, Frankfurt 1971.

Helmut Fleischer, geb. 1927, studierte Philosophie, Geschichte und Psychologie und ist Professor für Philosophie an der Technischen Hochschule Darmstadt. *Veröffentlichungen u.a.:* Marxismus und Geschichte, Frankfurt 1969; Marx und Engels. Die philosophischen Grundlinien ihres Denkens, Freiburg 1970; Sozialphilosophische Studien (Auswahl von Aufsätzen), Berlin 1973.

Dirk Käsler, geb. 1944, studierte Soziologie und Politische Wissenschaften in München und London. Stipendiat der Studienstiftung des Deutschen Volkes. Diplomarbeit über „Soziologie und Ethologie" (München 1972). Seit 1972 Wiss. Assistent und Lehrbeauftragter am Institut für Soziologie der Universität München. *Veröffentlichungen u.a.:* Hrsg., Max Weber. Sein Werk und seine Wirkung, München 1972; Wege in die soziologische Theorie, München 1974; Max-Weber-Bibliographie. Kölner Zeitschrift für Soziologie und Sozialpsychologie, Heft 4, 1975.

Paul Kellermann, geb. 1937, studierte Soziologie, Volkswirtschaftslehre, Psychologie, Statistik, Politische Wissenschaft und öffentliches Recht und lehrt Bildungssoziologie an der Universität Klagenfurt. *Veröffentlichungen u.a.:* Kritik einer Soziologie der Ordnung. Organismus und System bei Comte, Spencer und Parsons, Freiburg 1967; Kritik des Bildungsgesamtplans. Über Struktur und Tendenzen der Expansion organisierter Bildung, Konstanz 1974; Bildung und gesellschaftliche Entwicklung. Aufsätze zur Bildungssoziologie, Wien/München 1976; Artikel und Forschungsberichte zur soziologischen Theorie und Bildungsforschung sowie Methodologie.

René König, geb. 1906, studierte islamische Sprachen und Philosophie, Soziologie und Ethnologie in Wien, Berlin und Paris und ist Professor em. der Universität Köln, Ausw. Mitglied der Königl. Niederländischen Akademie der Wissenschaften sowie Herausgeber der Kölner Zeitschrift für Soziologie und Sozialpsychologie. *Buchveröffentlichungen u.a.:* Die naturalistische Ästhetik in Frankreich und ihre Auflösung, Leipzig 1930; Vom Wesen der Deutschen Universität, Berlin 1935 (von den Nazis verboten), Neuauflage Darmstadt 1970; Kritik der historisch-existenzialistischen Soziologie, Manuskript 1937, München 1975; Niccolò Macchiavelli. Zur Krisenanalyse einer Zeitwende, Zürich 1941; Sizilien,

Zürich 1943, Neuausgabe München 1957; Materialien zur Soziologie der Familie, Zürich 1946, 2. erheblich erweiterte Aufl. Köln 1974; Soziologie Heute, Zürich 1949; Grundformen der Gesellschaft, Hamburg-Reinbek 1958; Der unversorgte selbständige Künstler (mit Alphons Silbermann), Köln 1964; Soziologische Orientierungen, Köln 1965; Kleider machen Leute, Frankfurt 1966; Studien zur Soziologie, Frankfurt 1971; Macht und Reiz der Mode, Düsseldorf 1971; Indianer Wohin? Alternativen in Arizona, Opladen 1972. Ferner Herausgeber zahlreicher Sonderbände und Sammelwerke sowie des Handbuchs der empirischen Sozialforschung in 2 Bänden, Stuttgart 1967 und 1969; Band 1, 3. Aufl. Taschenbuch (4 Bde.) Stuttgart 1973–1974; Band 2, 2. Aufl. Taschenbuch Stuttgart 1976ff. (voraussichtlich 12 Bde.).

Otwin Massing, geb. 1934, Dr. phil., ist o. Professor für Politikwissenschaft an der Fakultät für Rechtswissenschaften der Technischen Universität Hannover. *Veröffentlichungen u. a.:* Fortschritt und Gegenrevolution. Die Gesellschaftslehre Comtes in ihrer sozialen Funktion, Stuttgart 1966; Adorno und die Folgen. Über das „hermeneutische Prinzip" der kritischen Theorie, Neuwied/Berlin 1970; Politische Soziologie. Paradigmata einer kritischen Politikwissenschaft, Frankfurt/M. 1974; Hochschulausbildungsreform und partizipatorische Demokratie. Curriculumplanung und militärisches System. Modelle – Konzepte – Erfahrungen, Gießen 1976. Zahlreiche Aufsätze in wissenschaftlichen Zeitschriften und Sammelwerken.

Peter-Ernst Schnabel, geb. 1943, Dr. phil., studierte Soziologie, Politik, Psychologie und Philosophie in Hamburg und Berlin und ist zur Zeit Wissenschaftlicher Assistent an der Fakultät für Soziologie der Universität Bielefeld. *Veröffentlichungen u. a.:* Die soziologische Gesamtkonzeption Georg Simmels, Stuttgart 1974.

Piet Tommissen, geb. 1925, studierte Nationalökonomie und Soziologie in Brüssel und Antwerpen und ist o. Professor an den belgischen Handelshochschulen Sint-Aloysius (Brüssel) und Limburg (Diepenbeek). *Veröffentlichungen u. a.:* De economische epistemologie van Vilfredo Pareto, 1971; De wet van Pareto, 1971; Bibliographie von Carl Schmitt, 1959 und 1968. Er bereitet eine größere Untersuchung über das Wesen der politischen Romantik vor.

BUCHANZEIGE

Hannsjoachim W. Koch

Der Sozialdarwinismus

Seine Genese und sein Einfluß auf das imperialistische Denken
1973. 179 Seiten (Beck'sche Schwarze Reihe, Band 97)

Karl-Dieter Opp

Soziologie der Wirtschaftskriminalität

1975. 218 Seiten mit 13 Abbildungen
(Beck'sche Schwarze Reihe, Band 122)

Alfred von Martin

Soziologie der Renaissance

3. Auflage 1974. 155 Seiten (Beck'sche Schwarze Reihe, Band 106)

Erhard Wiehn und Karl Ulrich Mayer

Soziale Schichtung und Mobilität

Eine kritische Einführung
1975. 192 Seiten (Beck'sche Schwarze Reihe, Band 132)

Günther Schiwy

Strukturalismus und Zeichensysteme

1973. 178 Seiten (Beck'sche Schwarze Reihe, Band 96)

Walter L. Bühl

Einführung in die Wissenschaftssoziologie

1974. 355 Seiten mit 21 Abbildungen im Text
(Beck'sche Schwarze Reihe, Band 118)

René König

Die Familie der Gegenwart

Ein interkultureller Vergleich
1974. 176 Seiten mit 9 Textabbildungen
(Beck'sche Schwarze Reihe, Band 116)

Wigand Siebel

Einführung in die systematische Soziologie

1974. 372 Seiten mit 19 Abbildungen und 12 Übersichten im Text
(Beck'sche Elementarbücher)

VERLAG C.H.BECK MÜNCHEN